《中国货币政策执行报告》增刊

2011年
中国区域金融运行报告

中国人民银行货币政策分析小组

责任编辑：吕冠华
责任校对：刘　明
责任印制：程　颖

图书在版编目(CIP)数据

2011年中国区域金融运行报告(2011 Nian Zhongguo Quyu Jinrong Yunxing Baogao)/中国人民银行货币政策分析小组编.—北京：中国金融出版社，2012.9

ISBN 978-7-5049-6532-5

I.①2… II.①中… III.①区域金融－研究报告－中国－2011 IV.①F832.7

中国版本图书馆CIP数据核字(2012)第176043号

出版
发行　中国金融出版社
社址　北京市丰台区益泽路2号
市场开发部　(010)63266347，63805472，63439533 (传真)
网上书店　http://www.chinafph.com (010)63286832，63365686 (传真)
读者服务部　(010)66070833，62568380
邮编　100071
经销　新华书店
印刷　北京市松源印刷有限公司
装订　平阳装订厂
尺寸　210毫米×285毫米
印张　35.25
字数　1008千
版次　2012年9月第1版
印次　2012年9月第1次印刷
定价　218.00元
ISBN 978-7-5049-6532-5/F.6092
如出现印装错误本社负责调换　联系电话 (010)63263947

本书执笔人

负责人：胡晓炼　李东荣
总　纂：张晓慧　纪志宏
统　稿：辛晓岱　张　蓓
参与此项工作（以姓氏笔画为序）：付竞卉　孙欣华　张翠微　杨丽慧
郑志丹　郑玉宝　董迪斌　管　化
穆争社

主报告执笔：中国人民银行货币政策分析小组
中国人民银行济南分行货币政策分析小组
分报告执笔：中国人民银行上海总部，各分行、营业管理部、省会（首府）城市中心支行、深圳市中心支行货币政策分析小组

目　录

《2011年中国区域金融运行报告》主报告

表

图

《2011年中国区域金融运行报告》分报告

《2011年中国区域金融运行报告》主报告

内容摘要

2011年，面对复杂严峻的国内外环境，全国各地区以科学发展为主题，以加快转变经济发展方式为主线，全面贯彻落实宏观调控的各项政策措施，经济增长由政策刺激向自主增长转变，各地区经济保持平稳较快发展，区域发展协调性进一步增强，中西部和东北地区主要经济指标增速高于全国平均水平，东部地区产业转型升级步伐加快。全年东部、中部、西部和东北地区生产总值加权平均增长率分别为10.5%、12.8%、14.1%和12.5%。

2011年，各地区经济运行态势良好，经济增长的内生动力不断增强。消费对经济增长的贡献率同比上升，城乡居民收入保持快速增长，其中，农村居民人均纯收入增速创1985年以来新高，连续两年快于城镇居民人均可支配收入增速。消费的地区、城乡差距继续缩小，中西部和东北地区的社会消费品零售总额增速明显快于东部，消费结构升级推动农村居民恩格尔系数比上年下降0.7个百分点。固定资产投资平稳增长，投资的地区结构和产业结构进一步改善。外贸进出口平衡发展，贸易顺差连续3年下降，中西部地区外贸增长强劲。实际利用外资金额再创历史新高，中西部地区承接沿海产业转移和引进外商直接投资的步伐继续加快。各地区企业“走出去”战略扎实推进，并购领域更为广泛。跨境人民币业务从经常项目扩展至部分资本项目。三次产业发展势头总体良好，农业实现粮食产量“八连增”，农业产业化经营稳步推进。各地区战略性新兴产业和现代服务业实现跨越式发展，中西部地区工业增加值增速明显快于东部地区。长三角、珠三角、京津冀三大经济圈继续以改革创新加快发展步伐，区域经济金融一体化进程稳步推进，对全国经济的辐射和带动作用进一步增强。各地区节能降耗和生态保护工作取得积极进展，为实现“十二五”节能减排目标奠定了坚实的基础。

各地区金融业继续稳健运行，金融服务实体经济能力继续增强。居民储蓄存款增速有所放缓，中西部地区单位存款保持较快增长。宏观审慎管理框架建立并不断完善，稳健的货币政策成效逐渐显现，货币信贷增长向常态水平回归，投放节奏更加均衡，信贷资源配置效率稳步提升。各地区“有扶有控”的信贷政策落实有力，贷款主要投向“三农”、小微企业、国家重点在建续建项目、服务业等重点领域和薄弱环节。前三个季度贷款利率稳步上行，第四季度有所回落，金融机构贷款定价机制逐步完善。金融改革向纵深推进，农村金融机构发展加快。证券保险业平稳发展，期货交易品种不断丰富。直接融资占比进一步上升，债券融资规模明显扩大。各地区金融生态环境不断优化，逐步形成经济金融协调发展的良好格局。

2012年是实施“十二五”规划承前启后的重要一年，世界经济复苏面临较多不稳定性和不确定性，中国经济发展正处于转型期，区域经济发展可能会面临一些新的变化和挑战。各地区将按照党中央、国务院的统一部署，深入贯彻落实科学发展观，坚持“稳中求进”的工作总基调，加快转变经济发展方式，切实提高经济发展质量和效益。充分发挥各地区特色和优势，进一步提高区域发展的协调性和基本公共服务均等化水平，消除市场壁垒，促进要素流动，引导产业有序转移，推动区域经济良性互动、协调发展。东部地区将进一步推动产业结构升级和提高自主创新能力，率先转变经济发展方式，培育产业竞争新优势，在更高层次上参与国际竞争与合作。中部地区将充分利用区位优势和承接产业转移机遇，加快区域基础设施建设，逐步优化投资环境，推动产业转型和升级，不断提升中部地区作为全国重要的粮食生产基地、能源原材料基地、现代装备制造及高技术产业基地和综合交通运输枢纽的地位。西部地区将继续贯彻落实西部大开发“十二五”规划，落实好中央对西部地区各方面的扶持政策，加快构建以交通、水利为重点的现代化基础设施体系，加强环境保护，加快建立生态补偿机制，深入实施以市场为导向的优势资源转化战略。东北地区将按照“十二五”振兴规划要求，加快改造和提升传统优势产业，积极培育和发展战略性新兴产业，促进资源枯竭型城市转型发展，不断提升对东北亚区域的对外开放水平。

2012年，各地区金融机构将继续认真贯彻落实稳健的货币政策，坚持金融服务实体经济的本质要求，保持货币信贷平稳适度增长和合理的社会融资规模，进一步优化信贷结构，加大对经济结构调整的支持力度，更加注重满足实体经济的需求，加强区域经济系统性风险防范，促进区域经济平稳健康协调发展。

第一部分　区域金融运行情况

2011年，全国各地区[①]金融业按照党中央、国务院的统一部署，认真贯彻落实稳健的货币政策，加大对国民经济重点领域和薄弱环节的支持力度，货币信贷增长向常态回归，金融服务实体经济能力继续增强。全年各地区金融运行总体平稳，银行业金融机构资产规模不断扩大，金融机构改革深入推进，融资结构持续优化，地区间金融发展更趋协调，金融生态环境建设取得新进展。

一、各地区银行业

2011年，全国各地区银行业金融机构网点个数、从业人员稳步增加，资产规模增长较快。年末，银行业金融机构网点共计20万个，从业人员319.1万人，分别比上年增加0.5万个和11.1万人；资产总额达105.8万亿元，同比增长19.1%[②]。分地区看，东部地区银行业金融机构网点个数、从业人数和资产总额在全国占比最高(见表1)。其中，广东、北京、上海、江苏、浙江和山东6个省（直辖市）银行业资产总额合计占全国比重超过半数；东部、中部、西部和东北地区银行业资产总额分别增长20.4%、17.5%、21.8%和18.6%。

外资银行稳步发展。年末，全国共有27个省（自治区、直辖市）有外资银行入驻；外资银行资产总额为2.1万亿元，同比增长16.7%。外资银行资产的94.2%集中在东部地区。西部地区对外资银行的吸引力进一步增强，外资银行资产总额和机构网点数占比均比上年有所提高，重庆、四川和陕西是外资银行新进入的主要地区。

农村金融机构发展加快，农村金融服务体系更趋完善。2011年，全国农村合作机构资产规模继续快速增长，农村商业银行、农村合作银行和农村信用社年末资产总额达到12.8万亿元。分地区看，48.4%的农村合作机构资产集中在东部地区；西部和东北地区农村合作机构资产总额增长较快，分别同比增长39.0%和61.3%。新型农村机构发展加快，农村地区金融服务覆盖率进一步提高。年末，包括村镇银行、小额贷款公司、贷款公司和农村资金互助社等在内的各类新型农村机构共计4 969家，其中，小额贷款公司数量占比为86.2%，比上年新增1 668家。

表1　2011年年末银行业金融机构地区分布

单位：%

	营业网点			法人机构个数占比
	网点个数占比	从业人数占比	资产总额占比	
东部	39.0	43.7	60.2	27.1
中部	24.0	21.3	14.6	28.3
西部	27.3	24.0	17.9	35.9
东北	9.7	11.0	7.2	8.7
合计	100.0	100.0	100.0	100.0

注：各地区金融机构营业网点汇总数据不包括国家开发银行和政策性银行、大型商业银行、股份制商业银行等金融机构总部数据。

数据来源：中国人民银行上海总部、各分行、营业管理部、省会（首府）城市中心支行。

（一）各地区存款增长放缓，存款地区分布更趋协调

2011年，全国各地区本外币存款增长放缓，增速较上年有所回落。年末，东部、中部、西部和东北地区本外币各项存款余额分别为47.4万亿元、

①全国各地区包括东部地区、中部地区、西部地区和东北地区。东部地区10个省（直辖市），包括北京、天津、河北、上海、江苏、浙江、福建、山东、广东和海南；中部地区6个省，包括山西、安徽、江西、河南、湖南和湖北；西部地区12个省（自治区、直辖市），包括广西、重庆、四川、贵州、云南、西藏、陕西、甘肃、青海、宁夏、新疆和内蒙古；东北地区3个省，包括黑龙江、吉林、辽宁。

②全国各地区银行业金融机构包括国家开发银行和政策性银行、大型商业银行、股份制商业银行、城市商业银行、农村商业银行、农村合作银行、城市信用社、农村信用社、新型农村金融机构、邮政储蓄银行、外资银行和非银行金融机构。各地区金融机构汇总数据不包括大型商业银行、股份制商业银行、国家开发银行和政策性银行金融机构总部的相关数据。根据中国银行业监督管理委员会的统计，2011年年末银行业资产总额为111.5万亿元。

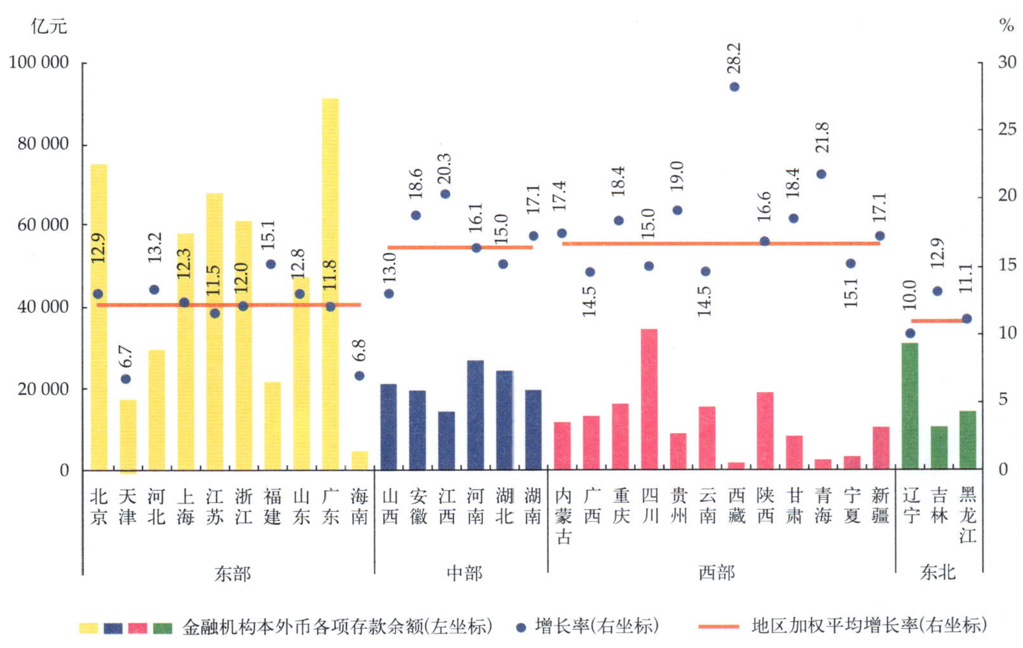

数据来源：中国人民银行上海总部、各分行、营业管理部、省会（首府）城市中心支行。

图1　2011年年末各地区金融机构本外币各项存款余额及增长率

12.5万亿元、14.7万亿元和5.6万亿元，同比分别增长12.1%、16.4%、16.6%和10.9%，增速比上年分别降低6.8个、5.0个、5.7个和7.4个百分点。本外币各项存款同比增速最低为6.7%，最高为28.2%，分别低于上年8.7个和4.6个百分点（见图1）。

各地区人民币存款增速总体放缓。受居民理财意识增强、金融产品创新增多加速存款分流等因素影响，居民储蓄存款增速持续放缓。年末，东部、中部、西部和东北地区人民币储蓄存款余额增速同比分别回落3.7个、1.1个、1.6个和0.3个百分点。受派生存款减少、企业产成品库存和应收账款净额增加等因素影响，单位存款增速总体回落。分地区看，东部和东北地区人民币单位存款增速回落明显，中部和西部地区单位存款仍保持较快增长（见表2）。分期限看，单位存款总体呈现定期化趋势。年末，各地区单位活期存款余额增速低于定期存款10.8个百分点；其中，东部地区3个省份单位活期存款负增长。

表2　2011年年末各地区金融机构人民币存贷款余额增速

单位：%

	东部	中部	西部	东北	全国
人民币各项存款	12.0	16.1	16.5	11.3	13.5
其中：储蓄存款	11.9	15.6	17.9	12.8	13.8
单位存款	9.9	15.8	15.2	8.9	11.9
人民币各项贷款	14.2	16.5	17.9	17.0	15.8
其中：短期贷款	20.5	21.1	27.2	19.7	22.5
中长期贷款	9.5	15.6	16.6	17.2	12.4
票据融资	7.1	5.1	13.1	-0.1	0.7
其中：消费贷款	11.3	23.2	24.0	23.0	20.0

注：各地区存贷款汇总数据不含全国性商业银行总行直存直贷数据。

数据来源：中国人民银行上海总部、各分行、营业管理部、省会（首府）城市中心支行。

外币存款余额稳步增加。年末，东部、中部和西部地区外币存款余额比年初分别增加357.3亿美元、25.1亿美元和45.0亿美元，东北地区外币存款余额比年初下降6.7亿美元。东部地区经济外向程度较高，外币存款在本外币各项存款中的比重明显高于其他地区（见表3）。从资金来源的地区分布看，中部和西部地区本外币存款余额占全国的比重分别上升0.3个和0.5个百分点，东部和东北地区占比分别下降0.6个和0.2个百分点（见表4）。

表3　2011年年末各地区金融机构本外币存贷款余额结构

单位：%

	东部	中部	西部	东北	全国
本外币存贷款余额结构					
人民币存款占比	97.4	99.4	99.3	98.6	98.1
外币存款占比	2.6	0.6	0.7	1.4	1.9
人民币贷款占比	92.7	97.8	98.0	96.2	94.7
外币贷款占比	7.3	2.2	2.0	3.8	5.3
本外币存款余额结构					
储蓄存款占比	39.3	50.8	45.4	52.7	43.2
单位存款占比	54.2	44.0	50.0	43.0	51.0
其他存款占比	6.5	5.2	4.6	4.3	5.8
本外币贷款余额结构					
短期贷款占比	40.0	37.7	26.8	36.8	37.0
中长期贷款占比	54.4	59.1	70.3	59.5	58.4
票据融资占比	2.6	2.6	2.0	3.1	2.5
其他贷款占比	3.0	0.6	0.9	0.6	2.1

注：各地区存贷款汇总数据不含全国性商业银行总行直存直贷数据。
数据来源：中国人民银行上海总部、各分行、营业管理部、省会（首府）城市中心支行。

表4　2011年年末金融机构本外币存贷款余额地区分布

单位：%

	东部	中部	西部	东北	全国
本外币各项存款	59.1	15.6	18.3	7.0	100.0
其中：储蓄存款	53.8	18.4	19.2	8.6	100.0
单位存款	62.7	13.5	17.9	5.9	100.0
其中：外币存款	80.7	7.6	6.6	5.1	100.0
本外币各项贷款	59.4	14.7	18.8	7.1	100.0
其中：短期贷款	64.3	15.0	13.6	7.1	100.0
中长期贷款	55.3	14.8	22.6	7.3	100.0
其中：外币贷款	79.8	8.1	7.0	5.1	100.0

注：各地区存贷款汇总数据不含全国性商业银行总行直存直贷数据。
数据来源：中国人民银行上海总部、各分行、营业管理部、省会（首府）城市中心支行。

（二）各地区贷款增长向常态回归，“有扶有控”的信贷政策有效落实，金融服务实体经济能力显著增强

2011年，全国各地区本外币贷款增速平稳回调，第四季度贷款投放增多。年末，东部、中部、西部和东北地区本外币各项贷款余额分别为33.3万亿元、8.2万亿元、10.5万亿元和4.0万亿元，同比分别增长13.7%、17.0%、19.5%和17.5%，比上年年末分别降低5.0个、4.4个、3.9个和2.2个百分点（见图2）。

各地区贷款投放节奏趋向均衡，上半年尤其是第一季度集中投放的状况明显改善。东部、中部、西部和东北地区上半年新增人民币贷款占全年的比重分别为56.9%、54.3%、57.8%和53.2%，与上年相比均有所下降。在政策预调微调的引导下，第四季度各地区信贷投放适度增长，较好地改善了小微企业融资环境，有力地促进了经济平稳健康发展。

2011年年初，基于对国际金融危机教训的总结和《巴塞尔协议Ⅲ》关于宏观审慎监管的要求，按照中央有关加快构建宏观审慎政策框架的部署，中国人民银行引入差别准备金动态调整机制，把货币信贷和流动性管理的总量调节与强化宏观审慎政策结合起来，有效地促进了货币信贷平稳增长，提升了金融机构的稳健性。通过参数动态调整，支持资本充足率较高、资产质量较好、法人治理结构完善的金融机构加大对“三农”、小微企业、文化产业、节能环保、战略性新兴产业、民生等领域的金融支持力度，有效地促进了经济发展方式转变和结构调整。

中长期贷款增长继续放缓。2011年年末，东部、中部、西部和东北地区本外币中长期贷款余额同比分别增长7.0%、15.7%、16.4%和16.8%，比上年年末分别下降17.4个、15.2个、14.5个和15.7个百分点。新增贷款短期化趋势明显，东部、中部、西部和东北地区全年本外币新增贷款中，中长期贷款分别占40.0%、55.1%、61.0%和57.3%，同比分别下降32.4个、23.7个、29.0个和31.1个百分点。其中，天津、江苏、浙江、山东和宁夏五省（自治区、直辖市）新增中长期贷款占比低于40%。海南新增中长期贷款占比位居全国第一，主要原因是受国际旅游岛建设项目的投资拉动影响。金融机构加强对信贷投放总量和节奏的控制，票据融资小幅增长，各地区本外币票据融资余额占比均较上年有所下降。

中西部及东北地区个人消费贷款增长相对较快。2011年年末，东部、中部、西部和东北地区人民币个人消费贷款增速分别为11.3%、23.2%、24.0%和23.0%，分别比人民币中长期贷款增速高出1.9个、7.7个、7.4个和5.9个百分点（见表2）。9个省份人民币消费贷款增量超过500亿元，分布在东部地区和西部地区，其中广东、江苏、山东分列前

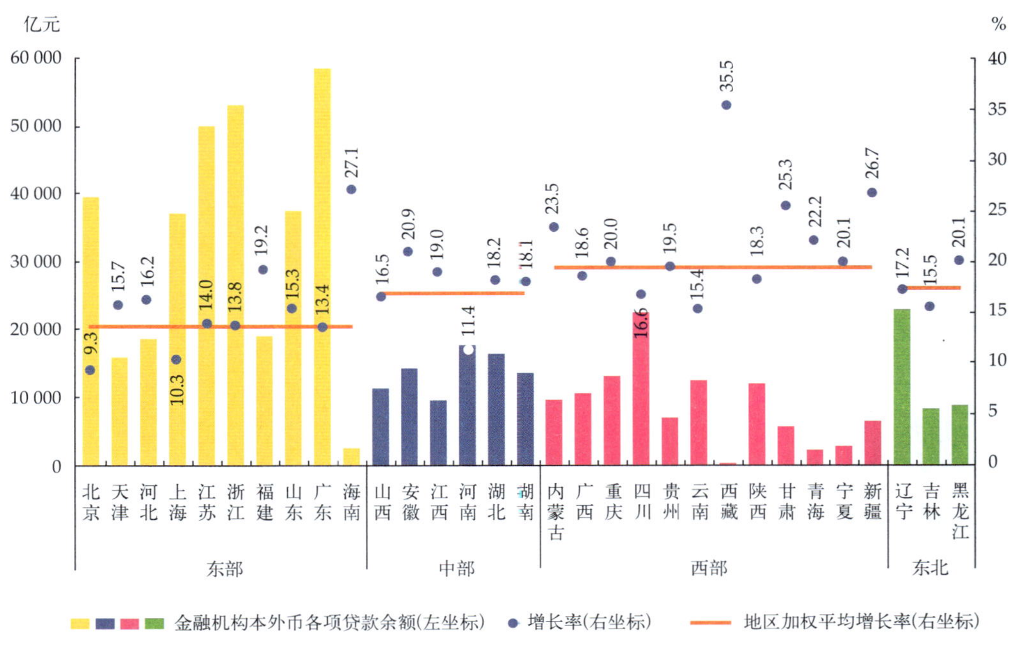

数据来源：中国人民银行上海总部、各分行、营业管理部、省会（首府）城市中心支行。

图2　2011年年末各地区金融机构本外币各项贷款余额及增长率

三位。从结构看，各地区金融机构严格执行差别化房地产信贷政策，个人住房贷款增长放缓，非住房消费贷款增势较好。

贷款结构持续优化。2011年，各地区贷款主要投向农业、先进制造业、服务业、国家重点在建续建项目、产业结构升级、战略性新兴产业、文化产业、节能环保、自主创新等实体经济领域，有力地推动了产业结构调整和区域经济发展。广东制造业和批发零售业新增贷款占比分别同比提高12.0个和12.9个百分点，浙江四成以上贷款投向全省“十一大转型升级产业”，天津八成以上项目贷款支持在建续建项目，山东六成以上新增贷款投向山东半岛蓝色经济区和黄河三角洲高效生态经济区。各地区贯彻落实“有扶有控”的信贷政策，进一步加大金融对经济薄弱环节的支持力度。北京、海南涉农贷款增幅高于40%，山东、安徽、河南、甘肃、辽宁和四川等省份涉农贷款也保持了较快增长，支农惠农效果不断增强；黑龙江金融机构加大对现代农业的支持力度，助推黑龙江成为全国粮食产量第一大省；福建创新小微企业贷款批量化营销模式，小微企业贷款余额占全部企业贷款余额的46.6%，居全国首位；广西小企业新增贷款占比较上年提高6.4个百分点；海南中小企业贷款增速高于全部贷款增速20.7个百分点，贷款增量为上年同期的1.7倍；河南实施千家“小巨人”企业信贷培育计划，中小企业贷款增速高于贷款平均增幅11.8个百分点。贵州小额担保贷款余额为上年的4.4倍，四川小额担保贷款余额同比增长155%，江西累计发放的小额担保贷款在全国率先突破200亿元。湖南保障性住房开发贷款增长63.5%；重庆对公租房建设贷款余额为92亿元，居全国前列。山东十大高耗能相关行业中长期贷款同比少增381.2亿元。

外币贷款增速稳中略升。2011年年末，全国外币贷款余额同比增长19.6%，增速比上年略升0.1个百分点，其中贸易融资同比多增，保持了对进出口贸易的支持力度。分季度看，前三个季度外币贷款增速稳步回升，第四季度增速有所回落。分地区看，全年东部、中部、西部和东北地区新增外币贷款分别为466.9亿美元、91.6亿美元、125.5亿美元和68.0亿美元，与上年相比，中部、西部和东北地区分别多增43.3亿美元、69.0亿美元和23.1亿美元；东部地区虽比上年少增52.4亿美元，但外币贷款余额和增量在本外币各项贷款余额和增量中的占比仍高于其他地区。

（三）金融机构贷款利率总体有所上行，自主定价能力进一步提高

2011年前三个季度，受中央银行为应对通货膨胀连续上调存贷款基准利率等因素影响，金融机构对非金融企业及其他部门贷款利率呈上行趋势。第四季度，受经济增长趋稳和下调存款准备金率等因素影响，利率有所回落。12月，贷款加权平均利率比年初上升1.82个百分点。全年各地区金融机构人民币贷款利率主要分布在6.49%～9.29%，西部地区利率水平总体低于其他地区。

金融机构利率定价能力进一步提升。各地区金融机构按照风险原则科学定价的能力和意识显著提高；利率定价机制建设取得积极进展，市场化产品、贷款及内部资金转移等定价机制进一步健全；利率定价水平不断提高，逐步开发了支持利率定价的管理信息系统。市场基准利率培育工作不断深化，Shibor的基准性地位稳步提高，在金融机构利率定价中运用的深度和广度有所增强。

专栏1　地方法人金融机构贷款定价能力分析

随着利率市场化的推进，金融机构利率定价能力不断提升。目前，全国性金融机构大部分采取统一管理、分级授权的定价模式，精细化的定价管理水平有所提高。为深入了解地方法人金融机构贷款定价能力，中国人民银行在全国范围内选择了80家地方性商业银行进行了问卷调查，其中城市商业银行32家、农村合作金融机构37家、村镇银行11家。调查显示，金融机构初步建立了科学的贷款定价机制，定价能力明显提高，定价方式趋于灵活，但适应利率市场化改革的能力有待进一步提升。

一、贷款定价机制初步建立，定价能力明显提高

贷款定价组织架构全面建立，以决策、授权、执行为主线的定价管理机制基本形成。调查显示，在组织架构方面，利率报价职能主要由各条线业务部门行使，利率定价审核职能由计划财务、资金管理、风险管理、资产负债管理等部门行使，利率定价审批职能由信贷审批委员会或行长行使。65家样本银行建立了贷款定价授权制度，主要采取贷款利率下限和金额上限双重授权管理方式，占样本总量的81.3%，其他经营规模较小的农村信用社和村镇银行普遍采取行长或审贷委员会逐笔审批的形式。

客户信用评级制度普遍建立，在贷款定价中发挥着关键性支撑作用。调查显示，66家样本银行建立了项目打分形式的内部信用评级制度，普遍把经营规模、偿债能力、盈利能力、发展前景、信用记录等纳入评级体系；10家银行尚未建立内部信用评级系统，主要依据担保方式或依赖外部信用评级结果；还有部分农村信用社主要依托省级联社开发的信用评级系统。60家银行在运用评级结果时采取了与贷款利率浮动比例建立一对一或多对一映射关系的方式，19家银行运用现代统计技术在违约概率、违约损失率计量方面进行了积极探索，并在贷款风险损失成本计量时进行了初步运用。

内部资金转移定价机制初步建立，对贷款定价的引导作用逐步强化。调查显示，38家银行建立了以Shibor为基准的内部资金转移定价制度。其中，23家为城市商业银行，占该类样本的71.9%；5家为农村金融机构，占该类样本的10.4%。25家银行将内部资金转移价格作为确定贷款资金成本的主要依据，通过对不同业务和产品设置不同的资金转移价格，并根据宏观政策和经营策略变化进行适时调整，动态控制贷款的资金成本，从而对贷款定价起到引导作用。

经济资本管理系统建设探索推进，对贷款定价的约束作用初步显现。调查显示，22家银行初步建立了以经济资本配置与考核为核心的经济资本管理制度。其中，13家为城市商业银行，占该类样本的40.6%；9家为农村金融机构，占该类样本的18.8%。15家银行在贷款定价时引入了经济资本收益指标，通过对不同业务或产品设定不同的最低经济资本收益率或目标经济资本收益率，并将其作为绩效考核的重要标准，对贷款定价起到约束作用。

管理会计信息系统建设逐步推进，对精细化定价的支撑作用不断增强。调查显示，27家银行初步建立了现代化管理会计信息系统，基本能够提供分客户、分业务的收入、支出和综合贡献信息。其中，13家为城市商业银行，占该类样本的40.6%；14家为农村金融机构，占该类样本的29.2%。24家银行在贷款定价时运用了客户层面的管理会计信息，结合客户综合贡献对贷款利率浮动比例进行调整，也有一些银行在设定综合回报率的基础上倒轧计算客户贷款最低利率。

利率风险评估与压力测试初步实施，对贷款定价机制建设发挥了重要的推动作用。调查显示，29家银行建立了定期或不定期的风险评估机制，特别是对利率市场化环境下自身的竞争优势和劣势进行了评估，并对经营战略进行了优化和调整。其中，16家为城市商业银行，占该类样本的50%；13家为农村商业银行，占该类样本的27.1%。16家银行针对利率市场化环境进行了情景模拟和压力测试，在识别利率市场化风险源和评估利率市场化承受力方面发挥了积极作用。

二、定价方式趋于灵活，传统定价方式居于主导地位

基准利率浮动（或加点）法在贷款定价中处于主导地位。调查显示，70家银行贷款定价采用基准利率浮动法，占样本总量的87.5%。实际操作中，主要以中国人民银行公布的同期限贷款利率为基准利率，结合自身实际情况选择若干个贷款定价影响因素并分别赋予一定的权重，在此基础上加权计算得出浮动系数。在计算浮动系数时，65家银行考虑了客户信用评级和贷款担保方式，48家银行考虑了合作紧密度、日均存贷比、中间业务收入贡献度等客户综合贡献情况，28家银行考虑了贷款客户所处的行业类型，25家银行考虑了所在地区的市场竞争程度以及市场利率水平。另外，还有少数银行考虑了宏观经济金融环境、贷款品种、贷款金额等因素。

成本加成（或加目标利润）法在贷款定价中也有一定运用。调查显示，10家银行贷款定价采用成本加成定价法，占样本总量的12.5%。实际操作中，普遍以付出的资金成本、分摊的经营费用、预期的风险损失、计划的目标利润为基础确定指导利率，并根据市场利率水平、同业竞争程度、经营发展战略等进行灵活调整。在计算贷款成本时，10家银行全部考虑了付出的资金成本和预期的风险损失，5家银行同时考虑了贷款业务类型及其经济资本耗用水平。在选择调整因素时，7家银行考虑了客户综合贡献情况，5家银行考虑了所在地区的同业利率水平。

总体来看，各样本银行贷款定价基本体现了成本、风险与收益相匹配的原则。随着商业银行管理会计信息系统和经济资本管理系统建设的逐步推进，客户综合回报定价法、风险调整资本收益率定价法等更加精细化的贷款定价方式受到高度重视，大多数银行已将其提上定价机制建设日程。

三、多措并举，进一步培育和提高金融机构贷款定价能力

总体来看，地方法人金融机构贷款定价机制已普遍建立起来，定价能力明显提高，但相对全国性的大中型金融机构，一些地方性金融机构仍存在基础信息积累不够、风险计量技术相对落后、定价信息系统建设投入不足、定价管理较为粗放等问题，需要改进经营授权方式，完善绩效考核机制，正确处理规模、成本、风险与收益之间的关系，提高贷款定价的主动性和灵活性，加快业务系统升级改造和功能扩展，综合运用内部资金转移定价、经济资本最低报酬率、现代风险计量等途径与方法，为实现差异化与精细化定价打下更加坚实的基础。中国人民银行将继续加强利率政策监督管理，密切跟踪利率政策执行过程中的新情况、新变化，引导金融机构理性定价，提高定价透明度，自觉维护利率竞争秩序，因地制宜地采取多种形式指导金融机构进一步完善定价制度，改进定价技术，提高定价能力。

2011年各地区金融机构执行上浮、下浮和基准利率的贷款占全部人民币贷款的比重分别有不同程度的上升或下降，既体现了宏观调控政策通过金融机构利率定价机制的有效传导，也体现了市场机制在利率形成中所发挥的作用日益明显。

受境内资金供求关系变动及国际金融市场利率走势的影响，外币存贷款利率总体呈现波动上行走势。12月，3个月以内大额美元存款加权平均利率和1年期美元贷款加权平均利率比年初分别上升1.45个和 0.73个百分点。上海3个月以内大额美元存款加权平均利率逐月走高，12月达到3.25%的年内高点；美元贷款利率水平冲高回落，12月1年期美元贷款加权平均利率比10月下降2.13个百分点。

民间借贷利率走高后逐渐回落。2011年前三个季度，在资金需求拉动等因素的带动下，各地区民间借贷更趋活跃，利率总体呈上升态势。第四季度，民间借贷利率呈现逐渐下降态势。民间借贷相对活跃、利率水平相对较高的地区主要有两类，一是中小企业众多的江浙、广东、福建等东部地区，二是矿产等资源较为丰富的内蒙古、山西、云南和新疆等地区。民间借贷主要用于生产经营特别是流动资金周转，信用借贷是民间借贷的主要方式。民间借贷参与主体的风险管理意识逐步增强，如部分省市2011年第四季度的民间借贷监测规模和利率出现环比下降，在一定程度上也反映出资金供给方更加重视风险控制。

（四）银行业金融机构改革稳步推进，农村金融服务持续改善

大型商业银行改革深入推进。中国工商银行、中国银行和中国建设银行各分行按照总行的统一部署，继续深化内部管理体制改革，资产负债规模平稳增长，经营业绩和服务水平不断提高。中国农业银行各分行继续深化体制机制改革，“三农金融事业部”改革试点范围扩大至12个省（自治区、直辖市）的929个县。

政策性金融机构改革取得新进展。国家开发银行各分行按照商业化改革要求深入推进业务模式与经营机制转型。中国出口信用保险公司改革实施总体方案获得国务院批准，200亿元注资已经到位。中国农业发展银行改革工作全面启动，建立了相关工作协调机制，明确了改革的重点和任务分工。

城市商业银行和城市信用社改革稳步推进：安徽、贵州、广东等省份城市商业银行股份制改革取得积极进展，山西、河北等省份部分城市商业银行完成更名改制。部分城市商业银行整合重组步伐加快：深圳发展银行合并平安银行主体工作基本完成，汕头市商业银行重组成立广东华兴银行，湖北5家地市城市商业银行重组成立湖北银行，甘肃两家城市商业银行重组成立甘肃银行。河南、青海、新疆等省（自治区）城市商业银行实施增资扩股，北京、辽宁、江西等省（市）城市商业银行发行次级债，提高资本充足率，抗风险能力进一步增强。

农村信用社改革试点取得重要阶段性成果。2011年，中国人民银行对全国已兑付专项票据的2 311个县（市）农村信用社的改革成效进行了考核，并分类实施激励约束措施，对进一步深化农村信用社改革发挥了重要作用。农村信用社资产质量和经营财务状况显著改善。按照贷款五级分类口径统计，2011年年末，全国农村信用社不良贷款比例比上年年末下降1.9个百分点；资本充足率和资产利润率分别比上年年末提高2.0个和0.3个百分点。资金实力和支农信贷投放大幅增长。2011年，全国农村信用社新增涉农贷款和农户贷款7 374亿元和3 093亿元，年末余额分别增长19%和15%。产权制度改革稳步推进，截至2011年年末，全国共组建以县（市）为单位的统一法人农村信用社1 882家、农村商业银行212家、农村合作银行190家。

新型农村机构快速发展。2011年，村镇银行、贷款公司、农村资金互助社、小额贷款公司等新型农村机构继续加快发展，县域和农村金融服务进一步加强。各地区小额贷款公司、村镇银行增长迅速，西部地区新型农村机构占比最高（见表5）。广西村镇银行新设家数同比增长1.3倍，贵州村镇银行资产总额增长2.1倍，重庆、江西小额贷款公司在县域实现全覆盖，山东村镇银行业务规模增长2倍以上。

表5 2011年年末新型农村机构地区分布

单位：%

	东部	中部	西部	东北	全国
村镇银行	30.4	23.8	31.1	14.7	100.0
贷款公司	22.2	22.2	44.4	11.1	100.0
农村资金互助社	29.5	15.9	36.4	18.2	100.0
小额贷款公司	26.7	25.3	31.7	16.2	100.0

数据来源：各省（自治区、直辖市）银监局和金融办，中国人民银行工作人员计算。

农村金融产品与服务方式创新工作向纵深发展。福建农业银行创新开展“银村共建”，与579个村建立共建关系，累计发放贷款60.4亿元。江西实施“创新一百种农村金融新产品、培育一百个金融支持示范主体、打造一百项特色金融服务”模式的“三百工程”，切实满足“三农”多元化金融服务需求。山东金融机构加大对农田水利的支持力度，创新六种信贷产品，新增贷款152.9亿元，支持山东实现粮食总产量“九连增”。辽宁创新农业贷款模式，其中朝阳市创新发放设施农业贷款41.5亿元，助力“百万亩设施农业”建设。云南在全国首创“一创两建”(农村金融产品和服务方式创新、农村支付环境建设、农村信用体系建设)工作模式，全面提升农村金融服务水平。河南积极推广订单农业贷款等八种涉农信贷产品，全年新增涉农贷款占全部新增贷款的53.3%，较好地支持了“三农”及国家粮食核心区建设。甘肃围绕农业特色产业发展，积极开展农村金融服务创新综合试验县创建工作，推出农村信贷创新产品和服务方式20个。

二、各地区证券业

2011年，证券市场基础性制度建设进一步完善，新股发行体制改革不断深化，产品与业务创新继续推进，证券市场平稳发展。上市公司数量稳步增长，股票市场筹资额有所回落；期货市场交易规模有所缩小，期货交易品种不断丰富。

（一）上市公司数量稳步增加，股票市场筹资规模有所回落

上市公司数量稳步增加。截至2011年年末，境内上市公司总数(A股、B股)2 342家，比上年增加279家。分地区看，东部、中部、西部和东北地区境内上市公司数量占全国的比重分别为64.0%、15.2%、15.2%和5.6%（见表6），东部地区上市公司数量仍占全国六成以上。

表6 2011年年末各地区证券业分布

单位：%

	东部	中部	西部	东北	全国
总部设在辖内的证券公司数	67.6	10.8	16.2	5.4	100.0
总部设在辖内的基金公司数	97.0	0.0	3.0	0.0	100.0
总部设在辖内的期货公司数	69.5	10.6	11.2	8.7	100.0
年末境内上市公司数	64.0	15.2	15.2	5.6	100.0
年末境外上市公司数	72.5	12.4	6.7	8.4	100.0
当年国内股票(A股)筹资额	66.5	13.8	13.0	6.7	100.0
当年发行H股筹资额	86.3	2.6	11.1	0.0	100.0
当年国内债券筹资额	75.7	11.1	9.7	3.5	100.0
其中：短期融资券筹资额	76.2	10.2	10.1	3.5	100.0

数据来源：各省（自治区、直辖市）证监局，中国人民银行工作人员计算。

股票市场筹资额有所回落。全年沪深A股市场累计筹资5 073亿元，比上年下降43.4%。广东、北京、上海A股筹资额居全国前三位，合计占当年国内A股筹资总额的35.9%。创业板市场稳步发展，全年公开发行创业板股票有128只，比上年增加11只，筹资791亿元，占当年新股发行融资总额的28%。截至2011年年末，创业板上市公司有281家，市值总计7 434亿元，同比净增68.8亿元。沪深交易所债券筹资规模稳步增长，全年累计筹资1 707.4亿元，同比增长29.3%，东部和中部地区国内债券筹资额占比较上年上升，西部地区占比下降。

（二）股票市场成交量下降，证券经营机构稳步发展

股票市场成交量下降。2011年，沪深两市累计成交42.2万亿元，同比下降22.7%；日均成交1 728亿元，同比少成交527亿元。年末，沪深两市股票总市值为21.5 万亿元，同比减少19.1%；股票流通市值为16.5 万亿元，同比减少14.6%。年末，上证综合指数和深证成份指数分别同比下跌21.7%和32.9%。

证券经营机构稳步发展。截至2011年年末，109家证券公司共有营业部5 032个，同比增加388个；总资产达1.6万亿元，同比下降20%；净资本为4 634亿元，同比增长7.3%。全年，90家证券公司实现盈利，占证券公司总数的83%，共实现营业收

入1 359.5亿元，累计实现净利润393.8亿元，分别同比下降28.8%和49.2%。年末，全国共有基金管理公司69家，同比增加6家；注册资本为106.4亿元，同比增长12.1%；证券投资基金有915 只，同比增加211只，交易所上市证券投资基金成交金额为6 365.8亿元。分地区看，基金管理公司仍集中分布在东部和西部地区，其中东部地区66家，西部地区3家。

（三）期货市场交易规模有所缩小，期货交易品种不断丰富

期货市场交易规模有所缩小。2011年全国期货市场累计成交期货合约10.5 亿手，成交金额为137.5万亿元，同比分别下降32.7%和11.0%。其中，沪深300 股指期货累计成交5 041.2万手，成交金额为43.8万亿元，占全年期货市场成交总额的31.8%，同比提高10.2个百分点；已上市的商品期货品种累计成交10.0亿手，成交金额为93.8万亿元，占全年期货市场成交总额的68.2%。商品期货中，普通小麦、PTA、棉花的交易量和交易金额大幅增长，涨幅均超过50%；燃料油、早籼稻、螺纹钢、锌、豆粕、白糖、线材以及菜籽油的交易量和交易金额降幅居前，同比下降幅度均超过47%。黄金交易规模大幅增加，累计成交7 438.5吨，成交金额为2.5万亿元，分别同比增长23.0%和53.5%。从成交金额占比看，上海期货交易所、郑州商品交易所、大连商品交易所和中国金融期货交易所四大交易所占比分别为31.6%、24.3%、12.3%和31.8%。中国金融期货交易所自股指期货合约推出以来，成交金额占比持续上升，已超过上海期货交易所，跃居第一位；郑州商品交易所成交金额所占份额同比提高4.3个百分点。2011年，期货市场成功推出铅、焦炭和甲醇3个商品期货新品种，年末中国商品期货交易品种达到26个，大宗商品期货品种体系进一步完善。

三、各地区保险业

2011年，保险业在面临困难和挑战较多的情况下继续保持平稳发展的态势，各项业务发展基本稳健，资产总额和保费收入稳步增长，改革持续推进，保险服务经济社会发展和履行社会责任的能力进一步提升。

（一）保险业总资产平稳增长，保费收入持续提高

2011年年末，保险法人公司共有140家，比上年减少6家。东部地区保险法人总部数量占全国的86.4%（见表7），集中度继续提高。保险业总资产保持平稳增长，年末资产总额首次超过6万亿元，同比增长19.1%。其中，银行存款同比增长27.5%，投资类资产同比增长17.4%。全年实现保费收入[①]（指原保险保费收入，下同）1.4 万亿元，同比增长[②]10.5%。在全国31个省（自治区、直辖市）中，广东、江苏、山东3个省的保费收入超过千亿元。

表7　2011年年末各地区保险业分布

单位：%

项目	东部	中部	西部	东北	全国
总部设在辖内的保险公司数	86.4	2.9	6.4	4.3	100.0
其中：财产险经营主体数	79.3	5.2	10.3	5.2	100.0
人身险经营主体数	88.7	1.7	4.8	4.8	100.0
保险公司分支机构数	48.0	18.3	23.3	10.4	100.0
其中：财产险公司分支机构数	46.9	18.4	25.7	9.0	100.0
人身险公司分支机构数	47.6	18.7	21.7	12.0	100.0
保费收入	53.9	19.8	18.8	7.5	100.0
其中：财产险保费收入	55.6	16.1	20.9	7.4	100.0
人身险保费收入	53.1	21.6	17.8	7.5	100.0
各类赔款给付	56.2	18.2	17.7	7.9	100.0

数据来源：各省（自治区、直辖市）保监局，中国人民银行工作人员计算。

（二）人身险业务发展进一步规范，财产险和农业险持续较快发展

人身险业务增势放缓。2011年，全国人身险保费收入为9 721亿元，增速为6.8%，其中寿险业务保费收入为8 696亿元，健康险和意外伤害险业务保费收入为1 025亿元。中资人身保险公司保费收入占市场份额的96%。人身保险业务经营监管力度不断加大，业务结构逐步改善。

①2011年中国保险监督管理委员会的统计数据开始按照《关于印发〈保险合同相关会计处理规定〉的通知》的口径，保费收入统计口径有所变动。

②原保险保费收入同比增速按照行业2011年全面实施《企业会计准则解释第2号》后的口径测算。

财产险继续保持较快增势。2011年，财产险公司实现保费收入为4 617.9亿元，占全国保险业总保费收入的32.2%。中资财产险公司保费收入占据了98.9%的市场份额，居主导地位。从全国各省份看，江苏、广东、四川财产险保费收入占比提高幅度居全国前三位。

农业保险的保费规模和保险覆盖面持续较快增长。2011年，农业保险保费收入达到173.8亿元，同比增长28.1%，为农业提供风险保障6 523亿元。农业保险在承保品种上已经覆盖了农林牧副渔业的各个方面，在开办区域上已覆盖了全国所有省（自治区、直辖市）。2011年为1.7亿户次农户提供风险保障。承保主要粮油棉作物7.9亿亩，占全国播种面积的33%。在内蒙古、新疆、江苏、吉林等粮食主产区，基本粮棉油作物的承保覆盖率超过50%，黑龙江农垦、安徽省等地已基本实现了全覆盖。承保林木9.2亿亩，牲畜7.3亿头。

（三）保险赔款和给付支出继续增长

2011年，保险业原保险赔付支出3 929.4亿元。其中，财产险赔付支出2 186.9亿元，人身险赔付支出1 742.5亿元。东部、中部、西部和东北地区各类赔款给付占比分别为56.2%、18.2%、17.7%和7.9%（见表7）。与上年相比，东部和中部地区占比分别提高1.6个和0.3个百分点，西部和东北地区占比分别下降0.9个和1.0个百分点。海南、湖南、上海、广西各类赔款给付支出增速超过30%。

（四）保险密度继续提高，保险深度略有下降

2011年，保险密度为1 062元/人，较上年提高100元。保险密度区域差异仍然明显，总体呈由东部和东北地区向中部、西部地区递减态势。北京、上海、天津仍然居前三位，西部地区保险密度总体水平偏低，但提升速度较快。2011年保险深度为3%，较上年下降0.2个百分点，主要受保费收入增速放缓影响。其中，北京和上海下降幅度最大。

（五）保险改革继续稳步推进

2011年，继续推动保险公司改革，推进产品服务创新，完善监管制度机制，加强信息化建设。各地区保险业积极开发新产品，创新业务模式，保险服务经济社会发展和履行社会责任的能力进一步提升。安徽保险资金直投实现历史性突破，多家保险公司投资或认购的安徽省企业和金融机构发行的债券约100亿元；河北环境污染责任保险取得新进展，签订环境污染责任保险12单；四川启动国内首创的扶贫惠农小额保险，创造性地将小额保险引入了扶贫机制；上海推出蔬菜“冬淡”保险和“夏淡”保险[①]，在全国率先探索建立绿叶菜成本价格保护体系。

四、资金流向和融资结构

（一）货币市场交易活跃，资金配置作用增强

2011 年，货币市场交易活跃，成交量稳步增长。其中，拆借成交33.4万亿元，同比增长20.0%；质押式回购与买断式回购成交99.5万亿元，同比增长13.6%；现券交易保持平稳，累计成交63.6万元，同比略降0.6%。

资金流动仍呈从东部地区向其他地区流动的态势，融出量同比增加。经济金融发达的东部地区资金流动较为活跃，全年资金净融出15.8万亿元，同比增加0.8万亿元，北京、上海仍是主要资金融出地区。江苏、山西、天津是资金融入的前三位省（直辖市），合计净融入资金11.8万亿元，比上年前三位省份少融入0.8万亿元。中部和西部地区资金需求有所下降，全年净融入分别为8.3万亿元和2.2万亿元，同比分别少融入1.6万亿元和0.5万亿元。东北地区资金需求增长较快，净融入资金为5.5万亿元，同比增加2.8万亿元（见图3）。

①若投保人生产的绿叶菜零售价低于保单约定销售价，保险公司则按跌幅同比例启动理赔。

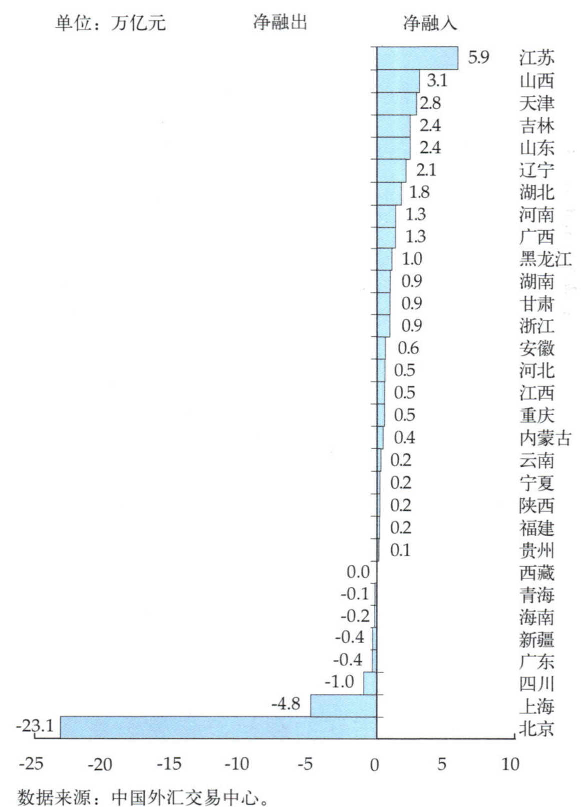

数据来源：中国外汇交易中心。

图3　2011年货币市场资金净融入（净融出）情况

（二）票据融资总体平稳，利率走高后略有回调

2011年，金融机构累计贴现25.0万亿元，同比下降3.8%；年末贴现余额为1.5万亿元，同比增长2.1%。分地区看，东部地区贴现余额和发生额仍占比最高，分别为61.2%和44.5%，同比分别上升4.7个和2.8个百分点（见表8）。受金融机构加强信贷资产结构调整等因素影响，年初全国票据融资余额小幅下降，第二季度后逐步回升，下半年基本保持稳定。年末，全国票据融资余额占各项贷款的比重为2.8%，同比下降0.3个百分点。

票据承兑业务总体较为活跃。2011年，企业累计签发商业汇票15.1万亿元，同比增长23.8%。银行承兑汇票累计发生额达13.3万亿元，比上年增长13.5%；年末余额为6.7万亿元，同比增长19.1%。其中，西部地区银行承兑汇票余额和累计发生额同比增速最高，分别为30.1%和40.3%，其余地区也均有不同程度增长。商业承兑汇票贴现累计发生额为1.8万亿元，同比增长9.2%；年末余额为944亿元，同比下降161亿元。其中，商业承兑汇票累计发生额增速从高到低的地区依次为西部、东北和东部地区，中部地区则呈下降态势。

2011年，票据市场利率总体处于高位运行状态，下半年以来票据市场利率持续震荡上行，10月达到最高点，后略有回调。第四季度各地区银行承兑汇票和商业承兑汇票贴现加权平均利率分别为7.42%～10.85%和5.77%～13.1%，买断式和回购式票据转贴现加权平均利率分别为6.55%～8.62%和6.1%～8.3%，平均水平明显高于上年同期。各地区银行承兑汇票贴现、买断式和回购式票据转贴现加权平均利率的水平和走势基本一致。

表8　2011年年末票据业务地区分布

单位：%

项目	东部	中部	西部	东北	全国
银行承兑汇票承兑余额	67.1	14.0	13.3	5.6	100.0
银行承兑汇票承兑累计发生额	64.5	16.1	14.2	5.2	100.0
票据贴现余额	61.2	14.8	15.2	8.8	100.0
票据贴现累计发生额	44.5	28.7	16.9	9.9	100.0

数据来源：中国人民银行上海总部、各分行、营业管理部、省会（首府）城市中心支行。

（三）直接融资占比进一步上升，债券融资规模明显扩大

2011 年，全国各地区非金融机构部门贷款、债券和股票融资额总体保持稳定，融资结构进一步优化。银行贷款仍占主导地位，但占比下降6.2个百分点。直接融资占比进一步提高，主要是债券融资占比提高7.2个百分点，股票融资占比与上年相比基本持平。全国有21个省（自治区、直辖市）直接融资比重上升，资金配置效率提升明显。分地区看，东部、中部地区新增贷款同比分别下降13.8%和4.8%，西部和东北地区分别小幅增长3.0%和6.2%（见表9）。各地区债券融资同比增速均高于30%，北京、辽宁等13个省（自治区、直辖市）股票融资同比正增长。从区域分布看，在各种融资方式中东部地区占比均维持较高水平。其中，东部地区债券融资占比提高0.9个百分点，西部地区下降1.2个百分点，中部、东北地区基本持平。各地区股票融资占比保持稳定（见表10）。

表9　2011年各地区非金融机构部门贷款、债券、股票融资额增速

单位：%

	东部	中部	西部	东北
贷款	-13.8	-4.8	3.0	6.2
债券(含可转债)	51.0	44.3	30.1	44.3
其中：短期融资券	26.3	5.0	12.1	17.4
中期票据	51.9	107.4	63.6	78.7
其中：中小企业集合债	0.1	340.0	-82.2	—
股票	-12.2	-18.5	-12.2	6.6

注：债券融资按当年发行数计算，贷款按新增额计算。
数据来源：中国人民银行上海总部、各分行、营业管理部、省会（首府）城市中心支行。

表10　2011年非金融机构部门贷款、债券、股票融资额地区分布

单位：%

	东部	中部	西部	东北	合计
贷款	53.2	16.0	22.9	8.0	100.0
债券(含可转债)	76.0	10.9	9.7	3.4	100.0
其中：短期融资券	77.2	9.8	9.7	3.4	100.0
中期票据	75.1	12.5	9.8	2.6	100.0
其中：中小企业集合债	80.2	13.8	6.1	0.0	100.0
股票	67.6	13.3	12.6	6.4	100.0

数据来源：中国人民银行上海总部、各分行、营业管理部、省会（首府）城市中心支行。

五、金融生态环境建设

2011年，全国各地区金融生态环境建设深入推进，社会信用意识不断增强，司法环境持续改善，金融基础设施建设加快，征信、支付结算服务水平明显提升。

一是政府职能充分发挥，金融发展环境持续改善。北京制定《科技金融和文化金融工作实施意见》，文化创新和科技创新“双轮驱动”助力首都经济发展。云南出台关于推动农村金融产品和服务创新、保险业改革、股权投资基金发展等10个规范性文件，金融业政策支持力度加大。深圳通过金融债权联席会议机制加大对恶意逃债企业的处置力度。各地区投融资环境进一步改善。上海、浙江、江苏成功召开第四届长江三角洲金融协调发展会议，签署《共同推进长三角地区贷款转让市场发展合作备忘录》，区域金融一体化进程加快。上海着力推进金融市场体系和金融集聚区建设，外滩金融功能拓展延伸，在2011年伦敦金融城全球金融中心指数排名中居全球第五位。

二是金融生态环境体制机制建设取得新进展，社会信用体系加快构建。江苏、河北、河南、湖北、四川五省将金融生态创建列入政府工作内容，纳入目标考核，对评估突出的县市安排专项资金奖励。湖南首次发布全省县域金融生态评估报告，推动金融生态建设激励机制发展。甘肃、江西、湖南出台《社会信用体系建设“十二五”规划》，对未来5年社会信用体系建设进行全面部署。新疆制定下发《关于加快推进自治区社会信用体系建设的实施意见》，健全联动机制，全面推进“诚信新疆”建设。广西将社会信用体系建设列为全区经济工作的重要内容，企业信用评级成为政府部门评先选优和加强分类管理的重要手段。天津市建立社会信用体系建设联席会议制度。广东出台《关于加强广东金融业信用建设的指导意见》，泛珠三角区域九省区共同签署了《社会信用体系共建协议》，定期举办建设磋商会，各地区社会信用意识普遍增强。

三是征信系统覆盖面和使用面不断扩大，服务中小企业和“三农”的功能增强。天津市将市农委、建委、规划局等部门在行政管理中形成的企业和个人资质信息、行政奖励和处罚信息纳入征信系统。西藏将信息采集拓展到住房公积金缴存、企业环境违法、拖欠工资等领域。福建、江西为财政、工商、质监、海关、审计等部门提供征信信息服务。湖南省作为全国唯一机构信用代码应用试点省份，为31万户机构建立了完整的经济身份信息档案。山东省地方信用信息共享平台建设实现突破，创新开发运行了山东省信用评级综合服务平台。吉林研发中小企业融资超市和农村信用信息数据库，为推动中小企业和农户融资提供信息服务。江苏、安徽、甘肃、内蒙古试点“农村青年创业信用示范户”，支持信用良好的青年创业。宁夏以生态移民地区为重点，加大对金融生态环境薄弱地区的征信宣传和信用建设力度。浙江省全面深化中小企业和农村信用体系建设，将农村信用体系建设的成功模式向全省推广。

四是继续推进司法环境建设，严厉打击各种金融违法违规行为。截至2011年年末，已有22个省（自治区、直辖市）开展了金融消费者权益保护试点。部分地区制定了《金融消费者保护工作的意见》、《金融消费者权益保护办法》。各地区严厉打击制贩假币、洗钱、银行卡犯罪以及地下钱庄等犯罪行为。河北有5个县（市）将反假货币工作纳入社会治安综合治理考核体系。北京成功破获特大虚开增值税专用发票案。海南协助公安部门成功侦破具有全国性影响的“1·29”特大地下钱庄系列案件。山东开展打击银行卡犯罪“天网—2011”专项行动，破获涉银行卡案件1 600余起。西藏金融机构与自治区工商、税务、司法机关等经济综合部门签订合作协议，严厉打击破坏金融秩序、骗取银行贷款、逃废金融债务的行为。

五是进一步推进金融基础设施建设，提高支付结算服务水平。天津推进支付清算体系建设，继续扩大滨海新区支票截留试点范围，积极推动支票圈存业务，拓展支付系统应用功能。山东实施农村支付环境建设“强力推进年”活动，年末农村地区“村均1.5台金融基础设施、人均1.2张卡”，全省县及以下金融服务终端覆盖率达到79.6%。重庆银行卡POS助农取款服务覆盖面扩大到常住农户的52%。北京大力推广金融IC卡应用和社保卡加载金融功能。福建深化两岸合作，妈祖平安卡突破350万张，成为全国发卡量和使用量最大的地方卡。深圳上线人民币银联借记卡及人民币账户深港跨境扣账系统，推动“刷卡无障碍”街区建设与大运会商户入网。海南成功实现境外发行国际旅游岛卡，率先推行离境退税和货币兑换电子化，规范多用途商业预付卡管理。甘肃实现了支付基础设施到乡、电子支付工具到村、特色优势产业和规模以上专业化市场非现金支付工具基本覆盖的目标。四川农村支付结算“迅通工程”已发展银行卡助农取款服务点55 936个，消除金融服务空白乡镇437个、空白行政村18 480个。宁夏试点实施“农民工一卡通”，会同有关部门合力保护农民工合法权益。贵州“银行卡助农服务村村通”工程建设在全省农村地区全面推进。吉林在全国率先以省为单位推进粮食收购非现金结算工作，破解粮食收购“现金搬家”难题，178家粮食加工企业实现非现金结算94.7亿元。内蒙古通过惠农卡和“惠农一卡通”发放财政补贴109亿元，惠及411万户农牧民。

六是加强风险监测，防范和化解金融风险。海南、河北等多个地区创新开展“两管理、两综合”（“两管理”指的是开业管理、营业管理，“两综合”指的是综合执法检查、综合评价）工作，有效增强风险防范能力。江苏监管部门、公安部门加强对不良贷款、信贷集中风险、民间借贷风险、违规投资风险的跟踪监控。深圳将黄金租赁业务信息纳入借款企业风险预警系统。浙江对民间借贷有序疏导，在全国率先制定加强民间融资管理的指导意见，开展规范民间融资试点，探索民间金融阳光化途径，防范潜在风险。

专栏2 金融大力支持新疆跨越式发展

2010年中央召开新疆工作座谈会，对新疆经济社会发展作出全面部署，提出“实现跨越式发展”的总体要求。中国人民银行坚决贯彻执行中央部署，灵活运用多种货币政策工具，增加信贷投入，完善金融服务，支持新疆加快发展、改善民生。2011年5月，中国人民银行会同中国银监会、中国证监会和中国保监会研究出台了《关于金融支持新疆跨越式发展的意见》，提出要对新疆实施倾斜性的信贷政策，并在金融监管、证券、保险、外汇等方面给予有力的政策支持。金融业积极作为，加大资金支持力度，取得明显成效，为新疆经济加快发展提供了有力的保障和支撑。

一是采取多项政策措施，加大信贷支持新疆经济发展力度。加大支农再贷款及存款准备金等各项优惠政策的支持力度，支持金融机构加大对“三农”、中小企业、南疆等薄弱领域和区域的信贷投放。2010～2011年，共对新疆增加支农再贷款、再贴现额度76.2亿元。对农村信用社执行比大型商业银行低6～7个百分点的准备金率，对5家中小商业银行执行比大型商业银行低2个百分点的准备金率。引导商业银行适应新疆发展实际，在加强风险管理、保持稳健经营的基础上，采取灵活的信贷管理方法。如下放贷款审批权限，放宽电力、煤炭行业和城市基础设施建设、开发区贷款的准入条件，对采矿、石油石化、农业、水泥、纺织、风电等重点行业实施差别化授信政策，调增贸易融资审批额度等。

2011年，新疆各项贷款呈现强劲增长态势，增速高于全国平均水平，形成金融对经济的有力支持。2011年年末，新疆金融机构本外币各项贷款余额为6 603.4亿元，较年初增加1 392.0亿元，增量为历史最高水平，增速达26.7%，高于全国11.0个百分点。与此同时，信贷结构进一步优化。2011年年末，全区涉农贷款余额达3 042.8亿元，同比增长33.5%，余额占全区贷款的46.1%；小型企业贷款余额为1 020.2亿元，较年初新增243.0亿元，增长39.4%，余额占全区贷款的16.3%。全区累计发放下岗失业人员小额担保贷款35亿元，同比增长2.8倍；累计发放国家助学贷款2 515万元，同比增长93.1%；累计发放“安居富民、安居兴牧”贷款26.6亿元，同比增长2.23倍；全区民贸民品贷款累计贴息4.1亿元，同比增长56.2%。不断优化的信贷资源配置较好地满足了新疆能源、水利、交通、基础设施等一大批重点项目建设和重点产业发展的配套资金需求，推进了新疆新型工业化、农牧业现代化、新型城镇化进程，增强了新疆发展后劲。

二是发展直接融资支持重点项目。通过在银行间市场开通优先发债“绿色通道”等措施，多部门共同努力，新疆直接融资实现突破。2011年新疆19家企业在银行间债券市场累计注册发行各类债务融资工具198亿元，同比增长1.2倍；发债区域从经济较发达的天山北坡经济带扩大到发展相对落后的南疆地区；在融资方式上，首单中期票据以及非公开定向发债方式融资获得成功，中小企业集合票据、“区域集优”发债试点启动实施。2011年，5家企业通过股票市场融资101亿元。新疆融资产品逐步丰富，融资渠道进一步拓宽，企业的市场融资意识不断提升，金融市场发展的广度和深度明显提高。

三是促进贸易投资便利化。金融业积极开展跨境人民币结算业务，促进贸易投资便利化。目前，新疆已与哈萨克斯坦、吉尔吉斯斯坦、蒙古、中国香港等25个国家和地区办理了跨境人民币结算业务，境外区域较上年增加17个。2011年，新疆地区银行累计办理跨境贸易人民币结算业务199.3亿元，同比增长3.4倍。其中，跨境货物贸易结算量占进出口总额的10%，高于全国3.4个百分点。2010年10月，新疆率先开展跨境直接投资人民币结算试点。2011年，资本项下人民币跨境直接投资、项目贷款业务有序推进，人民币跨境直接投资33.3亿元，金融机构发放境外项目人民币贷款1 800万元。同时，顺利实现人民币与哈萨克斯坦坚戈在新疆的银行柜台挂牌。

四是加快推动各项金融改革和金融创新。推动完善金融体系，金融空白乡镇网点提前一年实现全覆盖；一些全国性和区域性银行在疆设立机构工作取得积极进展；村镇银行、小额贷款公司、资金互助社等主要服务基层的金融工作有序推进。中国人民银行对新疆农村信用社的资金支持全部到位，新疆农村信用社不良贷款余额和比率“双降”，资本充足率稳步提高。

2011年，在各方面的共同努力下，新疆经济建设取得重大成果，地区生产总值同比增长12%。金融业在全力支持新疆经济发展的同时，自身也实现了快速发展，形成了经济与金融互利共赢、互相促进的良好局面，经营实力、创新能力、抗风险能力进一步得到提高，银行业金融机构资产规模和实现利润同比分别增长26.0%和31.5%，不良贷款余额和比例同比分别下降2.66亿元和0.52个百分点。

下一阶段，中国人民银行将继续按照中央部署，进一步加大金融支持新疆跨越式发展的力度。一是积极发挥货币信贷政策的指导作用，促进新疆信贷投放平稳较快增长。积极支持新疆企业通过债券、股票等直接金融工具扩大融资规模。二是继续加大对重点项目和薄弱环节的支持力度。引导金融机构对符合要求的重点项目提供资金支持，加大支农再贷款倾斜力度，促进“安居富民、定居兴牧”工程及再就业、助学、扶贫、民贸民品发展。三是进一步支持新疆的改革开放。围绕充实资本、完善治理，深化农村信用社改革，推动新疆金融改革发展。加快服务创新，扩大跨境贸易投资人民币结算，进一步改进外汇管理，启动金融支持喀什和霍尔果斯经济开发区工作。

第二部分　区域经济运行情况

2011年，面对复杂严峻的国内外环境，全国各地区在党中央、国务院的正确领导下，坚持以科学发展为主题，以加快转变经济发展方式为主线，全面贯彻落实宏观调控的各项政策措施，国民经济保持平稳较快发展，经济增长由政策刺激向自主增长有序转变，实现了“十二五”时期的良好开局。区域发展协调性进一步增强，东部地区产业转型升级步伐加快，中部、西部和东北地区主要经济指标增速高于全国平均水平。全年东部、中部、西部和东北地区分别实现地区生产总值26.9万亿元、10.4万亿元、10.0万亿元和4.5万亿元，地区生产总值加权平均增长率分别为10.5%、12.8%、14.1%和12.5%，比上年分别下降1.8个、1.1个、0.1个和2.9个百分点（见表11）。

表11　2011年各地区生产总值比重和增长率

单位：%

	占比		加权平均增长率	
		比上年增减		比上年增减
东部	52.0	-1.0	10.5	-1.8
中部	20.1	0.4	12.8	-1.1
西部	19.2	0.5	14.1	-0.1
东北	8.7	0.1	12.5	-2.9

注：各地区生产总值加权平均增长率为11.8%，比国家统计局公布的全国国内生产总值增速（9.2%）高2.6个百分点。

数据来源：各省（自治区、直辖市）《国民经济和社会发展统计公报》，中国人民银行工作人员计算。

一、消费、投资、净出口和政府支出

2011年，最终消费、资本形成和净出口对国内生产总值（GDP）的贡献率分别为51.6%、54.2%和-5.8%，内需对GDP的贡献率进一步提高。经济增长的内生动力不断增强，消费对经济增长的贡献率上升。

（一）城乡居民收入快速增长，消费对经济增长的推动作用显著增强

2011年，在经济平稳较快增长以及促进就业、加强社会保障体系建设、各项强农惠农政策有效落实等有利因素推动下，各地区城乡居民收入快速增长。全年城镇居民人均可支配收入和农村居民人均纯收入分别为21 810元和6 977元，扣除价格因素，分别实际增长8.4%和11.4%，城乡居民收入差距继续缩小。农村居民人均纯收入实际增速为1985年以来新高，连续两年快于城镇居民人均可支配收入增速。

各地区城镇居民收入差异有所缩小，西部地区增长较快。2011年东部地区的城镇居民人均可支配收入水平接近2.8万元，中部、西部和东北地区城镇居民人均可支配收入水平分别是东部地区的66.2%、64.2%和65.9%，地区差异有所缩小（见表12）。城镇居民人均可支配收入水平超过2万元的有11个省（自治区、直辖市），其中北京、上海、浙江突破3万元。中西部地区和东北地区城镇居民收入增长快于东部地区，城镇居民人均可支配收入增速居前10位的省（自治区、直辖市）中，有5个来自西部，分别是重庆、四川、贵州、云南和陕西，增速均超过15%。分省看，城镇居民人均可支配收入增速最高的是海南，为17.9%。

东部地区农村居民收入较高，东北及西部地区农村居民人均纯收入增长较快。东部地区的农村居民人均纯收入水平达到1.2万元，分别是中部、西部和东北地区的1.2倍、2.2倍和1.5倍，差距均比上年有所缩小（见表13）。农村居民人均纯收入居前10位的省（自治区、直辖市）集中在东部和东北

表12　2011年各地区城镇居民人均可支配收入

单位：元、%

	城镇居民人均可支配收入		各地区与东部之比	
		加权平均增长率		比上年增减
东部	27 617.9	13.6	100.0	—
中部	18 282.8	14.9	66.2	0.8
西部	17 722.8	14.1	64.2	0.4
东北	18 198.4	14.8	65.9	0.9

数据来源：《中国经济景气月报》，中国人民银行工作人员计算。

表13 2011年各地区农村居民人均纯收入

单位：元、%

	农村居民人均纯收入		各地区与东部之比	
		加权平均增长率		比上年增减
东部	11 593.3	17.4	100.0	—
中部	6 496.6	18.3	56.0	2.1
西部	5 351.1	18.9	46.2	2.0
东北	7 815.3	20.9	67.4	3.9

数据来源：《中国经济景气月报》，中国人民银行工作人员计算。

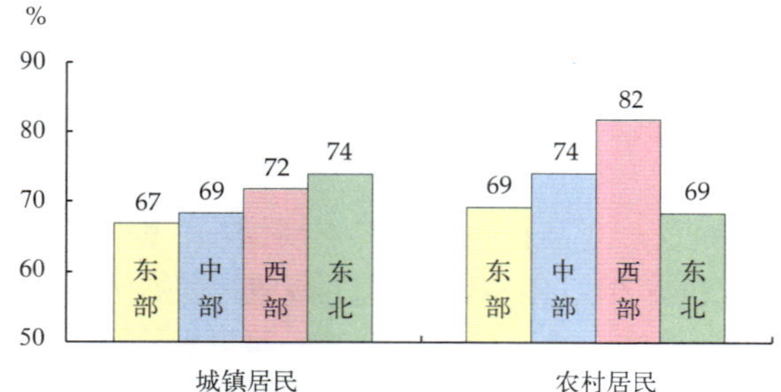

数据来源：《中国统计摘要》，中国人民银行工作人员计算。

图4 2011年各地区居民平均消费倾向

地区，其中上海、北京、天津、浙江、江苏5个省（直辖市）的农村居民人均纯收入超万元。农村居民人均纯收入居后10位的省份除山西外，均集中在西部地区。东北地区农村居民人均纯收入增长最快，三省的增速均超过20%；西部地区农村居民人均纯收入增长率高于中部和东部地区，其中重庆、陕西为农村居民人均纯收入增长最快的两个省市。

农村居民平均消费倾向有所上升。2011年，各地区农村居民平均消费倾向为75.1%，比城镇高5.1个百分点。与上年相比，农村居民平均消费倾向上升1.1个百分点，城镇居民平均消费倾向与上年基本持平。分地区看，城镇居民平均消费倾向东部地区最低，东北地区最高；农村居民平均消费倾向东部地区最低，西部地区最高（见图4）。与上年相比，中部、西部、东北地区农村居民消费倾向略有上升，各地区城镇居民平均消费倾向均不同程度地下降。

消费需求平稳增长，农村消费更趋活跃。2011年，全国社会消费品零售总额为18.4万亿元，同比增长17.1%，扣除价格因素，实际增长11.6%。全年城镇消费品零售额为16.0万亿元，增长17.2%；乡村消费品零售额为2.4万亿元，增长16.7%，消费增速的城乡差距由上年的2.5个百分点缩小至0.5个百分点。分地区看，东部地区社会消费品零售总额占全国社会消费品零售总额的比重仍为最高，但占比继续下降，西部地区占比有所上升。东部、中部、西部和东北地区社会消费品零售总额加权平均增长率分别是16.5%、18.0%、18.2%和17.5%，西部地区增长最快（见表14）。

表14 2011年各地区社会消费品零售总额比重和增长率

单位：%

	占比		加权平均增长率	
		比上年增减		比上年增减
东部	53.1	-0.3	16.5	-1.6
中部	20.1	0.1	18.0	-0.6
西部	17.6	0.2	18.2	-0.6
东北	9.2	0.0	17.5	-1.1

数据来源：《中国经济景气月报》，中国人民银行工作人员计算。

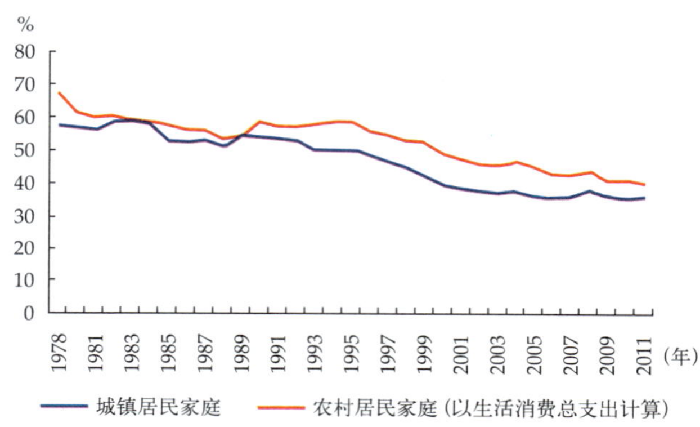

数据来源：《中国统计摘要》，中国人民银行工作人员计算。

图5 1978～2011年城乡居民家庭恩格尔系数变动趋势

城乡居民恩格尔系数呈现不同变化趋势。2011年，受食品价格上涨较快影响，城镇居民恩格尔系数同比上升0.6个百分点，消费结构升级推动农村居民恩格尔系数同比下降0.7个百分点（见图5）。分地区看，城乡居民恩格尔系数西部地区最高，东北地区最低；中部、西部、东北地区城镇居民恩格尔系数同比上升1个百分点，中部、西部地区农村居民恩格尔系数同比下降1个百分点，东北地区上升2个百分点（见图5）。

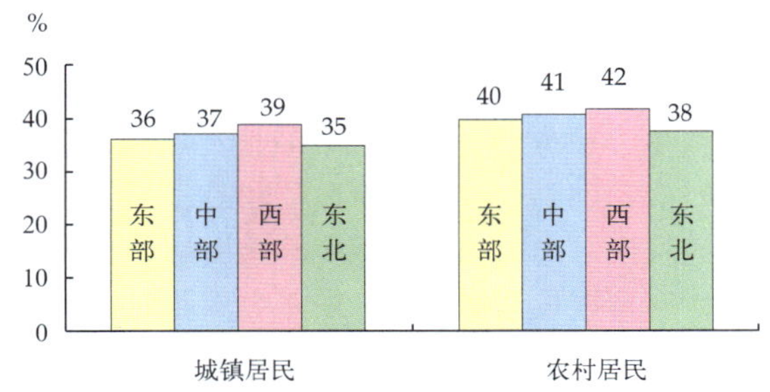

数据来源：《中国统计摘要》，中国人民银行工作人员计算。

图6　2011年各地区恩格尔系数

（二）固定资产投资平稳增长，投资结构进一步优化

固定资产投资的区域协调性进一步增强。2011年，全社会固定资产投资31.1万亿元，同比增长23.6%，增速小幅回落0.2个百分点，扣除价格因素，实际增长15.9%。其中，固定资产投资（不含农户）30.2万亿元，增长23.8%。分地区看，东北、中部和西部地区投资增速高于东部地区（见表15）。分省看，青海、贵州、新疆、甘肃、海南5个省（自治区）的固定资产投资（不含农户）投资增速超过35%，上海、北京、广东、西藏、浙江5个省（自治区、直辖市）固定资产投资（不含农户）增速低于20%。

固定资产投资的产业分布合理均衡，房地产投资增速回落明显。三次产业固定资产投资增速分别为25.0%、27.3%和21.1%，服务业投资占比53.9%，超过第二产业10.1个百分点。房地产调控效果显著，全年房地产开发投资6.2万亿元，增长27.9%，增速同比回落5.3个百分点。城镇保障性安居工程住房开工1 043万套（户），基本建成432万套（户）。

投资增长自主性不断增强，民间投资增长较快。2011年，民间投资同比增长34.3%，高于全部投资10.5个百分点，占全部投资的比重达到58.2%，同比提高7.1个百分点。固定资产投资资金来源中，各类资金增速均有所回落，但自筹资金增速仍然保持28.6%的较高水平。

（三）外贸进出口平衡发展，利用外资质量稳步提升

2011年，在“稳增长、调结构、促平衡”外贸政策的支持下，对外贸易转型升级明显加快，进出口基本实现平衡发展。全年进出口总值为3.6万亿美元，同比增长22.5%，增速呈现“前高后低”态势。分地区看，中部、西部地区外贸增长强劲，中部、西部地区进出口总额分别增长42.2%和50.4%，全国进出口增速居前10位的省（自治区、直辖市）中有8个来自中部和西部地区，增速均超过30%，其中重庆、河南、贵州增速排在前3位；东部地区外贸增长有所放缓，进出口总额增长20.7%，低于全国增幅1.8个百分点，广东、江苏、上海、浙江进出口增速分别同比回落12.0个、21.6个、14.3个、13.0个百分点。东部地区对外贸易依存度有所降低，但仍分别高于中部、西部和东北地区63.6个、61.8个和51.6个百分点。各地区在应对国际市场需求时，深入贯彻落实科技兴贸、以质取胜和市场多元化战略，加大产品创新和技术创新力度，对外贸易可持续发展能力和国际竞争力进一步增强(见表16、表17）。

贸易发展更趋平衡。贸易顺差连续3年下降，占GDP的比重降至2.1%。分地区看，贸易顺差仍主要集中在东部地区，但同比收窄28.4%；中部和西部地区贸易顺差有所扩大，比上年分别增加131亿

表15　2011年各地区固定资产投资（不含农户）比重和增长率

单位：%

	占比		加权平均增长率	
		比上年增减		比上年增减
东部	41.9	—	20.6	—
中部	22.6	—	28.2	—
西部	23.0	—	29.4	—
东北	10.6	—	31.0	—

注：从2011年开始，固定资产投资统计标准发生变化。

数据来源：《中国经济景气月报》，中国人民银行工作人员计算。

表16　2011年各地区出口额比重和增长率

单位：%

	占比		加权平均增长率	
		比上年增减		比上年增减
东部	85.5	-1.8	18.0	-12.2
中部	4.9	0.9	49.7	-3.3
西部	5.7	1.1	61.3	19.0
东北	3.9	-0.2	15.6	-22.7

数据来源：《中国经济景气月报》，中国人民银行工作人员计算。

表17　2011年各地区进口额比重和增长率

单位：%

	占比		加权平均增长率	
		比上年增减		比上年增减
东部	86.9	-1.0	24.0	-14.7
中部	4.0	0.2	34.2	-15.9
西部	4.4	0.3	38.2	-5.6
东北	4.7	0.5	49.9	15.8

数据来源：《中国经济景气月报》，中国人民银行工作人员计算。

美元和161亿美元；东北地区由上年的贸易顺差47亿美元转为贸易逆差91亿美元。分省看，北京、上海、天津、吉林等10个省（自治区、直辖市）为贸易逆差，而广东和浙江的贸易顺差超千亿美元（见图7）。

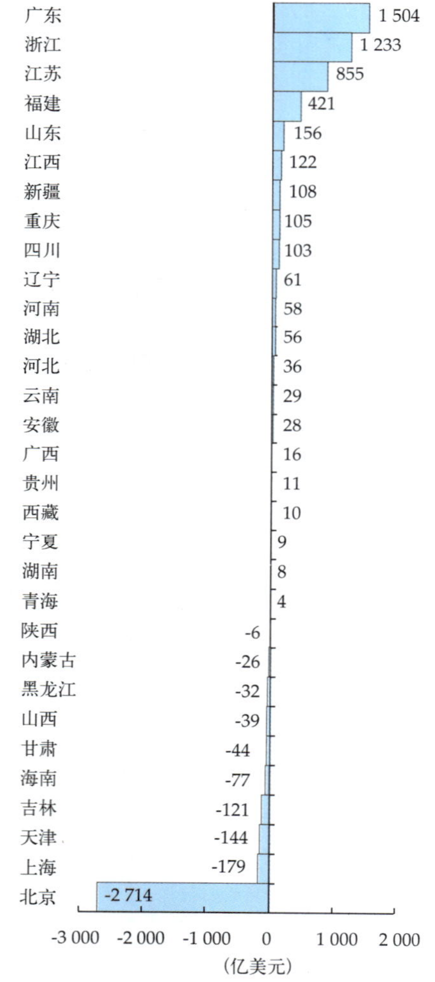

数据来源：《中国经济景气月报》。

图7　2011年各地区进出口差额

中部和西部地区实际利用外资增长较快。2011年，全国实际利用外资1 160.1亿美元，再创历史新高。其中，服务业实际利用外资同比增长20.5%，占比首次超过制造业。随着内陆和沿边开放型经济的快速推进，中部和西部地区承接沿海产业转移和引进外商直接投资的步伐加快，中部和西部地区实际利用外资增速快于东部地区。从占比情况看，东部和东北地区实际利用外资占全国的比重有所下降，中部和西部地区比重继续上升（见表18）。分省看，实际利用外资金额居前5位的省（直辖市）依次为江苏、辽宁、广东、天津和上海，其中江苏实际利用外资突破300亿美元，位居全国第一。实际利用外资增速居前3位的省（自治区）依次为西藏、宁夏、贵州，增速均超过100%。

表18　2011年各地区实际利用外资比重和增长率

单位：%

	占比		加权平均增长率	
		比上年增减		比上年增减
东部	57.2	-3.6	14.3	4.3
中部	16.0	1.4	33.9	11.8
西部	13.7	2.5	50.6	5.1
东北	13.0	-0.3	17.5	-13.4

数据来源：各省（自治区、直辖市）《国民经济和社会发展统计公报》和中国人民银行工作人员计算。

各地区企业"走出去"战略扎实推进，并购领域更为广泛。2011年，全国累计实现非金融类对外直接投资601亿美元，同比增长1.8%。东部地区仍是对外投资的主要地区，浙江、山东、江苏、广东、上海为非金融类对外直接投资最多的5个省（直辖市）。以并购方式实现的对外直接投资达222亿美元，占对外直接投资总额的37%，并购领域主要涉及采矿业、制造业、电力生产和供应业、交通运输业、批发零售业等。中化集团以30.7亿美元收购挪威国家石油公司巴西Peregrino油田40%的股权是2011年中国企业最大的境外收购项目。

跨境贸易人民币结算范围扩大到全国。全年累计办理跨境贸易人民币结算业务2.1万亿元，同比增长3.1倍。其中，货物贸易人民币结算金额占同期货物贸易额的6.6%，同比上升4.4个百分点。跨境人民币收付平衡状况显著改善，全年收付比从2010年的1：5.5上升至1：1.7。直接投资人民币结算业务全面推进，全年累计办理资本项下人民币结算金额1 108.7亿元，境外项目人民币贷款有序开展。境外人民币资金回流渠道进一步拓宽，境外机构投资银行间债券市场稳步扩大，人民币合格境外机构投资者（RQFII）试点正式启动。

（四）财政收入较快增长，财政支出重点保障民生领域

2011年，在经济平稳较快增长、企业效益较好及将原预算外资金纳入预算管理等因素的共同作用下，全国财政收入总体增长较快，增速呈现“前高后低”走势。全年全国财政收入为10.4万亿元，同比增长24.8%，增速比上年提高3.5个百分点。其中，税收收入为9.0万亿元，同比增长22.6%，占全部财政收入的86.5%，同比下降1.6个百分点。各地区地方本级财政收入增速均超过25%，增速均有所加快，中部、西部地区财政收入占全国的比重分别提高0.5个和1.3个百分点（见表19）。分省看，本级财政收入超过3 000亿元的省份由上年的2个增加为6个，均集中在东部地区，其中广东和江苏超过5 000亿元。本级财政收入增长最快的5个省（自治区、直辖市）均来自中部和西部地区，分别是陕西、湖北、西藏、重庆和贵州。

2011年，积极的财政政策得到有效落实，全国财政支出继续加大，全年财政支出10.9万亿元，同比增长21.2%。财政支出结构进一步优化，重点加大了对“三农”、教育、医疗卫生、社会保障和就业、保障性安居工程、文化发展等的支持力度，切实保障和改善民生。分地区看，中部和西部地区财政支出增速最高，占全国的比重同比分别提高0.5个和0.8个百分点；东部、东北地区占比有所下滑。分省看，地方本级财政支出增速居前10位的省（自治区、直辖市）中有9个来自中部和西部地区，其中重庆、西藏、贵州的地方本级财政支出增速超过35%。

表19　2011年各地区财政收入和财政支出情况

单位：%

	地方本级财政收入				地方本级财政支出			
	占比		加权平均增长率		占比		加权平均增长率	
		比上年增减		比上年增减		比上年增减		比上年增减
东部	54.8	-1.3	25.1	2.4	39.7	-0.9	22.2	1.9
中部	16.0	0.5	32.9	6.6	20.8	0.5	27.0	6.8
西部	20.6	1.3	37.1	5.4	29.8	0.8	28.4	6.0
东北	8.6	-0.4	33.5	9.8	9.7	-0.5	23.0	3.2

注：地方本级财政收入不含中央税收返还和补助收入，地方本级财政支出不含上解中央支出。

数据来源：各省份《国民经济和社会发展统计公报》、各省份统计局网站和中国人民银行工作人员计算。

二、产出和供给

2011年，全国三次产业发展良好，结构继续优化，第一产业增速略有提高，第二、第三产业增速有所下降。分地区看，各地区第二产业增速均有不同程度下降，但中部和西部及东北地区发展相对较快，在全国第二产业增加值中的合计占比首次达到50%（见图8、表20）。

（一）粮食生产实现“八连增”，农业发展形势良好

2011年，尽管部分地区遭受了较多的极端灾害

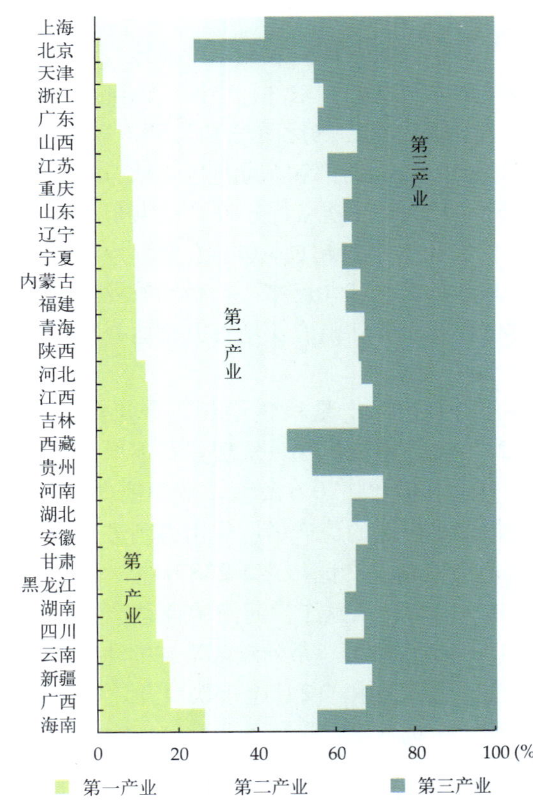

数据来源：各省（自治区、直辖市）《国民经济和社会发展统计公报》和中国人民银行工作人员计算。

图8　2011年各省份三次产业结构

表20　2011年三次产业的地区分布和各地区三次产业的比重和增长率

单位：%

	东部	中部	西部	东北	地区合计
	三次产业的地区分布				
第一产业	35.6	27.1	26.9	10.3	100.0
第二产业	50.0	21.3	19.5	9.1	100.0
第三产业	58.2	16.9	17.1	7.8	100.0
	各地区三次产业的比重				
第一产业	6.3	12.3	12.8	10.9	9.1
第二产业	49.1	54.1	51.7	53.4	51.0
第三产业	44.6	33.5	35.5	35.7	39.9
地区生产总值	100.0	100.0	100.0	100.0	100.0
	各地区三次产业的增长率				
第一产业	4.0	4.2	5.1	6.0	4.6
第二产业	11.6	16.5	18.3	14.6	14.3
第三产业	10.1	10.3	11.4	11.3	10.5
地区生产总值	10.5	12.8	14.0	12.5	11.8

注：各省份三次产业加权平均增长率分别比国家统计局公布的三次产业增长率高0.1个、3.7个和1.6个百分点。

数据来源：各省（自治区、直辖市）《国民经济和社会发展统计公报》和中国人民银行工作人员计算。

性天气，但气候条件对农业生产总体有利，各地区农业发展态势良好。东部、中部、西部和东北地区农业增加值占全国的比重分别为35.6%、27.1%、26.9%和10.3%，西部和东北地区占比分别较上年提高0.6个和0.5个百分点。分省看，山东、河南、江苏三省农业增加值超过3 000亿元。其中，山东省粮食总产量实现“九连增”，带动农业增加值居全国首位；辽宁和新疆农业增加值增速并列全国第一位。

各类农产品产量稳定增长。全年粮食产量达57 121万吨，增长4.5%，实现“八连增”。粮食种植面积比上年增加70万公顷，带动粮食增产346万吨。粮食主产区的稳产增产作用得到进一步发挥，全国13个粮食主产区增产2 238万吨，占全国增产总量的90.5%。黑龙江、河南粮食总产量双双登上5 500万吨新台阶，一系列政策措施推动生猪生产加快恢复，生猪存栏自2月起止跌回升，畜牧业生产趋于稳定。棉油糖、果菜茶等经济作物实现21世纪以来的首次全面增产。

农业结构调整进一步深化。粮食结构进一步改善，玉米大幅度增产8.2%。农业产业化经营稳步推进，产业化龙头企业发展步伐加快。宁夏引进中粮等大型企业参与产业化经营，农产品加工转化率达到54.7%；四川各类农业产业化龙头企业达到8 200余家；西藏农牧民专业合作社户数和资本总额同比分别增长60.9%和66.1%。农业科技应用水平不断提高，2011年全国农业科技进步对农业增加值的贡献率达到53.5%。农业标准化水平提高，全年新制定农业国家和行业标准496项。

强农惠农政策实施效果显著。全年中央财政用于“三农”的支出超过1万亿元，比上年增加1 839亿元。中央安排以水利为重点的农业农村基础设施建设投资1 575.4亿元，全年新增有效灌溉面积181万公顷，新增节水灌溉面积221万公顷。主要用于粮食的农业“四补贴”规模扩大到1 406亿元，同比增长17%。农村水网、电网建设解决了6 398万农村人口的饮水困难和60万无电地区人口的用电问题。农村扶贫标准提高到年人均纯收入2 300元（2010年不变价），惠及农村扶贫对象12 238万人。新农保覆盖全国60%以上的农业县（市、旗），1亿农民领取了养老金。受益于强农惠农富农政策，全年农民人均纯收入增长实现“八连快”。

（二）工业生产增长趋缓，企业利润增速回落

工业经济增速稳中趋缓。2011年，受国外需求低迷和投资需求拉动减弱影响，全国工业增速趋缓，但总体仍运行在相对较快的增长区间。全年规模以上工业增加值按可比价格计算比上年增长13.9%。有9个省（自治区、直辖市）增速超过20%，其中重庆、四川和天津增速分别为22.7%、22.3%和21.3%，排在全国前3位。分行业看，39个大类行业增加值全部实现比上年增长，非金属矿采选业增速居首位。

受生产成本上升等因素影响，工业企业效益在平稳中有所回落。2011年全国规模以上工业企业实现利润5.5万亿元，比上年增长25.4%。平均销售利润率为6.5%（见图9）。分地区看，东部、中部、西部和东北地区工业企业利润分别增长18.1%、37.8%、36.4%和30.7%，全国有4个省份的增速低于10%。

工业生产的区域协调性增强。随着中部崛起、西部大开发等国家战略的稳步推进，中部、

西部地区对工业增长的贡献率持续上升。全年东部、中部、西部和东北地区规模以上工业增加值比上年分别增长13.4%、19.8%、19.7%和15.6%，中部、西部地区明显快于东部地区，工业企业利润增速居前5位的省份全部分布在中西部地区。中西部地区承接产业转移步伐加快，新疆启动2011年产业转移系列对接活动，签署产业转移合作协议5 812亿元；安徽出台地方法规扶持承接产业转移示范区发展，皖江示范区已成为沪苏浙地区产业和资本向中西部地区转移的首选之地；河南承接产业转移比较集中的新投产工业企业拉动全省工业增长3.2个百分点。

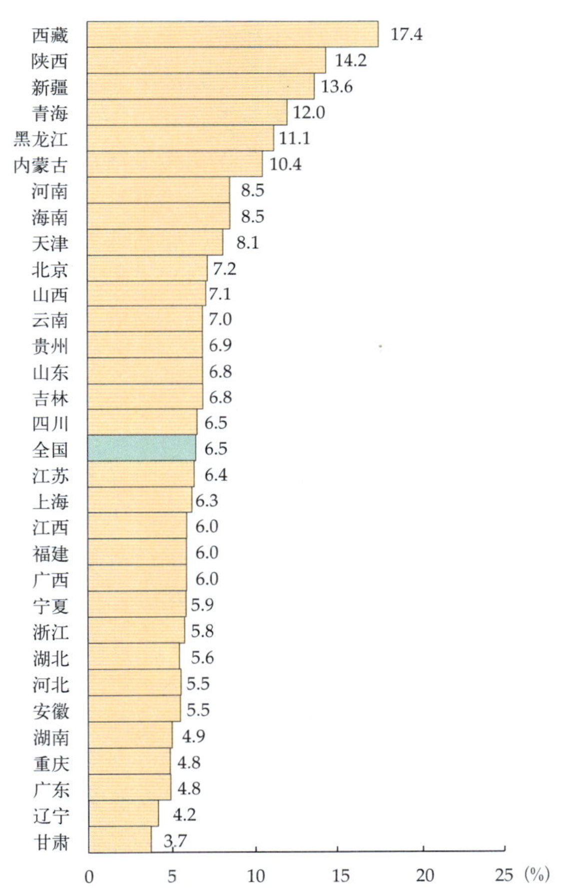

数据来源：《中国经济景气月报》，中国人民银行工作人员计算。

图9　2011年各省（自治区、直辖市）工业企业平均销售利润率

各地区充分发挥产业集群拉动效应，战略性新兴产业快速发展。北京出台政策支持战略性新兴产业发展，中关村国家自主创新示范区投产开业的企业总收入同比增长20.9%；安徽八大战略性新兴产业产值增速高出规模以上工业企业产值增速41个百分点；海南战略性新兴产业对规模以上工业企业的贡献率超过30%；天津航空航天、生物医药、新能源新材料等八大优势产业工业增加值占规模以上工业企业增加值的90.5%；重庆电子信息产业形成品牌商、代工商、配套商产业集群，成为工业发展亮点。

（三）第三产业平稳增长，现代服务业实现跨越式发展

2011年，在继续推进服务业综合改革试点的基础上，编制出台了《“十二五”现代服务业发展规划》，全面推进服务业加快发展和质量提升。年末全国服务业增加值占国内生产总值的比重为43.1%，较上年提高0.1个百分点。分地区看，东部、中部、西部和东北地区服务业增加值加权平均增长率分别为10.1%、10.3%、11.4%和11.3%。其中，西部地区服务业增长较快，增速分别高于东部、中部和东北地区1.3个、1.1个和0.1个百分点。服务业增加值增速同比提高的省份有11个，主要分布在中部和西部地区；增加值占地区生产总值的比重上升的省份有8个，主要集中在东部经济发达地区。

各地区金融、旅游、电子商务等现代服务业加快发展，成为推动经济发展的新生力量。金融业务和产品创新以及金融服务国际旅游岛建设力度的加大，助推海南金融业增加值同比增长20.5%；广东和江苏的软件与信息服务业发展迅速，规模双双突破3 000亿元，居全国前两位；中国通信业三大运营商云计算数据中心项目均落户呼和浩特，内蒙古形成高端服务业新优势；山东通过大力培养重点服务业城区、重点服务业园区、重点服务业企业和重点服务业项目四大载体，推动现代服务业加快发展；陕西世园会带动全省服务业加快发展，现代服务业发展格局初步形成。

2011年，中央提出“文化强国”战略，并陆续出台了一系列扶持文化产业发展的政策。各地认真贯彻落实相关政策，推动文化产业发展驶入快车道。天津国家动漫产业综合示范园投入使用，动漫

产业公共技术服务平台达到世界领先水平；四川与台湾合作启动“台湾文化创意产业园”建设，推动文化创意产业发展；北京奥林匹克体育文化产业园正式开工建设，成为全球唯一一个以奥林匹克体育文化为主题的产业园区；广东文化产品出口值占全国的比重为39.3%，总量居全国首位；福建文化产品出口增长54.5%，增速领先全国其他地区。

专栏3 小微企业经营和融资状况调查分析

为了解当前小微企业经营和融资状况及其影响因素，中国人民银行对13个省（自治区、直辖市）的2 569户小微企业和348家银行业金融机构①及其分支机构进行了问卷调查。调查显示，金融支持小微企业的力度不断增强，各地区小微企业经营和融资状况总体稳定，但由于受成本上升、销售不畅等因素影响，部分小微企业利润有所下降，资金紧张问题实质是经营问题的体现。

一、小微企业经营和融资状况总体稳定

调查显示，多数小微企业销售收入有所上升，融资总体满足度较高。2011年，69.7%的样本企业销售收入比上年增加。21.5%的样本企业销售收入与上年基本持平，73.6%的样本企业产成品存货占产出的比例较上年下降。盈利状况总体较好，59.3%的样本企业利润比上年增加。其中，高新产业企业和产业链上游企业利润状况好于平均水平，利润比上年增加的样本企业占比分别为66%和68%。新注册登记企业数量明显多于注销企业数量。小微企业融资总体满足度较高，超过一半的样本企业表示，2011年融资满足率在80%以上。但也要看到，主要受成本上升和销售不畅因素影响，部分小微企业利润减少，资金趋紧。74.9%的样本企业反映受到原材料价格上涨影响，28%的样本企业在销售方面存在困难。微型企业和产业链下游企业利润减少的情况较突出，反映利润减少的企业比例相对较高。

二、金融部门多措并举改进小微企业金融服务

一是加强信贷政策指导。2011年7月，中国人民银行会同有关部门下发了关于做好中小企业金融服务工作和开展中小企业信贷政策导向效果评估的文件，引导和督促金融机构全方位提升金融服务，促进中小企业信贷政策有效传导，确保中小企业贷款合理增长。二是金融机构加大专设机构、单独评审、单独考核的力度，全面提升对小微企业的金融服务水平。如福建省银行业金融机构进一步推进小企业金融服务专营机构建设，2011年年末，全省共有包括小企业信贷中心、小企业金融业务分中心、小企业专业支行、小企业金融服务团队在内的小企业金融服务专营机构277家，比年初增加59家。内蒙古金融机构采用批发式、集约化的统贷模式，大大提高了小微企业贷款审批效率，建立了为小微企业提供融资服务的快车道。调查显示，2011年，38.2%的样本银行对小微企业的审贷条件比往年有所改善，87%的样本银行新增小微企业贷款占全部新增贷款的比重较上年上升，其中38%和35%的样本银行新增小型企业贷款占比和新增微型企业贷款占比明显提高。三是大力推进企业征信体系和融资担保体系建设，建立了支付清算系统、反洗钱监测系统、征信系统、服务动产融资的应收账款质押登记公示系统和融资租赁登记公示系统等金融基础设施，为小微企业更方便、更快捷地获得贷款提供有效支持。四是对中小金融机构实行相对较低的存款准备金率，发挥支农再贷款和再贴现引导优化信贷结构的作用，积极支持中小金融机构发展。五是加强与国家发展和改革

①2 569户企业中，小型和微型企业分别占55.7%和44.3%，民营和非民营企业分别占90.7%和9.3%，高新产业和传统产业企业分别占13.5%和86.5%，劳动密集型、资金密集型、技术密集型企业分别占53.1%、25.5%、21.4%，产品外销型、内销型、内外销各半型企业分别占75.7%、13.9%、10.4%。在348家银行业金融机构中，政策性银行、大型商业银行、股份制银行、城市商业银行、农村合作金融机构和其他银行业金融机构分别占6.3%、28.5%、25.6%、12.6%、20.1%和6.9%。

委员会、财政部、工业和信息化部等部门及监管部门的政策协调与配合，大力推动地方政府优化金融生态环境，为金融支持小微企业发展创造良好条件。

经过多方共同努力，2011年小微企业金融服务明显改善。一是小微企业贷款总量显著增加。截至2011年年末，金融机构对中小企业贷款余额为21.8万亿元，同比增长18.6%，增速比大型企业贷款高7.1个百分点。其中，小企业贷款余额为10.8万亿元，同比增长25.8%，增速分别高于大型和中型企业贷款14.2个和12.5个百分点。二是小微企业贷款满足率较高。调查结果显示，2011年申请过银行授信的样本企业中，申请笔数满足率①和申请金额满足率②分别大于等于80%的企业比例分别为69.3%和62.2%；银行调查结果显示，对小型企业贷款申请笔数满足率和申请金额满足率大于等于80%的银行比例分别为60.3%和59.8%，对微型企业贷款申请笔数满足率和申请金额满足率大于等于80%的银行比例分别为56.0%和57.2%。三是小微企业融资渠道进一步丰富。尽管94%的样本企业认为银行贷款仍是目前主要的融资渠道，但非贷款类金融产品规模迅速扩大，从股权融资来看，2011年共有128家中小企业通过创业板融资793亿元。同时，为小企业发放的委托贷款、集合票据、集合债券、集合信托等较快增长，创新工具从无到有，如中小企业集合票据“区域集优”模式在江苏、山东、广东3个省顺利试点，共为25户中小企业融资13.89亿元。

三、进一步改善小微企业金融服务的措施

进一步改善小微企业金融服务，需要金融系统、小微企业以及政府管理部门等多方的共同努力。金融管理部门要进一步加强政策引导，积极推动各类金融机构加大对小微企业的信贷支持力度，拓展小微企业融资渠道，鼓励、引导和规范民间资本进入金融服务领域，积极发展小型社区类金融机构，提供更加便捷高效的基础金融服务；金融机构要站在增强自身发展动力和履行社会责任的高度，充分认识支持、服务小微企业的重大意义，强化金融服务长效体制机制建设，进一步提高对小微企业金融支持的覆盖面和满足率；政府部门要进一步加强小微企业增信体系、诚信体系和信息平台建设，加大对小微企业融资的风险奖补力度，营造更加有利于小微企业发展的金融生态环境；小微企业自身更要积极适应市场变化，修炼内功，加强技术改造和技术创新，规范经营，增强开展市场化融资的能力。

三、各地区能耗、环境治理与保护情况

2011年，各地区继续把节能减排和生态环境保护作为调整经济结构、转变经济发展方式、推动科学发展的突破口，加快低碳经济发展和资源节约型社会建设，为应对全球气候变化、实现“十二五”节能减排目标奠定了坚实基础。

各地区单位生产总值能耗持续下降，清洁能源、重点节能环保工程建设稳步推进，控制污染物排放、淘汰落后产能力度不断加大。2011年，全国单位生产总值能耗下降2%，其中北京、四川、天津和重庆等省份（直辖市）单位生产总值能耗降幅超过全国平均水平。清洁能源发电装机达到2.9亿千瓦，同比增加3 356万千瓦。加强重点节能环保工程建设，新增城镇污水日处理能力1 100万吨，5 000多万千瓦新增燃煤发电机组全部安装脱硫设施。严格控制污染物排放，二氧化硫排放量、化学需氧

①申请笔数满足率=企业被批准的贷款申请笔数/申请贷款笔数。其中，贷款申请笔数指实际需求笔数，一笔贷款需求若同时向多家银行申请仍计为一笔。

②申请金额满足率=企业被批准的授信额度/申请额度。其中，贷款申请额度指实际需求额度，一笔贷款需求若同时向多家银行申请不重复计算额度。

量、氨氮排放量分别下降2.2%、2%和1.53%。加大对“两高一剩”行业的调控力度，淘汰水泥、炼铁、焦炭落后产能分别达1.5亿吨、3 122万吨、1 925万吨。

各地区环境质量有效改善，生态保护进一步加强。七大水系的398个水质监测断面中，Ⅰ～Ⅲ类水质断面占比56.3%，同比提高0.3个百分点；劣Ⅴ类水质断面占比15.3%，同比下降2.0个百分点。近岸海域301个海水水质监测点中，达到国家一类、二类海水水质标准的监测点占比62.8%。88.8%的被监测城市空气质量达到二级以上（含二级）标准，同比提高6.1个百分点。全年完成造林面积614万公顷，其中林业重点工程完成造林面积311万公顷。

2011年，各地区金融支持节能减排的力度继续增强。广西壮族自治区采取通过征信系统共享企业环保信息等措施，引导金融机构进一步强化信贷结构调整，在信贷准入、贷款管理及风险防范等方面积极推进“绿色信贷”建设；浙江省排污权交易试点和排污权抵押贷款业务有效推进，“绿色信贷”制度建设取得突破；重庆市金融机构积极跟进研究排污权抵押贷款，积极发放绿化长江贷款，“绿色信贷”余额持续快速增长。

四、价格和劳动力成本

2011年，主要价格指标呈现“前高后低”走势，上半年高位运行，下半年伴随各项调控政策效果的逐步显现，主要价格指标趋稳回落，物价过快上涨的势头得到了有效遏制。全年居民消费价格同比上涨5.4%，工业生产者出厂价格同比上涨6.0%，工业生产者购进价格同比上涨9.1%，农业生产资料价格同比上涨11.3%。分地区看，居民消费价格涨幅的地区差异不大；东部地区的工业生产者出厂价格涨幅最小；西部地区的工业生产者购进价格涨幅相对最大，东北地区相对较小；西部地区的农业生产资料价格涨幅最小（见图10）。

居民消费价格涨幅在上半年不断扩大，7月以后连续回落。四个季度涨幅分别为5.1%、5.7%、6.3%和4.6%，全年涨幅高于上年2.1个百分点。分地区看，东部、中部、西部和东北地区全年居民消费价格指数涨幅分别为5.4%、5.5%、5.6%和

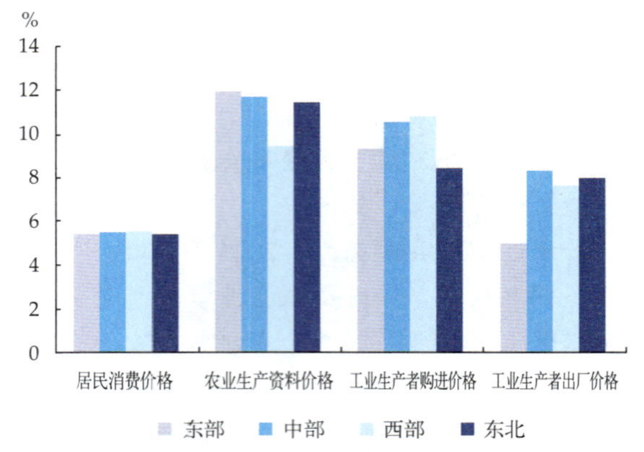

数据来源：各省份《国民经济和社会发展统计公报》、《中国经济景气月报》和中国人民银行工作人员计算。

图10　2011年各地区各类价格同比涨幅

5.4%。全国所有省份的居民消费价格指数均表现为上涨，其中海南、青海和宁夏3个省（自治区）的居民消费价格指数涨幅超过6%。

生产价格涨幅在前三个季度高位运行，第四季度明显回落。工业生产者出厂价格四个季度的涨幅分别为7.1%、6.9%、7.1%和3.1%，全年涨幅略高于上年0.5个百分点。分地区看，东部地区涨幅低于全国平均水平，为5.0%；西部、东北和中部地区涨幅均高于全国平均水平，分别为7.6%、8.0%和8.2%；东部与中部地区的涨幅差距为3.2个百分点，其中江西、新疆、甘肃、黑龙江四省（自治区）价格涨幅超过10%。工业生产者购进价格四个季度的涨幅分别为10.2%、10.4%、10.5%和5.5%，全年涨幅略低于上年0.5个百分点。分地区看，东部、中部、西部和东北地区涨幅分别为9.4%、10.6%、10.9%和8.5%，其中13个省份的涨幅超过10%。全国有27个省份的工业生产者出厂价格涨幅低于工业生产者购进价格涨幅，其中北京、贵州和海南3个省（直辖市）两种价格的涨幅差异在6个百分点以上。

农产品生产价格涨幅高于农业生产资料价格涨幅。2011年，农产品生产价格上涨16.5%，比上年高5.6个百分点；农业生产资料价格上涨11.3%，比上年高8.4个百分点。分地区看，东部、中部、西部和东北地区农业生产资料价格涨幅分别为12.0%、11.7%、9.4%和11.5%。全国有20个省份的涨幅超过10%。

职工工资持续较快增长，最低工资标准有所提高。2011年全国城镇非私营单位在岗职工年平均工资为42 452元，同比增长14.3%，增幅比上年提高0.8个百分点，扣除物价因素，实际增长8.5%。分地区看，2011年全国城镇非私营单位在岗职工年平均工资由高到低依次为东部、西部、中部和东北地区（见表21），中部地区工资涨幅最高，高于全国平均水平1.4个百分点。2011年全国城镇私营单位就业人员年平均工资为24 556元，同比增长18.3%，增幅比上年提高4.2个百分点，实际增长12.3%。城镇私营单位就业人员年平均工资仍低于城镇非私营单位在岗职工年平均工资，但涨幅高于非私营单位4个百分点。分地区看，城镇私营单位就业人员年平均工资由高到低分别是东部、西部、东北和中部地区，东部地区与其他3个地区的工资差距较上年均有所扩大（见表22）。2011年全国共有25个地区调整了最低工资标准，东部、中部、西部和东北地区分别有10个、5个、8个和2个省份。各地最低工资标准根据各自情况分不同档次，北京、上海只有1档，大部分省份划分为3～4档，安徽省有6档。最高档的月最低工资标准最高的是深圳市，为1 320元，东部地区进行调整的10个省份最高档的月最低工资标准均突破1 000元，处于明显的领先位置。与东部地区相比，其他地区的最低工资标准相对较低，但部分省份相对较高，如湖北、新疆和辽宁3个省（自治区）最高档的最低工资分别达到了1 100元、1 160元和1 100元。全国月最低工资标准平均增长幅度为22%。最高档的小时最低工资标准最高的北京市为13元，全国共有17个省份最高档的小时最低工资突破了10元。全国27个省份发布了2011年度工资指导线，基准线多在14%以上。

表21　2011年各地区城镇非私营单位在岗职工年平均工资

单位：万元、%

	职工平均工资	比上年增减	加权平均增长率	比上年增减
全国	4.2	0.5	14.3	0.8
东部	4.8	0.6	13.3	0.6
中部	3.7	0.5	15.7	0.7
西部	3.8	0.5	14.5	0.7
东北	3.6	0.4	12.9	0.6

数据来源：国家统计局网站，中国人民银行工作人员计算。

表22　2011年各地区城镇私营单位就业人员年平均工资

单位：万元、%

	职工平均工资	比上年增减	加权平均增长率	比上年增减
全国	2.5	0.4	18.3	4.2
东部	2.7	0.4	18.0	3.5
中部	2.1	0.3	19.9	7.9
西部	2.2	0.4	19.7	4.9
东北	2.2	0.3	18.8	5.9

数据来源：国家统计局网站，中国人民银行工作人员计算。

各地区资源性产品价格改革也取得一定进展。如内蒙古制订电力多边交易市场建设方案；安徽完善水利工程供水价格形成机制，推进排污权有偿使用和交易试点指导政策；广西积极推行居民生活用水阶梯式水价和非居民用水超定额用水加价制度；江西落实新建小水电站分类上网标杆电价，大工业用户直购电试点启动。

五、主要行业发展

（一）房地产开发、销售和贷款增速回落，保障性安居工程快速发展

2011年，为进一步巩固和扩大房地产调控成果，促进房地产市场平稳健康发展，国家继续坚持房地产宏观调控政策不动摇，综合采取土地、税收、金融等多项措施，有效地推动了全国各地区房地产市场走势回稳。房价环比下降的城市个数增多，商品房销售增速逐步放缓，房地产开发投资增速高位回落，房地产贷款增速整体回落，保障性安居工程建设快速推进，金融对保障性住房建设的支持力度进一步增强。

新建商品住宅价格环比下降的城市个数增多。12月，全国70个大中城市中，新建商品住宅价格环比下降的城市有52个，比1月增加了49个；持平的城市有16个；环比价格上涨的城市，涨幅均为0.1%。自5月以来，上海、深圳、北京新建商品住宅价格环比持续下降，一线城市新建商品房价格回调趋势明显（见图11）。

商品房销售增速逐步放缓。在限购等一系列政策措施作用下，房地产市场的投机和投资性需求受到抑制，房地产交易量增速自9月起连续4个月回

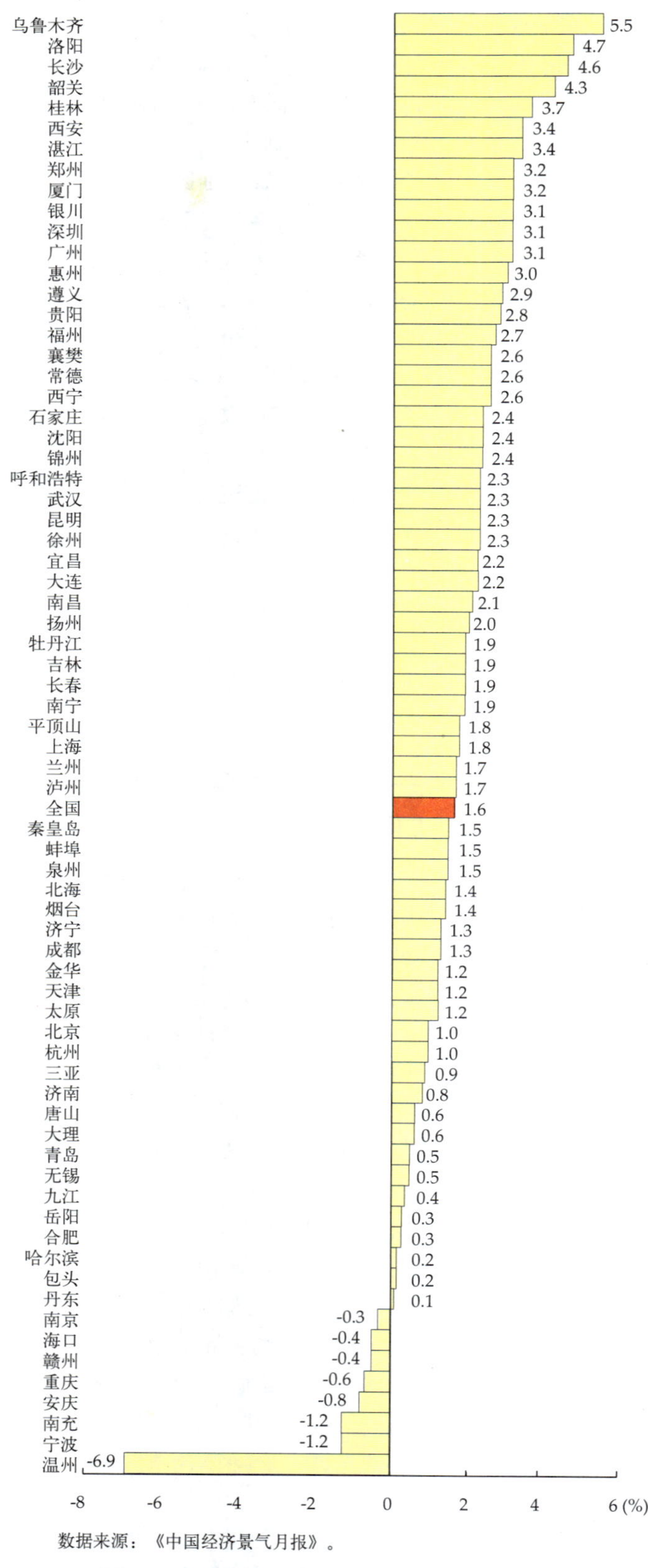

数据来源：《中国经济景气月报》。

图11　2011年12月房屋销售价格同比涨幅

落。2011年，全国商品房销售面积为11亿平方米，同比增长4.9%，增速比上年回落5.7个百分点，比前三个季度回落8.0个百分点。商品房销售额为5.9万亿元，同比增长12.1%，增速比上年回落6.8个百分点。各地区增速差异较大，东部地区商品房销售面积为4.3亿平方米，同比仅增长0.4%；中部地区商品房销售面积为2.4亿平方米，同比增长11.4%；西部地区商品房销售面积为3.0亿平方米，同比增长8.4%；东北地区商品房销售面积为1.3亿平方米，同比增长12.6%。

房地产开发投资增速高位回落。2011年，全国共完成房地产开发投资6.2万亿元，同比增长27.9%，增速比上年回落5.3个百分点。分地区看，西部地区增长最快，全年房地产开发投资增速为32.8%，房地产投资占全部投资的21.0%。东部、中部和东北地区房地产开发投资分别增长26.9%、23.6%和31.4%（见表23）。

表23　2011年各地区房地产开发投资比重和增长率

单位：%

	占比		加权平均增长率	
		比上年增减		比上年增减
东部	50.4	-0.4	26.9	-6.9
中部	17.5	-0.6	23.6	-9.0
西部	21.0	0.7	32.8	-3.3
东北	11.1	0.3	31.4	-1.1

数据来源：《中国经济景气月报》，中国人民银行工作人员计算。

房地产开发资金增速回落。2011年，全国房地产开发企业本年资金来源为8.3万亿元，同比增长14.1%，增速比上年回落12.1个百分点。从资金来源看，国内贷款12 564亿元，与2010年基本持平；利用外资814亿元，增长2.9%；自筹资金34 093亿元，增长28.0%；定金及预收款21 610亿元，增长12.1%；个人按揭贷款8 360亿元，下降12.2%。自筹资金和定金及预收款增长较快，两者合计占房地产开发资金的66.9%。

房地产金融平稳运行，房地产贷款增速整体回落。2011年，中国人民银行继续落实好差别化住房信贷政策，抑制投机和投资性购房需求，加大对保障性安居工程建设的支持力度，房地产信贷增速明显回落。2011年，主要金融机构（含外资金融机

表24 2011年各地区房地产贷款比重和增长率

单位：%

	占比		加权平均增长率	
		比上年增减		比上年增减
东部	64.3	-2.0	11.1	-11.7
中部	12.1	0.8	22.7	-18.5
西部	17.1	0.8	20.7	-16.3
东北	6.4	0.4	22.4	-15.1

数据来源：中国人民银行。

构）新增房地产贷款1.3万亿元，比上年少增0.8万亿元。分地区看，东部地区房地产贷款增速最低，全年增长11.1%，同比回落11.7个百分点，中部、西部和东北地区增速回落幅度明显高于东部地区，分别回落18.5个、16.3个和15.1个百分点；东部地区房地产贷款占全国的比重为64.3%，较上年减少了2个百分点，中部、西部和东北地区占比分别增加0.8个、0.8个和0.4个百分点（见表24）。

保障性安居工程建设快速推进。2011年，各相关部门和地方协同行动，攻坚克难，通过新建、改建、购买、长期租赁等方式，多渠道筹集保障房房源，加大保障性安居工程建设力度，全年超额完成1 000万套保障性住房新开工建设的目标。中央财政资金和预算内投资对保障性安居工程的支持力度持续加大，保障房土地供应实行指标单列。地方政府不断拓宽思路，完善制度，取得了新的成绩。如黑龙江通过采取先建后拆、边拆边建、异地安置、原地拆建与集中建设相结合等措施，确保工程进度。山东全面推行保障房质量责任终身制。上海建立“居民经济状况核对平台”，对申请者经济状况进行全方位审核，确保保障房公平分配。

保障性安居工程金融支持力度不断加大。2011年年末，全国保障性住房开发贷款余额为3 409亿元，占全部房地产开发贷款余额的12.5%。保障性住房开发贷款全年新增额为1 751亿元，占同期房地产开发贷款新增额的50.1%，比年初提高了31.7个百分点。分地区看，中部地区增长最快，全年保障房贷款增速为191%；东部、西部和东北地区保障房贷款增速分别为127.9%、74.8%和168.0%。另外，截至2011年年末，商业银行受住房公积金管理中心委托，在29个试点城市发放的用于保障性住房建设的项目贷款累计达265.9亿元。金融机构还通过信托产品、理财产品、保险直投、商业票据、融资租赁等多元化的金融工具，对保障性住房建设给予了积极支持。地方政府债券资金的使用也更多地向保障房倾斜，中央还允许符合条件的地方融资平台公司发行企业债券，用于保障性安居住房及其配套基础设施建设。

（二）综合交通运输体系建设加快，金融多渠道支持交通运输业发展

经过“十一五”的快速发展，全国交通基础设施不断完善，综合运输能力显著提高。随着刺激政策的退出和结构调整力度的加大，交通运输投资从高位逐步回落，统筹发展的区域布局更趋协调，交通运输业融资渠道不断拓展。

交通运输业快速发展，交通基础设施不断完善。“十一五”期间，交通运输业保持了持续快速的增长。作为国民经济重要的基础性产业，除了直接拉动GDP增长外，交通运输业还通过行业关联拉动其他行业的发展，并通过吸纳就业、带动消费为经济增长作出了重要贡献。交通运输基础建设的快速发展初步形成了综合运输网络，运输线路质量和运输能力显著提高。2011年年末，全国公路里程达411万公里，铁路里程达9.3万公里。2011年各种交通运输方式完成的客运量、货运量分别达352亿人和369亿吨，同比分别增长7.6%和13.7%。

交通运输投资增速减缓，结构调整力度加大。2008年国际金融危机后，经济增长刺激政策拉动交通运输业固定资产投资在2009年实现了48.3%的高速增长，2010年起增速开始回落。2011年进一步放缓，全年交通运输业（含仓储和邮政业）固定资产投资额为2.7万亿元，同比增长1.8%。其中，道路运输业和铁路运输业固定资产投资分别同比增长9.8%和下降22.5%。铁路投资增速的放缓，部分是由于铁道部针对近年来铁路建设规模过大等问题，对拟建和在建项目进行主动调整的结果。分地区看，中西部地区由于基数较低和区域振兴政策的倾斜，投资快速增长；东部地区由于前期基数较高，增速放缓，加大了结构调整力度。

综合交通运输体系统筹发展，交通运输业区域布局更趋协调。各地区按照“十二五”规划提出的加快转变交通发展方式的原则，统筹协调。东部先

行、东北老工业基地振兴、中部崛起、西部大开发等国家战略区域规划使得交通运输业区域布局更趋协调。国家“四纵四横”快速铁路网之一、连接环渤海和长三角区域的京沪高铁客户专线正式通车，广珠城轨开通运营，广佛肇、珠中江等城市圈实现了年票互通，珠三角交通一体化加快推进。江苏连云港集装箱铁水联运被交通运输部和铁道部确定为全国示范项目，山东省成为全国首个开通国际陆海联运甩挂运输的省份。中西部交通基础设施建设实现跨越式发展，四川省全公路通车里程名列全国首位，广西壮族自治区北部湾港跨入亿吨级大港行列。六盘山、大别山区等11个集中连片特困地区，西藏、新疆等4个扶贫攻坚战场加快农村公路改建升级。总体来看，各地区加快经济发展方式转型，充分发挥比较优势，交通运输业呈现协调发展的局面。

交通运输业融资渠道不断拓展，贷款继续增长，但增速有所放缓。2011年年末，全国交通运输业（含仓储及邮电通信业）本外币贷款余额为5.6万亿元，比年初增加7 643.2亿元。分地区看，西部和东北地区贷款余额增速高于东部和中部地区，西部地区贷款新增额占比高于其他地区（见表25）。交通运输业直接融资发展较快。各交通运输企业通过发行股票、短期融资券和中期票据等方式积极拓宽融资渠道。2011年，四川省交通运输企业在银行间市场累计发行短期融资券、中期票据和集合票据81.9亿元，占全省在银行间市场债券发行总额的34.1%，有效地补充了资金来源。

表25　2011年各地区交通运输业贷款余额增速及新增额占比

单位：%

	贷款余额加权平均增长率		贷款新增额占比	
		比上年增减		比上年增减
东部	14.2	-5.2	10.4	0.5
中部	12.1	-13.7	10.1	-2.0
西部	18.0	-13.4	12.5	1.1
东北	18.8	-4.6	8.7	-2.1
合计	15.4	-8.6	9.7	-0.4

数据来源：中国人民银行上海总部、各分行、营业管理部、省会（首府）城市中心支行。

提高金融服务支持水平，推进交通运输业科学发展。近年来，交通运输业实现了快速发展，但同时也存在一些问题，主要表现为交通基础设施供给总量仍不足、结构性矛盾突出、运输网络结构不尽合理、各种运输方式之间衔接不够、各地交通运输建设项目集中开工、建设资金缺口较大、贷款集中到期的偿还压力显现等。“十二五”时期是交通运输业转型升级、构建综合交通运输体系、优化格局、加快区域协调发展的重要时期，进一步提升金融服务交通运输业的水平具有重要意义。一是积极拓宽交通运输业融资渠道，支持符合条件的交通运输企业上市融资和发行债券等，减少其对贷款融资的依赖性。二是充分发挥政府在交通基础设施建设中的作用，区别对待不同类型的交通基础设施建设，进一步完善收费公路政策，加大对普通公路的公共财政保障。三是积极防范债务集中到期风险，如发展经营权证券化等，提高公路、铁路等建设资金的周转率和回收速度，使建设资金进入快速周转、滚动发展的良性循环轨道。

六、主要经济圈发展

2011年，长三角、珠三角、京津冀经济圈①认真落实“十二五”规划，面对复杂多变的国内外经济环境，积极巩固和扩大应对国际金融危机取得的成果，以改革创新促发展，区域经济金融一体化进程加快，对全国经济的辐射和拉动作用进一步增强。

表26　2011年三大经济圈产业结构

单位：%

	长三角	珠三角	京津冀	全国
	产业结构			
第一产业	4.8	2.1	6.2	10.1
第二产业	49.5	48.5	44.2	46.8
第三产业	45.7	49.4	49.6	43.1
	增长率			
第一产业	3.7	3.5	4.0	4.5
第二产业	10.0	11.0	13.4	10.6
第三产业	10.2	9.2	10.4	8.9

数据来源：国家统计局网站、相关省（自治区、直辖市）统计局网站、中国人民银行工作人员计算。

①长三角经济圈在此指上海市、江苏省、浙江省；珠三角经济圈指中国广东省珠江三角洲区域的9个地级市，分别是广州市、深圳市、珠海市、佛山市、惠州市、肇庆市、江门市、中山市和东莞市；京津冀经济圈指北京市、天津市、河北省。

表27　2011年三大经济圈主要经济指标

单位：%

	长三角	珠三角	京津冀	全国
		占全国比重		
地区生产总值	21.2	9.3	10.9	100.0
固定资产投资	14.7	4.0	9.6	100.0
社会消费品零售额	18.8	7.9	10.0	100.0
地方财政收入	22.4	7.0	11.8	100.0
实际利用外资	48.6	16.8	21.9	100.0
进出口贸易	35.3	24.0	15.0	100.0
进口总额	31.4	21.1	23.8	100.0
出口总额	38.9	26.7	7.0	100.0
		增长率		
地区生产总值	9.8	9.9	11.3	9.2
固定资产投资	19.7	14.5	23.5	23.6
社会消费品零售额	16.4	15.6	15.2	17.1
地方财政收入	22.7	17.1	30.3	29.1
实际利用外资	11.4	6.4	17.6	9.7
进出口贸易	18.2	14.6	28.3	22.5

数据来源：国家统计局网站、相关省(自治区、直辖市)统计局网站、中国人民银行工作人员计算。

经济平稳较快发展，结构进一步优化。2011年，长三角、珠三角、京津冀经济圈合计地区生产总值加权平均增长10.2%。从各经济圈情况看，京津冀经济圈整体经济指标总体好于全国；对外依存度较高的长三角、珠三角经济圈受外需不足影响，进出口贸易等指标增速相对较低（见表26、表27）。

主导产业支撑作用显著，进一步向高端化推进。长三角地区继续推进电子信息、石油化工、汽车和船舶行业等主导产业发展，制造业进一步高端化，成套装备、生物医药等持续增长；信息服务、文化创意、旅游会展、中介与专业服务等现代服务业积极发展。珠三角地区电子信息、电器机械、生物制药、家电、建筑等九大主导产业稳步发展；战略性新兴产业规模积聚，形成新型显示、软件、新材料和新一代通信四个新兴产业集群；现代服务业集聚区建设扎实推进。京津冀地区航空航天、装备制造、石油化工、生物医药、新能源新材料、电子信息等现代制造业增长较快。服务业优势继续增强，文化创意产业以及信息服务业、科技服务业等生产型服务业保持较快增长。

区域经济一体化进程加快，多项合作内容出台。2011年长三角、珠三角、京津冀经济圈加快实施国家区域发展战略，经济金融合作继续向纵深发展，体制机制不断健全。长三角各地制定了长江三角洲地区区域规划的实施方案，联动实施《江苏沿海开发地区发展规划》、《浙江海洋经济发展示范区规划》，重大基础设施、产业布局、城镇体系一体化发展进程加快；签署了《共同推进长三角地区贷款转让市场发展合作备忘录》，进一步推进长三角金融协调发展；继续推动宁波等长三角次中心城市融入上海“两个中心”建设，扩大了长三角金融合作辐射范围。珠三角地区以一体化为主轴提升综合实力。深入实施“双转移”，扎实推进各地产业转移工业园建设，推广深汕（尾）特别合作区、顺德清远（英德）经济合作区共建模式，进一步增强承接产业转移能力；广佛同城化步伐加快。京津冀规划取得新突破。《河北沿海地区发展规划》批准实施，进一步促进京津冀区域协调发展；三省市文化、人社、金融等部门签署了京津冀三地文化产业、银行业监管合作备忘录以及人才合作框架协议书等文件，加大相关领域合作力度。预计2012年主要经济圈继续保持平稳较快增长，产业结构进一步优化，经济金融融合更加紧密，辐射、拉动作用进一步增强。

第三部分 区域经济与金融展望

2012年是实施“十二五”规划承前启后的重要一年，也是转变经济发展方式、深化改革创新、切实提高经济发展质量和效益的关键一年。前期重点推进的战略性新兴产业、海洋经济、装备制造业、现代服务业、文化产业的快速发展将为经济带来新的增长点，工业化、城镇化、农业现代化的推进和消费、产业结构的升级带来巨大的需求潜力，中国经济增长将继续由政策刺激向自主增长有序过渡，总体上经济保持平稳较快发展的动力仍然较强。但同时也要看到，世界经济复苏面临较多不确定性，欧洲主权债务问题尚未得到根本解决。中国经济发展正处于转型期，经济结构调整优化的过程中增速放缓、潜在生产能力有所下降有一定的必然性，对此要有充分的认识，区域经济发展可能会面临一些新的变化和挑战。东部地区经济增速相对放缓，转型升级压力进一步加大；中部、西部和东北地区随着工业化、城镇化的深入推进，发展动力显著增强，但经济持续增长的基础比较脆弱，面临“赶超”与“转方式”的双重任务。

各地区将按照党中央、国务院的统一部署，深入贯彻落实科学发展观，坚持稳中求进，把稳增长、控物价、调结构、惠民生、抓改革、促和谐更好地结合起来，充分发挥各地特色和优势，进一步提高区域发展的协调性和基本公共服务的均等化水平，消除市场壁垒，促进要素流动，引导产业有序转移，推动区域经济良性互动、协调发展。

东部地区创新发展能力增强，深圳等经济特区、上海浦东新区、天津滨海新区在改革开放中先行先试，京津冀、长三角、珠三角地区区域经济一体化的发展，首都经济圈的打造，浙江三大国家战略[①]以及山东“蓝黄”战略的深入实施，福建海峡西岸经济区发展规划和海峡两岸经济合作框架协议的逐步落实，海南国际旅游岛的建设等将为东部地区经济的发展提供有效支撑。东部地区将着力提升传统产业改造能力，推动产业结构升级和体制创新，提高科技创新能力，培育产业竞争新优势，争取在更高层次上参与国际竞争合作。同时，大力发展战略性新兴产业、高端装备制造业等，深化海洋发展战略，培育新的经济增长点，缓解经济转型压力下经济增速放慢的问题。东部地区将利用自身有利条件，加强与中西部地区的合作，积极探索产业转移的新模式，既提高东部经济发展质量，又更好地辐射和带动中西部地区的发展。

中部地区凭借区位、资源、人力等优势，承接产业转移的步伐明显加快，区域基础设施逐步完善。中部地区作为全国重要的粮食生产基地、能源原材料基地、现代装备制造及高技术产业基地和综合交通枢纽（“三个基地和一个枢纽”）的地位不断提升，将给2012年中部地区经济持续平稳较快发展奠定良好基础。中部地区将努力探索新型工业化、城镇化发展道路，重点推进太原城市群、皖江城市带、鄱阳湖生态经济区、中原经济区、武汉城市圈、长株潭城市群发展，加快粮食、能源、原材料、装备制造业及高技术产业基地和综合交通枢纽建设。积极推进资源节约型和环境友好型社会建设。不断培育和增强区域增长极的辐射和带动能力，着力提高欠发达地区的自我发展能力，大力发展县域经济。扩大对内和对外开放，积极承接东部和国际产业转移，推动产业转型升级。中部地区将加强区域经济内部的协调与合作，形成发展合力。

国家新一轮西部大开发战略的实施、差别化支持政策的落实等继续为西部地区未来经济发展

①浙江海洋经济发展示范区、舟山群岛新区建设和义乌国际贸易综合改革试点。

创造良好的外部环境。2012年，西部地区将贯彻落实《西部大开发“十二五”规划》，突出经济结构战略性调整，充分发挥资源丰富、要素成本低、市场潜力巨大的优势，积极承接产业转移，构建现代化产业体系，增强发展能力。坚持以线串点、以点带面，推动成渝、关中—天水、北部湾等11个重点经济区率先发展，培育区域新的经济增长极。深入实施以市场为导向的优势资源转化战略，支持攀西—六盘水等8个资源富集区集约发展，提高资源加工深度和综合利用程度。支持沿边开发区加快发展，支持秦巴山区等集中连片特殊困难地区跨越式发展，支持河套灌区等8个农产品主产区优化发展。完善综合交通运输网络，加快构建以交通、水利为重点的适度超前、功能配套、安全高效的现代化基础设施体系。加快建立生态补偿机制，加大生态建设和环境保护力度，支持西北草原荒漠化防治区等5个重点生态区可持续发展。加强环境综合治理，强化节能减排，大力发展循环经济。

东北地区在实施振兴老工业基地战略的带动下，经济社会发展加快，以国有企业改革为重点的体制机制创新取得重大突破，资源枯竭型城市转型取得积极进展。2012年，东北地区将贯彻落实《东北振兴“十二五”规划》要求，巩固和扩大振兴成果，加快转型发展。东北地区将坚持走新型工业化道路，推进传统产业转型升级，培育发展战略性新兴产业，扎实推进节能减排和环境保护，努力构建结构优化、技术先进、清洁安全、附加值高、吸纳就业能力强的现代产业体系。大力推进农业现代化，加快转变农业发展方式，建设稳固的国家粮食战略基地，加强以水利为重点的农业基础设施建设，稳定发展粮食生产，强化农业科技创新，提高农业生产的集约化和规模化水平。重点推进辽宁沿海经济带和沈阳经济区、长吉图经济区、哈大齐和牡绥地区等区域发展，发挥重点区域的辐射和带动作用。建立和完善资源开发补偿、衰退产业援助机制和资源型企业可持续发展准备金制度，大力发展接续替代产业，重点建设一批接续替代产业集聚区，加快资源型城市转型与扩大就业。东北地区将充分发挥区位优势，积极发展对外贸易，优化出口产品结构，深化东北亚区域合作，积极开拓东南亚、欧美等海外市场。

2012年，各地区金融机构将按照“稳中求进”的总基调，继续认真贯彻落实稳健的货币政策，进一步提高针对性、灵活性和前瞻性，保持合理的货币信贷投放和社会融资规模。不断优化信贷结构，重点支持经济结构调整、节能减排、环境保护和自主创新，加大对国家重点在建续建项目和保障性住房建设、产业改造升级、战略性新兴产业、现代服务业等方面的信贷支持力度，加强对小微企业、“三农”等薄弱环节的信贷支持。坚持金融服务实体经济的本质要求，加强金融产品和服务创新，加强内部管理，认真纠正金融服务中附加条件和收费不规范的问题，进一步提升服务能力。同时，密切跟踪和监测国际、国内经济金融运行态势，加强区域性和系统性风险防范，促进区域经济平稳健康协调发展。

中国人民银行济南分行货币政策分析小组
负责人：杨子强　肖龙沧
统　稿：孙华荣　向　珂　孙欣华
执　笔：郑玉宝　梁传健　高进群　尹　楠
提供材料的还有：平晓冬　王　邕　曹妹娟　刘爱鹏　王浩宇　闫宁宁　孙丽华　费　磊
王林立　张　莹　佟会宝　孙晓芳

行业、专栏及经济圈部分执笔人（排名不分先后）：

中国人民银行上海总部货币政策分析小组　刘　斌　葛　瑛
中国人民银行成都分行货币政策分析小组　郑敏闽　王鲁滨
中国人民银行重庆营业管理部货币政策分析小组　刘松涛
中国人民银行乌鲁木齐中心支行货币政策分析小组　张志超　张　波
中国人民银行南京分行货币政策分析小组　李　艳
中国人民银行营业管理部货币政策分析小组　朱　睿
中国人民银行杭州中心支行货币政策分析小组　余　牛　周宇晨
中国人民银行天津分行货币政策分析小组　郝慧刚

2011年各地区主要经济金融指标比较表

2011年各地区主要经济指标比较表(I)

地区	地区生产总值(亿元)				城镇固定资产投资(亿元)		社会消费品零售总额(亿元)	外贸进出口(亿美元)				外商实际直接投资(万美元)	地方财政收支(亿元)		
		第一产业	第二产业	第三产业		房地产开发投资		总额	进口	出口	差额(出口－进口)		差额(收入－支出)	财政收入	财政支出
北京	16 011.4	136.2	3 744.4	12 130.9	5 519.9	3 036.3	6 900.3	3 895.0	3 304.7	590.3	-2 714.4	705 447.0	-240.2	3 006.3	3 246.5
天津	11 191.0	159.1	5 878.0	5 153.9	7 040.5	1 080.0	3 395.1	1 033.9	588.9	445.0	-144.0	1 305 600.0	-301.0	1 454.9	1 755.9
河北	24 228.2	2 905.7	13 098.1	8 224.4	15 795.2	3 069.6	8 035.5	536.0	250.2	285.8	35.7	526 000.0	-1 772.2	1 737.4	3 509.6
山西	11 100.2	641.4	6 577.8	3 880.9	6 837.4	789.9	3 903.4	147.6	93.3	54.3	-39.0	207 000.0	-1 155.7	1 213.2	2 368.9
内蒙古	14 246.1	1 304.9	8 092.1	4 849.1	10 291.7	1 650.0	3 991.7	119.4	72.5	46.9	-25.6	383 827.0	-1 632.5	1 356.7	2 989.2
辽宁	22 025.9	1 915.6	12 150.7	7 959.6	17 431.5	4 487.6	8 095.3	959.6	449.2	510.4	61.2	2 426 700.0	-1 261.6	2 640.5	3 902.1
吉林	10 530.7	1 277.4	5 601.2	3 652.1	7 221.6	1 165.4	4 119.8	220.5	170.5	50.0	-120.5	148 125.0	-1 351.6	850.1	2 201.7
黑龙江	12 503.8	1 705.6	6 317.3	4 481.0	7 206.3	1 219.4	4 750.1	385.1	208.4	176.7	-31.7	325 000.0	-1 796.7	997.4	2 794.1
上海	19 195.7	124.9	7 959.7	11 111.1	4 877.0	2 170.3	6 814.8	4 374.4	2 276.5	2 096.9	-179.6	1 260 100.0	-485.1	3 429.8	3 914.9
江苏	48 604.3	3 064.8	25 023.8	20 515.7	26 299.4	5 552.7	15 988.4	5 397.6	2 271.4	3 126.2	854.9	3 213 200.0	-967.4	5 147.9	6 115.3
浙江	32 000.1	1 580.6	16 404.2	14 015.4	13 651.5	4 137.3	12 028.0	3 094.0	930.4	2 163.6	1 233.2	1 166 601.0	-57.6	3 150.8	3 208.4
安徽	15 110.3	2 020.3	8 226.4	4 863.6	11 986.0	2 590.1	4 955.1	313.4	142.5	170.8	28.3	662 887.0	-1 842.3	1 463.4	3 305.7
福建	17 410.2	1 610.6	9 167.5	6 632.1	9 692.6	2 402.6	6 276.2	1 435.6	507.2	928.4	421.2	1 104 400.0	-695.5	1 501.2	2 196.6
江西	11 583.8	1 391.1	6 592.2	3 600.5	8 756.1	852.7	3 485.1	315.5	96.7	218.8	122.1	606 000.0	-1 476.1	1 053.4	2 529.5
山东	45 429.2	3 973.8	24 037.4	17 418.0	25 928.5	4 108.1	17 155.5	2 359.9	1 102.0	1 257.9	155.8	1 116 000.0	-1 545.5	3 455.7	5 001.2
河南	27 232.0	3 512.1	15 887.4	7 832.6	16 932.2	2 620.0	9 453.5	326.4	134.0	192.4	58.4	1 008 200.0	-2 524.8	1 721.6	4 246.4
湖北	19 594.2	2 569.3	9 818.8	7 206.1	12 223.7	2 063.2	8 275.2	335.2	139.8	195.4	55.5	465 500.0	-1 689.9	1 470.1	3 160.0
湖南	19 635.2	2 733.7	9 324.7	7 576.8	11 360.5	1 896.7	6 884.7	190.0	91.0	99.0	7.9	615 000.0	-1 996.5	1 466.3	3 462.8
广东	52 673.6	2 659.8	26 205.3	23 808.5	16 688.4	4 899.2	20 297.5	9 134.8	3 815.4	5 319.4	1 504.0	2 179 800.0	-1 202.7	5 513.7	6 716.4
广西	11 714.4	2 047.3	5 736.8	3 930.3	7 563.9	1 500.5	3 908 2	233.3	108.7	124.6	15.9	101 400.0	-1 597.8	947.6	2 545.4
海南	2 515.3	659.2	714.5	1 141.6	1 611.4	663.0	759.5	127.6	102.2	25.4	-76.7	152 299.0	-439.3	340.1	779.3
重庆	10 011.1	844.5	5 542.8	3 623.8	7 366.2	2 015.1	3 487.8	292.2	93.8	198.4	104.6	1 052 900.0	-1 085.3	1 488.3	2 573.5
四川	21 026.7	2 983.5	11 027.9	7 015.3	13 705.3	2 836.7	8 044.6	477.8	187.4	290.4	103.0	952 600.0	-2 629.5	2 044.4	4 673.8
贵州	5 701.8	726.2	2 334.0	2 641.6	3 734.1	878.7	1 751.6	48.8	19.0	29.9	10.9	67 321.0	-1 471.1	773.2	2 244.3
云南	8 751.0	1 407.8	3 991.0	3 352.2	5 927.0	1 272.7	3 000.1	160.5	65.8	94.7	28.9	173 754.0	-1 818.8	1 110.8	2 929.6
西藏	605.8	74.4	209.5	321.9	516.3	5.1	219.0	13.6	1.8	11.8	10.1	6 460.0	-703.3	54.8	758.0
陕西	12 391.3	1 220.9	6 836.3	4 334.1	9 123.7	1 420.5	3 790.0	146.2	76.1	70.1	-6.0	235 500.0	-1 429.8	1 499.1	2 928.9
甘肃	5 000.0	678.2	2 524.3	1 798.0	3 866.0	362.9	1 643.0	87.4	65.8	21.6	-44.2	7 000.0	-1 339.9	450.4	1 790.3
青海	1 634.7	155.4	939.1	540.2	1 366.0	144.8	410.0	9.2	2.6	6.6	4.0	16 900.0	-815.6	151.8	967.4
宁夏	2 060.8	184.1	1 076.0	800.7	1 583.5	330.6	477.6	22.9	6.9	16.0	9.1	20 199.0	-491.1	220.0	711.1
新疆	6 474.5	1 139.0	3 289.8	2 045.7	4 445.0	518.3	1 616.3	228.2	59.9	168.3	108.4	33 500.0	-1 561.8	720.9	2 282.7

数据来源：国家统计局《中国统计摘要》、《中国经济景气月报》，各省、自治区、直辖市《国民经济和社会发展统计公报》及统计局。

2011年各地区主要经济指标比较表(II)

地区	地区生产总值同比增长(%)				工业增加值同比增长(%)	城镇固定资产投资同比增长(%)		社会消费品零售总额同比增长(%)	外贸进出口同比增长(%)			外商实际直接投资同比增长(%)	地方财政收支同比增长(%)		各类价格指数同比增长(%)			
		第一产业	第二产业	第三产业			房地产开发投资		总额	进口	出口		收入	支出	居民消费价格指数	农业生产资料价格指数	工业生产者购进价格指数	工业生产者出厂价格指数
北京	8.1	0.9	6.6	8.6	7.3	5.7	4.7	10.8	29.1	34.2	6.5	10.9	27.7	19.5	5.6		8.4	2.3
天津	16.4	3.8	18.3	14.6	21.3	29.4	24.6	18.7	25.9	32.0	18.7	20.4	36.1	28.2	4.9		9.8	3.8
河北	11.3	4.2	13.4	10.5	16.1	24.1	35.5	17.8	27.4	28.3	26.7	20.5	30.4	24.4	5.7	12.6	10.9	7.7
山西	13.0	5.9	16.5	8.6	17.9	29.8	33.4	17.6	17.4	18.5	15.4	37.3	25.1	22.8	5.2	9.4	8.1	7.5
内蒙古	14.3	5.8	17.8	11.0	19.0	27.0	47.3	18.0	36.8	34.5	40.6	13.4	26.8	31.5	5.6	6.3	6.1	7.8
辽宁	12.1	6.5	14.1	10.5	14.9	30.2	29.5	17.5	18.9	19.4	18.4	17.0	31.7	22.1	5.2	12.8	8.3	6.5
吉林	13.7	5.1	17.5	10.9	18.8	30.3	26.5	17.5	30.9	37.8	11.7	15.7	41.1	23.2	5.2	11.4	6.1	5.4
黑龙江	12.2	6.2	13.0	13.1	13.5	33.7	44.6	17.6	50.9	125.7	8.5	22.0	32.0	24.0	5.8	10.2	11.1	12.0
上海	8.2	-0.7	6.5	9.5	7.4	0.5	9.6	12.3	18.5	20.9	16.0	31.3	19.4	18.5	5.2		7.5	2.9
江苏	11.0	4.0	11.7	11.1	13.8	21.5	29.2	17.5	15.9	16.3	15.6	12.8	26.2	18.9	5.3	12.6	8.9	6.2
浙江	9.0	3.6	9.1	9.4	10.9	19.2	36.7	17.4	22.0	27.3	19.9	6.0	20.8	20.9	5.4	10.8	8.3	5.0
安徽	13.5	4.0	17.9	10.5	21.1	27.6	15.0	18.0	29.1	20.2	37.6	32.2	27.3	27.7	5.6	14.3	10.8	8.3
福建	12.2	4.2	16.4	8.6	17.5	27.8	32.1	18.2	32.0	36.0	29.9	7.1	30.4	29.6	5.3	11.8	8.0	3.9
江西	12.5	4.2	15.5	10.7	19.1	27.7	20.6	17.9	46.0	17.9	63.1	18.8	35.4	31.5	5.2	11.2	12.4	11.3
山东	10.9	4.0	11.7	11.3	14.0	21.8	26.4	17.3	24.8	29.8	20.7	21.7	25.7	20.7	5.0	11.1	9.2	6.0
河南	11.6	3.7	15.1	8.4	19.6	26.9	23.9	18.1	83.1	83.5	82.7	61.4	24.6	24.3	5.6	11.1	10.1	7.2
湖北	13.8	4.4	17.9	12.0	20.5	30.6	27.5	18.0	29.2	21.7	35.3	14.9	45.4	26.0	5.8	13.5	11.5	6.6
湖南	12.8	4.2	17.0	11.0	20.1	27.6	29.1	17.9	29.6	35.9	24.4	18.6	35.5	28.1	5.5	10.9	10.8	8.5
广东	10.0	4.0	11.3	9.1	12.6	16.4	33.9	16.3	16.4	15.0	17.4	7.6	22.1	24.0	5.3	9.6	7.3	3.7
广西	12.3	4.8	17.1	9.4	20.8	28.8	24.4	18.0	31.6	33.9	29.7	11.2	22.7	26.8	5.9	12.2	10.0	8.5
海南	12.0	6.2	15.2	13.3	14.0	36.2	41.7	18.8	47.5	61.4	9.5	0.7	25.5	34.7	6.1	15.6	15.3	8.8
重庆	16.4	5.1	21.8	10.8	22.7	31.5	24.4	18.7	135.1	89.9	164.9	66.0	46.2	45.5	5.3		5.7	3.8
四川	15.0	4.5	20.7	10.9	22.3	22.3	29.3	18.1	46.2	35.3	54.2	55.6	30.9	9.8	5.3	12.4	12.6	7.3
贵州	15.0	1.2	20.7	14.2	21.0	40.0	57.8	18.1	55.2	54.8	55.5	127.9	44.8	36.8	5.1	11.1	15.0	5.4
云南	13.7	6.0	18.0	11.8	18.0	27.6	41.3	20.0	19.5	13.0	24.5	30.7	27.5	28.2	4.9	8.3	8.0	4.7
西藏	12.7	3.4	18.3	11.6	20.1	18.4	-42.7	18.2	62.5	169.9	53.4	165.3	49.4	37.6	5.0	2.6		4.3
陕西	13.9	5.9	16.9	11.7	17.9	29.1	22.5	18.6	20.8	29.2	12.9	29.4	56.5	32.0	5.7	10.3	9.6	7.2
甘肃	12.5	5.9	15.2	11.5	16.2	36.5	36.2	18.2	18.0	14.1	31.8	-48.1	27.4	21.9	5.9	7.6	15.1	11.0
青海	13.5	5.0	17.3	9.7	19.0	45.0	33.8	17.0	17.1	-18.8	42.0	-23.0	37.7	30.1	6.1	12.4	7.0	7.4
宁夏	12.0	5.0	17.5	7.0	18.1	32.3	29.9	18.3	16.6	-13.1	36.7	149.7	43.2	27.9	6.3	14.0	12.8	9.5
新疆	12.0	6.5	12.0	15.2	11.4	37.6	49.0	17.5	33.2	44.0	29.8	41.0	44.0	34.4	5.9	6.6	17.8	14.8

数据来源：国家统计局《中国统计摘要》、《中国经济景气月报》，各省(自治区、直辖市)《国民经济和社会发展统计公报》及统计局。

2011年全国35个大中城市新建住宅销售价格指数同比增长

地区	1月	2月	3月	4月	5月	6月	7月	8月	9月	10月	11月	12月
北　京	6.8	6.8	4.9	2.8	2.1	2.2	1.9	1.9	1.8	1.7	1.3	1.0
天　津	6.7	6.7	6.6	4.9	3.4	3.9	4.2	3.4	3.1	2.9	2.0	1.2
石家庄	11.5	11.5	11.5	6.7	6.9	7.6	7.7	7.6	6.5	5.2	4.3	2.4
太　原	2.1	1.6	1.6	1.3	1.1	1.1	1.2	1.2	1.4	1.3	1.2	1.2
呼和浩特	6.8	6.9	6.4	5.0	4.7	4.3	5.0	4.2	4.0	3.3	3.0	2.3
沈　阳	8.8	8.6	7.7	7.3	6.6	6.4	6.2	6.0	5.4	3.9	3.0	2.4
大　连	6.6	6.8	6.3	5.6	5.9	5.9	6.0	4.9	4.3	3.8	2.5	2.2
长　春	6.9	6.8	6.7	4.1	2.6	2.9	3.2	3.4	3.2	2.6	2.4	1.9
哈尔滨	7.3	6.6	6.8	5.6	4.7	4.3	4.0	2.3	2.2	1.0	0.6	0.2
上　海	1.5	2.3	1.7	1.3	1.4	2.2	2.5	2.8	3.1	2.9	2.4	1.8
南　京	3.9	3.7	1.5	0.2	0.3	0.7	1.4	1.4	1.2	0.7	0.3	-0.3
杭　州	0.8	1.6	1.4	-1.2	-1.0	-0.7	0.0	1.8	1.2	1.5	1.3	1.0
宁　波	3.7	4.1	3.2	1.9	2.0	2.1	1.4	1.2	0.2	-0.2	-0.8	-1.2
合　肥	6.4	5.1	3.4	1.7	0.3	0.6	3.0	3.0	2.6	1.9	1.4	0.3
福　州	4.1	5.2	4.7	4.0	3.8	3.8	3.8	3.8	3.1	3.1	2.8	2.7
厦　门	5	6.4	6.6	6.4	6.4	5.5	6.5	6.5	5.7	5.7	3.5	3.2
南　昌	8.8	9.6	8.6	6.1	7.1	8.2	9.3	9.1	7.5	5.6	3.1	2.1
济　南	5.6	5.7	6.1	5.6	5.4	4.5	3.9	3.2	2.1	2.1	1.4	0.8
青　岛	5.8	4.6	4.4	4.1	4.4	4.6	4.8	4.6	4.7	1.6	1.2	0.5
郑　州	9.3	10.3	6.7	7.7	6.8	6.4	5.7	6.0	5.6	4.7	3.8	3.2
武　汉	7.1	6.4	5.5	4.3	3.1	3.2	3.3	3.8	3.7	3.2	2.8	2.3
长　沙	9.9	8.9	8.1	7.1	7.7	8.2	8.4	8.7	8.1	7.3	6.0	4.6
广　州	0.1	0.6	2.7	3.8	5.1	5.4	6.4	7.0	6.3	6.1	6.0	3.1
深　圳	3.1	3.2	3.1	3.1	3.7	4.6	4.7	4.9	4.5	4.4	4.1	3.1
南　宁	2.4	1.6	2.2	2.0	2.0	1.6	2.8	3.5	3.1	2.8	2.4	1.9
海　口	21.6	4.2	0.6	0.7	0.6	0.7	0.7	1.3	1.3	0.5	-0.2	-0.4
成　都	7.9	6.2	5.6	5.3	5.3	5.8	5.6	4.2	2.2	1.2	0.1	-0.6
贵　阳	4.9	4.9	4.4	3.5	3.7	3.6	3.5	2.9	2.8	2.4	1.9	1.3
昆　明	4.7	5	5.3	5.4	5.0	4.6	4.4	4.3	4.0	3.6	3.3	2.8
重　庆	5.6	7.8	7.4	6.9	6.8	6.7	6.1	6.4	5.4	3.4	2.7	2.3
西　安	5.6	5.8	4.9	3.8	3.5	3.8	4.0	3.6	3.3	3.3	3.1	3.4
兰　州	11.8	11.4	10.9	7.5	7.7	8.2	8.2	6.9	5.3	3.0	2.7	1.7
西　宁	9.4	9.5	9.2	7.7	7.6	7.2	6.5	6.3	4.5	3.9	3.0	2.6
银　川	2.9	2.6	2.5	2.3	2.4	2.7	2.9	2.8	3.0	3.0	3.0	3.1
乌鲁木齐	9.2	9.7	10.1	9.3	9.1	9.2	8.9	8.8	8.5	7.5	5.5	5.5

注：从2011年1月起，国家统计局开始实施《住宅销售价格统计调查方案》，对数据来源渠道、指标设置、计算方法等影响价格指数计算的主要因素都进行了调整。

数据来源：国家统计局《中国经济景气月报》，各省、自治区、直辖市统计局。

2011年年末各省、自治区、直辖市主要存贷款指标

地区	本外币						人民币							
	金融机构各项存款		金融机构各项贷款				金融机构各项存款				金融机构各项贷款			
	余额(亿元)	比年初(亿元)	余额(亿元)	短期	中长期	比年初(亿元)	余额(亿元)	储蓄存款	单位存款	比年初(亿元)	余额(亿元)	个人消费贷款	房地产贷款	比年初(亿元)
北　京	75 001.9	8 621.3	39 660.5	11 199.1	24 886.3	3 369.2	72 655.4	19 126.1	45 715.7	8 427.0	33 367.1	4 484.1	8 276.7	3 991.7
天　津	17 586.9	1 094.4	15 924.7	4 177.3	9 906.5	2 163.0	17 197.5	6 123.1	10 155.7	1 065.1	15 242.2	1 454.4	2 856.8	2 143.0
河　北	29 749.5	3 502.2	18 460.6	7 347.3	10 559.1	2 546.3	29 563.8	17 824.3	10 841.4	3 488.9	18 144.0	2 295.3	2 902.1	2 423.1
山　西	21 003.2	2 408.5	11 265.6	4 292.7	6 422.7	1 595.1	20 920.4	10 455.5	9 339.5	2 391.2	11 169.4	398.4	554.7	1 593.3
内蒙古	12 132.5	1 789.4	9 811.7	3 613.8	6 106.9	1 877.1	12 063.7	5 423.1	5 797.9	1 768.8	9 727.7	1 152.8	1 256.2	1 866.2
辽　宁	30 832.4	2 842.9	22 831.7	8 122.6	13 756.3	3 358.7	30 216.4	15 365.7	13 433.6	2 915.3	21 621.0	2 698.3	4 389.6	3 080.3
吉　林	10 962.0	1 259.5	8 240.9	2 977.5	5 061.0	1 129.3	10 874.2	5 835.3	4 524.7	1 270.5	8 126.2	876.8	1 237.2	1 088.2
黑龙江	14 416.4	1 443.4	8 761.1	3 548.9	4 872.9	1 483.3	14 328.4	8 147.4	5 718.9	1 444.6	8 548.7	1 079.4	1 237.9	1 431.1
上　海	58 185.0	6 368.1	37 196.8	11 265.8	22 804.3	3 654.3	55 271.7	17 288.5	32 861.8	5 806.4	33 360.1	5 727.0	9 446.3	3 349.7
江　苏	67 638.8	7 034.4	50 283.5	23 257.1	25 459.5	6 147.6	65 723.6	25 914.7	37 300.0	6 730.8	47 868.3	7 539.3	10 741.7	5 791.6
浙　江	60 893.1	6 507.1	53 239.3	32 289.9	19 761.3	6 481.5	59 727.9	23 470.3	32 890.8	6 390.2	51 276.6	8 699.1	8 479.0	6 169.4
安　徽	19 547.3	3 034.4	14 146.4	5 279.6	8 388.9	2 456.1	19 404.3	9 233.6	9 295.7	3 004.0	13 729.8	2 434.8	2 887.3	2 323.7
福　建	21 571.6	2 824.4	18 982.8	8 314.8	10 173.2	2 895.1	21 055.5	9 068.6	10 447.1	2 754.4	18 165.2	3 996.5	4 054.9	2 813.2
江　西	14 322.1	2 412.7	9 302.0	3 665.4	5 474.8	1 492.0	14 240.4	7 123.6	6 418.6	2 393.0	9 175.2	1 618.2	1 869.2	1 451.4
山　东	46 986.5	5 349.2	37 521.9	18 319.7	16 621.5	5 029.0	46 345.4	22 173.3	22 162.9	5 266.5	35 179.0	4 708.7	5 761.9	4 499.7
河　南	26 774.8	3 622.6	17 648.9	8 359.2	8 731.2	1 812.5	26 646.2	14 648.4	10 901.5	3 593.2	17 506.2	1 982.6	2 215.5	1 805.0
湖　北	24 148.3	3 079.5	16 323.5	5 285.1	10 390.9	2 472.8	23 949.2	11 291.6	10 826.7	3 067.2	15 590.6	2 215.4	3 143.4	2 197.7
湖　南	19 444.1	2 843.2	13 462.5	4 134.6	9 120.7	2 080.8	19 334.7	10 584.8	7 929.2	2 824.4	13 186.7	1 817.7	2 319.7	2 022.9
广　东	91 590.2	9 729.8	58 615.3	16 674.3	38 334.1	6 927.4	89 169.6	40 405.1	43 250.6	9 388.8	53 411.8	12 382.8	15 701.2	6 331.6
广　西	13 528.0	1 724.5	10 646.4	2 520.1	7 912.6	1 663.1	13 453.2	6 654.0	6 423.1	1 717.7	10 408.5	1 965.4	2 150.1	1 537.5
海　南	4 504.5	287.4	3 194.6	453.6	2 567.3	680.5	4 446.9	1 875.1	2 327.1	274.8	2 797.7	311.2	668.8	528.0
重　庆	16 128.9	2 512.2	13 195.2	2 669.8	10 017.4	2 195.3	15 832.8	6 990.3	8 254.6	2 376.3	13 001.4	2 764.7	3 666.3	2 113.2
四　川	34 971.2	4 605.9	22 514.2	6 067.7	16 113.0	3 188.7	34 734.7	16 147.4	16 658.4	4 574.8	22 033.2	3 964.8	4 706.4	3 062.3
贵　州	8 771.3	1 400.6	6 875.7	1 319.3	5 439.9	1 123.6	8 742.8	3 934.5	4 306.8	1 396.7	6 841.9	1 059.9	1 149.7	1 114.1
云　南	15 429.4	1 953.0	12 347.5	3 172.4	8 917.2	1 643.5	15 364.3	6 656.0	8 005.0	1 952.9	12 129.9	1 588.0	1 780.1	1 560.4
西　藏	1 662.5	365.7	409.1	74.3	276.1	107.2	1 661.2	318.8	1 151.2	365.7	408.8	68.5	40.9	107.3
陕　西	19 348.7	2 779.1	12 097.3	3 118.1	8 477.3	1 898.2	19 227.1	9 172.1	9 542.0	2 793.9	11 865.3	1 749.1	2 073.8	1 855.2
甘　肃	8 460.9	1 299.9	5 736.2	1 970.5	3 511.4	1 158.8	8 394.0	4 231.4	3 892.7	1 264.4	5 468.8	384.3	376.6	1 035.0
青　海	2 834.8	507.9	2 239.0	496.7	1 656.0	406.2	2 825.8	1 043.5	1 579.5	506.3	2 231.5	74.0	148.8	408.9
宁　夏	2 978.4	391.3	2 907.2	951.1	1 811.9	487.7	2 966.9	1 351.3	1 414.7	393.0	2 860.6	268.2	336.0	462.2
新　疆	10 442.8	1 532.5	6 603.4	2 278.6	3 809.7	1 392.0	10 387.0	4 421.9	5 573.4	1 506.1	6 270.2	603.8	660.4	1 297.1

数据来源：中国人民银行各分行、营业管理部、省会（首府）城市中心支行。

《2011年中国区域金融运行报告》分报告

2011年北京市金融运行报告

中国人民银行营业管理部货币政策分析小组

[内容摘要] 2011年，北京市坚决贯彻中央宏观调控政策，加快实施“人文北京、科技北京、绿色北京”战略，经济结构进一步优化，转变经济发展方式取得重大进展。中关村国家自主创新示范区建设实现重大突破，文化创意产业呈现良好发展势头，城乡统筹发展步伐加快，住房保障工作取得积极进展。

全市金融业认真落实稳健的货币政策要求，金融运行总体平稳，信贷增长回归常态，直接融资快速发展，资金配置效率继续提升。优势产业、重点项目和民生领域的资金支持力度不断加大，小微企业贷款高速增长，保障性住房开发贷款增长势头强劲。证券业、保险业持续健康发展，金融生态环境建设取得新成效。

2012年，北京市将切实把握“稳中求进”的工作总基调，继续以优化经济结构为主攻方向，推动转变经济发展方式取得新进展、深化改革开放取得新突破、改善民生取得新成效。金融业将继续贯彻稳健的货币政策，按照总量适度、审慎灵活的要求，保持社会融资规模合理增长，提高金融服务实体经济水平，加强金融生态环境建设，促进首都经济又好又快发展。

一、金融运行情况

2011年，北京市金融机构认真贯彻落实稳健的货币政策，金融业保持良性发展态势，金融机构改革深入推进，整体服务水平明显提升，金融市场交易活跃，金融生态环境建设成效进一步巩固。

（一）银行业运行稳健，宏观审慎管理效果显现

1. 银行业金融机构健康发展，法人数量继续增加。2011年，北京市银行业金融机构资产规模持续增加，年末资产总额同比增长19.5%；利润额稳步上升，同比增长15.4%；资产质量继续改善。银行业金融机构总量达到3 672个，法人机构62个（见表1）。外资银行运行平稳，年初瑞士银行（中国）有限公司获准筹建。财务公司快速发展，年内北京汽车集团财务有限公司等8家财务公司在北京注册开业。新型农村金融机构数量不断增长，北京通州国开村镇银行正式开业。银行支付业务快速发展，全年银行卡累计交易金额再创新高，达到8 795亿元，同比增长28.1%，年末银行卡发卡量累计达到1.4亿张。

表1　2011年北京市银行业金融机构基本情况

机构类别	营业网点			法人机构（个）
	机构个数（个）	从业人数（人）	资产总额（亿元）	
一、大型商业银行	1 662	47 340	53 116	—
二、国家开发银行和政策性银行	17	744	11 134	—
三、股份制商业银行	416	16 551	22 942	—
四、城市商业银行	205	9 413	11 395	1
五、农村合作机构	693	7 008	3 771	1
六、财务公司	33	1 488	4 569	33
七、信托公司	3	287	62	3
八、邮政储蓄银行	532	1 927	1 238	—
九、外资银行	94	4 510	2 911	7
十、新型农村金融机构	8	318	46	8
十一、其他	9	1 541	983	9
合　计	3 672	91 127	112 167	62

注：①营业网点不包括总部。
②农村合作机构含农村信用社、农村合作银行及农村商业银行等。
③新型农村金融机构包括村镇银行、贷款公司和农村资金互助社三类机构。
④“其他”包含金融租赁公司、汽车金融公司、货币金融公司、消费金融公司等。

数据来源：中国人民银行营业管理部、北京银监局、北京市金融工作局。

2. 存款增速回落，定期存款占比先升后降。2011年年末，北京市金融机构本外币各项存款增速为12.9%，较2010年年末回落4个百分点。其中，人民币存款同比增长13.1%，较2010年年末回落5.7个

百分点（见图1、图2）。存款准备金率处于高位、宏观审慎管理逆周期调节、总部企业向异地成员单位划拨资金增多以及存款准备金缴存范围扩大是存款增长的主要原因。定期存款占比先升后降，前三个季度经济增长放缓，企业资金运用渠道收窄，投资意愿下降，活期存款逐步向定期存款转化，第三季度末单位存款中活期存款占比下降至33.9%。随着第四季度经济趋稳，企业资金运用有所加快，单位存款呈现出一定的活期化趋势，年末单位存款中活期存款占比回升至38.1%。第四季度受人民币升值预期减弱影响，外币存款呈现一定的恢复性增长，年末同比增速达到14.8%，但从绝对额来看，年末外币存款余额仍低于2009年及2010年年初的水平。

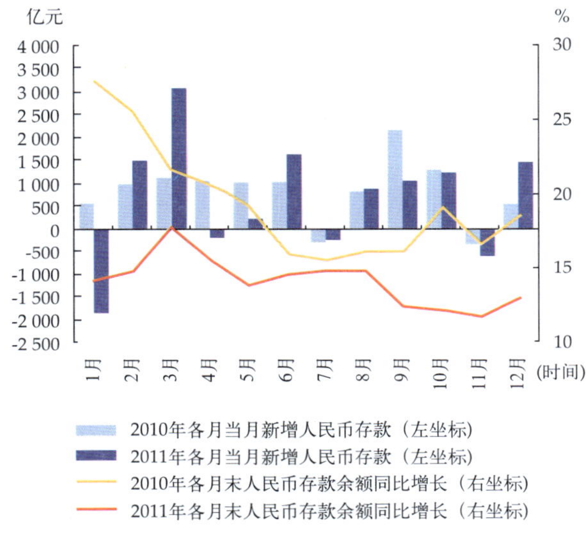

数据来源：中国人民银行营业管理部。

图1　2010～2011年北京市金融机构人民币存款增长变化

3. 信贷增速稳步回归，稳健的货币政策效果逐步显现。2011年，宏观审慎管理促使金融机构主动调整信贷投放规模和节奏，年末北京市金融机构本外币各项贷款增速为9.3%，较2010年年末回落8.2个百分点。剔除个别金融机构调账等因素，人民币贷款同比增长14.2%，较2010年年末下降2.1个百分点（见图2、图3）。外币贷款同比下降4.4%。

中长期贷款增长明显放缓，短期贷款增长强劲。2011年全市金融机构人民币中长期贷款同比少增1 997.4亿元，人民币短期贷款同比多增1 125.3亿元。受政府融资平台清理与规范工作推进以及房地

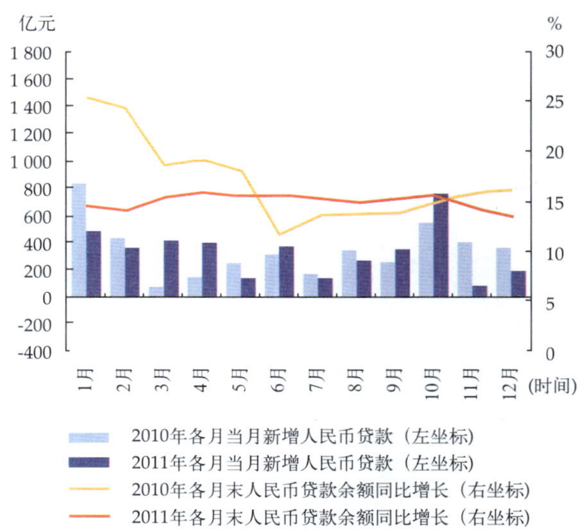

数据来源：中国人民银行营业管理部。

图2　2010～2011年北京市金融机构人民币贷款增长变化

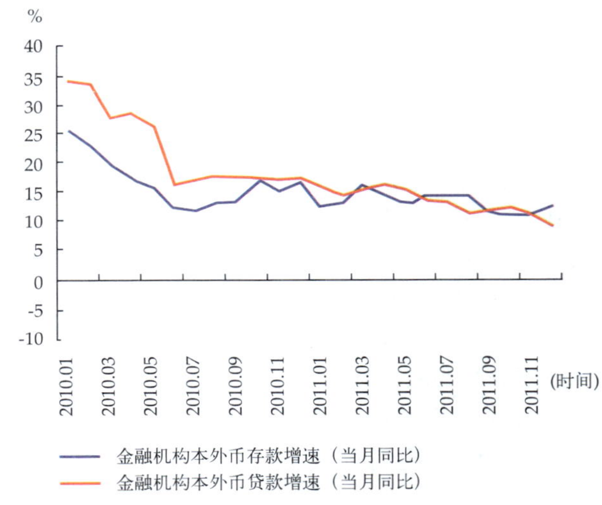

数据来源：中国人民银行营业管理部。

图3　2010～2011年北京市金融机构本外币存、贷款增速变化

产调控政策影响，中长期贷款需求有所减弱，而在生产资料价格上涨以及企业资金周转效率降低等因素的作用下，企业对短期贷款的需求增加。同时，金融机构出于防范流动性风险的考虑，也倾向于增加短期贷款投放。

信贷投向进一步优化，支持首都经济“转方式、调结构”。2011年，中国人民银行营业管理部出台金融支持首都经济发展方式转变的指导意见，

表2　2011年北京市金融机构人民币贷款各利率区间占比

单位：%

月份		1月	2月	3月	4月	5月	6月
	合计	100.0	100.0	100.0	100.0	100.0	100.0
	[0.9～1.0)	57.9	53.2	38.5	28.2	23.9	28.2
	1.0	23.1	27.7	36.4	41.0	45.1	42.4
上浮水平	小计	19.0	19.0	25.1	30.8	31.0	29.4
	(1.0～1.1]	9.9	10.4	14.1	14.8	16.5	16.8
	(1.1～1.3]	6.4	6.0	7.0	10.1	10.1	8.5
	(1.3～1.5]	1.7	1.5	2.3	4.4	3.4	3.3
	(1.5～2.0]	0.9	1.1	1.5	0.7	0.4	0.3
	2.0以上	0.0	0.1	0.3	0.7	0.6	0.5
月份		7月	8月	9月	10月	11月	12月
	合计	100.0	100.0	100.0	100.0	100.0	100.0
	[0.9～1.0)	23.4	17.9	23.8	6.7	17.2	28.2
	1.0	41.4	35.8	31.5	56.9	42.3	34.9
上浮水平	小计	35.2	46.4	44.7	36.4	40.5	36.9
	(1.0～1.1]	19.3	26.6	25.1	19.0	22.7	21.8
	(1.1～1.3]	9.8	14.9	14.6	11.9	13.5	11.3
	(1.3～1.5]	4.5	3.4	3.1	3.7	2.7	2.5
	(1.5～2.0]	1.1	1.4	1.8	1.7	1.5	1.1
	2.0以上	0.5	0.1	0.2	0.1	0.1	0.2

数据来源：中国人民银行营业管理部。

引导金融机构着力优化信贷结构，不断加大对小微企业、“三农”等重点领域和经济薄弱环节的支持力度。年末全市中资银行高新技术产业贷款同比增长24.3%，文化创意产业贷款同比增长84.7%。全市小型企业贷款同比增长44.7%，以微型企业主和个体工商户为服务对象的个人经营性贷款同比增长65.6%，涉农贷款同比增长40.3%。保障性住房开发贷款增长势头强劲。

4. 金融机构利率定价机制建设逐步推进，风险定价能力稳步提升。2011年，受人民币存贷款基准利率上调、宏观审慎管理政策实施等因素综合影响，金融机构议价能力较往年有所提高。金融机构下浮利率贷款占全部人民币贷款的比重下降，上浮利率和基准利率贷款占比上升（见表2）。受境内外汇资金供求变化等因素影响，辖内金融机构美元存贷款利率震荡上行，整体利率水平高于2010年（见图4）。辖内法人金融机构利率定价机制建设稳步推进，内部资金转移价格的全面运用和定价支持系统的逐步完善推动其风险定价能力提升。

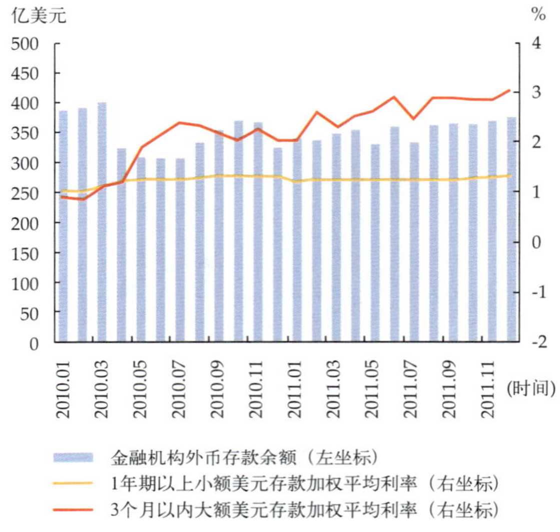

数据来源：中国人民银行营业管理部。

图4　2010～2011年北京市金融机构外币存款余额及外币存款利率变化

专栏1　北京辖内商业银行加强资金定价管理　支持实体经济发展

2011年，在中国人民银行营业管理部的指导下，辖内商业银行加强资金定价管理，积极利用总部经济资金集聚的特点开展存款营销，按照风险性和差异性等原则确定贷款利率，支持首都实体经济发展。

人民币同业存款利率显著提高，资金定价以总行上限管理模式为主。2011年，辖内商业银行各期限同业定期存款加权平均利率较2010年提高1.84个百分点，略高于全国平均水平。在总体流动性偏紧的情况下，商业银行之间同业定期存款下降，财务公司、信托公司成为同业定期存款的重要资金来源。在定价上，同业定期存款与Shibor挂钩，定价方式主要分为分行自主定价、总行上限管理和总行逐笔审批三种模式，其中以总行上限管理模式为主。

人民币企业贷款利率逐季度攀升，但总体利率水平低于全国平均值。2011年，在稳健的货币政策环境和加强内部定价管理等因素的共同影响下，辖内商业银行依据资金成本和企业风险等因素实行精细化定价的能力较往年有所提高，人民币贷款利率水平逐季度走高，但月度各期限贷款加权平均利率仍低于全国平均水平。分企业类型看，2011年，在人民币贷款发生总额中，北京地区大型企业执行下浮利率、中型企业执行基准利率的贷款发生额月平均占比较全国平均占比分别高14.3个和7.0个百分点，小型企业执行上浮利率的贷款发生额月平均占比较全国平均占比低6.7个百分点。

人民币个人住房贷款利率上行，差别化定价能力有所增强。2011年，辖内商业银行个人住房贷款利率较往年走高，但低于全国平均利率水平。在个人住房贷款定价方面，各行在其总行给定的原则性、指导性利率政策下实行差别化定价，主要参照借款人的资质、财务状况、征信信息等要素，结合客户综合贡献度确定不同的利率水平，以期实现客户对象的遴选和业务风险与收益的匹配。

票据贴现利率持续走高，且数月连续超过同期限贷款利率。12月，票据贴现加权平均利率较2010年年末上升328个基点，并且自2011年2月起，3～6个月期银行承兑汇票贴现加权平均利率高出同期限人民币贷款加权平均利率。宏观审慎管理的政策环境和Shibor走高等因素推动了票据贴现利率走高。

2012年，中国人民银行营业管理部将继续指导辖内金融机构在宏观视角上关注国内外利率政策动向与利率水平；在微观视角上进一步提升利率定价能力，探索建立并不断完善小微企业贷款定价机制，按照风险与收益匹配的基本原则，提高利率定价的精细化程度，以适应利率市场化改革进程。

5. 银行业金融机构改革继续深入，市场竞争力不断提升。国家开发银行北京市分行商业化改革纵深推进，业务结构调整成效初显，对中小企业、涉农、环保及节能减排、保障房项目建设等领域的信贷支持力度加大。中国农业发展银行北京市分行和中国进出口银行北京市分行继续发挥政策性金融优势，积极支持重点领域和项目发展。

五家已改制大型商业银行北京市分行稳步推进内部改革，各项业务全面协调发展，经营更趋稳健，盈利能力持续提高，收入结构进一步改善，中间业务收入占比较2010年提高2.7个百分点，不良贷款低位“双降”，拨备覆盖率较2010年提高64.1个百分点，风险抵御能力不断提升。

两家地方中资法人银行发展步伐不断加快。2011年年初，北京银行成功发行35亿元次级债，完成了总共100亿元次级债的发行额度。全年，北京银行新增分支机构21家，其中异地分支机构13家。北京农商银行深入推进实施“精细化管理”、“风险防控”和“开源挖潜”的经营主题，不断提高金融支农服务水平，年初完成了增发普通股补充核心资本并同时置换不良资产的工作，取得明显成效。

辖内农村金融服务持续改善，年内1家村镇银行进入筹建阶段，适应农村经济发展的多样化金融服务不断推出。

6. 跨境人民币业务稳步发展，业务领域不断拓展。2011年，辖内47家银行为2 892户企业办理跨境人民币结算金额4 027.1亿元，其中进口货物贸易人民币结算额在全部结算额中的占比超过七成，服务贸易及其他经常项目人民币结算交易活跃，资本项目交易平稳。辖内银行跨境人民币结算境外交易涉及88个国家和地区。

（二）证券市场活跃性下降，上市公司总股本与总市值全国领先

1. 证券业机构数量有所增长，市场交易活跃性下降。2011年年末，辖内法人证券公司比2010年年末增加1家，各地证券公司在北京营业部比2010年年末增加32家，中外合资基金公司比2010年年末增加2家，期货公司和期货公司在北京营业部比2010年年末分别增加1家和5家（见表3）。年末，北京地区证券公司营业部客户交易结算资金余额同比下降40.8%，全年股票基金交易额同比下降24.1%。

2. 总股本与总市值继续保持全国第一，上市公司筹资额有所下降。2011年年末，北京地区上市公司比2010年年末增加30家，占全国A股上市公司总数的8.4%，较2010年年末提高0.4个百分点。上市公司总股本占全国上市公司总股本的54.7%，总市值占全国上市公司总市值的41.8%。上市公司筹资总额同比下降45.4%。

表3 2011年北京市证券业基本情况

项目	数量
总部设在辖内的证券公司数（家）	18
总部设在辖内的基金公司数（家）	9
总部设在辖内的期货公司数（家）	20
年末国内上市公司数（家）	194
当年国内股票（A股）筹资（亿元）	1 315
当年发行H股筹资（亿元）	—
当年国内债券筹资（亿元）	12 018
其中：短期融资券筹资额（亿元）	4 195

注：国内债券筹资为非金融企业债券融资数据。
数据来源：中国人民银行营业管理部、北京证监局。

（三）保险业务结构有所变化，政策性农业保险快速发展

1. 保险保障功能增强，可持续发展能力进一步提高。2011年年末，北京市保险业总资产为3 132.3亿元，较年初增长22.4%，行业整体实力继续增强，可持续发展能力稳步提高。

表4 2011年北京市保险业基本情况

项目	数量
总部设在辖内的保险公司数（家）	50
其中：财产险经营主体（家）	13
人身险经营主体（家）	27
保险公司分支机构（家）	89
其中：财产险公司分支机构（家）	35
人身险公司分支机构（家）	50
保费收入（中外资，亿元）	821
其中：财产险保费收入（中外资，亿元）	233
人身险保费收入（中外资，亿元）	588
各类赔款给付（中外资，亿元）	233
保险密度（元/人）	4 125
保险深度（%）	5

数据来源：中国保监会网站、北京保监局。

2. 保费收入继续增长，业务结构有所变化。2011年，北京市保险业实现原保险保费收入同比增长2%，居全国第5位。其中，财产险业务保费收入同比增长9.5%，人身险业务保费收入同比下降0.7%（见表4）。

从财产险业务结构看，车险实现保费收入同比增长3.9%，非车险实现保费收入同比增长24.1%。从寿险业务结构看，普通寿险业务占比有所提高。从市场结构看，财产险公司市场集中度与2010年持平；寿险公司市场集中度有所上升，寿险保费规模居前5位的寿险公司市场份额共计占63%，较2010年提高2.3个百分点。

（四）社会融资结构持续改善，金融创新更趋活跃

2011年，北京地区非金融机构直接融资规模持续扩大，金融市场交易活跃，金融创新不断发展。

1. 融资渠道不断拓宽，直接融资作用显著增强。2011年，北京地区非金融机构直接融资占比大幅提高，债券融资快速发展，短期融资券、中期票据和超短期融资券是企业主要融资工具，三者合计发行额占全部债券发行额的84.4%。非公开定向债务融资工具成为非金融机构的新型融资手段，融资产品继续呈多样化态势（见表5）。

表5 2001～2011年北京市非金融机构部门贷款、债券和股票融资情况

单位：亿元、%

年份	融资合计	比重		
		贷款	债券（含可转债）	股票
2001	1 476.0	82.1	4.4	13.5
2002	2 117.4	84.8	7.8	7.4
2003	2 843.7	83.5	7.8	8.7
2004	2 184.4	88.4	8.5	3.1
2005	3 174.6	60.3	39.6	0.1
2006	4 089.1	69.9	25.8	4.3
2007	6 200.0	38.8	17.6	43.6
2008	8 531.0	38.0	47.5	14.5
2009	16 553.9	47.6	43.3	9.1
2010	11 701.7	46.4	47.4	6.2
2011	10 009.9	33.6	57.7	8.7

注：贷款、债券融资量均以当年新增额口径计算。
数据来源：中国人民银行营业管理部、北京证监局、中国债券网。

2. 货币市场交易量保持稳定，净融出资金规模大幅下降。2011年，北京地区金融机构同业拆借和债券回购双向累计成交120.9万亿元，同比增长5.6%，较2010年回落31.3个百分点，占全国交易量的45.5%。北京地区金融机构通过同业拆借和债券回购累计净融出资金22.8万亿元，同比下降30.7%。

3. 票据市场贴现利率显著提高，业务量稳步上升。2011年，北京市金融机构银行承兑汇票和商业承兑汇票余额稳中有升，票据贴现余额波动上行。在市场流动性逐渐收紧、再贴现利率低于市场资金价格的情况下，金融机构再贴现需求相应增加（见表6、表7）。

表6　2011年北京市金融机构票据业务量统计

单位：亿元

季度	银行承兑汇票承兑		贴现			
			银行承兑汇票		商业承兑汇票	
	余额	累计发生额	余额	累计发生额	余额	累计发生额
1	1 594.8	1 091.0	659.8	2 707.1	70.1	365.9
2	1 702.9	2 250.4	871.3	6 025.3	63.8	611.2
3	1 713.8	3 383.2	970.9	9 482.2	70.9	839.8
4	1 829.7	4 706.4	919.9	12 636.7	82.6	1 058.1

数据来源：中国人民银行营业管理部。

表7　2011年北京市金融机构票据贴现、转贴现利率

单位：%

季度	贴现		转贴现	
	银行承兑汇票	商业承兑汇票	票据买断	票据回购
1	4.9818	5.5195	4.1044	4.9194
2	6.2329	5.9977	5.7299	5.6043
3	8.9394	7.3287	7.1888	6.7464
4	9.1023	8.4579	6.9797	7.1166

数据来源：中国人民银行营业管理部。

4. 外汇衍生产品需求旺盛，黄金市场交易活跃。2011年，人民币汇率双向波动特征明显，外汇衍生产品交易量大幅增长。北京地区金融机构外汇远期交易累计成交量折合1 726.1亿美元，是2010年交易量的6.7倍。外汇掉期交易累计成交量折合1.4万亿美元，同比增长54.5%。黄金市场交易量持续攀升，北京地区上海黄金交易所会员全年交易黄金3 077.6吨，同比增长34.8%。

5. 金融创新持续开展，类型不断丰富。2011年，北京地区金融机构利率互换全年名义本金发生额为1.5万亿元，债券远期交易大幅增长。辖内银行累计发行理财产品4.7万亿元，相关机制创新、管理创新、产品创新全面开展，电子银行理财夜市、滚动型结构化理财产品等不断出现。

（五）金融生态环境建设深入开展，金融基础设施进一步改善

2011年，首都金融生态环境建设不断深入。制定《科技金融和文化金融工作实施意见》，助力文化创新和科技创新“双轮驱动”的首都经济发展；开展金融支农“春雨行动”，大力推广银行卡助农取款服务，优化首都农村金融环境；开展“1+2+3”①中小企业信用体系建设，大力推广金融IC卡应用和社保卡加载金融功能，有效提升首都金融服务水平；积极推动进口付汇核销改革，继续推进资本账户管理简政放权，促进首都贸易投资便利化；北京人民币立体发行库成功启动试运行，进一步提升首都金融基础设施水平；严厉打击制贩假币、洗钱、银行卡犯罪以及外汇违法违规行为，成功破获特大虚开增值税专用发票案，宣判北京首例反洗钱案，有力维护首都金融市场秩序；成功举办北京国际金融博览会和国际金融论坛，不断强化金融交流与合作力度；开展“信用北京行”、“现金服务推动周”、“国债进乡村”、“支付系统宣传月月行”等宣传活动，提升社会公众的金融意识。

二、经济运行情况

2011年，在复杂多变的内外部环境中，北京市坚决贯彻落实中央宏观调控政策，加快转变经济发展方式，经济运行基本稳定，转方式、调结构取得积极进展。全年实现地区生产总值16 000.4亿元，同比增长8.1%（见图5）。

① “1”是中关村中小企业信用体系，“2”是海淀与西城两个中小企业信用体系试验区，“3”是“信贷快车”、生物医药融资激励、信用保险及贸易融资三个试点。

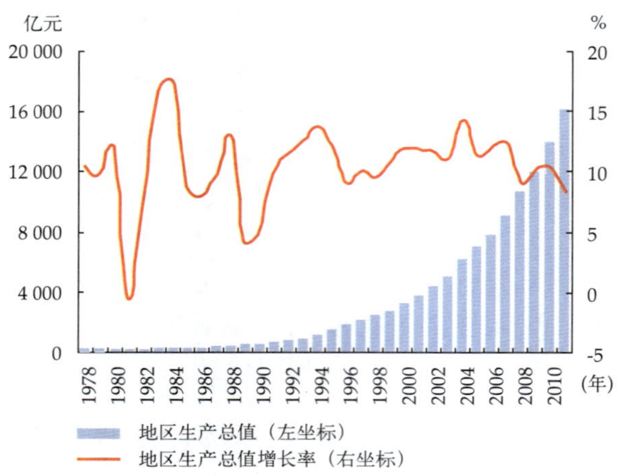

数据来源：北京市统计局。

图5 1978～2011年北京市地区生产总值及其增长率

（一）三大需求协调发展，经济增长回调趋稳

2011年，北京市经济在回调中逐步趋稳，第一季度增长8.6%，其后增速维持在8%左右，实现了“十二五”时期的良好开局。

1. 投资增速平稳，结构不断优化。2011年，北京市完成全社会固定资产投资5 910.6亿元，同比增长13.3%（见图6）。第一季度投资保持较快增长，第二、第三、第四季度投资增速回稳。从投资结构看，基础设施投资同比增长0.3%，占全社会固定资产投资的23.7%。建安投资同比增长22.4%，增速高于全社会固定资产投资9.1个百分点。房地产开发投资同比增长10.1%，占全社会固定资产投资的51.4%，较2010年下降1.4个百分点。政策性住房投资同比增长94.9%，其中住宅投资同比增长87.9%。工业投资同比增长46.7%，占全社会固定资产投资的12.7%，较2010年提高2.9个百分点，对全市投资形成了重要支撑。在政府投资引导放大作用下，民间投资同比增长14.2%。

2. 居民收入持续增长，消费品市场多点带动。2011年，北京市加快适度普惠型社会福利体系建设，推动制度整合衔接，把失业人员纳入职工基本医疗保险，实现市级公费医疗制度与职工医保制度并轨、在职职工养老和医疗保险跨地区转移接续、工伤和生育保险制度全覆盖。在政策带动下，城乡

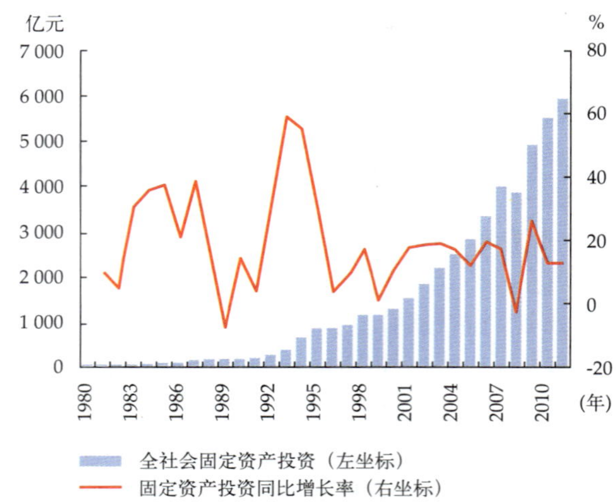

数据来源：北京市统计局。

图6 1980～2011年北京市固定资产投资及其增长率

居民收入持续增长，城镇居民人均可支配收入同比增长7.2%，农村居民人均纯收入同比增长7.6%。积极建立促进消费责任制，推动消费增长向多点支撑转变，全市社会消费品零售总额同比增长10.8%，扣除价格因素，实际增长7.3%（见图7）。从限额以上批发零售企业销售看，汽车类零售额占比为24%，较2010年下降10.2个百分点，其余主要类别的产品比重均有所提高；其中，文化办公用品类占比为6.7%，较2010年提高2个百分点，提升幅度最大。

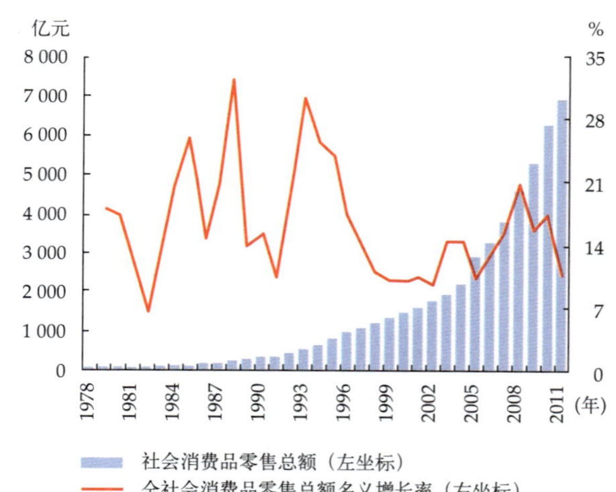

数据来源：北京市统计局。

图7 1978～2011年北京市社会消费品零售总额及其增长率

3. 涉外经济平稳运行，利用外资稳步增长。2011年，北京地区进出口总值同比增长29.1%。其中，进口总值同比增长34.2%，出口总值同比增长6.5%（见图8）。进口规模占全国进口规模的19%，增速高出全国增速9.3个百分点，对全国进口增长的贡献率为24.2%。“双自主”企业出口比重进一步提高，服务外包执行总金额同比增长59.3%。坚持市区联动、引资引智相结合，做好重大项目、总部企业投资促进工作，新增外国企业驻京代表机构320家，实际利用外资同比增长10.9%（见图9）。建立健全境外劳务事件防范和应急处置机制，加快推动企业“走出去”，对外投资稳步增长。

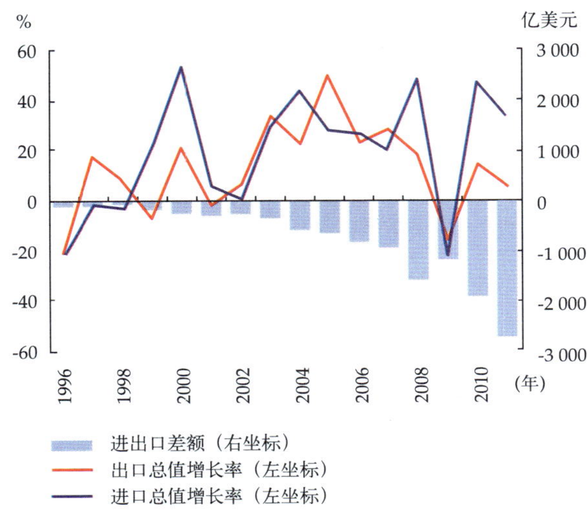

数据来源：北京市统计局。

图8　1996～2011年北京市外贸进出口变动情况

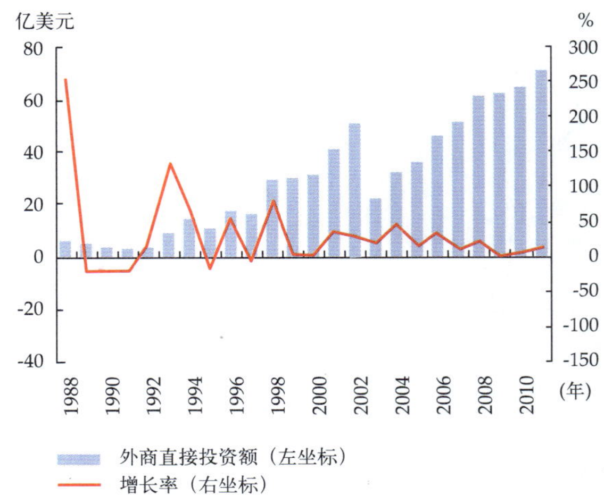

数据来源：北京市统计局。

图9　1988～2011年北京市外商直接投资情况

（二）产业结构调整迈出新步伐，经济结构进一步优化

2011年，北京市坚持优化第一产业，做强第二产业，做大第三产业，促进产业结构优化升级，强化政策引导，丰富支持手段，三次产业结构由2010年的0.9：24：75.1调整为0.9：23.4：75.7。

1. 农村改革发展稳步推进，都市型现代农业的多功能性充分体现。2011年，北京市继续深化农村各项改革，87.3%的集体经济组织完成产权制度改革。开展集体土地确权登记颁证、新型农村社区建设和“一事一议、财政奖补”试点，初步建立起农村基础设施运行管护机制。加强农田水利建设，完成30万亩农业基础建设及综合开发，新增和改善节水灌溉面积15万亩。有序推进现代农业示范创建，设施农业和籽种农业分别实现收入同比增长11.9%和24.3%；观光休闲农业充分体现生活功能，全年实现收入同比增长20.9%；林业充分体现生态功能，全年实现产值同比增长12.5%。

2. 工业高耗能行业大幅收缩，重点发展领域增势较好。2011年，北京市规模以上工业增加值同比增长7.3%，较2010年回落7.7个百分点（见图10）。受首钢涉钢产业全面停产影响，黑色金属冶炼及压延加工业全年增加值同比下降73.3%。医药制造业、通用设备制造业、交通运输设备制造业成为带动工业增长的主要力量，工业增加值分别同比增长27.2%、13.6%和13%。规模以上工业产销率为99%，较2010年提高0.1个百分点。北京市集中统筹100亿元政府资金，支持300余项重大科技成果产业化。中关村国家自主创新示范区制定《加快培育和发展战略性新兴产业的实施意见》，确定首批160个新兴产业重大项目，与15家中央单位签订战略合作协议。全市工业企业效益持续增长，规模以上工业企业利润总额同比增长10.3%，规模以上工业经济效益综合指数较2010年提高6.1个百分点。

3. 服务业稳中趋好，带动产业结构进一步优化。2011年，北京市加快发展生产性服务业，金融中心城市功能不断增强，信息服务、商务服务、科

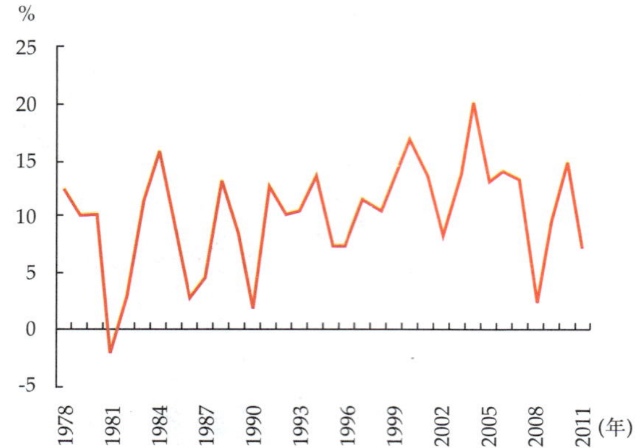

数据来源：北京市统计局。

图10　1978～2011年北京市规模以上工业增加值实际增长率

技服务的带动作用更加突出，第三产业增加值同比增长8.6%。信息传输、计算机服务和软件业，租赁与商务服务业，科学研究、技术服务和地质勘查业增加值同比分别增长22.9%、18.2%和10.4%。旅游与文化、体育等产业融合发展，实现旅游总收入3 216.2亿元，同比增长16.2%。

（三）价格涨幅得到有效控制，通货膨胀压力有所缓解

1. 居民消费价格涨幅先升后降。2011年，北京市坚持扶生产、保供应，通过财政支持、推动产销对接、降低零售环节经营成本、开展专项整治和重点稽查等具体调控措施，切实控制物价过快上涨。受成本上升、供求关系变化等因素影响，2011年全市居民消费价格同比上涨5.6%（见图11）。其中，食品类价格同比上涨10.6%，居住类价格同比上涨8.5%，是拉动居民消费价格上行的主要因素。全年居民消费价格涨幅先升后降，前8个月延续了2010年的上升态势，之后连续回落，12月，居民消费价格同比涨幅为4.4%，比最高月份涨幅下降2.2个百分点。

2. 工业生产者价格涨幅低于全国平均水平。2011年，北京市工业生产者出厂与购进价格涨幅都呈“先升后降”态势，后者波动幅度更大。工业生产者出厂价格单月同比涨幅2～8月保持缓慢提升，8月达到3.8%的阶段性高点，之后显著回落，12月下降至1.4%的全年次低点，全年同比涨幅为2.3%，较全国平均水平低3.7个百分点。工业生产者购进价格单月同比涨幅1～7月持续上升，7月达到10.1%的全年高点，之后逐渐呈现回落态势，10月之后快速下降，12月降至5.6%的全年低点，全年同比涨幅为8.4%，较全国平均水平低0.7个百分点（见图11）。

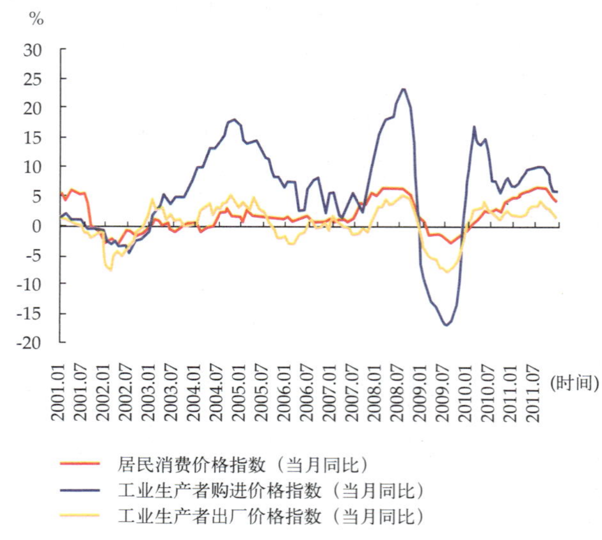

数据来源：北京市统计局。

图11　2001～2011年北京市居民消费价格和工业生产者价格变动趋势

3. 劳动力成本涨幅总体平稳。2011年，北京市积极做好就业困难地区和困难群体帮扶工作，把城市化地区农村劳动力纳入城镇失业登记范围，加强职业技能培训，城镇新增就业44.7万人，比2010年增加0.1万人。健全社会保障相关待遇标准与物价上涨挂钩联动机制，最低工资提高20.8%，农村低保最低标准提高 61.9%，企业退休人员月平均养老金提高10%以上。2011年，北京市城镇居民家庭人均工资性收入为25 161元，同比增长8.9%；农村居民人均工资性纯收入为9 579元，同比增长19.6%。

4. 持续深化资源性产品价格改革。为不断提高资源能源使用效率与保障水平，进一步优化要素投入结构，2011年，北京市继续在水、电、天然气、供热等方面推进资源性产品价格改革，稳妥实施成品油价格调整。同时，继续加大再生资源回收、雨水利用、污水处理和再生水利用力度，从而在保证

资源性产品价格调整发挥资源使用调节作用的同时强化资源供应保障能力。

（四）财政收支保持较高增速，财政支出继续向民生领域倾斜

2011年，北京市财政收入与财政支出规模继续高速增长，支出结构进一步优化，重点事项得到有力保障。全年完成一般预算财政收入3 006.3亿元，同比增长27.7%，增幅较2010年明显提高（见图12）。从主要税种看，增值税、营业税分别增长13.2%和25.3%，企业所得税和个人所得税分别增长33.3%和26.7%。财政支出结构不断调整优化，保障和改善民生的投入持续加大。全年完成一般预算财政支出3 246.5亿元，同比增长19.5%，较2010年提高2.4个百分点。其中，教育支出520.6亿元，同比增长15.6%；社会保障和就业支出354.5亿元，同比增长28.5%；医疗卫生支出225.4亿元，同比增长20.7%；交通运输支出199.1亿元，同比增长28.5%；节能环保支出94.7亿元，同比增长55.6%。

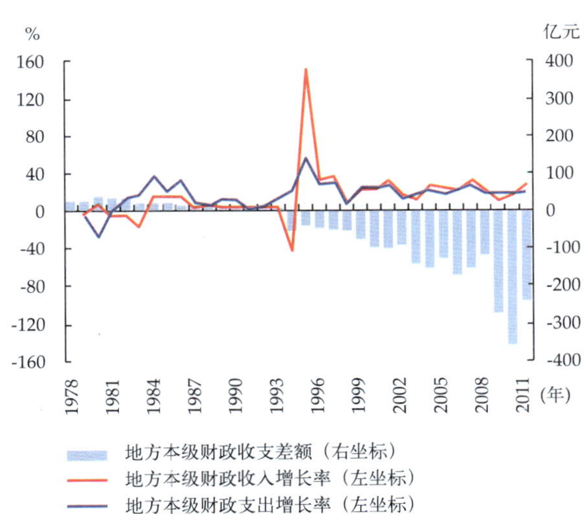

数据来源：北京市统计局。

图12　1978～2011年北京市财政收支状况

（五）节能降耗目标超额完成，环境治理取得新突破

2011年，北京市继续全面实施“人文北京、科技北京、绿色北京”战略，节能降耗工作取得显著成效。率先实行能耗强度和能源消费总量双控机制，关闭高耗能、高耗水、高污染企业45家，万元GDP能耗下降约6.5%，超额完成全年万元GDP能耗下降3.5%的目标，为完成“十二五”17%的节能目标打下了坚实基础。在水耗方面，北京市进一步深入推进节水型社会建设，继续处于全国领先水平，全市污水处理率达到82%，再生水利用量达到7.1亿吨。实施清洁空气行动计划，2011年新增造林绿化面积25万亩，全市林木绿化率达到54%，全年空气质量二级和好于二级天数达到78.4%。其中，一级天数达到74天，增长39.6%，实现了空气质量连续13年持续改善。

（六）主要行业分析

1. 房地产市场调控取得明显效果。2011年，中央和北京市一系列房地产市场调控政策措施效果持续显现，房地产市场由政策适应期逐步进入平稳期，房价“稳中有降”态势明显，市场走势符合调控预期目标，保障性住房建设进展顺利。银行信贷作为房地产市场调控重要手段的作用得到体现，房地产贷款增速回落，个人住房贷款业务收缩明显。

（1）房地产开发投资增速放缓，主要资金来源渠道普遍收紧。2011年，北京市完成房地产开发投资同比增长10.1%，较2010年下降14个百分点；占全社会固定资产投资的51.4%，较2010年下降1.4个百分点。房地产开发项目本年到位资金同比下降4.8%。其中，自筹资金、定金及预售款、银行贷款、利用外资同比分别下降0.1%、5.8%、11.3%、81.3%。

（2）在建商品住房面积呈现增长，保障性住房供给增加。2011年，北京市房地产开发企业完成土地购置面积同比下降41.0%；商品住宅竣工面积同比下降12.2%，当月住宅竣工面积在12月达年内最大值。商品住宅新开工面积同比增长25.8%，其中保障性住房新开工面积同比增长59.7%。全年完成各类政策性住房投资同比增长94.9%，完成全年计划的149.0%，占全市房地产开发投资的24.6%，较2010年提高12.4个百分点，保障性住房对投资的拉动作用明显。新建、收购各类保障性住房23万套，超过全年20万套的任务目标；竣工10万套，发放租赁补贴2万户。

（3）商品住房成交量显著缩减，供大于求促使库存逐步回升。2011年，商品房销售面积同比下

降12.2%（见图13）。其中，新建商品住宅销售面积同比下降13.9%，现房销售面积和期房销售面积同比分别下降21%和12.3%。2月以来新建商品住房各月供应量均高于成交量，促使库存逐步回升。

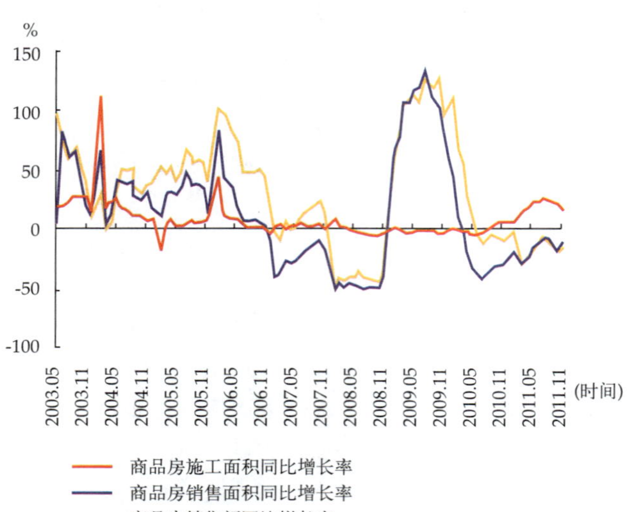

数据来源：北京市统计局。

图13　2003～2011年北京市商品房施工和销售变动趋势

（4）房价控制目标顺利实现，新建住宅销售价格涨幅同比回落。2011年，北京市新建普通住房成交均价同比下降11.3%，顺利实现年初制订的新建普通住房价格“稳中有降”的控制目标。新建住宅销售价格同比涨幅从1月的6.8%回落至12月的1%，环比自6月起连续5个月停涨，11月、12月分别下降0.3%、0.1%（见图14）。2011年，北京市住房租赁市场交易活跃，住房租赁价格涨幅高于房价涨幅。

（5）房地产贷款增速大幅回落，个人住房贷款业务萎缩明显。2011年年末，北京市金融机构本外币房地产贷款余额同比增长1%，较2010年同期下降21.5个百分点。房地产开发贷款接近零增长。个人住房贷款余额同比增长2.1%。其中，新建住房贷款余额同比下降0.3%，二手住房贷款余额同比增长7.5%。保障性住房开发贷款新增额占全部住房开发贷款新增额的82.6%。辖内各银行结合北京市保障性安居工程建设工作实际和自身业务特点，通过信贷规模倾斜、内部支持政策、金融产品创新等手段，积极为保障性住房项目提供信贷支持。

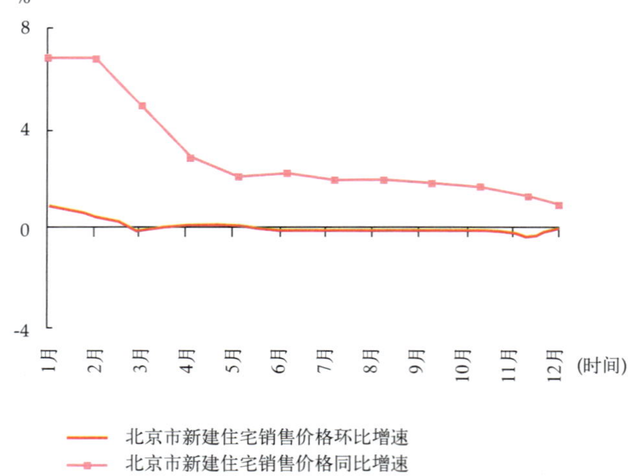

数据来源：北京市统计局。

图14　2011年北京市新建住宅销售价格变动趋势

2. 文化创意产业持续较快发展，文化金融支持力度不断加大。《北京市“十二五”时期人文北京发展建设规划》提出，“十二五”期间北京市将力争实现文化创意产业增加值翻一番，占全市地区生产总值的比重达到15%，成为首都战略性支柱产业。2011年，北京市文化创意产业实现增加值1 938.6亿元，按现价计算，比2010年增长14.2%，占地区生产总值的12.1%，较2010年提高0.1个百分点。

金融支持文化创意产业发展的力度不断加大。银行业金融机构通过加大创新力度及密切银政企合作等方式，不断摸索金融支持文化创意产业的有效方式，改进和完善文化创意产业金融服务。2011年年末，北京市中资银行文化创意产业人民币贷款企业户数同比增长66.4%，2011年累计发放贷款同比增长75.9%。

3. 高新技术产业支撑北京率先实现创新驱动发展，科技金融创新全面推进。中关村国家自主创新示范区建设取得新成效，“1+6”①先行先试政策获得重大突破。2011年，北京高新技术产业实现增加

①“1”是指搭建首都创新资源平台，“6”是在中关村深化实施先行先试改革的六条新政策。

值约为2 695.4亿元，同比增长12.5%；中关村国家自主创新示范区投产开业企业全年实现总收入1.9万亿元，比2010年增长20.9%。

结合北京区域高端创新要素和金融资源聚集特点，中国人民银行营业管理部组织开展了贯穿全年的“科技金融创新年”活动，通过建立健全产品创新引导、银企互动对接、考核表彰激励和信用信息服务等机制，推动辖内金融机构先行先试，积极创新，促进科技资源与金融资源融合发展。截至2011年年末，辖内中资银行高新技术产业人民币贷款企业户数同比增长36.3%；16家科技金融专营机构在中关村成立；中关村信用贷款试点和股权质押贷款工作顺利开展；47家企业在创业板成功上市，“中关村板块”更加凸显。全年，中关村创业投资案例和投资金额均占全国的1/3左右。科技金融组织体系、市场体系、产品体系与服务体系的系统创新不断加强，科技创新与发展全过程、全覆盖的科技金融体系逐步建立。

专栏2　专营机构为首都科技金融创新发展提供强力支撑

为推动落实科技部、中国人民银行等五部委《促进科技和金融结合试点实施方案》，支持中关村国家科技金融创新中心和国家自主创新示范区建设，2011年第三季度，中国人民银行营业管理部对辖内科技金融专营机构（以下简称专营机构）开展了专项调查。结果显示，专营机构的设立有效地拓展了科技金融业务，加快了科技金融创新步伐。

一、专营机构是促进科技和金融结合的重要组织创新

为增强地缘优势，科技金融专营机构相继在中关村成立，所属银行类型覆盖大型商业银行、股份制商业银行、城市商业银行及外资银行，其中83.8%的专营机构专门服务于科技型中小企业。作为科技金融创新的“试验田”，专营机构承担着实践创新理念、落实“先行先试”政策的重任。在组织设置上，8家专营机构设在支行层面，5家为分行内设部门，1家为小企业信贷中心区域总部。专营机构的设立促进了科技金融业务快速发展，2011年年末，各专营机构高新技术企业贷款余额和户数均实现成倍增长。

二、机制创新是促进科技与金融结合的重要推手和保障

为满足高新技术企业融资需求的急迫性特点，专营机构努力从“快”字上下工夫，不断增强专项服务优势。一是完善“信贷工厂”模式，以专业化分工、标准化运作和差异化管理加快审贷速度；二是建立“绿色通道”，方便高新技术企业直接进入审批通道，享受高效的融资审批及便捷的资金额度预约等服务；三是优化审贷流程，通过实行24小时网上审批、提前审批并批准额度、授信调查与授信分析一并进行等措施，进一步提高贷款审批和发放效率；四是下移审批权限，专营机构一般审批权限在2 000万元及以上的占46.2%，基本能及时满足高新技术企业的贷款额度需求。

专营机构授信机制创新推动审批效率大幅提升。在审批权限内，81.8%的专营机构审批不超过5个工作日；超过审批权限，75%的专营机构审批不超过10个工作日。同时，70%的专营机构认为专职客户经理人均贷款户有望达到15户及以上，最高可达30户；而在调查时60%的专营机构人均贷款户尚未超过10户，最多为19户。

三、信贷创新产品是促进科技与金融结合的重要载体

针对高新技术企业发展模式及融资条件的独特性，专营机构积极开展创新，推出市场适用性强的信贷产品和服务方式，信贷资源对高新技术企业的覆盖面明显提高。

一是前移介入周期，分享“高成长”企业发展成果。为了将“银行看过去”与“VC、PE看未来”的理念相互匹配，专营机构积极创新银投合作、投贷结合的融资模式，推出投贷一体化产品，并针对被投资企业提供个性化衍生服务。

二是拓宽担保品种，给予“轻资产”企业融资机会。多家专营机构已加入中关村信用贷款试点、信用保险和贸易融资试点，并就知识产权、代办股权等无形资产设计融资方案，有效地降低了高新技术企业融资门槛。

三是借助网络平台，便利“融资频”企业资金运用。科技发展和网络普及为科技金融创新注入了新的活力。专营机构积极发挥网络优势，推出网络+循环贷款，实现客户自助贷款还款，同时依托第三方电子平台，开发“e贷通”等产品，实现企业信息流、物流和现金流紧密对接。

四是探索信贷供给服务新路径，拓宽企业融资渠道。为拓展并维系客户，专营机构通过制订集合信托计划、研发“卖断型接力贷”等举措，积极探索信贷供给新路径，助推更多高新技术企业获取信贷资金。

三、预测与展望

2012年是实施“十二五”规划承上启下的重要年度，也是北京市巩固经济转型成果、加快建设中国特色世界城市的关键之年。展望2012年，虽然国内外经济形势仍将复杂严峻，但推动经济增长的长期动力并未发生根本变化，首都经济发展面临的机遇大于挑战。

从国际环境看，金融危机和欧洲主权债务危机的深层次影响仍在延续，世界经济复苏面临较多不稳定性和不确定性。从国内环境看，经济增长正在由政策刺激向自主增长有序过渡，战略性新兴产业规划陆续出台，促进区域协调发展和扩大居民消费需求的政策体系不断完善，将给实体经济发展注入新的活力。从北京自身看，“打造首都经济圈”提升为国家战略拓宽了北京市发展空间，有利于发挥总部经济优势和高端引领的辐射、带动作用；中关村国家自主创新示范区建设全面推进和中国特色社会主义先进文化之都战略加快实施，有利于充分发挥首都的资源聚集优势，加快推进科技创新与文化创新“双轮驱动”的发展格局，为首都经济发展提供新的战略增长点和持续竞争力。

2012年北京市投资、消费、出口三大需求增长将更趋协调。当前北京已进入消费结构升级阶段，消费增长仍有较大潜力；中国人民银行规范第三方支付机构以及银联推出的无卡支付平台等政策为网络消费和银行卡消费等新兴消费模式提供良好环境；保障房加快供给和机动车更新换代将在一定程度上填补住宅和汽车限购形成的缺口，并拉动相关消费和服务增长。在投资保持平稳增长的同时结构和质量将继续优化，“十二五”规划确定的重大项目进入大规模集中建设阶段，战略性新兴产业项目和高端产业功能区将成为投资建设热点；新技术、新工艺、新产业模式的出现也增加了传统产业技术升级与改造方面的投资需求；受政策调控影响，房地产及相关行业的投资将进一步放缓。跨境贸易人民币结算试点继续推进、天竺保税区建设和服务贸易的快速发展对进出口增长起到一定支撑作用，但世界经济复苏步伐放缓、贸易保护主义升温、劳动力成本上升等不利因素，都会对北京地区对外贸易造成不利影响，预计2012年北京地区进出口规模较2010年持平或略有增长。

价格方面，随着宏观经济政策措施效果逐渐显现，社会总需求趋于稳定，货币条件回归常态，粮食生产形势较好，支持物价稳定的积极因素增多，但国际政治局势动荡加剧、主要经济体流动性持续宽松、大宗商品价格存在进一步上涨压力、资源品价格改革尚待深入推进，都有可能使微观经济主体的通货膨胀预期出现反复。综合考虑各相关因素影响，预计2012年北京市物价仍将呈现上涨态势，但同比涨幅较2011年将有所回落。

从金融运行情况看，金融业服务首都经济发展的动力和能力将进一步增强。“三个北京”发展战略的稳步实施为金融业提供了良好的发展环境；文化、知识产权、石油和金融资产等要素交易市场建设的有序推进和社会信用担保体系的不断完善，将吸引相关机构落户北京，进一步强化首都的总部金融特征。2012年北京市金融业将切实把握更好地服务实体经济的要求，创新金融产品和融资方式，加大对高新技术产业、文化创意产业、战略性新兴产业等重点领域，以及保障房建设、环境治理和节能减排等薄弱环节的金融支持力度。全面改进和完善对小微企业、“三农”的金融服务。继续落实差别化住房信贷政策，加大对保障性安居工程和普通商品住房建设的支持力度，努力改善首套住房贷款信贷服务。

2012 年，中国人民银行营业管理部将全面贯彻中央经济工作会议和全国金融工作会议精神，按照中国人民银行工作会议部署，牢牢把握加快转变经济发展方式的主线和“稳中求进”的总基调，结合北京实际，努力提高执行稳健的货币政策的针对性、灵活性和前瞻性，全力维护首都金融稳定，扎实推进金融服务现代化，全面提升金融服务水平，努力营造促进首都经济社会平稳和谐发展的金融环境。

中国人民银行营业管理部货币政策分析小组
负责人：李　超　姜再勇
统　稿：雷晓阳　龙　非　朱　睿
执　笔：张　丹　蒋湘伶　卢　静　梁珊珊　李瑞敏　张宝航　张英男　齐　川　张笑尘　黄美娟
周　翔　王　瑞　李　媛　童怡华　张向军　贺　杰　刘　宁　尹兴中　陈　岩
提供材料的还有：邓凯宏　魏海滨　单　方　张　煜　王新宇　李天懋　甘　瀛

附录

（一）2011年北京市经济金融大事记

1月16日至21日，北京市十三届人大四次会议召开，审议通过了《政府工作报告》、《北京市国民经济和社会发展第十二个五年规划纲要》等。

2月15日，北京市政府印发《关于贯彻落实国务院办公厅文件精神　进一步加强本市房地产市场调控工作的通知》。

2月22日，《中关村国家自主创新示范区发展规划纲要（2011～2020年）》发布。

5月23日，中国支付清算协会在北京正式成立。

9月1日，“月刷卡　月中奖”——2011年北京市刷卡促消费活动正式启动。

9月2日，北京国有资本经营管理中心在银行间债券市场成功发行50亿元首笔保障房专项私募债，北京成为全国首个通过发行保障房专项债券融资的地方政府。

9月19日，目前亚洲规模最大、技术最先进的金库工程——北京人民币立体发行库开始试运行。

11月3日至6日，第七届北京国际金融博览会在北京展览馆成功举办。

11月23日，海淀区、西城区正式成为“北京市中小企业信用体系建设试验区”。

12月19日至21日，北京市委召开十届十次全会，审议通过了《中共北京市委关于发挥文化中心作用　加快建设中国特色社会主义先进文化之都的意见》。

（二）2011年北京市主要经济金融指标

表1 2011年北京市主要存贷款指标

		1月	2月	3月	4月	5月	6月	7月	8月	9月	10月	11月	12月
本外币	金融机构各项存款余额（亿元）	64 610.2	66 088.4	69 237.8	69 122.2	69 215.5	71 051.7	70 655.0	71 710.7	72 824.4	74 062.2	73 537.9	75 001.9
	其中：储蓄存款	17 809.7	17 702.6	18 222.3	18 048.7	18 064.4	18 471.1	18 078.0	18 124.3	18 381.8	18 155.5	18 320.1	19 690.6
	单位存款	40 993.8	41 648.4	43 446.8	43 314.6	43 545.9	44 514.7	44 079.3	45 332.4	45 943.8	46 826.9	46 554.2	47 015.8
	各项存款余额比上月增加（亿元）	-1 770.4	1 478.2	3 149.4	-115.6	99.9	1 829.5	-396.7	1 065.7	1 103.8	1 237.8	-524.3	1 464.0
	金融机构各项存款同比增长（%）	12.7	13.2	16.2	14.9	13.3	14.4	14.4	14.3	11.9	11.4	11.2	12.9
	金融机构各项贷款余额（亿元）	36 794.2	37 157.0	37 613.2	38 070.7	38 215.6	37 858.2	37 870.3	38 109.5	38 490.6	39 361.7	39 526.3	39 660.5
	其中：短期	9 457.1	9 690.9	9 958.5	10 088.2	10 234.2	10 379.5	10 423.0	10 476.5	10 641.5	10 907.6	10 843.0	11 199.1
	中长期	22 992.8	23 141.6	23 386.2	23 670.5	23 677.1	23 671.5	23 803.6	23 951.9	24 135.2	24 858.4	24 929.5	24 886.3
	票据融资	760.2	683.7	579.7	648.2	675.6	778.7	757.4	819.6	871.0	777.3	853.9	818.7
	各项贷款余额比上月增加（亿元）	502.9	362.8	456.2	457.5	144.9	-357.4	12.1	239.3	381.1	871.1	164.6	134.2
	其中：短期	341.0	233.8	267.6	129.7	146.0	145.3	43.5	53.5	165.0	266.1	-64.7	356.1
	中长期	317.5	148.8	244.6	284.2	6.6	-5.6	132.1	148.4	183.2	723.3	71.1	-43.3
	票据融资	-144.8	-76.5	-103.9	68.5	27.4	103.1	-21.2	62.2	51.4	-93.7	76.6	-35.2
	金融机构各项贷款同比增长（%）	15.8	14.5	15.6	16.2	15.7	13.5	13.1	11.7	11.9	12.6	11.2	9.3
	其中：短期	22.2	22.2	25.7	31.5	32.2	29.8	32.4	32.5	32.3	33.1	28.2	30.3
	中长期	5.0	3.1	3.1	2.3	0.8	0.1	-0.7	-2.0	-2.5	-0.9	-2.1	-4.9
	票据融资	-53.9	-54.8	-53.4	-48.6	-43.1	-27.7	-26.5	-28.8	-15.3	-29.3	-17.0	-9.7
	建筑业贷款余额（亿元）	978.2	1 027.7	1 069.9	1 096.0	1 147.4	1 189.3	1 215.8	1 233.3	1 248.6	1 255.6	1 259.5	1 281.7
	房地产业贷款余额（亿元）	4 600.1	4 652.1	4 625.8	4 649.2	4 594.7	4 602.3	4 608.7	4 596.0	4 607.6	4 636.4	4 647.7	4 609.8
	建筑业贷款同比增长（%）	19.6	19.8	21.8	21.3	23.7	29.6	32.6	29.5	36.4	30.3	30.0	35.3
	房地产业贷款同比增长（%）	31.5	29.5	26.2	21.5	15.8	16.0	15.8	13.3	8.6	8.9	4.2	3.0
人民币	金融机构各项存款余额（亿元）	62 378.2	63 904.8	66 992.1	66 844.5	67 104.3	68 747.2	68 528.5	69 421.7	70 521.3	71 778.0	71 207.1	72 655.4
	其中：储蓄存款	17 237.6	17 151.0	17 676.3	17 498.6	17 512.2	17 915.8	17 541.5	17 587.0	17 837.1	17 603.8	17 767.3	19 126.1
	单位存款	39 816.4	40 447.4	42 163.8	42 004.0	42 355.4	43 279.4	42 915.2	44 101.0	44 755.9	45 639.7	45 326.6	45 715.7
	各项存款余额比上月增加（亿元）	-1 850.2	1 526.6	3 087.3	-147.6	259.8	1 642.9	-218.7	903.2	1 089.6	1 256.7	-570.9	1 448.4
	其中：储蓄存款	385.4	-86.6	525.3	-177.7	13.5	403.7	-374.3	45.5	250.1	-233.2	163.5	1 358.9
	单位存款	-2 058.6	631.0	1716.3	-159.8	351.4	924.0	-364.1	1 185.8	654.9	883.8	-313.1	389.1
	各项存款同比增长（%）	14.1	14.8	17.9	15.5	13.8	14.6	14.9	14.8	12.5	12.2	11.8	13.1
	其中：储蓄存款	17.2	13.0	15.1	13.4	13.5	13.1	11.4	11.1	8.2	8.3	8.7	12.5
	单位存款	—	—	—	—	—	—	—	—	—	—	—	—
	金融机构各项贷款余额（亿元）	29 874.3	30 236.4	30 641.6	31 053.5	31 195.7	31 551.5	31 697.5	31 966.1	32 315.0	33 070.8	33 160.3	33 367.0
	其中：个人消费贷款	4 072.3	4 112.7	4 169.3	4 219.2	4 238.9	4 274.7	4 304.7	4 341.4	4 382.6	4 415.7	4 453.5	4 484.1
	票据融资	756.6	680.7	575.9	645.7	673.5	776.3	754.9	816.6	867.9	773.9	851.5	816.8
	各项贷款余额比上月增加（亿元）	499.0	362.1	405.1	411.9	142.3	355.8	146.0	268.6	348.9	755.8	89.5	206.8
	其中：个人消费贷款	79.3	40.4	56.6	49.9	19.7	35.7	30.0	36.7	41.3	33.1	37.8	30.7
	票据融资	-145.3	-75.9	-104.8	69.8	27.8	102.8	-21.4	61.7	51.3	-94.0	77.7	-34.7
	金融机构各项贷款同比增长（%）	14.7	14.1	15.4	16.1	15.6	15.5	15.4	14.9	15.1	15.6	14.3	14.2
	其中：个人消费贷款	17.3	16.9	16.5	14.7	13.2	12.6	12.6	12.7	12.3	12.3	12.1	11.1
	票据融资	-54.0	-54.9	-53.7	-48.7	-43.2	-27.8	-26.7	-28.9	-15.4	-29.5	-17.0	-9.6
外币	金融机构外币存款余额（亿美元）	338.7	332.1	342.5	350.5	326.6	356.1	330.0	358.4	362.4	361.2	367.2	372.4
	金融机构外币存款同比增长（%）	-12.3	-17.0	-14.8	5.4	4.7	14.7	5.5	7.6	1.2	-2.4	0.5	14.8
	金融机构外币贷款余额（亿美元）	1 050.2	1 052.5	1 063.3	1 079.7	1 082.6	974.5	957.9	961.9	971.8	994.9	1 002.8	998.8
	金融机构外币贷款同比增长（%）	25.7	20.6	21.5	22.8	22.3	9.6	7.9	4.0	3.0	4.7	2.3	-4.4

数据来源：中国人民银行营业管理部。

表2　2001～2011年北京市各类价格指数

单位：%

年/月	居民消费价格指数		农业生产资料价格指数		工业生产者购进价格指数		工业生产者出厂价格指数	
	当月同比	累计同比	当月同比	累计同比	当月同比	累计同比	当月同比	累计同比
2001	—	3.1	—	2.0	-0.9	0.5	-1.7	-0.6
2002	—	-1.8	—	-7.6	-1.0	-2.9	1.6	-3.4
2003	—	0.2	—	2.4	8.3	4.7	0.4	1.5
2004	—	1.0	—	6.2	17.0	14.2	2.7	3.0
2005	—	1.5	—	2.9	6.3	11.4	-2.0	1.3
2006	—	0.9	—	-0.9	5.5	5.5	-1.0	-0.9
2007	—	2.4	—	14.4	12.2	5.0	2.0	-0.3
2008	—	5.1	—	12.3	-5.2	15.8	-1.4	3.3
2009	—	-1.5	—	-1.7	7.5	-11.4	0.1	-5.6
2010	—	2.4	—	6.5	6.8	10.5	1.8	2.2
2011	—	5.6	—	10.7	5.6	8.4	1.4	2.3
2010　1	0.0	0.0	—	—	11.9	11.9	0.6	0.6
2	1.0	0.5	—	—	16.8	14.3	2.4	1.5
3	0.9	0.6	4.1	4.1	14.2	14.3	2.7	1.9
4	1.8	0.9	—	—	13.6	14.1	3.0	2.2
5	2.5	1.2	—	—	14.8	14.3	3.8	2.5
6	2.3	1.4	4.4	3.4	11.8	13.9	2.9	2.6
7	2.5	1.6	—	—	7.4	12.9	2.2	2.5
8	2.8	1.7	—	—	7.4	12.2	1.8	2.4
9	2.6	1.8	4.2	4.7	5.5	11.5	1.1	2.3
10	3.4	2.0	—	—	7.0	11.0	2.1	2.3
11	4.3	2.2	—	—	8.4	10.8	2.4	2.3
12	4.7	2.4	12.0	6.5	6.8	10.5	1.8	2.2
2011　1	4.8	4.8	—	—	6.8	6.8	1.6	1.6
2	5.3	5.0	—	—	7.1	6.9	1.3	1.5
3	5.5	5.2	10.3	10.3	8.7	7.5	1.6	1.5
4	5.8	5.3	—	—	9.5	8.0	2.0	1.6
5	5.5	5.4	—	—	9.4	8.3	2.6	1.8
6	6.2	5.5	11.7	11.1	9.8	8.6	3.2	2.1
7	6.4	5.6	—	—	10.1	8.8	3.3	2.2
8	6.6	5.8	—	—	10.1	9.0	3.8	2.4
9	6.5	5.9	16.5	12.6	9.6	9.0	3.1	2.5
10	5.9	5.9	—	—	8.4	9.0	2.8	2.5
11	4.6	5.7	—	—	5.7	8.7	1.6	2.4
12	4.4	5.6	7.3	10.7	5.6	8.4	1.4	2.3

数据来源：中国人民银行营业管理部。

表3　2011年北京市主要经济指标

	1月	2月	3月	4月	5月	6月	7月	8月	9月	10月	11月	12月
绝对值（自年初累计）												
地区生产总值(亿元)	—	—	3 509.0	—	—	7 418.1	—	—	11 404.3	—	—	16 000.4
第一产业	—	—	15.3	—	—	47.7	—	—	88.6	—	—	136.2
第二产业	—	—	784.0	—	—	1 666.8	—	—	2 609.0	—	—	3 744.4
第三产业	—	—	2 709.7	—	—	5 703.6	—	—	8 706.7	—	—	12 119.8
固定资产投资(亿元)	—	395.8	812.3	1 270.6	1 765.6	2 364.0	2 899.0	3 480.6	4 169.3	4 761.3	5 367.3	5 910.6
房地产开发投资	—	196.6	415.7	645.1	915.6	1 239.5	1 563.8	1 881.7	2 264.2	2 584.7	2 840.1	3 036.3
社会消费品零售总额(亿元)	—	1 067.2	1 606.6	2 127.5	2 669.5	3 230.8	3 791.6	4 374.8	5 007.7	5 608.9	6 222.9	6 900.3
外贸进出口总额(万美元)	3 220 000	5 785 000	9 104 000	12 316 000	15 546 000	18 563 000	21 664 000	25 096 000	28 534 000	31 748 000	35 312 000	38 950 000
进口	2 782 000	5 024 000	7 837 000	10 594 000	13 368 000	15 861 000	18 466 000	21 357 000	24 267 000	26 936 000	29 972 000	33 047 000
出口	438 000	761 000	1 267 000	1 722 000	2 178 000	2 702 000	3 198 000	3 739 000	4 267 000	4 812 000	5 340 000	5 903 000
进出口差额(出口－进口)	-2 344 000	-4 263 000	-6 570 000	-8 872 000	-11 190 000	-13 159 000	-15 268 000	-17 618 000	-20 000 000	-22 124 000	-24 632 000	-27 144 000
外商实际直接投资(万美元)	—	113 881	179 648	244 552	312 438	383 427	455 504	521 707	604 938	655 408	690 180	705 447
地方财政收支差额(亿元)	323.9	319.8	294.4	408.8	495.9	478.8	643.2	639.3	497.8	403.3	311.4	-240.2
地方财政收入	470.1	664.6	824.0	1 162.8	1 441.2	1 654.0	1 939.3	2 125.8	2 303.5	2 630.0	2 802.8	3 006.3
地方财政支出	146.2	344.8	529.6	754.0	945.3	1 175.2	1 296.1	1 486.5	1 805.7	2 226.7	2 491.4	3 246.5
城镇登记失业率(%)（季度）	—	—	1.5	—	—	1.5	—	—	1.6	—	—	1.4
同比累计增长率（%）												
地区生产总值	—	—	8.6	—	—	8.0	—	—	8.0	—	—	8.1
第一产业	—	—	2.1	—	—	1.3	—	—	0.3	—	—	0.9
第二产业	—	—	8.0	—	—	7.3	—	—	6.5	—	—	6.6
第三产业	—	—	8.7	—	—	8.2	—	—	8.5	—	—	8.6
工业增加值	—	9.0	8.6	8.2	8.1	8.0	7.4	7.2	7.2	7.1	7.1	7.3
固定资产投资	—	20.6	20.1	21.0	15.8	15.6	18.9	19.1	17.4	15.0	14.2	13.3
房地产开发投资	—	2.2	14.0	22.5	4.1	3.7	13.2	14.5	15.2	12.8	12.7	10.1
社会消费品零售总额	—	10.3	11.9	11.5	11.0	11.3	11.1	11.1	11.5	11.2	10.9	10.8
外贸进出口总额	46.9	37.1	32.9	29.1	30.2	28.7	27.8	28.7	28.6	30.4	30.6	29.1
进口	59.9	47.1	40.0	34.7	36.3	34.1	33.3	34.2	33.9	36.0	36.2	34.2
出口	-3.1	-5.4	1.3	2.7	1.8	4.0	2.9	4.1	4.9	6.1	5.9	6.5
外商实际直接投资	—	4.4	3.0	2.6	3.6	6.8	6.4	6.9	13.2	13.9	13.0	10.9
地方财政收入	43.3	43.4	36.7	30.2	29.2	27.9	26.4	26.5	25.7	25.2	26.6	27.7
地方财政支出	60.6	51.0	34.5	21.4	22.7	18.4	15.8	13.5	19.2	34.9	20.8	19.5

数据来源：中国人民银行营业管理部。

2011年天津市金融运行报告

中国人民银行天津分行货币政策分析小组

[内容摘要] 2011年，天津市坚决贯彻中央的决策部署和国家宏观调控政策措施，认真落实胡锦涛总书记对天津工作的一系列重要要求，积极开展“调结构、增活力、上水平”活动，加快转变发展方式，经济总量跨上万亿元台阶，主要经济指标增幅保持前列，优势产业引领工业较快增长，三次产业协同发展，进出口平稳增长，消费市场持续活跃，经济社会保持了平稳较快增长。

全市金融业按照“稳总量、控节奏、调结构、抓创新、防风险”的总体工作要求，认真贯彻落实稳健的货币政策，金融业保持平稳运行，银行业金融机构整体实力不断增强，证券业、保险业平稳发展，金融生态环境不断优化。

2012年，天津市将深入开展“调结构、惠民生、上水平”活动，坚持“稳中求进、稳中求好、稳中求快”的工作基调，加快转变经济发展方式，加快调整优化经济结构，增强发展的全面性、协调性、可持续性，经济社会将继续保持平稳较快增长。全市金融业将认真落实稳健的货币政策，着力推进金融服务现代化建设，金融生态环境整体将不断向好，对实体经济、小微企业和产业结构调整的支持力度将进一步增强。

一、金融运行情况

2011年，天津市金融业认真贯彻落实稳健的货币政策，切实把握好信贷投放的总量、节奏，积极优化信贷结构，有效防范和化解系统性金融风险，进一步拓展金融服务的广度和深度，资产质量和盈利水平不断提升，金融业总体保持平稳健康运行态势，有力地支持了天津经济平稳较快发展。

（一）银行业整体实力不断增强

1. 2011年年末，天津市银行业金融机构资产总额为2.8万亿元（见表1），同比增长17.4%，连续3年保持高速增长；负债总额为2.7万亿元，同比增长16.8%。银行业金融机构不断拓展业务空间，改善金融服务，已经形成了功能齐备、分工合理、中外资并存的多元化组织体系，增强了天津金融的辐射力和带动作用。

2011年，天津市银行业金融机构累计实现营业收入747.6亿元，同比增长28.7%；累计实现净利润374.1亿元，同比增长37.6%。不良贷款继续实现低位“双降”，截至2011年年末，不良贷款余额为140.9亿元，同比减少2.3亿元；不良贷款率为0.8%，同比下降0.2个百分点。金融租赁公司继续

表1 2011年天津市银行业金融机构情况

机构类别	营业网点			法人机构（个）
	机构个数（个）	从业人数（人）	资产总额（亿元）	
一、大型商业银行	1 102	26 926	9 305	0
二、国家开发银行和政策性银行	12	387	1 865	0
三、股份制商业银行	265	8 987	8 076	1
四、城市商业银行	260	5 553	3 530	1
五、城市信用社	0	0	0	0
六、农村合作机构	587	7 226	1 957	2
七、财务公司	4	88	143	3
八、信托公司	2	242	40	2
九、邮政储蓄银行	400	2 214	642	0
十、外资银行	46	2 010	779	3
十一、新型农村金融机构	6	166	43	5
十二、其他	3	327	1 728	3
合　计	2 687	54 126	28 108	20

注：营业网点不包括国家开发银行和政策性银行、大型商业银行、股份制银行等金融机构总部数据；大型商业银行包括中国工商银行、中国农业银行、中国银行、中国建设银行和交通银行；国家开发银行和政策性银行包括国家开发银行、中国农业发展银行和中国进出口银行；股份制商业银行包括中信银行、中国光大银行、华夏银行、广东发展银行、深圳发展银行、招商银行、上海浦东发展银行、兴业银行、中国民生银行、恒丰银行、浙商银行和渤海银行等；农村合作机构包括农村信用社、农村合作银行和农村商业银行；新型农村金融机构包括村镇银行、贷款公司和农村资金互助社。

数据来源：中国人民银行天津分行。

保持快速发展，全市3家金融租赁公司租赁余额达到1 548亿元，比年初增加576亿元，增长59%，保持了行业领先优势，成为具有全新功能的新兴金融行业。

2. 各项存款少增较多，增速大幅回落。截至2011年年末，各项存款余额为17 587亿元，比年初增加1 094亿元，仅为上年的42%，同比增长6.7%（见图1），比上年回落12.2个百分点。分项目看，个人存款稳定增长，增加额高于上年，而单位存款比上年少增1 428亿元。单位存款少增的原因：企业理财产品快速增长对单位存款的替代效应明显；建设项目陆续进入用款高峰，企业支付量大，原有沉淀资金被逐步消化；天津市信贷投放主要以大项目为主导，由于基础设施建设项目的上下游关联交易企业多在异地，大部分企业资金被支往外地；进出口贸易逆差扩大影响到相关企业存款的增加。存款少增致使存贷比不断攀升，对信贷增长、商业银行放贷积极性产生一定影响，同时对金融市场秩序也有所冲击。

3. 贷款总量适度增长，信贷结构得到改善。与全国货币信贷运行趋势基本一致，2011年，天津市货币信贷运行朝着国家金融宏观调控的方向发展。2011年社会融资规模为3 166亿元，比上年少1 178亿元。截至2011年年末，本外币各项贷款余额为15 925亿元，同比增长15.7%，比上年回落7.8个百分点；贷款比年初新增2 163亿元，是上年同期的82.7%，同比少增451亿元（见图2）。分机构看，除地方法人金融机构同比多增外，其他类型机构贷款均出现少增。

信贷结构更趋合理。短期贷款增长加快，年末增速达到30.7%，高于中长期贷款增速22.8个百分点，新增贷款中短期贷款占比也逐步升高，达到45.3%，高于中长期贷款占比近11.4个百分点。服务业贷款明显上升，交通运输、仓储和邮政业及批发和零售业新增贷款占比达36.7%，比上年提高了14个百分点，电力、燃气及水的生产和供应业贷款全年增加133亿元，比上年多增119亿元。信贷资金重点支持了在建续建项目。全年累计发放在建续建项目贷款1 613亿元，占全部项目贷款的83%。中小企业贷款增加较多。全市中小企业贷款比年初增加935亿元，同比多增506亿元，增加额占全部企业贷款增加额的74.4%，高于上年45.9个百分点。保障性住房贷款大幅增长。年末，保障性住房开发贷款余额为261亿元，同比增长329%，比年初增加201亿元，同比多增168亿元。政府融资平台贷款下降。天津分行银行重点客户信贷信息监测系统显示，政府融资平台贷款余额为5 454亿元，净下降11.7亿元，同比少增954亿元，增速较上年下降21个

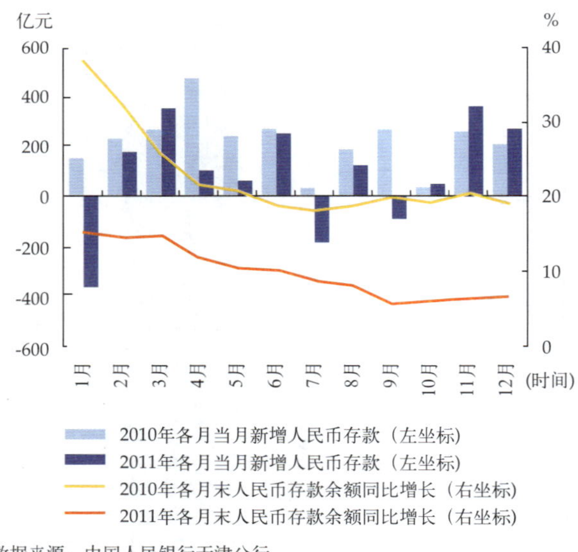

数据来源：中国人民银行天津分行。

图1　2010～2011年天津市金融机构人民币存款增长变化

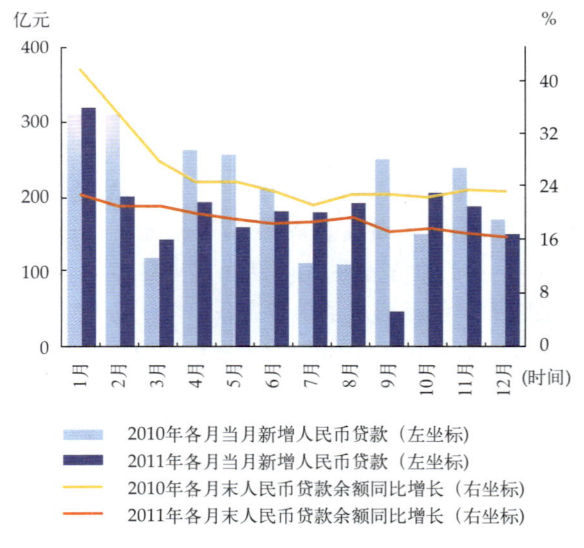

数据来源：中国人民银行天津分行。

图2　2010～2011年天津市金融机构人民币贷款增长变化

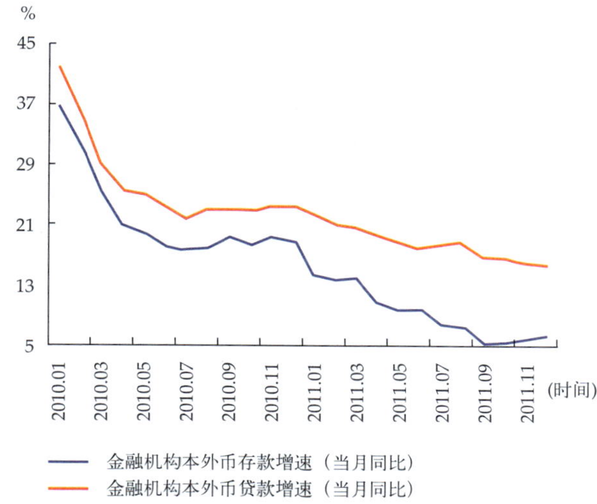

数据来源：中国人民银行天津分行。

图3　2010～2011年天津市金融机构本外币存、贷款增速变化

表2　2011年天津市金融机构人民币贷款各利率区间占比

单位：%

	月份	1月	2月	3月	4月	5月	6月
	合计	100.0	100.0	100.0	100.0	100.0	100.0
	[0.9～1.0)	23.8	20.1	14.6	14.7	13.7	6.6
	1.0	38.7	41.5	43.2	38.4	35.0	40.4
上浮水平	小计	37.4	38.4	42.2	46.9	51.3	53.0
	(1.0～1.1]	21.0	26.3	26.9	23.5	25.1	27.1
	(1.1～1.3]	12.8	10.3	12.6	19.9	21.0	20.2
	(1.3～1.5]	1.8	1.3	1.9	2.5	4.3	4.2
	(1.5～2.0]	0.8	0.3	0.7	0.4	0.7	1.1
	2.0以上	1.0	0.3	0.2	0.5	0.2	0.4
	月份	7月	8月	9月	10月	11月	12月
	合计	100.0	100.0	100.0	100.0	100.0	100.0
	[0.9～1.0)	10.2	6.0	5.3	5.2	9.3	4.6
	1.0	39.4	28.7	31.4	33.3	29.0	29.7
上浮水平	小计	50.4	65.3	63.4	61.5	61.7	65.7
	(1.0～1.1]	25.7	32.4	31.6	32.1	33.2	33.0
	(1.1～1.3]	19.5	25.8	23.8	24.1	21.6	26.3
	(1.3～1.5]	2.9	4.7	4.5	3.2	4.5	5.5
	(1.5～2.0]	2.0	2.1	3.3	1.4	1.2	0.8
	2.0以上	0.3	0.3	0.2	0.7	1.3	0.2

数据来源：中国人民银行天津分行。

百分点。

外币贷款少增较多，增速大幅回落（见图3）。2011年年末，外币贷款余额为108.3亿美元，比年初增加8.3亿元，同比少增17.5亿元，增速为8.3%，比上年回落26.5个百分点。主要是境内短期贷款少增10.8亿元，其中短期贸易融资少增9.2亿元，境外贷款下降7亿元，同比少增13亿元。

4. 利率总体水平略有上升。2011年，天津市金融机构各期限档次人民币贷款利率水平略有上升。由于年内市场资金趋紧，执行上浮利率的贷款占比增加（见表2），贴现、转贴现利率水平均有所上升，在房地产市场调控政策影响下，个人住房贷款利率上升。随着利率市场化改革的不断推进，中国人民银行天津分行通过建立金融机构利率市场化微观机制建设情况备案及风险定价能力评估制度，进一步完善辖内利率定价机制建设。

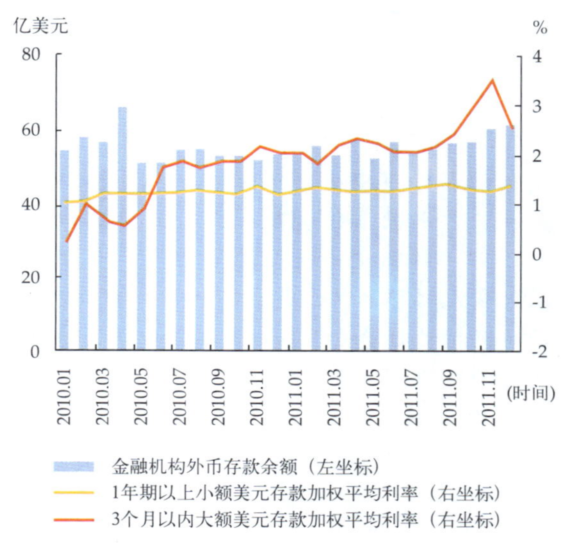

数据来源：中国人民银行天津分行。

图4　2010～2011年天津市金融机构外币存款余额及外币存款利率

5. 大型银行改革持续深入，地方法人商业银行自主创新力度加大。大型银行天津市分行深化业务集中处理改革，完善中后台业务流程，加强渠道建设，提升网点效能，优化绩效考核指标体系，资源配置效率得到进一步提高；推出新农村建设贷款以及利用公积金委托贷款支持保障房建设、公租房租金和保证金业务管理等产品和业务；细化各类风险管理制度和管控流程，建立风险管理责任制和“风险制约、合规操作、双线控制、还手监督”的风险文化。

地方法人商业银行着力提高自身竞争力。创新推出了“保兑仓”、“货物质押”、“增值贷”、“联保贷”等一系列融资服务产品，提高了面向中小经营户的服务品质；深化经营模式改革，坚持和拓展事业部专业化道路，按行业、产品和区域属性规范了事业部建制，建立和完善了事业部营销体系，有效地拓宽了资金来源；制定了风险垂直管理办法、风险官管理办法以及风险派驻人员考核实施细则，构建了以“统一领导、垂直管理、业务独立、工作有效”为核心的风险管理组织体系，实现了总行对全行风险管理工作的统一领导和垂直管理。

6. 跨境贸易人民币结算业务实现新突破。2011年，金融机构共办理跨境贸易人民币结算430.8亿元，较上年增长330%，上了一个大的台阶，其中，跨境资本交易汇出9.0亿元，实现了跨境人民币投资的突破。目前，跨境人民币业务已覆盖40多个国家和地区，实际收付结算量主要集中在石油和天然气开采，通信设备、计算机及其他电子设备业，批发业。

专栏1　以新型抵质押方式信贷为突破口　加快推进中小企业金融产品和服务方式创新

缺乏抵押品，一直是困扰中小企业融资的难题。近年来，中国人民银行天津分行结合全市实际情况，在各相关部门的共同配合下，大力推动天津市中小企业专利权、商标权、股权和应收账款质押贷款（以下简称“四项贷款”），解决中小企业融资难题。“四项贷款”从无到有，现已成为中小企业信贷增长新的示范拉动力量。根据中国人民银行天津分行的监测，截至2011年年末，“四项贷款”余额为308.8亿元，较年初增加191.1亿元，增长162.5%，高于同期本外币各项贷款增速146.8个百分点。

一、“四项贷款”在推动中小企业融资工作中发挥了重要作用

一是贷款规模实现跨越式增长。2009年以来，全市各金融机构积极加大“四项贷款”的拓展力度，贷款规模大幅提高。截至年末，“四项贷款”余额达308.8亿元，是2009年年末的7.5倍。其中，专利权、商标权、股权和应收账款质押贷款余额分别为2.1亿元、1.4亿元、49.8亿元和255.5亿元，分别是2009年年末的7.4倍、14.2倍、5.8倍和7.9倍。

二是开办业务的金融机构数量快速增加。截至年末，已有24家金融机构开办“四项贷款”业务，是2009年的1.7倍。开办专利权质押贷款的金融机构由2家增加至6家，开办商标权质押贷款的由1家增加至4家，开办股权质押贷款的由5家增加至17家，开办应收账款质押贷款的由9家增加至19家。

三是“四项贷款”的资产质量高于中小企业总体信贷。自开办以来，专利权、商标权和股权质押贷款始终未发生不良贷款，不良率持续为零；年末，应收账款质押贷款不良率仅为0.36%。目前，“四项贷款”整体不良率保持在0.3%的较低水平，低于同期全市中小企业贷款不良率1.5个百分点。

四是越来越多的中小企业受益于“四项贷款”。随着“四项贷款”规模的逐步扩大，受益的中小企业数量以每年递增100户以上的水平增长，已经由2009年的152家快速增加至2011年的440家。

二、“四项贷款”工作开展过程中存在的问题

一是专利权、商标权等评估存在不确定性。目前全市尚未形成规范有效的专利权、商标权评估市场。据调研，目前市场上具备评估知识产权能力的评估事务所多数出具以增加注册资本为目的的评估报告，对企业的全面评估能力和对银行关注点的理解尚有待完善，因此就出现了银行并无入围的评估机构，而企业从市场上找到的评估机构出具的报告又不能满足银行对整个业务的风险判定要求的矛盾。

二是“四项贷款”质押物的变现渠道仍待拓宽。目前，虽然存在专利权和非上市股权转让交易市场，但由于市场容量和深度有限，发展尚不成熟，质押物处置渠道仍不通畅，而商标权、应收账款等质押品转让的市场尚未建立，一旦贷款发生不良，处置难度极大。随着“四项贷款”业务量的不断扩大，未来贷款发生风险的可能性在逐渐提高。处置问题已经成为“四项贷款”业务操作的主要风险点和制约未来业务量增长的主要障碍。

三是“四项贷款”质押登记办理效率仍有待进一步提高。目前，“四项贷款”质押登记机构较为分散，如专利权出质的登记机构为知识产权局，商标专用权出质的登记机构为工商局，上市公司股权出质的登记机构为证券登记机构，有限责任公司及非上市公司股权出质的登记机构为工商局。多数质押登记需要到北京总局办理。同时，各登记机构制定的登记程序和内容不尽一致，登记期限和费用也各不相同。当前的登记制度加重了设立质权的成本，降低了设立质权的效率。

三、政策建议

一是打造具有公信力的质押物评估体系。针对存在的质押物评估方面的问题，建议由拟成立的金融支持科技型中小企业发展专项工作推动小组联合对全市的知识产权评估单位进行评级打分；调研各商业银行在质押物评估中关注的风险点，规范“四项贷款”质押业务评估报告；以推动小组的名义将通过认定的被评估单位通告各金融机构及相关部门；充分降低银企在选择评估机构问题上的信息不对称性，有效地提高“四项贷款”业务的办理效率和成功率。

二是拓宽质押物变现渠道，建立多元化的风险分散机制。一方面，加强“四项贷款”质押物流通市场建设，进一步建立并完善专利权、商标权、股权和应收账款转让平台；另一方面，在短期内通过积极建立以贴息、担保和保证保险补偿、融资风险补偿为核心的融资政策支持体系，协助金融机构适当分散信贷风险，改变单纯通过银行或担保单独承担信贷风险的局面。

三是争取国家支持，整合质押物登记平台。针对目前“四项贷款”质押物质押登记分散的问题，建议相关政府部门争取国家部委支持，以滨海新区先行先试为契机，争取在天津开办相关质物的质押登记业务。同时，通过全市资源的整合，在未来提供一站式办理相关质押登记的综合服务平台。

（二）证券期货市场平稳运行

截至2011年年末，天津市共有法人证券公司1家（见表3），证券分公司2家，证券营业部102家，证券投资咨询公司2家，资信评级公司1家，基金管理公司1家。法人证券公司业务种类不断增加，成立了集合资产管理计划，设立了直投子公司，并取得为期货公司提供中间业务介绍资格。

期货公司运营平稳。2011年，天津市6家法人期货公司累计代理交易量达2 006.4万手，代理交易额为2.3万亿元，手续费净收入为8 616.8万元。截至2011年年末，天津市共有3家公司和20家营业部具有股指期货开户资格。

表3　2011年天津市证券业基本情况

项目	数量
总部设在辖内的证券公司数（家）	1
总部设在辖内的基金公司数（家）	1
总部设在辖内的期货公司数（家）	6
年末国内上市公司数（家）	37
当年国内股票（A股）筹资（亿元）	32
当年发行H股筹资（亿元）	0
当年国内债券筹资（亿元）	323
其中：短期融资券筹资额（亿元）	73

数据来源：天津证监局、中国人民银行天津分行。

上市公司融资平稳进行。2011年，天津市有6家公司的上市方案报中国证监会审批，22家公司基本具备报会审批条件，260家企业正在开展上市发行不同阶段的前期工作。全年上市公司累计融资32.2亿元，其中首发上市1家，融资10亿元；定向增发1家，融资22.2亿元。

（三）保险业经营水平稳步提升

2011年，天津市保险公司机构数量稳步增加，资产规模快速增长。中荷人寿、国寿财险、光大永明和三星财险4家保险公司先后在天津设立分支机构。全市共有保险中介公司91家，兼业代理机构2800余家，基本形成了种类齐全、网络完善、布局合理的保险市场体系。截至2011年年末，天津市保险公司总资产为736.6亿元，同比增长20.3%。

保险市场经营效益水平稳步提高，体现出良好的发展活力。2011年天津市保险业共实现保费收入211.7亿元，同比增长13.6%。其中，人身险保费收入的增长基本依靠保险公司自有渠道。截至2011年年末，个人代理渠道和公司直销渠道分别实现保费收入77.6亿元和13.9亿元，合计占保费收入的比重达到67.7%，比上年提高约6个百分点；寿险产品结构调整效果显著，向长期集中的趋势明显，2011年天津市普通寿险和分红险分别实现保费收入12.7亿元和103.8亿元，合计占全市寿险业务保费收入的98.2%。

表4　2011年天津市保险业基本情况

项目	数量
总部设在辖内的保险公司数（家）	4
其中：财产险经营主体（家）	2
人身险经营主体（家）	2
保险公司分支机构（家）	50
其中：财产险公司分支机构（家）	23
人身险公司分支机构（家）	27
保费收入（中外资，亿元）	211.7
其中：财产险保费收入（中外资，亿元）	75.1
人身险保费收入（中外资，亿元）	136.6
各类赔款给付（中外资，亿元）	66.2
保险密度（元/人）	1 663.6
保险深度（%）	1.9

数据来源：天津保监局。

天津市保险业积极推进各项保险创新试点，为天津经济发展和人民生产生活提供新增风险保障4.3万亿元，全年支付各项赔款给付共计66.2亿元，保险功能作用得到显著发挥，在应对重大突发事故、弥补经济损失、提高社会保障水平以及加强社会管理等方面发挥了积极作用。全市保险业积极支持新农村建设，扎实做好政策性农险“五大统保”工作，为广大农户提供了共计57.8亿元的风险保障；处理各类医疗纠纷案件870起，累计支付赔款2 191.8万元，帮助23家内贸企业取得的国内贸易融资超过28亿元，为105家外贸企业提供国际贸易融资5.1亿美元。

（四）金融市场健康发展

2011年，天津市金融市场总体运行平稳。直接融资规模平稳增加，银行间市场交易活跃，票据市场增长较快，黄金市场交易稳步增长。

1. 直接融资规模平稳增加。2011年，天津市间接融资占比依然较高，但直接融资的规模和渠道进一步拓宽。全年直接融资额达到346.2亿元。其中，债券发行314亿元，股票融资32.2亿元。全市直接融资与间接融资的比例约为1：6，与上年同期基本持平（见表5）。

2. 银行间市场交易活跃。2011年，天津市金融机构积极借助银行间市场来扩展货币市场业务，交易量呈稳步增长的势头。全市银行间同业拆借市场累计完成信用拆借2 318笔，同比增长了58.1%；

表5　2001～2011年天津市非金融机构部门贷款、债券和股票融资情况

单位：亿元、%

年份	融资合计	比重		
		贷款	债券（含可转债）	股票
2001	313.6	89.5	0	10.5
2002	397.2	96.3	0	3.7
2003	924.4	99.5	0	0.5
2004	524.5	94.3	2.3	3.4
2005	648.9	100.0	0	0
2006	862.3	90.5	8.2	1.3
2007	1 621.5	66.9	5.9	27.2
2008	1 391.1	90.0	3.9	6.1
2009	3 744.4	92.5	6.1	1.4
2010	3 037.3	86.4	11.3	2.3
2011	2 518.2	85.9	12.8	1.3

数据来源：天津证监局、中国人民银行天津分行。

累计拆借金额为9 617.6亿元，同比增长了86%。债券回购交易量稳步增长，累计成交额达到35 540亿元，与上年同期基本持平。其中，买断式回购累计成交81.6亿元，在债券回购交易整体中占比虽仍较小，但与上年同期3.6亿元的交易量相比，增长迅猛。从期限结构看，市场交易仍以短期为主。全年同业拆借和债券回购中，期限在7天以内的交易品种成交占比分别为90.7%和91.6%。

3. 票据市场增长较快。2011年，承兑汇票累计发生额为6 046.9亿元，同比增长32.3%；票据贴现累计发生额为2 688.8亿元，同比提高20.7%（见表6）。票据市场总体上呈现较快增长态势。从利率水平看，全年票据市场利率走势与经济金融形势紧密相连，呈逐步走高态势（见表7），3个月以内的银行承兑汇票贴现和商业承兑汇票贴现的加权平均利率分别为8.08%和8.51%，较上年同期分别提高了4.23个和3.67个百分点。

表6　2011年天津市金融机构票据业务量统计

单位：亿元

季度	银行承兑汇票承兑		贴现			
			银行承兑汇票		商业承兑汇票	
	余额	累计发生额	余额	累计发生额	余额	累计发生额
1	2 554.5	1 568.5	430.3	646.5	10.9	94.2
2	2 831.2	3 027.5	483.8	1 336.2	6.6	179.2
3	2 719.3	4 469.8	499.5	1 823.1	17.3	203.5
4	2 792.1	6 046.9	506.2	2 396.9	12.3	291.9

数据来源：中国人民银行天津分行。

表7　2011年天津市金融机构票据贴现、转贴现利率

单位：%

季度	贴现		转贴现	
	银行承兑汇票	商业承兑汇票	票据买断	票据回购
1	6.79	6.71	4.19	5.41
2	6.47	6.61	5.28	5.59
3	9.13	9.82	7.21	6.83
4	9.54	10.48	7.30	6.99

数据来源：中国人民银行天津分行。

4. 实物黄金和纸黄金交易量呈现此消彼长的态势。2011年，天津市黄金市场总体运行平稳，交易量为38 527.6公斤，较上年同期略有上升。其中，纸黄金交易量同比增长51.4%，实物黄金交易量同比下降42.8%。这主要是因为股市、楼市持续低迷，黄金价格在震荡中不断攀升，黄金的货币属性表现得愈加明显，而纸黄金业务由于门槛较低、风险较小等特性，逐渐受到广大黄金投资者的追捧。

（五）金融生态环境不断优化

2011年，天津市积极采取有效措施，大力推动地方信用体系建设，金融生态环境不断改善。征信基础设施建设完善，风险防范作用增强。全年征信系统日均查询量达1.2万余次；全市金融机构通过查询征信系统拒绝信贷申请3 290笔（不含信用卡），涉及金额119亿元。地方信用体系建设步伐加快，征信服务不断延伸。2011年，天津市制定了《天津市社会信用体系建设实施方案》，确定了天津市社会信用体系建设的基本框架体系。截至2011年年末，天津市环保局、市农委、市建委、市规划局陆续将本部门在行政管理中形成的企业和个人资质信息、行政奖励和处罚信息等接入征信系统。征信市场稳步发展。推动中小企业和农村信用体系建设取得新进展。截至2011年年末，累计为天津市12.7万户未贷款中小企业建立信用档案，其中，2 400余户企业获得银行授信支持，累计贷款金额为2 570亿元；组织天津市涉农金融机构为全市33万户农户建立了电子信用档案，累计提供信贷支持481.4亿元。推进支付清算体系建设。继续扩大滨海新区支票截留试点范围，积极推动支票圈存业务，拓展支付系统应用功能。开展助农取款业务和观光农业支付业务，进一步改善农村支付环境。正式启动金融IC卡"交通一卡通"项目和社保卡、医保卡整合"医达通"项目。加大反洗钱工作力度。全市反洗钱协调机制建设进一步深化，部门之间的信息沟通和协调配合得到加强，健全完善业务流程，准确把控洗钱风险，着力提高可疑交易报告质量和反洗钱案件协查、调查工作成效。

二、经济运行情况

2011年是"十二五"规划开局之年，天津市积极贯彻落实国家宏观调控政策，有效应对国内外较为复杂的发展环境，统筹做好转方式、调结构、惠民生、促和谐等各项工作，实现了经济平稳较快增

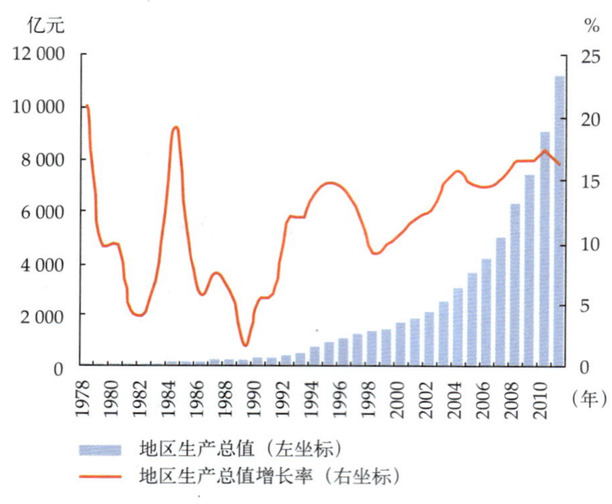

数据来源：天津市统计局。

图5　1978～2011年天津市地区生产总值及其增长率

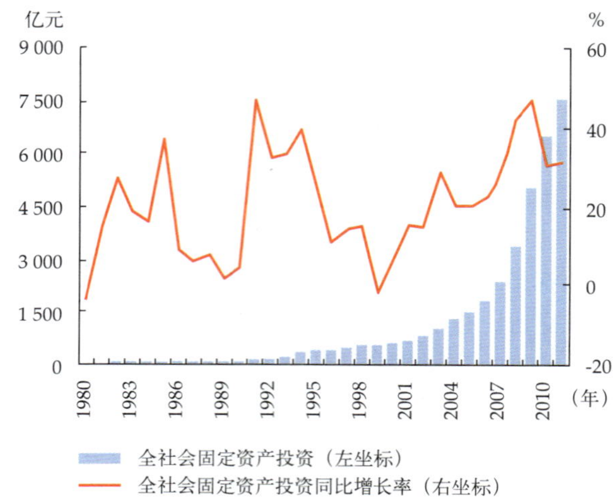

数据来源：天津市统计局。

图6　1980～2011年天津市固定资产投资及其增长率

长，经济总量跨上万亿元台阶，质量、效益进一步提升。2011年全市完成地区生产总值11 191.0亿元（见图5），按可比价格计算，比上年增长16.4%，增幅继续在全国保持前列。

（一）需求拉动势头强劲

内需成为经济增长的主要推动力，外需虽受国际金融危机和欧洲主权债务危机的持续影响，但仍保持稳定增长。其中，投资需求继续保持较快增长，高耗能行业投资得到控制，房地产投资在国家宏观调控的背景下高位回落，投资结构进一步优化。消费市场持续活跃，商品性消费增长快于服务性消费增长。对新兴市场出口的强劲增长缓解了危机对天津市外贸形势的不利影响。

1. 投资需求快速增长。全年全社会固定资产投资达7 510.7亿元，增长31.1%，比上年加快1个百分点（见图6）。其中，城镇投资7 057.2亿元，增长31.2%；农村投资453.5亿元，增长29.8%。在城镇投资中，第一产业投资57.6亿元，增长41.8%；第二产业投资3 104.1亿元，增长31.7%，其中工业投资3 076.0亿元，增长31.6%；第三产业投资3 895.4亿元，增长30.6%。城市基础设施投资1 567.8亿元，增长8.8%。

城镇投资结构逐步优化调整，重点行业投资支撑全市城镇投资总量。第一产业的现代设施农业、观光农业、现代养殖业，第二产业的工业优势产业、高端制造业，第三产业的现代新型服务业、楼宇经济成为天津市投资建设的重点。其中，工业投资完成3 076.0亿元，增长31.6%，增速高出全市城镇投资增速0.5个百分点，占全市城镇投资的43.6%。工业优势产业完成投资2 758.5亿元，增长33.7%，高出全市城镇投资增速2.5个百分点，占城镇投资的39.1%，拉动全市城镇投资增长12.9%。

民间融资为天津市投资注入新活力。2011年天津市固定资产投资中，民间投资完成3 308.2亿元，同比增长47.5%，投资增速高出全社会固定资产投资增速16.4个百分点。民间投资主要以房地产、楼宇经济及现代服务业为主。

2. 消费市场持续活跃。全年社会消费品零售总额为3 395.1亿元，增长18.7%（见图7）。主要特点，一是商品性消费增长快于服务性消费。城市居民人均消费性支出为18 424元，增长11.2%，其中，商品性消费支出增长12.1%，快于服务性消费支出3.2个百分点。二是一批大型商业设施建成开业，促进了商品市场的繁荣。三是汽车、石油及制品、金属材料等成为消费热点，三大类别销售额合计比重达72.7%。

居民收入稳步增长。全年城市居民人均可支配收入为26 921元，比上年增长10.8%。其中，人均工资性收入为18 794元，比上年增长12.0%，拉

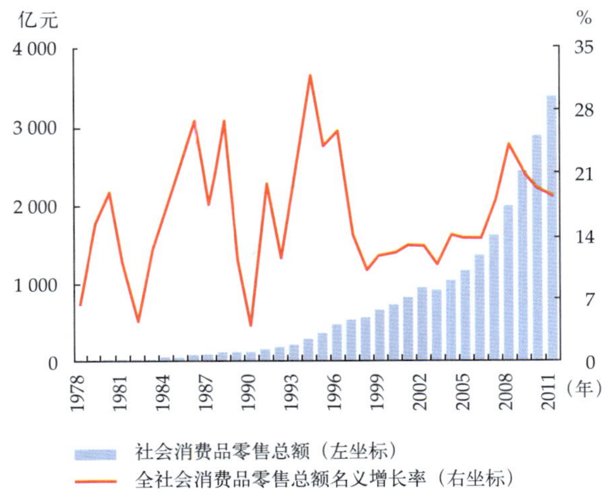

数据来源：天津市统计局。

图7　1978～2011年天津市社会消费品零售总额及其增长率

动人均可支配收入增长6.9个百分点。工资性收入增长主要得益于以下因素：一是企业经济效益提升，带动职工收入同步增长；二是最低工资标准提高26%，低收入者工资较快上涨；三是防暑降温费等福利待遇水平进一步提高。人均养老金收入为7 752元，增长9.1%；连续7年调增企业退休人员养老金，各项养老福利政策不断完善。存款利息提高和出租房屋收入增加，拉动人均财产性收入大幅增长38.8%。

3. 外贸进出口逆差进一步扩大。2011年，天津外贸进出口规模平稳增长（见图8），进出口总值为1 033.9亿美元，增长25.9%。其中，出口为445.0亿美元，进口为588.9亿美元，外贸逆差为144.0亿美元，逆差较上年扩大72.3亿美元。外资企业外贸逆差为94.1亿美元，占全市外贸逆差的65.4%。国有企业和私营企业进口快速增长，导致外贸逆差有所扩大，分别比上年增长了24.9亿美元和13.0亿美元。为拉动全市外贸出口增长，天津除保证对传统市场的出口外，加大对新兴市场的业务拓展力度，对东盟、拉美地区和俄罗斯出口分别为45.7亿美元、37.7亿美元和8.7亿美元，分别增长44.7%、34.7%和38.5%。

实际利用外资保持稳步增长。2011年，天津全年新签直接利用外资协议634个，合同外资金额达168.37亿美元，增长10.1%；实际直接利用外资130.56亿美元，增长20.4%（见图9）。制造业吸引外资平稳增长，全年实际利用外资57亿美元，增长14.9%。商务服务业和房地产业实际利用外资快速增长，增速分别达到115.4%和101.1%，成为继制造业之后外资主要投资领域。在国际经济形势复杂多变的情况下，来自美国和韩国的外资有所下降，实际利用外资分别为5.52亿美元和8.86亿美元，分别下降28.4%和15.2%。

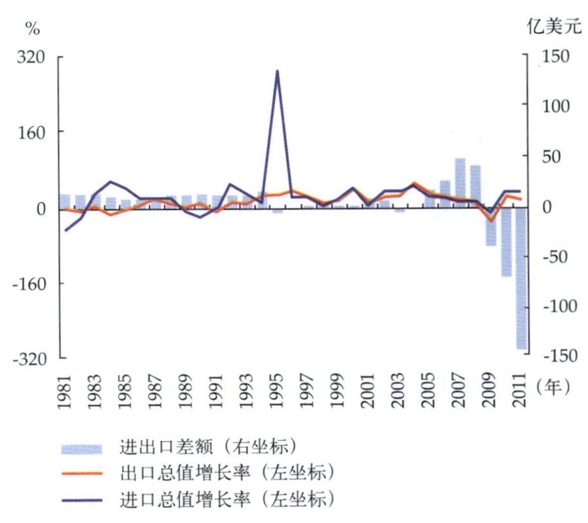

数据来源：天津市统计局。

图8　1981～2011年天津市外贸进出口变动情况

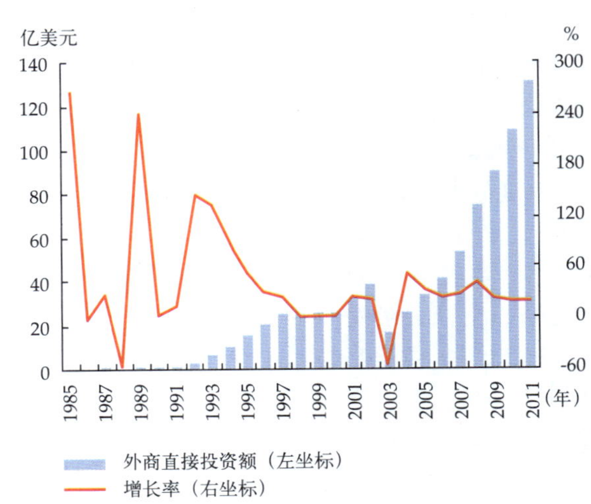

数据来源：天津市统计局。

图9　1985～2011年天津市外商直接投资情况

（二）结构调整取得新进展

结构调整加快推进，三次产业协同发展。其中，第一产业增加值为159.1亿元，增长3.8%；第二产业增加值为5 878.0亿元，增长18.3%，第三产业增加值为5 153.9亿元，增长14.6%。第一、第二、第三产业占全市GDP的比重分别为1.4%、52.5%、46.1%，第三产业在经济发展中的作用进一步上升。

1. 农业稳步发展。粮食生产再获丰收，总产量达到161.8万吨，比上年增长1.3%，实现连续8年增产。高标准设施农业累计达到60万亩，建成20个现代农业示范园区、155个养殖示范园区。主要农副产品产量保持稳定。全年棉花总产量为7.1万吨，增长12.6%；肉类总产量为43.0万吨，增长0.3%；蔬菜产量为444.2万吨，增长5.9%；水产品产量为35.2万吨，增长2.1%。

2. 优势产业引领工业较快增长。全年规模以上工业增加值增长21.3%（见图10），完成工业总产值20 857.7亿元，增长29.2%。优势产业的支撑作用明显。航空航天、石油化工、装备制造、电子信息、生物医药、新能源新材料、轻纺和国防等八大优势产业完成工业总产值18 881.5亿元，增长29.0%，占全市规模以上工业增加值的比重为90.5%。高耗能行业增速放缓。黑色冶金、电力热力、化学原料及制品、石油加工、石油和天然气开采、非金属矿物制品等六大高耗能行业增加值分别增长17.6%、9.3%、17.5%、20.9%、9.4%、15.0%，均低于全市平均水平。其中，5个行业增速比上年大幅回落。

转变发展方式取得积极进展。新推出重大项目340项，累计达到1 280项，通过大项目、好项目建设，进一步带动经济增长，优化产业结构，积蓄发展后劲。全社会研发经费支出占生产总值的比重提高到2.6%，综合科技水平继续位居全国前列。全市专利申请达3.6万件，授权1.4万件，分别增长43%和30%。2011年天津市高新技术产业完成工业总产值6 487.9亿元，同比增长20.2%；规模以上工业新产品产值增长38.2%，高于全市平均增速9个百分点；新产品产值率为30.8%，同比提高0.7个百分点。新增两个国家高新技术产业化基地，累计达到16个。新增科技型中小企业8 500家，累计达到2.1万家。

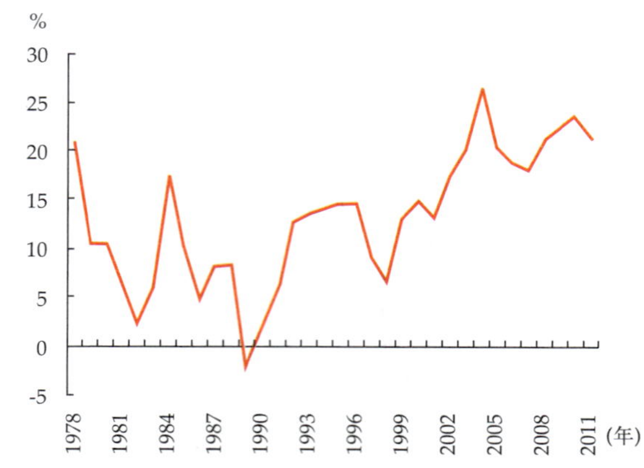

数据来源：天津市统计局。

图10　1978～2011年天津市规模以上工业增加值实际增长率

3. 服务业多点支撑加快发展。一是传统服务业稳定向好。全年港口货物吞吐量为4.5亿吨，增长9.7%；集装箱吞吐量为1 159万标准箱，增长14.9%；邮电业务总量为180.8亿元，增长13.2%；批发零售业销售额为20 831.4亿元，增长33.2%；住宿餐饮业营业额为494.8亿元，增长27.1%；接待入境旅游者200.4万人次，增长20.7%，接待来津旅游观光的国际豪华邮轮39艘；举办津洽会、融洽会等大型展会165个，其中，津洽会签约总额为1 300多亿元。二是新兴服务业发展步伐加快。融资租赁企业达到51家，业务总量占全国的1/4，创新型交易市场达到11家；国家动漫产业综合示范园投入使用，动漫产业公共技术服务平台达到世界领先水平；离岸服务外包执行金额为3.9亿美元，增长91.4%；全市商务楼宇达到450个，税收超亿元楼宇增加到67个。

专栏2　天津市文化产业在政策扶持和金融支持下快速发展

近年来，天津市文化产业呈现快速发展态势。“十一五”时期，天津文化产业年均增长30%，明显快于全市GDP增长速度，文化产业占GDP比重从2005年的2.2%上升到2010年的

3.3%，实现了跨越式发展，初步形成了由文化创意业、广播影视业、出版发行业、演艺娱乐业、文化旅游业、数字内容和动漫业、文化会展和广告业、艺术品交易业等八大门类组成的文化产业体系。目前，天津各类文化企业超过2万家。其中，民营企业占90%以上，从业人员有20余万人。

天津市文化产业政策支撑体系不断完善。为推动文化产业发展，近年来，天津市委、市政府相继出台了《天津市文化产业振兴规划》、《打好文化大发展大繁荣攻坚战实施意见》、《关于促进我市电影产业繁荣发展的实施意见》、《关于金融支持文化产业振兴和发展繁荣的指导意见》、《关于支持我市文化体制改革和文化产业发展的意见》等一系列支持文化产业发展的相关政策措施。与此同时，财政支持力度也不断加大。2009年以来，中央文化产业发展专项资金对天津20个项目给予资助，总额达1.3亿元；2010年设立了规模为1亿元的天津市文化产业发展专项资金，以补助、贴息、奖励、配套资助等方式支持文化企业发展；各区县和文化产业聚集区也相应成立“扶持专项资金”，滨海新区出资5亿元支持文化企业发展，滨海高新区、中新生态城也都设立了5 000万元专项资金。目前，“关于促进非公文化企业发展的意见”、“支持动漫产业发展的实施意见”、“天津文化发展基金管理办法”等政策办法正在制定之中，这些政策措施的出台落实将进一步完善文化产业政策支撑体系，促进天津文化产业发展再上新台阶。

金融业对文化产业发展的支持力度不断加大。一是信贷支持力度不断加大。2010年年末，天津市文化产业贷款余额为85.1亿元，比2009年增长27.0%，高于同期全市各项贷款增速3.8个百分点。2011年，文化产业贷款余额达到105.5亿元，增长24.0%，高于同期全市各项贷款增速7.6个百分点。随着一批文化产业项目的开工建设，文化产业中长期贷款占比逐年扩大，由2009年的73.6%增加到2011年的83.1%。二是金融机构积极创新，拓宽服务文化产业的融资渠道。除信贷业务创新之外，银行业金融机构积极探索与资本市场的对接，为天津文化产业提供多样化融资渠道。目前，北京银行天津分行和浦发银行天津分行正在积极筹备为天津中小型文化企业发行集合票据。另外，浦发银行利用其直接股权业务部设在天津的优势，积极与国内多家股权基金建立业务联系，争取在文化企业中开展“投贷联动”业务。三是担保机构加快创新，加大对文化产业担保的支持力度。天津海泰投资担保有限责任公司（以下简称海泰担保）目前已经为天津16家文化企业提供了融资担保，担保规模突破3亿元。除传统的担保方式外，海泰担保还创新增设了“担保换期权”、“担保换收益”、“担保定投”等多种反担保形式，从风险创新角度实现“风险分担最小化，扶持力度最大化”。同时，海泰担保将发挥海泰集团整体优势，未来将致力于集担保公司、银行及信托等金融机构和数字版权交易服务中心等为一体的金融服务平台建设。

（三）消费价格高位趋稳

2011年，天津市主要价格指数呈现上半年大幅上涨、年末快速下降的走势。最低工资标准上调，劳动力成本也持续走高。

1. 居民消费价格保持高位运行。全年价格上涨4.9%，涨幅较2010年多1.4个百分点。从构成居民消费价格的八大类商品变化来看，呈“六升两降”格局。其中，食品价格上涨11.4%，家庭设备用品及维修服务类价格上涨6.1%，烟酒价格上涨4.8%，居住类价格上涨4.7%，衣着类价格上涨2.1%，医疗保健和个人用品类价格上涨1.8%；价格下降的两类商品价格分别是娱乐教育文化用品及服务类价格、交通和通信类价格，分别下降0.5%和0.1%。从各类商品及服务价格变动对总指数的影响程度来看，食品及居住类价格上涨仍是造成物价上涨的主要因素。全年食品价格累计上涨11.4%，影响消费价格总水平上涨3.2个百分点，影响程度为66.0%；居住类价格累计上涨4.6%，影响总水平上涨1.0个百分点，影响程度为20.8%。

2. 生产价格涨幅回落。2011年，天津市工业生产者出厂价格同比上涨3.8%，工业生产者购进价格上涨9.8%，分别比2010年回落1.3个和0.2个百分点。从工业生产者出厂价格指数分类看，生产资料和生活资料价格全年分别同比上涨4.1%和2.4%，分别比2010年下降了2.5个百分点和上升了3.1个百分点（见图11）。

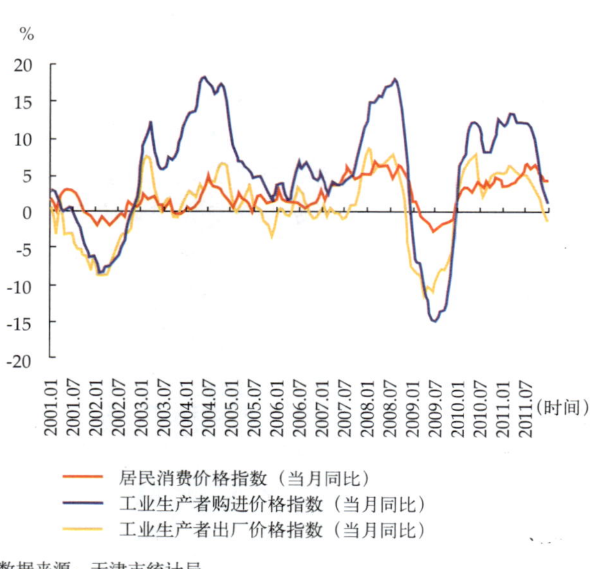

数据来源：天津市统计局。

图11　2001～2011年天津市居民消费价格和生产者价格变动趋势

3. 劳动力成本持续升高。2011年，天津市单位从业人员人均劳动报酬为58 635元，比上年增长13.9%。另外，自2011年4月1日起，天津市企业职工最低工资标准由每月920元上调为每月1 160元。同时，非全日制用工小时最低工资标准由每小时8.8元调整为每小时11.6元，增长31.8%。从目前全国最低工资标准调整情况看，天津市最低工资标准在全国处于较高的水平，位于全国第四。

（四）财政收入创历史最好水平

2011年一般预算收入为1 454.9亿元，增长36.1%，增幅比上年提高6个百分点。财政收入总量和增幅均创历史最高水平。税收拉动财政增收作用明显。全市地方税收收入为1 004.3亿元，增长29.3%，占一般预算收入的69.0%。其中，企业所得税增长45.1%，营业税增长24.3%，增值税增长18.6%，个人所得税增长21.1%。同时，天津市全面落实结构性减税措施，全年为企业和居民减税155亿元。2011年一般预算支出为1 755.9亿元，比上年增长28.2%（见图12）。天津积极调整优化支出结构，压缩一般性项目支出，较大幅度增加教育、医疗、社会救助、城乡居民生活保障等民生领域的投入，在财政总支出中，用于民生领域的投入为2 068亿元，增长25.8%，占比达到76.2%。

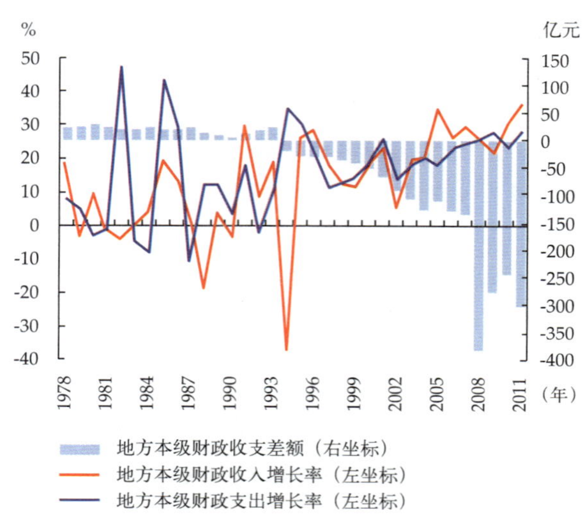

数据来源：天津市统计局。

图12　1978～2011年天津市财政收支状况

企业效益持续增加。全年规模以上独立核算工业企业完成主营业务收入20 711.9亿元，同比增长26.5%；实现利税总额2 777.6亿元，增长42.0%，其中利润为1 669.3亿元，增长39.5%。盈利居前的行业分别是石油和天然气开采业、交通运输设备制造业和黑色金属冶炼及压延加工业。

（五）节能减排取得良好进展

2011年天津市万元生产总值能耗下降4%以上，主要污染物排放量均下降2%，圆满完成全年节能减排任务，但是节能减排仍在以下方面存在较大压力或进一步调整的空间：一是煤炭消费增幅较高，二是大项目拉动工业能耗较快增长，三是工业重型化特征影响节能降耗成效。

（六）主要行业各具特点

1. 房地产行业平稳健康发展。2011年，天津市房地产市场呈现投资建设持续增长、房价涨幅得到抑制、信贷总量平稳提高的局面，为支持地方经济发展、满足城镇居民安居需求发挥了积极作用。

（1）房地产开发投资规模持续增长，企业投资资金稳步提高。2011年，天津市完成房地产开发投资1 080.0亿元，同比增长24.6%。房地产企业开发投资资金来源合计2 726.5亿元，同比增长25.3%。其中，国内贷款为521.5亿元，同比下降3.3%；利用外资12.5亿元，同比增长49.6%；自筹资金为645.4亿元，同比增长41%；其他资金来源为659.9亿元，同比下降6.6%。各项应付款合计625.1亿元，同比增长88.2%。

（2）土地供应总量减少，社会保障住房用地大幅增长。2011年，天津市土地供应总量为2 625.6万平方米，同比下降17.9%。其中，住宅用地出让面积为1 376.8万平方米，同比下降了35%；保障住宅用地供应为461.7万平方米，同比增长50.8%。同时，房屋累计施工面积、竣工面积和新开工面积分别为8 502万、2 105万和3 522万平方米，同比分别增长了20.1%、0.3%和20.9%（见图13），保证了房地产市场供给的总体稳定。其中，2011年天津市新建保障住房1 600余万平方米、23.9万套，新建套数是2010年的2倍多。

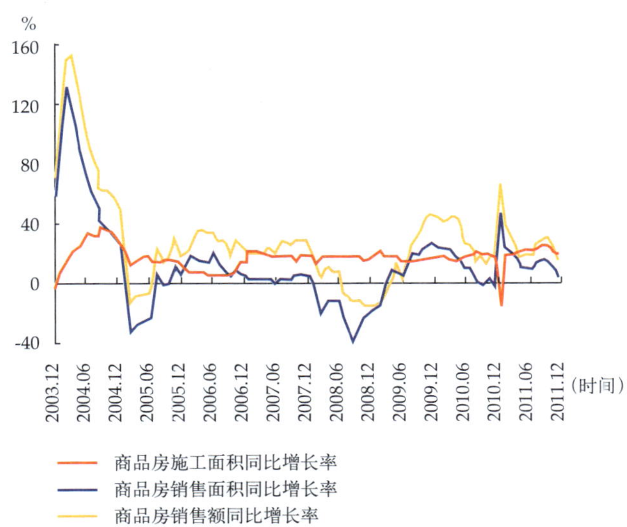

数据来源：天津市统计局。

图13　2003～2011年天津市商品房施工和销售变动趋势

（3）现房及期房销售量有所回升，二手房交易持续下降。2011年，天津市普通商品房累计销售面积为2 224.3万平方米，同比下降4.6%。其中，现房及期房累计销售面积合计为1 643.1万平方米，同比增长5.0%，累计销售金额合计为1 473.1亿元，同比增长14.9%；但二手房累计销售面积为581.2万平方米，同比下降24.2%，交易金额为434.1亿元，同比下降13.3%。

（4）房地产价格上涨趋势受到明显抑制，月度销售同比指数持续下滑。2011年，天津市新建住宅及二手房销售价格同比指数分别为104.1和101.2，较上年分别减少8.1个和3.4个百分点。同时，从7月以来，月度新建住宅及二手房销售同比、环比价格指数也呈现逐月回落趋势（见图14）。

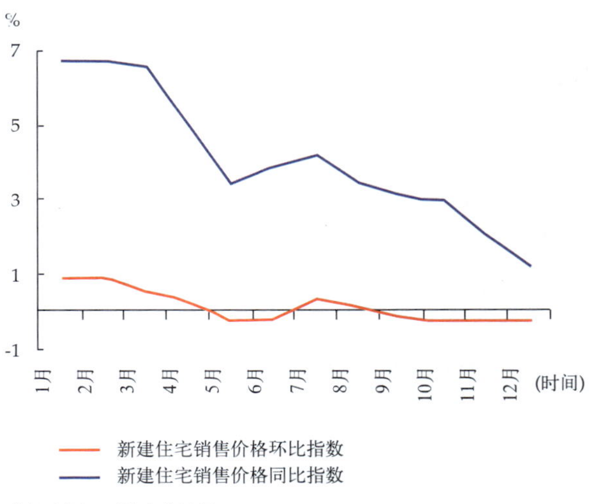

数据来源：天津市统计局。

图14　2011年天津市新建住宅销售价格变动趋势

（5）房地产贷款规模持续增长，增幅放缓。截至2011年年末，天津市房地产贷款（含政策性住房贷款）余额为3 395.9亿元，同比增长15.2%，涨幅较上年下降7.5个百分点。其中，房地产开发贷款为1 434.5亿元，同比增长13.7%，涨幅较上年提高

1.4个百分点。个人购房贷款余额为1 380.0亿元，同比增长16.9%，涨幅较上年下降16.4个百分点。保障性住房开发贷款余额达261.4亿元，同比增长329.4%，较上年提高了215.7个百分点。

2. 交通运输业快速发展。近年来，天津市交通运输业企业认真贯彻落实滨海新区开发开放和建设北方国际航运中心、国际物流中心的战略决策，不断适应国内外市场变化，充分发挥各自优势，广开渠道，基本形成较为发达的立体交通网络，城市载体功能进一步增强，为全市国民经济运行提供了坚实的保障。

现代物流业全面发展，运转高效的现代物流体系逐步形成。2011年，交通运输、仓储和邮政业全年实现增加值699.0亿元，同比增长10.6%；占第三产业增加值的比重为13.6%。铁路交通网延伸至我国大部分地区，公路路网建设全面推进，各类交通设施不断完善，铁路、公路、水上、航空现代化立体交通体系功能完备。

交通设施不断完善，各种运输方式协调发展。2011年，天津市全力推进现代综合交通体系的建设，蓟港铁路扩能改造、北港池集装箱码头B段、机场二跑道、邮轮码头、津汕高速天津段、中心城区快速路、天津大道、津港高速一期等项目已竣工。天津站交通枢纽，轨道换乘中心、综合配套楼、枢纽控制中心主体结构全部完成。天津港南疆专业化码头目前配套地基处理已经完成，完成卸载。天津机场二期扩建工程2011年6月实现开工，正在进行基础工程。

信贷保持较快增长，但增速回落。2009年以来，天津市交通运输、仓储及邮电通信业贷款一直保持20%以上的快速增长，截至2011年年末，全市交通运输、仓储及邮电通信业贷款余额为1 560.4亿元，比上年增加276.7亿元，同比增长21.6%，比上年回落8.6个百分点，高于贷款平均增速5.8个百分点。

三、预测与展望

2012年是全面实施“十二五”规划的重要一年。经济发展环境仍然比较复杂，国际金融市场剧烈动荡，贸易保护主义明显抬头，世界经济不稳定、不确定因素增多，复苏面临重大挑战。在此背景下，天津市经济面临较大挑战，既要实现稳增长，又要促进经济结构优化，各项指标增长速度可能会有所放缓。在2011年经济平稳快速发展的基础上，天津市将深入开展“调结构、惠民生、上水平”活动，加快推进滨海新区开发开放，推进功能区开发建设，加快重点项目建设和基础设施建设；加快调整优化经济结构，促进产业集成集约集群发展，壮大实体经济，提高现代制造业发展水平和自主创新能力；加快发展壮大区县经济，提高农村工业化、农业现代化、农村城镇化水平，推动中心城区全面提升；加快深化改革，扩大开放，推动综合配套改革向纵深发展，提升对外开放质量和水平。这些措施将助推天津市经济平稳增长。

2012年，天津市金融业将继续保持稳健运行态势，社会融资总量适度增长，信贷资产结构继续优化，金融支持实体经济、中小微企业和产业结构调整的力度进一步增强，金融创新步伐继续加快，金融风险防范能力进一步全面提升，金融生态环境整体将不断向好。

中国人民银行天津分行货币政策分析小组
负责人：林铁钢　苏东海
统　稿：杨红员　刘　强　闫　芳
执　笔：魏昆利　郝慧刚
提供材料的还有：杨冬梅　周中明　宁　悦　钟　辉　梁景宗　刘丹丹　姚雪丹　李稳立　刘酉鸣
苗润雨　徐　力　安瑞萍　唐　浩　李文君　赵希林　夏江山　苏　颖　于海欢

附录

（一）2011年天津市经济金融大事记

2月10日，天津市委、市政府召开大会，对全市开展“调结构、增活力、上水平”活动进行动员部署，这是自2009年起本市连续第三年开展上水平活动．本次出台了新的促进经济发展的30条政策措施。

4月29日至5月1日，胡锦涛总书记在天津进行考察，并对天津提出“四个注重”的工作要求，即注重加快转变经济发展方式，注重深化改革开放，注重保障和改善民生，注重加强干部队伍建设。

5月13日，天津泰达投资控股有限公司顺利完成项目一期6.3亿元人民币投资资本金汇出业务，这是自《境外直接投资人民币结算试点管理办法》颁布实施以来，天津市第一笔人民币境外直接投资业务。

6月10日，第五届中国企业国际融资洽谈会——科技国际融资洽谈会在天津举办。

6月26日至28日，2011年国际生物经济大会在天津召开，本届国际生物经济大会由天津市人民政府联合国家14个部委和5个国际与区域性组织共同主办，以“发展生物经济，促进民生改善”为主题。

10月27日，飞朗(天津)航空技术项目在空港经济区正式启动，这是加拿大飞朗技术集团在亚洲的首个项目。

11月9日，中国人民银行天津分行和天津银监局、天津市科委联合召开金融支持科技型中小企业及小微企业推动会，进一步明确金融支持科技型中小企业及小微企业的重点工作。

11月30日，天津市人民政府和天津市高级人民法院联合召开新闻发布会，向社会发布《天津市高级人民法院关于审理融资租赁物权属争议案件的指导意见(试行)》。

12月11日，国家“十一五”863计划重大项目——“千万亿次高效能计算机系统研制”课题在国家超级计算天津中心通过验收。

12月30日，中国进出口银行天津分行开业暨战略合作协议签约仪式在天津市迎宾馆举行。

（二）2011年天津市主要经济金融指标

表1 2011年天津市主要存贷款指标

		1月	2月	3月	4月	5月	6月	7月	8月	9月	10月	11月	12月
本外币	金融机构各项存款余额（亿元）	16 119.1	16 309.3	16 643.9	16 760.3	16 786.9	17 063.6	16 851.9	16 976.9	16 889.3	16 932.4	17 318.9	17 586.9
	其中：储蓄存款	5 764.6	5 739.6	5 868.5	5 785.6	5 818.1	6 021.9	5 841.7	5 855.1	6 001.9	5 836.0	5 874.2	6 194.7
	单位存款	9 545.7	9 693.8	9 943.5	10 083.2	10 082.6	10 178.7	10 140.1	10 267.8	10 038.9	10 085.5	10 431.9	10 458.5
	各项存款余额比上月增加（亿元）	-373.3	190.2	334.6	116.4	26.6	276.7	-211.7	125.0	-87.6	43.1	386.6	268.0
	金融机构各项存款同比增长（%）	14.6	13.9	14.2	10.9	10.1	10.0	8.3	7.8	5.6	5.6	6.4	6.7
	金融机构各项贷款余额（亿元）	14 035.3	14 240.2	14 394.6	14 595.9	14 774.7	14 999.2	15 182.7	15 353.9	15 416.1	15 606.7	15 790.1	15 924.7
	其中：短期	3 256.3	3 360.5	3 425.6	3 471.3	3 538.2	3 682.6	3 751.9	3 804.6	3 897.0	3 968.3	4 084.2	4 177.3
	中长期	9 381.0	9 471.9	9 528.1	9 635.1	9 688.2	9 696.1	9 750.0	9 768.3	9 791.7	9 851.2	9 884.1	9 906.5
	票据融资	484.4	453.6	441.3	442.4	468.4	490.6	504.6	583.9	516.9	531.6	537.8	518.5
	各项贷款余额比上月增加（亿元）	273.6	204.9	154.4	201.3	178.8	224.6	183.5	171.2	62.2	190.6	183.4	134.6
	其中：短期	59.0	104.2	65.1	45.8	66.8	144.4	69.3	52.8	92.4	71.2	115.9	93.2
	中长期	207.1	91.2	56.1	107.1	53.0	8.0	53.9	18.3	24.0	59.4	32.9	22.4
	票据融资	34.1	-30.8	-12.3	1.1	25.9	22.2	14.0	79.3	-67.0	14.8	6.2	-19.4
	金融机构各项贷款同比增长（%）	22.6	21.0	20.8	19.8	18.7	18.1	18.2	18.5	16.8	16.8	16.3	15.7
	其中：短期	13.1	15.5	19.5	21.7	24.4	27.8	29.4	28.9	29.7	30.8	32.5	30.7
	中长期	23.0	21.1	19.8	18.1	15.4	13.4	12.5	12.0	9.6	9.3	8.3	7.9
	票据融资	13.0	-5.0	-13.9	-13.2	-10.1	-6.1	2.1	20.1	11.1	12.1	10.0	15.2
	建筑业贷款余额（亿元）	540.7	532.6	520.9	525.6	476.3	513.9	511.6	505.3	499.3	511.0	521.1	550.3
	房地产业贷款余额（亿元）	1 147.6	1 161.8	1 149.1	1 100.7	1 114.4	1 141.1	1 151.0	1 171.1	1 168.7	1 158.1	1 144.3	1 160.7
	建筑业贷款同比增长（%）	30.3	15.2	6.3	2.8	-8.6	0.7	-4.1	-7.2	-8.6	0.4	5.2	10.0
	房地产业贷款同比增长（%）	11.1	10.1	8.7	4.1	4.4	5.0	3.7	1.7	-0.6	-0.8	-2.5	0.9
人民币	金融机构各项存款余额（亿元）	15 764.8	15 940.5	16 289.3	16 390.6	16 443.8	16 690.9	16 499.5	16 617.2	16 527.1	16 570.7	16 930.8	17 197.5
	其中：储蓄存款	5 690.6	5 668.0	5 798.4	5 716.0	5 748.0	5 951.1	5 774.2	5 787.6	5 932.0	5 766.0	5 803.5	6 123.1
	单位存款	9 281.0	9 418.5	9 679.2	9 799.9	9 824.2	9 894.5	9 872.6	9 996.5	9 764.4	9 810.9	10 135.0	10 155.7
	各项存款余额比上月增加（亿元）	-367.5	175.7	348.8	101.3	53.2	247.1	-191.3	117.7	-90.1	43.6	360.2	266.7
	其中：储蓄存款	161.0	-22.6	130.4	-82.4	32.0	203.1	-176.9	13.4	144.4	-166.0	37.6	319.5
	单位存款	-546.7	137.5	260.7	120.7	24.3	70.3	-21.9	124.0	-232.2	46.5	324.1	20.7
	各项存款同比增长（%）	15.1	14.5	14.9	11.8	10.4	10.1	8.6	8.1	5.7	5.7	6.3	6.6
	其中：储蓄存款	16.3	10.9	14.0	12.8	12.7	14.0	10.9	11.1	10.3	8.5	8.4	10.7
	单位存款	12.6	15.0	14.6	10.4	8.7	7.5	7.7	6.4	2.8	2.8	4.6	2.2
	金融机构各项贷款余额（亿元）	13 418.1	13 617.5	13 761.7	13 953.4	14 110.9	14 291.6	14 468.2	14 657.6	14 701.9	14 907.9	15 092.9	15 242.2
	其中：个人消费贷款	1 268.6	1 288.3	1 312.3	1 331.9	1 351.4	1 367.3	1 378.1	1 392.2	1 409.0	1 422.7	1 441.9	1 454.4
	票据融资	484.3	453.5	441.2	442.3	468.2	490.5	504.4	583.8	516.8	531.5	537.8	518.4
	各项贷款余额比上月增加（亿元）	318.9	199.4	144.3	191.7	157.5	180.7	176.5	189.4	44.3	206.1	185.0	149.3
	其中：个人消费贷款	34.0	20.1	24.0	19.6	19.5	16.0	10.7	14.1	16.9	13.7	19.3	12.4
	票据融资	34.2	-30.8	-12.3	1.1	26.0	22.2	14.0	79.4	-67.0	14.8	6.2	-19.3
	金融机构各项贷款同比增长（%）	22.6	21.0	21.1	20.0	18.8	18.2	18.6	19.1	17.1	17.4	16.7	16.4
	其中：个人消费贷款	32.7	31.3	28.9	27.2	24.5	23.3	22.2	23.4	19.9	19.4	17.9	16.7
	票据融资	13.0	-5.0	-13.9	-13.2	-10.1	-6.1	2.1	20.1	11.1	12.2	10.0	15.2
外币	金融机构外币存款余额（亿美元）	53.8	56.1	54.1	56.9	52.9	57.6	54.7	56.3	57.0	57.2	61.1	61.8
	金融机构外币存款同比增长（%）	-2.7	-4.9	-6.4	-14.7	2.4	11.6	-2.0	2.1	6.4	5.4	15.9	14.3
	金融机构外币贷款余额（亿美元）	93.7	94.7	96.5	98.9	102.4	109.3	110.9	109.0	112.4	110.5	109.8	108.3
	金融机构外币贷款同比增长（%）	26.9	26.0	20.1	21.1	22.3	20.6	16.1	14.6	15.5	12.1	12.6	8.3

数据来源：《天津市金融统计月报》。

表2　2001～2011年天津市各类价格指数

单位：%

年/月		居民消费价格指数		农业生产资料价格指数		工业生产者购进价格指数		工业生产者出厂价格指数	
		当月同比	累计同比	当月同比	累计同比	当月同比	累计同比	当月同比	累计同比
2001		—	1.2	—	—	—	-1.2	—	-4.1
2002		—	-0.4	—	—	—	-4.1	—	-4.2
2003		—	1	—	—	—	8.7	—	2.5
2004		—	2.3	—	—	—	15.4	—	4.1
2005		—	1.5	—	—	—	4.9	—	0.1
2006		—	1.5	—	—	—	4.7	—	0.6
2007		—	4.2	—	—	—	5.7	—	1.5
2008		—	5.4	—	—	—	12.9	—	4.1
2009		—	-1.0	—	—	—	-9.8	—	-7.5
2010		—	3.5	—	—	—	10.0	—	5.1
2011		—	4.9	—	—	—	9.8	—	3.8
2010	1	2.5	2.5	—	—	6.8	6.8	3.9	3.9
	2	3.1	2.8	—	—	7.2	7.0	5.1	4.5
	3	3.1	2.9	—	—	10.8	8.3	6.7	5.2
	4	2.9	2.9	—	—	12.3	9.3	7.2	5.7
	5	3.5	3.0	—	—	12.4	9.9	7.8	6.2
	6	3.9	3.1	—	—	11.5	10.2	4.4	5.9
	7	3.4	3.2	—	—	8.2	9.9	2.0	5.3
	8	3.9	3.3	—	—	8.3	9.7	2.9	5.0
	9	3.4	3.3	—	—	8.4	9.6	4.9	5.0
	10	4.2	3.4	—	—	9.8	9.6	5.1	5.0
	11	4.9	3.5	—	—	12.5	9.8	5.4	5.1
	12	3.8	3.5	—	—	12.3	10.0	5.1	5.1
2011	1	3.3	3.3	—	—	11.5	11.5	5.2	5.2
	2	3.9	3.6	—	—	13.2	12.3	6.5	5.8
	3	3.7	3.6	—	—	13.4	12.7	6.0	5.9
	4	4.5	3.9	—	—	12.2	12.6	5.6	5.8
	5	4.8	4.0	—	—	12.1	12.5	4.9	5.6
	6	5.5	4.3	—	—	12.1	12.4	4.9	5.5
	7	6.4	4.6	—	—	12.3	12.4	4.9	5.4
	8	5.8	4.7	—	—	11.6	12.3	4.0	5.3
	9	6.3	4.9	—	—	9.7	12.0	2.9	5.0
	10	5.5	5.0	—	—	6.7	11.4	2.0	4.7
	11	4.3	4.9	—	—	2.5	10.6	0.0	4.3
	12	4.4	4.9	—	—	1.1	9.8	-1.3	3.8

数据来源：《中国经济景气月报》、《天津统计月报》。

表3　2011年天津市主要经济指标

	1月	2月	3月	4月	5月	6月	7月	8月	9月	10月	11月	12月
绝对值（自年初累计）												
地区生产总值(亿元)	—	—	2 256.5	—	—	5 098.7	—	—	8 006.3	—	—	11 191.0
第一产业	—	—	16.4	—	—	66.8	—	—	99.7	—	—	159.1
第二产业	—	—	1 279.9	—	—	2 814.9	—	—	4 406.1	—	—	5 878.0
第三产业	—	—	960.3	—	—	2 217.0	—	—	3 500.5	—	—	5 153.9
固定资产投资(亿元)	—	460.2	1 073.7	1 760.7	2 489.9	3 447.5	4 042.1	4 683.4	5 427.8	6 132.8	6 775.2	7 510.7
房地产开发投资	—	866.6	153.1	250.0	350.9	539.1	615.1	703.8	801.0	863.8	952.4	1 080.0
社会消费品零售总额(亿元)	—	551.5	807.0	1 077.4	1 366.5	1 632.0	1 913.8	2 220.3	2 515.5	2 820.0	3 099.1	3 395.1
外贸进出口总额(万美元)	796 700	1 391 300	2 228 400	3 028 100	3 847 600	4 675 800	5 582 600	6 541 600	7 489 400	8 377 000	9 389 500	10 339 100
进口	470 100	803 600	1 287 100	1 715 800	2 180 600	2 632 300	3 129 200	3 694 500	4 243 400	4 743 500	5 334 700	5 889 300
出口	326 600	587 700	941 300	1 312 300	1 667 000	2 043 400	2 453 400	2 847 100	3 246 000	3 633 600	4 054 800	4 449 800
进出口差额(出口－进口)	-143 500	-215 900	-345 800	-403 500	-513 600	-588 900	-675 800	-847 400	-997 400	-1 109 900	-1 279 900	-1 439 500
外商实际直接投资(万美元)	100 100	202 400	355 400	454 600	671 600	723 400	769 000	858 700	950 300	1 032 900	1 161 800	1 305 600
地方财政收支差额(亿元)	29.2	39.6	23.0	33.0	12.3	9.8	39.9	10.9	-56.1	-27.8	-97.8	-301.0
地方财政收入	131.4	217.2	316.9	450.8	560.9	700.9	846.9	957.5	1 055.3	1 196.1	1 306.9	1 454.9
地方财政支出	102.3	177.6	293.9	417.8	548.6	691.1	807.0	946.6	1 111.4	1 223.9	1 404.7	1 755.9
城镇登记失业率(%)（季度）	—	—	3.6	—	—	3.6	—	—	3.6	—	—	3.6
同比累计增长率（%）												
地区生产总值	—	—	16.5	—	—	16.6	—	—	16.5	—	—	16.4
第一产业	—	—	3.5	—	—	4.0	—	—	3.9	—	—	3.8
第二产业	—	—	18.2	—	—	18.4	—	—	18.5	—	—	18.3
第三产业	—	—	14.5	—	—	14.6	—	—	14.6	—	—	14.6
工业增加值	—	15.3	21.0	20.5	20.4	21.1	21.3	21.2	21.2	21.2	21.2	21.3
固定资产投资	—	26.2	25.4	31.6	32.4	33.3	33.4	33.2	33.4	33.1	32.5	31.1
房地产开发投资	—	17.9	25.4	27.6	29.5	30.5	29.5	28.5	27.2	27.0	27.0	24.6
社会消费品零售总额	—	18.2	17.9	18.2	18.4	18.5	18.6	18.6	18.7	18.7	18.7	18.7
外贸进出口总额	44.6	29.1	17.0	25.2	24.8	23.5	23.8	25.8	25.9	26.3	26.5	25.9
进口	57.2	33.7	26.8	24.4	27.5	26.9	27.5	30.7	31.6	32.8	32.6	32.0
出口	29.6	23.3	21.3	26.3	21.3	19.4	19.5	19.9	19.1	18.7	19.3	18.7
外商实际直接投资	17.4	18.0	18.2	20.5	11.2	22.3	22.2	21.2	21.6	21.3	20.9	20.4
地方财政收入	41.5	43.8	42.6	40.3	40.1	40.0	39.2	40.9	38.5	36.5	34.5	36.1
地方财政支出	30.4	26.0	29.8	30.7	33.9	29.7	25.0	25.8	25.6	26.9	25.0	28.2

注：固定资产投资为全社会固定资产投资口径。
数据来源：《天津统计月报》。

2011年河北省金融运行报告

中国人民银行石家庄中心支行货币政策分析小组

[内容摘要] 2011年，河北省坚定科学发展的主线，以加快发展和加速转型两项任务并重，稳步推进新型工业化、新型城镇化、新型农业产业化联动发展，积极打造“环首都经济圈”、“沿海隆起带”、“冀中南装备制造”和“园区建设”等重点区域，经济社会运行平稳，实现了“十二五”良好开局。总体来看，全省经济社会发展保持了增长较快、结构优化、效益提高、民生改善、协调性增强的良好态势，经济增长连续九年保持两位数增长。金融机构布局日趋合理，信贷结构优化提升，风险管理持续加强，金融服务不断健全，总体呈现安全稳健运行态势，金融业改革发展成效显著，有力地推动了全省经济平稳增长。

2012年，河北省金融系统将继续深入学习实践科学发展观，全面贯彻党的十七大和十七届三中、四中、五中、六中全会精神，深刻理解和准确把握中央经济工作会议、全国金融工作会议、中国人民银行工作会议和河北省经济工作会议精神，实施好稳健的货币政策，处理好保持经济平稳较快增长、调整经济结构与管理通货膨胀预期之间的关系，进一步改善金融服务和加强金融创新，优化信贷结构，促进经济发展方式转变和经济结构战略性调整，以巩固河北省经济健康平稳发展的良好势头。

一、金融运行情况

2011年，河北省金融系统按照中央和全省经济工作会议精神，继续全面贯彻科学发展观和各项宏观调控政策，把稳定物价总水平作为金融宏观调控的首要任务，认真实施稳健的货币政策，综合运用多种货币政策工具和宏观审慎政策工具，引导信贷投放总量合理适度，稳健的货币政策有效体现，信贷结构更加优化，银行、证券、保险协调发展，各项金融指标符合调控预期，为全省“十二五”开局创造了良好的金融环境。

（一）银行业金融机构综合实力不断壮大，金融服务质量和水平不断提升

1. 河北省银行业金融机构资产规模进一步扩大（见表1），经营实力有所增强，存款稳步增长，贷款投放均衡，信贷结构优化，盈利能力增强，资产质量提升，组织体系继续完善，金融服务网点加快向县域延伸。国有控股商业银行河北省分支机构改革效果明显，政策性银行改革稳步推进，农村合作金融机构改革取得重大进展，城市商业银行改革成效显著，新型农村金融机构蓬勃发展。金融机构

表1 2011年河北省银行业金融机构情况

机构类别	营业网点			法人机构(个)
	机构个数(个)	从业人数(人)	资产总额(亿元)	
一、大型商业银行	3 107	73 885	18 094	0
二、国家开发银行和政策性银行	164	3 589	2 249	0
三、股份制商业银行	104	4 196	2 742	0
四、城市商业银行	401	10 229	3 409	11
五、城市信用社	0	0	0	0
六、农村合作机构	4 814	50 938	6 972	158
七、财务公司	3	84	76	3
八、信托公司	1	90	25	1
九、邮政储蓄银行	1 367	8 149	1 888	0
十、外资银行	1	45	11	0
十一、新型农村金融机构	22	480	25	22
十二、其他	1	80	40	1
合　计	9 985	151 765	35 531	196

注：①营业网点不包括总部。

②农村合作机构含农村信用社、农村合作银行及农村商业银行。

③新型农村金融机构包括村镇银行、贷款公司和农村资金互助社三类机构。

④“其他”包含金融租赁公司、汽车金融公司、货币金融公司、消费金融公司等。

数据来源：河北银监局。

资本充足率提高，风险抵补能力增强，金融服务质量和水平不断提升，有力地支持了经济增长。

2. 存款保持稳步增长，定期存款增势稳定（见图1）。2011年，河北省银行业金融机构人民币存款余额为29 564亿元，比年初增加3 489亿元，余额及增量均居全国第9位，同比增长13.3%。定期存款比年初增长18.8%，高于存款平均增速5.5个百分点，明显快于活期存款增速。个人存款同比多增，单位存款同比少增。

新增存款市场结构进一步优化，并趋于合理，形成大型银行、股份制商业银行和城市商业银行、农村合作金融和邮政储蓄银行“三分天下”的格局。

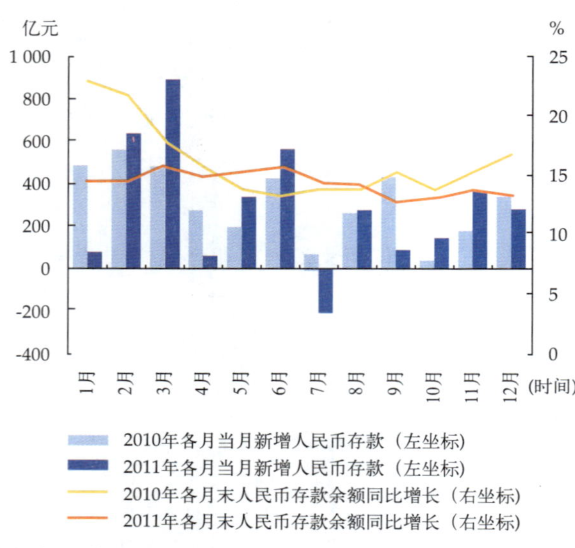

数据来源：中国人民银行石家庄中心支行。

图1 2010～2011年河北省金融机构人民币存款增长变化

3. 贷款投放均衡，信贷结构进一步优化（见图2、图3）。2011年，河北省银行业金融机构人民币贷款余额为18 144亿元，比年初增加2 423亿元，余额及增量均居全国第10位。

短期贷款同比多增390亿元，占全部贷款增量的56%，比年初增长17%，高于贷款平均增速1.4个百分点，高于中长期贷款增速1.2个百分点。

绿色信贷、涉农和小企业等薄弱领域和行业金融服务进一步加强。主导产业、消费环节、基础设施等得到大力支持，制造业新增贷款、批发和零售业新增贷款、个人贷款和交通运输业新增贷款居新增贷款市场份额的前4位，占河北省贷款增量的近八成。房地产开发贷款得到有效控制，房地产业贷款同比少增，增速低于贷款平均增速4.9个百分点。

经济基础较好、发展较快的石家庄、唐山、邯郸、廊坊是信贷投放的热点区域，新增贷款合计占河北省贷款增量的近一半。衡水、沧州的贷款增速明显加快，大大高于全省贷款平均增速。

大型银行、农村合作金融机构的信贷投放放缓，政策性银行、股份制商业银行、城市商业银行、邮政储蓄银行的信贷增量同比多增，增速均高于全部贷款平均增速。地方法人金融机构对实体经济的支持力度显著增强。2011年，河北省农村金融机构和城市商业银行新增贷款707亿元，贷款增速高于全部贷款增速约2个百分点，新增贷款占全省新增贷款的比重由年初的27%提高到30%。

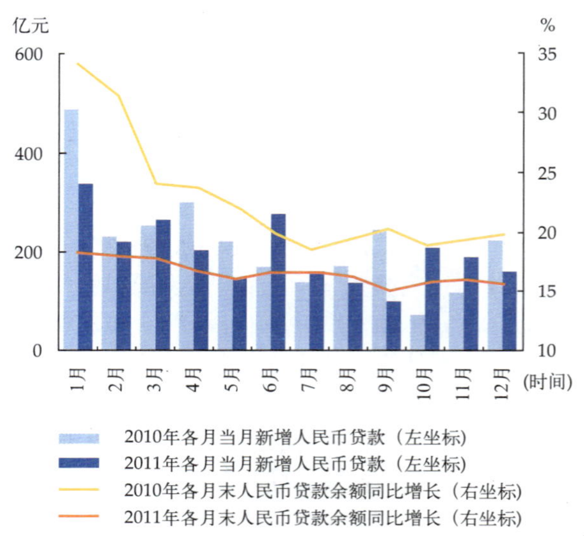

数据来源：中国人民银行石家庄中心支行。

图2 2010～2011年河北省金融机构人民币贷款增长变化

4. 利率水平总体趋升，金融机构定价能力增强。2011年，受存贷款基准利率和存款准备金率调整影响，河北省金融机构人民币贷款利率在波动中上升，其中，1年期贷款加权平均利率主要分布在[7.6%，9.4%]区间。金融机构议价能力增强，实行上浮利率的贷款占比明显提高（见表2）。1年期以上小额美元存款加权平均利率走势相对平稳（见图4），美元贷款利率呈上升态势。从民间借贷抽样监测情况来看，2011年河北省民间借贷利率水平高

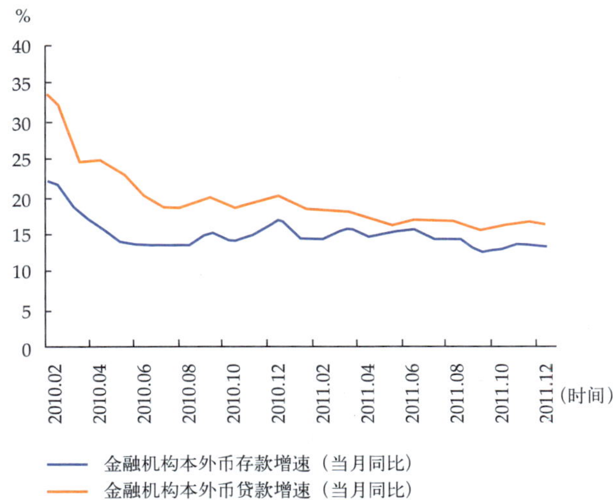

数据来源：中国人民银行石家庄中心支行。

图3　2010～2011年河北省金融机构本外币存、贷款增速变化

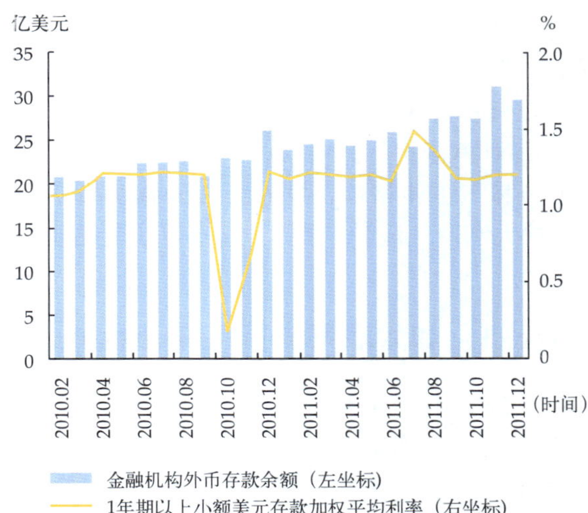

数据来源：中国人民银行石家庄中心支行。

图4　2010～2011年河北省金融机构外币存款余额及外币存款利率

表2　2011年河北省金融机构人民币贷款各利率区间占比

单位：%

月份		1月	2月	3月	4月	5月	6月
合计		100.0	100.0	100.0	100.0	100.0	100.0
[0.9～1.0)		17.9	18.9	14.9	11.5	9.6	7.9
1.0		33.2	36.5	25.2	25.6	23.0	24.6
上浮水平	小计	48.9	44.6	59.9	62.9	67.4	67.5
	(1.0～1.1]	9.0	11.1	9.7	10.7	12.1	12.2
	(1.1～1.3]	8.5	9.4	12.4	12.8	16.7	19.1
	(1.3～1.5]	6.4	5.2	7.8	9.7	9.1	8.0
	(1.5～2.0]	16.6	12.6	21.2	19.4	20.4	17.9
	2.0以上	8.4	6.3	8.8	10.3	9.1	10.3
月份		7月	8月	9月	10月	11月	12月
合计		100.0	100.0	100.0	100.0	100.0	100.0
[0.9～1.0)		8.6	3.0	9.5	7.9	7.2	1.5
1.0		24.6	19.5	21.2	24.4	23.7	22.1
上浮水平	小计	66.8	77.5	69.3	67.7	69.1	76.4
	(1.0～1.1]	15.3	24.2	14.9	18.1	16.3	17.4
	(1.1～1.3]	16.6	17.7	20.2	21.8	19.2	20.9
	(1.3～1.5]	11.6	11.6	9.8	8.9	10.4	11.8
	(1.5～2.0]	16.8	17.0	14.6	11.7	13.4	18.3
	2.0以上	6.5	7.0	9.8	7.2	9.8	8.0

数据来源：中国人民银行石家庄中心支行。

于上年，前三个季度民间借贷加权平均利率逐季度提高，第四季度有所回落。

5. 银行业金融机构改革和创新取得明显成效。国家开发银行河北省分行大力支持河北省铁路、公路等国家重点项目建设，发放贷款358亿元，保障性住房贷款余额达65.9亿元，助学贷款余额达4 615万元，帮助1 893名贫困学生圆了大学梦。中国工商银行河北省分行在石家庄设立了2家省行级重点支行，提升了省会城市综合服务能力。中国建设银行河北省分行积极探索实施事业部制改革，成效初显，沧州、衡水、承德、直属支行4个试点单位的事业部正式挂牌运营，初步实现了从“部门银行”向“流程银行”、从“以银行为中心”向“以客户为中心”的转变。全省154家农村信用联社专项票据兑付考核工作圆满结束，兑付金额200.3亿元，规模居全国第2位。11家城市商业银行中有7家实现更名改制，跨区域及辖内分支机构设立进程加快。全省23家新型农村金融机构经营健康平稳，发展势头良好，逐步成为服务“三农”的主要补充力量。通过改革，河北省银行业金融机构产品创新能力增强，收入渠道拓宽，基础管理夯实，内部控制和案件防控能力增强，认真履行社会责任，树立了良好的社会形象。

6. 跨境人民币业务结算稳步开展。自2011年8月工作启动至年末，全省共完成跨境人民币结算业务93笔，结算量已达28.15亿元。其中，开立信用证19.74亿元，实际收付8.41亿元，收入0.05亿元，支出8.36亿元。全省跨境人民币业务工作深入开展，业务品种也随之丰富，业务领域逐步拓宽，已涵盖货物贸易、服务贸易、收益和经常转移、人民币NRA账户、跨境人民币担保等。跨境人民币业务参与主体增加，境外交易区域涉及中国香港、澳大利亚、日本、德国、瑞典等10个境外国家和地区，其中，香港地区实际收付结算量为4.81亿元，占实际收付的57%。银行主体和企业群体不断增多，9家中资商业银行和1家外资商业银行开办跨境人民币业务，38家企业实际办理跨境人民币收付业务，覆盖全省11个地市，共有20 家境外银行参与。

专栏1　加大政策支持　提升金融服务　大力支持小微企业加快发展

2011年，国务院提出九条支持小微企业发展的金融财税政策措施后，中国人民银行石家庄中心支行针对小微企业发展现状，以及自身的制度缺陷和由此带来的抵押品少、担保难、信息不对称问题，及时研究制定并下发《关于河北省金融支持小微企业加快发展的工作意见》，提出了八条具体措施，明确了发展目标、优惠政策、支持措施、落实意见，引导和鼓励银行业金融机构做好对小微企业的金融服务，切实加大信贷投入。

具体的政策措施主要有以下六个方面：一是在“十二五”期间，在2011年小微企业贷款占比35%的基础上，逐步实现每年提高2个百分点以上，实现小微企业贷款占比与其对社会经济的贡献率相匹配。二是在全省筹集安排20亿元再贴现资金，专项对产、供、销经营稳定的小微企业签发单笔500万元以下的商业汇票，优先给予再贴现支持。三是专项安排30亿元支农再贷款资金支持农村金融机构满足县域小微企业信贷合理需求，并给予优惠利率支持。四是加大银行间债券市场企业债务融资工具宣传、推介和承销力度，进一步扩大企业资源储备库，培育、支持符合条件的小微企业发行短期融资券和中小企业集合票据，扩大小微企业直接融资规模。五是深入开展信贷政策导向效果评估，对支持小微企业成效显著的金融机构，在再贷款、再贴现政策以及市场准入上给予倾斜；对政策执行差的金融机构，采取通报批评、约见主要负责人谈话等措施，确保小微企业信贷政策的有效落实。六是在河北省货币信贷政策执行委员会领导下，建立金融支持中小企业发展专业工作委员会，搭建信息交流平台，帮扶中小企业破解经营困境和融资难题。在全省银行业金融机构的共同努力下，截至2011年年末，全省小型企业贷款余额达到3 986.1亿元，比年初增加852.8亿元，增长27.2%，占全部企业新增贷款的57%。

当前，河北省政府对金融支持加快小微企业发展非常重视，下发了《关于金融支持小微企业发展的实施意见》，相继出台了一系列鼓励企业发展的政策和规定。为更好地发挥金融支持小微企业发展的作用，中国人民银行石家庄中心支行将督促各金融机构认真落实各项政策措施要求，引导和鼓励金融机构积极创新动产担保贷款方式，大力发展应收账款质押融资业务，有效解决企业担保品不足的问题；推进发展多层次的资本市场，支持企业在资本市场直接融资，鼓励和帮助企业通过发行企业债券、股权融资、信托产品等形式直接融资；联合政府相关部门搭建银企对接平台，以产业集群、专业市场等为单位组织座谈会，为企业和银行建立有效的信息沟通机制，确保银行产品与客户需求、银行服务与市场资源的有效对接；支持和鼓励发展与小微企业相匹配的小型金融机构；推动担保和再担保体系建设，组建实力强大的政策性担保机构和再担保机构，充分发挥财政资金在企业融资方面的杠杆放大作用。

（二）证券期货业面临挑战，直接融资再创新高

2011年，河北证券期货业面临严峻挑战，证券期货行情低迷，波动较大，三成以上证券经营机构和六成以上期货经营机构亏损，证券期货经营机构净利润降至近5年来的最低；境内上市公司直接融资创历史之最，相当于近11年直接融资额的总和，但整体盈利能力有所下降，提高核心竞争力成为上市公司和证券期货中介机构共同面对的首要任务。

2011年河北省证券业基本情况如表3所示。

表3　2011年河北省证券业基本情况

项目	数量
总部设在辖内的证券公司数（家）	1
总部设在辖内的基金公司数（家）	0
总部设在辖内的期货公司数（家）	1
年末国内上市公司数（家）	46
当年国内股票（A股）筹资（亿元）	325.9
当年发行H股筹资（亿元）	18.5
当年国内债券筹资（亿元）	654.3
其中：短期融资券筹资额（亿元）	98.2

数据来源：河北证监局、河北省金融办。

1. 证券市场平稳运行，证券机构经营效益下滑。2011年年末，证券账户数、资金账户数、基金账户数同比分别增长10%、 9.2%和41%。证券市场交易量逐季度下降，2011年实现证券交易额为11 065.6亿元，同比下降22.8%。融资融券交易额为20.6亿元，余额达3亿元，比上年增长近6倍。证券机构经营效益大幅下滑。全年证券营业收入为18.3亿元，同比下降42%；利润总额为6.5亿元，同比下降60.6%；净利润为6亿元，同比下降62.2%，降至近5年来的最低。56家证券营业部亏损，亏损额达1.3亿元。

2. 股指期货业务平稳开展，期货经营机构和期货投资者多数亏损。2011年年末，期货客户数量同比增长11.2%。市场交投清淡，全年代理交易额和代理交易量同比下降。股指期货业务平稳开展，客户数量同比增长62.5%；全年代理交易量为50.7万手，代理交易额为4 390.2亿元，交易额占河北省期货交易额的近1/4。河北省期货经营机构主要经营指标与2010年基本持平，但净利润大幅下滑，六成以上营业部亏损。

3. 上市公司直接融资额创历史之最。2011年年末，河北省共有46家在境内上市的公司，占全国境内上市公司规模的2%，市值为3 165.6亿元。境内上市公司直接融资额达442.4亿元，相当于2000～2010年11年的总和，占全国直接融资额的6.5%，远远超过其股本和市值分别占全国1.2%和1.3%的比例。直接融资额中，股权融资为325.9亿元，占全国股权融资的6.4%；公司债券融资为116.5亿元，占全国公司债券融资的6.8%。

（三）保险业整体实力增强，保费收入持续增长

1. 保险市场主体不断增加，保险业整体实力增强。2011年，河北省保险市场新增6家省级分公司。财产保险、人身保险、中资、外资、政策性、代理、经纪公司门类齐全，各级分支机构营业网点遍布城乡，保险从业人员近20万人。保险业总资产达1 587.7亿元，增长21.4%。其中，人身保险公司总资产为1 499.8亿元，比年初增加268.0亿元。

2. 保险业务平稳健康发展，保费收入持续增长（见表4）。2011年，全省保险机构累计实现原保险保费收入732.9亿元，同比增长6.1%，居全国第8位。财产险业务原保险保费收入为222.9亿元，同比增长15.6%；人身险业务原保险保费收入为510.0亿元，同比增长2.4%。与2010年的快速增长相比，

表4　2011年河北省保险业基本情况

项目	数量
总部设在辖内的保险公司数（家）	0
其中：财产险经营主体（家）	0
人身险经营主体（家）	0
保险公司分支机构（家）	53
其中：财产险公司分支机构（家）	25
人身险公司分支机构（家）	28
保费收入（中外资，亿元）	732.9
其中：财产险保费收入（中外资，亿元）	222.9
人身险保费收入（中外资，亿元）	510.0
各类赔款给付（中外资，亿元）	183.5
保险密度（元/人）	1 016.1
保险深度（%）	3.0

数据来源：河北保监局。

2011年河北省保险业保费收入和各类机构保费收入增速均出现了一定程度的回落，但整体仍保持较快增长的势头。全年保险业累计赔付支出183.5亿元，同比增长26.2%。

3. 积极推动产品创新，保险服务经济社会发展的深度与广度不断拓展。2011年，河北省以治安保险为重点，积极推动保险机构参与“平安河北”建设。截至年末，全省120个县（市）开办了治安保险业务，实现保费收入1 356万元，承保农户共106.1万户，提供风险保障共计127.3亿元；农业保险保费收入为7.6亿元，同比增长16.4%；环境污染责任保险取得突破，人保财险等6家保险公司组成的联合共保体在保定市签订环境污染责任保险12单，提供风险保障金额2 000余万元。保险密度为1 016.1元/人，保险深度为3%。

（四）金融市场融资能力增强，直接融资比重大幅提高

2011年，河北省金融市场业务交投较为活跃，市场广度和深度进一步拓展，融资规模快速增长。

表5　2001～2011年河北省非金融机构部门贷款、债券和股票融资情况

单位：亿元、%

年份	融资合计	比重		
		贷款	债券（含可转债）	股票
2001	407.6	96.8	0	3.2
2002	588.0	94.9	0	5.1
2003	677.0	92.8	3.0	4.2
2004	682.7	90.4	1.0	8.7
2005	701.8	95.8	2.8	1.3
2006	1 090.0	91.7	4.6	3.7
2007	1 233.5	81.9	7.9	10.3
2008	1 544.3	90.3	5.6	4.1
2009	4 010.7	94.1	3.8	2.1
2010	3 104.9	85.8	10.2	4.0
2011	3 572.7	71.3	18.3	10.4

数据来源：中国人民银行石家庄中心支行、河北省发展改革委、河北省金融办。

1. 融资结构进一步优化（见表5）。2011年，全省企业融资规模快速增长，先后有河北钢铁、天威保变、曹妃甸港、开滦能源、冀中能源等16家企业通过注册发行短期融资券、中期票据实现直接融资373.2亿元，同比增加138.2亿元，创历史新高。特别是河北省中小企业集合票据发行工作取得突破性进展，石家庄市中小企业集合票据已完成注册工作。

2. 银行间债券市场交易活跃，交易量小幅增长。2011年，全省银行间债券市场累计交易46 545.2亿元，同比增长14.7%。在上半年市场资金面较为紧张的环境下，各家银行积极通过风险较低的质押式回购交易来调配资金头寸，下半年市场资金面缓解了紧张局面，市场交易逐步回暖，以城市商业银行为代表的地方法人金融机构逐步转变观念，积极参与银行间市场运作和资金投入，在一定程度上带动了全省交易量的增长。

同业拆借市场共发生201笔拆借交易，累计拆借金额407.2亿元。市场活跃程度逐步提高，融资能力不断增强，市场宽度和深度不断改善，同业拆借参与者已发展至34家，全年交易量同比增长1.8倍，但仍远远落后于全国平均水平。

3. 票据签发量大幅增长，贴现交易萎缩明显（见表6、表7）。2011年，全省累计签发商业汇票5 326.5亿元，较2010年增加1 825.8亿元，增长

表6　2011年河北省金融机构票据业务量统计

单位：亿元

季度	银行承兑汇票承兑		贴现			
			银行承兑汇票		商业承兑汇票	
	余额	累计发生额	余额	累计发生额	余额	累计发生额
1	2 011.2	1 152.7	564.0	1 344.2	2.2	3.4
2	2 277.8	2 879.7	558.9	2 837.2	1.9	9.5
3	2 030.7	3 745.9	550.2	3 519.9	3.0	30.7
4	2 323.5	5 311.4	499.2	5 099.9	6.0	52.2

数据来源：中国人民银行石家庄中心支行。

表7　2011年河北省金融机构票据贴现、转贴现利率

单位：%

季度	贴现		转贴现	
	银行承兑汇票	商业承兑汇票	票据买断	票据回购
1	6.9	7.7	5.2	5.2
2	6.5	8.1	5.3	5.4
3	9.4	10.2	6.9	6.5
4	9.8	13.1	7.5	6.1

数据来源：中国人民银行石家庄中心支行。

52.2%。票据贴现发生额和余额较上年均大幅下降。贴现及转贴现利率稳中有升。由于部分企业急于通过票据贴现获取融资，银行持票意愿不强，在市场供需不平衡的刺激下，全年直贴和转贴利率持续走高。

4. 银行间外汇市场交易小幅增长。2011年，全省银行间外汇市场累计交易42 170万美元，同比提高22.9%。随着河北银行异地分行的逐步开设及结算币种的多元化发展，该行结算客户逐步增加，各币种进口付汇业务快速增长。同时，随着结算客户付汇业务不断增长，除欧元外，各结算币种交易方向均以买入为主。

5. 黄金交易活跃，纸黄金交易萎缩明显。2011年，河北省各家银行累计交易黄金48 594.5千克，同比下降30.1%。其中，纸黄金交易量为41 636.8千克，同比下降37.5%；实物黄金交易量为6 957.8千克，同比下降139.8%。2011年黄金保值功能凸显，以避险保值为主要目的的黄金投资吸引了大量投资者介入，全年实物黄金交易保持活跃。同时，伴随着下半年黄金价格进入宽幅震荡行情，以炒金为目的的纸黄金交易风险较大，投资收益率难以得到有效保障，纸黄金交易逐步萎缩。

6. 产权交易规模快速扩张，市场创新实现新突破。2011年，全省完成产权交易项目258宗，交易金额为33.7亿元，交易资产额为100.2亿元，实现融资9.1亿元。交易金额比上年增加79.4%，交易资产额比上年增加57.5%，融资额达上年的1.4倍。同时，河北省还积极开展了金融资产交易、排污权交易等，省产权交易中心积极做好行政事业单位国有资产处置工作，全年处置各类资产719万元。通过网络竞价方式处置行政事业单位资产总额499万元，增值率为82%。与北京产权交易所合作，完成多宗河北省区域内中央和国家行政事业单位国有资产处置工作，资产价值为220万元。2011年6月30日，河北金融资产交易所正式运营，全年完成金融资产交易金额8 390万元，为金融产权、金融产品提供了一个公开、公平、公正的交易平台。

（五）金融基础设施不断完善，生态环境逐步优化

2011年，河北省委、省政府高度重视金融改革发展工作，加强对金融工作的统筹协调，完善金融生态环境建设，积极营造有利于河北金融产业发展的环境和氛围。继续开展“金融贡献奖”和“金融生态市”评选，对贡献突出的金融机构和地市进行表彰。大力引进金融机构，推动城市商业银行向省内外拓展，继续深化农村信用社改革，建立新型农村金融组织，成立河北省融投担保集团、保障住房投资公司和信投融资担保公司，河北省融资担保规模步入国内领先行列。

支付清算体系现代化建设日臻完善。2011年，河北省6家地方性银行业金融机构成功接入网上支付跨行清算系统，为推进河北省支付体系现代化建设、降低社会成本、改善金融生态环境起到了积极作用。现代化支付服务功能日益显现，支付清算系统利用效率明显提高，服务范围加快向农村地区延伸，农村支付服务环境建设成效显著；非现金支付工具推广力度不断加大，银行卡受理环境进一步改善，支付风险管理能力不断加强。

征信体系建设取得显著成效。2011年年末，企业和个人征信系统已收录河北省31.99万户借款企业和2 524.6万自然人的信用信息。登录征信系统查询信用信息已成为金融机构贷前审查的重要环节，在防范金融风险、提高审贷效率等方面发挥了巨大作用。建设运行河北省信用门户网站，实现河北省环保行政处罚、行政许可信息集中录入征信系统，推动河北省公积金、食品工业、工程建设领域等行业信用体系建设取得新进展。加速推进中小企业和农村信用体系建设。以张家口市、廊坊市、唐山市为试点，探索建立为中小企业建立综合信用档案的信用体系试验区，拓宽中小企业融资渠道，实现辅助政府、服务银行、助推企业的多重功效。组织开展河北省范围的“信用记录关爱日”、“征信知识宣传月”等大型宣传活动，巩固和扩大农村征信宣传网络体系。通过建立征信典型案例积累制度和宣传长效机制，有效地提升了社会信用意识。规范发展信用评级市场，河北省现有信用评级机构6家，全年出具企业信用评级报告521份。

人民币反假意识、识假技能日益提高。组织“打击防范经济犯罪、共建和谐美好生活”大型反假货币宣传咨询活动。不断探索成本低廉、形式新颖的反假货币宣传方式，利用网络优势，在河北省

400多个金融机构营业网点配备电子化反假货币工作站；以“反假币进校园”为主题开展反假货币宣传；在城市社区和农村乡镇设立宣传基地。建立反假货币工作长效机制，河北省有 5个县（市）将反假货币工作纳入社会治安综合治理考核体系，加大地方政府对反假货币工作的责任，使反假货币工作常态化。2011年组织辖区银行业金融机构从业人员1.2万余人参加反假货币上岗资格的培训、考试工作。通过宣传和培训，增强社会公众反假意识，提高识假技能，构建反假“防火墙”。

反洗钱工作的公信力不断提升。2011年，河北省加强对金融机构反洗钱工作的监管，有效地发挥了反洗钱工作联席会议成员单位监管合力，有力地维护了金融体系稳健运行的发展环境。2011年，中国人民银行石家庄中心支行完善金融机构反洗钱风险评估系统，对12家金融机构实施反洗钱风险评估，对4家证券期货公司和9家保险公司的反洗钱工作情况进行检查，实现对金融机构的监管方式逐步由合规向合规与风险并重的方向转变。

加强金融监管，防范和化解金融风险。2011年，河北省政府相关部门及金融管理部门积极应对复杂多变的国内外经济金融形势的挑战，认真履行监管职责，通过建立协作工作机制，形成监管合力，强化风险防范，规范市场秩序，促进和保障了河北省金融业的健康发展。中国人民银行石家庄中心支行着力推进“两管理、两综合”，进一步提升河北省金融监督管理水平。建立健全工作制度，制定《河北省新设金融机构加入人民银行金融管理与服务体系管理办法》、《河北省金融机构执行人民银行金融管理政策评价办法》、《石家庄中心支行综合执法检查工作暂行规定》等办法和规定，河北省人民银行系统共出台各类金融管理配套制度156项。

二、经济运行情况

2011年，在欧债危机进一步蔓延、世界经济复苏进程减缓、中国经济存在下行风险的复杂环境下，河北省认真落实国家积极的财政政策和稳健的货币政策，加强宏观调控，经济实现平稳较快增长，控制物价成效明显，质量、效益继续提高，结构调整扎实推进，民生改善取得新成效，实现了“十二五”良好开局。全省生产总值实现24 228.2亿元，比上年增长11.3%（见图5），接近10年来11.5%的年均增长速度，基本恢复到国际金融危机以前的正常水平，经济发展正在由政策刺激向自主增长有序转变。

（一）需求拉动协调性增强，对外经贸快速增长

1. 固定资产投资平稳较快增长（见图6）。全

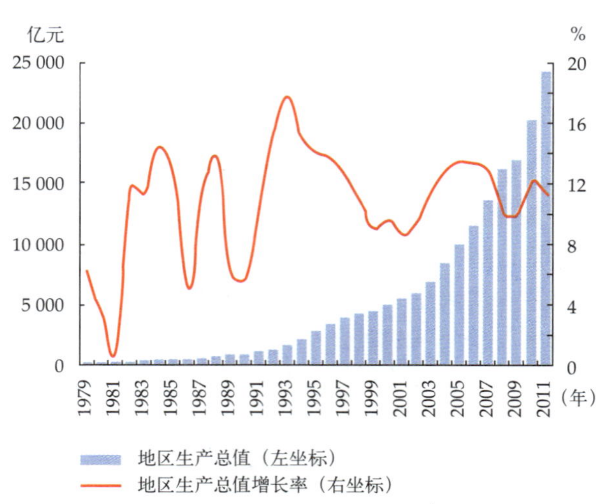

数据来源：河北省统计局。

图5　1979～2011年河北省地区生产总值及其增长率

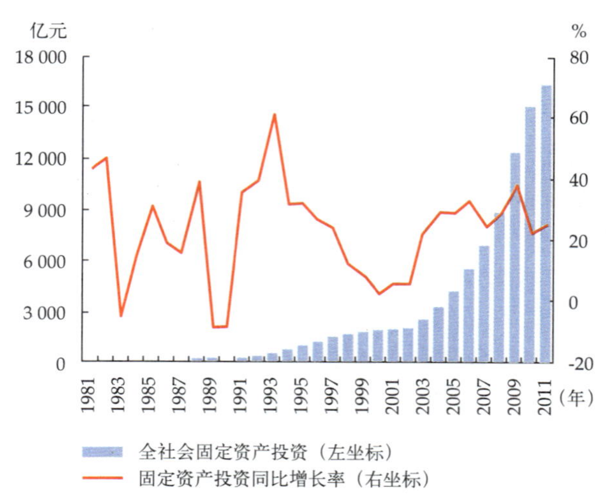

数据来源：河北省统计局。

图6　1981～2011年河北省固定资产投资及其增长率

社会固定资产投资为16 404.3亿元，比上年增长24.3%，增速同比加快2.2个百分点。其中，固定资产投资完成15 795.2亿元，增长24.1%，加快1.8个百分点，高于全国平均水平0.3个百分点。在建项目增加，达23 975个，增长11.4%。其中，亿元以上在建项目达4 523个，增长20.6%；完成投资7 718.2亿元，增长7.8%。工业特别是装备制造业投资对全省投资支撑较强，工业投资完成7 408.9亿元，增长29.2%，占全省固定资产投资的46.9%，同比提高1.8个百分点。其中，装备制造业投资完成2 459.4亿元，增长41.1%，对全省工业投资增长的贡献率达42.8%。房地产开发投资快中有落，完成投资3 069.6亿元，增长35.5%，增速比前三个季度回落8.2个百分点，同比回落13.5个百分点。民间投资增长较快，增长35.2%，占全省投资的73.2%，同比提高6个百分点。

2. 消费品市场保持较快增长（见图7）。2011年，社会消费品零售总额实现8 035.5亿元，比上年增长17.8%，增速比上半年、前三个季度分别加快0.8个和0.3个百分点，高于全国平均增速0.7个百分点。热点商品销售快速增长。在限额以上企业（单位）批发和零售业商品零售额中，粮油食品饮料烟酒类增长30.8%，服装鞋帽针纺织品类增长25.1%，家用电器和音像器材类增长33.6%，金银珠宝类增长46.7%，家具类增长42.4%，石油及制品类增长34.1%，建筑及装饰材料类增长41.9%，汽车类增长18.3%。

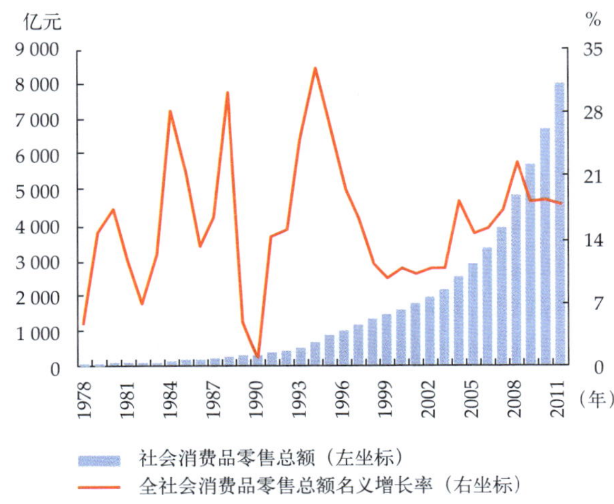

数据来源：河北省统计局。

图7 1978～2011年河北省社会消费品零售总额及其增长率

3. 对外贸易和利用外资实现“双突破”（见图8）。进出口贸易规模扩大，进口增速首超出口。全年实现进出口536亿美元，同比增长27.4%，增速高出全国平均增速4.9个百分点。其中，出口为285.8亿美元，增长26.7%；进口为250.2亿美元，增长28.3%。全年贸易顺差为35.6亿美元，进出口基本保持平衡。主要特点：一是对欧盟、美国等传统市场贸易增速放缓，对东盟、澳大利亚、巴西等新兴市场贸易大幅增长；二是私营企业进出口表现突出；三是机电产品、高新技术产品以及钢材为主要

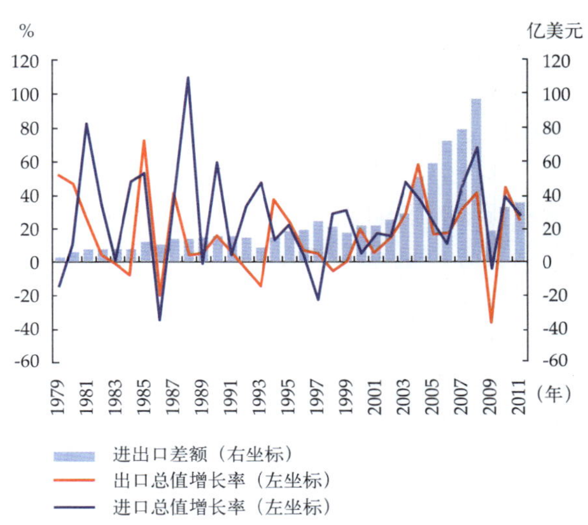

数据来源：河北省统计局。

图8 1979～2011年河北省外贸进出口变动情况

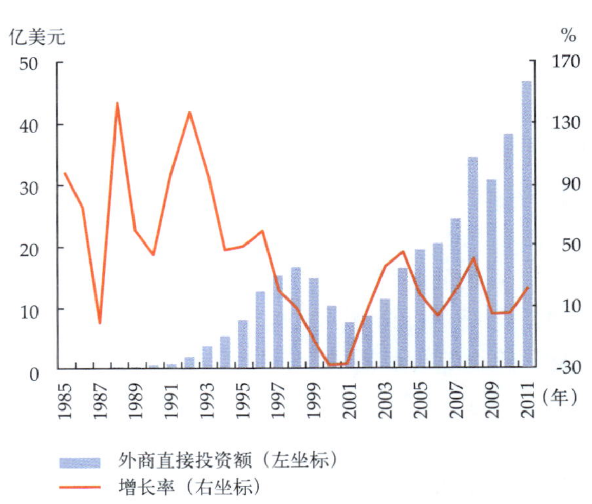

数据来源：河北省统计局。

图9 1985～2011年河北省外商直接投资情况

出口商品。

利用外资快速增长（见图9）。2011年河北省实际利用外资52.6亿美元，增长20.5%，增速同比加快2.3个百分点。其中，外商直接投资为46.8亿美元，增长22.2%。主要特点：一是外商直接投资亚欧较快增长，北美平稳增长；二是第二产业吸引外资增长较快；三是外资企业上市融资以及国内企业境外上市融资大量增加；四是已建成外商投资企业外方增资大量增加。

（二）供给支撑有力，经济运行质量继续改善

1. 农业生产稳步发展。粮食总产量突破600亿斤，实现“八连增”。全年粮食总产量为634.5亿斤（3 172.6万吨），比上年增长6.6%。蔬菜生产加速发展，总产量为7 384.3万吨，增长4.4%。畜牧业产品价格持续上涨，促进了畜牧业生产的恢复增长。全年肉类总产量为418.2万吨，其中，猪肉产量为246.6万吨，增长0.6%；生猪存栏为1 885.2万头，增长2.1%；牛奶产量为458.9万吨，增长4.4%。畜牧业产值占农林牧渔业总产值的比重为34.2%，同比提高0.7个百分点。农产品供应充足，为促进经济平稳较快发展、平抑物价起到了重要作用。

2. 规模以上工业增加值突破1万亿元，保持平稳较快增长（见图10）。2011年，规模以上工业增加值完成10 509.4亿元，比上年增长16.1%，增速比全国平均增速高2.2个百分点，月度累计增速为14.1%～16.2%，呈现平稳较快运行态势。在38个行业大类中，有20个行业增加值增速高于全省平均水平，17个行业在20%以上，17个行业增速比上年加快。主要支撑因素：一是钢铁和装备制造业是工业增长的主动力，对规模以上工业增长的贡献率分别为28%和26.8%。二是新增企业拉动，全年新增规模以上工业企业422家，拉动全省规模以上工业生产增长约0.5个百分点。三是保障房等建设工程拉动钢材和建材等行业需求，钢铁和建材行业增加值分别增长13.4%和22.2%，比上年分别提高1.3个和5.3个百分点。四是产销衔接较好。工业产品产销率为97.9%，同比提高0.1个百分点。

3. 服务业平稳发展。全年服务业增加值增长10.5%，其中，交通运输仓储和邮政业增加值增长14.6%，对全省经济增长的贡献率为11.1%，为服务业各行业之首。住宿和餐饮业、房地产业发展加快，住宿和餐饮业增加值增长8.2%，同比提高6.6个百分点；房地产业增加值增长9.1%，同比提高2.4个百分点。在传统服务业平稳增长的同时，金融、物流、旅游和文化服务业都实现了较快增长。全年接待海外旅游者114.1万人次，创汇4.5亿美元，增长27.6%；接待国内旅游者1.9亿人次，创收1 192.2亿元，增长33.8%。

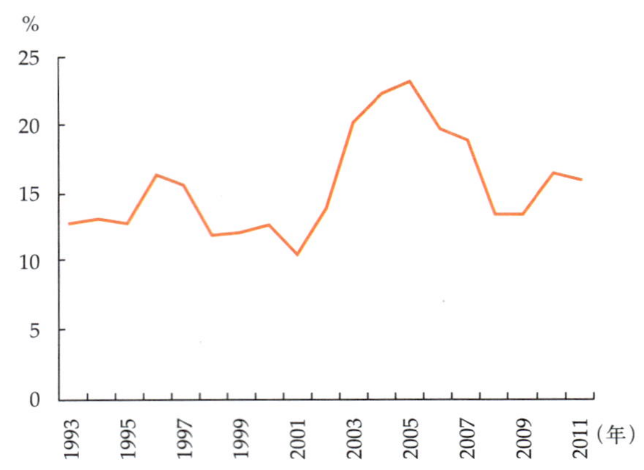

数据来源：河北省统计局。

图10　1993～2011年河北省规模以上工业增加值同比增长率

（三）控制物价取得明显成效，运行环境逐步改善

物价涨幅扩大态势得到有效遏制（见图11）。2011年前七个月，全省居民消费价格同比涨幅总体呈现走高的态势，7月居民消费价格同比上涨7.4%。为遏制物价过快上涨的严峻形势，河北省认真落实国家调控政策，采取多项控制物价的措施。随着国家和省各项宏观调控政策措施的落实和翘尾因素减弱，物价总水平自8月开始出现回落，12月居民消费价格同比上涨4.7%，为近11个月以来的最低涨幅，全年居民消费价格同比上涨5.7%。

同居民消费价格一样，7月工业生产者出厂价格上涨10.6%，工业生产者购进价格上涨13.8%，均为年初以来的最高点。经过调控，12月工业生产者

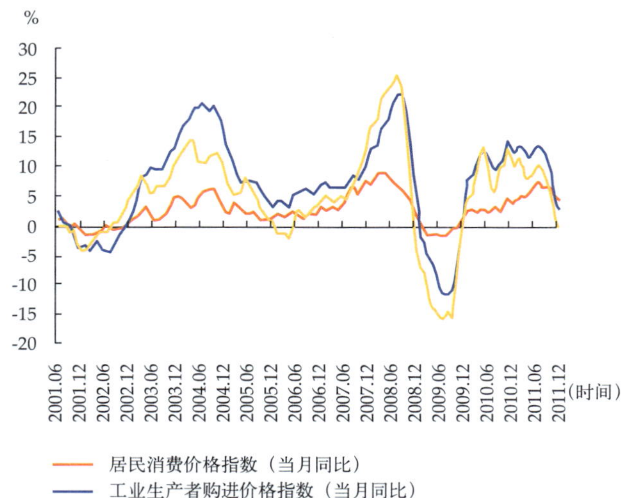

数据来源：河北省统计局。

图11　2001～2011年河北省居民消费价格和生产者价格变动趋势

出厂价格和购进价格同比分别上涨0.1%和3.3%，比7月均回落10.5个百分点，全年工业生产者出厂价格同比上涨7.7%，工业生产者购进价格同比上涨10.9%，表明物价过快上涨的势头得到了有效遏制，控制物价的措施取得了明显成效。

2011年，河北省城镇单位从业人员平均劳动报酬为35 309元，同比增长12.3%。2011年河北省最低工资标准于7月1日大幅上调，其中，一档、二档、三档分别提高200元，四档提高170元。各档月最低工资标准平均增幅为24.6%，调整的最低工资水平在全国居上游。

（四）财政收支均迈上新台阶，保障民生的力度和强度不断加大

2011年，河北省经济回升向好势头进一步巩固，加之物价指数上升，带动财政收入较快增长（见图12）。全省全部财政收入完成3 020.1亿元，占年初计划的109.8%，同比增长25.4%；地方一般预算收入完成1 737.4亿元，占年初预算的112.6%，同比增长30.4%；分别高于“十一五”期间财政收入平均收入增幅7个百分点和9.5个百分点。全部财政收入从2009年迈上2 000亿元到2011年突破3 000亿元，仅用了两年的时间，占生产总值的比重升至12.5%，财政实力进一步增强。受原预算外收入纳入预算内管理等影响，非税收入同比增长51%，高于税收收入增幅25.5个百分点。河北省城镇建设“三年上水平”工作推动城镇改造和工商用地大幅增长，土地出让增收135.7亿元，使政府性基金收入超额完成预算。全省政府性基金预算收入累计完成1 389.3亿元，为调整预算的108.3%，同比增长16.6%。

2011年，河北省认真落实积极的财政政策，加大支出结构调整力度，集中财力保重点、保民生，财政支出进度创近年来最高水平。全省一般预算支出完成3 509.6亿元，占调整预算的94.1%，同比提高0.9个百分点，增长24.4%。其中，民生方面支出2 684.6亿元，占全部支出的76.5%。重点支持了教育优先发展，农村合作医疗、城镇居民基本医疗保险基本实现全覆盖。争取中央预算内基建资金121.7亿元和地方政府债券73亿元，全部落实到具体项目和保障性安居工程；节能环保支出为105.2亿元，单位GDP能耗等节能减排指标超额完成。全面落实支农惠农政策，全省农林水事务支出为353.5亿元，确保了粮食总产“八连增”。大力发展现代农业，争取国家农发资金12.2亿元，创近年来最大增幅(40%)，总量和增量均居全国首位；积极推进农村综合改革，基本完成农村义务教育债务化解任务。

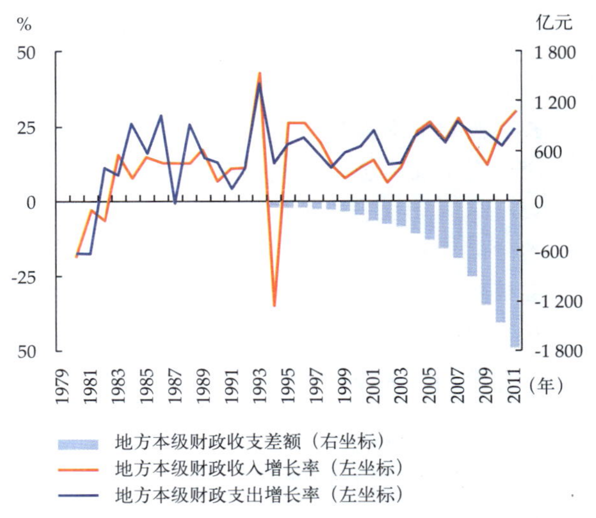

数据来源：河北省财政厅。

图12　1979～2011年河北省财政收支状况

（五）节能降耗成效显著，能源利用效率稳步提高

2011年，河北省通过“十一五”节能减排奖励办法，分四类下达各设区市“十二五”及年度节能减排目标任务；选定新“双三十”单位，并与老“双三十”单位一并推进，对1 239家重点用能企业开展专项检查；争取国家资金，支持了118个节能减排项目建设，单位能耗降低率超额完成年初计划目标。单位生产总值能耗下降3.7%，化学需氧量、二氧化硫和氨氮排放量分别削减1.5%、1.5%和2.4%。

专栏2　扩大直接债务融资　助推地方经济发展

近年来，中国人民银行石家庄中心支行认真贯彻落实中央关于“大力发展金融市场，鼓励金融创新，显著提高直接融资比重”的政策部署和省委、省政府对金融工作的总体要求，将扩大企业直接债务融资作为一项重点工作，借助银行间市场这一平台，积极引导企业充分利用直接债务融资工具，满足大规模、高效率、低成本的直接融资需求。据统计，从直接债务融资产品推出至今，全省28家企业累计注册发行852.3亿元，其中，累计发行短期融资券445.5亿元，累计发行中期票据406.8亿元。在全国已发行债务融资工具的省（市）中，河北省发行家数排第11位，发行金额排第12位。省委、省政府及中国银行间市场交易商协会（以下简称交易商协会）对于河北省的直接债务融资工作给予充分肯定。

2011年以来，中国人民银行石家庄中心支行会同有关部门采取有力措施，稳步推进直接债务融资工作：一是抓宣传培训。定期组织召开企业短期中期债券发行培训暨银企对接会，邀请交易商协会、承销银行、中介机构专家到会授课，让政府、银行、企业进一步了解、熟悉债务融资工具的规则和要求，调动各方扩大直接融资的积极性。二是抓政策推动。与石家庄市金融办研究制定《关于加快推进企业直接债务融资的意见》，在财政资金扶持、融资项目支持、建立工作机制、强化激励措施等方面给予政策扶持，并以此为示范，积极向全省推动。三是抓协调联动。积极借助省、市两级企业直接融资联席会议制度，与相关政府部门形成合力，定期研究债券融资相关工作，帮助企业及时解决债务融资过程中遇到的困难和问题；加强与交易商协会的沟通和联系，帮助省内商业银行、发债企业沟通和协调关系。四是抓资源储备。开展调查摸底，定期更新企业融资储备库，将债券融资直接抓到重点企业，特别是向中小企业倾斜。

在各方推动下，2011年，全省直接债务融资规模快速增长，先后有河北钢铁集团、天威集团、开滦集团等19家企业成功发行直接债务融资工具，发行金额为373.2亿元，新增注册金额308.3亿元，分别超过2010年200.2亿元和73.3亿元。特别是河北省中小企业集合票据发行工作取得突破性进展，2011年12月29日，河北省第一只集合票据——石家庄市中小企业集合票据获得交易商协会批准注册，填补了河北省中小企业集合票据发行的空白，为全省中小企业开辟了新的融资渠道。目前，直接债务融资方式已被省内很多企业认识并接受，以中长期融资为主、短期融资为辅的多元化直接融资结构正在形成，将逐渐满足企业尤其是中小企业发展的资金需求。

（六）主要行业分析

1．房地产市场平稳较快发展（见图13、图14）。2011年，河北省房地产开发投资在回落中保持较快增长。全年完成房地产开发投资3 069.6亿元，同比增长35.5%，同比回落13.5个百分点。河北省投资总量居全国第6位，同比上升1位；增速高于全国平均水平7.6个百分点，居全国第9位。全省11个设市区中，承德、衡水、唐山、石家庄、秦皇岛、邢台、沧州等7个市房地产开发投资快速增

长，增速超过全省平均水平。由于河北省城市化进程不断加快，刚性需求较大和环首都绿色经济圈房地产市场快速发展以及市民生活品质、消费能力提高等因素的影响，商品房销售保持较好势头。2011年全省商品房销售面积为5 901万平方米，同比增长26.6%，比全国增速高出21.7个百分点。商品房销售价格平稳增长，商品房销售均价同比上涨12%，增速较上年回落7个百分点，房价增速控制在河北省调控目标内，商品房销售价格的过快上涨得到了抑制。

房地产信贷调控政策的影响进一步显现。房地产贷款业务保持低速增长。截至2011年年末，河北省房地产贷款余额为2 902亿元，同比增长20.3%，高于全省贷款增速4.7个百分点。房地产贷款新增489.5亿元，较上年少增73.5亿元，占全省人民币贷款新增额的20.2%；房地产开发贷款同比增长12%，较上年同期增速下降6.5个百分点；个人住房贷款同比增长23%，较上年同期增速下降14个百分点。

保障性安居工程建设取得明显进展和显著成效。河北省2011年的工作任务是建设保障性住房和棚户区改造住房38万套，实际开工38.47万套，提前完成国家下达任务。李克强副总理先后两次到河北省视察并给予了肯定。2011年全省保障性安居工程完成投资434亿元，保障性住房在建面积占到住宅建设面积的50%，全年竣工保障房17.7万套，完成改造棚户区965万平方米，农村危房改造10.5万户。金融支持河北省保障性安居工程建设力度不断加大。2011年累计支持保障安居工程项目33个，累计发放贷款74.2亿元。截至2011年年末，保障性安居工程贷款余额为89.5亿元，保障性安居工程贷款质量良好，没有出现不良贷款。

2. 河北工业具有明显的“一钢独大”结构特征，是名副其实的钢铁大省。粗钢、钢材、生铁三大类产品产量连续11年保持全国第一，占全国份额的1/5以上。近几年，河北省钢产量年均增长21%，增速超过全国平均水平。2011年，河北省钢铁行业的工业增加值、主营业务收入约占全省工业的1/3，位居全省38大类工业行业之首。

河北虽为钢铁大省，但还不是钢铁强省。全省钢铁行业集中度低，装备落后，产品档次尚处低

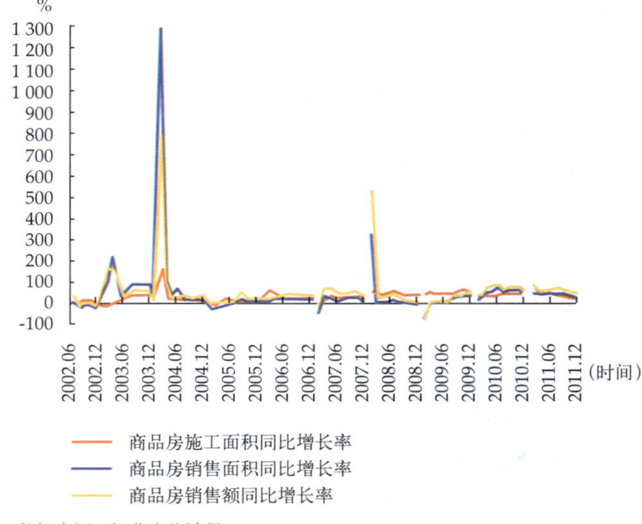

数据来源：河北省统计局。

图13　2002～2011年河北省商品房施工和销售变动趋势

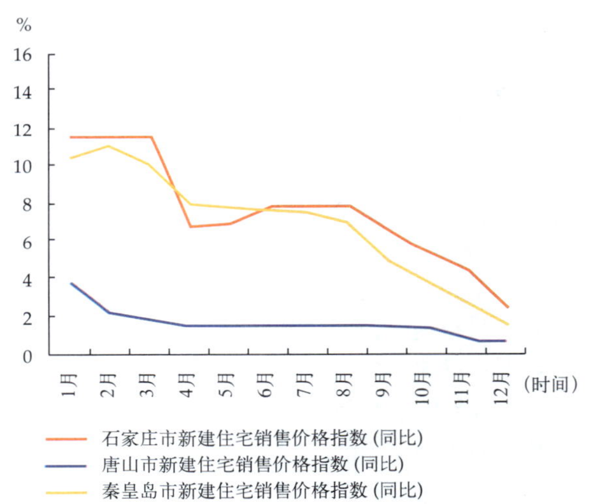

数据来源：国家统计局河北调查总队。

图14　2011年河北省主要城市新建住宅销售价格指数变动趋势

端，综合创新能力弱。钢铁行业生产的生铁、粗钢和钢材比例基本保持在1∶1∶1的水平，在钢材中又多以长材为主，产品初级化特征明显。由于高技术含量和高附加值产品所占比例较低，河北钢铁业利润水平一直低于全国同行业平均水平。

近年来，河北省银行业资金进一步向钢铁大企业、大项目聚集，个别钢铁企业授信总额已接近或超过其实际承贷能力，信贷资金风险逐步增大。直

接融资比例偏低，风险过多集中于银行体系。河北省钢铁企业直接融资额每年平均仅占钢铁企业融资总额的17%左右，以银行信贷为主的间接融资占80%以上。由于长期生存面临较大的不确定性，小钢铁企业的存量贷款退出难度较大。据调查，近年来河北省钢铁企业不良贷款率虽然远远低于各行业不良贷款率平均水平，但钢铁业不良贷款余额在全部企业不良贷款余额中的占比呈上升趋势，2006～2011年钢铁企业不良贷款在全部不良贷款中的占比上升了2.8个百分点。另外，河北省钢铁企业整合重组步伐明显加快，企业隶属关系变动频繁，金融资源跨企业、跨区域流动更加普遍，银行业对于关联企业信贷决策和贷后管理的难度也相应增加，这其中既涉及对企业债权的确认、信贷资产的保全，又涉及关联企业重组中信用风险的防范。

（七）集中力量，重点打造沿海经济隆起带

河北省在秦唐沧沿海487公里的海岸线上，选择近海临港、区位优越、基础较好、潜力较大的县(市、区)，实施“11县8区1路1带”重点推进计划，实现沿海与腹地优势互补、协调发展。努力把河北沿海11县8区打造成为新兴产业带、港口物流带、滨海旅游带、沿海生态带和海滨城市带。根据发展规划，力争使沿海经济隆起带主要经济指标“五年翻两番、十年翻三番”，到2015年，沿海11个县(市、区)生产总值比2010年翻两番，由2 200亿元增加到8 800亿元；到2020年，主要经济指标比2015年再翻一番，地区生产总值达到17 500亿元，为实现河北由沿海大省向沿海强省跨越提供强大支撑。为加大金融支持力度，中国人民银行石家庄中心支行研究制定并出台了《金融支持沿海经济隆起带的意见》，从完善金融组织体系、加大信贷支持力度、加快发展金融市场、加快金融创新、改进外汇管理、优化金融发展环境等六个方面提出了32条具体措施，并提出了三条要求，切实提高对沿海经济隆起带的支持和服务能力，努力实现支持地方经济发展与自我发展的“双赢”。

三、预测与展望

当前，河北经济金融发展正面临着前所未有的机遇。从全国看，经济发展仍将处于重要战略机遇期的格局并未改变，经济和金融的开放程度日趋提高，新型金融市场、机构和产品不断发展，外部环境日臻完善，金融业正处在一个加速发展时期。从河北看，国务院批准河北沿海地区发展规划启动实施，京津冀区域经济一体化、首都经济圈纳入国家“十二五”规划，冀中南地区列为国家层面的重点开发区域，首都新机场将在北京和廊坊交界处兴建，百家央企与河北省签订的1.18万亿元投资意向正在逐步落地。这些都为河北省发展经济、做大金融创造了良好条件，提供了广阔空间。

展望2012年，河北省金融系统将继续深入学习实践科学发展观，全面贯彻党的十七大和十七届三中、四中、五中、六中全会精神，深刻理解和准确把握中央经济工作会议、全国金融工作会议、中国人民银行工作会议和河北省经济工作会议精神，实施好稳健的货币政策，处理好保持经济平稳较快增长、调整经济结构和管理通货膨胀预期之间的关系，增强宏观调控的针对性、灵活性、前瞻性，适时适度地进行预调和微调，努力保持物价总水平基本稳定，防范系统性风险，改善金融服务和加强金融创新，优化信贷结构，促进经济发展方式转变和经济结构战略性调整，以此巩固河北经济健康平稳发展的良好势头。预计2012年全省经济平稳较快增长，地区生产总值比上年增长9%左右，全社会固定资产投资增长19%，社会消费品零售总额增长17%，出口总值增长10%，全部财政收入增长13.5%，居民消费价格涨幅预期控制在4%左右，城镇登记失业率控制在4.5%以内，保持合理的社会融资规模和节奏，新增贷款继续适度增长。

中国人民银行石家庄中心支行货币政策分析小组
负责人：张文汇　王彦青
统　稿：杜文忠　张新文　王建中
执　笔：范宪忠　张皓阳　任珍珍
提供材料的还有：郭彦峰　温振华　李　莉　贾　宁　高　远　岳永丽　杜彦尊　李　媛　李　鹏
孟会娟　卢杰峰　刘莉亚　高宏业　孙刚强

附录

（一）2011年河北省经济金融大事记

1月16日，河北省十一届人大四次会议批准了《河北省国民经济和社会发展第十二个五年规划纲要》，未来5年河北省经济社会发展的宏伟蓝图绘就。

3月14日，京津冀区域经济一体化、首都经济圈纳入国家“十二五”规划。

6月28日，河北省首家外资财务公司——新奥财务有限责任公司揭牌成立，非银行金融机构发展实现新突破。

10月9日，河北省印发《河北省水利改革发展“十二五”规划》，“十二五”期间全省水利建设总投资规模将达1 000亿元以上。

11月，《河北沿海地区发展规划》获国务院批复，河北省沿海地区发展正式上升为国家战略。

11月23日，河北省印发《河北省城镇保障性安居工程“十二五”规划》，“十二五”期间全省建设保障性住房和棚户区改造住房139.4万套。

12月1日，河北省154家农村信用社专项票据兑付考核工作圆满结束，兑付金额为200.3亿元，规模居全国第二位，实现了“花钱买机制”的基本目标。

12月23日至24日，河北省经济工作会议召开，定调2012年：稳中求进，突出重点，突破难点，打造亮点。

2011年，河北省完成直接融资953.49亿元，新增境内外多层次资本市场挂牌上市企业27家，企业上市和直接融资均创历史新高。

2011年，中国人民银行石家庄中心支行出台《关于河北省金融支持环首都绿色经济圈发展的意见》、《关于金融支持河北沿海经济隆起带发展的意见》、《关于河北省金融支持小微企业加快发展的意见》等多个意见，引导金融业加强重点区域和薄弱环节金融支持，促进实体经济发展。

（二）2011年河北省主要经济金融指标

表1　2011年河北省主要存贷款指标

		1月	2月	3月	4月	5月	6月	7月	8月	9月	10月	11月	12月
本外币	金融机构各项存款余额（亿元）	26 306.2	26 952.4	27 845.9	27 893.2	28 237.3	28 809.2	28 580.0	28 864.0	28 946.9	29 086.9	29 475.4	29 749.5
	其中：储蓄存款	16 241.6	16 426.6	16 857.7	16 743.7	16 858.5	17 278.3	17 091.5	17 158.4	17 472.4	17 267.1	17 423.9	17 878.2
	单位存款	9 092.8	9 435.5	9 938.1	9 959.5	10 263.6	10 513.9	10 290.0	10 492.5	10 389.7	10 670.6	10 988.0	10 968.3
	各项存款余额比上月增加（亿元）	58.9	646.1	893.5	47.3	344.1	571.9	-229.2	284.1	82.9	140.0	388.5	274.1
	金融机构各项存款同比增长（%）	14.4	14.5	15.9	14.8	15.3	15.6	14.3	14.3	12.7	13.0	13.8	13.2
	金融机构各项贷款余额（亿元）	16 316.7	16 538.7	16 780.8	16 978.6	17 140.5	17 434.5	17 592.5	17 735.2	17 838.3	18 051.4	18 265.8	18 460.6
	其中：短期	6 020.0	6 111.3	6 219.2	6 333.7	6 426.6	6 633.3	6 693.6	6 772.8	6 880.1	7 026.4	7 158.6	7 347.3
	中长期	9 667.6	9 802.9	9 969.3	10 072.2	10 141.1	10 213.8	10 285.2	10 353.0	10 374.4	10 463.0	10 535.1	10 559.1
	票据融资	11.9	11.5	566.3	546.1	547.1	560.9	585.4	578.4	553.2	532.1	538.6	505.5
	各项贷款余额比上月增加（亿元）	358.1	222.1	286.4	197.8	161.9	293.9	158.1	142.7	103.0	213.1	214.4	194.8
	其中：短期	49.5	91.3	152.2	114.5	92.8	206.7	60.3	79.2	107.4	146.3	132.2	188.8
	中长期	263.1	138.3	166.4	102.9	68.8	72.7	71.4	67.9	21.4	88.5	72.2	24.0
	票据融资	42.7	-3.7	-31.4	-20.2	1.0	13.8	24.6	-7.0	-25.2	-21.1	6.5	-33.0
	金融机构各项贷款同比增长（%）	18.5	18.2	17.9	16.9	16.3	17.0	17.0	16.7	15.5	16.3	16.7	16.2
	其中：短期	10.1	8.4	8.5	8.2	16.2	13.3	14.6	15.2	15.3	16.4	17.3	17.8
	中长期	27.6	27.0	25.9	24.8	21.9	21.9	20.5	20.0	18.4	18.2	17.8	16.0
	票据融资	-14.3	-3.2	0.6	-5.6	-7.2	-13.1	-7.3	-13.1	-20.4	-13.5	-7.9	-4.0
	建筑业贷款余额（亿元）	415.6	373.6	385.4	403.4	410.5	427.9	429.5	436.6	438.2	439.7	443.3	458.8
	房地产业贷款余额（亿元）	714.9	719.1	723.4	722.4	723.8	727.2	742.5	742.9	747.8	752.6	760.1	757.8
	建筑业贷款同比增长（%）	49.2	30.7	31.0	32.2	29.4	32.9	26.9	30.2	12.3	12.1	10.2	11.6
	房地产业贷款同比增长（%）	14.5	12.0	10.3	8.0	7.8	6.3	8.2	5.8	6.0	5.2	7.0	7.6
人民币	金融机构各项存款余额（亿元）	26 149.0	26 791.3	27 682.3	27 735.4	28 077.0	28 641.7	28 422.6	28 688.9	28 771.2	28 913.5	29 279.4	29 563.8
	其中：储蓄存款	16 192.7	16 382.0	16 813.9	16 698.6	16 811.8	17 229.1	17 047.2	17 112.0	17 421.7	17 217.2	17 372.4	17 824.3
	单位存款	8 990.8	9 327.7	9 824.7	9 855.3	10 159.5	10 404.4	10 183.9	10 371.6	10 271.8	10 554.6	10 852.5	10 841.4
	各项存款余额比上月增加（亿元）	74.1	642.2	891.0	53.1	341.6	564.7	-219.1	266.3	82.3	142.3	365.9	284.4
	其中：储蓄存款	524.2	189.3	431.9	-115.3	113.2	417.3	-181.9	64.8	309.8	-204.5	155.2	452.0
	单位存款	-663.5	336.4	497.0	30.5	304.2	244.9	-220.5	187.7	-99.9	282.8	297.9	-11.1
	各项存款同比增长（%）	14.5	14.5	15.9	14.8	15.3	15.6	14.4	14.3	12.7	13.0	13.7	13.3
	其中：储蓄存款	18.1	14.2	14.4	14.4	14.7	14.7	14.0	13.8	12.9	13.4	13.6	13.7
	单位存款	7.7	13.2	14.9	12.9	15.0	18.4	15.7	15.6	13.1	13.5	14.5	11.9
	金融机构各项贷款余额（亿元）	16 099.7	16 322.1	16 543.6	16 750.1	16 900.9	17 179.9	17 344.7	17 483.5	17 584.2	17 791.9	17 979.5	18 144.0
	其中：个人消费贷款	1 778.8	1 906.0	1 957.6	2 001.3	2 037.3	2 083.0	2 123.7	2 159.9	2 189.8	2 223.4	2 264.1	2 295.3
	票据融资	601.5	597.6	566.2	546.0	547.0	560.8	585.4	578.4	553.2	532.1	538.6	505.5
	各项贷款余额比上月增加（亿元）	334.5	222.5	265.8	206.5	150.9	279.0	164.8	138.7	100.7	207.7	187.7	164.5
	其中：个人消费贷款	49.2	28.2	51.6	43.7	36.0	45.7	40.6	36.2	30.0	33.5	40.7	31.2
	票据融资	42.7	-3.8	-31.4	-20.2	1.0	13.9	24.6	-7.0	-25.2	-21.1	6.5	-33.1
	金融机构各项贷款同比增长（%）	18.4	18.0	17.8	16.8	16.1	16.7	16.7	16.3	15.0	15.9	16.2	15.6
	其中：个人消费贷款	26.8	32.1	31.8	28.7	25.1	25.3	25.3	25.0	23.6	24.3	25.4	25.3
	票据融资	-14.3	-3.2	0.6	-5.6	-7.2	-13.1	-7.3	-13.1	-20.4	-13.5	-7.9	-4.0
外币	金融机构外币存款余额（亿美元）	23.9	24.5	25.0	24.3	24.7	25.9	24.4	27.4	27.7	27.4	30.9	29.5
	金融机构外币存款同比增长（%）	12.6	16.7	20.4	13.6	16.5	13.8	6.2	19.6	31.4	17.1	34.2	13.3
	金融机构外币贷款余额（亿美元）	32.9	32.9	36.2	35.2	37.0	39.3	38.5	39.4	40.0	41.0	45.1	50.3
	金融机构外币贷款同比增长（%）	37.7	36.9	31.2	27.5	37.2	54.9	58.6	71.5	67.4	64.5	64.5	72.3

数据来源：中国人民银行石家庄中心支行。

表2　2001～2011年河北省各类价格指数

单位：%

年/月	居民消费价格指数		农业生产资料价格指数		工业生产者购进价格指数		工业生产者出厂价格指数	
	当月同比	累计同比	当月同比	累计同比	当月同比	累计同比	当月同比	累计同比
2001	—	0.5	—	0.2	—	1.0	—	-0.2
2002	—	-1.0	—	0.4	—	-2.8	—	-0.6
2003	—	2.2	—	-0.2	—	9.4	—	7.1
2004	—	4.3	—	6.7	—	18.4	—	11.6
2005	—	1.8	—	6.8	—	7.0	—	4.4
2006	—	1.7	—	1.6	—	5.0	—	0.8
2007	—	4.7	—	6.9	—	7.8	—	6.9
2008	—	6.2	—	18.6	—	15.9	—	16.7
2009	—	-0.7	—	0.6	—	-6.5	—	-10.9
2010	—	3.1	—	4.4	—	10.9	—	9.0
2011	—	5.7	—	12.6	—	10.9	—	7.7
2010　1	2.5	2.5	1.3	1.3	7.5	7.5	4.3	4.3
2	2.8	2.7	4.0	2.6	8.1	7.8	5.0	4.6
3	2.6	2.6	5.0	3.4	10.1	8.5	8.4	5.9
4	2.9	2.7	4.4	3.7	11.8	9.4	12.1	7.4
5	2.8	2.7	4.3	3.8	12.7	10.0	13.0	8.6
6	2.5	2.7	3.5	3.7	11.6	10.3	9.9	8.8
7	2.7	2.7	3.4	3.7	10.0	10.3	6.5	8.4
8	3.2	2.8	4.6	3.3	9.4	10.1	5.8	8.1
9	2.5	2.7	4.6	3.9	10.5	10.2	9.3	8.2
10	3.9	2.8	5.4	4.1	11.7	10.3	10.1	8.4
11	4.5	3.0	6.3	4.3	14.1	10.7	12.6	8.8
12	3.9	3.1	6.2	4.4	12.8	10.9	11.6	9.0
2011　1	4.2	4.2	4.9	4.9	12.3	12.3	10.1	10.1
2	5.0	4.6	5.9	5.4	13.6	13.0	11.5	10.8
3	5.3	4.8	7.7	6.2	13.4	13.1	10.3	10.7
4	5.1	4.9	9.9	7.1	12.4	12.9	8.0	10.0
5	5.6	5.0	11.6	8.0	11.6	12.7	8.2	9.6
6	7.0	5.3	14.7	9.1	12.9	12.7	9.3	9.5
7	7.4	5.6	16.6	10.2	13.8	12.9	10.6	9.7
8	6.6	5.8	16.8	11.0	12.8	12.8	9.5	9.7
9	6.9	5.9	17.3	11.7	11.6	12.7	8.2	9.5
10	6.1	5.9	16.7	12.2	9.7	12.4	5.7	9.1
11	4.7	5.8	14.5	12.4	4.7	11.7	1.6	8.4
12	4.7	5.7	13.8	12.6	3.3	10.9	0.1	7.7

数据来源：河北省统计局、《中国经济景气月报》。

表3 2011年河北省主要经济指标

	1月	2月	3月	4月	5月	6月	7月	8月	9月	10月	11月	12月
绝对值（自年初累计）												
地区生产总值(亿元)	—	—	4 396.1	—	—	10 992.4	—	—	17 821.9	—	—	24 228.2
第一产业	—	—	421.8	—	—	1 109.7	—	—	2 391.3	—	—	2 905.7
第二产业	—	—	2 606.0	—	—	6 320.6	—	—	9 875.1	—	—	13 098.1
第三产业	—	—	1 368.3	—	—	3 562.1	—	—	5 555.5	—	—	8 224.4
固定资产投资(亿元)	—	396.6	1 774.7	3 102.2	4 681.4	6 491.7	8 172.6	9 846.1	11 500.1	13 199	14 729.4	15 795.2
房地产开发投资	—	63.5	428.6	687.4	987.3	1 432.4	1 723.4	2 010.9	2 334.8	2 594	2 876.4	3 069.6
社会消费品零售总额(亿元)	—	—	1 809.9	—	—	3 593.4	—	—	5 533.4	—	—	8 035.5
外贸进出口总额(万美元)	482 936	784 946	1 230 627	1 693 363	2 097 008	2 549 584	3 010 989	3 480 418	3 944 481	4 410 925	4 908 172	5 359 910
进口	257 103	413 238	624 918	833 192	1 016 811	1 201 492	1 409 408	1 628 974	1 843 240	2 053 240	2 299 438	2 501 524
出口	225 834	371 730	605 709	860 171	1 080 197	1 348 092	1 601 581	1 851 445	2 101 242	2 357 685	2 608 734	2 858 386
进出口差额(出口−进口)	-31 269	-41 508	-19 209	26 979	63 386	146 600	192 173	222 471	258 002	304 445	309 296	356 862
外商实际直接投资(万美元)	26 607	46 714	81 519	128 252	161 287	232 115	245 710	260 320	323 201	366 960	409 301	468 095
地方财政收支差额(亿元)	73	72.5	-52.1	-144.1	-352.1	-627.6	-672.3	-775.2	-940.4	-1 261.6	-1 475.1	-1 772.2
地方财政收入	218.5	330.6	494.1	630.8	780.8	975.9	1 105.2	1 225.4	1 362.1	1 480.5	1 582.4	1 737.4
地方财政支出	145.5	258.1	546.2	774.9	1 132.9	1 603.5	1 777.5	2 000.6	2 302.5	2 742.1	3 057.5	3 509.6
城镇登记失业率(%)（季度）	—	—	3.8	—	—	3.8	—	—	3.8	—	—	3.8
同比累计增长率（%）												
地区生产总值	—	—	11.2	—	—	11.1	—	—	11.3	—	—	11.3
第一产业	—	—	4.1	—	—	4.0	—	—	4.0	—	—	4.2
第二产业	—	—	13.3	—	—	13.0	—	—	13.7	—	—	13.4
第三产业	—	—	9.7	—	—	10.3	—	—	10.4	—	—	10.5
工业增加值	—	16.1	15.3	14.4	14.1	15.1	15.6	15.4	15.9	16.2	16.2	16.1
固定资产投资	—	27.8	26.7	26.1	27.1	27.0	26.8	26.6	25.4	25.6	24.8	24.1
房地产开发投资	—	68.0	59.4	59.8	59.6	44.1	51.2	51.1	43.7	39.1	36.8	35.5
社会消费品零售总额	—	—	16.4	—	—	17.0	—	—	17.5	—	—	17.8
外贸进出口总额	70.9	49.2	47.3	48	38.6	34.0	31.4	31.8	28.8	29.8	30.0	27.4
进口	120.0	77.4	63.8	54.9	47.1	39.1	36.2	35.3	30.9	31.6	32.3	28.3
出口	38.1	26.8	33.5	41.9	31.5	29.7	27.5	28.8	27.1	28.3	28.0	26.7
外商实际直接投资	2.6	-3.4	10.6	50.9	34.2	31.1	31.2	24.5	34.8	38.8	28.6	22.2
地方财政收入	63.8	51.7	44.6	34.6	42.7	43.2	38.4	38.0	34.2	33.0	30.8	30.4
地方财政支出	60.9	28.0	24.6	29.3	51.7	59.8	54.9	48.6	43.3	54.8	28.6	24.4

数据来源：河北省统计局。

2011年山西省金融运行报告

中国人民银行太原中心支行货币政策分析小组

[内容摘要] 2011年是山西省巩固和扩大应对国际金融危机的成果、努力保持经济平稳较快发展取得重要成绩的一年。面对复杂多变的国际、国内形势，山西省以科学发展为主题，以加快转变经济发展方式为主线，以转型综改试验区建设为统揽，着力推动转型跨越发展，全省经济保持了平稳较快发展，地区生产总值首次突破万亿元大关，实现了"十二五"良好开局。全省金融业运行平稳，信贷增速回归常态，融资结构不断优化，金融生态环境持续改善，经济金融实现良性互动。2012年，山西省将继续深入贯彻落实科学发展观，推进国家资源型经济转型综合配套改革试验区建设，全省金融部门在贯彻落实稳健的货币政策的同时，将继续深化金融体制改革，加快建设与资源型经济转型相适应的现代金融服务体系，促进山西经济平稳较快发展和社会事业全面进步。

一、金融运行情况

2011年，全省金融机构认真贯彻落实稳健的货币政策，呈现存贷款增速回归常态、融资结构不断优化、生态环境持续改善的良好局面。

（一）银行业稳健发展，信贷运行回归常态

2011年，全省银行业金融机构存贷款增速有所回落，余额分别突破2万亿元和1万亿元，市场利率上行趋势明显，跨境人民币业务稳健起步，银行业改革稳步推进。

1. 机构实力继续增强，市场竞争更趋充分。2011年，全省银行业金融机构自身实力不断增强，机构建设不断完善。大型商业银行、股份制商业银行网点布设更趋科学，农村合作金融机构、新型农村金融机构不断发展壮大，服务范围继续扩大，重点覆盖基层、中小企业和"三农"领域。截至2011年年末，全省银行业金融机构有6 207家，资产总额达到25 055.76亿元，同比增长12.99%（见表1）。

2. 存款增速有所回落，总量持续增加。截至2011年年末，全省金融机构本外币存款余额为21 003.24亿元，同比增长12.95%，较2010年回落5.35个百分点；全年新增存款2 408.53亿元，同比少增370.87亿元。从结构上看，储蓄存款和单位存款占全部存款的92.37%。受CPI 指数高位运行、理财产品规范化、股市低迷、投资渠道狭窄等影响，存款定期化程度明显（见图1）。

3. 贷款增速减缓，投向重点突出。截至2011年年末，全省金融机构本外币各项贷款余额为11 265.56亿元，同比增长16.49%，较2010年回落6.43个百分点；全年新增贷款1 595.12亿元，同比少增148.81亿

表1　2011年山西省银行业金融机构情况

机构类别	营业网点			法人机构（个）
	机构个数（个）	从业人数（人）	资产总额（亿元）	
一、大型商业银行	1 656	46 854	10 762.3	0
二、国家开发银行和政策性银行	84	1 986	1 711.9	0
三、股份制商业银行	102	4 012	3 427.3	0
四、城市商业银行	180	5 000	1 506.0	6
五、农村合作机构	2 967	34 778	5 421.4	114
六、财务公司	4	154	434.2	4
七、信托公司	1	170	15.2	1
八、邮政储蓄银行	1 191	11 754	1 680.1	0
九、外资银行	1	30	12.2	0
十、新型农村金融机构	21	501	68.1	21
十一、其他	5	290	17.1	1
合　计	6 207	105 239	25 055.8	147

注：营业网点不包括国家开发银行和政策性银行、大型商业银行、股份制银行等金融机构总部数据，大型商业银行包括中国工商银行、中国农业银行、中国银行、中国建设银行和交通银行，农村合作机构包括农村信用社、农村合作银行和农村商业银行，新型农村金融机构包括村镇银行和农村资金互助社。

数据来源：山西银监局。

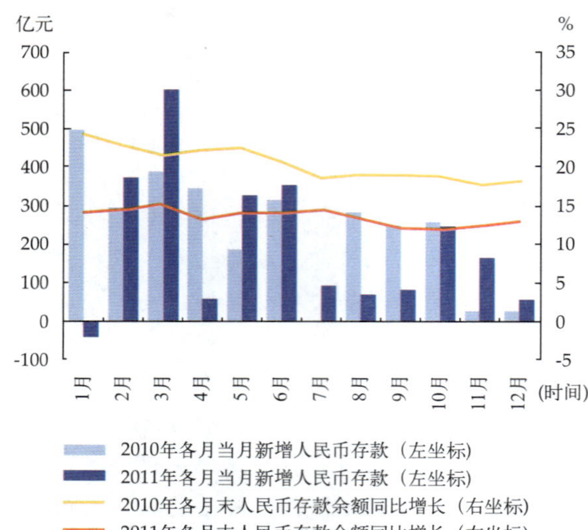

数据来源：中国人民银行太原中心支行。

图1 2010~2011年山西省金融机构人民币存款增长变化

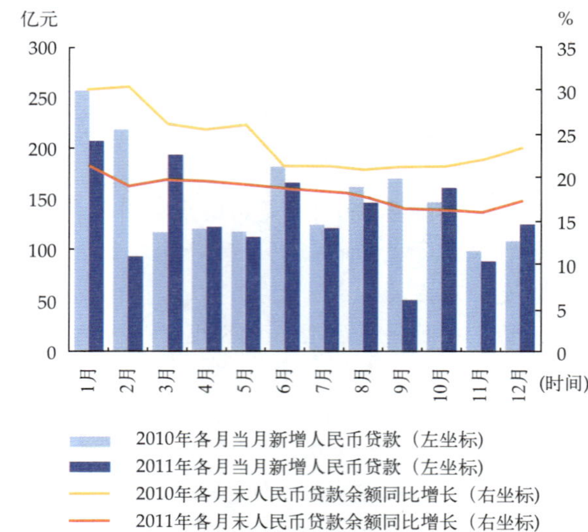

数据来源：中国人民银行太原中心支行。

图2 2010~2011年山西省金融机构人民币贷款增长变化

元。从结构上看，新增贷款以中长期贷款为主，占全部新增贷款余额的59.76%。在信贷增速回落的同时，投放节奏更加平稳，投向更加合理，对薄弱环节的扶持力度不断加大，全年新增涉农贷款1 021亿元、中小企业贷款643.41亿元，增速分别高于全部贷款增速13.81个和5.87个百分点（见图2、图3）。

4.人民币贷款利率稳步上升。2011年，银行体系流动性趋紧，人民币贷款利率呈稳步上升趋势，第一至第四季度人民币贷款加权平均利率分别为7.44%、8.03%、8.67%和8.79%，同比分别提高了1.19个、1.55个、2个和1.66个百分点。从季度利率走势看，前三个季度利率上升较快；受12月5日起下调存款准备金率政策影响，第四季度利率升幅收窄，渐趋稳定（见表2、图4）。

5. 金融机构改革继续深化，种类布局日趋合理。2011年，大型银行、股份制银行和城市商业银行继续在太原市以外的市县设立分支机构，不断提升金融覆盖面，全年累计新设立32家分支行。农村中小金融机构继续加大改革力度，全年共有7家农村商业银行、9家村镇银行和2家资金互助社开业。

6. 跨境人民币业务稳健起步。自2011年8月23日山西省被列入第三批跨境贸易人民币结算地区以来，全省跨境人民币业务快速启动，取得了阶段性进展。全年累计办理跨境人民币结算15.16亿元，结算量快速增长。共有11家银行涉及20多个分支机构开展了跨境人民币业务，占辖内银行总数的57.9%，参与主体及结算地区覆盖面逐步扩大。全省31家进出口企业累计办理跨境人民币支出6.16亿元，占全部跨境贸易结算额的99.95%。

表2 2011年山西省金融机构人民币贷款各利率区间占比

单位：%

月份		1月	2月	3月	4月	5月	6月
合计		100.0	100.0	100.0	100.0	100.0	100.0
[0.9~1.0)		26.1	20.3	11.3	8.6	9.6	8.5
1.0		24.8	35.8	28.6	21.5	36.7	28.9
上浮水平	小计	49.1	44.0	60.1	69.9	53.8	62.6
	(1.0~1.1]	11.1	14.0	19.6	21.9	16.4	17.7
	(1.1~1.3]	17.2	14.6	13.2	22.2	15.4	17.7
	(1.3~1.5]	2.5	2.1	5.1	4.8	2.9	3.5
	(1.5~2.0]	8.0	4.9	10.3	9.2	9.7	12.1
	2.0以上	10.3	8.4	11.9	11.9	9.4	11.6
月份		7月	8月	9月	10月	11月	12月
合计		100.0	100.0	100.0	100.0	100.0	100.0
[0.9~1.0)		3.0	2.0	1.4	2.3	4.5	4.1
1.0		36.3	30.4	26.0	25.7	17.9	21.7
上浮水平	小计	60.2	67.2	72.6	72.0	77.6	74.2
	(1.0~1.1]	16.9	18.6	18.1	21.9	25.7	15.3
	(1.1~1.3]	20.8	16.6	19.2	17.5	16.2	16.0
	(1.3~1.5]	4.2	3.9	6.4	4.3	5.7	6.5
	(1.5~2.0]	10.4	13.5	13.8	14.7	14.5	21.3
	2.0以上	7.9	14.6	15.2	13.6	15.1	15.1

数据来源：中国人民银行太原中心支行。

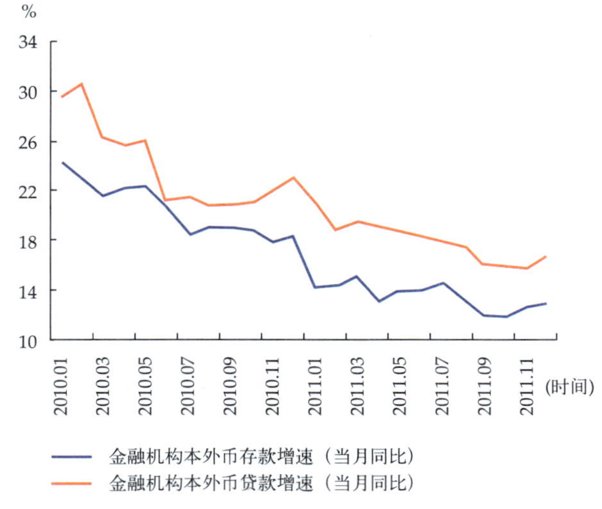

数据来源：中国人民银行太原中心支行。

图3　2010～2011年山西省金融机构本外币存、贷款增速变化

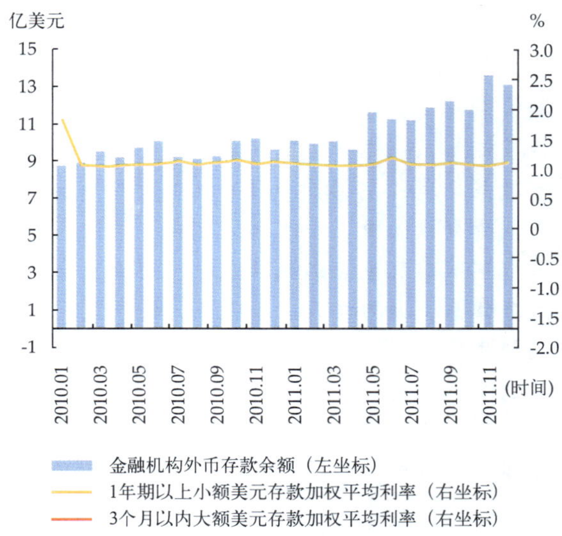

数据来源：中国人民银行太原中心支行。

图4　2010～2011年山西省金融机构外币存款余额及外币存款利率

专栏1　山西省民间借贷情况分析

2011年，山西省民间借贷的规模继续呈扩大趋势，对有效填补正规金融资金供给的不足、拓宽民间资金的投融资渠道起到了积极的作用。主要表现出以下特点：一是利率持续攀升，借款期限长期化特征明显。2011年，全省民间借贷加权平均年利率达到了22.09%，比上年同期高出2.03个百分点，借款期限较长、信用度较高、还款能力较强的中小企业和自然人的年利率一般为10%～15%，借款期限较短、偿还能力受制约、风险较大的中小企业和自然人的年利率一般在12%～20%；借款期限在1年以内的占到了67.92%，1年以上的占到了32.08%，而在2010年，这两个比例分别为91%和9%。二是民间借贷参与主体范围扩大。据调查，目前社会上参与民间借贷行为的主体包括企业内部职工、中小企业主、普通城乡居民及社会闲散人员等。民间借贷“中间人”呈现出“金字塔”式的层级发展，民间资金在不同层级“中间人”的集聚过程中，借贷利率逐级提升。三是风险规避意识明显提高。2011年，被调查对象中88.68%的自然人采用了书面合同和打借条形式，仅有11.32%的自然人采用了口头约定形式，而在2008～2010年，采用口头约定形式的比例分别为78%、82%、85%，其余的均采取书面合同和打借条形式。2008～2010年，被调查对象中中小企业采用无担保形式的比例分别为62.34%、65.78%、68.53%，自然人采用无担保形式的比例分别为56.21%、58.32%、57.65%，而2011年以来仅有20%的中小企业和32%的自然人采用无担保形式，绝大多数选择了抵押、质押等担保方式。另外，民间融资借贷双方在办理手续时，各种要素更加齐全，风险防范意识进一步增强。四是民间借贷用途更为广泛。调查显示，2011年的民间借贷用途更趋多元化。其中，56%的借贷资金用于生产经营，7%用于家庭消费，37%用于其他，包括投资、看病、上学等。而在上年，借贷资金中用于生产经营的就占到了72%，6%用于消费，仅有22%用于其他。

针对全省民间借贷出现的新特点以及民间借贷对于经济发展的作用，我们认为，应主要从以下几个方面合理引导其规范发展：一是建立有效的监测制度，及时掌握民间借贷的规模、利率变化等，将民间借贷监测纳入经济金融监测体系。二是给民间资本一个平等的法律和政策环境；完善投资引导机制，引导和鼓励民间资金投向中小企业和“三农”等经济发展薄弱环节以及重点工程和经济转型工程；健全服务体系，大力发展中介服务，提高民间资金的使用效率。三是鼓励发展私募股权基金、产业投资基金等，改善企业的融资结构，为产业发展筹集大量的建设资金，提高民间资金的整体使用效率，加强储蓄—投资转换机制的建立，拓宽民间投资领域和渠道，增强拉动经济增长的社会合力，保持经济的健康发展和金融体系的稳定。四是加强金融宣传，增强居民法制意识和风险意识，使从事民间借贷行为的企业和居民自觉避免触犯金融法律法规；有关部门要通过媒体宣传等多种方式对公众开展金融知识普及和金融业务的宣传，让公众了解相关政策，合理界定合法的金融业务与非法的金融活动的区别，增强市场预测能力和风险意识，有效减少民间借贷引发的风险。

（二）证券业发展基础不断夯实，市场呈现多元发展

2011年，山西省证券期货业防范风险和创新发展并重，资本市场融资功能得到有效发挥。

1. 证券机构健康发展，经营稳健。截至2011年年末，全省证券、期货营业机构数及从业人员较上年都有所增长；法人证券、期货公司分别为2家和4家（见表3），年末资产总额分别达145.79亿元和14.45亿元，较同期分别下降29.06%和26.94%。全年累计证券交易额为9 233.10亿元，期货交易额为41 515.43亿元，证券、期货分别实现净利润2.49亿元、60.74万元。

2. 证券市场运行平稳，多元发展。2011年全省新增3家上市公司，实现IPO融资22.66亿元；全部34家上市公司在A股市场募集资金156.06亿元。截至年末，境内上市公司总市值为4 590.34亿元，较同期下降26.54%；上市公司进行行业整合与产业升级重组步伐加大，第一只私募股权基金正式成立，规模达到20亿元，焦炭期货品种实现上市交易。

表3　2011年山西省证券业基本情况

项目	数量
总部设在辖内的证券公司数（家）	2
总部设在辖内的基金公司数（家）	0
总部设在辖内的期货公司数（家）	4
年末国内上市公司数（家）	34
当年国内股票（A股）筹资（亿元）	110.0
当年发行H股筹资（亿元）	0.0
当年国内债券筹资（亿元）	599.6
其中：短期融资券筹资额（亿元）	47.6

数据来源：中国人民银行太原中心支行、山西证监局、山西省发展改革委。

（三）保险业发展较快，保险功能显著提高

2011年，山西保险业继续保持平稳健康发展，地市市场发展加快，服务能力稳步提高。

1. 市场体系优化。2011年，全省新增保险公司省级分公司11家，其中，财产险公司6家，人身险公司5家。新增地市及以下分支机构117家。保险中介方面，共有各类法人中介机构71家、分支机构8家、兼业代理机构4 838家，初步形成法人机构与分支机构并存、综合经营与专业经营互补、保险公司与中介机构协作、城乡市场共同发展的市场格局。

2.业务发展平稳。2011年年末保险公司总资产为795.5亿元，同比增长17.32%；全年保费收入为364.7亿元；赔款和给付支出为103.5亿元，同比增长29.4%；年末保险密度为1 020.3元/人，保险深度为3.3%，较上年有所降低。

3. 保险服务保障能力增强。农业保险高速发展，在中央财政种植业保险保费补贴政策支持下，农业保险保费收入同比增长345.3%，其中，种植业保险实现签单保费2.33亿元，较同期超规模增长。出口信用保险覆盖面进一步拓宽，保费收入同比增长76.72%，一般贸易渗透率为24.27%，同比提高10.85个百分点。重点领域责任险业务稳步增长，在

表4　2011年山西省保险业基本情况

项目	数量
总部设在辖内的保险公司数（家）	1
其中：财产险经营主体（家）	1
人身险经营主体（家）	0
保险公司分支机构（家）	41
其中：财产险公司分支机构（家）	22
人身险公司分支机构（家）	19
保费收入（中外资，亿元）	365
其中：财产险保费收入（中外资，亿元）	117
人身险保费收入（中外资，亿元）	248
各类赔款给付（中外资，亿元）	104
保险密度（元/人）	1 020
保险深度（%）	3.3

数据来源：中国人民银行太原中心支行。

原有承运人、雇主、医疗、校园方责任险基础上，2011年8月试点启动环境污染责任险，全年责任险保费收入同比增长38.97%（见表4）。

（四）金融市场平稳运行，市场融资能力逐步增强

2011年，全省金融市场运行平稳，市场交易更趋活跃，融资结构进一步优化。

1. 融资结构继续改善。2011年，山西省融资结构继续改善，直接融资占比为30.8%，较上年提高9个百分点；其中，中期票据增长260.3%，带动债券融资较2010年有了比较快速的发展和提升（见表5）。

表5　2001～2011年山西省非金融机构部门贷款、债券和股票融资情况

单位：亿元、%

年份	融资合计	比重		
		贷款	债券（含可转债）	股票
2001	278.7	97.8	0	2.2
2002	476.1	99.6	0	0.4
2003	667.2	97.3	0	2.7
2004	563.4	99.6	0	0.4
2005	436.3	97.7	2.3	0
2006	971.1	59.2	15.0	25.8
2007	758.8	79.9	15.5	4.6
2008	875.8	85.8	8.7	5.5
2009	2 226.8	84.2	15.0	0.8
2010	2 321.9	78.2	12.2	9.6
2011	2 303.9	69.2	26.0	4.8

数据来源：中国人民银行太原中心支行。

2. 市场参与主体增多，交易量大幅攀升。全省新加入全国银行间同业拆借市场和债券市场的金融机构分别为9家和21家。全省金融机构在全国银行间同业拆借市场和债券市场的交易量同比上升56.62%，其中，在全国银行间同业拆借市场的交易量同比增长3倍。

3. 票据市场交易活跃。截至2011年年末，全省各金融机构累计签发银行承兑汇票2 565.44亿元，同比增加844.61亿元，增长49.08%。累计办理贴现2 866.57亿元，同比增加405.35亿元，增长16.47%。2011年，各类票据业务利率逐季度走高。各类贴现业务全年加权平均利率为8.66%，比上年上升了4.56个百分点（见表6、表7）。

表6　2011年山西省金融机构票据业务量统计

单位：亿元

季度	银行承兑汇票承兑		贴现			
			银行承兑汇票		商业承兑汇票	
	余额	累计发生额	余额	累计发生额	余额	累计发生额
1	924.1	396.6	404.6	609.6	0.4	3.2
2	1 169.5	1 187.7	472.9	1 359.0	0.1	22.2
3	1 324.5	1 797.2	554.1	2 150.4	2.6	24.7
4	1 167.5	2 565.4	541.3	2 826.6	2.6	40.0

数据来源：中国人民银行太原中心支行。

表7　2011年山西省金融机构票据贴现、转贴现利率

单位：%

季度	贴现		转贴现	
	银行承兑汇票	商业承兑汇票	票据买断	票据回购
1	6.85	6.85	5.06	5.63
2	7.21	8.26	5.74	5.48
3	9.90	9.67	7.93	6.73
4	10.03	12.25	8.00	7.38

数据来源：中国人民银行太原中心支行。

（五）信用机制建设加快发展，信用环境持续改善

2011年，山西省通过构建农村经济主体信用信息征集机制、信用评价机制、守信激励和失信惩戒机制等六大机制，实现了金融资源与农业资源的有

效对接。全省共为357万农户建立了信用档案，对297万农户进行了信用评定；共评定“信用户”236万户、“信用村”6 390个、“信用乡（镇）”188个；共清收国家公职人员、金融干部职工长期拖欠、逾期3年以上的贷款11亿元，农村信用环境不断优化。全省共为4.6万户未取得贷款的中小企业建立档案信息，中小企业信用体系建设效果显著。截至年末，全省企业和个人征信系统分别收录20.2万户企业和1 357.2万自然人的信用信息，同比增加5 752户和56.4万人；全省金融机构通过查询征信系统拒绝信贷业务申请13 670笔，涉及金额210.25亿元。

二、经济运行情况

2011年，山西省经济运行总体良好，主要经济指标均保持较快增长，产业结构持续优化，能耗水平稳步下降，民生进一步改善。全省地区生产总值为1.11万亿元，同比增长13%（见图5）。

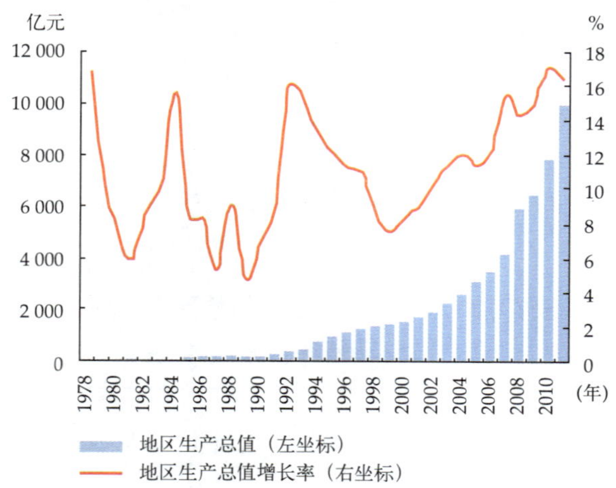

数据来源：山西省统计局。

图5　1978～2011年山西省地区生产总值及其增长率

（一）三大需求趋于协调，经济增长方式趋于优化

2011年，全省固定资产投资增速加快，消费需求稳步增长，进出口继续呈现逆差，直接投资增长较快。

1. 投资规模进一步扩大。全省固定资产投资呈现出良好运行态势，投资规模进一步扩大，增速明显加快，结构继续调整优化。2011年，全省全社会固定资产投资完成7 373.1亿元，同比增长27.3%，增速比上年加快1.1个百分点（见图6）。基础设施建设力度不断加大，全省发展环境明显优化，发展后劲显著增强。其中，铁路建设完成投资580亿元，完成高速公路投资573亿元、机场投资9亿元、水利投资135亿元、电力投资400亿元。

2. 消费市场总体平稳增长，但活跃度下降。

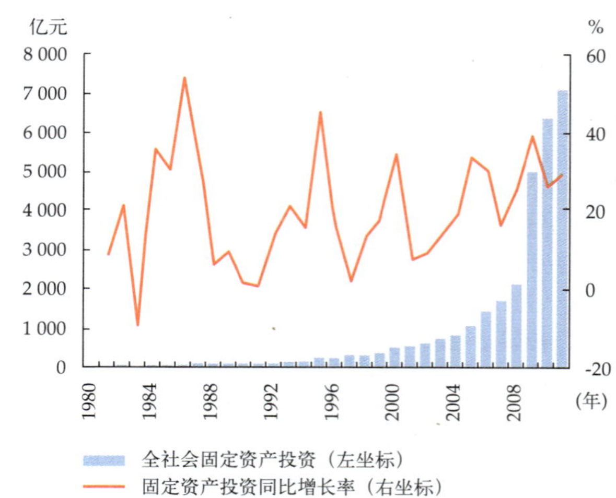

数据来源：山西省统计局。

图6　1980～2011年山西省固定资产投资及其增长率

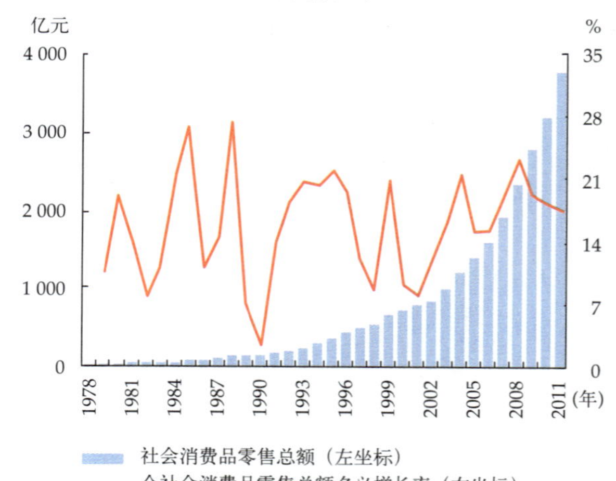

数据来源：山西省统计局。

图7　1978～2011年山西省社会消费品零售总额及其增长率

2011年，全省社会消费品零售总额实现3 773.6亿元，同比增长17.6%，快于全国平均水平0.5个百分点，比上年同期回落0.8个百分点（见图7），表明全年随着全省经济运行的放缓和通货膨胀压力的增大，市场出现理性回调。

3. 进出口贸易继续保持增长态势。2011年，全省进出口继续保持增长态势，进出口总值为147.6亿美元，同比增长17.4%。其中，出口54.3亿美元，同比增长15.4%；进口93.3亿美元，同比增长18.5%；逆差为39亿美元，同比增长23%（见图8）。

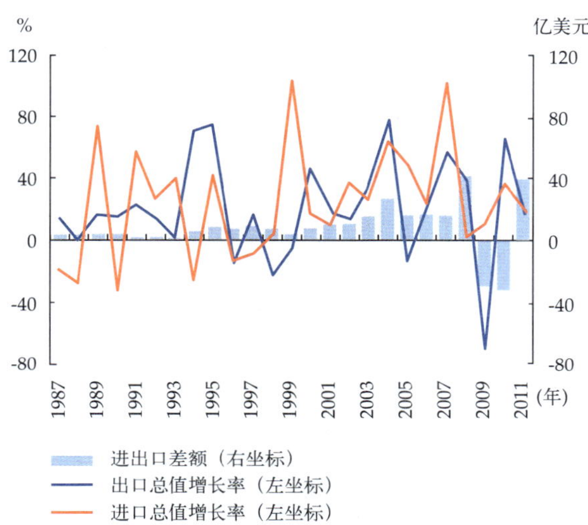

数据来源：山西省统计局。

图8　1987～2011年山西省外贸进出口变动情况

直接投资增长强劲，表现为净流入。全省直接投资规模偏小，主要表现为外国来华投资。2011年，全省外商直接投资流入13.34亿美元，同比增长123.11%。外资流向也不再局限于能源、化工、煤层气、制药等行业，新能源建设、精密工业建设吸引外资程度有所加强（见图9）。

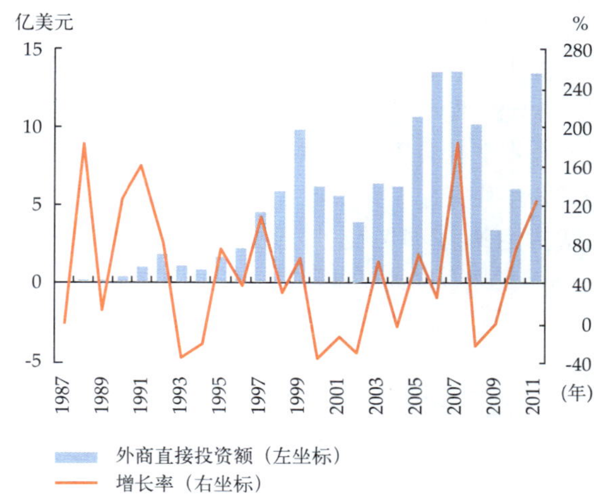

数据来源：山西省统计局。

图9　1987～2011年山西省外商直接投资情况

（二）三次产业协调发展，经济结构调整顺利推进

2011年，全省三次产业比重分别为5.5%、60%和35.5%，呈现出农业稳步增长、工业活力增强、服务业持续发展的良好态势。

1. 农业基础稳步增强。2011年，山西省委、省政府高度重视农业生产，不断加大投入力度，全年“三农”投入达到650亿元，增长20%。实施灌区建设补贴、高标准农田建设等“双十强农惠农工程”，推进大型灌区改造、山区“一村一井”和粮食高产创建等农田水利建设，改造中低产田210万亩，农田实灌面积达到1 800万亩，农业综合生产能力稳步提高，全年粮食产量达到119.3亿公斤，再创历史新高。2011年全省农林牧渔业增加值完成641.4亿元，比上年增长5.9%，增速比全国平均水平高1.4个百分点。

2. 工业经济较快增长，企业效益持续向好。2011年，全省规模以上工业增加值完成5 944.69亿元，同比增长17.9%。2011年，全省规模以上企业

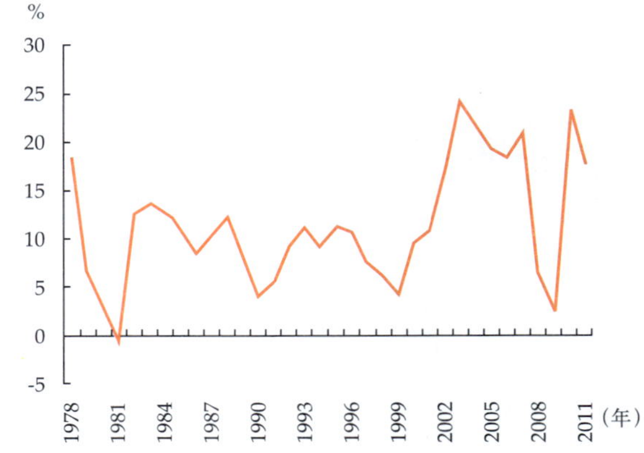

数据来源：山西省统计局。

图10　1978～2011年山西省规模以上工业增加值同比增长率

实现利税总额1 942.1亿元，同比增长34.4%。原煤、洗煤、焦炭、生铁、粗钢、钢材、原铝、氧化铝、水泥、发电量10种主要工业产品产量均保持增长。全省全社会用电量为1 650.4亿千瓦时，同比增长13%。其中，工业用电量增长13%。太原铁路局铁路货运量为5.4亿吨，同比增长8.0%；公路货运量为6.5亿吨，同比增长7.2%（见图10）。

3. 服务业持续快速发展。2011年，第三产业完成增加值3 880.9亿元，同比增长8.6%。全省加快发展文化旅游产业，云冈石窟环境综合治理全面完成，五台山景区提升工程加快推进，《印象平遥》大型实景演出项目进展顺利，全省旅游总收入达到1 343亿元，增长23.9%。

（三）价格指数高位运行，劳动力需求提高

1. 价格指数高位运行，食品价格涨幅居首。2011年，全省居民消费价格同比上涨5.2%。居民消费价格结构性上涨特征明显，主要表现在全省食品价格大幅上涨，涨幅达12.0%，拉动全省居民消费价格上涨3.5个百分点，对CPI的影响程度达67.3%。工业生产者购进价格、出厂价格分别上涨8.1%、7.5%，分别较上年度回落1.4个和2.5个百分点（见图11）。

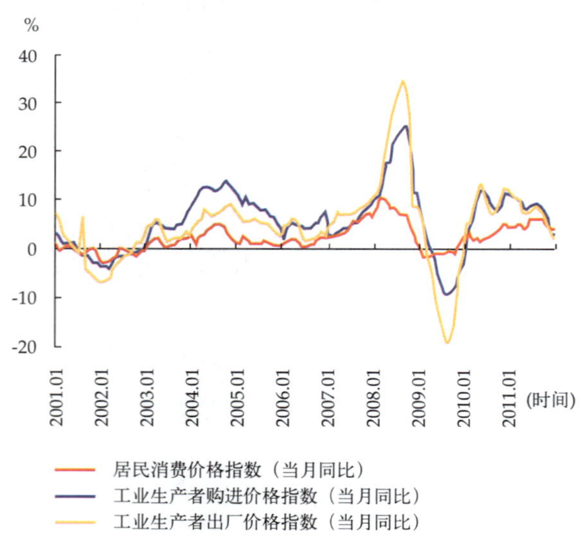

数据来源：山西省统计局。

图11　2001～2011年山西省居民消费价格和生产者价格变动趋势

2. 资源性产品价格改革进一步推进。2011年，全省物价部门充分运用价格杠杆，继续加强对电价、水价的监管工作，大力实施差别电价、水价，积极推进价格改革，逐步理顺价格形成机制。在电力价格监管上，物价部门继续加大差别电价、惩罚性电价实施力度，严格控制“两高一资”企业、产能过剩行业盲目发展，加强煤炭特别是电煤价格监测和市场价格监管。同时，加快推进销售电价改革，简化电价分类，实施居民生活用电阶梯电价制度。在加强水资源和供水价格的监管上，进一步深化水价改革，理顺各类用水价格比价关系。积极推进居民生活用水阶梯式计量水价改革；认真执行对非居民生活用水的超定额、超计划用水加价办法，以及对高耗能、高污染等限制类、淘汰类工业企业的差别水价政策；运用价格杠杆扩大引黄工程供水量，降低供水成本；研究完善鼓励大量使用中水的价格政策；研究制定污水处理收费管理办法，规范污水处理收费行为。

3. 居民收入快速增长，劳动力就业形势向好。2011年，全省农村居民人均纯收入为5 601.4元，突破5 000元大关，增长18.3%，创近10年来最大增幅；城镇居民家庭人均可支配收入达到18 123.9元，增长15.8%，比上年加快4个百分点，快于全国增幅1.7个百分点。全省劳动力需求稳步扩大，就业形势积极向好。全年新增城镇就业岗位50万个，超出年初计划10万人，转移农村劳动力就业40万人，高校毕业生就业率达到89%，高校毕业生、农民工和城镇就业困难人员的就业问题得到较好的解决。

（四）财政收支稳定增长，支出结构不断优化

2011年，全省实现财政总收入2 260.6亿元，同比增长24.9%。其中，一般预算收入为1 213.2亿元，同比增长25.1%；一般预算支出为2 368.9亿元，同比增长22.8%。财政收支呈现出以下特点：一是收入规模实现历史性突破。2011年，全省财政收入规模分别突破2 000亿元和1 000亿元整数关口。二是财政收入质量稳步提升。2011年，全省税收收入占一般预算收入的比重为71.9%，同比提高0.5个百分点。三是财政支出结构继续优化。2011年，支出结构进一步向促进就业、完善社会保障及

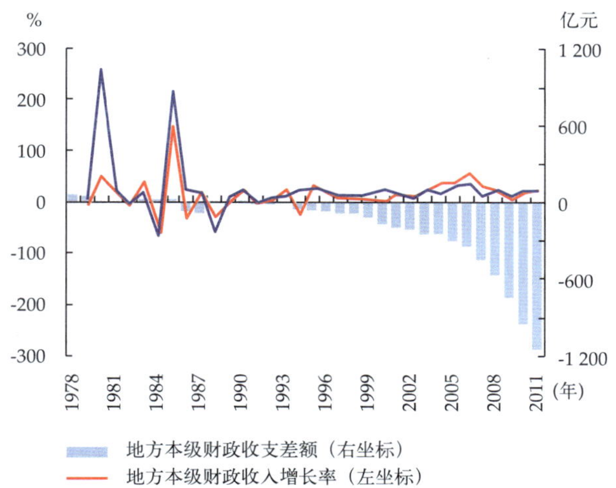

数据来源：山西省统计局。

图12 1978～2011年山西省财政收支状况

“三农”等领域倾斜，支出规模和增支额分别占到全省一般预算支出总量和总增量的60.1%和71.3%。四是主体税种强劲增长。2011年，全省规模以上工业增加值完成5 944.7亿元，带动增值税完成240亿元，同比增长21.0%，增幅较上年提高8.1个百分点。五是资源性产品价格高位运行，带动企业利润和所得税收入快速增长。2011年煤炭价格上涨幅度较大，受此影响，全省企业所得税完成150.0亿元，同比增长27.4%，成为增速最快的主体税种（见图12）。

（五）积极推进节能减排和生态建设，生态环境持续改善

2011年，山西省大力发展循环经济，启动实施绿色生态工程，深入推进造林绿化工程，全省万元生产总值综合能耗下降3.5%，万元工业增加值用水量下降5%，二氧化硫、化学需氧量、氮氧化物、氨氮、烟尘、粉尘等主要污染物减排完成全年目标任务，整体环境质量较上年有所提高，地表水水质有所好转，山西省劣五类水质断面有所下降。全省全年完成营造林453万亩，森林覆盖率达18.03%，全省生态环境明显改善。空气质量方面，11个省辖市优良天数平均为347天，平均优良天数占比为95.1%，与上年持平。11个省辖市中除太原市的环境空气质量为国家三级标准外，其余10个都达到了二级标准。

专栏2 山西省中小企业融资持续改善

2011年，山西省中小企业融资呈现出以下特点：一是银行信贷结构有所改善。截至2011年年末，中型企业贷款同比增长23.2%，小型企业贷款同比增长33.5%，分别高于大型企业贷款增速11.5个和21.8个百分点。二是利率上浮较为普遍。2011年，中型、小型企业贷款执行上浮利率的占比分别为78%、87.4%，同比分别提高了20.5个、3.8个百分点。三是股东自筹和民间融资现象普遍。很多中小企业通过股东自筹或者民间借贷筹集前期项目资金和部分流动资金。

当前，山西省中小企业融资存在的主要问题有：一是资金供给相对不足。2011年，全省贷款投放为1 593.3亿元，同比少增229.4亿元。2011年是山西省转型综改试验区建设起步之年，也是地方政府换届之年，市级、县级政府发展地方经济的劲头很足，各地新建、续建、扩建项目较多，导致原本资金链紧张的中小企业更加捉襟见肘，对银行资金的需求更加迫切。二是融资成本提高。2011年，在资金趋紧的情况下，银行对中小企业贷款利率普遍上浮40%～50%，有的甚至上浮60%～80%。另外，中小企业办理担保抵押的费用负担也比较重，再加上原材料价格上涨、劳动力成本上升等因素，导致除依托煤炭的高利润企业外，大部分中小企业盈利能力有限，不能承受高融资成本。三是环保政策与信贷政策衔接不畅，影响贷款时效。目前，各银行在信贷审批时严格执行环保一票否决制，企业取得银行授信资格后，由于环保评审手续办理过程较长，导致企业错过了授信有效期，而不得不放弃贷款。四是直接融资产品的社会认知度低，直接融资市

场发展缓慢。近年来，中小企业集合票据、中期票据、短期融资券等产品相继推出。但是，目前山西省参与债券融资的中小企业只有少数几家，大部分企业完全不了解现有的融资产品。五是固有问题依然是中小企业贷款的“瓶颈”。主要表现在：中小企业信用意识淡薄，影响银行放贷信心；中小企业自身先天不足，难以达到信贷准入门槛；信息不对称引发道德风险，导致银行惜贷；担保抵押不足，成为中小企业融资的“短板”。

完善中小企业融资体系的政策建议：一是适度提高对中小企业贷款的风险容忍度，降低对中小企业授信评级考核标准，简化审贷环节。二是加快金融产品创新，针对中小企业的特点设计灵活多样的金融产品；加强宣传，提高新型融资产品的社会认知度。三是加强信贷政策与国家产业政策、财政政策、环保政策之间的协调与配合，提高银行放贷效率。四是引导企业加强诚信体系建设，完善财务制度，提高信用度。

（六）房地产调控效果显现，保障性住房供给增加

2011年，山西省积极贯彻各项房地产调控政策，全省房地产开发投资保持较快增长，商品房销售面积和销售额增幅放缓，保障性住房投资快速增长。房地产金融运行平稳，保障性住房开发贷款大幅增长，宏观调控政策效果逐步显现。

1. 保障性住房建设拉动房地产开发投资较快增长。2011年，全省完成房地产开发投资789.92亿元，同比增长33.4%，增速同比加快9.3个百分点。保障性住房建设速度加快，投资力度明显加大。2011年，全省保障性住房已开工建设44.54万套，开工率为114.4%，完成投资414.54亿元，占全部房地产投资的52.48%，完成投资率为144.1%。

2. 商品房施工和销售增速放缓。2011年山西省商品房施工面积同比增长22.7%，商品房销售面积同比增长7%，商品房销售额同比增长5.6%，增速分别比上年回落16.1个、5.5个、38.9个百分点，全年有3个月的商品房销售额同比增速为负值（见图13、图14）。

3. 保障性住房开发贷款、个人房贷快速增长。截至2011年年末，山西省金融机构房地产开发贷款余额为199.84亿元。其中，保障性住房开发贷款大幅增长。截至2011年年末，全省金融机构保障性住

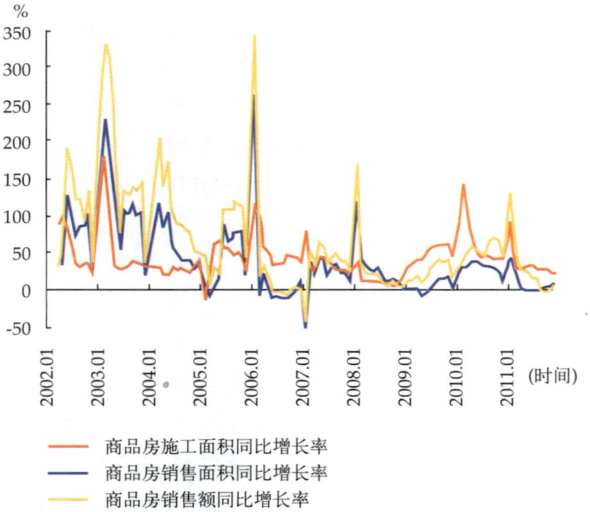

%
350
300
250
200
150
100
50
0
-50
2002.01 2003.01 2004.01 2005.01 2006.01 2007.01 2008.01 2009.01 2010.01 2011.01 (时间)

商品房施工面积同比增长率
商品房销售面积同比增长率
商品房销售额同比增长率

数据来源：山西省统计局。

图13　2002～2011年山西省商品房施工和销售变动趋势

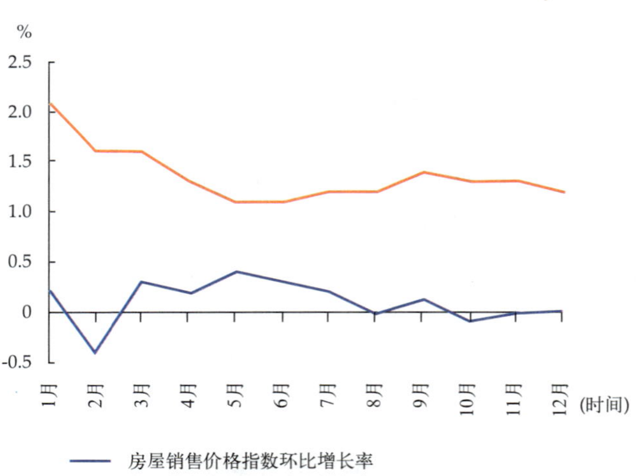

数据来源：《中国经济景气月报》。

图14　2011年山西省房屋销售价格指数变动趋势

房开发贷款余额达66.77亿元，比年初增加55.71亿元，增长5.04倍，较全省住房开发贷款增速高出457个百分点，同比多增56亿元。信贷投入明显加大，涉及的领域主要是城市及国有工矿棚户区改造和经济适用房建设项目。个人住房贷款余额为329.13亿元，比年初增加72.22亿元，增长28.11%，增速高于上年11个百分点。

三、预测与展望

2012年，我国将面临着更为复杂的国内外环境。从国际形势看，全球经济复苏乏力，欧债危机仍在延续，国际金融市场剧烈动荡，世界经济增速呈放缓态势。从国内形势看，2012年我国在宏观经济层面上面临既要稳增长又要控物价的双重挑战，但是经济在中长期平稳较快发展的基本面没有变，有利于我国经济增长的积极因素依然很多，我国经济仍将会保持平稳较快发展态势。

立足山西省实际情况来看，2012年是全面实施“十二五”规划承上启下的关键一年，也是全面推进资源型经济转型综合配套改革试验区建设的重要一年。山西经济持续平稳较快增长的潜力大、后劲足，项目准备充分，全省将会继续加快转型，跨越发展，积极促进经济结构调整和转变经济发展方式，坚持工业稳增长、农业抓产业、转型促项目、发展增投资，加大项目建设和招商引资力度，夯实农业、农村发展基础，加快推进城镇化进程，加强生态建设和节能减排，着力保障和改善民生，促改革、抓发展、抓落实，推动全省经济社会和谐稳定。综合分析国内外宏观环境和山西省经济发展情况，预计2012年全省地区生产总值增长12%左右，全社会固定资产投资额、社会消费品零售额、进出口总额、财政总收入将继续保持较快增长；同时，居民消费价格总水平涨幅控制在4%左右。从金融运行情况看，实体经济发展对资金的需求仍然较为旺盛，各金融机构将在保持货币信贷总量稳步增长的同时，注重结构的优化，加快体制机制创新、金融产品和服务方式的创新，确保资金投向实体经济。

中国人民银行太原中心支行货币政策分析小组

负责人：赵志华　毛德君

统　稿：高旭升　郝建军　王晓千

执　笔：王　东　武　洋　姚建兵

提供材料的还有：张晓红　柏超男　余海霞　马　丽　花　磊　马儒静　杨　堃　袁永宏　孙　晶　张旭梅　闫静文

附录

（一）2011年山西省经济金融大事记

8月26日，2011中国·山西旅游博览会在太原拉开帷幕，来自北京、河北、新疆等10个省（市、区）的代表以及全省11个市的参展单位参加了此次旅游盛会。

9月26日，以“转型跨越、中部崛起”为主题的第六届中国中部投资贸易博览会在山西太原隆重开幕。

10月31日，山西省首只依靠民间力量发起的、规模在20亿元左右的私募股权投资基金在晋中正式挂牌。

11月2日，山西省首届商业地产招商大会召开，这是山西省首次举办集商家集中选址、开发商批量招商的商业地产对接型展会。

11月17日，山西焦炭交易中心正式宣告启动运营。

(二)2011年山西省主要经济金融指标

表1 2011年山西省主要存贷款指标

		1月	2月	3月	4月	5月	6月	7月	8月	9月	10月	11月	12月
本外币	金融机构各项存款余额(亿元)	18 552.2	18 927.9	19 531.9	19 586.6	19 926.9	20 282.9	20 374.7	20 447.6	20 534.0	20 777.3	20 953.0	21 003.2
	其中:储蓄存款	9 611.6	9 740.0	10 032.9	9 917.3	10 004.0	10 226.8	10 120.4	10 097.4	10 322.2	10 213.5	10 281.7	10 494.5
	单位存款	7 914.5	8 065.7	8 343.0	8 470.3	8 702.7	8 821.6	8 847.1	8 887.3	8 836.1	9 120.7	9 322.2	9 378.8
	各项存款余额比上月增加(亿元)	-42.6	375.7	604.0	54.8	340.3	356.0	91.8	72.9	86.4	243.3	175.7	50.2
	金融机构各项存款同比增长(%)	14.1	14.3	15.2	13.2	14.0	13.9	14.5	13.1	12.1	11.8	12.5	13.0
	金融机构各项贷款余额(亿元)	9 881.9	9 972.3	10 158.4	10 273.8	10 384.6	10 552.1	10 676.8	10 821.9	10 879.6	11 039.7	11 134.0	11 265.6
	其中:短期	3 769.3	3 780.0	3 864.0	3 907.3	3 952.5	4 017.4	4 001.0	4 015.6	4 082.4	4 124.1	4 190.6	4 292.7
	中长期	5 673.8	5 768.8	5 848.5	5 921.9	5 972.8	6 019.2	6 091.4	6 150.9	6 191.0	6 312.9	6 366.4	6 422.7
	票据融资	423.3	408.1	429.6	428.3	443.0	497.5	563.1	634.0	584.7	579.0	554.9	528.1
	各项贷款余额比上月增加(亿元)	211.4	90.4	186.2	115.4	110.8	167.4	124.9	145.0	57.7	160.1	94.3	131.6
	其中:短期	-7.3	10.7	83.9	43.3	45.2	64.9	-16.4	14.6	66.8	41.7	66.5	102.1
	中长期	204.4	95.0	79.7	73.5	50.9	46.4	72.2	59.5	40.1	122.0	53.4	56.3
	票据融资	12.7	-15.2	21.5	-1.3	14.7	54.6	65.6	70.9	-49.3	-5.7	-24.1	-26.8
	金融机构各项贷款同比增长(%)	21.3	18.8	19.4	19.0	18.7	18.2	18.0	17.5	16.1	16.0	15.7	16.5
	其中:短期	9.6	8.4	9.9	11.2	12.2	13.1	13.4	12.4	12.6	12.4	13.3	14.6
	中长期	37.4	33.3	31.5	30.9	29.6	25.9	22.8	20.6	18.9	18.6	18.0	18.0
	票据融资	-14.9	-13.3	-2.1	-7.5	-8.9	6.6	30.3	57.2	46.5	52.2	47.8	40.9
	建筑业贷款余额(亿元)	144.3	147.7	151.3	158.3	164.7	167.4	170.3	176.1	176.0	177.5	178.7	185.3
	房地产业贷款余额(亿元)	144.9	147.0	142.9	147.2	146.2	140.6	136.7	137.4	148.5	144.2	146.9	139.9
	建筑业贷款同比增长(%)	15.0	13.3	21.5	25.5	28.0	45.8	44.5	42.2	29.3	31.9	27.6	29.7
	房地产业贷款同比增长(%)	9.3	9.6	5.0	5.9	4.3	1.8	-1.0	0.5	5.4	-1.8	0.0	-0.5
人民币	金融机构各项存款余额(亿元)	18 485.3	18 862.2	19 465.7	19 523.6	19 851.4	20 209.7	20 302.2	20 371.5	20 456.3	20 702.8	20 866.2	20 920.4
	其中:储蓄存款	9 572.5	9 703.7	9 996.5	9 879.7	9 965.6	10 187.3	10 083.5	10 060.2	10 282.2	10 173.5	10 240.7	10 505.5
	单位存款	7 890.5	8 039.4	8 316.6	8 447.5	8 669.4	8 791.6	8 814.8	8 851.8	8 801.7	9 089.5	9 280.8	9 339.5
	各项存款余额比上月增加(亿元)	-43.9	376.9	603.5	57.9	327.8	358.3	92.4	69.3	84.8	246.5	163.4	54.3
	其中:储蓄存款	344.7	131.2	292.8	-116.8	85.9	221.7	-103.8	-23.3	222.0	-108.7	67.2	264.7
	单位存款	-365.6	148.9	277.1	130.9	221.9	122.2	23.2	36.9	-50.1	287.9	191.2	58.8
	各项存款同比增长(%)	14.1	14.3	15.3	13.3	14.0	13.9	14.5	13.1	12.0	11.8	12.5	13.0
	其中:储蓄存款	16.5	13.4	14.6	14.3	14.8	15.2	14.3	13.7	13.4	13.4	13.4	13.9
	单位存款	14.0	16.9	17.3	14.1	15.6	14.8	15.3	13.2	12.1	11.2	13.3	12.9
	金融机构各项贷款余额(亿元)	9 783.9	9 876.9	10 070.3	10 193.4	10 305.9	10 472.7	10 593.0	10 740.7	10 791.1	10 953.3	11 043.6	11 169.4
	其中:个人消费贷款	328.4	334.5	341.7	344.4	348.2	3 978.7	361.8	368.7	375.8	380.7	392.5	398.4
	票据融资	423.3	408.1	429.6	428.3	443.0	5 978.5	563.1	634.0	584.7	579.0	554.9	528.1
	各项贷款余额比上月增加(亿元)	208.1	92.8	193.4	123.2	112.4	166.8	120.3	147.7	50.4	162.2	90.3	125.8
	其中:个人消费贷款	16.7	6.1	7.2	2.7	3.8	63.3	3.0	6.9	7.1	4.9	11.8	5.9
	票据融资	12.7	-15.2	21.5	-1.3	14.7	47.4	65.6	70.9	-49.3	-5.7	-24.1	-26.8
	金融机构各项贷款同比增长(%)	21.2	19.2	19.8	19.5	19.2	18.7	18.4	17.9	16.3	16.2	15.9	17.1
	其中:个人消费贷款	41.5	45.1	42.4	39.6	35.6	51.3	36.4	35.0	30.9	28.5	27.4	26.0
	票据融资	-14.9	-13.3	-2.1	-7.5	-8.9	28.1	30.3	57.2	46.5	52.2	47.8	40.9
外币	金融机构外币存款余额(亿美元)	10.1	10.0	10.1	9.7	11.7	11.3	11.3	11.9	12.2	11.8	13.7	13.1
	金融机构外币存款同比增长(%)	15.1	11.6	5.3	5.4	18.8	11.5	21.5	30.8	31.4	16.9	33.5	35.7
	金融机构外币贷款余额(亿美元)	14.8	14.5	13.5	12.4	12.2	12.3	13.0	12.7	13.9	13.7	14.2	15.3
	金融机构外币贷款同比增长(%)	-3.1	-6.6	-12.3	-18.2	-20.6	-15.2	-12.7	-14.8	0.1	-1.0	-0.2	7.2

数据来源:中国人民银行太原中心支行。

表2 2001～2011年山西省各类价格指数

单位：%

年/月		居民消费价格指数		农业生产资料价格指数		工业生产者购进价格指数		工业生产者出厂价格指数	
		当月同比	累计同比	当月同比	累计同比	当月同比	累计同比	当月同比	累计同比
2001		—	-0.5	—	1.9	—	1.8	—	0.3
2002		—	-2.2	—	0.9	—	3.0	—	3.6
2003		—	1.6	—	-1.6	—	7.8	—	2.2
2004		—	4.1	—	7.3	—	14.5	—	16.1
2005		—	2.3	—	13.3	—	8.2	—	10.2
2006		—	2.0	—	3.6	—	2.6	—	1.0
2007		—	4.6	—	6.2	—	5.3	—	7.4
2008		—	7.2	—	18.7	—	18.3	—	22.4
2009		—	-0.4	—	1.6	—	-3.4	—	-8.0
2010		—	3.0	—	2.0	—	9.0	—	9.5
2011		—	5.2	—	9.4	—	8.1	—	7.5
2010	1	2.0	2.0	-0.2	-0.2	3.2	3.2	5.3	5.3
	2	2.9	2.4	1.7	0.2	4.6	3.9	5.2	5.2
	3	1.9	2.3	2.6	1.0	7.9	5.2	9.0	6.5
	4	2.1	2.2	2.1	1.3	10.3	6.5	11.9	7.8
	5	1.9	2.2	2.5	1.5	12.0	7.6	13.6	9.0
	6	2.1	2.1	1.0	1.4	11.1	8.2	10.7	9.3
	7	2.6	2.2	0.9	1.3	10.0	8.4	8.9	9.2
	8	3.1	2.3	1.6	1.4	8.5	8.5	6.8	8.9
	9	3.3	2.4	1.3	1.4	8.0	8.4	8.2	8.8
	10	4.5	2.6	2.7	1.5	8.7	8.4	10.3	9.0
	11	5.3	2.9	4.3	1.8	11.8	8.7	12.1	9.3
	12	4.6	3.0	4.8	2.0	11.5	9.0	12.3	9.5
2011	1	4.9	4.9	5.0	5.0	10.7	10.7	10.8	10.8
	2	4.9	4.9	5.7	5.4	10.4	10.6	10.4	10.6
	3	5.1	5.0	5.5	5.4	10.1	10.4	9.9	10.4
	4	4.5	4.8	8.6	6.2	8.9	10.0	7.6	9.7
	5	5.0	4.9	9.9	7.0	8.1	9.6	7.2	9.2
	6	5.9	5.0	11.5	7.7	8.7	9.5	7.4	8.9
	7	6.2	5.2	12.7	8.4	9.2	9.4	8.4	8.8
	8	5.9	5.3	12.4	8.9	9.1	9.4	8.9	8.8
	9	6.2	5.4	12.4	9.3	8.6	9.3	7.6	8.7
	10	5.7	5.4	11.4	9.5	7.6	9.1	6.7	8.5
	11	4.2	5.3	9.0	9.5	4.1	8.6	3.9	8.0
	12	4.2	5.2	8.2	9.4	2.9	8.1	2.3	7.5

数据来源：山西月度统计。

表3 2011年山西省主要经济指标

	1月	2月	3月	4月	5月	6月	7月	8月	9月	10月	11月	12月
绝对值（自年初累计）												
地区生产总值(亿元)	—	—	2 200.9	—	—	5 134.3	—	—	7 906.5	—	—	11 100.2
第一产业	—	—	84.3	—	—	258.2	—	—	502.6	—	—	641.4
第二产业	—	—	1 277.3	—	—	2 944.5	—	—	4 557.9	—	—	6 577.8
第三产业	—	—	839.3	—	—	1 931.6	—	—	2 846.0	—	—	3 880.9
固定资产投资(亿元)	—	104.5	475.6	892.0	1 440.2	2 217.3	2 941.9	3 703.8	4 490.6	5 264.3	6 000.0	7 137.7
房地产开发投资	—	12.1	53.5	99.7	159.3	250.7	330.6	411.7	494.8	573.6	656.0	789.9
社会消费品零售总额(亿元)	—	236.9	888.3	487.5	628.6	1 803.9	900.3	1 035.5	2 752.4	1 337.5	1 490.3	3 773.6
外贸进出口总额(万美元)	123 485	205 785	357 291	482 169	598 714	714 470	828 227	955 202	1 087 363	1 204 384	1 323 817	1 475 981
进口	86 718	133 999	231 555	308 174	373 185	440 866	508 525	586 270	674 899	755 184	838 692	933 158
出口	36 767	71 786	125 737	173 995	225 529	273 604	319 702	368 931	412 465	449 200	485 124	542 823
进出口差额(出口-进口)	-49 951	-62 213	-105 818	-134 179	-147 656	-167 262	-188 823	-217 339	-262 434	-305 984	-353 568	-390 335
外商实际直接投资(万美元)	17 013	23 377	31 927	48 663	65 594	87 504	101 315	113 727	130 141	148 345	163 617	207 278
地方财政收支差额(亿元)	-10.2	1.2	-37.5	-65.8	-100.9	-183.1	-216.6	-260.2	-450.2	-523.7	-675.1	-1 155.7
地方财政收入	111.6	176.4	319.9	418.4	521.4	677.4	791.1	900.2	983.5	1 074.0	1 139.6	1 213.2
地方财政支出	121.8	175.1	357.4	484.3	622.3	860.5	1 007.8	1 160.4	1 433.8	1 597.7	1 814.7	2 368.9
城镇登记失业率(%)（季度）	—	—	—	—	—		—	—	—	—	—	—
同比累计增长率（%）												
地区生产总值	—	—	12.8	—	—	13.3	—	—	13.2	—	—	13.0
第一产业	—	—	3.7	—	—	3.8	—	—	4.9	—	—	5.9
第二产业	—	—	16.7	—	—	17.3	—	—	17.4	—	—	16.5
第三产业	—	—	8.5	—	—	9.1	—	—	8.5	—	—	8.6
工业增加值	14.7	16.5	16.8	18.4	18.5	19.4	19.8	19.5	19.3	18.9	18.1	17.9
固定资产投资	—	30.9	29.6	31.6	32.2	33.3	33.7	33.1	31.1	30.4	28.7	28.1
房地产开发投资	—	32.1	31.7	29.7	32.4	33.7	34.4	34.8	34.5	34.6	34.6	33.4
社会消费品零售总额	—	—	17.0	—	—	17.5	—	—	17.7	—	—	17.6
外贸进出口总额	64.2	37.2	43.8	40.8	29.7	22.8	19.0	21.3	19.6	18.3	15.9	17.4
进口	87.4	38.1	42.2	35.2	26.4	20.6	17.0	19.9	18.6	18.0	17.1	18.5
出口	27.0	35.6	46.9	52.0	35.6	26.6	22.4	23.7	21.2	18.9	13.7	15.4
外商实际直接投资	81.2	19.1	32.4	59.2	51.0	60.8	43.3	43.0	39.6	18.9	12.3	37.3
地方财政收入	22.5	22.6	27.9	29.1	31.7	29.6	31.9	36.2	33.1	31.7	29.1	25.1
地方财政支出	106.6	20.9	39.9	33.4	31.9	20.7	24.6	22.9	20.9	24.4	24.1	22.8

注：社会消费品零售总额（除季度数外）为限额以上企业消费品零售额，季度数为全部企业消费品零售额。

数据来源：山西月度统计。

2011年内蒙古自治区金融运行报告

中国人民银行呼和浩特中心支行货币政策分析小组

[内容摘要] 2011年，面对极为复杂的国内外环境，内蒙古深入贯彻落实国家各项宏观调控政策措施，着力调结构、转方式、惠民生、促和谐，经济运行呈现出增长稳定、质量提高、结构改善的良好态势。内需保持稳定增长，对外贸易持续向好，产业结构调整加快，可持续发展能力全面提升，民生状况明显改善，“富民强区”战略得以顺利实施。

金融业发展势头良好，银行业稳健经营，信贷增长回归常态；证券业、保险业持续健康发展，保险保障功能日益增强；金融市场交易活跃，融资结构明显改善；金融生态环境建设取得新进展。

2012年是实施“十二五”规划承上启下的重要一年，内蒙古将按照“发挥优势、稳中求进、转型升级”的总原则，坚持稳增长与调结构并举，坚持惠民生与促发展并重，坚持聚内力与借外力结合，促进区域协调发展；认真贯彻落实稳健的货币政策，积极拓宽融资渠道，全面提升金融服务水平，推动内蒙古经济又好又快发展。

一、金融运行情况

2011年，面对国内外复杂多变的形势，内蒙古金融业将贯彻落实稳健的货币政策与支持地方经济发展紧密结合，存款保持平稳增长，信贷增长向常态回归，金融改革稳步推进，融资功能日益增强，金融生态环境继续优化。

（一）银行业发展稳健，信贷增长向常态回归

1. 银行业资产规模持续扩大，质量效益显著提高。2011年，银行业资产规模快速增长，盈利能力不断增强，资产和利润分别增长24.2%和36.6%（见表1）；不良贷款保持“双降”，中间业务收入占比明显上升，拨备覆盖率同比提高58.8个百分点。地方法人金融机构存贷比和流动性比率保持合理水平，风险防控和抵御能力进一步提升。新型农村金融机构发展迅速，村镇银行机构数达55家。全区首家法人财务公司——包钢集团财务有限公司获批成立。

表1　2011年内蒙古银行业金融机构情况

机构类别	营业网点			法人机构（个）
	机构个数（个）	从业人数（人）	资产总额（亿元）	
一、大型商业银行	1 593	40 076	6 847	0
二、国家开发银行和政策性银行	85	2 054	1 986	0
三、股份制商业银行	44	1 810	1 486	0
四、城市商业银行	240	8 839	2 730	4
五、农村合作机构	2 276	27 061	2 578	93
六、财务公司	2	34	31	1
七、信托公司	2	243	24	2
八、邮政储蓄银行	387	3 498	506	0
九、外资银行	1	28	8	0
十、新型农村金融机构	58	1 461	108	44
合　计	4 488	85 104	16 304	144

注：营业网点不包括总部。农村合作机构包含农村信用社、农村合作银行及农村商业银行。新型农村金融机构包括村镇银行、贷款公司和农村资金互助社三类机构。

数据来源：中国人民银行呼和浩特中心支行、内蒙古银监局、内蒙古金融办。

2. 存款增速“前高后低”，新增存款“一升两降”。2011年，人民币各项存款余额为12 063.7亿元，存款增速呈“前高后低”走势，年末达17.4%（见图1）。新增存款同比少增136.4亿元。分类看，个人存款、单位存款和财政性存款新增额占比呈“一升两降”的态势。存款变化的主要原因是：上半年，受存款准备金率和存贷款基准利率上调的影响，居民储蓄意愿有所增强；下半年，物价持续上涨，股市、楼市持续低迷，居民投资购买黄金、白银等金融理财产品的意愿明显上升；同时，第三

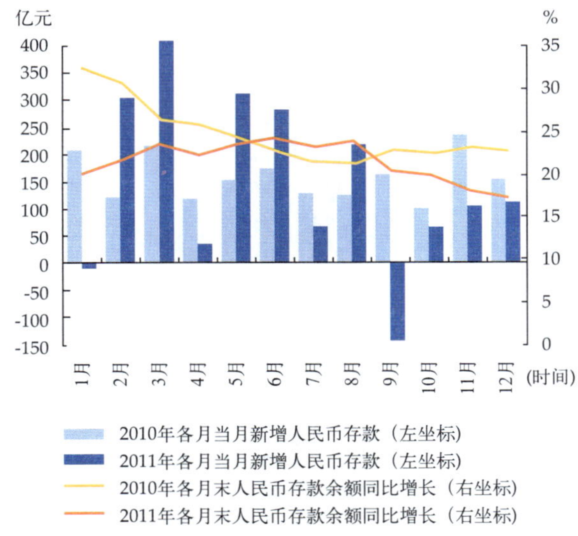

数据来源：中国人民银行呼和浩特中心支行。

图1 2010～2011年内蒙古金融机构人民币存款增长变化

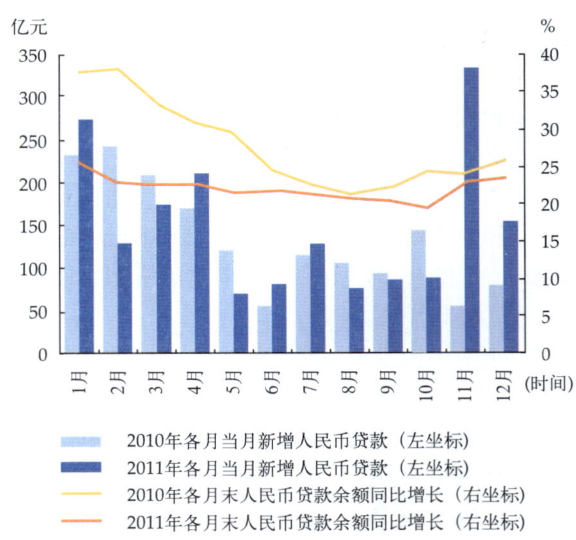

数据来源：中国人民银行呼和浩特中心支行。

图2 2010～2011年内蒙古金融机构人民币贷款增长变化

季度正值生产旺季，企业用款需求增多，加之财政对民生领域的投入加大，导致企业存款和财政存款同比少增。

3. 信贷增长回归常态，贷款结构逐步优化。2011年，稳健的货币政策成效显著，人民币各项贷款余额为9 727.7亿元，增长23.6%，同比下降2.3个百分点，贷款增长逐步回归常态，全年新增贷款为1 866.2亿元，同比多增239.2亿元，季度投放比为31.0：22.6：15.5：30.9，呈U形走势，投放节奏较上年更加均衡（见图2和图3）。

信贷投向体现“有扶有控”原则，结构逐步优化。新增中长期贷款占比为50.0%，同比下降23.2个百分点，期限结构改善有利于避免短存长贷风险。围绕自治区四大基地和“双百亿工程”建设，继续加大对非资源型产业和战略性新兴产业的信贷支持力度，第三产业贷款增长22.9%。灵活运用支农再贷款、再贴现等工具，有效地满足了“三农三牧”的合理资金需求，涉农贷款和县域贷款分别增长27.8%和18.6%。以“促进中小企业政策落实年”各项活动为契机，积极改善中小企业金融服务，中小企业贷款增长41.2%，新增中小企业贷款占比为64.2%。大力发展民生金融，充分发挥金融对保障性安居工程建设的支持作用，保障性住房贷款增长26.1%。稳步推进“小额贷款+创业培训+信用社

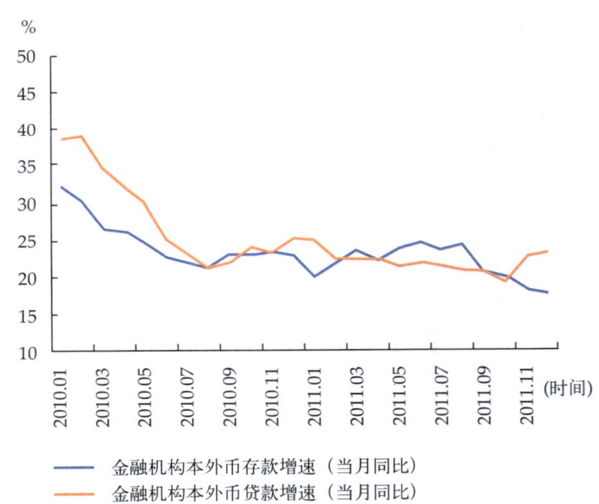

数据来源：中国人民银行呼和浩特中心支行。

图3 2010～2011年内蒙古金融机构本外币存、贷款增速变化

区”长效联动机制建设，完善对返乡农牧民、高校毕业生、大学生“村官”、零就业家庭的金融服务，配合“富民强区”战略的实施。

4. 贷款利率总体走高，定价能力稳步提升。2011年，受中央银行六次上调存款准备金率、三次上调存贷款基准利率等因素的影响，银行体系流动性过剩格局明显改善，一些时点出现流动性趋紧状

况，贷款利率总体走高，金融机构贷款加权平均利率为9.3%，同比上升1.6个百分点。金融机构综合考虑贷款成本、收益和风险及市场供求关系，实行差别定价的能力进一步增强，执行利率上浮的贷款占比为67.2%，同比上升 9.4个百分点。随着利率市场化进程的不断推进，金融机构积极扩大内部定价与Shibor的综合运用范围，利率定价机制建设逐步完善（见表2）。

5. 金融机构改革不断深化，农村金融改革成效显著。2011年，5家国有商业银行分行加快转型，优化内部管理，加大创新力度，不断提高市场竞争力，不良贷款率同比下降0.3个百分点，中间业务收入占比同比提高3个百分点。中小金融机构发展迅速。中国民生银行呼和浩特分行正式挂牌成立。包商银行坚持“取之于地方，用之于地方”的服务理念，已在区内外设立14家分行、28家村镇银行和1家贷款公司。内蒙古银行首次在哈尔滨设立分行，实现跨区域发展的新突破。农村金融改革取得新进展，全区93家农村合作金融机构全部完成专项中央银行票据兑付，兑付额达16.3亿元，资产规模和盈利水平显著提高，分别增长34.3%和64.9%。县域金融机构深入推进“一县一品”信贷政策产品化工作，创新信贷产品56种，有效地满足了“三农三牧”的多元化需求。

6. 跨境贸易人民币结算稳步扩大，参与主体不断增加。截至2011年年末，全区累计办理跨境贸易人民币结算业务15 521笔，结算金额为158.8亿元，有319家进出口企业参与跨境人民币结算业务，覆盖辖区12个盟市，13家商业银行的68个分支机构办理了跨境人民币结算业务，与区内企业发生跨境人民币结算业务的境外区域已拓展至25个国家和地区。其中，蒙古为我区最大的跨境人民币结算国，对蒙古结算量占比达77.9%。

表2 2011年内蒙古金融机构人民币贷款各利率区间占比

单位：%

月份		1月	2月	3月	4月	5月	6月
合计		100.0	100.0	100.0	100.0	100.0	100.0
[0.9～1.0)		15.8	12.6	9.0	12.4	5.0	4.7
1.0		22.9	20.4	26.9	21.1	37.1	31.6
上浮水平	小计	61.3	67.0	64.1	66.5	57.9	63.7
	(1.0～1.1]	7.2	9.7	10.4	9.1	17.3	19.3
	(1.1～1.3]	5.0	8.5	9.7	8.2	11.2	14.4
	(1.3～1.5]	5.5	5.4	4.0	6.3	5.5	5.9
	(1.5～2.0]	16.8	15.9	14.3	16.0	8.1	10.1
	2.0以上	26.8	27.5	25.7	26.9	15.8	14.0
月份		7月	8月	9月	10月	11月	12月
合计		100.0	100.0	100.0	100.0	100.0	100.0
[0.9～1.0)		5.8	8.2	4.5	4.6	3.1	1.5
1.0		24.5	25.4	26.3	30.6	21.7	23.4
上浮水平	小计	69.7	66.4	69.2	64.8	75.2	75.1
	(1.0～1.1]	14.7	12.9	16.6	15.4	18.5	14.4
	(1.1～1.3]	14.9	11.9	15.3	14.3	11.4	14.5
	(1.3～1.5]	5.7	10.3	6.3	4.4	5.8	6.2
	(1.5～2.0]	13.4	10.6	10.3	11.4	12.0	13.8
	2.0以上	21.0	20.7	20.7	19.3	27.5	26.2

数据来源：中国人民银行呼和浩特中心支行。

专栏1 草场承包经营权质押贷款助推草原经济实现可持续发展

为推动内蒙古畜牧业发展，改善农牧民生产和生活，农村信用社等金融机构相继开办了草场承包经营权质押贷款业务，促进了草原的保护和建设，对边牧地区信用环境的改善和民间借贷行为的规范起到了积极作用，取得了明显成效。

一、草场承包经营权质押贷款发放情况

内蒙古拥有13亿亩天然草原，主要分布于锡林郭勒盟和呼伦贝尔市境内。锡盟自1983年开始实施草场承包经营。截至目前，锡盟地区共有5.5万户牧户承包草场，占牧业人口的21%。发放草场承包经营权质押贷款的主要是中国农业银行、农村信用社和农村合作银行三家金融机构。截至2011年，中国农业银行此类贷款余额为910万元，共计194户牧户；农村信用社和农村合作银行此类贷款余额为 45 547万元，共计 19 061户。其中，形成不良贷款户数为185户，贷款金额为717万元，质押草场面积共计5 320万亩。目前，呼伦贝尔市草场承包经营面积为 7 336万亩，占全部草场面积的

53.9%；草场承包户为19 191户，占全部牧民的比例为69.3%。当地发放草场承包经营权质押贷款的金融机构主要为农村信用社和中国农业银行，鄂温克旗境内的包商村镇银行也发放此类贷款。目前已发放草场承包经营权质押贷款约2亿元，质押草场面积为2 870万亩，不良贷款为126万元，不良率为0.7%。

目前，牧户以草场证直接作为质押物申请贷款的模式较为普遍，具体操作模式是主要按照农户小额信用贷款和农户联保贷款两种信贷业务开展。锡盟地区草场承包经营权质押贷款发展较缓慢，贷款额度以3万元和5万元为主，1年期居多。其中，中国农业银行规定，草场承包经营权质押贷款可流转使用，最长使用期限可达3年，审核放贷周期为7天左右。呼伦贝尔市开展草场承包经营权质押贷款较晚，但发展速度较快，目前有75%的承包户申请到了草场承包经营权质押贷款，贷款额度为0.5万～30万元不等，平均贷款期限为1～3年。各家金融机构针对草场承包经营权质押贷款的开展均有明确的操作规程，但都要求牧民将草场证直接用于质押，审核放贷周期为3～7天，最长不超过15天。

二、发放草场承包经营权质押贷款取得明显成效

经济效益。一是有效地缓解了牧民无抵押品难以融资的困难，调动了其发展生产的积极性。取得了资金的牧户一方面受改善生产和生活水平的内在动力的激励，另一方面受按期偿还贷款的外在压力的驱动，发展生产的积极性明显提高。二是提高了牧民收入，促进了畜牧业的发展。承包户融资的用途主要是扩大生产、提高生活质量、购买牲畜、购置饲草、建棚圈、打井等，促进了畜牧业的持续稳定发展，牧民收入也得到了显著提高。

生态效益。草场承包经营权质押贷款的开展起到了改善草场质量、保护和建设草原的积极作用。据调查，呼伦贝尔市牧民取得贷款后用于基础设施建设、植被恢复和草场改良等方面的投入增加了32.3%，有效地遏制了草原生态的持续恶化。

社会效益。一是有利于边牧地区信用环境的改善。广大牧民切实认识到诚实守信的重要性，形成了牧户争当信用户的良好环境。二是有利于维护地方金融稳定，抑制了民间借贷行为的无序发展。

（二）证券交易有所下降，上市公司发展加快

1. 证券期货机构稳步发展，股票交易有所下降。2011年，证券期货公司积极完善法人治理结构，业务不断壮大，抗风险能力逐步增强，全区设有1家期货公司、2家法人证券公司和56家证券营业部（见表3）。因股指震荡下行，股市交易量下降11.9%，证券公司营业收入和利润总额分别下降46.1%和1.0倍。

2. 股票融资大幅增加，上市公司发展加快。2011年，22家境内上市公司经营持续向好，累计募集资金502.8亿元，总市值增长15.3%。其中，君正能源、东宝生物IPO融资31.6亿元。上市公司后备资源发展加快，1家企业拟挂牌上市，3家企业已报送首发上市申请材料，2家企业进入上市辅导期。

表3　2011年内蒙古证券业基本情况

项目	数量
总部设在辖内的证券公司数（家）	2
总部设在辖内的基金公司数（家）	0
总部设在辖内的期货公司数（家）	1
年末国内上市公司数（家）	22
当年国内股票（A股）筹资（亿元）	32
当年发行H股筹资（亿元）	0
当年国内债券筹资（亿元）	197
其中：短期融资券筹资额（亿元）	30

数据来源：内蒙古证监局。

（三）保险业持续健康发展，保障服务功能日益增强

1. 保险市场体系日益完善，保险机构经营效益显著提高。2011年，保险业发展势头良好，全区保险机构有1 765家，保险从业人员有8.4万人，保费收入增长15.6%，高于全国5.0个百分点，产寿险业务比为52：48；累计赔付支出增长19.8%，保险密度同比提高54元/人（见表4）。产险公司经营效益持续向好，承保利润增长1.1倍，承保利润率达12.0%，同比提高4.6个百分点。

2. 保险保障功能不断健全，险种结构明显改善。财产险各险种协调发展，车险与非车险保费收入分别增长21.1%和21.9%，交强险与商业险保持稳定增长；农业险的支农惠农作用进一步增强，保费收入达17亿元，排名全国第二，承担风险责任226.2亿元，受益农户达268.7万户。人身险业务结构调整成效显著，缴费结构趋于合理，渠道结构不断优化，个人代理渠道占比同比提高3.4个百分点，银邮渠道新单期缴费率达28.1%。

表4　2011年内蒙古保险业基本情况

项目	数量
总部设在辖内的保险公司数（家）	0
其中：财产险经营主体（家）	0
人身险经营主体（家）	0
保险公司分支机构（家）	32
其中：财产险公司分支机构（家）	17
人身险公司分支机构（家）	15
保费收入（中外资，亿元）	230
其中：财产险保费收入（中外资，亿元）	120
人身险保费收入（中外资，亿元）	110
各类赔款给付（中外资，亿元）	71
保险密度（元/人）	926
保险深度（%）	2

数据来源：内蒙古保监局。

（四）金融市场交易活跃，直接融资渠道拓宽

2011年，融资结构逐步改善，票据市场交易活跃，民间借贷总体平稳。

1. 直接融资占比上升，债券融资方式呈多元化。2011年，全区非金融机构通过贷款、债券和股票共融资2 105.7亿元（见表5），直接融资和间接融资比为10.85：89.15，直接融资占比同比上升1.3个百分点。债券融资方式呈多元化，4家企业发行短期融资券30亿元，4家企业发行中期票据97亿元，6家企业发行企业债70亿元，债券融资规模达197亿元。

表5　2001～2011年内蒙古非金融机构部门贷款、债券和股票融资情况

单位：亿元、%

年份	融资合计	比重		
		贷款	债券（含可转债）	股票
2001	166.4	77.3	2.4	20.4
2002	200.1	91.0	0	9.0
2003	274.2	97.1	0	2.9
2004	389.5	86.2	9.3	4.6
2005	464.4	92.5	6.5	1.0
2006	664.8	94.0	6.0	0
2007	690.0	81.6	3.8	14.6
2008	1 025.5	85.9	7.9	6.2
2009	1 935.9	95.0	5.0	0
2010	1 776.1	90.5	9.2	0.3
2011	2 105.7	89.1	9.4	1.5

数据来源：中国人民银行呼和浩特中心支行、内蒙古证监局。

2. 银行间市场交易有所下降，拆借利率在波动中上升。2011年，银行间债券市场累计成交11 821.3亿元，同比下降9.7%。质押式回购是债券交易的主要方式，交易量占比达69.1%，买断式回购和现券交易分别下降23.7%和0.2%。银行间网上同业拆借仅有包商银行和内蒙古银行参与交易，交易量下降68.1%。受融资量下降、通货膨胀预期上升和宏观调控政策等因素影响，同业拆借利率在波动中呈上升态势。

3. 票据融资大幅增加，贴现利率持续走高。2011年，为加快资金周转，及时满足企业流动性需求，商业银行票据业务发展迅速，全年累计签发银行承兑汇票2 896.5亿元，增长64.7%；办理商业汇票贴现1 274.0亿元，增长48.6%（见表6）。受货币市场和票据市场供求变化等因素影响，票据市场利率总体处于高位（见表7）。

4. 民间借贷保持活跃，融资领域相对集中。2011年，在信贷资金趋紧的形势下，民间借贷保持

表6　2011年内蒙古金融机构票据业务量统计

单位：亿元

季度	银行承兑汇票承兑		贴现			
			银行承兑汇票		商业承兑汇票	
	余额	累计发生额	余额	累计发生额	余额	累计发生额
1	1 117.2	561.9	86.0	280.1	0.2	0.2
2	1 340.3	1 424.6	64.2	647.9	0.3	0.5
3	1 515.4	2 188.8	75.7	970.9	8.5	0.7
4	1 362.6	2 896.5	83.9	1 273.1	0.2	0.9

数据来源：中国人民银行呼和浩特中心支行。

表7　2011年内蒙古金融机构票据贴现、转贴现利率

单位：%

季度	贴现		转贴现	
	银行承兑汇票	商业承兑汇票	票据买断	票据回购
1	7.11	7.19	5.53	5.87
2	7.14	6.35	5.50	5.99
3	9.33	7.35	8.10	6.98
4	10.85	7.31	8.07	7.21

数据来源：中国人民银行呼和浩特中心支行。

活跃，借贷总量持续扩大，借贷利率相对平稳，借贷资金主要集中在煤炭、房地产、化工等领域。对990户农牧户和企业的监测显示，民间借贷加权平均利率为26.6%。

（五）金融生态环境建设取得新进展

2011年，内蒙古“一行三局”联合出台《内蒙古金融业贯彻落实国发21号文实施意见》，引导金融机构充分发挥现代金融的核心作用，推动内蒙古经济实现又好又快发展。以“两管理、两综合”为抓手，深入推进三级行风险监测联动模式和四位一体风险监测框架建设，高度关注民间融资风险，有效维护金融稳定。信用体系建设取得阶段性成果，为13.7万户企业和1 030万个自然人建立了信用档案。稳步推进中小企业和农村信用体系建设，征集中小企业信用信息33 410户，为240万农户建立了信用档案，并将锡盟农村青年信用示范户试点推广至全区，创新采用“贷款优先、额度放宽、手续简便、利率优惠、期限延长”的信贷模式，有效缓解农牧区青年创业融资难。积极改善农牧区支付环境建设，农牧民银行卡特色服务实现乡镇全覆盖，通过惠农卡和“惠农一卡通”发放财政补贴109亿元，惠及411万户农牧民。多方联动，加大反洗钱、反假币知识宣传普及力度，严厉打击上游犯罪和非法集资，积极构建和谐的金融生态环境。

二、经济运行情况

2011年，面对国内外复杂严峻的形势，内蒙古深入贯彻落实国家各项宏观调控政策，坚持“富民强区”的发展思路，积极调结构、促转变、惠民生，经济运行总体上呈现增长稳定、质量提高、结构改善的良好态势。全年地区生产总值达14 246.1亿元，增长14.3%（见图4），高于全国增幅5.1个百分点，人均地区生产总值达57 515元，同比增长13.8%。

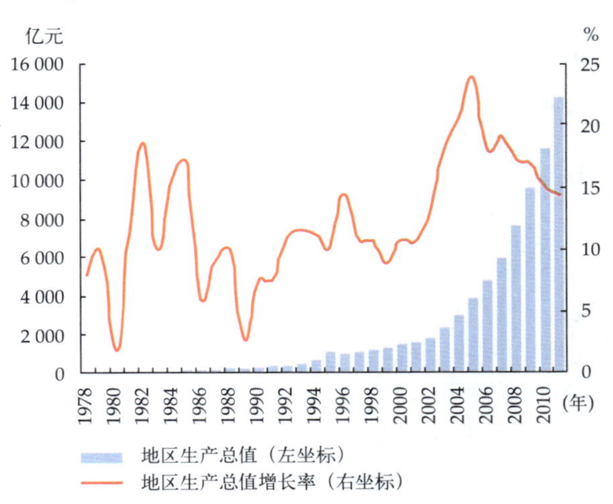

数据来源：内蒙古统计局。

图4　1978～2011年内蒙古地区生产总值及其增长率

（一）经济发展的内生动力明显增强，内外需求动力渐趋平衡

1. 投资实现历史性跨越。2011年，全社会固定资产投资额超万亿元，达10 900.1亿元，增长21.5%（见图5）。以高新技术行业和机械装备制造业为代表的六大特色产业投资增势强劲，累计完成投资4 651.7亿元，占全区工业固定资产投资的92.4%。民间投资活力增强，在固定资产投资中的比重不断上升；私人控股企业投资增长38.5%，占50万元以上固定资产投资额的51%；投资增长方式发生重要

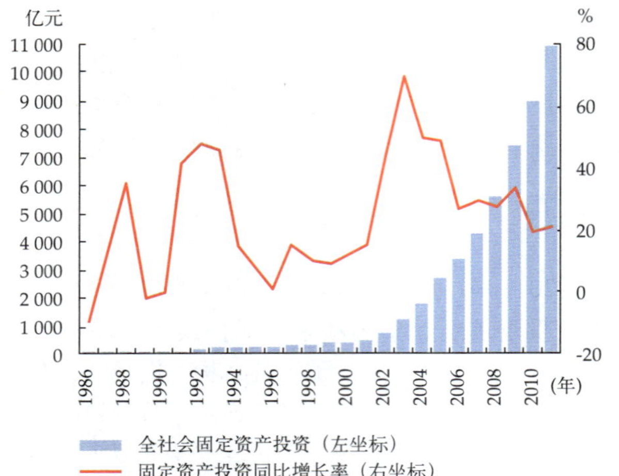

数据来源：内蒙古统计局。

图5　1986～2011年内蒙古固定资产投资及其增长率

转型，第三产业投资首超工业投资并突破5 000亿元。

2. 消费品市场保持活跃，居民收入增长加快。2011年，在“民生优先”发展理念的指导下，随着“十二件实事”和“十项民生工程”的逐步落实以及各项惠农政策的不断深化，居民消费意愿明显增强。全区社会消费品零售总额为3 991.7亿元，增长18%，高于全国增幅0.9个百分点（见图6）。其中，乡村市场消费增速高于城市0.4个百分点，城乡统筹协调发展成效显现；分类别看，汽车仍是消费热点，销售总额达409.0亿元，增长14.4%。

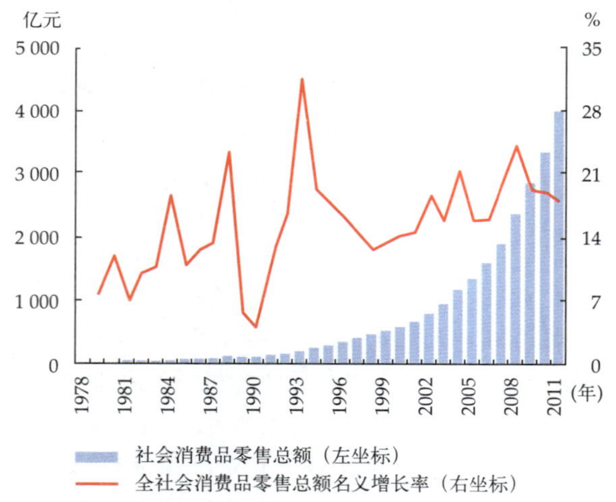

数据来源：内蒙古统计局。

图6　1978～2011年内蒙古社会消费品零售总额及其增长率

居民收入增长加快。随着各项惠民政策的不断出台，城镇居民人均可支配收入为20 408元，增长15.3%，高于上年同期增速3.6个百分点；受益于农牧业再获丰收、结构性用工短缺以及惠民惠牧补贴力度扩大等因素，农牧民人均纯收入为6 642元，增长20.1%。

3. 对外贸易实现新跨越，经济区域合作增强。2011年，内蒙古积极调整出口产品结构，大力发展服务贸易，不断强化满洲里和二连浩特市开发开放试验区建设，与俄蒙两国在能源、交通等领域的合

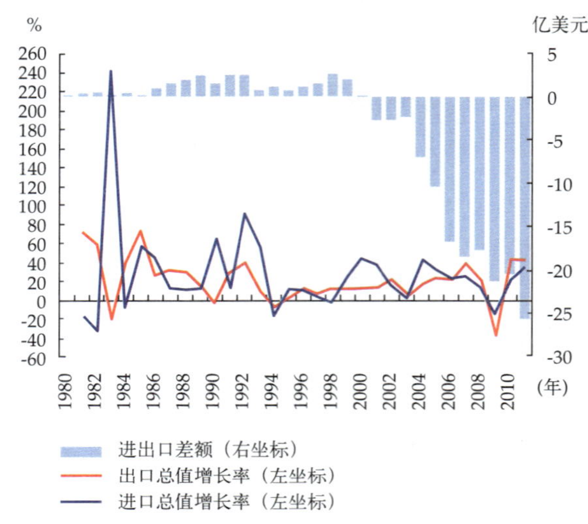

数据来源：内蒙古统计局。

图7　1980～2011年内蒙古外贸进出口变动情况

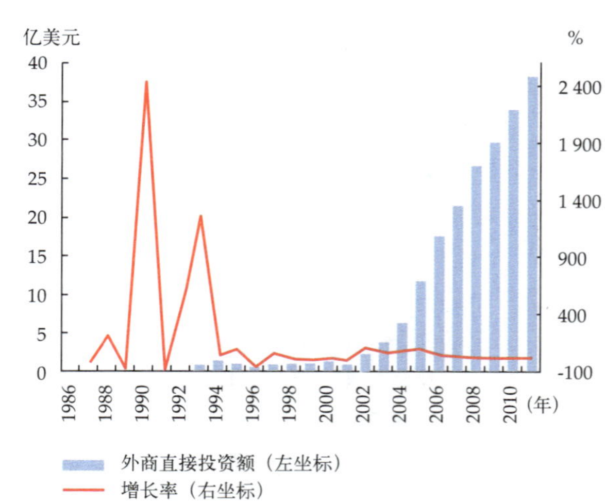

数据来源：内蒙古统计局。

图8　1986～2011年内蒙古外商直接投资情况

作得到加强，对外贸易首次突破百亿元，达119.4亿美元，增长36.8%。其中，进口、出口额分别增长34.5%和40.6%，贸易逆差为25.6亿美元（见图7）。区域合作不断深化，与多个省、直辖市签署多项合作协议，实施招商引资项目1 678项，引进区外资金2 839.5亿元（见图8）。“走出去”战略加快实施，全年批准境外投资企业30家、股权变更增资项目15个。

（二）多级支撑产业体系建设成效明显，产业结构调整不断深入

2011年，全区以构建多元发展、多级支撑的现代产业体系为目标，积极推进特色优势产业延伸，加快培育发展战略性新兴产业、现代服务业等非资源性产业，产业结构进一步优化。三次产业的比重由上年的9.4：54.5：36.1调整为9.2：56.8：34.0（见图9）。

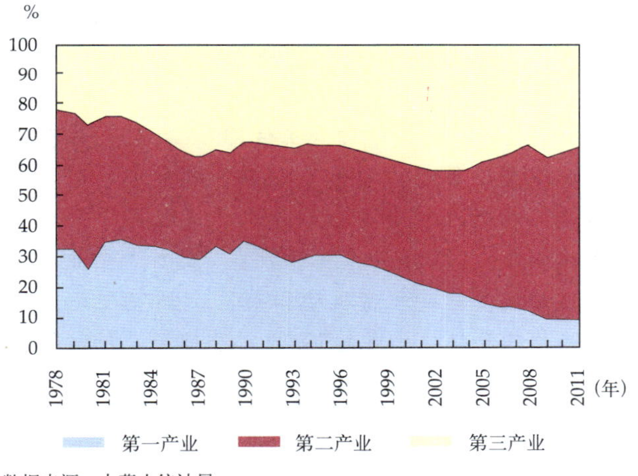

数据来源：内蒙古统计局。

图9　1978～2011年内蒙古三次产业结构分布

1. 农牧业产业化水平提升，粮食产量再获丰收。2011年全区农牧业以“增产、增收、增绿”为目标，大力推广设施农业、高效农业、现代畜牧养殖业，农牧业向规模化、效益化、现代化方向发展，逐步形成了以乳制品加工为龙头，粮食、羊绒、肉产业为支柱，优势产业、传统产业、特色产业多元发展的产业格局。全年粮食总产量达到477.5亿斤，再创历史新高。自治区级重点龙头企业达到403家，农牧业产业化销售收入达500万元以上的加工企业有1 779家，销售收入和增加值分别增长9.9%和12.1%，农牧业产业化实现交易额775.1亿元。

2. 工业经济平稳增长，结构调整进展明显。2011年，全区规模以上工业增加值增长19%，高于全国增幅5.1个百分点（见图10）。经济效益显著提高，工业产销率达97.9%，同比提高0.3个百分点。规模以上企业实现利润1 835.2亿元。其中，轻工业、重工业对利润的贡献率分别达16.7%和83.3%。全区坚持实施“双百亿工程”和沿黄沿线产业带建设并举，积极调整产业结构。60个非资源型产业集群销售收入占规模以上工业的1/3，36个百亿元企业对经济增长的贡献率达21%，31个百亿元区对规模以上工业增长的贡献率达44.5%。

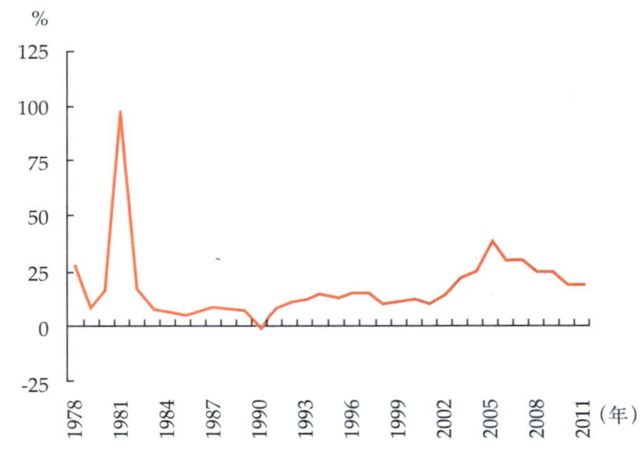

数据来源：内蒙古统计局。

图10　1978～2011年内蒙古规模以上工业增加值实际增长率

3. 服务业发展水平进一步提升。2011年，全区服务业增加值为4 849.1亿元，增长11%，对GDP的贡献率达27.9%。商贸流通业较为活跃，批发业和零售业销售额分别增长23.7%和22%；文化旅游产业蓬勃发展，入境和国内旅游人数分别增长6.1%和15.6%，旅游外汇收入增长6.7亿美元，国内旅游收入增长22.3%；高科技项目的发展取得新进展，中国移动、中国电信、中国联通三大电信运营商云计算数据中心项目均已落地呼和浩特，形成高端服务业的新优势。

专栏2　改善农村牧区支付服务环境建设成效显著

一、合理规划，确定贴合区情的工作思路

内蒙古地处北疆，土地总面积为118.3万平方公里，全区总人口为2 413.73万人，共辖101个旗县（区）。与全国大部分省区相比，农村牧区距离金融服务条件较好的城镇远，农村牧区金融需求难以满足，改善农村牧区支付环境成本高、困难多。为此，自治区政府成立了农村牧区支付服务环境建设领导小组，制定了《关于全面推动农村牧区支付服务环境建设的指导意见》，确定了"政府推动、扶持引导、分解目标、稳步推进"的总体思路，明确了相关部门的职责和任务。中国人民银行呼和浩特中心支行制定了《关于改善内蒙古农牧区支付服务环境的方案》，进一步细化了工作任务和目标。

二、政策支持，在全国率先实行金融机具下乡财政补贴政策

2010年，自治区政府在全国率先出台了对各类金融机具下乡实行专项补贴政策，对金融机构在旗县以下乡镇（苏木）、村（嘎查）每新增一台ATM机，一次性补贴5万元；每新增一台POS机，一次性补贴100元；开办"流动银行"，一次性补贴3万元。同时，鼓励盟市、旗县财政适当进行配套补贴，自治区财政计划3年内至少补贴资金3 500万元。2011年，中国人民银行呼和浩特中心支行配合自治区财政厅完成了2011年1 000万元财政补贴审核发放工作。同时，积极争取地方政府加大对农村牧区支付环境建设的支持力度，锡盟等部分地方政府出台了金融机具下乡资金补贴政策。2011年全区旗县以下农村牧区新增ATM机396台，布放量增长1.7倍；POS机新增1 152台，增长1.3倍。

三、优化服务，加快推动现代化支付系统在农村牧区的覆盖

中国人民银行积极提供政策支持，推动农村金融机构尽快接入现代化支付系统。2011年，为鄂尔多斯市康巴什村镇银行、乌拉特前旗大众村镇银行等23家涉农金融机构办理支付系统代理、账户及联网核查系统接入、票据制版、行名行号设置等工作。截至2011年年末，全区农村牧区银行业网点总数达2 353个，接入中国人民银行支付系统1 960个，县城乡镇合计接入比率达83.3%，是2009年的2.91倍；农信银支付清算系统的县城乡镇合计接入比率为100%，支付系统直通旗县乡镇工作取得明显成效。

四、倡导创新，建立完善多样化、便利化的支付结算渠道

一是农牧民工银行卡特色服务实现了乡镇全覆盖。截至2011年年末，业务量累计达41万笔，金额突破6亿元；通过惠农卡和"惠农一卡通"发放的财政补贴资金达到181.4亿元，涉及38类140余项补贴，436.1万户城乡居民受益。二是农副产品收购资金非现金结算试点工作进展顺利。2011年，呼伦贝尔地区的农发行对粮食收购企业的非现金结算比例达81.6%。阿荣旗国储粮收购资金通过非现金结算方式支付13.6亿元，卖粮农户非现金结算比例增长了1.6倍。锡林郭勒盟牲畜产品收购非现金支付试点工作成效显著，全年被调查的19家有代表性的牲畜产品加工企业共实现非现金结算牲畜收购和销售资金7.5亿元，占其收购和销售总量的55.2%。非现金支付结算工具的推广，有效地缓解了全区粮食、畜产品收购资金结算难题。三是为方便农牧民使用政府各项财政补贴资金，全面推动银行卡助农取款服务业务，2011年12月，中国农业银行赤峰敖汉旗支行完成4个商户的签约、挂牌，取现4笔，金额达3 000元，实现了全区助农取款业务零的突破。争取到2013年年末，银行卡助农取款服务在农村牧区旗县以下苏木乡镇的覆盖率达到100%；POS机在苏木乡镇、嘎查村的布放数量达到3 000台。四是指导农村信用社发行兼具小额循环信贷及借记功能的"福农卡"22万张，简便贷还手续，突破地域限制，方便农牧民。

（三）物价高位运行，通货膨胀压力加大

1. 居民消费价格呈倒V形变动态势。2011年前三个季度，内蒙古消费价格指数承接上年走高态势，屡创新高。随着各项稳物价措施的出台，物价在9月达到峰值后逐步回落趋稳，全年运行呈现出“两头缓、中间高”的特点（见图11）。食品价格高企是拉动物价上涨的主要原因，对物价的影响程度达71.4%。

2. 生产价格呈倒U形走势，农业生产资料价格涨幅较大。2011年，内蒙古生产价格增长先高后低，呈倒U形走势，工业生产者购进价格和出厂价格分别累计上涨6.1%和7.8%（见图11）。随着惠农政策的相继落实以及设施农业投入力度的加大，对农业生产资料的需求增加，直接带动农业生产资料价格大幅上涨，全年累计上涨6.3%，同比上升4.3个百分点。

3. 就业形势总体稳定，劳动力价格继续上升。2011年，内蒙古各级政府千方百计扩大就业，着力提高社会保障标准，不断完善社会保障体系。全年城镇新增就业26万人，10万多名应届、往届高校毕业生落实就业。城镇居民、农牧民工资性收入分别增长17.2%和 26.4%，城乡最低生活保障人均补贴标准分别增长13%和18%，企业职工养老金每人每月增加220元，涨幅高于全国5.6个百分点。

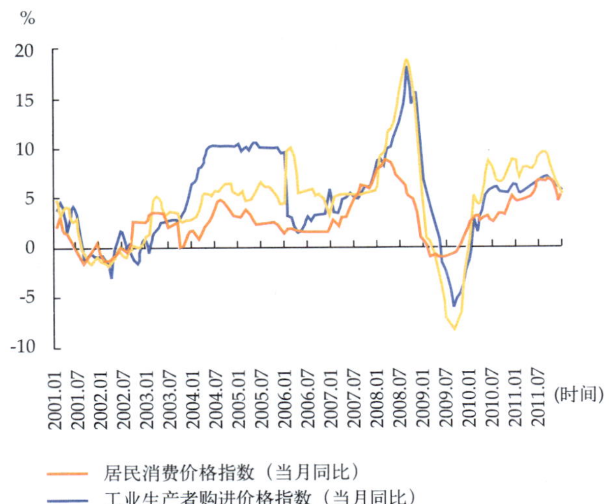

数据来源：国家统计局内蒙古调查总队。

图11 2001～2011年内蒙古居民消费价格和生产者价格变动趋势

4. 资源性产品价格改革深入推进。2011年，内蒙古积极稳妥推进资源性产品价格改革，促进经济发展方式转变，制定了电力多边交易市场建设方案；落实国电煤价格临时干预措施，提高发电企业的上网电价和网点的电价，缓解电价矛盾；完善资源节约和环境保护收费政策体系；建立控制主要污染物排放的长效机制，采用差别化收费政策，促进产业经济结构调整。

（四）财政收入实现历史性跨越，支持民生的力度加大

2011年，内蒙古坚持“富民与强区并重、富民优先”的战略，积极为民办好“十二件实事”和实施“十项民生工程”，不断加大对“三农三牧”和民生领域的投入，着力提高居民生活水平。全区地方财政收入达2 261.8亿元。其中，一般预算收入为1 356.7亿元，完成年度预算的116.5%；地方财政支出增长31.5%，主要用于产业结构调整和改善民生（见图12）。

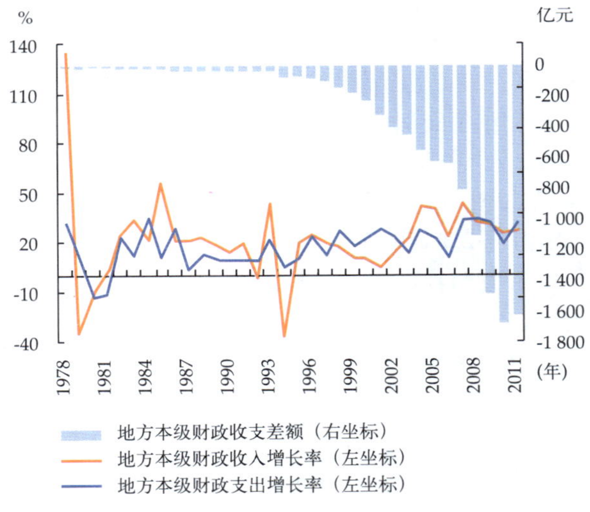

数据来源：内蒙古统计局。

图12 1978～2011年内蒙古财政收支状况

（五）节能减排深入推进，助推经济发展方式转变

2011年，全区强化节能减排问责制，积极推动以企业为主体、产学研相结合的节能减排技术创新与成果转化体系建设，重点推进“十大重点节能工程”、既有建筑改造等节能工程建设，加快完善城

镇污水处理和燃煤锅炉项目改造，全年淘汰水泥、炼铁、电石、铁合金等落后产能300万吨，完成建筑节能改造任务1 100万平方米，实施减排项目430个，重点流域水污染防治顺利通过国家考核。积极打造清洁能源基地，大力发展新能源。风电装机、上网电量再创历史新高，全年网内风电装机容量达到875万千瓦时，居全国之首。

（六）房地产市场运行平稳，差别化信贷政策效果明显

2011年，在国家一系列房地产调控政策的综合作用下，全区房地产市场出现积极变化，保障性住房投资增长加快，商品房销售增速有所回落，房贷结构明显改善。

1. 保障性住房投资步伐加快。全年房地产开发投资1 650.0亿元，增长47.3%，同比上升10.0个百分点。其中，保障性住房投资69.1亿元，增长70.3%；住宅投资增长42.2%。从资金来源看，自筹资金占83.4%，是房产投资的主要来源。

2. 商品房销售增速有所回落。全年住房供应基本平稳，房屋施工面积达1.6亿万平方米，增长42.2%。商品房销售增速逐步放缓，全年商品房销售额和销售面积分别增长27.8%和19.9%，同比分别下降2.7个和17.5个百分点。新建商品房价格涨幅呈回落态势，呼和浩特和包头新建住宅销售价格分别同比上涨2.3%和0.2%（见图13和图14）。

3. 房贷结构明显改善。随着房地产调控措施的相继落实，差别化信贷政策对改善房地产市场结构的效应明显。房地产开发贷款为322亿元，增长55.2%，其中，保障性住房开发贷款占比为37.3%，同比上升33.8个百分点；购房贷款增长42.1%，其中，个人购买经济适用房贷款增长59.6%，同比上升35.5个百分点。

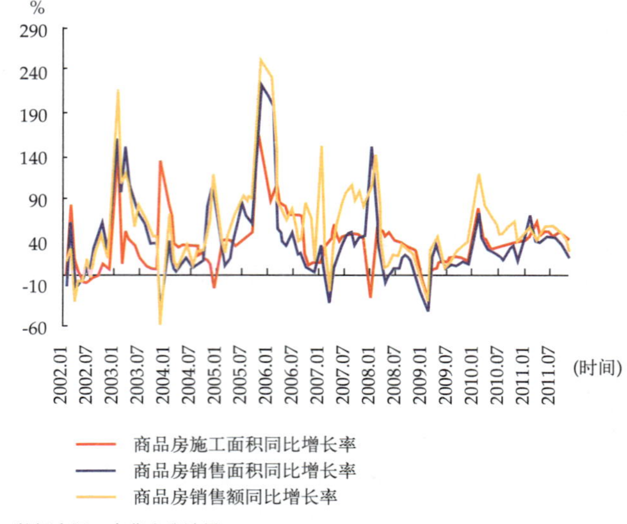

数据来源：内蒙古统计局。

图13　2002～2011年内蒙古商品房施工和销售变动趋势

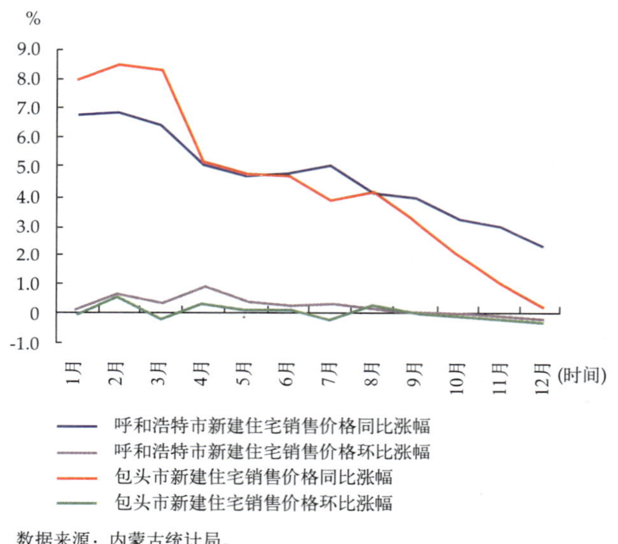

数据来源：内蒙古统计局。

图14　2011年呼和浩特和包头市新建住宅销售价格指数变动趋势

三、预测与展望

2012年是实施“十二五”规划承上启下的重要一年。当前内蒙古经济发展的机遇有：一是国发[2011]21号文件的逐步落实，为内蒙古经济社会发展提供了有力的政策支持。二是利用承接沿海地区产业转移的时机，促进产业结构进一步优化，夯实工业发展基础。三是从区域发展看，进入“十二五”期间，西部盟市依托西部大开发和沿黄经济带发展战略的推进，将继续保持较高的发展速度，东部五盟市整体进入快速发展阶段，发展环境正在不断改善，追赶蒙西的步伐提速，区域发展协调性增强将成为未来发展的持续动力。

在充分肯定利好因素的同时也要看到，当前内

蒙古经济发展的外部环境仍然极不稳定。当前我国经济在内外部因素的影响下，经济增长下行压力显现，出口增速有所放缓，财政税收、企业利润增长有所放慢，物价上涨压力仍然存在，部分行业产能过剩问题凸显，部分小微企业经营困难，内需增长放缓。从区内看，在固定资产投资、产业结构、物价、居民收入、节能减排等方面还存在制约经济持续平稳增长的突出矛盾和问题。

总体而言，尽管2012年影响经济可持续性、均衡性复苏的困难加大，但经济发展的抗风险能力、可持续发展能力也有所增强。综合各种因素，内蒙古经济将继续保持平稳增长势头，预计GDP增长率保持在13%左右。

2012年，内蒙古将继续认真贯彻落实稳健的货币政策，灵活运用多种政策工具管理流动性，引导信贷合理投放，适时适度进行预调微调，推动金融改革创新，注重信贷政策与产业政策的协调配合，加快信贷产品和服务方式创新，全面提升信贷政策导向力，加强金融市场管理和监督，促进自治区经济长期平稳较快发展。

中国人民银行呼和浩特中心支行货币政策分析小组
负责人：王景武　高兰根
统　稿：韩向国　王晓中　高晓芬
执　笔：张宇薇　伊丽琪　赵　平　付作忠　陈利军　刘效禹　赵　婧　乔海滨　杨铁牛
提供材料的还有：侯　伟　王禹人　赵　琳　李　岩　郭　瑶　闵德明　王　璐　库晓星

附录

（一）2011年内蒙古自治区经济金融大事记

1月4日，世界上首条年产40万平方米熔沙漠制晶的生产线在通辽市诞生。

2月22日，内蒙古君正能源化工股份有限公司首次公开发行A股股票在上海证券交易所挂牌。

3月2日，伊利集团完成温室气体排放量核查，成为国内首家完成温室气体排放量核查的企业。

3月7日，自治区党委、政府以自治区党委2011年1号文件的形式，印发《关于加快水利改革发展的实施意见》。

3月28日，自治区政府与河北省政府签署内蒙古临港产业园和港口码头建设合作协议，在河北省曹妃甸跨区域建设港口产业园，解决了没有出海港口的问题。

6月29日，国务院出台《关于进一步促进内蒙古经济社会又好又快发展的若干意见》（国发[2011]21号），中国人民银行联合内蒙古银监局、证监局、保监局出台《内蒙古金融业贯彻落实〈国务院关于进一步促进内蒙古经济社会又好又快发展的若干意见〉的实施意见》，印发全区执行。

7月6日，包头东宝生物技术股份有限公司首次公开发行A股股票在深圳证券交易所挂牌。

8月，包商银行取得基金代销资格，成为我区第一家具有基金代销资格的地方性商业银行。

10月，天相投资咨询有限公司在我区呼和浩特设立分公司，弥补了辖区投资咨询公司的空白。

2011年，自治区金融IC卡累计发行1.7万张，实现跨行交易4 472万元。金融IC卡在小额支付领域的普及和应用速度加快。

（二）2011年内蒙古自治区主要经济金融指标

表1　2011年内蒙古自治区主要存贷款指标

		1月	2月	3月	4月	5月	6月	7月	8月	9月	10月	11月	12月
本外币	金融机构各项存款余额（亿元）	10 330.7	10 634.4	11 052.5	11 082.9	11 414.8	11 695.0	11 749.3	11 980.6	11 832.7	11 896.0	12 004.5	12 132.5
	其中：储蓄存款	4 906.2	4 923.0	5 079.6	5 010.6	5 017.8	5 069.7	5 017.0	5 076.8	5 127.6	5 077.1	5 187.5	5 442.6
	单位存款	4 694.5	4 883.2	5 188.3	5 264.8	5 481.4	5 600.3	5 510.6	5 717.8	5 650.5	5 587.3	5 688.3	5 845.8
	各项存款余额比上月增加（亿元）	-12.4	303.7	418.0	30.4	332.0	280.2	54.3	231.4	-147.9	63.2	108.5	128.0
	金融机构各项存款同比增长（%）	19.8	21.7	23.3	22.1	23.7	24.5	23.2	24.0	20.5	19.8	18.0	17.5
	金融机构各项贷款余额（亿元）	8 264.1	8 395.5	8 574.0	8 793.1	8 871.3	8 951.7	9 077.1	9 151.4	9 237.3	9 319.7	9 647.3	9 811.7
	其中：短期	2 884.6	2 968.6	3 034.3	3 163.0	3 204.3	3 220.0	3 270.3	3 293.6	3 323.3	3 330.5	3 466.0	3 613.8
	中长期	5 288.1	5 336.2	5 461.6	5 555.1	5 605.3	5 663.5	5 733.2	5 782.5	5 831.4	5 907.3	6 085.3	6 106.9
	票据融资	89.2	88.5	75.5	71.8	59.2	65.8	71.1	72.5	79.5	76.1	89.2	85.0
	各项贷款余额比上月增加（亿元）	271.5	131.4	178.5	219.1	78.2	80.5	125.4	74.3	85.9	82.4	327.7	164.3
	其中：短期	135.2	84.0	65.7	128.7	41.3	15.7	50.4	23.3	29.7	7.2	135.5	147.9
	中长期	119.6	48.1	125.4	93.6	50.1	58.3	69.7	49.2	48.9	75.9	178.0	21.6
	票据融资	16.1	-0.6	-13.1	-3.7	-12.6	6.5	5.3	1.5	7.0	-3.5	13.1	-4.2
	金融机构各项贷款同比增长（%）	24.9	22.4	22.1	22.2	21.4	21.7	21.5	20.9	20.7	19.5	22.7	23.5
	其中：短期	22.9	20.8	20.9	23.3	24.0	26.5	31.2	30.4	30.5	27.0	31.8	35.0
	中长期	29.4	27.1	25.9	24.7	22.9	21.9	18.7	18.1	17.0	17.0	19.0	18.4
	票据融资	-24.5	-36.8	-30.0	-32.2	-42.8	-40.8	-26.5	-31.3	-2.1	-15.7	16.2	16.3
	建筑业贷款余额（亿元）	167.1	174.9	189.8	204.3	207.4	199.3	204.6	208.2	212.6	225.1	234.2	250.8
	房地产业贷款余额（亿元）	237.0	236.2	236.6	235.6	231.7	228.0	233.2	230.9	224.8	229.8	228.3	225.3
	建筑业贷款同比增长（%）	47.3	47.6	50.8	63.7	64.9	22.6	24.5	45.8	48.3	45.8	44.2	54.0
	房地产业贷款同比增长（%）	59.9	37.6	28.1	20.4	14.2	2.5	6.2	2.2	-5.2	-3.2	-3.1	-3.3
人民币	金融机构各项存款余额（亿元）	10 286.2	10 591.4	11 006.9	11 042.2	11 354.1	11 636.7	11 704.0	11 924.4	11 780.0	11 846.4	11 951.7	12 063.7
	其中：储蓄存款	4 889.0	4 907.5	5 064.2	4 994.6	5 001.3	5 051.8	5 001.0	5 051.3	5 109.3	5 058.8	5 168.8	5 423.1
	单位存款	4 667.7	4 856.7	5 159.0	5 242.1	5 438.6	5 562.8	5 483.4	5 689.4	5 617.9	5 558.9	5 656.3	5 797.9
	各项存款余额比上月增加（亿元）	-8.7	305.2	415.5	35.3	311.8	282.7	67.3	220.4	-144.3	66.3	105.4	112.0
	其中：储蓄存款	285.5	18.5	156.7	-69.6	6.7	50.5	-50.8	50.3	58.2	-50.5	110.0	254.2
	单位存款	-356.0	189.0	302.3	83.0	196.6	124.2	-79.4	206.0	-71.6	-59.3	97.5	141.5
	各项存款同比增长（%）	19.9	21.7	23.4	22.2	23.6	24.3	23.3	23.9	20.4	19.8	18.1	17.4
	其中：储蓄存款	22.1	15.9	16.6	17.8	18.7	17.0	17.6	17.9	15.7	15.9	17.1	17.4
	单位存款比年初增长	-7.1	0.2	2.7	4.3	8.3	10.7	9.1	13.3	11.8	10.7	12.6	15.4
	金融机构各项贷款余额（亿元）	8 194.5	8 323.0	8 497.5	8 709.3	8 779.0	8 861.4	8 990.1	9 064.6	9 150.6	9 238.5	9 572.7	9 727.7
	其中：个人消费贷款	871.0	888.9	927.5	954.8	986.1	1 010.7	1 034.7	1 049.1	1 070.4	1 092.5	1 125.3	1 152.8
	票据融资	89.2	88.5	75.5	71.8	59.2	65.8	71.1	72.5	79.5	76.1	89.2	85.0
	各项贷款余额比上月增加（亿元）	275.1	128.4	174.5	211.9	69.7	82.5	128.7	74.5	85.9	87.9	334.2	155.0
	其中：个人消费贷款	36.9	17.9	38.6	27.3	31.3	24.6	24.1	14.4	21.3	22.1	32.8	27.5
	票据融资	16.1	-0.6	-13.1	-3.7	-12.6	6.5	5.3	1.5	7.0	-3.5	13.1	-4.2
	金融机构各项贷款同比增长（%）	25.6	23.0	22.7	22.7	21.6	21.8	21.6	20.9	20.6	19.4	22.8	23.6
	其中：个人消费贷款	69.5	64.1	58.6	55.0	50.5	46.6	44.5	39.6	37.4	37.2	37.0	38.1
	票据融资	-24.5	-36.8	-30.0	-32.2	-42.8	-40.8	-26.5	-31.3	-2.1	-15.7	16.2	16.3
外币	金融机构外币存款余额（亿美元）	6.8	6.5	6.9	6.3	9.4	9.0	7.0	8.8	8.3	7.8	8.3	10.9
	金融机构外币存款同比增长（%）	15.7	21.4	0.0	-1.0	71.6	77.2	13.6	50.8	63.0	11.4	21.9	55.1
	金融机构外币贷款余额（亿美元）	10.6	11.0	11.7	12.9	14.2	14.0	13.5	13.6	13.6	12.8	11.8	13.3
	金融机构外币贷款同比增长（%）	-22.1	-18.5	-16.8	-9.0	6.9	15.2	18.3	24.3	42.8	27.4	14.4	20.7

数据来源：中国人民银行呼和浩特中心支行。

表2 2001～2011年内蒙古自治区各类价格指数

单位：%

年/月		居民消费价格指数		农业生产资料价格指数		工业生产者购进价格指数		工业生产者出厂价格指数	
		当月同比	累计同比	当月同比	累计同比	当月同比	累计同比	当月同比	累计同比
2001		—	1.3	—	1.4	—	-0.1	—	-0.7
2002		—	0.2	—	2.6	—	-0.1	—	-0.7
2003		—	2.1	—	1.2	—	2.9	—	3.2
2004		—	2.9	—	9.5	—	9.2	—	5.1
2005		—	2.4	—	8.3	—	9.8	—	5.1
2006		—	1.5	—	1.1	—	5.9	—	3.0
2007		—	4.6	—	3.0	—	4.8	—	5.7
2008		—	5.7	—	14.9	—	11.7	—	12.5
2009		—	-0.3	—	-0.3	—	-0.9	—	-3.8
2010		—	3.2	—	2.0	—	5.0	—	6.7
2011		—	5.6	—	6.3	—	6.1	—	7.8
2010	1	2.2	2.2	-1.7	-0.3	2.9	2.9	4.9	4.9
	2	3.0	2.6	-2.8	-0.2	1.8	2.4	4.2	4.6
	3	2.7	2.7	-3.8	0.0	3.4	2.7	4.4	4.5
	4	2.8	2.7	2.2	0.8	4.8	3.2	6.5	5.0
	5	2.8	2.7	2.7	1.2	5.6	3.7	8.3	5.7
	6	2.5	2.7	2.4	1.4	5.8	4.1	7.9	6.1
	7	2.6	2.7	2.1	1.5	6.1	4.3	6.4	6.1
	8	3.3	2.8	2.4	1.6	5.6	4.5	6.3	6.1
	9	3.0	2.8	2.1	1.7	5.6	4.6	6.6	6.2
	10	3.9	2.9	3.5	1.8	5.5	4.7	7.4	6.3
	11	5.0	3.1	3.0	2.0	6.1	4.8	8.5	6.5
	12	4.5	3.2	2.8	2.0	6.4	5.0	8.8	6.7
2011	1	4.5	4.5	1.7	1.7	5.2	5.2	6.8	6.8
	2	4.7	4.6	2.2	1.9	5.5	5.3	7.8	7.3
	3	4.8	4.7	5.3	3.1	5.7	5.5	8.0	7.6
	4	5.0	4.7	6.0	3.8	6.0	5.6	7.6	7.6
	5	5.4	4.9	6.6	4.3	6.3	5.7	8.0	7.7
	6	6.5	5.1	7.5	4.9	6.3	5.8	8.6	7.8
	7	6.8	5.4	7.7	5.3	6.8	6.0	9.4	8.1
	8	6.6	5.5	7.8	5.6	7.0	6.1	9.5	8.2
	9	6.9	5.7	8.7	5.9	7.0	6.2	8.8	8.3
	10	6.3	5.8	7.7	6.1	6.4	6.2	7.5	8.2
	11	4.6	5.6	7.5	6.2	5.8	6.2	6.0	8.0
	12	4.9	5.6	7.5	6.3	5.6	6.1	5.3	7.8

数据来源：国家统计局内蒙古调查总队、《中国经济景气月报》。

表3 2011年内蒙古自治区主要经济指标

	1月	2月	3月	4月	5月	6月	7月	8月	9月	10月	11月	12月
绝对值（自年初累计）												
地区生产总值(亿元)	—	—	2 391.7	—	—	5 804.8	—	—	9 571.9	—	—	14 246.1
第一产业	—	—	95.4	—	—	224.8	—	—	412.1	—	—	1 304.9
第二产业	—	—	1 304.9	—	—	3 378.6	—	—	5 730.1	—	—	8 092.1
第三产业	—	—	991.4	—	—	2 201.5	—	—	3 429.7	—	—	4 849.1
固定资产投资(亿元)	—	52.2	438.0	1 256.1	2 362.8	4 083.6	5 306.3	6 616.0	7 948.3	9 199.6	10 012.5	10 291.7
房地产开发投资	—	0.2	34.5	137.1	311.1	604.5	848.8	1 102.2	1 351.0	1 571.1	1 633.4	1 650.0
社会消费品零售总额(亿元)	—	217.0	919.2	455.9	592.5	1 825.9	857.0	995.7	2 825.4	1 277.4	1 417.9	3 991.7
外贸进出口总额(万美元)	—	15.1	26.9	36.8	47.0	56.5	67.5	78.0	88.2	97.9	108.1	119.4
进口	—	10.7	18.0	23.9	29.8	34.7	40.5	46.4	52.2	57.8	64.9	72.5
出口	—	4.4	8.9	12.9	17.2	21.8	27.0	31.6	35.9	40.1	43.2	46.9
进出口差额(出口−进口)	—	-6.3	-9.1	-11.0	-12.5	-13.0	-13.4	-14.8	-16.3	-17.7	-21.8	-25.6
外商实际直接投资(万美元)	—	3 100	38 804	45 021	55 629	109 194	127 315	135 774	154 313	160 699	270 924	383 827
地方财政收支差额(亿元)	—	-19.3	-101.2	-130.2	-207.6	-298.4	-339.6	-561.2	-769.5	-860.0	-1 147.64	-1 632.5
地方财政收入	—	214.9	320.2	438.5	549.8	700.6	843.9	952.1	1 047.3	1 152.9	1 238.2	1 356.7
地方财政支出	—	234.2	421.4	568.6	757.4	998.9	1 183.5	15 13.3	1 816.9	2 012.9	2 385.8	2 989.2
城镇登记失业率(%)(季度)	—	—	—	—	—	—	—	—	—	—	—	3.8
同比累计增长率（%）												
地区生产总值	—	—	13.7	—	—	15.0	—	—	14.8	—	—	14.3
第一产业	—	—	4.5	—	—	4.1	—	—	2.4	—	—	5.8
第二产业	—	—	15.8	—	—	18.4	—	—	18.2	—	—	17.8
第三产业	—	—	12.1	—	—	11.2	—	—	11.0	—	—	11.0
工业增加值	—	15.2	16.5	18.1	18.9	19.5	19.3	19.1	19.2	19.0	18.7	19.0
固定资产投资	—	8.9	20.5	23.6	26.7	27.6	27.9	28.6	28.5	28.5	27.1	27.0
房地产开发投资	—	-81.3	53.2	60.1	59.8	62.5	59.6	59.9	59.0	55.6	48.9	47.3
社会消费品零售总额	—	22.9	16.8	25.5	28.3	23.0	29.7	30.2	17.9	29.6	29.1	18.0
外贸进出口总额	—	34.4	52.9	56.2	53.6	46.9	47.0	46.3	45.1	43.9	42.7	36.8
进口	—	45.7	51.7	53.4	49.8	43.9	43.1	39.8	39.6	37.2	38.9	34.5
出口	—	13.2	55.4	61.6	60.8	51.9	53.4	56.9	54.0	54.8	48.9	40.6
外商实际直接投资	—	89.6	7.0	-18.0	-19.0	-15.0	-4.0	-4.0	5.0	-14.0	6.0	13.4
地方财政收入	—	26.4	24.9	31.8	37.0	31.8	32.3	33.6	32.0	31.5	28.6	26.8
地方财政支出	—	11.7	27.7	28.8	33.0	36.8	36.4	49.5	45.4	44.8	41.8	31.5

数据来源：内蒙古统计局、《中国经济景气月报》。

2011年辽宁省金融运行报告

中国人民银行沈阳分行货币政策分析小组

[内容摘要] 辽宁省“十二五”规划取得“开门红”。2011年地区生产总值突破两万亿元大关，增速较上年有所回落；“三农”发展势头良好；工业增加值占比提高；四大支柱产业中，装备制造业、农产品加工业的增长明显快于冶金、石化工业；固定资产投资保持高速增长；房地产业调整基本符合政策预期；生态环境建设取得重大进展。金融体系建设继续推进，金融管理和服务水平稳步提高。辽宁省存贷款增速继续稳步回落，贷款投向结构不断优化，利率水平总体呈上升趋势。银行业资产质量和效益有所提高，证券业盈利水平有所下降，保险业业务质量提升。

预计2012年辽宁经济将适度较快增长，经济结构调整加快，经济增长质量进一步提高，金融机构信贷投放将保持合理增长，贷款结构将进一步优化。

一、金融运行情况

2011年，货币政策取向由适度宽松转为稳健，辽宁省金融体系建设继续推进，金融管理和服务水平稳步提高，贷款投向结构得以优化，企业融资方式更加多元化，实体经济面临的金融环境进一步改善。银行业资产质量和效益均有所提高，证券业盈利水平有所下降，保险业业务质量持续提升。

（一）货币信贷条件继续向常态回归，银行业运行态势良好

随着货币政策转向稳健，2011年辽宁省存贷款增速继续稳步回落，利率水平总体呈上升趋势。为应对政策环境、流动性状况的变化，银行业金融机构加强风险管理，积极调整资产负债结构，资产质量和经营效益明显提高。

1. 银行业金融机构经营状况良好。年末不良贷款余额比年初减少142亿元，不良贷款率比年初下降1.14个百分点，不良贷款余额和比例连续8年保持稳步“双降”态势。全年累计盈利443.5亿元，同比增加101.8亿元，同比增长29.3%。

表1 2011年辽宁省银行业金融机构情况

机构类别	营业网点			法人机构（个）
	机构个数（个）	从业人数（人）	资产总额（亿元）	
一、大型商业银行	3 120	73 406	15 190	0
二、国家开发银行和政策性银行	81	2 361	4 070	0
三、股份制商业银行	356	11 416	6 789	0
四、城市商业银行	963	21 081	8 067	15
五、农村合作机构	2 474	27 905	5 505	87
六、财务公司	4	177	274	2
七、邮政储蓄银行	1 621	16 079	1 819	0
八、外资银行	36	1 298	397	0
九、新型农村金融机构	82	1 411	210	56
合　计	8 737	155 134	42 321	160

注：①营业网点不包括总部。
②农村合作机构包含农村信用社、农村合作银行及农村商业银行等。
③新型农村金融机构包括村镇银行、贷款公司和农村资金互助社三类机构。
数据来源：辽宁银监局、大连银监局。

2. 各项存款增速明显放缓（见图1、图2、图3、图4）。2011年年末，辽宁省金融机构本外币各项存款余额增速较上年同期下降了10.2个百分点。全年各项存款同比少增1 821亿元，单位存款少增量占比达96.2%。单位存款大幅少增主要是由于以下原因：贷款增速放缓及监管部门“实贷实付”的要求，导致派生存款减少；原材料价格不断攀升、经营成本增加等导致企业各项支出加大；在通货膨胀预期增强的背景下，企业大量增加存货；理财产品大量发行，分流了部分存款；中央银行准备金缴存范围的调整，也对存款增长产生了明显影响，全年单位保证金存款同比少增了164亿元。同时，个人存款出现定期化趋势，个人活期存款增速仅为7.4%，比个人存款平均增速低5.5个百分点。

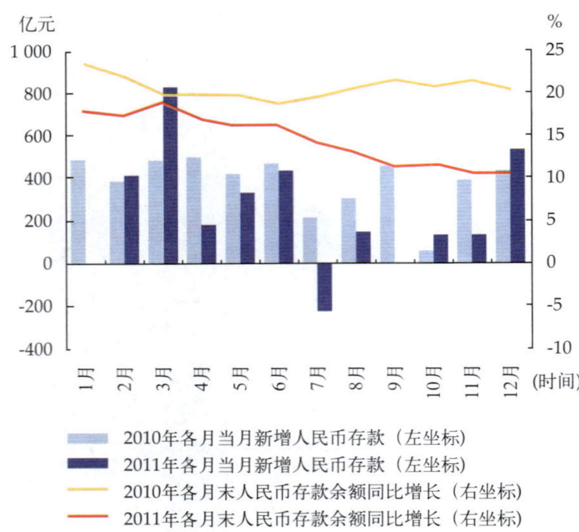

数据来源：中国人民银行沈阳分行。

图1 2010～2011年辽宁省金融机构人民币存款增长变化

3. 贷款增速稳步回落（见图2、图3），贷款结构变化显著。2011年年末，全省本外币贷款余额为22 832亿元，同比增长17.2%；地方法人金融机构的贷款增速略高于全省平均水平。

2011年，全省新增中长期贷款占比下降30.8个百分点，新增短期贷款占比上升29.3个百分点，票据融资较年初净下降183亿元。中长期贷款占比下降、短期贷款占比上升，与清理规范地方政府融资平台贷款、加强房地产市场调控有关，同时也与金融机构为应对流动性紧缩政策、规避经济前景不明所致的风险而主动调整资产结构有关。票据融资出现净下降，则主要是为投放收益率更高的一般性贷款腾出空间。

贷款投向结构的变动，较好地体现了信贷政策导向。年末全省涉农贷款余额同比增长31.8%；全年小企业人民币贷款增量占全部企业人民币贷款增量的33.5%，占比较上年同期提高5个百分点；新增本外币贷款较多的行业分别为制造业、批发和零售业以及交通运输、仓储和邮政业，增量占比分别为20.8%、18.4%和10.6%。国家助学贷款、小额担保贷款等支持弱势群体的信贷政策继续得以贯彻执行。辽宁省农村信用社联合社开展针对农村妇女的“小额信贷巾帼致富活动”，年末贷款余额为2.5亿元，当年新增1.5亿元。

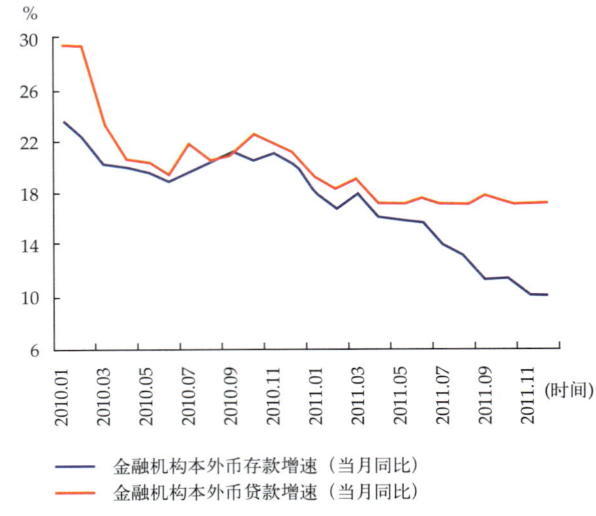

数据来源：中国人民银行沈阳分行。

图2 2010～2011年辽宁省金融机构本外币存、贷款增速变化

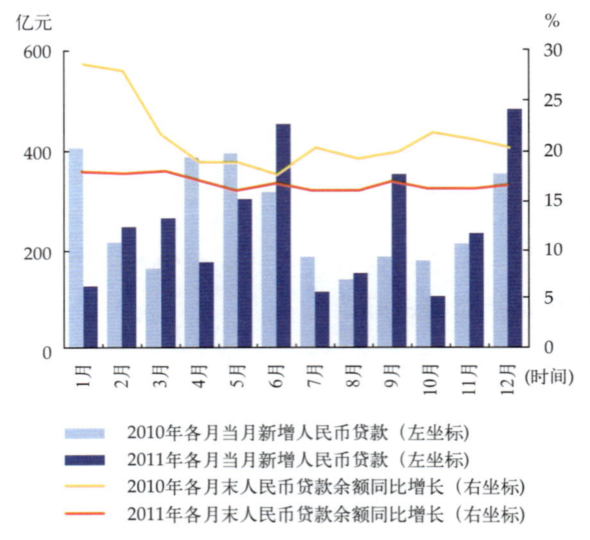

数据来源：中国人民银行沈阳分行。

图3 2010～2011年辽宁省金融机构人民币贷款增长变化

4. 贷款利率水平总体呈上升趋势（见表2）。在中国人民银行连续六次上调存款准备金率、三次上调存贷款基准利率的影响下，12月，人民币贷款加权平均利率为7.8939%，比上年同期上升0.7752个百分点。

5. 农村信用社改革继续向前推进。2011年，全省有3家农村信用社实现专项中央银行票据兑付，

表2 2011年辽宁省金融机构人民币贷款各利率区间占比

单位：%

月份		1月	2月	3月	4月	5月	6月
合计		100.0	100.0	100.0	100.0	100.0	100.0
[0.9～1.0)		20.7	24.1	12.3	8.5	9.1	7.7
1.0		27.8	29.6	29.3	30.2	28.6	28.3
上浮水平	小计	51.5	46.3	58.4	61.3	62.3	64.0
	(1.0～1.1]	13.9	17.2	20.1	17.5	19.4	20.6
	(1.1～1.3]	15.9	16.4	18.3	19.5	20.0	20.8
	(1.3～1.5]	5.4	4.0	7.0	8.5	9.4	9.0
	(1.5～2.0]	13.9	6.9	10.6	13.3	11.5	12.1
	2.0以上	2.4	1.8	2.3	2.6	2.1	1.6
月份		7月	8月	9月	10月	11月	12月
合计		100.0	100.0	100.0	100.0	100.0	100.0
[0.9～1.0)		6.7	6.4	7.9	5.7	6.1	5.5
1.0		26.8	26.4	25.8	27.2	29.4	29.7
上浮水平	小计	66.4	67.3	66.3	67.1	64.4	64.8
	(1.0～1.1]	17.2	18.7	19.6	18.6	20.6	19.0
	(1.1～1.3]	22.7	23.1	20.9	21.4	21.6	20.7
	(1.3～1.5]	10.3	9.2	9.0	10.7	8.8	10.6
	(1.5～2.0]	14.0	13.7	14.7	14.5	11.9	13.2
	2.0以上	2.2	2.5	2.1	1.9	1.5	1.2

数据来源：中国人民银行沈阳分行。

金额为20 825万元。在4家农村信用社的基础上改制成立的沈阳市农村商业银行于2011年12月正式开业。大连市农村信用联社改制为农村商业银行的工作顺利推进。全年农村信用社利润增长42.7%，支农服务水平也有所提高。

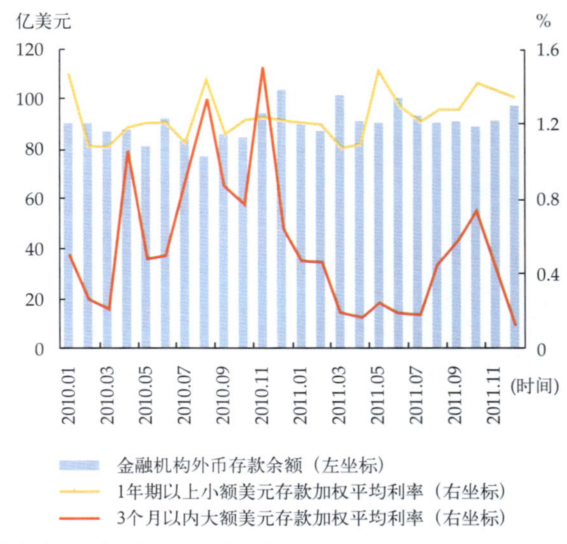

数据来源：中国人民银行沈阳分行。

图4 2010～2011年辽宁省金融机构外币存款余额及外币存款利率

6.《辽宁省银行机构跨境人民币结算工作考评办法》、《辽宁省贸易进出口本外币交叉币种报关结算操作指引》、《辽宁省跨境人民币直接投资业务操作指引》的制定出台，推动了跨境人民币业务的发展。全省有33家银行的203家分支机构办理了跨境人民币结算业务，试点开始以来累计结算额达到371.2亿元，涉及企业619家，境外地域涉及55个国家和地区。其中，2011年累计结算金额为322.6亿元（含人民币投融资业务143.8亿元），是上年的6.7倍。

专栏1 朝阳市创新农业贷款模式 助力辽宁“百万亩设施农业”建设

朝阳市农村信用社创新开办农业设施抵押贷款业务，全力支持辽宁省政府提出的“百万亩设施农业”建设，取得了显著成效。

一、采取的有关措施

（一）提供区别对待、方便快捷的金融服务

对农业设施抵押贷款申请，视贷款额度不同采取不同的操作流程。首先由各县（市）区主管部门自主确定相应的金额（一般为3万元～5万元），规定金额以上的，由具有评估资质的评估机构和人员对拟抵押的农业设施进行评估；规定金额以下的，可不委托评估机构评估，由农村信用社确定抵押物价值，最快2个工作日即可发放贷款（详见下图）。

（二）确定科学合理、灵活机动的贷款期限和结息方式

农业设施抵押贷款贷款期限为1～3年不等，原则上不超过3年。结息方式由借贷双方在合同中约定，可按照贷户实际情况实行按月或按季度结息。

（三）采取齐抓共管、多措并举的风险控制模式

一是依据劳动能力、经济实力、经营能力和自筹资金到位情况审查贷款人资格。二是视

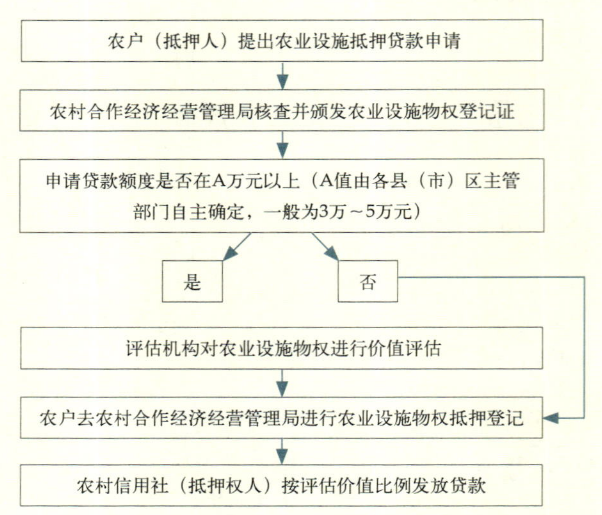

图5　朝阳市农业设施抵押贷款操作流程

贷款金额大小、贷款人信用状况和经营承受能力，合理确定贷款保证方式。三是根据市场信息和经验，详细调查项目可行性，对重复经营、产品市场不明确、产品无订单、经营技术难掌握的项目及时建议调整或谨慎发放贷款。四是地方政府密切配合农村信用社了解项目工程进展、政府承诺配套设施及相关政策是否到位、生产技术指导与产品销售服务是否落实等信息，确保农民生产经营少走弯路。五是做好贷后检查，让设施农业发展一个、成熟一个、见效一个，确保农民增收、信用社增效。

（四）成立上下联动、分工明确的领导小组

朝阳市、县、乡三级农村信用社分别成立专门工作领导小组，实行"一把手"负责制。市级农村信用社帮助县级联社组织、协调资金，为县级联社提供政策支持；县级联社负责具体落实信贷资金，指导辖内基层信用社做好设施农业建设信贷投放和服务管理工作；基层信用社负责农业设施抵押贷款的立项、考察和发放工作。

二、取得的成效

一是缓解了农户资金短缺问题。截至2011年年末，累计发放农业设施抵押贷款41.5亿元，惠及农户7.2万户、牧民1.2万户。二是推进了农业产业化进程。农业设施抵押贷款额度占百万亩设施农业资金总额的36.7%，涉及设施农业建设面积69.2万亩。三是促进了农业增产、农民增收。农业设施抵押贷款有效地保证了百万亩设施农业建设顺利开展，极大地改善了农村、农民生活现状。2011年全市实现农业总产值105.9亿元，增长124.6%；实现增加值75亿元，同比增长116.3%；农民人均纯收入达到3 060元，同比增长118.6%。

（二）证券业机构规模进一步扩张，盈利水平下降

2011年，辽宁省证券经营机构加强合规建设，经纪业务逐步向专业化、服务化方向转变。地方法人证券公司通过增设营业部、设立分公司和开展新业务，建立立足辽宁、辐射全国的战略格局。期货经营机构经营规模有序扩大（见表3），服务实体经济能力逐步提高，实现了市场规模扩大和质量提升并举的较好的发展局面。辽宁企业上市积极性提升，5家公司（不含大连，下同）通过中国证监会审核，其中，2家公司上市，另有9家企业的发行上市申请进入中国证监会审核程序，还有17家公司在

表3　2011年辽宁省证券业基本情况

项目	数量
总部设在辖内的证券公司数（家）	3
总部设在辖内的基金公司数（家）	0
总部设在辖内的期货公司数（家）	7
年末国内上市公司数（家）	65
当年国内股票（A股）筹资（亿元）	440.5
当年发行H股筹资（亿元）	0
当年国内债券筹资（亿元）	571.8
其中：短期融资券筹资额（亿元）	220

数据来源：中国人民银行沈阳分行、辽宁证监局、大连证监局。

辽宁证监局辅导备案。受沪深股市低迷影响，证券业盈利水平普遍下降甚至亏损。

（三）保险业整体实力不断增强，业务质量持续提升

2011年，全省（如未注明“含大连”，均指不含大连的数据）保险业共实现保费收入376.3亿元；资产合计1 024.9亿元，同比增长13.6%。保险深度（含大连）为2.4%，保险密度（含大连）为1 221元/人（见表4）。保险业保障功能不断发挥，全年累计为社会提供风险保障7.8万亿元，累计赔付支出130.9亿元。人身险业务萎缩，农险、责任险业务发展迅速。全省财产险公司综合赔付率降至58.1%，同比下降4.8个百分点，低于全国同期3.1个百分点；全年累计实现承保利润12.5亿元，承保利润率为10.6%，同比上升4.8个百分点，高于全国同期5.9个百分点。

表4　2011年辽宁省保险业基本情况

项目	数量
总部设在辖内的保险公司数（家）	4
其中：财产险经营主体（家）	1
人身险经营主体（家）	3
保险公司分支机构（家）	92
其中：财产险公司分支机构（家）	37
人身险公司分支机构（家）	55
保费收入（中外资，亿元）	525
其中：财产险保费收入（中外资，亿元）	187
人身险保费收入（中外资，亿元）	338
各类赔款给付（中外资，亿元）	153
保险密度（元/人）	1 221
保险深度（%）	2.4

数据来源：辽宁保监局、大连保监局。

（四）企业融资方式进一步多元化，各类金融市场表现差异明显

1. 企业融资方式进一步多元化（见表5）。2011年，辽宁省企业共发行短期融资券220亿元，同比增长5%；发行中期票据126亿元，同比增长26%。企业债券的发行额大幅增加。全省实际利用外资243亿美元，在全国继续名列前茅；实际利用国内资金超过5 000亿元。盛京银行、大连银行获得非金融企业债务融资工具承销商资质，改变了辽宁省没有债务融资工具承销商的局面。

表5　2001～2011年辽宁省非金融机构部门贷款、债券和股票融资情况

单位：亿元、%

年份	融资合计	比重		
		贷款	债券（含可转债）	股票
2001	381.9	96.1	0	3.9
2002	644.4	99.6	0	0.4
2003	1 070.9	95.8	3.8	0.4
2004	761.5	99.1	0.9	0
2005	1 079.2	99.3	0.7	0
2006	1 242.0	95.5	3.5	1.0
2007	1 678.6	77.8	3.9	18.3
2008	2 340.7	89.2	7.9	2.9
2009	4 353.5	89.9	9.4	0.7
2010	4 200.8	80.9	11.9	7.2
2011	4 371.0	76.8	13.1	10.1

数据来源：中国人民银行沈阳分行、辽宁证监局、大连证监局。

2. 同业拆借和债券回购交易活跃。在流动性趋紧的情况下，货币市场成为金融机构调节流动性的重要平台。辽宁省金融机构在全国银行间市场累计拆借资金3 151.18亿元，增长29.94%，其中拆入资金占93.2%。全年债券回购成交39 709.42亿元，增长11.54%。其中，质押式回购交易占99.25%。

3. 票据融资业务规模同比下降（见表6），但降幅有所回落，贴现余额季度末放大的特点较为明显。承兑规模有所增加，且增量集中于中小企业。票据贴现利率震荡上行（见表7）。12月直贴利率达到全年最高水平，转贴现利率达到全年次高水平。

表6 2011年辽宁省金融机构票据业务量统计

单位：亿元

季度	银行承兑汇票承兑		贴现			
			银行承兑汇票		商业承兑汇票	
	余额	累计发生额	余额	累计发生额	余额	累计发生额
1	2 367	1 147	641	2 142	11	27
2	2 609	2 431	669	4 536	7	102
3	2 662	3 698	729	7 792	4	112
4	2 788	5 153	774	11 363	5	169

数据来源：中国人民银行沈阳分行。

表7 2011年辽宁省金融机构票据贴现、转贴现利率

单位：%

季度	贴现		转贴现	
	银行承兑汇票	商业承兑汇票	票据买断	票据回购
1	6.6875	6.5228	5.1172	5.2801
2	6.6759	6.4704	5.5011	5.2323
3	8.4325	9.1217	6.7072	6.1643
4	8.9646	10.0305	7.3933	6.7493

数据来源：中国人民银行沈阳分行。

4. 期货市场交易萎缩（见表8）。2011年国际市场初级产品价格普遍上涨，大连农产品期货价格也随之水涨船高，投机交易受到了抑制。受此影响，大连期货交易总量同比大幅减少了28.3%，平均成交价格则明显上升，但化工产品期货的市场表现与整个期货市场的走势差异巨大。聚乙烯期货延续了价格有所回落、成交量迅速增长的势头，聚氯乙烯期货则在价格保持相对平稳的情况下出现了恢复性增长。4月15日焦炭期货合约开始挂牌交易，交易所的交易品种进一步丰富。

表8 2011年大连商品交易所交易统计

交易品种	累计成交金额（亿元）	同比增长（%）	累计成交量（万手）	同比增长（%）
豆一	22 730.6	-26.3	5 047.9	-32.5
豆二	10.2	-17.7	2.1	-27.5
玉米	12 609.0	-18.0	5 369.9	-25.4
聚乙烯	99 327.1	44.6	19 043.8	52.4
豆粕	32 535.8	-57.9	10 034.1	-60.1
棕榈油	40 388.5	-35.4	4 518.8	-46.0
聚氯乙烯	7 499.2	11.6	1 887.7	11.3
豆油	115 551.5	-25.7	11 602.5	-36.5
焦炭	6 860.5	—	302.5	—
合计	337 512.4	-19.1	57 809.4	-28.3

数据来源：大连商品交易所。

5. 银行间外汇市场交易活跃。受市场交易主体结售汇同比大幅增加的影响，即期交易同比增加30.71%，达87.3亿美元，其中，询价交易占99.63%。外币对交易同比增长1.05倍，达60.7亿美元。

6. 黄金投资交易十分活跃，用金单位交易有所萎缩。投资者购买黄金保值的愿望强烈。商业银行场外品牌金成交数量和金额分别增长72.5%和100.3%，本币账户金成交数量和金额分别增长61.4%和100.4%，美元账户金成交数量和金额分别增长114.5%和177.8%。由于国际黄金价格大幅攀升，用金单位黄金购入量减少，辽宁省参与上海黄金交易所各黄金品种交易的数量和金额分别减少35.6%和8.8%。

（五）中央银行着力提升金融服务水平，助力辽宁经济发展

中国人民银行沈阳分行制定出台《2011年辽宁省货币信贷工作指引》，有效引导全省贷款的合理增长和均衡投放，增强金融对地方实体经济发展的支持能力。征信系统建设继续向前推进，为全省32万户企业和2 936万人建立了信用档案，开通查询用户19 736个，系统月均查询量达到53万次。中小企业和农村信用体系建设深入开展，为53 619户未与银行发生信贷关系的中小企业和453万户农户建立了信用档案，有效地助推了中小企业和“三农”发展。省内信用评级市场监管手段不断完善，评级业务质量稳步提高，担保机构信用评级长效机制已基本形成。

第二代支付系统建设工作顺利开展，大额支付系统、小额支付系统、支票影像交换系统、网上支付跨行清算系统运行稳定，业务量稳步增长。农村支付服务环境建设工作成效显著。农村地区银行机构建成内部清算网络，农信银清算系统在农村地区实现全覆盖，国家各项补贴全部通过银行账户和银行卡发放。每个县的农村地区均实现了ATM和POS机布放零的突破。农村地区人均持卡0.99张，持卡消费金额占社会消费品零售总额的比重达到21.67%。

稳步推进国库信息化建设，进一步扩大电子缴税覆盖面。与有关部门密切协作，开发建设国库集中支付业务联网，实现财政支出业务电子化。充分利用国库的技术资源和优势，积极开展国库直接支付业务，实现了政府补助资金的点对点发放。全面实现进口核销制度改革，变逐笔核销为总量核查。以华晨宝马汽车有限公司作为试点企业，开展服务贸易提前购汇试点。开展中资企业境外担保境内放款试点、中资企业以外汇质押办理人民币贷款试点，拓宽企业的融资渠道。创新外商投资企业外汇年检方式，实施外汇年检代申报制度，减轻企业负担。开展人民币流通净化工程，流通中人民币的券别结构、整洁度等逐步好转。

二、经济运行情况

2011年辽宁省地区生产总值突破两万亿元大关，达到22 025.9亿元，按可比价格计算，比上年增长12.1%，增速较上年有所回落（见图6），但高于全国平均增速2.9个百分点。“三农”发展势头良好，经济结构调整优化效果显著，生态环境建设取得重大进展，“十二五”规划取得“开门红”。

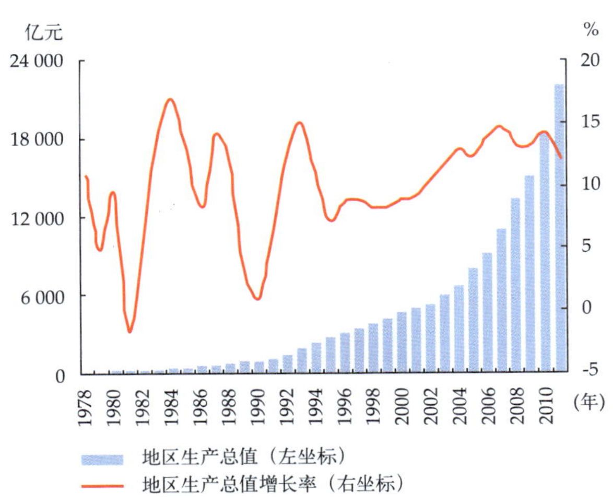

数据来源：辽宁省统计局。

图6　1978～2011年辽宁省地区生产总值及其增长率

（一）内需保持高速增长，外需增速回落

2011年辽宁省固定资产投资保持了高速增长，城乡消费需求继续平稳较快增长，但对外贸易在多重因素影响下增长放缓。

1. 固定资产投资保持高速增长（见图7）。全年固定资产投资（不含农户）完成17 431.5亿元，同比增长30.2%，增速高于全国平均增速6.4个百分点。其中，第三产业投资额增长35.3%，高于上年同期1个百分点；投资额占比为54.5%，比上年提高4.6个百分点。

2. 居民收入加速增长，城乡消费需求增长较快。2011年辽宁省城镇居民人均可支配收入和农村居民人均纯收入的增速均明显高于上年及全国平均

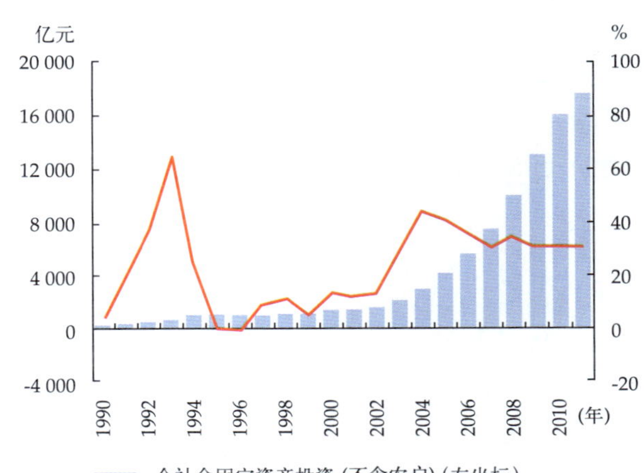

数据来源：辽宁省统计局。

图7　1990～2011年辽宁省固定资产投资及其增长率

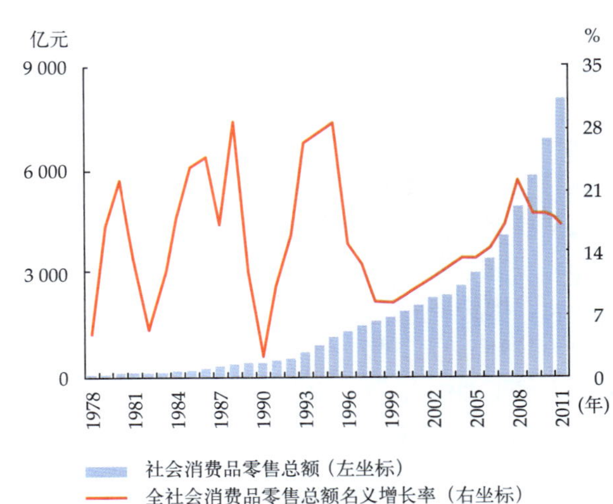

数据来源：辽宁省统计局。

图8　1978～2011年辽宁省社会消费品零售总额及其增长率

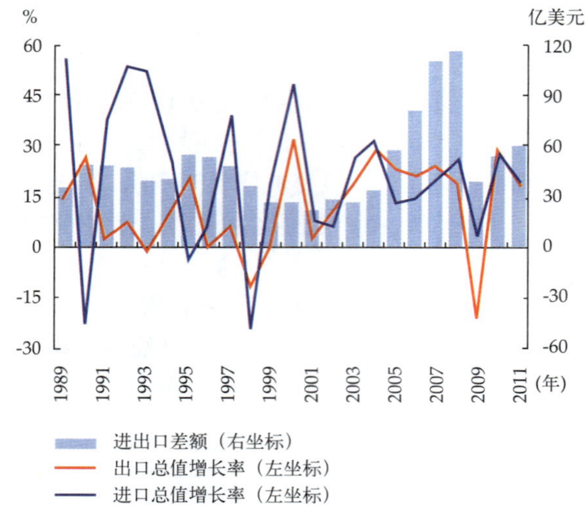

数据来源：辽宁省统计局。

图9　1989～2011年辽宁省外贸进出口变动情况

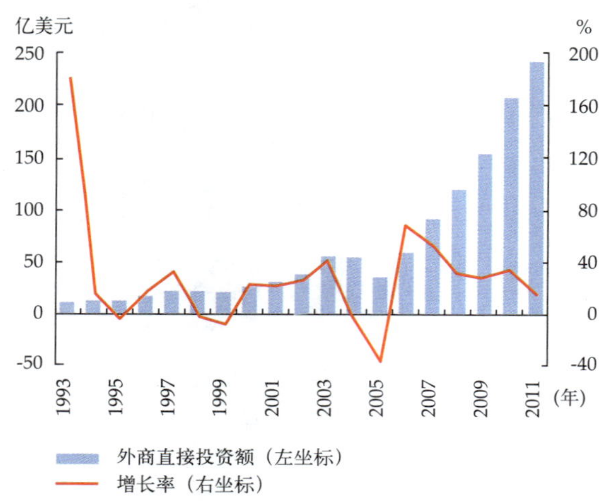

数据来源：辽宁省统计局。

图10　1993～2011年辽宁省外商直接投资情况

增速。全年社会消费品零售总额增长17.5%，高于全国平均增速0.4个百分点（见图7）。

3. 对外贸易增速回落。全年辽宁省出口为510亿美元，增长18.4%，增速较上年低10.5个百分点；进口为449亿美元，增长19.6%，增速较上年低7.8个百分点（见图9）；实际利用外资243亿美元，增长17%，增速较上年低17.4个百分点（见图10）。

（二）社会供给稳定增长，经济增长质量提高

全年第一、第二、第三产业增加值分别增长6.5%、14.1%和10.5%。其中，第一产业增加值增速高于上年0.7个百分点，第二产业增加值占比较上年提高1.2个百分点。

1. 农业生产形势良好，全年粮食产量增长15.3%，蔬菜产量增长6.2%，水果产量增长10.7%。县域经济增幅大大高于全省平均水平，7个县的特色农产品规模居全国第一位，20个县形成了超百亿元的工业产业集群。

2. 经济发展方式转变和结构调整政策在工业领域取得明显成效。全年规模以上工业增加值按可比价格计算比上年增长14.9%（见图11）。四大支柱产业中，装备制造业、农产品加工业的增加值和利润均实现了快速增长，且增速明显高于冶金、石化工业。全年六大高耗能行业增加值增速大大低于全省平均水平；高新技术产品增加值按现价计算比上年增长28%，占规模以上工业增加值的33.6%。全年规模以上工业企业产品销售率为98.2%，与上年持平。形成了一批具有较高技术水平的产品，如高档数控机床、盾构机、大型曲轴等。

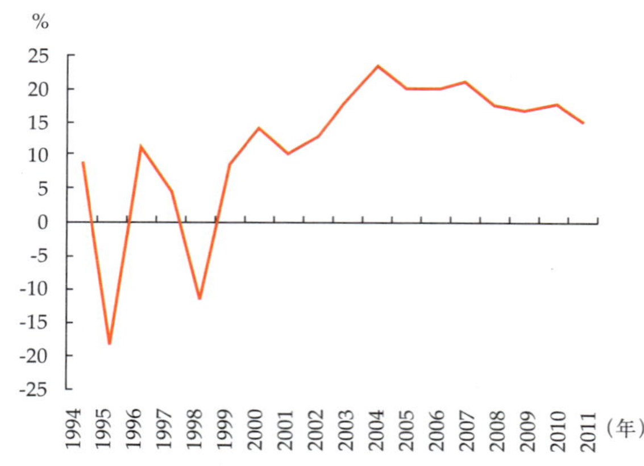

数据来源：辽宁省统计局。

图11　1994～2011年辽宁省规模以上工业增加值同比增长率

3. 服务业“短板”进一步补齐。沈阳金廊、大连钻石海湾、鞍山达道湾、锦州十里商街、铁岭东北物流城、辽阳佟二堡皮装裘皮市场等36个服务业聚集区建设步伐加快。服务业增加值增长11%。签约投资额在10亿元以上的温泉旅游项目74个，总投资达2 600亿元；辽阳弓长岭等10个温泉旅游度假区、营口双台子等50个温泉旅游小镇

初具规模。

（三）物价水平高位运行，第四季度呈现回落走势

在全球货币条件极度宽松、前两年国内需求扩张较快的大环境下，2011年辽宁省居民消费价格水平同比上涨5.2%，涨幅高于上年2.2个百分点；工业生产者出厂价格上涨6.5%，工业生产者购进价格上涨8.3%（见图12）。

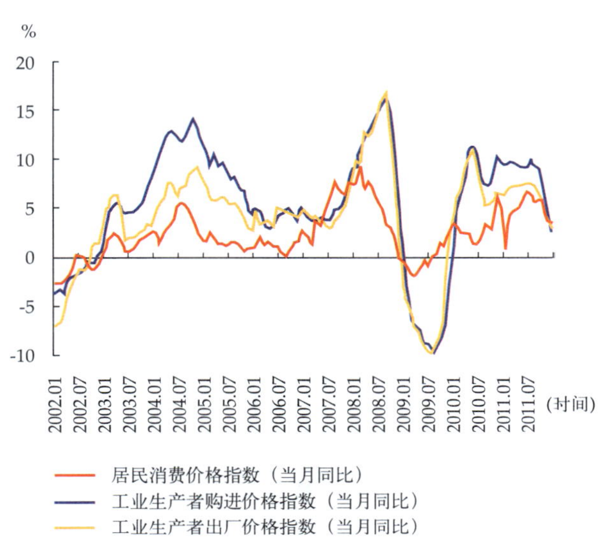

数据来源：《中国经济景气月报》。

图12 2002～2011年辽宁省居民消费价格和生产者价格变动趋势

（四）财政收入大幅增长，教育、科技支出增长较快

全年公共财政预算收入为2 640.5亿元，比上年增长31.7%，增速高于上年5.7个百分点（见图12）。其中，各项税收为1 974.5亿元，增长

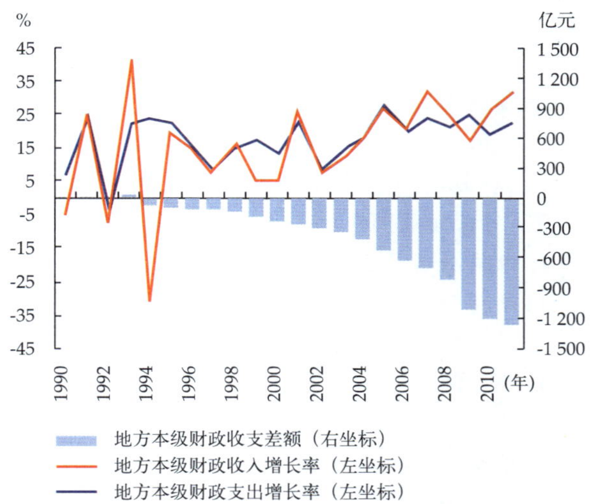

数据来源：辽宁省统计局。

图13 1990～2011年辽宁省财政收支状况

30.2%。公共财政预算支出为3 902.1亿元，比上年增长22.1%，增速高于上年3个百分点（见图12）。其中，教育支出为524.4亿元，增长29.4%；科学技术支出为86.6亿元，增长25.6%。

（五）生态环境建设取得重大进展

全年造林721万亩，绿化投资332亿元，超过了前5年的总和。阜新、朝阳64万亩坡地造林和300万亩草原沙化治理全面完成。历时3年，完成了朝阳528万亩荒山绿化。在全省开始实施“青山工程”，拟用4～5年的时间，恢复遭破坏山体的生态。全面开展辽河干流综合整治，辽河干流达到四类水质。全面整治农村面源污染，启动了100座乡镇生活垃圾处理场和100个乡镇污水处理设施建设。清理利用批而未用土地165平方公里、闲置土地21平方公里，耕地保护和土地执法工作均在全国名列前茅。

专栏2 金融支持保障性安居工程建设的“阜新模式”

金融支持保障性安居工程建设的“阜新模式”在侧重金融支持保障性住房建设的同时，也关注经济转型、居民安居乐业等问题，是集保障性住房建设贷款、土地开发贷款、按揭贷款、助业贷款及金融配套服务为一体的金融支持系统工程。2011年全省金融机构共向阜新市发放涉及保障性安居工程各类贷款26亿元，有力地支持了阜新市以棚户区改造为主的270万平方米保障性安居工程建设，惠及居民近5万户。归结起来，“阜新模式”有以下几个特点：

一、中国人民银行大力推动，切实提高金融支持的效率和可持续性

在“阜新模式”的探索和建立过程中，中国人民银行充分发挥了指导和引导作用。协调9家省级金融机构和阜新市政府签订金融支持保障性住房建设战略合作协议，推动政府有关部门以及金融机构联合建立了金融支持保障性安居工程联席会议制度。推动金融机构发放3亿元搭桥贷款，以满足国家开发银行信贷资金发放之前棚户区改造建设的资金需求。在再贷款、再贴现业务的办理上，对提供保障性安居工程信贷资金的金融机构予以倾斜，提高了金融机构支持保障性安居工程建设的资金能力。稳步推动商业银行根据阜新市实际需求进行保障性安居工程金融产品和服务方式创新。

二、金融机构广泛参与，全方位提供金融产品和金融服务

（一）以腾空土地为抵押提供棚户区改造开发贷款。按照政府性债务融资的监管要求，国家开发银行以经过规划、环评后动迁腾空土地为抵押，2011年发放棚户区改造建设贷款7.3亿元。

（二）发放土地开发贷款，确保保障性住房建设用地。中国农业发展银行以其他土地作为抵押，以开发地块土地出让金作为还款来源，发放土地开发贷款18.5亿元。

（三）创新担保方式，发放保障性住房抵押贷款。针对借款人收入不高、贷款金额小的特点，金融机构在房产证尚未办理的情况下，以阜新市棚改办出具的棚户区改造拆迁安置协议书和购房款收据为抵押凭证，对回迁居民户发放按揭贷款。

（四）创新贷款方式，支持棚改居民创业。中国农业银行、阜新市农村信用社在抵押、质押的基础上，结合财产保险为棚改居民户提供了自主创业个人贷款，全年发放创业、助业贷款2 691万元。

（五）提升保障性住房小区周边金融服务水平。城市商业银行及农村信用社设立了专门机构或指定经营网点，为保障性住房居民办理多种形式的小额贷款并提供专属金融服务。

三、创新信用增级方式，有效控制金融风险

阜新市政府成立了专门的债务管理部门，负责与银行办理贷款对接和相关手续，保证保障性住房建设信贷资金的合规运用，并积极规划对抵押腾空土地进行整理，负责土地升值出售后的贷款偿还，提升了棚户区改造资金的市场化运作能力。对棚改回迁居民户购买回迁小区网点给予价格和税费等优惠政策，配合金融机构提供的创业、助业贷款，提高回迁居民的创业积极性。

（六）房地产业调整基本符合政策预期，交通运输业保持较快发展

1. 房地产市场变化明显，调控政策取得成效。在国家房地产宏观调控的背景下，辽宁省房地产市场总体健康平稳运行，房地产开发投资增速回落，商品房消费稳定增长，房价上涨趋势得到了遏制。

（1）房地产开发投资增速小幅回落。2011年，辽宁省完成房地产开发投资4 487.6亿元，同比增长29.5%，增速比全国平均水平高1.6个百分点，比上年高1.8个百分点。从资金来源看，国内贷款占比较上年提高0.8个百分点，利用外资占比提高0.1个百分点，自筹资金占比下降4.6个百分点。

（2）土地购置面积、新开工面积增速大幅回落，竣工面积增速大幅提高。在国家房地产调控政策持续加强的情况下，开发企业在拿地和开工新项目方面更为谨慎。2011年，辽宁省土地购置面积同比增长5.5%，增幅比上年同期下降68.1个百分点；本年新开工面积为12 425万平方米，同比下降1.8%，增幅比上年同期下降53.9个百分点。与此同时，竣工面积增长41.4%，增速比上年同期提高30.8个百分点。

（3）住房需求总体保持稳定增长，部分城市住房消费萎缩。2011年，辽宁省商品房销售额为3 576.3亿元，增长16.7%，增速较上年回落24.4

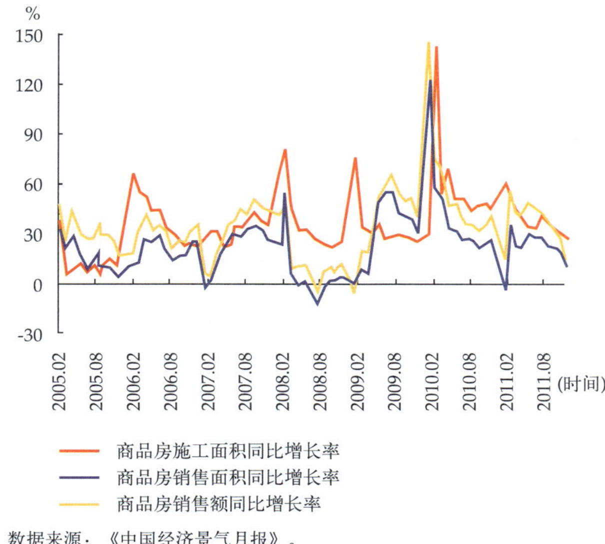

数据来源：《中国经济景气月报》。

图14　2005～2011年辽宁省商品房施工和销售变动趋势

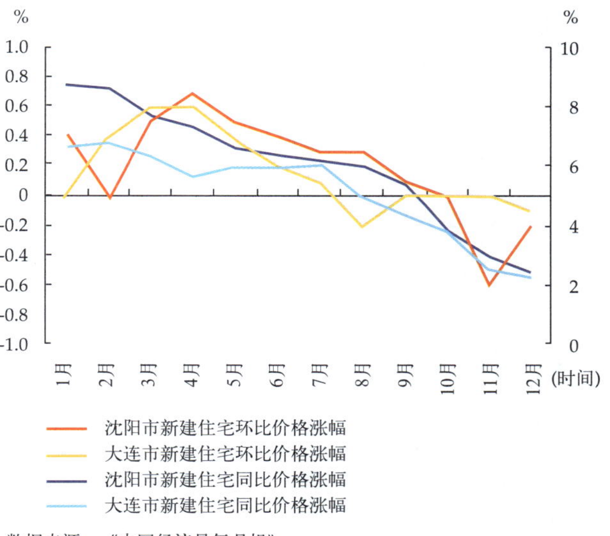

数据来源：《中国经济景气月报》。

图15　2011年辽宁省主要城市新建住宅价格指数

个百分点；商品房销售面积为7 561.4万平方米，增长11.2%，增速较上年回落15.3个百分点（见图13）。大连、铁岭、葫芦岛商品房销售面积同比分别减少25.1%、7.7%和45.7%。

（4）新建住宅价格呈下降趋势。2011年以来，房地产宏观调控政策效果进一步显现。国家统计局发布的70个大中城市数据显示，沈阳、大连、丹东、锦州新建商品住宅价格同比涨幅大体呈高位回落态势，下半年部分月度出现环比价格下跌的现象（见图14），其中12月四城市房价环比分别下跌0.2个、0.1个、0.2个和0.1个百分点。

（5）房地产贷款增速回落。年末各项房地产类贷款余额同比增长19%，增幅比上年回落14.6个百分点。在政策引导下，金融机构加大对保障性住房建设的支持力度，并探索形成“阜新模式”（详见专栏2）。年末辽宁省保障性住房开发贷款余额为111.2亿元，比年初增加83.5亿元。

2. 交通运输业保持较快发展，公路建设以费还贷面临较大压力。近年来，辽宁省紧紧围绕东北老工业基地振兴的宏伟目标，坚持交通运输优先发展，全面推进交通运输业基础设施建设，着力调整交通运输结构，实现了交通运输业全面较快发展，有力地发挥了对全省经济和社会发展的支撑及拉动作用。2011年，辽宁省交通运输、仓储及邮政业增加值为1 086亿元，按可比价格计算，比上年增长10%。全省各类交通运输企业货物运输量完成18.21亿吨，比上年同期增长16.8%；货物周转量完成10 400.1亿吨公里，同比增长15.2%。旅客周转量完成1 064.4亿人公里，增长6%。港口货物吞吐量为78 374万吨，增长15.3%。

近年来，随着交通运输建设步伐不断加快，辽宁省金融机构加大了对交通运输业的支持力度，在支持基础设施改造和重大项目建设上发挥了重要作用，贷款余额持续增加。截至2011年年末，辽宁省交通运输、仓储及邮电通信业贷款余额为2 019.16亿元，同比增长22.67%，占各项贷款余额的8.84%；当年新增贷款372.9万元，同比增加24.66%，占各项贷款新增额的11.1%。

公路在辽宁省运输体系中占据重要位置，其客运量、货运量在综合运输体系中的比重分别达到86.6%和83.36%。由于以下原因，辽宁省公路建设以费还贷面临较大压力：一是公路建设成本上升。随着高速公路建设设计规范的逐渐完善，新材料、新工艺的推广应用，再加上受原材料、征地动迁价格上涨等因素影响，高速公路建设成本逐年增加。二是面临的风险加大。近年来，国家陆续推出多项涉及公路行业的改革措施（如二级公路取消收费、费改税等），其对公路行业的影响逐步显现；由于油价波动、其他交通方式的竞争等，新建高速公路通车后并不会带来通行费收入成比例的增长；新建高速公路大多处于经济相对欠发达地区，未来交通量的增长存在较大不确定性。

三、预测与展望

2012年，辽宁经济发展面临复杂多变的形势。首先，国际、国内环境较为严峻。世界经济复苏的不稳定性、不确定性上升；国内通货膨胀压力仍较大；全国经济增长预期下调，内需拉动辽宁经济增长的作用减弱。其次，从辽宁自身条件看，房地产调控对投资增长的影响值得关注，居民消费在短期内也难有较大幅度的提高。同时，也存在一些有利因素。辽宁经济的外向度较低，受国际经济的影响相对较小；调整经济结构、促进经济自主增长的政策措施已取得初步成效，为经济持续增长提供了内在动力。总体而言，2012年辽宁经济将适度较快增长，经济结构调整加快，经济增长质量将进一步提高。预计2012年辽宁省地区生产总值增长11%，全社会固定资产投资增长20%，社会消费品零售总额增长16%。

辽宁省金融机构将继续贯彻落实稳健的货币政策，着力支持辽宁实体经济发展。预计2012年辽宁省信贷投放将保持合理增长，贷款结构进一步优化，贷款投放将向重点在建续建项目、保障性住房建设、符合产业政策的企业特别是小微企业以及企业技术改造倾斜。

中国人民银行沈阳中心支行货币政策分析小组

负责人：王　顺　闫　力

统　稿：刘克宫　姚　勇　陈宁波

执　笔：王　可　卢心慧　宋　刚　刘　涛　高　霞

提供材料的还有：张次兰　王鲁非　于松涛　杨圣奎　赵　越　高新宇　张　博　李丽丽　吴新宇　张冬梅　马　笛　刘　杰　郭宝华　苗丽光　刘昊然　李士涛　胡秋慧　陈秀龙　张晓玲　刘晓丽

附录

（一）2011年辽宁省经济金融大事记

2月21日，国家外汇管理局辽宁省分局成为全国首个直接投资系统应用门户整合试点单位，为全面推进各项核心系统应用门户整合工作提供了实践基础。

3月25日，中国人民银行沈阳分行印发《2011年辽宁省货币信贷工作指引》，提高执行货币政策的效率和水平，增强对地方经济发展的支持能力。

4月15日，全球首个焦炭期货合约在大连商品交易所上市交易。

4月21日，中国人民银行沈阳分行举办“加强银企合作，共促辽宁发展”活动启动仪式，搭建银企资金供需对接平台，促进银企共赢。

6月1日，辽宁省财产保险单证客户联影像留存系统正式上线运行，从源头上治理各类违法违规行为。

6月18日，中国人民银行沈阳分行与阜新市人民政府共同召开金融支持阜新市保障性住房建设现场推进会。

9月16日，共青团中央和中国人民银行联合在沈阳召开全国农村青年信用示范户工作推进会。

9月14日至16日，第五届夏季达沃斯论坛在大连召开，来自90多个国家的1 600多名政商精英围绕“关注增长质量，掌控经济格局”展开深入讨论。

10月9日，中国人民银行沈阳分行召开“两管理、两综合”工作发布会，启动以金融机构开业管理、营业管理及综合执法检查和综合评价为主要内容的“两管理、两综合”工作。

10月下旬，中国人民银行沈阳分行与辽宁省政府金融办联合组织召开辽宁省非金融企业债务融资工具推进会 。

11月17日，国家外汇管理局辽宁省分局获得中资企业外汇质押人民币贷款试点资格。

（二）2011年辽宁省主要经济金融指标

表1　2011年辽宁省主要存贷款指标

		1月	2月	3月	4月	5月	6月	7月	8月	9月	10月	11月	12月
本外币	金融机构各项存款余额（亿元）	27 902	28 290	29 203	29 308	29 637	30 143	29 872	29 997	30 007	30 122	30 258	30 832
	其中：储蓄存款	14 244	14 340	14 737	14 623	14 737	15 065	14 861	14 915	15 107	14 914	15 023	15 530
	单位存款	12 223	12 415	13 021	13 245	13 419	13 603	13 425	13 506	13 361	13 486	13 574	13 862
	各项存款余额比上月增加（亿元）	-87.5	388.3	912.2	104.9	329.3	506.5	-271.0	124.6	9.9	115.6	135.6	574.4
	金融机构各项存款同比增长（%）	18	17	18	16	15.9	16	14	13	11.14	11.4	10	10
	金融机构各项贷款余额（亿元）	19 718	19 949	20 260	20 463	20 816	21 313	21 442	21 604	21 982	22 093	22 336	22 832
	其中：短期	6 735.8	6 855.9	6 976.9	7 107.3	7 209	7 382.3	7 462.7	7 587.2	7 696.3	7 790.9	7 910	8 122.4
	中长期	12 119	12 311	12 526	12 696	12 875	13 107	13 191	13 261	13 388	13 541	13 614	13 757
	票据融资	753.8	681.8	651.7	547.2	595.2	675.7	631.0	595.3	733.3	590.1	639.6	779.2
	各项贷款余额比上月增加（亿元）	170.5	231.5	310.5	202.9	353.6	496.8	128.9	162.3	378.2	110.7	243.0	495.6
	其中：短期	133.7	120.1	121.1	130.4	101.7	173.3	80.4	124.5	108.6	94.6	119.0	212.5
	中长期	241.3	192.2	214.8	169.9	179.4	232.1	83.9	70.0	127.2	153.3	72.8	143.2
	票据融资	-208.3	-72.0	-30.1	-104.5	48.1	80.5	-44.7	-35.7	137.9	-143.1	49.5	139.6
	金融机构各项贷款同比增长（%）	19	18	19	17	16.9	17	17	17	17.8	17.2	16.9	17.2
	其中：短期	13	14	16	17	17.3	19	19	20	20.7	21.7	23.4	24.1
	中长期	29	27	26	26	24.3	23	21	19	18.0	17.9	16.1	15.7
	票据融资	-34	-37	-37	-54	-52.8	-44	-43	-41	-15.8	-34.2	-27.5	-18.6
	建筑业贷款余额（亿元）	472.4	471.4	493.6	509.5	533.5	568	585.3	603.1	632.5	643.8	645.1	669.2
	房地产业贷款余额（亿元）	1 697.5	1 723	1 753.8	1 781.1	1 805.8	1 850.6	1 842.6	1 832.9	1 862.5	1 889.6	1 905.6	1 904.9
	建筑业贷款同比增长（%）	35.0	28.8	35.6	32.3	34.0	41.6	44.2	44.3	44.4	38.8	46.3	46.8
	房地产业贷款同比增长（%）	33.8	30.1	26.0	25.7	25.3	24.0	20.6	17.1	14.8	19.8	14.7	14.8
人民币	金融机构各项存款余额（亿元）	27 307	27 716	28 540	28 715	29 049	29 492	29 268	29 419	29 428	29 556	29 681	30 216
	其中：储蓄存款	14 065	14 165	14 565	14 454	14 569	14 897	14 699	14 755	14 946	14 753	14 861	15 366
	单位存款	11 832	12 039	12 556	12 846	13 025	13 148	13 007	13 115	12 973	13 107	13 191	13 434
	各项存款余额比上月增加（亿元）	6.4	408.4	824.0	175.0	334.6	442.2	-223.3	150.7	9.3	127.3	125.6	535.1
	其中：储蓄存款	423.1	100.0	399.8	-110.9	114.8	328.3	-198.2	55.9	191.2	-193.1	108.1	504.5
	单位存款	-574.3	206.1	517.1	290.1	179.5	122.4	-140.7	107.7	-141.8	133.9	84.3	242.3
	各项存款同比增长（%）	18.0	17.4	19.0	17.0	16.2	16.0	14.0	13.0	11.4	11.6	10.5	10.6
	其中：储蓄存款	—	—	—	—	—	—	—	—	—	—	—	—
	单位存款	19	22	24	24	20.4	19	16	14	11	12.2	9.9	8.3
	金融机构各项贷款余额（亿元）	18 741	18 986	19 250	19 428	19 734	20 187	20 299	20 450	20 802	20 905	21 138	21 621
	其中：个人消费贷款	2 223.3	2 261.4	2 322.6	2 369.6	2 405.2	2 453.8	2 498.1	2 537.1	2 576.7	2 615.2	2 660.6	2 698.3
	票据融资	753.8	681.8	651.6	547.1	595.2	675.7	631.0	595.3	733.2	590.1	639.6	779.1
	各项贷款余额比上月增加（亿元）	125.9	245.1	264.3	177.4	306.2	453.5	111.6	151.4	351.4	103.3	233.3	482.5
	其中：个人消费贷款	54.6	38.1	61.2	47.0	35.6	48.6	44.3	39.0	39.1	38.5	45.5	37.7
	票据融资	-208.3	-280.3	-30.2	-104.5	48.1	80.5	-44.7	-35.7	137.9	-143.1	49.5	139.5
	金融机构各项贷款同比增长（%）	18	17.74	18	17	16.1	17	16	16	16.8	16.3	16.2	16.6
	其中：个人消费贷款	31.2	30.2	32.8	31.9	29.4	28.0	28.0	26.9	24.9	24.8	23.6	22.5
	票据融资	-34	-36.72	-37	-54	-52.8	-44	-43	-41	-15.8	-34.2	-27.5	-18.6
外币	金融机构外币存款余额（亿美元）	90.2	87.4	101.1	91.2	90.6	100.7	93.7	90.5	91.0	89.6	90.9	97.8
	金融机构外币存款同比增长（%）	0	-4	15	4	10.4	9	11	16	5.5	4.1	-5.2	-6
	金融机构外币贷款余额（亿美元）	148.2	146.5	154.0	159.3	166.9	173.9	177.4	180.7	185.8	187.9	188.7	192.2
	金融机构外币贷款同比增长（%）	50	37	32	33	39.9	40	45	46	45.6	43.4	38.1	36.5

数据来源：中国人民银行沈阳分行。

表2 2001～2011年辽宁省各类价格指数

单位：%

年/月		居民消费价格指数		农业生产资料价格指数		工业生产者购进价格指数		工业生产者出厂价格指数	
		当月同比	累计同比	当月同比	累计同比	当月同比	累计同比	当月同比	累计同比
2001		—	0	—	0.5	—	0	—	-1.4
2002		—	-1.1	—	1.7	—	-1.7	—	-2.2
2003		—	1.7	—	-1.6	—	5.1	—	3.6
2004		—	3.5	—	13.3	—	21.1	—	7.1
2005		—	1.4	—	10	—	8.1	—	5.1
2006		—	1.2	—	0.5	—	4.2	—	4.1
2007		—	5.1	—	14.2	—	4.8	—	4.4
2008		—	4.6	—	28.1	—	11.5	—	10.9
2009		—	0.0	—	-3.3	—	-6.7	—	-6.0
2010		—	3.0	—	3.7	—	8.6	—	7.4
2011		—	5.2	—	12.8	—	8.3	—	6.5
2010	1	3.1	3.1	2.0	2.0	5.1	—	5.8	—
	2	2.5	2.8	2.3	2.1	6.8	—	6.7	—
	3	2.4	2.7	2.4	2.2	8.0	—	9.4	—
	4	2.3	2.6	2.7	2.3	10.9	—	10.1	—
	5	1.4	2.3	3.2	2.5	11.2	—	10.9	—
	6	1.4	2.2	3.4	2.7	10.6	—	9.4	—
	7	1.9	2.2	4.2	2.9	7.8	—	7.3	—
	8	3.3	2.3	4.2	3.0	7.5	—	5.2	—
	9	2.9	2.4	3.7	3.1	7.3	—	5.4	—
	10	4.2	2.5	4.7	3.3	8.4	—	5.8	—
	11	6.0	2.9	5.9	3.5	10.3	—	6.7	—
	12	5.0	3.0	5.9	3.7	9.8	—	6.6	—
2011	1	1.0	1.0	6.5	6.5	9.5	—	6.6	—
	2	4.6	4.5	7.5	7.0	9.7	—	7.1	—
	3	4.8	4.6	10.8	8.3	9.7	—	7.4	—
	4	5.0	4.7	11.6	9.1	9.6	—	7.5	—
	5	5.7	4.9	12.2	9.7	9.1	—	7.4	—
	6	6.8	5.2	14.1	10.5	9.2	—	7.6	—
	7	6.7	5.4	16.0	11.3	9.9	—	7.7	—
	8	5.6	5.5	15.4	11.8	9.5	—	7.4	—
	9	5.9	5.5	16.9	12.4	9.1	—	6.9	—
	10	5.2	5.5	16.0	12.7	7.4	—	5.6	—
	11	3.6	5.3	14.1	12.8	4.5	—	4.0	—
	12	3.6	5.2	12.7	12.8	2.9	—	3.2	—

数据来源：《中国经济景气月报》、辽宁省统计局。

表3　2011年辽宁省主要经济指标

	1月	2月	3月	4月	5月	6月	7月	8月	9月	10月	11月	12月
绝对值（自年初累计）												
地区生产总值(亿元)	—	—	4 246.2	—	—	9 948.5	—	—	15 709.2	—	—	22 025.9
第一产业	—	—	177.7	—	—	556.3	—	—	953.8	—	—	1 915.6
第二产业	—	—	2 278.4	—	—	5 484.8	—	—	8 817.5	—	—	12 150.7
第三产业	—	—	1 790.1	—	—	3 907.4	—	—	5 937.9	—	—	7 959.6
固定资产投资(不含农户)(亿元)	—	317.2	1 290.33	2 517.90	4 434.21	7 209.52	9 129.49	10 916.55	13 700.47	15 082.44	15 924.12	17 431.46
房地产开发投资	—	91.7	312.1	589.7	1 044.51	1 870.46	2 335.68	2 818.7	3 397.6	3 835.8	4 198.8	4 487.6
社会消费品零售总额(亿元)	—	—	1 936.1	—	—	3 853.5	—	—	5 865.6	—	—	8 095.3
外贸进出口总额(万美元)	835 976	1 351 843	2 172 074	2 958 472	3 769 782	4 594 285	5 465 244	6 293 422	7 171 001.9	7 972 341	89 033 80	9 595 724
进口	385 519	641 135.6	996 955	1 360 190	1 729 218	2 107 103	2 493 594	2 887 199	3 290 626.1	3 695 251	4 150 974	4 491 674
出口	450 457	710 707.3	1 175 119	1 598 283	2 040 564	2 487 183	2 971 651	3 406 223	3 880 374.7	4 277 091	4 752 406	5 104 050
进出口差额(出口－进口)	64 937.5	6 9571.7	178 164	238 093	311 347	380 079.6	478 057.2	519 023.7	589 748.6	581 839.7	601 431.5	612 375.6
外商实际直接投资(万美元)	—	297 400	548 000	631 000	833 000	1 199 000	1 298 000	1 450 000	1 530 000	1 574 000	1 952 000	2 426 700
地方财政收支差额(亿元)	—	38.4	-7.9	-75.6	-137.5	-176.1	-262.5	-351.5	-475.5	-607.9	-888.6	-1 261.6
地方财政收入	—	399.7	629.1	830.1	1 053.8	1 384.1	1 583.6	1 758.6	1 959.9	2 175.9	2 353.5	2 640.5
地方财政支出	—	361.3	637.0	905.7	1 191.3	1 560.2	1 846.1	2 110.1	2 435.4	2 783.8	3 242.1	3 902.1
城镇登记失业率(%)(季度)	—	—	3.8	—	—	3.7	—	—	3.7	—	—	3.7
同比累计增长率（%）												
地区生产总值	—	—	12.8	—	—	13.0	—	—	12.5	—	—	12.1
第一产业	—	—	3.3	—	—	2.6	—	—	4.0	—	—	6.5
第二产业	—	—	14.4	—	—	15.0	—	—	15.0	—	—	14.1
第三产业	—	—	11.7	—	—	11.7	—	—	10.3	—	—	10.5
工业增加值	—	16.2	15.4	15.3	15.4	15.6	15.3	15.2	15.1	15.0	14.8	14.9
固定资产投资（不含农户）	—	33.4	30.3	31.3	30.9	31.0	30.5	30.6	30.7	30.5	30.2	30.2
房地产开发投资	—	26.8	29.7	31.9	32.6	34.1	33.9	32.9	32.0	31.8	30.8	29.5
社会消费品零售总额	—	—	17.0	—	—	17.1	—	—	17.3	—	—	17.5
外贸进出口总额	25.0	9.0	15.6	16.4	17.1	17.7	18.9	19.6	19.9	21.4	21.4	18.9
进口	32.8	4.6	11.3	12.6	14.3	16.1	18.9	19.2	19.3	22.1	21.9	19.4
出口	19.1	13.3	19.6	19.7	19.6	19.1	18.9	20.0	20.3	20.8	20.9	18.4
外商实际直接投资	—	7.9	22.5	21.8	37.4	45.8	43.7	49.3	45.8	34.5	25.3	17.0
地方财政收入	—	38.1	40.1	36.1	37.9	37.0	35.8	34.7	33.4	33.1	31.8	31.7
地方财政支出	—	17.4	22.8	33.5	32.2	28.1	31.2	29.9	30.6	36.1	32.9	22.1

数据来源：《中国经济景气月报》、辽宁省统计局。

2011年吉林省金融运行报告

中国人民银行长春中心支行货币政策分析小组

[内容摘要] 2011年，吉林省深入贯彻落实科学发展观，大力推进经济发展方式转变和结构调整，统筹推进工业化、城镇化和农业现代化，全面实施富民工程建设，经济总量跨上万亿元台阶，经济社会整体呈现出快速稳定健康发展态势。投资和消费呈现持续旺盛增长态势，经济发展的内生动力进一步增强，工业化进程向纵深推进，多产业支撑经济增长格局初步形成，物价水平持续攀升后平稳回落，节能减排顺利实现全年目标。

金融业保持稳健发展态势，银行业组织体系日臻完善，存贷款增速放缓，信贷结构调整优化对经济结构优化升级的带动作用进一步增强；证券业的市场融资功能进一步提升；保险业的风险保障功能不断增强；金融市场交易活跃，直接融资快速发展，金融生态环境进一步改善。

2012年，吉林省将继续以老工业基地建设和长吉图开发开放先导区建设为依托，加快产业结构调整、城镇化推进和经济发展方式转变，推动经济持续稳定发展。金融业将继续深入贯彻落实稳健的货币政策，保持合理的社会融资规模，推进信贷平稳均衡增长，拓宽直接融资渠道，不断加大对实体经济的金融支持力度，有效防范潜在风险，维护金融体系的健康稳定发展。

一、金融运行情况

2011年，吉林省金融机构认真贯彻落实稳健的货币政策，着力优化信贷结构，努力提高服务水平，深化产品服务创新，切实加强风险防范，在实现自身稳健快速发展的同时，有效地支持了吉林经济平稳较快发展。

（一）银行业稳健发展，信贷投放均衡合理

2011年，吉林省银行业平稳健康发展，各项存款增速持续放缓，贷款结构继续优化，机构改革向纵深推进。

1. 资产规模持续扩大，盈利能力显著提升。2011年，吉林省银行业金融机构从业人数和机构数量继续稳步增加（见表1），资产总额同比增长13%，不良贷款实现“双降”，资产质量切实改善。经营效益实现突破性增长，利润是2010年的2.6倍。法人金融机构稳健发展，吉林银行沈阳分行正式开业运营，全省首家汽车金融公司获批成立。吉林省信托投资公司自主创新和自主管理模式的信托业务取得跨越式发展。

表1　2011年吉林省银行业金融机构情况

机构类别	营业网点			法人机构（个）
	机构个数（个）	从业人数（人）	资产总额（亿元）	
一、大型商业银行	1 499	43 864	6 172	0
二、国家开发银行和政策性银行	49	1 797	2 203	0
三、股份制商业银行	36	1 727	1 317	0
四、城市商业银行	340	7 191	1 900	1
五、城市信用社	0	0	0	0
六、农村合作机构	1 553	21 459	2 063	55
七、财务公司	0	460	309	2
八、信托公司	0	164	28	1
九、邮政储蓄银行	1 056	8 139	902	0
十、外资银行	0	22	5	0
十一、新型农村金融机构	0	966	84	25
十二、其他	0	0	0	0
合　计	4 533	85 789	14 983	84

注：①营业网点不包括总部。
②农村合作机构包含农村信用社、农村合作银行及农村商业银行。
③新型农村金融机构包括村镇银行、贷款公司和农村资金互助社三类机构。
④“其他”包含金融租赁公司、汽车金融公司、货币金融公司、消费金融公司等。

数据来源：吉林银监局。

2. 各项存款增势趋缓。2011年年末，吉林省本外币各项存款增速同比回落2.5个百分点。其中，个人存款平稳增长，单位存款少增较多。存款增势趋缓主要受三个方面的因素影响：一是贷款投放回归常态以及贷款实贷实付导致派生存款减少，二是原材料、能源、劳动力价格持续上涨致使企业正常生产经营所需资金量明显增加，三是理财产品的火爆销售在一定程度上分流了存款。从存款行际分布看，四大国有商业银行新增存款占比同比提高较多，股份制中小型银行存款增长较为乏力，地方法人金融机构存款增量同比小幅回落。从各季度存款增长变化看，第一季度存款增量占全年增量的一半，第三季度存款负增长，存款季度间波动较大（见图1）。

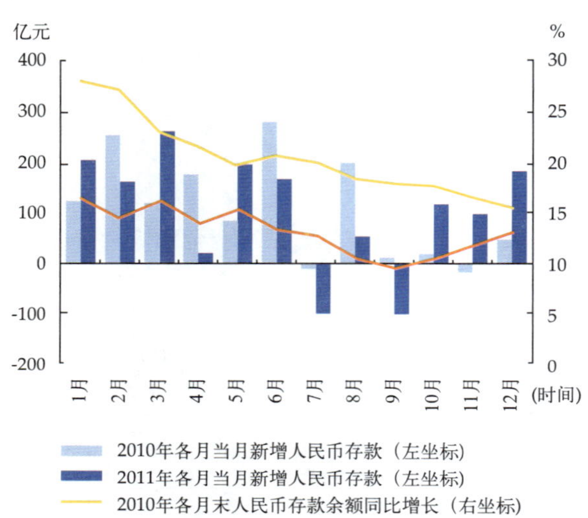

数据来源：中国人民银行长春中心支行。

图1　2010～2011年吉林省金融机构人民币存款增长变化

3. 信贷投放逐步回归常态，结构调整效果明显。剔除中国农业发展银行粮食收购贷款的政策性因素，2011年，吉林省本外币各项贷款同比少增93.5亿元，贷款增速略高于地区生产总值增速，信贷投放在切实满足吉林省经济发展合理资金需求的同时，逐步回归常态水平。贷款投放节奏平稳，四个季度贷款增量占全年贷款增量的比重分别为30%、29%、14%和28%，信贷投放进度基本与包括农业在内的吉林省经济生产周期相符。金融机构贸易融资业务发展带动外币贷款实现较快增长（见图2、图3）。

从贷款投向看，结构继续调整优化，支持实体经济的力度逐步加大。一是“三农”信贷需求得到较好的满足，涉农贷款占各项新增贷款的30.6%。二是中小企业贷款占比增速提高，中小企业新增贷款占全部企业贷款增量的72.2%，占比同比提高1.9个百分点，增速高于全部企业贷款增速5.7个百分

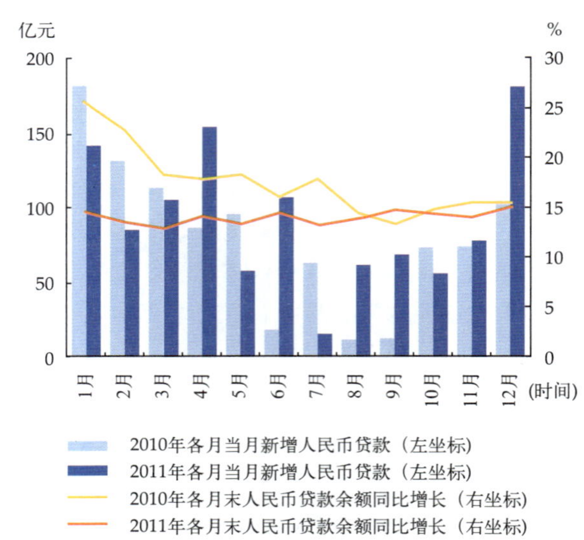

数据来源：中国人民银行长春中心支行。

图2　2010～2011年吉林省金融机构人民币贷款增长变化

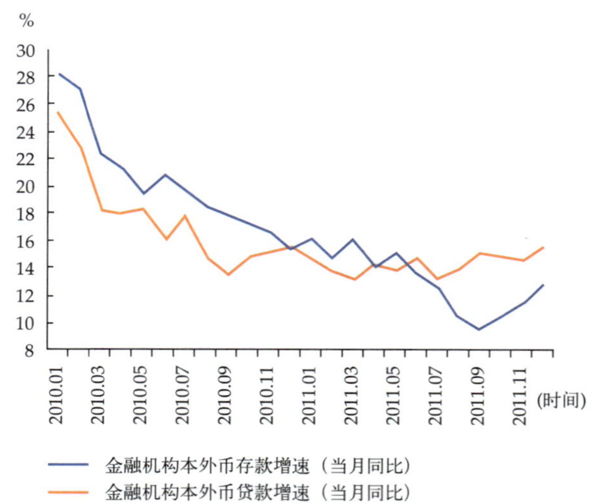

数据来源：中国人民银行长春中心支行。

图3　2010～2011年吉林省金融机构本外币存、贷款增速变化

点。三是积极支持企业生产经营，单位经营贷款、贸易融资和票据融资合计同比多增较多。四是积极支持居民扩大消费，个人消费贷款同比增速高于全省各项贷款平均水平2.7个百分点。五是小额担保贷款和保障性住房贷款等民生领域贷款稳步增长。

从贷款期限看，新增短期贷款占全部新增贷款的比重较上年提高5.4个百分点，而新增中长期贷款占比下降29.2个百分点，中长期贷款比重过高的问题得到进一步解决。

4. 表外授信大幅增长。2011年年末，吉林省金融机构表外授信余额为2 058.1亿元，同比增长36.2%。其中，新增银行承兑汇票、委托贷款和信用证占表外业务增量的九成。

5. 贷款利率水平小幅提升（见表2），利率定价机制建设稳步推进。2011年，受存贷款基准利率上调和金融机构以价补量等因素影响，吉林省人民币贷款加权平均利率有所提升，12月，加权平均利率达到7.69%，全年累计提高0.91个百分点。地方法人金融机构利率定价能力进一步提高，利率定价管理组织体系基本形成，风险溢价评估体系建设稳步推进，Shibor在金融机构利率定价中运用的广度和深度有所增强。

6. 银行业改革扎实推进。2011年，大型商业银行进一步完善了分层次的中小企业专营体系建设，在一级分行、二级分行和支行设立小企业金融业务中心，配备中小企业专职服务团队，部分金融机构单列中小企业信贷规模，中小企业金融服务能力大大提升。

银行业体系日臻完善，盛京银行长春分行、华夏银行长春分行相继开业，一汽汽车金融公司开业申请获批。农村信用社积极推进股份制改革，榆树农村商业银行、舒兰农村商业银行、延边农村商业

表2　2011年吉林省金融机构人民币贷款各利率区间占比

单位：%

月份		1月	2月	3月	4月	5月	6月
合计		100.0	100.0	100.0	100.0	100.0	100.0
[0.9～1.0)		9.4	11.5	7.0	6.4	6.8	5.9
1.0		42.2	38.1	35.1	41.6	38.3	34.1
上浮水平	小计	48.4	50.4	57.9	52.0	54.9	60.0
	(1.0～1.1]	7.6	10.9	11.9	16.4	14.7	15.1
	(1.1～1.3]	17.8	20.5	20.5	18.7	21.6	28.1
	(1.3～1.5]	10.4	9.8	9.9	5.4	6.8	6.1
	(1.5～2.0]	9.7	7.3	12.2	8.8	9.5	9.1
	2.0以上	2.9	1.9	3.4	2.7	2.3	1.6
月份		7月	8月	9月	10月	11月	12月
合计		100.0	100.0	100.0	100.0	100.0	100.0
[0.9～1.0)		6.9	8.6	6.5	0.4	2.2	5.4
1.0		29.7	26.5	27.5	25.5	30.3	31.4
上浮水平	小计	63.4	64.9	66.0	74.1	67.5	63.2
	(1.0～1.1]	9.4	17.6	17.6	21.1	15.1	14.2
	(1.1～1.3]	32.1	24.5	28.5	34.1	29.1	22.9
	(1.3～1.5]	7.8	9.3	7.7	7.6	9.1	8.0
	(1.5～2.0]	12.0	11.7	10.3	9.6	12.5	15.7
	2.0以上	2.1	1.8	1.9	1.7	1.7	2.4

数据来源：中国人民银行长春中心支行。

银行、长白山保护开发区农村商业银行顺利开业。九台农村商业银行完成对长白山联社的并购重组和农村商业银行组建，成为全国首个成功案例。村镇银行新批开业8家，另有1家获准筹建。

7. 跨境人民币结算业务快速发展。2011年，吉林省大力推进跨境人民币结算业务，与吉林省发生跨境人民币实际收付业务的境外国家和地区由2010年的4个增加至18个，全年共办理跨境人民币结算业务175.1亿元，是2010年的40.1倍，占全省同期对外贸易总额的12%，高于全国平均水平5.4个百分点。

专栏1　吉林省首创“直补资金担保贷款”　惠民效果显著

2010年，吉林省在全国首创“直补资金担保贷款”业务，实现了财政政策与金融支持的有机结合，取得了良好的社会效应。2011年4月，直补资金担保贷款模式在全省推广，试点地区从最初的9个县（市、区）扩大到了全省48个县（市、区）；参与试点的金融机构数量从4家增加到6家；累计发放直补资金担保贷款50.1亿元，惠及农户34.3万户，金融支农覆盖面得到进一步扩大。

一、运作模式

直补资金担保贷款是指农民自愿以其未来的直补资金作为担保向金融机构申请贷款，金融机构依据相关的政策和要求确定农民贷款额度，与农民签订贷款合同，向农民发放贷款的一种新型的抵押贷款模式。财政部门将按照农民与银行签订的合同，扣缴其以后年度的直补资金用于偿还贷款本息。直补资金担保贷款重点用于满足农户农业生产性、经营性资金需求；贷款期限根据农业生产周期和适当减轻还款压力的原则合理确定，最长不超过10年；贷款额度原则上最高不超过农户一年直补资金的10倍；按照减轻农民负担、兼顾金融机构收益的原则，贷款利率在中国人民银行同期同档次基准利率的基础上统一上浮30%。

二、产品优势

1. 降低了融资成本。由于直补资金担保贷款利率执行基准利率上浮30%，吉林省银行利率报备系统显示，全省农户贷款利率水平大体集中在[10.62%，12.21%]区间，而直补资金担保贷款利率在[6.90%，7.49%]区间，经测算，直补资金担保贷款的加权平均利率和农户贷款的加权平均利率相差4.2个百分点，降幅达30%～40%，极大地减轻了农民的利息负担。

2. 缓解了还款压力。直补资金担保贷款期限最长为10年，不仅适应了普通农作物耕作周期特点，而且对于林业、养殖业、特色种植业等农业生产的效果更为显著。对于1年期以上的贷款，采用等额本息分期还款办法，农民在提前使用直补款保证资金偿付的同时，有效地缓解了还款压力，从而能够更加放心地使用资金。

3. 简化了贷款手续。直补资金担保贷款没有保险、保证等附加规定，有效地解决了目前农民由于无法提供有效担保或抵押物而无法获得金融机构资金支持的难题，同时降低了贷款银行的信贷风险。

三、社会效应

1. 农民得实惠。由于直补资金担保贷款利率执行基准利率上浮30%，大大减轻了贷款农民的利息负担。据金融部门测算，每发放10亿元直补资金担保贷款，将为农民节省利息支出4 200万元左右。按照目前累计发放的50.1亿元直补资金担保贷款计算，已为农民节省利息支出2.1亿元左右，户均节省利息支出500～600元。

2. 银行得效益。直补资金担保贷款业务的推出，为各商业银行信贷资金投向农村提供了一个很好的途径，既切实增加了支农信贷投放，又有效防范了信贷风险，并带来可观的收益。按照目前累计发放的50.1亿元直补资金担保贷款、利率上浮30%计算，将为参与直补资金担保贷款业务的商业银行增加利息收入5.5亿元。

3. 经济得发展。直补资金担保贷款业务的开办实现了财政政策与金融政策在支持“三农”上的有效结合，形成了支农合力，使农业补贴政策的支农效果有效放大和延伸。按照2011年吉林省为农户发放两项直补款金额总计68.9亿元（今后每年尚有一定数额的增加）放大5倍直补资金担保贷款测算，总计可提供农用资金340多亿元，在有效解决吉林省农业生产的资金瓶颈问题、提高农户种粮积极性、促进粮食生产方面发挥了显著作用。

（二）证券业稳步发展，资本市场融资功能进一步增强

2011年，吉林省资本市场融资功能进一步增强，首发上市公司数量稳步增加（见表3），公司质量显著提升，但受资本市场行情影响，证券交易规模同比回落，法人证券公司资产规模和收入水平出现不同程度的下滑。

证券业经营机构稳步发展，资本市场融资功能逐步提升。2011年吉林省各证券公司和期货公司分别新设营业部5家和3家，营业部总数分别达到91家和17家。受证券市场持续低迷、成交量萎缩等不利因素影响，2011年，全省证券交易总额同比减

表3　2011年吉林省证券业基本情况

项目	数量
总部设在辖内的证券公司数（家）	2
总部设在辖内的基金公司数（家）	0
总部设在辖内的期货公司数（家）	4
年末国内上市公司数（家）	37
当年国内股票（A股）筹资（亿元）	18.6
当年发行H股筹资（亿元）	0
当年国内债券筹资（亿元）	126.7
其中：短期融资券筹资额（亿元）	12.0

数据来源：吉林证监局。

少35.6%，证券业整体经营业绩出现一定幅度的下滑。2011年，吉林省新增上市公司2家，募集资金18.6亿元，A股上市公司达到37家。

（三）保险业持续稳定发展，风险保障功能不断增强

2011年，吉林省保险机构数量稳步增加（见表4），市场主体呈现多样化发展态势，保费收入小幅增长，赔付支出略有增加，财产险保险公司盈利能力持续提高，人身险保险公司结构调整稳步推进，法人保险机构抗风险能力进一步提升，行业整体保持平稳健康发展态势。

1. 保险公司可持续发展能力增强。2011年，全省新增保险公司分公司2家，安盟保险公司成为进驻吉林省的首家外资保险公司，吉林省保险业市场主体规模进一步增大。机动车辆险、企业财产险等险种带动财产保险公司盈利能力持续增强，承保利润率居全国首位。人身保险公司结构调整稳步推进，保费收入同比小幅增长。法人保险公司安华农业保险公司增资申请获批，抗风险能力进一步增强。

2. 农业保险服务“三农”的作用得到有效发挥。2011年，吉林省共有226万农户参加农业保险，占全省农户总数的61.4%。五大作物参保总面积为239.6万公顷，占土地承包面积的67.1%。全年政策性农业保险实现承保利润2.1亿元，赔付3.8亿元。另外，吉林省农业保险公司还积极扩大农业保险覆盖面，在推动特色农业发展和农业产业化等方面进行了有益探索。

表4　2011年吉林省保险业基本情况

项目	数量
总部设在辖内的保险公司数（家）	1
其中：财产险经营主体（家）	1
人身险经营主体（家）	0
保险公司分支机构（家）	25
其中：财产险公司分支机构（家）	11
人身险公司分支机构（家）	14
保费收入（中外资，亿元）	223.4
其中：财产险保费收入（中外资，亿元）	69.0
人身险保费收入（中外资，亿元）	154.4
各类赔款给付（中外资，亿元）	60.0
保险密度（元/人）	809.0
保险深度（%）	2.2

数据来源：吉林保监局。

（四）社会融资结构有所改善，金融市场交易活跃

1. 融资总量小幅回升，间接融资占比高位趋降。2011年，吉林省社会融资总量增长23%。间接融资仍为主要融资渠道，占社会融资总量的88.6%；直接融资占比明显提高，尤其是债券融资发展迅速，占比创10年来的新高（见表5）。

2. 货币市场继续快速发展，利率水平明显上升。吉林省银行间市场全年累计成交5万亿元，比上年翻倍，累计净融入资金2.3万亿元。市场结构

表5　2001～2011年吉林省非金融机构部门贷款、债券和股票融资情况

单位：亿元、%

年份	融资合计	比重		
		贷款	债券（含可转债）	股票
2001	190.5	93.9	0	6.2
2002	201.8	100.0	0	0
2003	232.9	100.0	0	0
2004	301.1	100.0	0	0
2005	268.5	100.0	0	0
2006	543.0	96.5	3.5	0
2007	461.5	94.5	0	5.5
2008	791.2	96.9	1.3	1.8
2009	1 503.2	91.7	8.0	0.3
2010	1 036.5	94.4	4.1	1.5
2011	1 274.6	88.6	9.9	1.5

数据来源：中国人民银行长春中心支行。

和功能进一步优化，受流动性趋紧影响，全省拆借规模出现反弹，累计成交金额同比增长110%；回购交易继续大幅增长，累计成交金额同比增长130%。为应对存款准备金率上升对流动性的冲击，金融机构大幅减少债券资产，净卖出债券466亿元。全年拆借和回购平均利率分别为3.89%和3.52%，同比分别提高1.1个和0.9个百分点。

3. 票据市场交易活跃，市场利率高位运行。2011年，吉林省商业承兑汇票业务量较快增长（见表6），累计发生额同比增长53.7%。其中，农村合作机构采用快进快出月末无余额的转贴现方式，带动全省贴现总量增加。在存款准备金率上调和利率提高的背景下，票据市场利率逐步提升（见表7），10月出现较大幅度的上涨，并达到全年最高点。中国人民银行长春中心支行充分发挥再贴现政策工具作用，为中小企业和涉农行业的票据提供再贴现44.9亿元。

4. 银行结售汇交易稳中有进，黄金市场交易较快增长。2011年，吉林省涉外经济保持强劲的增长动力和发展态势，受货物贸易出口、境外投资和旅游贸易增加等有利因素影响，全年外汇收支规模

表6　2011年吉林省金融机构票据业务量统计

单位：亿元

季度	银行承兑汇票承兑		贴现			
			银行承兑汇票		商业承兑汇票	
	余额	累计发生额	余额	累计发生额	余额	累计发生额
1	278.8	166.9	121.3	2 895.8	0	266.4
2	353.3	417.2	148.1	4 866.9	0	342.8
3	354.7	759.3	152.4	6 479.8	0	352.0
4	353.2	1 639.2	186.2	8 440.6	0.2	431.6

数据来源：中国人民银行长春中心支行。

表7　2011年吉林省金融机构票据贴现、转贴现利率

单位：%

季度	贴现		转贴现	
	银行承兑汇票	商业承兑汇票	票据买断	票据回购
1	6.35	6.60	5.35	5.05
2	6.24	6.28	5.21	5.28
3	7.40	11.00	6.94	6.25
4	7.68	10.43	7.36	7.05

数据来源：中国人民银行长春中心支行。

逐步扩大，银行代客跨境收支及银行代客结售汇总规模双双突破200亿美元，分别同比增长28.1%和20.9%。国际、国内黄金价格大幅上涨，带动省内黄金市场成员增加生产，省内2家上海黄金交易所会员机构共销售黄金3 811公斤，同比增加20.4公斤，销售收入同比增长22.6%。纸黄金投资利差加大，吸引了大量投资者参与，全年人民币业务累计成交量同比增长65.6%。

（五）金融生态建设稳步推进，社会信用环境持续改善

2011年，在地方政府的高度重视和中国人民银行长春中心支行的积极推动下，吉林省金融生态环境进一步优化。一是“信用吉林”建设工作深入开展。吉林省政府取消18项收费项目，对省直16个部门的行政审批项目简化审批环节。组织开展吉林省诚信示范企业创建活动，引导企业增强诚信意识、打造诚信品牌，发挥诚信企业的示范作用。二是征信系统数据库覆盖面和信息采集量不断扩大。截至2011年年末，中国人民银行信用信息基础数据库共收录14万户企业和1 655万自然人的基础信用信息，全省金融机构全年查询量达298万次，为金融机构有效防范信贷风险提供了有力支持。三是中小企业和农村信用体系建设工作继续深入推进。中国人民银行长春中心支行研发“吉林省中小企业融资超市”和“吉林省农村信用信息数据库”，多渠道采集中小企业和农户信息，并面向金融机构提供查询服务，为推动中小企业和农户融资提供信息服务。四是农村支付环境建设取得新突破。在全国率先以省为单位推进粮食收购非现金结算工作，破解粮食收购“现金搬家”难题，178家粮食加工企业实现非现金结算94.7亿元；开展银行卡助农取款服务，行政村覆盖率达47.3%，惠及651万人，办理业务25.6万笔、金额1.2亿元，切实便利农户小额取现。

二、经济运行情况

2011年，吉林省统筹推进“三化”，实施“三动”战略和富民工程，经济呈现出快速稳定健康的发展态势。经济总量跨上万亿元台阶，同比增长13.7%；人均地区生产总值达到37 900元，增长12.3%，“十二五”实现良好开局（见图4）。

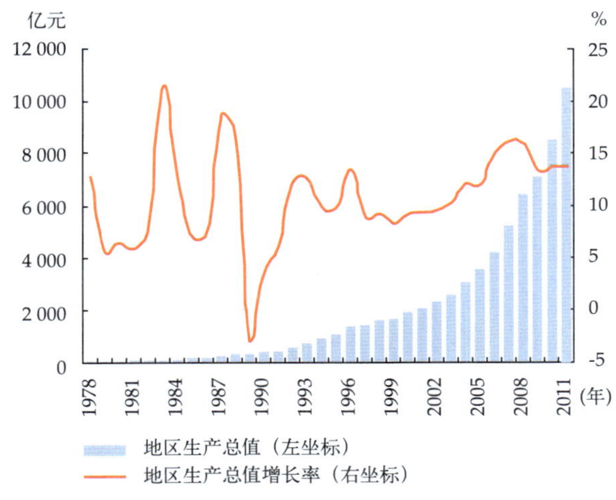

数据来源：吉林省统计局。

图4　1978～2011年吉林省地区生产总值及其增长率

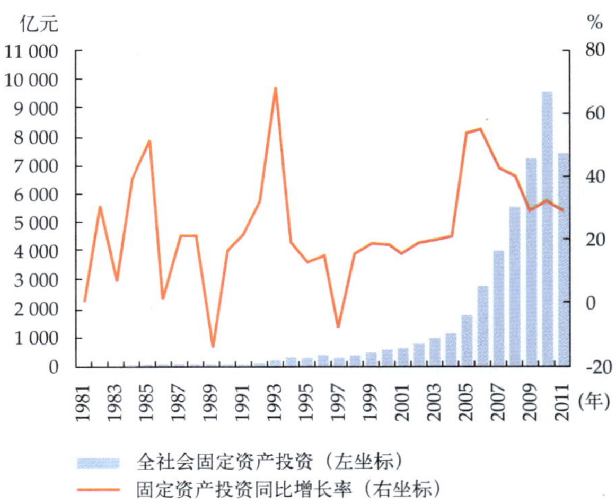

数据来源：吉林省统计局。

图5　1981～2011年吉林省固定资产投资及其增长率

（一）三大需求协调增长，经济发展内生动力进一步增强

2011年，吉林省三大需求协调发展，投资继续保持快速增长态势，但增速逐步回稳，消费强劲增长，进出口对经济增长的贡献率稳步提升。

1. 投资保持快速增长，投资结构进一步优化。2005年吉林省实施投资拉动战略以来，投资增速连续7年保持高位运行，投资拉动效果显著。2011年，吉林省全社会固定资产投资增长30.3%（见图5），高于全国平均水平6.7个百分点。投资结构进一步优化，“强三优二稳一”态势更趋明显。第一产业和第三产业投资比重分别提高1.1个和0.3个百分点，战略性新兴产业投资增长40%左右，改建和技术改造投资增长47%，高耗能行业投资下降10%左右。全省工业集中区单位面积投资强度达到2 800万元/公顷，比上年增加300万元/公顷。民间投资增长动力强劲，全年民间投资增长快于全部投资17.3个百分点，比重达到71.8%，占比同比提高1.3个百分点。

2. 居民消费持续旺盛，对经济增长的拉动作用逐渐增强。2011年，吉林省城乡居民收入平稳增长，城镇居民人均可支配收入同比增长15.5%，农民人均纯收入同比增长20.4%。社会保障体系的进一步完善、居民收入水平的稳步提高以及热点消费的持续升温推动全省社会消费品零售总额同比增长17.5%（见图6），高于全国平均水平0.4个百分点。受保障房供给力度加大以及物价高企等因素影响，百姓消费更多地集中在建筑装饰材料类、家具类等消费品以及金银珠宝等保值类投资品，其零售额均保持较高的增长速度。受国家各项惠农政策陆续实施、农产品价格上涨等增收因素影响，农村消费同比增长21.7%，增速首次高于城镇消费，且高于2010年同期水平3.9个百分点。

3. 外贸进出口高速增长（见图7、图8），对外投资呈现快速发展态势。2011年，吉林省外贸进出

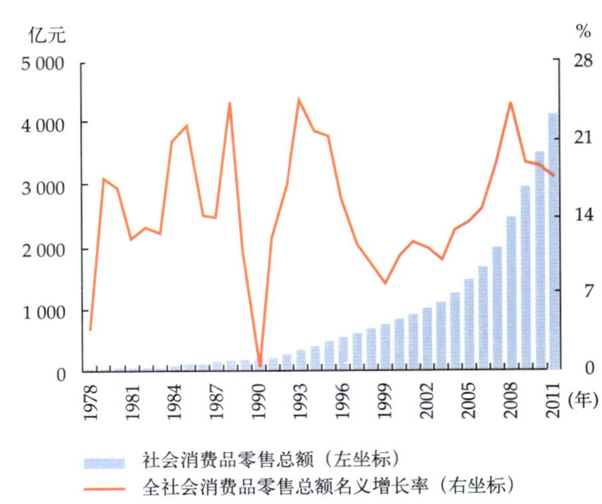

数据来源：吉林省统计局。

图6　1978～2011年吉林省社会消费品零售总额及其增长率

口完成额首次突破200亿美元，同比增长30.9%。出口方面，汽车及零部件、石化产品、医药产品出口强势增长，出口额增速均超过30%。进口方面，受国际商品价格变化的影响，冶金矿产出口增长80.5%，农产品出口下降7.8%。传统市场增长趋缓，新兴市场增势明显。对美国、德国的进出口持续下降，对中东地区、非洲和南美的出口稳步增长。境外投资快速发展，全年在俄罗斯、东盟国家和欧美国家设立的境外企业共15家，核准设立境外企业和机构46家，中方协议投资额为5.3亿美元。

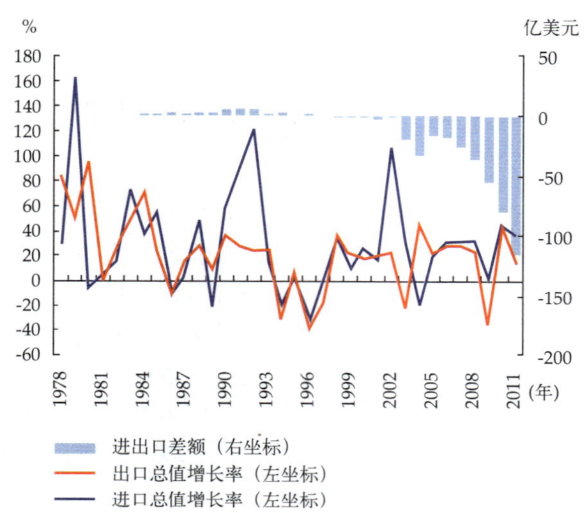

数据来源：吉林省统计局。

图7　1978～2011年吉林省外贸进出口变动情况

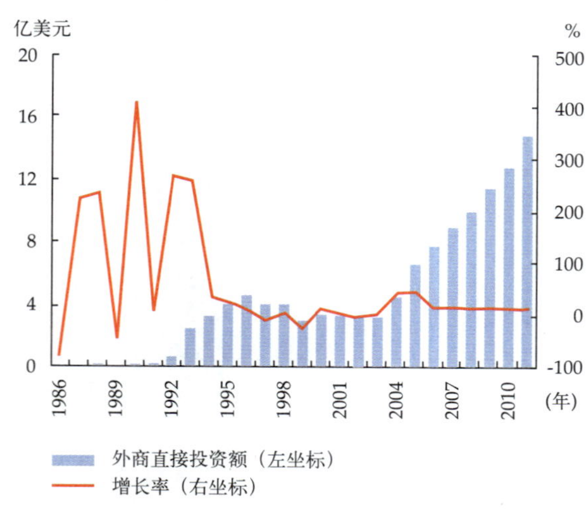

数据来源：吉林省统计局。

图8　1986～2011年吉林省外商直接投资情况

（二）产业结构调整优化，工业化进程向纵深推进

2011年，吉林省三次产业比重由2010年的12.1∶52.0∶35.9调整为12.1∶53.2∶34.7，第二产业比重进一步提高，老工业基地振兴政策带动工业化进程深入推进。

1. 农业生产获得大丰收，农业综合生产能力进一步提高。2011年，吉林省粮食大丰收，第一产业增加值贡献率提高8.3个百分点。粮食播种面积、粮食总产量和单产量实现“三突破”：粮食播种面积比上年增加79.2万亩；粮食总产量突破600亿斤大关，增产65.7亿斤，占全国增产量的13.3%；粮食单产量居全国首位，达到930.2斤/亩，高于全国平均水平35.1%。畜牧业健康发展，在全国猪肉产量下降的情况下，实现增长1.8%。农产品加工业销售收入突破3 000亿元，人参、林蛙等农业特色产业不断发展壮大。百亿斤商品粮工程、西部土地整理、农田水利等农业基础设施建设进展顺利，新增和改善灌溉面积为371万亩。

2. 工业经济质量效益稳步提升，对全省经济增长的拉动作用不断增强。2011年，吉林省规模以上工业增加值同比增长18.8%（见图9），高于全国平均水平4.9个百分点。工业产销率保持较高水平，全年达到98.4%。投入产出效率持续提高，全年规模以上企业投入产出比例为1∶1.35，比上年提高20%。企业利润实现大幅增长，全省规模以上工业利润总额跃上1 000亿元新台阶，实现两年翻一番。结构调整迈出新步伐，全省轻工业增速快于重工业增速8.4个百分点，轻工业比重同比提高了1.2个百分点。产业格局进一步优化，传统支柱产业——汽车产业产量低速增长，但医药、信息、装备制造等其他重点行业发展迅猛，保证了工业经济的均衡快速发展。技术创新推动工业综合竞争实力显著增强，重点企业技术中心开发的新产品、新技术和新工艺项目超过2 650项，申请专利989件。重点推动的百种重大新产品中，72种已经实现规模化生产，18个产品的单品种产值过亿元。

3. 服务业总量持续扩大，结构不断优化。2011年，吉林省顺利实施服务业跨越发展计划，全年服务业增加值增速较上年有所提高，近年来服务业增

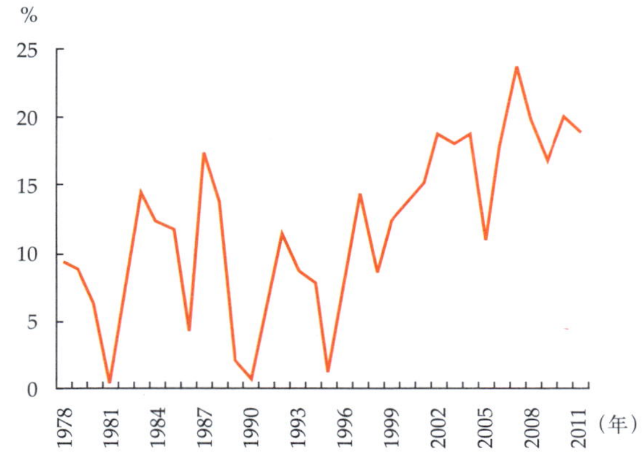

数据来源：吉林省统计局。

图9　1978～2011年吉林省规模以上工业增加值同比增长率

加值增速持续下滑的局面得到改善。计算机服务和软件业、文化产业等现代服务业比重稳步上升，生产性服务业的支撑能力不断增强，增加值占全部服务业增加值的近三成。服务业投资增速明显加快，高于全部投资增速近1个百分点。

（三）各类价格指数攀高回落，调控政策效果显著

1. 居民消费价格高升稳走（见图10）。2011年上半年，吉林省CPI逐月攀升，7月达到年内最高点6.6%，此后随着政策调控的效果逐步显现，CPI震荡下行，12月回落到4.5%。全年CPI涨幅为5.2%，低于全国平均水平0.2个百分点。食品类、居住类价格上涨较多是推动CPI上涨的主要因素；农资成本、人工和运输成本持续提升推动全年食品价格累计上涨10.9%，拉动CPI上涨3.3个百分点，是吉林省物价持续高位运行最直接的原因；居住类价格上涨5.5%，影响CPI上涨0.9个百分点。

2. 生产者价格指数持续攀升后稳步回落。2011年，吉林省PPI上半年逐月攀升，7月达到6.9%的年内最高点，8月开始稳步回落，全年工业生产者出厂价格指数同比上涨5.4%。全省近90%的行业产品出厂价格上涨。其中，农副食品加工业、原油及天然气开采业的影响居前两位，分别拉动全省PPI上涨1.7个和1.2个百分点。初级产品价格高位运行带动中间、最终产品价格上涨。初级产品出厂价格同比上涨19.6%，中间产品、最终产品价格分别上涨5.9%和3.2%。猪肉、玉米价格涨幅较大，推动农业产品生产价格总水平上涨16.8%，是近5年来的最高涨幅。

3. 劳动力成本稳步上升。2011年，吉林省大幅上调最低工资标准，平均增幅达到22%。城镇单位从业人员工资总额和平均工资同比分别增长14.5%和13.5%。

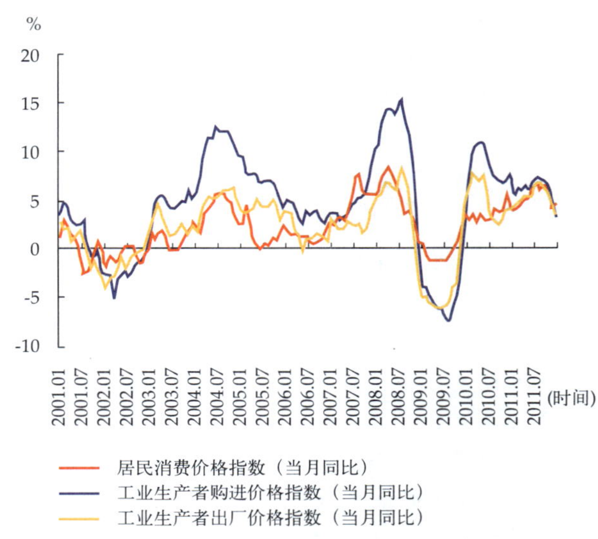

数据来源：吉林省统计局。

图10　2001～2011年吉林省居民消费价格和生产者价格变动趋势

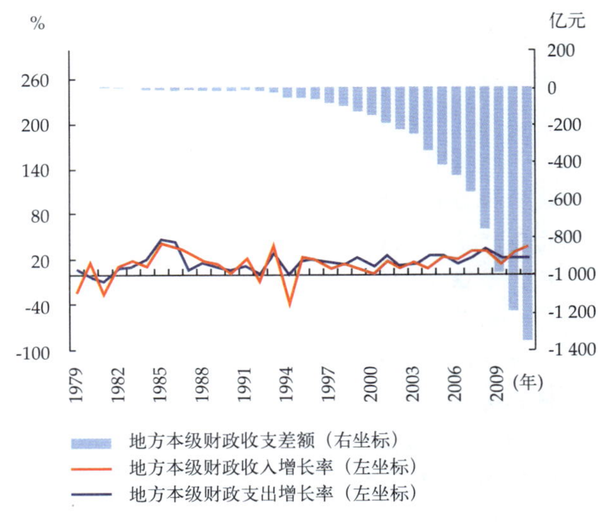

数据来源：吉林省统计局。

图11　1979～2011年吉林省财政收支状况

（四）财政收入快速增长，民生支出显著提升

2011年，吉林省财政收入持续高速增长（见图11），地方级和全口径财政收入增幅均创分税制改革18年来的最高水平。地区生产总值、规模以上工业企业利润、固定资产投资等主要经济指标增幅位居全国前列，成为财政收入高速增长的重要基础。2011年，全省用于民生方面的支出增长25%，占全部财政支出的77.9%，有力地保障了“三农”、就业、社会保障、教育、医药卫生体制改革、安居工程及“暖房子”工程等重点民生工程的支出需要。

（五）节能减排成效显著，可持续发展能力提高

2011年，吉林省加大对钢铁、水泥、煤炭等行业落后产能的淘汰力度，并重点建设一批节能减排和技术改造项目，高耗能行业投资同比降低10%，单位地区生产总值能耗下降3.6%左右，化学需氧量、氨氮排放量、二氧化硫排放量分别同比下降1.8%、1.0%、1.1%，全部实现了2011年的减排目标。

专栏2　吉林省以粮食收购非现金结算为突破口改善农村地区支付环境

吉林省是中国重要的商品粮基地，粮食购销是农村经济生活中的头等大事。但一直以来，受农村地区金融服务基础设施落后和商品交易使用现金偏好等诸多因素影响，吉林省粮食收购资金结算都以现金为主，每逢收购季节均会出现“现金搬家”的问题，这给粮食收购各关联主体带来了诸多不便。2009年8月以来，为破解粮食收购“现金搬家”的问题，中国人民银行长春中心支行把推进粮食收购非现金结算作为改善农村地区支付服务环境的突破口，选择四平和松原地区所辖3个县（市）启动了粮食收购非现金结算试点工作，目前已成功推广至全省36个县（市），试点企业由最初的3家增至178家，取得了显著成效。

一、主要做法

一是中国人民银行长春中心支行会同地方政府合力打造试点模式。会同地方政府召开试点工作推进大会，联合对参与试点的粮食收购点、专业合作社和粮库进行授牌。组织试点银行机构深入农户，通过一对一讲解、举办农户和经纪人参加的培训班等多种方式，引导其在粮食购销中使用非现金结算。积极协调地方政府给予政策支持，有的试点地区县（市）政府对特约商户产生的刷卡交易手续费进行了补贴，有的对农户用卡结算给予了奖励。

二是试点银行多点入手，全力创建试点模式。试点银行设立专门服务窗口，与试点企业签订粮食收购非现金结算协议，为试点企业办理公司卡，并开通网上银行业务，布放转账电话、POS机等自助机具，调增转账电话、网上银行等支付方式的日结算金额上限，实现公司卡与农户银行卡之间的转账结算。在试点期间对有关的专业合作社、经纪人及农户省内转账均不收费，进一步增强支付平台的吸引力。

三是试点企业再造结算流程。涉及与试点企业设立的收购点结算的，一律通过网上银行、转账电话实现收购资金的转账结算。与合作社社员办理结算的，由合作社为社员批量办理惠农卡。在社员办理粮款结算时，通过网上银行、转账电话、POS机等办理转账。试点企业还为社员建立信息数据库，以短信形式免费为社员发布每日粮食市场价格信息。售粮人直接向企业售粮时，企业向售粮人出具领款凭证。售粮人持身份证、银行卡、领款凭证到企业财务部门结算。财务部门根据售粮人需要，通过转账电话等机具为售粮户直接办理转账结算。

四是建设粮食收购非现金结算可持续发展的支付环境。为实现已转账直达农户的收购资金“有处可用、方便灵活”的目标，吉林省开展了银行卡受理环境建设示范村试点和农资店刷卡消费试点等一系列配套的试点工作。组织银行机构加大村屯POS机具和转账电话布放力度，鼓励特约商户和农户刷卡消费、转账结算，将支付服务向与农户生活关系紧密的领域和基础金融服务空

白乡镇、村屯延伸，使银行卡走进广大农户日常生活。

二、取得的成效

1. 发挥模式带动效应，破解“现金搬家”的难题。2011～2012收购年度，试点企业非现金结算所占比重由原来的不到10%大幅攀升到95%以上，较好地解决了粮食收购现金在中国人民银行、银行机构、粮食企业、卖粮农民之间“大搬家”的难题；非现金结算方式打破了时间、空间限制，保证企业7×24小时不间断服务和实现卖粮资金实时入账，大大地提高了结算效率。

2. 参与各方各取所需，积极实现多方共赢。据调查，2011～2012收购年度，银行机构和粮食企业可降低现金押运、整点、安保等运营成本为2 500余万元。同时，切断假币流通渠道，降低银行、企业、农民现金收取、保管和使用风险。售粮农民对非现金结算由原来的认可度不足5%转变为对开展粮食收购非现金结算的满意度达到100%。

3. 以全省推进为突破，改善农村支付环境。在全省推进粮食收购非现金结算的带动下，截至2011年年末，吉林省农村地区实现非现金支付14 696亿元，持卡消费达到280.2亿元；累计发放银行卡1 788万张，人均持卡1.4张；累计发展特约商户9 845家，布放POS机（含转账电话）49 999部、ATM机1 707台，设立银行卡助农取款服务终端9 147个，行政村覆盖率为47.3%，惠及651万人。

（六）房地产行业呈回稳态势，汽车产业整体实力增强

1. 房地产市场呈现高位回稳态势

（1）全省房地产开发投资平稳增长。前三个季度吉林省房地产开发投资保持稳定增长，第四季度受季节性因素影响明显降低，全年开发投资同比增长26.5%，低于全国平均水平1.4个百分点。房地产开发企业资金面较为紧张，到位资金增速低于开发投资增速。从资金来源看，国内贷款和自筹资金占比同比有所下降，国内贷款增速同比下降25.5个百分点，以定金及预收款为主的其他资金占比有所提高。

（2）房地产市场供给减少。受政策调控和销售萎缩等因素影响，房地产市场供给明显减少，2011年全省房屋施工面积和竣工面积分别增长26.8%和下降18.4%，增速分别同比降低了5.4个和45.7个百分点（见图12）。

（3）商品房销售明显萎缩。受各类调控政策影响，2011年，吉林省商品房销售面积同比增长-0.7%。商品房均价平稳增长，全省商品房均价达到4 127元/平方米，较上年上涨607元/平方米，涨幅高于2010年水平（见图13）。

（4）房地产贷款增势趋缓。2011年，受银行资金紧张以及商品房交易量萎缩的影响，房地产贷款供给和个人商品房贷款需求均有所减少，吉林省房地产贷款增速持续2010年的回落态势，全年增长21.3%，增速同比下降18.3个百分点。其中，房地产开发贷款增速下降较多，购房贷款平稳回落。金融对保障性住房建设的支持力度进一步加大，年末贷款余额是2006年年末的2.6倍。

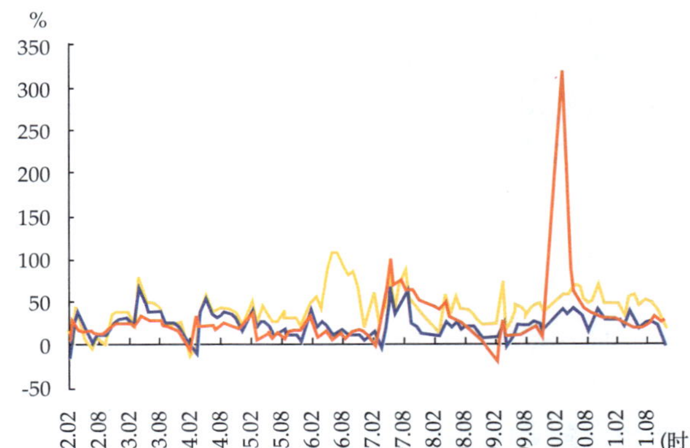

数据来源：吉林省统计局。

图12　2002～2011年吉林省商品房施工和销售变动趋势

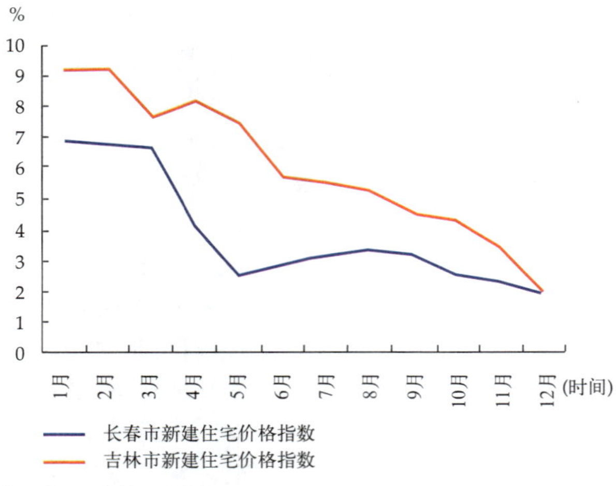

数据来源：吉林省统计局。

图13　2011年吉林省主要城市房屋销售价格指数变动趋势

2. 汽车产业整体增强。吉林省是中国重要的汽车生产基地，虽然受国家优惠政策取消、燃油价格波动、日本大地震以及大中城市治堵等多重因素影响，汽车产销量处于低速增长态势，但产业园区和产业集群的发展、技术创新的带动、零部件配套能力的增强以及新能源汽车逐步产业化成为吉林省汽车行业发展的新亮点。

一是产业集群化发展趋势明显。目前，吉林省分别在长春市、吉林市和四平市形成了整车及配套产业集群、专用车及配套产业集群、内饰产业集群和零部件产业集群等特色产业集群，大量国内外企业向园区聚集，园区成为承载汽车及零部件企业的重要平台。二是技术创新的带动作用增强。2011年年末，省级零部件企业研发中心达到46家，国家级3家，形成了面向全省汽车及零部件行业的技术支撑体系。三是汽车零部件产业快速发展。目前，吉林省汽车线束、座椅、制动器、离合器、保险杠等产品在国内已形成明显优势，全年零部件行业产值首次突破千亿元大关，增速高于汽车产业产值增速11.9个百分点，成为拉动吉林汽车产业发展的重要引擎。四是新能源汽车产业化进程稳步推进。2011年，一汽集团3款新能源汽车正式下线，13款新能源汽车进入国家公告目录，三大核心部件研发顺利，长春市200辆新能源公交客车上线运营。

金融积极支持汽车行业发展。一汽集团各类金融需求得到较好的满足，金融机构结合吉林省汽车产业“一汽集团+零部件配套企业”的行业特点,创新并推广产业链和供应链中小企业融资模式，有力地支持了汽车零部件产业的发展壮大。

三、预测与展望

2012年是“十二五”承上启下的重要一年，“稳中求进”将是经济社会发展的总基调。总体来看，吉林省经济发展将继续保持较快增长的态势，金融支持经济发展的能力将进一步提升。

从经济运行情况看，尽管国际金融危机的影响短期内难以消除，世界经济下行风险不断加大，不确定因素增加，但中国经济正朝着宏观调控的预期方向发展，经济平稳较快发展的态势进一步稳固，为吉林省经济发展创造了良好的国内环境。吉林省正处于工业化、城镇化和农业现代化加快发展时期，蕴涵着巨大的需求潜力，在投资拉动、项目带动和创新驱动的战略指导下，吉林省经济持续增长动力有望保持强劲，预计2012年全省地区生产总值增长12%。从投资看，尽管当前扩大投资受到一些客观因素制约，但吉林省在结构调整、城镇建设、“三农”领域、民生改善、基础设施、生态环保等方面仍有很大的投资空间。从消费看，随着一系列扩大消费需求措施的实施，全省农村基础设施将得到切实改善，消费结构不断升级，消费环境进一步优化，预计全年消费仍将继续保持稳定增长态势。从物价形势看，尽管近期物价出现回落，但影响物价上涨的因素依然存在，预计全省居民消费价格涨幅在4%左右。

从金融运行情况看，随着宏观经济持续稳健向好发展，吉林省金融运行将继续保持平稳健康的总体态势。全省货币信贷将继续保持合理平稳增长，金融机构对实体经济、薄弱环节和重点领域的支持力度将进一步加大。直接融资和民间融资较快发展，社会融资结构继续改善。

2012年，吉林省金融机构将深入贯彻落实稳健的货币政策，按照“总量适度、审慎灵活”的原则，保持合理的社会融资规模，大力支持吉林省经济发展方式转变和经济结构调整，防范和化解金融风险，加快金融创新，全面提升金融服务水平，促进吉林省经济又好又快发展。

中国人民银行长春中心支行货币政策分析小组
负责人：张启阳　付　裕
统　稿：孙维仁　丁树成　杨　珩　唐　珂
执　笔：高　歌　赵新欣　李柏秋　袁春旺　赵　锋　孟繁博　赵文瑞　安立环　刘鸿鹄　王宇光
王春萍　刘　丽　冯雪丹　周飞虎　孟　夏　曹　楠　王景瑞　刘　健　吴　越
提供材料的还有：郑凯元　王　伟

附录

（一）2011年吉林省经济金融大事记

3月21日，吉林省第一家汽车金融公司——一汽汽车金融公司获准筹建，吉林省金融组织体系逐步完善。

6月10日，长春地铁1号线项目开工，长春市正式进入地铁时代。

7月15日，为期10天的第八届长春中国（长春）国际汽车博览会开幕。展会期间共销售各种车辆10 320辆，实现购车交易额20.2亿元。

8月3日，华夏银行长春分行正式开业，吉林省商业银行组织体系进一步完善。

8月23日至24日，首届中国民营经济发展研讨会在白山市举行。

9月5日至10日，第七届东北亚投资贸易博览会在长春成功举行。展会期间，吉林省与国内外投资商签订投资合作项目305个，项目总投资额达到1 838亿元。

12月16日，国务院正式批准设立长春兴隆综合保税区，使其成为吉林省首个国家级综合保税区。

2011年，吉林省粮食总产量达634.2亿斤，再创历史新高，提前一年实现增产百亿斤商品粮的规划目标。

2011年，吉林省地区生产总值突破1万亿元，达到10 531亿元，这是吉林省发展进程中的重要里程碑。

（二）2011年吉林省主要经济金融指标

表1 2011年吉林省主要存贷款指标

		1月	2月	3月	4月	5月	6月	7月	8月	9月	10月	11月	12月
本外币	金融机构各项存款余额（亿元）	9 917.2	10 078.9	10 341.5	10 353.6	10 550.0	10 724.2	10 622.4	10 661.0	10 569.7	10 685.5	10 785.9	10 962.0
	其中：储蓄存款	5 437.0	5 481.6	5 713.2	5 655.3	5 666.1	5 739.6	5 674.7	5 659.5	5 693.2	5 604.0	5 637.5	5 884.3
	单位存款	3 928.9	3 998.4	4 093.5	4 132.2	4 266.1	4 262.8	4 251.3	4 315.6	4 219.0	4 267.4	4 417.8	4 560.0
	各项存款余额比上月增加（亿元）	214.8	161.7	262.6	12.0	196.5	174.2	-101.9	39.2	-91.8	115.8	100.4	176.1
	金融机构各项存款同比增长（%）	16.3	14.8	16.2	14.0	15.1	13.6	12.6	10.4	9.5	10.4	11.5	12.9
	金融机构各项贷款余额（亿元）	7 421.4	7 510.4	7 452.2	7 604.6	7 678.3	7 764.9	7 767.3	7 836.5	7 922.7	7 981.8	8 059.8	8 240.9
	其中：短期	2 897.0	2 925.9	2 841.5	2 892.8	2 896.7	2 883.9	2 843.9	2 864.8	2 858.1	2 891.0	2 932.1	2 977.5
	中长期	4 408.6	4 463.8	4 487.6	4 566.0	4 634.0	4 731.0	4 762.2	4 821.0	4 910.3	4 970.6	5 016.4	5 061.0
	票据融资	114.2	118.7	121.3	144.1	145.9	148.1	159.5	148.8	152.4	118.3	109.4	186.4
	各项贷款余额比上月增加（亿元）	146.7	89.5	104.4	152.4	73.7	86.6	2.5	69.2	86.2	59.1	78.0	181.1
	其中：短期	50.0	28.9	78.6	51.1	3.9	-12.7	-40.0	20.9	-6.7	32.9	41.1	45.4
	中长期	89.1	55.3	23.8	78.4	68.0	97.0	31.2	58.8	89.3	60.3	45.8	44.6
	票据融资	7.5	4.6	2.6	22.8	1.8	2.2	11.3	-10.7	3.6	-34.1	-8.9	77.0
	金融机构各项贷款同比增长（%）	14.7	13.7	13.2	14.3	13.8	14.5	13.3	14.1	15.2	14.9	14.7	15.5
	其中：短期	7.8	7.2	6.7	8.8	7.9	7.4	6.8	9.4	11.1	12.9	12.8	11.5
	中长期	24.9	23.6	22.9	22.2	21.7	21.8	20.0	19.1	18.1	17.4	16.9	17.1
	票据融资	16.1	-8.7	-44.8	-36.4	-35.9	-18.1	-12.6	-10.7	29.7	-6.9	1.2	74.2
	建筑业贷款余额（亿元）	150.0	216.0	212.2	215.7	222.8	211.9	213.0	215.4	243.9	268.9	269.6	268.6
	房地产业贷款余额（亿元）	388.8	385.0	380.4	381.2	371.4	376.6	385.3	381.5	375.9	383.0	383.3	382.5
	建筑业贷款同比增长（%）	-11.8	59.3	64.9	52.0	18.0	10.8	10.2	8.9	10.4	31.5	32.8	28.1
	房地产业贷款同比增长（%）	32.9	27.8	22.6	18.1	9.0	7.7	10.3	7.8	6.4	3.6	1.8	5.6
人民币	金融机构各项存款余额（亿元）	9 810.5	9 970.9	10 232.4	10 253.6	10 451.3	10 621.7	10 520.6	10 574.9	10 477.4	10 595.1	10 691.7	10 874.2
	其中：储蓄存款	5 381.2	5 428.5	5 661.5	5 605.1	5 616.4	5 690.3	5 628.8	5 614.0	5 647.1	5 557.5	5 589.8	5 835.3
	单位存款	3 883.0	3 946.8	4 039.9	4 087.2	4 222.7	4 215.1	4 199.4	4 278.3	4 176.4	4 228.7	4 375.4	4 524.7
	各项存款余额比上月增加（亿元）	206.8	160.4	261.5	21.2	197.7	170.4	-101.1	54.3	-97.5	117.7	96.6	182.5
	其中：储蓄存款	239.1	47.3	233.0	-56.4	11.2	73.9	-61.5	-14.8	33.1	-89.5	32.3	245.5
	单位存款	-184.7	63.8	93.1	47.3	135.5	-7.6	-15.8	78.9	-101.9	52.3	146.8	149.3
	各项存款同比增长（%）	16.4	14.8	12.4	14.1	15.2	13.6	12.6	10.8	9.6	10.6	11.8	13.2
	其中：储蓄存款	15.3	11.6	14.3	13.5	13.4	13.6	12.9	12.5	11.5	11.1	11.5	13.4
	单位存款	16.2	18.4	18.4	16.5	16.4	13.1	13.1	12.9	10.1	9.0	10.3	10.1
	金融机构各项贷款余额（亿元）	7 342.5	7 427.5	7 369.9	7 524.9	7 581.7	7 666.6	7 683.2	7 744.8	7 812.9	7 868.4	7 945.4	8 126.2
	其中：个人消费贷款	728.3	734.6	750.2	763.8	773.4	782.4	797.5	815.0	834.0	849.9	867.2	876.8
	票据融资	114.2	118.7	121.3	144.1	145.9	148.1	159.5	148.8	152.4	118.3	109.4	186.4
	各项贷款余额比上月增加（亿元）	141.6	84.9	105.5	155.0	56.7	84.9	16.6	61.6	68.1	55.5	77.0	180.8
	其中：个人消费贷款	24.9	6.3	15.6	13.6	9.7	8.9	15.1	17.5	19.0	15.9	17.3	9.6
	票据融资	7.5	4.6	2.6	22.8	1.8	2.2	11.3	-10.7	3.6	-34.1	-8.9	77.0
	金融机构各项贷款同比增长（%）	14.6	13.6	13.1	14.1	13.4	14.1	13.3	14.0	14.8	14.4	14.2	15.1
	其中：个人消费贷款	33.8	26.1	28.7	28.3	26.7	26.4	25.0	23.3	21.1	20.4	19.2	18.1
	票据融资	16.1	-8.7	-44.8	-36.4	-35.9	-18.1	-12.6	-10.7	29.7	-6.9	1.2	74.2
外币	金融机构外币存款余额（亿美元）	16.2	16.4	16.6	15.4	15.2	15.8	15.8	13.6	14.5	14.3	14.8	13.9
	金融机构外币存款同比增长（%）	13.9	18.3	23.6	14.9	12.2	17.9	16.1	-13.6	2.0	-0.1	-7.8	-6.6
	金融机构外币贷款余额（亿美元）	12.0	12.7	12.6	12.3	14.9	15.2	13.1	14.4	17.3	17.9	18.0	18.2
	金融机构外币贷款同比增长（%）	24.7	23.0	34.8	35.2	66.3	57.3	18.9	26.3	62.6	78.0	67.4	63.7

数据来源：中国人民银行长春中心支行。

表2 2001～2011年吉林省各类价格指数

单位：%

年/月		居民消费价格指数		农业生产资料价格指数		工业生产者购进价格指数		工业生产者出厂价格指数	
		当月同比	累计同比	当月同比	累计同比	当月同比	累计同比	当月同比	累计同比
2001		—	1.3	—	-1.0	—	1.8	—	0.3
2002		—	-0.5	—	0.4	—	-2.2	—	-1.4
2003		—	1.2	—	1.0	—	4.8	—	2.5
2004		—	4.1	—	6.3	—	10.5	—	5.0
2005		—	1.5	—	9.2	—	7.0	—	4.5
2006		—	1.4	—	-2.8	—	3.8	—	1.7
2007		—	4.8	—	6.0	—	5.2	—	2.7
2008		—	5.1	—	27.3	—	11.3	—	4.9
2009		—	0.1	—	-3.6	—	-4.7	—	-3.9
2010		—	3.7	—	-0.9	—	8.6	—	5.2
2011		—	5.2	—	11.4	—	6.1	—	5.4
2010	1	3.2	3.2	-1.4	-1.4	7.4	7.4	6.3	6.3
	2	3.6	3.4	-1.1	-1.3	9.6	8.5	7.9	7.1
	3	3.0	3.3	-0.2	-0.9	10.5	9.2	7.3	7.2
	4	3.6	3.4	-0.5	-0.8	10.9	9.6	7.0	7.1
	5	3.1	3.3	0.0	-0.7	10.8	9.8	7.6	7.2
	6	3.0	3.2	-0.5	-0.6	9.6	9.8	6.3	7.1
	7	3.1	3.2	-0.8	-0.7	8.4	9.6	3.3	6.5
	8	4.2	3.3	-1.4	-0.7	7.4	9.3	3.0	6.1
	9	3.7	3.4	-1.9	-0.9	7.1	9.1	2.5	5.7
	10	4.2	3.5	-1.5	-0.9	6.9	8.9	3.1	5.4
	11	5.6	3.7	-1.4	-1.0	7.0	9.0	3.9	5.3
	12	4.2	3.7	-0.6	-0.9	7.7	8.6	4.3	5.2
2011	1	4.0	4.0	0.4	0.4	5.4	5.4	4.3	4.3
	2	4.1	4.1	6.2	3.3	6.2	5.8	4.8	4.6
	3	4.8	4.3	8.8	5.1	6.1	5.9	5.2	4.8
	4	4.9	4.4	10.4	6.5	6.4	6.0	5.4	4.9
	5	5.4	4.6	11.0	7.5	6.0	6.0	5.3	5.0
	6	6.2	4.9	13.8	8.5	6.7	6.1	5.5	5.1
	7	6.6	5.1	13.7	9.2	7.2	6.3	6.9	5.4
	8	6.1	5.3	14.1	9.8	7.3	6.4	6.8	5.5
	9	6.5	5.4	15.8	10.5	7.1	6.5	6.3	5.6
	10	6.0	5.4	15.2	10.9	6.6	6.5	5.9	5.6
	11	4.1	5.3	13.8	11.2	4.9	6.4	4.4	5.5
	12	4.5	5.2	13.7	11.4	3.3	6.1	3.8	5.4

数据来源：吉林省统计局。

表3 2011年吉林省主要经济指标

	1月	2月	3月	4月	5月	6月	7月	8月	9月	10月	11月	12月
绝对值（自年初累计）												
地区生产总值(亿元)	—	—	1 708.0	—	—	3 890.4	—	—	6 526.7	—	—	10 530.7
第一产业	—	—	98.3	—	—	235.8	—	—	584.5	—	—	1 277.4
第二产业	—	—	1 013.6	—	—	2 392.4	—	—	3 833.9	—	—	5 601.2
第三产业	—	—	596.1	—	—	1 262.2	—	—	2 108.3	—	—	3 652.1
固定资产投资(亿元)	—	—	210.7	485.5	1 135.9	2 294.3	3 439.1	4 616.0	5 820.2	6 813.6	7 207.2	7 221.6
房地产开发投资	—	—	4.1	34.9	144.3	432.2	576.4	739.9	944.0	1 096.5	1 151.0	1 165.4
社会消费品零售总额(亿元)	110.2	202.9	947.4	440.9	567.0	1 944.5	821.4	951.1	2 992.8	1 224.0	1 359.6	4 116.1
外贸进出口总额(万美元)	201 939.0	324 981.0	528 856.0	697 699.0	875 722.0	1 057 513.0	1 248 443.0	1 453 640.0	1 640 621.0	1 809 373.0	2 045 582.0	2 204 742.0
进口	161 886.0	258 276.0	422 465.0	551 416.0	686 512.0	828 205.0	971 489.0	1 135 203.0	1 280 038.0	1 407 494.0	1 586 074.0	1 704 894.0
出口	40 053.0	66 704.0	106 391.0	146 282.0	189 210.0	229 308.0	276 954.0	318 437.0	360 583.0	401 879.0	459 508.0	499 848.0
进出口差额(出口−进口)	-121 833.0	-191 572.0	-316 074.0	-405 134.0	-497 302.0	-598 897.0	-694 535.0	-816 766.0	-919 455.0	-1 005 615.0	-1 126 566.0	-1 205 046.0
外商实际直接投资(万美元)	5 780.0	19 418.0	58 771.0	72 065.0	120 509.0	169 740.0	176 897.0	188 636.0	234 473.0	260 135.0	309 446.0	148 125.0
地方财政收支差额(亿元)	—	—	—	—	—	—	—	—	—	—	—	—
地方财政收入	90.7	142.8	216.5	293.8	359.0	442.5	515.7	573.7	659.1	732.4	785.7	850.1
地方财政支出	220.6	269.0	398.1	512.0	690.2	872.5	1 012.5	1 209.8	1 385.3	1 527.4	1 887.0	2 201.7
城镇登记失业率(%)(季度)	—	—	—	—	—	3.7	—	—	3.7	—	—	3.7
同比累计增长率（%）												
地区生产总值	—	—	12.7	—	—	14.1	—	—	14.4	—	—	13.7
第一产业	—	—	5.6	—	—	4.2	—	—	3.8	—	—	5.1
第二产业	—	—	16.4	—	—	17.1	—	—	18.3	—	—	17.5
第三产业	—	—	7.9	—	—	10.3	—	—	10.3	—	—	10.9
工业增加值	21.9	15.5	16.9	17.6	18.4	18.5	19.7	20.1	20.0	19.8	19.5	18.8
固定资产投资	—	—	31.4	29.7	29.8	30.0	30.2	30.2	30.5	30.7	31.0	30.4
房地产开发投资	—	—	28.1	17.5	30.2	32.4	27.5	29.7	29.8	26.0	26.8	26.5
社会消费品零售总额	27.3	22.8	16.5	27.9	29.5	17.0	30.5	30.5	17.3	29.8	29.4	17.5
外贸进出口总额	29.0	29.5	42.9	36.3	35.6	34.6	32.1	33.2	34.5	34.0	34.3	30.9
进口	32.8	32.6	48.1	39.2	37.6	36.9	34.4	36.2	38.8	38.5	39.5	37.8
出口	15.7	18.5	25.4	26.3	29.1	26.8	24.8	23.4	21.5	20.1	18.8	11.7
外商实际直接投资	13.1	-3.0	24.6	13.3	33.5	22.1	18.6	18.0	26.9	12.0	21.8	15.7
地方财政收入	58.2	51.6	52.1	45.5	49.8	49.9	47.7	47.0	48.7	46.8	43.5	41.1
地方财政支出	240.9	36.9	40.1	41.5	31.3	30.6	32.5	36.3	33.6	31.7	26.3	23.2

数据来源：吉林省统计局。

2011年黑龙江省金融运行报告

中国人民银行哈尔滨中心支行货币政策分析小组

[内容摘要] 2011年，黑龙江省按照中央统一部署，全面贯彻落实国家宏观调控政策，全省经济保持了平稳快速发展的良好势头。全年地区生产总值增幅超过预期，连续10年保持两位数增长；农业生产再传捷报，粮食产量跃居全国第一；固定资产投资保持较高增速，对GDP的拉动作用明显；居民消费能力不断提升，物价总水平逐渐趋于稳定。全省金融业运行平稳，银行业、证券业、保险业协调发展，存贷款规模合理增长，直接融资工具有所突破，融资结构得到进一步优化；社会信用体系逐步健全，金融生态环境建设取得积极进展。

2012年，黑龙江省将努力把握"稳中求进"的总基调，着力保持宏观政策的基本稳定，进一步强化经济发展方式转变和经济结构调整，促进经济平稳较快发展。继续贯彻落实积极的财政政策和稳健的货币政策，保持合理的社会融资总量，不断优化信贷结构，促进金融资源向"三农"、中小企业等实体经济领域转移，努力实现地区生产总值增长12%、财政收入增长15%、粮食产量达到1 200亿斤的目标。

一、金融运行情况

2011年，面对复杂的国内外形势，黑龙江省认真贯彻落实稳健的货币政策，金融运行总体平稳，金融市场创新步伐加快，融资结构逐步改善，金融支持地方经济发展的能力不断增强，金融生态环境建设取得积极进展。

（一）银行体系健康发展，信贷投放合理适度

2011年，全省银行业运行态势总体良好，银行规模不断扩张，存贷款稳定合理增长，信贷支持经济社会各领域的成效显著。

1. 银行业金融机构业务平稳较快发展。2011年，全省银行业金融机构经营效益持续向好，资产负债规模大幅增长，内外资机构加快了在全省的布局，汇丰银行哈尔滨分行正式筹建，摩根大通银行、东亚银行、广发银行等银行入驻哈尔滨（见表1）。

表1　2011年黑龙江省银行业金融机构情况

机构类别	营业网点			法人机构（个）
	机构个数（个）	从业人数（人）	资产总额（亿元）	
一、大型商业银行	2 045	56 058	8 400	0
二、国家开发银行和政策性银行	90	2 617	2 663	0
三、股份制商业银行	76	2 544	1 355	0
四、城市商业银行	329	10 172	3 057	2
五、城市信用社	0	0	0	0
六、农村合作机构	1 950	23 108	1 961	81
七、财务公司	3	79	55	2
八、信托公司	1	34	42	1
九、邮政储蓄银行	1 624	14 000	1 630	0
十、外资银行	5	92	16	0
十一、新型农村金融机构	31	528	46	22
十二、其他	0	0	0	0
合　计	6 154	109 232	19 225	108

注：①营业网点不包括总部。

②农村合作机构包含农村信用社、农村合作银行及农村商业银行。

③新型农村金融机构包括村镇银行、贷款公司和农村资金互助社三类机构。

④"其他"包含金融租赁公司、汽车金融公司、货币金融公司、消费金融公司等。

数据来源：黑龙江银监局。

2. 存款增速放缓。受宏观调控和经济运行不确定因素影响，个人资金陆续从房地产、证券市场回流到银行，个人存款增幅较上年同期增加0.2个百分点。在企业资金流动性大幅收缩的作用下，企业存款增幅较上年同期大幅回落，从而导致本外币各项存款增速比上年同期下降5.2个百分点（见图1）。

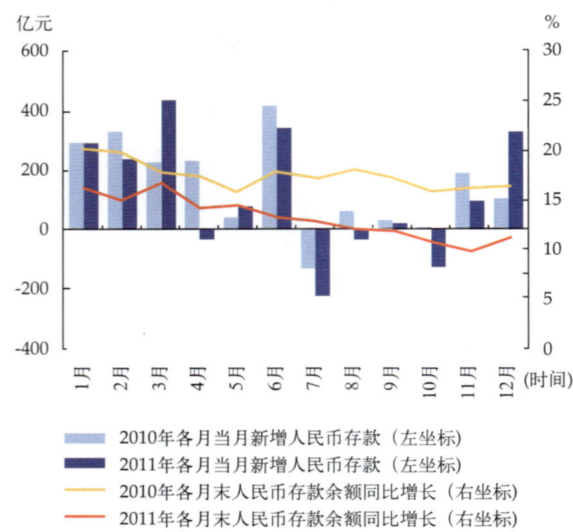

数据来源：中国人民银行哈尔滨中心支行。

图1　2010～2011年黑龙江省金融机构人民币存款增长变化

3. 贷款投向重点突出。全年各项贷款增速平稳，新增贷款实现了连续3年超过千亿元。其中，中长期贷款占据主导地位，短期贷款占比有所提高。新增贷款主要向基础设施、“三农”和中小企业等实体经济倾斜（见图2、图3）。

4. 利率上行态势明显。受国家上调基准利率政策影响，全省金融机构贷款加权平均利率同比上升1.3个百分点，达到8.36%。各金融机构加大对中小企业和涉农领域的信贷投放，总体定价策略有所调

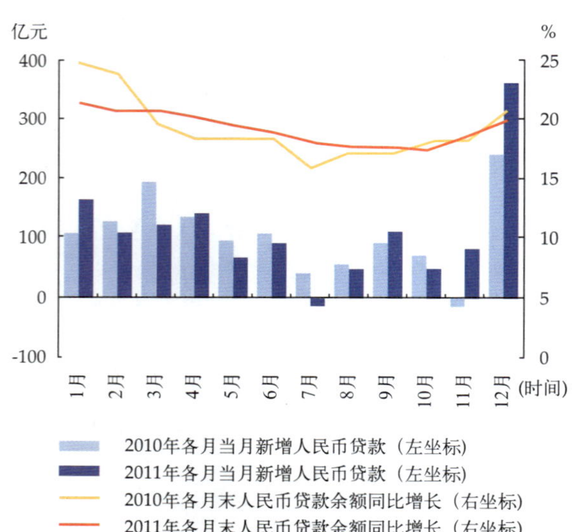

数据来源：中国人民银行哈尔滨中心支行。

图2　2010～2011年黑龙江省金融机构人民币贷款增长变化

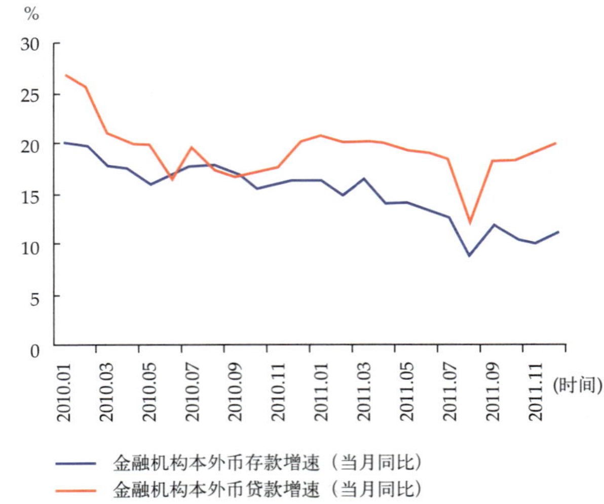

数据来源：中国人民银行哈尔滨中心支行。

图3　2010～2011年黑龙江省金融机构本外币存、贷款增速变化

表2　2011年黑龙江省金融机构人民币贷款各利率区间占比

单位：%

月份		1月	2月	3月	4月	5月	6月
	合计	100.0	100.0	100.0	100.0	100.0	100.0
	[0.9～1.0)	13.4	14.4	5.5	6.1	8.2	4.6
	1.0	17.6	19.7	22.9	28.4	30.2	32.7
上浮水平	小计	69.0	65.9	71.6	65.4	61.6	62.6
	(1.0～1.1]	5.2	12.1	8.6	9.8	11.1	15.8
	(1.1～1.3]	10.1	11.1	9.1	12.3	12.9	17.2
	(1.3～1.5]	13.5	11.7	12.1	9.5	7.9	6.8
	(1.5～2.0]	32.3	23.4	35.1	28.4	26.2	21.2
	2.0以上	8.0	7.6	6.3	5.4	3.5	2.2
月份		7月	8月	9月	10月	11月	12月
	合计	100.0	100.0	100.0	100.0	100.0	100.0
	[0.9～1.0)	2.7	3.7	4.0	2.4	2.8	0.3
	1.0	26.7	21.1	27.1	30.7	19.1	19.1
上浮水平	小计	70.6	75.2	68.9	67.0	78.1	80.6
	(1.0～1.1]	18.6	18.3	15.7	18.3	14.4	15.3
	(1.1～1.3]	15.8	18.0	12.5	13.8	14.6	10.5
	(1.3～1.5]	9.9	11.0	5.9	7.9	10.1	9.5
	(1.5～2.0]	24.4	25.6	33.1	23.4	33.5	40.1
	2.0以上	2.0	2.3	1.8	3.6	5.6	5.3

数据来源：中国人民银行哈尔滨中心支行。

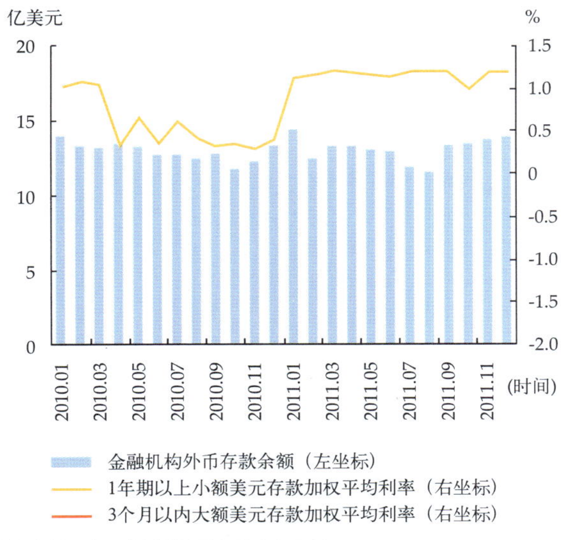

数据来源：中国人民银行哈尔滨中心支行。

图4　2010～2011年黑龙江省金融机构外币存款余额及外币存款利率

整，加强了风险溢价及利差管理，执行上浮利率的贷款占比上升9.2个百分点，达到67.34%（见表2、图4）。

5. 农村金融机构发展壮大。全年新组建4家农村商业银行，农村信用社在省内新设30个乡镇网点，村镇银行增至20家，小额贷款公司有276家，农村资金互助社有4家，基本实现了对银行信贷盲区的全覆盖，城乡金融服务功能进一步完善。

6. 跨境贸易人民币结算业务发展势头强劲。2011年，全省跨境人民币业务累计结算量达196亿元，位列东北三省之首。全年有2家政策性银行、11家商业银行办理了跨境人民币结算业务，结算网络覆盖29个国家和地区。

专栏1　黑龙江省发展现代大农业助推粮食生产连年丰收

2011年，黑龙江省继续推进和发展现代大农业，全省农业机械化、农业水利化、农业科技化、农业商品化、农业产业化、农业城镇化呈现快速发展的良好态势，有力地促进了农业生产和粮食丰收，全年粮食产量达到1 114.1亿斤，跃居全国第一；商品粮产量达900多亿斤，继续领跑全国。

一是加大农机投入，农业机械化水平不断提升。全省根据现代农业需求和农业生产特点，加快现代化大机械的推广和延伸，全年新购置大中型农机设备3.9万台（套），现代农机合作社增至440个，将田间作业综合机械化率提至88.6%。

二是加快农田水利建设，现代大农业基础设施条件逐步改善。全年投入水利建设资金150多亿元，实施了粮区、重点水源、民生水利、防洪和生态五大类工程，启动了两大平原14个大中型灌区工程。全省新增蓄水能力8 700多万立方米，新增、改善灌溉面积400多万亩，新增节水灌溉面积150万亩。

三是加大创新推广力度，农业科技水平不断提高。全省大力推广农业科学技术，加快农业科技成果转化。全省良种覆盖率保持在98%以上，等离子种子处理技术实施面积达1 650万亩，五大粮食作物模式化栽培推广面积达到1.6亿亩。

四是加快发展绿色食品产业，实现农业商品化。全省积极培育多元化、多层次的现代农业市场体系，加快绿色农业产业发展。绿色食品总产值超过1 000亿元，绿色食品认证面积达6 430万亩，国家级绿色食品原料标准化生产基地占地5 100万亩，占全国的近一半。

五是促进农业产业化运作，形成现代大农业组织体系。全年新发展农民专业合作社4 236个，总数已达18 583个，居全国第7位。农业产业化龙头企业已发展到1 700个，其中，国家级龙头企业36个、省级龙头企业221个。

六是继续推进“场县共建”，推进农村经济向城镇化转变。全年垦区105个农牧场与省内528个村开展合作共建，完成农机代耕、代种、代收面积4 052万亩，有效地整合了耕地资源，提高了生产效率。

（二）证券市场保持平稳，证券交易总体下滑

2011年，黑龙江省证券业稳步发展，1家公司实现A股上市融资，全省A股上市公司达到30家，总市值达1 389.6亿元，上市公司累计实现净利润31.1亿元。30家上市公司中有28家公司完成股改，5家公司进行并购重组。受股市低迷影响，全年证券业机构的股票、基金、债券成交额等指标均出现不同程度的下降（见表3）。

表3　2011年黑龙江省证券业基本情况

项目	数量
总部设在辖内的证券公司数（家）	1
总部设在辖内的基金公司数（家）	0
总部设在辖内的期货公司数（家）	3
年末国内上市公司数（家）	30
当年国内股票（A股）筹资（亿元）	25
当年发行H股筹资（亿元）	0
当年国内债券筹资（亿元）	118
其中：短期融资券筹资额（亿元）	40

数据来源：中国人民银行哈尔滨中心支行、黑龙江证监局。

（三）保险市场机构增加，农业保险作用突出

2011年，全省保险市场平稳发展，省级以上保险公司机构达到38家，支公司及以下分支机构有2 479家，专业中介法人机构有61家，保险营销员有9万多人。全年实现保费收入317.8亿元，同比增长13.3%；发生赔付86.8亿元，同比增长13.5%（见表4）。

全省农业保险特别是种植险规模进一步扩大。全年种植业承保6 768.4万亩，较上年同期增加711.7万亩。参保农户达75.9万户次，同比增长1.1%。为种植业生产提供风险保障161.6亿元，同比增长22.3%。支付赔款3.7亿元，受益农户26.3万户次。

（四）金融市场交易活跃，直接融资发展提速

2011年，全省社会融资总量平稳增长，直接融资工具发展迅速，各类金融市场交易状况良好，资金融通效果显著。

表4　2011年黑龙江省保险业基本情况

项目	数量
总部设在辖内的保险公司数（家）	1
其中：财产险经营主体（家）	1
人身险经营主体（家）	0
保险公司分支机构（家）	38
其中：财产险公司分支机构（家）	16
人身险公司分支机构（家）	22
保费收入（中外资，亿元）	318
其中：财产险保费收入（中外资，亿元）	86
人身险保费收入（中外资，亿元）	232
各类赔款给付（中外资，亿元）	87
保险密度（元/人）	833
保险深度（%）	3

数据来源：黑龙江保监局。

1. 直接融资手段多元化发展。全年债券融资大幅增长，短期融资券、中小企业集合票据融资保持良好势头，中期票据全年融资28亿元，实现历史上零的突破（见表5）。

表5　2001～2011年黑龙江省非金融机构部门贷款、债券和股票融资情况

单位：亿元、%

年份	融资合计	比重		
		贷款	债券（含可转债）	股票
2001	214.8	100.0	0	0
2002	156.7	88.8	0	11.2
2003	264.1	100.0	0	0
2004	99.1	100.0	0	0
2005	138.3	82.6	17.4	0
2006	323.8	97.3	2.7	0
2007	339.0	89.4	8.3	2.3
2008	760.9	93.8	1.6	4.6
2009	1 619.4	96.7	3.0	0.3
2010	1 407.1	88.4	1.8	9.8
2011	1 626.5	91.2	7.3	1.5

数据来源：中国人民银行哈尔滨中心支行。

2. 货币和债券市场融资能力增强。全年债券市场共交易债券39 552.9亿元，同比增长7.2%，融入资金占比为62%；同业拆借市场交易量大幅增长，全年完成拆借798.1亿元，同比增长400%。其中，拆入资金728.2亿元，同比增长1 891%。

3. 票据市场融资规模减少。受存款准备金率上

表6 2011年黑龙江省金融机构票据业务量统计

单位：亿元

季度	银行承兑汇票承兑		贴现			
			银行承兑汇票		商业承兑汇票	
	余额	累计发生额	余额	累计发生额	余额	累计发生额
1	488.4	232.9	239.1	506.0	2.2	22.1
2	577.6	467.9	230.7	1 271.7	2.2	24.4
3	553.8	671.8	176.3	1 832.8	3.2	40.1
4	593.2	925.6	274.2	2 497.4	0.3	41.2

数据来源：中国人民银行哈尔滨中心支行。

表7 2011年黑龙江省金融机构票据贴现、转贴现利率

单位：%

季度	贴现		转贴现	
	银行承兑汇票	商业承兑汇票	票据买断	票据回购
1	6.79	7.59	5.04	5.42
2	6.53	6.61	5.27	5.59
3	9.24	10.73	6.68	6.49
4	9.58	8.08	6.75	6.93

数据来源：中国人民银行哈尔滨中心支行。

调等因素影响，全省票据融资业务整体呈现萎缩态势，累计票据贴现小幅下降，贴现余额小幅上升，贴现、转贴现利率总体上行（见表6、表7）。

（五）金融生态环境优化，征信体系逐步健全

2011年，全省以社会信用体系建设为抓手，加强诚信宣传教育，开展诚信创建活动，加快征信体系建设，金融生态环境建设初见成效，初步形成了政府引导、企业参与、群众关心、舆论支持的良好局面。“诚信龙江”信用综合网络服务平台日趋完善，促进了企业特别是许多中小企业信用等级的不断上升，实现了与银行的良性对接。公众的诚信意识不断提升，恶意拖欠、逃废银行债务的问题得到了明显遏制。

企业和个人征信系统建设加快推进。企业征信系统已收录全省企业及其他组织14.9万户，接入企业征信系统的金融机构网点共计2 142个。个人征信系统共收录2 195万自然人的信息。中小企业信用体系和农村信用体系建设稳步推进，目前已为3.2万户中小企业建立了信用档案，有6 631户中小企业取得了银行授信意向，其中，2 949户中小企业获得银行贷款，贷款余额为689.9亿元；为384万农户建立了电子信用档案，对178万户农户进行了信用评分，对其中信用状况良好的104万户农户发放贷款529亿元。

二、经济运行情况

2011年，面对复杂的国际、国内形势，黑龙江省积极推进相关领域改革，抢抓粮食生产，加大产业项目投资力度，促进消费升级，经济实现稳步较快增长。全年实现地区生产总值12 503.8亿元，同比增长12.2%，实现了“十二五”发展的良好开局（见图5）。

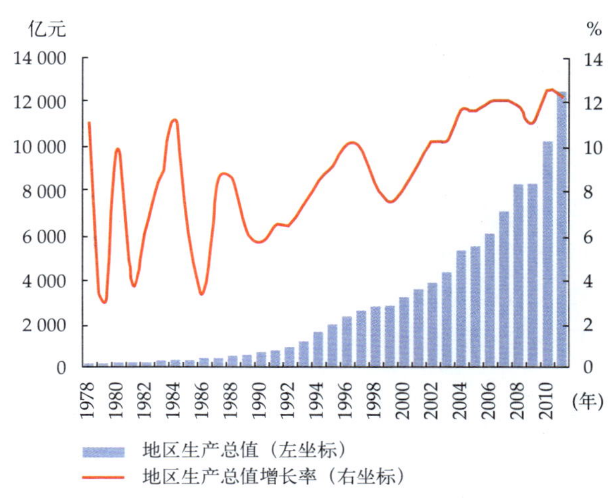

数据来源：《黑龙江统计年鉴》、《黑龙江统计月报》。

图5 1978～2011年黑龙江省地区生产总值及其增长率

（一）投资消费持续增长，对外贸易形势较好

2011年，在重点产业项目建设的拉动作用下，全省投资继续高位运行，成为经济增长的主动力，消费总水平稳步提升，对外贸易规模快速增长。

1. 投资总量高位运行。受产业项目投资需求影响，全年完成固定资产投资7 523.8亿元（见图6），同比增长31.8%。其中，民间投资增长43.2%，占全部投资的近一半。固定资产投资主要投向重点产业、城乡基础设施、高新技术、民生等领域。

2. 消费总量增加平稳。2011年，全省城乡居民收入水平快速提升，促进了消费市场发展。全省实现社会消费品零售总额4 705.1亿元（见图7），比

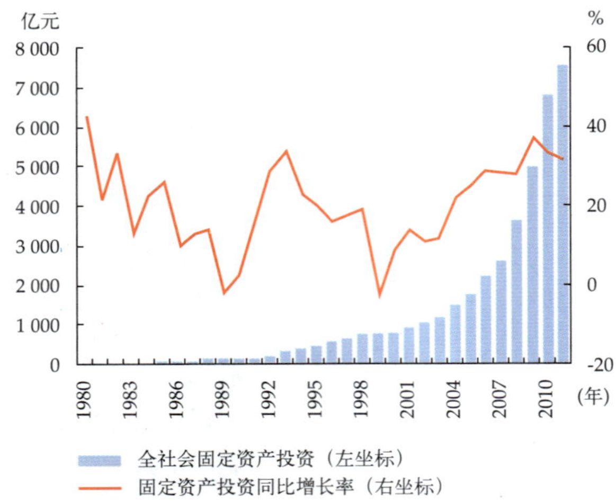

数据来源：《黑龙江统计年鉴》、《黑龙江统计月报》。

图6 1980～2011年黑龙江省固定资产投资及其增长率

上年同期增长17.6%。城镇对消费的拉动作用仍然较强，实现消费品零售额4 173.9亿元，占全部零售额的88.7%。大型零售企业销售形势普遍较好。服装类、食品类和日用品类等商品销售较旺，成为2011年的消费热点。

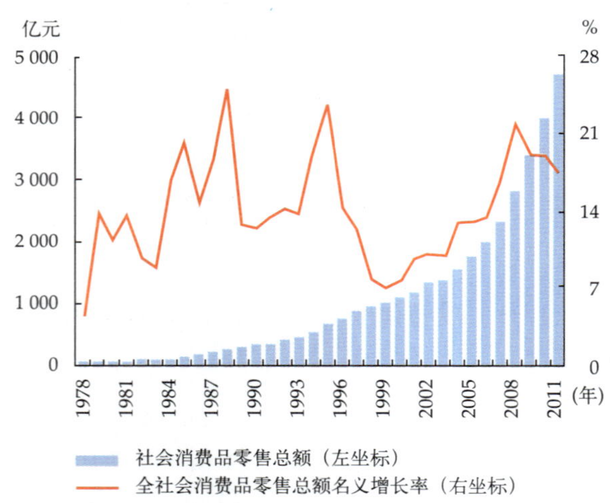

数据来源：《黑龙江统计年鉴》、《黑龙江统计月报》。

图7 1978～2011年黑龙江省社会消费品零售总额及其增长率

3. 外贸形势总体良好。全年实现进出口总值385.1亿美元，同比增长50.9%，高于同期全国进出口增速28.4个百分点。受外需疲软和贸易摩擦制约，进口总值时隔8年后再次超过出口总值，全年贸易逆差31.7亿美元（见图8）。受新增自俄罗斯原油输入等因素的影响，全年实现对俄罗斯进出口额185亿美元，增长150%。

全年利用外资稳步增长，实际利用外资34.6亿美元。其中，外商直接投资32.5亿美元，同比增长22%（见图9）。

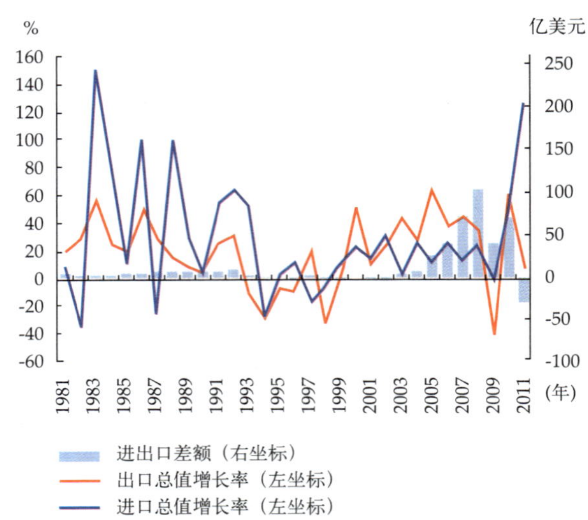

数据来源：《黑龙江统计年鉴》、《黑龙江统计月报》。

图8 1981～2011年黑龙江省外贸进出口变动情况

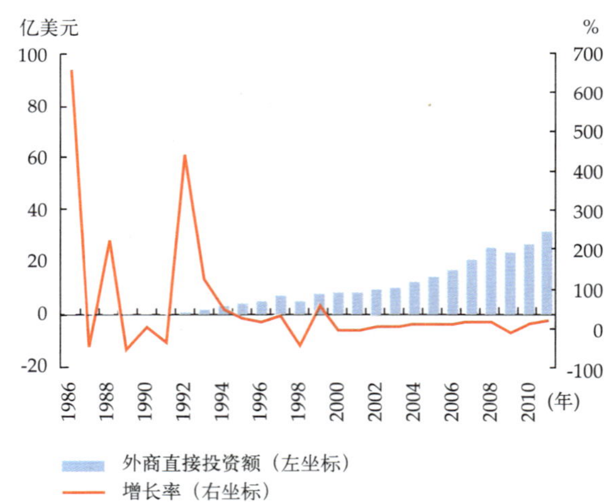

数据来源：《黑龙江统计年鉴》、《黑龙江统计月报》。

图9 1986～2011年黑龙江省外商直接投资情况

（二）三次产业均衡发展，社会供给能力增强

2011年，全省积极克服国际市场的不利影响，第一、第二、第三产业增加值同比分别增长6.2%、13%、13.1%。粮食生产喜获丰收，工业生产稳定

增长，服务业发展势头良好。

1. 农业生产快速发展。2011年，全省加强农业基础设施建设，在有利的气候条件和农业政策环境下，粮食生产再获大丰收，总产量实现了“八连增”，达到1 114.1亿斤，跃升至全国首位。生猪、家禽等供应比较充足，存栏量与上年持平。

2. 工业生产较快增长。在加快转变经济发展方式的前提下，全年完成工业增加值4 808.6亿元，比上年同期增长13.5%。四大支柱产业生产“三快一稳”，石化、能源、食品工业总产值增速均超过20%，装备工业总产值增长6.9%。全省规模以上工业企业实现利润1 270.5亿元，同比分别增长28.9%和23.4%（见图10）。

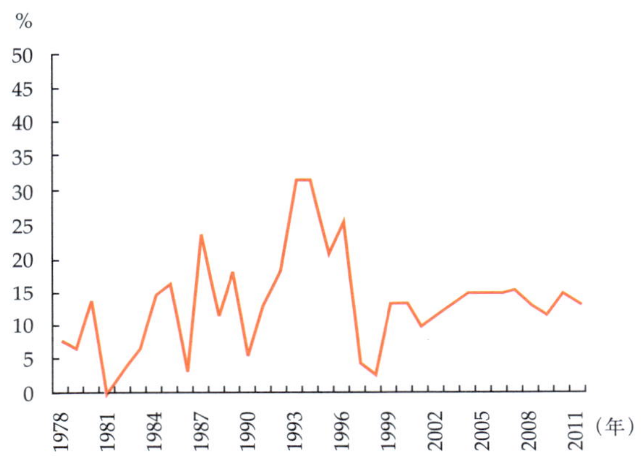

数据来源：黑龙江省统计局。

图10　1978～2011年黑龙江省规模以上工业增加值同比增长率

3. 服务业稳步发展。全省推进现代物流、商贸流通、信息、金融等71个现代服务业重点项目。围绕建设北国风光特色旅游开发区和实现贸易旅游综合开发工程，不断完善冰雪旅游、生态旅游、边境旅游等产品体系，全年旅游业总收入达1 091亿元，形成了新的经济增长点。

（三）物价水平总体上升，食品价格涨幅明显

2011年，黑龙江省物价总水平持续上行，CPI涨幅呈现“先升后降”的总体态势，消费、生产价格上升较快，劳动力和资源类价格推动物价上涨的作用增强，年末物价水平逐渐回落。

1. 居民消费价格受食品价格拉动明显。受上年翘尾因素和食品价格高位拉动双重影响，全年CPI同比上涨5.8个百分点，比全国平均水平高0.4个百分点。其中，食品价格指数同比上涨12.4个百分点，成为推动消费价格上涨的最主要因素。

2. 生产价格持续上行。在劳动力、能源、原材料等成本推动的作用下，全省工业生产者购进和出厂价格双双上行，同比涨幅均超过10%（见图11）。其中，生产资料价格上涨12.9%，生活资料价格上涨8.4%。

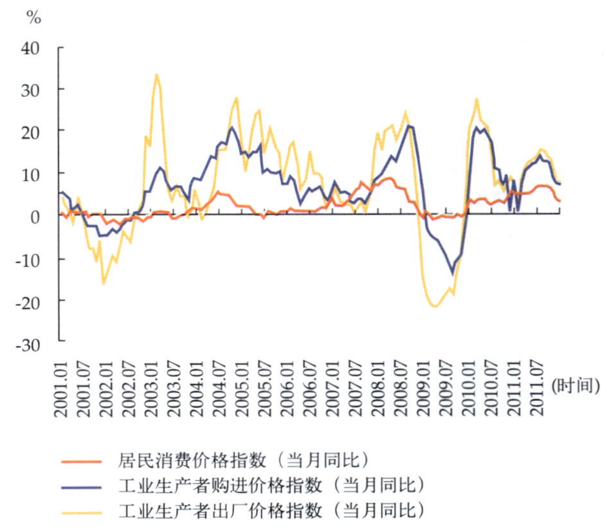

数据来源：黑龙江省统计局。

图11　2001～2011年黑龙江省居民消费价格和生产者价格变动趋势

3. 劳动力报酬同比大幅增长。随着经济形势的持续向好，企业用工成本逐步提高。全年城镇居民工薪收入同比增长12.6%，农村居民工资性收入同比增长20.5%。

（四）节能减排成效显著，环境质量持续改善

2011年，黑龙江省节能减排工作全面完成年度指标，万元GDP能耗下降3.5%左右，二氧化硫排放量和化学需氧量排放量分别下降0.4%和2%。共实施300项节能节水、循环经济、资源综合利用工程，100个循环经济试点和示范项目，淘汰炼钢、焦炭、造纸、水泥等落后产能74项，查处环境违法

企业1 895家。生态环境保护取得重大突破，启动实施《大小兴安岭林区生态保护与经济转型规划》和“天保工程”二期，植树造林362.5万亩，森林覆盖率达45.2%，恢复湿地1 000公顷。水土流失治理16万公顷，沙化土地治理45.9万公顷，土地综合整治新增耕地8 200公顷。松花江水污染防治规划增补项目全面开工建设，水环境质量持续改善。

专栏2　金融支持黑龙江省重点产业项目建设成效显著

2011年，按照“八大经济区”和“十大工程”战略部署，全省将产业项目建设作为经济社会可持续发展的“总开关”强力推进。全省金融机构充分发挥货币信贷政策的灵活性和有效性，引导金融机构不断加大对全省产业项目建设的金融支持力度，取得了积极进展和明显成效。

一是出台相关指导意见，为金融支持产业项目建设提供政策保障。中国人民银行哈尔滨中心支行制定并下发了《关于金融支持全省重点产业项目建设的指导意见》，明确了全省信贷投放重点，并提出加大融资产品创新力度、增进政银企沟通合作等八条指导意见。该意见出台后，立即受到省委、省政府主要领导的高度关注，省政府办公厅全文转发到各市地政府要求配合实施。

二是加大信贷扶持力度，产业项目贷款快速增长。金融机构进一步强化对重点产业项目建设的扶持意识，积极主动地与全省重点产业项目进行信贷对接，发挥信贷支持作用。全年实现产业项目银企对接198项，对接金额超过1 200亿元，全年贷款支持的重点企业和项目达到226个。年末产业项目贷款余额为705.5亿元，同比增加127亿元，增长22%，高于全部贷款增速1.9个百分点。

三是灵活运用票据融资工具，补充金融机构支持产业项目的可用资金。通过票据贴现和转贴现，满足企业正常的生产资金需要。全年金融机构累计为产业项目企业签发票据296.2亿元，同比增长37%；中国人民银行累计为产业项目企业票据办理再贴现23.7亿元，占全部再贴现金额的31.8%。

四是加强直接融资工具的推广使用，拓宽企业项目融资渠道。积极宣传和引导产业项目企业通过银行间市场进行债券融资。全年产业项目企业的银行间债券融资额达到39.1亿元。其中，发行短期融资券30亿元，发行中期票据8亿元，发行中小企业集合票据1.1亿元。

（五）房地产业发展趋稳，房屋价格涨幅趋缓

2011年，受宏观调控政策影响，全省房地产市场呈现“量平价缓”的趋势，商品房销售势头放缓，商业性房地产贷款增速回落，支持保障性住房建设的力度增强。

1. 房地产投资增速趋缓。2011年，全省完成房地产开发投资1 219.4亿元，比上年增长44.6%，增速下降4.9个百分点。保障性住房开发投资进一步加快，全年保障性安居工程投资937亿元，推动安保工程超额完成任务。受稳健的货币政策影响，房地产开发企业自筹资金占比进一步提高。

2. 房地产开发规模稳定增长。全年购置土地面积为1 703.7万平方米，同比增长45.1%。房屋新开工面积为7 195.3万平方米，同比增长43.3%。全年房屋竣工面积为2 992.6万平方米，其中，住宅竣工面积为2 396万平方米。

3. 商品房销售势头放缓。全年商品房销售面积为3 395.4万平方米，同比增长24.8%，增速下降10.1个百分点。商品房销售额为1 357.5亿元，同比增长34.1%，增速下降20.7个百分点（见图12）。

4. 房地产价格趋于合理。受国家房地产市场调控政策影响，房地产市场供求关系发生变化，导致商品房销售价格涨幅趋缓，全年商品房销售价格

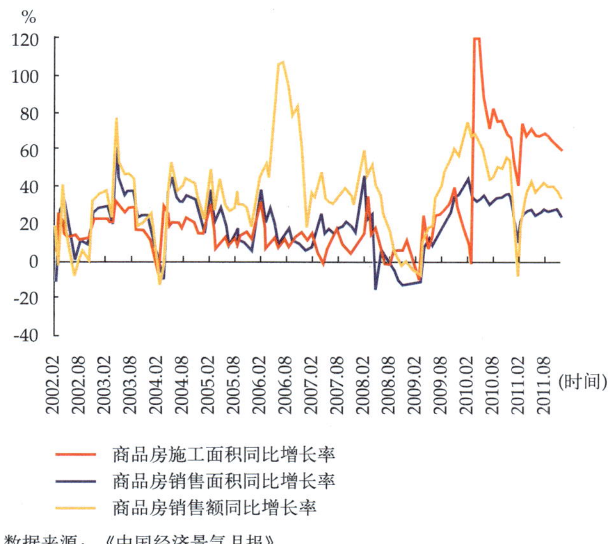

数据来源：《中国经济景气月报》。

图12　2002～2011年黑龙江省商品房施工和销售变动趋势

数据来源：《中国经济景气月报》。

图13　2011年哈尔滨市房屋销售价格指数变动趋势

同比上涨7.6%，涨幅比上年下降7.2个百分点（见图13）。主要城市商品房销售价格增速下降较为明显。

（六）充分发挥黑龙江特色，绿色食品产业腾飞

黑龙江省作为全国重要的农业生产基地和最大的粮食主产区，在发挥地缘和产业优势的同时，倡导发展无公害农产品、绿色食品和有机食品，重点培育符合现代农业发展特点的绿色食品产业，带动了农业产业升级和农民增收致富。

1. 绿色食品生产能力强劲。2011年，全省绿色食品认证面积达6 430万亩，占全国的1/4；拥有国家级绿色食品原料标准化生产基地5 100万亩，占全国的近一半。全年绿色食品总产量达到2 950万吨，绿色食品产业实现主营业务收入2 044.7亿元，同比增长34%，总产值超过1 000亿元。

2. 配套产业项目发展提速。2011年，全省新建、续建投资亿元以上绿色食品加工大项目191个，固定资产投资241亿元。大园区初具规模，形成了以肇东、富锦2个省级绿色食品产业园区为龙头，以宾西、双城等10个专业园区为基础的“2+10”园区发展格局。

3. 绿色食品知名度提升。2011年，全省通过哈洽会、绿色食品展销会等展会签订绿色食品意向性销售协议500多份，涉及金额170多亿元，有效地推动了绿色食品市场开发和产业发展，产品远销欧美、东南亚等近40个国家和地区。

（七）板块经济特色突出，城市群落布局合理

黑龙江省委、省政府在区域经济布局中，以省会哈尔滨为中心，构建了五大特色经济板块，即拥有全省最先进的工业制造业的哈大齐城市群，形成工业带动型城市经济发展布局；以东部四城鸡西、鹤岗、双鸭山、七台河为节点的带状城市群，带动煤电化基地快速发展；以牡丹江、佳木斯、黑河等为中心的块状城市群，成为全国对俄罗斯贸易科技合作的“桥头堡”和大通道；建三江农垦系统、绥化及周边县市形成的点状城市群，承载了寒地黑土特色的现代农业综合示范功能，年产粮食上千亿斤；位于大小兴安岭的加格达奇市和伊春市更是依托其特有的森林生态资源，打造出了生态特色产业带。具有龙江特色的板块经济，提升了城市群的整体竞争力，推动了龙江经济社会的全面发展。

（八）财政收入增长明显，民生支出得到保障

2011年，受物价上涨、固定资产投资规模扩张、税收政策变化等因素影响，全省税收收入实现

较快增长（见图14）。财政支出结构进一步优化，对经济结构调整、民生保障、支农惠农和公共投资等领域的财政支持力度持续增强。

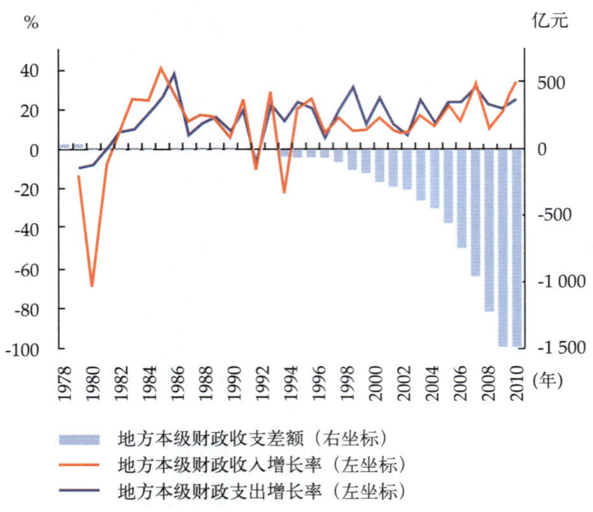

数据来源：《黑龙江统计年鉴》、《黑龙江统计月报》。

图14　1978～2011年黑龙江省财政收支状况

三、预测与展望

2012年，黑龙江省面临着国内外形势复杂多变、结构性问题突出、通货膨胀压力较大等不利因素的考验。国家宏观调控政策取向保持基本稳定，积极的财政政策和稳健的货币政策将进一步促进黑龙江省经济增长方式转变和经济结构调整。全省将围绕“八大经济区”、“十大工程”发展战略，抓住实体经济建设这一工作重心，推动经济平稳较快增长，促进社会和谐健康发展，经济发展总体将保持平稳协调态势。预计全省地区生产总值增长12%以上，CPI涨幅控制在4%左右。

2012年，全省金融机构将按照党中央部署，结合黑龙江省实际，继续贯彻落实稳健的货币政策，在保持信贷规模稳定增长的同时，加快调整和优化信贷结构，增强风险防范意识，加快金融产品创新，不断提高金融服务地方经济发展的能力和效果。

中国人民银行哈尔滨中心支行货币政策分析小组
负责人：王　迅　张会元
统　稿：许国新　杨　冰　高　磊
执　笔：王　舵　刘　畅　杜志文　何延伟　周　锐　马　辉　张　杰　海　平　黄海洋　刘福军
王　迟　李婷婷　张起飚　杨　捷　孙丽颖　李　丹　卢　刚　刘　恕
提供材料的还有：甘　雨　柏雪银　孙　杨

附录

（一）2011年黑龙江省经济金融大事记

1月1日，起自俄罗斯斯科沃罗季诺镇、经由中国漠河、止于大庆林源的中俄原油管道正式投产运营，该管道在今后20年内每年将向中国输送原油1 500万吨。

4月22日，黑龙江省建设集团成功发行中期票据6亿元，成为黑龙江省首笔中期票据融资。

6月15日至19日，第22届中国哈尔滨国际经济贸易洽谈会在哈尔滨举行，共签订各类涉外合同178.2亿美元，签订合作项目总额达2 215.9亿元。

7月14日，由中国人民银行哈尔滨中心支行倡导并牵头，“一行三局”签署了《黑龙江省金融监管联动合作机制框架》，全国首个省级跨行业、跨市场、跨系统的金融监管联动合作机制正式建立。

2011年，黑龙江粮食总产量实现“八连增”目标，达到1 114.1亿斤，比上年增加111.5亿斤，一跃成为全国粮食产量第一省份。

2011年，黑龙江省公路建设三年决战胜利完成，公路建设累计完成投资1 044亿元，铺设一级、二级公路和农村公路总计65 215公里，高速公路2 767公里。

2011年，黑龙江省保障性安居工程建设完成投资837.2亿元，开工86.75万套，竣工37.8万套，超额完成国家任务，完成总量居全国首位。

2011年，黑龙江省产业项目建设取得重大成果，全省产业项目超过4 000个，打造了13个省级重点园区。

2011年，黑龙江省着力打造寒地黑土和冰雪旅游产业，全年接待入境游客206万人次，旅游创汇9.2亿美元；接待国内游客2亿人次，国内旅游收入为1 031.9亿元；全年旅游业总收入为1 091亿元。

2011年，摩根大通银行、东亚银行哈尔滨分行正式开业，汇丰银行哈尔滨分行正式筹建，全省外资银行机构达到5家。

（二）2011年黑龙江省主要经济金融指标

表1　2011年黑龙江省主要存贷款指标

		1月	2月	3月	4月	5月	6月	7月	8月	9月	10月	11月	12月
本外币	金融机构各项存款余额（亿元）	13 276.8	13 500.1	13 946.9	13 914.7	13 990.6	14 331.6	14 108.1	14 077.1	14 110.3	13 987.7	14 082.4	14 416.4
	其中：储蓄存款	7 647.5	7 701.8	7 977.2	7 870.6	7 845.0	7 990.3	7 829.3	7 770.2	7 902.5	7 767.6	7 840.4	8 197.9
	单位存款	5 057.1	5 134.3	5 418.6	5 442.9	5 530.2	5 750.3	5 586.8	5 666.9	5 658.7	5 557.0	5 546.2	5 752.4
	各项存款余额比上月增加（亿元）	303.9	223.2	446.8	-32.2	75.9	341.0	-223.5	-31.0	33.2	-122.6	94.7	334.0
	金融机构各项存款同比增长（%）	16.3	14.9	16.5	14.0	14.3	13.2	12.6	8.5	11.8	10.8	9.9	11.1
	金融机构各项贷款余额（亿元）	7 556.4	7 666.2	7 785.6	7 932.1	7 999.5	8 104.8	8 091.7	8 146.9	8 266.7	8 328.7	8 396.0	8 761.1
	其中：短期	3 064.7	3 130.7	3 210.8	3 256.8	3 287.5	3 326.7	3 275.6	3 265.2	3 335.3	3 347.6	3 291.6	3 548.9
	中长期	4 193.7	4 255.7	4 335.0	4 431.6	4 485.2	4 553.8	4 615.1	4 661.1	4 720.7	4 784.4	4 842.0	4 872.9
	票据融资	260.1	242.0	202.5	207.0	185.8	183.3	160.2	180.5	170.9	151.4	212.4	290.4
	各项贷款余额比上月增加（亿元）	168.5	109.7	119.4	146.6	80.5	105.3	-13.1	55.2	119.8	62.0	67.4	365.1
	其中：短期	73.8	66.0	80.1	46.1	30.7	39.2	-51.1	-10.4	70.1	12.3	-56.0	257.3
	中长期	119.8	62.0	79.4	96.6	53.5	68.7	61.3	46.0	59.6	63.7	57.6	31.0
	票据融资	-25.0	-18.1	-39.5	4.5	-8.0	-2.5	-23.1	20.4	-9.6	-19.5	61.1	78.0
	金融机构各项贷款同比增长（%）	20.9	20.3	20.3	20.0	19.4	19.1	18.3	11.8	18.4	18.2	19.0	20.1
	其中：短期	14.8	15.7	18.6	16.4	18.1	17.6	17.7	12.9	20.0	21.6	20.6	22.3
	中长期	34.8	33.6	30.9	30.8	28.5	27.5	26.7	14.4	24.2	22.6	22.1	19.6
	票据融资	-40.8	-46.4	-51.9	-46.9	-53.3	-50.9	-58.2	-36.7	-54.0	-58.4	-34.7	1.9
	建筑业贷款余额（亿元）	66.2	64.6	64.3	64.4	63.7	68.6	66.1	80.5	82.6	81.7	86.2	106.4
	房地产业贷款余额（亿元）	166.9	181.7	187.4	183.2	176.2	189.1	195.5	192.4	197.9	202.4	193.8	200.9
	建筑业贷款同比增长（%）	0.3	-1.2	0.0	9.7	4.8	14.8	1.7	20.9	22.0	21.5	31.6	68.9
	房地产业贷款同比增长（%）	45.9	36.9	37.5	31.2	24.8	26.5	28.3	26.7	27.3	25.4	18.8	25.2
人民币	金融机构各项存款余额（亿元）	13 181.8	13 417.6	13 859.6	13 828.3	13 905.7	14 247.9	14 031.4	14 003.3	14 026.1	13 902.1	13 995.7	14 328.4
	其中：储蓄存款	7 596.7	7 653.5	7 928.4	7 820.7	7 795.5	7 939.8	7 782.4	7 723.4	7 853.8	7 719.2	7 791.0	8 147.4
	单位存款	5 017.4	5 104.5	5 384.5	5 411.5	5 499.6	5 724.7	5 562.1	5 644.1	5 627.3	5 524.9	5 513.4	5 718.9
	各项存款余额比上月增加（亿元）	298.0	235.8	442.0	-31.3	77.4	342.2	-216.5	-28.1	22.8	-124.0	93.6	332.8
	其中：储蓄存款	357.9	56.8	274.9	-107.7	-25.2	144.3	-157.4	-59.0	130.5	-134.6	71.8	356.4
	单位存款	-218.2	87.1	279.9	27.1	88.0	225.1	-162.6	82.0	-16.9	-102.4	-11.5	205.6
	各项存款同比增长（%）	16.4	15.1	16.7	14.2	14.4	13.3	12.8	12.0	11.9	10.8	9.9	11.2
	其中：储蓄存款	16.4	12.6	14.9	13.3	13.3	13.8	12.8	11.9	11.2	11.5	11.7	12.6
	单位存款	16.8	20.2	19.1	15.8	15.0	16.9	15.6	16.5	18.5	13.9	10.2	9.2
	金融机构各项贷款余额（亿元）	7 387.9	7 497.0	7 617.0	7 755.5	7 809.7	7 901.3	7 889.6	7 941.9	8 054.8	8 105.0	8 184.7	8 548.7
	其中：个人消费贷款	867.5	874.1	900.7	917.5	936.0	957.4	972.9	990.6	1 015.8	1 040.5	1 064.7	1 079.4
	票据融资	260.1	242.0	202.5	207.0	185.8	183.3	160.2	180.5	170.9	151.4	212.4	290.4
	各项贷款余额比上月增加（亿元）	160.1	109.1	120.0	138.5	67.4	91.6	-11.6	52.2	113.0	50.2	79.8	364.0
	其中：个人消费贷款	27.0	6.6	26.7	16.7	18.5	21.4	15.4	17.7	25.3	24.7	24.2	14.7
	票据融资	-25.0	-18.1	-39.5	4.5	-8.0	-2.5	-23.1	20.4	-9.6	-19.5	61.1	78.0
	金融机构各项贷款同比增长（%）	21.3	20.7	20.6	20.2	19.4	18.8	17.9	17.7	17.7	17.3	18.7	19.8
	其中：个人消费贷款	41.6	37.7	38.5	36.5	33.8	32.1	30.2	29.2	26.8	30.8	28.7	28.4
	票据融资	-40.8	-46.4	-51.9	-46.9	-53.3	-50.9	-58.2	-52.9	-54.0	-58.4	-34.7	1.9
外币	金融机构外币存款余额（亿美元）	14.4	12.5	13.3	13.3	13.1	12.9	11.9	11.6	13.3	13.5	13.7	14.0
	金融机构外币存款同比增长（%）	3.0	-7.4	0.2	-2.0	-1.7	0.6	-7.5	-8.7	2.6	12.4	10.3	3.7
	金融机构外币贷款余额（亿美元）	25.6	25.7	25.7	27.2	29.3	31.5	31.4	32.1	33.3	35.4	33.3	33.7
	金融机构外币贷款同比增长（%）	8.1	10.6	10.5	15.5	26.5	39.0	45.9	46.5	62.4	75.5	37.3	39.4

数据来源：中国人民银行哈尔滨中心支行。

表2 2001～2011年黑龙江省各类价格指数

单位：%

年/月		居民消费价格指数		农业生产资料价格指数		工业生产者购进价格指数		工业生产者出厂价格指数	
		当月同比	累计同比	当月同比	累计同比	当月同比	累计同比	当月同比	累计同比
2001		—	0.8	—	-1.1	—	-0.5	—	-4.0
2002		—	-0.7	—	-0.3	—	-0.7	—	-2.2
2003		—	0.9	—	1.8	—	7.6	—	11.9
2004		—	3.8	—	12.0	—	15.2	—	13.1
2005		—	1.2	—	8.6	—	11.8	—	16.7
2006		—	1.9	—	1.9	—	5.6	—	9.9
2007		—	5.4	—	9.4	—	5.0	—	5.3
2008		—	5.6	—	22.7	—	14.1	—	14.0
2009		—	0.2	—	-5.8	—	-6.6	—	-12.6
2010		—	3.9	—	5.6	—	14.5	—	15.0
2011		—	5.8	—	10.2	—	11.1	—	12.0
2010	1	3.2	3.2	-0.1	-2.2	18.1	18.1	23.4	23.4
	2	3.8	3.5	-2.4	-2.3	21.2	19.6	27.8	25.6
	3	4.1	3.7	4.2	-0.2	19.8	19.7	23.4	24.9
	4	4.0	3.8	7.0	1.6	20.6	19.9	22.0	24.2
	5	3.3	3.7	7.4	2.7	19.6	19.9	21.2	23.6
	6	3.0	3.6	7.8	3.5	17.4	19.5	15.9	22.3
	7	3.2	3.5	7.5	4.1	11.7	18.3	7.6	20.2
	8	3.7	3.5	7.9	4.6	11.3	17.5	8.6	18.7
	9	3.4	3.5	7.4	4.9	6.4	16.2	5.9	17.3
	10	4.4	3.6	7.8	5.2	9.6	15.6	8.0	16.4
	11	5.7	3.8	7.8	5.4	1.5	9.7	9.4	15.7
	12	5.0	3.9	7.3	5.6	8.2	14.5	6.8	15.0
2011	1	5.4	5.4	4.6	4.6	1.7	7.7	2.0	8.2
	2	5.4	5.4	6.0	5.3	8.7	8.2	9.1	8.6
	3	5.4	5.4	10.0	6.9	11.8	9.4	12.0	9.8
	4	5.7	5.5	10.9	7.9	11.9	11.0	13.2	10.6
	5	5.9	5.6	11.2	8.6	12.7	10.6	13.4	11.2
	6	6.9	5.8	12.6	9.3	12.8	10.9	13.7	11.6
	7	7.1	6.0	11.8	9.6	14.0	11.4	15.6	12.2
	8	7.2	6.1	10.9	9.8	13.1	11.6	15.7	12.6
	9	7.0	6.2	11.9	10.0	13.1	11.8	14.3	12.8
	10	6.3	6.2	11.3	10.2	11.4	11.7	12.9	12.8
	11	4.2	6.0	10.4	10.2	8.0	11.4	8.2	12.4
	12	3.7	5.8	10.2	10.2	7.6	11.1	8.1	12.0

数据来源：黑龙江省统计局、《中国经济景气月报》。

表3 2011年黑龙江省主要经济指标

	1月	2月	3月	4月	5月	6月	7月	8月	9月	10月	11月	12月
绝对值（自年初累计）												
地区生产总值(亿元)	—	—	2 180.0	—	—	5 067.0	—	—	7 836.3	—	—	12 503.8
第一产业	—	—	114.5	—	—	309.7	—	—	480.7	—	—	1 705.6
第二产业	—	—	1 154.7	—	—	2 863.8	—	—	4 486.2	—	—	6 317.3
第三产业	—	—	910.8	—	—	1 893.5	—	—	2 869.4	—	—	4 481.0
固定资产投资(亿元)	—	23.6	146.8	381.3	809.5	1 628.2	2 348.9	3 028.4	3 913.8	4 917.2	5 793.7	7 206.3
房地产开发投资	—	1.0	10.6	55.8	135.3	296.6	430.2	578.7	752.0	893.4	1 011.8	1 219.4
社会消费品零售总额(亿元)	—	—	1 072.1	1 395.6	1 769.0	2 146.5	2 499.7	2 879.3	3 301.1	3 737.4	4 184.5	4 705.1
外贸进出口总额(万美元)	196 485.4	413 898.8	668 854.7	1 027 705.2	1 389 027.7	1 746 080.7	2 210 215.6	2 668 919.0	2 940 696.9	3 290 842.8	3 619 013.9	3 851 289.6
进口	55 139.1	189 311.0	332 609.5	547 286.8	744 755.5	915 492.6	1 081 235.3	1 274 327.1	1 435 510.8	1 682 419.3	1 910 496.3	2 084 025.5
出口	141 346.3	224 587.7	336 245.2	480 418.5	644 272.2	830 588.1	1 128 980.3	1 394 591.9	1 505 186.1	1 608 423.5	1 708 517.6	1 767 264.1
进出口差额(出口−进口)	86 207.2	35 276.7	3 635.8	-66 868.3	-100 483.4	-84 904.5	47 745.0	120 264.8	69 675.3	-73 995.9	-201 978.7	-316 761.4
外商实际直接投资(万美元)	6 816.0	14 820.0	39 018.0	53 398.0	81 060.0	161 958.0	181 262.0	199 304.0	229 779.0	261 310.0	293 328.0	324 804.0
地方财政收支差额(亿元)	-32.1	-40.1	-207.4	-281.6	-342.1	-499.5	-607.2	-820.7	-986.3	-1 049.6	-1 218.9	-1 796.7
地方财政收入	111.1	176.9	262.9	340.8	424.7	542.1	620.1	688.6	754.7	825.0	902.1	997.4
地方财政支出	143.2	217.0	470.3	622.4	766.8	1 041.6	1 227.3	1 509.3	1 741.0	1 874.6	2 121.0	2 794.1
城镇登记失业率(%)（季度）	—	—	—	—	—	—	—	—	—	—	—	—
同比累计增长率（%）												
地区生产总值	—	—	12.0	—	—	12.1	—	—	12.4	—	—	12.2
第一产业	—	—	4.0	—	—	12.2	—	—	5.8	—	—	6.2
第二产业	—	—	13.0	—	—	12.3	—	—	12.9	—	—	13.0
第三产业	—	—	11.8	—	—	12.4	—	—	12.6	—	—	13.1
工业增加值	—	9.7	13.3	13.2	13.2	13.6	13.4	13.4	13.6	13.6	13.6	13.5
固定资产投资	—	-10.9	18.8	20.2	23.5	29.3	29.6	31.9	33.0	34.1	34.1	33.7
房地产开发投资	—	-11.3	23.4	31.5	36.1	40.1	43.2	43.6	47.6	47.6	47.6	44.6
社会消费品零售总额	—	—	16.5	16.7	16.8	17.1	17.2	17.3	17.5	17.5	17.5	17.6
外贸进出口总额	13.6	32.1	45.4	64.5	66.8	62.2	67.8	71.7	59.6	56.2	52.8	51.0
进口	-35.1	37.2	60.8	93.7	104.8	101.2	109.2	123.2	113.0	130.6	130.1	126.0
出口	60.4	28.1	32.8	40.4	37.4	33.6	41.0	41.8	28.8	16.8	11.0	8.5
外商实际直接投资	30.1	33.5	60.4	66.2	80.8	83.1	72.3	67.8	42.9	25.2	22.1	22.0
地方财政收入	27.5	33.9	38.6	34.6	37.1	40.4	40.1	38.9	37.5	35.8	35.5	32.0
地方财政支出	112.4	58.4	21.7	25.6	21.1	34.1	35.4	47.1	46.3	43.2	32.3	24.0

数据来源：黑龙江省统计局、《中国经济景气月报》。

2011年上海市金融运行报告

中国人民银行上海总部货币政策分析小组

[内容摘要] 2011年是“十二五”规划的开局之年，上海市积极推进创新驱动和转型发展，经济结构呈现积极变化。国际金融、航运中心建设稳步推进，第三产业成为拉动经济增长的主动力，工业结构调整步伐加快，物价涨幅回落。存贷款增速有所放缓，贷款结构明显改善。证券期货业平稳运行，保险业积极转变发展方式。金融市场交易分化明显，货币市场利率波动较大。社会融资结构有所改善，上海国际金融中心建设取得新进展。上海将经历一个较长时期的转型发展阶段。展望2012年，支持经济发展的“三驾马车”中，消费的重要性更加突出，投资和出口都将面临一定压力。为支持上海市经济发展和结构转型，需认真做好以下各项货币信贷和金融服务：一是坚持执行稳健的货币政策，合理把握信贷投放总量；二是坚持金融服务实体经济的本质要求，着力优化信贷结构；三是坚持金融对外开放，促进对外投资贸易便利化；四是坚持金融创新符合实体经济需要，切实防范各类风险。

一、金融运行情况

2011年，上海市金融机构认真贯彻稳健的货币政策，金融业保持稳健发展态势，为上海经济转型提供了有力支持。存贷款增速有所放缓，贷款结构明显改善。证券期货业平稳运行，保险业积极转变发展方式。上海国际金融中心建设取得新进展，长三角金融合作稳步推进。

（一）存贷款增速有所放缓，贷款结构明显改善

2011年，上海市各项存贷款同比少增，银行业经营效益继续较快增长，信贷资产质量继续改善。2011年年末，全市中外资金融机构本外币资产总额为8.5万亿元，同比增长16.1%；各项存款余额为5.8万亿元，同比增长12.3%；各项贷款余额为3.7万亿元，同比增长10.3%。实现税前利润954.7亿元，同比增长46%。中外资银行不良贷款率为0.6%，比年初下降0.2个百分点。

1. 银行业金融机构稳步增长（见表1）。2011年年末，上海市共有中资银行法人4家，村镇银行法人8家，银行业金融机构从业人员10.2万人；外资法人银行20家，外资银行本外币存贷款规模占全国外资银行的40%以上。

表1　2011年上海市银行业金融机构情况

机构类别	营业网点			法人机构（个）
	机构个数（个）	从业人数（人）	资产总额（亿元）	
一、大型商业银行	1 510	41 893	29 905	0
二、国家开发银行和政策性银行	14	504	2 781	0
三、股份制商业银行	571	21 469	28 516	2
四、城市商业银行	284	9 976	7 449	1
五、城市信用社	—	—	—	—
六、农村合作机构	345	5 358	3 153	1
七、财务公司	14	964	1 779	14
八、信托公司	7	746	181	7
九、邮政储蓄银行	456	2 731	1 113	0
十、外资银行	201	17 654	10 020	20
十一、新型农村金融机构	8	—	83	8
十二、其他	7	277	981	7
合　计	3 417	101 572	85 961	60

注：①营业网点不包括总部。
②农村合作机构包含农村信用社、农村合作银行及农村商业银行。
③新型农村金融机构包括村镇银行、贷款公司和农村资金互助社三类机构。
④“其他”包含金融租赁公司、汽车金融公司、货币金融公司、消费金融公司等。

数据来源：中国人民银行上海总部。

2. 各项存款同比少增，增幅继续回落。2011年，全市本外币各项存款增加6 369.6亿元，同比少增1 115.2亿元。其中，财政存款同比多减807.3亿元，主要与政府融资平台进入还贷高峰期、土地出

让金同比少增及保障房建设力度加大有关。

单位存款明显少增。2011年，全市本外币单位存款增加3 772.1亿元，同比少增925亿元，其中单位活期存款仅增加160.1亿元。单位活期存款增长明显放缓的原因，一是受监管部门强化贷款受托支付影响，贷款派生存款减少。二是原材料和产成品库存占用资金有所上升。三是企业盈利能力有所下降。随着单位活期存款的下降，企业流动性有所趋紧。

储蓄存款增长趋缓。2011年，全市本外币储蓄存款增加1 521.4亿元，同比少增282.2亿元，其中，下半年新增量仅占全年增量的8.1%。储蓄存款增长趋缓的原因，一是受通货膨胀影响，居民对存款利率的满意度较低，理财产品和国债的分流效应持续显现。二是在国庆长假效应及第四季度传统消费旺季的带动作用下，下半年居民即期消费有所增加。

各金融机构人民币存款普遍少增（见图1）。中资金融机构人民币各项存款同比少增1 614亿元，竞争明显加剧。外资银行人民币各项存款同比少增26.8亿元，除了国内调控和资金面因素，还受到美欧市场资金紧张，以及跨国企业利润汇出增加等因素的负面影响。

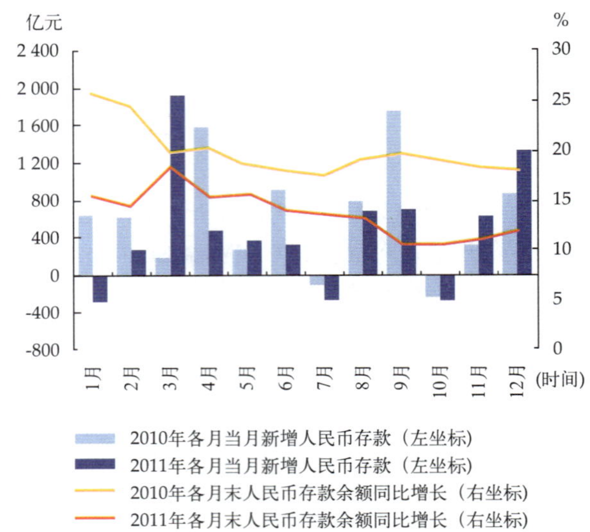

数据来源：中国人民银行上海总部。

图1　2010～2011年上海市金融机构人民币存款增长变化

专栏1　通过货币信贷政策导向效果评估引导金融机构支持实体经济

2011年6月，中国人民银行上海总部印发了《上海市银行业金融机构货币信贷政策导向效果评估暂行办法》，探索货币政策工具与信贷政策导向效果评估相结合的新机制，努力引导金融机构对接产业政策和民生政策。

一是按照“四化”原则，科学设计评估框架。“四化”是指模块化、指标化、自动化、综合化。综合评估包括宏观审慎货币政策、利率政策、中小企业信贷政策、房地产信贷政策、可持续发展信贷政策、消费信贷政策、信贷政策传导与反馈机制建设、自选特色优势项目等8个模块50项指标，根据预先明确的评估规则和电子模板自动打分，综合评估金融机构服务实体经济的效果。

二是坚持“五个结合”，综合实施评估工作。“五个结合”是指坚持非现场评估与现场评估相结合、定性考察与定量考察相结合、增量指标与存量指标相结合、速度指标与比例指标相结合、金融机构自评与中国人民银行复评相结合。通过兼顾不同类型、不同规模、不同发展阶段金融机构的差异，做到全面、客观、科学地评估。

三是注重“四先四后”，稳步推进评估任务。考虑到上海集聚了众多情况迥异的中外资银行业金融机构，而评估经验的积累需要较长时间，在实施评估时按照“先非现场后现场、先银行后非银机构、先法人后分支机构、先中小机构后大型机构”的次序推进。将101家金融机构细分成中资大型银行、中资中小银行、外资法人银行、外资银行分行、财务公司、信托投资公司、汽车金融公司和金融租赁公司等八个类别。在对以上机构进行全面非现场评估的基础上，2011年遴选了其中9家不同类型、业务有代表性的机构进行现场评估。

四是探索“三个挂钩”，有效运用评估结果。首先是与货币政策工具运用相挂钩。对评估等级低的金融机构，根据实际情况提出了窗口指导意见，并在宏观审慎货币政策框架内予以约束。对十几家评估等级高、存在信贷投放能力和合理信贷需求的金融机构，为配合货币政策的预调微调，在风险可控和符合信贷政策导向的前提下，适时适度提高了合意新增贷款规模或调控容忍度。其次是与业务创新资格相挂钩。在评定金融机构利率市场化试点资格、存贷款金融工具创新等业务市场准入时，评估结果优良与否均将作为重要的前提条件。最后是与评优通报相挂钩。在考察评选金融服务先进机构时，对于信贷评估等级较高、信贷投向与政策导向高度相符的机构予以倾斜。

为配合信贷政策导向效果评估，中国人民银行上海总部于2011年9月出台了《上海市民生金融重点产品示范和指导目录》，其中包括国家助学贷款、民贸民品优惠利率贷款等十类产品，引导金融机构大力发展民生金融。信贷政策导向效果评估具有导向明确、区别对待、评估科学、结合紧密的特征，不但对产业政策、民生政策做了全面梳理，而且在支持实体经济方面明确了重点，给出了方向，有利于助推上海实现经济结构调整转型的战略目标。

3. 各项贷款增长放缓，贷款结构持续改善（见图2、见图3）。2011年，全市本外币贷款增加3 654.3亿元，同比少增752.6亿元，但外币贷款同比多增41.2亿美元，这主要与人民币升值预期改变、本外币贷款利差及外币资金头寸改善等因素有关。

中资、外资金融机构贷款近5年来首次同时少增。主要原因有：一是在宏观调控的影响下，房地产和地方融资平台贷款投放受到严格控制。二是受投资增长放缓、住房成交萎缩影响，重大建设项目和个人住房贷款需求减弱。三是受货币政策、监管政策调整的影响，部分银行的放贷能力有所下降。例如，外资法人银行的贷存比指标必须在2011年年末达到监管要求，因而对贷款规模有所控制。四是受同业拆借利率波动加大以及欧债危机不断恶化等因素影响，外资银行的放贷能力受到约束。

贷款结构明显改善。2011年年末，全市本外币短期贷款余额占比30.3%，同比提高3.1个百分点。期限结构改善的原因是：从需求看，经营环境的改变带动企业短期融资需求上升，世博会后政府重大建设工程减少，房地产调控背景下住房成交萎缩导致中长期贷款需求减弱；从供给看，商业银行在流动性趋紧的情况下，主动优化信贷结构，加快贷款周转速度，同时加大风险控制力度，对中长期贷款投放审批趋严。另外，差别存款准备金动态调整措施实施后，银行年初集中放款现象得以明显改观，贷款投放节奏也更为均衡。

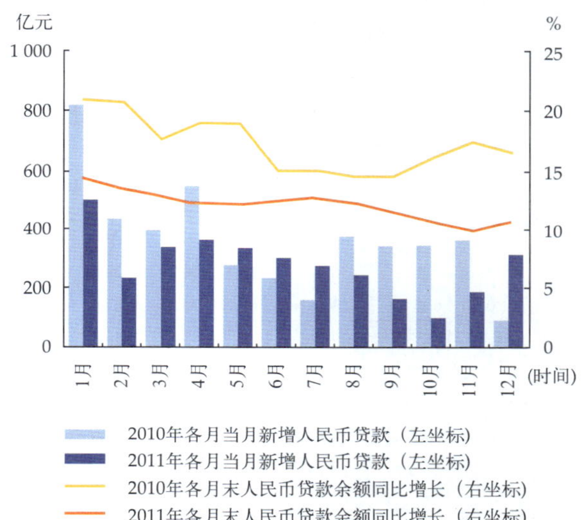

数据来源：中国人民银行上海总部。

图2 2010～2011年上海市金融机构人民币贷款增长变化

4. 人民币贷款利率高位回调，上浮利率贷款占比增加明显（见表2）。在稳健的货币政策条件下，人民币贷款实际利率水平逐月走高，8月达到全年高点，年末略有回调。同时，金融机构以价补量，上浮利率人民币贷款占比逐季度增加。第四季度，全市金融机构实行上浮利率的人民币贷款占比同比上升41.2个百分点。

美元贷款利率冲高回落，存款利率总体抬升（见图4）。前三个季度，上海市外币贷款需求较

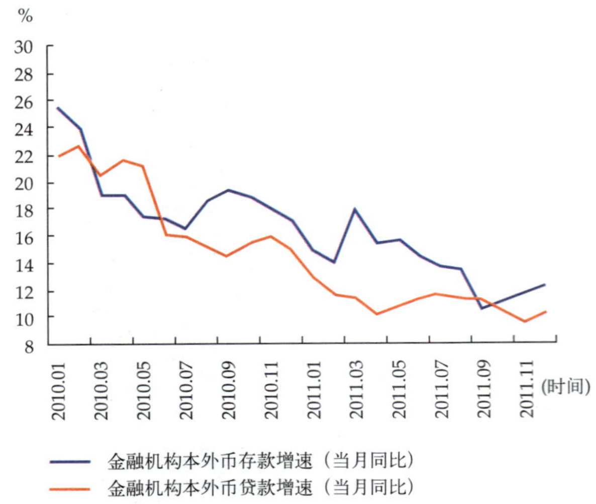

数据来源：中国人民银行上海总部。

图3 2010～2011年上海市金融机构本外币存、贷款增速变化

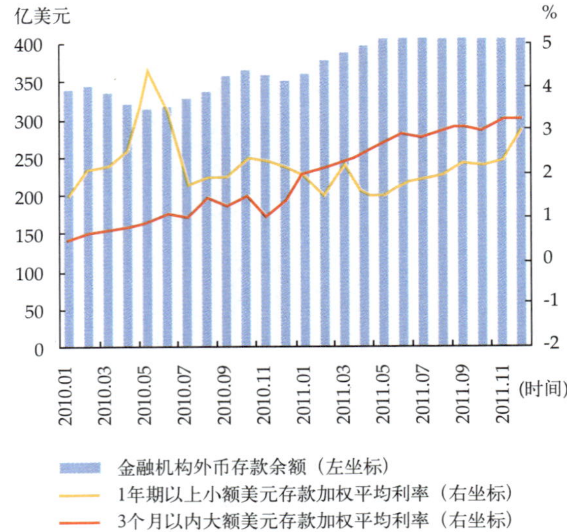

数据来源：中国人民银行上海总部。

图4 2010～2011年上海市金融机构外币存款余额及外币存款利率

表2 2011年上海市金融机构人民币贷款各利率区间占比

单位：%

月份		1月	2月	3月	4月	5月	6月
合计		100.0	100.0	100.0	100.0	100.0	100.0
[0.9～1.0)		46.2	36.8	30.8	34.0	29.8	26.2
1.0		20.7	23.6	25.0	24.3	23.9	25.6
上浮水平	小计	33.1	39.6	44.2	41.7	46.3	48.2
	(1.0～1.1]	13.5	16.0	18.0	17.4	20.9	20.7
	(1.1～1.3]	10.1	14.4	14.8	15.5	17.0	18.2
	(1.3～1.5]	2.4	5.1	4.2	2.6	2.3	2.8
	(1.5～2.0]	7.0	4.1	7.2	6.1	6.2	6.5
	2.0以上	0.1	0.0	0.1	0.1	0.0	0.0
月份		7月	8月	9月	10月	11月	12月
合计		100.0	100.0	100.0	100.0	100.0	100.0
[0.9～1.0)		23.7	21.8	22.1	14.8	18.2	19.6
1.0		23.9	22.6	23.7	27.8	25.1	30.2
上浮水平	小计	52.4	55.6	54.2	57.5	56.7	50.3
	(1.0～1.1]	22.6	20.9	23.0	25.0	21.6	19.8
	(1.1～1.3]	20.1	24.9	21.3	22.0	24.3	21.4
	(1.3～1.5]	2.8	2.1	2.8	3.5	3.8	4.3
	(1.5～2.0]	6.9	7.6	7.0	7.0	6.7	4.6
	2.0以上	0.0	0.1	0.1	0.1	0.3	0.2

数据来源：中国人民银行上海总部。

高，美元市场流动性较为紧张。美元存款报价一度高至Libor加250个基点以上，贷款利率突破Libor加400个基点。从10月开始，欧债危机加剧，人民币升值预期减弱，对美元的贷款需求减弱，存款意愿增强，美元贷款利率水平快速下行。12月，3个月以内和1年期美元贷款加权平均利率分别为2.78%和3.85%，比10月分别下降0.75个和2.13个百分点。但出于谨慎考虑，商业银行美元大额协议存款利率未明显回落。

5. 小额贷款公司试点工作深入推进。自试点以来至2011年年末，上海市累计批准设立小额贷款公司81家，累计放贷20 934笔、金额415.6亿元，其中，涉农和小企业贷款余额分别达到20.4亿元和54亿元。同时，小额贷款公司自身稳健持续发展。2011年，小额贷款公司贷款逾期率为0.64%。

6. 跨境人民币业务再上新台阶。跨境人民币业务试点和交易规模继续扩大。2011年，上海市跨境人民币结算额达到3 312亿元，同比增长3.9倍。合格境外机构投资者（QFII）获准参与股指期货套期保值交易。

专栏2 跨境资金流动出现新动向

2011年9月以来，上海跨境资金净流出和净售汇大幅扩大。受欧债危机、人民币汇率预期分化以及各项调控政策的影响，9～12月上海跨境资金净流出331.4亿美元、净售汇255.2亿美元，分别占全年净流出和净售汇的47%和86%，同比分别增长85.2%和8倍。

上海跨境资金流动的波动性与不确定性加大与第三季度以来全球经济动荡、市场避险情绪增强、资产价格波动等因素有关，同时也在一定程度上反映了前期国内宏观调控政策的成效。一是7月以来，欧债危机持续蔓延打击了欧元区经济增长信心，欧元区国家财政趋向紧缩。面对失业率高企和资产价格继续下滑，欧元区的家庭和银行部门均有修复资产负债表的压力，消费和投资减少。在沪部分跨国公司增加了投资收益汇回，以缓解母公司资金紧张局面。二是2011年我国实施稳健的货币政策，推出了包括税收、土地以及信贷政策在内的一系列房地产调控措施，有效地遏制了资产价格持续上涨的态势。资本投机收益显著下降，外商直接投资流入房地产的增幅放缓。2011年下半年以来，外汇管理部门按照“控流入、促流出、减顺差、防风险”要求，严厉打击“热钱”等违法违规资金流入，对资金净流入和净结汇的增长起到一定缓冲作用。三是随着国内外经济形势的演变发展，市场主体的预期与实际需求推动汇率的波动性加大。近期人民币兑美元汇率走势反映了这种市场供需和预期的变化，人民币升值预期明显减弱。

（二）证券机构运行平稳，盈利水平下降

证券机构运行平稳（见表3）。基金管理公司、证券公司人民币合格境外机构投资者（RQFII）境内证券投资试点正式启动。3家基金管理公司香港子公司和4家证券公司香港子公司获RQFII业务资格，成为首批试点机构。2011年年末，上海市证券公司总资产为3 271.3亿元，同比减少17.5%；净资产、净资本同比分别增长5%和-1.4%。期货公司总资产为426.3亿元，同比增长12.6%；客户保证金余额为340.5亿元，同比增长6.3%。2011年，共发行新基金100只，共管理基金412只，新发基金总规模为1 145.6亿元。

表3 2011年上海市证券业基本情况

项目	数量
总部设在辖内的证券公司数（家）	17
总部设在辖内的基金公司数（家）	34
总部设在辖内的期货公司数（家）	27
年末国内上市公司数（家）	196
当年国内股票（A股）筹资（亿元）	708.9
当年发行H股筹资（亿元）	134
当年国内债券筹资（亿元）	1 026
其中：短期融资券筹资额（亿元）	372

数据来源：上海证监局。

证券公司和期货公司盈利水平有所分化。证券公司盈利水平继续下降。2011年，上海市证券公司累计实现营业收入276.7亿元，同比减少19.1%；实现净利润为103.7亿元，同比减少31.6%。12家具备经纪业务资质的证券公司的经纪业务收入为130.1亿元，同比减少36.6%；14家具备证券承销资格的证券公司的证券承销收入为39.1亿元，同比减少5.7%；11家具备自营业务资质的证券公司的自营业务收入为32.5亿元，同比减少23.2%。与此同时，期货公司实现净利润4.9亿元，同比增长29.1%。

股票市场融资功能明显萎缩。2011年，上海市公司通过股票（包括A股及H股）融资842.7亿元，同比下降28.2%；其中，首发上市（IPO）方式融资的有290.5亿元。累计发行各类债务融资工具（含短期融资券、中期票据、非公开定向融资工具、地方企业债，不含公司债）筹资净额（发行额减去兑付额）为442.1亿元，较上年增长23.3%。

（三）保险业积极转变发展方式，不断提高服务民生的能力

保险业加快转变发展方式，业务结构不断优化。变额年金保险试点在上海、北京等地正式推行，寿险市场的产品不断丰富。航运保险得到大力发展，受益于2010年年末中国人民财产保险公司、太平洋财产险公司在上海成立的航运保险运营中心，航运保险成为车险以外最大的财产险种。非车险业务发展较快，业务结构不断优化。2011年，上海非车险保费收入占产险总保费收入的42.3%，较全国平均水平高出10个百分点以上。另外，2010年年末以来，上海还陆续推出蔬菜“冬淡”保险和“夏淡”保险①，在全国率先探索建立绿叶菜成本价格保护体系，充分发挥了保险业参与维持物价稳定、保障国计民生的积极作用。

保险业务平稳发展。2011年年末，上海市共有保险公司115家，比年初增加13家。原保险保费收入累计为753.1亿元，同比增长8.3%。其中，财产险公司244.6亿元，人身险公司508.5亿元，同比分别增长24%和2%。保险赔付支出累计为260.7亿元，同比增长50%（见表4）。其中，财产险赔款支出为104.3亿元，寿险给付为92.1亿元，健康险赔款给付为60.7亿元，意外险赔款支出为3.6亿元。

表4　2011年上海市保险业基本情况

项目	数量
总部设在辖内的保险公司数（家）	43
其中：财产险经营主体（家）	17
人身险经营主体（家）	22
保险公司分支机构（家）	115
其中：财产险公司分支机构（家）	53
人身险公司分支机构（家）	57
保费收入（中外资，亿元）	753
其中：财产险保费收入（中外资，亿元）	245
人身险保费收入（中外资，亿元）	509
各类赔款给付（中外资，亿元）	261
保险密度（元/人）	3 272
保险深度（%）	4

数据来源：上海保监局。

（四）社会融资结构继续改善，金融市场成交分化明显

1. 融资结构继续改善。2011年，上海市非金融机构部门贷款、债券和股票融资共5 523亿元，同比少增824.7亿元（见表5）。其中，本外币贷款融资3 654.3亿元，同比少增839.8亿元；企业债券（包括企业债券、可转换债券、企业短期融资券、外币债券）净融资1 026亿元，同比多增340.5亿元；非金融企业股票融资（包括首发、增发和配送）842.7亿元，同比少增331.6亿元。从结构看，企业债券和非金融企业股票融资占融资规模的33.8%，同比提高4.5个百分点，直接融资作用继续增强。

表5　2001～2011年上海市非金融机构部门贷款、债券和股票融资情况

单位：亿元、%

年份	融资量	比重		
		贷款	债券（含可转债）	股票
2001	1 251.8	97.6	0	2.4
2002	1 850.9	95.5	1.4	3.2
2003	2 712.6	95.3	2.2	2.5
2004	2 041.0	96.4	0	3.6
2005	2 410.1	74.1	11.2	14.7
2006	2 390.5	77.7	13.9	8.4
2007	4 729.0	65.8	11.1	23.1
2008	3 411.5	75.1	17.2	7.6
2009	7 303.9	73.5	14.5	12.0
2010	6 347.7	70.7	10.8	18.5
2011	5 523.0	66.2	18.6	15.2

数据来源：中国人民银行上海总部。

2. 银行间同业拆借市场和债券市场运行平稳。2011年，上海市金融机构同业拆入拆出合计14.1万亿元，成交量稳步增长；质押式和买断式回购分别成交20.3万亿元和0.7万亿元，占银行间市场债券回购全年总交易量的比重分别为21%和25%；现券买卖交易量为26.9万亿元，占全年现券交易总量的比重为42%。

3. 票据业务增速有所放缓，市场利率震荡走高。受存款准备金缴存范围调整及票据业务监管加

①若投保人生产的绿叶菜零售价低于保单约定销售价，保险公司则按跌幅同比例启动理赔。

表6　2011年上海市金融机构票据业务量统计

单位：亿元

季度	银行承兑汇票承兑		贴现			
			银行承兑汇票		商业承兑汇票	
	余额	累计发生额	余额	累计发生额	余额	累计发生额
1	2 461	1 627.6	917.4	2 766.1	325.8	834.4
2	2 764	1 682.5	1 100.0	4 376.5	342.2	1 383.1
3	2 690	1 601.7	1 178.0	2 706.2	382.4	750.0
4	2 757	1 849.3	1 166.0	1 937.3	369.1	710.1

数据来源：中国人民银行上海总部。

表7　2011年上海市金融机构票据贴现、转贴现利率

单位：%

季度	贴现		转贴现	
	银行承兑汇票	商业承兑汇票	票据买断	票据回购
1	6.63	5.92	5.44	5.10
2	6.40	6.65	5.23	4.67
3	8.52	7.78	6.55	5.82
4	9.53	9.72	8.02	6.31

数据来源：中国人民银行上海总部。

强等因素影响，票据业务增速放缓。上海市金融机构全年累计承兑银行汇票6 761亿元，同比增长31.6%（见表6）。累计办理企业直接贴现3 290.5亿元，同比减少1.3%；累计办理买断式转贴现转入12 173.1亿元，同比增长48.2%。上海市金融机构共发生再贴现业务83.9亿元，同比增长79.6%，年末再贴现余额为13亿元，同比减少近一半。

票据市场利率震荡上行。受货币政策调控和监管政策调整等多重因素影响，票据市场利率持续明显走高（见表7），并一度创出了逾10%的近年来高位。年末，贴现利率水平小幅回落，但整体明显高于上年。12月，买断式与回购式转贴现加权利率分别升至8.19%和6.63%，同比分别上升3.57个和1.61个百分点。

4. 股票市场持续低迷。2011年，上证综指年初开盘2 825.3点，年末收于2 199.4点，下跌22.2%。股票交易额和融资额明显减少。上海证券交易所股票累计成交23.8万亿元，同比减少21.9%。沪市股票累计筹资3 199.7亿元，同比减少42.2%。其中，首发筹资1 014亿元，同比减少46.4%；再融资2 185.7亿元，同比减少40%。

表8　2011年上海市期货交易所交易统计

交易品种	累计成交金额（亿元）	同比增长（%）	累计成交量（万手）	同比增长（%）
铜	149 667.1	0	4 896.1	-3.6
铝	8 535.2	-39.8	995.4	-42.3
锌	46 182.8	-63.9	5 366.4	-63.4
铅	1 280.8	—	29.3	—
黄金	25 488.0	178.7	722.2	112.6
天然橡胶	165 237.1	-22.5	10 428.6	-37.7
燃料油	964.4	-80.5	197.1	-81.6
螺纹钢	37 177.5	-62.7	8 188.5	-63.7
线材	1.5	-97.7	0.3	-97.9
合计	434 534.4	-29.6	30 823.9	-50.4

数据来源：上海期货交易所。

5. 商品期货和股指期货交易量分化明显。商品期货成交萎缩，上海期货交易所全年累计成交43.5万亿元，同比下降29.6%。其中，仅有黄金和铜的期货成交额同比有所增长（见表8）。2011年新上市的铅期货累计成交29.3万手，成交金额为1 280.8亿元。中国金融期货交易所沪深300股指期货成交活跃。2011年共成交5 041.6万手，同比增长9.9%；成交金额为43.8万亿元，同比增长6.6%。

6. 黄金市场成交额继续明显增长。2011年，上海黄金交易所黄金累计成交7 438.5吨，合计24 772.2亿元，同比分别增长23%和53.5%。主要品种Au99.95年内曾创下396元/克的历史新高，年末收于319.8元/克，较年初上涨5.9%。

7. 金融改革创新取得新突破。铅期货、人民币对外汇期权、非金融企业非公开定向债务融资工具等新品种推出。人民币对澳大利亚元、加拿大元交易于2011年11月正式上线。商业银行进入交易所债券市场交易成功启动。上海股权托管中心首批挂牌企业的遴选工作接近完成。非上市公司进入代办转让股份转让系统试点准备工作、贷款转让市场建设稳步推进。浦发银行获批首家合资科技银行——浦发硅谷银行。外资股权投资企业试点正式启动。

（五）金融支持经济转型发展取得积极成效，国际金融中心建设取得新进展

金融支持经济转型发展取得积极成效。个人税收递延型养老保险产品试点准备工作继续推进。上

海成为保险资金参与保障房建设的首个试点城市。国际贸易结算中心外汇管理试点企业扩大。积极运用科技型中小企业履约保证保险贷款、出口信用保险保单融资等手段支持科技创新和中小企业发展。上海航运产业基金成立。

国际金融中心建设取得新进展。着力推进金融市场体系建设，积极吸引各类金融集聚，大力推进金融产品和业务创新，取得积极成效。扎实推进金融集聚区建设，陆家嘴金融城范围进一步扩大，外滩金融功能拓展延伸。据2011年度伦敦金融城全球金融中心指数和新华—道琼斯国际金融中心发展指数最新排名，上海分别居全球第五位和第六位，金融影响力进一步提升。

长三角金融合作向纵深推进。成功召开第四届长三角金融协调发展会议，签署《共同推进长三角地区贷款转让市场发展合作备忘录》，进一步推进长三角金融协调发展。积极开展长三角地区法人银行创新、产业转移与金融支持、财富管理、融资结构、全国性商业银行分支机构的合作等课题的研究，推动区域金融一体化。

二、经济运行情况

2011年，上海市呈现经济平稳增长、价格涨幅回落、结构优化升级的良好态势，对投资、重化工业和加工型产业的依赖减少。全市实现地区生产总值19 195.7亿元，按可比价格计算，同比增长8.2%，增速同比回落1.7个百分点（见图5）。

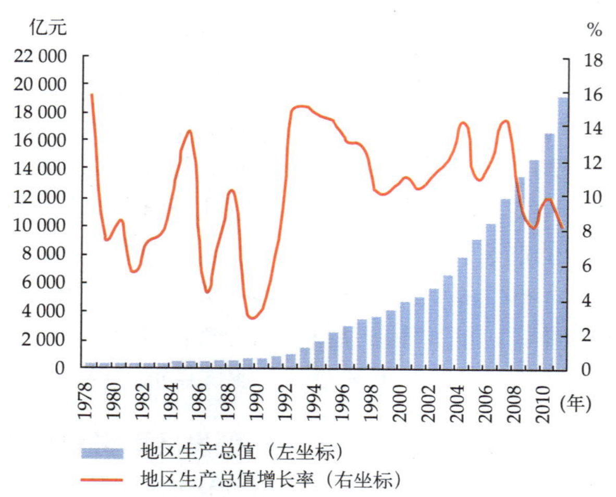

数据来源：上海市统计局、《上海统计年鉴》。

图5 1978~2011年上海市地区生产总值及其增长率

（一）固定资产投资基本持平，消费和外贸继续增长

1. 固定资产投资规模基本持平。2011年，上海市全社会固定资产投资同比增长0.3%，增速同比回落0.5个百分点，比上半年提高6.1个百分点（见图6）。

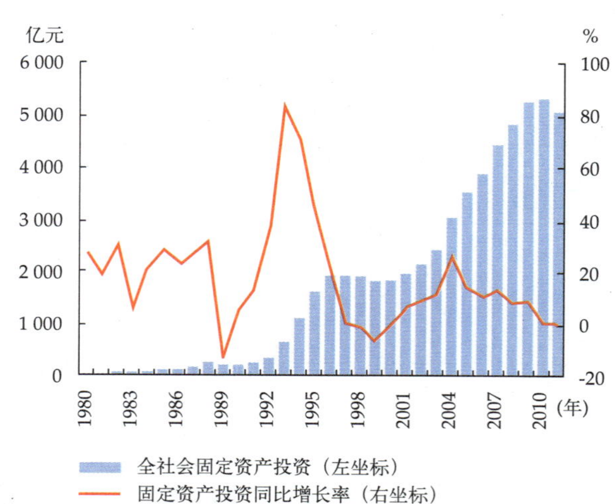

数据来源：上海市统计局、《上海统计年鉴》。

图6 1980~2011年上海市固定资产投资及其增长率

三大投资领域“一降两升”。其中，城市基础设施投资同比下降16.9%；工业投资同比增长0.2%；在保障房建设的带动下，房地产开发投资保持较快增长，同比增长9.6%。

投资结构优化升级。一是高耗能行业的投资规模明显下降。全年全市五大高载能行业投资同比下降16.2%，比全社会固定资产投资降幅高16.5个百分点。二是六大重点发展工业行业投资进一步优化。全年电子信息产品制造业、汽车制造业和生物医药制造业投资增速均在两位数以上。三是战略性新兴产业投资加速发展。全年战略性新兴产业投资同比增长9.5%。

2. 消费增长稳中有快。2011年，上海市社会消费品零售总额同比增长12.3%，增速比上半年提高0.8个百分点（见图7）。消费品市场运行呈以下特点：一是受国际汽油价格大幅调整和全市轿车保有

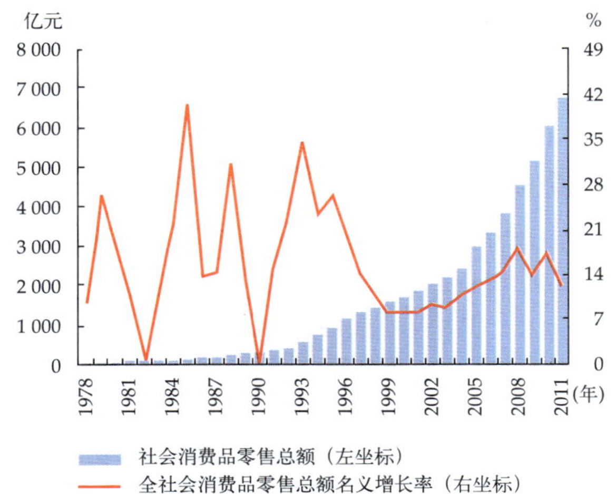

数据来源：上海市统计局、《上海统计年鉴》。

图7　1978～2011年上海市社会消费品零售总额及其增长率

量不断提高的影响，燃料类商品销售旺盛，全年燃料类商品零售额同比增长22.5%；二是受上年世博会基数较高等影响，住宿餐饮业零售额增速明显放缓，全年同比增长2%；三是受物价上涨影响，粮食食品及日用品类商品销售高位增长。

3. 对外贸易继续增长。2011年，上海市进出口总额为4 374.4亿美元，同比增长18.6%，增速同比回落14.2个百分点（见图8）。其中，出口同比增长16%，进口同比增长21%，贸易逆差为178.6亿美元。外贸逆差的主要原因有：一是内需扩张较快带动部分初级工业品需求持续扩大，二是需求层次提升导致部分高档消费品的进口需求增长迅速。

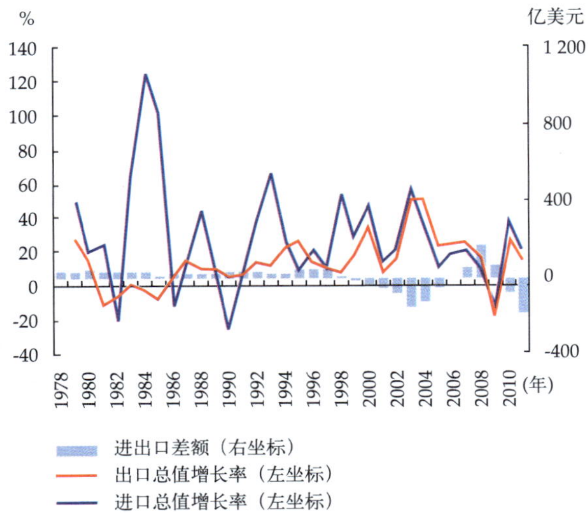

数据来源：上海市统计局、《上海统计年鉴》。

图8　1978～2011年上海市外贸进出口变动情况

加工贸易增速回落是外贸增长放缓的主要原因。在产业竞争力提升和内需旺盛的拉动下，一般贸易进出口继续较快增长，但受欧债危机以及产业结构调整的影响，加工贸易增速明显回落。2011年，加工贸易进口、出口增速同比分别回落14.9个和14.6个百分点。从加工贸易出口的主要目的地看，对欧盟和美国的出口同比分别回落15个和9.6个百分点。

利用外资形势良好。2011年，上海市实际利用外资126亿美元，同比增长13.3%，增速同比提高7.8个百分点。利用外资结构进一步优化，工业利用外资占比持续下降，第三产业利用外资占比达到82.8%，同比提高3.4个百分点。

（二）工业结构调整加快，第三产业引领发展

“十二五”开局之年，上海市服务业特别是现代服务业全面提高，第三产业增势良好；工业增长有所放缓，但结构调整加快。

1. 工业结构调整加快。2011年，上海市规模以上工业增加值增长7.4%，增速同比下降11.1个百分点（见图9），其中，轻工业增加值增速高于重工业。工业产业升级加快，战略性新兴产业（制造业部分）产值增长快于全市工业，对重化工业的依

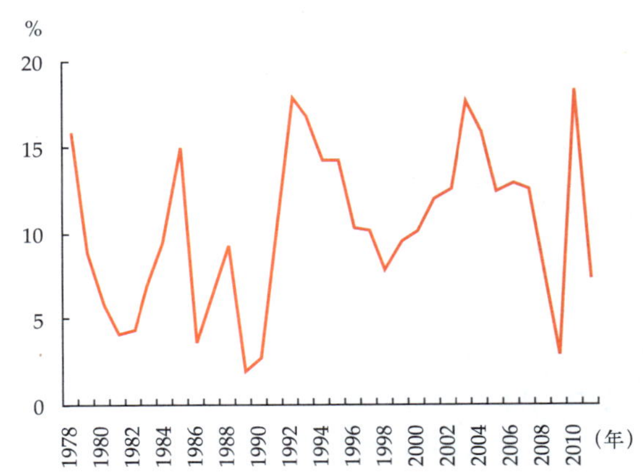

数据来源：上海市统计局、《上海统计年鉴》。

图9　1978～2011年上海市规模以上工业增加值同比增长率

赖减少。从六大重点发展行业看，汽车和成套设备制造业继续较快增长，总产值分别增长15.5%和13.7%；电子信息产品、石油化工和生物医药制造业增长较慢；钢材制造业总产值同比下降3.9%。

2. 第三产业引领发展。2011年，上海市第三产业增加值突破1万亿元，占地区生产总值的比重达到57.9%，同比提高0.6个百分点，对经济增长的拉动作用明显高于全国。其中，信息传输、计算机服务和软件业实现增加值同比增长17.7%，批发和零售业实现增加值同比增长12.6%，金融业实现增加值同比增长8.2%。

（三）居民消费价格涨幅趋缓，生产类价格涨幅较快回落

1. 居民消费价格上涨趋缓（见图10）。2011年，居民消费价格累计上涨5.2%，涨幅同比提高2.1个百分点。其中，食品类价格上涨10.8%，仍是拉动居民消费价格总水平上涨的主要因素。但随着宏观调控效果的逐渐显现，居民消费价格涨幅逐渐趋缓。

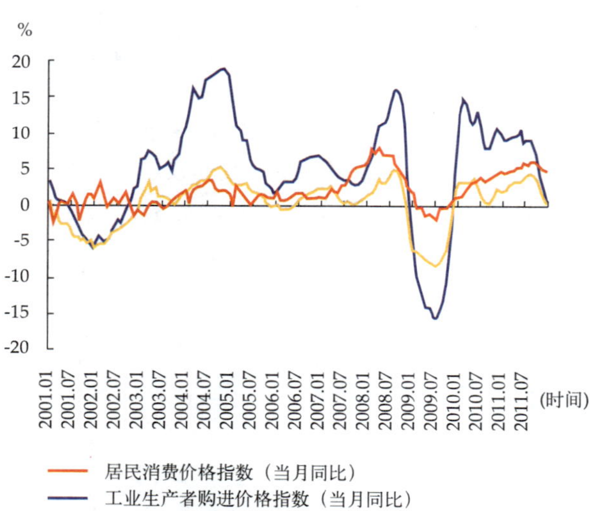

数据来源：上海市统计局、《上海统计年鉴》。

图10 2001～2011年上海市居民消费价格和生产者价格变动趋势

2. 生产类价格涨幅较快回落。2011年，工业生产者出厂价格和购进价格分别累计上涨2.9%和7.5%。由于上游原料价格回落以及产品供给过剩，工业品价格下行压力加大，工业生产者出厂价格和购进价格月环比已经连续4个月负增长。

（四）地方财政和居民收入较快增长，企业收入增长放缓

1. 地方财政收入较快增长。2011年，地方财政收入同比增长19.4%（见图11），增速同比提高6.3个百分点。其中，企业所得税增长20.6%，个人所得税增长20.6%，增值税增长7.2%。地方财政收入较快增长的主要原因包括：一是服务业较快发展，二是制造业能级提升，三是居民收入增加带动个人所得税快速增长。

财政支出重点支持改善民生。2011年，地方财政支出同比增长18.5%，增速同比提高8个百分点。其中，教育支出、医疗卫生支出、社会保障和就业支出分别增长31.6%、18.7%、15.2%。

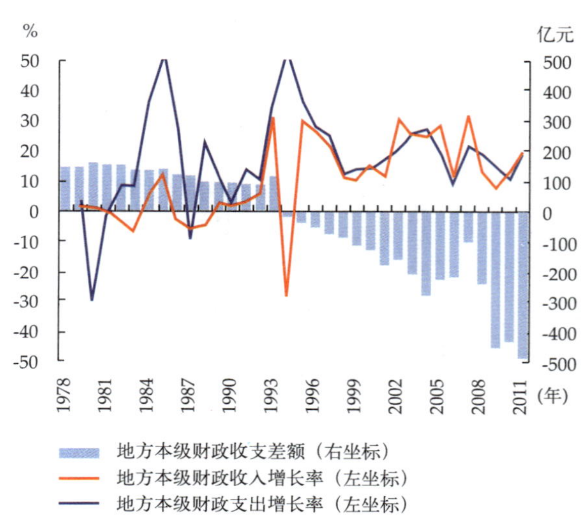

数据来源：上海市统计局、《上海统计年鉴》。

图11 1978～2011年上海市财政收支状况

2. 企业和居民收入增长放缓。2011年，上海市规模以上工业企业利润总额同比下降1.3%，增速回落较为明显；企业亏损面达18%，与上年基本持平。盈利增长放缓主要与需求减弱、企业进入去库存化周期有关。城乡居民收入较快增长。2011年，上海市城市、农村居民家庭人均可支配收入同比均增长13.8%，增速同比分别提高3.4个和2.3个百分点。扣除物价因素后，城乡居民收入增幅与全市生产总值增幅基本持平。

（五）节能减排工作成效显著，城市环境继续改善

节能减排工作成效显著。上海市出台多项节能领域财政专项资金扶持办法，涉及资金近14亿元；开展工业节能技改项目146项，启动中小燃煤锅炉清洁能源替代工作。污染减排工作有效推进，第四轮环保三年行动计划顺利完成，预计全年环保投入占全市生产总值的比重保持在3%左右，环境空气质量优良天数达到337天。

（六）房地产交易量大幅下降，房价趋于下降

住房交易量大幅萎缩（见图12），土地出让面积明显下降。在各项房地产调控政策的作用下，2011年上海市住房交易量萎缩至2004年以来的历史低位。全年新建商品房、存量房成交同比分别下降13.8%、28.9%。住房供求关系明显转变，年末商品住房待售面积增至593.7万平方米的历史高位。受资金紧张和房地产市场形势变化影响，企业拿地明显趋于谨慎。全年商品住宅土地出让面积同比下降27%，下半年多幅地块终止挂牌。

房地产开发投资增幅回落，但仍为拉动投资的主要力量。2011年，上海市共完成房地产开发投资2 170.3亿元，同比增长9.6%，增幅同比回落25.7个百分点。其中，住房投资增幅同比回落20.2个百分点。固定资产投资对房地产投资的依赖度进一步升高，房地产投资占全社会固定资产投资的比重达到42.8%的历史高位。

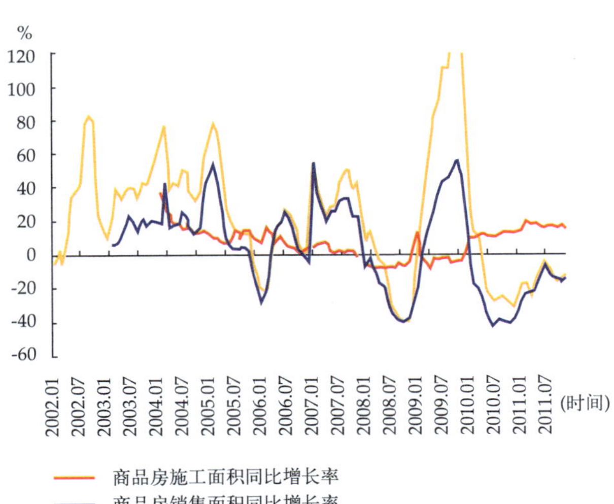

数据来源：上海市统计局、《上海统计年鉴》。

图12　2002～2011年上海市商品房施工和销售变动趋势

房地产贷款增长放缓。2011年，房地产新增贷款占各项贷款新增额的比重降至18.2%，较上年回落14.9个百分点。在住房信贷政策收紧和住房成交量萎缩的共同作用下，个人住房贷款高位回落，房地产开发贷款增长平稳，信贷对保障房建设的支持力度明显加大。2011年，中资银行保障性住房开发贷款占全部住房开发贷款新增额的比重高达73.1%。

住房价格趋于下降。新建和存量住房价格环比指数年内首次下降于10月，12月降幅分别扩大至0.3%和0.4%（见图13）。对全市连续3个月有3套以上住房成交的楼盘监测显示，第四季度降价楼盘数快速增加且降幅明显扩大，连续3个月降价楼盘占比均超过60%，远远超过9月的49%，个别楼盘的降幅超过30%。

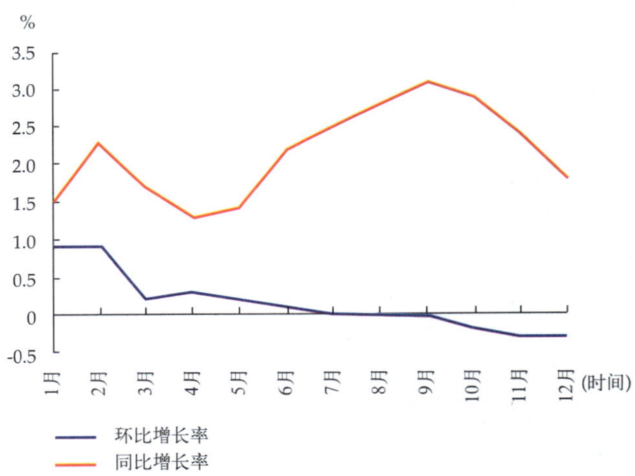

数据来源：上海市统计局、《上海统计年鉴》。

图13　2011年上海市新建住宅销售价格变动趋势

三、预测与展望

上海将经历一个较长时期的转型发展阶段。支持经济发展的“三驾马车”中，消费的重要性更加

突出，投资和出口都将面临一定压力。世博会引起的基数效应消失，收入的持续增长和消费层次的提升将会使2012年的消费增速有所提高，对经济的拉动作用进一步上升。大规模基础设施建设投资的消退以及工业投资增长乏力是制约上海固定资产投资增长的重要因素，但保障房建设的推进、迪士尼等重大项目的开工将使2012年上海市固定资产投资总额与2011年基本持平。世界经济复苏进程的放缓，将使出口增长面临的压力加大，进出口逆差可能继续扩大。综合考虑各方面的情况，预计2012年上海经济增长速度将维持在8%左右。

为支持上海市经济发展和结构转型，需认真做好以下各项货币信贷和金融服务：一是坚持执行稳健的货币政策，合理把握信贷投放总量。二是坚持金融服务实体经济的本质要求，着力优化信贷结构。三是坚持金融对外开放，促进对外投资贸易便利化。四是坚持金融创新必须符合实体经济需要，切实防范各类风险 。

中国人民银行上海总部货币政策分析小组
负责人：余文建　顾铭德
统　稿：刘　斌　童士清
执　笔：葛　瑛　李冀申　陈　晨　王慧娟
提供材料的还有：张雅楠　颜永嘉　王布衣　沈　骏　金艳平　林春山　白　龙　邵　珺

附录

（一）2011年上海市经济金融大事记

3月24日，经中国证监会批准，铅期货合约在上海期货交易所上市交易。中国证监会主席尚福林和上海市市长韩正共同揭牌。

4月6日，上海在全国率先推出了科技中小企业履约保证保险短期贷款业务。

5月19日至21日，“2011陆家嘴论坛”在上海召开，主题为“新时期的金融体系及其宏观管理”。中共中央政治局委员、上海市委书记俞正声，中国人民银行行长周小川等出席并讲话。

7月8日，2011年度“新华—道琼斯国际金融中心发展指数”在上海发布。上海综合评价得分为71.42分，居全球第六位，排名较上年上升两位。

7月22日，由中国建设银行控股的建信人寿保险有限公司在上海正式挂牌成立，是国务院和金融监管部门批准的银行投资保险业首批试点单位之一，也是四大国有商业银行控股的第一家人寿保险公司。

9月8日，上海市政府召开新闻通气会，宣布上海财政部门将通过安排落实“三个10亿元”，采取三项配套措施，着力解决中小企业融资难的问题。

10月31日，《上海金融领域“十二五”人才发展规划》正式对外公布。上海提出未来5年将逐步形成符合上海国际金融中心建设要求的金融人力资源体系和国际人才高地。

11月15日，上海市财政局通过财政部国债发行招投标系统，采用市场化的招投标方式，顺利完成了71亿元的公开招标发行工作。3年期和5年期债券的中标利率分别为3.1%和3.3%。

11月28日，中国外汇交易中心在银行间外汇市场启动了人民币对澳大利亚元和加拿大元的交易。至此，在银行间外汇市场上，人民币的可交易货币增至9种。

12月9日至10日，由国际货币基金组织和中国人民银行联合举办的“金融稳定监测与管理：来自FSAP的经验和改进FSAP的建议”高层研讨会在上海举行。

（二）2011年上海市主要经济金融指标

表1　2011年上海市主要存贷款指标

		1月	2月	3月	4月	5月	6月	7月	8月	9月	10月	11月	12月
本外币	金融机构各项存款余额（亿元）	51 550.82	51 928.67	53 906.78	54 408.48	54 825.53	55 307.71	54 913.94	55 705.60	56 345.88	56 341.78	56 911.79	58 186.48
	其中：储蓄存款	17 089.63	16 684.58	17 674.78	17 367.63	17 311.52	17 835.21	17 203.31	17 217.29	17 685.63	17 206.91	17 339.06	17 958.22
	单位存款	30 124.95	30 495.09	31 340.96	31 561.97	31 897.79	32 249.81	32 185.83	32 832.36	32 758.86	33 220.05	33 716.52	34 941.43
	各项存款余额比上月增加（亿元）	-264.41	377.61	1 978.11	501.69	417.05	482.18	-393.77	791.66	638.28	-4.10	570.02	1 274.69
	金融机构各项存款同比增长（%）	14.79	13.95	17.96	15.37	15.74	14.48	13.84	13.46	10.58	11.04	11.59	12.33
	金融机构各项贷款余额（亿元）	34 157.19	34 415.22	34 839.35	35 162.83	35 583.03	35 967.48	36 250.19	36 550.67	36 758.43	36 821.02	36 962.32	37 196.79
	其中：短期	10 050.65	10 234.28	10 393.99	10 451.32	10 739.15	10 907.45	10 985.42	11 050.80	11 104.36	11 182.07	11 269.36	11 265.81
	中长期	21 467.94	21 643.41	21 826.11	21 996.49	22 028.31	22 179.20	22 292.85	22 462.08	22 555.54	22 675.09	22 717.93	22 803.21
	票据融资	1 327.88	1 207.10	1 246.96	1 312.64	1 397.54	1 444.45	1 513.25	1 563.02	1 587.91	1 452.05	1 432.54	1 528.68
	各项贷款余额比上月增加（亿元）	608.30	569.19	424.13	323.48	420.20	384.45	282.71	300.48	207.76	62.59	141.30	234.47
	其中：短期	214.33	219.68	159.71	57.33	287.83	168.30	77.87	65.38	53.55	77.71	87.29	-3.55
	中长期	417.41	472.43	182.70	170.38	31.82	150.89	113.64	160.03	102.04	119.55	42.51	85.28
	票据融资	-157.91	-132.27	39.85	65.68	84.91	46.90	68.80	49.77	24.89	-135.86	-19.52	96.15
	金融机构各项贷款同比增长（%）	12.94	11.69	11.35	10.16	10.67	11.33	11.71	11.46	11.22	10.41	9.73	10.33
	其中：短期	6.58	6.05	6.32	5.19	9.08	10.71	12.34	13.24	14.32	14.35	14.43	14.29
	中长期	16.19	14.22	12.76	11.76	10.51	10.43	9.74	9.28	8.07	7.35	6.79	6.96
	票据融资	-17.34	-18.11	-9.29	-11.31	-8.39	-2.61	5.30	3.13	7.78	1.49	-5.65	2.89
	建筑业贷款余额（亿元）	875.58	883.04	900.33	921.19	920.47	938.67	929.12	946.13	949.42	942.26	961.50	953.86
	房地产业贷款余额（亿元）	4 671.47	4 719.12	4 752.84	4 778.54	4 830.07	4 881.21	4 840.60	4 796.85	4 789.01	4 696.36	4 687.06	4 763.35
	建筑业贷款同比增长（%）	10.09	8.94	9.37	12.19	12.28	12.92	9.48	8.54	10.70	7.34	9.03	11.18
	房地产业贷款同比增长（%）	18.86	16.30	14.20	13.13	12.87	12.34	12.32	10.25	8.51	3.94	3.51	4.78
人民币	金融机构各项存款余额（亿元）	49 176.48	49 452.43	51 365.88	51 841.57	52 193.09	52 500.03	52 209.45	52 886.15	53 599.39	53 323.46	53 937.86	55 273.16
	其中：储蓄存款	16 449.52	16 053.04	17 041.45	16 733.84	16 685.11	17 201.34	16 580.45	16 590.22	17 048.53	16 558.29	16 685.25	17 288.45
	单位存款	28 549.94	28 804.86	29 589.58	29 805.80	30 082.17	30 245.09	30 253.50	30 807.54	30 810.04	31 021.60	31 569.66	32 863.25
	各项存款余额比上月增加（亿元）	-287.15	275.71	1 913.45	475.68	351.52	306.93	-290.58	676.71	711.23	-275.93	614.40	1 335.29
	其中：储蓄存款	665.26	-396.48	988.41	-307.61	-48.73	516.24	-620.89	9.76	458.31	-490.24	126.96	603.20
	单位存款	-1 056.36	254.68	784.73	216.22	276.36	162.93	8.40	554.05	2.49	211.57	548.05	1 293.60
	各项存款同比增长（%）	15.56	14.51	18.42	15.36	15.46	13.93	13.58	13.12	10.52	10.54	11.12	11.79
	其中：储蓄存款	19.88	10.47	20.52	15.51	15.18	15.10	11.23	10.57	5.46	8.67	9.54	9.55
	单位存款	11.17	13.53	14.67	12.74	12.44	10.53	11.47	11.61	9.30	9.02	8.96	10.66
	金融机构各项贷款余额（亿元）	30 522.12	30 748.12	31 080.48	31 440.13	31 774.58	32 076.16	32 351.32	32 598.74	32 763.72	32 863.60	33 047.54	33 360.10
	其中：个人消费贷款	5 260.98	5 271.60	5 312.48	5 328.24	5 351.94	5 417.61	5 472.67	5 533.77	5 583.35	5 628.99	5 679.66	5 727.02
	票据融资	1 323.32	1 201.54	1 241.48	1 306.47	1 393.30	1 440.86	1 509.40	1 559.82	1 584.75	1 449.25	1 430.23	1 524.28
	各项贷款余额比上月增加（亿元）	507.75	230.23	332.36	359.66	334.45	301.58	275.16	247.42	164.99	99.88	183.94	312.56
	其中：个人消费贷款	41.30	23.81	40.89	15.76	23.70	65.67	55.06	61.10	49.58	45.65	50.66	47.37
	票据融资	-157.81	-121.77	39.94	64.99	86.83	47.56	68.53	50.43	24.92	-135.49	-19.02	94.05
	金融机构各项贷款同比增长（%）	14.50	13.48	13.08	12.15	12.33	12.55	12.87	12.30	11.56	10.71	10.02	10.71
	其中：个人消费贷款	11.02	9.11	8.49	6.63	5.54	5.79	6.45	7.21	7.51	7.80	7.52	7.22
	票据融资	-17.26	-18.15	-9.34	-11.36	-8.18	-2.23	5.68	3.43	8.07	1.79	-5.44	2.91
外币	金融机构外币存款余额（亿美元）	360.34	376.60	387.55	394.97	405.96	433.85	419.68	441.46	432.18	477.33	468.47	462.37
	金融机构外币存款同比增长（%）	4.55	7.71	13.82	21.47	27.92	32.27	25.30	28.20	17.77	27.79	27.28	30.12
	金融机构外币贷款余额（亿美元）	551.68	557.72	573.31	572.81	587.32	601.29	605.02	618.78	628.60	625.85	616.68	608.91
	金融机构外币贷款同比增长（%）	4.96	2.38	2.93	0.61	3.73	7.19	8.21	11.95	14.47	14.21	12.84	12.62

数据来源：中国人民银行上海总部。

表2 2001～2011年上海市各类价格指数

单位：%

年/月		居民消费价格指数		农业生产资料价格指数		工业生产者购进价格指数		工业生产者出厂价格指数	
		当月同比	累计同比	当月同比	累计同比	当月同比	累计同比	当月同比	累计同比
2001		—	0	—	—	—	-1.3	—	-3.3
2002		—	0.5	—	—	—	-2.3	—	-3.6
2003		—	0.1	—	—	—	6.4	—	1.4
2004		—	2.2	—	—	—	16.4	—	3.6
2005		—	1	—	—	—	6.8	—	1.7
2006		—	1.2	—	—	—	4.8	—	0.6
2007		—	3.2	—	—	—	4.1	—	1.2
2008		—	5.8	—	—	—	10.3	—	2.2
2009		—	-0.4	—	—	—	-10.2	—	-6.2
2010		—	3.1	—	—	—	11.2	—	2.3
2011		—	5.2	—	—	—	7.5	—	2.9
2010	1	1.1	1.1	—	—	12.5	12.5	3.1	3.1
	2	1.3	1.2	—	—	14.9	13.7	3.3	3.2
	3	2.1	1.5	—	—	14.3	13.9	3.3	3.2
	4	2.6	1.8	—	—	12.0	13.4	3.3	3.2
	5	3.2	2.0	—	—	11.1	12.9	3.8	3.3
	6	3.2	2.2	—	—	13.0	13.0	2.6	3.2
	7	3.9	2.5	—	—	10.7	12.6	1.4	3.0
	8	3.2	2.6	—	—	7.8	12.0	0.7	2.7
	9	3.8	2.7	—	—	7.7	11.6	0.2	2.4
	10	4.1	2.8	—	—	9.6	11.4	1.2	2.3
	11	4.3	3.0	—	—	10.7	11.3	2.3	2.3
	12	4.5	3.1	—	—	9.9	11.2	1.9	2.3
2011	1	4.3	4.3	—	—	8.7	8.7	2.1	2.1
	2	4.7	4.5	—	—	9.3	9.0	2.5	2.3
	3	4.7	4.6	—	—	9.5	9.2	3.2	2.6
	4	5.1	4.7	—	—	9.7	9.3	3.3	2.8
	5	5.3	4.8	—	—	10.4	9.5	3.1	2.8
	6	5.9	5.0	—	—	8.7	9.4	3.7	3.0
	7	5.6	5.1	—	—	9.1	9.3	4.1	3.1
	8	5.8	5.2	—	—	8.9	9.3	4.4	3.3
	9	5.7	5.2	—	—	7.9	9.1	3.8	3.4
	10	5.6	5.3	—	—	4.7	8.7	2.6	3.3
	11	4.9	5.2	—	—	2.8	8.1	1.3	3.1
	12	4.5	5.2	—	—	0.8	7.5	0.2	2.9

数据来源：上海市统计局、《上海统计年鉴》。

表3 2011年上海市主要经济指标

	1月	2月	3月	4月	5月	6月	7月	8月	9月	10月	11月	12月
绝对值（自年初累计）												
地区生产总值(亿元)	—	—	4 327.63	—	—	9 164.1	—	—	13 725.64	—	—	19 195.69
第一产业	—	—	16.57	—	—	40.37	—	—	66.18	—	—	124.94
第二产业	—	—	1 808.42	—	—	3 825.18	—	—	5 788.47	—	—	7 959.69
第三产业	—	—	2 502.64	—	—	5 298.55	—	—	7 870.99	—	—	11 111.06
固定资产投资(亿元)	291.53	570.83	932.13	1 228.28	1 545.58	1 975.94	2 376.93	2 737.62	3 211.29	3 784.14	4 350.50	5 067.09
房地产开发投资	133.72	288.43	468.4	613.63	760.79	924.8	1 112.47	1 288.83	1 483.65	1 747.00	1 995.79	2 170.31
社会消费品零售总额(亿元)	—	—	1 618.31	—	—	3 256.14	—	—	4 973.23	—	—	6 777.11
外贸进出口总额(万美元)	3 516 800	5 961 200	9 860 900	13 417 500	17 021 500	20 789 100	24 751 100	28 642 600	32 432 800	36 086 000	39 879 200	43 743 600
进口	1 873 200	3 224 500	5 279 800	7 132 700	9 016 900	10 969 500	12 903 200	14 954 800	16 962 900	18 770 800	20 738 800	22 764 700
出口	1 643 600	2 736 700	4 581 100	6 284 800	8 004 600	9 819 600	11 847 900	13 687 800	15 469 900	17 315 200	19 140 400	20 978 900
进出口差额(出口－进口)	-229 600	-487 800	-698 700	-847 900	-1 012 300	-1 149 900	-1 055 300	-1 267 000	-1 493 000	-1 455 600	-1 598 400	-1 785 800
外商实际直接投资(万美元)	79 200	167 300	257 400	378 000	500 200	601 300	752 300	885 200	1 005 300	1 111 000	1 203 700	1 260 100
地方财政收支差额(亿元)	284.19	419.23	389.02	502.55	573.25	339.83	540.04	554.43	496.07	600.47	153.26	-485.05
地方财政收入	527.16	811.11	1 034.55	1 421.76	1 766.26	2 021.13	2 393.97	2 611.69	2 809.78	3 113.02	3 286.03	3 429.83
地方财政支出	242.97	391.88	645.53	919.21	1 193.01	1 681.3	1 853.93	2 057.26	2 313.71	2 512.55	3 132.77	3 914.88
城镇登记失业率(%)(季度)	—	—	—	—	—	—	—	—	—	—	—	4.5
同比累计增长率（%）												
地区生产总值	—	—	8.5	—	—	8.4	—	—	8.3	—	—	8.2
第一产业	—	—	4	—	—	7.3	—	—	2.4	—	—	-0.7
第二产业	—	—	10.7	—	—	8	—	—	7.4	—	—	6.5
第三产业	—	—	7	—	—	8.8	—	—	8.9	—	—	9.5
工业增加值	14.9	13.9	12.6	11.6	10.5	9.7	9.1	9	8.6	7.8	7.5	7.4
固定资产投资	5.5	-4.3	-8.1	-7.2	-6.9	-5.8	-5.7	-4.2	-2.2	-1.9	-0.9	0.3
房地产开发投资	26.9	24.7	11.3	11.4	9.5	9.4	6.1	6.9	7.1	9.9	9.3	9.6
社会消费品零售总额	—	—	12.9	—	—	11.5	—	—	11.6	—	—	12.3
外贸进出口总额	35	22.3	24.8	22.9	22.1	21	21.1	21.6	20.8	20.8	19.6	18.6
进口	46	33.7	29.4	25.7	24.9	24.2	24.2	24.6	23.9	23.9	22.8	21
出口	24.4	11.1	19.9	20	19.2	17.6	18	18.4	17.5	17.5	16.4	16
外商实际直接投资	5.5	3.8	5.4	6.4	12.3	12	19.7	22.3	22.9	21.8	18.8	13.3
地方财政收入	41.4	40.6	37.1	33.2	32.8	29.2	26.6	26.4	25.1	22.6	20.7	19.4
地方财政支出	140	37.9	39.2	46.8	17.3	15.3	11.9	13	6.5	7	22.1	18.5

数据来源：上海市统计局、《上海统计年鉴》。

2011年江苏省金融运行报告

中国人民银行南京分行货币政策分析小组

[内容摘要] 2011年，面对复杂的国内外经济形势，江苏省认真落实国家各项决策部署，统筹做好稳增长、转方式、惠民生各项工作，全省经济增长的稳定性、协调性明显增强，产业结构持续优化，三次产业增加值比例调整为6.3∶51.5∶42.2，经济增长后劲不断增强，民生得到持续改善。2011年全省实现地区生产总值4.86万亿元，同比增长11%，人均地区生产总值为61 649元。金融运行平稳健康，全省金融部门认真执行稳健的货币政策，信贷总量合理适度增长，信贷结构进一步优化，“三农”、小微企业等民生领域贷款增长进一步加快，制造业等实体领域的金融支持力度持续加大。农村金融改革加快推进，村镇银行、小额贷款公司覆盖面迅速扩大，农村金融生态环境进一步优化，金融服务水平进一步提高。展望2012年，江苏省经济基本面仍然较好，经济结构调整步伐坚实，但同时面临外需减弱、成本上升、资源趋紧等发展问题，保持经济平稳较快增长的机遇与挑战并存。江苏金融系统将认真落实稳健的货币政策要求，紧密围绕江苏省实际，积极推动信贷总量平稳适度增长；引导信贷结构优化，积极满足实体经济需求；大力发展直接融资，有效改善社会融资结构，助推地区经济社会又好又快发展。

一、金融运行情况

2011年，面对复杂的国内外经济形势，江苏省金融部门认真落实稳健的货币政策，主动响应江苏经济转型发展需求，积极优化信贷投放结构，新增贷款进一步向制造业、中小企业、涉农领域倾斜。金融运行质量继续改善，不良贷款保持“双降”态势，金融生态环境不断优化。

（一）银行业健康发展，存贷款平稳运行

1. 银行业综合实力不断增强。银行业规模稳步增长，2011年年末，江苏省银行业金融机构资产总额达8.2万亿元（见表1），同比增长13.7%。年末金融机构本外币存贷款余额分别达到6.8万亿元和5.0万亿元。银行业组织体系不断丰富。年末，江苏省共有法人银行业金融机构115家，全国性银行一级分行98家、二级分行133家。

金融运行质量继续改善。近两年，随着金融机构经营状况持续改善和不良贷款核销力度的加大，不良贷款保持“双降”。2011年年末，江苏省金融机构不良贷款率为0.94%，较年初下降0.42个百分点。2011年，江苏省银行业金融机构利润同比增长32.6%。

表1　2011年江苏省银行业金融机构基本情况

机构类别	营业网点			法人机构（个）
	机构个数（个）	从业人数（人）	资产总额（亿元）	
一、大型商业银行	4 641	96 267	39 731	0
二、国家开发银行和政策性银行	93	2 165	3 442	0
三、股份制商业银行	768	27 527	14 101	0
四、城市商业银行	674	17 324	8 994	4
五、城市信用社	0	0	0	0
六、农村合作机构	2 982	38 910	11 247	62
七、财务公司	7	177	215	6
八、信托公司	4	242	92	4
九、邮政储蓄银行	2 442	7 814	3 156	0
十、外资银行	52	1 571	564	1
十一、新型农村金融机构	47	1 011	219	38
十二、其他	1	93	102	1
合　计	11 711	193 101	81 863	116

注：①营业网点不包括总部。
②农村合作机构包含农村信用社、农村合作银行及农村商业银行。
③新型农村金融机构包括村镇银行、贷款公司和农村资金互助社三类机构。
④“其他”包含金融租赁公司、汽车金融公司、货币金融公司、消费金融公司等。

数据来源：中国人民银行南京分行，江苏银监局。

2. 人民币存款增势持续放缓，存款增长波动加大（见图1）。2011年年末，江苏省人民币各项存款余额为6.6万亿元，同比增长11.4%，增速较上年同期回落9.3个百分点。全年新增人民币存款6 730.8亿元，分别较2010年和2009年大幅少增3 345.6亿元和5 101.6亿元。

受存款时点考核等因素影响，人民币存款增量在月度间波动明显增大。统计数据显示，1月、4月、7月、10月全省人民币各项存款合计净减少3 603.4亿元，同比少增5 068.1亿元；而3月、6月、9月、12月合计新增存款7 827.9亿元，同比多增2 350.9亿元。对全省月度人民币存款增量的统计分析显示，2011年江苏省月度存款增量的变异系数[①]为2.52，远远超过前几年。

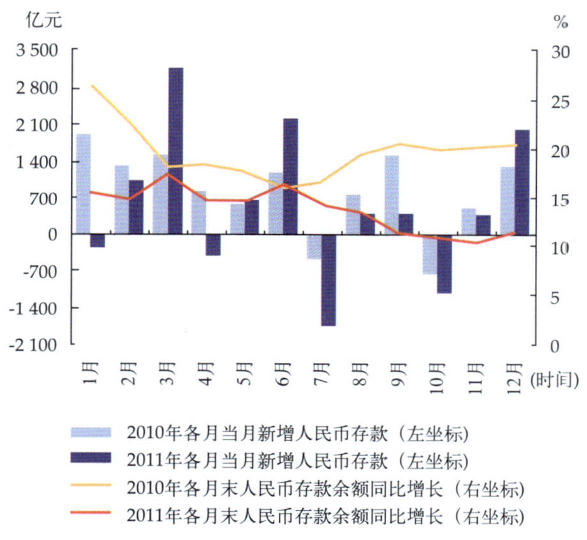

数据来源：中国人民银行南京分行。

图1 2010～2011年江苏省金融机构人民币存款增长变化

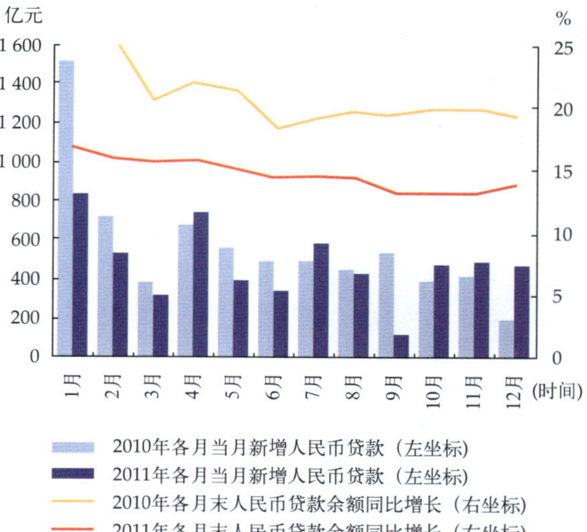

数据来源：中国人民银行南京分行。

图2 2010～2011年江苏省金融机构人民币贷款增长变化

不同机构在存款增长态势上存在一定的差异。国有商业银行存款增长乏力且波动较大，地方法人金融机构存款增长相对稳定。2011年，五大国有商业银行本外币存款增加2 479.3亿元，占全部存款增量的35.3%，比上年下降15.1个百分点；城市商业银行和农村法人金融机构存款分别增加1 019.0亿元和1 287.6亿元，分别占全部存款增量的14.5%和18.3%，比上年分别提高4.4个和2.8个百分点。对2011年江苏省不同类型机构月度存款增量的统计分析显示，国有商业银行、股份制商业银行、城市商业银行、农村法人金融机构本外币存款月度增量的变异系数分别为7.11、1.73、1.54和1.38，反映出国有商业银行存款增长的波动性远远大于其他类型的机构。

专栏1 存款缓增的原因分析

从江苏省存款增长放缓的原因看，五个方面的因素较为突出：

一是派生存款减少。自2009年以来，信贷增长逐步放缓，由此派生的存款也逐步减少，累积效应从2011年下半年以来更为明显。从贷款派生来看，贷款增长放缓抑制了派生存款的增长。同时，实贷实付等监管新规对存款派生也产生了较大影响。

①变异系数又称离散系数，主要用于比较不同组别数据的波动程度，为标准差与均值之比。变异系数越大，说明该组数据波动越大。

二是两项资金占用增加导致企业存款减少。2011年年末，江苏省规模以上工业企业产成品余额为3 558.57亿元，同比增长25.6%，增速较上年提高12个百分点；应收账款净额为11 636.58亿元，同比增长21.6%，与上年同期基本持平，处于历史高位。同时，由于江苏省属于资源相对匮乏的省份，工业原材料大部分依赖外部输入；仅从能源消耗看，近年来江苏省每年通过自身生产、回收产生的可供消费的能源仅占当年消耗能源的30%左右，相当部分需要从外省购入。2011年原材料等价格上涨导致资金向省外流出增多。

三是存款相对其他产品收益较低。企业、居民等微观主体持有银行存款的意愿下降，大量资金从银行账户流向收益相对较高的理财产品、私募产品、民间借贷等领域，其中，部分资金漏出银行体系，特别是高收益的理财产品对存款产生持续分流作用，2011年，江苏省金融机构表外理财和信托产品新增募集资金2 670亿元。

四是固定资产投资增速放缓，导致企业在银行的资金储备下降。2011年，江苏省固定资产投资增长21.5%，比前三个季度、上半年和2010年分别下降0.8个、2.4个和0.9个百分点。

五是外贸增速放缓，导致外汇净流入增速放缓，影响了银行存款的增长。

3. 人民币贷款增长趋缓，贷款结构调整明显。2011年年末，江苏省人民币贷款余额为4.8万亿元，同比增长13.8%，增速较上年同期回落5.5个百分点。全年新增人民币贷款5 791.6亿元，同比少增1 031.8亿元，但仍明显高于2009年前常态下的各年增量。

信贷投放节奏均衡。从2011年全年信贷投放的时序来看，前三个季度新增贷款分别为1 738.1亿元、1 471.4亿元和1 146.7亿元，分别比上年同期少增873.6亿元、263.2亿元和330.1亿元；进入第四季度后，受政策微调影响，新增贷款出现小幅反弹，达到1 435.4亿元，同比多增434.17亿元。整体来看，全年各月贷款投放相对均衡（见图2），月度人民币贷款增量变异系数为0.39，明显低于2010年的0.58和2009年的0.99。

贷款期限结构调整明显。除1月外，全年各月短期贷款增量均超过中长期贷款增量，中长期贷款持续少增。2011年，江苏省新增人民币短期贷款3 708.9亿元，同比多增710.6亿元，占新增贷款总量的64.0%，同比提高20.1个百分点。中长期贷款增量逐季度回落。全年新增人民币中长期贷款1 944.1亿元，同比少增3 013.2亿元，占新增贷款总量的33.5%，同比下降39.2个百分点。

信贷结构进一步优化。2011年年末，江苏省中小企业贷款余额为2.4万亿元，比年初增长3 444.4亿元，占全部新增企业贷款的87.6%，同比提高12.3个百分点。其中，小企业贷款余额为1.3万亿元，比年初增长1 999.4亿元，占全部新增企业贷款的50.9%。涉农贷款比年初增长20.2%，超过全部贷款增速6.3个百分点。

实体领域的金融支持力度进一步加大。2011年，江苏省本外币制造业贷款累计增加2 680.03亿元，比上年多增593.68亿元，居当年各行业贷款增量首位，占全部新增贷款（不含票据融资）的44.85%，较上年提高20.24个百分点。区域结构更趋协调。2011年沿海三市①本外币贷款余额较年初增长16.9%，高于全省平均增幅2.9个百分点；苏北五市②本外币贷款余额较年初增长19.3%，高于全省平均增幅5.3个百分点。

外币贷款先增后降。2011年，江苏省外币贷款增加72.4亿美元，同比少增11.6亿美元。其中，贸易融资增加50.7亿美元，同比少增11.8亿美元。分时序看，2011年上半年外币贷款增量不断攀升，第一、第二季度分别增加22.9亿美元、33.1亿美元，但下半年增量波动下行，第三季度增加22.6亿美元，第四季度净下降6.2亿美元，而且在7月、10

①沿海三市包括南通、连云港、盐城。

②苏北五市包括徐州、连云港、淮安、盐城、宿迁。

月、12月均出现负增长。第四季度外币贷款负增长，一方面是由于金融机构外币资金头寸趋紧约束了外币信贷投放；另一方面，也与外需放缓导致外币贷款需求下降有一定联系。

2010~2011年江苏省金融机构本外币存、贷款增速变化如图3所示。

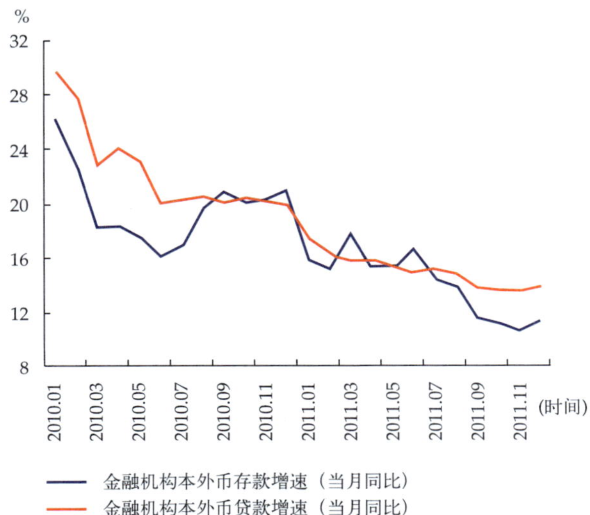

数据来源：中国人民银行南京分行。

图3　2010~2011年江苏省金融机构本外币存、贷款增速变化

4. 金融体系流动性总体收紧，融资利率高位运行。2011年以来，金融体系流动性总体收紧。第一、第二、第三季度末，江苏省法人金融机构超额准备金率①分别为2.44%、2.47%和2.30%，低于1月末2.85%的水平。受年末财政集中支付等影响，2011年年末备付率为4.44%，较第三季度末提高2.14个百分点，但仍比上年同期下降1.83个百分点。

从利率变动走势看，资金面的趋紧带动货币市场利率不断走高，并进一步传导至信贷市场，人民币贷款利率高位运行（见表2）。

四个季度江苏省人民币贷款加权平均利率分别为6.7439%、7.2221%、7.5981%和7.6312%，同比分别上升152个、195个、227个、219个基点。各期限贷款利率都呈现不同幅度的上行态势，5年期以上贷款利率上升幅度最大。

表2　2011年江苏省金融机构人民币贷款各利率区间占比

单位：%

月份		1月	2月	3月	4月	5月	6月
合计		100.0	100.0	100.0	100.0	100.0	100.0
[0.9~1.0)		13.4	12.9	10.3	9.0	7.7	7.5
1.0		31.3	27.5	30.3	27.4	27.7	28.0
上浮水平	小计	55.3	59.6	59.3	63.7	64.6	64.5
	(1.0~1.1]	22.3	21.1	22.6	21.6	24.6	24.3
	(1.1~1.3]	18.5	20.2	21.7	24.7	25.0	27.4
	(1.3~1.5]	5.5	6.8	6.5	7.2	6.4	5.3
	(1.5~2.0]	5.9	7.5	6.1	7.3	5.8	5.4
	2.0以上	3.1	3.9	2.4	2.9	2.8	2.1
月份		7月	8月	9月	10月	11月	12月
合计		100.0	100.0	100.0	100.0	100.0	100.0
[0.9~1.0)		6.3	4.1	4.3	4.4	4.2	4.3
1.0		26.9	23.1	24.1	24.2	24.0	23.4
上浮水平	小计	66.8	72.8	71.6	71.4	71.9	72.3
	(1.0~1.1]	21.7	26.3	25.8	26.4	25.1	27.5
	(1.1~1.3]	28.2	30.1	30.6	28.4	29.9	29.7
	(1.3~1.5]	7.5	7.4	7.2	7.7	8.0	7.3
	(1.5~2.0]	6.6	6.4	5.7	6.1	6.4	5.7
	2.0以上	2.9	2.7	2.3	2.7	2.5	2.0

数据来源：中国人民银行南京分行。

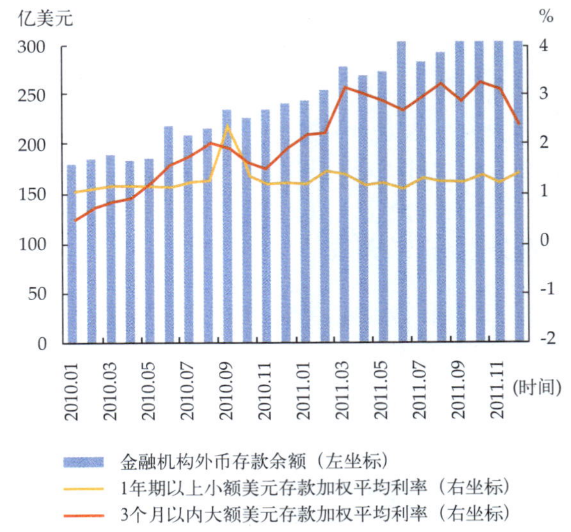

数据来源：中国人民银行南京分行。

图4　2010~2011年江苏省金融机构外币存款余额及外币存款利率

①指金融机构在中央银行的超额存款准备金与当期存款总额（不包括同业存款）的比率，是衡量金融机构流动性和清偿能力的主要指标。

从浮动区间看，重心整体上移，执行下浮及基准利率的贷款比重降低，第四季度执行下浮及基准利率的贷款比重为28.11%，较第一季度下降15.33个百分点，但利率上浮超过基准利率1.5倍的贷款比重有所下降。

受金融机构外币头寸趋紧影响，外币存款利率总体呈上升趋势（见图4）。2011年年末，美元存款平均利率为1.3015%，较年初提高48个基点。

5. 银行业改革扎实推进。大型银行改革进一步深化，国家开发银行江苏省分行深入推进信贷结构调整，加大保障房建设融资支持力度，大力拓展中小企业贷款业务，不断强化“三农”信贷投放。同时，以融资平台清理规范、信息系统建设、内控机制建设等为重点，不断强化机制体制建设，稳步推进风险管理工作，保持各项经营稳健发展。中国农业银行江苏省分行积极推进操作风险评价与经济资本管理，优化年终绩效考评机制。全面实施16级非零售内部评级体系，提升信用风险管理水平。加强内部专项治理，强化内控合规检查和监督，不断提高精细化管理水平。

农村金融改革稳步推进。江苏省农村金融机构继续强化内控管理，夯实经营基础，理顺运行机制，全年共有33家农村信用社和农村合作银行改制为农村商业银行。新型农村金融组织稳步扩展，农村金融服务主体进一步增加。截至2011年年末，江苏省累计成立村镇银行38家，累计成立小额贷款公司327家，合理分工、功效互补、有序竞争的农村金融服务体系逐步形成。

（二）证券业总体实力进一步增强，创新发展能力不断提升

2011年，江苏省证券业加大创新力度，优化业务结构，较好地克服了市场行情低迷的影响，证券业总体实力进一步增强，抗风险能力明显增强。

1. 证券业总体实力进一步增强（见表3）。2011年年末，江苏省共有证券营业部336家，同比增长近10%；新增1家法人证券公司——华英证券，是江苏首家合资券商，全省证券公司总量达到6家；东吴证券顺利上市，江苏省上市券商达到2家。期货经营机构数量和质量稳步提升，期货营业部达到86家，同比增长18%，江苏11家期货公司总注册资本、净资本、净资产都比上年增长50%以上，资本实力和抗风险能力进一步增强。

2. 证券市场融资功能发挥显著。2011年，江苏省新增境内上市公司46家，首发直接融资额为476.8亿元。同时，新上市公司产业结构更加优化。从行业来看，大部分企业属于新能源、节能环保、信息技术、生物医药等国家重点支持发展的新兴产业。

3. 创新能力不断提升。2011年，江苏省证券公司在资产管理、股指期货、证券承销以及直接投资业务等方面，业务创新和服务能力进一步提升，2011年江苏省新上市公司中，有近1/3的主承销商为江苏本地券商。同时，江苏省有5家期货公司获得了期货投资咨询业务资格，为进一步丰富期货经营业态打下了较好基础。

表3　2011年江苏省证券业基本情况

项目	数量
总部设在辖内的证券公司数（家）	6
总部设在辖内的基金公司数（家）	0
总部设在辖内的期货公司数（家）	11
年末国内上市公司数（家）	214
当年国内股票（A股）筹资（亿元）	657
当年发行H股筹资（亿元）	0
当年国内债券筹资（亿元）	1 000
其中：短期融资券筹资额（亿元）	285

数据来源：江苏证监局、江苏省金融办、中国人民银行南京分行。

（三）保险业稳定健康发展，机构实力不断增强

1. 市场主体进一步充实。2011年年末，江苏省共有保险公司主体85家，比上年末增加9家。其中，产险公司37家，人身险公司48家。全省保险分支机构有5 859家，保险网点数量居全国首位。省内拥有紫金财产、利安人寿、乐爱金（中国）财产等3家法人保险机构。

2. 各项业务保持平稳增长。2011年，江苏保险业实现保费收入1 200亿元，同比增长14.6%。其中，财产险保费收入为380亿元，同比增长22%左右；人身险保费收入为820亿元，同比增长11%（见表4）。

3. 经营质量不断提升。保险业务结构持续优化。2011年，与经济和民生关联度较高的企财险、

表4　2011年江苏省保险业基本情况

项目	数量
总部设在辖内的保险公司数（家）	3
其中：财产险经营主体（家）	2
人身险经营主体（家）	1
保险公司分支机构（家）	85
其中：财产险公司分支机构（家）	37
人身险公司分支机构（家）	48
保费收入（中外资，亿元）	1 200.0
其中：财产险保费收入（中外资，亿元）	379.9
人身险保费收入（中外资，亿元）	820.1
各类赔款给付（中外资，亿元）	324.4
保险密度（元/人）	1 525.6
保险深度（%）	2.5

数据来源：江苏保监局。

货运险、责任险、农业险、信用险和保证险业务规模均实现20%以上的较快增长。除交强险外，主要险种均实现盈利。

（四）直接融资占比稳步提高，金融市场交易活跃

2011年，随着银行间市场直接债务融资工具发行量的快速增加，江苏省直接融资占比进一步提高，信贷、债券、股票并行的大融资格局进一步形成（见表5）。

表5　2001～2011年江苏省非金融机构部门贷款、债券和股票融资情况

单位：亿元、%

年份	融资合计	比重		
		贷款	债券（含可转债）	股票
2001	758.0	93.6	0.4	6.0
2002	1 719.5	95.9	2.0	2.1
2003	3 480.5	97.4	1.1	1.5
2004	2 407.5	98.3	0.4	1.3
2005	2 408.8	92.5	4.5	3.0
2006	3 430.9	93.8	3.1	3.1
2007	4 252.4	91.3	5.8	2.9
2008	4 448.3	91.5	6.2	2.3
2009	10 610.7	92.0	5.4	2.5
2010	8 787.0	83.5	7.8	8.7
2011	7 804.6	78.8	12.8	8.4

数据来源：中国人民银行南京分行、江苏省发展改革委，江苏证监局。

1. 银行间市场直接债务融资工具加快发展。2011年，江苏省抓住全国债务融资工具市场加快发展的有利时机，实施推进2011年江苏省债务融资工具余额倍增计划。截至年末，江苏省各类债务融资工具余额达804.2.亿元，是上年末的2.67倍，倍增计划各项目标超额实现。全年累计发行各类债务融资工具654.9亿元，发行家数达到80家。与此同时，江苏在全国各省份中率先与中国银行间市场交易商协会签署《银行间市场助推江苏“两个率先”合作备忘录》，率先发行定向债务融资工具，率先开展区域集优集合票据发行工作，通过政策推动和先行先试，加快在发行总量、产品创新方面的突破。

2. 直接融资比例进一步提升。2011年，江苏省累计发行各类债券1 000.1亿元，占全部融资量的12.8%；累计从股票市场融资656.9亿元，占全部融资量的8.4%。两者合计占融资总量的21.2%，同比提高4.7个百分点，比重稳步提高。

3. 债券交易活跃。随着金融市场基础建设的逐步完善及金融机构资产管理水平的提升，江苏省金融机构在债券市场保持了较高的活跃度。2011年，江苏省金融机构累计完成质押式债券回购7.2万亿元，同比增长30.4%；累计完成买断式债券回购3 547.5亿元，同比增长66.2%；累计完成现券交易5.3万亿元，同比增长20.5%。

4. 票据融资增长较快，贴现利率高位运行。2011年，受资金面趋紧的影响，江苏票据市场总体增长较快，票据融资规模持续增长，短期融资功能稳定。截至2011年年末，江苏省商业汇票承兑余额为9 969.8亿元，同比增长12.9%；票据贴现余额为1 300.5亿元，同比增长11.7%（见表6）。

票据融资利率高位运行。2011年第一至第四

表6　2011年江苏省金融机构票据业务量统计

单位：亿元

季度	银行承兑汇票承兑		贴现			
			银行承兑汇票		商业承兑汇票	
	余额	累计发生额	余额	累计发生额	余额	累计发生额
1	9 893.98	6 233.37	796.82	5 188.85	57.60	639.67
2	11 012.48	5 442.32	894.27	4 573.16	62.10	361.58
3	10 005.15	5 372.29	1 035.50	4 536.56	80..32	394.59
4	9 969.76	5 563.92	1 235.66	7 145.41	64.89	281.47

数据来源：中国人民银行南京分行。

表7　2011年江苏省金融机构票据贴现、转贴现利率

单位：%

季度	贴现		转贴现	
	银行承兑汇票	商业承兑汇票	票据买断	票据回购
1	6.7185	6.5650	5.3176	5.1046
2	6.5796	6.5884	5.6154	5.5541
3	9.1221	9.2733	7.0845	6.2463
4	9.2890	10.4344	7.8100	7.0792

数据来源：中国人民银行南京分行。

季度，江苏省票据贴现加权利率分别为6.6970%、6.5810%、9.1413%和9.3601%，转贴现加权利率分别为5.1934%、5.5803%、6.7756%和7.5485%。整体看来，票据市场利率呈现高位运行态势，尤其是下半年贴现利率快速攀升，9月、10月贴现平均利率突破10%，11月开始回落至10%以下。大企业应付票据大幅增加、金融机构票据贴现意愿不足是推动贴现利率上涨的主要原因。

5. 外汇交易活跃度下降，黄金交易量上升较快。2011年，受国际环境影响，江苏省出口增速逐步回落。受此影响，金融机构外汇交易活跃度有所下降。1～12月，江苏省即期询价交易累计成交量折合296.8亿美元，同比下降13.2%。美元交易比例有所提升，第四季度，以美元结算的交易占比为91.2%，同比上升6.8个百分点。黄金交易活跃，商业银行纸黄金和实物黄金成交量同步增长。1～12月，江苏省金融机构纸黄金累计成交123.1吨，同比增长44.0%；实物黄金累计成交20.8吨，是上年同期的2.85倍。

6. 金融产品创新力度进一步加大。江苏省金融机构持续开展多维金融创新，满足实体经济融资需求。推出了“信托+理财”、股权融资、融资租赁、集合债券等多种融资产品，加强对科技型企业、新兴产业、小微企业的金融支持。针对江苏外向型经济特点，加快国际业务产品创新，在保理、保函、仓单质押、订单融资等方面进一步优化流程，开展深度创新。

（五）金融生态环境建设深入推进，信用环境不断改善

金融生态环境建设扎实推进。2011年，江苏省金融生态县创建工作继续深入推进，突出信用环境、法制环境和中介服务规范化建设，切实维护了金融部门合法权益，有效地优化了县域金融生态环境。2011年，江苏省有8个县（市、区）获得“江苏省金融生态优秀县”称号，8个县（市、区）获得“江苏省金融生态达标县”称号。

全省金融生态环境进一步优化。一是政府充分发挥主导作用。地方政府明确将金融生态创建工作列入政府工作内容，纳入目标考核，安排专项资金，定期召开工作会议研究部署创建工作。二是信用环境建设逐步改善，信用基础更加扎实。金融生态县创建工作落实到镇、村，结合各镇、村特点，突出重点，注重实效。农村征信体系建设步伐进一步加快，试点建立青年农户家庭信用档案，通过评选“农村青年创业信用示范户”树立信用示范典型。三是中介机构的专业化水平稳步提升，金融服务市场更加规范。鼓励中小企业信用担保机构的发展，对中介服务机构进行诚信等级评价测评，建立中介行业不良记录信息共享机制，提升中介机构的专业化水平和诚信水平。四是法制环境日趋完善。监管部门、公安部门加强对不良贷款、信贷集中风险、民间借贷风险、违规投资风险的跟踪监控，集中开展打击非法集资集中宣传活动，加大金融犯罪侦破力度。

二、经济运行情况

2011年，面对复杂的国内外经济形势，江苏省认真落实国家各项决策部署，统筹做好稳增长、转方式、惠民生各项工作，全省经济增长的稳定性、协调性明显增强，产业结构持续优化，三次产业增加值比例调整为6.3：51.5：42.2，增长后劲不断增强，民生得到持续改善。2011年江苏省地区生产总值为4.86万亿元，同比增长11%，人均地区生产总值为61 649元（见图5）。

（一）投资增速趋缓，消费增速有所加快

1. 投资增速趋缓，投资结构明显优化。2011年，江苏省完成固定资产投资（不含农户，下同）2.63万亿元，同比增长21.5%（见图6），比前三个季度、上半年和上年分别下降0.8个、2.4个和0.6个

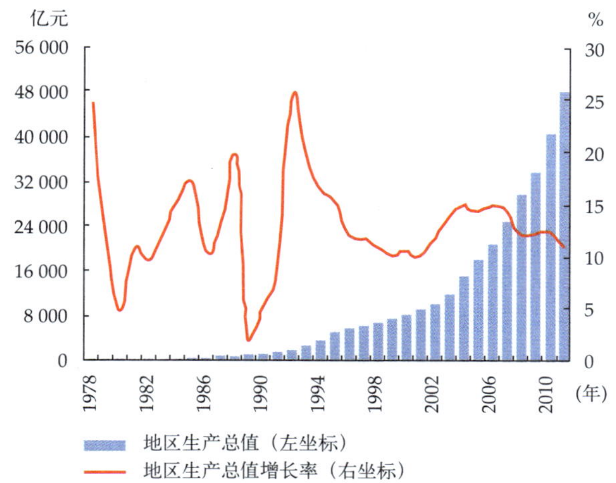

数据来源：江苏省统计局。

图5　1978～2011年江苏省地区生产总值及其增长率

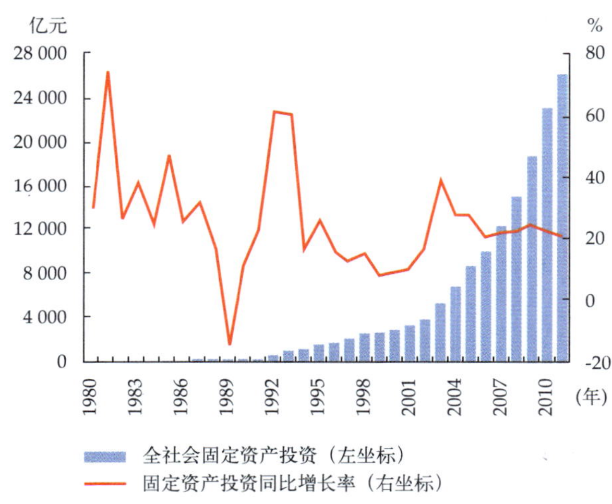

数据来源：江苏省统计局。

图6　1980～2011年江苏省固定资产投资及其增长率

百分点。

在投资增速平稳回落的同时，投资结构明显优化，投资的内生动力有所增强。1～12月，全省高新技术产业投资、民间投资同比分别增长34.4%和25.8%，分别高出全社会固定资产投资增速12.9个和4.3个百分点，在固定资产投资中的比重分别比上半年提高0.02个和0.51个百分点。

房地产投资增速逐步回落。政策调控的累积效应逐步显现，随着成交量的持续低迷，房地产投资增速逐步回落，1～12月全省累计完成房地产投资额5 552.69亿元，同比增长29.2%，比前三个季度、上半年分别下降4.4个和4.57个百分点。其中，1～10月、1～11月、1～12月同比增速分别为32.9%、32.4%、29.2%，增速持续放缓。

2. 消费增速有所加快。2011年，江苏省实现社会消费品零售总额1.58万亿元，同比增长17.5%（见图7），比前三个季度和上半年分别提高0.1个和0.3个百分点。即使剔除价格因素，实际消费增速也有所回升，1～12月全省社会消费品零售总额同比实际增长12.2%，比前三个季度和上半年分别提高0.6个和0.7个百分点。

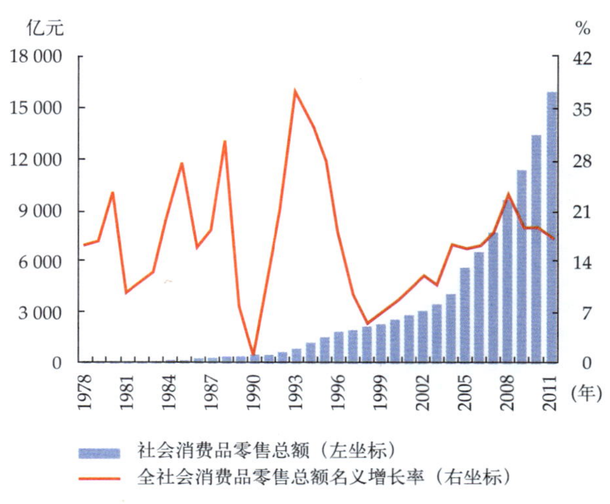

数据来源：江苏省统计局。

图7　1978～2011年江苏省社会消费品零售总额及其名义增长率

得益于城乡居民收入较快增长以及消费结构的升级，家具、食品、饮料和烟酒消费等保持快速增长。1～12月，全省家具销售同比增长31.5%，比前三个季度和上半年分别提高2.1个和4.1个百分点；1～12月食品、饮料、烟酒消费同比增长23.9%，比前三个季度和上半年增速分别提高1.8个和2.3个百分点。汽车、石油及其制品消费增速有所回落。1～12月全省汽车消费同比增长21.3%，比前三个季度增速下降1.2个百分点；1～12月全省石油及其制品消费同比增长28%，比前三个季度增速下降0.9个百分点。

3. 对外贸易增速持续回落，资本品出口降势尤为明显。2011年，江苏省实现进出口总额5 397.6亿美元，同比增长15.9%，比前三个季度、上半年和上年分别下降2.6个、4.1个和21.6个百分点。其中，出口总额为3 126.2亿美元，同比增长15.6%，比前三个季度、上半年和上年同期分别下降3.1个、4.8个和20.2个百分点。

受外部经济不景气影响，对国际需求比较敏感的资本品出口增速下降明显。1～12月，全省机电产品出口同比增长10.3%，比前三个季度、上半年和上年同期分别回落3个、4.5个和26.9个百分点；高新技术产品出口同比增长2.7%，比前三个季度、上半年和上年同期分别回落4.4个、7个和34.7个百分点。相对而言，以纺织服装、农产品为主的消费品由于需求弹性小，出口增速明显高于资本品。1～12月，全省纺织服装和农产品出口同比分别增长21.7%和11.5%，明显高于同期高新技术和机电产品出口增速。

受国际大宗商品价格持续高企、内需放缓的制约，2011年以来全省进口增速持续下滑。1～12月，全省实现进口额2 271.4亿美元，同比增长16.3%，比前三个季度、上半年和上年同期分别下降1.9个、3.1个和23.6个百分点（见图8）。

全省利用外资规模稳步增长。2011年，江苏省外商直接投资总额为321.3亿美元，同比增长12.8%，增速较上年提高0.2个百分点（见图9）。

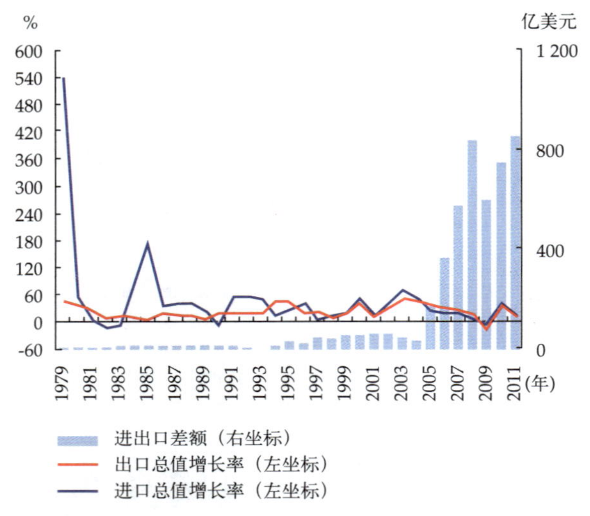

数据来源：江苏省统计局。

图8　1979～2011年江苏省外贸进出口变动情况

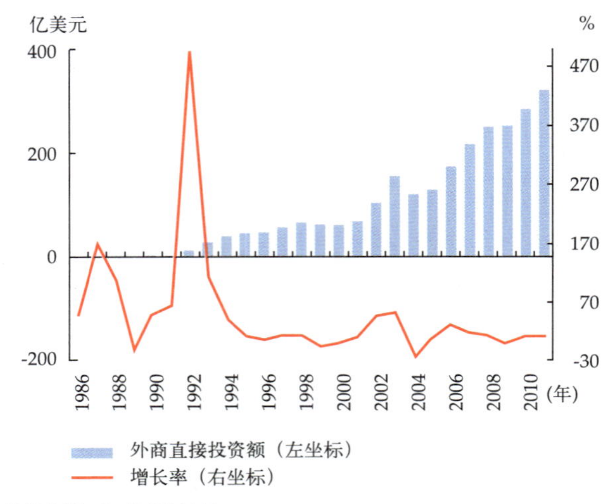

数据来源：江苏省统计局。

图9　1986～2011年江苏省外商直接投资情况

专栏2　江苏省外向型企业生产经营状况分析

2011年以来，在欧债危机影响持续发酵、世界经济发展的不确定性因素增加的影响下，江苏外向型企业生产经营状况总体呈现下行态势，设备利用率、销售、盈利等指标均出现不同程度的回落，外向型企业发展面临市场需求不足、转型困难等多重因素制约。

一是外向型企业生产经营状况指数持续下降，盈利水平有所回落。2011年第四季度江苏省企业家问卷调查显示，389户外向型企业经营状况指数（衡量企业经营状况，该指标值越高，表明企业目前生产经营状况越好）为65.43%，低于上年同期8.5个百分点，处于连续回落态势。从企业盈利状况来看，第四季度，26.28%的企业亏损较上季度增加，环比上升了2.19个百分点。

二是企业设备利用率有所下降，关停并转现象有所增多，部分劳动密集型行业表现得更加明显。调查显示，13.63%的企业认为设备利用率较上季度"提高"，比上季度下降3.89个百分点，呈逐季度回落态势。本次调查中，设备利用率“下降”的企业占比首次超过“上升”的企业占比0.24个百分点。调查显示，15.57%的外向型企业认为本行业关停并转情况有所增多，较上季度提高1.21个百分点，连续两个季度上升。分行业来看，部分劳动密集型行业企业由于市场重叠、议价能力差，在外需低迷和成本上升的双重压力下，关停并转现象更加突出。调查显示，第四季度，在服装及纤维业、电气机械及家电制造业、电子及通信设备制造业等行业中，分别有25.93%、17.39%和17.78%的企业表示行业内关停并转现象增多，较上季度分别上升了11.12个、4.35个和13.34个百分点，明显高于总体水平。

三是市场需求不足问题凸显。调查显示，当前外向型企业面临国内外需求双重下降的局面，经营压力较大。调查中，40.63%的企业认为“市场需求不足”是当前企业面临的主要问题，在第三季度上升5.09个百分点的基础上，第四季度继续大幅上升11.68个百分点，上升幅度在所有选项中居第一位。

四是出口企业向内销转型受到一定制约。调查显示，外向型企业向国内市场发展转型的意识逐渐增强。第四季度，14.11%的企业选择“减少产成品出口，增加国内销量”作为应对出口下滑的主要手段，占比在所有选项中居第三位，比例较前两个季度均有所提升。但企业反映，国内与国外市场业务模式及资金账期存在较大差异，制约了外向型企业向内销转型。一方面，出口业务以单定产，程序相对简单，而内销业务销售成本高，品牌建立难度大，高昂的前期投资给大部分中小企业转型带来较大压力；另一方面，国内市场资金回笼周期较长，在目前资金成本较高的情况下，内销业务增加可能对企业自身资金状况产生较大影响，以出口为主的企业转型国内市场仍需要较长的适应期。

（二）工业生产逐步放缓，农业和服务业稳步增长

1. 工业生产逐步放缓。2011年，江苏省实现规模以上工业增加值2.5万亿元，同比增长13.8%（见图10），增速比前三个季度、上半年和上年分别回落0.2个、0.2个和2.3个百分点。中国人民银行南京分行针对全省597户工业企业的景气调查显示，第四季度工业生产增速指数和设备利用率水平指数分别为43.05%和39.7%，在第三季度分别回落1.92个和4.17个百分点后，进一步分别回落2.35个、0.92个百分点。

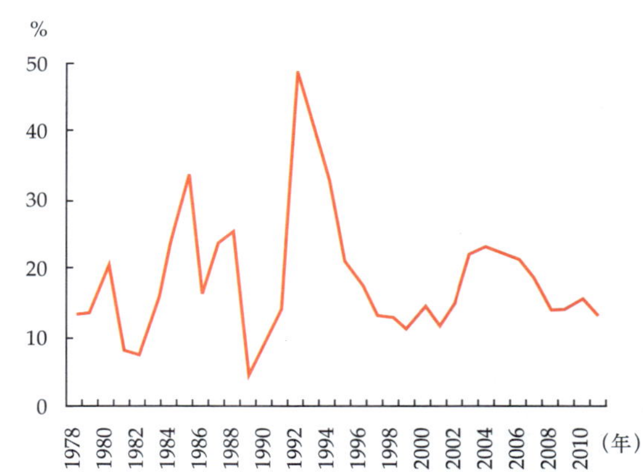

数据来源：江苏省统计局。

图10　1978～2011年江苏省规模以上工业增加值同比增长率

分结构看，轻工业增速有所回升，重工业增速出现下滑。1～12月，全省轻工业增加值同比增长11.1%，比前三个季度和上半年分别上升0.3个和0.1个百分点；重工业增加值同比增长14.8%，比前三个季度、上半年分别下降0.5个、0.4个百分点。

先进制造业增长较快。在规模以上工业中，交通运输设备制造业产值为7 762.7亿元，同比增长25.1%；专用设备制造业产值为3 943.13亿元，同比增长29.3%；电气机械及器材制造业产值为11 054.4亿元，同比增长32.4%。

工业企业利润增长平稳。1～12月，江苏省规模以上工业企业累计实现利润总额6 850.4亿元，同比增长24.3%。规模以上工业企业亏损面达9.6%，比上年年末提高1个百分点。

2. 农业生产增势平稳。全省粮食连续八年增

产，全年总产量达3 307.8万吨，比上年增产72.7万吨，增长2.2%。其中，夏粮为1 117.2万吨，增长1.1%；秋粮为2 190.6万吨，增长2.9%。高效农业面积增加，全年新增高效农业面积21万公顷，新增高效渔业面积7.5万公顷。

3. 服务业持续稳定增长。2011年，江苏省实现服务业增加值2.07万亿元，同比增长11%，占地区生产总值的比重为42.6%，比上年提高1个百分点。物流、金融、旅游等服务业快速发展，苏南地区电子商务、云计算服务、物联网等现代服务业加快发展。

（三）各类价格指数逐步回落，物价上涨动力减弱

1. 居民消费价格逐步回落。1～12月，江苏CPI累计同比上涨5.3%（见图11），低于全国0.1个百分点，涨幅较前三个季度、上半年分别下降0.5个、0.4个百分点。分月看，下半年CPI涨幅逐步回落，由6月的6.9%持续降至12月的3.6%。CPI涨幅回落，翘尾因素逐步减弱。2011年6月以来，翘尾因素对CPI同比涨幅的贡献逐月降低，其中，10月、11月、12月翘尾因素分别为1.3个、0.3个和0个百分点。

2. 上游产品价格涨幅稳步回落。1～12月，江苏省PPI累计同比上涨6.2%，增速比前三个季度、上半年和上年同期分别回落1.5个、2.1个和1个百分点。分月看，2月以来PPI单月同比涨幅逐步收窄，生产者购进价格指数（PPIRM）由3月的11.42%回落至12月的1.3%。从PPIRM与CPI涨幅之差衡量的上下游价格传导压力来看，10月、11月、12月二者差值分别为2.4个、0个和-2.3个百分点，表明成本推动CPI上涨的压力明显减弱。

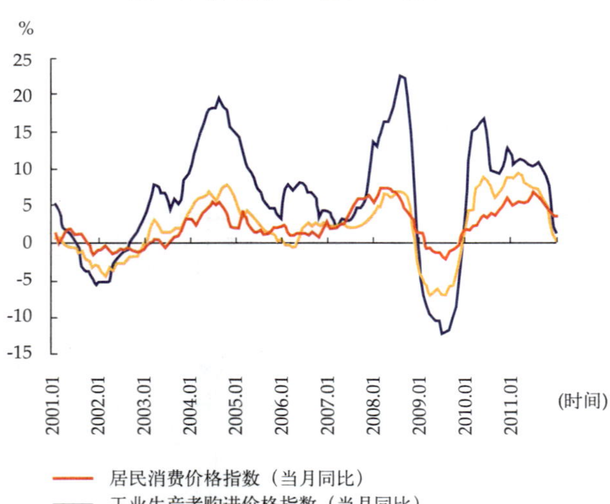

数据来源：江苏省统计局。

图11　2001～2011年江苏省居民消费价格和生产者价格变动趋势

（四）财政收入增速回落，财政支出结构持续优化

1. 财政收入增速有所回落。2011年，江苏省实现财政一般预算收入5 147.9亿元，同比增长26.2%（见图12），比前三个季度、上半年和上年分别下降4.7个、4.9个和0.2个百分点。分结构看，一是受9月1日提高个人所得税起征点影响，1～12月个人所得税同比增长31.4%，比前三个季度和上半年分别回落9.1个和8.6个百分点；二是受土地交易量下降影响，1～12月土地增值税同比增长50.8%，比前三个季度和上半年分别回落5.1个和13.5个百分点。

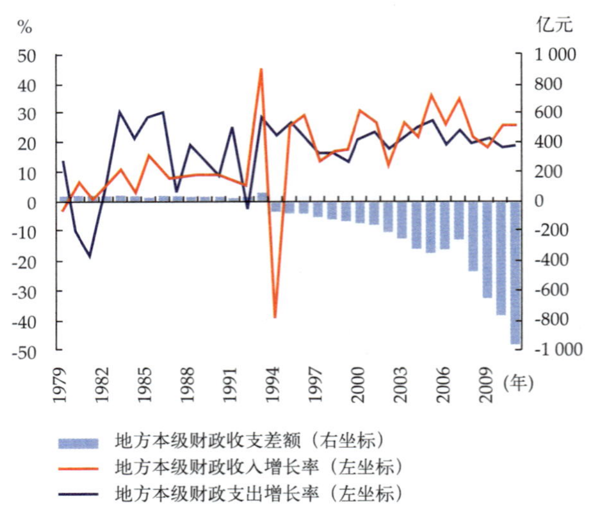

数据来源：江苏省统计局。

图12　1979～2011年江苏省财政收支状况

2. 财政支出结构持续优化。2011年，江苏省一般预算支出为6 115.3亿元，同比增长18.9%。支出结构进一步优化，教育、就业、社会保障等重点民生领域得到有效保障。全年教育支出为1 025.4亿元，同比增长19.7%；社会保障和就业支出为494

亿元，增长35.5%；城乡社区事务支出为790.2亿元，科学技术支出为206.9亿元，分别增长26.5%和37.6%。

（五）发展方式加快转变，区域发展更加协调

经济结构调整取得明显成效。战略性新兴产业蓬勃发展，2011年江苏省新能源、新材料、生物技术和新医药、节能环保、软件和服务外包、物联网等新兴产业全年销售收入达2.61万亿元，同比增长26.4%。

区域发展协调性增强。苏南加快转型升级，苏中崛起明显提速，苏北发展的内生动力增强。苏中、苏北大部分经济指标增幅高于全省平均水平，对全省经济增长的贡献率达41.2%，比上年提高2.2个百分点；加快推进沿海开发，沿海地区生产总值达到8 262.1亿元，比上年增长12.4%，对全省经济增长的贡献率达17%。

节能减排力度进一步加大，扎实推进重点节能减排工程，发展循环经济，控制高耗能产业发展，加快淘汰落后产能，加强化工等行业专项整治。全年共关停小火电机组125.3万千瓦，66家企业承担国家和省淘汰落后产能目标任务，计划淘汰的落后产能主体设备全部拆除完毕。

（六）行业分析

1. 房地产行业。江苏省13个市房产主管部门商品房预（销）售合同网上备案系统数据显示，1～12月全省商品房实际登记销售面积累计为4 178.4万平方米，同比下降15.2%，比前三个季度和上半年增速分别下降13.01个和17.6个百分点，其中，10月、11月、12月销售面积分别为287.8万平方米、292.5万平方米、483.2万平方米，同比分别下降51.96%、40.04%、26.34%。受“限购”、“限贷”等多重调控政策叠加影响，市场需求明显萎缩。中国人民银行南京分行对江苏省135位银行家的问卷调查显示，2011年第四季度个人购房信贷需求下降的银行占比为27.2%，分别比第二季度和第三季度高出7.7个和8.8个百分点。第四季度中国人民银行南京分行对全省5 200户城镇储户的问卷调查也显示，“未来三个月打算购房”的居民占比为11.5%，比第三季度和第二季度分别下降1.3个和0.89个百分点，比上年同期下降2.9个百分点，处于2009年以来的次低水平。

在销售面积增速下滑的同时，全省商品房价格增幅逐步回落（见图13）。全省13个市房产主管部门商品房预（销）售合同网上备案系统数据显示，1～12月全省13个省辖市市区商品房累计成交均价为7 720元/平方米，同比增长4.95%，涨幅分别比前三个季度和上半年下降5.02个和11.01个百分点。从绝对价格水平看，受房地产调控政策影响，2011年

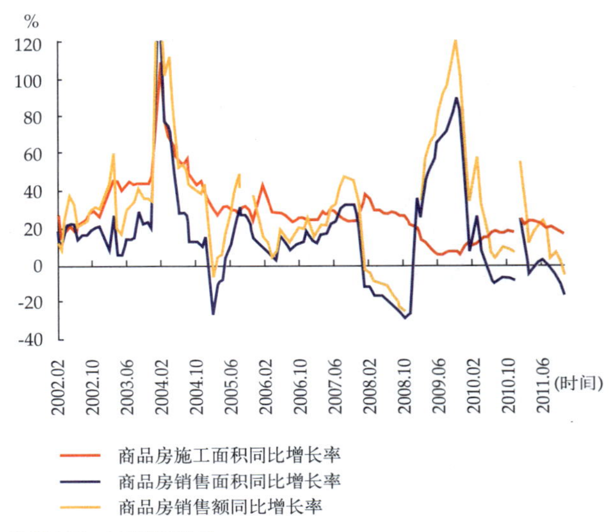

数据来源：江苏省统计局。

图13　2002～2011年江苏省商品房施工和销售变动趋势

数据来源：江苏省统计局。

图14　2011年南京市新建住宅价格指数

第四季度全省商品房价格出现下跌迹象（见图14）。数据显示，10月、11月、12月全省13个省辖市市区商品房成交均价分别为8 014元/平方米、7 624元/平方米、7 456元/平方米。

房地产信贷增长明显放缓。2011年以来，随着国家房地产调控逐渐深入，金融机构认真执行差别化房贷政策，全省各类房地产贷款增速明显放缓。2011年年末，江苏省本外币房地产开发贷款余额为3 369.1亿元，比年初增加308.5亿元，同比少增180.1亿元。从时序看，上半年房地产开发贷款增长较快，累计增加301.2亿元，占全年增量的97.6%；进入下半年后，房地产市场形势明显下滑，开发贷款增速也迅速走低，下半年仅增加7.3亿元，其中，7月、8月、9月、10月四个月持续负增长。个人购房贷款下滑明显，1～12月，江苏省新增个人购房贷款767.4亿元，同比少增739.4亿元。

2. 船舶行业。近年来，江苏船舶业快速发展，船舶制造在全省的分布较为集中，其中，泰州、南通、扬州、南京等区域的船舶制造业尤为发达，拥有江苏新世纪、熔盛重工、扬子江船业等一批大型骨干企业。从总体规模来看，2011年江苏省造船完工量达2 793万载重吨，占全国份额的35.4%，占世界市场份额的16.4%。从总量上看，目前江苏省手持订单、新承接订单、造船完工量三大主要指标均保持全国首位。

2011年，面对世界经济低迷和欧债危机动荡等不利影响，江苏省船舶产业加快转方式、调结构，抗风险能力持续增强，发展后劲进一步夯实。一是建立现代造船模式，坚持完善体系建设，深化基础管理，优化作业流程，船台周期不断缩短，目前江苏省批量造船船坞周期最短仅为25天。二是大型海工项目加速推进。南通中远船务海工一期工程已经全面竣工投产，2011年中远船务、熔盛重工等企业共承接钻井平台、风电安装船、穿梭油轮等17艘海工产品，价值约为20亿美元。三是产业集聚不断深入，全省形成了区域错位竞争的良性格局，形成了结构合理、梯次明显的骨干企业群。四是技术创新步伐继续加快。一批带动性强、对提升产业竞争力具有全局性影响的重大创新项目不断展开，绿色环保品牌船型、冰区船舶、海工装备等关键技术开发不断取得突破。

江苏金融业积极支持船舶行业发展。2011年年末全省银行业金融机构对主要造船及船舶配套企业综合授信余额超过1 000亿元。近几年来，每年年初江苏省经信委、中国人民银行南京分行都会牵头召开全省船舶行业经济分析会，通过金融机构与船舶企业现场对接，有效沟通银企关系，支持船舶产业发展。与此同时，近年来江苏省金融机构推出了一系列富有实效的金融产品和服务，较有特色的有在建船舶抵押贷款、预付款保函、基于出口信用保险的信贷融资以及船舶融资租赁等，为船舶业发展提供了丰富的融资支持。

三、预测与展望

展望2012年，国际经济发展依然充满不确定性，欧债危机的影响可能通过贸易、资本流动和预期等渠道持续影响国内。从江苏经济来看，经济发展的基本面仍然向好，经济结构调整步伐坚实，但同时也面临成本上升、资源趋紧等发展问题，保持经济平稳较快增长的机遇与挑战并存。

投资将延续平稳增长态势。2012年是“十二五”规划中承上启下的重要一年，地方政府投资需求旺盛，同时随着经济结构的调整，江苏省高新技术产业投资、服务业投资加快发展，对未来投资形成了有力支撑；民间资本投资环境优化也有助于增强企业投资的积极性。另外，受房地产调控、地方政府融资平台治理及淘汰落后产能等政策的影响，固定资产投资增速快速提高的可能性不大。

消费需求继续保持旺盛势头，原因有两个：一是近年来工资水平持续提高增强了消费后劲。从江苏来看，目前城乡均处于消费升级期，消费潜力正在逐步释放。二是消费热点继续活跃，汽车、通信器材、金银珠宝等消费热点持续增长。

从价格走势看，2012年通货膨胀压力逐步减缓。一方面，食品类价格涨势有所减弱，粮食连续丰收有利于减轻农产品价格上涨压力；另一方面，PPI涨势回落，减轻了上游价格向CPI传导的压力。但同时也要看到，国际大宗商品价格仍存在上涨的压力，资源性产品、劳动力成本上升向下游传递的压力仍然较大，预计2012年江苏省居民消费价格涨幅与全国平均水平基本持平。

从金融运行情况看，稳健的货币政策效果进一步显现，江苏省金融总体将保持平稳运行态势，预计信贷投放总体规模与上年基本持平。与江苏省经济发展方式加快转变相适应，贷款行业结构、区域结构将进一步优化，“三农”和小微企业贷款增速继续快于全部贷款增速。由于经济发展基础较好，江苏省信贷总量在全国的比重和位次保持基本稳定。

中国人民银行南京分行货币政策分析小组
负责人：周学东　李文森
统　稿：姚盛敏　谢　宁　陈　实
执　笔：李晓斌　张　明　王琦玮　戴国海　李　伟　马军伟
提供材料的还有：戴晓东　王远华　李　艳　张　辉　王　棋　万　秋　孙小光　卜建明　张　曦

附录

（一）2011年江苏省经济金融大事记

1月19日，中国人民银行南京分行、江苏省金融办、江苏省经信委联合举办了江苏省银行间债券市场非金融企业债务融资工具推进会暨重点项目签约仪式，正式启动2011年江苏省债务融资工具余额倍增计划。

3月24日，中国人民银行南京分行会同江苏省委组织部等九部门在南京联合举行2011年江苏“民生金融 创业惠民”工程启动仪式，工程开展得到中国人民银行总行和江苏省委、省政府领导的充分肯定。

6月14日，中国银行间市场交易商协会与江苏省金融办、中国人民银行南京分行在南京共同签署《银行间市场助推江苏“两个率先”合作备忘录》。作为合作备忘录框架下的首个落地项目，常州市人民政府金融办、中国人民银行常州市中心支行与中债信用增进公司签署了全国首个区域集优债务融资合作框架协议。

7月6日，江苏省企业创新大会和企业创新成果展在南京举行，进一步推动江苏实施“创新驱动”战略，加快转变经济发展方式，加快产业转型升级。

7月12日，国家开发银行苏州分行在苏州正式开业，成为国家开发银行全国第一家非计划单列市城市分行。

7月15日，江苏省委、省政府召开江苏省推进转型升级工程暨加快发展现代服务业工作会议，发布《关于进一步加快发展现代服务业的若干意见》。

11月28日，常州市首批3单“区域集优”集合票据成功注册发行，14家中小企业获得融资8.5亿元。在全国首批试点城市中，常州市发行单数、参与银行和企业最多，发行金额最大。

（二）2011年江苏省主要经济金融指标

表1 2011年江苏省主要存贷款指标

		1月	2月	3月	4月	5月	6月	7月	8月	9月	10月	11月	12月
本外币	金融机构各项存款余额（亿元）	60 303.5	61 413.9	64 753.0	64 236.5	64 947.0	67 344.8	65 438.6	65 905.6	66 401.3	65 292.5	65 657.5	67 638.8
	其中：储蓄存款	24 649.8	24 995.3	26 028.4	25 124.8	25 101.9	26 210.0	25 186.1	25 130.7	25 842.6	24 872.9	24 987.4	26 111.8
	单位存款	33 783.1	34 214.5	36 430.5	36 584.0	37 269.1	38 709.3	37 524.6	38 055.4	37 922.8	37 444.4	37 648.1	38 982.0
	各项存款余额比上月增加（亿元）	-298.3	1 108.2	3 339.1	-516.5	710.6	2 397.7	-1 906.1	467.0	495.6	-1 108.8	365.0	1 981.2
	金融机构各项存款同比增长（%）	15.9	15.1	17.9	15.4	15.4	16.8	14.5	13.7	11.5	11.2	10.8	11.5
	金融机构各项贷款余额（亿元）	45 070.2	45 616.4	46 003.4	46 754.4	47 217.1	47 660.7	48 205.2	48 642.4	48 908.4	49 352.4	49 862.6	50 283.5
	其中：短期	19 861.4	20 217.7	20 532.0	20 879.7	21 138.2	21 542.2	21 734.0	21 944.7	22 202.5	22 466.4	22 770.1	23 257.1
	中长期	24 006.4	24 204.9	24 405.2	24 711.3	24 860.0	24 920.5	25 100.0	25 245.3	25 313.0	25 483.2	25 540.1	25 459.5
	票据融资	1 009.6	993.3	855.8	947.0	999.7	957.3	1 116.0	1 179.6	1 116.5	1 117.2	1 261.1	1 300.8
	各项贷款余额比上月增加（亿元）	882.1	546.2	387.0	751.0	462.7	443.6	544.5	437.2	266.1	443.9	510.2	421.0
	其中：短期	502.6	356.4	314.3	347.6	258.5	404.0	192.0	210.8	257.8	263.9	303.6	487.1
	中长期	550.3	206.6	200.3	306.1	148.7	60.5	179.4	145.3	67.7	170.2	56.8	-80.6
	票据融资	-188.3	-16.3	-137.6	91.3	52.6	-42.4	158.8	63.6	-63.1	0.7	143.9	39.7
	金融机构各项贷款同比增长（%）	17.4	16.4	15.9	15.9	15.5	14.9	15.1	14.8	13.8	13.7	13.7	14.0
	其中：短期	26.8	26.7	26.5	27.4	28.3	27.7	27.9	27.7	27.2	27.2	27.4	27.9
	中长期	21.0	18.1	16.3	15.1	13.6	12.4	11.8	11.1	10.0	9.8	8.8	8.3
	票据融资	-49.1	-43.5	-39.0	-34.5	-32.1	-25.9	-17.4	-12.4	-16.2	-14.0	-0.1	11.4
	建筑业贷款余额（亿元）	1 349.0	1 387.9	1 432.0	1 475.9	1 512.0	1 528.8	1 568.0	1 608.6	1 638.8	1 683.6	1 712.6	1 769.7
	房地产业贷款余额（亿元）	3 113.7	3 141.3	3 177.8	3 215.0	3 239.2	3 246.8	3 220.7	3 229.1	3 246.1	3 263.4	3 274.0	3 284.5
	建筑业贷款同比增长（%）	47.1	45.4	40.9	42.5	40.8	38.7	39.3	38.5	35.6	38.0	36.8	36.8
	房地产业贷款同比增长（%）	21.0	15.9	15.0	15.0	14.7	13.0	9.8	8.3	8.2	7.5	7.7	8.1
人民币	金融机构各项存款余额（亿元）	58 696.5	59 744.2	62 931.0	62 485.4	63 165.6	65 364.9	63 612.8	64 026.7	64 430.0	63 317.9	63 685.1	65 723.6
	其中：储蓄存款	24 458.9	24 815.5	25 848.4	24 944.8	24 918.9	26 021.8	25 009.3	24 952.4	25 654.4	24 685.9	24 796.4	25 914.7
	单位存款	32 427.0	32 794.9	34 846.7	35 071.1	35 746.3	37 002.2	35 934.3	36 413.6	36 206.7	35 723.2	35 925.2	37 300.0
	各项存款余额比上月增加（亿元）	-293.6	1 045.5	3 186.8	-445.6	680.2	2 199.3	-1 752.1	413.9	403.3	-1 112.1	367.1	2 038.5
	其中：储蓄存款	1 161.3	356.6	1 032.9	-903.6	-25.9	1 102.9	-1 012.5	-56.9	702.0	-968.5	110.5	1 118.3
	单位存款	-1 557.2	355.8	2 051.8	224.4	675.2	1 255.9	-1 067.9	479.4	-207.0	-483.5	202.0	1 374.7
	各项存款同比增长（%）	15.6	14.8	17.4	14.9	14.8	16.4	14.2	13.4	11.2	10.8	10.4	11.3
	其中：储蓄存款	21.7	11.3	16.1	13.2	13.5	14.9	11.8	10.7	9.1	9.7	9.3	11.1
	单位存款												
	金融机构各项贷款余额（亿元）	42 966.8	43 493.9	43 814.8	44 557.1	44 946.7	45 286.2	45 880.8	46 311.7	46 432.9	46 898.9	47 393.1	47 868.3
	其中：个人消费贷款	6 791.6	6 858.9	6 972.4	7 086.1	7 117.5	7 192.6	7 272.2	7 334.1	7 380.5	7 449.8	7 509.1	7 539.9
	票据融资	1 009.1	993.0	855.2	946.4	999.0	956.4	1 115.1	1 178.6	1 115.8	1 116.8	1 260.8	1 300.6
	各项贷款余额比上月增加（亿元）	837.9	527.1	320.9	742.3	389.6	339.5	594.6	430.9	121.2	466.0	494.2	475.2
	其中：个人消费贷款	122.1	74.6	113.4	113.7	31.5	75.1	79.6	61.9	46.5	69.3	59.3	30.8
	票据融资	-188.4	-16.1	-137.8	91.2	52.6	-42.7	158.7	63.5	-62.8	1.0	144.0	39.8
	金融机构各项贷款同比增长（%）	16.8	16.0	15.7	15.7	15.0	14.4	14.5	14.3	13.1	13.2	13.2	13.8
	其中：个人消费贷款	24.8	23.2	22.4	19.4	16.6	16.1	16.0	15.4	14.1	13.2	12.3	11.7
	票据融资	-49.1	-43.5	-39.0	-34.5	-32.2	-25.9	-17.5	-12.4	-16.2	-13.9	-0.1	11.4
外币	金融机构外币存款余额（亿美元）	243.9	253.9	277.9	269.4	274.7	305.9	283.3	294.2	310.2	312.3	310.7	304.0
	金融机构外币存款同比增长（%）	33.0	33.0	45.7	45.2	46.8	39.7	35.6	36.5	31.6	37.4	31.8	25.9
	金融机构外币贷款余额（亿美元）	319.2	322.8	333.8	338.1	350.1	366.9	360.7	364.9	389.5	388.0	389.0	383.3
	金融机构外币贷款同比增长（%）	34.4	30.7	25.4	25.8	32.7	30.8	34.6	34.5	36.1	32.1	30.0	23.3

数据来源：中国人民银行南京分行。

表2　2001～2011年江苏省各类价格指数

单位：%

年/月		居民消费价格指数		农业生产资料价格指数		工业生产者购进价格指数		工业生产者出厂价格指数	
		当月同比	累计同比	当月同比	累计同比	当月同比	累计同比	当月同比	累计同比
2001		—	0.8	—	-3.2	—	-0.5	—	-0.9
2002		—	-0.8	—	-0.7	—	-1.4	—	-2.4
2003		—	1	—	1.9	—	6.5	—	2.3
2004		—	4.1	—	12.3	—	16.3	—	6.5
2005		—	2.1	—	6.9	—	7.6	—	2.6
2006		—	1.6	—	1.7	—	6.4	—	1.5
2007		—	4.3	—	6.9	—	5.0	—	2.6
2008		—	5.4	—	17.3	—	15.0	—	4.6
2009		—	-0.4	—	-2.4	—	-8.1	—	-4.8
2010		—	3.8	—	4.2	—	12.8	—	7.3
2011		—	5.3	—	12.6	—	8.9	—	6.2
2010	1	1.7	1.7	1.5	1.5	12.0	12.0	4.3	4.3
	2	2.4	2.1	1.1	1.3	15.1	13.6	4.8	4.5
	3	2.4	2.2	1.2	1.2	15.4	14.2	7.7	5.6
	4	3.2	2.4	1.0	1.2	15.9	14.6	8.0	6.2
	5	3.7	2.7	2.9	1.5	16.8	15.0	9.1	6.8
	6	3.5	2.8	2.9	1.8	14.3	14.9	8.6	7.1
	7	4.1	3.0	4.4	2.1	10.0	14.2	7.5	7.1
	8	3.9	3.1	5.2	2.5	9.6	13.6	6.1	7.0
	9	4.6	3.3	5.6	2.9	9.3	13.1	6.9	7.0
	10	5.2	3.5	7.1	3.3	10.6	12.9	7.5	7.0
	11	6.1	3.7	9.2	3.8	12.7	12.9	8.9	7.2
	12	5.0	3.8	8.4	4.2	12.1	12.8	8.8	7.3
2011	1	5.1	5.1	8.2	8.2	10.3	10.3	8.5	8.5
	2	5.6	5.4	8.3	8.3	11.2	10.8	9.3	8.9
	3	5.6	5.5	10.9	9.1	11.4	11.0	9.0	8.9
	4	5.3	5.4	12.2	9.9	11.2	11.0	8.0	8.7
	5	5.7	5.5	12.3	10.4	10.4	10.9	7.6	8.5
	6	6.9	5.7	15.0	11.1	10.3	10.8	7.4	8.3
	7	6.4	5.8	16.5	11.9	10.7	10.8	7.4	8.2
	8	6.0	5.8	15.6	12.4	10.3	10.7	6.8	8.0
	9	5.4	5.8	15.3	12.7	9.3	10.6	5.8	7.7
	10	4.8	5.7	14.9	12.9	7.2	10.2	3.8	7.3
	11	0.5	5.5	11.3	12.8	3.5	9.6	1.1	6.8
	12	3.6	5.3	10.7	12.6	1.3	8.9	0.1	6.2

数据来源：《中国经济景气月报》。

表3 2011年江苏省主要经济指标

	1月	2月	3月	4月	5月	6月	7月	8月	9月	10月	11月	12月
绝对值（自年初累计）												
地区生产总值(亿元)	—	—	9 902.13	—	—	22 918.26	—	—	35 113.06	—	—	48 604.26
第一产业	—	—	377.77	—	—	1 005.6	—	—	1 546.48	—	—	3 064.77
第二产业	—	—	5 856.31	—	—	12 760.89	—	—	19 521.36	—	—	25 023.78
第三产业	—	—	3 668.05	—	—	9 151.77	—	—	14 045.22	—	—	20 515.71
固定资产投资(亿元)	—	2 921.61	5 469.57	7 647.66	9 933.42	11 831.26	14 275.7	16 354.42	18 619.43	21 035.63	23 514.92	26 299.4
房地产开发投资	—	605.98	1 094.96	1 533.8	1 994.99	2 496.72	2 981.7	3 444.96	3 951.27	4 451.68	4 926.19	5 552.69
社会消费品零售总额(亿元)	—		3 954.51			7 741.99			11 596.63			15 842.08
外贸进出口总额(万美元)	4 361 287.3	7 380 867.3	12 121 522	16 657 802.7	21 223 332.6	25 738 997.5	30 541 969.8	35 312 054.3	40 096 708.6	44 413 661.7	49 065 666.8	539 758 90.3
进口	1 913 884.1	3 256 398.3	5 303 513.7	7 232 971.1	9 158 867.2	10 990 059.2	12 894 624.9	14 896 395.3	16 952 574.4	18 669 782.5	20 579 039.5	22 713 585.3
出口	2 447 403	4 124 469	6 818 008	9 424 832	12 064 465	14 748 938	17 647 345	20 415 659	23 144 134	25 743 879	28 486 627	31 262 305
进出口差额(出口－进口)	533 519.1	868 070.7	1 514 494.5	2 191 860.5	2 905 598.2	3 758 879.2	4 752 720	5 519 263.7	6 191 559.8	7 074 096.7	7 907 587.8	8 548 719.8
外商实际直接投资(万美元)	322 400	—	584 600	898 400	1 399 800	1 669 700	1 945 500	2 236 800	2 489 200	27 300	297 200	3 213 200
地方财政收支差额(亿元)	182.93	289.01	218.4	338.46	302.28	255.08	335.87	258.5	91.54	156.96	-89.52	-967.39
地方财政收入	575.11	904.1	1 294.2	1 758.17	2 141.13	2 636.42	3 096.53	3 435.66	3 774.15	4 229.68	4 541.47	5 147.89
地方财政支出	392.18	615.09	1 075.8	1 419.71	1 838.85	2 381.34	2 760.66	3 177.16	3 682.61	4 072.72	4 630.99	6 115.28
城镇登记失业率(%)（季度）	—	—		—	—	4.1	—	—	4.1	—	—	3.22
同比累计增长率（%）												
地区生产总值	—	—	11.6	—	—	11.4	—	—	11.2	—	—	11
第一产业	—	—	3.9	—	—	3.5	—	—	3.7	—	—	4
第二产业	—	—	11.8	—	—	11.7	—	—	11.6	—	—	11.7
第三产业	—	—	12.1	—	—	11.8	—	—	11.4	—	—	11.1
工业增加值	—	14.4	14.3	13.9	13.8	14	14	14	14	13.9	13.8	13.8
固定资产投资	—	24.6	23.1	23.5	23.9	23.9	22.8	22.3	22.3	22.2	22	21.5
房地产开发投资	—	32.7	33.9	33	34	33.8	33.6	33.4	33.6	32.9	32.4	29.2
社会消费品零售总额	—	—	16.9	—	—	17.2	—	—	17.4	—	—	17.5
外贸进出口总额	33.9	19.7	22.3	22.6	21.8	20	19.4	19.4	18.5	17.5	16.4	15.9
进口	39.7	25.9	23.4	21.9	21.2	19.4	18.8	18.6	18.2	17.6	16.7	16.3
出口	29.8	15.3	21.5	23.1	22.3	20.4	19.9	20	18.8	17.4	16.2	15.6
外商实际直接投资	19.8	-	12.8	22.9	18.4	9.7	13.2	16.9	14.7	13.3	12.3	12.8
地方财政收入	35.5	32.6	31	30	31	31.1	30.3	31.5	30.9	29.5	28.4	26.2
地方财政支出	87.1	23	32.3	32	36	32.8	32.1	33.6	32	32.2	32.4	18.9

数据来源：江苏省统计局。

2011年浙江省金融运行报告

中国人民银行杭州中心支行货币政策分析小组

[内容摘要] 2011年，浙江省深入贯彻落实科学发展观，着力稳增长、抓转型、控物价、惠民生、促和谐，加快启动实施三大国家战略[①]，积极帮助中小企业脱困解难，经济保持平稳增长，民生进一步改善。全省生产总值同比增长9.0%，居民消费价格上涨5.4%。

全省金融业切实按照宏观调控要求，认真贯彻稳健的货币政策，金融运行总体平稳，信贷结构继续优化，金融支持重点突出。资本市场融资加速，保险保障功能增强，金融市场创新活跃，融资结构明显改善。2011年全省金融机构本外币存贷款分别同比增长12%和13.8%，直接融资比例为16.7%。

2012年是实施“十二五”规划承上启下的重要一年，浙江有望继续保持经济平稳发展，但也面临诸多挑战和不确定性，需要加快经济结构调整和转型升级。在稳健的货币政策背景下，2012年全省社会融资规模将保持适度增长，信贷结构继续优化，直接融资加速发展，金融支持浙江实体经济发展与转型的积极作用将进一步发挥。

一、金融运行情况

2011年，浙江省金融业稳健发展，金融运行总体良好，融资结构明显改善，各项改革深入推进，金融服务地方经济发展和支持转型升级的能力持续增强。

（一）银行业健康发展，货币信贷平稳运行

浙江省银行业切实按照宏观调控要求，认真落实稳健的货币政策，主动适应形势变化，改革发展各项工作有效推进。

1．银行业健康发展，规模效益稳步提升。2011年，浙江省银行业金融机构资产总额同比增长16.6%（见表1）。盈利水平和资产质量稳步提升，全行业资产利润率为2.56%，同比提高0.16个百分点。年末不良贷款率为0.92%，同比下降0.03个百分点。全省银行业金融机构整体拨备覆盖率为210%。

2．存款增长明显放缓，储蓄存款波动加剧。2011年年末，浙江省金融机构本外币各项存款余额同比增长12%，增速比上年同期回落8.8个百分点（见图1）。受成本上升、应收账款和库存增加等因素影响，企业用款需求明显上升，单位存款大幅

表1　2011年浙江省银行业金融机构情况

机构类别	营业网点[①]			法人机构（个）
	机构个数（个）	从业人数（人）	资产总额（亿元）	
一、大型商业银行	3 806	91 565	33 453	0
二、国家开发银行和政策性银行	60	2 032	3 286	0
三、股份制商业银行	568	24 348	15 317	1
四、城市商业银行	638	26 114	9 340	11
五、城市信用社	8	289	30	1
六、农村合作机构[②]	4 078	44 638	10 925	82
七、财务公司	3	115	227	3
八、信托公司	4	445	88	4
九、邮政储蓄银行	1 669	6 853	1 782	0
十、外资银行	27	969	346	2
十一、新型农村金融机构[③]	76	1 841	321	53
十二、其他[④]	3	143	430	1
合　计	10 940	199 352	75 545	158

注：①不包括总部数据。
②包括农村信用社、农村合作银行和农村商业银行。
③包括村镇银行、贷款公司和农村资金互助社。
④包括金融租赁公司、汽车金融公司、货币金融公司、消费金融公司。
数据来源：中国人民银行杭州中心支行、浙江银监局。

①浙江海洋经济发展示范区、舟山群岛新区建设和义乌国际贸易综合改革试点。

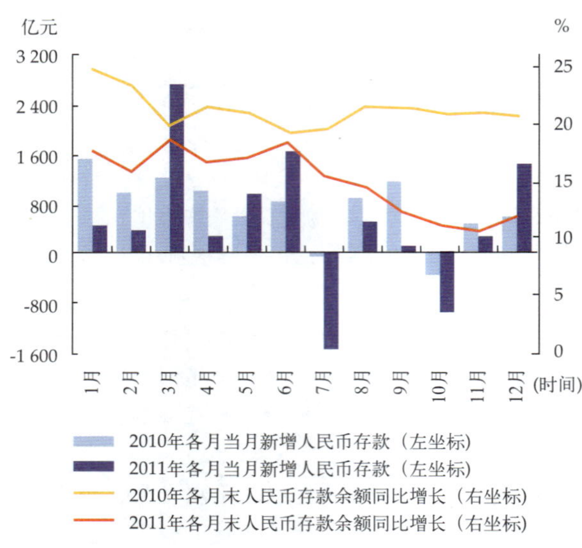

数据来源：中国人民银行杭州中心支行。

图1　2010～2011年浙江省金融机构人民币存款增长变化

下滑，余额同比增长9.0%。储蓄存款平稳增长，但波动性加剧。

3. 贷款增长合理适度，信贷结构持续优化。2011年，全省本外币各项贷款比年初新增6 481.5亿元，同比少增1 175.5亿元，增速比上年降低5.9个百分点（见图2、图3）。贷款期限结构变化明显，全年本外币短期贷款增量占比提高19.8个百分点，而新增中长期贷款占比回落28.2个百分点。

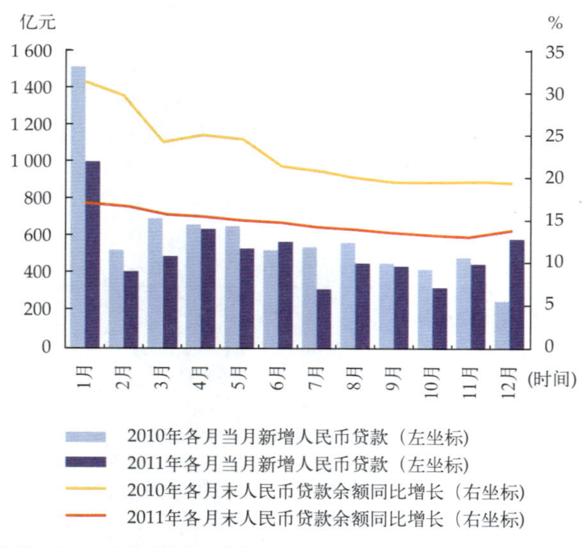

数据来源：中国人民银行杭州中心支行。

图2　2010～2011年浙江省金融机构人民币贷款增长变化

信贷结构持续优化，支持重点突出。一是“支农支小”力度加大，小企业贷款和涉农贷款增速分别比全部贷款增速高出5.2个和4.8个百分点。二是积极支持经济转型，全省十一大转型升级产业贷款占各项贷款增量的44.4%。三是房地产、基础设施信贷增长放缓，产能落后行业贷款得到控制，制造业、零售业贷款占比提高。四是抵质押方式创新积极推进，农房抵押贷款和农房改造贷款、林权抵押、知识产权质押款以及海域使用权贷款快速增长。

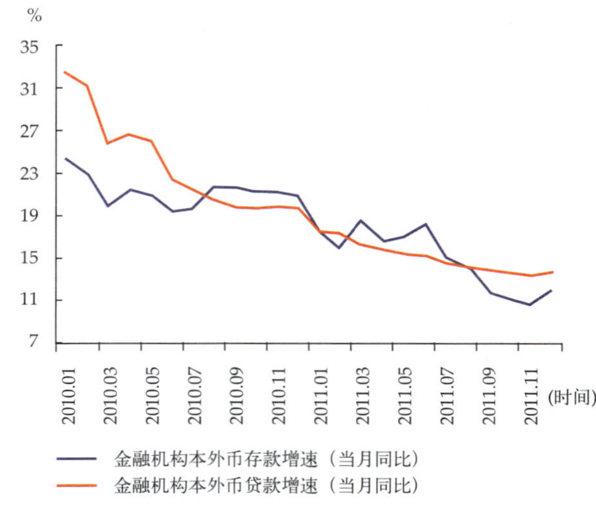

数据来源：中国人民银行杭州中心支行。

图3　2010～2011年浙江省金融机构本外币存、贷款增速变化

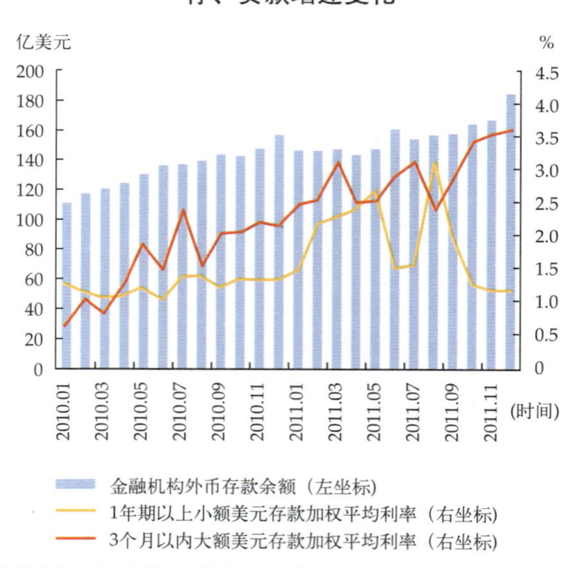

数据来源：中国人民银行杭州中心支行。

图4　2010～2011年浙江省金融机构外币存款余额及外币存款利率

表2　2011年浙江省金融机构人民币贷款各利率浮动区间占比

单位：%

月份		1月	2月	3月	4月	5月	6月
合计		100.0	100.0	100.0	100.0	100.0	100.0
[0.9～1.0)		7.3	7.0	4.8	5.3	4.1	4.3
1.0		25.4	24.4	21.1	19.3	16.3	15.8
上浮水平	小计	67.3	68.6	74.1	75.4	79.6	79.9
	(1.0～1.1]	22.7	26.5	23.0	23.9	26.6	25.0
	(1.1～1.3]	22.6	23.0	26.8	29.4	30.9	33.6
	(1.3～1.5]	10.4	9.1	12.6	11.6	11.9	11.5
	(1.5～2.0]	9.1	8.0	9.5	8.6	8.5	8.2
	2.0以上	2.5	2.0	2.3	1.8	1.7	1.6
月份		7月	8月	9月	10月	11月	12月
合计		100.0	100.0	100.0	100.0	100.0	100.0
[0.9～1.0)		3.1	2.7	3.7	2.6	3.0	2.7
1.0		19.0	14.0	13.2	15.2	12.7	14.3
上浮水平	小计	77.9	83.3	83.1	82.2	84.3	83.0
	(1.0～1.1]	20.9	23.4	23.0	25.0	25.1	24.6
	(1.1～1.3]	33.4	36.7	35.6	37.8	40.3	38.2
	(1.3～1.5]	11.9	11.9	11.4	10.8	10.4	11.2
	(1.5～2.0]	9.8	9.6	8.3	7.3	7.2	7.5
	2.0以上	1.9	1.7	4.8	1.3	1.3	1.5

数据来源：中国人民银行杭州中心支行。

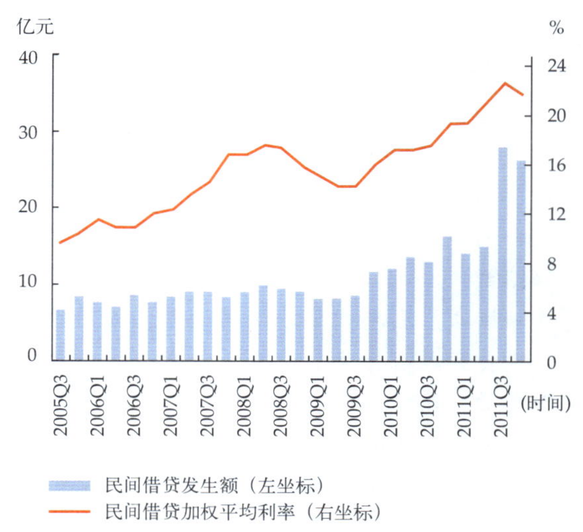

数据来源：中国人民银行杭州中心支行。

图5　2005～2011年浙江省民间借贷量价监测

4. 贷款利率震荡走高（见表2），民间借贷较为活跃。2011年，全省一般性贷款加权平均利率为7.57%，金融机构同业存款利率波动上行，货币市场利率稳步攀升。2011年，浙江省民间借贷总体活跃，监测的民间借贷量价齐升，利率在前三个季度逐季度攀升，第四季度有所回落(见图5)。

5. 银行业改革持续深化，农村金融改革成效显著。各国有商业银行在浙江的分支机构改革工作继续推进，经营业绩稳步提高。农村金融改革取得新成果，中国邮政储蓄银行二类支行改革扎实推进，全年共启动10家县级农村信用社股份制改革工作，设立新型农村金融机构55家。浙江省法人银行机构全年共设省内分支机构91家，网点布局转向重点新区和中心乡镇。

6. 跨境人民币业务发展迅速，业务量和参与面不断扩大。全省2万多家出口企业被纳入第二批试点，2011年累计结算量为3 090亿元，居全国第4位。参与企业扩大到3 500家，金融机构增加至34家。业务种类日益丰富，从货物贸易扩展至服务贸易、对外直接投资、保函等业务。

专栏 1　温州市民间借贷发展状况分析

温州是中国民营经济的重要发源地，民间资金充裕，民间金融较为活跃。为加强对民间借贷的监测，自2003年起，中国人民银行温州市中心支行通过问卷调查等形式，定期监测民间借贷利率走势和市场动态。截至2011年年末，温州全市已设立140多个监测点，初步形成涵盖城乡社会各种借贷市场、系统化和多层次的监测体系。

从监测情况看，民间借贷利率具有如下特点：市场化程度高，充分反映社会资金供求关系；参与主体趋于多元化；不同区域的利率水平差别较大；利率水平因资金用途、风险程度、借贷期限、信用程度等而不同；长期走势与银行利率、物价指数密切相关。其所受影响因素复杂多样，对经济社会生活的影响与作用也综合多元，能从一个侧面反映出社会资金供求关系和民间融资市场秩序。

2011年，温州民间借贷较为活跃，借贷期限以短期为主，借贷利率总体呈“先扬后抑”态势。第一至第四季度，温州市民间借贷综合利率分别为24.46%、24.48%、24.97%和24.30%，前三个季度量价齐升，第四季度发生额缩减，利率回落。从用途看，温州的民间借贷资金既有生产、投资等长期用途，也有短期垫资、拆借周转、过桥贷款等短期用途，其中，“生产经营”民间借贷占比在70%左右。

民间借贷作为正规金融有益和必要的补充，在一定程度上有助于缓解中小企业融资难的问题，增强经济运行的自我调整和适应能力，但也存在着资金流向监测困难、风险隐患难以掌控、债务纠纷容易发生等潜在风险。2012年3月，国务院决定设立温州金融综合改革试验区，强调要规范发展民间融资，引导民间借贷健康发展。下一步，温州市将加快研究制定规范民间融资的管理办法，进一步健全民间融资监测体系和风险预警体系，合理引导民间资金流向，稳步推进地方金融创新，加快发展小型金融机构。力争通过金融综合改革，积极探索破解中小企业融资难和民间资金投资难问题的长效机制，促进民营经济与民间资本的有机融合，推动民间资本的阳光化、规范化发展。

（二）证券业经营总体平稳，股票市场融资活跃

2011年，受国内资本市场大环境影响，浙江省证券市场交易萎缩，期货经营机构业务发展总体平稳，企业上市和再融资活跃。

1. 证券期货业经营平稳。2011年年末，全省有法人证券公司3家，证券营业部373家，证券投资咨询机构4家。全年证券市场交易总额同比下降15.3%（见表3）。各法人证券公司继续推动证券经纪业务转型。期货业发展总体平稳，全年代理交易金额为43.5万亿元，实现利润6.5亿元。

2. 上市公司融资活跃。2011年年末，全省境内共有上市公司226家，其中，中小板块上市公司113家，创业板上市公司26家，分别居全国第二和第四位。全年上市公司股票融资558.6亿元，其中，IPO融资348.2亿元，年末上市公司总市值为10 484亿元。上市公司质量稳步提升，盈利能力逐步恢复，基本建立起规范运作的信息披露和公司治理机制。

表3　2011年浙江省证券业基本情况

项目	数量
总部设在辖内的证券公司数（家）	3
总部设在辖内的基金公司数（家）	1
总部设在辖内的期货公司数（家）	12
年末国内上市公司数（家）	226
当年国内股票（A股）筹资（亿元）	559
当年发行H股筹资（亿元）	0
当年国内债券筹资（亿元）	738
其中：短期融资券筹资额（亿元）	360

数据来源：中国人民银行杭州中心支行、浙江证监局。

（三）保险业务稳步发展，市场体系不断完善

2011年，浙江省保险业稳步发展，资产规模快速增长，经营效益稳步提升，市场体系继续完善，服务领域不断拓宽，保险功能日益发挥。

1. 市场体系不断完善。2011年，浙江省新增保险市场主体9家，各类保险机构达到3 654家，兼业代理机构有9 745家，行业从业人员有16.8万人。保险公司资产规模同比增长19.9%，保险业总分机构、中介机构、行业社团共同繁荣发展的市场格局日益完善（见表4）。

2. 保险业务稳步增长。2011年，全省实现保费收入同比增长17.9%。其中，财产险保费收入增长19.0%，人身险保费收入增长17.1%。保险业对国民经济的渗透率和融合度不断提高，保险深度同比提高0.3个百分点，保险密度同比提高358.8元/人。政策性农业保险和农房保险平稳推进，全年共为135万户农户提供234亿元的农业保险保障，保费收入同比增长40.0%；政策性农村住房保险覆盖面继续扩大，参保率为98.7%。

表4　2011年浙江省保险业基本情况

项目	数量
总部设在辖内的保险公司数（家）	2
其中：财产险经营主体（家）	1
人身险经营主体（家）	1
保险公司分支机构（家）	104
其中：财产险公司分支机构（家）	54
人身险公司分支机构（家）	50
保费收入（中外资，亿元）	879
其中：财产险保费收入（中外资，亿元）	398
人身险保费收入（中外资，亿元）	481
各类赔款给付（中外资，亿元）	256
保险密度（元/人）	1 069
保险深度（%）	3

数据来源：浙江保监局。

3. 机构经营效益稳步提升。2011年，全省保险业经营效益继续保持平稳较快增长。财产险公司实现利润总额34.2亿元，居全国首位。人身险公司业务结构良性调整，主要指标持续好转。

（四）金融市场交易活跃，直接融资创出新高

2011年，浙江省金融市场继续保持平稳健康发展态势，各子市场交易活跃，产品创新持续推进，金融资源配置继续优化。

1. 直接融资比例大幅提高，融资结构继续改善。全省非金融部门融资稳步增加，融资量为7 778.4亿元。企业以贷款、债券、股票三种方式融入资金总额的占比分别为83.3：9.5：7.2。贷款融资占比下降4.3个百分点，债券融资占比明显上升，带动直接融资比例大幅提高至16.7%（见表5）。

2. 同业拆借交易放量，债券市场交易活跃。2011年，全省银行间市场成员累计同业拆借交易量为1.4万亿元，同比增长33.3%，净融入资金8 814.0亿元。市场成员债券交易量明显扩大，累计现券交易额为8.8万亿元，同比增长27.6%，累计债券回购交易额为4.0万亿元。

3. 票据业务平稳发展，市场利率震荡走高。2011年，全省累计签发银行承兑汇票2.3万亿元，全年累计贴现票据1.4万亿元（见表6）。票据贴现余额低位震荡，月度间呈W形走势。票据利率持续上升，全年银票直贴利率和买断式转贴现利率分别为

表5　2001～2011年浙江省非金融机构部门贷款、债券和股票融资情况

单位：亿元、%

年份	融资合计	比重		
		贷款	债券（含可转债）	股票
2001	1 103.5	96.5	0.0	3.5
2002	2 162.1	99.0	0.0	1.0
2003	3 681.1	98.6	0.3	1.1
2004	2 509.1	97.1	0.6	2.3
2005	2 209.9	96.9	2.9	0.2
2006	3 962.5	95.2	2.3	2.5
2007	0	87.5	3.7	8.8
2008	5 211.0	90.9	4.4	4.7
2009	10 357.5	92.6	4.6	2.8
2010	0	87.6	4.3	8.1
2011	7 778.4	83.3	9.5	7.2

数据来源：中国人民银行杭州中心支行、浙江省发展改革委、浙江证监局。

表6　2011年浙江省金融机构票据业务量统计

单位：亿元

季度	银行承兑汇票承兑		贴现			
			银行承兑汇票		商业承兑汇票	
	余额	累计发生额	余额	累计发生额	余额	累计发生额
1	10 825	6 549.6	437.7	2 304.4	92.6	1 593.7
2	11 539	12 487.2	470.4	4 234.2	99.9	3 192.7
3	10 307	17 902.8	490.4	6 322.4	147.8	4 443.6
4	10 002	23 340.4	534.0	8 839.8	109.8	5 509.8

数据来源：中国人民银行杭州中心支行。

表7　2011年浙江省金融机构票据贴现、转贴现利率

单位：%

季度	贴现		转贴现	
	银行承兑汇票	商业承兑汇票	票据买断	票据回购
1	7.00	7.09	5.39	5.45
2	6.62	7.09	5.81	5.74
3	9.69	9.88	7.54	6.65
4	9.80	10.84	7.75	7.23

数据来源：中国人民银行杭州中心支行。

7.47%和6.75%（见表7）。

4. 黄金交易量价齐升，外汇交易有所回落。2011年，国际黄金价格持续震荡上行，全省黄金业务大幅增长，全年成交量达62.4万公斤，同比增长181.0%，其中，个人账户金占全部交易量的8.02%。全省市场成员在银行间即期外汇市场的交

易量同比减少21.0%。

5．金融创新有效推进，支持重点突出。全省金融机构在产品、流程、渠道、机制等方面加大创新力度，推进结算、理财、债券承销等中间业务发展，自助银行、网上银行等电子渠道覆盖率稳步提高，竞争优势有效提升。银行间市场债务融资工具发行规模迅速扩大，2011年注册金额超过700亿元，实际发行额突破470亿元。积极开发运用供应链融资、物流融资、小额贷款卡等60多种金融服务产品和模式，缓解中小企业融资难的问题，推动中小企业、“三农”金融服务产品和服务创新。

专栏2　抓住机遇　积极创新　强化海洋经济发展的金融支持

浙江是海洋资源大省，海岸线长度占全国的21%，海岛数量占全国的40%，滩涂资源占全国的13%，在中国沿海发展战略中具有重要地位。发展海洋经济是促进浙江经济转型升级、培育新的经济增长点、扩展发展空间的重要举措。2011年2月，国务院正式批复《浙江海洋经济发展示范区规划》（国函[2011]19号），标志着浙江海洋经济发展上升为国家战略。为发挥金融在支持海洋经济发展中的重要作用，中国人民银行杭州中心支行会同省海洋办出台了《关于金融支持浙江海洋经济发展示范区建设的指导意见》，提出了金融支持海洋经济的20条政策意见，全省金融机构在海洋金融业务上也进行了积极探索。

一、金融支持海洋经济发展的政策措施

一是强化制度建设，建立金融支持海洋经济长效机制。目前，全省金融机构已将海洋金融列为下阶段业务发展的战略重点，探索制定具有针对性的海洋金融发展规划和管理制度，建立海洋金融专业服务团队。中国银行浙江省分行制定了支持海洋经济发展“十二五”规划，中国建设银行浙江省分行制定了海洋经济营销指引。

二是优化资源配置，加大海洋经济信贷支持力度。浙江省政府与近30家金融机构总行(总公司)签署了金融支持浙江海洋经济发展合作协议，金融机构在信贷增量、机构设置、人力资源、业务授权等方面给予支持和倾斜。中国建设银行浙江省分行通过银团贷款、信托、融资租赁等为舟山海洋经济发展提供了10.4亿元多元化融资支持；中国银行浙江省分行在舟山专门成立了船舶金融创新小组，单列信贷资源；中国农业银行特别赋予浙江省分行海洋经济领域的信贷产品创新权限，允许分行自主开发各类信贷创新产品。

三是加快金融创新，丰富海洋经济融资模式。全省各级金融机构推出了船舶金融、港航物流融资、产业链融资等新型融资模式，丰富了海洋金融发展的融资手段。中国进出口银行浙江省分行通过船舶出口卖方信贷、沿江沿海船舶贷款等产品支持船舶企业，渤海银行杭州分行开发了包括流动资金贷款、现船抵押项目贷款在内的综合性船舶金融服务方案，宁波象山农村信用社创新开展渔船抵押贷款业务。

四是发展直接融资，扩大海洋经济发展社会融资总量。目前全省已有宁波港集团、杭州湾大桥、宁波海运等海洋经济重点企业在银行间市场累计发行债务融资工具46亿元，舟山交通投资有限公司发行了15亿元企业债券，有效地拓宽了企业直接融资渠道。

二、下一步工作安排

当前，海洋金融仍处于发展起步阶段，产品和服务有待丰富和提升。下一阶段，需进一步推动海洋金融发展：一是完善金融服务体系，探索组建专门服务于海洋经济的地方性金融机构，引入在船舶金融、航运金融等方面优势明显的外资银行；二是推动海洋金融产品创新，推广在建船舶抵押、海域使用权抵押、进出口信贷、保函、信用证、出口信用保险、海上航运保险等金融产品；三是拓宽海洋经济直接融资渠道，积极发行企业债务融资工具，探索支持涉海产业的优质企业境外发行债券；四是优化海洋经济对外贸易投融资的外汇管理，支持和引导企业发展海外投融资平台，鼓励企业在跨境交易中使用人民币，探索在沿海保税港区开展离岸金融试点。

（五）信用体系建设卓有成效，金融生态继续优化

2011年，浙江省全面深化中小企业和农村信用体系建设，加大农村信用体系建设“丽水模式”的推广力度。加强金融管理部门与地方政府的协调配合，规范和引导民间融资，推动浙江金融生态环境持续改善。

1. 征信系统覆盖面继续扩大，服务对象日益广泛。全省已开通查询用户5.1万个，系统月均查询量达278.7万次，征信系统成为金融机构风险管理的重要基础设施。

2. 农村信用体系建设实质性推进，融资环境有效改善。全省累计为17.4万户中小企业建立了信用档案，其中，2.9万户企业获得了银行6 095亿元的贷款。以“政府支持、人行主导、多方参与、共同受益”为特点的“丽水模式”向“浙江模式”转变，全省累计为615万农户建立了信用档案，覆盖面达26.0%。

3. 民间借贷有序疏导，潜在风险得到防范。率先在全国制定加强民间融资管理的指导意见，开展规范民间融资试点，探索民间金融阳光化途径。

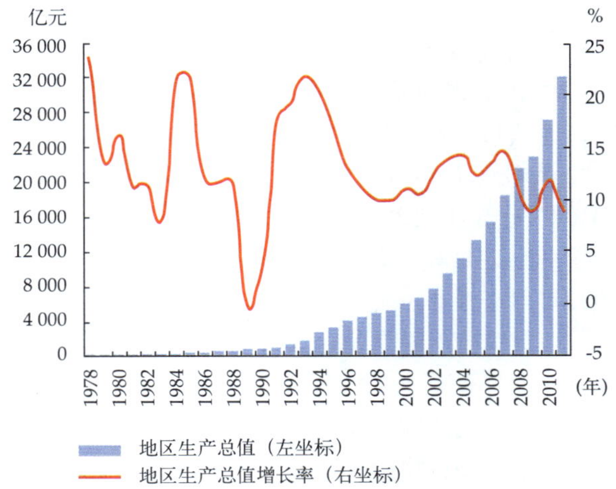

数据来源：浙江省统计局。

图6　1978～2011年浙江省地区生产总值及其增长率

二、经济运行情况

2011年，浙江经济保持平稳协调增长，结构调整和转型升级步伐加快，内生动力持续增强，民生不断改善，节能降耗取得积极成效。全年实现地区生产总值32 000.1亿元，同比增长9.0%，人均地区生产总值为58 665元（见图6），顺利实现“十二五”发展的良好开局。

（一）三大需求协调增长，内需拉动有所增强

2011年，内需对浙江经济的拉动力增强，经济增长逐步向消费、投资、出口协调拉动转变。

1. 投资保持增长，结构继续优化。2011年，浙江省积极推进交通、能源、水利等重大基础设施项目，启动临港工业、高技术产业、重要装备制造等项目建设，全社会固定资产投资同比增长24.8%（见图7）。

投资结构继续调整深化，装备制造业投资同比

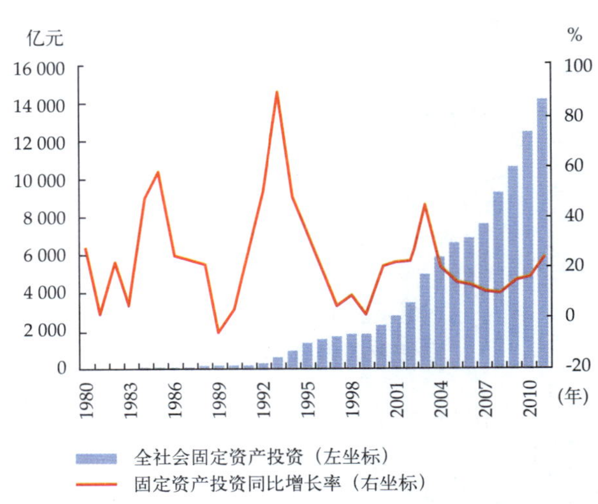

数据来源：浙江省统计局。

图7　1980～2011年浙江省固定资产投资及其增长率

增长18.0%，水利环境和公共设施管理业、文化、体育、教育等民生相关基础设施投资保持较快增长，“两高一剩”行业投资得到有效遏制。民间投资同比增长30.4%，增速高出国有投资12.2个百分点。

2. 居民收入稳步提高，消费需求有效增长。2011年，全省城镇居民人均可支配收入达30 971元，连续11年居全国各省（自治区）第1位，高出全国平均水平40%以上。农村居民人均纯收入为13 071元，连续27年居全国第1位，比全国平均水平高出近1倍。城乡收入差距缩小至2.37倍，为2003年以来最小，低于全国3.13倍的平均水平。

消费保持平稳增长，2011年，全省社会消费品零售总额同比增长17.4%（见图8）。全省财政加大对农村居民的转移支付，城乡市场消费差距逐步缩小。消费结构持续优化升级，食品类消费较为稳定，金银珠宝、家具、通信器材类消费增长较快；汽车消费增长趋缓，零售额同比增长16.6%，增幅比上年降低1.9个百分点。

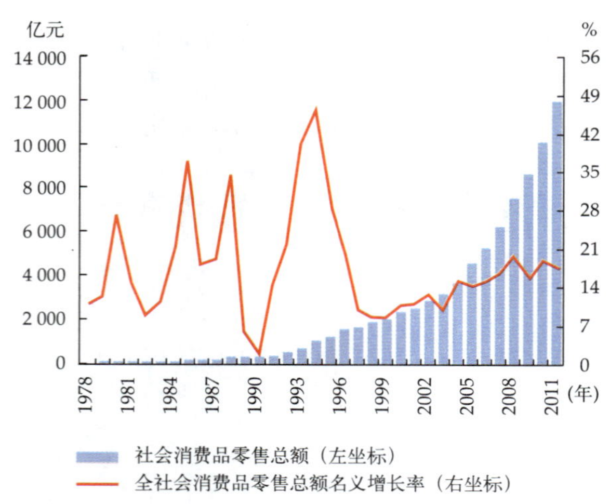

数据来源：浙江省统计局。

图8　1978～2011年浙江省社会消费品零售总额及其名义增长率

3. 进出口总额创新高，增速有所回落。2011年，全省进出口总额为3 094亿美元，同比增长22%。出口与进口总额分别为2 164亿美元和930亿美元，同比分别增长19.9%和27.3%，自2003年以来进口增速首次快于出口增速（见图9）。全省结售汇顺差同比增长6%。2011年实际利用外资116.7亿美元，同比增长6%（见图10）。

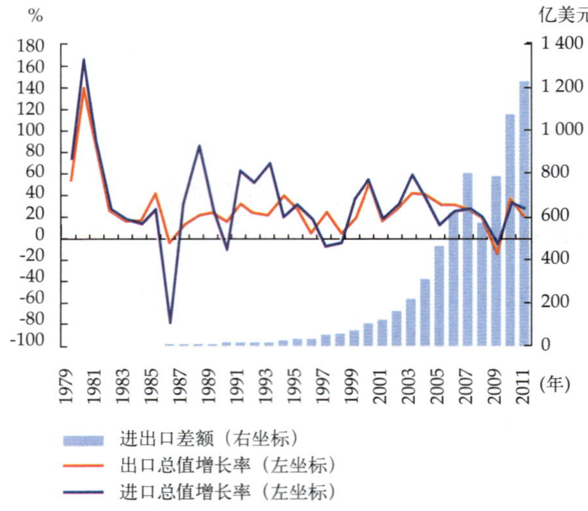

数据来源：浙江省统计局。

图9　1979～2011年浙江省外贸进出口变动情况

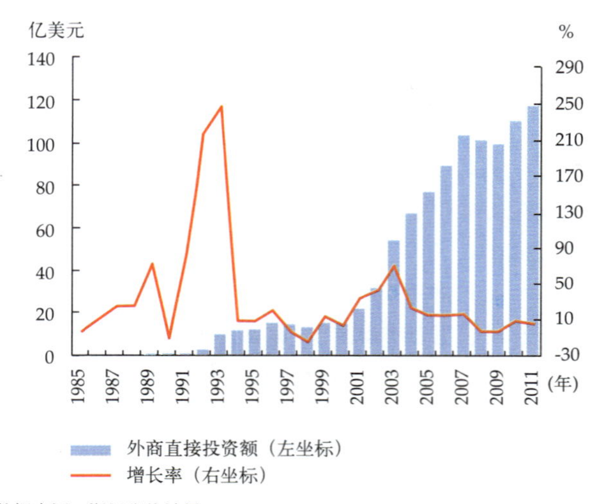

数据来源：浙江省统计局。

图10　1985～2011年浙江省外商直接投资情况

2011年，国家外汇管理局浙江省分局出台金融支持浙江省企业“走出去”实施意见，取得良好成效。全省登记境外投资项目中方投资总额增长109%，境外直接投资外汇资金汇出额增长94.1%。

（二）三次产业稳步发展，产业结构趋向合理

2011年，浙江省三次产业比例为5：51：44，

第二产业比重下降0.61个百分点，第三产业比重提高0.66个百分点，产业结构趋向合理。

1. 农业生产稳定增长，发展方式加快转变。2011年，全省有序推进农业“两区”建设，积极培育现代农业经营主体，农林牧渔业总产值同比增长3.1%，粮食播种面积和总产量保持稳定，各品种单产普遍提高；棉花、药材、油料等经济作物产量有所增加。

农业生产转型步伐加快。农业科技示范与成果转化取得积极进展，信息化和机械化水平稳步提升。全年落实粮食生产功能区建设任务123万亩，启动建设省级现代农业综合区137个，有效支持农村经济稳定发展。

2. 工业经济增长趋稳，结构调整成效显著。全省规模以上工业增加值同比增长10.9%（见图11），工业企业利润同比增长12.7%。工业结构调整进程加快。规模以上工业企业装备制造业增加值和高新技术产业增加值同比分别增长12.1%和13.4%，而高耗能行业生产增速总体低于规模以上工业。企业自主创新能力不断增强，新产品产值同比增长28.8%，拉动规模以上工业总产值增长6个百分点。

针对成本、需求等因素对中小企业的叠加影响，浙江省及时出台并落实一系列政策措施，优化企业发展环境，促进中小企业健康发展。全年小型

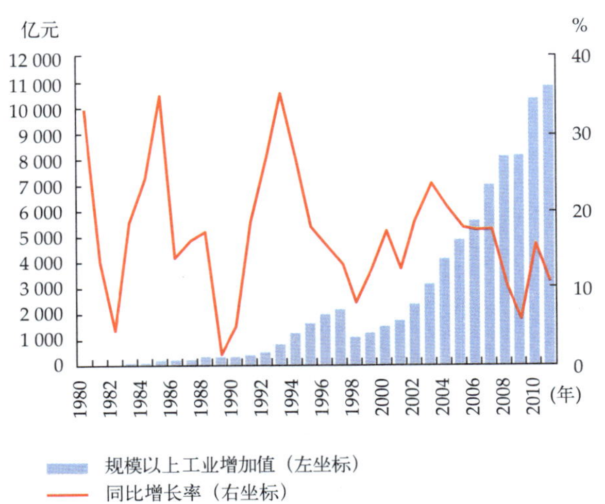

数据来源：浙江省统计局。

图11　1980～2011年浙江省规模以上工业增加值及其增长率

企业增加值增长11.4%，高于规模以上工业0.5个百分点。

3. 服务业规模持续扩大，行业结构特色明显。2011年，浙江省服务业综合改革试点加快推进，服务业增加值同比增长9.5%，高于地区生产总值增速。传统服务业稳定发展，以服务外包、软件业为代表的新兴服务业发展迅速。特色产业优势明显，港口运输吞吐量再创新高，宁波—舟山港货物吞吐量达到6.9亿吨。服务业集聚效应显现，全省服务业集聚区块已达200多个。

（三）物价涨幅高位回稳，工资水平持续上升

2011年，浙江省物价水平总体保持高位运行，第四季度，随着宏观调控效应显现，物价过快上涨势头得到初步遏制（见图12）。

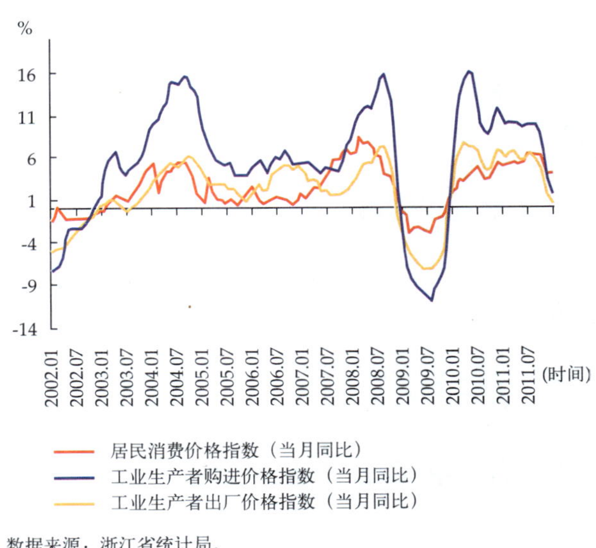

数据来源：浙江省统计局。

图12　2002～2011年浙江省居民消费价格和生产者价格变动趋势

1. 居民消费价格总体上涨，过快上涨势头得到遏制。2011年，全省居民消费价格同比上涨5.4%。分月看，1～10月涨幅均在5.0%以上，11月、12月涨势有所回落。分类看，八大类价格均同比上涨，其中，食品类价格涨幅达12.3%，推动价格总水平上升3.5个百分点，成为推动居民消费价格上升的首要因素。

2. 工业生产者价格涨幅较大，下半年有所回

落。2011年，全省工业生产者出厂价格和工业生产者购进价格分别上涨5.0%和8.3%。分月看，下半年涨幅双双出现快速回落，分别从7月的6.4%和10.3%降至12月的0.5%和8.3%。分类看，15个工业部门产品出厂价格与九大类原材料购进价格出现上涨。

3. 劳动力报酬继续提高。2011年，浙江省全社会单位在岗职工年平均工资同比增长7.2%。为稳步提高低收入者生活水平，全省最低月工资标准已调整为1 310元、1 160元、1 060元和950元四档，最高档增幅达到19.1%，新标准水平居全国省（自治区）前列。

（四）财政收入较快增长，民生重点保障有力

2011年，全省地方财政一般预算收入为3 150.8亿元，同比增长20.8%，首次突破3 000亿元大关（见图13）。企业所得税和个人所得税增长较快，同比分别增长33.0%和22.8%，较好地支撑了收入的整体增长。

全省地方财政一般预算支出为3 842.74亿元，同比增长19.8%。其中，社会保障与就业、住房保障支出、教育、医疗卫生、农林水事务支出等民生支出增长较快，占总支出的比重进一步提高。

（五）节能降耗扎实推进，生态省建设成效明显

2011年，浙江省继续实施资源节约和环境保护行动计划，加强对耗能大户和污染大户的监管和调控。全年单位地区生产总值能耗比上年降低3.1%，化学需氧量和二氧化硫排放量比上年分别下降2.5%和3.0%。大力推进重点区域、流域和重点行业污染整治，生态环境总体稳定，局部地区有所改善。全省八大水系、运河和主要湖库地表水环境功能区水质达标率为73.7%，设区城市环境空气质量达到或优于二级标准的天数占92.9%。排污权交易试点和排污权抵押贷款业务有效推进，绿色信贷制度建设取得突破。

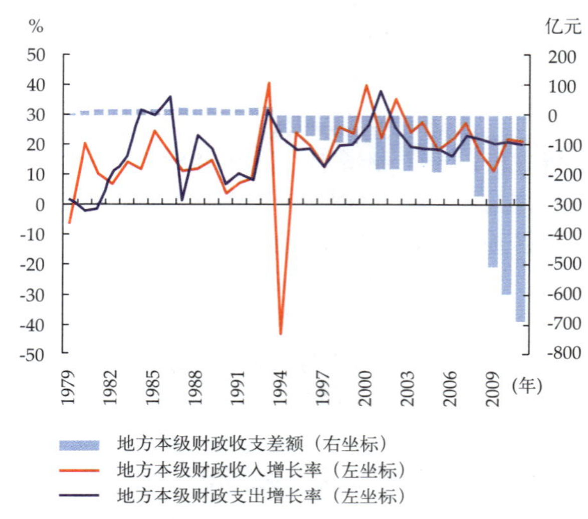

数据来源：浙江省统计局。

图13　1979～2011年浙江省财政收支状况

专栏3　浙江省小微企业生产经营和融资状况

2011年，小微企业生产经营和融资状况引起各界关注。中国人民银行杭州中心支行结合专项调查对此进行了分析，主要情况如下：

一、浙江省小微企业生产经营总体平稳

2011年，浙江省小型企业实现工业总产值23 230亿元，同比增长22.3%，增速高于中型企业2.5个百分点；全省规模以上工业中小企业实现利润总额2 431.3亿元，同比增长9.5%；全省新注册登记的小微企业数量明显多于注销的小微企业数量。调查显示，约2/3的受调查企业表示，2011年销售收入比上年增加，盈利情况正常；超过一半（53.69%）的受调查企业表示融资满足率在80%以上，融资状况总体良好。因此，总体来看，小微企业生产经营运行平稳。

二、金融部门多措并举支持小微企业发展成效显著

2011年，中国人民银行杭州中心支行等金融部门出台多项支持小微企业的政策措施，进一步改进和加强小微企业金融服务。一是加强政策引导。强化信贷政策执行情况评估，出台支持中小企业发展的16条措施，灵活运用差别准备金、再贷款、再贴现等政策工具，规范金

融机构利率定价，引导金融机构加大对中小企业的信贷投放。2011年，全省小企业新增贷款占全部企业贷款增量的52.2%，比上年提高1.6个百分点。二是有效加强财政支持。发挥财政资金“四两拨千斤”的杠杆作用，2011年共安排财政风险补偿资金7 039万元，撬动小企业贷款新增145.8亿元。三是积极发展直接融资。2011年，全省发行债务融资工具470亿元，发行企业家数、金额均创历年新高。四是加强信用体系建设。截至2011年年末，全省累计为17.4万户中小企业建立了信用档案。同时，完善信用担保体系，全年共为11万户企业提供1 134亿元的融资担保，其中，80%以上为小微企业。

三、进一步改善小微企业金融服务的政策措施

当前，受供给层面的成本约束和市场需求变化的影响，部分小微企业的生产经营仍较为困难。下一阶段，中国人民银行杭州中心支行将进一步深化各项工作，切实引导金融机构加大对小微企业的金融支持力度。一是完善金融服务体系。以温州金融综合改革试验区建设为契机，加快发展新型金融组织，鼓励设立服务于当地小企业的金融机构，并引导其立足当地，多层次、多渠道提供金融服务。规范发展民间融资。二是创新金融产品。推动应收账款、存货、仓单、知识产权、商位使用权等基于权利质押的融资产品。加强与担保、信托、物流仓储、第三方支付服务组织等的合作及产品创新。三是发展直接融资。扩大中小企业短期融资券、集合票据等债务融资工具规模，有效利用“区域集优”等融资模式，加大对中小企业发债的信用增进支持。四是加强评估和引导。深入开展中小企业信贷政策评估和贷款风险补偿工作，引导和激励金融机构加大对小微企业的信贷支持力度。

（六）房地产调控成效显现，金融支持文化产业力度加大

1. 房地产市场放缓趋稳，信贷增速逐步下降。2011年，随着一系列房地产调控政策的贯彻落实，浙江房地产市场量价回落，房地产信贷增长继续放缓。

房地产投资保持增长。2011年，全省房地产开发投资为4 494亿元，同比增长48.5%。施工面积、新开工面积和竣工面积分别同比增长27.5%、30.3%、7.5%（见图14），但增速逐季度回落。住房供应结构发生变化，住宅占比略有下降。保障性住房建设进度加快，全年新开工21.4万套，完成计划任务的115%。

商品房成交量回落，房价涨幅明显放缓。2011年，商品房销售面积比上年下降20.5%，销售额下降16.4%。市场供求发生变化，住房库存量上升。2011年，杭州、宁波、温州和金华4个城市的房价指数呈现逐步回落态势。12月，杭州新建住宅销售价格指数同比上涨1.0%，宁波下降1.2%（见图15），二手住宅销售价格指数同比分别下降4.4%、1.8%。

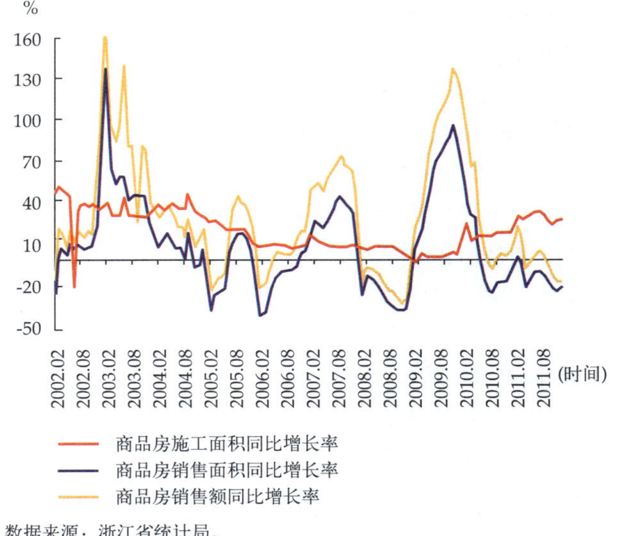

数据来源：浙江省统计局。

图14　2002～2011年浙江省商品房施工和销售变动趋势

房地产贷款增速持续放缓，差别化信贷政策得到落实。2011年年末，全省房地产贷款增幅同比回落14.1个百分点，其中，房地产开发贷款和个人购

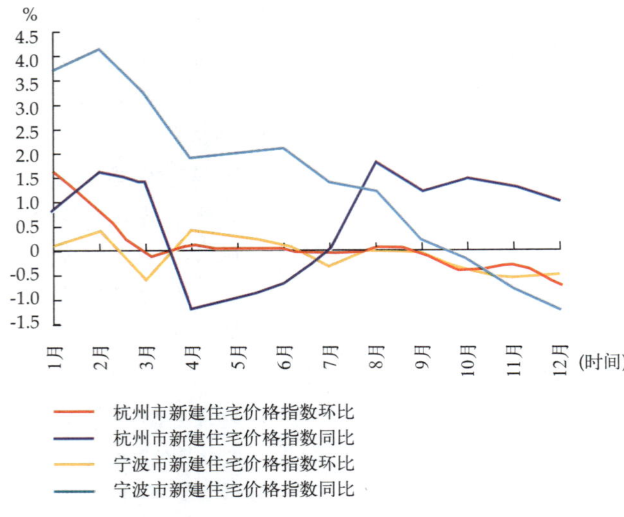

数据来源：浙江省统计局。

图15　2011年浙江省主要城市房屋销售价格指数变动趋势

房贷款增幅同比分别下降8.8个和19.4个百分点。保障性住房开发贷款较快增长，2011年年末全省保障性住房开发贷款余额同比增长109.6%。信贷政策对改善房地产市场结构的效应明显，个人购房贷款支持90平方米以下住宅的占比和购买首套住房占比不断提高。

2. 文化产业发展迅速，金融支持力度加大。2011年，浙江省出台了《浙江省文化产业发展规划（2010～2015）》和《浙江省文化服务业“十二五”发展规划》。预计到2015年，全省文化产业增加值占地区生产总值的比重达7.0%左右，成为全省国民经济新的增长点和支柱产业。

当前浙江文化产业发展呈现以下特点：一是优势领域逐渐显现。新闻出版、影视服务、文化旅游、文化会展和文化产品制造等产业逐步确立优势地位。二是新兴产业快速成长。数字动漫、数字电视、数字出版、网络广播影视发展迅猛。三是集聚水平不断提升。全省共有文化产业园区70多个，推动2011年文化娱乐业投资增长60.2%。四是民间资本积极参与。全省共有规模以上民营文化企业4万余家，投资总规模超过1 300亿元，吸纳就业人员75万人以上，涌现了横店集团、宋城集团、华策影视等一批在全国有影响的民营文化龙头企业。

浙江省多管齐下，加大对文化产业的金融支持力度。2011年年末，浙江省文化产业贷款余额同比增长18.8%，高于全部贷款增速4.9个百分点。一是加强信贷政策引导，围绕文化产业发展的重点领域加大金融支持力度，并强化政银企战略合作。二是创新金融产品。“影视通宝”、“桥隧融资模式”、“动漫版权质押贷款”、“创意贷”等新型金融产品有效地解决了文化产业的抵押担保不足问题。2011年年末，全省专利权质押贷款余额为10亿元，成为文化企业融资的重要途径之一。三是积极拓展直接融资。横店集团控股公司已累计在银行间市场发行55亿元短期融资券，开辟了文化企业新的融资渠道。四是有效引导各类资本广泛参与。民营企业投资文化产业达270亿元。中小企业集合信托债权基金已为近百家文化创意类小企业提供集合融资支持。

三、预测与展望

2012年是实施“十二五”规划承上启下的重要一年，也是浙江加快发展方式转变和转型升级的关键一年，经济趋势总体向好，有望保持平稳增长。实施三大国家战略、培育发展战略性新兴产业、提升改造传统产业、推进14个产业集聚区建设将为投资增长提供基础，有利于提升产业层次。扩大内需政策、城乡居民收入持续增长和消费升级仍将推动消费增长。新兴市场经济增长潜力仍然较大，出口有望保持一定规模。预计全省地区生产总值增长8.5%左右。

但同时，浙江经济发展面临的环境依然复杂。从外部看，世界经济复苏的不稳定性和不确定性较大，国际经济环境难以明显好转，外需可能持续疲弱。从内部看，结构调整、企业经营、要素制约和节能减排等压力仍较大，尽快培育和形成浙江省新的经济增长点面临挑战；民间融资规范发展和金融改革任务艰巨。

随着物价调控政策效果显现，以及输入性通货膨胀减缓，物价上涨压力正在逐步缓解，但国际大宗商品的价格可能波动上行，浙江劳动力成本上升趋势明显，农副产品价格波动加剧，资源产品价格有待理顺，稳定物价总水平仍有一定难度。预计全省CPI涨幅将在4%左右。

从金融运行情况看，影响因素日趋复杂和多元化，保持浙江金融平稳运行的难度有所上升。存款分流趋势短期内难以改变，贷款则有望保持适度增长，对实体经济重点领域和薄弱环节的支持力度不断加大。融资结构趋于多元化，债券、股票融资渠道进一步拓宽，推动浙江金融业自身发展水平和金融服务经济能力实现“两个提升”。

2012年，中国人民银行杭州中心支行将认真贯彻落实稳健的货币政策，保持合理的信贷增长和社会融资规模，优化信贷结构，深入推进金融改革和创新发展，加快浙江中小企业金融服务中心建设，稳步推动温州金融综合改革试验区建设和丽水农村金融改革试点，支持“走出去”和“引进来”，促进浙江经济平稳较快发展。

中国人民银行杭州中心支行货币政策分析小组
负责人：刘仁伍　方志敏
统　稿：陆巍峰　王　强　胡小军　余　牛
执　笔：余　牛　翁　磊　闫真宇　吴　云　陈　梁　王　庆　徐　伟　郭舒萍　李　青　杨　曦　杜国庆　陈　怡
提供材料的还有：周　擎　周宇晨　童红坚

附录

（一）2011年浙江省经济金融大事记

2月至6月，国务院先后批复《浙江海洋经济发展示范区规划》和《浙江省义乌市国际贸易综合改革试点总体方案》，批准设立浙江舟山群岛新区。

5月26日，中国人民银行向支付宝公司等发放国内首批第三方支付机构牌照。

6月9日，《浙江省“十二五”金融业发展规划》发布，提出“十二五”期间浙江金融业发展的总体目标。

10月，中国人民银行杭州中心支行积极落实温家宝总理在浙江考察时的重要讲话精神和中国人民银行，浙江省委、省政府部署，及时出台支持中小企业平稳健康发展的16项帮扶措施。

10月23日至28日，首届世界浙商大会召开，是迄今为止规格最高、规模最大的浙商精英聚会，大会主题为“创业创新闯天下、合心合力强浙江”。

11月21日，浙江省政府债券发行成功，实际发行面值67亿元。浙江是地方自行发债试点的四省（直辖市）之一，筹集资金主要投向保障性住房、民生、医疗等项目。

12月1日，浙江省货物贸易外汇管理改革试点开始实施，改革后企业收付汇更加便利，贸易结售汇效率进一步提高。

12月7日，浙江省政府正式出台《关于加强和改进民间融资管理的若干意见（试行）》，这是国内首个引导和规范民间融资的管理办法。

2011年，浙江省生产总值首次突破3万亿元大关，达32 000.1亿元，同比增长9.0%。

2011年，浙江金融机构认真贯彻稳健的货币政策，全省各项存款余额为60 893亿元，新增6 507亿元；各项贷款余额为53 239亿元，新增6 482亿元。直接融资比例创历史新高。

（二）2011年浙江省主要经济金融指标

表1　2011年浙江省主要存贷款指标

		1月	2月	3月	4月	5月	6月	7月	8月	9月	10月	11月	12月
本外币	金融机构各项存款余额（亿元）	54 759.3	55 149.2	57 913.4	58 149.3	59 137.9	60 873.3	59 276.6	59 804.3	59 953.3	59 046.1	59 340.1	60 893.1
	其中：储蓄存款	22 755.4	22 494.6	23 280.2	22 660.6	22 780.5	23 687	22 600.3	22 637.7	23 314.4	22 705.1	22 901.3	23 945.2
	单位存款	29 306.8	29 671.3	31 668.7	32 152.5	32 851.8	33 781.4	32 886.8	33 380.9	32 808.7	32 427.5	32 611.7	33 542.8
	各项存款余额比上月增加（亿元）	374.2	389.8	2 764.2	234.8	988.6	1 735.4	-1 596.7	541.6	98.2	-907.2	294	1 553
	金融机构各项存款同比增长（%）	17.6	16	18.6	16.6	17	18.3	15.3	14.3	12.1	11.1	10.6	12.0
	金融机构各项贷款余额（亿元）	47 894.2	48 329.8	48 819.5	49 457.5	50 041.2	50 645.7	50 924.5	51 401	51 892.1	52 201.2	52 639.6	53 239.3
	其中：短期	27 716.3	28 020.7	28 403	28 834.8	29 338.1	29 920.5	30 154.3	30 549.8	31 011.2	31 287.3	31 636.9	32 289.9
	中长期	19 173.3	19 336	19 474.7	19 631.6	19 671.5	19 698	19 729.7	19 780.2	19 787.5	19 875.3	19 879.1	19 761.2
	票据融资	585	552.5	516.3	562.8	590.6	578.8	580.9	602.3	623	553.8	607.1	640.1
	各项贷款余额比上月增加（亿元）	1 136.2	435.6	489.8	637.9	583.8	604.5	287.1	479.9	491.1	309.2	438.4	599.7
	其中：短期	760.6	304.6	382.3	431.9	503.3	582.4	233.8	398.5	461.5	276	349.6	653
	中长期	381	163.3	138.7	156.9	40	26.5	31.7	50.5	7.3	87.8	3.9	-118
	票据融资	-23.4	-32.5	-36.1	46.5	27.8	-11.7	10.3	21.8	20.7	-69.2	53.4	32.92
	金融机构各项贷款同比增长（%）	17.7	17.2	16.2	15.8	15.4	15.3	14.6	14.2	14.1	13.6	13.3	13.9
	其中：短期	20.3	19.8	19.1	18.5	19	19.6	19	18.8	18.9	18.7	18.5	19.7
	中长期	17.4	16.2	14.3	13.4	11.8	10.8	9.7	8.7	7.7	6.7	6	5.1
	票据融资	-43.4	-41.4	-38.3	-27.1	-27.5	-27.1	-25.7	-22.8	-3.5	-9.9	-7.8	5.4
	建筑业贷款余额（亿元）	1 525.54	1 542.77	1 568.6	1 630.79	1 655.23	1 693.6	1 720.72	1 738.3	1 750.27	1 778.63	1 800.35	1 847.33
	房地产业贷款余额（亿元）	2 140.01	2 145.96	2 160.82	2 195.24	2 197.88	2 200.04	2 194.01	2 209.82	2 200.3	2 195.87	2 205.73	2 191.35
	建筑业贷款同比增长（%）	24.03	22.99	22.34	26.3	26.15	26.64	25.55	24.23	23.49	23.25	22.87	24.8
	房地产业贷款同比增长（%）	11.06	9.33	7.37	7.87	6.06	6.69	6.37	5.56	4.43	4.28	4.97	5.42
人民币	金融机构各项存款余额（亿元）	53 792.9	54 186.7	56 941.5	57 218.5	58 181.5	59 832.1	58 281.5	58 803.7	58 946.5	58 003.3	58 279.6	59 727.9
	其中：储蓄存款	22 308.3	22 080.6	22 908.2	22 330.1	22 437.5	23 327.9	22 246.2	22 279.3	22 919.8	22 284.1	22 453.5	23 470.3
	单位存款	28 817.4	29 159.2	31 107.9	31 592.3	32 280.9	33 147.8	32 289	32 779.8	32 243.2	31 852.5	32 045.5	32 890.8
	各项存款余额比上月增加（亿元）	456.1	393.7	2 754.8	276	963	1 650.6	-1 550.58	536.1	92.2	-943.2	276.3	1 448.3
	其中：储蓄存款	1 604.2	-227.7	827.6	-578.5	107.4	890.3	-1 081.69	33.6	640.5	-635.7	169.3	1 016.8
	单位存款	-1 204.6	341.1	1 948.7	483.8	688.5	866.9	-858.8	504.13	-536.6	-390.7	192.9	845.3
	各项存款同比增长（%）	17.6	15.9	18.7	16.7	17.1	18.5	15.5	14.5	12.2	11.1	10.6	12
	其中：储蓄存款	23	11.5	17	14.9	15.3	16.9	12	11.6	9.7	11.1	11.5	14
	单位存款	13.9	18.6	20.1	17.9	18.4	19.5	16.7	14.9	11.9	9.5	8.1	9
	金融机构各项贷款余额（亿元）	46 101.4	46 500.7	46 984.3	47 619.5	4 8154	48 720.6	49 022.3	49 473.1	49 902.2	50 237.9	50 689	51 276.6
	其中：个人消费贷款	8 294.4	8 349.3	8 390.2	8 446.9	8 505.1	8 573.6	8 578.6	8 625.1	8 678.2	8 680.4	8 691.9	8 699.1
	票据融资	584.7	552.3	516.2	562.6	590.4	570.3	580.8	602.1	622.8	553.6	607	640
	各项贷款余额比上月增加（亿元）	993.9	399.3	483.7	635.2	534.4	566.6	310	454.2	429.2	335.7	451.1	587.6
	其中：个人消费贷款	95.5	55.5	41	56.7	58.2	68.5	5	46.5	53.1	2.2	11.5	7.2
	票据融资	-23.5	-32.4	-36.1	46.4	27.7	-20.1	10.5	21.8	20.7	-69.2	53.4	33
	金融机构各项贷款同比增长（%）	17	16.5	15.7	15.4	14.9	14.8	14.1	13.7	13.5	13.2	13	13.7
	其中：个人消费贷款	20.1	19.1	16.5	13.4	11.3	10.3	9.1	8.5	7.8	7	6	5.5
	票据融资	-43.4	-41.4	-38.3	-27.1	-27.5	-28.2	-25.7	-22.8	-3.5	-9.9	-7.7	5.4
外币	金融机构外币存款余额（亿美元）	146.7	146.4	148.2	143.2	147.5	160.9	154.4	156.7	158.4	164.9	167.1	184.9
	金融机构外币存款同比增长（%）	25.5	22.8	21.6	14.3	12.7	17	11.4	10.6	8.8	14.7	12.2	16.8
	金融机构外币贷款余额（亿美元）	272.1	278.2	279.9	282.8	291	297.5	295.2	301.9	313.1	310.5	307.3	311.5
	金融机构外币贷款同比增长（%）	43.3	41.6	34.6	32.7	36.6	36.1	35.2	37.3	40	33.7	27.9	25

数据来源：中国人民银行杭州中心支行。

表2 2001～2011年浙江省各类价格指数

单位：%

年/月		居民消费价格指数		农业生产资料价格指数		工业生产者购进价格指数		工业生产者出厂价格指数	
		当月同比	累计同比	当月同比	累计同北	当月同比	累计同比	当月同比	累计同比
2001		—	-0.2	—	-0.3	—	-0.4	—	-1.7
2002		—	-0.9	—	-0.5	—	-2.5	—	-3.1
2003		—	1.9	—	2.9	—	5.75	—	0.64
2004		—	3.9	—	3.2	—	13.35	—	4.95
2005		—	1.3	—	5.8	—	5.4	—	2.3
2006		—	1.1	—	-0.4	—	5.6	—	3.8
2007		—	4.2	—	7.3	—	5.3	—	2.4
2008		—	5.0	—	18.9	—	10.6	—	4.3
2009		—	-1.5	—	-4.1	—	-7.4	—	-5.1
2010		—	3.8	—	2.9	—	12.0	—	6.2
2011		—	5.4	—	10.8	—	8.3	—	5.0
2010	1	2.1	2.1	-0.8	-0.8	10.4	10.4	5.7	5.7
	2	3.3	2.7	0.3	-0.2	13.1	11.7	6.4	6.0
	3	3.1	2.8	0.4	0.0	15.3	12.9	7.6	6.6
	4	3.7	3.0	0.7	0.2	16.0	13.7	7.2	6.7
	5	4.2	3.3	2.3	0.6	15.8	14.1	7.2	6.8
	6	4.8	3.4	2.4	0.9	12.6	13.8	6.8	6.8
	7	4.1	3.5	3.0	1.2	10.4	13.3	6.0	6.7
	8	3.4	3.5	3.2	1.4	9.2	12.8	4.6	6.4
	9	3.6	3.5	3.9	1.7	9.0	12.4	4.5	6.2
	10	4.2	3.6	6.0	2.1	9.8	12.1	5.4	6.1
	11	5.5	3.7	7.5	2.6	11.6	12.1	6.9	6.2
	12	4.9	3.8	6.5	2.9	10.9	12.0	6.4	6.2
2011	1	5.1	5.1	5.4	5.4	10.0	10.0	6.0	6.0
	2	5.2	5.2	7.1	6.2	10.2	10.1	6.5	6.2
	3	5.3	5.2	8.1	6.9	10.2	10.0	6.6	6.4
	4	5.2	5.2	9.3	7.5	9.9	10.1	5.9	6.2
	5	5.3	5.2	10.9	8.2	9.6	10.0	5.8	6.2
	6	6.4	5.4	12.8	8.9	10.0	10.0	6.2	6.2
	7	6.3	5.5	14.1	9.7	10.3	10.0	6.4	6.2
	8	6.2	5.6	14.9	10.3	10.0	10.0	5.9	6.2
	9	6.2	5.7	15.6	10.9	8.7	9.9	5.1	6.0
	10	5.5	5.7	12.9	11.1	6.6	9.5	3.7	5.8
	11	4.0	5.5	9.6	11.0	3.5	9.0	1.5	5.4
	12	3.9	5.4	8.5	10.8	1.6	8.3	0.6	5.0

数据来源：浙江省统计局。

表3 2011年浙江省主要经济指标

	1月	2月	3月	4月	5月	6月	7月	8月	9月	10月	11月	12月
绝对值（自年初累计）												
地区生产总值(亿元)	—	—	6 311.24	—	—	14 653.60	—	—	22 627.40	—	—	32 000.10
第一产业	—	—	215.06	—	—	593.40	—	—	915.60	—	—	1 580.57
第二产业	—	—	3 167.51	—	—	7 600.20	—	—	11 683.70	—	—	16 404.18
第三产业	—	—	2 928.67	—	—	6 460.00	—	—	9 992.10	—	—	14 015.35
固定资产投资(亿元)	—	1 231.00	2 368.20	3 445.40	4 528.90	5 986.80	7 068.10	8 250.80	9 629.30	10 944.00	12 286.20	14 920.08
房地产开发投资	—	407.62	717.02	1 073.12	1 421.48	1 856.83	2 250.56	2 673.39	3 101.59	3 540.88	4 005.63	4 494.25
社会消费品零售总额(亿元)	—	—	2 813.30	—	—	5 640.22	—	—	8 625.00	—	—	11 930.60
外贸进出口总额(万美元)	271.21	423.20	664.64	920.40	1 183.46	1 446.55	1 735.06	2 024.51	2 307.97	2 548.03	2 814.46	3 093.97
进口	78.72	135.16	218.14	293.11	367.28	441.65	521.05	604.16	688.80	762.12	844.34	930.37
出口	192.49	288.04	446.50	627.29	816.18	1 004.90	1 214.01	1 420.35	1 619.17	1 785.91	1 970.12	2 163.60
进出口差额(出口-进口)	113.77	152.88	228.36	334.18	448.90	563.25	692.96	816.19	930.37	1 023.79	1 125.78	1 233.23
外商实际直接投资(万美元)	106 361	180 624	299 304	382 867	457 192	628 408	709 773	777 529	857 443	911 524	996 944	1 166 601
地方财政收支差额(亿元)	119.59	213.26	201.15	332.24	337.48	228.15	277.60	238.60	112.04	108.75	-197.30	-691.94
地方财政收入	429.97	677.12	946.38	1 290.83	1 580.21	1 874.33	2 186.60	2 398.63	2 602.54	2 855.79	3 007.98	3 150.80
地方财政支出	310.38	463.86	745.23	958.59	1 242.73	1 646.18	1 909.00	2 160.03	2 490.50	2 747.04	3 205.28	3 842.74
城镇登记失业率(%)（季度）	—	—	3.06	—	—	3.02	—	—	3.15	—	—	3.30
同比累计增长率（%）												
地区生产总值	—	—	10.4	—	—	9.9	—	—	9.5	—	—	9.0
第一产业	—	—	3.1	—	—	3.0	—	—	3.0	—	—	3.6
第二产业	—	—	10.8	—	—	10.1	—	—	9.7	—	—	9.1
第三产业	—	—	10.5	—	—	10.3	—	—	9.7	—	—	9.4
工业增加值	—	12.5	12.9	12.4	12.3	12.1	11.8	11.4	11.2	11.0	10.9	10.9
固定资产投资	—	29.1	26.6	27.1	23.9	23.0	22.9	22.0	22.0	21.5	20.2	24.8
房地产开发投资	—	49.6	43.3	45.4	44.4	47.1	51.9	52.3	50.1	50.8	49.9	48.5
社会消费品零售总额	—	—	16.1	—	—	16.9	—	—	17.2	—	—	17.4
外贸进出口总额	45.9	19.9	26.1	26.2	24.9	23.1	22.7	23.8	23.8	23.6	22.6	22.0
进口	46.7	33.5	30.1	26.5	25.8	25.1	26.4	27.8	28.8	29.9	28.8	27.3
出口	45.5	14.5	24.2	26.1	24.6	22.3	21.1	22.2	21.8	21.1	20.1	19.9
外商实际直接投资	23.9	32.0	20.0	21.1	14.4	18.2	20.8	19.2	17.3	14.0	12.6	6.0
地方财政收入	31.3	31.3	31.2	29.6	28.6	27.6	26.8	27.5	26.5	25.4	23.6	20.8
地方财政支出	85.7	26.6	27.5	22.2	23.7	29.4	28.8	26.0	25.1	25.6	23.2	19.8

数据来源：浙江省统计局。

2011年安徽省金融运行报告

中国人民银行合肥中心支行货币政策分析小组

[内容摘要] 2011年，面对复杂多变的宏观环境，安徽省认真贯彻落实国家各项宏观调控政策，充分发挥皖江城市带承接产业转移示范区的引领效应，巩固扩大合芜蚌自主创新综合试验区和国家技术创新工程试点省建设成果，经济运行呈现“速度较快、结构趋优、效益提升、后劲增强、民生改善”的良好态势。

全省金融系统严格按照宏观审慎管理要求，合理把握金融支持的力度、节奏和重点，社会融资规模保持适度增长。存贷款稳定增长，信贷结构趋于优化，信贷投放的针对性、灵活性进一步增强；证券期货经营机构稳健发展，直接融资再创新高；保险业务平稳发展，结构调整取得进展。

2012年，安徽省将围绕“科学发展”主题和“全面转型、加速崛起、兴皖富民”主线，把握“稳中求进”的工作总基调，着力发挥自主创新、产业转移等战略平台优势，大力推进经济强省、文化强省、生态强省协调发展，经济金融运行有望继续保持又好又快发展态势，结构转型将再上新台阶。

一、金融运行情况

2011年，面对复杂多变的宏观形势，安徽省金融系统认真贯彻国家各项宏观调控政策，积极支持实体经济发展，金融运行总体呈现“规模合理、速度回落、结构优化、质量提高、运行稳定”的良好态势。

（一）银行业持续健康发展，信贷投放与货币信贷政策吻合度显著提高

1. 银行业持续健康发展，机构体系更趋完善。2011年，安徽省银行业资产规模稳步扩大，资产总额增长20.1%；盈利快速增长，利润总额同比增长39.1%。银行业资产质量进一步提升，不良贷款率为2.5%，较上年下降1.2个百分点。银行业金融机构发展迅速，杭州银行、东莞银行等多家银行在安徽设立分支机构（见表1）。

2. 各项存款稳定增长，单位存款少增明显。2011年年末，安徽省金融机构本外币各项存款余额为19 547.3亿元，同比增长18.6%，较上年同期下降4.3个百分点；全年新增3 034.4亿元，同比少增1.1亿元（见图1）。受物价上行等因素影响，企业生产经营成本上升，资金占用增多，导致全年单位存款同比少增297.8亿元。受房地产调控持续增强、股票市场震荡下行等影响，居民投资意愿下降，储蓄

表1 2011年安徽省银行业金融机构情况

机构类别	营业网点			法人机构（个）
	机构个数（个）	从业人数（人）	资产总额（亿元）	
一、大型商业银行	2 243	44 169	10 749	0
二、国家开发银行和政策性银行	90	2 337	2 683	0
三、股份制商业银行	99	3 809	2 366	0
四、城市商业银行	194	5 177	2 563	1
五、城市信用社	—	—	—	—
六、农村合作机构	3 031	29 850	4 072	83
七、财务公司	3	110	148	3
八、信托公司	1	122	34	1
九、邮政储蓄银行	1 700	12 415	1 686	0
十、外资银行	2	77	33	0
十一、新型农村金融机构	325	3 875	290	325
十二、其他	2	203	39	2
合　计	7 690	102 144	24 663	415

注：①营业网点不包括总部。
②农村合作机构包含农村信用社、农村合作银行及农村商业银行。
③新型农村金融机构包括村镇银行、贷款公司和农村资金互助社三类机构。
④“其他”包含金融租赁公司、汽车金融公司、货币金融公司、消费金融公司等。
数据来源：安徽银监局。

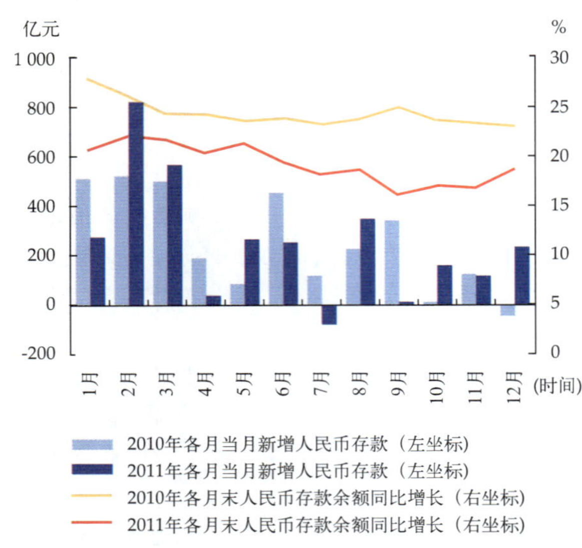

数据来源：中国人民银行合肥中心支行。

图1　2010～2011年安徽省金融机构人民币存款增长变化

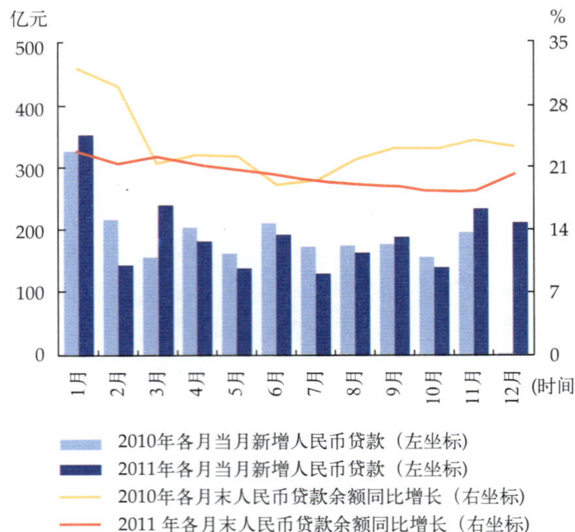

数据来源：中国人民银行合肥中心支行。

图2　2010～2011年安徽省金融机构人民币贷款增长变化

存款增长较快，全年储蓄存款同比多增294.1亿元。同时，储蓄存款存在季度末冲高现象，4月、7月、10月均为负增长。外币存款较快增长，年末增幅达34.8%，较上年同期提高17.4个百分点。

3. 各项贷款适度增长，信贷投放的针对性增强。2011年年末，安徽省金融机构本外币各项贷款余额为14 146.4亿元，同比增长20.9%，较上年年末回落3.4个百分点，信贷投放继续向常态回归，稳健的货币政策效果显现；全年贷款增加2 456.1亿元，同比多增173.2亿元（见图2、图3）。贷款投放节奏较为均衡，月增量基本在200亿元左右，季度占比分别为33%、22%、21%、24%。外币贷款全年新增23.2亿美元，同比多增2.1亿美元；增幅为54%，同比回落42个百分点。

一是地方法人金融机构贷款投向更加合理。2011年，中国人民银行合肥中心支行对13家地方法人金融机构实施准备金动态调整政策，政策效果明显。法人金融机构贷款投放进度总体合理、平滑，贷款主要投向小微企业和“三农”。小微企业贷款新增435亿元，同比多增197.2亿元；涉农贷款新增373.6亿元，同比多增36亿元。

二是期限结构调整成效显现。2011年年末，短期贷款同比增长26.8%，较上年年末提高11.1个百分点；中长期贷款增幅由上年年末的33.5%回落至2011年年末的16.9%。全年贸易融资贷款新增204.9亿元，为上年同期增量的2.2倍。新增中长期贷款主要投向制造业等实体行业，年末制造业贷款同比增长38.8%，高于各项贷款增幅18.5个百分点。

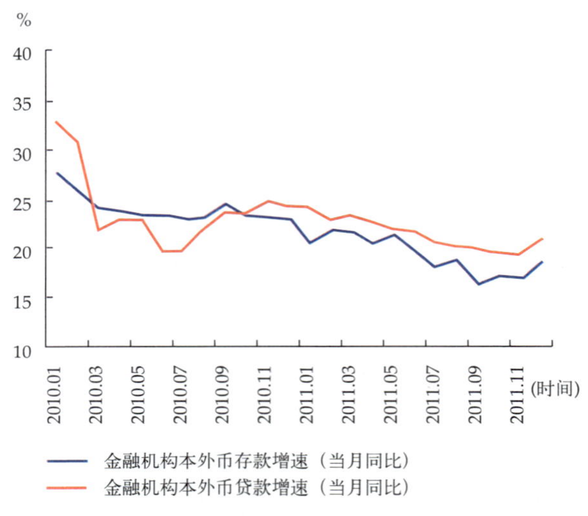

数据来源：中国人民银行合肥中心支行。

图3　2010～2011年安徽省金融机构本外币存、贷款增速变化

三是社会薄弱环节支持力度加大。2011年，各银行业金融机构加大对薄弱环节的支持力度，金融业参与社会管理的能力增强。年末全省小微企业贷款同比增长49.2%，分别高于大型、中型企业40.8

个和38.2个百分点。涉农贷款新增947.8亿元，同比多增168.3亿元，在各项贷款增量中的占比提高4.7个百分点。皖北地区贷款增速高于全省6.3个百分点，金融支持区域经济协调发展的力度加大。

四是民生领域金融服务水平提升。积极支持省政府33项民生工程建设，进一步完善小额担保贷款政策，支持下岗失业人员、妇女、高校毕业生等群体创业促就业，年末小额担保贷款同比增长89.7%，全年累计发放小额担保贷款1.8万笔，合计金额为13.2亿元，同比多发放7.0亿元。进一步完善生源地信用助学贷款管理办法和操作流程，全年助学贷款累计发放9.7亿元，同比多发放2.4亿元。

4. 贷款利率水平上行，利率定价机制进一步完善。2011年，安徽省银行业金融机构人民币贷款加权平均利率较上年提高139个基点，执行下浮和基准利率贷款占比较上年下降17.8个百分点（见表2）。1年期以上小额美元存款利率走势平稳，3个月以内大额美元存款利率水平较上年有较大提升（见图4）。

利率市场化改革稳步推进，金融机构定价机制

表2　2011年安徽省金融机构人民币贷款各利率浮动区间占比

单位：%

月份		1月	2月	3月	4月	5月	6月
合计		100.0	100.0	100.0	100.0	100.0	100.0
[0.9~1.0)		14.3	16.3	8.7	6.9	10.6	4.6
1.0		32.3	37.6	29.8	29.9	24.3	32.1
上浮水平	小计	53.4	46.1	61.5	63.2	65.1	63.3
	(1.0~1.1]	15.8	15.0	17.2	17.0	19.4	16.3
	(1.1~1.3]	14.1	10.8	16.1	17.6	18.4	20.7
	(1.3~1.5]	9.2	7.6	10.9	10.2	9.8	10.4
	(1.5~2.0]	10.5	9.6	12.6	14.0	13.7	12.0
	2.0以上	3.8	3.1	4.7	4.4	3.8	3.9
月份		7月	8月	9月	10月	11月	12月
合计		100.0	100.0	100.0	100.0	100.0	100.0
[0.9~1.0)		3.0	2.6	2.6	1.7	10.3	2.4
1.0		33.5	23.7	27.3	30.1	29.3	27.0
上浮水平	小计	63.5	73.7	70.1	68.2	60.4	70.6
	(1.0~1.1]	16.1	17.4	16.0	19.6	16.8	18.0
	(1.1~1.3]	19.8	24.9	24.7	22.7	20.4	21.5
	(1.3~1.5]	10.3	11.1	12.0	10.8	10.0	12.7
	(1.5~2.0]	13.6	16.4	14.3	11.9	11.0	15.0
	2.0以上	3.7	3.9	3.1	3.2	2.2	3.4

数据来源：中国人民银行合肥中心支行。

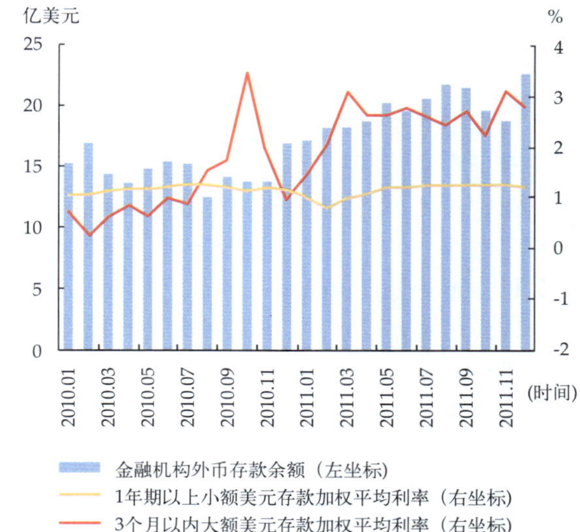

数据来源：中国人民银行合肥中心支行。

图4　2010~2011年安徽省金融机构外币存款余额及外币存款利率

进一步完善。通过定期开展对金融机构利率定价能力的评估，安徽省金融机构进一步健全以Shibor为基准的内部定价机制，改进定价技术，利率定价能力不断提高。

5. 金融机构改革有序推进，法人机构改革成效显著。国有商业银行积极整合业务流程，优化资源配置，提升运营效能，股份制改革继续深化；2011年8月，国务院正式同意撤销地级巢湖市，原巢湖市各银行业金融机构归并工作有序推进。

加强农村信用社后续监测考核，农村合作金融机构经营更加稳健，改革取得新进展，8家农村商业银行成功组建。徽商银行股份制改革取得积极进展，上市工作稳步推进，网点建设发展迅速，新设支行11家。新型金融服务主体迅速增加，172家小额贷款公司挂牌开业。

6. 跨境人民币业务有序开展。自2011年8月跨境人民币结算工作启动以来，安徽省跨境人民币结算金额达10.34亿元，其中，跨境贸易人民币结算金额为4.72亿元，资本项下人民币结算金额为5.62亿元。从地区分布看，铜陵、芜湖、马鞍山、黄山四市业务量占全省业务总量的91.5%。从境外地域看，与安徽省发生跨境人民币实际收付的境外国家和地区共有10个，其中，香港地区人民币实际结算量最大，占85.7%。

（二）证券期货业稳健发展，资本市场融资功能得到有效发挥

1. 证券期货经营机构稳健发展。2011年年末，全省共有证券经营网点154家，较上年增加24家；实现营业收入16.8亿元；实现净利润6.8亿元，同比回落47.7%。

2. 证券市场融资功能显著增强。2011年年末，全省上市公司共有77家；全年股票和公司债券类合计融资358.4亿元，居中部地区第1位（见表3）。全年11家公司首发上市，融资104.0亿元，首发家数和融资规模均为历史最好水平；14家公司实现再融资254.4亿元，创历史新高，其中，发行公司债融资156亿元，占全国公司债融资总额的9.1%。

表3　2011年安徽省证券业基本情况

项目	数量
总部设在辖内的证券公司数（家）	2
总部设在辖内的基金公司数（家）	0
总部设在辖内的期货公司数（家）	3
年末国内上市公司数（家）	77
当年国内股票（A股）筹资（亿元）	199
当年发行H股筹资（亿元）	0
当年国内债券筹资（亿元）	516
其中：短期融资券筹资额（亿元）	73

数据来源：安徽证监局、中国人民银行合肥中心支行。

（三）保险业结构调整成效显现，服务经济社会能力进一步增强

1. 保险机构经营主体增加，保险服务能力增强。2011年年末，全省各类保险公司省级分支机构有41家，比上年同期增加3家；保险代理公司、保险经纪公司、保险公估公司分别达37家、3家、10家；保险兼业代理机构和保险营销员分别达3 691家和106 423人（见表4）。

2. 保险业务平稳发展，结构调整取得进展。2011年，以新口径统计，全省保费收入为432.3亿元，同比增长8.0%（见表4）。其中，农业保险保费收入为13.8亿元，同比增长10.9%。非车险业务总体发展较快，增速达20.3%，高出车险业务1.1个百分点。健康险、意外险增速分别高于人身险业务增速21.6个、16.4个百分点。

表4　2011年安徽省保险业基本情况

项目	数量
总部设在辖内的保险公司数（家）	1
其中：财产险经营主体（家）	1
人身险经营主体（家）	0
保险公司分支机构（家）	41
其中：财产险公司分支机构（家）	20
人身险公司分支机构（家）	21
保费收入（中外资，亿元）	432
其中：财产险保费收入（中外资，亿元）	143
人身险保费收入（中外资，亿元）	289
各类赔款给付（中外资，亿元）	125
保险密度（元/人）	724
保险深度（%）	2.9

数据来源：安徽保监局。

3. 保险保障能力进一步增强。保险资金直接投资实现历史性突破，多家保险公司投资或认购安徽省债券100亿元，保险资金参与地方经济建设能力显著增强。政策性农业保险承保各类农作物突破9 000万亩，提供风险保障突破250亿元。

（四）金融市场交易活跃，融资结构呈现积极变化

1. 直接融资占比创历史新高，融资结构显著改善。2011年全省非金融机构直接融资额达714.9亿元，同比增长42.9%，在融资总额中的占比创2001

表5　2001～2011年安徽省非金融机构部门贷款、债券和股票融资情况

单位：亿元、%

年份	融资合计	比重		
		贷款	债券（含可转债）	股票
2001	240.5	89.8	0.0	10.2
2002	368.4	92.2	0.0	7.8
2003	519.0	94.1	2.9	3.0
2004	608.2	94.4	1.4	4.1
2005	598.8	91.9	7.8	0.3
2006	987.1	84.1	14.1	1.8
2007	1 166.8	79.1	8.8	12.1
2008	1 488.7	81.3	6.8	11.9
2009	2 803.0	85.8	8.4	5.8
2010	2 797.6	82.1	12.5	5.4
2011	3 170.9	77.5	16.3	6.2

数据来源：中国人民银行合肥中心支行、安徽省发展改革委、安徽证监局。

表6　2011年安徽省金融机构票据业务量统计

单位：亿元

季度	银行承兑汇票承兑		贴现			
			银行承兑汇票		商业承兑汇票	
	余额	累计发生额	余额	累计发生额	余额	累计发生额
1	1 160.9	662.2	246.3	581.4	27.1	14.5
2	1 489.0	1 651.1	269.9	1 035.5	32.8	14.9
3	1 566.8	2 447.2	387.7	2 395.3	4.6	37.6
4	1 574.8	3 354.5	454.6	3 278.7	5.6	46.2

数据来源：中国人民银行合肥中心支行。

表7　2011年安徽省金融机构票据贴现、转贴现利率

单位：%

季度	贴现		转贴现	
	银行承兑汇票	商业承兑汇票	票据买断	票据回购
1	6.8447	7.2549	4.9396	5.2089
2	6.8721	6.9208	5.3027	5.2608
3	9.0941	10.4119	7.3369	6.4859
4	9.1921	9.0292	7.3292	6.7193

数据来源：中国人民银行合肥中心支行。

年以来的新高，较上年年末提高4.6个百分点（见表5）。其中，债券融资515.5亿元，股票融资199.4亿元。

2. 同业拆借和债券交易业务活跃，净融入格局明显。2011年，全省银行间市场成员债券回购和同业拆借交易量分别突破3.9万亿元和0.16万亿元，净融入资金近0.6万亿元。债券交易量稳步扩大，全年现券交易额为2.4万亿元，同比增长15.4%。

3. 票据交易总体活跃，利率有所攀升。2011年，全省累计签发银行承兑汇票3 354.5亿元，贴现票据3 324.9亿元（见表6）。货币市场利率上行及金融机构信贷资产结构调整推动票据利率持续上扬。全年银行票据直贴和转贴现利率分别为8.10%和5.95%，同比分别上升423个和287个基点（见表7）。

4. 民间借贷趋于活跃。2011年，安徽省民间借贷监测点发生额同比增长25.2%。民间借贷加权平均利率为11.8%，同比提高99个基点。从走势看，上半年较为平稳，下半年特别是第三季度利率上行较快。

5. 金融市场创新取得积极进展。一是债券发行品种继续丰富，成功发行次级债券40亿元，填补了安徽省次级债券发行的空白。二是债务融资工具发展迅速，2011年全省发行债务融资工具266.5亿元，同比增长23.4%。三是票据电子化深入推进，全年电子商业汇票业务发生额为59.0亿元，同比增长39.8%。

（五）信用体系建设稳步推进，金融生态环境持续优化

1. 加快中小企业信用体系建设。以全省7个中小企业信用体系建设实验区为抓手，构建并完善中小企业信用信息采集体系和中小企业信用评价体系。截至2011年年末，全省已累计收集中小企业信用档案表43 418户，累计录入企业信用信息基础数据库41 059户；已接受第三方信用评级的中小企业和担保机构累计达1 140户，参评企业数和获得信贷支持率均得到明显增加。

2. 农村信用体系建设向纵深推进。自主开发农村信用信息服务平台，加大农户和农民专业合作社等信息采集力度，将农村青年示范户工作试点范围扩大至全省。截至2011年年末，全省已建立农村青年信用档案29 937户，评定青年信用示范户2 460名，其中，1 303名示范户在2011年累计获得贷款1.4亿元。

3. 反洗钱工作力度加大。积极构建反洗钱非现场监管体系，加大反洗钱行政调查、案件协查工作力度，组织实施跨区域反洗钱现场检查，全年完成对108家金融机构的现场检查。

专栏1　信用联结型农村信用体系：解决农户融资难的新思路

为全面、客观了解农户信用特征并在此基础上重塑农村信用体系，中国人民银行合肥中心支行在安徽省范围内抽取248家农户进行了问卷调查。结果显示，当前农户信用行为呈现明显的信用联结型特征，“亲缘信用”特征明显，核心农户信用增信作用显著。

表8　样本农户家庭从业情况

单位：户、%

农户从事行业类别	传统农业（种养户）	农业与非农兼业	非农行业
户数	79	153	16
占被调查样本农户比例	17.8	75.7	6.5

表9　样本农户家庭可变现资产规模

单位：户、%、万元

家庭可变现资产	户数	所占比例	最小值	最大值	均值
＜5万元	19	7.7	1.4	245	9.2
5万～10万元	152	61.3			
11万～15万元	43	17.3			
＞15万元	34	13.7			

一、样本农户基本情况

248个样本农户，家庭人口平均为4人，其中，家庭人口为3～4人的有128户，占51.6%；每户经营规模有限，10亩以下的小规模农户有183户，占73.8%。样本农户经济活动以兼业为主，户均可变现资产规模约为9.2万元（见表8、表9）。

二、信用联结型农户信用行为的几个特征

一是"亲缘信用"特征显著，以农村社会关系为特征的融资行为较为普遍。受"圈层信用"结构影响，农村亲缘信用较为普遍，融资行为与血缘远近、友情亲疏密切相关。调查显示，81.3%的农户选择融资的顺序为"亲戚—好友—乡邻或产业同伴"。可见，以亲缘关系为特征的民间融资顺序与农村信用行为的"圈层结构"是契合的。

二是伴有明显的信用联结行为，核心农户信用增信作用显著。问卷调查显示，农户"亲缘信用"伴有明显的农户信用联结行为。农户信用联结式担保客观上增加了被担保农户的信用等级，提高了被担保农户的授信额度，促进了范围内农户资金的供需平衡。同时，受"圈层信用"范围内农户关系远近及拥有经济、社会资本多少的影响，农户信用联结的担保中介人也相对固定，核心农户的信用担保增信作用较为明显。

三是农村信用"内强外弱"，民间融资违约率明显低于正规金融。在"亲缘信用"中农户具有较好的诚实守信的关系，而农户与金融机构的信用关系更多地体现为弱信用。"亲缘信用"、"朋友熟人信用"、"陌生人信用"的信用程度呈现依次减弱特征。据对安徽宿州市农村的调查，民间融资到期偿还率在97%以上，而该市信用社农户小额信用贷款的不良率在30%以上。

四是农户民间融资的方式和利率水平与农村信用发展阶段相吻合。问卷显示，在3年内有民间融资行为的93个农户中，居住在经济相对落后地区的61位农户的民间融资主要是互助性融资，利率较低；处在经济较为发达地区的32位农户的民间融资数额较大，合同较为规范，动产抵押较为普遍，执行利率水平也略高于社会平均利润水平。

三、构建信用联结型农村信用体系的思考

一是探索与农户信用行为相适应的农村信用体系建设路径。根据农户信用行为特性，按照"农户信用联结单元—农户信用中介—涉农金融机构"的农户信用信息库路径建设农村信用体系，为信贷资金服务农户提供支持。

二是完善农户信用联结单元和信用中介贷款发放和风险管理制度安排。政府及金融主管部门通过政策引导、协调推进等方式，鼓励涉农金融机构雇佣农户信用中介在农户信用联结单元进行贷款的发放和收回。涉农金融机构通过农户信用中介间接贷给农户，必须对农户信用中介筛选、监督借款农户和执行契约的能力及其信誉、资产保证能力等作统一评估，建立一套与之适应的贷款管理制度。

二、经济运行情况

2011年，安徽省围绕“科学发展”主题和“全面转型、加速崛起、兴皖富民”主线，加快推进经济结构调整和发展方式转变，经济运行呈现“速度较快、结构趋优、效益提升、后劲增强、民生改善”的良好态势。初步核算，全省地区生产总值为15 110.3亿元，增长13.5%，连续8年保持两位数增长（见图5）。

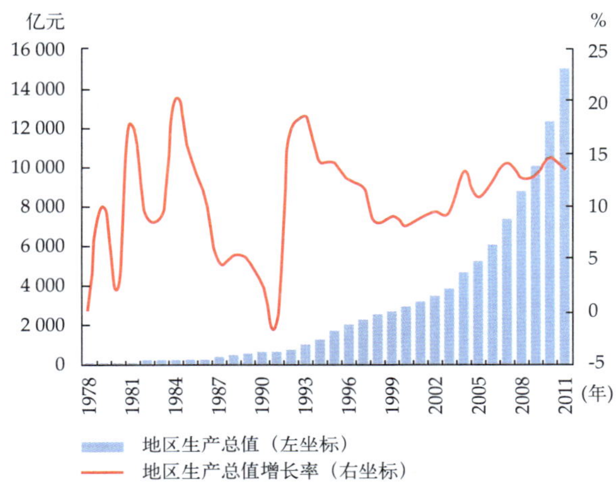

数据来源：安徽省统计局。

图5 1978～2011年安徽省地区生产总值及其增长率

（一）三大需求较快增长，结构调整成效显著

2011年，安徽省投资、消费、进出口呈现均衡增长态势，结构调整成效逐步显现，协调性不断增强。

1. 投资需求较快增长，投资结构显著优化。2011年，全社会固定资产投资增长27.6%，连续9年保持25%以上的增幅（见图6）。投资结构进一步优化，民间投资占比达65.5%，较上年提高2.1个百分点；汽车和装备制造等重点行业投资大幅增长；钢铁、水泥、有色等高耗能行业投资增长同比回落。与央企合作取得重大进展，全年央企项目开工193个，实际完成投资额为1 926.7亿元。与全国知名民企合作实现突破，开工项目累计完成投资额2 933亿元。

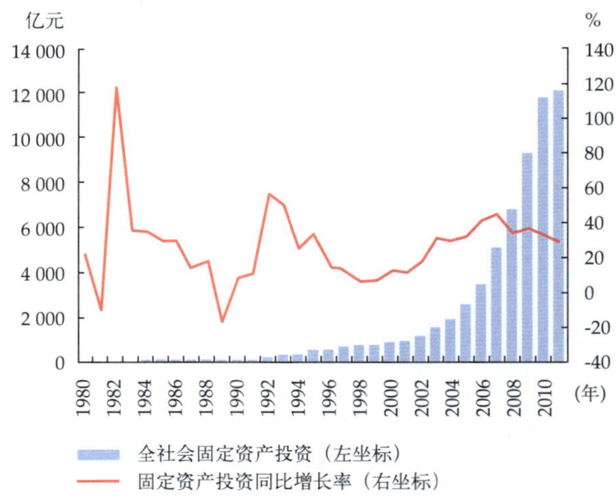

数据来源：安徽省统计局。

图6 1980～2011年安徽省固定资产投资及其增长率

2. 消费市场持续旺盛，消费结构进一步升级。城镇居民人均可支配收入、农村人均纯收入增幅比上年分别提高5.7个和0.6个百分点，居民消费能力进一步增强。全年社会消费品零售总额增长18.0%（见图7），高于全国平均增速0.9个百分点，消费需求总体旺盛。其中，石油及制品和金银珠宝等分别增长48.4%和47.5%，消费结构升级特征明显。全面落实国家惠民政策，深入推进家电下乡工作，以旧换新销售和回收数量、金额均居全国前列。

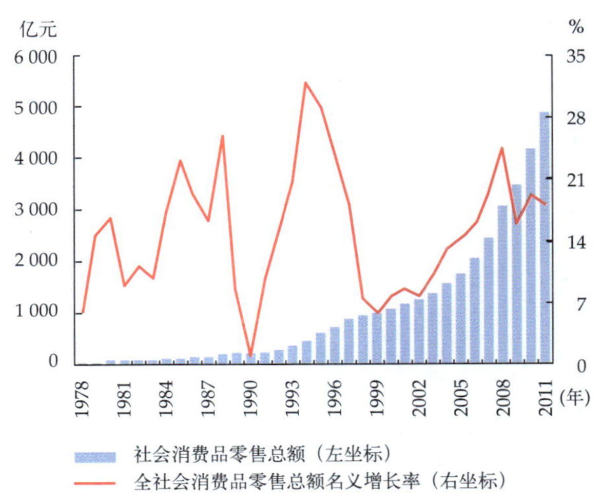

数据来源：安徽省统计局。

图7 1978～2011年安徽省社会消费品零售总额及其增长率

3. 对外贸易增幅回落，外贸结构调整成效逐步显现。全年进出口总额增长29.1%，较上年回落25.7个百分点，但仍高于全国平均增速6.6个百分点（见图8）。外贸结构调整成效明显，机电和高新技术产品出口高速增长，汽车出口量排名全国第一。

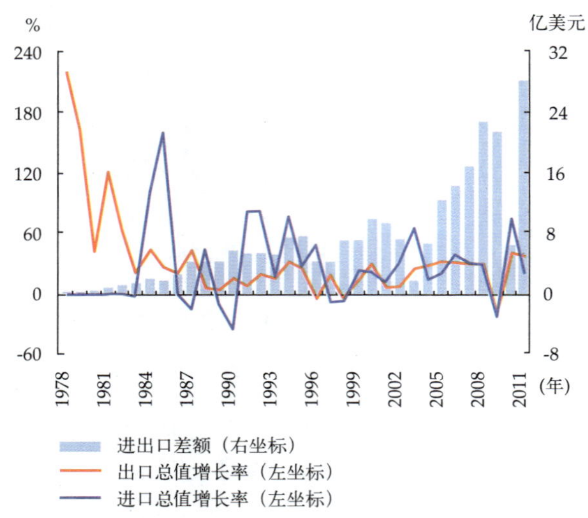

数据来源：安徽省统计局。

图8　1978～2011年安徽省外贸进出口变动情况

积极承接国际产业转移，加快推进对外投资与经济合作，利用外资继续保持高位增长。实际利用外商直接投资66.3亿美元，增长32.2%；合同利用外资34.4亿美元，增长59.1%；新批外商投资项目达到263项（见图9）。

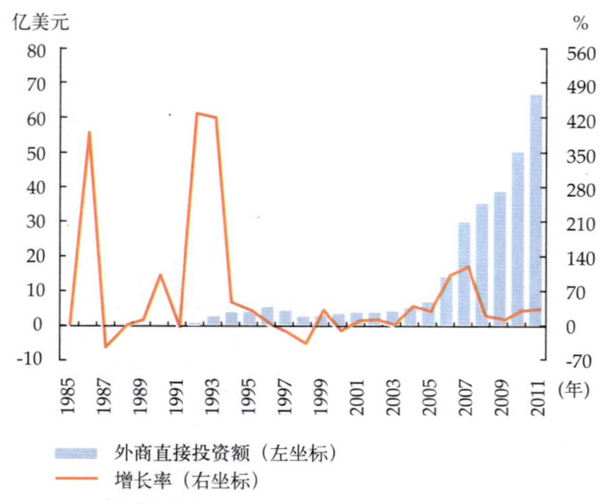

数据来源：安徽省统计局。

图9　1985～2011年安徽省外商直接投资情况

（二）三次产业结构持续优化，产业升级步伐加快

2011年，安徽省“工业强省”战略成效显现，第二产业增势强劲，占比持续上升，第一、第三产业占比略有下降。三次产业结构比例为13.4：54.4：32.2。

1. 农业生产形势良好，粮食产量再创新高。受政策扶持、科技推动、天气总体有利等影响，粮食产量再创新高。推行农业产业化转型倍增计划，大力发展农产品加工业，全省规模以上农产品加工龙头企业达到5 300多家，加工产值增长30.2%。启动实施“水利安徽”战略，农村基础设施建设进一步完善。

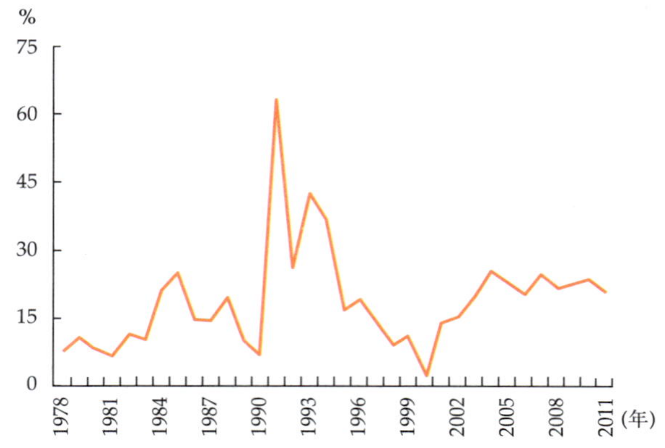

注：1998年以前的数据为工业总产值及其增速。

数据来源：安徽省统计局。

图10　1978～2011年安徽省规模以上工业增加值同比增长率

2. 工业生产快速增长，产业结构升级加快。规模以上工业增加值增速高于全国平均增速7.2个百分点（见图10）。工业经济综合效益指数为312.3，再创历史新高。传统产业转型升级，新兴产业加速发展，产业结构继续优化。全年完成企业技术改造投资2 946.9亿元，增长41.8%。继续实施战略性新兴产业“千百十”工程，新型平板显示、高端装备制造、新材料等一批特色产业实现集群发展，八大战略性新兴产业产值增速高出规模以上工业近40个百分点。

3. 现代服务业加速发展，产业集群化趋势显现。服务业增加值增幅比上年提高0.4个百分点，继续保持快速增长势头。通信网络、电子商务、服务外包、数字媒体、动漫网游等增加值年均增长30%以上，成为服务业发展的新生力量。皖江示范区金融保险、科技信息、文化创意、现代物流、服务外包等现代服务业实现重要突破，皖南国际旅游文化示范区建设取得积极进展，皖北地区商贸物流业不断壮大，全省服务业形成特色明显、优势互补的发展格局。

专栏2　促进金融与文化融合　推动安徽文化产业发展

早在2003年，安徽省就把文化产业列为重点扶持发展的八大支柱产业之一，并于2010在全国率先完成文化体制改革重点任务，文化产业的资源、产业、集群优势逐步释放。全省金融业抓住文化产业大发展的契机，开拓思路，加强与文化产业的融合，对文化产业的认知理念、介入水平逐步提升，支持力度显著加大。据不完全统计，2011年年末，全省文化产业贷款余额约为150亿元，自2005年以来年均增速为26%左右，高于同期各项贷款年均增速4.4个百分点。

一是从合作层次看，由零星层面合作上升到战略层面合作。2010年6月国家开发银行与安徽省政府签署《开发性金融支持安徽省文化产业发展合作框架》，双方达成意向性融资额200亿元；2012年1月，中国银行安徽省分行与省文化厅签订《支持文化产业发展战略合作协议》。全省金融机构与文化产业的合作稳步跨上新台阶，层次不断提高。

二是从客户选择看，重点集中在少数龙头骨干文化企业。安徽报业、出版、发行、演艺、广电等五大文化产业集团及其核心子公司，以及芜湖方特梦幻王国、合肥动漫产业基地、徽州文化博物馆等文化项目是各银行机构的主要客户。抓住龙头骨干文化企业是金融机构可靠的客户选择途径。

三是从授信政策看，多数采取“择优介入、稳妥发展”的授信策略。如中国银行安徽省分行把广播影视和新闻出版列为“选择性增长类”，实行“积极拓展、择优支持、创新服务、稳妥发展”的授信策略；中国光大银行合肥分行对文化传媒行业实行指导性目标管理，坚持“尝试开展、择优介入”的发展原则。

四是从服务品种看，金融服务涵盖授信、贷款、贸易融资、理财、IPO等方面。如中国建设银行安徽省分行创设“文化悦民”品牌，通过传统信贷及信托、租赁和皖江基金等满足客户需求。在直接融资方面，除时代出版、皖新传媒上市融资外，2011年安徽发行集团通过发行中期票据募集资金10亿元。

总体来说，安徽省文化产业金融服务走出了一条具有安徽特色的创新之路，但仍存在融资总量偏小、市场化投融资渠道不畅、内源性融资不足、综合金融服务水平滞后等问题。下一步，安徽省将以“敢为人先”精神和“开放包容”理念，积极寻求制度、体制、机制等一系列重大突破，推动文化产业金融服务再上新台阶。

一是在产品创新上求突破。创新适合文化产业特点的金融产品，引导各银行机构开发收益权质押贷款、知识产权质押贷款等符合政策导向、具备市场适应性、体现功能创新性的信贷产品；创新文化企业信用评级、贷款审批和利率定价机制；尝试建立文化企业金融服务专营机构；拓展金融服务范围，满足文化企业的多样性需求。

二是在融资渠道上求突破。推动文化企业借助资本市场融资和发行中小企业集合票据；鼓励、支持和引导境内外资本以BT、BOT等多种形式参与项目建设；引导风险投资基金、私募股权基金等进入文化产业投资；加大文化产业保险介入力度，尝试文化产业贷款信用保险，降低文化产业项目运作风险，转移信贷风险。

三是在推进机制上求突破。立足安徽实际，通过科学规划，明确相关部门的任务与职责，共同研究制定系统的配套扶持政策；充分发挥财政资金的杠杆作用，完善文化产业金融服务的中介组织体系，积极构建文化产业管理部门、金融机构以及文化企业之间的信息沟通机制；制定和完善规范专利权、版权等无形资产评估、质押、登记、流转和托管的管理办法，研究构建文化、金融管理等多部门参与的文化产业发展协调机制，推进安徽金融与文化协调发展。

（三）物价水平高位运行，通货膨胀压力趋于缓和

2011年，受原材料价格上涨、国际大宗商品价格波动、劳动力成本上升等因素影响，全年物价水平高位运行。

1. 居民消费价格指数涨势趋于稳定。2011年，安徽省居民消费价格上涨5.6%，高于上年2.5个百分点，但涨幅比上半年和前三个季度分别回落0.1个和0.3个百分点（见图11）。其中，食品类价格拉动CPI上涨2.3个百分点，居住类价格拉动CPI上涨0.9个百分点，两者是拉动CPI上涨的主动力。

2. 工业生产者出厂价格和购进价格涨幅高于全国。工业生产者出厂价格上涨8.3%，购进价格上涨10.8%，分别高于全国2.3个、1.7个百分点（见图11）。

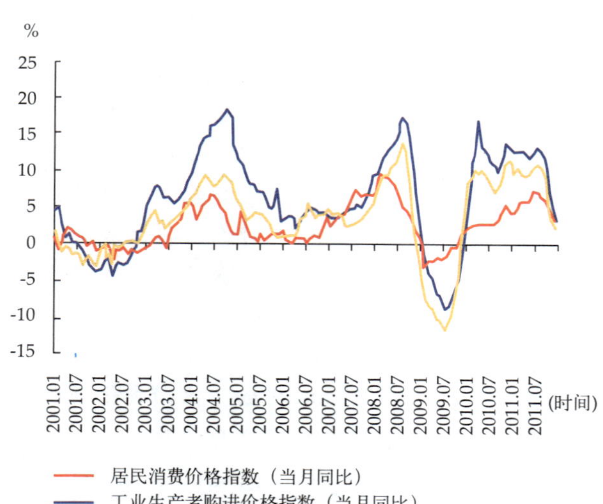

数据来源：安徽省统计局。

图11 2001～2011年安徽省居民消费价格和生产者价格变动趋势

3. 资源性产品价格改革继续推进。落实成品油价格调整政策，健全下游用油行业价格联动和补贴机制；完善水利工程供水价格形成机制，推进排污权有偿使用和交易试点指导政策。

（四）财政收入较快增长，财政支出倾注民生

2011年，全省财政收入增长27.6%，高于全国2.8个百分点。其中，地方财政收入增长27.3%。财政支出增长27.7%，高于全国6.5个百分点（见图12）。财政支出进一步倾注民生，民生领域财政支出增量占全省财政支出增量的88.6%，教育、医疗卫生、农林水事务、住房保障等支出所占比重由上年的46.1%提高到49.6%。

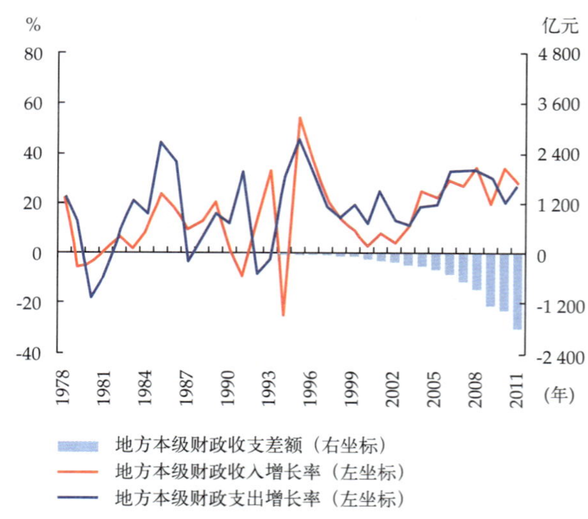

数据来源：安徽省统计局。

图12 1978～2011年安徽省财政收支状况

（五）节能减排目标任务基本完成，“生态强省”建设稳步推进

围绕转变发展方式，着力攻坚工业节能降耗，启动“重点用能企业节能领跑者行动”。全年单位生产总值能耗预计下降3.5%左右，除氮氧化物排放量外，完成年度主要污染物减排任务，对万元GDP综合能耗降幅的贡献率达90%。加快淘汰落后产能，生态建设和环境保护取得显著成效，可持续发展能力不断提高。

（六）房地产调控效应显现，交通运输业保障有力

1. 房地产调控深入推进，市场运行整体平稳

（1）房地产投资增速回落。2011年，全省房地产开发投资增长27.9%，较上年回落7个百分点。全年房地产投资占固定资产投资的比重为22.8%，与上年持平。资金来源中，国内贷款、利用外资、自筹资金、其他资金分别占10.7%、2.3%、47.5%、41.5%，国内贷款占比较上年小幅下降0.6个百分点，自筹资金占比较上年提高5.2个百分点，企业资金链趋紧。

随着房地产调控的深入推进，全省商品房项目开工进度有所放缓，特别是第四季度，房地产投资增速大幅回落，省会合肥市的回落趋势更加明显，从4月的高点31.6%，连续8个月回落至年末的10.4%。

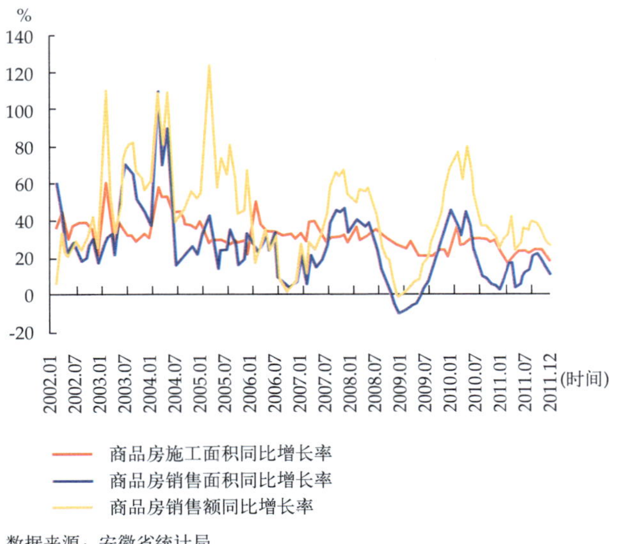

数据来源：安徽省统计局。

图13　2002～2011年安徽省商品房施工和销售变动趋势

（2）商品房销售回升明显，但供给增长乏力。2011年，全省商品房销售面积增长11.4%，比上年提高9.3个百分点（见图13）。下半年以来，商品房竣工面积、新开工面积和土地购置面积等先行指标增速均出现回落。

（3）商品房销售价格涨幅回落。2011年，全省商品房销售价格同比增长13.1%，较上年回落10.7个百分点，房地产调控效果显现。全省各市参照经济增长和人均可支配收入增速制订房价调控目标，各地房价增速均出现不同程度的回落（见图14）。

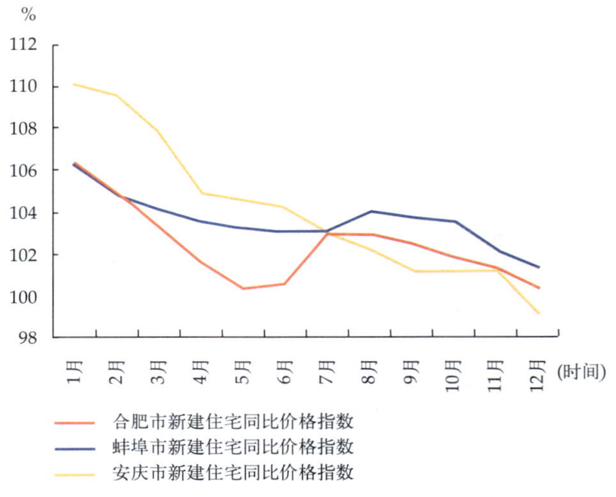

数据来源：国家统计局安徽调查总队。

图14　2011年安徽省主要城市新建住宅销售价格指数变动趋势

（4）保障性住房建设任务提前超额完成。截至2011年年末，全省已开工建设各类保障性住房和棚户区改造安置房42.9万套，基本建成20.5万套，提前并超额完成开工和竣工任务。全省银行业金融机构积极向符合条件的保障性住房项目和个人购买保障性住房提供贷款支持。2011年年末，全省各类保障性安居工程类贷款余额突破百亿元。另外，全省各级财政累计安排77.4亿元用于保障性住房建设，充分保障项目资金来源。

（5）房地产信贷条件收紧，各项贷款增速回落明显。2011年，房地产各项贷款增速比上年回落

22.7个百分点。其中，开发贷款增速回落15.8个百分点，个人住房贷款增速回落27个百分点。个人住房贷款利率浮动区间明显上移，执行下浮利率贷款的发放额占比较上年回落52.3个百分点。

2. 交通运输业发展势头良好，综合运输能力明显提高

（1）交通运输网络逐步完善。截至2011年年末，全省各类运输线路长度合计达24万公里，其中公路通车里程突破15万公里，铁路营业里程达2 850公里，河航道通航里程达5 600公里。

（2）综合运输能力显著提高。2011年，全省共完成公路水路客运量18亿人次、货运量25.6亿吨，分别比上年增长16.8%和18.5%。完成港口吞吐量3.7亿吨、集装箱吞吐量38.8万标箱，同比分别增长15.1%和75%。民航机场完成旅客吞吐量521万人次、货邮4万吨。

（3）公路等基础设施建设投入持续加大。全年交通运输业基础设施建设累计完成投资298.2亿元，比上年增长21.7%，超出年度计划22%。其中，公路建设完成投资254.6亿元，增长27.4%。

（4）交通运输业新增贷款同比减少。2011年年末，全省交通运输、仓储及邮电通信业贷款余额为1 188.3亿元，占全部贷款的比重为8.4%，较上年下降0.8个百分点；全年增加109.8亿元，同比少增31亿元。

（5）交通运输业存在的问题：一是由于货币政策回归常态，同时，地方政府融资平台和地方债务清理力度加大，交通建设项目贷款难度加大。二是随着交通运输业贷款集中到期，以及后续融资困难，全行业还款压力明显增加。

（七）皖江示范区建设取得阶段性成果引领示范作用显现

按照“三年见成效、五年大发展”的目标，2011年皖江示范区建设取得了重要的阶段性成果，地区生产总值突破万亿元大关，增速高于全省0.9个百分点，引领全省经济增长能力进一步增强。宁安城际铁路、合肥新桥机场、九华山机场等在建项目加快推进，江南集中区、江北集中区建设有序开展，示范区基础设施进一步完善。承接产业转移势头强劲，引进亿元以上省外投资项目2 981个，到位资金达2 874亿元，占全省的68.8%；核准外商直接投资项目173个，投资总额为56.2亿美元。产业集中度明显提升，主导产业发展迅猛，合肥电子信息、芜湖汽车和高端装备制造、马鞍山铁基材料、滁州市新能源产业增幅分别达148.5%、357.0%、135.6%、154.4%，产业错位发展的格局逐步显现。

三、预测与展望

2012年，虽然存在需求增长放缓、物价上涨压力较大、土地等要素和环境约束趋紧、部分企业特别是小微企业生产经营困难等因素的影响，但安徽省多年的经济平稳增长的有利因素正在集聚：一是长期大规模投入效应不断释放，二是大规模、高起点承接产业转移面临新的机遇，三是自主创新、开放合作、区域联动发展等战略平台效应日益显现。综合判断，2012年安徽经济持续较快增长的趋势不会改变，地区生产总值增速有望继续保持在10%以上。

2012年，安徽省物价上涨压力继续存在，但控制物价上涨的有利因素较多：一是中国继续实施稳健的货币政策，引导货币信贷平稳适度增长；二是世界经济复苏总体乏力，国际大宗商品价格涨幅有限，输入性通货膨胀压力不大。综合考虑各种因素，预计2012年安徽省物价涨幅逐步回落至合理水平且趋于稳定。

由于经济形势持续向好，货币政策保持稳定，预计2012年安徽省信贷投放将保持合理适度增长态势，社会融资规模将稳步扩大。中国人民银行合肥中心支行将牢牢把握“科学发展”的主题和“加快转变经济发展方式”的主线，按照“总量适度、审慎灵活、结构优化”的要求，深入贯彻落实稳健的货币政策，增强调控的针对性、灵活性和前瞻性，引导金融资源更多地投向实体经济。

中国人民银行合肥中心支行货币政策分析小组
负责人：刘伟建　戴季宁
统　稿：樊　军　吕　栋　汪守宏
执　笔：汪守宏　周　浩　毛瑞丰　周　麟　沈　祥　季　军　王宗鹏　方锡华　李　雯　贺　静
提供材料的还有：李　建　李培强　姚　丰　吴玮玮

附录

（一）2011年安徽省经济金融大事记

4月，在全国文化体制改革工作会议上，安徽省和17个地市全部获评“全国文化体制改革先进地区”，安徽文化体制改革走在全国前列。

7月，安徽出台“十二五”居民收入倍增规划指导意见，更加突出“富民优先”导向。

7月14日，国务院批复正式同意撤销地级巢湖市，将其一分为三，分别划归合肥市、芜湖市、马鞍山市。

7月27日，奇瑞迎来第300万辆汽车下线，成为国内第一家产量突破300万辆的自主品牌乘用车企业。

9月6日，安徽省跨境人民币业务正式启动，全年累计完成跨境人民币结算10.3亿元。

9月22日，由文化部、国家广电总局、国家新闻出版总署和安徽省政府共同主办的第三届中国国际动漫创意产业交易会在芜湖开幕，本届交易会签约项目55个、签约总额为190.2亿元。

10月26日，安徽省第九次党代会召开，提出“走出六条新路，确立打造三个强省，建设经济繁荣、生态良好、社会和谐、人民幸福的美好安徽”的奋斗目标。

11月20日，长三角地区主要领导座谈会在合肥举行，会议就推动产业有序转移和科学承接、深化重点专题合作等议题进行充分讨论，明确新一轮合作方向和重点。

12月，中国人民银行合肥中心支行牵头召开安徽省征信体系建设联席会议第一次会议，确立征信体系建设联席会议制度，促进全省社会信用体系建设的深入开展。

（二）2011年安徽省主要经济金融指标

表1　2011年安徽省主要存贷款指标

		1月	2月	3月	4月	5月	6月	7月	8月	9月	10月	11月	12月
本外币	金融机构各项存款余额（亿元）	16 787.3	17 619.5	18 182.2	18 222.8	18 500.1	18 751.6	18 669.9	19 027.2	19 033.2	19 178.3	19 291.2	19 547.3
	其中：储蓄存款	8 341.3	8 756.8	8 938.4	8 755.4	8 795.1	9 016.2	8 913.7	8 992.8	9 126.8	8 988.7	9 087.2	9 261.3
	单位存款	7 736.0	8 088.9	8 463.2	8 584.3	8 816.2	8 852.8	8 775.3	8 946.9	8 991.8	9 116.0	9 100.7	9 409.2
	各项存款余额比上月增加（亿元）	274.5	832.1	562.8	40.6	277.3	251.6	-81.7	357.3	6.0	145.1	112.8	256.2
	金融机构各项存款同比增长（%）	20.5	21.8	21.7	20.4	21.5	19.6	18.1	18.8	16.3	17.1	16.9	18.6
	金融机构各项贷款余额（亿元）	12 148.6	12 319.7	12 495.2	12 687.4	12 833.1	13 032.3	13 154.4	13 327.5	13 541.5	13 689.0	13 914.5	14 146.4
	其中：短期	4 379.2	4 451.6	4 455.8	4 523.3	4 592.2	4 698.5	4 735.1	4 798.3	4 950.2	5 028.7	5 114.7	5 279.6
	中长期	7 454.2	7 580.8	7 746.2	7 863.7	7 936.6	8 011.9	8 085.3	8 137.4	8 178.9	8 272.1	8 355.5	8 388.9
	票据融资	295.3	267.4	273.4	280.9	284.8	302.7	313.4	371.5	392.2	367.4	429.6	460.2
	各项贷款余额比上月增加（亿元）	397.7	171.1	236.0	192.3	145.7	199.1	122.1	173.1	214.0	147.5	225.5	231.9
	其中：短期	148.2	72.4	64.7	67.5	68.9	106.3	36.6	63.1	151.9	78.5	86.0	164.9
	中长期	275.0	126.6	165.4	117.5	73.0	75.3	73.4	52.0	41.6	93.2	83.4	33.4
	票据融资	-25.7	-27.8	5.9	7.5	3.9	17.9	10.8	58.1	20.7	-24.9	62.3	30.6
	金融机构各项贷款同比增长（%）	24.1	23.1	23.6	22.9	22.0	21.6	20.7	20.2	20.0	19.5	19.3	20.9
	其中：短期	16.5	15.2	17.6	18.7	21.2	22.1	21.8	21.1	22.7	23.0	22.8	26.8
	中长期	33.9	31.9	29.7	27.5	24.9	23.3	22.0	21.0	19.6	19.2	18.2	16.9
	票据融资	-55.7	-65.4	-64.5	-44.6	-20.2	-11.5	-14.2	-0.3	3.5	-4.5	12.1	22.3
	建筑业贷款余额（亿元）	339.2	348.7	380.3	410.6	429.9	431.4	440.0	450.9	453.0	458.4	468.9	477.9
	房地产业贷款余额（亿元）	518.8	527.5	531.0	527.4	528.2	535.0	527.1	518.8	516.2	514.5	515.1	512.2
	建筑业贷款同比增长（%）	62.6	57.7	64.3	73.6	79.5	66.3	64.2	68.3	60.1	55.9	54.6	53.2
	房地产业贷款同比增长（%）	20.0	17.1	14.6	13.3	11.6	12.0	8.3	5.8	4.3	3.2	0.3	1.6
人民币	金融机构各项存款余额（亿元）	16 674.7	17 500.1	18 063.1	18 101.3	18 368.9	18 622.5	18 537.4	18 888.0	18 896.5	19 054.6	19 172.5	19 404.3
	其中：储蓄存款	8 315.6	8 732.9	8 914.8	8 731.3	8 770.7	8 990.8	8 890.0	8 968.7	9 100.2	8 962.6	9 060.4	9 233.6
	单位存款	7 650.3	7 995.6	8 368.8	8 488.1	8 710.7	8 750.1	8 668.2	8 835.2	8 884.4	9 021.1	9 010.1	9 295.7
	各项存款余额比上月增加（亿元）	274.3	825.5	563.0	38.2	267.6	253.6	-85.1	350.6	8.5	158.1	117.8	231.8
	其中：储蓄存款	533.0	417.3	181.9	-183.5	39.4	220.2	-100.8	78.7	131.5	-137.6	97.7	173.2
	单位存款	-280.5	345.3	373.2	119.3	222.7	39.4	-82.0	167.0	49.2	136.7	-11.0	285.7
	各项存款同比增长（%）	20.6	22.0	21.7	20.3	21.4	19.5	18.1	18.6	16.1	17.0	16.8	18.2
	其中：储蓄存款	24.5	18.8	19.0	18.3	18.5	18.5	17.3	17.5	16.1	17.5	18.1	18.6
	单位存款（比年初）	-3.5	0.8	5.5	7.0	9.8	10.3	9.3	11.4	12.0	13.7	13.6	17.2
	金融机构各项贷款余额（亿元）	11 820.5	11 964.4	12 144.7	12 325.4	12 465.4	12 657.3	12 787.5	12 949.7	13 139.8	13 281.3	13 517.4	13 729.8
	其中：个人消费贷款	2 043.0	2 076.0	2 129.2	2 174.8	2 208.9	2 243.0	2 276.2	2 308.1	2 338.3	2 366.2	2 400.4	2 434.8
	票据融资	295.3	267.4	273.4	280.9	284.8	302.7	313.4	371.5	392.2	367.4	429.6	460.2
	各项贷款余额比上月增加（亿元）	353.9	143.9	240.8	180.7	140.0	191.9	130.2	162.2	190.1	141.5	236.1	212.4
	其中：个人消费贷款	50.7	33.1	53.2	45.6	34.1	34.2	33.2	31.9	31.9	31.9	31.9	31.9
	票据融资	-25.7	-27.8	5.9	7.5	3.9	17.9	10.8	58.1	20.7	-24.9	62.3	30.6
	金融机构各项贷款同比增长（%）	22.8	21.5	22.0	21.3	20.8	20.2	19.5	19.0	18.8	18.4	18.5	20.6
	其中：个人消费贷款	39.0	37.5	36.9	30.7	26.8	25.9	24.8	23.5	22.3	21.2	21.1	21.1
	票据融资	-40.9	-38.8	-24.0	-19.2	-23.1	-19.8	-18.6	-3.1	2.6	-7.2	7.3	47.5
外币	金融机构外币存款余额（亿美元）	17.1	18.2	18.2	18.7	20.2	20.0	20.6	21.8	21.5	19.6	18.7	22.7
	金融机构外币存款同比增长（%）	12.6	7.6	27.3	37.3	36.1	30.3	35.3	75.9	52.9	42.4	36.2	34.8
	金融机构外币贷款余额（亿美元）	49.8	54.0	53.5	55.7	56.7	57.9	56.9	59.2	63.2	64.5	62.6	66.1
	金融机构外币贷款同比增长（%）	114.3	127.5	130.7	127.6	96.5	112.0	94.7	97.7	90.6	83.6	63.4	54.0

数据来源：中国人民银行合肥中心支行。

表2 2001～2011年安徽省各类价格指数

单位：%

年/月		居民消费价格指数		农业生产资料价格指数		工业生产者购进价格指数		工业生产者出厂价格指数	
		当月同比	累计同比	当月同比	累计同比	当月同比	累计同比	当月同比	累计同比
2001		—	0.5	—	-2.1	—	0.2	—	-1.4
2002		—	-1.0	—	-0.1	—	-1.8	—	-0.2
2003		—	1.7	—	0.2	—	6.7	—	3.5
2004		—	4.5	—	12.0	—	15.0	—	8.2
2005		—	1.4	—	8.3	—	7.1	—	3.3
2006		—	1.2	—	0.0	—	3.9	—	3.1
2007		—	5.3	—	6.8	—	5.1	—	3.6
2008		—	6.2	—	23.9	—	12.4	—	8.4
2009		—	-0.9	—	-4.2	—	-4.7	—	-7.2
2010		—	3.1	—	2.0	—	11.8	—	9.0
2011		—	5.6	—	14.3	—	10.8	—	8.3
2010	1	2.0	2.0	-2.5	-2.5	4.9	4.9	8.5	8.5
	2	2.4	2.2	-2.1	-2.3	11.4	8.2	8.7	8.6
	3	2.3	2.2	-3.2	-2.6	12.1	9.5	9.9	9.1
	4	2.7	2.4	-3.8	-2.9	16.9	11.3	9.3	9.1
	5	2.7	2.4	0.0	-2.3	13.2	11.7	10.0	9.3
	6	2.7	2.5	2.1	-1.6	12.8	11.9	8.5	9.2
	7	2.9	2.5	3.1	-1.0	11.0	11.8	7.7	9.0
	8	2.7	2.5	3.6	-0.4	10.7	11.6	7.0	8.7
	9	3.2	2.6	4.9	0.1	9.8	11.4	7.4	8.6
	10	4.4	2.8	6.9	0.8	11.3	11.4	8.6	8.6
	11	5.4	3.0	8.8	1.5	13.7	11.6	10.9	8.8
	12	4.2	3.1	7.6	2.0	13.3	11.8	11.2	9.0
2011	1	4.2	4.2	7.9	7.9	12.8	12.8	9.7	9.7
	2	5.2	4.7	8.8	8.3	12.8	12.8	10.2	9.9
	3	5.8	5.1	11.8	9.5	12.8	12.8	9.5	9.8
	4	5.9	5.3	14.2	10.7	12.5	12.7	9.1	9.6
	5	5.9	5.4	15.4	11.6	11.8	12.5	9.4	9.6
	6	7.2	5.7	17.2	12.5	12.4	12.5	10.3	9.7
	7	7.0	5.9	18.2	13.3	13.3	12.6	10.7	9.8
	8	6.2	5.9	19.7	14.1	12.7	12.6	10.3	9.9
	9	6.0	5.9	19.4	14.7	11.4	12.5	8.8	9.8
	10	5.6	5.9	16.8	14.9	8.8	12.1	6.5	9.4
	11	4.0	5.7	11.3	14.6	5.5	11.5	3.6	8.9
	12	3.9	5.6	10.8	14.3	3.4	10.8	1.9	8.3

数据来源：安徽省统计局、国家统计局安徽调查总队。

表3 2011年安徽省主要经济指标

	1月	2月	3月	4月	5月	6月	7月	8月	9月	10月	11月	12月
						绝对值（自年初累计）						
地区生产总值(亿元)	—	—	2 843.2	—	—	6 883.3	—	—	11 078.1	—	—	15 110.3
第一产业	—	—	250.7	—	—	754.7	—	—	1 175.6	—	—	2 020.3
第二产业	—	—	1 596	—	—	3 965.9	—	—	6 484.8	—	—	8 226.4
第三产业	—	—	996.5	—	—	2 162.7	—	—	3 417.7	—	—	4 863.6
固定资产投资(亿元)	—	1 159.3	2 149.7	3 180.0	4 463.9	5 662.3	6 691.0	7 853.9	9 005.7	10 059.2	11 027.2	12 126.3
房地产开发投资	—	315.9	36.9	715.6	953.7	1 219.4	1 463.3	1 747.1	2 011.5	2 232.3	2 408.3	2 590.1
社会消费品零售总额(亿元)	—	—	1 173.3	—	—	2 307.9	—	—	3 522.6	—	—	4 900.6
外贸进出口总额(万美元)	247 076	410 228	647 122	908 437	1 159 631	1 434 846	1 721 414	2 034 559	2 303 686	2 549 022	2 824 198	3 133 782
进口	114 295	200 505	315 032	442 015	546 257	674 563	792 085	937 957	1 062 516	1 168 379	1 290 698	1 425 393
出口	132 781	209 723	332 090	466 422	613 374	760 283	929 329	1 096 602	1 241 170	1 380 643	1 533 500	1 708 389
进出口差额(出口−进口)	18 486	9 218	17 058	24 407	67 117	85 720	137 244	158 645	178 654	212 264	24 2802	282 996
外商实际直接投资(万美元)	64 000	94 478	152 912	209 651	291 665	385 027	426 871	464 852	510 846	558 615	62 1561	662 887
地方财政收支差额(亿元)	-149.9	-170.4	-264.8	-341.2	-443.9	-614.6	-719.3	-829.3	-1 052.2	-1 174.7	-1 376.0	-1 842.3
地方财政收入	129.2	235.0	356.3	492.4	613.2	752.6	886.7	993.1	1 100.5	1 216.3	1 319.8	1 463.4
地方财政支出	279.1	405.4	621.1	833.6	1 057.1	1 367.2	1 606.0	1 822.4	2 152.7	2 391.0	2 695.8	3 305.7
城镇登记失业率(%)(季度)	—	—	3.69	—	—	3.71	—	—	3.71	—	—	3.72
						同比累计增长率（%）						
地区生产总值	—	—	13.8	—	—	13.4	—	—	13.8	—	—	13.5
第一产业	—	—	2.3	—	—	3.0	—	—	3.0	—	—	4.0
第二产业	—	—	18.2	—	—	17.9	—	—	17.8	—	—	17.9
第三产业	—	—	10.5	—	—	9.6	—	—	10.7	—	—	10.5
工业增加值	20.8	19.3	19.9	19.7	19.5	20.0	20.2	20.5	20.7	20.9	21.0	21.1
固定资产投资	—	34.8	35.1	33.8	35.9	35.5	33.9	32.7	30.6	29.3	28.5	27.6
房地产开发投资	—	35.6	36.9	33.3	34.5	35.6	36.4	38.4	37.7	33.6	28.6	27.9
社会消费品零售总额	—	—	17.2	—	—	17.8	—	—	18.0	—	—	18.0
外贸进出口总额	49.2	31.9	34.4	38.9	33.7	32.2	33.4	35.3	33.4	32.9	30.3	29.1
进口	44.3	33.3	29.8	36.7	26.4	24.6	25.1	28.6	26.3	24.9	22.1	20.2
出口	53.6	30.6	39.1	41.4	40.9	39.7	41.5	41.7	40.0	40.5	38.2	37.6
外商实际直接投资	22.9	13.2	32.6	38.2	48.3	55.7	52.4	48.6	45.1	35.4	32.3	32.2
地方财政收入	42.7	33.8	35.9	36.3	35.0	35.8	37.3	36.9	35.5	34.7	32.5	27.3
地方财政支出	239.2	44.9	41.6	40.0	41.9	39.4	38.1	34.3	37.4	39.1	32.4	27.7

数据来源：安徽省统计局。

2011年福建省金融运行报告

中国人民银行福州中心支行货币政策分析小组

[内容摘要] 2011年，福建省立足省情，深入贯彻落实科学发展观和国家宏观调控部署，全面实施《海峡西岸经济区发展规划》、《平潭综合试验区总体发展规划》和《厦门市深化两岸交流合作综合配套改革试验总体方案》，“十二五”发展开局良好，经济保持较快增长，内外需求增势良好，两岸交流合作不断深化。金融运行总体平稳，银行业资金运用充分，存贷款等主要指标增速在货币政策回归常态的大环境下高位稳步回落，金融市场融资规模持续扩大，保险市场增势良好，金融生态环境建设有序推进。

海西规划的逐步落实和海峡两岸经济合作框架协议（ECFA）的深入实施将使福建迎来难得的发展机遇。预计2012年福建经济仍将保持较快增长，全省生产总值增速在11%左右，居民消费价格涨幅在4%左右。金融方面，将保持合理的社会融资规模，直接融资比重继续提升，更好地支持实体经济的融资需求，服务福建经济科学发展。

一、金融运行情况

2011年，在货币政策回归稳健的大环境下，福建金融运行总体平稳，银行业资金运用充分，存贷款等主要指标增速高位稳步回落，金融市场融资规模持续扩大，保险市场增势良好，金融生态环境建设有序推进。

（一）银行业资金运用充分，信贷支持实体经济力度增强

福建省银行业金融机构认真落实稳健的货币政策，合理把握贷款投放的数量、节奏和结构，有效满足实体经济资金需求，经营效益持续改善，资产质量继续提升。

1. 银行资金运用充分，经营效益持续向好。2011年年末福建省法人银行类机构有83个（见表1），较上年年末增加2个，分别是福建能源集团财务公司和泉州安溪民生村镇银行。2011年年末本外币余额存贷比较上年年末上升3.1个百分点，高于全国平均水平17.6个百分点。在资金运用充分、议价能力较高等因素作用下，银行业金融机构经营效益持续向好，全年利润增长27.7%，不良率比年初下降0.1个百分点。

2. 存款增速下滑，企业存款占比下降。2011年，福建存款增长较为乏力，增速持续下滑。年末全省本外币存款余额增长15.0%（见图1），增速较上年年末下降9.2个百分点。全年存款增加2 824.4亿元，比上年少增829.9亿元，其中，企业存款少增

表1　2011年福建省银行业金融机构情况

机构类别	营业网点[①]			法人机构（个）
	机构个数（个）	从业人数（人）	资产总额（亿元）	
一、大型商业银行[②]	2 113	53 638	11 988	0
二、国家开发银行和政策性银行[③]	40	1 176	2 204	0
三、股份制商业银行[④]	339	15 901	13 172	1
四、城市商业银行	133	4 740	1 857	3
五、农村合作机构[⑤]	1 852	17 428	2 638	68
六、财务公司	2	36	49	2
七、信托投资公司	2	298	49	2
八、邮政储蓄银行	971	4 980	1 021	0
九、外资银行	36	1 319	789	2
十、新型农村金融机构[⑥]	7	189	21	5
合　计	5 495	99 705	33 788	83

注：①不包括国家开发银行和政策性银行、大型商业银行、股份制商业银行等金融机构总部数据。

②包括中国工商银行、中国农业银行、中国银行、中国建设银行和交通银行。

③包括国家开发银行、中国农业发展银行和中国进出口银行。

④包括中信银行、中国光大银行、华夏银行、招商银行、上海浦东发展银行、兴业银行、中国民生银行、恒丰银行等。

⑤包括农村信用社、农村合作银行和农村商业银行。

⑥包括村镇银行。

数据来源：中国人民银行福州中心支行、福建银监局。

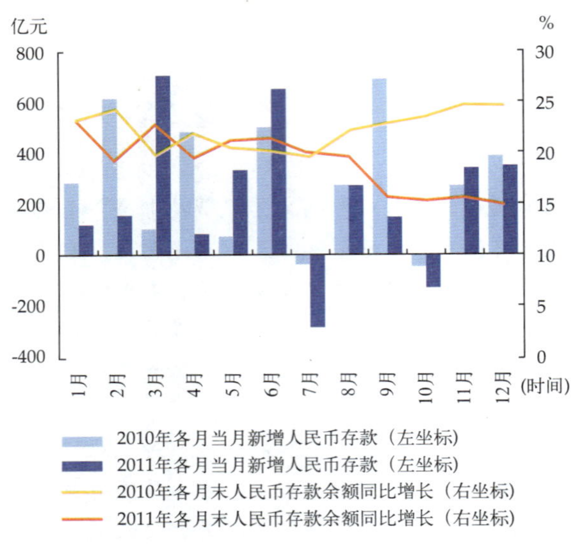

数据来源：中国人民银行福州中心支行。

图1　2010～2011年福建省金融机构人民币存款增长变化

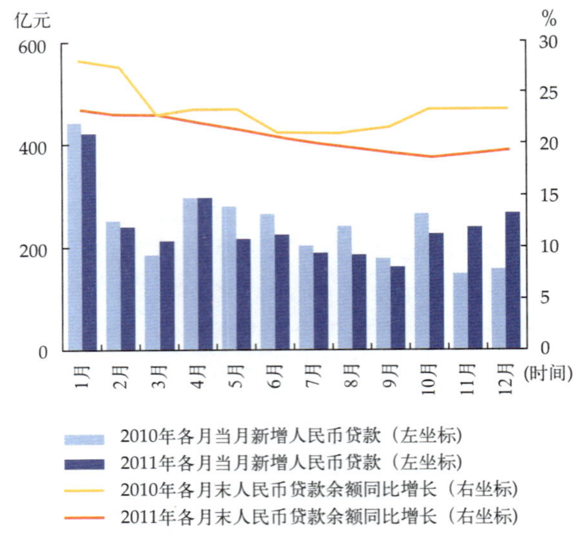

数据来源：中国人民银行福州中心支行。

图2　2010～2010年福建省金融机构人民币贷款增长变化

828.0亿元，占各项存款增量的比重比上年下降10.6个百分点。

3.贷款增速高位回落，实体经济贷款继续多增。2011年，福建银行业金融机构积极贯彻落实稳健的货币政策，信贷投放均衡稳定增长，并向“三农”、中小企业、民生等有利于经济“转方式、调结构”的关键环节和领域倾斜，为实体经济发展提供有力保障。

2011年年末福建本外币贷款余额增长19.3%（见图2），增速较上年年末回落4.1个百分点。全年贷款增加2 895.1亿元，比上年少增119.9亿元（见图3）。其中，基础设施贷款和工业贷款比上年分别多增78.2亿元和162.6亿元。小企业贷款增长迅速，年末余额为5 239.3亿元，占全部企业贷款余额的比重为46.6%，比上年年末增加1 264.4亿元，占企业新增贷款的比重为71.6%，比上年上升11.2个百分点；涉农贷款增加1 182.1亿元；各类促就业小额（担保）贷款累计发放15.1亿元，是上年的1.6倍。

2011年，福建法人银行机构整体向好，差别准备金动态调整政策实施效果良好。城市商业银行、农村合作金融机构和村镇银行的资本充足率分别为13.93%、17.26%和19.57%，均大大高于监管

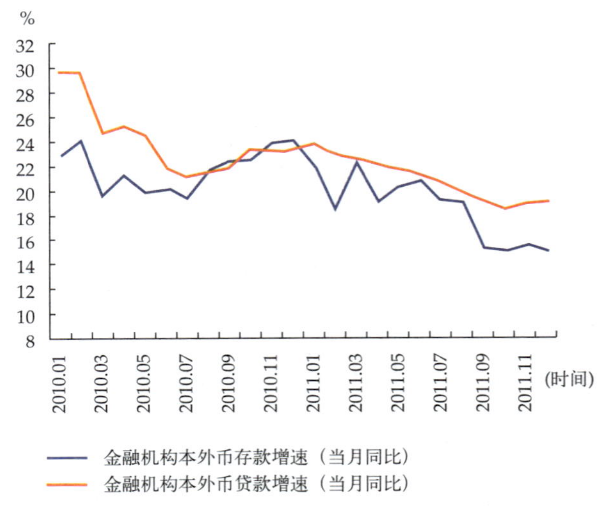

数据来源：中国人民银行福州中心支行。

图3　2010～2011年福建省金融机构本外币存、贷款增速变化

要求。全省地方法人机构（不含兴业银行）全年增加贷款428.7亿元，占适度贷款增量的99.2%。其中，小企业贷款增加227.5亿元，占其企业贷款增量的54.9%，比上年提高13个百分点；涉农贷款增加221.2亿元，占其各项贷款增量的66.1%，比上年提高4.2个百分点。

专栏1 搭建平台开展批量化营销 助力小微企业 支持实体经济发展

福建省是以中小企业为主的省份，区域经济特点决定了银行业的发展离不开小微企业这个重要客户群体，但由于小微企业点多面广，单户资金需求量相对较小，所以成本控制是发展小微企业信贷业务面临的难点。近年来，在中国人民银行总行中小企业信贷政策导向下，中国人民银行福州中心支行通过加强信贷政策窗口指导、推进中小企业信用体系和担保体系建设、建立小微企业贷款风险补偿机制、开展中小企业信贷政策导向效果评估等手段强化政策落实，并引导省内银行业金融机构积极拓展各类合作平台，创新小微企业贷款批量化营销模式，在服务与成本之间找到最佳契合点，成效初显。2011年年末福建省小企业贷款余额增长31.81%，增幅分别高于同期大型、中型企业21.29个和23.49个百分点，高于全国小企业贷款增幅约6个百分点。

一是依托产业集群搭建小微企业批量营销平台。近年来，福建省产业集群发展加速，截至目前已经形成了60余个产业集群，并培育了一批核心龙头企业。依托产业集群内核心龙头企业与上游中小供应商稳定的购销关系，各银行业金融机构积极开展以应收账款定向保理为主打的供应链融资服务，利用核心企业的付款承诺等为上游中小供应商提供增信支持，实现对上游中小企业贷款的批量营销。2012年6月以来，中国建设银行福建省分行在短短半年内就运用定向保理产品为中国电信福建分公司的上游中小供应商累计融资1.92亿元，辐射福州、南平、宁德、龙岩、三明等地区，取得了良好的经济和社会效益。

二是依托专业市场搭建小微企业批量营销平台。专业市场上小微企业聚集，且经营户的同质性较强，金融需求趋同。契合专业市场经营特点，福建省内银行业金融机构创新工作机制，加强与市场管理方或市场同业公会的合作，发挥其市场诚信建设和信息网络优势，批量拓展联保联贷业务，为市场成员企业或商户提供融资服务。省内泉州银行率先在石狮布料专业市场开发“同业公会或商会+银行”合作模式的布料商户联保联贷业务，取得较大成功。截至2011年年末，泉州银行石狮布料专业市场授信客户达241户，贷款余额为5.1亿元，无1笔不良，目前该类模式已经在省内广泛推广。中国民生银行泉州分行引进泉州鲤城区电脑公会作为战略投资者，通过引资、引智相结合，开发了电脑同业公会小微企业特色贷款项目，组织专门的小微企业金融服务团队进驻公会，为200多家公会会员提供了融资服务。

三是依托政府组织优势搭建小微企业批量营销平台。福建省银行业金融机构在银政合作促进小微企业贷款投放方面进行了有益探索。中国建设银行福建省分行抓住福建省实施“电子商务千万工程”的有利契机，针对阿里巴巴上10余万家福建网商的融资需求，牵头福建省财政厅、阿里巴巴公司签订《网络银行业务合作协议》，三方出资设立“风险池”资金，借助网商的经营信用度和阿里巴巴公司的网上信息曝光制度，批量为网商提供免抵押的“e贷通”联贷联保业务。截至2011年年末，“e贷通”累计发放35.14亿元，年末余额为17.39亿元。2011年中国建设银行将该模式推广至县域，企业缴纳的一定比例的助保金和政府提供的风险补偿金共同作为增信手段，为“重点中小企业池”名录下的小微企业发放“助保金”贷款。截至2011年年末，已初步与部分县级政府达成合作意向。

四是依托同业合作搭建小微企业批量营销平台。该类模式主要是将不同银行业金融机构的资金优势与网点优势有效结合，实现基层营业网点缺乏的银行业金融机构对小微企业的批量营销。2011年国家开发银行福建省分行与兴业银行、福建海峡银行、泉州银行以及上海浦东发展银行福州分行、浙江稠州银行福州分行、厦门银行、中国民生银行福州分行等7家银行合作，利用合作银行开具的保函，发展针对小微企业的“见保即贷”业务，2011年共发放贷款8.24亿元，年末贷款余额为8.14亿元，成效明显。

4. 贷款利率水平上升明显（见表2），市场机制在利率定价中的作用显著增强。2011年，福建省金融机构贷款利率逐季度上行，全年各项人民币贷款①加权平均利率为7.4555%，比上年上升20.4%。从浮动区间占比看，实行上浮、基准、下浮利率贷款占比分别为72.3%、20%、7.7%，90%以上的贷款在下限以上实现自主定价。市场机制在利率形成中发挥着相当大的作用。

表2 2011年福建省金融机构人民币贷款各利率区间占比

单位：%

月份		1月	2月	3月	4月	5月	6月
合计		100.0	100.0	100.0	100.0	100.0	100.0
[0.9～1.0)		13.5	12.6	11.3	7.6	7.1	6.7
1.0		28.3	28.1	24.8	20.4	17.6	14.5
上浮水平	小计	58.3	59.3	63.9	72.1	75.3	78.8
	(1.0～1.1]	20.0	23.3	22.3	23.5	23.5	26.8
	(1.1～1.3]	23.6	23.3	27.9	32.9	35.0	36.0
	(1.3～1.5]	5.7	5.7	6.6	7.5	8.4	8.9
	(1.5～2.0]	6.6	5.3	5.3	6.3	6.8	5.5
	2.0以上	2.3	1.7	1.8	1.8	1.6	1.5
月份		7月	8月	9月	10月	11月	12月
合计		100.0	100.0	100.0	100.0	100.0	100.0
[0.9～1.0)		6.5	6.3	5.1	6.0	5.3	4.5
1.0		21.8	17.5	17.8	20.5	13.9	15.1
上浮水平	小计	71.6	76.2	77.1	73.5	80.8	80.4
	(1.0～1.1]	21.2	24.2	24.0	27.4	23.8	24.0
	(1.1～1.3]	32.6	32.6	34.6	29.9	35.8	34.8
	(1.3～1.5]	9.8	11.5	11.8	9.7	13.4	14.4
	(1.5～2.0]	5.5	5.7	4.7	4.6	5.8	5.3
	2.0以上	2.2	2.3	2.1	1.9	2.0	1.9

数据来源：中国人民银行福州中心支行。

外币存贷款利率总体持续上升趋势（见图4）。2011年，福建省美元大额定期存款加权平均利率为4.5771%，比上年提高0.7235个百分点；美元贷款加权平均利率为4.2824%，比上年提高

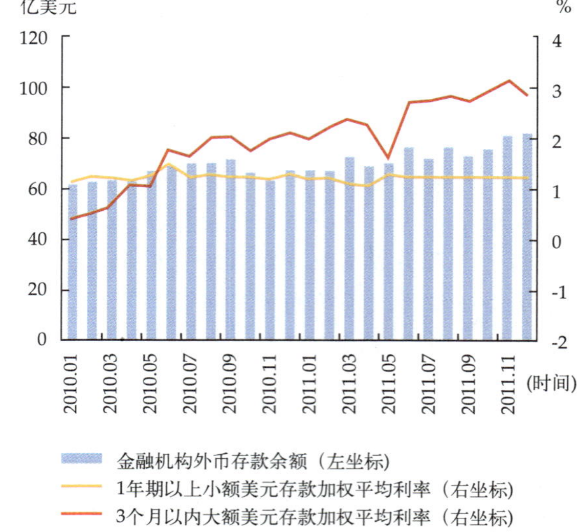

数据来源：中国人民银行福州中心支行。

图4 2010～2011年福建省金融机构外币存款余额及外币存款利率

1.5325个百分点。外币存贷款利率变化主要受国际市场利率、汇率及本外币利差等因素影响。

5. 银行业改革不断深化。政策性银行和大型商业银行改革进程继续推进，其中，中国农业银行福建省分行“三农金融事业部”创新运用“农行+信用村”模式开展银村共建，截至2011年年末，59家“三农金融事业部”与579个村建立了共建关系。农村商业银行组建步伐加快，全年共有11家开业、3家批筹，农村商业银行资产总量在农村合作金融机构中的占比达45%。多家地方法人银行向省外拓展业务，兴业银行新设贵阳分行，2家农村商业银行首次设立异地支行，1家农村合作银行首次跨省发起设立村镇银行。菲律宾首都银行在泉州设立分行。

6. 跨境人民币结算业务有力地促进了跨境贸易与投资便利化。2011年实现业务量527.5亿元。其中，跨境贸易人民币结算业务为449.0亿元，是上年

① 不含个人住房按揭、票据贴现和信用卡透支。

的 3.9倍；跨境投融资业务为78.5亿元，占全国总量的7.1%。

（二）证券业保持平稳，债券融资快速增长

1. 证券融资结构调整，债券融资首超股票融资额。2011年，福建非金融企业通过资本市场实现各类融资498.7亿元（见表3），增长36.8%。从结构看，国内债券筹资273.0亿元，增长124.7%。其中，银行间市场企业债务融资工具发行创历史[①]新高，全年共有19家企业筹资181亿元，增长89.5%；同时，晋江市4家中小企业成功发行集合票据2.2亿元，使全省中小企业集合票据发行取得零突破。而境内外股票筹资225.7亿元，较上年减少7.1%。

表3　2011年福建省证券业基本情况

项目	数量
总部设在辖内的证券公司数（家）	3
总部设在辖内的基金公司数（家）	0
总部设在辖内的期货公司数（家）	4
年末国内上市公司数（家）	81
当年国内股票（A股）筹资（亿元）	137.0
当年发行H股筹资（亿元）	88.9
当年国内债券筹资（亿元）	273.0
其中：短期融资券筹资额（亿元）	115.0
中期票据筹资额（亿元）	63.8
中小企业集合票据筹资额（亿元）	2.2

注：当年发行H股筹资为所有境外上市融资，国内债券筹资包括短期融资　、中期票据、中小企业集合票据、公司债和企业债。
数据来源：中国人民银行福州中心支行、福建证监局、福建省发展改革委。

2. 上市公司经营状况良好。2011年，福建81家上市公司实现利润470.6亿元，增长29.95%，平均每股收益为0.67元。

3. 法人证券机构的盈利能力有所下降。受股票市场下跌影响，全年3家法人券商实现净利润5.7亿元，下降52.0%；4家法人期货公司利润总额为1亿元，下降2.6%。全年证券交易额为47 706亿元，下降4.8%；全年期货交易额为73 690.4亿元，下降4.4%。

（三）保险业稳步发展，保险渗透率和保障水平不断提高

1. 保险业主要指标增势良好。2011年，福建新增3家保险经营主体。保险业实现增加值41.9亿元，增长60.2%；资产规模为998.9亿元，增长18.9%；实现保费收入432.4亿元（见表4），增长14.9%。

2. 保险对社会经济生活的渗透率不断提高。2011年，福建保险密度为1 162.4元/人，增长13.9%；保险深度为2.5%，与上年基本持平。全年保险为社会承担风险保障10.2万亿元，累计赔付支出123.9亿元，增长22.7%，总体保障水平提高。

表4　2011年福建省保险业基本情况

项目	数量
总部设在辖内的保险公司数（家）	2
其中：财产险经营主体（家）	1
人身险经营主体（家）	1
保险公司分支机构（家）	47
其中：财产险公司分支机构（家）	22
人身险公司分支机构（家）	25
保费收入（中外资，亿元）	432.4
其中：财产险保费收入（中外资，亿元）	151.1
人身险保费收入（中外资，亿元）	281.4
各类赔款给付（中外资，亿元）	123.9
保险密度（元/人）	1 162.4
保险深度（%）	2.5

数据来源：福建保监局。

3. 出口信用保险为企业对外贸易、海外投资保驾护航。全省出口信用保险实现保费收入5.6亿元，增长36.5%；提供风险保障144.5亿美元，增长37.6%；保险项下为企业提供融资34.6亿美元，增长68.8%。

4. 涉农保险业务积极支持“三农”发展。全年政策性农业保险保费收入为3.6亿元，增长43%，承担风险保障超过1 400亿元，累计支付赔款超过1.5亿元。

（四）金融市场交易活跃，直接融资比重提高

1. 直接融资比重进一步上升。由于债券融资成

① 含短期融资券、中期票据、中小企业集合票据。

表5　2001～2011年福建省非金融机构融资结构

单位：亿元、%

年份	融资合计	比重		
		贷款	债券（含可转债）	股票
2001	429.2	96.0	0.0	4.0
2002	318.7	95.8	0.0	4.2
2003	858.5	97.5	0.0	2.5
2004	729.9	98.3	0.0	1.7
2005	794.7	94.1	3.8	2.2
2006	1 417.5	98.0	0.4	1.6
2007	1 954.7	89.0	4.4	6.6
2008	1 723.6	86.1	3.3	10.6
2009	3 340.5	90.2	3.4	6.3
2010	3 379.5	89.2	3.6	7.2
2011	3 393.8	85.3	8.0	6.7

数据来源：中国人民银行福州中心支行。

倍增长，福建非金融机构直接融资占比提高3.9个百分点（见表5）。

2. 货币市场交易活跃。福建银行间拆借市场累计交易24 131.5亿元，银行间债券市场累计成交62 902.1亿元，增长21.4%。货币市场资金流向表现为净融入资金1 727亿元。另外，大小额支付系统和银行机构的行内系统资金净流入5 758.0亿元，流入量居全国第2位。

表6　2011年福建省金融机构票据业务量统计

单位：亿元

季度	银行承兑汇票承兑		贴现			
			银行承兑汇票		商业承兑汇票	
	余额	累计发生额	余额	累计发生额	余额	累计发生额
1	2 426.0	1 440.7	266.0	1 393.9	11.0	59.2
2	2 768.4	3 494.5	266.3	2 774.6	12.3	117.5
3	2 810.5	5 029.3	347.8	4 430.9	9.8	168.7
4	3 104.3	6 657.4	350.6	5 609.8	9.3	293.3

数据来源：中国人民银行福州中心支行。

表7　2011年福建省金融机构票据贴现、转贴现利率

单位：%

季度	贴现		转贴现	
	银行承兑汇票	商业承兑汇票	票据买断	票据回购
1	6.8021	7.6784	4.8826	4.5335
2	6.8684	6.5538	5.2003	4.8774
3	9.2892	11.1739	6.6658	6.0765
4	8.3320	10.7728	6.9500	6.5735

数据来源：中国人民银行福州中心支行。

3. 票据融资量价齐升。2011年年末，全省票据融资余额比上年年末增长41.6%（见表6）。票据利率明显提高（见表7），商业承兑汇票利率下半年后超过10%。随着存款准备金率的下调，第四季度后银行间市场资金面好转，利率趋稳。

4. 黄金交易额成倍增长。受国际现货黄金价格震荡走高影响，2011年，纸黄金交易为453.3亿元，增长160.4%；实物黄金交易为32.6亿元，增长52.2%。

5. 外汇交易波动明显。福建跨境资金净流入呈现“上半年大幅增长、下半年快速下降”的态势。全年净收汇427.3亿美元，增长4.4%。

6. 民间借贷量增价涨。对福建总计2 170户企业、个体工商户和农户进行的抽样调查显示，2011年民间借贷样本市场发生额增长52.2%，样本平均利率提高1.3128个百分点，涨幅为7.26%。

（五）金融基础设施建设持续加强，金融生态环境不断改善

1. 征信体系建设日趋完善。一是企业和个人征信系统建设进一步完善。企业征信系统累计收录25.52万户企业及其他机构，比上年增长10%，日均查询1.82万次；个人征信系统累计收录自然人2 294万人，约占全省总人口的62%，比上年增长2%，日均查询3.86万次。二是中小企业信用体系进一步推进。已累计建立中小企业信用档案9.2万户，其中1.05万户企业累计获得2 136.5亿元银行融资。三是农村信用体系进一步拓展。累计建立农户信用档案285.5万户，占全省农户总数的42.8%，其中161.3万户农户获得累计2 143.8亿元的贷款。四是征信服务范围进一步拓宽。查询征信系统已成为金融机构审贷的必经环节，为防范金融风险起到重要作用；同时，征信系统还为财政、工商、审计等部门提供服务，促进财政贴息资金安排、龙头企业评选等工作的顺利开展，有效促进守信激励、失信惩戒机制的实现。

2. 支付体系高效、平稳运行。一是“新农村支

付结算畅通工程”成果显著。实现全省13 345个行政村自助终端全覆盖和助农小额取现服务覆盖全省96%的行政村。二是银行卡产业快速发展。年末，全省已发行金融IC社保卡超过2 200万张，发卡量居全国第1位；公务卡和商务卡业务量居全国第2位。三是两岸银行卡合作不断深化。截至2011年年末，海峡旅游卡发卡量突破170万张，当年跨行交易金额突破70亿元，并实现在台湾地区部分商户打折使用；妈祖平安卡突破350万张，成为全国发卡量和使用量最大的地方卡。

3. 国库收付服务民生显成效。在全国较早实行批量办理出口退税新模式，全年办理出口退税228.2亿元，占出口退税总额的94.2%，使出口退税资金由国库直达企业账户，到账时间由5～6天缩短至1天，有效提高企业资金周转效率。

4. 反洗钱机制的作用不断增强。一是资金监测质量进一步提升。全年收集重点可疑交易线索948条，向公安机关报案数和立案数分别增长26.8%、20.4%。二是配合打击犯罪力度持续增强。全年主动调查可疑交易活动及协助侦查机关调查案件共35起，破案16起。三是行业自律增强。全国首个反洗钱业务自律组织——福建省反洗钱协会成立，发挥着桥梁纽带、引导服务和监督约束作用。

专栏2　闽台金融合作更趋务实　先行先试取得新进展

2011年3月，全国人大通过《中华人民共和国国民经济和社会发展第十二个五年规划纲要》，提出要“充分发挥海峡西岸经济区在两岸交流合作中的先行先试作用”。同月，国务院正式批准《海峡西岸经济区发展规划》，要求福建先行先试，努力建设两岸经贸合作的紧密区域、两岸文化交流的重要基地、两岸直接往来的综合枢纽。2011年11月18日，国务院正式批准《平潭综合试验区总体发展规划》，赋予平潭在两岸金融交流合作中先行先试的特殊政策。这些政策的出台进一步推动了闽台金融合作向更具体、务实的方向发展。

福建银行机构与台湾同业机构的合作更务实。2011年5月23日，福建海峡银行与台湾华南银行签署业务合作协议书，两家银行将积极推进在国际业务、资金业务、客户服务联动、市场研究和人员交流培训等领域深层次的交流与合作，同时以此次业务合作为契机，建立与台资金融机构之间交流沟通的长效机制。

福建银行机构与台湾保险机构探索开展跨业合作。2011年7月21日，中国建设银行厦门分行与台湾富邦财险在互惠互利、友好协商的基础上签署全面战略合作协议，建立代理关系和开展保险代理合作。

保险产品创新推动两岸同业合作。一是闽台两岸保险合作交流加强。截至2011年年末，全省已有台资背景的保险公司主体4家，实现保费2.5亿元，增长近五成。台资保险公司积极开展产品和服务创新，其中，国泰产险推出“一袋子”理赔服务，富邦产险推行无责服务制度，国泰人寿首创无理赔记录增值保险金。二是量身定制区域特色保险产品和服务。人保产险为大陆经由福建赴台旅游推出了“安顺游”赴台旅游保险专属产品；中国人寿为覆盖海西六省二地（台湾金门、妈祖地区）422个景点的“海峡旅游景区通票”配套推出了意外险服务；平潭综合试验区渔业、海上运输相关险种的经济补偿水平显著提高，赔付支出增长69.7%。

合作建设多层次资本市场取得新突破。2011年7月19日，厦门海西股权投资中心挂牌成立，并与台湾创业投资商业同业工会等签署了合作协议。2011年10月31日，福建海峡股权交易所在平潭登记成立，注册资金为500万元，交易所正积极吸引台湾金融机构①入股。2011年11月26日，由福建漳龙实业有限

①台湾中华开发金控所属的中华开发创业投资公司拟投资1 250万元，并已在台湾地区进行了公开信息披露。

公司与两岸三地企业和金融机构共同发起的海峡金融资产交易所在北京成立。该交易所是为响应国家“加快建设海峡西岸经济区”的战略而设立的全国性、专业化金融资产交易机构。

闽台证券业交流合作取得新进展。2011年2月，中国证监会与福建省人民政府签订了《关于加快海峡西岸经济区资本市场发展会谈纪要》，中国证监会支持在现有法律法规框架下在福建设立一家闽台合资证券公司。台湾大华证券已向中国证监会申请在福建设立代表处。

大陆首家台资担保公司在闽成立。2011年5月18日，福建龙台融资担保有限公司在福建省龙岩市挂牌成立，这是大陆首家由台资企业成立的融资性担保公司。作为专业经营融资性担保业务的公司，福建龙台融资担保有限公司由龙岩市台湾同胞投资企业协会的30余家会员企业出资成立，注册资金为1亿元，重点帮助台资中小企业解决融资难的问题。

新台币现钞双向兑换范围拓宽。新台币现钞双向兑换业务的开办银行已由中国银行1家，扩大到中国银行、兴业银行、交通银行、中国工商银行、厦门银行5家，开展兑换业务的银行机构和网点数量居全国第1位，兑换量占全国的1/3，促进了两岸民众交往的便利化。

二、经济运行情况

2011年，在国家实施宏观调控的大环境下，福建立足省情，全面实施《海峡西岸经济区发展规划》、《平潭综合试验区总体发展规划》和《厦门市深化两岸交流合作综合配套改革试验总体方案》，推动国民经济朝着宏观调控预期方向发展，全年实现地区生产总值17 410.2亿元，增长12.2%（见图5），高于年初预期目标（12%）0.2个百分点，人均地区生产总值达46 972元。

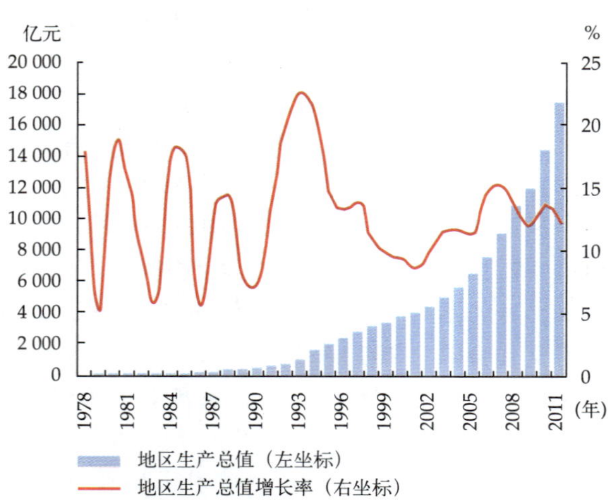

数据来源：福建省统计局。

图5　1978～2011年福建省地区生产总值及其增长率

（一）内外需求增势良好，两岸交流合作先行先试向纵深发展

2011年，随着重点项目建设、新增长区域、城市建设、小城镇改革发展、民生工程等“五大战役”的深入实施，福建内外需求保持良好增长势头。

1. 固定资产投资持续增长，民生社会事业投入加大。2011年，福建全社会固定资产投资增长27.1%（见图6），较上年回落2.9个百分点。其

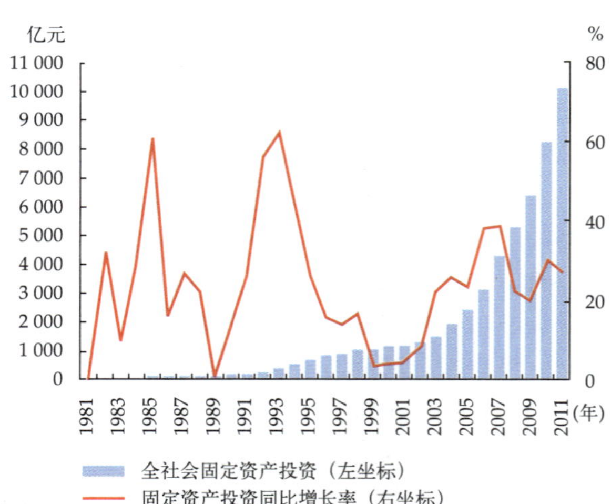

数据来源：福建省统计局。

图6　1981～2011年福建省全社会固定资产投资及其增长率

中，城镇民间投资增长38.2%，占城镇投资的比重由上年的49.8%提高至54.3%，对城镇投资增长的贡献率达71.2%。民生方面，城镇社会保障业投资增长9.1倍，文化艺术业投资增长1.4倍，娱乐业投资增长54.1%，居民服务业投资增长39.1%，教育事业投资增长29.2%。

2. 消费需求保持旺盛，城乡消费增速差距缩小。2011年，福建社会消费品零售总额增长18.2%（见图7），较上年回落0.7个百分点，其中城镇和乡村消费分别增长18.6%和13.7%，差距由上年的9.5个百分点缩小至4.9个百分点。

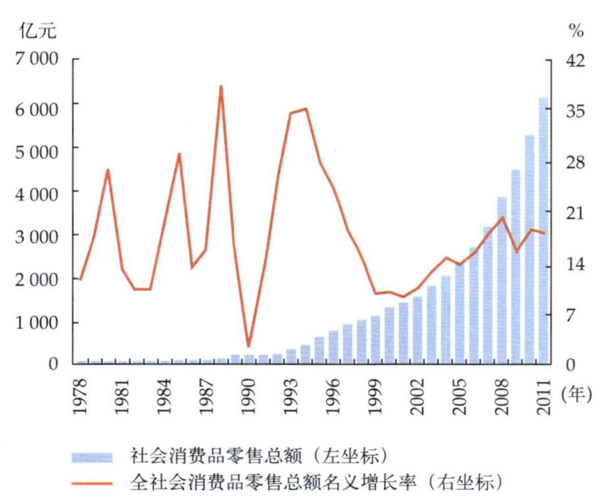

数据来源：福建省统计局。

图7　1978～2011年福建省社会消费品零售总额及其名义增长率

3. 对外贸易逆势上扬，利用外资平稳增长。2011年，福建进出口总额为1 435.6亿美元，增长32.0%，其中，出口928.4亿美元，增长29.9%（见图8）；进口507.2亿美元，增长36.0%。全省进出口总额中，民营企业进出口增长55.6%，对全省增长的贡献率达57.8%。利用外资方面，按历史可比口径，实际利用外商直接投资110.4亿美元，增长7.1%（见图9）。实际利用台资32.2亿美元，增长20.5%；实际利用港澳资64.5亿美元，增长17%。

4. 闽台经贸交流合作持续拓展，平潭开放开发加速突破。落实海峡两岸经济合作框架协议，闽台贸易增长11.8%。其中，进口增长5.3%，出口增长35.9%。厦门两岸区域性金融服务中心核心区建设全面启动，一批金融机构先期入驻。新增2个台湾

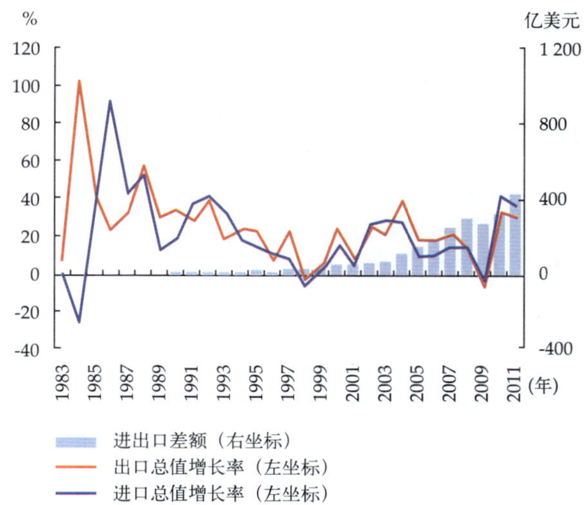

数据来源：福建省统计局。

图8　1983～2011年福建省外贸进出口变动情况

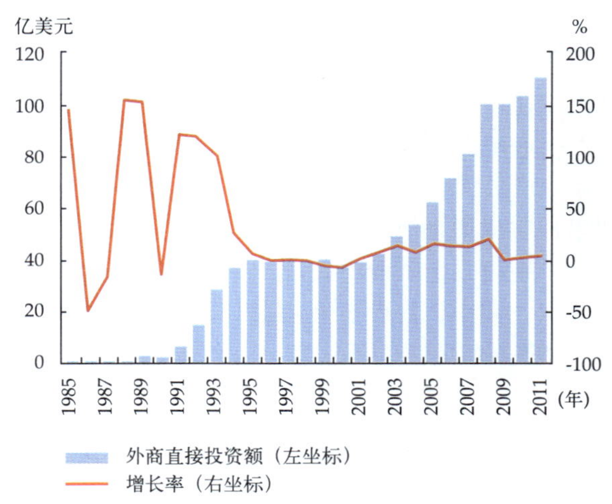

数据来源：福建省统计局。

图9　1985～2011年福建省外商直接投资情况

农民创业园并出台优惠政策，闽台农产品贸易额突破8亿美元，增长37.4%，农业利用台资保持全国首位。第三届海峡论坛成功举办，厦门居民赴台个人游和福建居民赴金马澎个人游顺利成行，经厦门口岸赴台湾旅游的大陆居民已达20万人次。全年闽台直航客流突破230万人次。

《平潭综合试验区总体发展规划》获国务院批复实施，平潭至台湾的高速客运航线正式开通，一批重大项目加快建设，组团建设全面展开，全年完

成投资303.5亿元。

（二）产业发展有所分化，工业主导作用明显

2011年，福建协调推进产业群、城市群、港口群“三群”联动发展，进一步加快转方式、调结构步伐，第二产业比重达到52.7%，比上年提高1.7个百分点，高于“十一五”期间平均水平（49.3%）3.4个百分点；第一产业、第三产业比重则有不同程度的下降，其中，第三产业比重已降至近10年来的最低点。三次产业对地区生产总值增长的贡献率分别为3.2%、68.8%和28%。

1. 第一产业增势良好，粮食生产稳定增长。2011年，第一产业增长4.2%，较上年提升0.9个百分点。全年气象条件较好，病虫害较上年减轻，粮食生产形势稳定，粮食总产量比上年增长1.6%。

2. 第二产业增长放缓，工业影响作用显著。2011年，第二产业增长16.4%，比上年回落2.1个百分点。在市场需求不足、能源和原材料价格高位波动、企业用工和融资成本增加等多重因素影响下，企业生产放缓，工业增幅呈逐月回落态势。全部工业累计完成增加值7 775.1亿元，增长17.0%（见图10）。规模以上工业增长17.5%，比上年回落2.8个百分点。其中，民营工业增长18.8%，对规模以上工业增长的贡献率达66.2%。全部工业对地区生产总值的贡献率为60.6%，比上年提高1.9个百分点。

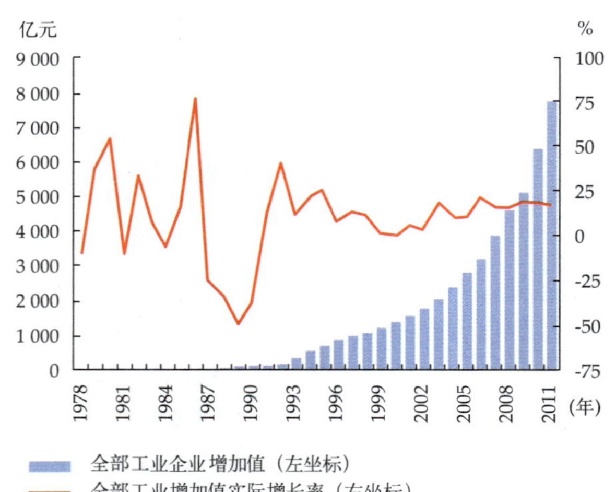

数据来源：福建省统计局。

图10　1978～2011年福建省工业增加值及其增长率

工业经济效益持续改善，利润增幅高位回落。福建规模以上工业经济效益综合指数为250.6，比上年提高21.6个点；实现利润1578.9亿元，增长24.6%，比上年回落31个百分点。

3. 第三产业增速回落，金融业增长明显放缓。2011年，第三产业增长8.6%，较上年回落2.0个百分点，由2003年以来持续高于转为低于全国0.3个百分点。其中，运输邮电仓储业、批发零售业、金融业增加值增速分别较上年回落2.8个、5.0个和11.7个百分点。

（三）各类价格指数冲高回落，劳动力价格持续上涨

1. 居民消费价格指数先升后降。2011年下半年福建居民消费价格上涨势头得到遏制，特别是第四季度以后居民消费价格明显回落，全年居民消费价格上涨5.3%（见图11），其中，食品和居住类价格分别上涨11.2%和5.6%，分别推动居民消费价格上涨3.4个和1.1个百分点。

2. 工业生产价格指数明显回落。2011年下半年福建工业生产者购进价格和出厂价格月度涨幅快速回落，全年购进价格和出厂价格分别上涨8.0%和3.9%，较上半年分别回落1.4个和0.8个百分点。

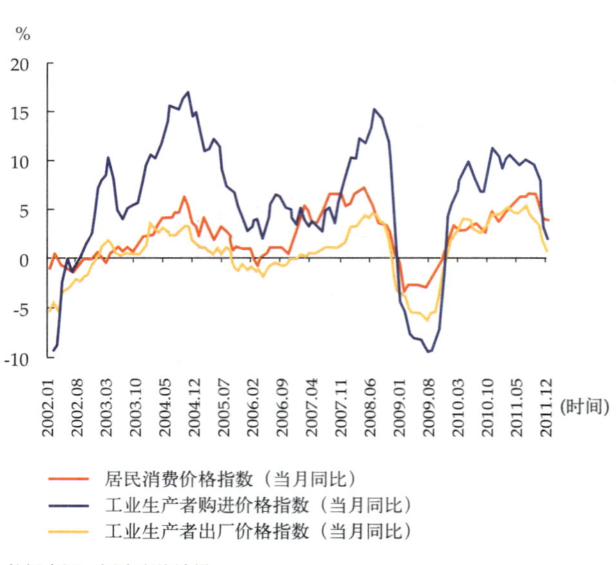

数据来源：福建省统计局。

图11　2002～2011年福建省居民消费价格和生产者价格变动趋势

3. 农业生产资料价格指数先扬后抑。2011年，福建农业生产资料价格上涨11.8%，比上年提高9.4个百分点。9月后农业生产资料价格月度涨幅快速回落。

4. 劳动力价格继续上涨。福建最低工资标准大幅提高，平均增长22%，城镇居民人均工资性收入和农民工资性收入分别增长11.2%和25.7%，比上年分别提高0.8个和10.2个百分点。城镇单位职工平均工资为38 989元，比上年增长19.4%。

（四）财政收支较快增长，民生保障力度加强

2011年，福建地方财政收入增长30.4%（见图12），比上年提高6.9个百分点，其中，地方级税收收入增长29.8%，比上年提高5.6个百分点。财政支出增长29.6%，较上年提升10.7个百分点，医疗卫生、城乡社区事务以及住房保障等方面的支出增长迅猛。

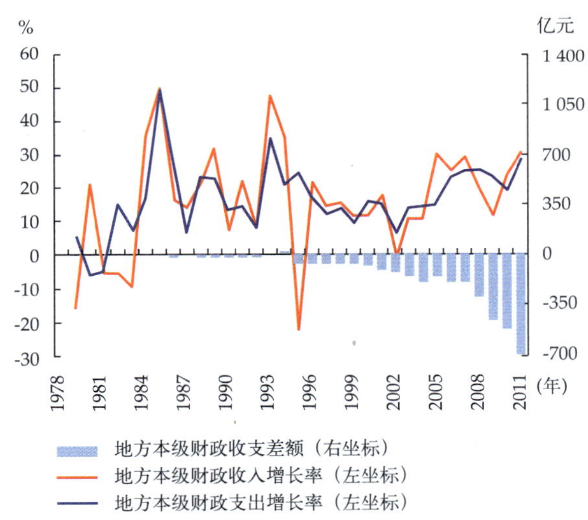

数据来源：福建省统计局。

图12　1978～2011年福建省财政收支状况

（五）节能减排目标基本完成，生态环境建设持续推进

2011年，福建单位生产总值能耗下降3.3%，化学需氧量、二氧化硫、氨氮等指标完成全年节能减排目标。近七成工业行业单位增加值能耗下降，规模以上工业企业能源回收利用折合标准煤141.9万吨，比上年增长16.2%。

福建的生态环境质量多年来保持优良水平，森林覆盖率继续居全国首位。9个设区城市集中式饮用水源地水质达标率为99.7%；城市绿地率为36.3%，比上年提高0.4个百分点；人均公园绿地面积为11.1平方米，比上年增加0.3平方米；23个城市的空气质量均达到或优于二级标准。

（六）房地产市场明显降温，房地产调控成效显现

1. 房地产开发投资增速有所回落但仍处高位。2011年，福建房地产开发投资增长32.1%，比上年回落28.0个百分点；土地交易萎缩，土地购置面积下降16.4%。其中，保障性安居工程建设有力推进，全省保障性住房投资增长274.9%，保障性住房施工面积和竣工面积分别增长111.8%和46.1%。

2. 房地产市场持续降温。2011年，福建商品房销售面积仅增长4.7%（见图13）。10月后，市场明显遇冷。11月、12月商品住房销售面积同比分别下降35.0%、42.5%。

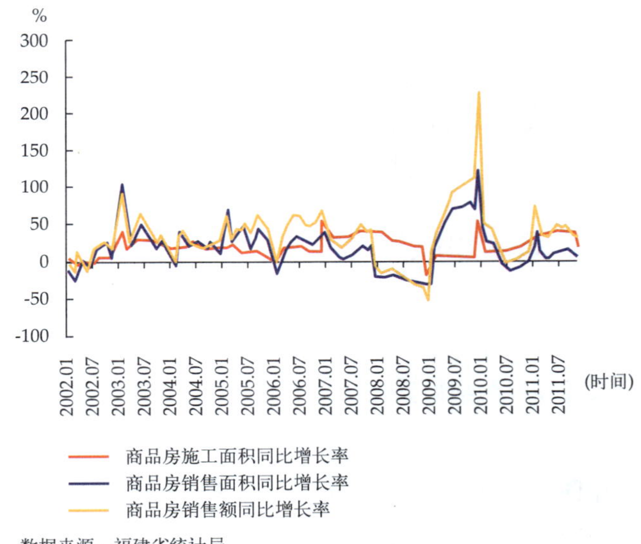

数据来源：福建省统计局。

图13　2002～2011年福建省商品房施工和销售变动趋势

3.房价涨幅逐步缩小。2011年12月福州、厦门新建住房价格同比分别上涨2.7%、3.2%（见图14），环比分别下降0.1%、0.2%。年末厦门市降价

楼盘增多，福州、莆田等中心城区的优惠促销力度加大。

4．房地产贷款增速放缓。2011年，房地产贷款增加566.8亿元，年末余额增长16.6%，增幅比上年下降3.4个百分点。其中，房地产开发贷款增幅下降4.7个百分点，个人住房贷款增幅下降4.3个百分点。

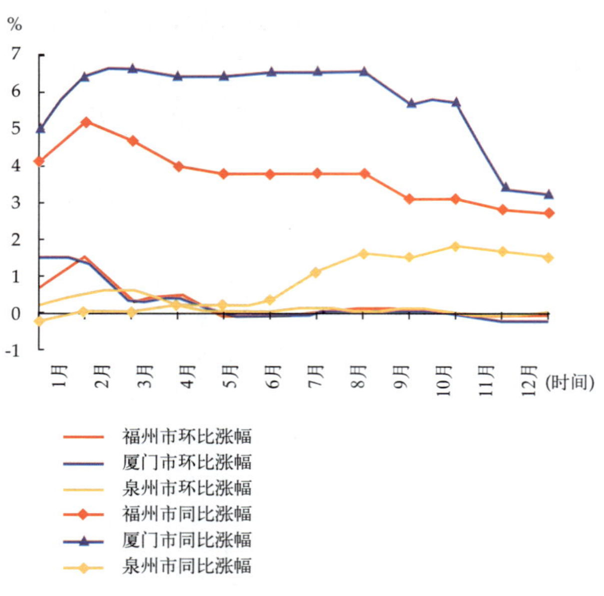

数据来源：福建省统计局。

图14　2011年福建省主要城市新建住宅销售价格变动情况

三、预测与展望

2012年是“十二五”时期承前启后的重要一年，党中央确立了“稳中求进”的总基调，同时高度重视经济结构优化，为实体经济发展提供了有利的政策环境。但是，世界经济复苏进程艰难曲折，欧美主权债务危机短期内难以缓解，主要货币汇率剧烈波动，大宗商品价格大幅震荡；国内物价水平仍处高位，原材料、劳动力等成本持续上涨将影响一些企业特别是小微企业的经营，就业总量压力与结构性矛盾并存，经济增长存在下行压力。

从福建形势看，机遇与挑战并存。一方面，海西规划的逐步落实和海峡两岸经济合作框架协议的深入实施将使福建迎来难得的发展机遇，同时进一步拓展“五大战役”领域和内涵，将有力地促进全省各地加快发展。近年来，福建经济增长速度和效益持续好于全国，2011年开始全面推进“三维项目”（央企、民企、外企）对接工作，促进福建对省外资金的吸纳能力持续增强。另一方面，福建经济发展也面临投资持续较快增长，对银行贷款的依赖程度较高，直接融资空间有待进一步拓展，股票、债券融资规模与经济总量地位不相匹配等情况。

综合来看，三大需求将持续旺盛，投资继续较快增长，消费需求保持稳定，出口增速将趋缓。三次产业中第一、第三产业保持平稳增势，第二产业增速将继续快于全国，但增速趋缓，高于全国的幅差可能缩小。预计2012年全省生产总值增速在11%左右；物价涨幅将趋缓，全年居民消费价格涨幅在4%左右。

金融方面，福建经济的平稳较快增长，将带动资金需求持续旺盛，但经济增速趋缓，企业经营困难增多，实体经济的有效信贷需求或将有所下降。直接融资规模将继续保持快速增长态势。预计社会融资规模将保持合理适度增长，直接融资比重继续提升，更好地满足实体经济的融资需求，服务福建经济科学发展。

中国人民银行福州中心支行货币政策分析小组
负责人：吴国培　杨长岩
统　稿：徐剑波　李春玉
执　笔：余　静　朱　敢　刘闽浙
提供材料的还有：陈宝泉　薛严清　林　勃　沈良辉　李　芳　杨　敏　赵晓斐　陈仲光　黄月琴　陈　锋　李志林　陈　雄　沈理明　方静琴　林　敦　宋科进　宋　将　林　赞　荣　杰

附录

（一）2011年福建省经济金融大事记

3月，国务院正式批准《海峡西岸经济区发展规划》，要求福建先行先试，努力建设两岸经贸合作的紧密区域、两岸文化交流的重要基地、两岸直接往来的综合枢纽。

3月28日至4月1日，由中国人民银行福州中心支行、金融监管机构、福建地方法人金融机构、国际业务量较大的金融机构、金融公共服务机构以及福建省金融学会等24家机构的高级管理人员组成的金融代表团赴港澳开展同业交流活动。

6月17日，福建创新企业股权交易市场在福州市正式揭牌。该市场主要为非上市创新企业股权融资、交易和技术产权、科技项目成果转让提供登记托管、见证、管理咨询等综合服务。

6月30日，福建省人民政府办公厅出台《关于进一步促进小额贷款公司发展的意见》，明确对贷款余额的70%用于单户贷款余额100万元以下的小额贷款公司，其缴纳的企业所得税地方留成部分和营业税，可由同级财政按其50%给予奖励。

9月5日，厦门市文化广电新闻出版局与6家金融机构签署支持文化产业发展战略合作协议。据此，今后5年内合作金融机构对该市文化产业发展的总授信额将达500亿元。

10月16日，福建省政府发布《关于支持小型和微型企业发展的十二条金融财税措施》。

11月3日，兴业银行泉州分行主承销的晋江市中小企业2011年度第一期2.2亿元集合票据发行。福建省中小企业集合票据发行实现零的突破。

11月7日，福建省政府出台《福建省“十二五”建设海峡两岸产业合作基地专项规划》，提出重点扶持和培育10家年销售收入超百亿元的台资企业，打造闽台合作石化、信息超千亿元产业集群。

11月18日，国务院正式批准《平潭综合试验区总体发展规划》，同意平潭实施全岛放开，在通关模式、财税支持、投资准入、金融保险、对台合作、土地配套等方面赋予平潭比经济特区更加特殊、更加优惠的政策。

12月26日，厦门经济特区建设30周年庆祝大会在厦门隆重举行。在庆祝经济特区建设30周年之际，《厦门市深化两岸交流合作综合配套改革试验总体方案》获国务院批准实施。

（二）2011年福建省主要经济金融指标

表1　2011年福建省主要存贷款指标

		1月	2月	3月	4月	5月	6月	7月	8月	9月	10月	11月	12月
本外币	金融机构各项存款余额（亿元）	18 864.1	19 016.5	19 755.1	19 813.2	20 148.7	20 844.4	20 530.5	20 823.9	20 954.7	20 836.5	21 221.2	21 571.6
	其中：储蓄存款	8 806.9	8 652.9	8 815.9	8 687.4	8 698.1	8 860.7	8 702.6	8 736.6	8 969.8	8 776.1	8 910.3	9 215.3
	单位存款	8 742.2	8 955.7	9 494.6	9 572.6	9 832.7	10 275.2	10 098.6	10 336.5	10 300.1	10 265.1	10 566.7	10 805.5
	各项存款余额比上月增加（亿元）	116.9	152.5	738.6	58.1	335.6	695.6	-313.9	293.4	130.8	-118.2	385.6	350.4
	金融机构各项存款同比增长（%）	22.4	18.6	22.4	19.2	20.4	20.8	19.3	19.1	15.3	15.2	15.6	15.0
	金融机构各项贷款余额（亿元）	16 533.4	16 772.3	17 008.2	17 303.1	17 552.5	17 805.2	17 957.6	18 138.4	18 293.7	18 502.4	18 746.9	18 982.8
	其中：短期	7 203.2	7 296.7	7 421.1	7 533.5	7 663.4	7 790.3	7 812.2	7 874.6	7 956.6	8 033.6	8 176.8	8 314.8
	中长期	8 936.7	9 077.6	9 234.0	9 382.1	9 495.7	9 614.2	9 701.1	9 799.9	9 853.1	9 999.1	10 087.5	10 173.2
	票据融资	280.2	283.4	237.0	272.8	276.9	278.6	323.0	342.1	349.6	338.9	344.5	360.0
	各项贷款余额比上月增加（亿元）	445.6	239.0	235.8	294.9	249.3	252.7	152.4	180.9	155.3	216.7	244.5	235.9
	其中：短期	192.0	93.5	124.3	112.5	129.9	126.9	21.9	62.4	82.0	76.9	143.2	138.0
	中长期	233.3	140.9	156.4	148.0	113.6	118.5	86.9	98.8	53.2	146.0	88.4	85.7
	票据融资	19.9	3.2	-46.4	35.8	4.1	1.7	44.4	19.1	7.5	-10.7	5.6	15.5
	金融机构各项贷款同比增长（%）	23.8	23.1	22.8	22.3	21.8	21.4	20.8	19.8	19.3	18.6	19.0	19.3
	其中：短期	27.3	25.3	25.1	24.7	24.7	20.9	23.2	20.6	19.7	18.2	18.8	18.6
	中长期	24.0	23.0	21.8	21.5	20.6	19.9	18.8	18.9	18.1	18.4	18.4	18.4
	票据融资	-37.4	-25.2	-19.8	-18.5	-19.1	-16.1	5.1	9.0	27.0	13.4	20.0	40.5
	建筑业贷款余额（亿元）	264.0	270.2	270.1	272.0	278.4	284.8	284.0	288.5	290.9	291.6	293.6	309.2
	房地产业贷款余额（亿元）	1 093.7	1 108.0	1 098.4	1 115.5	1 126.0	1 133.5	1 134.9	1 131.9	1 124.0	1 131.7	1 144.7	1 163.2
	建筑业贷款同比增长（%）	26.4	24.5	21.9	32.0	34.3	40.6	39.3	40.9	39.8	37.6	36.3	45.0
	房地产业贷款同比增长（%）	11.4	9.5	7.4	9.1	9.5	11.5	9.6	8.4	6.3	5.8	7.0	8.3
人民币	金融机构各项存款余额（亿元）	18 422.5	18 578.8	19 284.1	19 368.4	19 700.2	20 350.1	20 070.9	20 337.6	20 489.0	20 361.5	20 705.0	21 055.5
	其中：储蓄存款	8 649.8	8 506.3	8 676.8	8 554.3	8 565.4	8 725.1	8 573.8	8 607.0	8 834.0	8 639.3	8 769.8	9 068.6
	单位存款	8484.2	8 682.1	9 176.9	9 277.5	9 533.3	9 931.6	9 784.9	9 993.8	9 984.4	9 944.4	10 206.1	10 447.1
	各项存款余额比上月增加（亿元）	121.4	156.4	705.3	84.2	331.8	649.9	-279.2	266.7	151.4	-127.6	344.4	350.5
	其中：储蓄存款	549.7	-143.4	170.5	-122.5	11.0	159.8	-151.3	33.2	227.0	-194.7	130.5	298.8
	单位存款	-554.2	197.9	494.8	100.6	255.8	398.2	-146.6	208.9	-9.3	-40.1	261.8	240.9
	各项存款同比增长（%）	22.9	19.1	22.8	19.6	21.1	21.4	20.0	19.6	15.8	15.4	15.5	15.0
	其中：储蓄存款	22.4	10.2	16.2	12.7	13.7	12.9	11.3	11.1	8.0	9.9	11.5	12.0
	单位存款	21.2	25.6	26.6	23.7	25.9	27.3	27.1	25.9	22.5	19.5	17.4	14.9
	金融机构各项贷款余额（亿元）	15 766.0	16 001.3	16 208.5	16 501.4	16 713.1	16 932.7	17 117.7	17 299.1	17 456.5	17 669.8	17 903.0	18 165.2
	其中：个人消费贷款	3 476.7	3 495.3	3 561.2	3 620.2	3 673.0	3 737.9	3 782.1	3 817.2	3 855.3	3 893.4	3 942.8	3 991.3
	票据融资	280.2	283.4	237.0	272.8	276.9	278.6	323.0	342.1	349.6	338.9	344.5	360.0
	各项贷款余额比上月增加（亿元）	414.1	235.3	207.2	292.9	211.6	219.7	185.0	181.4	157.4	221.3	233.2	262.2
	其中：个人消费贷款	66.0	18.7	65.8	59.1	52.8	65.0	44.2	35.1	38.0	38.2	49.4	48.5
	票据融资	19.9	3.2	-46.4	35.8	4.1	1.7	44.4	19.1	7.5	-10.7	5.6	15.5
	金融机构各项贷款同比增长（%）	23.2	22.7	22.5	22.1	21.1	20.5	20.1	19.4	18.9	18.3	18.7	19.3
	其中：个人消费贷款	25.4	24.5	22.8	20.3	17.8	17.1	17.0	16.5	15.8	15.5	15.2	15.1
	票据融资	-37.4	-25.2	-19.8	-18.5	-19.1	-16.1	5.1	9.0	27.0	13.4	20.0	40.5
外币	金融机构外币存款余额（亿美元）	67.0	66.6	71.8	68.5	69.2	76.4	71.3	76.1	73.3	75.1	81.3	81.9
	金融机构外币存款同比增长（%）	7.7	5.4	13.0	9.5	2.6	7.5	1.7	9.4	2.8	13.4	25.4	21.6
	金融机构外币贷款余额（亿美元）	116.5	117.3	122.0	123.4	129.5	134.8	130.3	131.4	131.7	131.7	132.9	129.8
	金融机构外币贷款同比增长（%）	43.3	39.0	33.5	33.9	44.5	49.3	44.5	39.4	33.9	32.3	31.0	24.7

数据来源：中国人民银行福州中心支行。

表2 2001～2011年福建省各类价格指数

单位：%

年/月		居民消费价格指数		农业生产资料价格指数		工业生产者购进价格指数		工业生产者出厂价格指数	
		当月同比	累计同比	当月同比	累计同比	当月同比	累计同比	当月同比	累计同比
2001		—	-1.3	—	-1.3	—	-3.3	—	-1.9
2002		—	-0.5	—	-0.1	—	-2.4	—	-2.4
2003		—	0.8	—	1.8	—	6.3	—	0.7
2004		—	4.0	—	12.5	—	13.3	—	2.6
2005		—	2.2	—	8.1	—	8.1	—	0.2
2006		—	0.8	—	0.9	—	3.9	—	-0.8
2007		—	5.2	—	10.3	—	4.3	—	0.8
2008		—	4.6	—	23.6	—	10.2	—	2.7
2009		—	-1.8	—	-6.7	—	-6.8	—	-4.5
2010		—	3.2	—	2.4	—	7.7	—	3.2
2011		—	5.3	—	11.8	—	8.0	—	3.9
2010	1	2.3	2.3	-2.0	-2.0	4.9	4.9	1.8	1.8
	2	3.4	2.9	-2.1	-2.1	5.3	5.1	2.4	2.1
	3	2.9	2.9	-0.4	-1.5	6.9	5.7	3.0	2.4
	4	2.9	2.9	-0.2	-1.2	8.4	6.4	4.1	2.8
	5	3.0	2.9	1.5	-0.6	9.1	6.9	3.8	3.0
	6	3.2	2.9	2.0	-0.2	8.0	7.1	3.3	3.1
	7	3.4	3.0	3.0	0.2	7.5	7.2	2.6	3.0
	8	2.6	3.0	2.9	0.6	6.3	7.1	2.4	2.9
	9	2.9	3.0	3.5	0.9	6.4	7.0	3.0	2.9
	10	3.6	3.0	4.6	1.3	8.3	7.1	3.6	3.0
	11	4.7	3.2	7.7	1.8	10.8	7.5	4.4	3.1
	12	3.6	3.2	7.9	2.4	10.0	7.7	4.4	3.2
2011	1	4.2	4.2	7.7	7.7	8.7	8.7	4.6	4.6
	2	4.7	4.5	8.2	8.0	9.5	9.1	4.8	4.7
	3	5.2	4.7	8.5	8.2	10.2	9.5	5.1	4.8
	4	5.6	4.9	10.3	8.7	9.6	9.5	4.4	4.7
	5	5.9	5.1	11.6	9.3	9.1	9.4	4.4	4.6
	6	6.2	5.2	14.0	10.1	9.1	9.4	4.8	4.7
	7	6.2	5.4	16.0	10.9	9.6	9.4	5.1	4.7
	8	6.6	5.6	15.5	11.5	9.4	9.4	4.4	4.7
	9	6.3	5.7	15.9	12.0	9.0	9.4	3.9	4.6
	10	4.8	5.6	14.8	12.3	7.1	9.1	3.2	4.5
	11	3.5	5.4	10.6	12.1	3.5	8.6	1.6	4.2
	12	3.8	5.3	8.8	11.8	1.9	8.0	0.8	3.9

数据来源：福建省统计局。

表3 2011年福建省主要经济指标

	1月	2月	3月	4月	5月	6月	7月	8月	9月	10月	11月	12月
绝对值（自年初累计）												
地区生产总值(亿元)	—	—	3 026.5	—	—	7 062.9	—	—	11 515.6	—	—	17 410.2
第一产业	—	—	233.5	—	—	528.5	—	—	919.9	—	—	1 610.6
第二产业	—	—	1 821.1	—	—	4 015.6	—	—	6 433.5	—	—	9 167.5
第三产业	—	—	972.0	—	—	2 518.8	—	—	4 162.2	—	—	6 632.1
固定资产投资(亿元)	466.0	858.6	1 664.3	2 387.8	3 220.2	4 392.0	5 116.7	5 970.2	7 051.8	8 049.4	9 111.8	10 119.5
房地产开发投资	128.1	208.7	395.6	563.0	766.9	1 059.6	1 234.5	1 439.1	1 728.9	1 936.4	2 156.2	2 402.6
社会消费品零售总额(亿元)	531.7	1 050.1	1 511.5	1 966.3	2 438.0	2 926.4	3 398.4	3 878.2	4 419.7	4 966.8	5 533.5	6 276.2
外贸进出口总额(亿美元)	114.4	182.7	289.7	402.8	514.9	628.7	750.2	880.3	1 020.8	1 151.1	1 301.2	1 435.6
进口	38.5	66.3	108.5	149.1	187.3	224.2	266.7	311.1	361.4	406.3	458.7	507.2
出口	75.9	116.3	181.2	253.7	327.7	404.5	483.5	569.2	659.4	744.7	842.6	928.4
进出口差额(出口−进口)	37.4	50.0	72.7	104.7	140.4	180.3	216.8	258.1	298.0	338.4	383.9	421.2
外商实际直接投资(万美元)（历史可比口径）	85 000	166 100	295 800	404 600	492 900	655 200	720 700	795 800	885 200	959 900	1 029 000	1 104 400
地方财政收支差额(亿元)	12.6	22.2	-24.4	275.5	-71.3	-121.5	-114.1	-197.0	-278.9	-291.3	-399.6	-695.5
地方财政收入	157.9	242.7	358.3	507.1	640.0	766.8	910.5	1 010.1	1 111.4	1 246.0	1 341.6	1 501.2
地方财政支出	145.3	220.6	382.8	231.6	711.3	888.3	1 024.6	1 207.1	1 390.3	1 537.3	1 741.1	2 196.6
城镇登记失业率(%)（季度）	—	—	3.8	—	—	3.7	—	—	3.7	—	—	3.7
同比累计增长率（%）												
地区生产总值	—	—	14.5	—	—	13.4	—	—	12.5	—	—	12.2
第一产业	—	—	3.3	—	—	3.5	—	—	3.5	—	—	4.2
第二产业	—	—	19.7	—	—	17.6	—	—	16.8	—	—	16.4
第三产业	—	—	9.4	—	—	9.1	—	—	8.6	—	—	8.6
工业增加值	18.9	18.8	20.3	19.1	18.4	18.1	17.8	17.4	17.3	17.0	16.9	17.0
固定资产投资	40.3	35.8	34.6	35.3	34.9	31.3	30.4	29.4	29.6	28.8	28.1	27.1
房地产开发投资	57.2	49.2	52.7	51.4	53.3	50.3	44.0	37.6	35.7	32.7	34.8	32.1
社会消费品零售总额	20.6	16.5	17.1	17.6	17.8	18.0	18.0	18.0	18.1	18.1	18.1	18.2
外贸进出口总额	41.5	23.0	26.7	26.9	26.9	26.2	25.5	27.3	29.4	31.6	33.7	32.0
进口	47.1	34.7	34.1	32.5	32.3	30.5	32.0	32.6	33.6	36.4	38.1	36.0
出口	38.9	17.3	22.6	23.8	24.0	23.9	22.1	24.5	27.2	29.2	31.4	29.9
外商实际直接投资（历史可比口径）	1.0	5.4	9.9	7.5	10.5	12.0	9.3	9.1	8.9	7.5	6.4	7.1
地方财政收入	31.9	29.3	33.0	32.1	35.7	35.2	34.9	33.8	32.4	30.3	29.4	30.4
地方财政支出	68.3	26.8	30.8	33.1	43.4	38.9	36.9	37.0	33.2	32.6	32.2	29.6

数据来源：福建省统计局。

2011年江西省金融运行报告

中国人民银行南昌中心支行货币政策分析小组

[内容摘要] 2011年，江西省紧扣“科学发展、绿色崛起”的主题，以项目建设和产业调整为着力点，加快转变经济发展方式，大力发展工业经济，固定资产投资突破万亿元，出口突破200亿美元，社会消费品零售总额持续增长，三力并发带动全省经济总量进入“万亿元俱乐部”，经济发展迈入新的阶段。

金融业认真贯彻落实稳健的货币政策，信贷投放均衡适度，贷款结构调整优化，支持实体经济的力度加大；债券融资品种和规模不断拓展，股票融资平稳发展，多渠道满足了经济平稳健康发展的有效资金需求。以金融改革为契机，全省银行业、证券业、保险业服务功能渐趋完善，运行质量稳步提高，风险管理能力日益增强。

2012年，江西将紧紧围绕“建设富裕和谐秀美江西”的奋斗目标，以鄱阳湖生态经济区建设为龙头，与赣南苏区振兴规划相衔接，继续实施重大项目带动战略，着力推进产业结构升级，加快推进城镇化、工业化和农业现代化，促进经济持续健康发展。金融业将继续贯彻实施稳健的货币政策，加大对重点项目、“三农”、中小微型企业等实体经济的金融支持力度，为经济发展提供有力的金融支撑。

一、金融运行情况

2011年，江西省金融业认真贯彻稳健的货币政策，合理把握信贷投放总量、节奏和投向，全力做好鄱阳湖生态经济区金融支持工作，存贷款规模稳步扩大，直接融资平稳发展，金融生态环境持续改善，金融对经济发展的支撑力度进一步增强。

（一）银行业快速发展，货币信贷平稳运行

2011年，江西省银行业在存款增势有所放缓的同时，贷款增量仍实现同比多增，市场利率上行明显，金融产品创新活跃。

1. 银行业利润显著增长，地方法人机构快速发展。全省银行业金融机构在不良贷款余额和不良贷款率继续“双降”的同时，资产总额和税后净利润持续增长，同比分别增长20.5%和48.1%。年末平均资产利润率达到1.3%，同比上升0.2个百分点。与上年相比，新增资产主要集中于大型商业银行和地方法人机构，尤其是城市商业银行在跨区域经营带动下资产规模较上年增长48.3%，村镇银行因数量增加资产规模实现翻番（见表1）。

表1　2011年江西省银行业金融机构情况

机构类别	营业网点			法人机构（个）
	机构个数（个）	从业人数（人）	资产总额（亿元）	
一、大型商业银行	1 825	39 865	7 823	0
二、国家开发银行和政策性银行	96	2 213	1 554	0
三、股份制商业银行	137	2 439	1 667	0
四、城市商业银行	243	6 033	2 269	5
五、农村合作机构	2 533	22 111	3 000	92
六、财务公司	2	97	153	2
七、邮政储蓄银行	1 414	11 246	1 300	0
八、外资银行	3	96	21	0
九、新型农村金融机构	32	629	56	19
合　计	6 285	84 729	17 843	118

注：营业网点不包括金融机构总部数据；大型商业银行包括中国工商银行、中国农业银行、中国银行、中国建设银行和交通银行；农村合作机构包括农村信用社、农村合作银行和农村商业银行；新型农村金融机构包括村镇银行和农村资金互助社。

数据来源：江西银监局。

2. 存款增速明显放缓，活期存款占比有所下降。金融创新不断增多加快了传统存款分流，全省本外币存款比年初增加2 412.7亿元，同比少增140.7亿元，月同比增速由年初的25%以上震荡下跌到年

末的20%左右（见图1）。受金融机构季度末存贷比考核机制影响，全年存款增长呈现出“季度末增季度初降”的态势。存款组织难度加大促使商业银行调整负债结构步伐，银行承兑汇票快速发展，上半年新增保证金存款较上年同期增长1.5倍，下半年在监管部门规范票据业务以及保证金存款纳入准备金缴存范围新政策的影响下，保证金存款大幅减少，全年新增保证金存款不足2010年的九成。

年内三次非对称上调人民币存款基准利率使得活期存款利率上调幅度小于定期存款，居民和企业倾向于将活期存款转为定期存款，全年新增活期存款占比为41.4%，同比下降0.9个百分点。

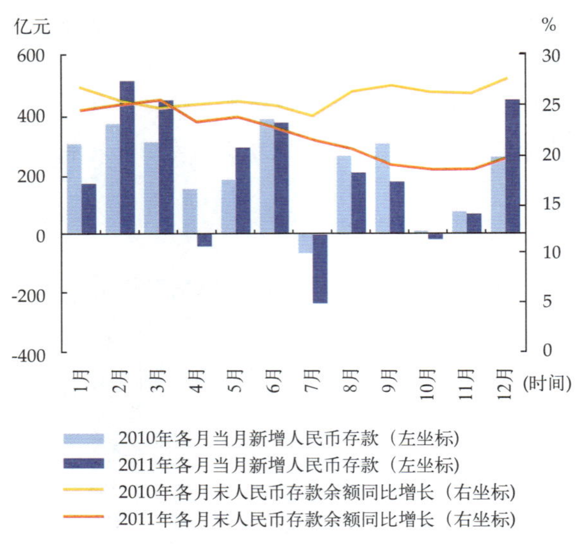

数据来源：中国人民银行南昌中心支行。

图1　2010～2011年江西省金融机构人民币存款增长变化

3. 贷款投放较为均衡，信贷结构继续优化。经济的发展刺激贷款需求旺盛，全省本外币贷款比年初增加1 492.0亿元，同比多增68.9亿元。各月贷款增速在17%～22%窄幅波动，贷款增量季度分布为30：27：20：22，2011年为近10年来贷款节奏最为平稳的一年（见图2、图3）。分机构看，大型商业银行信贷投放占比近半；股份制银行和城市商业银行贷款增量占比逐季度提升，年末分别达到22.1%和7.2%；农村合作金融机构贷款1月出现较大增长后，在中国人民银行差别存款准备金动态调整等政策工具引导下逐步回归常态，年末贷款增量占比为18.3%。贷款币种结构继续优化，外币贷款同比多增4.2亿美元，增速较上年同期提高26.3个百分点，较好地满足了外贸企业进口原材料的资金需求。

贷款期限结构搭配更加均衡。中长期贷款同比少增279.4亿元，短期贷款同比多增255.4亿元，短期贷款和中长期贷款占全部新增贷款①的比重由2010年的38.4：70.3转为2011年的53.7：48.3，企业流动性资金需求得到有效满足。新增票据融资经历了由降转升再转为降的运行变化，成为金融机构调节贷款规模的重要手段。

信贷支持实体经济发展力度增强。全省制造业及基础设施行业贷款占全部人民币贷款增量的比重较上年同期上升9.2个百分点，新增涉农贷款和中小企业贷款占全部贷款的比重在保持上年的1/3的基础上分别提高1.4个和1.9个百分点。金融机构积极响应国家振兴文化产业和“科教兴赣”战略，文化类产业贷款增速跃居各行业第2位，达27.5%，科技创新“六个一”工程②贷款增长28.7%。

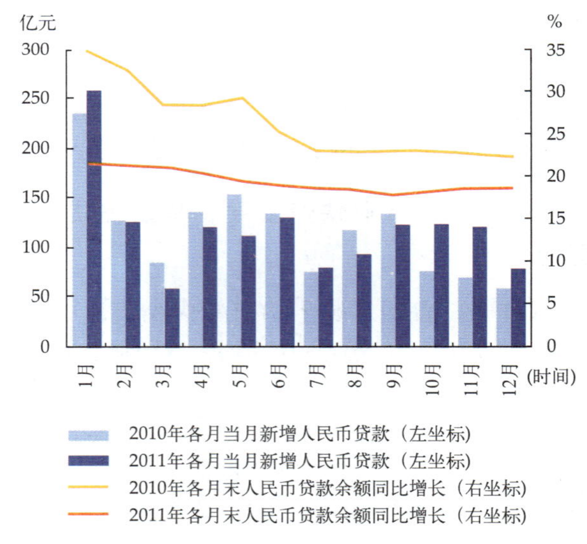

数据来源：中国人民银行南昌中心支行。

图2　2010～2011年江西省金融机构人民币贷款增长变化

①全部新增贷款包含短期、中长期贷款及票据融资，故短期贷款和中长期贷款增量占比之和不一定等于100%。

②即10个战略性新兴产业、100个创新型企业、100项高新技术产业化项目、10个国家级研发平台、10个高新技术产业基地、100个优势科技创新团队。

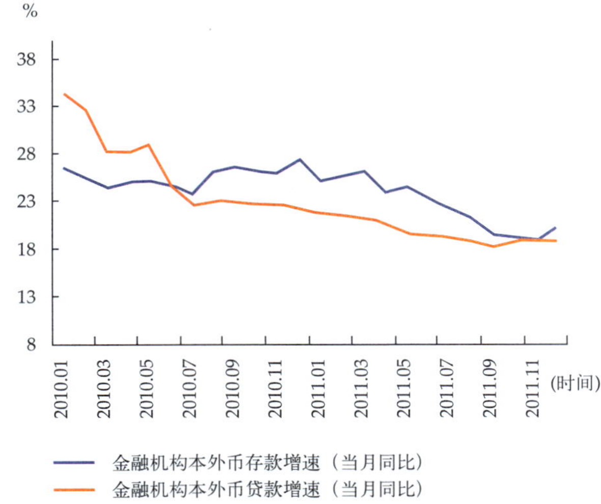

数据来源：中国人民银行南昌中心支行。

图3　2010～2011年江西省金融机构本外币存、贷款增速变化

民生领域信贷需求不断满足。小额担保贷款、助学贷款和个人消费贷款分别增长29.3%、48.1%和22.9%，保障性住房贷款同比增长13倍，全省历年累计发放的小额担保贷款在全国率先突破200亿元。

4. 表外信贷业务适时发展，业务结构变化显著。全省表外信贷类业务比年初增加57.0亿元，其中，95%投向省内实体经济。受监管部门加强对银信合作业务的监管影响，信贷类理财产品规模明显下降，委托贷款规模有所上升。

5. 贷款利率持续攀升，金融机构定价机制进一步完善。中央银行年内三次加息及市场流动性偏紧抬高了贷款实际利率水平，金融机构人民币贷款利率逐月上升，12月人民币贷款加权利率达7.97%，同比上升1.44个百分点。

贷款利率上浮幅度不断扩大。金融机构贷款定价能力提升，全年执行上浮利率贷款占比同比提高20个百分点，其中，大型和股份制商业银行上浮占比分别上升了22.7个和22.8个百分点（见表2）。中小企业融资成本压力感受明显，规模以上中小企业利息支出增长47.8%，比大型企业增速高出13.6个百分点[①]。

利率对房地产调控政策的敏感性增强。个人住房贷款加权利率持续攀升，12月达到全年最高位7.80%。受国际金融市场利率走势的影响，美元大额活期存款利率基本稳定，美元贷款加权平均利率第四季度快速上升，年末达到4.18%（见图4）。民间借贷活跃，利率不断攀升。中国人民银行南昌中心支行利率样本监测数据显示，2011年，企业和农户民间借贷加权平均利率分别为16.5%和16.8%，较上年同期分别提高1.54个和1.47个百分点。

中国人民银行南昌中心支行积极开展地方法人金融机构风险定价能力评估，城市商业银行和农村金融机构定价基础信息系统不断完备，利率定价流程逐步完善，风险定价和缓释能力不断增强。

6. 金融体系不断完善，机构改革稳步推进。银行业金融机构“请进来”、“走出去”步伐加快，北京银行南昌分行成为首家省外城市商业银行在赣分支机构，华夏银行南昌分行获批筹建，全省股份

表2　2011年江西省金融机构人民币贷款各利率区间占比

单位：%

月份		1月	2月	3月	4月	5月	6月
合计		100.0	100.0	100.0	100.0	100.0	100.0
[0.9～1.0)		14.2	14.1	6.3	7.1	6.4	3.9
1.0		15.9	21.4	24.0	24.9	23.2	23.1
上浮水平	小计	69.9	64.5	69.7	68.0	70.4	73.0
	(1.0～1.1]	14.2	16.9	15.3	14.6	18.1	15.0
	(1.1～1.3]	19.2	17.8	21.6	22.5	21.7	22.5
	(1.3～1.5]	14.4	12.0	13.2	15.4	12.5	13.1
	(1.5～2.0]	20.6	15.9	18.5	13.0	14.4	15.9
	2.0以上	1.5	2.0	1.2	2.6	3.6	6.4
月份		7月	8月	9月	10月	11月	12月
合计		100.0	100.0	100.0	100.0	100.0	100.0
[0.9～1.0)		3.8	4.5	3.9	4.6	4.1	4.5
1.0		23.9	21.1	18.5	21.3	21.2	24.1
上浮水平	小计	72.3	74.4	77.7	74.1	74.6	71.4
	(1.0～1.1]	15.4	16.7	19.8	22.4	21.3	17.6
	(1.1～1.3]	22.8	24.7	24.9	23.5	24.5	20.7
	(1.3～1.5]	15.3	15.5	13.3	13.0	12.6	15.2
	(1.5～2.0]	14.4	13.3	15.3	11.6	12.2	13.5
	2.0以上	4.5	4.2	4.3	3.6	4.0	4.4

数据来源：中国人民银行南昌中心支行。

① 大中小型企业利息支出数据来源于江西省统计局2011年第四季度对1 980户省内企业的调查结果。

制商业银行数量达到7家。3家城市商业银行省外分行顺利开业，城市商业银行省外分行达到6家。农村合作金融机构改革进一步深化，全年有6家农村商业银行获准筹建，2家农村商业银行和1家农村合作银行开业。新型农村金融机构试点稳步推进，全年开业和批筹村镇银行22家，注册小额贷款公司118家。小额贷款公司在县域以及农村信用社在乡镇双双实现全覆盖。

7. 跨境人民币业务快速启动，业务规模直线上升。自2011年8月江西启动跨境人民币结算以来，省内企业对新政策的认知度不断提高，业务量逐月快速增加。至年末，全省共有10家银行累计办理跨境人民币结算业务31.2亿元，业务品种涵盖贸易和投融资领域，为企业规避汇率风险、节约财务成本发挥了积极作用。

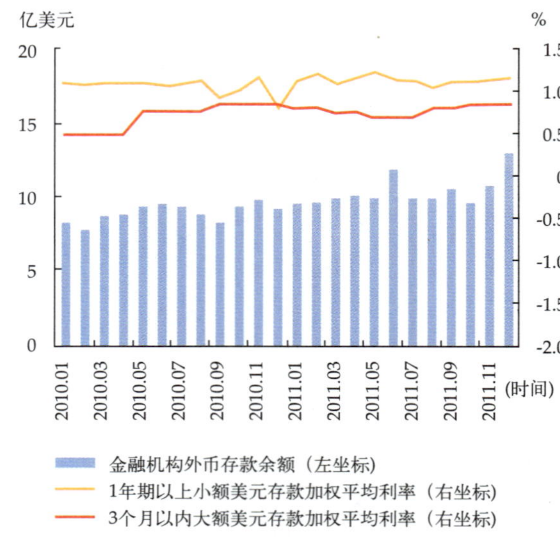

数据来源：中国人民银行南昌中心支行。

图4　2010～2011年江西省金融机构外币存款余额及外币存款利率

专栏1　以实施金融助农“三百”工程为载体　全面提升金融服务“三农”水平

为改善江西农村地区金融服务，中国人民银行南昌中心支行将2011年确定为全省“‘三农’发展金融支持服务年”，引导全辖银行业金融机构围绕“创品牌，抓服务，树榜样，惠三农”的总体要求，积极实施金融助农“三百”工程，即创新“一百种”农村金融新产品、培育“一百个”金融支持示范主体、打造“一百项”特色金融服务模式，以此为载体切实满足“三农”多元化金融服务需求。在中国人民银行的积极引导下，通过金融机构的共同努力，全省各县（市、区）基本实现了“一县一产品、一县一标杆、一县一特色”的工作目标。

一、因地制宜，创新金融产品

各金融机构结合江西农村经济实际，在继续做好农户联保贷款和小额信用贷款的基础上，以破解农村有效抵押物不足为切入点，积极探索开发适合农村经济社会发展的信贷产品。如中国农业银行研发了生猪养殖行业自助型担保公司保证担保产品，成功解决了生猪行业贷款担保难的瓶颈问题；中国建设银行针对粮食加工类中小企业缺乏房产等传统抵质押物的现状，开展稻谷动产质押授信业务试点；农村信用社针对享受财政退税政策的再生资源企业的流动资金贷款需求，采取退税账户质押方式予以支持等。目前全省已创新推出了五大类100余个创新产品，创新类农村金融产品贷款余额达363.0亿元，较年初增加94.9亿元。

二、依托产业，培育示范主体

各金融机构依托当地特色农业产业，选择管理规范、发展前景好的农民专业合作社、农业产业化公司等作为示范主体进行信贷培育，主推“金融+示范主体+农户”的贷款模式，按照金融机构管理示范主体、示范主体管理农户的二级管理方式，通过以示范主体的资产作抵押，农户按贷款的一定比例提供保证金的联保制度实行统贷统还，在全省培育出优质金融支持示范主体136个，有效地带动了农户创业致富。

三、便民利民，打造金融服务

各金融机构从加强农村地区金融基础设施建设入手，有效改善偏远农村金融服务。2011

年在全省22个县的42个乡镇的基础金融服务盲区设立金融便民服务点100个，基本满足了当地农民存取现金、转账、汇款等基础金融服务需求。村镇银行、小额贷款公司等纷纷在县域以下设立网点，县域金融服务网点较上年增长7.8%。积极推广非现金支付服务工具，全省受理农民工银行卡特色服务交易量在全国居第3位，婺源县被评为全国“刷卡无障碍风景区”。至年末，全省已推出特色金融服务模式近百项，农村地区人均持卡0.8张，每万人拥有ATM0.7台，每万人拥有POS机9.8台，金融服务“三农”水平得到全面提升。

（二）股票市场成交量下降，筹资额大幅减少

2011年，江西省股票市场和期货市场成交量减少，证券业盈利能力有所下降，上市融资规模相对萎缩，上市公司质量有效提升。

1. 证券市场运行波动，机构盈利水平明显下降。受股票市场指数震荡下行影响，全省证券投资者在沪深股市累计成交量同比下降13.6%，客户保证金同比下降42.5%；辖内中航证券和国盛证券两家法人证券公司的规模和盈利水平双双下降，总资产及净利润同比分别下降35.8%和78.5%。期货市场在平今仓①单边收费优惠取消以及部分期货合约价值提高等因素影响下，交易量和净利润也呈现下降态势。

2. 股票市场融资额大幅减少，上市公司质量有效提升。2011年，辖内上市公司通过首发和定向增发在股票市场融资49.5亿元，同比减少74.9亿元。其中，首发募集资金4亿元，通过定向增发募集资金45.5亿元。全省境内上市公司达31家，年末总市值为2 332.3亿元，前三个季度实现净利润同比增长47.8%（见表3）。

表3　2011年江西省证券业基本情况

项目	数量
总部设在辖内的证券公司数（家）	2
总部设在辖内的基金公司数（家）	0
总部设在辖内的期货公司数（家）	1
年末国内上市公司数（家）	31
当年国内股票（A股）筹资（亿元）	49.5
当年发行H股筹资（亿元）	0
当年国内债券筹资（亿元）	173
其中：短期融资券筹资额（亿元）	48

数据来源：江西证监局、中国人民银行南昌中心支行。

（三）保险业稳健发展，保障功能进一步增强

2011年，江西省保险业平稳发展，市场主体稳步增加，资产和赔付支出较快增长，重点险种推进发展，保险保障范围不断拓宽。

1. 市场规模不断扩大，整体实力有效提升。全年新增5家保险主体，保险公司省级机构达到33家。华泰人寿江西分公司开业，实现外资保险机构零的突破。保险总资产增长16.9%，赔付支出增长22.7%，保费收入增长4.5%，实现利润增长199.6%。寿险业保费收入回落，但险种结构进一步优化，续期业务增长三成以上，成为拉动寿险业务发展的主要动力（见表4）。

表4　2011年江西省保险业基本情况

项目	数量
总部设在辖内的保险公司数（家）	0
其中：财产险经营主体（家）	0
人身险经营主体（家）	0
保险公司分支机构（家）	33
其中：财产险公司分支机构（家）	15
人身险公司分支机构（家）	18
保费收入（中外资，亿元）	252.2
其中：财产险保费收入（中外资，亿元）	85.1
人身险保费收入（中外资，亿元）	167.1
各类赔款给付（中外资，亿元）	74.3
保险密度（元/人）	566.0
保险深度（%）	2.2

数据来源：江西保监局。

①平今仓是指平今天新开的持仓。

2. 重点领域不断拓宽，民生险种加快发展。政策性农业保险品种扩大到10个，其中，公益林实现综合险统保，森林险保费收入翻番，承保面积及覆盖率均居全国首位；水稻险试点扩大到全省，能繁母猪保险应保尽保，柑橘气象指数保险成功研发。当年农业保险保费收入增长36.1%，累计为全省445万户参保农户提供648亿元的风险保障。出口信用保险保费收入增长84.3%，赔付支出增长106%，有力地支持了外向型经济的发展。安全生产责任险在高危行业稳步推行，酒驾醉驾与交强险费率联动制度在全国率先实施，补充医疗保险及农村小额人身保险覆盖面不断扩大，多层次社会保险服务保障体系建设逐步推进。

（四）金融市场平稳运行，融资结构变化明显

2011年，江西省金融市场交易活跃，债券发行规模显著增加，金融创新不断推进，金融市场在改善融资结构和优化资源配置中的作用不断发挥。

1. 股票和债券融资规模逆向变化，融资结构变化明显。2011年，受证券市场低迷影响，股票融资比重同比下降4.6个百分点，但债券市场的发行亮点突出。全省非金融企业在银行间市场发行债券164亿元，同比增长44.1%，在证券市场发行公司债9亿元，同比增长80%，债券融资比重同比提高3.1个百分点。其中，赣粤高速发行的江西首只银行间非公开定向债务融资工具[①]创下中部地区首发纪录。另外，赣州银行和南昌银行分别发行了5亿元和10亿元次级债，财政部面向记账式国债承销团成员成功代理发行了江西70亿元地方政府债券（见表5）。

表5　2001～2011年江西省非金融机构部门贷款、债券和股票融资情况

单位：亿元、%

年份	融资合计	比重		
		贷款	债券（含可转债）	股票
2001	153.8	87.9	0.0	12.1
2002	250.4	96.4	0.0	3.6
2003	427.6	98.4	0.0	1.6
2004	425.1	99.4	0.0	0.6
2005	374.1	94.6	0.0	5.4
2006	479.7	93.0	5.7	1.3
2007	710.5	82.1	4.8	13.1
2008	919.0	82.5	15.7	1.8
2009	1 890.1	95.4	3.4	1.3
2010	1 665.5	85.6	7.0	7.5
2011	1 715.0	87.0	10.1	2.9

数据来源：中国人民银行南昌中心支行。

2. 货币市场子市场成交量分化，交易利率总体上升。全年金融机构通过银行间债券市场累计成交金额及增速明显放缓，市场波动性较上年大幅增加。其中，债券质押式回购交易量同比下降5.5%，净融入短期资金规模较上年下降51.9%；债券信用风险加大使得券商类投资者青睐买断式交易，买断式债券交易量较上年增长252.4%；现券交易量增速较上年回落。同业拆借累计成交量仍然偏小，但增幅较上年显著增长60.7%。金融机构在货币市场的交易利率前三个季度在波动中保持上行走势，第四季度受市场通货膨胀预期有所减弱以及存款准备金率下调等因素影响，利率有所回落，但总体高于上年。12月末，同业拆借利率同比上升3.69个百分点，买断式、回购式债券及现券利率上升幅度均在1个百分点以上。

3. 票据融资在波动中下降，票据交易依然活跃。金融机构加强对信贷投放总量和节奏的把握，上半年票据融资余额明显下降，第三季度短暂回升后第四季度又出现下行，年末票据融资余额占各项贷款的比重为1.7%，比年初下降0.7个百分点。但银行承兑汇票作为银行增存增收及企业融资的有效手段，全省票据签发业务活跃（见表6），全年累计签发银行承兑汇票同比增长70.9%。其中，城市商业银行同比增长99.4%，市场占比进一步提高。受货币市场利率和票据市场供求变化等多种因素影响，票据市场利率总体高位运行，年末银行承兑汇票贴现、转贴现加权平均利率同比分别上升4.85个和2.24个百分点（见表7）。

4. 外汇交易量平稳增长，黄金市场量跌价升。全省新增1家银行间外汇市场成员单位，市场集中

①非公开定向债务融资工具指在银行间债券市场以非公开定向发行方式发行的债务融资工具。

表6 2011年江西省金融机构票据业务量统计

单位：亿元

季度	银行承兑汇票承兑		贴现			
			银行承兑汇票		商业承兑汇票	
	余额	累计发生额	余额	累计发生额	余额	累计发生额
1	1 278.4	771.6	147.6	695.0	2.4	15.4
2	1 593.5	1 707.8	145.2	1 288.4	5.6	32.2
3	2 220.4	2 501.6	165.0	1 831.9	3.7	44.2
4	1 600.3	3 552.7	147.3	2 288.7	4.2	59.1

数据来源：中国人民银行南昌中心支行。

表7 2011年江西省金融机构票据贴现、转贴现利率

单位：%

季度	贴现		转贴现	
	银行承兑汇票	商业承兑汇票	票据买断	票据回购
1	7.0	7.9	5.6	6.1
2	6.9	7.5	5.8	6.0
3	9.6	11.1	7.1	6.0
4	10.1	12.8	7.5	8.3

数据来源：中国人民银行南昌中心支行。

度有所下降，主要币种交易量均显著增长，全年银行间外汇市场交易量同比增长120.6%。跨境外汇收支和银行结售汇保持平稳较快发展，同比分别增长24.0%和27.0%。“控流入、促流出”工作取得显著成效，顺收顺差负差额由上半年22.7亿美元加速扩大至全年84.1亿美元。

全年黄金市场交易量小幅回落4.8个百分点，但在国内外金价持续上涨带动下，交易金额较上年增长18.1%。黄金租赁业务及美元账户金业务顺势推出，市场交易品种进一步丰富。

5. 产权交易市场发展平稳，林业产融结合特色增强。2011年，全省企业产权交易成交26.1亿元，增值率达22.1%；为中小企业办理股权质押融资90.1亿元，同比增长42.6%。中国农业银行、招商银行和北京银行与江西省林业厅签订战略合作协议，向南方林业产权交易市场提供共计120亿元的授信支持，有效地促进了金融与林业产业的融合。

6. 金融创新日益活跃，业务品种不断丰富。全省金融机构积极创新金融产品，利用交叉补贴等多种工具满足差别化客户需求。理财产品种类更加丰富，发行量倍增，成为银行募集资金的重要渠道。全省首只非公开定向债务融资工具于2011年10月成功发行，丰城中小企业集合票据也于年末提交注册。

（五）金融生态环境不断优化

江西省政府高位推进社会信用体系和金融生态环境建设工作，组织编制了《江西省社会信用体系建设“十二五”规划》，举办了泛珠三角区域九省区信用体系建设磋商会，社会信用体系建设部际联席会议办公室与泛珠九省（区）社会信用体系建设工作领导小组共同签署了《社会信用体系共建协议》。中小企业和农村信用体系建设稳步推进，中国人民银行南昌中心支行出台了《关于金融支持江西省中小企业信用体系建设试验区发展的意见》，确定了萍乡市作为中小企业信用体系试验区，遂川县和进贤县作为农村信用体系试验区，并在新余、抚州开展了金融消费者权益保护试点。截至年末，全省建立中小企业信用档案5.3万户，融资余额达950.4亿元；建立农户信用档案457万户，授信余额为793.2亿元；受理金融消费者投诉40件。征信信息应用和服务范围逐步扩大，截至年末，征信系统已分别为江西20.7万户企业和2 489.9万自然人建立了信用档案，系统除了为商业银行提供查询服务外，还为工商、质监、海关等部门提供征信信息服务，并在工业园区考核等政府有关部门工作中广泛运用。2011年，全省人民银行系统为企业和社会公众提供信用报告查询418万次。

二、经济运行情况

2011年，江西经济呈现出“发展快、增势稳、质量升、活力强”的特点，全年地区生产总值首次晋升“万亿元俱乐部”，达到11 583.8亿元，增长12.5%，连续10年保持两位数增长（见图5）。其中，鄱阳湖生态经济区生产总值占全省生产总值的比重达到58.7%。

（一）三大需求快速增长，经济发展动力增强

2011年，全省固定资产投资、消费和净出口

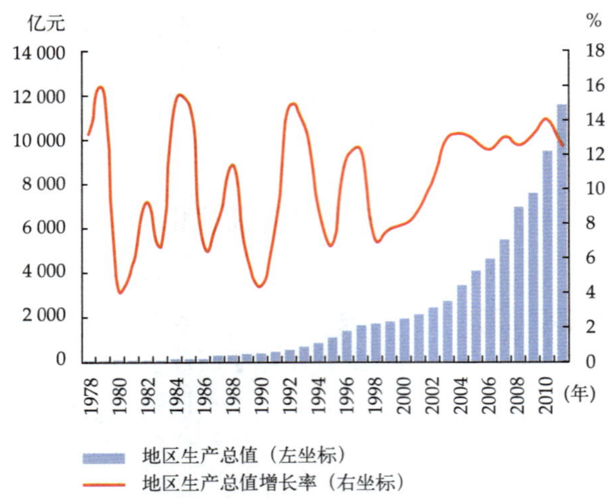

数据来源：江西省统计局。

图5　1978～2011年江西省地区生产总值及其增长率

“三驾马车”持续增长。需求结构进一步优化，发展协调性进一步增强。

1. 投资总量平稳增长，内涵效益不断强化。在承接产业转移力度加大、外商投资项目显著增加、重大项目建设得到保障等积极因素推动下，江西省固定资产投资保持27.7%的较快增长，全社会固定资产投资首次突破万亿元（见图6）。其中，500万元以上固定资产投资增长27.7%，民间投资增长35.8%。从建设性质看，以内涵效益型为主的改建和技术改造投资同比增长35.9%，高于以外延扩张型为主的新建和扩建项目投资3.1个百分点。

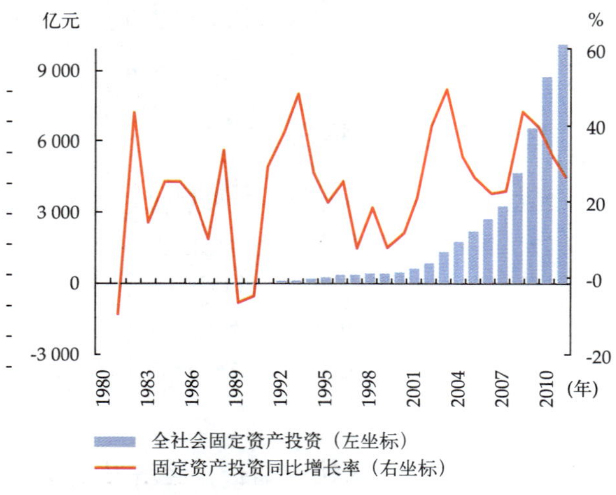

数据来源：江西省统计局。

图6　1980～2011年江西省固定资产投资及其增长率

2. 居民收入大幅增长，消费需求平稳发展。随着江西省出台的各项创业扶持政策效应的显现，加上物价对居民经营净收入的上拉作用，城乡居民收入增速双双超过地区生产总值增速，分别达到13.0%和19.1%。居民收入的增长带动消费品市场更加繁荣活跃，全年实现社会消费品零售总额增长17.9%（见图7）。其中，城镇市场和农村市场实现社会消费品零售额分别增长18.0%和17.4%。消费结构升级加快，每百户城镇居民汽车、电脑拥有量分别达到8.9辆和72.9台，同比分别增长70.6%和22.1%。

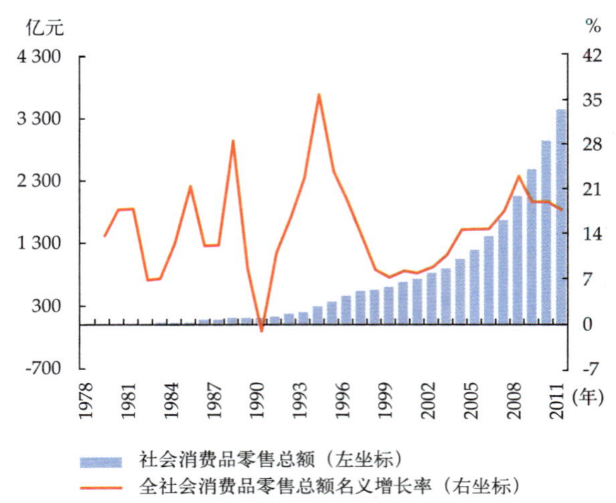

数据来源：江西省商务厅。

图7　1978～2011年江西省社会消费品零售总额及其名义增长率

3. 对外贸易逆势增长，“三外并举”互促互动。2011年，江西省外资、外贸、外经全面发展。世界低碳与生态经济大会暨技术博览会等一系列招商活动开展，累计签约重大项目422个，实际利用外商直接投资金额为60.6亿美元，增长18.8%。引资平台的建立和品牌效应的释放，对外贸出口规模扩大产生巨大联动效应。全省拥有外贸经营权的企业达7 000多家，在外需增长乏力的背景下，全年实现进出口总额315.6亿美元，增长 46.0%；其中，出口总值突破200亿美元，居中部地区首位。企业抢抓机遇“走出去”，开展境外农业和矿产资源开发，对外承包工程劳务合作和对外直接投资分别增长51.9%和31.5%。全省开放型经济发展进入新的加速增长期（见图8、图9）。

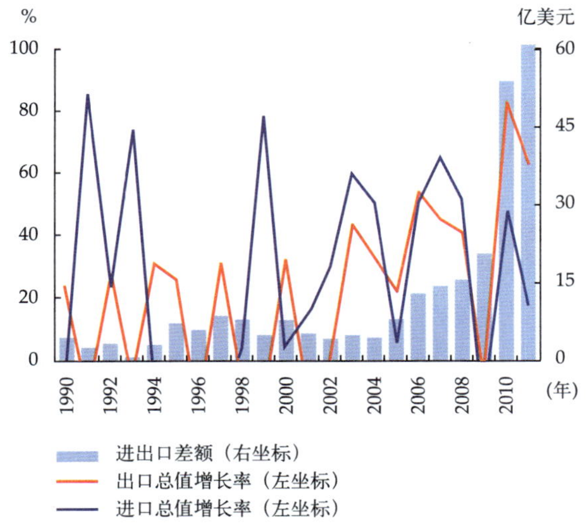

数据来源：江西省商务厅。

图8　1990～2011年江西省外贸进出口变动情况

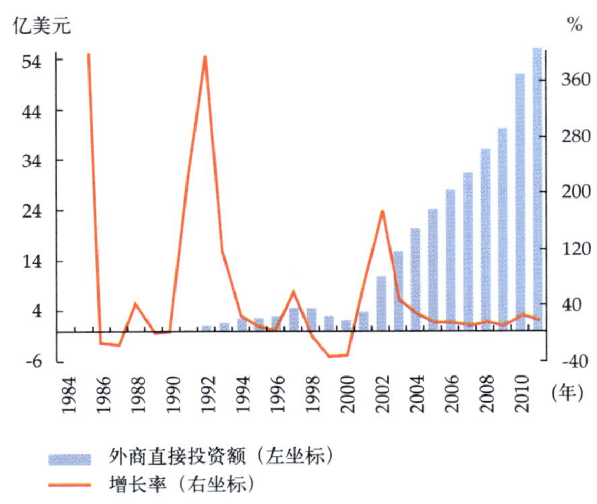

数据来源：江西省商务厅。

图9　1984～2011年江西省外商直接投资情况

（二）三次产业结构调整，第二产业占比进一步提升

2011年，江西省三次产业保持较快增长，产业结构变化呈现“凸”形，第一产业增加值占地区生产总值的比重同比下降0.8个百分点，第二产业增加值比重同比上升1.9个百分点，第三产业比重同比下降1.1个百分点。三次产业的比重为12.0∶56.9∶31.1。

1. 农业抗灾夺得丰收，龙头企业经营水平提升。在年初春旱导致早稻播面下降的情况下，全省粮食总产仍达到410.6亿斤，实现了灾后的恢复性快速增产。农业产业化龙头企业加大增资扩产力度，带动农业产业化经营水平大幅提升。全年规模以上加工型龙头企业销售收入增长19.1%。

2. 工业生产增长稳健，经济效益显著提升。全省37个大类行业全面实现增长，规模以上工业增加值为3 910.9亿元，增长19.1%，与前三个季度持平，较第一季度和上半年分别下降0.7个和0.3个百分点，逐季度回稳态势明显。工业园区主营业务收入为1.3万亿元，其中，新增过百亿元工业园区12个，总数达46个。运行质量进一步改善。规模以上工业经济效益综合指数为292.2%，同比提高18.1个百分点，创历史最好水平；工业利润突破千亿元大关，利税总额增长38.2%（见图10）。

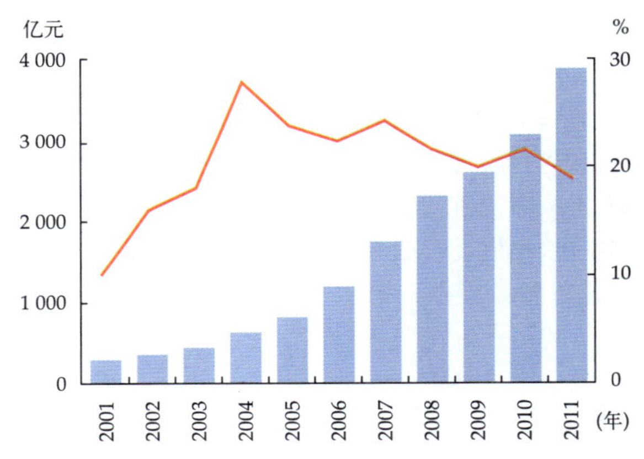

数据来源：江西省统计局。

图10　2001～2011年江西省工业增加值及其增长率

3. 服务业平稳发展，文化产业软实力提高。2011年，江西省第三产业增加值增长10.7%，其中，金融保险、交通运输、批发和零售、住宿和餐饮业等均保持平稳较快发展，旅游业接待人数达1.6亿人次，增长47.8%，增速居全国首位。文化产业法人单位创造的主营业务收入超过1 000亿元，文化产业增加值占全省地区生产总值的比重超过2.5%，成为最具发展潜力的重要产业之一。

（三）价格涨势高位放缓，通货膨胀预期有所减弱

受食品、居住、服务项目等价格上涨因素影响，居民消费价格同比涨幅前期不断扩大，7月后出现回落；国际大宗商品价格走势推动工业生产价格高位上有所放缓，但仍保持两位数运行。

1. 居民消费价格前高后低，食品价格上涨较快。年初以来，在能源资源和劳动力等要素成本上升、国内需求较快增长等多种因素共同作用下，价格上涨压力较大，7月居民消费价格指数达到全年最高点106.7。第三季度以后，随着稳健的货币政策效果逐步显现，价格上涨压力有所减轻，物价上涨过快的势头得到了初步遏制。全年江西省居民消费价格总水平比上年上涨5.2%。其中，食品价格同比上涨11.1%，是价格总水平上涨的主要推动力；居住价格同比上涨4.6%；医疗保健及个人用品价格同比上涨3%。

2. 工业生产者价格涨幅前三个季度高位运行，第四季度明显回落。前三个季度，受国际市场原油价格和矿产资源价格上涨等输入性因素以及原材料和人工成本上涨等内生性因素共同影响，工业生产者购进价格和出厂价格呈现较快上涨的态势，2011年7月达到最高点，第四季度随着国际大宗商品价格整体回落而快速下降。两项价格指数12月涨幅分别较7月回落13.2个和10.1个点。全年工业生产者出厂价格累计上涨11.3%，工业生产者购进价格累计上涨12.4%（见图11）。

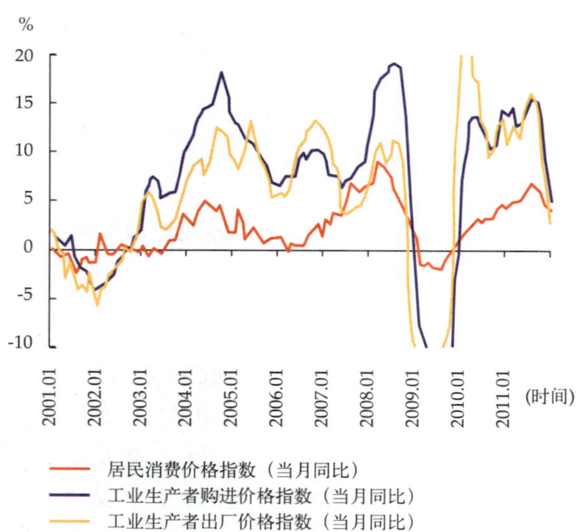

数据来源：国家统计局江西调查总队。

图11　2001～2011年江西省居民消费价格和工业生产者价格变动情况

3. 农产品价格和农业生产资料价格双双上扬，资源性产品价格改革稳步推进。全省农产品价格指数连续两年保持上涨态势，2011年年末为115，比上年年末上升7个点。其中，畜禽、粮食价格涨幅位居前列。农资类价格指数继连续两年下跌后重拾升势，年末累计指数为111.2，比上年年末上升9.3个点。资源性产品价格改革取得进展。启动大工业用户直购电试点，落实新建小水电站分类上网标杆电价，完善成品油价格形成机制，实行天然气价格动态调整，有效地促进了国家鼓励类服务业的发展。

（四）经济增长质量得到改善，民生保障不断提升

2011年，江西财政总收入和地方财政收入双双实现三年翻一番，增幅创新高。全省财政总收入为1 645亿元，增长34.2%；地方财政收入为1 053.4亿元，增长35.4%（见图12）。财税结构进一步优化，税收收入占财政总收入的比重为83.2%。增值税、企业所得税、营业税等主体税种增势良好。

全省财政支出累计完成2 529.4亿元，增长

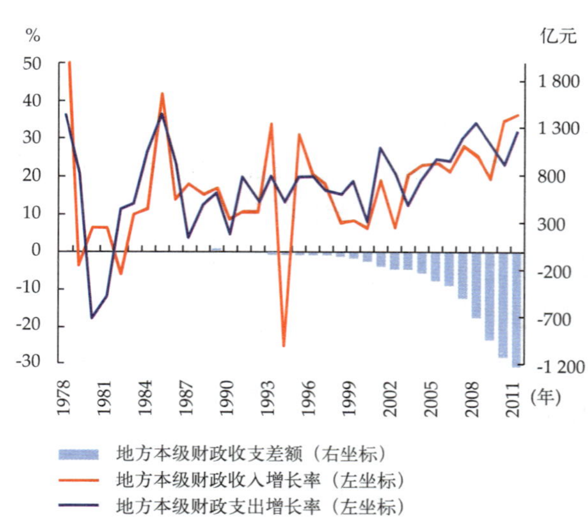

数据来源：江西省财政厅。

图12　1978～2011年江西省财政收支状况

31.5%，财政促发展、惠民生效能进一步提升。水利建设支出大幅增长，节能环保支出和资源勘探、设备制造等工业发展支出均有所增加。教育和保障房建设等民生领域支出同比增长50%以上，安排新农保基金补助增长2.97倍。

（五）生态建设进度加快，环境保护力度加大

全省围绕生态保护与建设，加强水污染防治保护，推进工程减排，启动湿地生态补偿试点，加强对稀土开发等涉及自然生态环境保护的监督管理工作。2011年全省规模以上工业能源消费总量为4 426.1万吨标准煤，同比增长10.9%，低于增加值增速8.2个百分点，单位工业增加值能耗同比下降6.9%，单位生产总值能耗同比下降3%，二氧化硫排放量和化学需氧量均实现下降。211家小企业申请了关闭计划，其中，181家企业获得中央财政补助资金2.3亿元，为江西节能减排、实现产业优化升级起到了积极作用。

专栏2　江西承接产业转移新特点

金融危机后全球产业结构的重组以及中部崛起战略的深入推进，为中部地区承接产业转移确立了更高的战略方向。江西作为唯一毗邻长三角、珠三角和闽东南三角区的省份，近年来充分发挥劳动力、资源和市场优势，紧抓鄱阳湖生态经济区建设机遇，加大产业招商和承接产业转移力度，有效地促进了江西产业结构调整。

一是承接沿海产业转移的主动性增强。在以市场为导向、以企业为主体进行的跨区域产业转移中，江西各级政府从当地的主体功能区定位、资源禀赋条件、主导产业特征等实际情况出发，进行招商选资，并通过建立省级和各设区市间产业对接及转移协调机制，促进转出地区和承接地区的产业对接。目前江西已和43个国家部委、中央企业签署了战略合作和产业对接协议，获准建立3个出口加工区和1个保税物流中心，并借助商务部在上海、广东、浙江等地区建立的产业转移促进中心国家级平台，增强重点产业转移对接的针对性和有效性。

二是产业转移的资金技术强度明显增加。产业转移类型从原来简单的劳动密集型向资金技术密集型转变，突出对接国内外500强、央企和沿海大型民企等重点企业。2011年实际利用省外5 000万元以上项目资金达2 579.2亿元，同比增长33.8%。投资强度由2008年的47.05万元/亩提高到2011年的110.8万元/亩，增长135.5%；新批外资项目平均投资规模由2005年的412万美元提升到2011年的1 040万美元，增长152%。一大批1 000万美元以上外资项目、亿元以上省外工业项目落户江西，有力地促进了江西工业结构调整和产业升级。

三是产业转移的集约化更加突出。重大项目加快向工业园区集中、向鄱阳湖生态经济区集中，已形成一批特色优势产业集群。陶瓷方面，吸引全国主要陶瓷品牌投资落户江西，形成高安、丰城、景德镇等六大陶瓷产业基地，在建和拟建的生产能力占全国产能的1/5。铜材加工方面，以鹰潭工业园为重点，在建和拟建生产能力超过120万吨，相当于2007年全省铜材加工量的2倍。新余经济技术开发区以赛维LDK为龙头，延伸光伏产业链，引进一大批上下游配套企业。许多园区已具备成为全国重要生产基地的潜力和优势，顺利推动市一级区域经济形成相对清晰的支柱产业，有效地带动了县域经济的迅猛发展。

四是主导产业积聚效应逐步显现。江西在承接国际、国内产业转移过程中，重视战略性新兴产业的培育和发展，确立了新能源汽车和动力电池、金属新材料、生物医药和航空制造等十大战略性新兴产业为全省经济发展主导产业。近两年，全省战略性新兴产业招商累计引进项目2 400余个，战略性新兴产业实际利用外资对全省利用外资增长的贡献率达85.4%，有力地促进了全省产业层次和素质的提升。2011年十大战略性新兴产业完成增加值1 568.3亿元，同比增长21.6%，快于全省平均增速2.5个百分点，成为全省工业经济增长的重要动力。

（六）房地产行业调控效应显现，光伏行业机遇与挑战并存

1. 房地产行业持续调控，市场下行态势明显。2011年“限价”、“限购”等政策对房地产市场产生明显的影响，房地产开发投资先扬后抑。年初房地产开发投资以21.3%的增速平稳开局，7月增速达到35.8%的高峰后开始持续回落，全年开发投资完成852.7亿元，同比增长20.6%。

房地产供给继续增加。全省商品房施工面积比上年增长13.6%，商品房新开工面积增长41.1%。随着调控政策的作用持续显现，消费者的观望情绪加重，房地产市场成交量逐渐回落。全年商品房销售面积比上年下降5.4%。供需发展不均衡使商品房待售面积加大，全年待售面积比上年增长32.8%，但销售价格仍居高位，年末全省商品房单位面积销售额每平方米达到4 083元，同比上涨29.9%。在高房价的带动下，全省商品房销售额同比增长22.8%（见图13、图14）。

房地产贷款增幅同比回落。金融机构严格执行差别化住房信贷政策，把控房地产贷款投放，全年房地产贷款余额增长21.0%，较上年回落10.8个百分点。其中，房地产开发贷款同比增长8.5%，个人住房贷款同比增长26.5%，分别较上年回落5.1个和15.2个百分点。

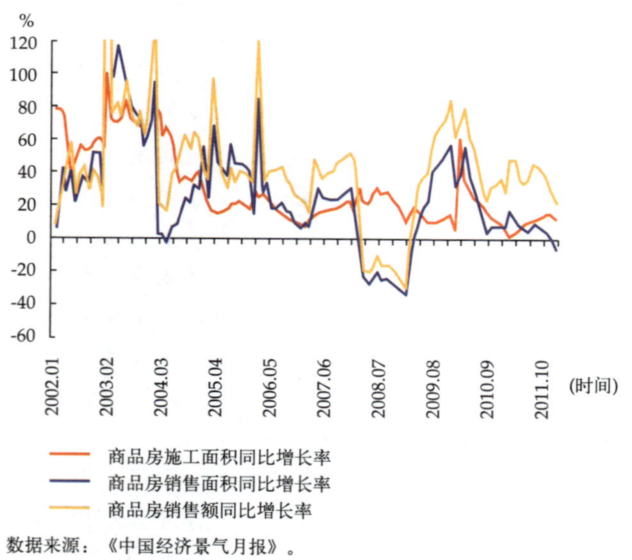

数据来源：《中国经济景气月报》。

图13　2002～2011年江西省商品房施工和销售变动趋势

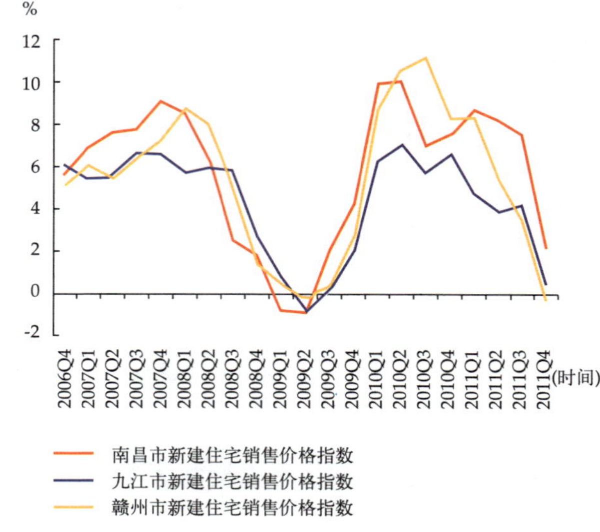

数据来源：《中国经济景气月报》。

图14　2006～2011年江西省主要城市新建住宅销售价格指数变动趋势

保障性安居工程扎实推进。2011年，全省在建保障性安居工程项目达726个，共计开工建设保障房33.2万套，开工率达到104.9%；已竣工30.2万套，占全省保障房计划的65.6%。全省金融机构努力创新金融服务，向符合贷款条件的保障性住房建设项目和个人购买保障性住房提供贷款支持。全省保障性住房开发贷款余额比年初新增67.5亿元，占全省房地产开发贷款增量的92.3%。

2. 光伏产业在逆境中发展，依托技术领先提升竞争力。光伏产业一直是江西优势产业，领域内产业链完整，产业规模居全国第2位。2011年年初，由于全球光伏产能过剩，多晶硅、硅片国际价格跌幅均超过50%，许多企业陷入停产、半停产状态。年末，美国等国家相继发起反倾销、反补贴调查，使光伏产业雪上加霜。在行业面临困难的大环境下，江西光伏企业挖掘产业优势，开展技术革新，降低产品成本，拓展国内外市场，表现出较好的抗压能力。2011年全省光伏产业主营业务收入实现逆势增长，达到555.7亿元，同比增长34.5%。光伏产业单位能耗、薄膜电池单片面积、电池光电转换率等多项指标处于国内领先水平，尤其是江西赛维LDK集团依托技术和管理把非硅制造成本从0.23美元/瓦降到0.18美元/瓦，形成了在全球市场极具竞

争力的成本优势。目前，国家光伏知识产权信息中心已落户新余，赛维LDK获批组建国家光伏工程技术研究中心，江西光伏产业的技术攻坚力量将继续增强。随着太阳能发电占全世界能源结构的比例逐渐提高和国内光伏固定上网电价方案的实施，光伏产业发展前景光明。江西光伏企业将紧紧把握危机中行业重组的契机，凝聚产业优势，加强科技创新，提高核心竞争力，实现更大发展。

三、预测与展望

2012年，江西经济发展总体上仍然处于重要的战略机遇期。综合分析，既面临严峻的挑战，也面临难得机遇。从不利因素看，国际金融危机影响在短期内难以消除，贸易和投资保护主义明显抬头，国内经济发展中不平衡、不协调、不可持续的矛盾和问题仍然比较突出，经济增长下行和物价上涨双重压力并存，部分企业生产经营困难、能源资源约束增强、生产要素成本上升等问题突出，实现经济平稳较快发展难度加大。从有利条件看，经济全球化趋势没有改变，国内外产业转移步伐加快，有利于中部地区扩大开放；按照“稳中求进”的总基调，实施积极的财政政策和稳健的货币政策，重视对实体经济的支持，有利于促进经济平稳较快发展；工业化、城镇化和农业现代化的发展空间进一步拓展，江西省近年来3万多亿元固定资产投入集聚的能量正在加速释放，鄱阳湖生态经济区建设先行先试的政策效应将进一步显现；消费扩张势头较好，服务业潜力巨大，赣南苏区振兴规划的实施有利于培育和发展新兴产业；经济发展长期向好的基本面没有改变。预计全省生产总值增幅在10%以上，全社会固定资产投资增幅在20%以上，居民消费价格指数控制在4%左右。

金融方面，按照“总量适度、审慎灵活”的要求，积极运用多种货币政策工具，引导金融机构把握好信贷投放的力度和节奏，加大资本市场融资力度，继续提高债务融资工具发行规模和市场份额，扩大直接融资比重，保持全省信贷总量增长和社会融资规模合理适度。按照“有扶有控、区别对待”的原则，着力引导和促进信贷结构优化，加大对单户授信总额500万元以下小微企业、国家重点在建续建项目、“三农”、保障性安居工程、民生和绿色环保经济的信贷支持力度，支持战略性新兴产业和现代生产型服务业等实体经济的发展。努力拓展跨境人民币结算业务，为江西企业对外贸易投资提供更多便利。

中国人民银行南昌中心支行货币政策分析小组

负责人：高小琼　张智富

统　稿：罗志东　朱　锦　郭　丽

执　笔：袁晋华　贾　健　郭　丽　李　伟　乐林平

提供材料的还有：李　波　吴　霞　李　葵　刘　强　汪　航　许一涌　汪　颖　徐展峰　黄春华　谢云峰

附录

（一）2011年江西省经济金融大事记

2月17日，经中国人民银行总行批准，中国人民银行南昌中心支行对辖内5家贷款增长严重偏离正常水平的地方金融机构执行差别准备金率。

2月18日，江西省十一届人大四次会议审查通过了《江西省国民经济和社会发展第十二个五年规划纲要》。

6月27日，由江西省中小企业局、江西省金融办、中国人民银行南昌中心支行、江西银监局联合主办的2011江西省“百园千企”政银企对接签约仪式在南昌举行，共为809家企业授信151.3亿元，融资项目的对接成功率达72.9％。

7月12日，江西省新余市、抚州市分别举行金融消费者权益保护中心启动仪式，成为江西首批金融消费者权益保护试点城市。

8月30日，作为江西省首个省级中小企业信用体系试验区，萍乡经济技术开发区创建国家级中小企业信用体系试验区推进会在江西萍乡举行。

9月8日，江西省人民政府举办跨境贸易人民币结算工作启动仪式。

9月22日，第七届泛珠三角区域合作与发展论坛暨经贸洽谈会在南昌举行。大会期间，举办了泛珠三角区域信用体系建设磋商会暨共建协议签约仪式。

10月26日，中国共产党江西省第十三次代表大会在南昌召开，确立了“推进科学发展，加快绿色崛起，实现全省经济总量、财政收入、居民收入五年翻番”的奋斗目标。

11月17日，江西赣粤高速有限公司发行10亿元非公开定向债务融资工具，成为全国首批发行非公开定向债务融资工具的地方性企业。

12月9日，新余市举行市民卡（金融IC卡）首发仪式，标志着多应用金融IC卡在江西正式发行并投入使用。

（二）2011年江西省主要经济金融指标

表1　2011年江西省主要存贷款指标

		1月	2月	3月	4月	5月	6月	7月	8月	9月	10月	11月	12月
本外币	金融机构各项存款余额（亿元）	12 079.8	12 590.3	13 040.5	13 003.3	13 290.1	13 673.8	13 428.5	13 633.6	13 815.2	13 790.4	13 863.7	14 322.1
	其中：储蓄存款	6 472.1	6 755.1	6 883.8	6 721.0	6 748.1	6 915.8	6 786.9	6 844.5	6 963.9	6 850.6	6 861.6	7 153.2
	单位存款	5 009.8	5 173.1	5 550.4	5 553.4	5 764.8	5 984.8	5 831.4	5 961.9	6 039.6	6 059.6	6 125.2	6 469.4
	各项存款余额比上月增加（亿元）	170.4	510.6	450.2	-37.3	286.8	383.7	-245.3	205.1	181.6	-24.8	73.3	458.4
	金融机构各项存款同比增长（%）	25.1	25.6	26.1	23.8	24.4	23.5	22.0	21.0	19.5	19.1	18.9	20.3
	金融机构各项贷款余额（亿元）	8 101.8	8 235.3	8 297.2	8 425.5	8 545.5	8 683.9	8 762.5	8 854.6	8 985.7	9 108.4	9 223.7	9 301.9
	其中：短期	2 991.9	3 043.0	3 059.9	3 097.9	3 157.1	3 254.0	3 288.8	3 368.7	3 437.6	3 504.5	3 599.7	3 665.4
	中长期	4 924.3	5 002.5	5 082.8	5 169.3	5 238.2	5 274.3	5 313.0	5 330.4	5 371.1	5 431.9	5 460.8	5 474.8
	票据融资	181.2	185.3	149.9	153.3	145.8	150.6	155.2	150.0	168.7	161.6	153.7	151.5
	各项贷款余额比上月增加（亿元）	261.0	133.5	92.8	128.3	120.1	138.4	78.5	92.2	131.0	122.7	115.3	78.2
	其中：短期	96.9	51.2	47.7	38.0	59.2	96.9	34.7	79.9	68.9	66.9	95.1	65.8
	中长期	170.4	78.2	80.3	86.5	68.9	36.0	38.7	17.5	40.7	60.8	28.9	14.1
	票据融资	-7.4	4.1	-35.4	3.4	-7.5	4.8	4.7	-5.2	18.6	-7.0	-8.0	-2.2
	金融机构各项贷款同比增长（%）	21.8	21.3	21.1	20.6	19.7	19.3	19.2	18.5	18.2	18.6	18.9	19.0
	其中：短期	23.3	22.5	23.0	22.3	20.5	25.2	26.2	26.2	26.3	27.2	27.9	29.6
	中长期	26.8	25.6	24.2	23.4	24.0	20.3	19.3	17.8	16.4	16.5	16.4	15.2
	票据融资	-41.3	-33.6	-35.6	-30.9	-43.0	-40.9	-39.0	-36.5	-25.9	-27.8	-26.2	-19.9
	建筑业贷款余额（亿元）	172.8	172.9	175.6	178.6	184.6	187.9	187.1	188.3	188.2	197.3	196.4	204.6
	房地产业贷款余额（亿元）	440.9	445.1	438.9	439.7	435.2	439.9	435.0	433.5	433.6	426.7	430.8	432.3
	建筑业贷款同比增长（%）	38.2	24.4	19.5	18.3	18.3	26.9	28.1	23.1	14.7	21.0	14.9	19.6
	房地产业贷款同比增长（%）	16.6	13.8	9.7	8.3	8.3	7.0	3.3	3.0	1.1	-0.8	-1.6	1.5
人民币	金融机构各项存款余额（亿元）	12 016.7	12 526.4	12 974.6	12 937.1	13 225.2	13 596.7	13 363.7	13 569.5	13 747.9	13 728.5	13 795.9	14 240.4
	其中：储蓄存款	6 445.1	6 730.1	6 858.9	6 695.9	6 722.4	6 888.6	6 762.1	6 819.2	6 936.1	6 823.6	6 833.9	7 123.6
	单位存款	4 977.6	5 136.5	5 511.4	5 514.7	5 726.9	5 936.5	5 793.6	5 925.2	6 001.7	6 028.7	6 088.6	6 418.6
	各项存款余额比上月增加（亿元）	169.4	509.6	448.2	-37.5	288.1	371.5	-233.0	205.8	178.4	-19.4	67.4	444.5
	其中：储蓄存款	334.1	285.1	128.8	-163.0	26.5	166.2	-126.5	57.1	116.8	-112.5	10.2	289.7
	单位存款	-233.5	158.9	374.9	3.4	212.1	209.7	-142.9	131.5	76.5	27.0	59.9	329.9
	各项存款同比增长（%）	24.5	25.0	25.4	23.2	23.8	22.8	21.4	20.5	18.9	18.6	18.4	19.6
	其中：储蓄存款	23.1	17.0	17.6	15.7	16.4	16.6	15.6	15.5	13.6	14.8	15.0	16.0
	单位存款	26.8	35.2	36.8	32.9	33.8	33.8	30.6	28.6	25.7	24.1	21.3	22.3
	金融机构各项贷款余额（亿元）	8 012.1	8 138.5	8 196.4	8 316.3	8 428.0	8 557.7	8 637.9	8 732.1	8 854.7	8 978.9	9 097.9	9 175.2
	其中：个人消费贷款	1 359.1	1 374.7	1 406.9	1 427.5	1 455.8	1 481.1	1 501.6	1 519.1	1 548.3	1 568.8	1 590.9	1 618.2
	票据融资	181.2	185.3	149.9	153.3	145.8	150.6	155.2	150.0	168.7	161.6	153.7	151.5
	各项贷款余额比上月增加（亿元）	257.5	126.4	88.7	119.9	111.7	129.6	80.2	94.2	122.6	124.2	119.0	77.2
	其中：个人消费贷款	39.1	15.6	32.1	20.7	28.3	25.2	20.5	17.6	29.1	20.5	22.1	27.3
	票据融资	-7.4	4.1	-35.4	3.4	-7.5	4.8	4.7	-5.2	18.6	-7.0	-8.0	-2.2
	金融机构各项贷款同比增长（%）	21.7	21.2	21.0	20.3	19.3	18.9	18.7	18.1	17.7	18.1	18.6	18.7
	其中：个人消费贷款	33.8	35.2	33.0	29.4	29.6	28.7	28.0	27.1	25.9	25.0	24.4	23.0
	票据融资	-41.3	-33.6	-35.4	-30.9	-43.0	-41.0	-39.0	-36.5	-25.9	-27.9	-26.2	-19.7
外币	金融机构外币存款余额（亿美元）	9.6	9.7	10.1	10.2	10.0	11.9	10.1	10.0	10.6	9.8	10.7	13.0
	金融机构外币存款同比增长（%）	13.9	23.2	14.3	15.6	7.6	24.1	7.0	12.7	26.1	4.2	9.1	39.5
	金融机构外币贷款余额（亿美元）	13.6	14.7	15.4	16.8	18.1	19.5	19.3	19.2	20.6	20.5	19.8	20.1
	金融机构外币贷款同比增长（%）	36.1	37.5	34.9	55.5	74.3	71.2	69.6	69.8	85.7	79.6	50.1	54.8

数据来源：中国人民银行南昌中心支行。

表2　2001～2011年江西省各类价格指数

单位：%

年/月		居民消费价格指数		农业生产资料价格指数		工业生产者购进价格指数		工业生产者出厂价格指数	
		当月同比	累计同比	当月同比	累计同比	当月同比	累计同比	当月同比	累计同比
2001		—	-0.5	—	-0.4	—	-0.7	—	-1.9
2002		—	0.1	—	-0.2	—	-1.4	—	-1.5
2003		—	0.8	—	2.5	—	6.5	—	4.0
2004		—	3.5	—	10.7	—	14.5	—	9.7
2005		—	1.7	—	7.9	—	10.0	—	8.8
2006		—	1.2	—	1.1	—	8.6	—	9.7
2007		—	4.8	—	6.6	—	7.9	—	6.2
2008		—	6.0	—	19.9	—	14.2	—	6.4
2009		—	-0.7	—	-2.4	—	-9.3	—	-7.0
2010		—	3.0	—	1.9	—	11.8	—	15.3
2011		—	5.2	—	11.2	—	12.4	—	11.3
2010	1	1.1	1.1	-1.0	-1.0	7.5	7.5	23.1	23.1
	2	2.2	1.6	-0.3	-0.7	10.5	9.0	20.9	22.0
	3	2.1	1.8	0.9	-0.1	12.8	10.3	21.8	21.9
	4	2.7	2.0	0.2	-0.1	13.5	11.1	17.5	20.8
	5	3.0	2.2	1.2	0.2	13.2	11.5	16.9	20.0
	6	2.9	2.3	2.6	0.6	12.5	11.7	13.1	18.9
	7	3.3	2.5	2.6	0.9	11.2	11.6	12.1	17.9
	8	3.1	2.6	2.4	1.1	10.4	11.5	9.4	16.9
	9	3.3	2.6	2.6	1.2	10.2	11.3	10.5	16.1
	10	4.1	2.8	3.3	1.4	11.6	11.3	12.3	15.8
	11	4.5	3.0	4.2	1.7	14.0	11.6	13.2	15.5
	12	4.1	3.0	4.5	1.9	14.2	11.8	12.2	15.3
2011	1	4.3	4.3	4.0	4.0	13.4	13.4	10.6	10.6
	2	4.8	4.6	6.3	5.2	14.4	13.9	12.6	11.6
	3	4.8	4.7	7.0	5.8	12.7	13.5	12.4	11.9
	4	5.1	4.8	9.8	6.8	12.6	13.3	11.2	11.7
	5	5.4	4.9	10.6	7.6	13.5	13.3	13.8	12.1
	6	6.4	5.1	12.5	8.4	14.7	13.6	15.5	12.7
	7	6.7	5.4	15.4	9.4	15.2	13.8	15.8	13.1
	8	6.1	5.5	15.0	10.1	15.0	14.0	14.5	13.3
	9	5.9	5.5	15.3	10.7	14.0	14.0	12.9	13.2
	10	5.3	5.5	14.2	11.0	11.6	13.7	8.9	12.8
	11	4.2	5.4	12.2	11.2	7.6	13.1	5.4	12.1
	12	3.9	5.2	11.1	11.2	5.1	12.4	2.6	11.3

数据来源：江西省统计局。

表3 2011年江西省主要经济指标

	1月	2月	3月	4月	5月	6月	7月	8月	9月	10月	11月	12月
绝对值（自年初累计）												
地区生产总值(亿元)	—	—	2 160.7	—	—	4 932.3	—	—	8 086.8	—	—	11 583.8
第一产业	—	—	202.2	—	—	405.6	—	—	811.5	—	—	1 391.1
第二产业	—	—	1 232.2	—	—	2 903.1	—	—	4 657.6	—	—	6 592.2
第三产业	—	—	726.3	—	—	1 623.6	—	—	2 617.7	—	—	3 600.5
固定资产投资(亿元)	—	462.1	1 095.5	1 822.5	2 667.6	3 612.8	4 491.5	5 251.9	6 172.0	7 085.6	7 875.1	8 756.1
房地产开发投资	—	65.1	124.7	195.0	271.1	371.1	465.1	537.0	617.6	684.2	742.9	852.7
社会消费品零售总额(亿元)	—	—	—	1 031.6	1 307.0	1 579.0	1 834.8	2 109.9	2 412.8	2 752.9	3 085.7	3 485.1
外贸进出口总额(万美元)	186 200	304 412	549 300	816 000	1 075 200	1 363 500	1 615 200	1 871 200	2 110 400	2 365 700	2 806 700	3 156 000
进口	83 400	135 992	217 500	306 900	375 600	465 500	547 800	639 900	734 500	825 700	907 900	967 000
出口	102 800	168 420	331 800	509 100	699 700	898 000	1 067 400	1 231 200	1 375 900	1 540 000	1 898 800	2 188 100
进出口差额(出口－进口)	19 400	32 428	114 300	202 200	324 100	432 500	519 600	591 300	641 400	714 300	990 900	1 221 100
外商实际直接投资(万美元)	53 300	71 500	124 600	173 300	233 900	323 700	367 900	408 700	451 900	486 500	545 200	606 000
地方财政收支差额(亿元)	—	—	—	—	—	—	—	—	—	—	—	—
地方财政收入	100.7	171.8	264.7	354.8	443.4	559.4	639.1	703.0	778.7	865.2	959.9	1 053.4
地方财政支出	192.2	269.8	428.6	564.1	706.8	929.9	1 113.4	1 308.1	1 544.2	1 728.6	2 028.1	2 529.5
城镇登记失业率(%)（季度）	—	—	3.1	—	—	2.9	—	—	3.0	—	—	3.0
同比累计增长率（%）												
地区生产总值	—	—	13.0	—	—	13.0	—	—	12.8	—	—	12.5
第一产业	—	—	4.0	—	—	3.4	—	—	4.3	—	—	4.2
第二产业	—	—	15.8	—	—	16.0	—	—	15.8	—	—	15.5
第三产业	—	—	11.5	—	—	10.8	—	—	10.6	—	—	10.7
工业增加值	—	19.3	20.0	19.8	19.4	19.4	19.3	19.0	19.1	19.1	19.1	19.1
固定资产投资	—	34.2	34.0	33.2	32.5	31.8	30.9	27.9	27.9	28.8	27.4	27.7
房地产开发投资	—	21.3	20.2	25.5	27.6	30.5	35.8	34.9	31.8	28.4	25.8	20.6
社会消费品零售总额	—	—	—	16.8	17.0	17.2	17.4	17.5	17.7	17.7	17.7	17.9
外贸进出口总额	46.8	31.28	56.5	64.5	58.5	57.36	53.4	50.6	45.47	45.7	49.73	46.0
进口	38.9	28.43	30.0	39.2	28.2	31.57	27.8	26.6	22.78	26.0	21.9	17.9
出口	54.0	33.68	80.8	84.7	81.6	75.17	71.0	67.2	61.38	59.0	68.08	63.1
外商实际直接投资	28.0	15.7	32.2	30.2	30.8	24.7	27.7	24.6	23.7	21.1	21.7	18.8
地方财政收入	45.7	51.8	48.8	47.1	49.0	41.2	40.3	36.8	35.1	34.5	35.3	35.4
地方财政支出	137.7	33.8	36.1	39.1	31.6	31.4	34.3	36.1	35.2	36.6	30.3	31.5

数据来源：江西省统计局。

2011年山东省金融运行报告

中国人民银行济南中心支行货币政策分析小组

[内容摘要] 2011年，山东省深入贯彻落实科学发展观，加快转变经济增长方式，经济总体保持平稳较快发展。结构调整进展明显，经济发展效益不断提高，重点区域带动战略成效显著，保障和改善民生力度加大，物价涨幅得到有效控制，实现了"十二五"时期的良好开局。金融运行平稳健康，社会融资规模合理增长，贷款投放适度、均衡，较好地满足了实体经济发展需求。证券融资步伐加快，保险保障功能有效发挥，金融市场功能增强，金融生态环境持续优化，金融、经济呈现良性互动、协调发展的态势。

2012年，山东省金融机构将按照"稳中求进"的宏观调控总要求，认真贯彻落实稳健的货币政策，促进信贷平稳增长，保持合理的社会融资规模，着力优化信贷结构，加快推进金融改革，充分发挥金融服务实体经济的助推作用，促进经济社会平稳较快和谐发展。

一、金融运行情况

2011年，山东省金融业继续保持平稳较快发展态势，综合实力有效提升，金融机构体系建设日臻完善，市场融资能力逐步增强，金融生态环境持续优化，金融运行总体稳健。

（一）银行业健康发展，信贷资金配置效率提升

2011年，山东省银行业金融机构贷款总量稳步增加，投放节奏均衡，信贷结构优化，表外融资持续扩大，利率水平总体上升，经营效益明显提高，金融改革向纵深推进，人民币跨境结算业务迅速拓展。

1. 规模效益同步提升，抗风险能力明显增强。2011年，山东省银行业金融机构资产规模同比增长16.2%，不良贷款继续"双降"，利润同比多增182.2亿元。银行业金融机构整体拨备覆盖率同比上升44. 9个百分点，法人金融机构资本充足率显著提高。金融开放步伐加快，新设外资银行2家，人民币业务加速拓展（见表1）。

表1　2011年山东省银行业金融机构情况

机构类别	营业网点			法人机构（个）
	机构个数（个）	从业人数（人）	资产总额（亿元）	
一、大型商业银行	4 286	95 877	24 767	0
二、国家开发银行和政策性银行	128	3 773	5 167	0
三、股份制商业银行	407	14 364	8 266	1
四、城市商业银行	618	15 844	5 609	14
五、农村合作机构	5 189	67 251	10 093	136
六、财务公司	7	325	731	6
七、邮政储蓄银行	2 865	6 845	2 679	0
八、外资银行	29	854	283	0
九、新型农村金融机构	36	856	117	31
合　计	13 565	205 989	57 712	188

注：①营业网点不包括总部。

②大型商业银行包括中国工商银行、中国农业银行、中国银行、中国建设银行和交通银行，农村合作机构包括农村信用社、农村合作银行和农村商业银行，新型农村金融机构包括村镇银行和农村资金互助社。

数据来源：山东银监局。

2. 存款增速放缓，结构差异显著。2011年，山东省本外币各项存款同比少增1 196亿元，增速同比回落5.8个百分点（见图1、图2）。单位存款同比大幅少增，储蓄存款平稳增加，定期储蓄存款新增占比同比提高14.7个百分点。受保证金存款纳入存款准备金缴存范围影响，保证金存款9～12月合计净下降415.5亿元。第四季度出现的人民币贬值预期导致企业和居民持汇意愿上升，外币存款同比多增3.7亿美元。

3. 贷款结构持续优化，契合实体经济发展需求。2011年，山东省本外币贷款增加5 029亿元，与2010年基本持平。信贷投放节奏更趋均衡，新增

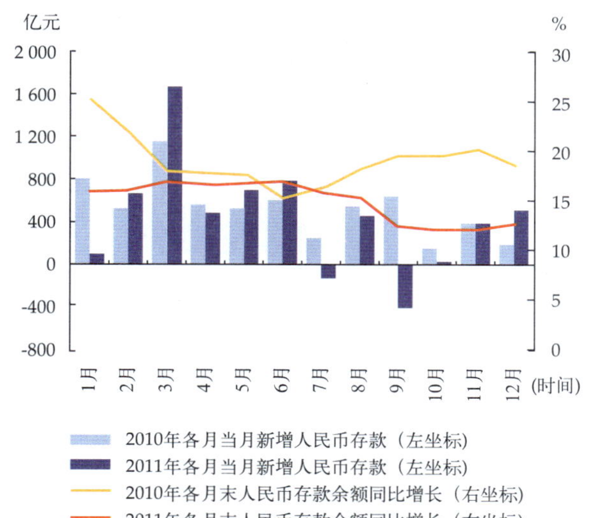

数据来源：中国人民银行济南分行。

图1　2010～2011年山东省金融机构人民币存款增长变化

贷款季度占比分别为26%、28%、21%和25%。短期贷款新增占比为66.8%，同比提高19.8个百分点（见图3）。受新开工项目进度放缓、清理融资平台、加强房地产市场调控等影响，中长期贷款增速逐月回落，年末降至21个月以来的最低点。外币贷款同比多增33.8亿美元，但受外需下降、人民币升值预期减弱等因素影响，企业外币贷款需求趋弱，年内外币贷款增速逐月回落。宏观审慎管理框架逐步建立，差别准备金动态调控效果显著，地方法人金融机构贷款增量为2010年的94.3%。再贷款、再贴现同比多发放132.5亿元，民族贸易和民族特需商品生产贷款发放量和贴息额居全国前列。

“有扶有控”的信贷政策有效落实。黄、蓝战略发展区域信贷投放快速增长，新增贷款占比达60.9%。信贷资源向经济社会薄弱领域倾斜，涉农、县域贷款增速分别高于全部贷款7.4个和3.1个百分点，民生领域贷款新增量是2010年的1.5倍。小微企业贷款覆盖面扩大，支持方式多样化，增量占各项贷款的1/4。个人住房贷款发放笔数、金额“双降”，房地产开发贷款增速同比下降6.6个百分点。“两高一剩”领域信贷调整加快，同比多退出341家企业。十大高耗能行业贷款同比少增381.2亿元。

专栏1　突出“四个创新”　有效破解农田水利融资瓶颈

近年来，国内旱涝灾害频发，农田水利建设成为制约农业生产的最大短板。针对这一严峻形势，2011年，中国人民银行济南分行积极响应中央1号文件和山东省委、省政府“加快水利改革发展、建设现代水利示范省”的发展战略，从完善政策、搭建平台、金融产品、优化环境等方面进行“四个创新”，为进一步加快水利建设步伐、拓宽水利改革发展融资渠道提供了强有力的金融支撑。

一是加大政策指导力度。中国人民银行济南分行联合山东省水利厅出台了《关于进一步加大金融对全省水利建设支持力度的意见》，引导金融机构重点加大对农田水利基本建设、山东水网建设、防洪减灾工程建设等六个领域的支持力度。鼓励和支持符合条件的水利企业通过金融市场进行直接融资。

二是构建全方位合作平台。加强政银企交流协作，建立水利建设联席会议制度和网上对接平台，推动政府成立专业性水利建设融资平台或担保机构。组织开展“金融支持水利建设项目恳谈”专项推介活动。

三是探索推广新型产品和服务方式。针对水利项目建设资金来源及运营特点，创新推出综合效益补偿贷款、垫付贷款、经营收益权质押贷款等六种信贷新产品，大力拓展多元化融资渠道。依托征信管理信息系统，推动农田水利工程产权流转和商业运作，有效解决承贷主体不明和抵押担保不足的问题。

四是强化激励约束机制保障。中国人民银行济南分行将银行业金融机构对水利建设的信贷支持工作纳入“涉农信贷政策导向效果评估”，推动部分市、区政府将水利建设信贷投入纳入对金融机构的考核奖励范围，制定水利建设项目贷款财政贴息、贷款风险补偿政策。

在中国人民银行济南分行的积极推动下，山东省金融支持农田水利建设力度逐步加大。2011年全省农田水利贷款新增152.9亿元，同比多增82.4亿元，切实保障了农业基础设施建设和农业生产的顺利开展。山东全年新打、修复机井7.7万眼，粮食总产量达到4 426.3万吨，实现连续九年增产。

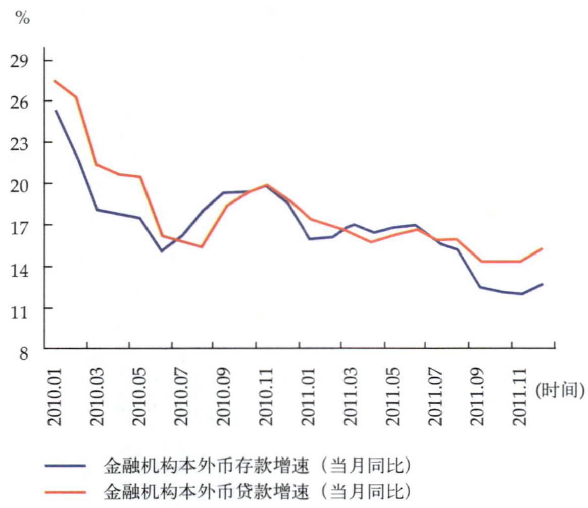

数据来源：中国人民银行济南分行。

图2　2010～2011年山东省金融机构本外币存、贷款增速变化

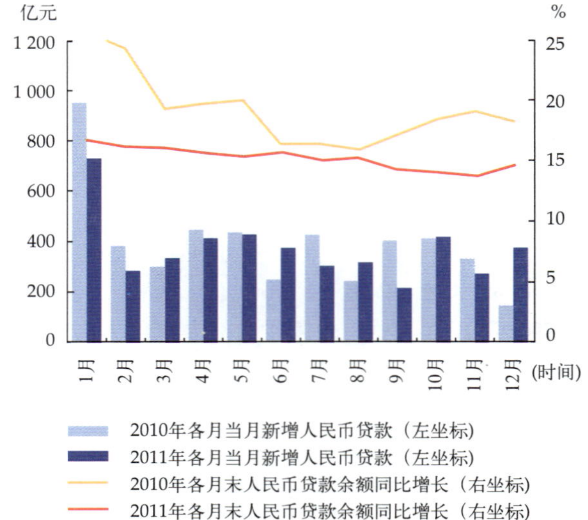

数据来源：中国人民银行济南分行。

图3　2010～2011年山东省金融机构人民币贷款增长变化

4. 表外融资持续增长，有效拓展信用供给渠道。2011年，金融机构加快业务发展模式多元化，通过委托贷款、信托贷款、银行承兑汇票等方式，加大对实体经济的支持力度。全年累计开办表外融资业务17 219.4亿元，同比多增5 487.5亿元。理财业务增长较快，募集资金量同比增长40.2%。

5. 利率水平总体上升，市场化程度增强。一般性贷款加权平均利率较年初上升1.2个百分点。金融机构利率定价能力提升，上浮利率贷款占比为72.2%，同比提高18.4个百分点，浮动利率贷款占比同比提高7.7个百分点（见表2），Shibor运用的广度和深度增强。住房贷款利率逐步走高，首套房贷利率普遍上浮。美元贷款加权平均利率同比升高150个基点，期限趋于短期化（见图4）。

民间借贷趋于活跃，利率水平整体较高。受资金需求旺盛、企业融资渠道相对单一等因素影响，2011年山东省民间借贷样本监测点发生额同比增长1.7倍，加权平均利率同比上升40.4%。中小企业仍是民间借贷的主体，但占比下降；农户加权平均利率同比上升78.6%。

6. 银行业改革进一步深化，多层次农村金融体系加快构建。国有商业银行现代金融企业制度建设不断完善，国家开发银行中长期投融资优势得到巩固，中国进出口银行和出口信用保险公司改革稳步推进。涉农机构支农力度增强，中国农业发展银行贷款总量突破千亿元，中国农业银行“三农金融事业部”涉农贷款余额为1 708.9亿元，占全行贷款余额的46.4%，同比增长39.9%。新型农村金融机构发展速度加快，新增村镇银行18家，业务规模增长2倍以上，审批设立小额贷款公司109家、农村资金互助社2家，8家农村商业银行挂牌，农村信用社银行化改革进度和效果位居全国前列。

7. 跨境人民币业务全面发展，覆盖面和影响力持续扩大。2011年山东省跨境人民币业务结算额为

表2　2011年山东省金融机构人民币贷款各利率区间占比

单位：%

月份		1月	2月	3月	4月	5月	6月
合计		100.0	100.0	100.0	100.0	100.0	100.0
[0.9～1.0)		11.2	9.8	3.8	5.4	2.9	3.2
1.0		27.9	28.6	26.8	26.4	20.7	27.0
上浮水平	小计	60.9	61.6	69.4	68.2	76.3	69.8
	(1.0～1.1]	15.1	18.5	19.0	23.2	29.1	29.7
	(1.1～1.3]	15.9	15.8	18.9	20.5	22.0	22.5
	(1.3～1.5]	10.0	8.0	9.5	7.8	8.5	7.8
	(1.5～2.0]	15.3	14.0	16.5	12.1	12.5	8.8
	2.0以上	4.7	5.4	5.5	4.5	4.2	1.0
月份		7月	8月	9月	10月	11月	12月
合计		100.0	100.0	100.0	100.0	100.0	100.0
[0.9～1.0)		3.4	1.6	1.8	1.3	1.4	2.5
1.0		30.9	25.0	24.9	26.6	27.7	23.5
上浮水平	小计	65.7	73.4	73.3	72.2	70.9	74.1
	(1.0～1.1]	27.6	30.1	29.6	29.3	27.8	25.5
	(1.1～1.3]	21.2	26.7	26.0	26.5	27.6	25.8
	(1.3～1.5]	7.2	7.6	8.5	7.8	7.5	8.5
	(1.5～2.0]	8.7	8.1	8.1	7.5	7.1	10.8
	2.0以上	1.0	1.0	1.1	1.0	0.9	3.5

数据来源：中国人民银行济南分行。

1 987.3亿元，人民币成为山东省国际结算第二大币种。共有35家银行的454家分支机构办理跨境人民币结算，涉及77个国家（地区）的1 560家企业。配套业务发展加快，便捷化程度不断提高。11市开立非居民机构人民币账户，同比增长2.8倍。境外人民币项目实际贷款金额突破200亿元。6月30日，韩圆挂牌交易试点正式启动，在全国率先开展韩圆现汇对公经常项下业务。跨境人民币投融资活动日趋活跃，资本项下人民币结算484.5亿元，对外直接投资占全省境外投资总额的41%。出口协议融资和海外代付等贸易融资品种快速发展，贸易融资项下的资金融入额超过200亿元。

（二）证券业发展平稳，上市融资取得积极进展

2011年，山东省证券市场资源配置功能继续完善，证券期货机构经营规模快速扩张，综合服务能力显著增强。

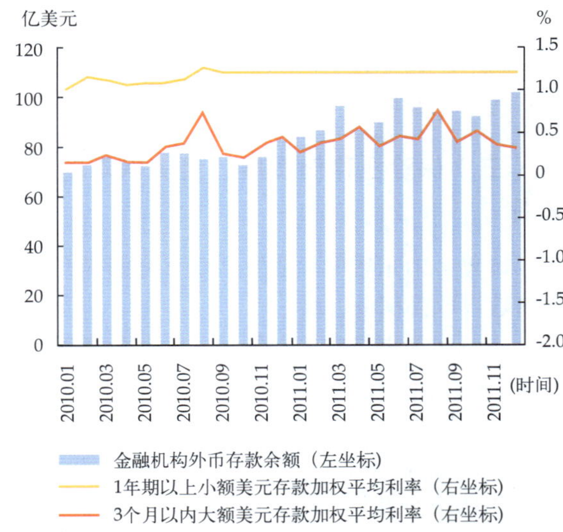

数据来源：中国人民银行济南分行。

图4　2010～2011年山东省金融机构外币存款余额及外币存款利率

1. 市场主体经营实力大幅提升。新增证券营业部29家、基金管理分公司1家，2家法人券商资质升级为A类AA级。投资者资金户和保证金余额分别增长14.5%和21.9%，总交易额为3万亿元。期货公司运营实力增强，总资产、净资本和利润总额同比分别增长18.0%、15.5%和5.6%。鲁证期货实现增资扩股1.2亿元，成为业内唯一达到信息技术最高级别的期货公司。

2. 证券市场融资功能有效发挥。年内21家企业IPO，15家上市公司实现再融资，融资额创历史新高（见表3）。上市资源培育取得积极进展，600多家企业进入后备库，18家企业通过中国证监会审

表3　2011年山东省证券业基本情况

项目	数量
总部设在辖内的证券公司数（家）	2
总部设在辖内的基金公司数（家）	0
总部设在辖内的期货公司数（家）	3
年末国内上市公司数（家）	145
当年国内股票（A股）筹资（亿元）	422.6
当年发行H股筹资（亿元）	58.4
当年国内债券筹资（亿元）	754.0
其中：短期融资券筹资额（亿元）	246.5

数据来源：中国人民银行济南分行、山东证监局。

核，过会率达85.7%，高于全国平均水平8.9个百分点。7家绩差公司并购重组注入资产75亿元，山钢集团实现整体上市。

（三）保险业稳健发展，经济保障功能有效发挥

2011年，山东省保险业发展水平全面提升，保险强省建设取得积极进展。

1. 市场体系更趋完善，行业实力明显增强。全年新增保险公司15家，驻鲁保险公司总数达76家，首家法人保险机构泰山财产保险股份有限公司正式开业，保险业辐射能力大大增强（见表4）。保险专业市场稳步发展，专业中介法人机构达到183家，兼业代理机构达12 421家。行业总资产同比增长23.9%，积累各项风险责任准备金2 812.9亿元，抗风险能力显著增强。

2. 保险业务持续增长，服务领域不断拓展。保费收入稳中趋升，增速快于全国平均水平0.7个百分点，规模稳居全国第三。车险业务增速回升，非车险、个人营销业务保持较快增长。银保业务增速高于全国平均水平3.5个百分点，质量效益取得新突破。财产险公司实现承保利润为2010年的1.8倍，利润率高于全国平均水平4.6个百分点，人身险公司业务及管理费用率低于全国平均水平2.1个百分点。保障能力不断增强，全年承担各类风险责任15.7万亿元。农业保险覆盖面扩大，农村小额保险试点稳步推进，为70.9万农民提供了112.6亿元风险保障。

表4　2011年山东省保险业基本情况

项目	数量
总部设在辖内的保险公司数（家）	1
其中：财产险经营主体（家）	1
人身险经营主体（家）	0
保险公司分支机构（家）	60
其中：财产险公司分支机构（家）	29
人身险公司分支机构（家）	31
保费收入（中外资，亿元）	1 036.1
其中：财产险保费收入（中外资，亿元）	332.3
人身险保费收入（中外资，亿元）	703.8
各类赔款给付（中外资，亿元）	271.2
保险密度（元/人）	1 075.0
保险深度（%）	2.3

数据来源：山东保监局。

（四）金融市场交易活跃，融资方式日益丰富

2011年，山东省金融市场活力增强，货币市场资金头寸调控能力提高，银行间外汇市场稳步发展，黄金市场交投活跃。

1. 直接融资快速增长，银行间债务融资实现新突破。2011年，山东省融资结构继续优化，直接融资占比同比上升5.3个百分点。股票融资大幅增加，债券发行数量、融资额“双提升”。银行间市场融资功能进一步强化，全年发行非金融企业债务融资工具514.7亿元，增长26.6%。新发3只中小企业集合票据13.6亿元，融资规模居全国第一（见表5）。中国银行间市场交易商协会与山东省政府、中国人民银行济南分行签订《银行间市场助推山东经济发展合作备忘录》，在全国率先推出“区域集优债务融资”模式。

2. 货币市场运行平稳，资金融入规模增加。2011年，山东省银行间市场交易量为8.9万亿元，同业拆借、债券回购同比分别增长178%和10%。债券市场波动加剧，现券市场交易金额减少3万亿元。市场成员积极利用货币市场加强流动性管理，全年净融入资金2.4万亿元，其中，同业拆借净融入

表5　2001～2011年山东省非金融机构部门贷款、债券和股票融资情况

单位：亿元、%

年份	融资合计	比重		
		贷款	债券（含可转债）	股票
2001	901.1	90.0	0.0	10.0
2002	1 571.9	96.6	0.0	3.4
2003	2 051.8	97.4	0.0	2.6
2004	1 695.8	91.6	2.9	5.5
2005	2 123.8	95.7	2.6	1.7
2006	2 820.4	89.8	6.5	3.7
2007	2 585.1	79.6	9.7	10.7
2008	3 574.5	87.1	6.5	6.4
2009	7 150.5	90.3	6.5	3.2
2010	6 015.6	85.6	7.4	7.0
2011	6 263.9	80.3	12.0	7.7

数据来源：中国人民银行济南分行。

为2010年的5.1倍。融资成本有所上升，同业拆借、回购交易、现券市场利率均上升150个基点以上。

3. 票据融资交易额下降，利率水平大幅升高。票据融资全年累计发生额同比下降，主要原因是转贴现下降较多。票据融资余额小幅增加，占贷款的比重同比下降29.6个百分点。银行承兑汇票需求扩大，签发量同比增长30.6%（见表6）。票据电子化稳步推进，电子商业承兑汇票业务量居全国第二位。受市场流动性影响，票据市场利率波动走高，年末3～6个月银行承兑汇票贴现和买断式转贴现利率分别达到8.98%和8.62%，分别较年初上升43.5%和67.7%（见表7）。

4. 银行间外汇市场稳步发展，黄金市场交投活跃。2011年，山东省银行间外汇市场成交102.8亿美元，同比增长26%，即期询价交易仍占主导地位。13家黄金交易所会员场内成交617.7吨，同比增长50%，净卖出74.8吨。自营量累计成交311.2吨，占比同比下降12.4个百分点。受金价持续大幅上涨及投资者避险需求影响，商业银行纸黄金成交量和成交金额分别增长71.8%和154 %。

表6　2011年山东省金融机构票据业务量统计

单位：亿元

季度	银行承兑汇票承兑		贴现			
			银行承兑汇票		商业承兑汇票	
	余额	累计发生额	余额	累计发生额	余额	累计发生额
1	5 938	3 407	1 005	2 940	128	178
2	6 839	6 915	1 133	5 676	95	401
3	6 347	10 002	1 165	7 763	98	498
4	6 575	13 952	1 293	9 852	92	698

数据来源：中国人民银行济南分行。

表7　2011年山东省金融机构票据贴现、转贴现利率

单位：%

季度	贴现		转贴现	
	银行承兑汇票	商业承兑汇票	票据买断	票据回购
1	6.98	8.58	6.17	5.75
2	7.50	8.89	6.71	6.85
3	10.02	11.86	9.04	7.68
4	8.98	10.54	8.62	6.64

数据来源：中国人民银行济南分行。

（五）社会信用体系建设强力推进，金融生态环境持续优化

2011年，山东省继续发挥政府的主导作用，积极推进金融生态环境建设。社会信用体系建设向纵深发展，地方信用信息共享平台建设实现突破，创新开发 山东省信用评级综合服务平台，分别建立农户和中小企业信用档案1 667万和24万个。农村支付环境建设“强力推进年”成效显著，消灭金融服务空白村5 315个，农村金融服务终端覆盖率达到77.6%，基本实现农村地区“村均1台金融基础设施、人均1张卡”。年末全省县及县以下地区银行卡发卡量达8 909万张，开通网银1 083.5 万个。开展打击银行卡犯罪“天网-2011”专项行动，共破获涉银行卡案件1 600余起。山东省17地市均设立了金融消费者权益保护中心，妥善处理投诉296起。

二、经济运行情况

2011年，山东省经济运行继续朝着宏观调控预期方向发展，结构优化调整步伐加快（见图5）。三大需求拉动作用稳定，三次产业持续优化，物价涨幅得到有效控制，民生领域不断改善，区域战略成效显著，节能降耗稳步推进，经济发展的内生动力不断增强。

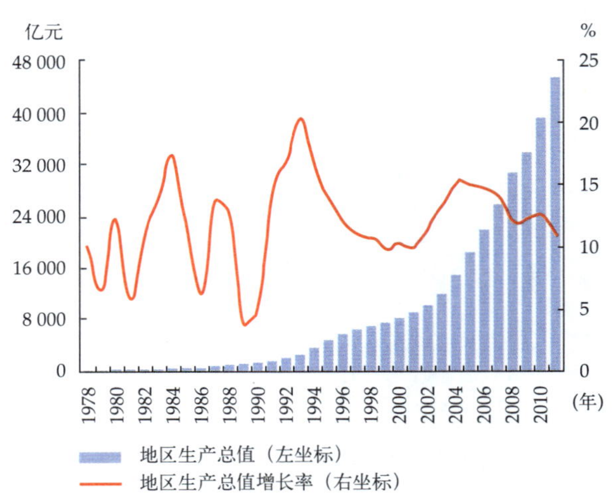

数据来源：山东省统计局。

图5　1978～2011年山东省地区生产总值及其增长率

（一）三大需求平稳增长，经济发展的内生动力增强

2011年，山东省投资增速平稳，结构进一步优化。居民消费较为旺盛，对外贸易稳定增长，外资利用量增质高，经济增长的内外需动力更趋协调。

1. 投资结构持续优化。2011年，山东省固定资产投资增势平稳，同比回落0.3个百分点，增速连续两年小幅回落（见图6）。三次产业投资比重持续改善，由2010年的2.4∶49.1∶48.5调整为2.1∶47.9∶50.0，服务业投资占比首超第二产业。内涵效益型投资不断加大，技术改造、高新技术等重点领域投资增速分别高于平均水平5.4个、9.7个百分点。民间投资更趋活跃，增速高于国有投资8.5个百分点，占全部投资的比重同比提高1个百分点，对投资增长的支撑作用继续提升。山东半岛蓝色经济区、黄河三角洲高效生态经济区等重点区域融合发展态势良好，投资增长高于全省平均水平。

2. 城乡消费实力增强。2011年，城乡居民收入继续保持较快增长，增速分别同比提高2.3个和5.1个百分点，为消费市场持续升温提供了有力支撑。社会消费品零售总额增速高于全国平均水平0.2个百分点（见图7），消费结构升级加速，汽车、家用电器、金银珠宝等热点商品销售旺盛。城乡统筹加快发展，城乡消费增速差同比收窄1.6个百分点，乡村消费占比同比提高1.8个百分点，农村消费市场潜力进一步激活。

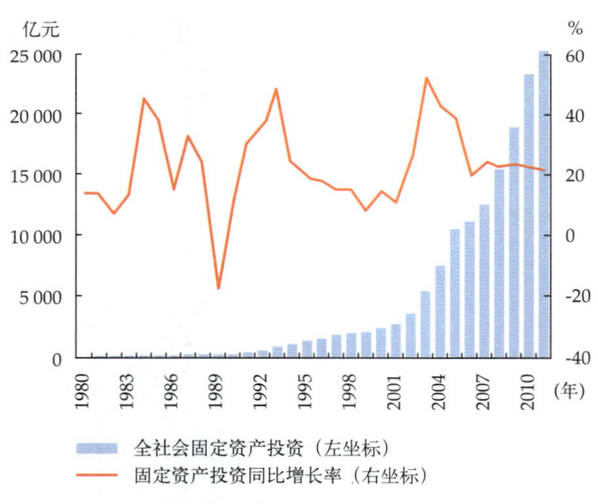

数据来源：山东省统计局。

图6　1980～2011年山东省固定资产投资及其增长率

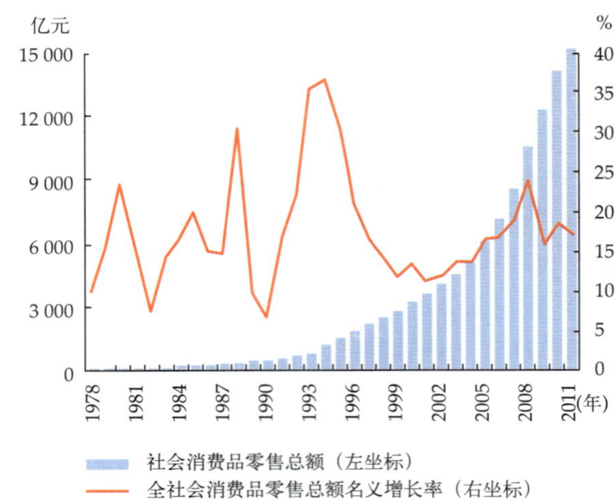

数据来源：山东省统计局。

图7　1978～2011年山东省社会消费品零售总额及其增长率

3. 贸易顺差额呈总体下降态势。2011年，山东省进出口总额增速高于全国平均水平2.3个百分点。受欧债危机、国际市场需求萎缩等因素影响，全年进口和出口增速分别同比回落13.3个和10.4个百分点，贸易顺差同比下降21.2%，延续近3年来的下降趋势（见图8）。资源类商品进口增长加快，占比提高7.6个百分点。出口市场更趋多元化，对美国、欧盟、韩国等传统市场出口放缓，对俄罗斯、东盟和澳大利亚等新兴市场出口增长较快。

招商引资取得积极进展。合同外资创5年来新高（见图9），实际到账外资增速同比提高7.2个百分点，新批投资过亿美元的合同外资项目增长2.2倍。利用外资质量稳步提升，第一产业投资增速“转负为正”，服务业投资增速同比提高10个百分点。

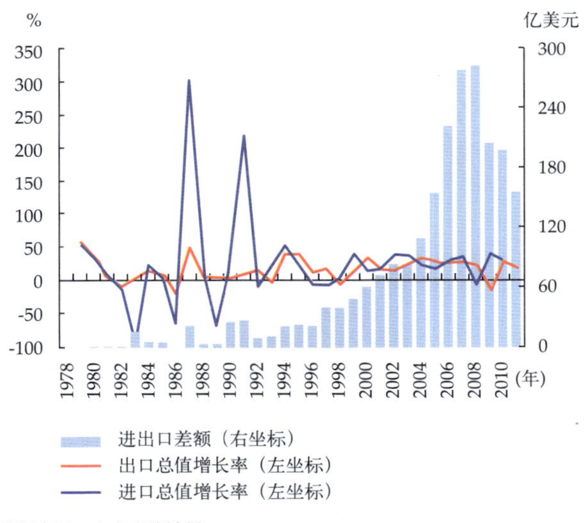

数据来源：山东省统计局。

图8　1978～2011年山东省外贸进出口变动情况

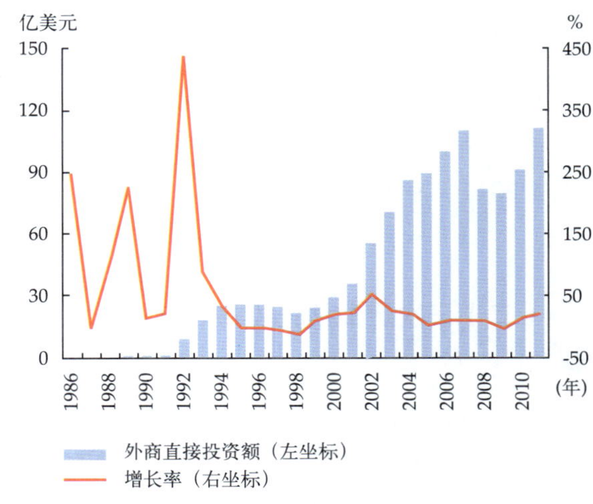

数据来源：山东省统计局。

图9　1986～2011年山东省外商直接投资情况

专栏2　发展“区域集优债务融资”模式　扩大中小企业直接融资规模

为解决中小企业直接债务融资可持续发展问题，中国银行间市场交易商协会（以下简称交易商协会）创新推出了中小企业区域集优直接债务融资模式，即在一定区域内具有核心技术、产品具有良好市场前景的中小企业，通过政府专项风险缓释措施的支持，在银行间债券市场发行集合票据进行债务融资。山东与江苏、广东率先进行试点，并在银行间市场首批成功上市发行。

一是以区域特色为突破点，研究山东融资模式。中国人民银行济南分行会同交易商协会，研究提出在青岛市以蓝色海洋经济、潍坊市以农业绿色经济、东营市以黄河三角洲高效生态经济为突破点，并逐步扩展到全省的工作思路和融资模式。

二是加强政策宣讲传导，夯实前期准备工作。中国人民银行济南分行联合中债信用增进投资有限公司（以下简称中债公司）先后在潍坊等八市进行了政策宣讲。2011年7月6日，中国人民银行济南分行、交易商协会、山东省政府共同签署了《银行间市场助推山东经济发展合作备忘录》，青岛市、潍坊市、东营市政府及人民银行当地分支机构还分别与中债公司签署了《区域集优债务融资合作框架协议》。三方合作备忘录的签署，充分调动了各方的积极性。

三是建立健全保障措施，解决好新模式的风险缓释问题。中国人民银行济南分行指导各市成立了由中国人民银行当地分支机构牵头，金融办、财政局共同参与的区域集优债务融资项目联合工作组，印发了管理办法。潍坊市采取“双向遴选推荐、多包同时推进”的方法，设立规模为2亿元的中小企业直接债务融资发展基金，明确基金的履约代偿性质，成立注册金为3亿元的担保公司提供反担保服务。各市也先后采取类似风险缓释措施。

四是总结经验，加大推广力度，加快试点工作在全省的推进步伐。2011年11月3日，潍坊市区域集优中小企业集合票据率先在银行间债券市场成功发行，为全国首批两单之一，为4家小微企业融资1.8亿元，发行利率为6.2%，发行综合费用率低于同期贷款利率。中国人民银行济南分行总结潍坊经验，加快在全省的推广步伐。

近几年，山东省银行间市场非金融企业债务融资工具发行工作一直走在全国前列，银行间债券市场融资已成为信贷融资的有益补充。截至2011年年末，山东省在银行间市场累计发行短期融资债券137只，融资1 218.1亿元；中期票据49只，融资662.7亿元；中小企业集合票据7只，融资36.5亿元，其中，中小企业集合票据融资额占全国的1/3，居全国第一。

（二）三次产业协同发展，转型升级步伐加快

2011年，山东省牢牢把握“加快转变经济发展方式”这一主线，继续稳步推进“转方式、调结构”，三次产业全面协调发展，产业结构更趋合理。三次产业比例由2010年的9.1：54.3：36.6调整为8.7：52.9：38.4。

1. 农业基础更加稳固。在冬春连旱的不利条件下，山东省粮食总产仍实现“九连增”，达到885亿斤，第一产业增加值居全国首位。农业产业化龙头企业带动作用增强，规模以上农业龙头企业有8 120家，农产品技术含量及附加值进一步提高。农业基础设施建设扎实有效，农田有效灌溉面积约占耕地的70%，粮食生产机械化达88%。农村社会保障体系不断健全，农村低保标准平均每人每年1 661元，新型农村合作医疗参合率达99.7%，新型农村社会养老保险试点提前一年实现全覆盖。

2. 工业调整振兴进一步推进。全年工业生产呈“前高后低”走势，增速高于全国平均水平0.1个百分点（见图10）。工业企业产销率同比提高0.3个百分点。高新技术产业产值比重同比提高1.2个百分点，“两高一剩”行业得到有效控制。全省65%以上的大中型企业建立了技术研发机构，重点企业科技活动经费支出占销售收入的5.9%。工业技改力度加大，产学研联合创新取得新进展。

3. 服务业实现跨越式发展。2011年，山东省服务业增加值占比同比提高1.7个百分点，升幅居全国首位。重点发展文化旅游、金融保险、现代物流等十大领域，突出培养“四大载体”[①]，批零餐饮、交通运输等传统产业平稳发展，服务外包等新兴产业加快发展。2011年，全省登记承接服务外包合同

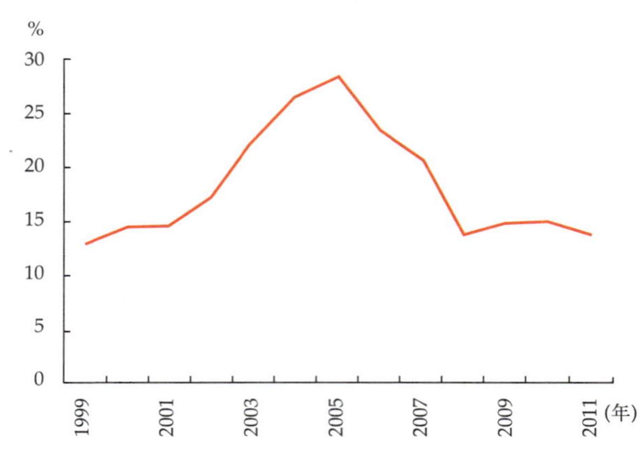

数据来源：山东省统计局。

图10 1999～2011年山东省规模以上工业增加值同比增长率

5 818份，合同金额为16.6亿美元，执行金额为11.6亿美元，分别增长21.3%、78.4%和82%，呈现出“发展提速、规模扩大、质量提升、市场拓展”的良好发展态势。文化强省建设加强，文化旅游加速融合发展，“好客山东”首推孔子、泰山、青岛、黄河口、齐长城、古运河六大地标文化之旅，品牌效应辐射海内外。新增服务业贷款885亿元，金融支持服务业力度加大。

（三）物价涨幅得到有效遏制，就业形势积极向好

2011年，山东省物价涨幅呈倒V形走势，物价总水平得到有效调控。

1. 居民消费价格“两头低、中间高”，物价过快上涨势头得到遏制。山东省CPI7月达到峰值6.5%，8月后呈逐步下降走势，全年CPI低于全国0.4个百分点，物价上涨压力有所缓解（见图11）。

① 指重点服务业城区、重点服务业园区、重点服务业企业和重点服务业项目。

食品价格上涨仍是CPI上涨的主导因素，农村价格涨幅继续高于城市。

2. 工业生产者价格呈“前高后落”走势，农业生产资料价格高位运行。2011年，山东省工业生产者购进价格指数和工业生产者出厂价格指数涨幅同比分别降低0.1个和1.2个百分点，二者涨幅之差扩大，“高进低出”特征更加明显（见图11）。受上游产品价格回落、国内外市场需求下滑及国际大宗商品价格下行等因素影响，工业生产者购进价格年内波动上行后持续回落，全年平均涨幅与全国基本持平。农业生产资料价格仍高位运行，农业生产经营成本压力较大。

3. 就业形势积极向好，劳动力价格持续攀升。2011年，山东省就业形势基本稳定，连续八年实现城镇新增就业和农村劳动力转移就业“双过百万”，年末城镇登记失业率低于全国0.75个百分点。城镇在岗职工平均工资同比增长13.1%，城市最低工资标准平均上调26%，位于全国前列；农村低保标准提高到每人每年不低于1 400元。

（四）财政收入保持较高增速，财政支出向民生倾斜

2011年，山东省地方财政收入达到3 455.7亿元，增长25.7%，增速同比提高0.6个百分点。税收收入增长21.1%，占财政收入的75.3%，同比下降2.9个百分点。财政支出为5 001.2亿元，增长20.7%（见图12）。支出结构进一步优化，社会保障、医疗卫生、教育、住房等领域得到重点保障，民生支出增幅高于平均水平8.9个百分点，占全省财政支出的54.8%，同比提高3.8个百分点。

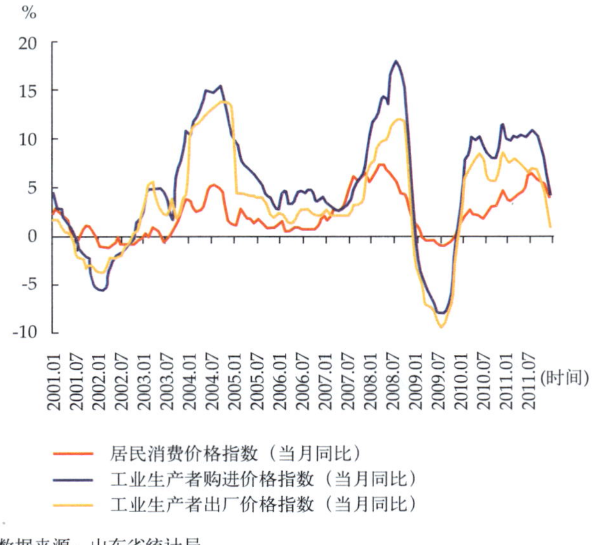

数据来源：山东省统计局。

图11　2001～2011年山东省居民消费价格和生产者价格变动趋势

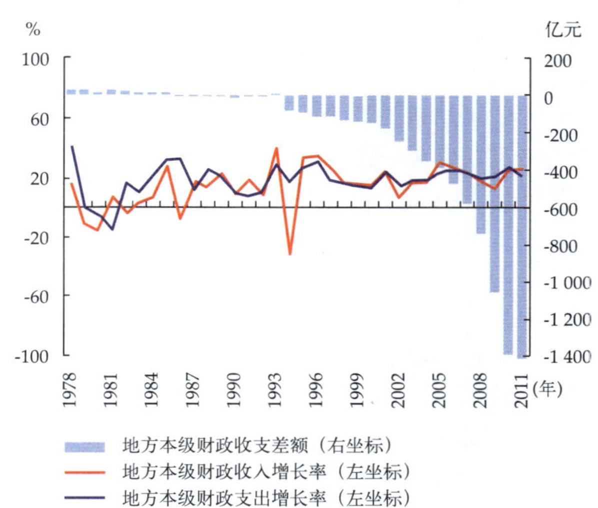

数据来源：山东省统计局。

图12　1978～2011年山东省财政收支状况

（五）节能减排效果明显，金融支持力度不断增强

2011年，山东省节能工作取得了良好成效，万元GDP能耗、规模以上工业万元增加值能耗等指标同比降幅均高于全国平均水平。实施完成123个“转方式、调结构”节能重点项目，累计实现节能86万吨标准煤。351户企业完成落后产能淘汰，关停小火电机组26.2万千瓦，超额完成了国家下达的任务。减排工作扎实推进，“十一五”污染减排工作位列全国第一，实现国家淮河流域治污考核“五连冠”和海河流域治污考核“三连冠”。环境质量明显改善，全省二氧化硫和可吸入颗粒物年均浓度分别下降14%和11.2%，新建国家级生态示范区17个、省级生态县（市、区）6个、省级生态乡镇124个。中国人民银行济南分行下发《关于加强节能环保领域金融支持工作的意见》、《关于印发〈绿色信贷指导意见〉的通知》，推动金融机构加大对传统产业改造提升、环保产业、循环经济发展、节能减排技术改造的信贷支持力度。

（六）房地产市场调控效果显现，钢铁产业调整稳步推进

1. 房地产调控效果显著，房地产金融健康发展。2011年，山东省房地产市场运行总体平稳，房屋供给结构改善，差别化房贷政策效应显现。

（1）开发投资增速放缓，资金来源“一降两升”。2011年，山东省房地产开发投资增幅达26.4%，同比下降7.5个百分点，低于全国平均水平3.5个百分点。开发投资到位资金增速同比降低13.9个百分点。资金来源结构发生变化，开发企业贷款占比同比下降2.3个百分点，自筹和利用外资占比同比分别上升0.1个、4.4个百分点。

（2）市场供给理性回归，保障性住房建设加快。2011年，房地产企业的土地购置行为趋于谨慎，土地购置面积增幅同比回落41.5个百分点，济南、济宁等重点城市购地面积净下降，新开工面积增幅同比回落34个百分点。受开发商加快资金回笼动力增强及2010年以来开发项目集中完工等因素影响，2011年竣工面积增长24.5%，同比加快23.5个百分点。保障性安居工程开工38.9万套，超额完成国家下达的任务，连同结转项目竣工率达到71.2%。

（3）市场需求回落，调控效果逐步显现。2011年，“限购”、“限贷”等措施进一步压缩了投资、投机性购房需求，山东省商品房销售面积、销售额增速同比分别下降32个和32.9个百分点（见图13）。重点城市济南、青岛、烟台和济宁商品房销售面积增速同比分别回落8.7个、26.7个、42.5个和25.3个百分点。

（4）重点城市房价合理回归，二线、三线城市房价涨势趋缓。2011年，山东省房屋销售价格涨幅低于城镇居民人均可支配收入增幅，重点城市房价连续上涨势头得到遏制，济南、青岛新建住宅价格指数环比自10月起连续3个月负增长（见图14）。省内二线、三线城市处于城镇化的快速上升期，房地产业发展潜力较大，住房价格仍呈上涨态势，但涨幅趋缓。

（5）房地产金融运行平稳，支持民生亮点突出。差别化信贷政策得到有效落实，全年房地产贷款增速同比下降11个百分点，其中，开发贷款增速同比下降6.6个百分点，个人住房贷款增速同比下降14.1个百分点。房地产贷款向保障性安居工程建设强力倾斜，2011年保障性住房贷款增速同比提高10.5个百分点，高于全部房地产贷款增速2.5个百分点。

2. 钢铁产业调整步伐加快，金融支持力度加大。2011年山东省钢铁综合产能居全国第3位，结

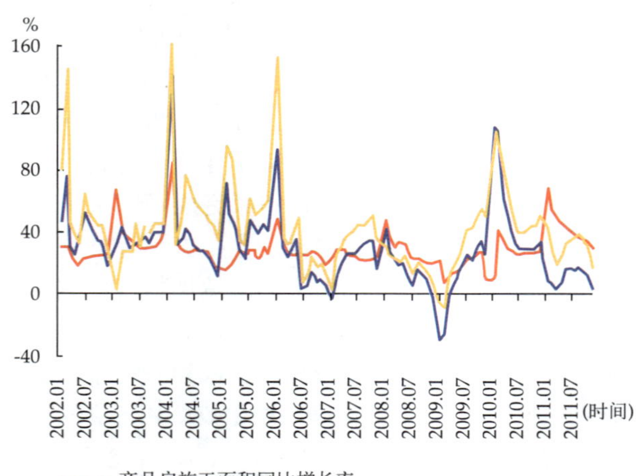

数据来源：山东省统计局。

图13　2002～2011年山东省商品房施工和销售变动趋势

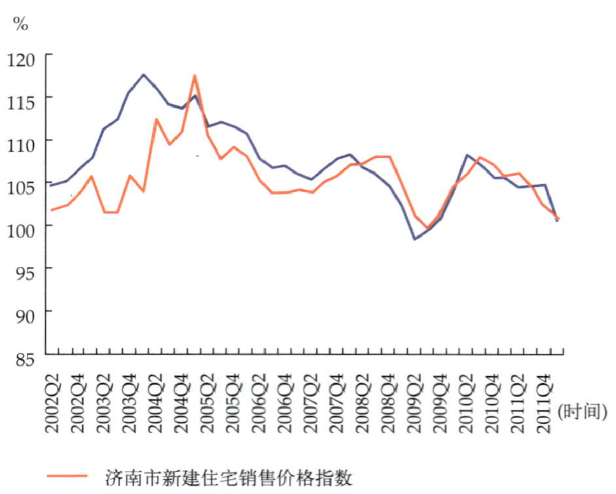

数据来源：山东省统计局。

图14　2002～2011年山东省主要城市房屋销售价格指数变动趋势

构调整步伐加快，累计淘汰炼铁产能1 193.34万吨、炼钢产能334.3万吨，涉及企业47家。钢铁企业联合重组步伐加快，山东省成为全国唯一的钢铁产业结构调整试点省份。12月30日，济钢和莱钢获中国证监会批准并开始进行合并。

为有效发挥金融促进山东省钢铁产业结构调整、优化升级的积极作用，中国人民银行济南分行联合山东银监局制定下发《关于金融促进山东省钢铁产业结构调整的指导意见》，引导银行业金融机构加大对钢铁产业布局优化和产能战略转移的支持力度，不断改进和提升金融服务水平。

（七）“蓝黄[①]”战略引领区域经济协调联动

2011年，山东半岛蓝色经济区和黄河三角洲高效生态经济区建设全面展开。两区按照“融合、错位、一体化”的发展要求，加快重大基础设施建设，培育新兴战略产业集群，推进产业结构升级，打造特色园区，注重生态文明，海陆统筹发展初见成效，成为山东省经济增长的重要引擎。同时，两区发展依托腹地，面向日韩，辐射和牵动省会城市群经济圈、鲁南经济带等内陆地区联动发展，对外开放水平持续提升，发展步伐稳步加快。2011年，两区主要经济指标增速均高于或与全省平均水平持平。省会城市群经济圈和鲁南经济带经济增长明显加速，全省区域发展呈现“协调增长、多轮驱动”的良好态势。围绕全省区域发展战略，金融持续发挥推动力，2011年黄河三角洲高效生态经济区新增贷款占全省新增贷款的13.3%，同比提高1.3个百分点；山东半岛蓝色经济区新增贷款占全省新增贷款的54.8%，同比提高3.3个百分点。抵押担保加速创新，非信贷融资工具较快发展，显著增强了中小企业、“三农”以及民生等领域的资金支持力度，扩大了企业区域融资总量。

三、预测与展望

2012年，山东经济仍将继续保持平稳较快发展态势，预计全省地区生产总值增速将高于全国平均水平1～2个百分点。

从国际看，欧债危机的影响继续深化，发达经济体经济复苏的不确定性增加，新兴经济体也面临经济增速放缓和通货膨胀双重压力，世界经济增长将呈放缓态势。从国内看，经济发展中不平衡、不协调、不可持续的问题依然突出，经济增速缓慢回落与物价仍处高位相互交织。从山东的情况看，外需减弱、房地产调控等因素将影响投资增速，但“蓝黄”战略的引擎作用将进一步增强，传统产业改造提升和战略性新兴产业发展的“双轮驱动”将成为投资增长的持续推动力；保障房投资力度加大，将有效优化房地产市场投资结构；收入分配制度的进一步完善、新消费领域的拓展、现代商贸流通体系的构建及消费环境的改善将提升居民消费意愿，消费需求将稳中有升；出口将继续保持稳定增长，但外需明显减弱、贸易保护主义抬头等因素，将持续影响出口形势。总体来看，2012年山东经济将在结构调整积极推进中保持平稳较快发展。

从物价走势看，经济增速放缓、国际大宗商品价格回落和农产品价格周期性下行等因素将缓解通货膨胀压力，但全球货币政策环境仍较宽松、国内劳动力成本刚性上升和资源性价格改革等，都可能成为推动CPI上行的因素。总体判断，2012年山东省物价上涨压力小于2011年，总体可控。

从金融形势看，2012年山东省货币信贷平稳运行的有利因素较多，金融的资源配置功能将进一步增强。中国人民银行济南分行将按照“稳中求进”的总体要求，坚持总量适度、审慎灵活，科学把握宏观调控力度，引导全省金融机构认真贯彻落实稳健的货币政策，保持货币信贷总量合理、均衡增长。进一步优化信贷结构，加强信贷政策与产业政策的协调配合，加大对重点领域和薄弱环节的支持力度，改善融资结构，推进金融创新，深化金融改革，及时有效防范和化解潜在金融风险，更好地服务于实体经济增长和经济结构调整。预计2012年山东省新增贷款的全国占比不低于2011年。

① 指山东半岛蓝色经济区和黄河三角洲高效生态经济区。

中国人民银行济南分行货币政策分析小组
负责人：杨子强　肖龙沧
统　稿：孙华荣　向　珂　吕士伟　王俊豪
执　笔：孙欣华　平晓冬　王　邕　曹妹娟　刘爱鹏　王浩宇　郑玉宝
提供材料的还有：徐旭先　居　立　王兆旭

附录

（一）2011年山东省经济金融大事记

1月18日，泰山财产保险股份有限公司揭牌仪式在济南举行。

3月18日，山东省个人本外币兑换特许业务试点在烟台市正式启动。

4月29日，金融支持山东半岛蓝色经济区开发建设暨政银企合作推进会在青岛召开。

5月9日，山东文化产权交易所在济南揭牌成立。

6月30日，山东省韩圆挂牌交易试点正式启动，当日汇价为人民币1元兑166.1802韩圆。

7月6日，中国银行间市场交易商协会、山东省金融工作办公室、中国人民银行济南分行在济南签署《银行间市场助推山东经济发展合作备忘录》。

7月28日，黄河三角洲产业投资基金揭牌暨首期投资项目签约仪式在济南举行。

10月21日，全省钢铁产业结构调整试点工作会议在济南召开。

11月1日，《山东省人民政府关于加大金融财税支持力度促进小型微型企业持续健康发展的意见》（鲁政发[2011] 43号）正式签发。

11月3日，潍坊市区域集优中小企业集合票据率先在全国银行间市场发行，为全国首批两单之一。

（二）2011年山东省主要经济金融指标

表1 2011年山东省主要存贷款指标

		1月	2月	3月	4月	5月	6月	7月	8月	9月	10月	11月	12月
本外币	金融机构各项存款余额（亿元）	41 735.4	42 408.9	44 144.9	44 562.3	45 284.1	46 122.6	45 965.9	46 395.9	45 993.1	46 013.7	46 451.6	46 986.5
	其中：储蓄存款	20 576.9	20 839.4	21 419.7	21 131.2	21 289.8	21 738.3	21 483.2	21 501.5	21 801.1	21 540.6	21 742.1	22 305.7
	单位存款	19 432.2	19 705.3	20 772.9	21 311.6	21 840.6	22 143.3	22 039.9	22 521.7	21 930.0	22 062.1	22 322.1	22 649.0
	各项存款余额比上月增加（亿元）	98.1	673.5	1 736.0	417.4	721.8	838.4	-156.7	430.0	-402.8	20.6	437.9	534.9
	金融机构各项存款同比增长（%）	16.0	16.0	17.0	16.4	16.7	16.9	15.8	15.3	12.5	12.2	12.1	12.8
	金融机构各项贷款余额（亿元）	33 319.0	33 612.0	33 881.8	34 270.5	34 854.6	35 222.4	35 494.1	35 785.3	36 276.7	36 805.4	37 143.1	37 521.9
	其中：短期	15 661.5	15 867.5	16 032.2	16 303.3	16 519.4	16 765.7	16 896.5	17 140.5	17 427.6	17 809.9	18 022.9	18 319.7
	中长期	15 648.8	15 828.6	16 047.7	16 189.2	16 282.3	16 388.0	16 473.9	16 512.0	16 516.8	16 569.3	16 651.5	16 621.5
	票据融资	1 277.5	1 226.8	1 133.7	1 118.7	1 172.1	1 184.6	1 244.4	1 316.7	1 263.2	1 273.6	1 268.7	1 385.4
	各项贷款余额比上月增加（亿元）	780.4	293.0	315.5	388.8	584.1	367.8	271.7	291.2	491.4	528.7	337.7	378.8
	其中：短期	384.2	206.0	210.4	271.1	216.1	246.3	130.7	244.0	287.1	382.3	213.0	296.7
	中长期	364.9	179.8	219.0	141.6	93.0	105.7	86.0	38.0	4.9	52.5	82.2	-30.0
	票据融资	39.2	-50.7	-93.2	-15.0	53.4	12.5	59.8	72.3	-53.5	10.4	-5.0	116.7
	金融机构各项贷款同比增长（%）	17.5	16.9	16.4	15.8	16.3	16.6	15.9	16.0	14.4	14.5	14.4	15.3
	其中：短期	22.4	21.2	20.0	20.5	21.3	22.1	22.2	22.8	22.9	23.8	23.5	24.5
	中长期	19.7	18.3	17.1	16.1	14.9	13.4	11.6	10.9	5.7	4.8	4.6	4.3
	票据融资	-32.6	-26.0	-20.5	-23.1	-22.6	-14.6	-11.1	-2.2	1.9	1.1	1.9	13.8
	建筑业贷款余额（亿元）	780.7	791.0	814.0	847.5	862.5	884.1	900.6	907.8	915.7	930.3	949.8	984.6
	房地产业贷款余额（亿元）	1 594.9	1 601.4	1 600.2	1 625.2	1 646.8	1 665.3	1 663.3	1 654.3	1 650.6	1 653.5	1 656.0	1 673.9
	建筑业贷款同比增长（%）	47.2	44.3	41.7	44.0	43.5	40.8	38.2	36.2	32.3	30.2	28.2	30.5
	房地产业贷款同比增长（%）	26.7	20.9	16.3	18.3	18.8	17.6	13.7	11.8	8.4	8.1	7.4	9.1
人民币	金融机构各项存款余额（亿元）	41 180.7	41 839.0	43 514.3	43 998.5	44 703.8	45 478.0	45 349.3	45 796.8	45 394.1	45 430.7	45 824.7	46 345.4
	其中：储蓄存款	20 451.3	20 721.8	21 302.9	21 012.3	21 169.3	21 612.5	21 366.8	21 383.4	21 675.6	21 415.9	21 613.8	22 173.3
	单位存款	19 029.2	19 283.1	20 295.1	20 902.2	21 411.6	21 654.4	21 577.6	22 071.1	21 490.1	21 640.7	21 859.2	22 162.9
	各项存款余额比上月增加（亿元）	101.8	658.3	1 675.2	484.2	705.3	774.2	-128.7	447.6	- 402.7	36.6	394.0	520.7
	其中：储蓄存款	823.5	270.5	581.1	-290.6	157.1	443.2	-245.7	16.5	292.2	-259.8	197.9	559.5
	单位存款	-669.4	253.9	1 012.0	607.1	509.3	242.8	-76.8	493.5	-581.0	150.5	218.6	303.7
	各项存款同比增长（%）	16.0	16.1	17.0	16.5	16.7	16.8	15.8	15.3	12.4	12.1	12.0	12.7
	其中：储蓄存款	18.3	14.0	15.3	14.3	14.3	14.0	12.6	12.1	10.7	11.3	11.9	12.9
	单位存款	—	—	—	—	—	—	—	—	—	—	—	—
	金融机构各项贷款余额（亿元）	31 453.3	31 738.7	32 034.5	32 453.2	32 886.6	33 260.8	33 570.2	33 893.4	34 105.3	34 525.0	34 802.0	35 179.0
	其中：个人消费贷款	4 081.0	4 129.7	4 211.3	4 274.6	4 336.9	4 393.5	4 447.1	4 508.0	4 552.9	4 596.4	4 672.6	4 708.6
	票据融资	1 277.3	1 226.6	1 133.5	1 118.5	1 172.0	1 184.5	1 244.2	1 316.6	1 263.1	1 273.6	1 268.6	1 385.4
	各项贷款余额比上月增加（亿元）	728.3	285.4	341.4	418.7	433.4	374.2	309.4	323.3	211.9	419.7	277.0	377.0
	其中：个人消费贷款	101.5	48.8	81.5	63.4	62.3	56.5	53.7	60.8	45.0	43.5	76.2	36.1
	票据融资	39.1	-50.7	-93.2	-14.9	53.5	12.5	59.7	72.3	-53.5	10.5	-5.0	116.8
	金融机构各项贷款同比增长（%）	16.8	16.2	16.0	15.7	15.4	15.7	15.0	15.2	14.3	14.1	13.8	14.5
	其中：个人消费贷款	29.2	27.5	25.9	23.7	22.0	20.9	20.1	20.1	18.7	18.0	17.4	16.9
	票据融资	-32.5	-25.9	-20.5	-23.1	-22.6	-14.6	-11.1	-2.2	1.9	1.1	1.9	13.8
外币	金融机构外币存款余额（亿美元）	84.2	86.7	96.2	86.8	89.5	99.6	95.7	93.8	94.3	92.2	98.7	101.7
	金融机构外币存款同比增长（%）	20.0	18.7	25.6	16.1	23.9	27.3	23.5	24.7	24.5	26.3	30.2	22.8
	金融机构外币贷款余额（亿美元）	283.2	284.9	281.8	279.6	303.5	303.1	298.6	296.2	341.7	360.6	368.8	371.8
	金融机构外币贷款同比增长（%）	33.8	35.1	28.0	23.8	40.9	41.4	40.1	40.7	22.2	26.2	29.3	35.8

数据来源：中国人民银行济南分行。

表2 2001～2011年山东省各类价格指数

单位：%

年/月		居民消费价格指数		农业生产资料价格指数		工业生产者购进价格指数		工业生产者出厂价格指数	
		当月同比	累计同比	当月同比	累计同比	当月同比	累计同比	当月同比	累计同比
2001		—	1.8	—	1.8	—	-0.6	—	-0.9
2002		—	-0.7	—	0.3	—	-1.3	—	-1.2
2003		—	1.1	—	2.4	—	5.7	—	3.5
2004		—	3.6	—	10.2	—	13.4	—	6.4
2005		—	1.7	—	6.2	—	5.9	—	3.7
2006		—	1.0	—	3.0	—	4.3	—	2.3
2007		—	4.4	—	7.1	—	4.8	—	3.3
2008		—	5.3	—	19.3	—	13.1	—	8.6
2009		—	0.0	—	-3.7	—	-4.5	—	-5.9
2010		—	2.9	—	3.0	—	9.3	—	7.2
2011		—	5.0	—	11.1	—	9.2	—	6.0
2010	1	2.1	2.1	-0.7	-0.7	8.0	8.0	6.0	6.0
	2	2.9	2.5	-0.1	-0.4	8.4	8.2	6.7	6.3
	3	2.4	2.5	0.7	0.0	10.2	8.9	7.4	6.7
	4	2.4	2.4	1.2	0.3	9.9	9.1	8.0	7.0
	5	2.2	2.4	1.5	0.5	10.1	9.3	8.5	7.3
	6	1.9	2.3	1.5	0.7	9.3	9.3	8.1	7.5
	7	2.4	2.3	2.4	0.9	8.7	9.2	6.2	7.3
	8	3.1	2.4	3.4	1.2	8.3	9.1	5.6	7.1
	9	3.2	2.5	4.5	1.6	8.0	9.0	5.7	6.9
	10	3.9	2.6	5.7	2.0	9.1	9.0	6.8	6.9
	11	4.8	2.8	8.1	2.6	11.5	9.2	8.7	7.1
	12	3.9	2.9	7.9	3.0	10.3	9.3	8.1	7.2
2011	1	3.7	3.7	5.1	5.1	9.9	9.9	7.7	7.6
	2	3.9	3.8	5.9	5.5	10.3	7.8	8.0	10.1
	3	4.4	4.0	7.1	6.1	10.1	10.1	7.9	7.8
	4	4.6	4.2	9.8	7.0	10.4	10.2	7.4	7.7
	5	5.1	4.3	11.3	7.8	10.1	10.2	6.9	7.6
	6	6.3	4.7	13.8	8.8	10.5	10.2	6.6	7.4
	7	6.5	4.9	14.0	9.6	10.9	10.3	7.1	7.4
	8	5.8	5.0	14.9	10.2	10.5	10.3	6.8	7.3
	9	5.9	5.1	15.5	10.8	9.9	10.3	6.3	7.2
	10	5.5	5.2	14.2	11.2	8.2	10.1	4.6	6.9
	11	4.4	5.1	11.3	11.2	5.4	9.6	2.0	6.4
	12	4.1	5.0	10.2	11.1	4.4	9.2	1.0	6.0

数据来源：山东省统计局、《中国经济景气月报》。

表3　2011年山东省主要经济指标

	1月	2月	3月	4月	5月	6月	7月	8月	9月	10月	11月	12月
绝对值（自年初累计）												
地区生产总值(亿元)	—	—	9 049.6	—	—	21 880.8	—	—	33 031.0	—	—	45 429.2
第一产业	—	—	515.8	—	—	1 780.0	—	—	2 753.4	—	—	3 937.8
第二产业	—	—	5 136.5	—	—	11 901.8	—	—	17 938.3	—	—	24 037.4
第三产业	—	—	3 397.3	—	—	8 199.1	—	—	12 339.2	—	—	17 418.0
固定资产投资(亿元)	—	1 276.6	3 471.8	5 629.5	8 064.6	10 858.9	13 589.5	16 295.8	18 958.0	21 288.2	23 535.4	25 928.5
房地产开发投资	—	258.0	633.3	945.1	1 339.3	1 852.8	2 237.7	2 595.5	2 981.8	3 335.1	3 698.1	4 108.1
社会消费品零售总额(亿元)	—	2 716.1	3 893.0	5 139.1	6 474.2	7 832.4	9 155.3	10 491.6	11 966.1	13 516.0	14 997.9	16 675.9
外贸进出口总额(万美元)	201.2	328.2	538.1	737.4	927.9	1 106.1	1 310.9	1 528.3	1 743.7	1 934.1	2 144.2	2 359.9
进口	94.7	159.5	259.2	349.8	433.0	514.3	603.2	706.3	807.4	893.6	999.2	1 102.0
出口	106.5	168.7	279.0	387.6	494.9	591.8	707.7	822.0	936.3	1 040.6	1 145.0	1 257.9
进出口差额(出口-进口)	11.8	9.2	19.8	37.8	61.9	77.5	104.5	115.7	128.9	147.0	145.8	115.9
外商实际直接投资(万美元)	64 700	111 300	245 000	331 700	434 300	609 500	665 600	737 100	840 300	1 287 700	1 020 200	1 116 000
地方财政收支差额(亿元)	20.0	42.8	57.9	48.9	-19.7	-115.0	-162.4	-289.8	-479.2	-534.8	-851.4	-1 545.5
地方财政收入	338.9	546.0	888.7	1 194.6	1 496.4	1 919.9	2 209.4	2 438.3	2 683.5	2 972.9	3 165.4	3 455.7
地方财政支出	318.9	503.2	830.8	1 145.7	1 516.1	2 034.9	2 371.8	2 728.1	3 162.7	3 507.7	4 016.8	5 001.2
城镇登记失业率(%)(季度)	—	—	3.3	—	—	3.3	—	—	3.3	—	—	3.4
同比累计增长率（%）												
地区生产总值	—	—	11.0	—	—	11.1	—	—	11.1	—	—	10.9
第一产业	—	—	3.3	—	—	3.1	—	—	3.7	—	—	4.0
第二产业	—	—	12.3	—	—	12.5	—	—	12.3	—	—	11.7
第三产业	—	—	10.2	—	—	11.0	—	—	10.9	—	—	11.3
工业增加值	—	13.0	13.3	13.7	13.9	14.1	14.3	14.5	14.4	14.3	14.2	14.0
固定资产投资	—	22.1	21.2	21.8	22.9	21.9	22.5	22.5	22.2	22.2	22.1	21.8
房地产开发投资	—	40.1	37.2	37.2	35.5	30.9	29.9	27.0	25.6	25.9	27.4	26.4
社会消费品零售总额	—	17.7	16.5	16.6	16.8	17.0	17.1	17.1	17.3	17.3	17.3	17.3
外贸进出口总额	51.2	32.1	35.4	34.1	32.4	28.5	27.7	28.6	27.6	26.4	25.6	24.8
进口	55.5	39.7	39.4	35.2	33.9	30.4	28.8	31.6	30.9	30.0	30.7	29.8
出口	47.5	25.6	32.0	33.1	31.1	26.8	26.7	26.1	25.0	23.5	21.4	20.7
外商实际直接投资	20.3	14.9	45.1	36.6	43.9	47.3	43.4	42.4	45.7	41.6	36.3	21.7
地方财政收入	48.3	39.5	35.5	33.8	33.3	33.2	32.9	33.0	31.6	30.5	27.6	25.7
地方财政支出	102.5	26.9	22.7	23.9	29.2	35.2	35.0	33.3	33.7	32.1	30.4	20.7

数据来源：山东省统计局。

2011年河南省金融运行报告

中国人民银行郑州中心支行货币政策分析小组

[内容摘要] 2011年，面对复杂多变的外部宏观环境，河南省深入贯彻落实科学发展观，大力实施建设中原经济区、加快中原崛起的河南振兴总体战略，全省经济金融保持了积极、向好的态势。经济发展的速度、结构、质量、效益全面提升，内在活力、动力不断增强，实现了"十二五"发展的良好开局。金融运行平稳，银行业布局日趋合理，信贷结构继续优化，证券、保险市场规模不断扩大，服务地方经济发展的能力进一步提高。

2012年是实施"十二五"规划承上启下的重要一年，河南省将抓住中原经济区建设上升为国家战略的重要历史机遇，持续求进、务实发展、积极作为，努力实现工业化、城镇化、农业现代化"三化"协调快速发展。金融业将认真贯彻稳健的货币政策，保持信贷总量适度增长，保持合理的社会融资规模，力争为实体经济发展提供更加有力的金融支持。

一、金融运行情况

2011年，河南省金融业运行总体平稳，金融服务水平不断提高，融资多元化发展，融资结构明显改善，金融对经济发展的支持力度不断增强。

（一）银行业稳健发展，信贷增长平稳回调

2011年，河南省银行业规模继续壮大，各项存款增长稳中趋缓，贷款增长回归常态水平，市场利率稳步上行，跨境人民币业务成功开局。

1. 机构体系日趋完善，质量、效益明显提升。2011年，河南省银行业金融机构资产规模同比提高14.9%，利润同比增长31.7%，不良贷款继续保持"双降"，稳健经营的能力进一步提升。机构主体日趋丰富，东亚银行郑州分行、华夏银行郑州分行获准筹建；新型农村金融机构不断壮大，村镇银行数量居全国第四和中部地区首位；城市商业银行向下延伸势头明显，县域覆盖率达到61%（见表1）。

表1　2011年河南省银行业金融机构情况

机构类别	营业网点			法人机构（个）
	机构个数（个）	从业人数（人）	资产总额（亿元）	
一、大型商业银行	3 157	75 468	13 487.8	0
二、国家开发银行和政策性银行	152	3 737	3 028.4	0
三、股份制商业银行	172	6 025	4 278.8	0
四、城市商业银行	594	13 095	2 801.6	17
五、城市信用社	—	—	—	—
六、农村合作机构	5 336	48 269	5 899.9	144
七、财务公司	3	109	309.4	2
八、信托公司	2	121	40.3	2
九、邮政储蓄银行	2 372	18 149	2 523.7	0
十、外资银行	2	66	42.6	0
十一、新型农村金融机构	64	1 337	101.7	42
十二、其他	—	—	—	—
合　计	11 854	166 376	32 514.3	207

注：营业网点不包括国家开发银行和政策性银行、大型商业银行、股份制商业银行等金融机构总部数据，大型商业银行包括中国工商银行、中国农业银行、中国银行、中国建设银行和交通银行，农村合作机构包括农村信用社、农村合作银行和农村商业银行，新型农村金融机构包括村镇银行和农村资金互助社。

数据来源：河南银监局。

2. 存款增长稳中趋缓，单位存款少增明显。2011年，受派生存款减少、民间融资和理财产品分流、企业资金占用增加等因素影响，存款增长明显放缓，年末全省本外币存款余额增长15.7%，同比回落5.1个百分点。企业资金形势相对偏紧，单位存款同比少增较多，储蓄存款增长平稳。外币存款基数较低，加之招商引资力度不断加大，推动外币存款快速增长，年末余额增速达37.8%（见图1）。

3. 贷款增长平稳回调，结构更趋合理。2011年，全省金融机构本外币贷款余额同比增长11.4%，与2004～2008年同期平均增速基本持平，同比下降6.7个百分点。信贷投放节奏更加均衡，

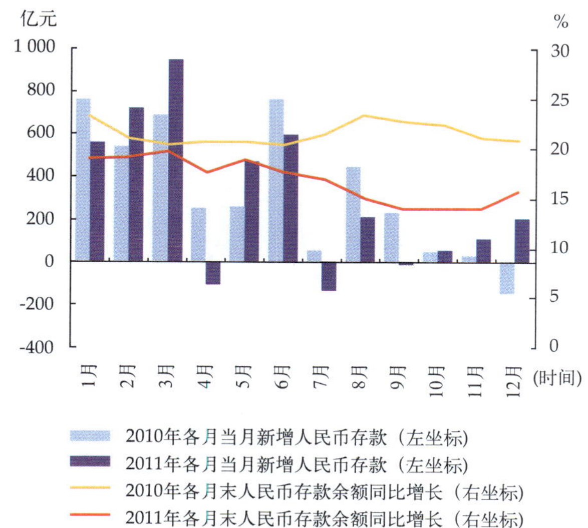

数据来源：中国人民银行郑州中心支行。

图1 2010～2011年河南省金融机构人民币存款增长变化

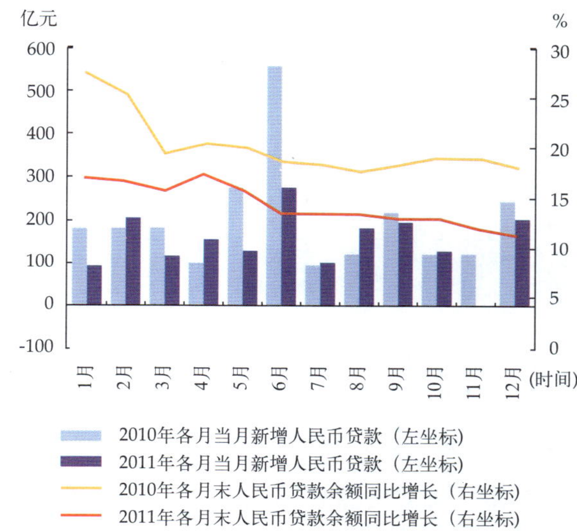

数据来源：中国人民银行郑州中心支行。

图2 2010～2011年河南省金融机构人民币贷款增长变化

各月贷款新增额差距明显减少（见图2）。金融机构更加注重控制信贷风险，提高资金使用效率，短期贷款占全部新增贷款的比重较上年提高了33.4个百分点，钢铁、水泥、电力、公路、房地产等贷款集中度较高和潜在风险较大的行业贷款投放趋缓。合理使用差别准备金动态调整工具、实施“小巨人”企业信贷培育等一系列措施成效明显，民生薄弱领域贷款投放持续增加，小企业贷款同比增长43.6%，涉农贷款增长18.5%，均大大高于全部贷款平均增速。受房地产调控政策和市场预期谨慎等因素影响，以住房贷款为主的个人中长期消费贷款增长明显放缓。外币贷款因成本相对较低，对企业的吸引力增强，以贸易融资贷款为主的外币贷款呈现较快增长（见图3）。

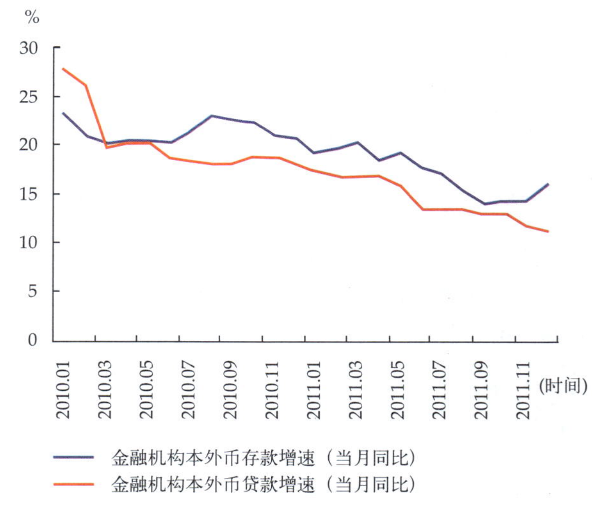

数据来源：中国人民银行郑州中心支行。

图3 2010～2011年河南省金融机构本外币存、贷款增速变化

4. 表外融资较快增长，业务品种相对集中。2011年，全省表外业务主要集中于表外贷款业务和承兑、保函、信用证等担保类业务。其中，以银团贷款、信托贷款、委托贷款等为主的表外贷款业务余额同比增长37.3%。

5. 金融机构定价能力稳步提升，存贷款价格与市场资金形势互动明显。受年内3次上调存贷款基准利率和金融体系流动性变化影响，全省金融机构人民币贷款加权平均利率逐步上行，第四季度达到8.67%，同比提高1.35个百分点，执行上浮利率的贷款占比同比提高27个百分点。在市场资金价格总体走高的背景下，金融机构同业存款利率和美元存款利率稳中有升。在房地产调控政策背景下，金融机构对住房贷款特别是二套房贷款利率的执行更趋严格，推动各期限个人住房贷款利率全线走高，第四季度加权平均利率同比上升2.68个百分点（见表2、图4）。

表2　2011年河南省金融机构人民币贷款各利率区间占比

单位：%

月份		1月	2月	3月	4月	5月	6月
合计		100.0	100.0	100.0	100.0	100.0	100.0
[0.9～1.0)		10.8	13.2	7.1	6.5	7.4	7.6
1.0		28.4	36.3	30.0	28.2	32.2	23.7
上浮水平	小计	60.8	50.4	62.9	65.4	60.4	68.7
	(1.0～1.1]	13.8	11.4	11.6	14.7	18.4	16.6
	(1.1～1.3]	9.4	8.4	12.0	13.2	18.4	18.4
	(1.3～1.5]	5.6	5.4	6.9	7.5	8.3	8.3
	(1.5～2.0]	18.7	14.8	18.9	21.6	8.0	17.7
	2.0以上	13.4	10.5	13.6	8.5	7.3	7.7
月份		7月	8月	9月	10月	11月	12月
合计		100.0	100.0	100.0	100.0	100.0	100.0
[0.9～1.0)		4.6	3.2	3.7	1.4	1.6	4.2
1.0		27.1	15.9	16.8	18.7	17.7	16.3
上浮水平	小计	68.4	81.0	79.5	79.9	80.7	79.6
	(1.0～1.1]	13.0	19.4	19.2	26.4	25.0	20.1
	(1.1～1.3]	19.9	20.5	23.2	21.8	22.3	18.8
	(1.3～1.5]	8.1	10.2	8.6	7.0	8.0	9.3
	(1.5～2.0]	19.5	21.7	20.0	18.2	17.9	23.4
	2.0以上	7.9	9.2	8.6	6.5	7.4	8.0

数据来源：中国人民银行郑州中心支行。

6. 地方金融机构改革不断深化，资金实力明显增强。2011年，河南省农村信用社县级联社统一法人工作全部完成，产权制度改革顺利推进，19家组建为农村商业银行，数量居全国前列；15家六级社全部完成达标升级。城市商业银行增资扩股取得实质性进展，资本金规模较年初实现翻番。中原信托、百瑞信托等非银行法人公司治理结构进一步完善，业务发展实现突破，盈利能力明显增强。

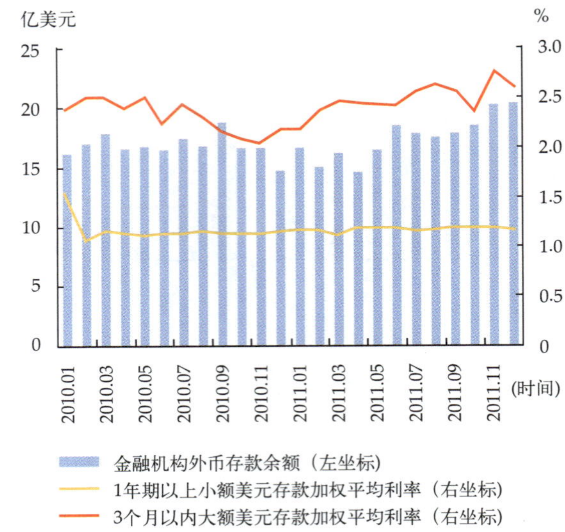

数据来源：中国人民银行郑州中心支行。

图4　2010～2011年河南省金融机构外币存款余额及外币存款利率

7. 跨境人民币业务成功开局，结算量稳步增长。自2011年8月河南省成为跨境贸易人民币结算地区以来，累计办理跨境人民币业务97笔，金额合计19.4亿元。其中，郑州、新乡、济源、洛阳四市跨境人民币业务量占全省业务量的81.5%。境外交易地区主要集中在中国香港、新加坡和澳大利亚，结算方式以开立信用证为主。12月首次办理资本项下外商直接投资人民币业务，跨境人民币业务由贸易领域向投融资领域延伸。

专栏1　实施千家"小巨人"企业信贷培育计划　助力中小企业成长

2011年，河南省中小企业总数达38万家，占全省企业总数的99%以上，贡献了全省61%的地区生产总值、51%的税收和85%以上的新增工业岗位，但多年来，融资难、融资贵始终是制约中小企业发展的一大瓶颈。为破解这一难题，构建扶持中小企业发展的长效工作机制，2011年中国人民银行郑州中心支行积极协调有关部门，在全省范围内实施了千家"小巨人"企业信贷培育计划，利用信贷杠杆推动中小企业快速成长、梯度发展和做大做强。

主要做法：一是领导高度重视。省长亲自就"小巨人"企业信贷培育工作进行了重点部署，并成立了以中国人民银行郑州中心支行、省工信厅、各家银行省级分行为成员单位的领导小组。二是宣传发动得力。召开全省"小巨人"企业信贷培育工作动员大会暨现场签约仪式，并将该工作纳入信贷政策导向效果评估考核范围，有效调动金融机构和中小企业的参与积极性。三是企业筛选严密。经中国人民银行省辖市分支机构和工信局（委）推荐，各家银行省级分行筛选，全省范围内最终确定了1 100家“小巨人”企业名单并对外正式公布。四是培育辅导深入。推动金融机构通过对企业开展财务辅导，实施信用培植、设计综合融资方案等七项措施，着力增强“小巨人”企业获得银行信贷资金、上市融资和发行直接债务融资工具的能力。五是保障机制完善。省工信厅推动多层次担保体系建设，中国人民银行通过支农再贷款和再贴现工具给予资金支持，各地市建立健全中小企业贷款风险补偿机制，政策合力得到有效发挥。

2011年河南省金融机构共对“小巨人”企业开展财务辅导3 354次，1 035家企业的信用等级得到提升；为814家中小企业设计了专项融资方案，有效地带动了全省中小企业融资能力的提升和融资结构的优化。至年末，河南省金融机构“小巨人”企业贷款余额达140亿元，较年初新增72亿元。全省中小企业贷款增速高于全省贷款平均增幅11.8个百分点。此项工作也得到河南省委、省政府的充分肯定，2011年年末召开的省委经济工作会议把推动“小巨人”企业信贷培育作为2012年河南省创新体制机制、增强发展动力和活力的重点工作加以部署。

下一阶段，河南省将把“小巨人”企业信贷培育工作推向深入，务求实效。一是加强对“小巨人”企业名单的动态调整，进一步加大政策扶持的针对性和有效性。二是进一步拓宽“小巨人”企业的融资渠道，探索利用“区域集优”模式，在银行间市场发行中小企业集合票据。三是强化政策宣传，使更多中小企业了解最新的金融支持政策，激发全省中小企业的发展活力。

（二）证券业快速发展，上市融资取得新突破

1. 市场规模继续扩大，业务范围不断延伸。2011年，河南省证券期货机构数量稳中有升，新增分支机构10家。期货公司增资扩股工作陆续开展，股权结构得到优化，抗风险能力进一步增强。证券公司业务范围逐步拓宽，开展创新业务的机构数量快速增加，中原证券成功推出“炎黄一号”理财产品，加快了向财富管理模式转变的步伐。

2. 企业上市成效显著，并购重组再融资实现新突破。2011年，河南省共有9家企业通过中国证监会发审委审核，13家企业实现境内挂牌上市，再创河南省年度A股上市家数的历史新高，IPO募集资金共计89.1亿元。其中，涉农境内上市公司已达7家，河南作为农业大省在资本市场的地位进一步显现。并购重组再融资和公司债券融资势头强劲，2011年全省有6家公司通过发行公司债券等形式完成再融资75.8亿元，2家公司通过借壳上市注入资产95.9亿元（见表3）。

表3　2011年河南省证券业基本情况

项目	数量
总部设在辖内的证券公司数（家）	1
总部设在辖内的基金公司数（家）	0
总部设在辖内的期货公司数（家）	3
年末国内上市公司数（家）	63
当年国内股票（A股）筹资（亿元）	260.8
当年发行H股筹资（亿元）	8.8
当年国内债券筹资（亿元）	303.2
其中：短期融资券筹资额（亿元）	76

数据来源：河南省发展改革委、河南证监局。

（三）保险业加速发展，保障功能持续提升

1. 市场主体更加丰富，从业人员大幅增长。2011年，河南省新增省级保险分公司8家，新增地市及以下分支机构51家，新增兼业代理机构1 060家，市场主体日趋丰富，基本形成了种类丰富、适度竞争、充满活力的区域性保险市场体系。保险从业人员大幅增长，全年新增8.7万人，较上年增长35.7%。

2. 保险业务快速增长，保障功能持续提升。2011年，在人身险保费收入大幅增长的带动下，全省实现保费收入839.8亿元，居全国第4位、中部地区第1位（见表4）。全年保险业为全省经济社会发展提供的经济补偿额同比增长14%，服务“平安河南”建设的水平不断提升。农业保险、责任保险、

表4　2011年河南省保险业基本情况

项目	数量
总部设在辖内的保险公司数（家）	0
其中：财产险经营主体（家）	0
人身险经营主体（家）	0
保险公司分支机构（家）	56
其中：财产险公司分支机构（家）	25
人身险公司分支机构（家）	31
保费收入（中外资，亿元）	839.8
其中：财产险保费收入（中外资，亿元）	163.3
人身险保费收入（中外资，亿元）	676.5
各类赔款给付（中外资，亿元）	171.1
保险密度（元/人）	893
保险深度（%）	3.1

数据来源：河南保监局。

养老健康保险等领域的覆盖面进一步扩大，参与社会管理创新和社会保障体系的程度进一步提高。

（四）金融市场平稳运行，融资结构明显优化

1. 直接融资大幅增加，融资结构趋于优化。2011年，全省非金融企业累计发行债务融资工具249.8亿元，为2010年的2.6倍。其中，短期融资券和中期票据融资额合计占全部债务融资额的98%。全年股票融资量位居中部地区前列，同比增长49.4%。债券、股票融资的快速增长推动全省融资结构明显优化，全年直接融资比重达到24%，创历史最高水平，同比提高10.5个百分点（见表5）。

表5　2001～2011年河南省非金融机构部门贷款、债券和股票融资情况

单位：亿元、%

年份	融资合计	比重		
		贷款	债券（含可转债）	股票
2001	505.8	93.1	0	6.9
2002	663.1	97.3	0	2.7
2003	881.6	96.8	0	3.2
2004	715.6	97.9	1.4	0.7
2005	759.7	99.4	0	0.6
2006	1 227.7	90.7	4.1	5.3
2007	1 170.0	83.7	4.2	12.2
2008	1 601.8	93.0	2.8	4.2
2009	3 359.9	92.8	6.8	0.4
2010	2 829.3	86.5	7.4	6.1
2011	2 385.3	76.0	12.7	11.3

数据来源：中国人民银行郑州中心支行。

2. 银行间市场交易活跃，利率波幅收窄。至2011年年末，河南省银行间债券市场成员突破百家，银行间同业拆借市场成员增至17家。全年全省银行间市场业务累计成交48 179亿元，同比增长24.1%。交易品种以现券和质押式回购为主，两者交易量占总交易量的98.5%。全年成交利率基本在3%～6%箱式走廊波动，波幅较往年明显收窄。

3. 票据市场交易平稳，利率攀升。2011年，河南省银行承兑汇票累计发生额同比增长14.4%，但受市场资金趋紧的影响，金融机构办理贴现的意愿减弱，全年票据贴现累计发生额同比下降3.6%。贴现、转贴现利率逐渐上行，第四季度银行承兑汇票贴现、转贴现加权平均利率同比分别上升3.25个和2.19个百分点（见表6、表7）。

表6　2011年河南省金融机构票据业务量统计

单位：亿元

季度	银行承兑汇票承兑		贴现			
			银行承兑汇票		商业承兑汇票	
	余额	累计发生额	余额	累计发生额	余额	累计发生额
1	1 295	962	680	18 469	2.5	16.6
2	2 578	2 938	642	31 257	0.5	33.0
3	2 246	4 160	536	35 543	8.9	40.0
4	2 085	5 277	463	50 413	1.5	38.0

数据来源：中国人民银行郑州中心支行。

表7　2011年河南省金融机构票据贴现、转贴现利率

单位：%

季度	贴现		转贴现	
	银行承兑汇票	商业承兑汇票	票据买断	票据回购
1	5.1827	6.0347	4.1729	6.1497
2	5.3927	7.6058	4.1868	5.5305
3	6.5808	9.6208	5.6276	6.1897
4	7.4242	9.9343	6.5549	6.0279

数据来源：中国人民银行郑州中心支行。

4. 期货市场平稳运行，交易热点转换明显。2011年，郑州商品交易所商品期货累计成交量稳中有降，累计成交金额小幅增长。交易热点转换明显，一号棉花、PTA、优质强筋小麦和硬白小麦成为主要交易品

表8　2011年郑州商品交易所交易统计

交易品种	累计成交金额（亿元）	同比增长（%）	累计成交量（万张）	同比增长（%）
一号棉花	362 595	76.0	27 809	59.9
菜籽油	4 506	-47.0	866	-54.6
早籼稻	3 038	-76.0	1 185	-77.9
PTA	116 165	124.0	24 109	96.3
优质强筋小麦	4 476	49.4	1 582	36.3
硬白小麦	68	345.4	31	336.4
白糖	176 671	-47.4	25 642	-58.0
合计	667 519	8.0	81 224	-18.1

数据来源：郑州商品交易所。

种，其中，硬白小麦交易金额同比增长345.4%，早籼稻、白糖、菜籽油交易大幅下降（见表8）。

5. 外汇收支增势强劲，黄金交易较快增长。2011年，河南省招商引资成效显现，推动全省银行结售汇、跨境外汇收支规模强劲增长，增速分别达32.2%和64.2%，均创历史新高。随着国际金价持续走高，黄金市场交易日趋活跃，全年上海黄金交易所河南籍会员黄金业务成交量同比增长27%。

6. 民间借贷规模继续扩大，利率平稳上升。2011年，主要受原材料和劳动力成本上升等因素推动，中小企业资金形势趋紧，对民间借贷资金的需求不断增加，民间借贷利率平稳上升。全年中国人民银行郑州中心支行在全省范围内监测的972个民间借贷样本点累计发生额为9.55亿元，同比增加2.92亿元，加权平均利率为19.94%，同比上升0.32个百分点。

7. 金融创新品种日趋丰富。2011年，中国人民银行郑州中心支行制定下发了《关于做好重点农村金融创新产品和服务方式推广工作的通知》，在全省范围内复制推广农民专业合作社贷款等八种涉农信贷产品和中小企业金融超市、金融辅导员制度等四种金融服务模式。各金融机构也都结合自身实际，开展了形式多样的创新活动。针对河南省大型资源性企业、行业龙头企业的收购兼并、资产重组、战略发展等情况，省内大型银行积极提供并购贷款、银团贷款等服务。中国农业银行河南省分行在全国首家研发了新农村民居建设贷款，专门用于解决新型农村社区内农民建房、购房的资金需求。河南省农村信用联社创新循环贷款、创业贷款等金融服务模式，推出信贷支农创新产品30多项，对促进农村经济发展、缩小城乡差距起到了积极推动作用。

（五）金融生态建设不断深化，信用环境持续改善

2011年，围绕建设金融大省、“诚信河南”，河南省政府出台了《河南省金融生态环境建设评价办法》，从行政服务环境、经济信用环境、金融运行质量和金融运行安全环境等方面对109个县（市）金融生态环境建设进行综合评价，对评定出的金融生态环境优秀县（市）实行政策奖励，对一般县（市）加强整改帮扶，有效推动全省金融生态环境上档升级。至年末，全省18个省辖市中级人民法院和56个县人民法院相继成立了金融审判庭，金融审判更加专业化。征信体系日益完善，至年末全省共为40万户企业、4 299万自然人建立了信用档案。农村地区支付环境明显改善，2011年全省农民工银行卡特色服务交易金额为28亿元，连续四年居全国第一位。淮滨县成功发行“福农一卡通”（IC卡），在全国率先实现了金融IC卡覆盖农村地区。

二、经济运行情况

2011年，河南省经济发展保持了稳中有快、结构优化、效益改善的向好势头，全年地区生产总值同比增长11.6%，连续九个季度保持在10%以上（见图5）。

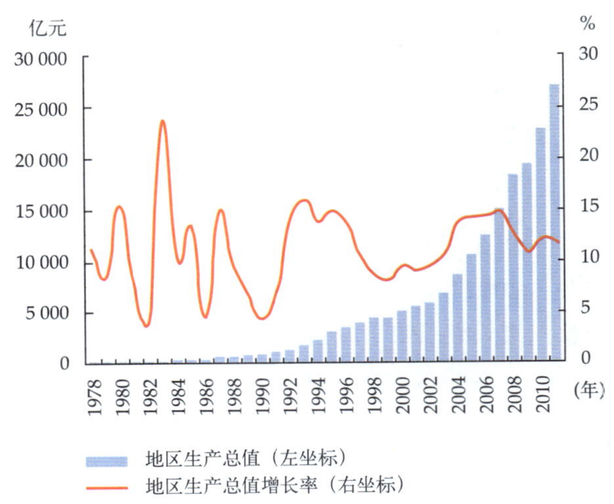

数据来源：河南省统计局。

图5　1978～2011年河南省地区生产总值及其增长率

（一）三大需求均衡性增强，外需带动作用突出

2011年，河南省投资结构变化积极，消费需求平稳增长，进出口增势强劲，利用外资更趋合理。

1. 投资增速高位回落，结构持续优化。2011年，全省固定资产投资增长呈现“上半年高开高走、8月以后逐月回落”的态势。投资继续向有利于推进产业结构调整的方向倾斜。民间投资的贡献率达到83.8%，投资增长的内生动力不断增强。六大高成长性产业①投资占比超过六成，六大高耗能行业②投资增速在低于工业投资增速的基础上逐季度回落。高技术产业投资增势明显，高于固定资产投资增速78.5个百分点。产业集聚区、城镇化建设和工业投资的拉动作用得到加强，产业集聚区固定资产投资占比达40%左右（见图6）。

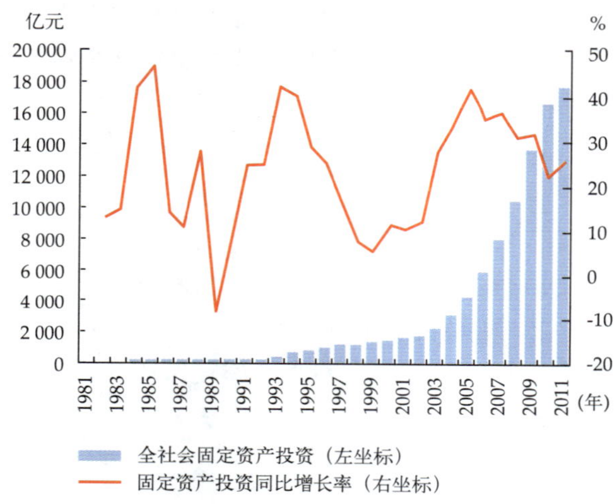

数据来源：河南省统计局。

图6 1981～2011年河南省固定资产投资及其增长率

2. 城乡居民收入差距有所缩小，消费保持较快增长。2011年，在各项强农惠农政策作用下，农民收入增长继续快于城镇居民，全年城镇居民人均可支配收入和农民人均现金收入分别增长14.2%和19.6%。家电下乡、家电以旧换新、“万村千乡市场工程”等一系列扩内需政策的效应不断显现，全年全省社会消费品零售总额达9 322.9亿元，增速高于全国平均水平1个百分点（见图7）。

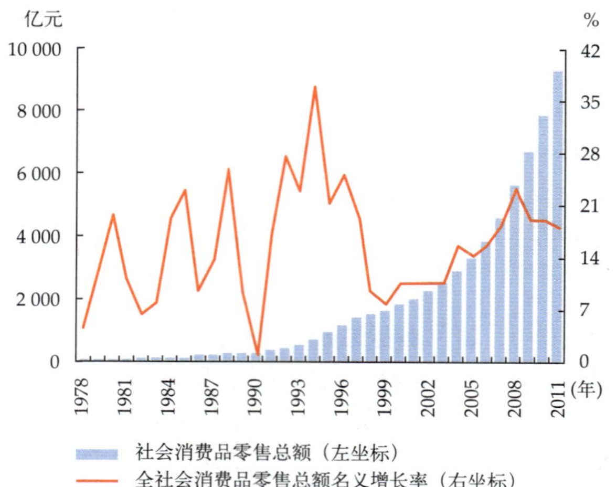

数据来源：河南省统计局。

图7 1978～2011年河南省社会消费品零售总额及其增长率

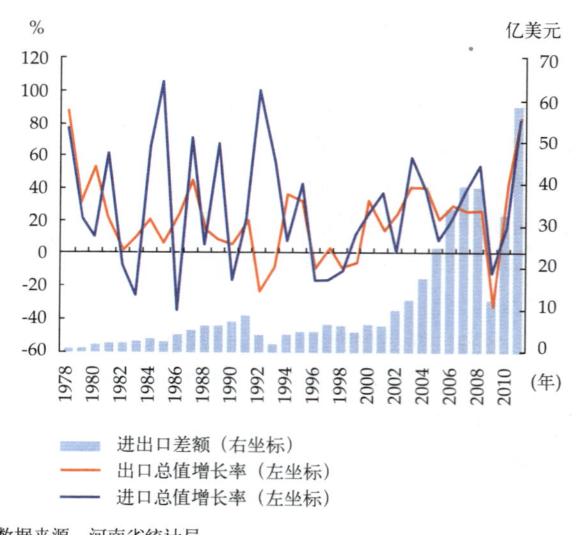

数据来源：河南省统计局。

图8 1978～2011年河南省外贸进出口变动情况

① 河南省六大高成长性产业包括汽车、电子信息、装备制造、食品、轻工、新型建材等六个市场空间大、增长速度快、转移趋势明显的产业。

②六大高耗能行业包括化学原料及化学制品制造业、非金属矿物制品业、黑色金属冶炼及压延加工业、有色金属冶炼及压延加工业、石油加工炼焦及核燃料加工业、电力热力的生产和供应业。

3. 对外贸易快速增长，经济带动作用增强。2011年，河南省“大招商”活动成效显现，外向型经济实现跨越式发展，全年进出口总额增长83.1%，同比提高51.1个百分点，增速居全国前列、中部地区首位（见图8）。出口产品结构优化，机电、高新技术产品出口额分别增长227%和830%，合计占全省出口总额的73.4%。富士康集团的拉动作用明显，进出口总值占全省的近三成。全年实际利用外商直接投资突破100亿美元，总额、增速均居中部地区首位；利用外资结构更趋合理，投向第一、第三产业的外资占比上升，投向采矿业、制造业、电力等行业的外资继续下降（见图9）。

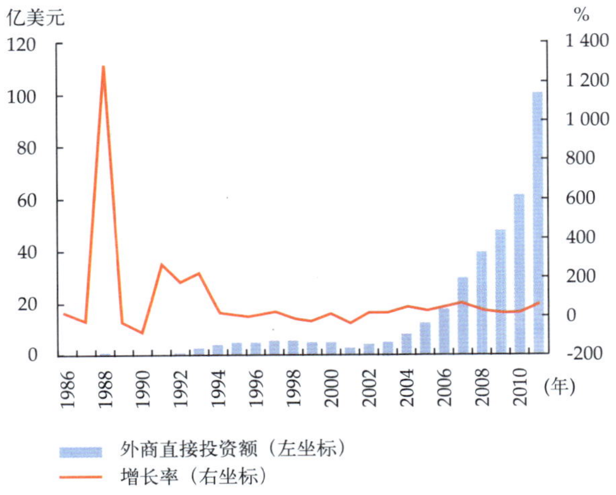

数据来源：河南省统计局。

图9 1986～2011年河南省外商直接投资情况

（二）三次产业协调发展，产业结构持续优化

2011年，河南省大力推进中原经济区建设，加快发展方式转变，三次产业比重调整为12.9∶58.3∶28.8，第二、第三产业比重超过87%，比上年提高1个百分点左右（见图10）。

1. 农业生产持续向好，粮食产量再上新台阶。2011年，河南积极推进粮食生产核心区建设，克服了冬春连旱、秋季连阴等不利气候条件，全年粮食总产达到1 108.5亿斤，连续8年增产，连续6年超千亿斤，为保障国家粮食安全、稳定市场物价和经济运行作出了重要贡献。优质粮比重达到75%以上，

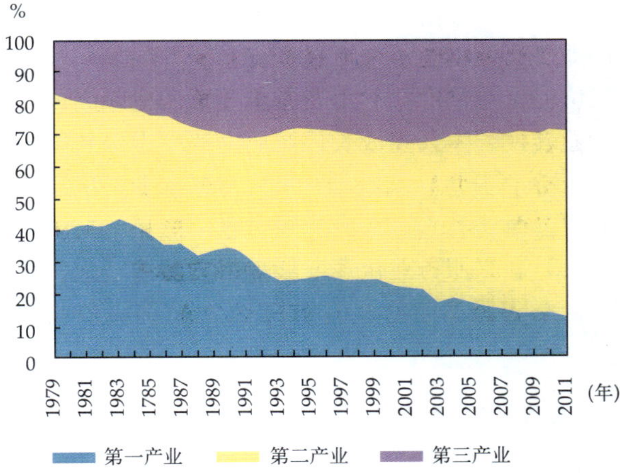

数据来源：河南省统计局。

图10 1979～2011年河南省产业结构变化情况

小麦、玉米、水稻优良品种覆盖率稳定在95%以上。农业结构调整和发展方式转变步伐加快，畜牧业规模化养殖水平持续提升，蔬菜、花卉、林果、茶叶等高效经济作物种植面积稳步扩大。

2. 工业生产稳中加快，调整升级深入推进。2011年，全省工业生产低开高走，呈稳步回升态势，下半年以来连续7个月处于20%以上的快速运行区间（见图11）。工业结构调整步伐加快。拉动经济增长的新动力逐渐转向新增产能的释放，电子、服装鞋帽、建材陶瓷、机械制造等承接产业转移比较集中的新投产工业企业拉动全省工业增长3.2

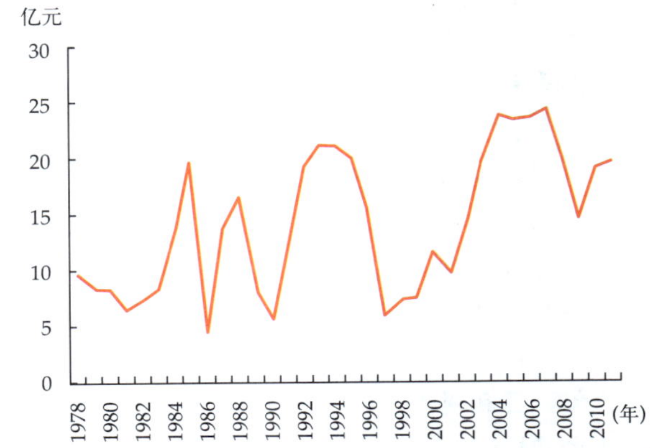

数据来源：河南省统计局。

图11 1978～2011年河南省规模以上工业增加值实际增长率

个百分点；经济的增长点逐渐向产业集聚区集中，产业集聚区对工业增长的贡献率达53.1%；长期以来依赖资源性产业的增长方式逐渐向依赖高成长性产业转换，六大高成长性产业增速高于全省平均水平5.5个百分点，实现增加值占全省工业的比重超过五成。

3. 新兴服务业快速发展，带动能力增强。2011年，全省服务业增加值增长9%。传统服务业改造提升加快，物流、文化、旅游、金融四大现代服务业加快发展，信息技术服务和软件业、租赁和商务服务业、教育、公共管理和社会组织等行业年均增长速度均在15%以上，对经济增长的带动能力增强。服务业税收占比稳步提高，其中，商贸流通业实现地方税收占第三产业地方税收的一半，对全省地方税收的贡献率达40%。

专栏2 对外开放成果显著 经济带动作用日渐增强

2011年，面对复杂多变的国内外经济形势，河南省深入实施“开放带动”主战略，强力推进“大招商”活动，招商引资和承接产业转移步伐明显加快，开放型经济发展取得重大突破，有效地拉动了经济增长，推动了科技创新，促进了产业升级，增加了社会就业，取得了“一举应多变”、“一招求多效”的全局性带动效应。

主要做法：一是把招商引资作为八项关键举措之首，成功举办了豫港澳台经贸交流、承接产业和技术转移合作交流、豫京津经济技术合作洽谈会、中国(河南)—东盟合作交流洽谈会等一系列重大招商活动，签约项目1 000多个，合同金额超过8 000亿元；深化与央企等的战略合作，新增4家世界500强企业入豫，与62家央企签订19项战略合作协议和130个重大项目，总投资达2 898亿元。二是把扩大开放与转变发展方式相结合，围绕河南省规划发展的18个重点产业，着力引进了一大批关键技术和重大项目，这些技术和项目迅速成为最具活力的增长点和结构调整的推手。三是把对外开放与产业园区建设相结合，将产业集聚区作为承接产业转移和招商引资的主平台，新引进产业和投资重点向产业集聚区集中。2011年，180个省级产业集聚区利用省外资金2 400亿元左右，占全省的比重接近六成。

对外开放战略的带动作用明显。一是促进了经济的较快增长。2011年，河南省实际利用外商直接投资突破100亿美元，较上年增长60%，总量、增速均居中部地区首位；实际到位省外资金突破4 000亿元，增长46%；利用境外、省外资金总额超过全省固定资产投资的1/4，有效地带动了投资、消费和出口的增长。2011年，河南经济仍保持高于全国平均水平的增速，对外开放起到了最为关键的作用。二是促进了产业结构调整升级。2011年，全省六大高成长性产业增加值占规模以上工业增加值的比重达到55%左右，其中电子信息产业成倍增长，汽车整车产量实现翻番；四大传统优势产业①精深加工和终端产品比重稳步提高。三是促进了就业增长和县域经济发展。产业集聚区建设方便了农民就近就业，全省农村劳动力省内转移就业总量首次超过省外就业，180个产业集聚区规模以上工业企业从业人员达240多万人，占全省的四成以上，仅富士康一家企业在河南招工就达13万人。各县尤其是一批发展基础相对薄弱的传统农业县，通过加快产业集聚区建设、狠抓开放招商实现了跨越式发展，如民权县注重区域招商，抢抓沿海制冷产业向内地转移的机遇，将自身打造成为现代化制冷产业基地；沁阳市突出招大引强，瞄准中国铝业、晋煤集团等全国500强和行业龙头企业重点招商，全市销售收入超亿元企业增至118家，税收超千万元企业增至24家。

---

①河南省四大传统优势产业指产业基础较好、当前形势严峻、竞争优势逐步减弱、改造提升潜力较大的化工、钢铁、有色、纺织等四个传统产业。

（三）物价水平高位回落，劳动力成本继续上升

1. 居民消费价格呈现“前高后低”走势。2011年，受上年翘尾影响较大、成本增加较多、农产品生产周期波动等因素影响，河南CPI延续了2010年第四季度以来高位运行的态势。上半年各月CPI涨幅逐渐攀升，6月全省CPI同比上涨7.2%，创近35个月以来的新高；下半年，随着翘尾因素减小和宏观调控效果逐渐显现，涨幅稳步回落。全年累计上涨5.6%，较上年扩大2.1个百分点。

2. 生产价格冲高回落，价格传导压力减弱。受国家宏观调控政策、欧洲主权债务危机、国际大宗商品价格波动和基期价格的共同影响，2011年河南省工业生产者出厂价格指数和购进价格指数同比涨幅前高后低，全年分别上涨7.2%和10.1%，涨幅分别低于上年0.6个和0.1个百分点。同时，上下游产品价格、生产价格与居民消费价格月度涨幅差距不断缩小，价格传导压力减弱（见图12）。

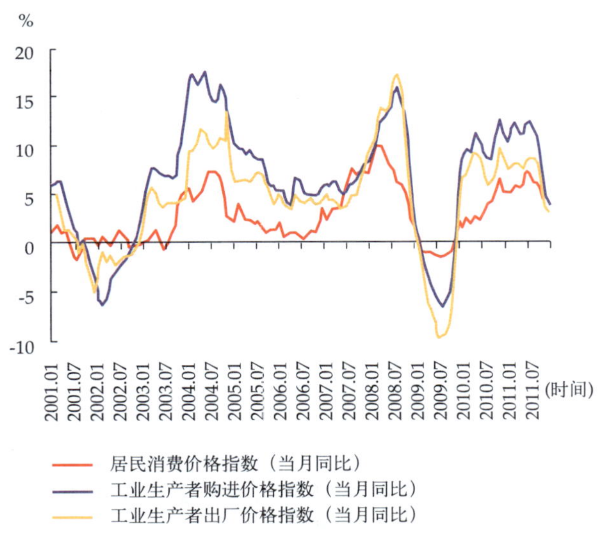

数据来源：河南省统计局。

图12　2001～2011年河南省居民消费价格和生产者价格变动趋势

3. 劳动力成本持续上升，省内转移成为主流。受通货膨胀预期、人口红利减退等因素影响，城镇职工、农民工工资预期上调，用工成本持续上升。2011年，河南省相继提高最低工资标准和企业养老金、城乡低保补助标准，其中，最低工资标准上调约35%。在加快承接东部沿海产业转移的带动下，农村劳动力转移就业总量达到2 465万人，省内转移就业人数首次超过省外。

（四）财政收支较快增长，民生保障不断加强

经济平稳较快发展为财政收入较快增长提供了基础保障，2011年河南省地方财政总收入增速达24.3%，同比提高了5个百分点（见图13）。税收收入占一般预算收入的比重超过七成，主体税种继续保持稳步增长。一般预算支出规模继续扩大，其中用于教育、社会保障和就业、医疗卫生、城乡社区、农林水事务、交通运输等方面的民生支出占一般预算支出的77%，用于十项重点民生工程的支出超过700亿元。城镇新增就业、失业人员再就业、就业困难人员再就业超额完成年度目标，覆盖城乡的基本养老制度基本建立，城镇基本医保和新农合参保率分别达到93.8%和97%，在全国率先实现新农合全省跨区域即时结报。

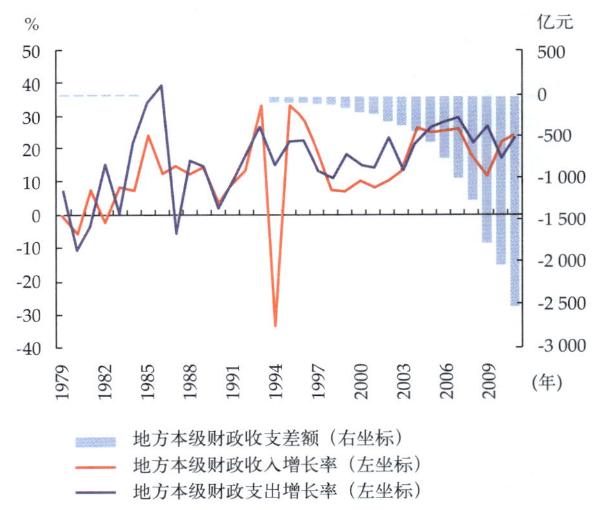

数据来源：河南省统计局。

图13　1979～2011年河南省财政收支状况

（五）节能减排成效显著，能耗水平持续下降

通过建立健全长效机制，大力淘汰落后产能，加快重点节能减排工程建设，加强环境综合整治，积极发展循环经济，全年河南省万元生产总值能耗比上年下降3.6%，化学需氧量和二氧化硫排放量比

上年分别削减1%和3%。全省城市环境空气质量优良天数比例达到88.5%，同比提高0.3个百分点，环境质量明显改善。

（六）房地产市场增势趋缓，文化产业蓬勃发展

1. 房地产调控政策效应显现，房价过快上涨势头得到初步遏制。2011年，在国家和地方一系列促进房地产市场健康发展政策措施的作用下，河南省房地产投资、销售、施工面积等指标平稳回落，房价过快上涨势头得到初步遏制。保障性住房建设快速推进，金融对保障性安居工程的服务不断加强。

（1）房地产开发投资高位回落。在经历上半年的高速增长后，全省房地产开发投资增速自7月后逐月回落，且回落幅度逐步扩大，全年累计增速较上年回落12.2个百分点。受销售回款减缓、房贷政策趋紧等因素影响，房地产企业资金链趋紧，资金来源增速自2010年11月开始连续14个月低于完成投资增速。企业资金来源构成中，国内贷款和个人按揭贷款占比下降，自有资金占比上升。

（2）房地产市场供给减缓。2011年，全省房地产企业土地购置面积和成交价款持续下降，房屋及住宅施工面积、新开工面积和竣工面积增速均出现不同程度的回落。保障性安居工程进展良好，全

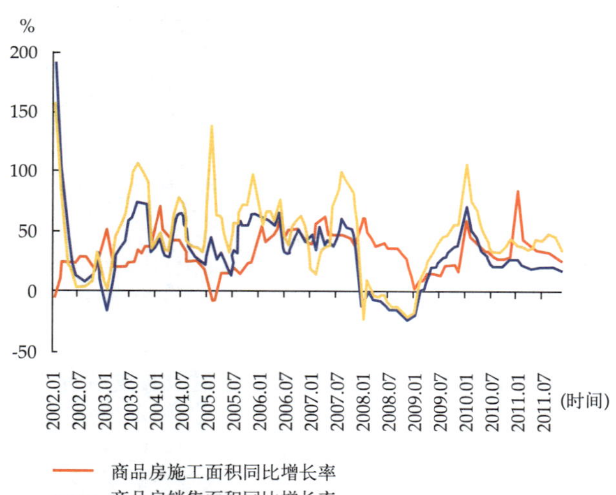

数据来源：河南省统计局。

图14　2002～2011年河南省商品房施工和销售变动趋势

年开工保障性住房45.2万套，超额完成年度责任目标。

（3）房地产市场销售增速回落较多。2011年，全省商品房销售面积、销售额增速分别较上年回落10.2个和10.8个百分点，其中，商品住宅销售面积、销售额增速分别回落13.9个和21.6个百分点（见图14）。受销售低迷和建设开发周期延长影响，主要城市房屋待售面积大幅增加，其中，郑州市住宅待售面积同比增长153.9%。

（4）房价过快上涨势头得到初步遏制。2011年，河南省三个重点监测城市郑州、洛阳、平顶山市新建住宅和二手住宅价格指数涨幅均逐月回落。在"限购"政策和差别化住房信贷政策作用下，省会郑州新建商品住宅销售价格同比涨幅明显低于地区生产总值和城镇居民人均可支配收入增速（见图15）。

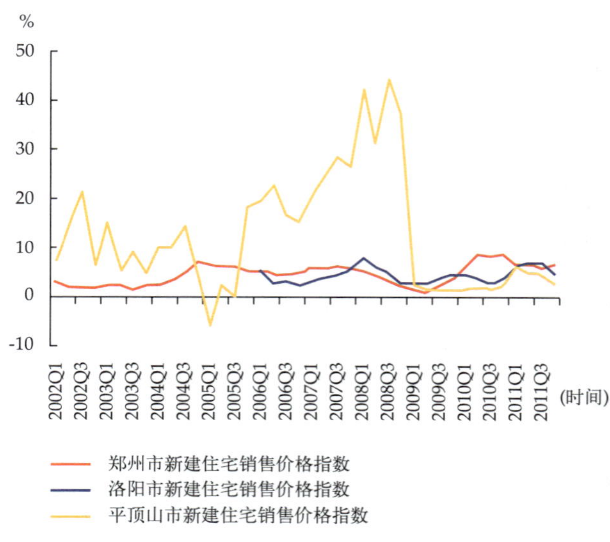

数据来源：河南省统计局。

图15　2002～2011年河南省主要城市新建住宅销售价格指数变动趋势

（5）金融对保障性安居工程的支持力度加大。在调控政策背景下，全省房地产开发贷款、个人住房贷款增速均出现明显回落。金融机构积极响应国家政策要求，加大对保障性住房的支持力度，至2011年年末，全省保障性住房开发贷款余额同比增长637%，全年在房地产开发贷款中的增量占比较上年提高了18.6个百分点。

2. 文化产业蓬勃发展，金融支持方式不断创新。河南是中华民族的摇篮，华夏文明的发祥地，历史文化积淀深厚，文化资源十分丰富。近年来，河南省加快文化强省建设，全方位、多元化、多层次发展文化产业。2011年，全省文化产业法人单位实现增加值430亿元，同比增长17%，增速高出同期全省地区生产总值增速5.4个百分点，高出第三产业增速8.6个百分点。开封宋都古城文化产业园区被命名为国家级文化产业示范园区，中原出版传媒集团成功上市，豫剧《常香玉》入选国家舞台艺术精品工程十大精品剧目，《水月洛神》荣获第八届中国舞蹈艺术最高奖“荷花奖”第一名。随着文化产业的迅猛发展，文化产业逐渐渗透到会展、旅游、餐饮、休闲、教育、建筑、医疗卫生、通信、软件等行业中，越来越多地呈现出与国民经济其他行业融合发展的良好趋势。

文化产业向好发展离不开金融的大力支持。近年来，河南省各金融机构不断推进文化产业金融产品创新，如建立了文化产业授信项目库，逐步扩大收益权质押贷款范围，对具有优质商标权、专利权、著作权等知识产权的企业，通过权利质押等方式给予支持；加强与融资担保公司的合作，扩大中小文化企业担保贷款规模等。郑州文化艺术品交易所成立后，通过创新“文化+资本”的交易模式，为河南文化产业发展注入了新的动力。

（七）中原经济区建设正式上升为国家战略

2011年9月28日，国务院发布了《关于支持河南省加快建设中原经济区的指导意见》，中原经济区建设正式上升为国家战略。中原经济区是中国重要的主体功能区之一，区域范围主要包括河南全省和晋东南、冀南、皖西北、鲁西南等周边地区。

国家对中原经济区明确了五大战略定位：国家重要的粮食生产和现代农业基地、全国工业化城镇化和农业现代化协调发展示范区、全国重要的经济增长板块、全国区域协调发展的战略支点和重要的现代综合交通枢纽、华夏历史文明传承创新区，并提出积极探索不以牺牲农业和粮食、生态和环境为代价的“三化”（工业化、城镇化和农业现代化）协调发展的路子，是中原经济区建设的核心任务。

2011年，中原经济区建设开局良好。新型城镇化加快推进，郑汴一体化深入发展，郑州至开封轨道交通建设全面启动，郑州、洛阳等10个城市新区建设成效显现，中心城区与周边县城、功能区组团式发展，鹤壁、济源等城乡一体化试点市的80多个在建新型农村社区有序进展；优势产业不断壮大，新兴产业加快发展，全省1 220个工业转型升级项目中有367个项目开工建设，六大高成长性产业对工业增长的贡献率接近70%；加快推进中低产田改造，农业科技和机械化水平进一步提高。大力引导国内外产业转移向中原经济区聚集，72家世界500强企业和128家国内500强企业相继落户河南，并与62家央企签订了战略合作协议，中部六省第一个保税区——郑州新郑综合保税区封关运行。

三、预测与展望

2012年，国际金融危机的深层次影响仍将持续显现，制约经济平稳运行的两难问题依然较多，外部宏观环境仍然错综复杂，但国内外形势变化不会改变河南经济发展的基本面，更不会改变机遇大于挑战的基本格局。2012年随着中原经济区国家战略的全面实施、产业集聚区综合效应的不断彰显、承接产业转移步伐的持续加快，河南经济仍有望保持平稳较快发展势头。

从物价走势看，国家抑制通货膨胀的相关政策将持续发挥作用，同时随着翘尾因素减弱、农业生产稳定增长、流动性过剩状况得到遏制，物价整体有望继续回落。工业生产者出厂价格指数和购进价格指数运行相对较为平稳，也在一定程度上减缓了后期物价上涨的压力。

2012年，中国人民银行郑州中心支行将按照“总量适度、审慎灵活、定向支持”的要求，认真贯彻落实稳健的货币政策，创新窗口指导方式、方法，引导全省金融机构保持信贷总量平稳适度增长，保持合理的社会融资规模，着力促进融资结构优化，服务实体经济发展。

中国人民银行郑州中心支行货币政策分析小组
负责人：计承江　庞贞燕
统　稿：崔晓芙　翟向祎
执　笔：李　伟　孙　芳　赵庆光　尹志刚　吕彦威　沈志宏　李玉欣　许艳霞　王淑云　王继荣
提供材料的还有：郑宏斌　宋　杨　刘祥谦　韩其耘　宋鹏飞　肖　云　马琳琳　吕金旺　韩保恒　蒋靖亚

附录

（一）2011年河南省经济金融大事记

2月16日，河南省在全国银行间债券市场成功发行中小企业集合债券，募集金额为4.9亿元。

4月20日，河南省人民政府印发《河南省国民经济和社会发展第十二个五年规划纲要》。

5月22日，中国人民银行郑州中心支行会同省工信厅联合下发《关于实施千家“小巨人”企业信贷培育计划　支持中原经济区建设的意见》（郑银发[2011]115号）。

7月6日，中国人民银行郑州中心支行举行千家“小巨人”企业信贷培育工作启动大会暨签约仪式。

7月30日上午，中国人民银行行长周小川一行到中国人民银行郑州中心支行调研，对中国人民银行郑州中心支行近年来的工作给予充分肯定。

8月23日，跨境贸易人民币结算地区扩大至包括河南省在内的全国范围。

8月26日至28日，2011年河南省承接产业和技术转移合作交流洽谈会在郑州开幕，会上共签署327个项目，投资总额为3 018亿元。

9月28日，国务院出台《关于支持河南省加快建设中原经济区的指导意见》，中原经济区建设正式上升为国家战略。

11月18日，中国人民银行郑州中心支行组织召开河南省跨境人民币业务宣传活动启动仪式电视电话会议，组织为期一个月的跨境人民币业务政策宣传，推动跨境人民币业务顺利开展。

12月31日，中国人民银行郑州中心支行会同省财政厅、省金融办出台《河南省直接债务融资激励引导办法》。

（二）2011年河南省主要经济金融指标

表1　2011年河南省主要存贷款指标

		1月	2月	3月	4月	5月	6月	7月	8月	9月	10月	11月	12月
本外币	金融机构各项存款余额（亿元）	23 720.1	24 423.6	25 370.3	25 249.3	25 724.4	26 325.7	26 188	26 393.5	26 385.6	26 448.7	26 572.2	26 774.8
	其中：储蓄存款	13 613.1	13 999.5	14 256.4	14 078.1	14 101.3	14 376.8	14 311.7	14 318.4	14 476.3	14 383.3	14 407.1	14 702.2
	单位存款	9 097.8	9 292.9	10 217.9	10 223.1	10 454	10 751.9	10 674.4	10 845.9	10 718.4	1 0673	10 778.5	10 971.8
	各项存款余额比上月增加（亿元）	568	703.5	946.7	-121	475.1	601.2	-137.7	205.5	-7.9	63.2	123.5	202.6
	金融机构各项存款同比增长（%）	19.2	19.7	20.3	18.5	19.2	17.8	17	15.5	14.2	14.5	14.4	16.1
	金融机构各项贷款余额（亿元）	15 999.4	16 211.4	16 325.2	16 474.1	16 599.1	16 883.5	16 952	17 134.6	17 327.2	17 459.4	17 446.2	17 648.9
	其中：短期	7 206.1	7 260.1	7 278.5	7 346.8	7 423.8	7 577.9	7 651	7 796.9	7 986.9	8 097.8	8 143.1	8 359.2
	中长期	8 023.1	8 132.5	8 273.4	8 356.9	8 437.3	8 513.9	8 607	8 645.5	8 660.9	8 690.8	8 703.2	8 731.2
	票据融资	749.9	794.3	748.6	745.7	714.4	768	670.2	668.8	656	647.6	576.6	532.8
	各项贷款余额比上月增加（亿元）	93.5	212	113.8	148.9	125	284.4	92.4	182.6	192.6	132.2	-13.2	202.7
	其中：短期	133.7	54.4	18.4	68.3	76.9	154.1	73.2	145.9	190	110.9	45.3	216
	中长期	172.4	109.1	140.9	83.5	80.4	76.6	93.2	38.5	15.3	29.9	12.4	28
	票据融资	-212.8	44.3	-45.7	-2.9	-31.3	53.6	-73.9	-1.4	-12.9	-8.4	-71	-43.8
	金融机构各项贷款同比增长（%）	17.3	16.9	16.6	16.9	15.7	13.5	13.3	13.5	13.1	13.1	11.8	11.4
	其中：短期	17.8	19.6	18.7	18.5	19.3	14.5	15.5	16.9	18.1	18.3	18.5	20.1
	中长期	26	22.2	20.9	19.9	18.2	18	17.3	16.1	14.5	13.4	12.6	11.6
	票据融资	-30.2	-20.7	-19.4	-9.8	-20.9	-23.2	-26.3	-25.7	-27	-22.1	-32.7	-30.1
	建筑业贷款余额（亿元）	220.2	227.3	237.9	250.5	259.5	272.5	283.2	290.5	301.2	311.1	321.9	344.4
	房地产业贷款余额（亿元）	437.2	443.4	460.3	468.8	473.8	481.2	490.5	491.2	499.2	501.8	507.7	531
	建筑业贷款同比增长（%）	61.6	61.2	59.7	58.7	66.1	68.4	70	66	62	59.4	51.3	59
	房地产业贷款同比增长（%）	48.7	37.6	33.2	33.9	29.1	26.9	28.2	25.8	21.4	22.2	23.8	28.9
人民币	金融机构各项存款余额（亿元）	23 610.0	24 324.7	25 263.6	25 154.3	25 618.3	26 206.9	26 072.6	26 281.6	26 271.2	26 332.3	26 443.2	26 646.2
	其中：储蓄存款	13 561.9	13 951.4	14 209	14 031.3	14 053.3	14 326.6	14 265.5	14 270.9	14 424.6	14 332.2	14 354.9	14 648.4
	单位存款	9 048.9	9 248	10 162.2	10 180.2	10 400.7	10 687.6	10 610.2	10 786.2	10 660.6	10 612.7	10 706.9	10 901.5
	各项存款余额比上月增加（亿元）	557.2	714.7	938.9	-109.3	463.9	588.7	-134.3	209	-10.4	61	110.9	203
	其中：储蓄存款	699	389.5	257.6	-177.7	22	273.2	-61	5.4	153.6	-92.3	22.7	293.5
	单位存款	-293.9	198.5	914.3	18	220.4	287	-77.5	176	-125.6	-48	94.2	194.6
	各项存款同比增长（%）	18.7	18.9	19.5	17.6	18.7	17.4	16.6	15.1	13.9	14	14	15.6
	其中：储蓄存款	18.5	15.1	14.8	14.1	13.7	13.1	12.2	11.9	11.3	12.2	12	13.7
	单位存款	17.4	23.1	26.4	23.3	22.6	22.8	22.3	19.8	17.8	15.5	14.9	16.7
	金融机构各项贷款余额（亿元）	15 864	16 069	16 185.8	16 340.8	16 467.6	16 739.6	16 810.7	16 988.5	17 179.9	17 306.1	17 303.1	17 506.2
	其中：个人消费贷款	1 655.9	1 678	1 725.9	1 762.7	1 796.9	1 828.6	1 858.1	1 884.8	1 906.4	1 927.0	1 956.6	1 982.6
	票据融资	749.1	793.4	747.9	745	713.7	767.3	669.5	668.6	655.8	647.4	576.4	532.6
	各项贷款余额比上月增加（亿元）	93.1	205	116.8	155	126.8	272	95	177.8	191.4	126.2	-3	203.1
	其中：个人消费贷款	54.2	22.2	47.9	36.8	34.2	31.8	29.5	26.7	21.6	20.7	29.6	26
	票据融资	-213.6	44.3	-45.5	-2.9	-31.3	53.6	-73.9	-0.9	-12.9	-8.4	-71	-43.8
	金融机构各项贷款同比增长（%）	16.9	16.5	15.8	17.1	15.8	13.5	13.4	13.5	13.1	13.1	11.9	11.4
	其中：个人消费贷款	38.5	37.5	37.1	34.4	32.2	31.1	29.3	28.1	24.8	23.6	22.3	22.1
	票据融资	-30.3	-20.8	-19.5	-9.9	-21	-20.8	-26.4	-25.7	-27.1	-22.1	-34	-44.7
外币	金融机构外币存款余额（亿美元）	16.7	15	16.3	14.6	14.6	18.4	17.9	17.5	18	18.4	20.3	20.4
	金融机构外币存款同比增长（%）	2.5	-11.5	-8.9	-12.2	-13.3	11.8	2.9	3.7	-4.7	11.1	22.5	38.1
	金融机构外币贷款余额（亿美元）	20.6	21.7	21.3	20.5	20.5	22.2	21.9	22.9	23.2	24.3	22.6	22.6
	金融机构外币贷款同比增长（%）	13.3	21.8	5.8	2.9	8.6	18.2	17.6	22.9	22.7	24.9	12.8	10.9

数据来源：中国人民银行郑州中心支行。

表2 2001～2011年河南省各类价格指数

单位：%

年/月		居民消费价格指数		农业生产资料价格指数		工业生产者购进价格指数		工业生产者出厂价格指数	
		当月同比	累计同比	当月同比	累计同比	当月同比	累计同比	当月同比	累计同比
2001		—	0.7	—	-0.9	—	1.9	—	0.5
2002		—	0.1	—	0.9	—	-2.4	—	-1.4
2003		—	1.6	—	1.9	—	7.8	—	5.0
2004		—	5.4	—	11.4	—	15.7	—	10.2
2005		—	2.1	—	7.9	—	8.3	—	6.1
2006		—	1.3	—	1.2	—	5.3	—	4.3
2007		—	5.4	—	6.1	—	6.4	—	5.2
2008		—	7	—	20.9	—	11.9	—	12.1
2009		—	-0.6	—	-1.9	—	-2.9	—	-5.1
2010		—	3.5	—	3.1	—	10.2	—	7.8
2011		—	5.6	—	11.1	—	10.1	—	7.2
2010	1	1.5	1.5	1.7	1.7	8.9	8.9	6.7	6.7
	2	2.6	2 .0	1.1	0.5	9.6	9.3	6.8	6.8
	3	2.0	2 .0	0.7	0.6	9.3	9.3	8.1	7.2
	4	2.7	2.2	1.1	0.7	11 .0	9.7	9.1	7.7
	5	2.6	2.3	1.0	0.8	11.4	10.1	9.2	8.0
	6	2.5	2.3	2.1	1.0	10.4	10.1	8.6	8.1
	7	3.2	2.4	3.5	1.4	9.2	10	7.0	7.9
	8	3.9	2.6	4.5	1.7	8.6	9.8	5.8	7.7
	9	4.2	2.8	5.2	2.1	8.8	9.7	6.3	7.5
	10	5.5	3.1	6.4	2.5	11 .0	9.8	7.5	7.5
	11	6.5	3.4	7.3	3.0	12.9	10.1	9.7	7.7
	12	5.2	3.5	4.3	3.1	11.4	10.2	8.7	7.8
2011	1	5.3	5.3	4.5	4.5	10.4	10.4	7.6	7.6
	2	5.2	5.3	5.6	5.1	11.9	11.1	8.1	7.9
	3	5.9	5.5	8.4	6.2	12.4	11.6	8.3	8.0
	4	5.6	5.5	9.8	7.1	11.3	11.5	8.0	8 .0
	5	5.8	5.6	12.7	8.2	11.4	11.5	7.7	8 .0
	6	7.2	5.8	14.1	9.2	12.4	11.6	8.2	8.0
	7	7.1	6.0	14.7	10.0	12.7	11.8	8.8	8.1
	8	6.3	6.1	15.3	10.6	11.8	11.8	8.7	8.2
	9	6.1	6.1	14.7	11.1	10.9	11.7	8.1	8.2
	10	5.2	6.0	12.4	11.2	8.0	11.3	6.4	8.0
	11	3.8	5.8	10.1	11.1	5.1	10.7	3.8	7.6
	12	4.1	5.6	10.3	11.1	4.0	10.1	3.2	7.2

数据来源：河南省统计局、《中国经济景气月报》。

表3 2011年河南省主要经济指标

	1月	2月	3月	4月	5月	6月	7月	8月	9月	10月	11月	12月
	绝对值（自年初累计）											
地区生产总值(亿元)	—	—	5 615.4	—	—	12 404.7	—	—	22 942.7	—	—	27 232
第一产业	—	—	546.4	—	—	1 462.2	—	—	3 193.8	—	—	3 512.1
第二产业	—	—	3 423	—	—	7 437.8	—	—	11 689.8	—	—	15 887.4
第三产业	—	—	1 646	—	—	3 504.7	—	—	5 486.9	—	—	7 832.6
工业增加值(亿元)	—	—	—	—	—	—	—	—	—	—	—	—
固定资产投资(亿元)	—	785.8	1 966.7	3 470.9	5 187.4	7 111	8 579.9	10 039.6	11 649.7	13 169.3	14 893.9	16 932.2
房地产开发投资	—	134.9	335	556.7	781.9	1 100.2	1 327.6	1 561.9	1 847.0	2 055.5	2 335.5	2 620.0
社会消费品零售总额(亿元)	—	1 570.8	2 269	2 993.4	3 724.2	4 469.3	5 182.7	5 928.4	6 735.5	7 546.5	8 377.4	9 322.9
外贸进出口总额(万美元)	—	313 900	535 800	727 800	946 700	1 174 400	1 454 400	1 751 400	2 073 000	2 433 900	2 847 200	3 264 000
进口	—	136 300	238 000	307 000	397 600	480 800	592 300	724 100	881 200	1 009 400	1 166 900	1 340 000
出口	—	177 600	297 800	420 800	549 100	693 600	862 100	1 027 300	1 191 800	1 424 500	1 680 300	1 924 000
进出口差额(出口–进口)	—	41 300	59 800	113 800	151 500	212 800	269 800	303 200	310 600	415 100	513 400	584 000
外商实际直接投资(万美元)	—	78 500	175 000	229 900	306 000	421 000	477 700	549 200	679 100	775 400	887 700	1 008 200
地方财政收支差额(亿元)	-62.4	-159.9	-466.3	-567.7	-694.1	-878.1	-984.7	-1 171.2	-1 435.3	-1 731.2	-2 037.6	-2 524.8
地方财政收入	160	264.1	406	564.2	715.3	913.5	1 043.4	1 163.1	1 307.2	1 444.6	1 564.6	1 721.6
地方财政支出	222.4	424	872.3	1 131.9	1 409.3	1 791.6	2 028.1	2 334.2	2 742.5	3 175.7	3 602.2	4 246.4
城镇登记失业率(%)（季度）	—	—	3.4	—	—	3.4	—	—	3.4	—	—	3.4
	同比累计增长率（%）											
地区生产总值	—	—	10.8	—	—	11.2	—	—	12.2	—	—	11.6
第一产业	—	—	3.9	—	—	3.5	—	—	3.8	—	—	3.7
第二产业	—	—	13.3	—	—	14.3	—	—	15.4	—	—	15.1
第三产业	—	—	8.2	—	—	8.2	—	—	8.2	—	—	8.4
工业增加值	—	16.1	16.8	17.1	17.3	17.9	18.4	19.1	19.4	19.6	19.6	19.6
固定资产投资	—	27.4	27.9	29	29.8	30	30	29	28.9	28.6	27.3	26.9
房地产开发投资	—	36.9	35.7	35.9	35.7	36.2	33.2	32.3	32.1	29.6	27.9	23.9
社会消费品零售总额	—	15.9	17.2	17.4	17.5	17.7	17.8	17.9	18	18	18	18.1
外贸进出口总额	—	40.9	53.4	52.92	53.7	52.3	55.6	61.3	66.9	73.7	78.5	83.1
进口	—	47.9	63.7	56.93	60.8	56.6	57.4	65.7	75.4	77.4	78.7	83.5
出口	—	58.1	46.1	50.12	48.9	49.5	54.5	58.3	61.1	71.1	78.4	82.7
外商实际直接投资	—	24.2	34.5	31.4	35.6	41.9	45.9	46.6	56.1	55.6	58.3	61.4
地方财政收入	27.5	27.6	25.4	27.7	27.9	27.5	25.7	25	24.7	24.4	24.6	24.6
地方财政支出	83.8	0.8	33.8	26.1	30.7	25.2	26.1	24.6	21.1	28.4	25.4	24.3

数据来源：河南省统计局。

2011年湖北省金融运行报告

中国人民银行武汉分行货币政策分析小组

[内容摘要] 2011年，湖北省全面推进“两圈一带”、“一主两副”、“两个试验区”等重大战略，有效化解自然灾害等不利因素影响，在外部环境复杂多变、通货膨胀压力持续存在、要素保障更趋紧张等困难存在的情况下，全省经济呈现“增长较快、价格趋稳、结构优化、后劲增强、民生改善”的良好态势，取得了“十二五”的良好开局。

湖北省金融机构深入贯彻执行稳健的货币政策，贷款总量稳定增长，投放节奏保持均衡；信贷结构调整优化，对重点领域的支持力度加大；社会融资总量持续扩大，有力地支撑了地方经济的平稳健康发展。全省金融市场运行平稳有序，金融体系结构日趋完备，资本市场融资功能不断增强，各项金融改革取得新的突破，金融服务有效改善，较好地服务了湖北经济社会发展，为“十二五”良好开局作出了积极贡献。

2012年，湖北经济将继续按照“科学发展”的要求，将稳增长、控物价、调结构、惠民生、抓改革、促和谐更好地结合，强力推动经济又好又快发展。全省金融业将按照“总量适度、审慎灵活、优化结构”的要求，保持社会融资规模合理增长，大力推进金融改革发展与创新，切实维护金融稳定运行，全面提升金融服务水平，力争为湖北经济社会发展作出新的贡献。

一、金融运行情况

2011年，湖北省金融机构认真贯彻稳健的货币政策，深入推进各项金融改革与创新，全力维护金融安全和稳定，不断提升金融服务和管理水平。全省金融业保持平稳较快的发展势头，有力地支持了全省经济社会又好又快发展。

（一）银行业发展提速，信贷增长回归常态，金融改革取得新突破

2011年，面对复杂多变的宏观形势，湖北省银行业积极调整信贷结构，努力改善金融服务，密切防范金融风险，有力地维护了银行业的稳健运行，促进了全省经济平稳较快发展。

1. 银行业资产质量持续改善，经营效益不断提高，结构日益完备。2011年，湖北省银行业金融机构不良贷款实现“双降”，实现利润同比增长24.3%。资金运用更加充分，余额存贷比和新增存贷比均较上年同期提高。银行业发展势头良好，湖北银行正式成立，渣打银行武汉分行开业运营，三菱东京日联银行武汉分行获批筹建。引进中国人民银行结算中心等7家后台服务中心，目前已有22家金融机构在武汉设立金融后台服务机构。湖北金融资源集聚力、吸纳力进一步增强。

表1　2011年湖北省银行业金融机构情况

机构类别	营业网点			法人机构（个）
	机构个数（个）	从业人数（人）	资产总额（亿元）	
一、大型商业银行	2 718	62 048	13 400	0
二、国家开发银行和政策性银行	95	2 391	3 509	0
三、股份制商业银行	181	6 947	4 737	0
四、城市商业银行	186	4 602	1 948	2
五、城市信用社	—	—	—	—
六、农村合作机构	2 148	27 690	3 519	86
七、财务公司	7	437	766	4
八、信托公司	—	198	32	2
九、邮政储蓄银行	1 569	6 982	1 943	0
十、外资银行	10	287	93	0
十一、新型农村金融机构	39	853	50	32
十二、其他	—	57	85	1
合　计	6 953	112 492	30 083	127

注：①营业网点不包括总部。
②农村合作机构包含农村信用社、农村合作银行及农村商业银行。
③新型农村金融机构包括村镇银行、贷款公司和农村资金互助社。
④“其他”包含金融租赁公司、汽车金融公司、货币金融公司、消费金融公司等。
数据来源：中国人民银行武汉分行、湖北银监局。

2. 存款增长趋缓，单位存款下降明显，存款市场竞争更为激烈。2011年，湖北省全年存款增长总体呈现“先持续下滑后小幅回升”态势（见图1），季度末冲高、季度后回调的季节性变动特征较明显。存款增速放缓主要是受单位存款下滑影响。实体经济生产经营成本攀升，上下游企业资金链条趋紧，企业原材料、产成品和应收账款资金占用增加，同时监管部门对实贷实付要求更高，使派生存款沉淀量减少。银行理财产品热销和民间借贷活跃是存款增长乏力的另一重要原因。受市场总体流动性减少、银行存贷比与贷款额度挂钩等因素影响，2011年湖北存款市场竞争同往年相比更加激烈。

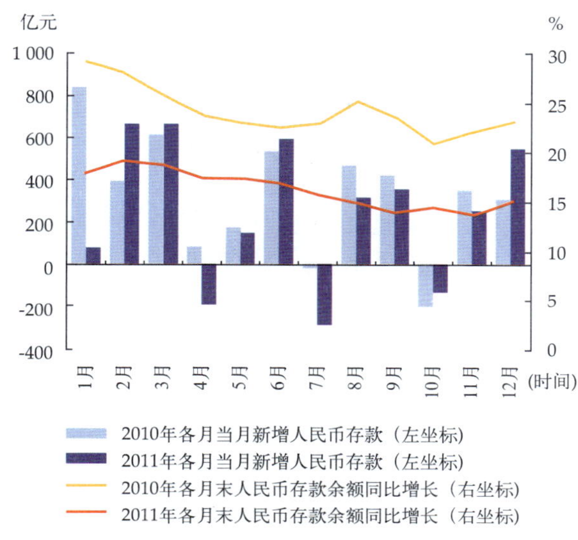

数据来源：中国人民银行武汉分行。

图1　2010～2011年湖北省金融机构人民币存款增长变化

3. 信贷投放均衡稳定、回归常态，结构调整步伐加快。2011年，湖北省金融机构（含外资）本外币各项贷款余额增幅为18.2%（见图2、图3），较上两年持续回落，接近10年来的平均增幅。全年各月贷款增幅总体保持在17%～19%的区间内平稳运行，各季度信贷投放比例为2.6：2.0：2.0：3.4，实现了均衡投放、稳定增长。

从贷款结构看，大型金融机构仍为信贷投放主体，但中资小型银行贷款增速明显加快。从期限看，短期化趋势明显，中长期贷款占比持续下降。从区域看，武汉、宜昌和襄阳“一主两副”城市新

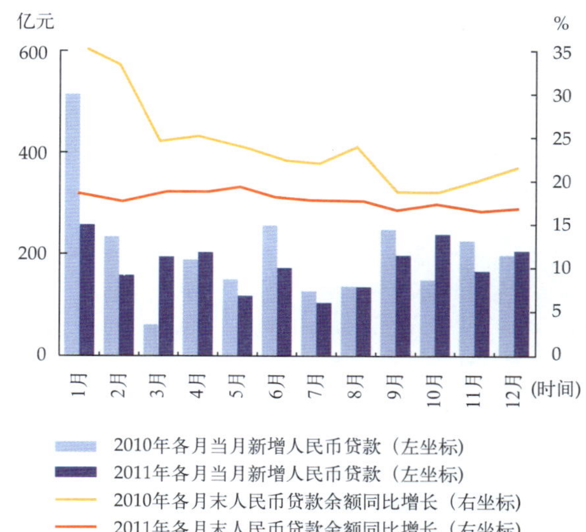

数据来源：中国人民银行武汉分行。

图2　2010～2011年湖北省金融机构人民币贷款增长变化

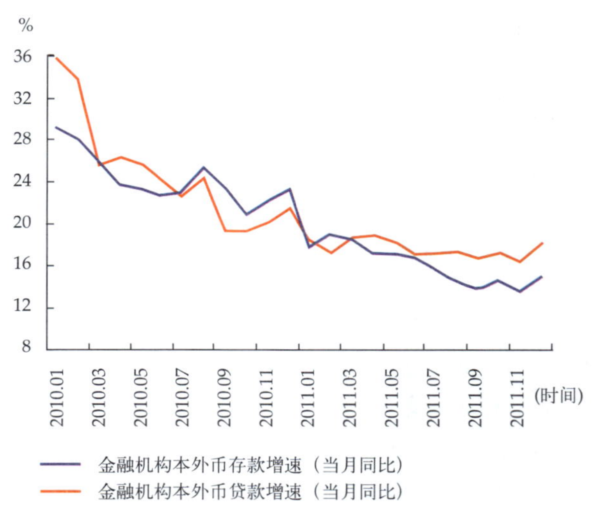

数据来源：中国人民银行武汉分行。

图3　2010～2011年湖北省金融机构本外币存、贷款增速变化

增贷款仍占全省的近七成，但神农架、天门和仙桃等中小城市贷款增长明显加快。从投向看，新增贷款主要投向制造业、交通运输业和建筑业等实体经济领域，农林牧渔、电力燃气和制造业贷款占比上升较快，涉农和中小企业贷款增幅高于全部贷款增幅，占比高于上年。

4. 利率浮动重心上移，金融机构贷款议价能力

表2 2011年湖北省金融机构人民币贷款各利率区间占比

单位：%

月份		1月	2月	3月	4月	5月	6月
合计		100.0	100.0	100.0	100.0	100.0	100.0
[0.9～1.0)		28.4	19.6	18.3	17.1	19.8	17.3
1.0		35.5	47.5	38.6	37.8	37.9	36.9
上浮水平	小计	36.1	33.0	43.1	45.0	42.3	45.8
	(1.0～1.1]	16.6	15.5	19.5	20.6	18.3	19.7
	(1.1～1.3]	14.7	14.5	18.0	19.1	18.8	20.4
	(1.3～1.5]	3.3	1.5	3.6	3.7	3.5	3.7
	(1.5～2.0]	1.5	0.9	1.7	1.4	1.4	1.1
	2.0以上	0.1	0.6	0.2	0.3	0.3	0.9
月份		7月	8月	9月	10月	11月	12月
合计		100.0	100.0	100.0	100.0	100.0	100.0
[0.9～1.0)		16.9	7.8	13.7	13.4	11.3	10.3
1.0		41.3	28.4	37.5	43.4	41.0	37.5
上浮水平	小计	41.8	63.8	48.8	43.2	47.7	52.2
	(1.0～1.1]	16.4	25.4	18.0	15.1	15.2	15.3
	(1.1～1.3]	20.7	29.5	24.6	22.8	24.5	31.2
	(1.3～1.5]	3.3	6.2	4.4	3.3	3.9	3.9
	(1.5～2.0]	1.1	2.3	1.3	1.5	3.9	1.5
	2.0以上	0.3	0.4	0.5	0.5	0.2	0.3

数据来源：中国人民银行武汉分行。

有所增强。2011年，湖北省各期限人民币贷款利率呈逐月走高态势（见表2），全年加权平均利率较上年上升0.57个百分点，其中，1年期贷款加权平均利率为本年基准利率的1.1倍。在全部企业贷款中，执行上浮利率的企业贷款占比出现上升，下浮利率贷款占比则明显下降。受当前市场环境下的经营策略影响，金融机构固定利率贷款短期化、浮动利率贷款长期化的特征显著。金融机构贷款议价能力提高，存贷款利差逐步扩大，企业融资成本有所加大。

5. 金融改革深入推进，服务县域、农村及中小企业的金融机构日趋完善。2011年，湖北省5家地（市）城市商业银行合并重组为湖北银行，汉口银行完成新股东募集和董事会换届；经优质资产置换

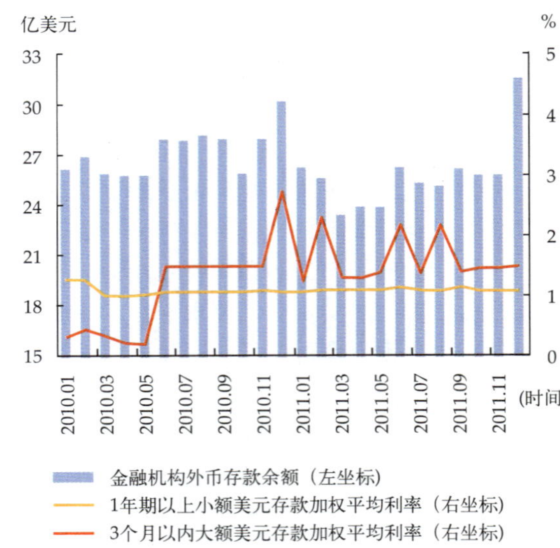

数据来源：中国人民银行武汉分行。

图4 2010～2011年湖北省金融机构外币存款余额及外币存款利率

和溢价募股，组建农村商业银行17家；村镇银行和小额贷款公司发展迅速，分别新设22家和65家。股份制商业银行在地（市）开业4家机构，邮政储蓄银行二类支行改革进展顺利，中国农业银行“三农金融事业部”组织架构体系日益完善；全省年内新增农村银行机构网点115个；省内银行业金融机构成立小企业专营机构17家，在全省13个市（州）组建了“中小企业金融服务俱乐部”。

6. 跨境人民币业务拓展迅速，企业贸易投资便利化程度显著提升。2011年，湖北省进一步加大了对跨境人民币业务的宣传、培训和推介力度，促使该项试点工作向纵深推进，业务规模增长迅速，业务领域不断拓展，境外地域分布不断扩张。年末，与湖北企业发生人民币实际收付业务的境外国家和地区增加到40个，全省13个市（州）实现了业务全覆盖，参与试点的银行增加到18家，累计办理跨境人民币结算业务249亿元，是上年业务量的近10倍。

专栏1 东湖国家自主创新示范区科技金融加速发展

2009年12月，国务院批复武汉东湖高新区建设国家自主创新示范区，这是继中关村后中国第二个国家自主创新示范区，也是中部地区首个自主创新示范区。近年来，东湖示范区科

技金融总体规模不断扩大，金融创新产品迅速推广，在推进东湖示范区建设、促进科技快速发展上取得了显著成效。

一、金融扶持政策不断推出

在湖北省委、省政府的高度重视下，中国人民银行武汉分行先后出台多项措施，积极优化示范区融资环境。着力引导金融机构加大对示范区建设的信贷投入和科技金融创新力度，并将金融机构支持示范区建设情况纳入信贷政策导向效果评估范畴，予以重点评估和督促。

二、金融投入总体规模持续扩大

在相关政府部门和中国人民银行武汉分行的协力推动及全省金融机构的积极努力下，示范区融资总额不断扩大。2011年，示范区贷款余额为682.4亿元，高于武汉市贷款平均增速20.3个百分点，比年初增加177.3亿元，占全市贷款新增额的12.6%。示范区各类企业贷款余额为604.4亿元，比年初增加157.4亿元；其中，科技型企业贷款余额为165.5亿元，比年初增加34.6亿元。

三、金融创新产品迅速推广

针对示范区高新技术企业无形资产占比大的特点，中国人民银行武汉分行联合相关部门先后出台了《湖北省注册商标专用权质押贷款工作指导意见》、《武汉市专利权质押贷款操作指引》、《武汉市注册商标专用权质押贷款操作指引》等政策。在政策的引导下，金融机构探索推广了“银行+科技推荐+财政贴息+高新企业”、“银行+产业引导基金+高新企业”、“银行+私募股权投资基金+高新企业”等新型融资模式，创新推出了专利权质押贷款、股权质押贷款、软件著作权质押贷款、融资租赁、中小企业集合贷款等14种适合高新技术企业的金融产品。

四、金融服务体系加快完善

一是设立专门服务机构和专职人员。目前湖北省已有8家金融机构在东湖示范区设立了“科技支行”或“科技专营团队”，共配备500余人专职为科技型企业融资服务。二是推行专门审批模式。如某商业银行湖北省分行开辟科技企业融资“绿色通道”，对科技型中小企业优先安排授信额度，优先安排其进入审批、放款流程，并向其总行争取政策支持，将针对科技型中小企业的“展业通”审批权限由1 000万元扩大至2 000万元。三是实行专项贷款考核。如某城市商业银行积极利用法人优势，对其光谷支行实行单独的科技信贷考核，给予科技型小企业信贷业务不良贷款率3%的风险容忍度。四是建立综合服务平台。各金融机构积极进驻示范区“金融超市”，为企业提供一站式融资服务，并通过“武汉金融超市”网络平台，实现与高科技企业的有效对接，帮助企业高效融资。

（二）证券业运行稳健，资本市场融资功能有效提升，上市公司质量持续改善

2011年，湖北省证券市场运行稳健，在市场体制机制创新和企业上市融资、并购重组以及服务实体经济发展等方面卓有成效。资本市场功能充分发挥，较好地服务了全省经济社会发展，促进了湖北更好地发挥中部崛起战略支撑点作用。

1. 企业上市进程加速，上市公司质量逐步改善。2011年，湖北省有8家企业上市，其中，主板和中小板各1家，创业板6家。10家企业向中国证监会上报发行申请材料，22家企业处于上市辅导期。截至年末，全省上市公司达到82家，居全国第8位

表3　2011年湖北省证券业基本情况

项目	数量
总部设在辖内的证券公司数（家）	2
总部设在辖内的基金公司数（家）	0
总部设在辖内的期货公司数（家）	2
年末国内上市公司数（家）	82
当年国内股票（A股）筹资（亿元）	190
当年发行H股筹资（亿元）	0
当年国内债券筹资（亿元）	706
其中：短期融资券筹资额（亿元）	461

数据来源：中国人民银行武汉分行、湖北证监局、湖北省发展改革委。

（见表3）。前三个季度，全省上市公司营业收入总额同比增长28.5%，上市公司归属母公司所有者的净利润总额同比增长20.4%。

2. 市场融资功能不断强化，直接融资实现新的突破。2011年，湖北省上市公司着力发挥资本市场融资平台作用，全年通过首发、增发、配股和发行公司债等渠道在资本市场分别募集资金47.6亿元、59亿元、83.5亿元和27.8亿元。另有9家公司向中国证监会报送了现金增发申请，4家公司向中国证监会报送了公司债发行申请。

3. 证券交易总额有所回落，期货市场规模稳步扩展。2011年，湖北省证券交易总额和证券营业部累计营业收入分别同比下降6.3%和22.6%，但证券公司资产规模不断扩大，业务范围进一步扩展。省内期货营业部网点布局趋于合理，覆盖面逐渐扩大，基本涵盖全省主要大中型城市和农作物主产区。期货公司客户权益同比增长34.3%，累计代理交易量达3 598万手，实现手续费收入和净利润分别同比增长9.1%和9.6%。

（三）保险业深入拓展，市场秩序进一步规范，社会保障功能有效发挥

2011年，湖北保险业保持平稳发展态势，市场体系进一步完善，市场秩序持续规范，保险保障范围不断拓展，服务经济社会发展能力有效提升。

1. 保险业务平稳健康发展，市场体系进一步完善。2011年，湖北省新增各类保险营业性机构101家、保险经纪机构3家、保险公估机构1家。现有保险从业人员近17万人，保险营销员持证率达到100%。全省保险业累计实现保费收入同比增长10%，保险公司总资产同比增长28%（见表4）。财产险中，家庭财产险和保证保险同比增幅较大；人身险中，个人代理渠道实现保费收入占比近40%。

2. “三农”承保面进一步拓宽，服务创新亮点纷呈。2011年，全省“两属两户”农房保险、农民工意外伤害保险、水稻保险、棉花保险、油菜保险、能繁母猪保险、奶牛保险累计实现签单保费5.5亿元，承担风险保障923亿元。水稻保险覆盖全省13个市（州）的21 498个村661万户农户。新农合补充保险试点累计承保人数突破100万人，农村小额贷款保险全年承保32万人，农村小额人身保险提供风险保障204亿元。

3. 经济补偿和社会管理功能有效发挥。2011年，湖北省出台《交通事故救助基金办法》，对交通事故受害者及时给予保险救助。积极开展医疗责任险试点，年末该试点已覆盖武汉市14家医院的2 800余名医务人员，对230起医疗过错进行了赔付。以平安乡镇、平安社区为载体，积极推进治安保险试点，已承保全省13个市（州）、45个县的城乡居民36万户，提供风险保障126亿元。

表4　2011年湖北省保险业基本情况

项目	数量
总部设在辖内的保险公司数（家）	2
其中：财产险经营主体（家）	1
人身险经营主体（家）	1
保险公司分支机构（家）	55
其中：财产险公司分支机构（家）	26
人身险公司分支机构（家）	29
保费收入（中外资，亿元）	550
其中：财产险保费收入（中外资，亿元）	120
人身险保费收入（中外资，亿元）	430
各类赔款给付（中外资，亿元）	106
保险密度（元/人）	955
保险深度（%）	3

数据来源：湖北保监局。

（四）融资总量稳定增长，直接融资占比扩大，金融市场交易总体活跃

2011年，湖北省融资总量持续增长，融资结构发生调整，民间融资趋于活跃，金融市场总体运行平稳，交易较为活跃，但同业拆借交易出现下降，票据贴现业务有所萎缩。

1. 融资总量持续增长，融资结构发生调整（见表5），企业对银行信贷的依赖程度有所减弱。2011年，湖北省积极应对政策变化和市场形势，大力拓展委托贷款、票据承兑、信用证、保函等非贷款融资渠道，积极加强多层次资本市场体系建设，股权融资取得新突破，债券融资逐步规模化，社会融资总量合理增长，满足了湖北经济发展的实际资金需求。全省贷款在融资总量中的比重较2009年和2010年分别下降16.8个和3.1个百分点，债券融资占比较2009年和2010年分别上升14.3个和4.1个百分点。全省企业短期融资券、中期票据和中小企业集

表5　2001～2011年湖北省非金融机构部门贷款、债券和股票融资情况

单位：亿元、%

年份	融资合计	比重		
		贷款	债券（含可转债）	股票
2001	342.8	88.7	0	11.3
2002	515.6	97.9	0	2.1
2003	688.9	99.7	0	0.3
2004	628.3	82.6	0	17.4
2005	794.9	86.7	7.3	6.0
2006	953.7	87.5	11.8	0.7
2007	1 370.9	79.1	18.0	2.9
2008	1 476.8	88.4	7.9	3.7
2009	3 638.1	90.8	6.2	3.0
2010	3 359.6	77.1	16.4	6.5
2011	3 437.7	74.0	20.5	5.5

数据来源：中国人民银行武汉分行、湖北证监局、湖北省发展改革委。

合票据发行总额较2010年增长30.5%，是2009年的3倍，其中，中小企业集合票据的发行开我国中部地区先河。

2. 同业拆借市场交易下降，银行间债券市场平稳增长，市场利率和债券收益率震荡上行。2011年，湖北省金融机构同业拆借累计成交同比下降34%，其中，财务公司作为市场主要力量，交易萎缩尤为明显；市场以拆入交易为主，交易对象主要是1天期和7天期的短期品种。银行间债券市场质押式回购累计成交同比增长2.6%，以正回购融入资金为主，短期资金融通特征明显，农村信用社为市场交易主体；现券交易累计成交同比增长26%，中央银行票据、政策性金融债和国债最受机构青睐，公司信用债交易日趋活跃，城市商业银行、农村信用社和证券公司为市场主要参与者。

3. 票据贴现业务萎缩（见表6），票据市场格局发生变化。2011年，湖北省金融机构商业汇票承兑余额同比增长26%，全年累计承兑金额同比增长22%。商业汇票贴现余额同比下降26%，全年累计贴现金额同比下降7%，部分金融机构暂停了票据贴现业务，贴现利率一路走高（见表7）。票据市场格局发生变化，地方法人金融机构和部分股份制商业银行票据业务发展迅速，市场份额大幅提高。国有商业银行因其较强资金实力，在大客户票据业务和转贴现市场中仍占主导地位。

表6　2011年湖北省金融机构票据业务量统计

单位：亿元

季度	银行承兑汇票承兑		贴现			
			银行承兑汇票		商业承兑汇票	
	余额	累计发生额	余额	累计发生额	余额	累计发生额
1	1 793.6	1 084.3	256.7	1 342.7	16.1	25.0
2	2 034.2	2 333.5	227.7	2 389.7	10.9	56.7
3	2 109.6	3 461.6	222.9	3 307.3	10.8	76.2
4	2 161.3	4 840.7	253.9	4 695.6	20.7	117.5

数据来源：中国人民银行武汉分行。

表7　2011年湖北省金融机构票据贴现、转贴现利率

单位：%

季度	贴现		转贴现	
	银行承兑汇票	商业承兑汇票	票据买断	票据回购
1	5.8833	7.1133	5.0633	5.4750
2	5.8382	7.6080	5.9107	5.8086
3	8.4519	10.8575	7.3666	6.5215
4	9.0529	12.2394	7.8401	6.1118

数据来源：中国人民银行武汉分行。

4. 外汇市场交易稳步增长，黄金代理交易大幅萎缩，商业银行黄金业务发展势头良好。2011年，湖北省银行间外汇市场累计成交金额同比增长3.3%，其中，即期交易占到交易总量的98%，外汇衍生产品交易规模较小。从子市场交易对象看，人民币对美元是结售汇市场的主要成交品种。2011年，湖北省4家上海黄金交易所会员企业累计买卖黄金同比下降10%，黄金代理交易大幅萎缩是总体交易量下滑的主因。省内商业银行黄金业务发展迅速，开办业务的银行数量不断增加，市场规模持续扩大。

5. 产权交易市场建设步伐加快。2011年，湖北省非上市公司股权托管交易市场组建完成，武汉股权托管交易中心正式开盘运营，全省文化产业和专利投融资综合服务平台投入运行。全年产权交易市场完成产权交易项目2 030宗，交易总额达680亿元；完成认定登记技术合同425份，合同金额为13.1亿元；推介国家重大科技成果776项；为中小企业提供股权质押融资总金额16亿元。环境资源交易取得突破，第五次、第六次排污权交易顺利启动，购买主要污染物排放权409吨，总成交金额为284万元。

6. 民间融资活跃，资金主要用于生产经营。中国人民银行武汉分行利率样本监测数据和相关调研情况显示，2011年，湖北省民间借贷规模同比增长三成多，小微企业民间借贷月息一般在2～5分，借贷期限多在一年以内，主要用于解决流动资金不足等生产经营目的。民间借贷手续日益规范，部分个人和企业选择了财产担保的方式，借贷金额有从小额、零散向大额化转变的趋势。

（五）金融生态持续改善，市场环境不断优化，农村金融服务便利化有效提升

2011年，湖北省继续深入开展以“四大信用工程”创建为主线的金融生态建设，在培育优质信贷载体、持续改善区域金融生态环境上取得了显著成效。全省评定的A级以上信用企业占全部贷款企业总数的70%，信用社区占城区社区总数的25%，信用乡镇占乡镇总数的87%。将信用环境和金融生态建设情况纳入县（市、区）级政府综合考核目标，同时积极推进湖北省金融生态环境监测评价系统建设，现已覆盖到省内全部市（州）和90%的县（市、区）。

为更好地维护金融消费者权益，进一步营造良好的金融市场环境，湖北省制定《金融消费者权益保护办法（试行）》，现已在9个地（市）启动金融消费者权益保护工作试点。全面启动湖北省农村金融服务全覆盖工程，农村金融机构网点明显增加，农村金融服务便利化进一步改善。先后在襄阳、荆州等五地举办“金融支持地方经济发展早春行”活动，大力推进银企对接。截至年末，全省通过各种形式的银企签约仪式、授信活动，共落实授信协议1 247亿元、贷款合同347.4亿元，贷款履约率达95%以上。

专栏2　湖北省农村金融服务全覆盖工作向纵深推进

作为农业大省，农业发展关系到湖北省经济社会发展大局，而农村金融服务的质量与水平、农村金融机构覆盖广度与深度决定着农业发展的速度与水平。为此，湖北省委、省政府将推进农村金融服务全覆盖作为“十二五”期间湖北金融业重点工作任务，并于2011年全面启动农村金融服务全覆盖工作，取得了初步成效。

一、农村金融机构网点覆盖面不断延伸

截至2011年年末，湖北省农村新增金融机构网点115家，其中，银行类金融机构增加25家，占新增金融机构网点的21.7%；非银行类金融机构新增90家，占新增金融机构网点的78.3%。从各地情况来看，除农业银行、农村信用社、邮政储蓄银行等农村传统金融机构加强县域网点功能升级外，湖北银行、农村商业银行、农村合作银行、村镇银行等也加快了在县域、村镇增设机构和增设营业网点的步伐，担保公司、保险机构、证券代理机构和期货经纪公司等非银行类金融机构和金融中介服务机构也开始向农村地区延伸服务窗口。

二、金融服务“三农”能力明显增强

在农村金融服务全覆盖工作的推动下，2011年，湖北省农村信用社对县域及以下地区贷款余额为877.4亿元，比年初增加223.6亿元，占其全部贷款的50.7%；其中，对农户贷款余额为384.7亿元，比年初增加80.8亿元。从全省情况来看，2011年全省涉农贷款余额为3 780.7亿元，较上年年末增长29%，高于同期全省贷款余额增幅10.7个百分点；支农再贷款累计发放同比增长35.8%。这表明金融机构尤其是涉农金融机构加大了对“三农”的金融支持力度，信贷支持进一步向“三农”倾斜。

三、农村金融服务便利化大幅提升

一是农村金融服务机具大幅增加。2011年，全省农村地区安装转账电话90 452部，增幅为5.7%，平均每村拥有3.8部，转账电话在乡镇的覆盖面达85%；布放ATM4 209台，在乡镇的覆盖面为85%；布放POS机27 020台，比年初增长755%。二是农村支付结算环境得到改善。各地大力推行以大额、小额支付系统为核心，以金融机构支付系统及ATM、POS机自助设备为支撑，以网上银行、电话银行、漫游汇款、异地支票影像传输等特色支付工具为补充的支付结算网络体系。2011年，省内农村地区加入支付系统银行机构网点数达1 740家，同比增加390家，增幅达29%。三是国库服务的惠农便民功

能得到进一步增强。2011年年末，财税库银税收收入电子缴库横向联网系统在乡镇的覆盖面达到100%，为广大农村地区纳税人提供了便利化的纳税条件，并实现了农村社保养老金直接支付。四是延伸农村金融服务窗口。依靠惠农卡、转账电话、ATM等机具，在行政村组设立村级金融服务站、“三农”金融服务站、惠农综合服务部，开展“村村通”工程等，将小额汇兑、存取现金等基础金融服务送到了农民家门口。

四、农业企业和产品进入金融市场的步伐加快

一是积极组建武汉农畜产品交易所。以大宗畜禽、肉蛋、粮油、水产、饲料等农畜产品为主要交易品种，实现现货交易与订单交易，形成有效的农畜产品定价机制，有力地推动了湖北农牧业和农业期货的发展。二是农业企业上市进程加快。一批农业产业化企业被纳入全省储备培育的上市农业企业，多家企业被列入省重点推进上市后备农业企业名单，湖北省农业企业上市有望实现零的突破。

二、经济运行情况

2011年，面对复杂多变的国际、国内环境和自然灾害的严峻考验，湖北省紧扣科学发展主题，加快转变经济发展方式，着力推进科学发展、跨越式发展，全省经济在“调结构、控通胀”中实现了平稳较快增长（见图5）。

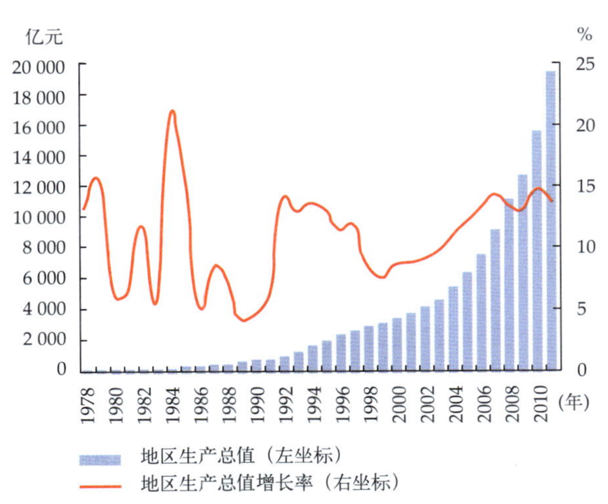

数据来源：《湖北省统计年鉴》、《湖北省国民经济统计月报》。

图5　1978～2011年湖北省地区生产总值及其增长率

（一）投资保持较快增长，消费市场持续繁荣，外贸顺差明显扩大

1. 投资保持平稳较快增长，民间投资增长加速，第三产业投资回落。2011年，湖北省全社会固定资产投资累计完成12 931.8亿元，增长28.7%（见图6）。亿元以上新开工项目保持较快增长，比上年增加478个，增长42.8%。民间投资强劲增长，全省民间投资（不含农户投资）累计完成7 460.6亿元，增长42.1%。第一、第二产业投资加快增长，第三产业投资增幅明显回落。全省第一、第二产业投资增幅分别为29.3%和40.1%，比上年分别上升5.7个和6.8个百分点；第三产业投资增幅为20.8%，低于上年9.4个百分点。

2. 消费市场持续繁荣，家具类商品消费持续升温，住宿餐饮业表现红火。2011年，随着武汉汉正街、襄阳万达商业广场、宜昌解放路步行街等一大批商业网点开门纳客，湖北省各类小商品市场、建

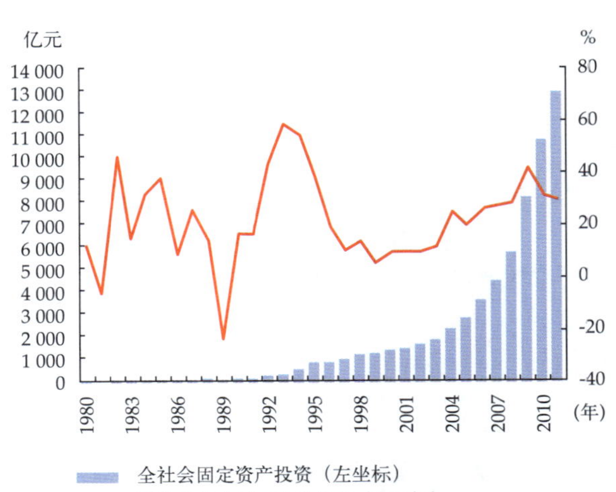

数据来源：《湖北省统计年鉴》、《湖北省国民经济统计月报》。

图6　1980～2011年湖北省固定资产投资及其增长率

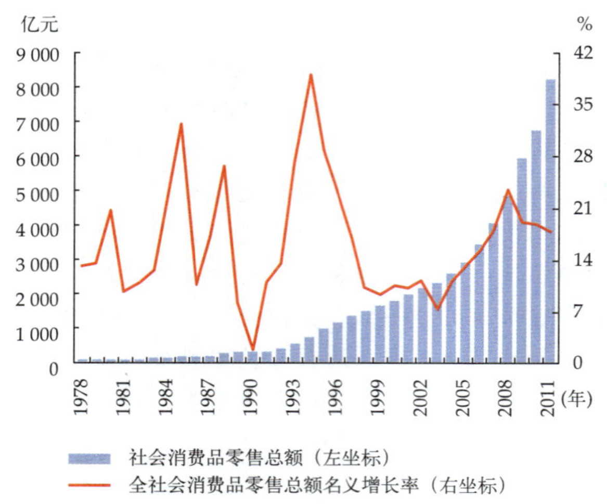

数据来源：《湖北省统计年鉴》、《湖北省国民经济统计月报》。

图7　1978～2011年湖北省社会消费品零售总额及其增长率

材化工市场、餐饮市场一片繁荣，大部分经销商对消费品市场看好。全年全社会消费品零售总额累计同比增长18%（见图7）。金银珠宝类商品备受消费者青睐，实现销售额同比增长37.7%。家具类商品销售持续升温，实现零售额同比增长47.7%。住宿餐饮业表现红火，营业额同比增长24%。汽车类消费回温，同比增长21%。

3. 外贸顺差明显增加，吸收外资稳定增长，境外直接投资加速。2011年，湖北省外贸规模首次突破300亿美元，同比增长29.1%，其中，进口、出口分别增长35.3%和21.5%，实现贸易顺差增长86.5%（见图8）。机械设备、钢材、蔬菜和医药品等主要商品出口占主导地位，亚洲仍为第一大出口市场，对大洋洲、非洲等新兴市场出口不断增强，欧洲需求持续低迷。进口以铁矿砂、铜矿砂、集成电路及其零件等资源和技术类商品为主。全省吸收外商直接投资保持增长，新批外商投资企业数同比增长10.8%，合同外资增长78.4%。境外直接投资迅猛增长（见图9），境外协议投资总额同比增长93.7%。

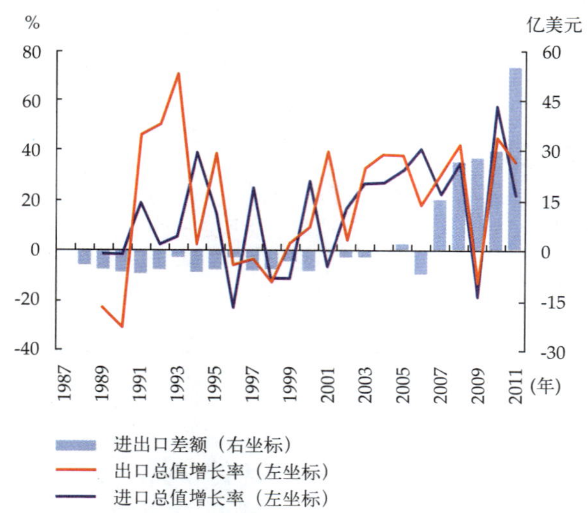

数据来源：《湖北省统计年鉴》、《湖北省国民经济统计月报》。

图8　1987～2011年湖北省外贸进出口变动情况

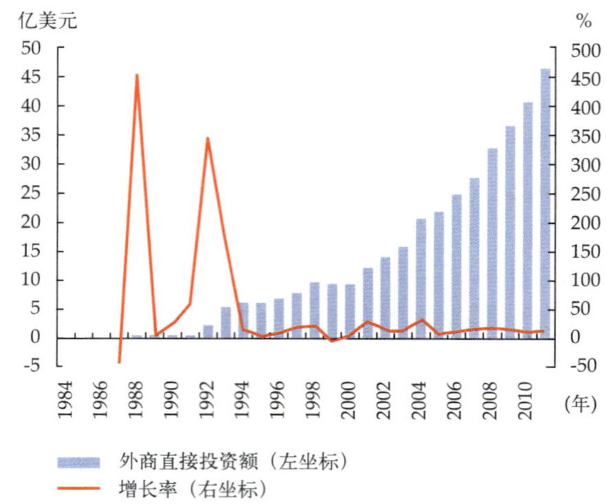

数据来源：《湖北省统计年鉴》、《湖北省国民经济统计月报》。

图9　1984～2011年湖北省外商直接投资情况

（二）农业再获丰收，工业主导地位增强，新型服务业发展加速

2011年，湖北省地方生产总值按可比价格计算增长13.8%，连续8年保持两位数增长。第一、第二、第三产业完成增加值分别增长4.4%、17.9%、12%，三次产业结构由上年的13.4∶48.7∶37.9调整为13.1∶50.1∶36.8，农业的基础地位不断巩固，工业的主导地位进一步强化，新型服务业加速发展。

1. 农业生产保持平稳较快增长态势。2011年，湖北省农业克服三个季度连旱、旱涝急转等不利因素影响，大旱之年夺丰收，主要农产品产量形势好于上年和预期。全省粮食总产比上年增长3.1%，实现“八连增”。生猪、水产、林特、棉花、蔬菜、

水果、茶叶等大宗农产品均获大丰收。规模化种养、区域化布局、标准化生产加速推进，经济作物稳步发展，农业基础建设成效显著，农业结构不断优化。

2. 工业经济增幅有所减缓，总体仍处于高位运行。2011年，全省规模以上工业累计实现增加值同比增长20.5%，低于上年3.1个百分点（见图10）。轻工业实现增加值高于上年0.5个百分点，快于重工业7.2个百分点。全省39个大类行业中，除石油和天然气开采业外，其余38个行业全部实现正增长。三资企业和国有控股工业增速加快，全省外商及港澳台商投资企业和国有控股企业实现增加值分别增长14.4%和9%。产销衔接总体平稳，规模以上工业销售产值增长36.4%，工业品出口交货值增长52.6%，工业产品销售率达97.4%。

3. 服务业稳定发展，结构持续改善。2011年，湖北省第三产业完成增加值7 206.1亿元，增长12%。第三产业中交通运输仓储和邮政业、批发和零售业、住宿和餐饮业、金融业、房地产业、营利性服务业及非营利性服务业均保持稳定发展，分别增长12.5%、10.9%、10.1%、1.3%、4.4%、18.9%和15.3%。现代物流、金融、信息、现代商务、旅游、文化等六大现代服务业发展迅速，服务业结构不断改善。

（三）价格水平先扬后抑，上涨势头初步得到遏制，通货膨胀压力依然存在

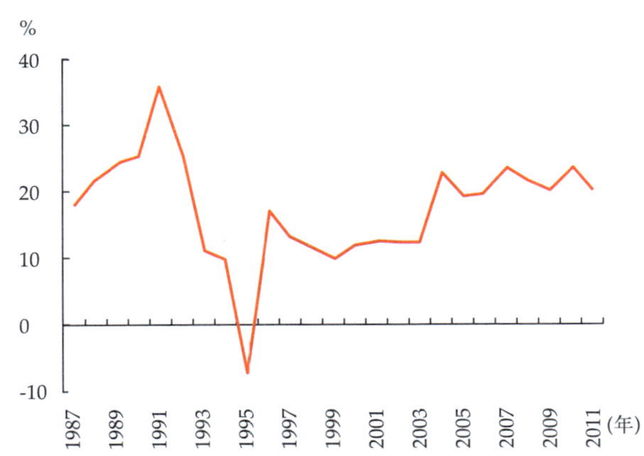

数据来源：《湖北省统计年鉴》、《湖北省国民经济统计月报》。

图10　1987～2011年湖北省规模以上工业增加值同比增长率

2011年，湖北省居民消费价格呈“先扬后抑”走势，6月同比涨幅创出高点，7月、8月连续回落，在9月小幅反弹后，10月、11月、12月又连续3个月回落。全年居民消费价格累计上涨5.8个百分点，比2009年和2010年分别扩大6.2个和2.9个百分点。构成居民消费价格的八大类商品价格均出现上涨，其中，食品和居住类商品价格涨幅较大。在国际大宗商品价格上涨、国内需求增加以及生产成本上涨等因素的共同影响下，2011年，湖北省工业生产者出厂价格、购进价格和农业生产资料价格均保持高位运行，分别累计上涨6.6%、11.5%和13.5%（见图11）。

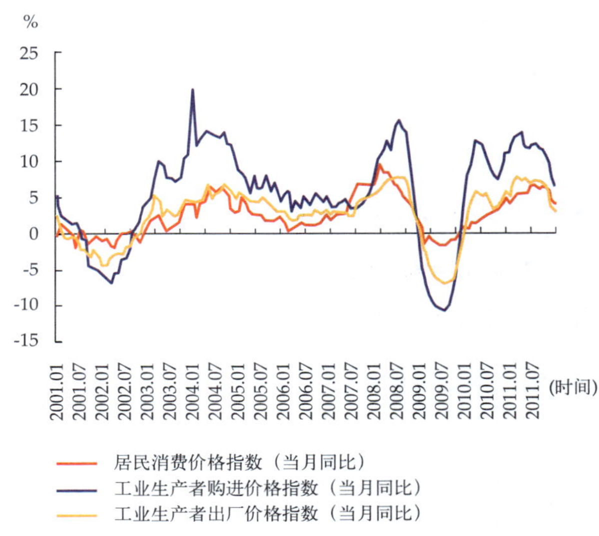

数据来源：《湖北省统计年鉴》、《湖北省国民经济统计月报》。

图11　2001～2011年湖北省居民消费价格和生产者价格变动趋势

（四）财税体制不断完善，财政收入高速增长，支出结构优化调整

2011年，湖北省完成财政总收入同比增长33%，其中，地方公共财政预算收入增长45.4%。税收收入首次突破千亿元，同比增长37.1%。财政收入高速增长的主要原因除企业经济效益好转、投资拉动建筑业和房地产业营业税快速增长外，政策性调整也是重要原因：进一步调整和完善分税制财政管理体制改革，增加了地方税收收入；同时，将预算外资金纳入预算内管理，增加了非税收入。2011年，湖北省财政支出同比增长26.3%（见

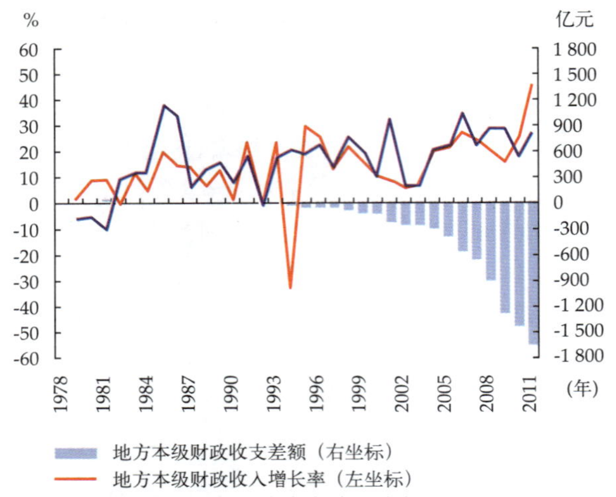

数据来源：《湖北省统计年鉴》、《湖北省国民经济统计月报》。

图12　1978～2011年湖北省财政收支状况

图12）。财政支出的时效性和均衡性进一步增强，保障民生的力度更大，财政支出不断向“三农”倾斜，向社会事业发展的薄弱环节倾斜。

（五）节能降耗强力推进，环境治理卓有成效，经济发展方式不断转变

2011年，湖北省坚持以“生态湖北”和“两型社会”建设为主线，节能减排和环境保护成效显著。全省单位生产总值能耗下降3.5%左右，全年二氧化碳排放量、化学需氧量和二氧化硫排放量较上年分别削减3.5%、1.21%和1.3%。河流湖库水质总体良好，重点城市集中饮用水源地水质达标率继续保持在100%。17个重点城市空气质量达标率达88.2%。参与环保部与联合国工业发展组织合作开发的全球环境基金“中国持久性有机污染废物环境无害化管理和处置项目”，全省废弃农药基本得到妥善处置。安全处置东风公司含多氯联苯电容器、武钢集团含多氯联苯电容器/变压器3 000多个，有效地消除了环境隐患。

（六）房地产市场平稳运行，保障房建设力度加大，宏观调控初显成效

2011年，湖北省深入贯彻落实中央房地产调控政策，房地产市场和房地产金融保持平稳运行。全省房地产开发投资稳定增长，房价走势平稳，房地产贷款增速回落，对保障性住房建设的支持力度加大，房地产市场调控取得初步成效。

1. 房地产开发投资增长趋缓。2011年，全省房地产开发投资同比增长27.5%，增幅较上年下降7.3个百分点。从开发投资结构看，武汉市占比逐年下降，中小城市增长较快；住宅地产投资增幅减缓，商业地产投资较快增长。在房地产开发资金来源中，银行贷款、预售款的占比逐年下降，自筹资金占比明显提升。

2. 商品房销售情况基本稳定。2011年，湖北省新建商品住房销售量稳定增长，全省13个主要城市城区新建商品住房销售面积同比增长2.6%，销售均价同比上涨4.5%；存量住房交易面积同比下降3.3%，交易均价同比上涨2.9%（见图13）。武汉市房价稳中有降（见图14），地级、县级城市房价上涨势头得到有效控制。新建商品住房供求结构逐步改善，大户型占比明显减少。

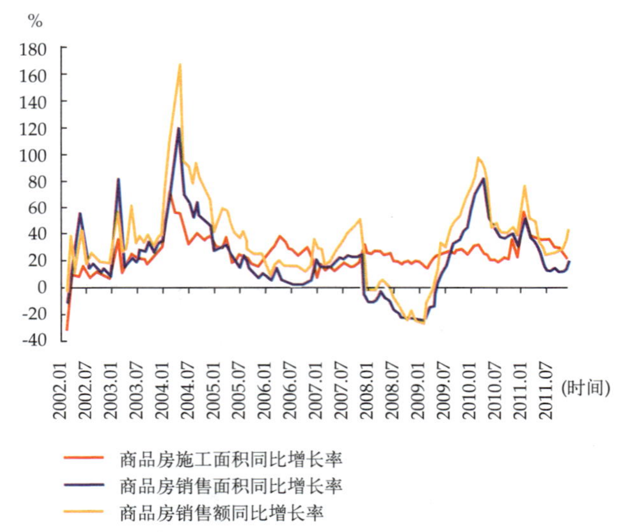

数据来源：《湖北省统计年鉴》、《湖北省国民经济统计月报》。

图13　2002～2011年湖北省商品房施工和销售变动趋势

3. 各项房地产贷款增速回落。2011年年末，湖北省各项房地产贷款余额同比增长18.3%，增幅比上年同期回落23.3个百分点，比上半年末回落4.8个百分点。其中，房地产开发贷款余额增幅同比回落38.5个百分点。个人住房贷款增幅持续下滑，比上年同期下降18.4个百分点，执行利率水平明显上升。

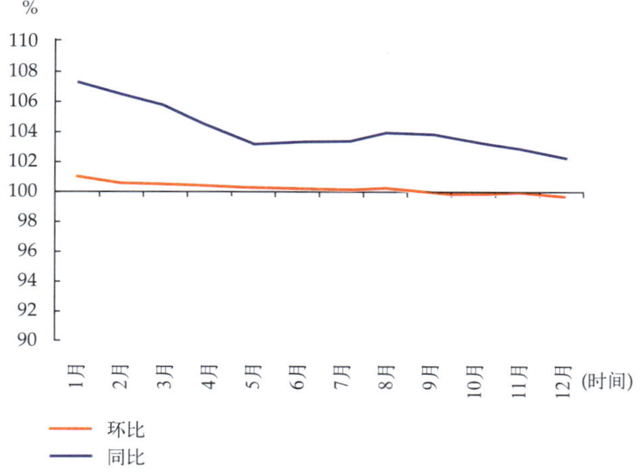

数据来源：《湖北省统计年鉴》、《湖北省国民经济统计月报》。

图14　2011年武汉市住宅销售价格变动情况

4. 金融支持保障性安居工程建设的力度加大。2011年，湖北省根据保障性安居工程项目规划及资金需求特点，加强创新，初步探索实施了“政府主导+专业平台+市场化运作”、“商品房捆绑开发旧城改造”等五种融资支持模式。全省金融机构累计为保障性安居工程建设提供的融资总额和保障性住房开发贷款余额均为上年的近两倍。

（七）区域经济发展提速，新的增长极不断涌现，城市圈金融一体化步伐加快

2011年，湖北省区域经济呈现协调、蓬勃发展的崭新局面，新的经济增长亮点、热点不断涌现，“两圈一带”战略深入推进。全国首个废旧再生资源“竞价平台”——武汉城市矿产交易所正式揭牌，武汉东湖综合保税区获得国务院批复。鄂西圈产业发展明显提速，十二大重点工程建设稳步推进。长江经济带组合港建设、产业转移步伐加快。武汉、宜昌、襄阳“一主两副”城市跨越式发展战略全面展开，三市的支点作用进一步增强。大别山革命老区、武陵山少数民族经济社会发展“两个试验区”建设的总体规划、支持政策有序出台，前期重大项目抓紧推进。荆州壮腰工程、长江中游城市群等策划工作启动实施。

湖北省金融机构围绕“两圈一带”战略部署，着力优化信贷结构，加强金融改革创新，健全金融服务体制机制，在全面提升区域金融要素优化配置水平、支持区域经济社会可持续发展上取得了实际成效。截至2011年年末，武汉城市圈存贷款余额分别占全省的69%和76%，圈内企业与金融机构签约授信协议总金额达1 459亿元。城市圈票据市场一体化步伐不断加速，以中国人民银行支付系统为骨干的现代支付清算网络体系初具规模，金融IC卡得到积极推广和应用，财税库银横向联网系统覆盖面已扩大到城市圈所有地（市）和99%的县域，城市圈的金融要素聚集能力和金融服务能力显著提升。推进符合鄂西旅游圈旅游开发和特色生态产业集群发展特点的信贷体制，全年累计向鄂西圈贷款102.8亿元，中国人民银行为鄂西圈民品民贸企业贷款贴息3 227万元。积极配合长江经济带发展建设，与沿江城市政府签订银政协议3 306亿元，与经济带企业签订授信协议1 550亿元，支持省内长江沿岸港口新建、扩建项目和新型工业化发展。

三、预测与展望

2012年是实施“十二五”规划承上启下的重要一年，也是深入贯彻科学发展观、加快转变经济发展方式、打造“中部崛起”战略支点的关键之年。总体来看，2012年湖北经济社会将继续保持良好发展态势。

从经济运行情况看，尽管国际形势依然严峻，国内经济金融运行存在潜在风险，但在未来一段时期中国发展处于重要战略机遇期，仍然具备经济平稳较快发展的基础。在应对国际金融危机冲击的过程中，湖北呈现出弯道超越的良好发展态势，近年经济增速均高于全国增速。快速发展使湖北综合实力显著增强，进入工业化、城镇化加速发展期。同时，随着国家“中部崛起”战略的实施和“两圈一带”建设的深入，以及东湖国家自主创新示范区建设的不断推进，湖北省将迎来重要的发展机遇，预计2012年湖北省地区生产总值增长10%。从投资看，湖北省投资结构将进一步优化，投资规模将继续扩大。高新技术产业和内涵效益型投资增长强劲，高耗能行业投资继续回落。随着基础设施、农业水利、生态环保、社会民生等一系列重大项目的开工建设，全省固定资产投资总规模继续保持快速

增长，预计全年增长20%。从消费看，随着收入分配体制改革的不断深化、社会保障体系的进一步完善和医疗卫生体制改革的不断推进，城乡居民收入水平和购买力稳步提升，消费能力不断增强，预计2012年全省社会消费品零售总额增长16%。从物价走势看，尽管能源等大宗商品价格存在不稳定因素，但随着世界经济景气回落，输入性通货膨胀减缓，食品价格回落，预计2012年湖北省物价增幅趋于缓和，全年居民消费价格涨幅在3.5%左右。

从金融运行情况看，湖北省持续推进金融体制改革，不断优化金融结构，全省金融运行保持健康稳定的总体态势。金融机构对实体经济的支持力度将不断增强，信贷结构进一步优化。信贷资金与产业政策的协调配合度提升，对民生工程、“三农”、中小企业等重点领域、薄弱环节的信贷支持规模不断扩大。

2012年，全省金融机构将继续认真贯彻落实稳健的货币政策，按照“总量适度、审慎灵活、优化结构”的要求，保持社会融资规模合理增长，大力推进金融改革发展和创新，切实维护金融稳定运行，全面提升金融服务水平，以促进全省经济平稳健康发展。

中国人民银行武汉分行货币政策分析小组
负责人：殷兴山　林建华　杨成平
统　稿：王佑元　张　剑　刘克珍　田湘龙
执　笔：王　岗　胡红菊　熊川伟　段　鹏　高文丽　熊　敏　周永胜　刘　源　李作峰
提供材料的还有：于玲先　杜蔚虹　胡小芳　陈　翔　刘　军　胡云飞　高晓波　熊艳春　涂德君　潘　荣　张　朋　刘　亮　施　韬　陈　波　王一飞　刘　丽　孙　妍　王　莉　贾　晟　曾　妮

附录

（一）2011年湖北省经济金融大事记

1月25日，湖北省金融工作会议在武汉召开。

2月27日，由湖北省宜昌、荆州、黄石、襄阳、孝感五家城市商业银行合并重组设立的湖北银行正式开业。

3月，湖北省人民政府先后在襄阳、荆州、咸宁、恩施、黄冈五地举办“金融支持地方经济发展早春行”活动。

6月10日，武汉市首只中小企业集合票据成功发行，金额为3.8亿元，这是非金融企业债务融资工具在湖北省发展的一项重大突破。

6月19日至22日，湖北省农村金融服务全覆盖工作动员会暨金融生态环境建设工作会议在宜昌召开。

8月31日，武汉地区“12315金融消费维权直通车”正式开通。

11月17日至19日，由湖北省人民政府、科技部、中国人民银行、中国银监会、中国证监会、中国保监会和武汉市政府共同举办的“2011中国·武汉金融博览会暨中国中部（湖北）创业投资大会”成功举行。

11月17日，武汉光谷资本大厦在东湖新技术开发区揭牌启用，标志着承担湖北省科技金融创新重任的东湖“资本特区”正式起航。

11月18日，湖北省第一家全国性法人财产保险公司——长江财产保险股份有限公司正式开业。

（二）2011年湖北省主要经济金融指标

表1　2011年湖北省主要存贷款指标

		1月	2月	3月	4月	5月	6月	7月	8月	9月	10月	11月	12月
本外币	金融机构各项存款余额（亿元）	21 139.3	21 809.6	22 462.7	22 278.4	22 433.5	23 041.2	22 748.6	23 070.1	23 433.2	23 306.6	23 561.8	24 148.3
	其中：储蓄存款	10 562.9	10 721.3	11 049.2	10 778.5	10 791.2	11 089.7	10 848.0	10 898.1	11 155.4	10 931.4	11 033.5	11 343.4
	单位存款	9 347.9	9 655.6	10 077.8	10 115.3	10 225.3	10 580.5	10 235.3	10 403.2	10 593.2	10 497.0	10 681.7	10 966.5
	各项存款余额比上月增加（亿元）	76.4	664.5	653.1	-184.3	155.1	607.7	-292.7	321.6	363.1	-126.6	255.2	675.9
	金融机构各项存款同比增长（%）	17.7	18.8	18.4	17.2	17.0	16.8	15.6	14.6	13.9	14.5	13.6	15.0
	金融机构各项贷款余额（亿元）	14 196.2	14 354.9	14 520.7	14 731.9	14 848.7	15 023.6	15 118.6	15 285.1	15 520.0	15 759.1	15 925.7	16 395.4
	其中：短期	4 298.1	4 371.7	4 414.6	4 455.8	4 498.5	4 633.1	4 713.4	4 761.6	4 929.0	5 075.6	5 163.8	5 357.0
	中长期	9 377.4	9 491.0	9 653.8	9 810.6	9 891.9	9 954.9	9 989.6	10 061.8	10 114.6	10 210.3	10 261.0	10 390.9
	票据融资	320.7	291.5	275.1	283.7	277.1	257.1	237.5	248.3	243.7	241.7	264.4	286.6
	各项贷款余额比上月增加（亿元）	261.3	158.7	250.0	211.2	116.8	174.9	95.0	166.4	234.9	239.1	166.6	466.9
	其中：短期	24.5	73.5	42.9	41.3	42.6	135.5	80.3	48.2	167.4	146.6	88.2	123.4
	中长期	278.0	113.7	163.1	156.8	81.3	63.0	34.7	72.2	52.8	95.8	50.7	129.9
	票据融资	-44.5	-29.2	-16.5	8.7	-6.7	-20.0	-2.4	10.8	-4.6	-2.0	22.7	22.2
	金融机构各项贷款同比增长（%）	18.4	17.4	18.7	18.9	18.2	17.2	17.1	17.3	16.6	17.2	16.4	18.2
	其中：短期	12.7	12.7	17.3	21.0	22.5	23.1	25.5	26.9	26.8	28.7	27.7	26.6
	中长期	24.8	22.8	20.4	20.0	18.7	17.0	15.8	15.2	13.7	13.8	12.9	13.5
	票据融资	-40.9	-41.9	-29.0	-37.8	-44.1	-46.4	-47.1	-45.7	-44.7	-46.7	-40.7	-20.7
	建筑业贷款余额（亿元）	477.4	495.1	513.1	545.6	559.2	572.3	565.3	576.2	592.3	620.1	643.1	648.8
	房地产业贷款余额（亿元）	1 059.5	1 075.7	1 074.8	1 082.7	1 087.1	1 099.5	1 098.1	1 108.2	1 128.8	1 140.4	1 144.5	1 169.9
	建筑业贷款同比增长（%）	29.4	31.4	34.6	41.5	41.2	39.5	36.1	34.5	37.5	40.2	43.0	42.8
	房地产业贷款同比增长（%）	28.5	24.8	23.5	20.8	20.1	17.6	16.0	14.8	14.1	15.3	13.3	13.7
人民币	金融机构各项存款余额（亿元）	20 965.6	21 640.2	22 308.6	22 123.0	22 278.6	22 870.1	22 585.2	22 909.4	23 266.3	23 143.2	23 397.2	23 949.2
	其中：储蓄存款	10 511.8	10 671.8	11 000.2	10 729.8	10 742.2	11 039.6	10 800.0	10 850.5	11 105.6	10 882.5	10 983.6	11 291.6
	单位存款	9 234.3	9 547.8	9 983.3	10 018.1	10 127.2	10 470.1	10 130.4	10 296.8	10 484.7	10 392.3	10 578.3	10 826.7
	各项存款余额比上月增加（亿元）	83.6	674.6	668.5	-185.6	155.6	591.4	-284.9	324.1	357.0	-123.2	254.0	552.0
	其中：储蓄存款	728.6	160.1	328.4	-270.4	12.4	297.3	-239.5	50.5	255.1	-223.1	101.1	308.0
	单位存款	-585.1	312.3	435.5	34.8	109.1	343.0	-339.8	166.5	187.9	-92.5	186.0	248.4
	各项存款同比增长（%）	17.9	19.0	18.7	17.4	17.2	16.9	15.8	14.8	14.0	14.5	13.8	15.1
	其中：储蓄存款	25.8	18.1	19.6	17.9	18.0	17.5	15.6	15.9	15.0	15.3	14.7	15.2
	单位存款	54.8	65.0	63.0	64.2	62.8	64.9	60.0	59.5	59.3	59.7	59.1	60.6
	金融机构各项贷款余额（亿元）	13 734.3	13 891.1	14 084.4	14 284.9	14 401.3	14 574.4	14 661.8	14 794.4	14 989.6	15 225.2	15 387.3	15 662.5
	其中：个人消费贷款	1 890.7	1 908.2	1 963.4	1 996.9	2 025.0	2 062.0	2 088.2	2 113.4	2 135.8	2 161.0	2 198.6	2 215.5
	票据融资	320.7	291.5	275.1	283.7	277.1	257.1	237.5	248.3	243.7	241.7	264.4	286.6
	各项贷款余额比上月增加（亿元）	257.2	156.9	193.3	200.5	116.5	173.3	104.6	132.7	195.2	235.6	162.1	205.5
	其中：个人消费贷款	59.3	17.7	55.5	33.5	28.1	37.0	26.2	25.2	22.4	25.2	37.6	16.9
	票据融资	-44.5	-29.2	-16.5	8.7	-6.7	-20.0	-2.4	10.8	-4.6	-2.0	22.7	22.2
	金融机构各项贷款同比增长（%）	18.4	17.4	18.4	18.6	19.0	17.9	17.7	17.8	16.7	17.2	16.4	16.8
	其中：个人消费贷款	32.5	31.2	29.9	27.7	24.7	23.7	23.2	22.8	21.5	20.6	19.7	19.5
	票据融资	-40.9	-41.9	-29.0	-37.8	-44.1	-46.4	-47.1	-45.7	-44.7	-46.7	-40.7	-20.7
外币	金融机构外币存款余额（亿美元）	26.4	25.8	23.5	23.9	23.9	26.5	25.3	25.2	26.3	25.8	25.9	31.6
	金融机构外币存款同比增长（%）	1.5	-3.5	-7.7	-3.4	0.5	2.9	-1.4	-3.7	2.2	9.0	1.0	12.1
	金融机构外币贷款余额（亿美元）	70.1	70.5	66.6	68.8	69.0	69.4	70.9	76.8	83.5	84.4	84.8	116.3
	金融机构外币贷款同比增长（%）	22.8	21.4	12.2	13.2	2.4	3.3	6.0	12.6	21.1	23.2	23.6	68.3

数据来源：中国人民银行武汉分行。

表2 2001～2011年湖北省各类价格指数

单位：%

年/月		居民消费价格指数		农业生产资料价格指数		工业生产者购进价格指数		工业生产者出厂价格指数	
		当月同比	累计同比	当月同比	累计同比	当月同比	累计同比	当月同比	累计同比
2001		—	-1.0	—	-2.6	—	5.8	—	3.1
2002		—	0.3	—	0.7	—	-4.8	—	-2.7
2003		—	2.2	—	0.8	—	8.2	—	3.5
2004		—	4.9	—	11.3	—	13.1	—	5.7
2005		—	2.9	—	15.1	—	7.0	—	4.5
2006		—	1.6	—	1.4	—	4.9	—	2.9
2007		—	4.8	—	8.0	—	4.5	—	3.9
2008		—	6.3	—	27.2	—	10.9	—	6.1
2009		—	-0.4	—	-1.1	—	-6.6	—	-4.4
2010		—	2.9	—	1.9	—	10.4	—	4.9
2011		—	5.8	—	13.5	—	11.5	—	6.6
2010	1	1.0	1.0	-5.0	-5.0	8.6	8.6	3.3	3.3
	2	1.7	1.3	-4.6	-4.8	10.0	9.3	4.6	4.0
	3	1.6	1.4	-1.0	-4.6	12.7	10.4	6.0	4.6
	4	2.0	1.6	-0.1	-2.8	12.4	10.9	5.6	4.9
	5	2.4	1.7	-0.1	-2.8	12.4	11.2	5.4	5.0
	6	2.6	1.9	2.3	-1.3	11.1	11.2	5.5	5.1
	7	3.1	2.1	2.9	-0.7	9.5	11.0	4.8	5.0
	8	3.4	2.2	3.3	-0.2	8.5	10.7	3.5	4.8
	9	3.5	2.4	3.4	4.0	7.7	10.3	3.7	4.7
	10	4.1	2.5	5.4	0.7	9.2	10.2	4.4	4.7
	11	5.1	2.8	7.9	1.4	11.2	10.3	5.8	4.8
	12	4.5	2.9	8.0	1.9	11.3	10.4	5.7	4.9
2011	1	5.0	5.0	7.0	7.0	13.2	13.2	7.2	7.2
	2	5.7	5.3	8.1	7.7	13.7	13.5	8.0	7.6
	3	5.7	5.4	10.0	8.5	14.0	13.7	7.3	7.5
	4	5.7	5.5	11.2	9.2	12.1	13.3	7.5	7.5
	5	5.8	5.6	11.2	9.9	12.0	13.0	6.9	7.4
	6	6.8	5.8	16.5	11.0	12.2	12.9	7.3	7.4
	7	6.7	5.9	17.8	12.0	12.4	12.8	7.3	7.4
	8	6.3	5.9	17.9	12.7	12.0	12.7	7.3	7.4
	9	6.6	6.0	17.6	13.3	11.8	12.6	7.1	7.3
	10	6.1	6.0	16.6	13.6	10.6	12.4	5.9	7.2
	11	4.5	5.9	13.1	13.6	8.3	12.0	3.8	6.9
	12	4.4	5.8	12.5	13.5	6.6	11.5	3.2	6.6

数据来源：《中国经济景气月报》。

表3 2011年湖北省主要经济指标

	1月	2月	3月	4月	5月	6月	7月	8月	9月	10月	11月	12月
	绝对值（自年初累计）											
地区生产总值(亿元)	—	—	3 592.4	—	—	8 571.5	—	—	13 578.4	—	—	19 594.2
第一产业	—	—	323.2	—	—	725.0	—	—	1 849.9	—	—	2 569.3
第二产业	—	—	1 950.0	—	—	4 420.8	—	—	6 722.2	—	—	9 818.8
第三产业	—	—	1 319.2	—	—	3 425.7	—	—	5 006.3	—	—	7 206.1
工业增加值(亿元)	565.7	1 055.5	1 738.8	2 396.1	3 118.6	3 924.2	4 625.7	5 344.3	6 101.7	6 779.2	7 665.8	8 565.6
固定资产投资(亿元)	—	605.0	1 847.3	2 866.4	4 030.9	5 965.0	6 861.9	7 788.4	8 826.4	9 807.4	10 988.6	12 931.8
房地产开发投资	—	123.8	340.8	488.1	633.4	934.3	1 075.1	1 245.3	1 415.8	1 588.8	1 765.6	2 063.2
社会消费品零售总额(亿元)	—	600.7	1 863.8	2 460.6	3 096.3	3 747.1	4 362.5	4 975.3	5 668.7	6 414.1	7 122.3	8 275.2
外贸进出口总额(万美元)	27.8	45.7	70.1	96.6	125.5	152.2	186.1	217.2	248.0	275.5	305.6	335.2
进口	12.7	20.8	31.3	42.8	55.5	67.6	80.5	93.6	106.3	117.8	129.7	139.8
出口	15.1	24.9	38.8	53.8	70.1	84.6	105.6	123.6	141.7	157.7	175.9	195.4
进出口差额(出口－进口)	2.3	4.1	7.5	10.9	14.6	17.0	25.1	30.0	35.4	39.9	46.2	55.5
外商实际直接投资(万美元)	3 310.0	6 330.0	11 100.0	14 230.0	17 550.0	22 920.0	26 450.0	32 500.0	34 170.0	37 500.0	41 830.0	46 550.0
地方财政收支差额(亿元)	-11.9	-8.2	-75.0	-158.4	-362.4	-503.7	-575.9	-719.7	-850.9	-1 055.7	-1 279.7	-1 689.9
地方财政收入	120.5	213.4	351.7	473.3	599.1	758.9	870.4	970.1	1 074.5	1 175.8	1 274.7	1 470.1
地方财政支出	132.4	221.6	426.7	631.6	961.5	1 262.6	1 446.2	1 689.8	1 925.5	2 231.5	2 554.4	3 160.0
城镇登记失业率(%)(季度)	—	—	4.2	—	—	4.2	—	—	4.1	—	—	4.1
	同比累计增长率（%）											
地区生产总值	—	—	14.4	—	—	14.1	—	—	14.0	—	—	13.8
第一产业	—	—	3.4	—	—	2.0	—	—	4.9	—	—	4.4
第二产业	—	—	19.5	—	—	17.8	—	—	19.8	—	—	17.9
第三产业	—	—	10.4	—	—	12.0	—	—	11.8	—	—	12.0
工业增加值	20.7	21.7	21.6	21.1	20.4	20.5	20.6	20.7	20.7	20.4	20.4	20.5
固定资产投资	—	25.4	31.2	32.5	33.8	33.8	32.9	31.5	29.4	30.3	30.9	28.7
房地产开发投资	—	57.2	39.1	45.1	41.7	41.5	41.3	39.5	29.5	31.4	31.5	27.5
社会消费品零售总额	—	26.9	17.0	17.2	17.3	17.7	17.7	17.7	17.8	17.8	17.8	18.0
外贸进出口总额	52.2	33.0	32.9	33.9	31.4	28.2	31.5	33.7	33.4	32.3	30.8	29.1
进口	76.6	57.8	39.3	34.1	30.8	30.8	29.3	32.5	29.5	27.5	25.1	21.5
出口	36.3	17.6	28.2	33.8	31.9	26.3	33.2	34.6	36.4	36.1	35.3	35.3
外商实际直接投资	4.1	3.9	8.1	10.8	11.5	10.7	12.7	15.3	14.7	13.8	12.6	14.9
地方财政收入	61.7	51.0	53.2	52.4	54.5	57.9	53.6	50.3	45.6	42.8	41.5	45.4
地方财政支出	54.3	29.6	35.9	41.1	61.7	62.9	56.0	57.8	42.3	24.9	24.8	26.3

数据来源：《湖北省国民经济统计月报》。

2011年湖南省金融运行报告

中国人民银行长沙中心支行货币政策分析小组

[内容摘要] 2011年，湖南省大力推进“四化两型”①、“四个湖南”②建设，全省经济社会发展呈现“增长较快、结构优化、效益提升、民生改善、协调发展”的良好态势。全年地区生产总值达1.96万亿元，增长12.8%，经济发展转型步伐加快，三次产业比重更趋优化，“十二五”开局良好。全省金融系统紧密围绕湖南经济发展战略，认真贯彻落实稳健的货币政策，信贷投放回归常态，全年贷款增长18.1%，“三个一”③重大项目、战略性新兴产业等重点领域和中小企业、“三农”等薄弱环节得到有力支持；证券业稳健发展，保险业的社会保障功能增强。

2012年，湖南省将按照“稳中求进”的总体要求，围绕全省“两个加快”④、“两个率先”⑤战略目标，把握全面建设“两型”社会、承接产业转移等重大历史机遇，促进全省经济在转型升级中保持平稳较快发展。湖南省金融系统将继续贯彻执行稳健的货币政策，合理布局全年信贷投放总量、节奏与结构，提高直接融资比重，进一步提升金融对实体经济的服务水平。

一、金融运行情况

2011年，湖南省金融业围绕全省经济社会发展战略，认真贯彻落实国家稳健的货币政策，保持金融对经济发展的合理支持力度。全年金融运行平稳，银行业、证券业、保险业协调发展，融资结构不断优化，金融生态环境建设稳步推进，发展的协调性与可持续性进一步增强。

（一）银行业稳健发展，信贷增长回归常态

2011年，湖南省银行业平稳健康发展，贷款投放回归常态，信贷结构持续优化，机构改革向纵深推进，在有效控制风险的同时，银行业金融机构盈利较快增长。

1. 银行业规模效益稳步提升，市场竞争更趋充分。2011年，全省银行业资产总额同比增长21.9%，实现盈利同比增长31.8%。不良贷款余额和不良率继续实现“双降”。金融市场服务主体进一步增加，年内花旗银行等3家外资银行在长沙设立

表1　2011年湖南省银行业金融机构情况

机构类别	营业网点			法人机构(个)
	机构个数(个)	从业人数(人)	资产总额(亿元)	
一、大型商业银行	2 384	49 820	10 809	0
二、国家开发银行和政策性银行	116	2 857	2 875	0
三、股份制商业银行	129	5 125	3 017	0
四、城市商业银行	221	5 861	2 433	2
五、城市信用社	0	0	0	0
六、农村合作机构	4 088	37 532	3 888	121
七、财务公司	3	80	36	3
八、邮政储蓄银行	2 044	7 136	1 740	0
九、外资银行	4	140	24	0
十、新型农村金融机构	96	1 162	111	90
合　计	9 085	109 713	24 933	216

注：营业网点不包括国家开发银行和政策性银行、大型商业银行、股份制商业银行等金融机构总部数据。大型商业银行包括中国工商银行、中国农业银行、中国银行、中国建设银行和交通银行。国家开发银行和政策性银行包括国家开发银行、中国农业发展银行和中国进出口银行。股份制商业银行包括中信银行、招商银行、兴业银行、上海浦东发展银行、中国民生银行、中国光大银行、广东发展银行、华夏银行、北京银行、渤海银行、东莞银行、南粤银行。农村合作机构包括农村信用社、农村合作银行和农村商业银行。新型农村金融机构包括村镇银行、贷款公司（含小额贷款公司）和农村资金互助社三类机构。

数据来源：中国人民银行长沙中心支行、湖南银监局。

① “四化两型”指新型工业化、农业现代化、新型城镇化和信息化，环境友好型和资源节约型。

② “四个湖南”指“绿色湖南”、“创新型湖南”、“数字湖南”、“法治湖南”。

③ “三个一”指到“十二五”末或至“十三五”初期，完成固定资产投资10万亿元、重点实施100项重大工程、推进1 000个重大项目。

④ “两个加快”指加快建设全面小康、加快建设“两型”社会。

⑤ “两个率先”指努力在中部地区率先实现全面小康目标、在全国率先走出一条“两型”社会建设的路子。

分行，新增4家村镇银行；非银行金融机构发展迅速，小额贷款公司新增44家，全国交通运输行业首家财务公司——湖南高速集团财务有限公司在长沙成立（见表1）。

2. 存款增速小幅回落，波动幅度较大。全年本外币存款增长17.1%，增幅同比回落1.5个百分点；新增存款2 843.2亿元，同比多增206.4亿元（见图1、图2）。存款增长波动较大，各季度新增之比为5：2：1：2，呈“前三个季度快速回落，年末翘尾”态势。前三个季度存款增幅回落主要是受贷款少增导致派生存款减少、楼市分流等因素影响，第四季度由于物价涨幅回落，楼市和股市相对低迷，存款有较大幅度的回流。全年居民储蓄存款同比多增379.8亿元；单位存款先降后稳，同比少增66亿元。

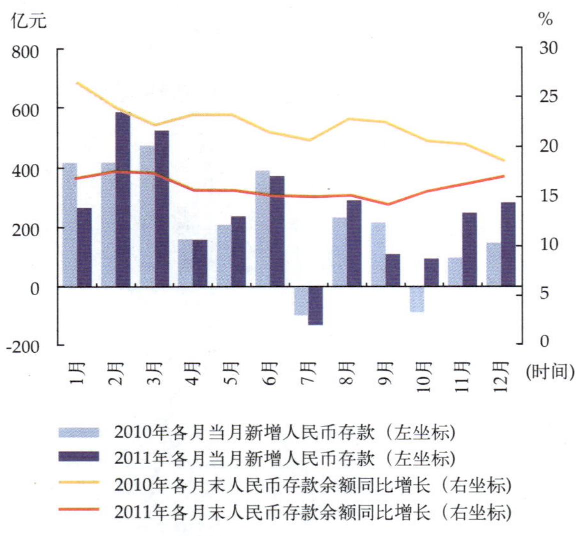

数据来源：中国人民银行长沙中心支行。

图1　2010～2011年湖南省金融机构人民币存款增长变化

3. 贷款合理适度增长，结构进一步优化。2011年，全省信贷增长回归常态，本外币各项贷款增长18.1%，同比回落2.9个百分点；全年新增贷款2 080.8亿元，同比多增68.7亿元（见图3、图4）。从投放节奏看，各季度新增贷款之比为3：2.5：2：2.5，节奏较往年更趋均衡；分期限看，“短存长贷”现象有所缓解，中长期贷款同比少增216.8亿元，短期贷款和票据融资分别同比多增86.9亿元和197亿元，为企业经营性资金提供了有力支持。分地区看，长株潭地区、环洞庭地区、“3+5”城市群贷款多增，湘西地区贷款略微少增。全年省内承接产业转移步伐加快，进出口业务快速、增长推动外贸融资需求稳步增加，外币贷款同比增长33%。

信贷投放结构继续优化。一是重点领域支持有力。全年水利公共设施管理业、制造业和战略性新兴产业领域余额增速分别高于同期全部贷款6个、5.9个和12.1个百分点。二是薄弱环节获得重点扶持。全年农林牧渔业贷款、县域贷款分别同比多增46.9亿元和52.1亿元，中小企业贷款同比多增311.8亿元，保障性住房开发贷款增长63.5%。三是调控领域有效控制。全年“两高一剩”行业中长期贷款增速低于全部贷款平均增速12个百分点，房地产贷款增速同比回落16.3个百分点，地方政府融资平台贷款同比少增665亿元。

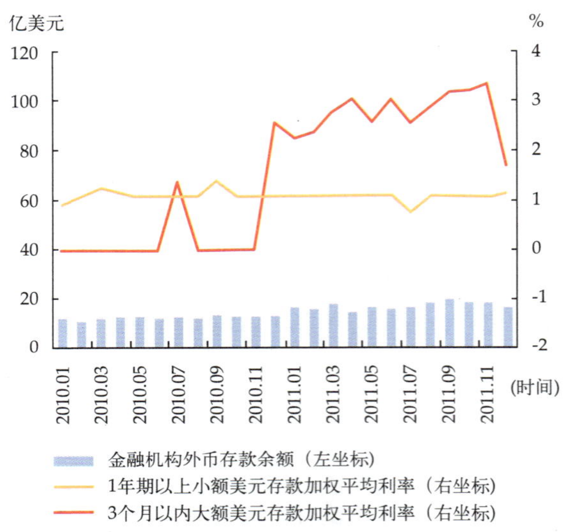

数据来源：中国人民银行长沙中心支行。

图2　2010～2011年湖南省金融机构外币存款余额及外币存款利率

4. 表外业务总体增长放缓，融资类业务增长较快。2011年年末湖南省表内外资产比为6.9：1，比值较年初略有上升。其中，承兑汇票和融资性保函分别增加209.7亿元和60.3亿元，委托贷款、委托投资增加82.4亿元，信用证增加19.4亿元，融资类表外业务的快速发展在一定程度上缓解了信贷资金供求矛盾。

5. 贷款平均利率逐步走高，金融机构利率定价能力有所增强。2011年，全省金融机构新放贷款加权平均利率较上年提高1.5个百分点，除第四季度环

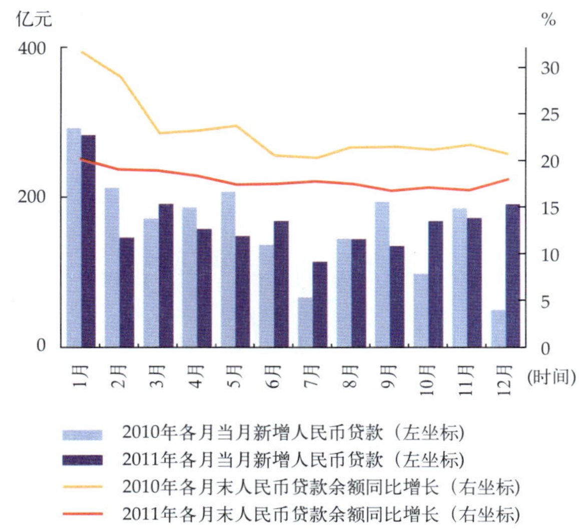

数据来源：中国人民银行长沙中心支行。

图3　2010～2011年湖南省金融机构人民币贷款增长变化

比微降外，前三个季度基本保持逐步上升态势。贷款利率浮动重心逐季度快速上移，全年七成贷款利率上浮，第四季度执行上浮利率的贷款占比较第一季度上升26.5个百分点（见表2）。民间借贷利率有所上升，全省抽样监测点民间借贷平均利率同比上升3.9个百分点。地方法人金融机构利率定价能力有所增强。中国人民银行长沙中心支行对辖内地方法人金融机构的利率定价能力评估结果显示，近年来，湖南省地方法人金融机构利率定价机制建设逐步完善，利率政策实际执行效果优化，利率定价的灵活性、差异性均有所提升。

6. 银行业改革持续深化，农村金融改革扎实推进。国有商业银行不断改进业务流程，加强成本管控和服务创新，综合竞争力稳步提高，全年不良贷款率继续下降0.4个百分点。中小银行调整经营战略，加大对中小企业和“三农”的支持力度，加速县域机构布局；城市商业银行等地方法人金融机构改革不断深化，完成阶段性增资扩股，服务地方经济发展的能力有效提升。农村金融机构改革继续推进，已批筹和开业农村商业银行增至13家，7市（州）城区机构整合工作启动，高危机构合并重组取得积极进展；新型农村金融机构设立稳步推进，全年新开业村镇银行4家。金融系统努力消除金融机构空白乡镇，推动网点恢复，新设网点60个，惠及农户61万人。

表2　2011年湖南省金融机构人民币贷款各利率区间占比

单位：%

月份		1月	2月	3月	4月	5月	6月
	合计	100.0	100.0	100.0	100.0	100.0	100.0
	[0.9～1.0)	17.1	15.8	8.9	5.1	3.7	2.6
	1.0	37.4	39.8	43.1	39.8	34.4	33.0
上浮水平	小计	45.5	44.5	48.0	55.1	62.0	64.4
	(1.0～1.1]	8.2	12.6	13.6	13.7	19.7	22.4
	(1.1～1.3]	10.4	11.1	11.7	15.1	14.6	17.1
	(1.3～1.5]	8.0	9.2	7.9	8.6	9.6	8.8
	(1.5～2.0]	10.6	6.6	9.4	11.0	13.2	12.3
	2.0以上	8.4	4.9	5.5	6.8	5.0	3.8
月份		7月	8月	9月	10月	11月	12月
	合计	100.0	100.0	100.0	100.0	100.0	100.0
	[0.9～1.0)	2.4	1.7	1.5	1.0	1.2	4.3
	1.0	38.8	25.5	30.1	27.9	24.4	25.1
上浮水平	小计	58.8	72.8	68.4	71.1	74.5	70.6
	(1.0～1.1]	15.9	23.8	23.3	32.6	31.3	21.2
	(1.1～1.3]	16.5	19.0	20.7	18.0	19.9	20.7
	(1.3～1.5]	9.7	12.8	10.5	9.0	10.6	11.6
	(1.5～2.0]	11.9	12.5	9.6	8.8	8.7	12.1
	2.0以上	4.9	4.8	4.4	2.7	4.0	5.0

数据来源：中国人民银行长沙中心支行。

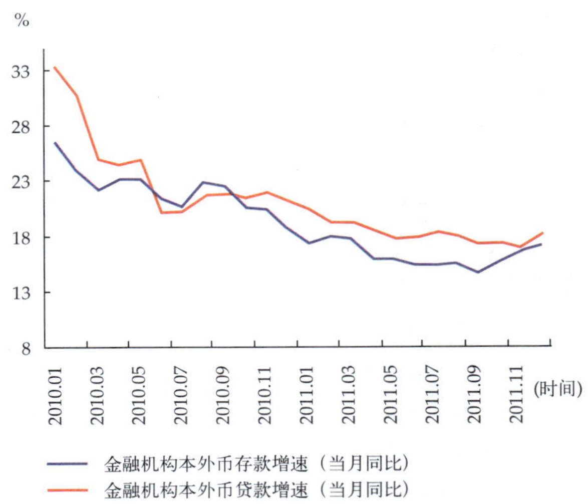

数据来源：中国人民银行长沙中心支行。

图4　2010～2011年湖南省金融机构本外币存、贷款增速变化

7. 跨境人民币业务增长迅速。湖南省于8月23日正式启动跨境贸易人民币结算业务，截至2011年年末，湖南省已有11家银行开展跨境人民币结算业务，覆盖省内14个市州，与湖南发生跨境人民币结算业务的境外国家和地区达10个，累计办理跨境贸易人民币结算业务151笔，金额合计14.3亿元。同时，跨境贸易投资更为便利，跨境人民币资本结算取得实质性进展，截至2011年年末，发生资本项下跨境人民币结算业务6笔，流入资金38.6亿元，其中，中国进出口银行湖南分行于12月成功办理首笔境外项目人民币贷款业务。

专栏1　创新金融服务　促进战略性新兴产业加快发展

近年来，湖南省将加快培育和发展战略性新兴产业作为实施“四化两型”战略、抢占经济和科技发展制高点的重要举措，先后印发了20多个专项政策文件，选择具有比较优势和发展潜力的先进装备制造、新材料、文化创意、生物、新能源、信息、节能环保等七大产业作为战略性新兴产业，着力加大培育和发展力度。根据湖南省有关规划安排，到2015年，全省战略性新兴产业增加值年均增长20%以上，总量达到5 000亿元，占地区生产总值的比重超过20%，将成为经济社会发展的重要推动力量。

战略性新兴产业加快发展离不开金融的强力支持，但由于受战略性新兴产业资产构成中无形资产占比较大，部分子产业技术尚不成熟，盈利模式不确定，商业银行传统的信贷管理体制以及信贷产品、服务方式与之不适应等多重因素影响，金融投入受到一定程度的制约。为进一步引导加大金融支持力度，中国人民银行长沙中心支行在深入调查研究的基础上，联合相关部门率先印发了金融支持湖南战略性新兴产业加快发展的意见，建立了相对完善、可操作的金融扶持政策体系。省内银行业金融机构围绕湖南战略性新兴产业七大子行业，立足产业特点，不断完善信贷管理体制，创新信贷产品和服务方式：一是突出支持重点，促进战略性新兴产业集聚发展，优先支持优势企业、重大项目、科技型中小企业以及重大核心技术开发；二是有效改善银行内部信用评级体系，将知识产权、商誉等无形资产以及经评估的项目价值、企业家个人信用等非财务因素纳入对战略性新兴产业企业信用评级的重点考虑因素；三是制定产品创新指引，积极开展专利权、股权质押贷款、供应链融资、工程机械按揭、融资租赁等创新型融资业务，联合保险机构创新推出首台（套）重大技术装备质量保证保险、开发产品研发责任险以及研发人员团体意外险等保险产品，较好地满足了企业融资需求。相关主管部门积极加大战略性新兴产业企业上市资源培育力度，推动企业通过上市和发行短期融资券、中期票据、中小企业集合票据等债务性融资工具以及创投基金、私募股权基金等非上市类企业股权融资等多种方式拓展融资渠道，并进一步制定了培育和发展战略性新兴产业专项引导资金管理办法，实现政策的精准激励。与此同时，从制定和完善规范知识产权评估、质押、登记、流转和托管的管理办法，推进知识产权流转市场建设，构建科技金融服务平台，举办战略性新兴产业融资对接会等方面，不断优化战略性新兴产业融资的基础条件。

在全省金融系统和相关部门的共同努力下，全省战略性新兴产业金融服务明显改善。2011年，湖南省成功举办战略性新兴产业融资洽谈会，会上达成202个合作项目，承贷金额达1 500亿元。截至年末，到位金额将近50%。1～12月，全省新增战略性新兴产业贷款155.6亿元，增长30.2%，高出各项贷款增速12.1个百分点。另外，全省企业共实现直接融资802.2亿元，其中，绝大部分为战略性新兴产业企业融资。在金融的强力支撑下，湖南省战略性新兴产业迈入快速发展阶段，2011年以战略性新兴产业为主体的高技术产业增加值增长32.4%，其中，先进装备制造、新材料、文化创意等子产业已处于全国龙头或领先地位。

（二）证券业平稳运行，IPO融资较快增长

1. 证券业平稳运行。2011年，全省证券机构进一步强化合规管理，加快经纪业务的提质转型与收入结构的多元化转变，3家法人证券公司净资产同比增长39%，全年证券成交额同比增长16.7%。期货业通过采取在全国率先取消期货居间业务、实施期货营业部分类监管及规范运作考核等措施，经营规范化水平不断提高。全年期货成交额达4.1万亿元，棉花、油菜籽、早籼稻等农产品期货交易发展较快，期货市场服务“三农”的作用逐步加强。

2. IPO融资取得新进展。全年新增境内上市公司8家、境外上市公司2家；IPO融资同比增长24%，居中部六省[①]之首（见表3）。其中，方正证券在A股市场上市实现了湖南省金融企业上市零的突破，博泰生物作为首个在欧洲上市融资的湘企成功IPO。同时，上市公司基本建立起规范运作的信息披露和公司治理机制，质量和效益稳步提升，2011年年末，全省上市公司平均净资产、净利润增幅分别达到24%和46.6%。

表3　2011年湖南省证券业基本情况

项目	数量
总部设在辖内的证券公司数（家）	3
总部设在辖内的基金公司数（家）	0
总部设在辖内的期货公司数（家）	4
年末国内上市公司数（家）	71
当年国内股票（A股）筹资（亿元）	181.8
当年发行H股筹资（亿元）	0.3
当年国内债券筹资（亿元）	321.7
其中：短期融资券筹资额（亿元）	88.7

数据来源：湖南证监局、中国人民银行长沙中心支行。

（三）保险业稳步发展，社会保障功能不断增强

1. 保险业稳健发展。2011年年末，全省共有省级保险分公司43家，较年初增加6家；年内，总部及注册地均在湖南的吉祥人寿保险股份有限公司获批设立，填补了湖南本土保险法人机构缺失的空白。年末，全省保险公司资产总额为1 055.8亿元，较年初增长19.8%。全年实现保险收入443.5亿元，增长10.5%，其中，车险业务快速增长推动财产险收入增幅高于人身险16.6个百分点；保险赔付支出增长35.6%，其中，人身险赔付支出大幅增长46.5%。全省保险深度同比下降0.3个百分点，保险密度较上年增加49.3元/人（见表4）。

表4　2011年湖南省保险业基本情况

项目	数量
总部设在辖内的保险公司数（家）	0
其中：财产险经营主体（家）	0
人身险经营主体（家）	0
保险公司分支机构（家）	43
其中：财产险公司分支机构（家）	21
人身险公司分支机构（家）	22
保费收入（中外资，亿元）	443.5
其中：财产险保费收入（中外资，亿元）	123.2
人身险保费收入（中外资，亿元）	320.4
各类赔款给付（中外资，亿元）	112.5
保险密度（元/人）	675.3
保险深度（%）	2.4

数据来源：湖南保监局。

2. 保险产品加快创新，社会保障功能不断增强。2011年，全省责任险试点推广范围不断扩大，环境污染责任险、高危行业安全生产责任险、医疗责任险等多个险种在行业中进行推广，共提供风险保障4 044.8亿元，赔款支出同比增长30.2%。保险服务“三农”的力度不断加大，截至2011年年末，已为1 903.2万户参保农户提供风险保障580亿元，其中，种养两业农险承保数量分别同比较快增长122.5%和124.7%。全年出口信用保险为25.4亿美元的出口提供了收汇保障，同比增长35%。

（四）融资结构不断优化，金融市场交易活跃

1. 直接融资步伐有所放缓。2011年，湖南省间接融资比重回升到80.5%，直接融资比重同比有所下降（见表5）。其中，债券市场融资比重较上年提高0.8个百分点，短期融资券和中期票据发展较快，发行金额同比多增36.7亿元，创历年新高。融资方式趋于多样，全年实现产权、技术交易融资79.1亿元，私募股权融资68.8亿元。

---

①中部六省指河南、山西、安徽、湖北、湖南和江西。

表5 2001～2011年湖南省非金融机构部门贷款、债券和股票融资情况

单位：亿元、%

年份	融资合计	比重		
		贷款	债券（含可转债）	股票
2001	454.4	81.9	11.3	6.8
2002	492.0	86.3	7.6	6.1
2003	646.2	91.2	5.8	3.0
2004	636.1	86.9	8.1	5.0
2005	564.5	96.0	3.6	0.4
2006	796.2	81.8	11.8	6.4
2007	1 058.7	84.4	6.1	9.5
2008	1 461.9	87.9	8.2	3.9
2009	3 047.3	82.9	8.2	8.9
2010	2 652.2	75.6	11.6	12.8
2011	2 584.3	80.5	12.4	7.1

数据来源：中国人民银行长沙中心支行。

2. 银行间市场业务较快增长。2011年，湖南省金融机构参与银行间债券市场交易3.7万亿元，同比增长22.8%。其中，现券和质押式回购交易占主导地位，占比分别达51.4%和47.8%。同业拆借交易相对平淡，交易量同比下降7%。

3.票据业务增长放缓，利率快速上行。2011年，湖南省票据承兑业务平稳增长17.7%，贴现规模逐季度收缩，累计发生额同比减少531亿元（见表6）。票据市场利率步入快速上行通道，9月，票据贴现加权平均利率涨至11.1%的历史高点，转贴现利率同步上行（见表7）。中国人民银行湖南省各级分支机构通过对再贴现票据的选择合理引导资金流向中小企业，全年累计发放再贴现74.4亿元。

4.黄金交易量价齐升。目前，全省初步形成了以商业银行为依托、参与主体广泛、交易类型丰富的黄金业务体系，经办银行从年初的2家扩大到12家，参与主体涵盖个人和企业投资者，交易品种发展到黄金代理、租赁、远期、积存等六大类。全年商业银行场内代理、账户黄金、黄金租赁业务均发展迅速，交易金额分别较上年同期增长3.8倍、1.5倍和2.9倍。

（五）信用体系建设快速推进，金融生态环境持续改善

2011年，湖南省出台社会信用体系建设“十二五”规划，对未来5年全省社会信用体系建设进行全面部署。年内重点建设1个国家级和9个省级中小企业信用体系建设试验区，成功采集未与银行发生过信贷关系的中小企业信息5.2万户；探索创新农村信用体系建设新模式，完成对2 232家涉农金融机构的721.6万户农户信用建档工作。同时，湖南省作为全国唯一试点省份，认真开展机构信用代码应用试点工作，截至2011年年末，共为31万户机构建立了完整的“经济身份信息档案”，成功搭建起机构各类信用信息共享的桥梁。

金融生态建设稳步推进。一方面，在长沙、株洲等六市开展“金融生态良好城市”创建试点工作，同时以点带面，继续推进全省金融安全区创建，年末省级金融安全区增至11个。另一方面，开展金融生态评估，年内首次统一发布全省县域金融生态评估报告；推动金融生态建设激励机制发展，出台加大对金融生态环境建设成效突出地区金融支持力度的指导意见。全省金融生态环境持续改善，信用意识深入人心，“诚信湖南”建设取得阶段性成果。

表6 2011年湖南省金融机构票据业务量统计

单位：亿元

季度	银行承兑汇票承兑		贴现			
			银行承兑汇票		商业承兑汇票	
	余额	累计发生额	余额	累计发生额	余额	累计发生额
1	707.8	408.9	162.0	803.7	5.6	2.3
2	796.3	946.9	185.7	1 476.7	0.9	7.6
3	850.4	1 429.2	179.2	2 012.7	1.2	8.6
4	853.8	1 895.8	196.1	2 387.6	3.8	12.3

数据来源：中国人民银行长沙中心支行。

表7 2011年湖南省金融机构票据贴现、转贴现利率

单位：%

季度	贴现		转贴现	
	银行承兑汇票	商业承兑汇票	票据买断	票据回购
1	6.6541	6.6619	4.9396	5.3209
2	6.6823	6.9773	5.2761	5.7049
3	9.6244	10.4019	7.7222	7.0589
4	9.7259	10.9812	7.4573	7.0808

数据来源：中国人民银行长沙中心支行。

二、经济运行情况

2011年，湖南省努力克服物价高企、资金趋紧、能源制约的挑战，实现经济平稳较快发展，产业结构持续优化，社会民生不断改善，能耗水平稳步下降，“十二五”开局良好。全年地区生产总值达19 635.2亿元，增长12.8%，人均地区生产总值首次突破4 000美元（见图5）。

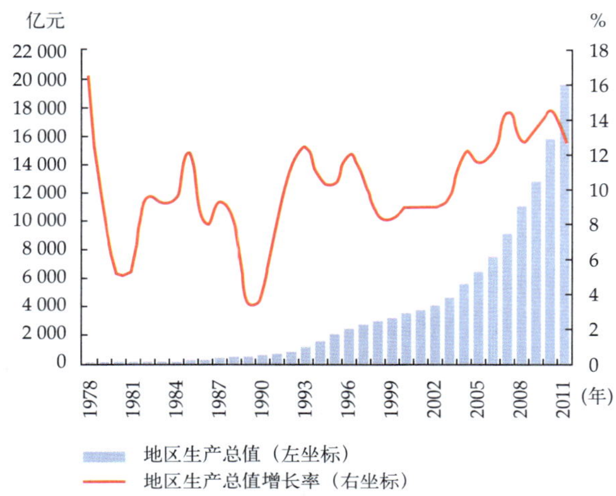

数据来源：湖南省统计局。

图5　1978～2011年湖南省地区生产总值及其增长率

（一）三大需求协同拉动，经济发展动力强劲

1. 投资平稳较快增长，结构更趋优化。2011年，全省固定资产投资实现高位平稳较快增长，全年完成投资11 431.5亿元，增长27.9%，较上年提高0.3个百分点（见图6）。投资结构有所优化，七大战略性新兴产业投资对全省固定资产投资的贡献率达31.5%，制造业、技术改造投资和高新技术产业投资增速分别高于平均水平11.9个、9.3个和0.4个百分点，农村固定资产投资增速高于城镇12.6个百分分点。投资增长的内生机制不断增强，非国有投资继续保持快速增长，较上年提高2.7个百分点。

2. 城乡居民收入差距逐步缩小，消费结构和方式加快升级。2011年湖南省城镇居民人均可支配收入和农村居民人均纯收入分别增长13.8%和16.8%，城乡居民收入相对差由上年同期的2.95：1缩小至

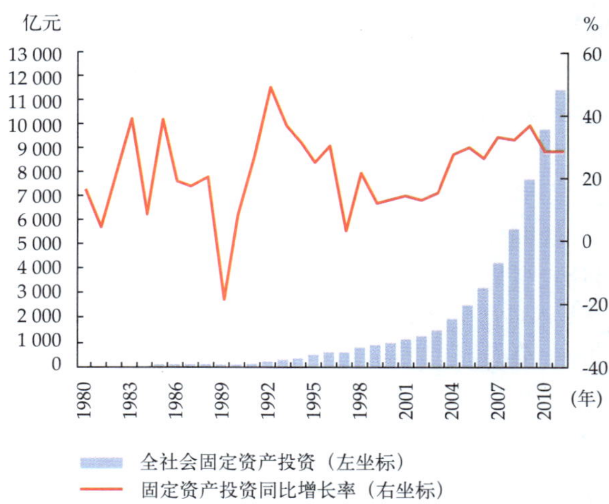

数据来源：湖南省统计局。

图6　1980～2011年湖南省固定资产投资及其增长率

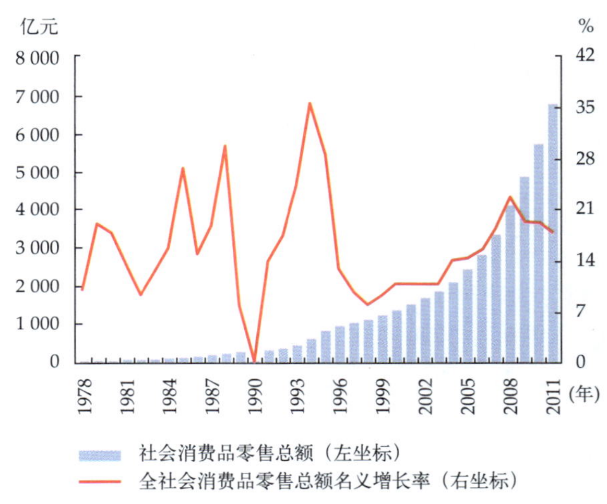

数据来源：湖南省统计局。

图7　1978～2011年湖南省社会消费品零售总额及其增长率

2.87：1。全年社会消费品零售总额增长17.9%，居民八大类消费支出全面增加，消费结构和方式加速升级（见图7）。伴随汽车保有量的大幅增长，人均车辆用燃料及零配件支出增长1.1倍；网络购物成为流行消费方式，城镇居民人均网购商品或服务支出较上年增长155.4%。

3. 进出口稳步增长，对外合作实现跨越式发展。2011年，湖南省完成进出口190亿美元，创历史最高纪录，同比增长29.6%，但增速呈逐月回落

态势（见图8）。全年出口增长24.4%，机电产品和高新技术产品出口分别同比增长32.1%和38.3%，资源性矿产品出口占比下降；进口增速高于出口11.5个百分点，主要是由于年内为配合产业升级改造而引进了大批高技术含量的产品和设备。全年合同利用外资同比增长30.3%，继续稳居中部地区第1位；对外投资额大幅增长148.1%，企业海外并购成新亮点，年内发起海外并购16宗，涉及合同金额3.4亿美元（见图9）。

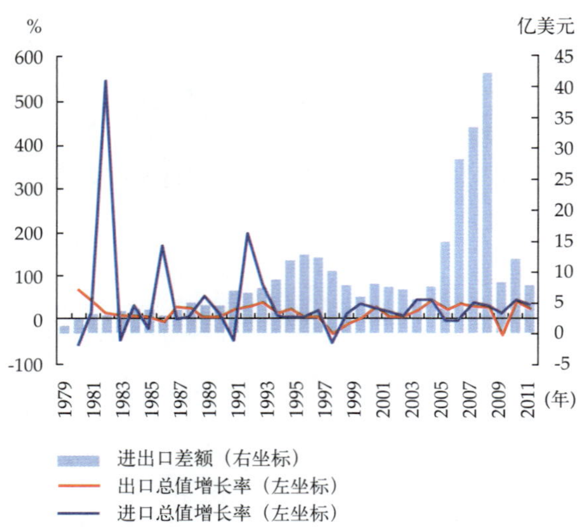

数据来源：湖南省统计局。

图8　1979～2011年湖南省外贸进出口变动情况

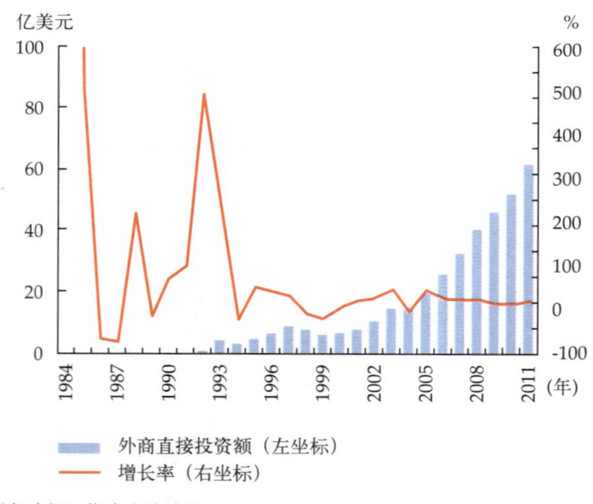

数据来源：湖南省统计局。

图9　1984～2011年湖南省外商直接投资情况

（二）三次产业协调发展，工业运行质量稳步提升

2011年湖南省三次产业结构调整为13.9：47.5：38.6，对经济增长的贡献率分别为4.8%、61.1%和34.1%。随着全省新型工业化战略的加速推进，工业增加值占GDP的比重较2010年提高1.7个百分点。

1. 粮食生产创新高，现代农业稳步发展。2011年，湖南省农林牧渔业总产值为4 588.2亿元，比上年增长4.3%。在克服了春夏连旱等严重自然灾害的影响后，湖南省粮食生产实现“八连增”，总产量达587.9亿斤，创历史新高。农业科技创新力度不断加大，超级杂交稻百亩试验田平均亩产927公斤，刷新世界纪录；农业产业化加速发展，省级以上龙头企业新增167家，农产品加工业销售收入增长21.9%；新农村建设稳步推进，全省“百城千镇万村”新农村建设试点工程全面启动。金融支农力度加大，全年涉农贷款余额增速较各项贷款高出10.8个百分点，贷款同比多增324.5亿元。

2. 新型工业快速发展，运行质量显著提升。新型工业化战略实施成效显著，全年规模以上工业增加值同比增长20.1%，高于全国平均水平6.2个百分点（见图10）。年内，汽车产业成为继工程机械、电工电器后湖南第三个产值过千亿元的子产业。工

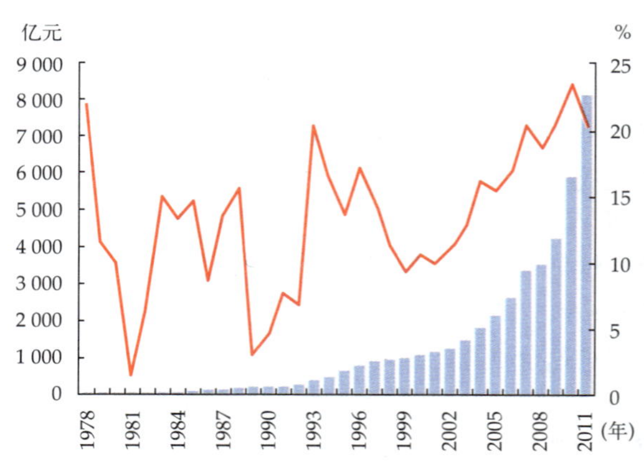

数据来源：湖南省统计局。

图10　1978～2011年湖南省工业增加值及其增长率

业运行质量显著提升，规模工业在实现利润较快增长43.9%的同时，相应综合能源消费量增长8.7%。工业结构持续改善，高加工度工业增加值、高技术产业增加值增速较平均水平分别高出8.7个和12.3个百分点；六大高能耗行业工业总产值占规模工业的比重下降0.4个百分点；新产品开发不断加快，规模工业新产品产值增长24.1%。

3. 现代服务业稳步发展。2011年，全省第三产业实现增加值7 576.8亿元，同比增长11%，全年生产性服务业对GDP增长的贡献率达13.3%。受政策调控影响，房地产、金融业增长有所放缓，但旅游、现代物流、服务外包、创意设计等行业保持较快发展。衡阳国家服务业综合改革试点和张家界国家旅游综合改革试点稳步推进。

（三）物价涨幅较大，见顶回落特征明显

1. CPI涨幅前高后低，窄幅波动。全年CPI累计上涨5.5%，前9个月每月涨幅基本在5.9%～6.1%窄幅波动，10月后快速回落（见图11）。食品类价格上涨是CPI上涨的主要推手，推动CPI上涨3.6个百分点，其中，生猪价格领涨全国，对CPI的贡献率高达22.6%。

2. 生产价格指数涨幅先升后降，总体高位运行。受翘尾因素前强后弱和国际大宗商品价格先涨后落走势影响，上半年湖南省工业生产者购进价格指数与工业生产者出厂价格指数涨幅不断扩大，7月均达年内高点，从第三季度开始略有回调，第四季度快速回落。2011年，采购经理人指数累计上涨10.8%，持续13个月保持两位数涨幅；PPI上涨8.5%，高于上年1.6个百分点，其中，生产资料出厂价格同比上涨9.7%，是PPI上涨的主要原因。

3. 劳动力成本明显上升。2011年，湖南省进一步完善工资增长机制，上调最低工资标准至每月770～1 020元，较上年增长20%；农民工用工成本快速上升，省内农民工人均月收入大幅增长30.8%。全年城镇新增就业71.6万人，城镇登记失业率控制在4.2%以内。

（四）财政收入快速增长，民生支出持续加大

财政收入增幅创新高，非税增收贡献近六成。2011年，在经济平稳较快增长、价格水平上涨、政策性增收、征管力度加大等因素共同推动下，地方财政收入达1 466.3亿元，同比增长35.6%，创1994年分税制改革以来的最高增幅（见图12）。其中，非税收入快速增加，同比增长71.4%，对地方财政增收的贡献率达到58.7%。财政支出刚性增长，支持民生的力度加大。初步预计，全年完成财政支出3 462.8亿元，同比增长28.1%。其中，用于社会保

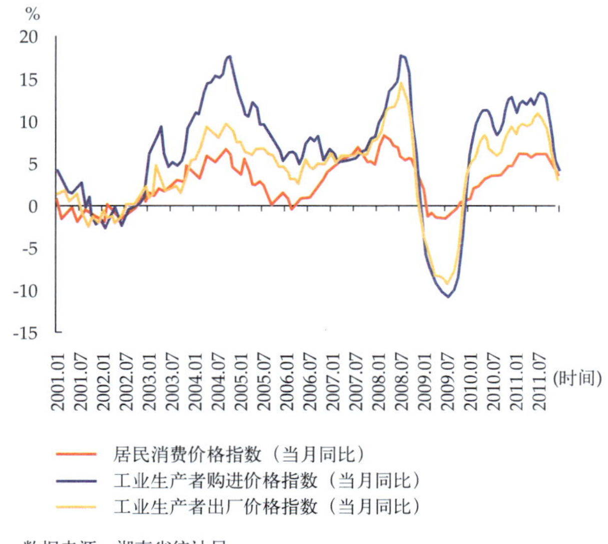

数据来源：湖南省统计局。

图11　2001～2011年湖南省居民消费价格和生产者价格变动趋势

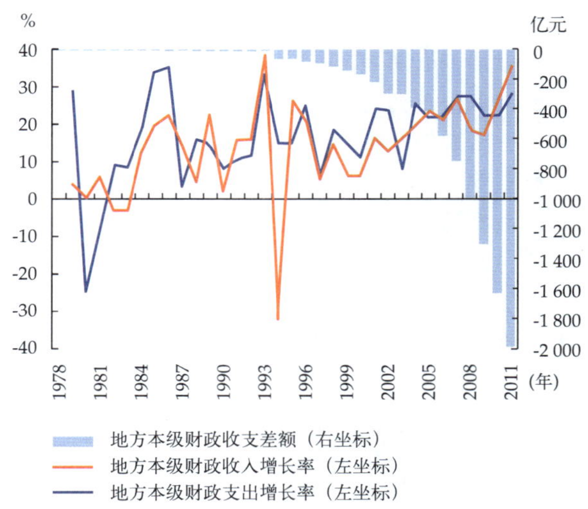

数据来源：湖南省统计局。

图12　1978～2011年湖南省财政收支状况

障和就业、医疗卫生、城乡社区事务、农林水事务、住房保障等方面的财政支出增长28.3%，占财政支出的比重达43.2%。

（五）节能减排力度加大，生活环境逐步改善

2011年湖南省出台“十二五”节能减排综合性工作方案，在加大产业结构调整力度的同时，不断深化节能减排目标考核、强化环境执法和应急管理，节能减排工作取得实质性进展。全年规模工业单位增加值能耗下降9%，113家企业被列入国家关闭小企业计划；化学需氧量、氨氮和二氧化硫等主要污染监测指标较上年分别下降2.7%、2.7%和3.4%，全面完成年初计划。全年重点生态功能区保护和建设进展顺利，完成退耕还林94.2万亩，森林覆盖率稳定在57%。居民生活环境得到改善，城镇生活垃圾无害化处理率达到65.4%，农村饮水安全工程解决了319.6万农民的饮水问题。

专栏2 十年来湖南“猪周期”特征及其对CPI的影响分析

市场经济环境下，生猪产量和价格每隔一段时间就会出现一次较大的涨跌，一个完整的涨跌过程为一个周期，这种变化规律被称为“生猪生产周期性波动”(以下简称“猪周期”)。湖南省是我国生猪养殖第二大省、生猪外销第一大省，2011年出栏生猪5 575.9万头，湖南省“猪周期”的波动对于全国猪肉价格的涨跌及湖南省CPI的变动均有重要影响。

一个完整的“猪周期”约为36个月，上涨和下跌各为18个月左右。2001年以来，湖南已经历了三轮“猪周期”，本轮周期波动始于2010年第三季度，市场供不应求的形势促使湖南生猪价格快速上涨，涨幅于2011年9月见顶后开始逐步回落，当前正处于周期的下跌阶段。“猪周期”具有两个特点：一是呈年内U形变化，以年度为时间段，气温变化和我国传统节日决定了年内猪肉价格呈“先高后低再高”的U形走势。二是波动幅度大。猪肉作为我国居民最主要的副食品消费种类，其需求价格弹性极低，供给主要取决于生猪出栏量，而生猪作为鲜活商品库存难的特性以及生猪养殖业疫病频发的特点，导致生猪市场供给的不稳定性高于其他商品。

分别将2001年以来湖南生猪出售价格指数及生猪出栏指数与CPI数据进行相关分析，在95%的置信度下，二者与CPI的相关系数均超过0.9，表明“猪周期”的变化与CPI的涨跌之间具有高度的正相关；Granger因果检验结果也表明，生猪出售价格指数和出栏指数的变化均是CPI变动的原因。在市场整体价格持续上涨或下跌时期，猪肉价格往往领涨或领跌CPI，对CPI上涨或下跌有较大的推动作用，是撬动CPI的主要杠杆之一。“猪周期”之所以对CPI的变动有如此大的影响力，有三方面重要原因：一是猪肉在构成CPI的一揽子商品中权重最大，2011年构成湖南省CPI的262个基本商品中，猪肉权重达3.8%；二是猪肉价格涨跌对于相关肉禽及其制品具有明显的比价效应，如在猪价涨幅较大的2004年、2007年湖南省肉禽及其制品价格分别紧跟上涨21.5%、33.4%；三是猪肉消费的鲜活特性及生猪生产的长周期性决定了其既难以通过库存平抑供给，也难以在短时间内扩大供给，猪肉价格的刚性变化会较直接迅速地传导至CPI。

根据湖南“猪周期”与CPI的联动关系，考虑到当前猪肉存栏增长较快，预计2012年湖南猪肉价格将呈下降态势，降幅在20%左右，影响湖南省CPI约1个百分点。

（六）房地产业调控效果逐步显现，工程机械制造业湘军领跑

1. 宏观调控效应逐步显现，房地产市场发展趋缓回稳。2011年，随着房地产调控政策效应的进一步显现，房地产价格涨幅有所趋缓，全省房地产市场平稳健康发展，总体供求基本平衡。

（1）房地产开发投资平稳增长，增速总体呈下降态势。2011年，全省共完成房地产开发投资1 896.7亿元，居全国第15位，同比增长29.1%，比上年下降6.4个百分点，比1～6月、1～9月分别回落7.6个和5.5个百分点。

（2）供给稳步增长，结构有所改善。1～12月，全省商品房施工面积、竣工面积分别增长23.3%、17.4%，但受房地产调控预期影响，新开工面积增幅同比下降10.5个百分点（见图13）。年内保障性住房建设进度加快，新开工46.6万套，较上年大幅多增31.4万套。大量保障房的逐步上市，将对全省住宅供应结构调整、房价合理回归产生积极作用。

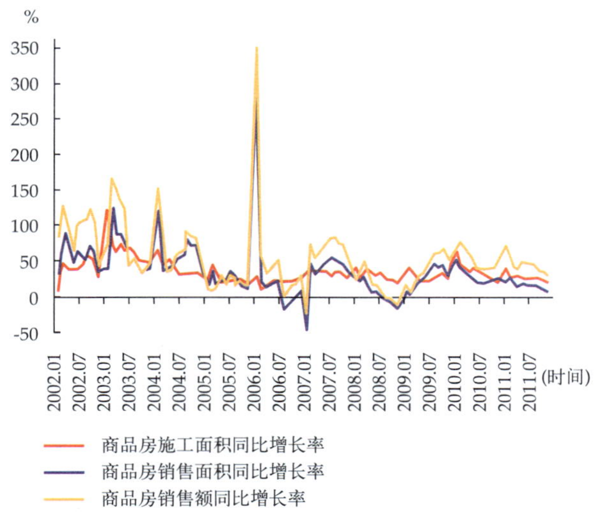

数据来源：湖南省统计局。

图13　2002～2011年湖南省商品房施工和销售变动趋势

（3）商品房消费热情逐步降温。随着房地产调控政策效应进一步显现，全年商品房销售形势先扬后抑，呈倒V形走势。1～12月，全省商品房累计销售面积同比增长9.1%，较1～6月回落11.6个百分点，完成销售额增速同比下降17.7个百分点。其中，长沙市商品房销售面积增速回落至-10.7%，低于全省平均水平19.8个百分点；购房者持币观望气氛趋浓，商品房待售面积同比增长73.8%。

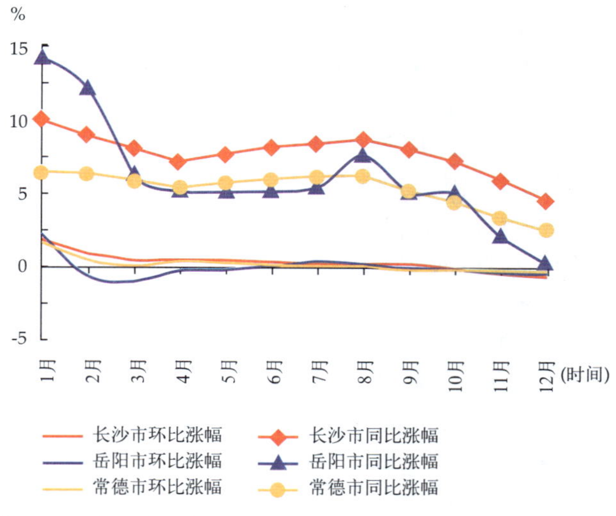

数据来源：湖南省统计局。

图14　2011年长沙、岳阳、常德新建住宅销售价格指数变动趋势

（4）房价涨幅有所趋缓。2011年全省商品住宅均价为3 526元/平方米，上涨9%，同比回落8.3个百分点（见图14）。长沙市商品住宅均价持续多月上扬的态势从10月起得到有效遏制，全年商品住宅均价上涨4.6%，低于上年同期5个百分点。常德市全年新建住宅销售价格指数波动情况与长沙市基本一致。岳阳市新建住宅销售价格指数从8月起连续4个月涨幅出现较大回落，年末新建住宅销售价格指数较年初回落14个百分点。

（5）房地产信贷增速趋缓，贷款结构不断优化。年末房地产贷款余额同比下降13.1个百分点，增速连续12个月回落。贷款投向结构优化，差别化住房贷款政策执行有力。个人住房贷款增速高于开发贷款增速12.5个百分点；保障性住房贷款占全部开发贷款的比重较上年大幅提高19个百分点；贷款支持90平方米以下自住型住房套数和金额占全部户型的比重同比分别提高2.9个和1.8个百分点。全省个人住房贷款利率逐季度走高，较上年度提高1.9个百分点。

2. 工程机械制造业湘军领跑，行业优势凸显。

近年来，湖南省工程机械产业快速发展，龙头企业迅速崛起，产业竞争力大幅提升，在国际、国内市场中占据了重要位置。2011年，全省工程机械制造业完成总产值1 851.4亿元，同比快速增长62.9%，主营业务销售收入占全国同行业的比重超过1/3。

湖南省工程机械制造业主要呈现以下特点：一是产业规模迅速壮大。“十一五”期间，湖南省工程机械产业增加值、主营业务收入和利润分别增长13倍、14倍和21倍，形成了以中联重科、三一重工、山河智能等为龙头企业的一批工程机械制造业湘军品牌，湖南成为我国最大的工程机械制造基地之一。二是科技创新能力强。全年行业新产品产值同比较快增长73.5%，占全部产品产值的比重达39.8%。日本地震救援期间，三一重工自主研发的62米混凝土泵车驰援福岛核电站，向世界展示了工程机械“湖南创造”的新形象。三是企业“走出去”步伐加快。一方面，湖南工程机械产业出口规模日益增长，2011年出口交货值较上年快速增长81.3%；另一方面，加大海外并购力度，并逐步在德国、美国等传统工程机械强国设立研发机构和产业园，加快在全球的产业布局。

在工程机械产业集群高速发展过程中，湖南金融机构积极跟进，通过加大信贷支持力度、为企业量身打造工程机械按揭贷款和融资租赁保理等十余项金融创新产品和服务、拓展直接融资渠道等多种方式，不断满足工程机械湘军快速发展壮大过程中多层次、多元化融资需求，较好地发挥了金融助推作用。

三、预测与展望

2012年是“十二五”规划承上启下的关键一年，也是湖南省全面落实科学发展观、加快发展方式转变、实现“稳中求进、进中求好”的重要一年。总体上，全省经济有望继续保持平稳较快增长，预计全年地区生产总值增速为11%左右。

从国际看，欧债危机仍在恶化，新兴市场国家经济增速放缓，世界经济复苏的不稳定性、不确定性上升。从国内看，经济增长的内生动力仍较充足，但也面临外需减弱、经济转型及中长期物价上涨等影响因素，经济增速回调压力加大。从省内情况看，随着“四化两型”建设的深入推进及环长株潭、湘南、大湘西三大区域经济板块相继进入国家战略层面，全省加快实施“三个一”项目进度，固定资产投资将继续保持较快增速，预计全年增长22%左右。消费方面，居民持续增收、消费结构升级、物价水平回落等因素都将推动居民消费需求继续保持旺盛，预计消费增速将维持上年水平。从进出口看，对外经济开放度的不断提升及投资环境的显著改善有望继续拉升对外直接投资，新引进的富士康等重要出口企业的投产也将有效拉动湖南对外贸易总量继续增长，但外贸增速仍可能放缓。总体上看，2012年湖南经济将保持平稳较快发展。

物价方面，短期内受食品和居住类价格拉动价格上涨动力的减弱及PPI明显回落等因素影响，物价涨幅有望逐步回落，但农产品价格结构性上涨、劳动力成本上升、资源品价格改革等因素将在中长期内推动CPI上行，预计全年CPI涨幅同比回落1个百分点左右。

从金融形势看，2012年国家将继续实施积极的财政政策和稳健的货币政策，总体上湖南省金融将继续保持平稳运行，但信贷供求矛盾、房地产与落后产能行业的潜在信贷风险问题仍不容忽视。中国人民银行长沙中心支行将认真贯彻落实中央经济工作会议和全国金融工作会议精神，根据中国人民银行总行的统一部署，把握“稳中求进”的工作总基调，按照“总量适度、审慎灵活、结构优化”的要求，引导全省金融机构保持货币信贷总量合理适度增长，加大金融创新力度，提升重点领域和薄弱环节的金融服务水平，进一步加强金融风险防范，更好地服务地方经济发展和经济结构调整大局。

中国人民银行长沙中心支行货币政策分析小组
负责人：马天禄　张瑞怀
统　稿：廖鹤琳　罗雪飞　郭保荣
执　笔：曾宪冬　罗　栋　向　柳　司马亚玺　李志刚　郭　卉　姜　超　丁锐夫　谢俊峰
提供材料的还有：许均平　刘孟飞　覃兆勇　李　杜　徐　勇　刘　玫　赵　晶　杨富勇

附录

（一）2011年湖南省经济金融大事记

2月11日，湖南省政府与中国保监会在长沙签署《关于进一步发挥保险功能促进长株潭城市群“两型社会”建设合作备忘录》。

7月9日，国家超级计算长沙中心建成启用，计算能力达每秒300万亿次，标志着湖南省超级计算服务支撑能力迈入全国前列。

7月22日，总部及注册地均在湖南省的保险机构——吉祥人寿保险股份有限公司获中国保监会批准设立，结束了湖南省本土无保险法人机构的历史，标志着湖南省较为完善的地方金融服务体系初步建立。

8月10日，方正证券股份有限公司作为湖南省首家上市的金融企业登陆上海证券交易所，共募集资金58.5亿元，成为湖南省历史上最大规模的IPO。

8月23日，湖南省跨境贸易人民币结算业务正式启动，年末，跨境人民币业务覆盖全省14个市州，累计办理业务52.9亿元。

9月19日，袁隆平院士领衔的科研团队实现超级杂交稻百亩片平均亩产926.6公斤，刷新水稻大面积亩产世界纪录。

9月30日，湖南省作为全国唯一试点省份正式启动机构信用代码应用试点工作，年内为全省31万户机构发放了机构信用代码证。

10月26日，国家发展改革委正式批准湘南地区为国家级承接产业转移示范区，对湖南省承接产业转移和发展开放型经济具有重要意义。

12月5日，中国人民银行长沙中心支行会同九部门出台《金融支持湖南省战略性新兴产业加快发展意见》（长银发[2011]193号）。

2011年，湖南省农村金融组织取得跨越式发展，年内新增4家村镇银行，6家由县级农村信用联社组建的农村商业银行挂牌营业。

（二）2011年湖南省主要经济金融指标

表1　2011年湖南省主要存贷款指标

		1月	2月	3月	4月	5月	6月	7月	8月	9月	10月	11月	12月
本外币	金融机构各项存款余额（亿元）	16 891.4	17 471.5	18 009.1	17 917.2	18 167.9	18 538.5	18 412.8	18 714.2	18 834.7	18 915.7	19 166.9	19 444.1
	其中：储蓄存款	9 703.6	10 013.9	10 162.9	10 048.3	10 089.3	10 329.9	10 250.3	10 287	10 427.9	10 333.4	10 401.7	10 652.7
	单位存款	6 532.1	6 655.1	7 107.8	7 044.9	7 251.3	7 335.5	7 261.1	7 445.5	7 492	7560	7 735.4	7 996.5
	各项存款余额比上月增加（亿元）	290.6	580.1	537.6	-92	250.8	370.6	-125.4	301.3	120.6	81	251.2	277.2
	金融机构各项存款同比增长（%）	17.3	17.9	17.7	15.9	15.9	15.4	15.3	15.5	14.6	15.7	16.5	17.1
	金融机构各项贷款余额（亿元）	11 740	11 886.2	12 018.9	12 176.8	12 334.5	12 514.8	12 635.4	12 782.5	12 945.2	13 103.7	13 282.4	13 462.5
	其中：短期	3 708.5	3 801.4	3 809.6	3 828.6	3 842.4	3 948.5	3 953.9	3 938.1	3 975.2	4 006.7	4 087.4	4 134.6
	中长期	7 834.1	7 902.5	8 034.3	8 158.6	8 294.5	8 372.3	8 492.3	8 647.1	8 782.5	8 920.7	8 999.6	9 120.7
	票据融资	190.4	175.1	167.7	182.3	189.9	186.5	182	190.1	180.4	169.1	188.1	199.9
	各项贷款余额比上月增加（亿元）	291.7	146.3	199.3	157.9	157.7	180.2	123.4	147.1	162.7	158.5	178.8	180.1
	其中：短期	83.9	92.9	8.1	19	13.8	106.1	5.4	-15.8	37.2	31.5	80.7	47.2
	中长期	215.3	68.7	131.8	124.3	135.9	77.8	119.9	155.5	135.5	138.2	78.9	121.1
	票据融资	-8.1	-15.3	-7.4	14.6	7.6	-3.3	-4.5	8.1	-9.6	-11.3	19	11.8
	金融机构各项贷款同比增长（%）	20.3	19.2	19.1	18.5	17.7	17.9	18.3	18	17.3	17.4	17	18.1
	其中：短期	15.9	16.1	17.9	16.3	16	18.2	18	16.1	13.8	13.2	14	16.3
	中长期	26.5	24.6	23.1	22.5	22.2	20.9	20.5	20.9	20.8	21.3	19.9	19.8
	票据融资	-44.2	-47	-45.4	-39.9	-46.7	-43	-31.6	-29.2	-33.2	-32.6	-23.1	0.7
	建筑业贷款余额（亿元）	417.6	341.6	349.6	346.7	356.5	354.6	400.4	389.3	382.8	370.3	375.2	389.2
	房地产业贷款余额（亿元）	2 285	2 322.4	2 354.7	2 394.9	2 444.2	2 487.6	2 497.6	2 536.9	2 570.2	2 607.4	2 655.8	2 691
	建筑业贷款同比增长（%）	33.7	1.2	4.8	1.9	4.6	3	24.5	19.4	15.3	9.7	7.3	14
	房地产业贷款同比增长（%）	40.8	37.5	35.3	32.3	31.8	30.8	29.2	29	27	26.9	26.8	25.9
人民币	金融机构各项存款余额（亿元）	16 780	17 366.5	17 894.2	17 821.3	18 060	18 433.1	18 300.7	18 595	18 704.9	18 798.6	19 047.2	19 334.7
	其中：储蓄存款	9 665	9 977.7	10 127	10 011.9	10 052.1	10 291.5	10 214.1	10 250.8	10 389.4	10 295.3	10 362.8	10 612.8
	单位存款	6 462	6 590.6	7 031.4	6 987.5	7 182.6	7 271.3	7 188.8	7 366.4	7 404.2	7 484.5	7 657.6	7 929.2
	各项存款余额比上月增加（亿元）	269	587	527.7	-72.9	238.7	373.1	-132.4	294.3	109.9	93.7	248.6	287.5
	其中：储蓄存款	640	312.7	149.3	-115.2	40.2	239.5	-77.4	36.8	138.6	-94.1	67.5	249.9
	单位存款	-260	128.5	440.7	-43.9	195.2	88.7	-82.5	177.6	37.7	80.3	173.1	271.7
	各项存款同比增长（%）	17	17.7	17.4	15.7	15.7	15.2	15.1	15.2	14.4	15.6	16.4	17.1
	其中：储蓄存款	22.6	16.2	16.6	16	16.2	17.1	16.9	16.2	15	16.2	16.6	17.6
	单位存款	—	—	—	—	—	—	—	—	—	—	—	—
	金融机构各项贷款余额（亿元）	11 513	11 659.1	11 783.4	11 941	12 090	12 259.7	12 374.3	12 518.4	12 653.7	12 823.3	12 995.7	13 186.7
	其中：个人消费贷款	1 431.8	1 445.1	1 489.8	1 525.1	1 567.1	1 624.4	1 646.2	1 682.6	1 704.3	1 738.2	1 776.4	1 817.7
	票据融资	190.4	175.1	167.7	182.3	189.9	183.7	182	190.1	180.4	169.1	188.1	199.9
	各项贷款余额比上月增加（亿元）	282.7	146.1	190.8	157.6	149	169.7	114.6	144.2	135.2	169.6	172.5	190.9
	其中：个人消费贷款	52.2	13.3	44.7	35.3	42.1	57.3	21.7	36.5	21.7	33.9	38.2	41.3
	票据融资	-8.1	-15.4	-7.4	14.6	7.6	-6.1	-1.8	8.1	-9.6	-11.3	19	11.8
	金融机构各项贷款同比增长（%）	20	18.9	18.8	18.2	17.3	17.3	17.7	17.5	16.8	17.1	16.7	17.9
	其中：个人消费贷款	52.2	47.7	46	41.5	39.6	39.1	37.8	36.8	34.2	34.2	33.7	31.5
	票据融资	-44.2	-47	-45.4	-39.9	-46.7	-43	-31.6	-29.2	-33.2	-32.6	-23.1	0.7
外币	金融机构外币存款余额（亿美元）	17	16	17.5	14.8	16.6	16.3	17.4	18.7	20.4	18.5	18.8	17.4
	金融机构外币存款同比增长（%）	35.9	39.3	42.2	12.3	28.3	28.8	34	49	46.8	41	43.5	27.3
	金融机构外币贷款余额（亿美元）	34.4	34.5	35.9	36.3	37.7	39	40.5	41.3	45.9	44.3	45.2	43.8
	金融机构外币贷款同比增长（%）	38.1	34.5	34	32	42.7	51.7	51.1	54.9	56.5	44	42.6	33

数据来源：中国人民银行长沙中心支行。

表2　2001～2011年湖南省各类价格指数

单位：%

年/月	居民消费价格指数		农业生产资料价格指数		工业生产者购进价格指数		工业生产者出厂价格指数		长沙市新建住宅销售价格指数	长沙市房屋租赁价格指数	长沙市土地交易价格指数
	当月同比	累计同比	当月同比	累计同比	当月同比	累计同比	当月同比	累计同比	当月同比	当季同比	当季同比
2001	—	-0.9	—	-1.6	—	1.1	—	-0.2	—	2.5	3.3
2002	—	-0.5	—	-2	—	-0.7	—	-0.8	—	1.7	1.1
2003	—	2.4	—	2.6	—	6.7	—	2.6	—	1	0.9
2004	—	5.1	—	12.1	—	14.4	—	8	—	2.1	3.1
2005	—	2.3	—	11.2	—	9.4	—	6	—	1.6	6.2
2006	—	1.4	—	0.7	—	6.5	—	4.3	—	3.3	1.4
2007	—	5.6	—	13	—	6.1	—	6.1	—	0.9	15.8
2008	—	6	—	26.5	—	12	—	9.3	—	0	3.1
2009	—	-0.4	—	-5	—	-7.4	—	-5.7	—	0.6	4.1
2010	—	3.1	—	1.4	—	10	—	6.9	—	3.7	9
2011	—	5.5	—	10.9	—	10.8	—	8.5	—	1.2	11.8
2010　1	0.6	0.6	-2.6	-2.6	6.2	6.2	4.9	4.9	8.8	—	—
2	2.1	1.3	-1.4	-2	8.6	7.4	5.3	5.1	10.3	—	—
3	2.1	1.6	-0.9	-1.6	10.2	8.3	6.5	5.6	11.4	0.6	4.7
4	2.7	1.9	-0.2	-1.3	11.1	9	7.7	6.1	11.9	—	—
5	3.1	2.1	0.5	-0.9	11.1	9.4	8.2	6.5	11.2	—	—
6	3.3	2.3	1.9	-0.5	11.1	9.7	6.6	6.5	10.4	0.6	4.7
7	3.5	2.5	0.4	-0.3	9.2	9.6	6.2	6.5	9.1	—	—
8	3.4	2.6	1.4	-0.1	8.2	9.5	5.8	6.4	8.3	—	—
9	3.5	2.7	1.9	0.1	8.7	9.4	6.1	6.4	8.6	2.6	7.4
10	4	2.8	4	0.5	10.6	9.5	7.7	6.5	7.9	—	—
11	4.6	3	6.1	1	12.4	9.8	8.6	6.7	7.6	—	—
12	4.6	3.1	5.9	1.4	12.6	10	9.2	6.9	9.6	3.7	9
2011　1	5.6	5.6	6.3	6.3	11.1	11.1	8.4	8.4	9.9	—	—
2	6.1	5.9	5.9	6.1	12	11.6	9.3	8.9	8.9	—	—
3	6	5.9	7.6	6.6	12.2	11.8	9.5	9.1	8.1	6.8	11.5
4	6	5.9	10	7.4	11.9	11.8	9.3	9.1	7.1	—	—
5	5.6	5.9	11.6	8.3	12.5	11.9	9.4	9.2	7.7	—	—
6	5.9	5.9	13.3	9.1	11.9	11.9	10.5	9.4	8.2	6.4	10.1
7	6	5.9	15.4	10	13.3	12.1	10.8	9.6	8.4	—	—
8	6	5.9	15.9	10.7	13.3	12.3	10.1	9.7	8.7	—	—
9	6	5.9	15	11.2	12.5	12.3	9.5	9.6	8.1	3.1	12
10	5.4	5.9	13.6	11.5	9.7	12	7.6	9.4	7.3	—	—
11	4.3	5.7	8.6	11.2	5.8	11.5	4.9	9	6.0	—	—
12	3.6	5.5	7.9	10.9	4.2	10.8	3	8.5	4.6	1.2	11.8

数据来源：湖南省统计局。

表3　2011年湖南省主要经济指标

	1月	2月	3月	4月	5月	6月	7月	8月	9月	10月	11月	12月
绝对值（自年初累计）												
地区生产总值(亿元)	—	—	3 646.6	—	—	8 762.7	—	—	13 625.3	—	—	19 635.2
第一产业	—	—	341.5	—	—	925.7	—	—	1 781.6	—	—	2 733.7
第二产业	—	—	1 778.5	—	—	4 286.1	—	—	6 504.4	—	—	9 324.7
第三产业	—	—	1 526.6	—	—	3 550.9	—	—	5 339.3	—	—	7 576.8
固定资产投资(亿元)	—	610	1 387.1	2 210.8	3 136.7	4 319.4	5 270.2	6 100.4	7 185.7	8 321.9	9 456.1	10 565.7
房地产开发投资	—	138	305.8	446.9	608.9	809.9	972.5	1 143.6	1 324.1	1 512.3	1 681.7	1 896.7
社会消费品零售总额(亿元)	547.9	1 097.7	1 553.8	2 030.1	2 573.1	3 144.5	3 703.4	4 245	4 845.9	5 486.6	6 098.4	6 809
外贸进出口总额(万美元)	15.5	25.9	41.3	57.3	72.7	90.3	105.8	123.8	139.8	154.6	171.8	190
进口	7.9	13.3	20.5	28.3	36.1	45.2	52.5	61.7	69.2	76	83.3	91
出口	7.6	12.5	20.8	29	36.6	45.1	53.4	62.1	70.7	78.7	88.5	99
进出口差额(出口－进口)	-0.3	-0.8	0.3	0.7	0.4	-0.1	0.9	0.4	1.5	2.7	5.2	7.9
外商实际直接投资(万美元)	55 000	96 000	154 000	214 000	277 000	344 000	367 000	404 000	460 000	529 000	580 000	615 000
地方财政收支差额(亿元)	-227.8	-205.4	130.5	-412.7	-561.7	-659.3	-762.4	-915.4	-1 073.6	-1 172.4	-1 329.8	-1 996.5
地方财政收入	129.3	205.1	326.6	445.3	559.6	732.8	839.8	935.4	1 044.7	1 161.4	1 256	1 466.3
地方财政支出	357.1	410.5	633	858	1 121.3	1 392.1	1 602.2	1 850.8	2 118.3	2 333.8	2 585.8	3 462.8
城镇登记失业率(%)（季度)	—	—	4.2	—	—	4.2	—	—	4.2	—	—	4.2
同比累计增长率（%）												
地区生产总值	—	—	13.9	—	—	13.4	—	—	12.9	—	—	12.8
第一产业	—	—	3.2	—	—	3	—	—	3.6	—	—	4.2
第二产业	—	—	19	—	—	17.6	—	—	16.7	—	—	17
第三产业	—	—	11	—	—	11	—	—	11.3	—	—	11
工业增加值	—	20.2	21.8	21.3	20.5	20.4	19.9	19.8	19.5	19.3	19.8	20.1
固定资产投资	—	30.9	32.4	34.2	32.4	30.9	30.8	30.5	29.8	29	28	27.6
房地产开发投资	—	37.7	34.6	30.8	34.3	36.7	35.4	35.4	34.6	34.1	31	29.1
社会消费品零售总额	20.1	18.6	17	17.5	17.2	17.4	17.6	17.6	17.7	17.7	17.8	17.9
外贸进出口总额	75.4	48.6	51	46.3	44.1	43.9	39.8	41.6	36.3	33.7	30.4	29.6
进口	96.2	64.4	59.2	52.4	57.2	59.5	51.1	55.6	45.7	43.6	38.3	35.9
出口	58.5	34.9	43.7	40.9	33.1	31.1	30.3	30	28.3	25.3	23.7	24.4
外商实际直接投资	26.9	26.6	20.9	25.3	27.8	23.9	16.5	15.9	15.1	17.5	16.7	18.6
地方财政收入	39.4	37.8	34.2	36.6	36.6	37	37.5	36.2	34.8	36.8	35.4	35.6
地方财政支出	111.6	52.9	44.9	39.3	48.6	40.1	39.3	38.6	35.2	35.8	32.9	28.1

数据来源：湖南省统计局。

2011年广东省金融运行报告

中国人民银行广州分行货币政策分析小组

[内容摘要] 2011年，广东全面贯彻国家宏观调控政策，大力实施珠三角规划纲要和“十二五”规划，经济平稳较快增长，结构调整有力有效。经济发展的内生动力增强，外经贸转型升级步伐加快，服务业占比上升，物价涨势由快趋缓，民生支出力度加大，节能减排工作成效明显。

广东金融部门认真贯彻落实稳健的货币政策，主动应对经济转型需求，着力加大对实体经济的支持力度。银行业稳健发展，货币信贷适度增长，证券业运行平稳，保险业持续发展，金融改革取得新进展，社会融资结构多元化，金融生态环境继续改善。

2012年，广东将紧紧围绕“加快转型升级、建设‘幸福广东’”的核心任务，突出把握好“稳中求进”的工作总基调，继续改革创新、先行先试，积极实施扩大内需和自主创新战略，力促经济金融平稳健康发展。

一、金融运行情况

2011年，面对复杂的国内外经济形势，广东金融部门认真贯彻落实稳健的货币政策，主动应对经济转型需求，着力提高对实体经济的服务水平。金融机构改革扎实推进，金融合作进一步深化，金融生态环境继续改善。

（一）银行业稳健发展，货币信贷适度增长

1. 银行业规模、效益稳步提升。2011年，广东银行业金融机构资产总额继续增长，资产质量不断改善，年末资产总额达到12.1万亿元，同比增长14.0%；不良贷款率为1.45%，同比下降0.47个百分点。盈利能力进一步提升，全年实现净利润1 592.2亿元，同比增长30.6%。营业网点和从业人员持续增加，全年分别新增240个和14 083人，同比分别增长1.6%和5.3%（见表1）。新型农村金融机构发展迅速，截至2011年年末，村镇银行达到25家，其中，当年新筹建14家。

表1　2011年广东省银行业金融机构情况

机构类别	营业网点			法人机构（个）
	机构个数（个）	从业人数（人）	资产总额（亿元）	
一、大型商业银行	5 958	139 416	58 257	0
二、国家开发银行和政策性银行	82	2 337	5 087	0
三、股份制商业银行	1 022	34 961	26 292	3
四、城市商业银行	392	14 028	8 592	6
五、农村合作机构	5 776	66 108	13 318	112
六、财务公司	12	553	986	11
七、信托公司	6	1 185	295	5
八、邮政储蓄银行	1 925	11 858	2 798	0
九、外资银行	181	8 716	4 292	21
十、新型农村金融机构	35	753	160	25
十一、其他	4	634	961	3
合　计	15 393	280 549	121 037	186

注：①营业网点不包括总部。
②农村合作金融机构包含农村信用社和农村商业银行。
③新型农村金融机构指村镇银行。
④外资银行法人机构个数包含外国银行在华分行。
⑤“其他”包含1家金融租赁公司、1家汽车金融公司、1家货币金融公司。

数据来源：中国人民银行广州分行、广东银监局、深圳银监局。

2. 存款同比少增，季节性波动明显。2011年年末，广东省本外币各项存款余额为91 590.2亿元，同比增长11.8%，增速较上年年末下降5.9个百分点（见图1、图3）。在投资意识增强和金融产品创新作用下，社会资金从银行的分流增加，全年人民币存款同比少增2 830.0亿元；受金融机构业绩和存贷比考核等因素影响，人民币存款呈现“季度末冲高、季度初回落”现象，稳定性明显减弱。受派生存款减少和企业生产经营用款增多影响，人民币单位存款同比少增2 204.3亿元；理财产品分流使储蓄存款增长放缓，年末人民币储蓄存款余额同比增长

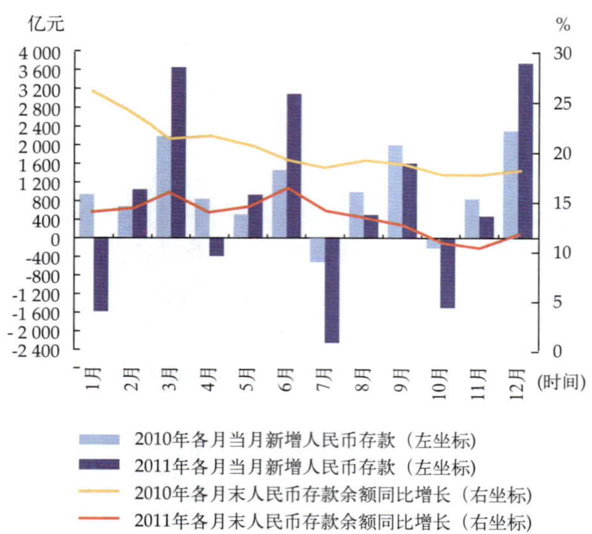

数据来源：中国人民银行广州分行。

图1　2010～2011年广东省金融机构人民币存款增长变化

10.8%，较上年年末下降4.8个百分点。在股市、楼市低迷背景下，企业和居民将资金转为定期存款的行为增加，全年人民币单位和个人定期存款比活期存款多增811.4亿元。外币存款波动增长，第四季度以来受人民币汇率升值预期变化等因素影响增加较多。

3. 贷款平稳适度增长，信贷结构不断优化。2011年年末，广东省本外币各项贷款余额为58 611.2亿元，同比增长13.4%，增速较上年年末下降3.0个百分点。其中，人民币贷款全年新增6 327.6亿元（见图2、图3）。从投放节奏看，第一至第四季度人民币贷款增量之比为2.7∶2.8∶2.0∶2.3，符合信贷调控政策要求，特别是第四季度在货币政策预调微调的作用下，贷款增量有所回升，对地方经济平稳健康发展起到了积极促进作用。从贷款期限看，短期贷款的增长明显加快，中长期贷款增速下滑，资金使用效率提高。年末，人民币短期贷款余额同比增长23.0%，连续7个月保持上升态势，全年新增2 673.5亿元，同比大幅多增885.7亿元，且主要集中在单位经营贷款，有效地缓解了中小企业经营压力；人民币中长期贷款余额同比增长9.1%，增速同比下降22.0个百分点。受人民币汇率升值预期变化影响，外币贷款先增后减，前三个季度新增131.6亿美元，第四季度减少1.6亿美元。

信贷结构继续优化，对广东经济结构调整和产业转型升级形成有力支持。一是投向实体经济的制造业和批发零售业的贷款增长突出，全年新增贷款占比分别提高12.0个和12.9个百分点。二是对中小企业、欠发达地区及县域经济等实体经济薄弱环节的信贷支持力度明显加大。全年中小企业新增贷款占全部企业贷款的比重为71.5%，同比提高6.5个百分点。年末，非珠三角地区贷款、县域贷款、涉农贷款余额同比增速分别比全省水平快4.8个、7.9个和6.3个百分点。三是支持民生改善贷款继续增加。年末，国家助学贷款余额达到17.4亿元，同比增长15%；小额担保贷款余额为5.1亿元，是上年的2.1倍。

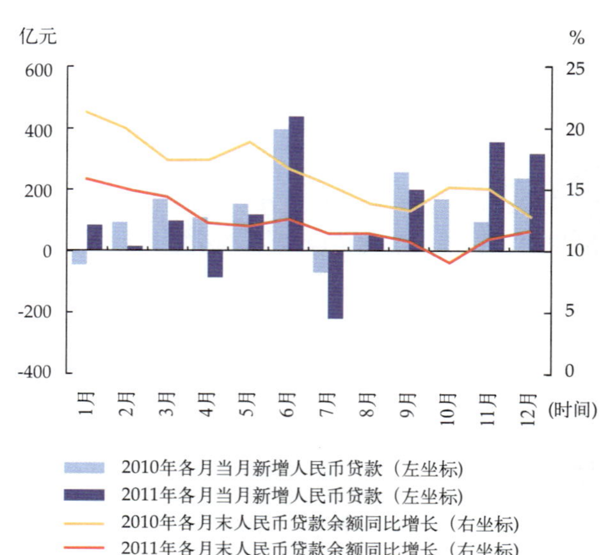

数据来源：中国人民银行广州分行。

图2　2010～2011年广东省金融机构人民币贷款增长变化

中国人民银行广州分行积极运用再贴现、支农再贷款等货币政策工具，加大对“三农”、中小企业等领域的金融支持力度，2011年累计办理再贴现90.8亿元，其中，解决中小企业需求占比81%；累计发放支农再贷款8.2亿元，是上年的3.7倍。

4. 本外币存贷款利率水平上升，银行体系流动性有所趋紧。随着稳健的货币政策的逐步贯彻落实，金融机构贷款利率水平有所上升。2011年广东人民币贷款年加权平均利率为6.9919%，同比提高1.5312个百分点；基准利率上调后，广东人民币存

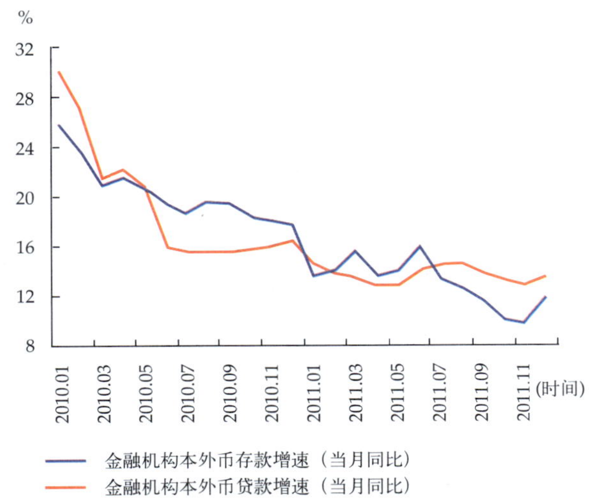

数据来源：中国人民银行广州分行。

图3　2010～2011年广东省金融机构本外币存、贷款增速变化

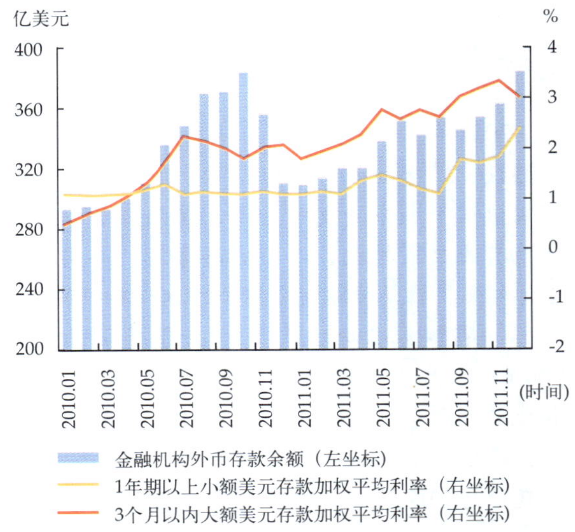

数据来源：中国人民银行广州分行。

图4　2010～2011年广东省金融机构外币存款余额及外币存款利率

表2　2011年广东省金融机构人民币贷款各利率区间占比

单位：%

月份		1月	2月	3月	4月	5月	6月
合计		100.0	100.0	100.0	100.0	100.0	100.0
[0.9～1.0)		28.8	23.6	19.6	14.3	16.8	8.9
1.0		28.6	34.9	31.5	23.1	23.6	27.9
上浮水平	小计	42.6	41.5	48.9	62.6	59.7	63.1
	(1.0～1.1]	23.1	21.6	22.8	24.3	22.8	24.7
	(1.1～1.3]	18.1	17.9	23.6	35.0	33.7	33.9
	(1.3～1.5]	1.2	1.9	2.3	2.8	2.8	4.2
	(1.5～2.0]	0.1	0.1	0.3	0.3	0.4	0.4
	2.0以上	0	0	0	0.2	0	0
月份		7月	8月	9月	10月	11月	12月
合计		100.0	100.0	100.0	100.0	100.0	100.0
[0.9～1.0)		8.7	3.5	4.1	3.3	9.4	3.4
1.0		34.5	26.8	24.1	23.0	19.8	22.9
上浮水平	小计	56.8	69.7	71.8	73.7	70.9	73.7
	(1.0～1.1]	20.0	21.4	25.0	29.2	25.0	28.8
	(1.1～1.3]	32.0	41.0	39.7	38.2	38.2	37.6
	(1.3～1.5]	4.3	6.0	6.3	5.4	6.5	6.3
	(1.5～2.0]	0.6	0.9	0.8	0.9	1.1	0.9
	2.0以上	0	0.3	0	0	0	0

数据来源：中国人民银行广州分行。

款利率有所上升。在欧债危机的影响下，美元成为避险工具，需求量扩大，存贷款利率水平上升（见图4）。受资本消耗大、理财产品分流存款等影响，全年金融机构增量存贷比为71.2%，同比上升12.1个百分点，银行体系流动性有所趋紧。

5. 地方法人金融机构改革发展步伐加快。广东发展银行更名为“广发银行”，积极筹备公开上市工作。广州银行引进加拿大丰业银行作为战略投资者工作取得进展。珠海市商业银行成功引入战略投资者华润集团，并更名为珠海华润银行。湛江市商业银行更名为广东南粤银行，加快向区域性商业银行转型的步伐。汕头市商业银行成功重组为广东华兴银行，破解了10年来困扰地方经济发展的金融难题。农村信用社产权改革加快。2011年，6家农村信用联社先后改制为农村商业银行，12家正在筹建农村商业银行。非银行金融机构重组工作继续推进。广州科技信托投资公司成功重组为大业信托有限责任公司。

6. 跨境人民币结算业务向纵深推进。2011年，广东跨境人民币结算业务发展加快，结算量在全国继续处于领先地位。截至2011年年末，全省累计办理跨境人民币结算业务7.54万笔，金额为8 705亿元，结算量占全国的三成多。其中，2011年新增结算量为6 513亿元，是2010年的3倍。在中国人民银行等各部门的努力下，跨境人民币结算业务配套政策措施和金融服务逐步完善，风险防控措施不断加强，政策效应进一步显现。

专栏1 粤港澳金融合作取得新进展

2011年，广东金融部门认真落实CEPA及补充协议、《粤港合作框架协议》、《粤澳合作框架协议》和中央支持香港、澳门经济社会发展的有关政策措施，不断完善粤港、粤澳金融合作机制，推动粤港澳金融合作取得新进展。

一是粤港澳跨境人民币业务全面开展。2011年，广东与港澳地区跨境人民币结算业务金额达到5 669.9亿元，占全省的87.1%。其中，跨境贸易人民币业务规模不断扩大，2011年累计为4 976.2亿元，比上年增长2.3倍；跨境人民币投融资活动日趋活跃，2011年直接投资项下人民币结算金额为364.1亿元，比上年增长3.9倍；金融同业人民币业务合作关系更加密切。截至2011年年末，在中国人民银行备案的广东省内代理行为港澳银行机构开立的人民币同业账户共135个，占全部境外银行开户数的77.6%。

二是涉港澳企业融资渠道不断拓宽。2011年，港资企业在内地银行间市场发行1期短期融资券，筹集资金3亿元；10家H股上市公司的广东母公司在内地银行间市场发行9期短期融资券和9期中期票据，累计筹资254.4亿元。

三是港资银行在广东的经营网络扩大。2011年，共有8家港资银行驻粤分支机构获批加入中国人民银行金融服务与管理体系。另外，佛山、东莞、湛江地区3家港资银行支行提出了加入中国人民银行金融服务与管理体系的申请。

四是粤港澳跨境贸易投资进一步便利化。取消进口付汇业务的联网核查手续及延期付款超期限登记等核准业务，便利港澳资企业贸易项下对外支付。妥善解决“三来一补”企业验资过程中报关单真实性无法核查等现实难题，帮助港澳资企业转型升级。2011年广东4家证券公司、4家基金管理公司的香港子公司合计获批80亿元的投资额度，占人民币合格境外机构投资者首批投资额度的40%。在港澳同胞聚居地、涉外酒店、机场和旅游景点增设开展本外币兑换业务的机构和网点，为粤港、粤澳跨境往来旅客提供方便、安全的货币兑换服务。

五是粤港澳支付结算合作取得新突破。2011年，“澳门通银联双币闪付卡”发行，可在内地所有带银联标识的机具上使用，实现了“南卡北用”和“北卡南用”；符合PBOC2.0标准的“牡丹中山通联名卡”发行，该卡可在中山和澳门两地的部分公交线路使用；珠海智能停车收费管理系统投入使用，使珠海和澳门两地发行的银行卡、金融IC卡均可通过咪表刷卡支付停车费。

（二）证券业发展放缓，市场成交量明显下降

1. 证券业经营受股市影响显著，证券公司利润明显下降。截至2011年年末，广东法人证券公司为22家，同比持平；基金管理公司和期货公司同比分别增加1家和减少1家（见表3）。证券基金公司发展放缓。2011年年末，广东证券公司资产总额为4 767.2亿元，同比下降18.7%；全年实现税后利润163.2亿元，同比下降44.6%。基金管理公司管理基金净值同比减少14.3%。期货公司保持平稳发展，年末总资产为340.4亿元，同比增长7.4%；全年实现净利润4.3亿元，同比增长6.7%。

表3 2011年广东省证券业基本情况

项目	数量
总部设在辖内的证券公司数（家）	22
总部设在辖内的基金公司数（家）	20
总部设在辖内的期货公司数（家）	24
年末国内上市公司数（家）	339
当年国内股票（A股）筹资（亿元）	1 013
当年发行H股筹资（亿元）	—
当年国内债券筹资（亿元）	1 363
其中：短期融资券筹资额（亿元）	501

数据来源：广东证监局、深圳证监局。

2. 市场成交量明显下降，上市公司市值和筹资额减少。2011年，广东证券公司股票基金交易金额为24.3万亿元，同比下降25.2%；期货公司代理

交易额为43.7万亿元，同比下降13.5%。广东积极推动优质企业改制上市，全年新增A股上市公司45家，年末上市公司数量达到339家（见表3）。但在资本市场低迷的情况下，上市公司市值和筹资额明显下降。年末上市公司总市值为23 831.0亿元，同比下降26.8%；全年上市公司融资总额为1 118.0亿元，同比下降19.5%。

（三）保险业稳步发展，服务保障功能继续显现

1. 保险机构继续扩大，保险结构不断优化。2011年，总部设在广东的保险公司新增2家，达到16家（见表4）；年末保险公司总资产达到4 002.3亿元，同比增长25.6%。保险结构不断优化。一是业务结构方面，产险中非车险业务占比同比提高了1.4个百分点，寿险中万能险和投连险业务占比仅为0.8%。二是渠道结构方面，个人代理业务占比同比上升了4.1个百分点，银行邮政业务占比同比下降了5.4个百分点，电话销售、网络销售、相互代理等新型渠道发展较快。

2. 经营效益不断向好，服务地方发展成效明显。2011年，广东保险业实现保费收入1 578.9亿元，同比增长11.1%；承保利润达33.2亿元。保险保障功能继续强化。全年保险业累计支付各类保险赔款398.7亿元，为全省重点产业、重大项目提供总额达9 000多亿元的风险保障服务；承担出口风险保障500多亿美元；为农业生产承担风险金额200多亿元，农房保险覆盖面超过90%。

表4　2011年广东省保险业基本情况

项目	数量
总部设在辖内的保险公司数（家）	16*
其中：财产险经营主体（家）	9
人身险经营主体（家）	5
保险公司分支机构（家）	82
其中：财产险公司分支机构（家）	40
人身险公司分支机构（家）	42
保费收入（中外资，亿元）	1 579
其中：财产险保费收入（中外资，亿元）	508
人身险保费收入（中外资，亿元）	1 071
各类赔款给付（中外资，亿元）	399
保险密度（元/人）	1 503
保险深度（%）	3

注：* 另两家保险公司为集团控股公司。
数据来源：广东保监局、深圳证监局。

（四）金融市场交易活跃，银行间直接融资发展提速

1. 银行间市场直接债务融资规模显著扩大。2011年，广东抓住全国债务融资工具市场加快发展的有利时机，以《借助银行间市场　助推广东省经济发展合作备忘录》的签署为契机，强化政策引导和支持，加快在发行总量、产品创新方面的突破。2011年全省非金融企业通过银行间市场累计发行债券1 257.5亿元，同比大幅增长61.3%。2011年11月3日，佛山市作为运用“区域集优”债务融资模式的全国首批地区，促成当地7家中小企业在银行间债券市场发行集合票据，共募集资金3.59亿元，取得了很好的示范效应。受资本市场行情低迷的影响，广东非金融企业股票融资规模下降（见表5）。

表5　2001～2011年广东省非金融机构部门贷款、债券和股票融资情况

单位：亿元、%

年份	融资量	比重		
		贷款	债券（含可转债）	股票
2001	1 392.9	97.4	0	2.6
2002	2 681.1	99.5	0	0.5
2003	3 677.9	98.2	0	1.8
2004	2 591.1	97.1	0	2.9
2005	2 208.5	99.2	0.7	0.1
2006	3 484.3	88.2	3.5	8.3
2007	6 151.8	76.6	3.7	19.7
2008	4 856.7	82.3	8.4	9.3
2009	12 069.7	89.1	5.9	5.0
2010	9 463.3	77.0	8.6	14.4
2011	9 253.9	74.9	14.7	10.4

数据来源：中国人民银行广州分行、广东证监局、深圳证监局。

2. 货币市场交易活跃，利率水平冲高回落。2011年，广东金融机构通过全国银行间市场累计进行信用拆借8.0万亿元，同比增长30.6%，占全国交易总量的12.0%，居全国第3位；累计进行回购交易24.0万亿元，同比增长21.6%，占全国交易总量的12.1%，居全国第2位。从资金流向看，全国性大型商业银行多为净融出，地方性商业银行多为净

融入。受国际金融市场大幅波动及宏观调控因素影响，货币市场利率呈现"冲高回落"走势，且波幅增大。

3. 票据市场融资增加，利率水平明显上升。2011年，广东票据市场发展呈现"承兑业务持续增长、贴现业务总量回升"的态势。全年金融机构累计签发银行承兑汇票13 654.4亿元，同比增长25.8%；银行承兑汇票贴现累计发生额为28 664.3亿元，同比增长15.5%，商业承兑汇票贴现累计发生额为4 170.0亿元，同比增长10.2%（见表6）。在市场资金面趋紧的情况下，票据融资利率水平明显走高（见表7）。

4. 民间借贷量价齐升。在金融机构贷款投放回归常态的情况下，部分市场借款者转向民间融资，民间借贷量价齐升。广东地区民间借贷监测样本显示，户均借贷额从第一季度的5.6万元/户上升到12月的9.6万元/户，增长71.4%；企业和工商户样本加权平均年利率从第一季度的18.4%上升到12月的24.2%。

5. 外汇交易稳步增长，黄金市场交易活跃。2011年，广东省银行间外汇市场交易稳步上升，即期成交量同比增长8.7%。从市场结构看，仍保持高度集中的状态。一是美元交易占主导地位，其成交量占市场成交总量的98.0%；二是询价交易占主导地位，其成交量占市场成交总量的99.8%；三是广州、深圳市场占主导地位，其成交量分别占市场成交总量的53.7%和45.9%。在国际金价震荡上行的背景下，黄金市场交易活跃，成交量大幅攀升。2011年，上海黄金交易所广东会员累计黄金交易量达1 027.8吨，同比大幅增长58.5%。

表6　2011年广东省金融机构票据业务量统计

单位：亿元

季度	银行承兑汇票承兑		贴现			
			银行承兑汇票		商业承兑汇票	
	余额	累计发生额	余额	累计发生额	余额	累计发生额
1	4 854	3 021	940.8	6 639	114	1 040
2	5 318	6 247	1 283	13 923	109	2 107
3	5 254	9 913	1 467	20 772	117	3 022
4	5 660	13 645	1 272	28 665	86	4 170

数据来源：中国人民银行广州分行。

表7　2011年广东省金融机构票据贴现、转贴现利率

单位：%

季度	贴现		转贴现	
	银行承兑汇票	商业承兑汇票	票据买断	票据回购
1	6.8409	7.7006	5.4644	5.5475
2	6.7823	7.4628	5.7350	5.7331
3	9.5822	10.9320	7.4296	6.4093
4	10.1841	11.9513	8.2907	6.7455

数据来源：中国人民银行广州分行。

（五）金融生态环境建设深入推进

2011年，广东金融业以完善金融基础设施、加快金融服务创新为着力点，不断优化金融运行环境。一是制定了《关于加强广东省金融消费者保护工作的意见》，并在20个县域开展了金融消费者权益保护试点工作。二是扎实推进信用环境建设。出台《关于加强广东金融业信用建设的指导意见》，大力开展以诚信为核心的金融文化建设；加强以中小企业和农户信用信息为基础的征信体系建设，截至2011年年末，广东累计建立的中小企业和农户信用档案数分别达31.9万户和153.7万户；首创乡村金融服务站，促进边远农村金融发展。三是不断优化支付环境。推出全国首款大学城金融联名IC卡，制定《广东省推广银行卡助农取款服务工作实施方案》，签署《广深支付清算业务合作备忘录》，不断提高资金清算服务水平。

专栏2　建设乡村金融服务站　搭建农金对接新平台

一、乡村金融服务站建设的背景

广东梅州市地处粤东北山区，是农业大市。农业要发展、农民要致富，离不开金融的大力支持。但是，当地农村金融服务面临高成本、低收益、分散性、多样性及信息不对称等问题。为破解这些困境，中国人民银行梅州市中心支行提出了创设乡村金融服务站的设想，即以村委会为依托，在每个村建一个金融服务站，赋予其一定的工作职责，把金融服务延伸到农村基层，搭建农村发展和金融服务的对接平台。截至2011年年末，梅州市一共挂牌乡村金融服务站148个，切实解决了边远农村金融服务的问题。

二、乡村金融服务站建设的职能定位

一是开展金融政策和知识宣传。广泛宣传国家金融方针政策以及反假货币、国债、理财等与百姓生活息息相关的金融知识，普及预防非法集资、识别金融诈骗等常识，引导农民“识金融、用金融”。二是协助金融机构提供金融服务。协助做好助农取款和金融下乡自助服务选点工作；收集农户贷款需求信息并帮助推荐和申报；协助监督贷款使用，催收到期贷款；收集农户证券、保险等其他金融需求情况，为挂点金融机构提供参考。三是负责采集本村农户的信用信息，建立农户信用档案。四是维护农村地区金融稳定。利用乡村金融服务站的人缘、地缘优势，协调处理金融纠纷，协助开展打击非法集资、高利贷等违法活动。

三、乡村金融服务站建设取得初步成效

一是架起金融政策知识普及新桥梁。2011年，梅州市乡村金融服务站一共开展金融知识宣传160次，接受金融业务咨询5 000多人次，发放宣传资料3万多份。二是开启了农民金融致富门。截至2011年年末，梅州市共有24家银行业、证券业、保险业金融机构参与了乡村金融服务站建设，通过乡村金融服务站累计发放贷款210户，金额为439万元，有力地助推了农村经济发展。三是打造了农村信用体系建设快车道。截至2011年年末，乡村金融服务站协助采集农户信用信息10 683户。通过“信用户”创建活动，促进了农户信用意识的提高，改善了农村信用环境。四是构建起惠农便农的新平台。延伸国库服务领域，涉农补贴资金直接到户；建立助农服务取款点等，完善基础金融服务。截至2011年年末，梅州市乡村金融服务站已设立助农取款服务点84个，共办理交易825笔、金额为23.4万元。

二、经济运行情况

2011年，在外部因素影响和结构调整政策的引导下，广东经济增长稳中趋缓。全年实现地区生产总值52 673.6亿元，同比增长10.0%（见图5）。

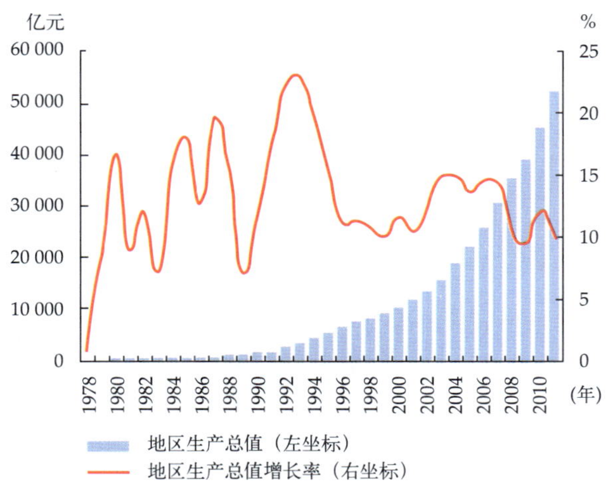

数据来源：广东省统计局。

图5　1978～2011年广东省地区生产总值及其增长率

（一）经济增长的内生动力增强，外经贸转型升级步伐加快

1. 投资增速同比下降，结构明显优化。2011年，广东省完成固定资产投资16 933.1亿元，同比增长17.6%，增速同比下降3.1个百分点（见图6）。其中，第一产业投资保持了53.9%的高速增长，第二、第三产业投资同比分别增长17.8%和17.0%，基本保持平稳。投资结构有所优化。一是民间投资成为拉动投资增长的重要力量，全年共完成10 053.3亿元，同比增长37.0%，带动整体投资增长18.8个百分点；二是制造业投资扭转长期低迷趋势，实现快速增长，全年完成4 537.3亿元，同比增长34%，增速较上年提高12.0个百分点；三是基础设施投资同比下降11.1%，其中，铁路运输业投资同比下降27.2%，城市公共交通运输业投资同比下降36.3%。

2. 城乡收入差距缩小，消费保持较快增长。2011年，广东省实现社会消费品零售总额20 246.7亿元，同比增长16.3%（见图7）。城乡收入差距显著缩小。全年城镇居民人均可支配收入和农村居民

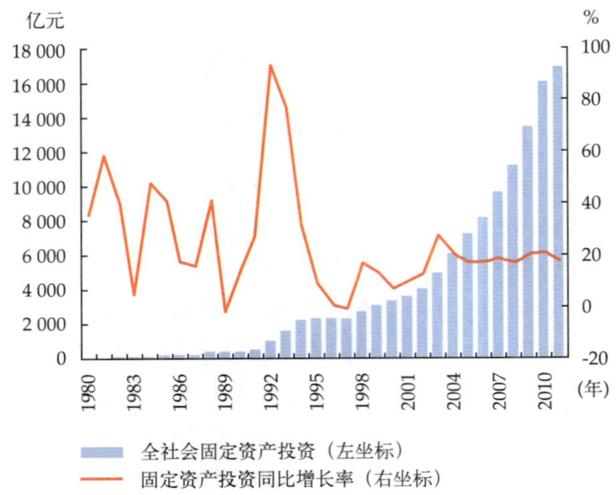

数据来源：广东省统计局。

图6　1980～2011年广东省固定资产投资及其增长率

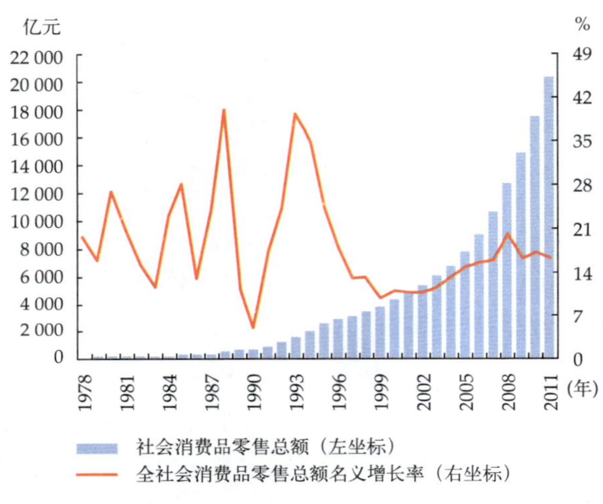

数据来源：广东省统计局。

图7　1978～2011年广东省社会消费品零售总额及其增长率

人均纯收入分别达到26 897.5元和9 372.0元，同比分别增长12.6%和18.8%，农村居民收入增幅连续两年超过城镇居民，全年城乡收入比为2.87：1，8年来首次缩小到3倍以内。在收入增长的带动下，城乡消费市场协调发展。城镇市场累计实现零售额17 348.9亿元，同比增长16.4%；乡村市场累计实现零售额2 897.8亿元，同比增长15.4%。城乡增速“剪刀差”缩小0.5个百分点。

3. 进出口增速下降，外经贸转型升级步伐加快。2011年，在欧债危机等外部不利因素影响下，广东外贸增长明显放缓。全年进出口总额达到9 134.8亿美元，同比增长16.4%，增速较上年下降12.0个百分点；其中，出口和进口分别增长17.4%和15.0%，同比分别下降8.9个和16.5个百分点（见图8）。

在政策引导支持和外部压力等的作用下，外经贸转型升级步伐加快。一是全年一般贸易出口增速比加工贸易快5.7个百分点，占出口的比重自1987年以来首次超过1/3；二是在欧美出口下降的情况下，对拉丁美洲、中东和非洲等新兴市场进出

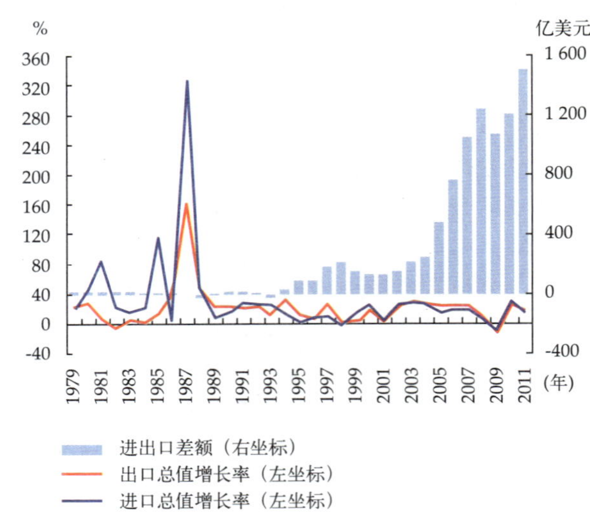

数据来源：广东省统计局。

图8　1979～2011年广东省外贸进出口变动情况

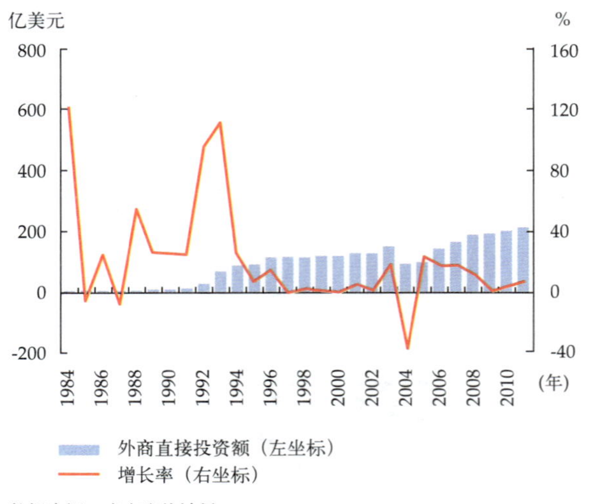

数据来源：广东省统计局。

图9　1984～2011年广东省外商直接投资情况

口分别大幅增长23.2%、28.2%和64.9%；三是利用外资稳定增长（见图9），全年合同和实际利用外资分别增长41%和7.6%；四是境外投资合作取得新突破，全年境外投资经核准新增协议额为31.5亿美元，对外承包工程新签合同额增长36.2%。

（二）现代产业体系不断推进，产业结构持续优化调整

1. 农业农村经济保持平稳发展，金融支农力度加大。2011年，广东农业实现增加值2 659.8亿元，同比增长4.0%。粮食生产保持稳定。全年广东省粮食总产量为1 361.0万吨，增长3.4%，自1997年以来首次连续3年实现增产。生猪出栏数同比下降1.8%，肉类总产量下降1.6%。金融对“三农”的支持力度加大，2011年年末，全省涉农贷款余额同比增长19.7%。云浮“郁南模式”、梅州“乡村金融服务站”、佛山三水“证银保”综合服务农业试点工作成功开展，金融支农逐步落到实处。

2. 工业生产微幅下行，内源动力增强。2011年，广东规模以上工业累计完成增加值24 085.1亿元，同比增长12.6%，增速比上年回落4.2个百分点（见图10）。工业运行呈现“内源动力增强、高级化程度提高、外向依存度降低、区域发展协调性增强”的特点。民营工业比重同比提高0.7个百分点；高技术制造业在医药、电子等产业带动下，增速比全省规模以上工业高2.1个百分点；工业企业内销产值增长25.2%，对工业销售增长的贡献率为82.4%；粤东西北地区增速高于珠三角地区增速6.9个百分点。工业自主创新能力不断增强，全年研究与开发经费占生产总值的比重为1.85%，首次超过全国平均水平，发明专利授权量居全国第一。

3. 服务业贡献率提高，现代服务业占比上升。2011年广东第三产业实现增加值24 408.1亿元，同比增长9.1%，对经济增长的贡献率同比提高5.1个百分点。其中，批发和零售业增加值增长11.1%，高于第三产业增速2.0个百分点。现代服务业建设顺利推进。2011年现代服务业增加值同比增长8.5%，增幅同比提高0.7个百分点，占GDP的比重为25.4%，比上年提高1.0个百分点。工业设计、软件和信息服务、电子商务等高技术服务业发展迅速，增加值同比增速均超过20%。

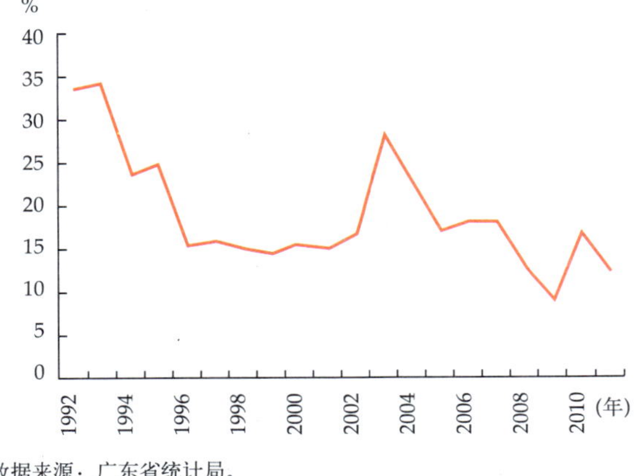

数据来源：广东省统计局。

图10　1992～2011年广东省规模以上工业增加值同比增长率

（三）稳定物价措施取得成效，物价涨势由快趋缓

1. 居民消费价格涨幅趋缓。2011年广东省居民消费价格累计上涨5.3%（见图11），低于全国平均水平0.1个百分点。第四季度物价涨幅显著下降，全年涨幅比第一至第三季度回落0.2个百分点。广东大力扶持蔬菜大棚、冷藏设施和平价商店等建设，有效推进食品价格回落。

2. 生产价格先升后降。2011年，广东省工业生

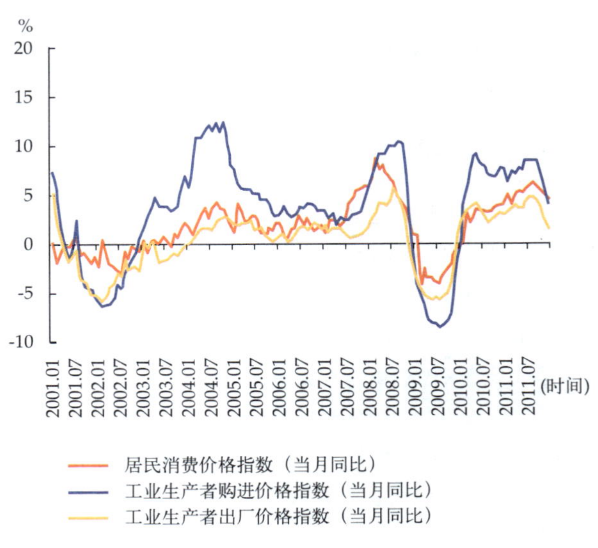

数据来源：广东省统计局。

图11　2001～2011年广东省居民消费价格和生产者价格变动趋势

产资料价格高位震荡，呈现出“前高后低”的走势。工业生产者购进价格指数涨幅从1月的6.6%上升到7月的8.5%，随后逐步下降至12月的4.1%；工业生产者出厂价格指数涨幅从1月的3.3%增长至7月的4.7%，随后降至12月的1.6%（见图11）。全年两者同比分别增长7.3%和3.7%。

3. 劳动力成本普遍上涨。2011年，广东大幅提高最低工资标准，全省平均提高18.6%。城镇居民基本医保和新农合政府补助标准提高到每年200元/人以上。在物价上涨、其他省份就业机会增加等因素的影响下，劳动力成本普遍上涨，“招工难”现象由季节性短缺向常态化发展。

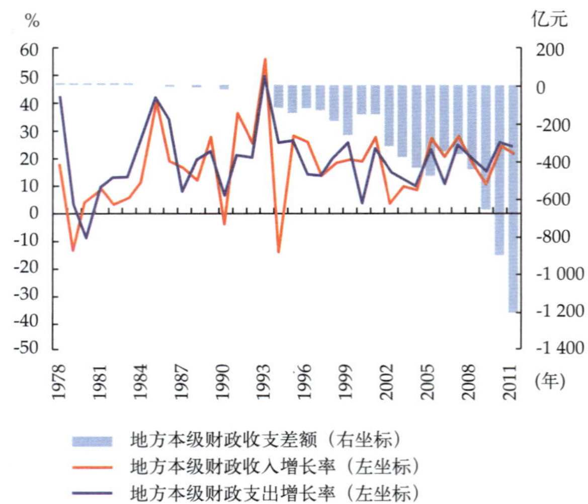

数据来源：广东省统计局。

图12　1978～2011年广东省财政收支状况

（四）财政收支增长放缓，民生支出力度加大

2011年，广东省地方本级财政收入同比增长22.1%，增速较上年下降1.7个百分点；地方本级财政支出同比增长24.0%，增速较上年下降1.8个百分点（见图12）。财政对民生的支出力度加大。全年财政用于保障和改善民生的支出占比为63.0%，医疗卫生、住房保障、城乡社区事务支出增幅分别高于一般预算支出17.7个、60.6个和6.1个百分点。

（五）绿色发展战略稳步推进，节能减排工作成效明显

2011年广东单位GDP能耗下降3.5%，超额完成年度预期目标。工业生产的能耗水平继续降低，单位工业增加值能耗下降5.1%。六大高耗能行业生产速度放缓，完成增加值占GDP的比重较上年下降0.2个百分点。环境保护投入力度加大，全年规模以上工业企业环境污染防治专用设备生产3 511台，同比增长38.7%。集约用地试点示范省和“三旧”改造建设成效突出。截至2011年年末，已经标图建库的“三旧”用地总规模达到373.3万亩，有12.8万亩“三旧”用地已经完成改造，盘活了大量旧城镇、旧厂房、旧村庄用地，也使城市功能和环境得到提升。

专栏3　推广“三资融合”新模式，打造产业转型升级新引擎

2011年，在经济增速整体放缓的背景下，广东民营经济和民间投资活力显著增强，成为经济发展的一大亮点，在这其中，民营科技园的示范、引领作用突出。2011年广东共有14个省级民营科技园，入园民营科技企业达到5 628家，占全省民营科技企业的74%。其中，广州番禺节能科技园坚持“企业办园、政府支持、市场运作”的原则，实行土地资本、金融资本、产业资本“三资融合”的创新模式，重点发展节能环保、新能源、新一代信息技术等战略性新兴产业，迅速成为带动当地产业转型升级的新引擎。截至2011年年末，番禺节能科技园共有688家入园企业，占全省民营科技企业入园总数的12.2%，年产值达170亿元，单位产出为每亩5 000多万元，利税为每亩400多万元，在全国遥遥领先。

一是创新土地开发与使用模式，以产业资本优化来提升土地利用效率。土地指标紧缺是广东产业发展面临的普遍问题。番禺节能科技园改变了传统园区单纯物业出租或出卖土地的做法，以战略性新兴产业为定位，把设计、创意、研发、营销、结算等产业链两端环节引入

园内，把生产、制造等产业链中间环节放到园外，最大化地吸引高新企业入园发展，形成集群效应，以占领产业链高端，提升土地使用效率。2011年，园区土地利用率相当于传统产业土地利用效益的25倍以上。

二是创新园区合作和盈利模式，实现土地资本、金融资本和产业资本的有机结合。园区坚持“一体化”的合作理念，实现政府、科研机构、金融机构一体化合作，提高园区企业的谈判能力和合作能力。如对园区内多家企业的融资需求整体打包，统一对多家银行进行招投标。一方面，通过政府增信，大大提高了企业在融资过程中的议价能力；另一方面，金融机构也减少了审查成本和违约风险。仅2011年，园区为区内企业担保贷款就达13亿元，解决了100多家中小企业的融资难题。另外，园区还通过直接投资、场地入股等形式直接投资高成长性企业，既能缓解科技型中小企业融资难的问题，又能利用信息优势吸引专业风险投资机构、银行、担保等金融资本进入。

三是依托科教资源实现产学研的成功结合。园区依托广州大学城的丰富科教资源，先后与中国科学院、清华大学、中山大学、华南理工大学建立了战略性合作关系，设立技术转让中心。通过设立高科技企业孵化基金、贷款贴息、重大科技项目奖励等措施吸引人才，有效引导产业资本投资方向。截至2011年年末，园区培育出3家科技上市公司，有12家企业进入上市辅导期，超过70%的人员为本科以上科技人才，超过90%的企业属于高新技术或战略性新兴产业。

（六）房地产市场平稳运行，石化产业布局趋向完善

1. 房地产调控初见成效，市场保持平稳运行

（1）房地产开发投资增长较快，融资渠道逐步拓宽。2011年，广东省完成房地产开发投资4 899.2亿元，同比增长33.9%，增速在2008年、2009年回落之后快速回升，比2010年提高10.3个百分点。资金来源构成有所改变，国内贷款和利用外资占比分别下降3.9个和0.4个百分点，自筹资金和其他资金分别占31.4%和49.7%，达到2007年以来的最高点。

（2）商品房施工面积和销售面积保持增长，保障房供给增加。2011年，广东省商品房施工面积为36 311.9万平方米，同比增长24.3%，增速较上年提高6.1个百分点；商品房销售面积为7 761.3万平方米，同比增长6.0%，增速比上年提高1.9个百分点。全年新开工保障性安居工程住房33.08万套，完成国家下达任务的106%（见图13）。

（3）商品房平均销售价格同比上升，但增速放缓。2011年，广东省商品房平均销售价格为7 957元/平方米，同比增长6.4%，增速同比降低8.4个百分点。分地区看，房价较低的三线城市涨幅较大，

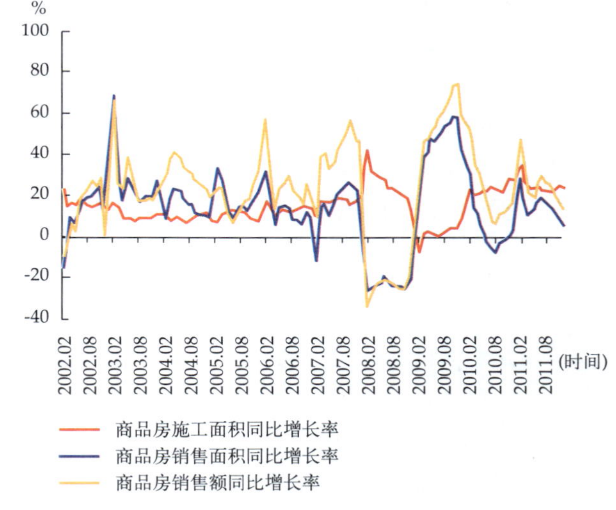

数据来源：广东省统计局。

图13　2002～2011年广东省商品房施工和销售变动趋势

而广州、深圳等地房价由于房地产调控政策严格，涨幅较小（见图14）。

（4）房地产贷款增速明显回落，金融支持保障房建设力度加大。2011年年末，广东省本外币房地产开发贷款余额为4 402.7亿元，同比增长3.1%，增速同比大幅减少17.1个百分点；个人住房贷款余

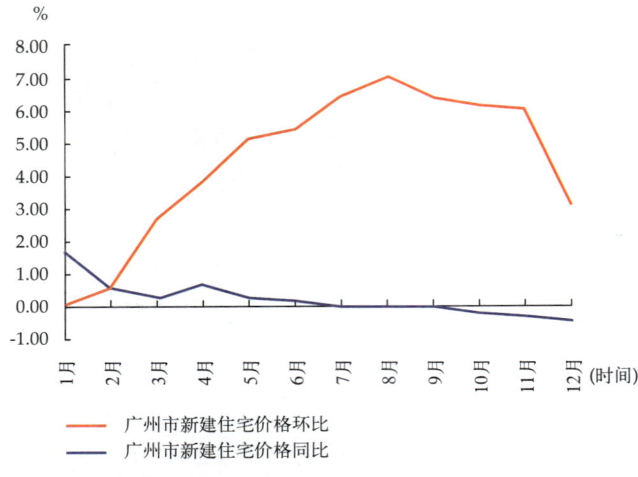

数据来源：广州市统计局。

图14 2011年广州市房屋销售价格指数变动趋势

额为11 074.9亿元，同比增长10.5%，增速同比降低9.7个百分点。2011年，广东累计发放各类保障性住房开发贷款80.9亿元，涉及项目39个。

2. 石油化工产业（以下简称石化产业）发展迅猛，产业布局趋向完善。石化产业是广东省三大新兴支柱产业之一。2011年，广东石化产业实现增加值2 859.6亿元，占广东省规模以上工业增加值的11.9%；炼油能力达到4 650万吨，主要石化产品如汽油、柴油、天然气的产量比2005年增长70.0%以上。

广东在打造石化产业的谋划布局中，抓住了三个重点：一是突出区域协调发展，通过产业转移带动粤东和粤西地区共同发展。截至2011年年末，广东已基本建成东西走向、连接湛江—茂名—广州—惠州—粤东的沿海石化产业带，形成了由上游的原油开采、炼油、乙烯生产到下游的合成材料、精细化工、橡胶加工等比较完整的产业链。二是突出精细化工，引进了一批技术含量高、经济效益显著、对行业整体水平提升具有关键作用的重大项目。2011年，平板玻璃、乙烯、合成橡胶等精细化工产品的产量是2005年的2～4倍。全国最大的石化项目——中科合资炼化一体化项目在湛江开工，将进一步利用科威特石油资源生产高附加值的石化产品。三是突出循环经济，重点推动节能项目和再生资源产业基地建设。预计到2015年，广东炼油能力可达1亿吨/年以上，乙烯生产能力达到600万吨/年，约占全国的1/4，广东将成为亚洲乃至世界级的重要石化基地。

三、预测与展望

2012年，金融危机的深层次影响还将继续，全球资本流动更加无序，贸易保护主义依然严重，原材料等大宗商品价格居高不下，国际经济环境短期内难以明显好转。同时，国内经济运行中还存在一些突出的矛盾和问题，广东经济社会发展面临的国内外形势依然十分复杂。但整体来看，广东省仍处于推动科学发展可以大有作为的重要战略机遇期。经过30多年的改革开放，广东市场发育较成熟，人们的市场意识较强，市场主体转型升级的内在动力正在不断增强。同时，中新广州知识城、广州南沙、深圳前海、珠海横琴等重大发展平台的全面建设，文化强省、海洋经济强省、低碳试点省等的加快推进，为加快转型升级注入了新动力。预计2012年广东经济仍将保持平稳较快发展。

从物价走势看，在发达经济体量化宽松的货币政策继续、国际大宗商品价格居高不下、国内要素价格改革以及气候异常等因素的影响下，未来一段时期价格仍有较大上涨压力，但全年价格涨幅将低于上年。

从金融运行看，受外需减弱、政府融资平台清理及房地产调控持续进行等影响，有效贷款需求将有所下降；在稳健的货币政策适时适度预调微调等作用下，银行贷款供给将基本稳定，贷款供需将趋向平衡。金融业发展环境将进一步优化，金融市场配置资源的功能将得到增强。社会融资日趋多元化，发行短期融资券、中期票据、企业债和通过资本市场股权融资等直接融资所占的比重将进一步提高。

2012年，中国人民银行广州分行将按照总行的统一部署，认真贯彻落实稳健的货币政策，按照“总量适度、审慎灵活”的要求，努力提高传导和执行稳健的货币政策的针对性、灵活性和有效性，落实好差别准备金动态调整措施，在保持合理社会融资规模的基础上，引导资金更多地投向实体经济特别是中小企业和“三农”等领域，为广东经济发展方式转变和产业转型升级提供有效的金融支持。

中国人民银行广州分行货币政策分析小组
负责人：罗伯川　李丹儿
统　稿：麦延厚　张清山　李　敏
执　笔：汤克明　贾　茜　李健斌
提供材料的还有：曹景华　韦婵娜　周俊英　张　皓　张立军　谢青华　史　琳　黄载良　叶俊华
何达之　许建勋　陈　宇　黄　珊　崔国岳　邹　炜　黄桂良　朱珊珊

附录

（一）2011年广东省经济金融大事记

1月6日，广东省委第十届八次全会召开，研究提出《中共广东省委关于制定国民经济和社会发展第十二个五年规划的建议》，强调把“加快转型升级、建设‘幸福广东’”作为“十二五”时期广东科学发展的行动指南。

1月25日，中国人民银行广州分行组织召开2011年货币政策与广东经济金融发展年度会议。

7月14日，《国务院关于横琴开发有关政策的批复》正式下发，将横琴纳入整个粤港澳合作框架中，作为中国经济引擎之一的珠三角迎来广州南沙与深圳前海、珠海横琴三大新区竞争共存的局面。

8月12日至23日，第二十六届世界夏季大学生运动会在深圳市顺利举行。

10月30日，原汕头市商业银行成功重组为广东华兴银行并正式开业。

10月25日，中国人民银行、商务部联合在广州举办“扩大人民币跨境使用，促进贸易投资便利化论坛”。

11月7日下午，《借助银行间市场　助推广东省经济发展合作备忘录》签署仪式在广州举行。

12月1日，粤澳金融IC卡互通应用启动仪式在中山、珠海、澳门三地隆重举行，牡丹中山通联名卡、珠海停车咪表和澳门通银联双币闪付电子现金卡三大项目成功上线。

12月31日，广东省金融业诚信建设共同宣言签署仪式在广州举行。

2011年，广东“双转移”取得新突破。5月21日，深汕特别合作区在广州举行授牌仪式。12月24日，广东顺德清远（英德）经济合作区授牌暨项目动工签约仪式在清远英德市举行，转出地和转入地创新区域协调发展机制，创造了一种叫做联合开发、利益共享的“飞地经济”新模式。

（二）2011年广东省主要经济金融指标

表1 2011年广东省主要存贷款指标

		1月	2月	3月	4月	5月	6月	7月	8月	9月	10月	11月	12月
本外币	金融机构各项存款余额（亿元）	80 217.4	81 300.2	84 976.4	84 564.2	85 609.4	88 796.9	86 453.0	87 047.6	88 615.9	87 176.4	87 710.6	91 590.2
	其中：储蓄存款	37 016.2	36 916.5	38 618.6	37 986.5	38 274.2	39 809.8	38 581.5	38 604.3	39 948.3	38 775.1	38 883.8	41 061.6
	单位存款	38 735.5	39 399.1	41 465.5	41 317.1	42 018.4	43 674.4	42 515.1	43 163.6	43 250.0	42 535.0	42 924.0	44 915.6
	各项存款余额比上月增加（亿元）	-1 637.1	1 082.8	3 676.2	-412.2	1 045.1	3 187.6	-2 344.0	594.6	1 568.3	-1 439.5	534.2	3 907.0
	金融机构各项存款同比增长（%）	13.5	13.9	15.5	13.5	14.1	15.9	13.5	12.6	11.7	10.1	9.8	11.8
	金融机构各项贷款余额（亿元）	52 885.2	53 275.3	53 707.9	54 490.2	55 181.6	55 777.3	56 324.1	56 901.7	57 174.4	57 630.2	58 026.7	58 615.3
	其中：短期	14 211.5	14 178.5	14 349.5	14 665.7	14 855.5	15 139.2	15 242.3	15 472.5	15 837.4	16 061.8	16 267.1	16 674.3
	中长期	35 476.1	35 928.2	36 315.5	36 697.9	37 006.2	37 259.0	37 523.9	37 612.5	37 747.3	37 975.8	38 181.1	38 334.1
	票据融资	1 526.4	1 408.8	1 168.4	1 247.5	1 385.3	1 368.3	1 521.5	1 763.2	1 593.6	1 611.4	1 533.4	1 498.4
	各项贷款余额比上月增加（亿元）	1 197.3	390.1	392.4	782.4	691.4	595.6	586.5	577.6	272.6	455.9	396.4	584.6
	其中：短期	310.3	-24.9	171.0	316.2	189.8	283.7	102.9	232.8	365.6	224.4	205.4	406.0
	中长期	652.7	523.8	390.5	382.5	308.3	252.8	264.9	96.7	123.3	231.7	205.4	152.9
	票据融资	72.5	-117.6	-240.4	79.1	137.8	-17.0	192.8	241.7	-170.3	17.8	-78.1	-35.0
	金融机构各项贷款同比增长（%）	14.6	13.9	13.5	12.9	12.9	14.1	14.3	14.5	13.8	13.1	12.9	13.4
	其中：短期	8.5	6.6	6.3	7.7	8.4	11.2	13.8	15.5	17.2	17.8	18.0	19.6
	中长期	18.9	17.8	16.7	15.2	14.4	13.8	12.7	11.4	10.4	9.6	9.0	9.0
	票据融资	-34.3	-32.4	-34.0	-32.5	-27.5	-16.0	-7.1	10.8	3.8	-2.1	-3.2	3.1
	建筑业贷款余额（亿元）	1 019.4	1 036.2	1 038.8	1 064.5	1 090.7	1 100.3	1 109.8	1 117.6	1 187.0	1 181.5	1 210.0	1 238.4
	房地产业贷款余额（亿元）	4 931.5	5 023.2	5 053.7	5 105.3	5 150.6	5 185.4	5 181.4	5 190.1	5 170.0	5 155.0	5 196.0	5 178.4
	建筑业贷款同比增长（%）	40.9	35.3	32.2	33.8	35.0	33.9	34.9	29.5	33.2	26.5	25.9	26.1
	房地产业贷款同比增长（%）	11.7	10.8	7.5	5.9	6.0	5.9	4.2	3.9	2.5	2.3	3.3	3.6
人民币	金融机构各项存款余额（亿元）	78 176.6	79 233.5	82 876.2	82 474.5	83 414.9	86 517.8	84 241.6	84 779.4	86 419.7	84 939.6	85 408.8	89 169.6
	其中：储蓄存款	36 350.7	36 267.0	37 974.5	37 350.8	37 638.4	39 165.6	37 957.5	37 979.4	39 312.6	38 140.8	38 244.1	40 405.1
	单位存款	37 455.2	38 122.6	40 126.3	39 992.8	40 609.5	42 208.9	41 053.5	41 625.8	41 807.5	41 060.6	41 386.1	43 250.6
	各项存款余额比上月增加（亿元）	-1 598.2	1 056.9	3 642.7	-401.7	940.4	3 102.9	-2 276.2	537.8	1 640.3	-1 480.1	469.2	3 788.2
	其中：储蓄存款	-121.8	-83.7	1 707.6	-623.7	287.5	1 527.2	-1 208.1	21.9	1 333.2	-1 171.7	103.2	2 161.0
	单位存款	-1 437.1	664.3	2 003.7	-133.5	616.7	1 599.4	-1 155.4	572.3	181.7	-746.9	325.5	1 864.4
	各项存款同比增长（%）	13.0	14.3	15.9	13.9	14.4	16.4	14.2	13.4	12.5	10.9	10.2	11.7
	其中：储蓄存款	15.2	-4.8	14.8	12.4	12.5	13.6	11.1	10.3	9.3	9.1	8.9	10.8
	单位存款	11.2	15.6	16.5	14.6	15.6	18.9	16.2	15.4	14.0	10.9	9.3	11.1
	金融机构各项贷款余额（亿元）	47 079.6	48 552.4	48 815.4	49 526.3	50 120.2	50 627.4	51 136.5	51 712.5	51 916.4	52 459.6	52 829.8	53 411.8
	其中：个人消费贷款	11 258.2	11 213.2	11 357.8	11 490.7	11 604.6	11 703.7	11 798.5	11 900.4	12 045.9	12 153.2	12 253.5	12 382.8
	票据融资	1 337.3	1 404.7	1 164.5	1 244.2	1 384.8	1 367.9	1 521.1	1 762.9	1 593.3	1 611.3	1 533.3	1 498.4
	各项贷款余额比上月增加（亿元）	1 091.7	345.7	242.5	710.9	593.9	507.2	548.7	575.9	204.0	543.2	370.2	578.0
	其中：个人消费贷款	118.9	-45.0	144.6	132.9	113.9	99.1	94.8	101.8	145.5	107.3	100.3	129.3
	票据融资	74.0	-120.1	-240.2	79.7	140.6	-16.9	192.8	241.8	-170.2	17.9	-78.0	-34.9
	金融机构各项贷款同比增长（%）	16.6	16.2	15.6	14.7	14.2	14.8	14.4	14.4	13.5	13.0	12.7	13.5
	其中：个人消费贷款	17.4	14.8	14.5	12.9	11.8	11.4	11.2	11.1	10.7	10.1	9.1	9.0
	票据融资	-39.9	-32.6	-34.2	-32.7	-27.4	-15.9	-7.0	10.9	3.9	-2.0	-3.1	3.3
外币	金融机构外币存款余额（亿美元）	309.7	314.3	320.3	321.5	338.4	352.2	343.2	355.1	345.6	353.7	362.6	384.2
	金融机构外币存款同比增长（%）	3.9	4.5	7.0	4.8	7.4	3.6	-2.9	-5.3	-8.1	-9.49	0.1	22.4
	金融机构外币贷款余额（亿美元）	710.0	718.3	746.2	763.8	780.5	795.8	805.0	812.5	827.4	817.7	818.6	825.8
	金融机构外币贷款同比增长（%）	-2.2	-1.6	-0.1	2.3	6.8	12.5	19.2	22.9	23.5	21.1	20.8	18.7

数据来源：中国人民银行广州分行。

表2 2001～2011年广东省各类价格指数

单位：%

年/月		居民消费价格指数		农业生产资料价格指数		工业生产者购进价格指数		工业生产者出厂价格指数	
		当月同比	累计同比	当月同比	累计同比	当月同比	累计同比	当月同比	累计同比
2001		—	-0.7	—	-2.9	—	-0.9	—	-1.5
2002		—	-1.4	—	-1.6	—	-3.7	—	-3.5
2003		—	0.6	—	-0.4	—	4.1	—	-0.7
2004		—	3.0	—	9.4	—	10.6	—	1.7
2005		—	2.3	—	5.8	—	5.0	—	1.5
2006		—	1.8	—	2.6	—	3.6	—	1.4
2007		—	3.7	—	5.8	—	3.3	—	1.3
2008		—	5.6	—	14.5	—	7.9	—	3.1
2009		—	-2.3	—	-1.8	—	-6.2	—	-4.2
2010		—	3.1	—	1.7	—	7.3	—	3.2
2011		—	5.3	—	9.6	—	7.3	—	3.7
2010	1	0.0	0.0	-0.3	-0.3	4.2	4.2	2.6	2.6
	2	3.5	1.8	0.0	-0.1	5.5	4.8	3.4	3.0
	3	2.1	1.9	0.4	0.0	7.3	5.7	3.7	3.2
	4	2.9	2.1	0.6	0.2	8.9	6.5	3.9	3.4
	5	3.6	2.4	1.3	0.4	9.2	7.0	4.1	3.6
	6	3.3	2.6	1.1	0.5	8.1	7.2	3.5	3.5
	7	3.3	2.7	0.9	0.6	8.0	7.3	2.9	3.5
	8	3.2	2.7	1.7	0.7	7.1	7.3	2.2	3.3
	9	3.4	2.8	1.8	0.8	7.0	7.3	2.7	3.2
	10	4.0	2.9	3.6	1.1	6.9	7.2	2.9	3.2
	11	4.0	3.0	4.6	1.4	7.8	7.3	3.2	3.2
	12	4.1	3.1	4.8	1.7	7.6	7.3	3.0	3.2
2011	1	5.1	5.1	4.7	4.7	6.6	6.6	3.3	3.3
	2	4.2	4.6	5.2	4.9	7.5	7.1	3.6	3.4
	3	5.3	4.9	6.7	5.5	7.1	7.1	3.9	3.6
	4	5.5	5.0	8.1	6.1	7.8	7.3	3.7	3.6
	5	5.3	5.1	8.8	6.7	7.7	7.4	3.8	3.6
	6	5.6	5.2	10.5	7.3	8.5	7.6	4.3	3.8
	7	6.1	5.3	13.4	8.2	8.5	7.7	4.7	3.9
	8	6.2	5.4	13.8	8.9	8.4	7.8	4.7	4.0
	9	5.9	5.5	3.8	9.4	8.7	7.9	4.4	4.0
	10	5.3	5.5	12.1	9.7	7.2	7.8	3.6	4.0
	11	4.8	5.4	10.0	9.7	5.5	7.6	2.5	3.8
	12	4.5	5.3	8.9	9.6	4.1	7.3	1.6	3.7

数据来源：广东省统计局。

表3 2011年广东省主要经济指标

	1月	2月	3月	4月	5月	6月	7月	8月	9月	10月	11月	12月
绝对值（自年初累计）												
地区生产总值(亿元)	—	—	10 549.7	—	—	23 421.1	—	—	36 950.4	—	—	52 673.6
第一产业	—	—	496.6	—	—	1 061.2	—	—	1 840.8	—	—	2 659.8
第二产业	—	—	5 069.1	—	—	12 049.6	—	—	18 970.7	—	—	26 205.3
第三产业	—	—	4 984.1	—	—	10 310.3	—	—	16 138.9	—	—	23 808.5
固定资产投资(亿元)	621.1	1 294.8	2 540.5	3 740.7	5 160.1	6 990.7	8 239.9	9 603.8	11 317.5	12 852.4	14 533.6	16 933.1
房地产开发投资	175.0	390.5	763.0	1 108.9	1 501.9	1 993.3	2 387.2	2 823.2	3 277.2	3 729.0	4 163.5	4 899.2
社会消费品零售总额(亿元)	1 673.2	3 313.3	4 832.1	6 377.2	8 051.1	9 692.6	11 329.8	12 997.1	14 766.7	16 600.8	18 400.8	20 246.7
外贸进出口总额(万美元)	741.7	1 254.2	2 012.2	2 791.2	3 566.2	4 350.9	5 134.0	5 942.9	6 743.1	7 473.7	8 309.0	9 134.8
进口	311.9	524.9	861.7	1 192.8	1 522.3	1 844.3	2 162.8	2 494.1	2 824.0	3 133.8	3 485.6	3 815.4
出口	429.8	729.3	1 150.5	1 598.4	2 043.9	2 506.6	2 971.2	3 448.8	3 919.1	4 339.9	4 823.4	5 319.4
进出口差额(出口-进口)	117.9	204.4	288.8	405.6	521.6	662.3	808.4	954.7	1 095.1	1 206.1	1 337.8	1 504.0
外商实际直接投资(万美元)	12.2	23.6	42.7	60.2	81.2	109.0	126.0	148.5	171.8	188.6	204.7	218.0
地方财政收支差额(亿元)	89.0	192.4	146.3	306.2	333.1	183.1	319.0	216.6	29.2	134.2	-317.7	-1 202.7
地方财政收入	575.2	911.9	1 269.3	1 829.7	2 259.6	2 756.2	3 295.7	3 680.1	4 091.7	4 647.1	5 021.4	5 513.7
地方财政支出	486.2	719.5	1 122.9	1 523.6	1 926.4	2 573.1	2 976.7	3 463.5	4 062.5	4 512.9	5 339.1	6 716.4
城镇登记失业率(%)（季度）	—	—	2.52	—	—	2.54	—	—	2.42	—	—	2.46
同比累计增长率（%）												
地区生产总值	—	—	10.5	—	—	10.2	—	—	10.1	—	—	10.0
第一产业	—	—	3.4	—	—	3.1	—	—	3.8	—	—	4.0
第二产业	—	—	12.3	—	—	11.9	—	—	11.7	—	—	11.3
第三产业	—	—	9.3	—	—	9.0	—	—	9.0	—	—	9.1
工业增加值	13.6	15.2	14.0	13.2	13.0	13.1	12.9	12.9	13.0	12.8	12.6	12.6
固定资产投资	19.8	14.7	15.9	16.9	18.9	18.7	18.4	17.6	17.6	17.6	17.8	17.6
房地产开发投资	21.5	25.2	28.5	29.1	30.9	32.2	33.4	34.5	34.3	34.3	35.6	33.9
社会消费品零售总额	17.0	16.1	15.4	15.6	15.7	15.9	16.0	16.1	16.1	16.2	16.3	16.3
外贸进出口总额	51.7	35.5	31.3	29.7	27.7	26.0	24.0	22.4	20.5	19.1	17.8	16.4
进口	51.6	33.5	20.4	25.8	25.3	23.2	21.6	20.2	18.3	17.3	16.6	1.4
出口	51.8	36.9	33.9	32.8	29.5	28.2	25.9	24.0	22.2	20.5	18.8	17.4
外商实际直接投资	15.8	10.1	9.3	9.3	10.8	13.1	9.4	9.1	8.0	6.3	6.1	7.6
地方财政收入	24.0	23.3	22.0	21.3	24.3	26.0	26.8	27.4	26.5	24.8	23.7	22.1
地方财政支出	95.6	15.3	14.9	15.8	15.9	19.8	19.4	21.3	21.6	23.1	29.8	24.0

数据来源：广东省统计局。

2011年深圳市金融运行报告

中国人民银行深圳市中心支行货币政策分析小组

[内容摘要] 2011年，面对美国主权债务评级首次下调、欧债危机蔓延深化和国内通货膨胀压力增大等复杂国内外经济形势，深圳市加快推进发展方式转变和结构调整，以投资和消费拉动经济健康平稳快速增长，并成功举办了第二十六届世界大学生运动会，实现“十二五”时期建设的良好开局。

深圳市金融业积极适应货币政策由“适度宽松”向“稳健”的转变，认真落实宏观调控政策要求，不断开拓创新。银行业贷款投放逐步回归常态，信贷结构不断优化，全年盈利大幅增长；证券业受行情影响效益大减，但资本实力进一步增强；保险业不断扩大规模、优化结构，保持了平稳较快发展势头。金融机构不断提升对实体经济的服务能力，为深圳市经济发展创造了良好的金融环境。

2012年是“十二五”承前启后的重要时期，深圳市金融业将继续执行稳健的货币政策，按照“稳中求进”的政策目标，不断提高经营管理水平，加大服务实体经济的力度，为深圳市经济转型、产业升级、民生幸福提供多层次金融支持。

一、金融运行情况

2011年，面对国际经济持续动荡和国内通货膨胀压力增大等多重因素的干扰，深圳市经济运行总体平稳。为适应经济形势转变，支持地方经济转型发展，深圳市金融业认真贯彻稳健的货币政策调控要求，为经济发展创造了良好的金融环境。全年金融业发展稳健：银行业资产规模和利润水平稳步上升，信贷增长逐步向常态回归；证券业资本实力增强，利润水平有所下降；保险业效益继续改善，结构不断优化。

（一）银行业健康平稳发展

2011年，深圳市各类法人银行业金融机构共21家，较上年增加3家；营业网点有1 427个，较上年增加58个；从业人员有56 585人，较上年增加3 838人（见表1）。年末，深圳市银行业金融机构总资产为38 535.0亿元，同比增长10.6%；税后利润为523.5亿元，同比增长25.9%。

1. 本币存款增长放缓，外币存款增长明显。2011年年末，深圳市金融机构本外币存款余额为25 095.8亿元，较年初增加3 240.7亿元，同比增长14.4%，增速较上年回落5.1个百分点（见图4）。

表1　2011年深圳市银行业金融机构情况

机构类别	营业网点			法人机构（个）
	机构个数（个）	从业人数（人）	资产总额（亿元）	
一、大型商业银行	574	21 664	15 889	0
二、国家开发银行和政策性银行	3	246	2 433	0
三、股份制商业银行	356	18 820	11 005	2
四、城市商业银行	88	5 538	3 645	1
五、城市信用社	0	0	0	0
六、农村合作机构	200	2 075	1 010	1
七、财务公司	5	239	435	5
八、信托公司	2	947	255	2
九、邮政储蓄银行	134	1 400	376	0
十、外资银行	86	5 181	2 479	4
十一、新型农村金融机构	5	282	87	5
十二、其他	1	193	922	1
合　计	1 427	56 585	38 535	21

注：营业网点不包括国家开发银行和政策性银行、大型商业银行、股份制商业银行等金融机构总部数据；大型商业银行包括中国工商银行、中国农业银行、中国银行、中国建设银行和交通银行；农村合作机构包含农村信用社、农村合作银行及农村商业银行；新型农村金融机构包括村镇银行和农村资金互助社。

数据来源：深圳银监局。

其中，人民币存款余额为24 081.1亿元，较年初增加3 086.7亿元，同比增长14.2%，增速同比下降6.3个百分点。分月看，人民币存款在3月、6月、

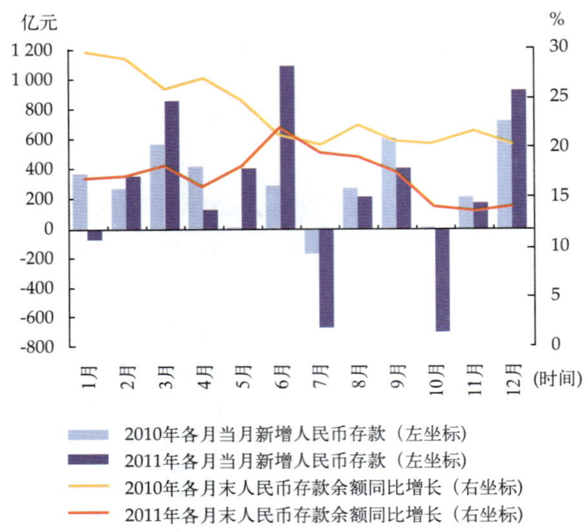

数据来源：中国人民银行深圳市中心支行。

图1　2010～2011年深圳市金融机构人民币存款增长变化

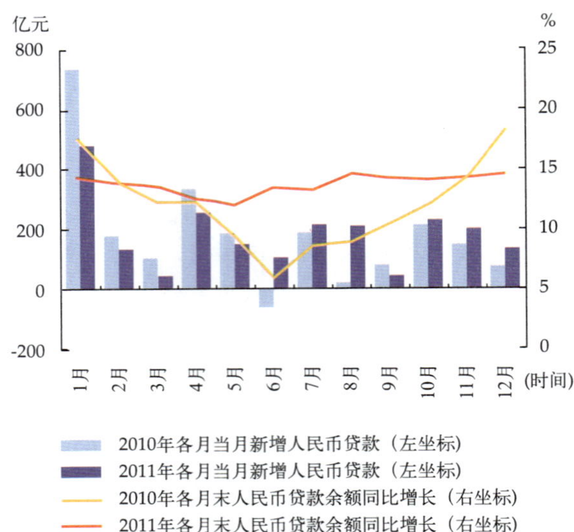

数据来源：中国人民银行深圳市中心支行。

图2　2010～2011年深圳市金融机构人民币贷款增长变化

9月、12月增长强劲，而7月、10月显著负增长，季度末翘尾现象明显（见图2）。分结构看，年内多次加息提升企业储蓄意愿，其中，定期存款增加610.8亿元，活期存款增加525.8亿元。受理财产品大量发行的影响，企业通知存款较年初减少135.6亿元；居民储蓄存款在季度时点前后波幅较大，全年新增884.6亿元，同比少增131.5亿元。

外币利率水平持续走高带动外币存款稳步增长，年末外币存款余额为161.0亿美元，增长24.6%；全年新增31.1亿美元，同比多增27.5亿美元。

2. 贷款增长回归常态，对实体经济的支持力度增强。2011年年末，深圳市金融机构本外币贷款余额为19 244.7亿元，较年初增加2 522.6亿元，同比增长14.5%，增速同比提高0.8个百分点。

其中，人民币贷款余额为16 355.7亿元，较年初增加2 165.5亿元，同比增长14.6%（见图2）。信贷投放节奏方面，金融机构较好地落实了稳健的货币政策，贷款增长逐步回归常态。月度人民币贷款同比增速从2009年的最高点39.1%跌落到2010年的最低点5.8%，2011年又平稳维持在14.0%左右，接近于金融危机前五年（2004～2008年）的平均增速17.1%（见图3）。贷款期限方面，新增人民币中长期贷款占比为59.3%，同比下降30.3个百分点。房地产调控政策背景下房地产贷款增长放缓是新增贷款中长期化减弱的主要原因。放款主体方面，全国性大型银行仍然是贷款投放增加的主力，但全国性中小型银行市场份额增长明显，新增贷款占比为38.2%，同比提高6.8个百分点。深圳市地方法人金融机构全年新增人民币贷款499.5亿元，同比多增12.9亿元。贷款投向方面，新增贷款主要集中在制造业、租赁业、商务服务业、交通运输、仓储和邮政业等六大行业，占所有行业新增贷款的九成以

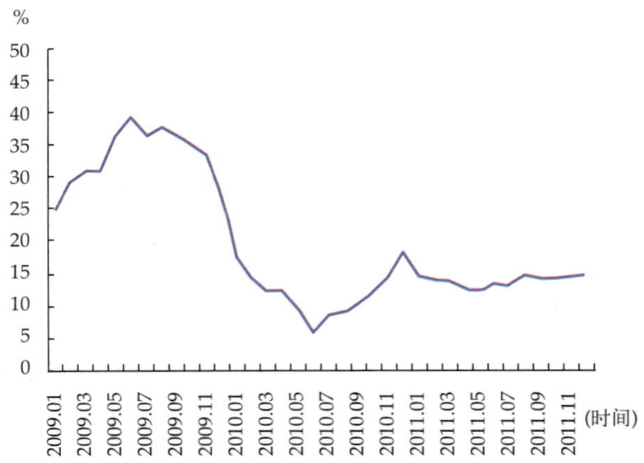

数据来源：中国人民银行深圳市中心支行。

图3　2009～2011年深圳市人民币贷款增速变化

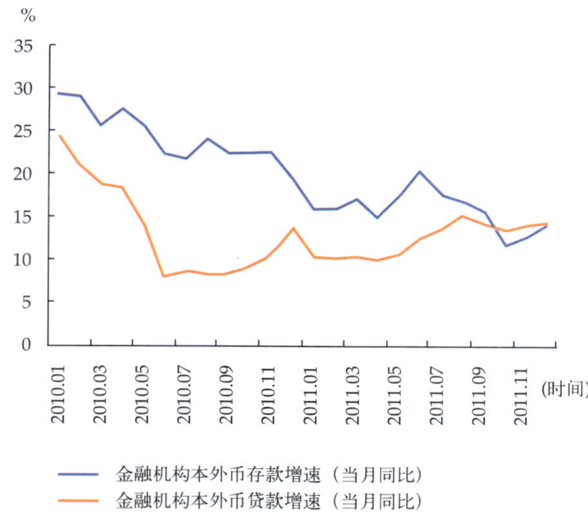

数据来源：中国人民银行深圳市中心支行。

图4　2010~2011年深圳市金融机构本外币存、贷款增速变化

上。另外，银行业对深圳市战略性新兴产业，尤其是文化创意产业的创新服务日臻完善。小型企业贷款余额同比增长22.3%，分别高于同期大型和中型企业2.7个和12.0个百分点。票据融资稳步回升，年末余额为519.7亿元，较年初增长125.2亿元。

受境外投资项目融资需求旺盛的带动，外币贷款保持较快增长，年末余额为458.5亿美元，同比增长19.9%；全年新增76.2亿美元，其中，新增境外贷款占68.9%。

3. 利率水平呈上升态势，市场化程度增强。随着市场资金面逐渐趋紧，贷款利率水平呈逐季度上升态势。金融机构利率定价能力提升，新发放人民币贷款中，执行上浮利率的贷款占比为62.3%，同比提高40.1个百分点（见表2）。个人住房贷款利率受调控政策影响，年末执行上浮利率的贷款占比为75.5%，比年初增加59.1个百分点。外币利率方面，受国际金融市场利率和境内资金供求关系变动的影响，美元存款利率震荡上升（见图5）。第四季度美元贷款加权平均利率为3.81%，较上年上升1.1个百分点。利率定价能力方面，实力雄厚的大型中资法人银行由于拥有较为完善的利率制度和管理系统，利率定价能力较强；外资及小型银行由于业务规模相对较小，往往按照市场行情灵活定价，其利率自主定价尚处起步阶段。

4. 银行业金融机构改革稳步推进。2011年，深

表2　2011年深圳市人民币贷款各利率区间占比

单位：%

月份		1月	2月	3月	4月	5月	6月
	合计	100.0	100.0	100.0	100.0	100.0	100.0
	[0.9~1.0)	28.4	36.1	12.7	12.4	17.6	13.5
	1.0	37.6	27.5	33.8	30.9	19.6	19.2
上浮水平	小计	34.0	36.4	53.5	56.7	62.9	67.3
	(1.0~1.1]	22.4	22.6	30.6	31.8	31.6	36.8
	(1.1~1.3]	9.4	11.3	18.2	21.8	27.3	26.0
	(1.3~1.5]	0.9	0.8	2.6	1.7	1.8	2.5
	(1.5~2.0]	0.8	1.5	1.4	0.9	1.2	1.1
	2.0以上	0.5	0.3	0.6	0.6	0.9	0.8
月份		7月	8月	9月	10月	11月	12月
	合计	100.0	100.0	100.0	100.0	100.0	100.0
	[0.9~1.0)	15.6	7.3	9.7	6.7	6.9	13.2
	1.0	26.4	14.7	16.3	10.4	15.6	13.5
上浮水平	小计	58.0	78.0	74.1	82.9	77.5	73.3
	(1.0~1.1]	26.5	39.8	32.2	37.7	35.8	30.5
	(1.1~1.3]	27.3	32.5	37.1	40.8	35.1	37.6
	(1.3~1.5]	2.9	4.1	3.5	3.3	5.4	4.2
	(1.5~2.0]	0.8	1.0	0.9	0.8	0.9	0.6
	2.0以上	0.4	0.5	0.4	0.3	0.4	0.4

数据来源：中国人民银行深圳市中心支行。

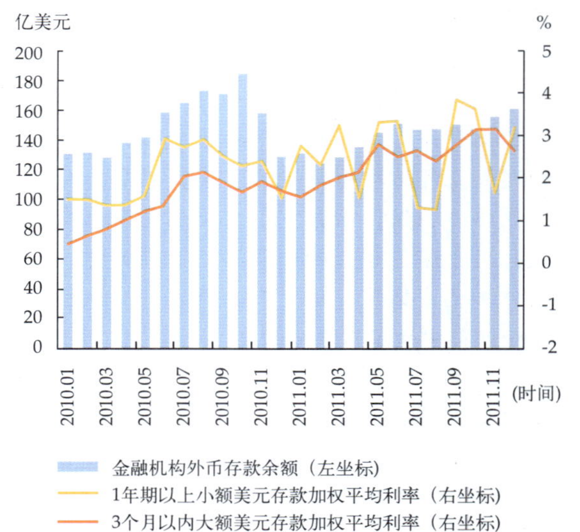

数据来源：中国人民银行深圳市中心支行。

图5　2010~2011年深圳市金融机构外币存款余额及外币存款利率

圳市银行业又添新成员：2家村镇银行、1家财务公司、2家股份制银行分行和2家外资银行分行。深圳市银行业逐步形成层次多样、竞争充分、“百家争

鸣”的局面，服务实体经济的能力进一步提高。深圳发展银行吸收、合并平安银行的主体工作基本完成。该合并是中国银行业资源优化重组的有益探索，将进一步提升深圳市银行业的竞争力。辖内商业银行抓住“大运”契机改善服务质量，使主营业务效益显著提升，并充分重视完善内部治理和业务流程，努力充实资本，提升抵御风险能力。

5. 跨境人民币业务快速发展。截至2011年年末，与深圳市发生跨境人民币实际收付业务往来的境外国家和地区已达63个，以结算为主的各类跨境人民币业务呈现稳健快速的发展态势。全年共有47家银行累计办理跨境人民币业务20 384笔，金额合计3 288.9亿元，同比增长1.8倍。其中，跨境贸易人民币结算业务19 976笔，金额3 013.5亿元；资本项目跨境人民币业务408笔，金额275.4亿元，涉及直接投资、证券投资、跨境融资等多个业务种类。截至年末，已有累计49家境外参与银行开立了93个人民币同业往来账户，账户余额合计521.6亿元；已有累计680家境外机构开立了765个人民币银行结算账户，账户余额合计123.8亿元。

专栏1　创新金融服务模式　促进文化产业新业态发展

2011年，深圳市金融机构不断加强产品和服务创新，加大对文化企业的支持力度，推动动漫游戏、互联网信息服务、数字内容等文化产业新业态健康快速发展。截至年末，深圳市共有646家动漫游戏、互联网信息服务、数字内容等文化产业新业态企业，贷款余额合计128.6亿元，增长39.8%。深圳市金融机构根据文化产业新业态企业自身特点，量身定制服务模式，满足企业的合理融资需求。

一是“著作权或股权质押+专业评估”贷款模式助推动漫企业发展。针对动漫企业普遍存在抵押品少的问题，深圳市金融机构借助内外部专业评估对项目进行考察，以企业自主著作权作为担保，面向中小文化创意企业发放贷款，用于满足企业融资项目的前期创作、后期制作、生产销售、衍生产品开发、商业推广等经营过程中的正常资金需要。

二是“内保外贷+上市融资”模式支持互联网文化企业做大做强。通过与境外银行建立合作关系，深圳市金融机构以“内保外贷”的形式给予境内互联网文化企业在境外的子公司授信额度，为境内文化企业开拓海外市场提供了有力支持。另外，深圳市金融机构还先后推动16家互联网文化企业上市融资。其中，境内上市10家，境外上市6家，累计筹资额为78.9亿元。

三是“应收账款质押+保险”贷款模式优化数字内容类文化企业资源配置。为解决数字电视运营及服务公司融资难的问题，深圳市金融机构以企业应收账款权益为融资基础，在企业投保信用保险并将赔款权益转让给融资银行的前提下，针对企业的真实销售行为和应收账款金额提供信用贷款。

四是“收费权质押+保证或抵押”贷款模式支持第四代文化主题公园建设。针对文化主题公园、电影拍摄基地、文化衍生产品基地等项目建设周期长、投资金额大的特点，深圳市金融机构以门票收费为质押，以企业间连带责任保证为担保，以项目建成后的固定资产及土地使用权为抵押，向文化企业发放项目贷款。

（二）证券业行情遇冷，业绩有所下滑

2011年，沪深股指震荡下跌，深圳市证券业金融机构资产规模、营业收入、利润水平等指标明显下降。在经营业绩受到较大冲击的不利条件下，深圳市证券机构通过提高资本实力、规范经营运作、改善内控管理等手段，进一步提升风险承受能力。

1. 深圳市证券业整体经营效益明显下滑。2011年年末，深圳市法人证券公司总资产合计3 740.5亿元，同比下降19.0%；全年营业收入为393.4亿元，同比下降23.5%；净利润为180.6亿元，同比

下降38.6%。法人基金管理公司管理基金8 265.7亿份，同比增长3.0%；基金资产净值为6 772.3亿元，同比下降17.0%。期货公司代理交易额为20.5万亿元，同比下降12.8%；净利润为2.1亿元，同比增长11.8%。

2. 上市公司平稳增加，融资规模大幅下降。2011年年末，深圳市本地上市公司共计172家，包括中小板65家、创业板33家（见表3）。上市公司总数较上年增加23家。全年各上市公司利用资本市场融资555.9亿元，同比下降14.9%。其中，IPO融资159.6亿元，同比下降56.4%。

表3　2011年深圳市证券业基本情况

项目	数量
总部设在辖内的证券公司数（家）	17
总部设在辖内的基金公司数（家）	17
总部设在辖内的期货公司数（家）	13
年末国内上市公司数（家）	172
当年国内股票（A股）筹资（亿元）	555.9
当年发行H股筹资（亿元）	—
当年国内债券筹资（亿元）	45.0
其中：短期融资券筹资额（亿元）	—

数据来源：深圳证监局。

3.证券业金融机构资本实力增长，经营规范性提高。2011年年末，深圳市法人证券公司净资本合计1 112.1亿元，同比增长9.3%；第一至第四季度净资本与净资产比率分别为70%、67%、63%和68%，均显著高于40%的监管标准。期货公司净资本为30.9亿元，同比增长27%。深圳市证券公司治理和内控水平进一步提升，在行业分类评价中A类AA级公司数量居全国第一。

（三）保险业务快速发展

2011年，深圳市保险业克服诸多不利因素影响，继续保持平稳快速的发展势头。

1. 保险业规模稳步扩大。2011年年末，深圳市有法人保险机构15家、各类经营主体61家、专业中介法人机构131家。全年共有3家新法人保险公司成立，年度增加数为历年之最（见表4）。全市法人保险机构总资产为1.2万亿元，居全国第二。全市共有保险从业人员5.3万人，其中，营销员3.9万人，同比增长6.0%。

2. 保费收入增速领先全国，经营效益不断改善。2011年，深圳市保险业实现保费收入359.9亿元，同比增长21.0%，增速比全国平均水平高10.6个百分点。其中，财产险实现保费收入144.0亿元，同比增长16.1%；寿险实现保费收入215.9亿元，增长24.5%。深圳市纳入监测的12家法人保险机构中有10家实现盈利，净利润共计392.4亿元，同比增长127.7%。其中，财产险市场承保利润为7.5亿元，同比增长16.2%；寿险盈利公司数量及险种也大幅增加。

3. 业务结构持续优化，保险功能进一步发挥。2011年，深圳市保险市场结构不断优化。产险方面，非车险保费收入占比高于全国平均水平8个百分点。其中，特殊风险、家财险等险种较上年分别增长163.4%、87.7%。寿险市场方面，10年及以上期限的新单期缴占比达47.4%。保险公司全年累计提供各类风险保障14万亿元，支付赔款和给付86亿元，同比增长19%。

表4　2011年深圳市保险业基本情况

项目	数量
总部设在辖内的保险公司数（家）	15
其中：财产险经营主体（家）	7
人身险经营主体（家）	5
保险公司分支机构（家）	61
其中：财产险公司分支机构（家）	32
人身险公司分支机构（家）	29
保费收入（中外资，亿元）	359.9
其中：财产险保费收入（中外资，亿元）	139.8
人身险保费收入（中外资，亿元）	220.1
各类赔款给付（中外资，亿元）	85.8
保险密度（元/人）	3 474.0
保险深度（%）	3.1

数据来源：深圳保监局。

（四）金融市场总体运行平稳

1. 融资结构显著优化。2011年，深圳市非金融机构融资总量为3 550.9亿元，同比增长36.1%。其中，银行贷款新增2 522.6亿元，在融资总量中占比为71%，同比下降6.6个百分点；各类债券（含短期融资券、中期票据、公司债、企业债、可转债等）融资新增472.3亿元，在融资总量中占比为13.3%，同比提高9.4个百分点；股票市场融资新增556.0亿

表5　2008～2011年深圳市非金融机构贷款、债券和股票融资情况

单位：亿元、%

年份	融资合计	比重		
		贷款	债券（含可转债）	股票
2008	1 548.2	76.3	10.2	13.5
2009	4 224.9	85.1	6.4	8.5
2010	2 609.9	77.6	3.9	18.5
2011	3 550.9	71.0	13.3	15.7

数据来源：中国人民银行深圳市中心支行、深圳市发展改革委、深圳证监局、深圳证券交易所。

元，在融资总量中占比为15.7%，同比下降2.8个百分点。总体上看，直接融资比重同比提高6.6个百分点（见表5）。

2. 银行间货币市场交投活跃，利率水平维持高位。2011年，深圳市银行间货币市场成交18万亿元，同比增长20.9%。其中，信用拆借为5.1万亿元，同比增长30.8%；质押式回购为12.4万亿元，同比增长24.4%；买断式回购为0.4万亿元，同比下降56.5%。深圳市银行间债券市场现券买卖交易总量为7.9万亿元，同比下降57.4%。货币市场利率大多数时段在高位运行，截至12月31日，隔夜拆借利率收于5.0165%，比年初大幅上升216.9个基点；7天质押式回购利率收于6.3298%，比年初大幅上升213.6个基点。

表6　2011年深圳市金融机构票据业务量统计

单位：亿元

季度	银行承兑汇票承兑		贴现			
			银行承兑汇票		商业承兑汇票	
	余额	累计发生额	余额	累计发生额	余额	累计发生额
1	1 461.4	909.8	272.3	1 410.4	49.5	245.3
2	1 193.0	1 495.9	259.2	4 217.8	58.5	440.4
3	1 417.1	2 744.7	348.8	4 678.2	63.3	568.9
4	1 561.0	3 604.5	479.7	6 411.7	40.0	921.3

数据来源：中国人民银行深圳市中心支行。

表7　2011年深圳市金融机构票据贴现、转贴现利率

单位：%

季度	贴现		转贴现	
	银行承兑汇票	商业承兑汇票	票据买断	票据回购
1	6.78	7.41	5.30	5.32
2	6.54	6.87	5.69	5.78
3	9.37	9.38	7.08	6.19
4	11.96	12.43	8.06	6.60

数据来源：中国人民银行深圳市中心支行。

3. 票据贴现量大幅下降，贴现利率创历史新高。2011年年末，深圳市银行承兑汇票承兑余额为1 561.0亿元，同比增长14.0%（见表6）。银行承兑汇票累计贴现额为6 411.7亿元，同比下降43.1%。2011年票据贴现利率大幅攀升，第四季度银行承兑汇票加权平均贴现利率达11.96%，同比增长143.6%（见表7）。

4. 股票交易大幅下跌，交易所债券交易快速增长。2011年，深证成指大幅下挫3 540点，深圳市证券市场上股票、基金累计成交额分别为18.4万亿元、3 464.4亿元，较上年分别下跌23.7%、18.0%。深市股票总市值下降23.2%，平均市盈率下降近一半。其中，中小板成交额为69 026.5亿元，下跌19.6%；创业板成交额为18 879.1亿元，增长20.1%。受股市交易冷清的影响，交易所债券交易大幅增长，全年累计成交额为5 634.7亿元，同比大增336.3%。

5. 跨境收支顺收和结售汇顺差均创历史新高，外汇市场交易迅速增长。2011年，深圳市跨境收支总额为4 233.1亿美元，同比增长28.9%。其中，收入为2 457.1亿美元，同比增长26.0%；支出为1 776.0亿美元，同比增长33.2%。跨境收支顺收681.1亿美元，同比增长10.3%。全年深圳市结售汇总额为1 904.3亿美元，同比增长26.2%。其中，结汇为1 260.2亿美元，同比增长19.1%；售汇为644.1亿美元，同比增长42.7%。结售汇顺差为616.1亿美元，同比增长1.6%。

2011年，深圳市银行间外汇市场人民币外汇即期交易和外币对外币交易量下降，汇率衍生产品交易量大幅增长，市场合计成交4 858.0亿美元，同比增长34.9%。其中，人民币外汇即期交易量下降11.4%，外币对外币交易量下降33.6%，人民币外汇远期交易量增长5.4倍，人民币外汇掉期交易量增长3.8倍。

6. 黄金市场交易迅猛增长。受全球黄金价格上涨的影响，2011年深圳市黄金市场交易十分活跃，交易量大幅增长。全年上海黄金交易所深圳会员累计交易量为49 570吨，同比增长328%，占上海黄金交易所交易量的19.5%，同比提高5.0个百分点；黄金夜市累计成交140 011吨，同比增长254%，占上海黄金交易所交易量的55%，同比提高5.4个百分点。

（五）金融生态环境建设多方位推进

2011年深圳市抓住大运会契机，加大金融软硬件建设力度，金融生态环境不断优化。中国人民银行深圳市中心支行与中国银行间市场交易商协会、深圳市政府共同签署《借助银行间市场助推深圳市经济发展合作备忘录》，为企业利用银行间市场进行债务融资打下基础。逐步完善金融债权联席会议机制，加大对恶意逃债企业的曝光力度。开通同城外币票据电子交换业务，上线人民币银联借记卡及人民币账户深港跨境扣账系统，推动“刷卡无障碍”街区建设与大运商户入网。金融IC卡应用在多行业取得突破，各类银行卡受理环境得到明显改善。成功开发“跨境通”人民币跨境投融资管理系统。启动深莞惠中小企业融资一体化平台。率先将住房公积金缴存信息纳入中国人民银行征信系统，将黄金租赁业务信息纳入深圳市借款企业风险预警系统。进一步扩建深圳市金融城域网并覆盖银行、证券、保险机构，金融机构信息互通水平大幅提升。

专栏2　借大运会契机提升金融服务水平

2011年，深圳成功举办第二十六届世界大学生运动会，深圳市金融机构也获得了一次难得的“大练兵”机会，纷纷推出针对大运会的金融产品和贴心服务，不但为大运会顺利举行提供良好的金融服务保障，而且借此契机完善了金融基础设施建设，锻炼了从业人员队伍，推动金融综合服务水平大幅提高。

一是金融IC卡环境建设取得长足进步，银行卡交易质量大幅提高。深圳市全面完成接触式金融IC卡终端改造。大运会期间，全网发卡方交易承兑率为93.4%，受理方交易成功率为99.98%，达到历史最高水平。

二是银行卡受理环境得到改善。大运场馆及周边地区银行卡特约商户覆盖率分别达95%和90%以上，宾馆酒店、旅游景区人民币及外币卡受理覆盖率分别达95%和90%以上。另外，多家银行在全市范围合理增设及布放ATM机具。

三是银行营业网点数量增加。为迎接大运会，深圳市多家银行纷纷在大运场馆附近和人流量大的场所增设营业网点，在为运动员和游客提供便利的同时，也使市民可以在“后大运”时期继续享受便捷的金融服务。

四是涉外金融服务水平明显提升。大运场所周边银行外币兑换业务的覆盖率达到100%。外币兑换公司、银行自助式机具进入酒店提供外币兑换服务。银行从业人员加强专业英语学习，一些银行还增设了24小时外语客服专线。

五是建立机制，确保金融信息系统正常平稳运行。中国人民银行深圳市中心支行借大运会契机，建立深圳市金融业重要信息系统应急协调机制，并将此项工作长期化，为辖内金融信息系统运行的长治久安建立保障机制。

二、经济运行情况

2011年，面对错综复杂的国内外经济形势，深圳市以加快转变经济发展方式为主线，努力促转型、稳增长、提质量，完成了全年经济发展主要目标，实现了“十二五”良好开局。初步核算，全年实现地区生产总值11 502.1亿元，同比增长10.0%（见图6）。其中，第一产业增加值为5.7亿元，下降0.1%；第二产业增加值为5 343.3亿元，下降0.7%；第三产业增加值为6 153.0亿元，增长0.8%。三次产业比重为0：46.5：53.5。

（一）投资、消费拉动经济增长，外贸需求逐步走低

2011年，面对持续动荡的世界经济局势，深圳市加大了对投资和消费的引导力度，推动经济增长

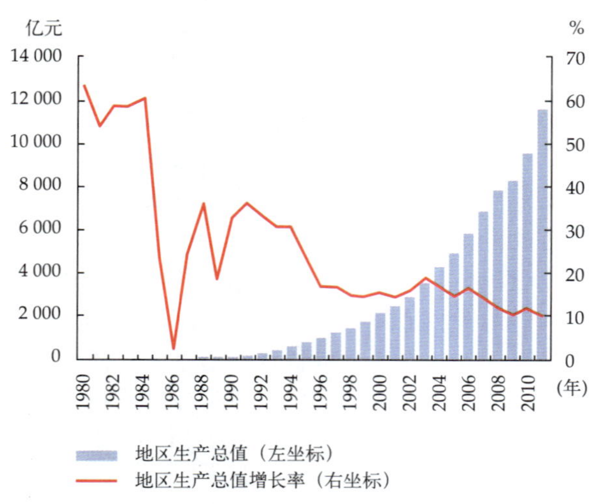

数据来源：深圳市统计局。

图6　1980～2011年深圳市地区生产总值及其增长率

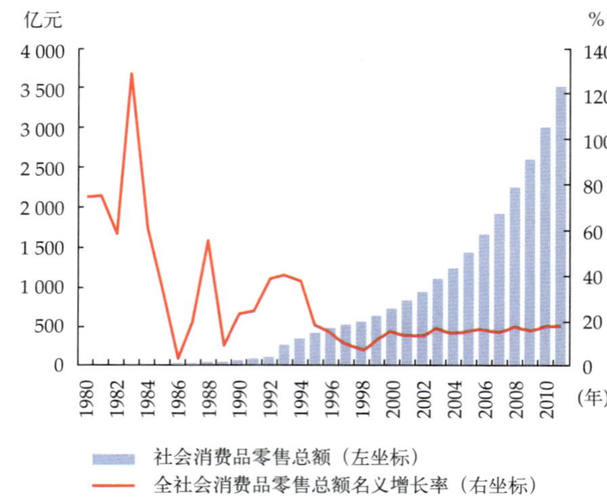

数据来源：深圳市统计局。

图8　1980～2011年深圳市社会消费品零售总额及其增长率

由“外需拉动”向“内需主导”转变。

1. 投资需求增长平稳。全年社会固定资产投资为2 136.4亿元，同比增长10.1%（见图7）。其中，房地产开发项目投资为590.2亿元，同比增长28.7%；非房地产开发项目投资为1 546.2亿元，同比增长4.3%；改建和更新改造投资为286.4亿元，同比增长10.4%。

2. 消费对经济增长的贡献不断提高。2011年深圳市社会消费品零售总额为3 520.9亿元，居内地大中城市第4位，同比增长17.8%，增速较上年提高0.6个百分点（见图8）。居民人均可支配收入为36 505.0元，同比增长12.7%，较上年提高2.0个百分点。从商品销售种类看，金银珠宝类销售增长52.1%，食品饮料烟酒类销售增长21.5%，服装鞋帽针织类销售增长18.2%，日用品销售增长20.3%，文化办公用品类、通信器材类销售分别增长45.9%和28.4%，家用电器和音响器材类销售增长7.2%，汽车类销售与上年持平。

3. 进出口走势前高后低，外商投资小幅增长。2011年，受欧洲债务危机影响，深圳市外贸进出

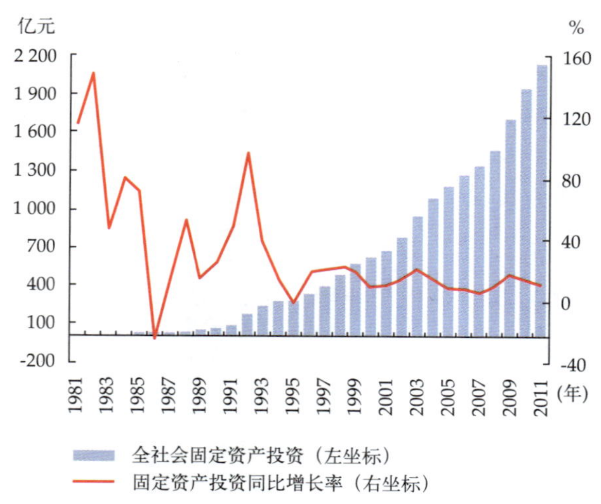

数据来源：深圳市统计局。

图7　1981～2011年深圳市固定资产投资及其增长率

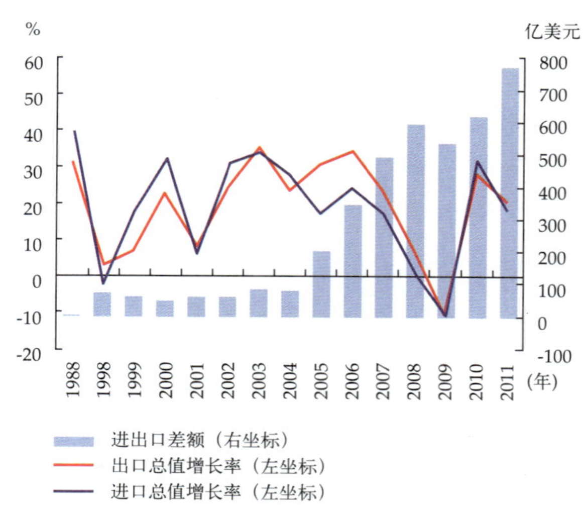

数据来源：深圳市统计局。

图9　1988～2011年深圳市外贸进出口变动情况

口虽保持增长，但增速前高后低。全年进出口总额为4 141.0亿美元，同比增长19.4%，增速较上年下降9个百分点（见图9）。其中，出口额为2 455.3亿美元，增长20.2%；进口额为1 685.7亿美元，增长18.2%。在外部需求低迷的不利条件下，深圳市出口总额仍居全国内地大中城市第一位，保持出口“十九连冠”。在外贸结构方面，2011年深圳市一般贸易出口额在全部贸易出口额中的占比为31.8%，较上年提高0.6个百分点；服务贸易进出口继续保持快速发展态势。

2011年全市实际利用外资累计达46.0亿美元，同比增长7.0%（见图10）。四大投资来源地中，香港仍然是最大的外商投资来源地，投资额增长4.5%，占全部外商投资额的70.4%；日本外商投资大涨287.3%；台湾外商投资增长6.6%；美国外商投资下降8.6%。

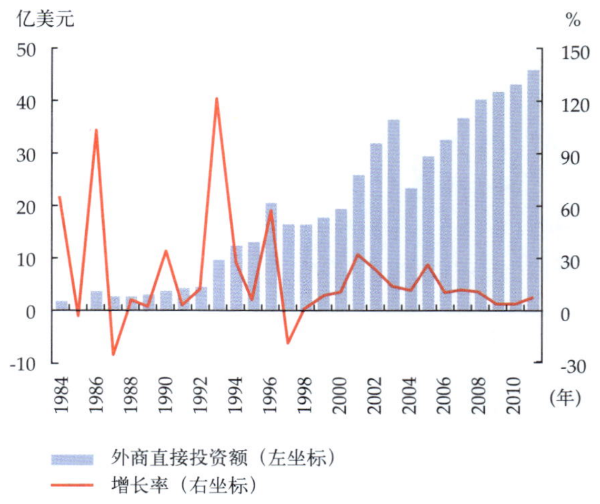

数据来源：深圳市统计局。

图10　1984～2011年深圳市外商直接投资情况

专栏3　深圳市服务贸易进出口快速发展

2011年，深圳市服务贸易进出口总额为526.3亿美元，增长43.6%。其中，出口额为258.4亿美元，增长37.4%；进口额为267.9亿美元，增长50.1%。近年来，深圳市服务贸易进出口呈现逐年增长态势（见图11）。

一、传统服务贸易进出口增势不减

2011年，深圳市其他商业服务、运输、旅游项目进出口总额合计488.5亿美元，占服务贸易进出口总额的92.8%。其中，主要出口项目是其他商业服务、运输、计算机和信息服务，出口额合计245.0亿美元，占服务贸易出口额的94.8%；主要进口项目是其他商业服务、运输及旅游，进口额合计250.3亿美元，占服务贸易进口额的93.4%。计算机和信息服务全年顺差为7.4亿美元，是服务贸易顺差的主要项目；旅游全年逆差为14.5亿美元，是服务贸易逆差的主因。

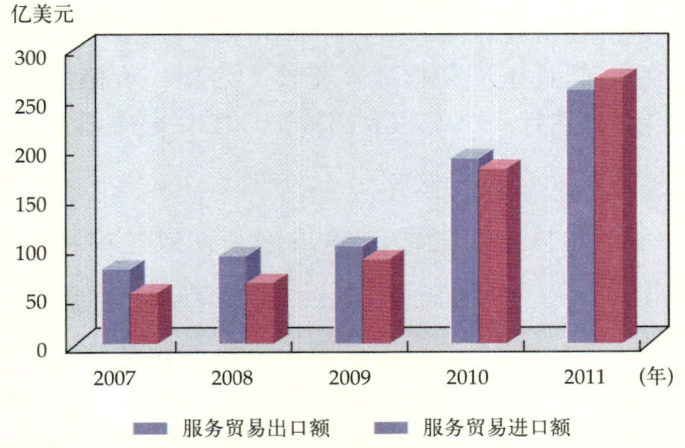

图11　2007～2011年深圳市服务贸易进出口情况

二、新兴服务贸易进出口蓬勃发展

2011年，深圳市新兴服务贸易进出口增长迅速，呈现“全面开花”态势。其中，通信、保险、计算机和信息服务贸易进出口额分别比上年同期增长118%、73.2%、71.5%，增速创下历史新高。

三、转口贸易对服务贸易进出口增长的贡献最大

2011年，深圳市转口贸易进出口总额为336.4亿美元，增长64.5%。其中，出口额为161.0亿美元，增长55.9%；进口额为175.4亿美元，增长73.3%。转口贸易进出口总额在其他商业服务进出口总额中的占比为83.3%，比上年提

高4.1个百分点。

四、中国香港、新加坡、美国是深圳服务贸易的主要伙伴

深圳服务贸易进出口高度集中。2011年，中国香港、新加坡、美国服务贸易进出口额分别占深圳服务贸易进出口总额的42.9%、24.9%、12.9%。其中，深圳服务贸易出口额占比最大的是中国香港（38.3%）、新加坡（25.7%）和美国（20.2%），深圳服务贸易进口额占比最大的是中国香港（47.3%）和新加坡（24.1%）。

（二）工业生产增长平稳，经济效益出现下滑

1. 工业增长前高后稳，产品内销份额扩大。2011年，全市规模以上工业企业实现增加值为5 228.8亿元，同比增长12.6%，增速较上年降低1.2个百分点（见图12）。其中，受外部需求影响，外商及港澳台投资企业增速下半年持续回落，全年实现增加值为2 781.2亿元，同比增长3.3%；股份制企业实现增加值为2 125.1亿元，同比增长27.7%。全年工业产品销售产值为20 062.6亿元，其中，内销产品产值占比为46.6%，较上年提高3.5个百分点。

2. 工业企业经济效益有所回落。2011年，全市工业经济效益综合指数为191.7%。其中，总资产贡献率下降2.2个百分点，产品销售率下降0.7个百分点，资产负债率增加0.4个百分点，主营业务收入增长10.2%，实现利税减少3.5%，利润减少13.3%。

3. 企业景气指数和企业家信心指数年末回落。由于欧洲债务危机形势恶化，世界经济发展不确定性增强，2011年，深圳市企业景气指数由第二季度的149.0下降至第四季度的144.4，企业家信心指数由第二季度的137.4下降至第四季度的122.2。

4. 服务行业整体平稳增长。2011年，深圳市服务行业整体平稳增长。其中，交通运输、仓储和邮政业增长较为迅速。其中，货运量增长10.4%，货物周转量增长18.2%；客运量增长7.9%，旅客周转量增长14.0%；机场货邮吞吐量增长2.4%，机场旅客吞吐量增长5.7%；港口货物吞吐量增长1.0%，其中，集装箱吞吐量增长0.3%。

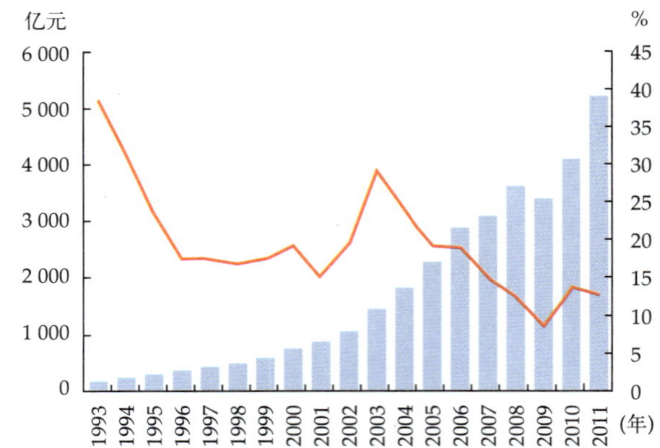

数据来源：深圳市统计局。

图12 1993～2011年深圳市规模以上工业增加值及其增长率

（三）物价涨幅年末下行，工业价格指数高位回落

2011年，深圳市居民消费价格水平前三个季度明显升高，第四季度有所回落，全年累计上涨5.4%（见图13）。涨幅最大的前五类是：食品类（上涨11.9%）、医疗保健及个人用品类（上涨5.0%）、烟酒及用品类（上涨4.6%）、居住类（上涨4.0%）、衣着类（上涨2.1%）。工业生产者购进价格指数涨幅5月达到7.4%，12月回落至3.1%，全年累计上涨5.9%。工业生产者出厂价格指数涨幅8月达到2.6%，11月回落至1.0%，全年累计上涨1.8%。

（四）财政收入稳步增长，职工报酬有所提高

2011年，深圳市地方财政一般预算收入累计为1 339.6亿元，增长21.0%（见图14）；地方财政一般预算支出为1 590.6亿元，增长25.6%。截至第三季度末，深圳市在岗职工人数为254.7万人，增长13.4%；在岗职工工资总额为968.3亿元，增长

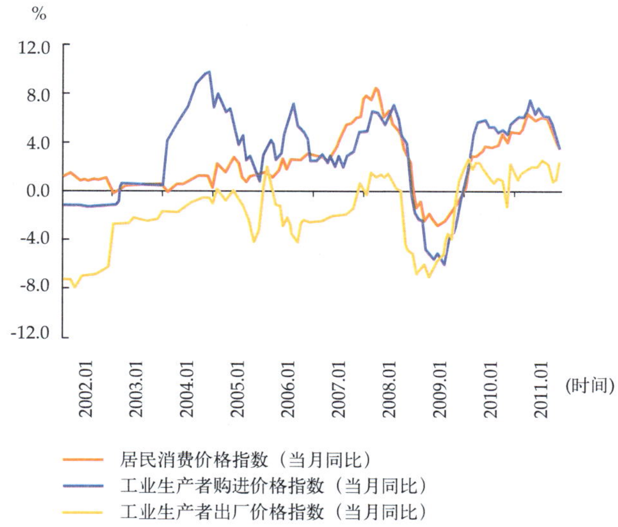

数据来源：深圳市统计局。

图13　2002～2011年深圳市居民消费价格和生产者价格变动趋势

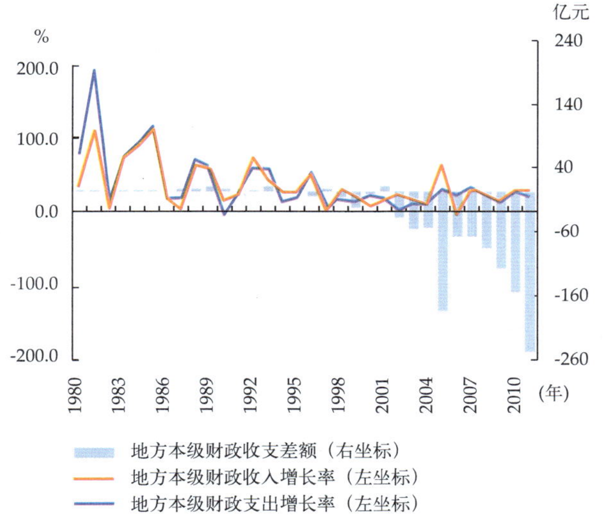

数据来源：深圳市统计局。

图14　1980～2011年深圳市财政收支状况

21.2%，平均月工资为4 261.0元，增长6.7%；城镇登记失业率为2.1%，下降0.2个百分点。

（五）产业升级成效显著，节能降耗进展明显

作为首个国家创新型城市，深圳市基本形成以高新技术、金融、物流、文化为支柱的现代产业体系。2011年，四大支柱产业增加值占深圳市地区生产总值的60.7%。作为深圳经济亮点，战略性新兴产业取得迅速发展。其中，生物产业增加值为175.0亿元，同比增长24.0%；全口径互联网产业增加值为1 380.7亿元，同比增长18.9%；新能源产业增加值为254.1亿元，同比增长20.7%。产业转型升级带动节能降耗工作取得明显成效。全年每平方公里实现地区生产总值为5.8亿元，万元GDP能耗和水耗分别为0.47吨标准煤和18.7立方米。

（六）房地产调控效果逐步显现

2011年，深圳市房地产开发投资总额有所增长；土地及商品房供应量微幅波动；商品房销售量明显减少，销售均价小幅回调；房地产贷款增速放缓，保障房建设获得大力支持。

1. 房地产开发投资总额有所增长。2011年，深圳市完成房地产开发投资为590.2亿元，同比增长28.7%。其中，住宅开发投资为393.4亿元，增长29.0%；新建商品住房新开工面积为417.5万平方米，增长17.6%；新建商品住房施工面积为2 089.9万平方米，增长3.2%；新建商品住房竣工面积为247.3万平方米，减少1.5%。

2. 土地及商品房供应量微幅波动。2011年，深圳市居住用地出让面积为58.7万平方米，同比减少3.1%，出让地块多为安居型商品房用地和政策扶持用地。同期商品房批准预售面积为440.3万平方米，同比减少8.7%，其中，新批准商品住房预售面积为380.5万平方米，减少3.3%；年末可售商品房面积为391.2万平方米，减少1.3%，其中，商品住房可售面积为265.2万平方米，增加8.5%。

3. 商品房销售量明显减少。随着房地产调控持续深化，市场观望情绪不断加重，商品房销售不断萎缩（见图15）。全年商品房销售面积为987.3万平方米，下降33.4%，其中，新建商品住房销售面积为270.8万平方米，下降13.5%；二手住房成交面积为511.1万平方米，下降44.6%。商品住房空置面积为148.5万平方米，增加179.5%。

4. 商品住房销售均价小幅回调。受房地产调控持续深入影响，2011年深圳市新建商品住房成交均价为19 469 元/平方米，较上年下降3.0%（见图16）。自6月开始，深圳市商品住房销售均价首现环比零增长，此后各月均为零增长甚至负增长。

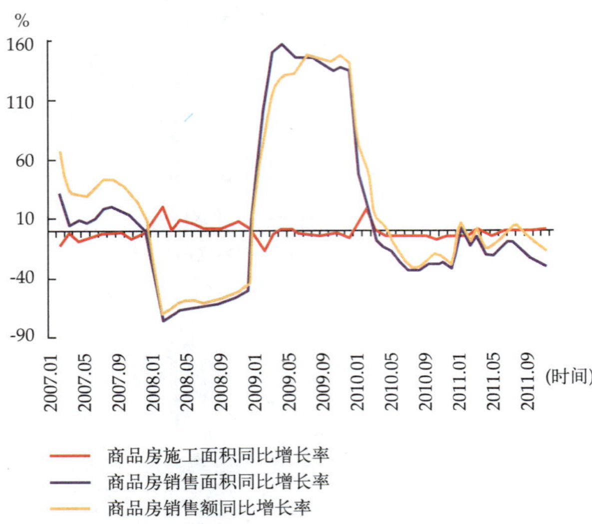

数据来源：深圳市规划和国土资源委员会。

图15　2007～2011年深圳市商品房施工和销售变动趋势

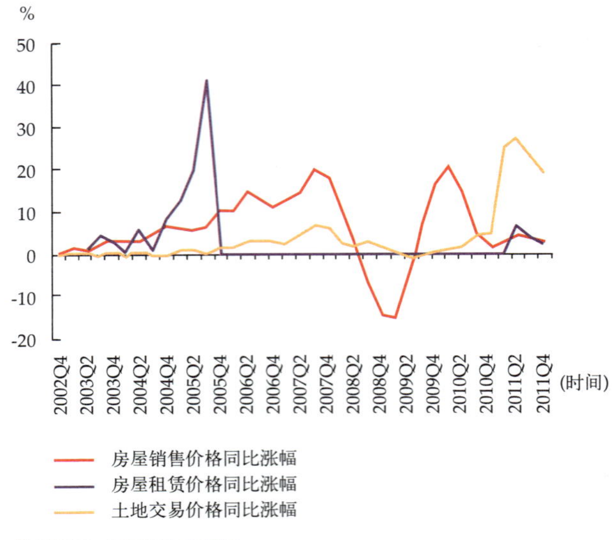

数据来源：国家发展改革委。

图16　2002～2011年深圳市房屋销售价格指数变动趋势

5. 房地产贷款增速放缓，贷款质量良好。一是房地产贷款增速放缓。2011年年末，深圳市房地产贷款余额为5 953.3亿元，增长9.0%，增速较上年下降6.2个百分点。其中，住房开发贷款余额为1 037.4亿元，增长10.9%，增速较上年下降9.4个百分点；个人住房贷款余额为4 155.7亿元，增长6.5%，增速较上年下降6.9个百分点。深圳市对保障房建设的支持力度不断加大，保障房贷款余额由年初的2.2亿元大幅增长至年末的41.1亿元。

二是房地产贷款质量良好。2011年年末，房地产贷款不良率为0.4%，比年初下降0.3个百分点。其中，房地产开发贷款不良率为0.5%，比年初下降0.5个百分点；个人住房贷款不良率为0.37%，比年初下降0.1个百分点。

三、预测与展望

2012年是“十二五”时期承上启下的重要一年，改革发展任务繁重而艰巨，经济金融形势复杂而多变。深圳市作为改革开放的先锋城市，根据新形势、新情况牢牢抓住发展契机，加快从“深圳速度”向“深圳质量”的转变至关重要，这就要求我们在这一年里统筹运作、不懈探索。

展望2012年，深圳经济有望继续保持平稳增长，但仍将面临外贸依存度高、国际市场不确定性较大、劳动力成本攀升、本地消费市场有限等因素的影响。为使深圳市在“后大运”时期继续健康快速发展，深圳市金融机构将以科学发展观为指导，切实贯彻落实稳健的货币政策，合理适度投放贷款，不断优化信贷结构，以创新为推动力加大对小微企业、战略性新兴产业、重点民生工程等的支持力度，为深圳经济发展、产业升级、民生幸福提供切实的金融保障。

中国人民银行深圳市中心支行货币政策分析小组
负责人：张建军　崔　瑜
统　稿：舒幼冬　邹　颖　管　高
执　笔：管　高　孟　浩　王继权　王建党　黄海涛　王晓坤
提供材料的还有：蔡瑞文　吴劲军　李冰煜　曾伟强　陈少权　彭兆波

附录

（一）2011年深圳市经济金融大事记

1月1日和4月29日，中国人民银行深圳市中心支行分别与深圳市消防局、深圳市住房公积金中心签订了信息共享协议，将深圳市严重消防违法企业的不良信息和深圳市住房公积金缴存信息正式纳入全国企业信用信息基础数据库和深圳市借款企业风险预警系统，扩大了信用信息来源。

2月12日，中国人民银行深圳市中心支行制定发布了《深圳市金融机构重大事项报告管理办法》，该办法对加强金融机构重大事项报告的规范管理、进一步完善金融稳定制度建设将发挥积极的作用。

3月1日，中国人民银行深圳市中心支行制定发布了《深圳市银行业机构综合评价管理办法（试行）》。该办法对规范银行业机构经营运作、加强金融监管、防范系统性风险将发挥重要的作用。

3月30日，中国人民银行总行批准深圳市中心支行为中银香港开立人民币托管账户并调低中银香港人民币清算账户存款利率。

5月26日，深圳银盛电子支付科技有限公司、深圳财付通科技有限公司、深圳市快付通金融网络科技服务有限公司以及深圳市壹卡会科技服务有限公司成为深圳首批获得“支付业务许可证”的4家企业。2011年全年，深圳共有9家企业获得“支付业务许可证”，这标志着深圳第三方支付行业进入高速发展时期。

7月13日，深莞惠中小企业融资一体化平台正式启动。该平台的启动对于缓解深莞惠三地中小企业融资难题、推进深莞惠经济金融一体化进程具有重要意义。

10月20日，深圳市成为地方政府自行发债试点城市之一，可以在国务院批准的发债规模限额内，自行组织发行本市政府债券。

11月8日，中国人民银行深圳市中心支行与中国银行间市场交易商协会、深圳市政府共同签署了《借助银行间市场助推深圳市经济发展合作备忘录》，为广大中小企业发行区域集优债提供了便利，深圳成为全国第五家签署该协议的城市。

（二）2011年深圳市主要经济金融指标

表1　2011年深圳市主要存贷款指标

		1月	2月	3月	4月	5月	6月	7月	8月	9月	10月	11月	12月
本外币	金融机构各项存款余额（亿元）	21 778.3	22 083.7	22 969.6	23 136.8	23 605.4	24 739.0	24 035.3	24 247.6	24 670.1	23 947.2	24 176.8	25 095.8
	其中：储蓄存款	7 226.0	7 113.4	7 545.9	7 455.9	7 516.2	8 004.2	7 664.1	7 715.6	8 071.2	7 708.3	7 746.7	8 143.5
	单位存款	13 024.7	13 257.8	13 754.8	13 786.4	14 134.7	14 791.5	14 470.9	14 696.2	14 757.8	14 347.7	14 522.2	15 251.9
	各项存款余额比上月增加（亿元）	-76.8	305.4	886.0	167.2	468.6	1 133.7	-703.7	212.3	422.6	-722.9	229.6	947.1
	金融机构各项存款同比增长（%）	16.1	16.0	17.3	15.2	17.3	20.6	17.8	17.0	15.8	11.9	12.8	14.4
	金融机构各项贷款余额（亿元）	17 229.1	17 422.8	17 559.1	17 837.9	18 041.8	18 206.2	18 444.3	18 647.6	18 640.2	18 793.0	19 044.8	19 244.7
	其中：短期	4 326.4	4 309.2	4 359.0	4 477.4	4 525.7	4 578.0	4 600.6	4 625.8	4 624.6	4 648.8	4 702.5	4 796.2
	中长期	10 967.3	11 202.0	11 346.0	11 470.0	11 552.8	11 622.2	11 763.9	11 844.9	11 909.9	11 960.8	12 041.6	12 124.4
	票据融资	509.9	446.0	324.5	359.6	371.2	338.9	382.0	473.0	412.1	502.6	404.4	519.7
	各项贷款余额比上月增加（亿元）	507.1	193.7	136.3	278.8	203.9	164.4	259.2	203.3	-7.4	152.8	251.8	199.9
	其中：短期	108.8	-17.2	49.8	118.4	48.3	52.4	22.5	27.6	-1.1	24.2	53.7	93.6
	中长期	250.4	234.8	143.9	124.0	82.8	69.4	141.7	77.5	65.0	50.9	80.8	82.8
	票据融资	299.8	-63.9	-121.5	35.2	11.5	-32.3	64.3	91.0	-61.0	90.5	55.6	-38.5
	金融机构各项贷款同比增长（%）	10.6	10.6	10.6	10.2	10.7	12.7	13.8	15.2	14.4	13.6	14.2	14.5
	其中：短期	35.8	32.1	31.6	30.8	31.4	30.8	32.8	35.5	33.9	32.6	34.2	36.9
	中长期	10.1	9.5	9.1	8.7	8.1	7.8	7.4	6.4	5.4	4.5	3.9	103.9
	票据融资	34.0	-53.7	-61.4	-59.2	-57.7	-47.0	-39.5	-6.5	-0.9	11.2	-0.9	31.7
	建筑业贷款余额（亿元）	297.9	303.6	304.5	307.7	321.4	322.2	317.9	304.2	301.0	302.2	316.9	324.1
	房地产业贷款余额（亿元）	1 758.6	1 784.6	1 801.6	1 822.3	1 849.7	1 853.2	1 860.6	1 867.2	1 826.4	1 841.3	1 843.7	1 836.3
	建筑业贷款同比增长（%）	37.7	33.2	35.5	28.3	29.1	24.9	27.2	16.0	10.9	6.8	13.3	16.2
	房地产业贷款同比增长（%）	15.5	14.4	11.6	9.0	10.1	9.7	8.6	6.9	4.6	5.8	6.3	5.8
人民币	金融机构各项存款余额（亿元）	20 916.6	21 269.5	22 125.3	22 255.7	22 663.1	23 755.1	23 083.2	23 296.6	23 705.7	23 004.8	23 176.3	24 081.1
	其中：储蓄存款	7 025.6	6 916.4	7 347.8	7 259.8	7 320.3	7 805.1	7 465.6	7 517.1	7 873.3	7 511.5	7 546.8	7 937.1
	单位存款	12 414.9	12 689.0	13 153.4	13 166.9	13 466.1	14 090.7	13 779.5	13 991.1	14 056.5	13 659.9	13 773.7	14 493.1
	各项存款余额比上月增加（亿元）	-77.7	352.9	855.8	130.4	407.4	1 091.9	-671.8	213.4	409.1	-700.9	171.5	932.9
	其中：储蓄存款	87.6	-109.1	431.4	-88.1	60.5	484.8	-339.5	51.5	356.3	-361.9	35.3	390.3
	单位存款	-147.9	274.0	464.4	13.5	299.2	624.6	-311.2	211.6	65.4	-396.6	113.9	719.4
	各项存款同比增长（%）	17.0	17.3	18.2	16.3	18.4	22.2	19.7	19.2	17.6	14.1	13.8	14.2
	其中：储蓄存款	23.6	14.8	21.9	18.2	18.5	21.0	18.0	18.0	16.6	17.3	17.9	17.7
	单位存款	54.8	57.7	58.4	56.9	62.7	70.1	64.4	64.5	62.8	56.1	52.6	58.4
	金融机构各项贷款余额（亿元）	14 668.2	14 822.8	14 864.7	15 115.4	15 260.3	15 360.9	15 550.7	15 755.7	15 793.1	16 022.7	16 223.3	16 355.7
	其中：个人消费贷款	4 302.8	4 347.4	4 377.4	4 398.0	4 413.5	4 424.1	4 457.1	4 470.1	4 517.2	4 537.3	4 556.7	4 581.7
	票据融资	509.8	443.3	321.8	357.1	371.1	338.9	382.0	473.0	412.1	502.6	558.1	519.7
	各项贷款余额比上月增加（亿元）	478.0	154.6	41.9	250.7	144.9	100.6	211.0	204.9	37.5	229.5	200.7	132.4
	其中：个人消费贷款	143.8	115.4	104.3	73.1	8.5	-22.6	-30.2	-69.2	-82.9	-121.7	-158.3	-184.9
	票据融资	115.3	-66.5	-121.5	35.2	14.1	-32.2	64.3	91.0	-61.0	90.5	55.6	-38.5
	金融机构各项贷款同比增长（%）	14.4	14.0	13.5	12.6	12.1	13.4	13.2	14.5	14.1	14.0	14.2	14.6
	其中：个人消费贷款	3.5	2.7	2.4	1.7	0.2	-0.5	-0.7	-1.5	-1.8	-2.6	-3.4	-3.9
	票据融资	-55.0	-54.0	-61.7	-59.5	-57.7	-47.0	-39.5	-6.4	-0.9	11.6	37.3	32.1
外币	金融机构外币存款余额（亿美元）	130.8	123.8	128.8	135.6	145.3	152.0	147.7	148.9	151.8	149.0	157.6	161.0
	金融机构外币存款同比增长（%）	0.4	-6.0	0.7	-2.8	2.2	-3.8	-10.3	-14.1	-11.4	-19.5	-0.6	24.6
	金融机构外币贷款余额（亿美元）	388.7	395.4	411.0	418.9	428.9	439.7	449.0	452.8	448.0	438.1	444.5	458.5
	金融机构外币贷款同比增长（%）	-3.7	-2.0	0.9	3.6	9.0	14.7	23.3	27.3	22.4	17.8	20.0	19.9

数据来源：中国人民银行深圳市中心支行。

表2　2001～2011年深圳市各类价格指数

单位:%

年/月		居民消费价格指数		农业生产资料价格指数		原材料购进价格指数		工业品出厂价格指数		深圳市房屋销售价格指数	深圳市房屋租赁价格指数
		当月同比	累计同比	当月同比	累计同比	当月同比	累计同比	当月同比	累计同比	当月同比	当季(年)同比
2001		—	97.8	—	—	—	100.2	—	96.3	101.1	99.6
2002		—	101.2	—	—	—	99.0	—	93.8	100.4	100.2
2003		—	100.7	—	—	—	100.5	—	97.7	102.2	99.9
2004		—	101.3	—	—	—	109.7	—	99.5	104.6	100.0
2005		—	101.6	—	—	—	105.1	—	98.7	107.5	101.0
2006		—	102.2	—	—	—	104.2	—	98.2	112.3	102.5
2007		—	104.1	—	—	—	102.9	—	98.4	116.3	104.8
2008		—	105.9	—	—	—	105.3	—	99.6	98.1	102.2
2009		—	98.7	—	—	—	96.3	—	95.3	100.8	100.0
2010		—	103.5	—	—	—	104.7	—	101.6	110.4	103.1
2008	1	—	—	—	—	—	—	—	—	—	—
	2	107.9	107.2	—	—	105.0	104.8	99.8	99.8	111.4	—
	3	107.6	107.3	—	—	106.6	105.4	101.5	100.4	108.0	102.6
	4	108.5	107.6	—	—	106.5	105.7	101.1	100.6	105.5	—
	5	107.0	107.5	—	—	106.0	105.7	101.4	100.7	102.5	—
	6	106.2	107.3	—	—	105.5	105.7	101.2	100.8	99.6	102.2
	7	106.6	107.2	—	—	106.3	105.8	101.5	100.9	96.1	—
	8	105.5	107.0	—	—	107.1	105.9	101.0	100.9	93.6	—
	9	105.1	106.7	—	—	106.2	106.0	100.2	100.8	90.0	102.7
	10	104.6	106.5	—	—	104.6	105.8	100.2	100.8	87.4	—
	11	103.5	106.2	—	—	104.3	105.7	95.8	100.1	85.2	—
	12	102.5	105.9	—	—	100.9	105.3	95.1	99.6	84.8	101.3
2009	1	—	—	—	—	—	—	—	—	83.7	—
	2	98.7	100.7	—	—	97.8	98.1	93.2	94.1	84.3	—
	3	99.2	100.2	—	—	97.8	98.0	93.5	93.6	87.3	100.4
	4	97.7	99.6	—	—	95.0	97.3	94.0	93.7	90.8	—
	5	98.2	99.3	—	—	95.3	96.9	92.9	93.6	94.9	—
	6	97.7	99.0	—	—	94.4	96.5	93.8	93.6	98.4	99.2
	7	97.3	98.8	—	—	95.0	96.2	94.2	93.7	102.7	—
	8	97.5	98.6	—	—	93.9	95.9	94.7	93.8	106.5	—
	9	97.9	98.5	—	—	95.9	95.9	96.6	94.1	111.1	99.5
	10	98.4	98.5	—	—	96.2	96.0	96.1	94.3	113.8	—
	11	99.0	98.5	—	—	97.2	96.1	99.7	94.8	116.6	—
	12	99.8	98.7	—	—	99.1	96.3	101.1	95.3	118.9	100.8
2010	1	—	—	—	—	—	—	—	—	—	—
	2	102.8	101.3	—	—	102.7	101.9	102.8	102.3	120.9	—
	3	103.0	101.9	—	—	104.7	102.8	102.0	102.2	120.1	101.1
	4	103.0	102.1	—	—	105.7	103.5	102.5	102.2	117.9	—
	5	103.2	102.4	—	—	105.7	104.0	102.5	102.3	114.2	—
	6	103.8	102.6	—	—	105.8	104.3	101.5	102.2	110.6	104.1
	7	103.6	102.7	—	—	105.2	104.0	101.2	102.0	106.6	—
	8	103.7	102.9	—	—	105.3	104.5	100.8	101.9	103.7	—
	9	103.8	103.0	—	—	104.8	104.6	101.1	101.8	103.3	104.2
	10	104.8	103.1	—	—	105.0	104.6	100.9	101.7	103.3	—
	11	105.1	103.3	—	—	104.7	104.6	99.9	101.5	102.0	—
	12	104.8	103.5	—	—	105.7	104.7	102.3	101.6	101.4	104.2
2011	1	—	—	—	—	—	—	—	—	—	—
	2	104.8	105.0	—	—	105.2	106.1	101.1	101.0	103.2	—
	3	104.9	105.0	—	—	105.0	106.1	101.5	101.2	103.1	100.2
	4	106.4	105.4	—	—	105.3	106.1	101.8	101.3	103.1	—
	5	106.2	105.5	—	—	107.4	106.4	102.0	101.5	103.7	—
	6	105.9	105.6	—	—	105.5	106.4	102.1	101.6	104.6	106.3
	7	105.9	105.6	—	—	105.9	106.5	102.1	101.7	104.7	—
	8	106.1	105.7	—	—	105.3	106.4	102.6	101.8	104.9	—
	9	106.0	105.7	—	—	105.2	106.4	102.3	101.8	104.5	103.8
	10	104.8	105.6	—	—	105.4	106.3	101.0	101.7	104.4	—
	11	104.1	105.5	—	—	104.2	106.1	101.0	101.7	104.1	—
	12	104.0	105.4	—	—	103.1	105.9	102.9	101.8	103.1	—

数据来源：深圳市统计局。

表3　2011年深圳市主要经济指标

	1月	2月	3月	4月	5月	6月	7月	8月	9月	10月	11月	12月
	绝对值（自年初累计）											
地区生产总值(亿元)	—	—	2 350.1	—	—	5 015.2	—	—	8 250.2	—	—	11 502.1
第一产业	—	—	1.3	—	—	2.5	—	—	4.1	—	—	5.7
第二产业	—	—	1 062.9	—	—	2 366.5	—	—	4 028.7	—	—	5 343.3
第三产业	—	—	1 285.9	—	—	2 646.2	—	—	4 217.4	—	—	6 153.0
工业增加值(亿元)	324.2	579.0	931.0	1 285.3	1 883.0	2 329.2	2 773.5	3 229.6	3 708.4	4 189.6	4 688.1	5 228.8
城镇固定资产投资(亿元)	65.9	168.4	294.9	455.5	640.2	827.3	991.3	1 174.3	1 400.6	1 607.5	1 852.4	2 136.4
房地产开发投资	16.0	53.7	86.0	126.2	170.3	217.3	273.0	314.2	369.1	430.2	506.2	590.2
社会消费品零售总额(亿元)	289.0	587.5	837.2	1 099.5	1 383.5	1 665.3	1 961.9	2 261.9	2 566.6	2 883.5	3 199.6	3 520.9
外贸进出口总额(亿美元)	332.6	583.2	923.1	1 290.7	1 648.6	2 009.9	2 357.8	2 710.0	3 051.1	3 371.0	3 753.7	4 141.0
进口	137.7	235.2	385.2	539.8	691.2	839.2	974.5	1 113.7	1 248.0	1 380.4	1 540.2	1 685.7
出口	194.9	348.0	537.9	750.9	957.4	1 170.7	1383.3	1 596.3	1 803.1	1 990.6	2 213.5	2 455.3
进出口差额(出口－进口)	57.1	112.8	152.7	211.1	266.2	331.6	408.9	482.5	555.2	610.3	673.3	769.5
外商实际直接投资(亿美元)	1.7	3.7	6.5	10.3	14.6	20.8	24.9	30.6	37.2	42.3	44.9	46.0
地方财政收支差额(亿元)	47.2	64.9	69.1	159.9	167.3	105.5	166.9	139.1	87.2	132.6	20.2	(251.1)
地方财政收入	149.9	236.4	326.7	512.0	615.9	714.6	856.2	940.3	1 036.6	1 203.7	1 271.9	1 339.6
地方财政支出	102.7	171.5	257.6	352.1	448.6	609.1	689.3	801.2	949.4	1 071.1	1 251.7	1 590.6
城镇登记失业率(%)（季度）	—	—	2.2	—	—	2.2	—	—	2.1	—	—	—
	同比累计增长率（%）											
地区生产总值	—	—	10.8	—	—	10.6	—	—	9.8	—	—	10.0
第一产业	—	—	(20.1)	—	—	(23.6)	—	—	(18.2)	—	—	(22.3)
第二产业	—	—	13.0	—	—	13.3	—	—	12.5	—	—	11.8
第三产业	—	—	9.2	—	—	8.4	—	—	7.4	—	—	8.5
工业增加值	19.3	13.0	13.3	13.4	13.3	13.4	13.3	13.2	13.2	12.8	12.5	12.6
城镇固定资产投资	27.7	5.0	6.9	11.2	14.1	13.9	13.4	12.4	11.6	10.6	10.0	10.1
房地产开发投资	14.3	5.2	7.7	3.9	4.2	5.6	13.3	17.4	19.5	21.7	27.1	28.7
社会消费品零售总额	15.8	17.0	15.7	17.1	18.8	18.7	19.3	19.1	18.5	17.8	17.7	17.8
外贸进出口总额	86.2	60.5	47.7	44.6	40.7	38.4	35.3	31.5	27.3	24.2	21.8	19.4
进口	92.1	57.7	45.2	41.8	39.3	36.7	33.9	29.7	24.8	21.4	20.5	18.2
出口	82.2	62.5	49.5	46.7	41.7	39.6	36.3	32.8	29.1	26.2	22.7	20.2
外商实际直接投资	(27.5)	18.6	8.7	6.1	7.7	10.4	10.2	10.3	7.2	11.2	8.4	7.0
地方财政收入	19.2	20.9	21.0	20.2	23.9	24.5	27.3	28.1	28.2	25.7	22.2	21.0
地方财政支出	96.1	10.4	6.5	11.5	12.1	10.2	9.4	13.2	17.4	20.1	25.7	25.6

数据来源：深圳市统计局。

2011年广西壮族自治区金融运行报告

中国人民银行南宁中心支行货币政策分析小组

[内容摘要] 2011年，面对异常复杂的国际、国内形势，广西社会各界全面贯彻落实党中央和国务院的各项方针政策，围绕“增投、扩量、稳速、提质、控价、保位”十二字方针，积极采取多种措施，全力加快经济发展方式转变，全区经济呈现平稳较快增长，实现“十二五”规划良好开局。全区生产总值同比增长12.3%，连续7年保持12%以上的增速。三次产业持续较快发展，工业化进程不断加快。三大需求理性增长，进出口增势良好。三类价格高位回落，通货膨胀压力依然存在。全年广西金融运行健康平稳，稳健的货币政策得到有效贯彻落实。社会融资规模迅速增长，存款增速有所放缓，贷款余额突破万亿元大关，成为全国第20个、西部地区第5个存贷款余额双双突破万亿元的地区。证券市场融资规模持续扩大，保险业务实现稳步增长，资金洼地效应进一步显现，金融生态环境持续改善。

2012年是“十二五”规划承上启下的关键之年，广西将坚持以科学发展观为指导，认真贯彻落实稳健的货币政策，切实按照“稳中求进”的工作总基调，保持和扩大经济社会发展的良好势头，全力推动“富民强桂”实现新跨越。

一、金融运行情况

2011年，广西金融业保持良好运行态势，货币信贷平稳运行，社会融资规模合理均衡，金融机构资产质量稳步提高，资金洼地效应明显，金融生态环境持续改善，有力地支持了广西经济平稳较快发展。

（一）银行体系健康发展，货币信贷平稳增长

1. 银行业资产质量和效益双双提高。2011年，广西银行业金融机构资产总额和利润同比分别增长40%和31.3%。其中，城市商业银行资产规模同比增长1.1倍；新型农村金融机构呈现快速发展，资产总额同比增长1.5倍。银行业金融机构信贷资产质量持续向好，年末不良贷款率下降0.3个百分点（见表1）。

表1　2011年广西壮族自治区银行业金融机构情况

机构类别	营业网点			法人机构（个）
	机构个数（个）	从业人数（人）	资产总额（亿元）	
一、大型商业银行	1 951	38 274	7 859	0
二、国家开发银行和政策性银行	64	1 687	2 076	0
三、股份制商业银行	53	2 314	1 269	0
四、城市商业银行	158	4 217	2 039	3
五、城市信用社	0	0	0	0
六、农村合作机构	2 277	22 545	3 660	94
七、财务公司	1	11	40	0
八、信托公司	0	0	0	0
九、邮政储蓄银行	934	10 531	915	0
十、外资银行	2	56	12	0
十一、新型农村金融机构	28	697	61	26
十二、其他	0	0	0	0
合　计	5 477	80 332	17 931	123

注：营业网点不包括国家开发银行和政策性银行、大型商业银行、股份制商业银行等金融机构总部数据；大型商业银行包括中国工商银行、中国农业银行、中国银行、中国建设银行和交通银行；农村合作机构包括农村信用社、农村合作银行和农村商业银行；新型农村金融机构包括村镇银行和农村资金互助社。

数据来源：中国人民银行南宁中心支行、广西银监局。

2. 存款增速持续回落（见图1、图2）。2011年年末，广西银行业金融机构本外币存款余额为13 528.0亿元，新增存款1 724.5亿元（见图1、图4），存款增速呈现持续回落走势。这主要是由于企业派生存款减少、政府融资平台公司和房地产开发企业等重点客户用款增加、生产成本激增使得企业周转资金占用增加、企业理财渠道拓宽等。随着居民收入水平不断提高及储蓄意愿回升，个人存款保持平稳增长。受人民币汇率升值预期的影响，企业和居民持汇意愿较强，外汇存款较年初增加1.6亿美元。

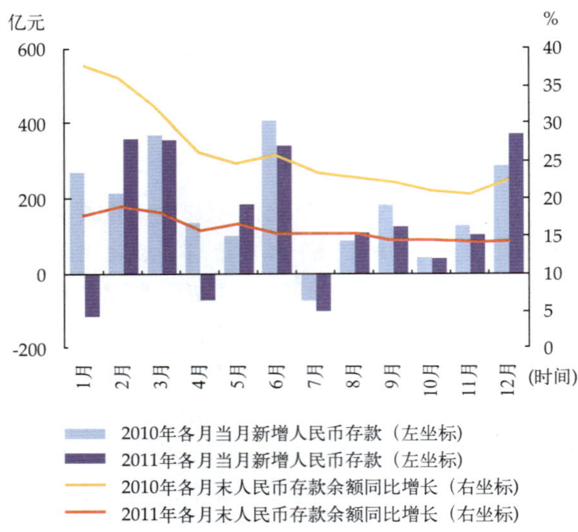

数据来源：中国人民银行南宁中心支行。

图1　2010～2011年广西壮族自治区金融机构人民币存款增长变化

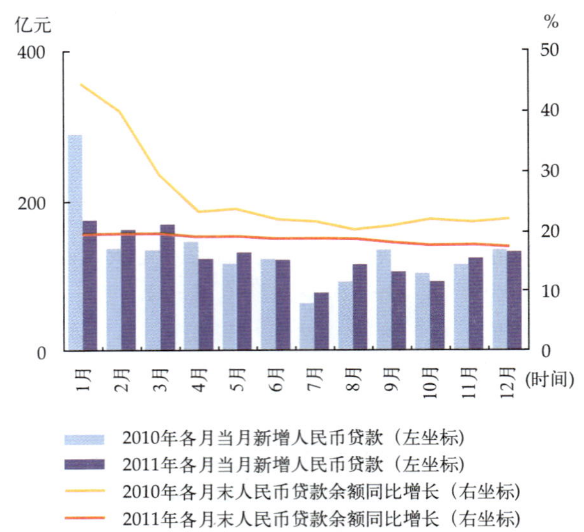

数据来源：中国人民银行南宁中心支行。

图2　2010～2011年广西壮族自治区金融机构人民币贷款增长变化

3. 贷款增速保持常态（见图2、图3）。2011年，广西贷款保持常态增长，年末本外币各项贷款余额为10 646.4亿元，首次突破万亿元大关；新增贷款1 663.1亿元，创历史次新高。由于外汇资金需求旺盛，外汇贷款较年初增加20.8亿美元。

贷款重点投向实体经济。全年广西近九成新增贷款投向制造、批发零售、交通运输、电力、建筑等基础行业和支柱产业。贷款投向更加注重生产经营，单位经营性贷款占全部贷款新增额的三成以上。贷款期限搭配更趋合理，短期贷款占全部贷款的47.9%，同比提高31.4个百分点。不断加强对薄弱环节的信贷支持，涉农贷款呈现快速增长，小企业新增贷款占比同比提高6.4个百分点，中国人民银行支付民贸民品企业贷款贴息达1.0亿元。

4. 表外融资快速发展。2011年年末，广西银行业金融机构表外融资余额为2 100亿元，比年初增加510.9亿元。为缓解资金面趋紧的状况，企业多方融资，非关联企业委托贷款明显增加，全年委托贷款增加103.5亿元。同时，大力引进区外资金，省外间接异地贷款增加65.2亿元；积极拓展保函、信用证、银行承兑汇票等业务，或有资产增加430.9亿元。

5. 银行贷款利率整体上行。2011年，广西金融机构贷款加权平均利率为7.3%，同比上升1.3个百分点。贷款利率上浮占比持续上升，高达58.6%，同比提升18.0个百分点。从企业类型看，中小企业融资成本适度提高。银行业金融机构对中型、小型企业贷款执行上浮利率的比例分别为46.7%、79.9%，同比分别提高20.5个和25.0个百分点。其中，对中型企业贷款利率上浮区间集中于0～10%，对小型企业贷款利率上浮区间集中于10%～30%（见表2、图4）。

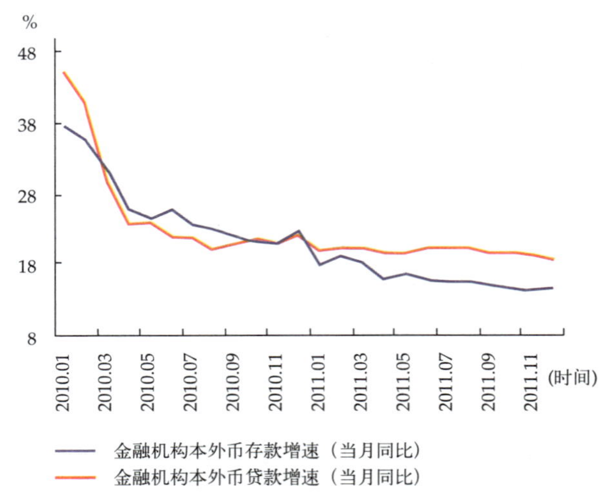

数据来源：中国人民银行南宁中心支行。

图3　2010～2011年广西壮族自治区金融机构本外币存、贷款增速变化

表2 2011年广西壮族自治区人民币贷款各利率区间占比

单位：%

月份		1月	2月	3月	4月	5月	6月
合计		59.2	53.0	47.2	37.5	37.4	45.0
[0.9～1.0)		25.1	17.0	9.0	5.8	6.6	9.2
1.0		34.1	36.0	38.2	31.7	30.8	35.7
上浮水平	小计	40.9	47.0	52.8	62.5	62.6	55.1
	(1.0～1.1]	15.5	15.4	19.8	20.0	19.9	16.1
	(1.1～1.3]	15.0	17.6	20.1	24.9	24.4	23.4
	(1.3～1.5]	7.9	11.2	9.1	13.2	13.3	10.7
	(1.5～2.0]	1.5	2.1	2.3	2.9	2.7	2.7
	2.0以上	1.1	0.7	1.5	1.6	2.4	2.3
月份		7月	8月	9月	10月	11月	12月
合计		35.8	38.5	32.5	33.4	35.7	39.0
[0.9～1.0)		3.1	3.5	2.3	4.1	5.5	4.5
1.0		32.7	35.3	30.2	29.3	30.3	34.5
上浮水平	小计	64.2	61.2	67.5	66.6	64.3	61.0
	(1.0～1.1]	16.9	15.7	20.1	21.5	22.3	24.1
	(1.1～1.3]	25.9	25.8	26.3	27.6	27.3	22.6
	(1.3～1.5]	15.5	14.3	16.4	12.3	11.4	11.4
	(1.5～2.0]	2.8	2.4	2.7	2.5	1.7	1.4
	2.0以上	3.1	3.1	2.0	2.7	1.7	1.6

数据来源：中国人民银行南宁中心支行。

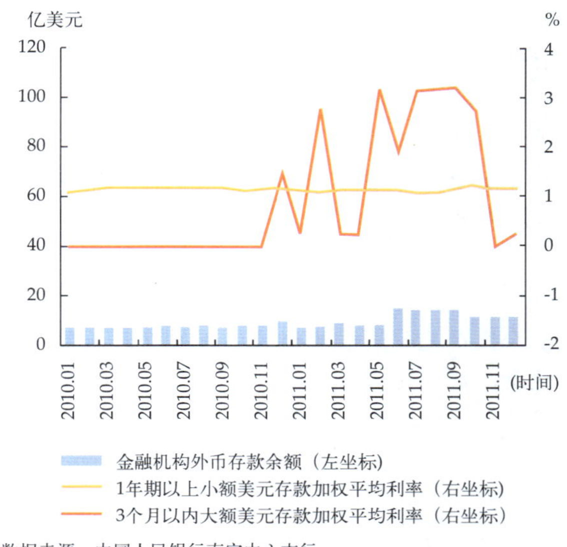

数据来源：中国人民银行南宁中心支行。

图4 2010～2011年广西壮族自治区金融机构外币存款余额及外币存款利率

6. 金融机构改革向纵深推进。已改制的大型银行广西分支机构继续深化内部改革，资产负债规模平稳增长，整体利润水平持续提高。农业银行广西区分行进一步深化“三农金融事业部”制改革试点工作，全面提升“三农金融事业部”经营品质和“三农”金融服务水平。地方法人金融机构实现快速发展，城市商业银行加快网点布局；村镇银行新设机构同比增长1.3倍；农村信用社改革持续深入推进，广西区农村信用联社制订的县域农村商业银行达标组建改革目标已全面实现。

7. 跨境人民币业务深入推进。2011年，广西跨境人民币业务范围从经常项下扩展至资本项下，跨境人民币结算总量达384.1亿元，同比增长53%。其中，经常项下结算量位居西部地区12省区、全国8个边境省区前列，货物贸易人民币结算量占广西同期进出口总额的25%；资本项下跨境人民币结算2.8亿元。与广西发生人民币实际收付业务的境外国家和地区达40个。广西在全国率先推出人民币兑越南盾银行柜台挂牌业务，年末人民币与越南盾兑换业务量达20.1亿元。

专栏1 深入推进跨境人民币业务 率先推出人民币兑越南盾挂牌交易

近年来，随着中国与东盟国家双边经贸关系的不断深化，个人、企业、银行等市场主体对人民币与东盟国家货币直接交易的市场需求不断增强。广西地处中国—东盟自由贸易区前沿，是面向东盟的“桥头堡”，而东盟是广西第一大贸易伙伴和第三大外资来源地，是广西推进人民币跨境使用的主要阵地，具有人民币对东盟国家货币兑换的现实需求。为便利人民币与东盟货币在贸易结算中的使用，满足实体经济降低汇兑成本的需求，中国人民银行南宁中心支行鼓励和支持广西银行业金融机构充分发挥贴近市场、熟悉市场的地缘优势，积极开展人民币兑东盟国家货币柜台挂牌业务，在全国率先推出银行业金融机构人民币兑越南盾柜台挂牌业务。

2011年，中国工商银行广西区分行和广西北部湾银行先后开办人民币兑越南盾柜台挂牌业务。6月28日，中国工商银行中国—东盟人民币跨境清算（结算）中心（南宁）在广西南宁成立,成为全国首家办理人民币兑越南盾柜台挂牌业务的银行。12月9日，广西北部湾银行在广西南宁开办人民币兑越南盾柜台挂牌业务。自中国工商银行广西区分行和广西北部湾银行开展人民币兑越南盾柜台挂牌业务以来，人民币兑越南盾成交量持续增长，截至12月末，广西累计办理人民币与越南盾兑换业务20.1亿元，在全国人民币兑非主要国际储备货币柜台交量中位居前列。

人民币兑越南盾柜台挂牌业务的成功推出，方便了市场主体通过正规渠道办理人民币与越南盾兑换，帮助企业有效降低汇率风险和兑换成本，促进双边贸易投资便利化，为扩大人民币跨境使用和提升广西沿边开发开放水平发挥了积极的作用。同时，也为境内银行业金融机构依托跨境人民币业务开拓东盟市场、拓展业务范围奠定了坚实的基础。

（二）证券市场稳步发展，融资规模实现突破

2011年，广西证券市场平稳发展，实现“十二五”良好开局。

1. 证券市场主体进一步充实。2011年年末，广西共有1家证券公司，1家基金管理公司，94家证券营业部（其中，正常营业88家），30家期货营业部（其中，正常营业28家），11家具有证券、期货相关业务许可证的证券中介服务机构。其中，新增7家期货营业部，期货营业部网点分布由4个地级市覆盖到6个地级市，网点布局进一步优化。全年广西证券经营机构证券交易总额为8 934.6亿元，证券投资者开户数为182万户，广西证券营业部实现净利润5.6亿元。

2. 证券市场融资功能显现。2011年年末，广西29家上市公司总股本达159.1亿股，同比增长20.3%，上市公司总股本占全国的比重为0.4%；总市值为1 200.9亿元，占全国的比重为0.5%。2011年，广西上市公司通过资本市场筹集资金79.1亿元，其中，企业IPO募资11.4亿元，上市公司再融资募资67.7亿元。另外，基金公司新发基金1只，首次募集金额10亿元（见表3）。

（三）保险市场快速发展，保障能力不断提高

2011年，广西保险市场平稳运行，继续保持稳中向好的态势。

1. 机构实力有所增强。2011年年末，广西辖区保险主体共31家，比年初新增4家；各类保险分支机构超过2 000家；专业保险中介机构近80家，保险业总资产首次突破400亿元大关，同比增长20%以

表3　2011年广西壮族自治区证券业基本情况

项目	数量
总部设在辖内的证券公司数（家）	1
总部设在辖内的基金公司数（家）	1
总部设在辖内的期货公司数（家）	0
年末国内上市公司数（家）	29
当年国内股票（A股）筹资（亿元）	79.1
当年发行H股筹资（亿元）	0
当年国内债券筹资（亿元）	239.6
其中：短期融资券筹资额（亿元）	121.6

数据来源：广西证监局。

表4　2011年广西壮族自治区保险业基本情况

项目	数量
总部设在辖内的保险公司数（家）	0
其中：财产险经营主体（家）	0
人身险经营主体（家）	0
保险公司分支机构（家）	31
其中：财产险公司分支机构（家）	18
人身险公司分支机构（家）	13
保费收入（中外资，亿元）	212.7
其中：财产险保费收入（中外资，亿元）	83.0
人身险保费收入（中外资，亿元）	129.7
各类赔款给付（中外资，亿元）	58.8
保险密度（元/人）	457.8
保险深度（%）	1.8

数据来源：广西保监局。

上（见表4）。

2. 业务实现快速增长。2011年，广西保险业保费总收入首次突破200亿元大关，达212亿元，同比增长18.5%，领先全国平均水平8个百分点，取得了近年来的最好成绩。其中，财产险和人身险保费收入同比分别增长19.8%和6.6%。全年共支付赔款和给付58.8亿元，同比增长32.2%。

3. 保险支持经济发展的作用持续显现。全年通过赔款支出、养老金支付、费用投入等支持实体经济超100亿元；通过开展信用保证保险业务，缓解部分中小企业融资难题，支持新增贷款1.2亿元。

（四）金融市场持续活跃，融资功能明显增强

1. 直接融资持续增长。2011年，广西社会融资规模快速增长，全年新增2 565.2亿元。直接融资快速增长。全年实现直接融资318.7亿元，为上年的1.6倍，创历史新高。其中，利用短期融资券、中期票据实际融资174.6亿元，为上年的2.3倍。融资结构进一步优化，间接融资与直接融资比重由上年的89.2：10.8调整为83.9：16.1，融资过度倚重银行信贷的情况得到进一步缓解（见表5）。

2. 货币市场交易活跃。2011年，广西债券交易快速增长，全年广西银行间债券市场成员累计完成债券回购6 190笔，金额为1.6万亿元，交易金额同比增长2倍；现券交易整体活跃，累计完成现券交易12 616笔，金额为2.1万亿元，交易金额同比增长1.4倍；同业拆借交易活跃，全年广西银行间市场成员累计完成拆借交易157亿元，资金净拆出138.8亿元。各期限拆借利率小幅上扬，年末其加权平均利率为4.0%，同比提高1.9个百分点。

3. 票据市场量价齐涨。2011年，广西银行业金融机构票据签发额快速增长，全年票据累计签发量同比增长93.2%，但贴现余额连续23个月呈现负增长。随着市场流动性趋紧以及金融机构对票据贴现实施严格控制，市场票据价格持续攀升，广西票据贴现市场成交加权平均利率由年初的5.5%逐渐走高至年末的8.8%。中国人民银行南宁中心支行灵活运用再贴现货币政策工具，引导银行业金融机构支持小微企业和涉农领域发展，全年累计办理再贴现985笔，金额为27.8亿元（见表6、表7）。

4. 外汇交易增速放缓。2011年，广西银行业金融机构结售汇150.0亿美元，同比增长12.4%，增幅较上年放缓21个百分点。累计结售汇顺差14.8亿美元，同比增长7.0%。其中，经常项目结售汇顺差同

表5　2001～2011年广西壮族自治区非金融机构部门贷款、债券和股票融资情况

单位：亿元、%

年份	融资合计	比重		
		贷款	债券（含可转债）	股票
2001	151.1	93.4	0	6.6
2002	216.1	97.3	0	2.7
2003	450.6	94.8	1.8	3.4
2004	546.8	97.3	0	2.7
2005	478.6	97.9	2.1	0
2006	557.0	97.0	2.4	0.6
2007	753.0	93.8	2.7	3.5
2008	985.8	96.1	3.9	0
2009	2 301.4	97.8	1.8	0.4
2010	1 815.9	89.2	6.0	4.8
2011	1 981.8	83.9	12.1	4.0

数据来源：中国人民银行南宁中心支行。

表6　2011年广西壮族自治区金融机构票据业务量统计

单位：亿元

季度	银行承兑汇票承兑		贴现			
			银行承兑汇票		商业承兑汇票	
	余额	累计发生额	余额	累计发生额	余额	累计发生额
1	438.6	236.2	109.2	356.6	1.8	2.0
2	500.1	590.4	84.7	632.0	4.1	6.7
3	623.6	982.8	124.1	1 004.4	4.1	7.9
4	723.8	1 432.6	112.6	1 434.4	1.3	14.6

数据来源：中国人民银行南宁中心支行。

表7　2011年广西壮族自治区金融机构票据贴现、转贴现利率

单位：%

季度	贴现		转贴现	
	银行承兑汇票	商业承兑汇票	票据买断	票据回购
1	6.1216	7.5775	4.0146	5.3495
2	6.2688	8.1554	5.0389	5.4752
3	9.0931	—	6.6517	6.5642
4	9.6082	5.7738	7.2261	7.1746

数据来源：中国人民银行南宁中心支行。

比增长6.2倍，金额占顺差总额的59.9%。2011年下半年以来，欧债危机持续深化、人民币汇率预期逆转等因素导致广西外汇市场流入压力明显减弱，年末连续2个月出现外汇逆差。

5. 黄金业务快速发展。2011年年末，广西有11家银行业金融机构开办代理黄金买卖业务。其中，新增3家机构开展“T+D”业务。在欧债危机持续演变的背景下，广西银行业金融机构黄金业务呈现快速增长，全年各类黄金业务累计成交30.4吨，交易金额为106亿元，同比分别增长30%、58%。

6. 理财业务迅速发展。2011年，广西银行业金融机构累计销售理财产品3 188亿元，同比增长1.3倍；年末余额为362亿元，同比增长1.4倍。理财产品自主研发能力不断增强，全年广西银行业金融机构自主研发理财产品累计销售294亿元，年末余额为48亿元。

7. 民间借贷持续扩张。2011年，在银行信贷资源趋紧、企业从银行业金融机构融资难度增大的情况下，民间借贷凭借手续简便、操作灵活的优势实现快速扩张，民间利率水平高位运行。全年广西民间借贷监测点农户类及非农户类借贷总额分别为8.8亿元和13.8亿元，同比分别增长2.1倍和2.6倍；加权平均利率分别达25.5%和27.3%，同比分别提高2.7个和1.4个百分点，分别相当于同期1年期贷款基准利率的3.9倍和4.2倍。

（五）信用体系日益完善，金融生态环境持续改善

2011年，广西征信体系建设取得丰硕成果。年末，中国人民银行征信系统共采集入库广西企业12万户，已入库企业人民币贷款余额为6 477亿元；自然人信贷账户为2 510万户，信贷余额为2 930亿元；银行业金融机构月均查询达40万次，全年共拒绝有潜在风险的信贷业务申请5.8万笔，金额达34.8亿元，有效防范了银行信贷风险。农村信用体系为全区为573.7万农户建立了信用档案，农户贷款需求满足率和覆盖率均超过九成，累计发放农户贷款达835.5亿元。农户守信获益的行为产生辐射带动效应，农户信用等级评定逐渐成为农民眼中的“道德标准”。中小企业信用体系为全区7.5万家中小企业建立了信用档案，联合向银行业金融机构推荐诚信中小企业1 166户，累计发放贷款761.5亿元。全区有1 671户企业获得应收账款质押融资贷款，有效支持了中小企业可持续发展。推动信用评级市场规范发展，全年信用评级业务量突破100笔。全面推进“信用县”创建工作，广西田东县成为全国首个以社会信用联席会议名义命名的“信用县”。创建“信用镇”35个，“信用村”539个。

专栏2　加快广西社会信用体系建设　有力促进社会管理模式创新

为加快推进广西社会信用体系建设，中国人民银行南宁中心支行以征信成果转化、促进社会管理创新为切入点，多措并举，成功创建了全国首个“信用县”，与法院、工信、环保、食品安全等部门联手，借助征信系统积极开展打击拒不执行法院判决的“老赖”、打击违反环保和食品安全法规行为等活动，有力地促进了社会管理模式创新，取得了显著成效。

一、成功创建全国首个“信用县”，提升农村社会管理水平

为深入推动自治区扩大农村金融改革工作，中国人民银行南宁中心支行以创建田东县“信用县”为切入点，探索以农村信用体系建设为突破口，持续推动县域经济发展、增加农民收入、提升农村社会管理水平的新路径。目前，田东县建立了农户信用档案8万户，评定“信用户”4.1万户、“信用村”88个（全县161个）、“信用乡(镇)”7个（全县共10个乡镇），成为全区评定信用村(镇)最多的县份，被广西社会信用体系建设联席会议评为“信用县”，也由此成为全国首个“信用县”。田东县的示范效应带动了全区农村信用体系建设，创新了广西的农村社会管理模式，征信体系建设已成为提升农村社会管理水平的重要抓手。截至2011年年末，广西征信系统为573.7万农户建立了信用档案，给538.7万农户评定了信用等

级，信用户累计得到贷款835.5亿元，全区共产生了539个信用（村）镇。

二、与法院联合开展“反规避执行专项活动”，提高司法执行效率

全年征信系统共加载法院诉讼判决信息1 857笔、执行信息189笔，共向577个“老赖”发出了限制高消费和银行贷款令，已结案件344件，执行到位金额达9 741.8万元，有效地缓解了法院执行难题。征信系统成为广西法院整治“老赖”的“重拳”，维护了司法权威，提高了中国人民银行征信系统的话语权和公信力。中共中央办公厅、国务院办公厅将中国人民银行南宁中心支行与自治区高级法院联合打击“老赖”的工作经验作为典型范例印发，向全国推广。

三、充分发挥征信系统的奖惩功能，建立“绿色信贷”机制

目前，征信系统从广西各地环保部门采集录入企业环保信息3 978户；各银行业金融机构对节能环保领域贷款余额为2 654.3亿元，同比增长23.6%；各银行业金融机构应用征信系统环保违法信息案例20例，拒绝受理贷款累计1.4亿元。征信铸就“绿色信贷”的举措，有效地加大了环保的执法力度，促进了广西节能减排、发展循环经济和环境保护工作的顺利开展，得到了自治区政府领导的多次表扬。

四、搭建食品工业企业诚信体系，建立食品质量安全长效机制

食品安全是关系民生的一件大事。2011年12月，广西建立了食品工业诚信体系建设工作部门联席会议制度。食品工业诚信信息纳入中国人民银行征信系统，作为银行业金融机构信贷决策的重要参考和依据，杜绝了危害民生安全的食品生产，为食品安全和产业的健康发展提供了长效保障机制。

二、经济运行情况

2011年，广西克服缺电、缺资金、物价高三大难题，经济发展跃上新台阶。全年生产总值突破万亿元，达11 714.4亿元，同比增长12.3%，高于全国平均水平3.1个百分点。三次产业结构占比分别为17.5%、49.0%和33.5%，第二产业对经济增长的贡献率达65.9%（见图5）。

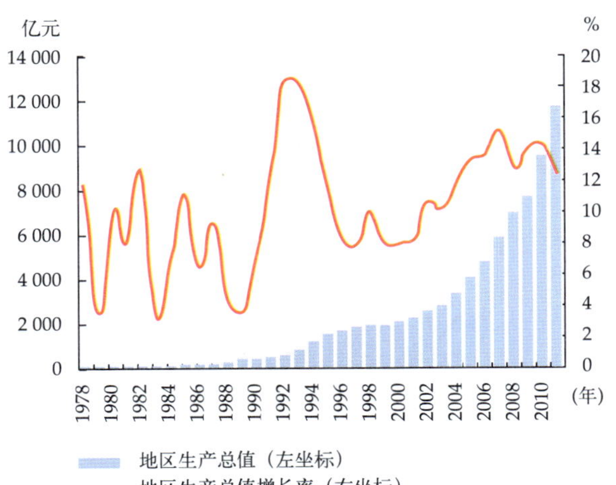

数据来源：广西壮族自治区统计局。

图5　1978～2011年广西壮族自治区地区生产总值及其增长率

（一）内需呈现理性增长，外需发展势头良好

2011年，受宏观政策和市场因素影响，广西固定资产投资增速有所放缓；在居民收入稳步提高以及促消费的各项政策刺激下，城乡消费稳定增长；外需发展势头良好，与东盟国家贸易的发展持续向好。

1. 投资增速有所放缓，民间投资持续活跃。2011年，广西固定资产投资面临投资、产业、土地、货币信贷和节能环保等多项政策的综合影响，增速有所放缓。全年全社会固定资产投资为10 143.5亿元，同比增长29.1%，增速同比下降8.6个百分点（见图6）。其中，由于加大了农田水利基础设施建设力度，第一产业投资同比增长53%，增速同比上升39.7个百分点；房地产投资增速明显下滑，同比增长24.4%，远低于上年同期48.2%的增幅。受政策调控影响，固定资产投资到位资金增幅同比下降12.2个百分点，其中，国内贷款同比增长2.4%，增速同比减少18.1个百分点。民间投资延

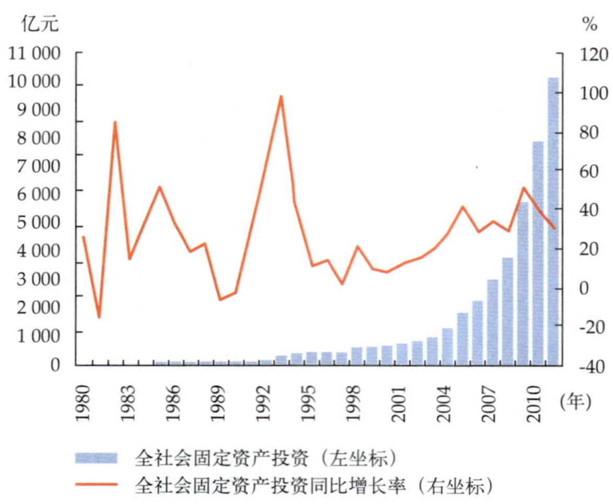

数据来源：广西壮族自治区统计局。

图6　1980～2011年广西壮族自治区固定资产投资及其增长率

续上一年的快速增长势头，累计完成投资5 866.6亿元，同比增长43.6%，占固定资产投资的60.3%。

2. 城乡消费稳定增长，居民消费支出保持谨慎。2011年广西城乡居民收入稳步提高，城镇人均可支配收入和农村居民人均纯收入分别为18 854元和5 231元，扣除价格因素，分别实际增长4.5%和8.2%。随着居民收入稳步提高以及各项刺激消费政策的出台，广西城乡消费平稳增长，全年社会消费品零售总额为3 860.7亿元，同比增长18.0%（见图7），高于全国平均水平0.9个百分点。但由于物价持续高位运行，居民消费支出保持谨慎。中国人民银行南宁中心支行第四季度问卷调查结果显示，未来3个月家庭月消费支出选择“增加”的受访者占比季度环比下降8.5个百分点。

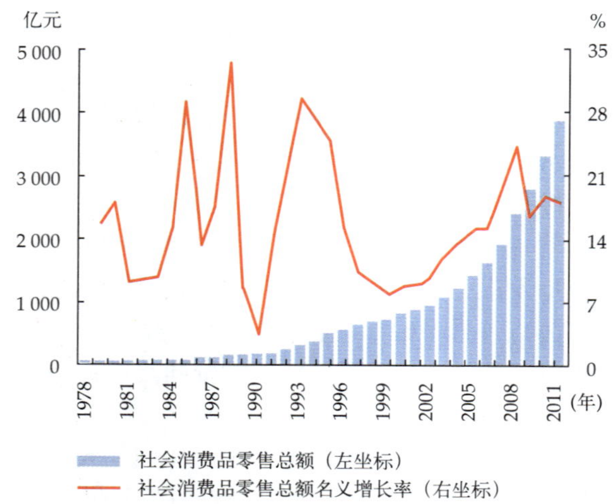

数据来源：广西壮族自治区统计局。

图7　1978～2011年广西壮族自治区社会消费品零售总额及其增长率

3. 外贸进出口快速增长，实际利用外资有所增加。2011年广西外贸进出口同比增长31.5%。其中，进口和出口同比分别增长33.7%和29.7%，进出口顺差同比下降8%。东盟继续保持广西第一大贸易伙伴的地位，全年广西对东盟进出口额占全区

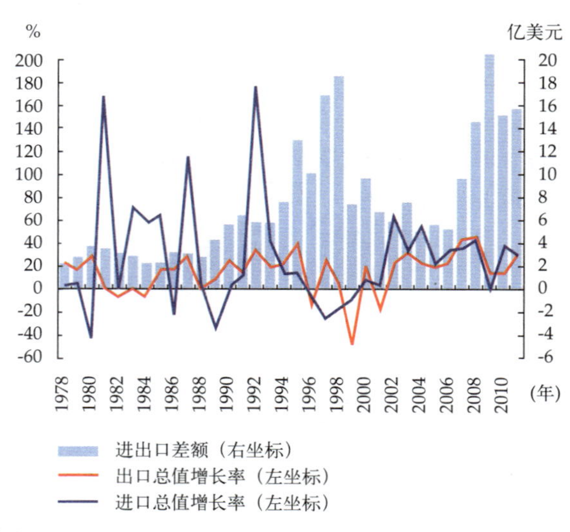

数据来源：南宁海关。

图8　1978～2011年广西壮族自治区外贸进出口变动情况

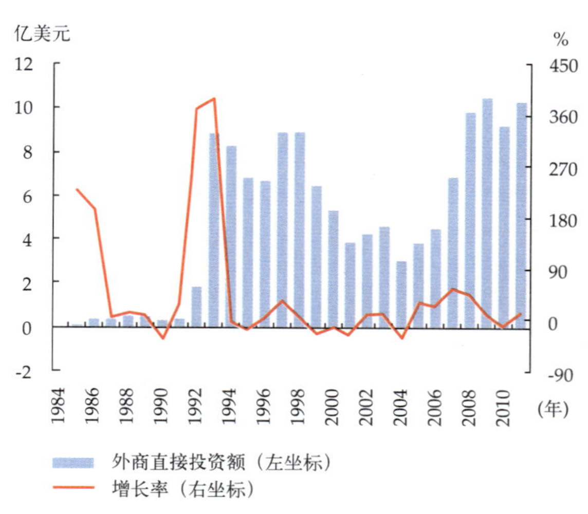

数据来源：广西壮族自治区商务厅。

图9　1984～2011年广西壮族自治区外商直接投资情况

进出口总额的41%，其中，对越南进出口占广西对东盟进出口的79%。出口商品结构有所优化，高新技术产品出口同比增长44.6%（见图8）。

2011年广西共批准设立外商投资企业169家，合同利用外资金额同比增长50.8%，实际利用外资金额同比增长11.2%（见图9）。外资投向仍以制造业为主，投向交通运输、仓储和邮政业的外资占比显著提高。

（二）三次产业持续发展，工业化进程加快

2011年，广西第一、第二、第三产业增加值分别为2 047.3亿元、5 736.8亿元、3 930.3亿元，同比分别增长4.8%、17.1%、9.4%。三次产业贡献率分别为6.9%、65.9%和27.2%。工业对经济增长的主导作用增强，工业化率由上年的40.6%上升为42.0%。

1. 粮食实现增产增收，特色农产品保持明显优势。2011年，广西努力克服自然灾害影响，农业实现平稳增长，粮食实现恢复性增产，畜牧业形势好转，优势特色产业全面增长。全年粮食产量达1 429.9万吨，增产1.2%；全年猪牛羊禽肉总产量为386.1万吨，增长0.7%；糖料蔗、桑蚕、木薯产量继续稳居全国第一位；木材产量增长15%，广西成为全国木材战略储备基地；松脂、油茶籽、八角产量稳定。

2. 工业实现较快增长，企业效益不断提高。2011年，在政府着力打造“14+4”产业体系等各项政策支持下，广西工业总体实现平稳较快增长。2011年规模以上工业总产值突破万亿元大关，达到12 720亿元，同比增长37.9%；工业增加值同比增长20.8%，增幅高于全国平均水平6.9个百分点。其中，小型企业发展迅速，规模以上工业中的小型企业增加值增长32.5%，对规模以上工业增长的贡献率达73.8%。千亿元产业取得新突破，继食品、汽车和冶金之后新增石化和机械两个千亿元产业。企业盈利状况良好，利税总额迈上千亿元台阶，达到1 276.1亿元，增长32.7%。其中，盈亏相抵后实现利润总额717.3亿元，增长29.3%（见图10）。

3. 第三产业稳步发展，旅游业收入过千亿元。

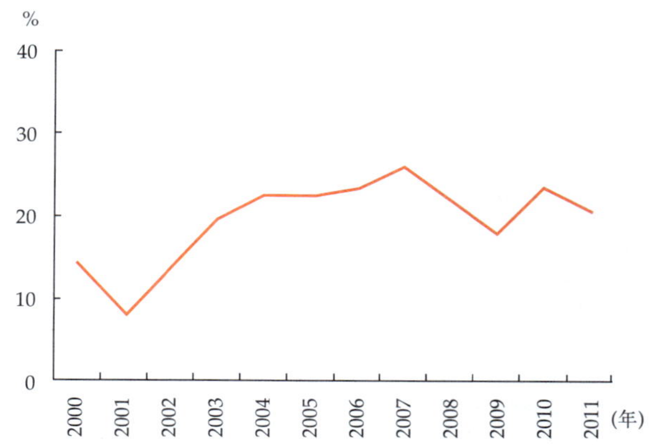

数据来源：广西壮族自治区统计局。

图10　2000~2011年广西壮族自治区规模以上工业增加值同比增长率

2011年，广西第三产业发展平稳，金融、物流、旅游等现代服务业快速发展。金融业实现增加值429.5亿元，同比增长5.3%。存款和贷款双双过万亿元，有效服务实体经济发展。随着大批铁路、高速公路、机场、航道、码头等项目陆续建成，以及钦州保税港区全面开港运营，物流业发展的软环境更加优越。全年旅游总收入首次突破千亿元，达1 277.8亿元，同比增长34.1%。旅游业的快速发展拉动了住宿和餐饮业的增长，住宿和餐饮业实现增加值280.0亿元，同比增长7.0%。

（三）价格涨幅有所回落，但压力仍在

2011年，广西物价调控取得积极成效，物价涨幅从高位逐渐回落，但物价上涨的中长期压力依然存在（见图11）。

1. 居民消费价格高位回调。受宏观调控以及广西政府出台多项平抑物价政策的影响，居民消费价格指数高位回调，CPI月度同比涨幅由6月的最高点7.7%回落至12月的1.9%。全年广西CPI累计同比上涨5.9%，同比提高2.9个百分点，比全国平均水平高0.5个百分点。从CPI构成结构看，八大类商品及服务价格全面上涨，有七大类的涨幅高于上年，食品类价格上涨成为拉动CPI上涨的主要原因。2011年广西食品类价格轮番上涨，年初蔬菜、水果价格首先大幅上涨，4~5月猪肉价格开始上涨，8月食用油和鸡蛋价格全面上涨，9月白酒、蔬菜价格也

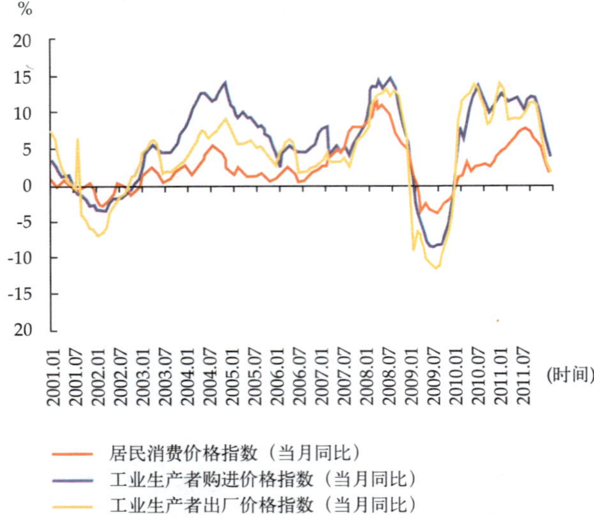

数据来源：广西壮族自治区统计局。

图11　2001～2011年广西壮族自治区居民消费价格和生产者价格变动趋势

明显上涨，全年食品类价格上涨14.4%，其中，肉类价格上涨20.9%。

2. 生产价格涨幅明显。2011年工业生产者出厂价格同比上涨8.5%，比上年回落3.5个百分点，高于全国平均水平2.5个百分点。工业生产者购进价格涨幅持续高于出厂价格涨幅，企业生产价格涨幅高进低出。全年工业生产者购进价格同比上涨10.0%，同比下降1.2个百分点，高于全国平均水平0.9个百分点。全年农产品生产价格累计同比上涨24.5%。

3. 劳动力成本有所增加。2011年，广西居民工资收入持续增长，其中，城镇居民工资性收入和农村居民工资性收入分别比上年增长12.3%和6.6%。部分城市提高最低生活保障金标准，如南宁市从4月1日起，调整农村居民最低生活保障档次，困难家庭每人每月补助50～80元不等。

4. 资源价格改革步伐加快。一是深化电价改革，提高燃煤发电企业脱硫加价标准，做好居民阶梯电价前期工作。二是深化成品油价格改革，全年两次提高、一次降低成品油价格。三是稳步推进水价改革，积极推行居民生活用水阶梯式水价和非居民用水超定额用水加价制度。四是开展天然气价格形成机制改革试点，广西天然气最高门站价格为每千立方米2 570元，远低于之前广西使用的国产液化天然气价格。

（四）财政收入快速增长，民生支出力度增大

2011年，广西经济发展的质量和效益不断提高，财源基础不断夯实，财政收入呈现快速增长。全年财政一般预算收入为947.6亿元，同比增长22.7%。税收收入保持较快增长，全区税收收入完成1 239.5亿元，同比增长25.1%。分税种看，消费税和企业所得税快速增长，全年合计增收131.2亿元，占全部税收收入增量的52.7%，拉动全区税收收入增长13.2个百分点。

2011年广西财政一般预算支出为2 545.4亿元，同比增长26.8%（见图12）。其中，直接投向民生领域的支出达1 922亿元，同比增长38.4%，占当年财政支出的比重为75.5%，同比提高6.3个百分点，民生支出保障力度进一步加大。

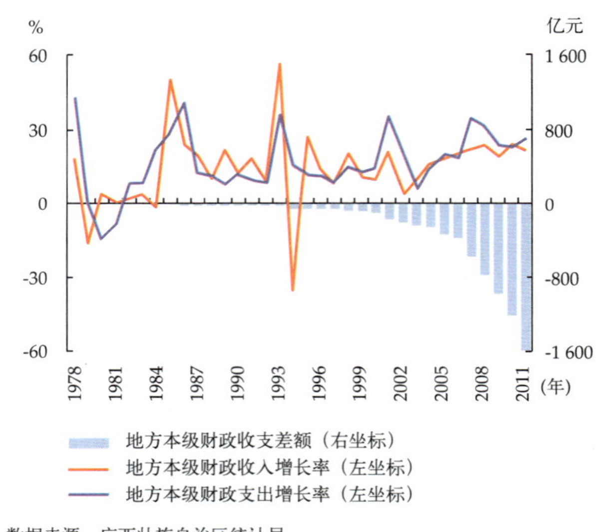

数据来源：广西壮族自治区统计局。

图12　1978～2011年广西壮族自治区财政收支状况

（五）节能减排目标完成，“绿色信贷”稳步推进

2011年，广西克服了百年一遇的枯水期带来的困难，超额完成年度减排任务。万元生产总值能耗实现年度控制目标。广西城镇污水集中处理率和生

活垃圾无害化处理率均提高到65%，森林覆盖率达到60.5%，城市空气质量优良率超过99%，地表水水质达标率为95.9%，环境质量保持良好。中国人民银行南宁中心支行通过货币信贷窗口指导、信贷政策导向效果评估、借助征信系统共享企业环保信息等措施，对银行业金融机构支持节能环保领域起到了正面引导、风险提示、制约监督的作用，引导银行业金融机构进一步强化信贷结构调整，在信贷准入、贷款管理及风险防范等方面积极推进“绿色信贷”建设。

（六）房地产业理性回归，机械行业快速发展

1. 房地产市场平稳回落，差别化房贷政策效应明显。2011年，在“限购”、“限贷”、“限价”等抑制房价过快上涨的各项政策调控下，广西房地产市场从2010年的高增长、高房价行情中淡出，呈现平稳理性回落态势，房地产贷款增速回落，结构进一步优化，差别化房贷政策效应明显，加强对保障性住房建设的金融支持。

投资高位理性回落，开发资金到位放缓。2011年，全区房地产完成开发投资同比增长24.4%，增幅同比回落23.8个百分点。房地产开发项目资金到位逐月放缓，同比增长10.7%，增幅同比回落25.9个百分点。其中，自筹资金、定金及预付款仍成为房地产开发的主要资金来源，合计占63.6%，二者同比增幅分别为25.5%和14.6%。

市场供给节奏放缓，保障性住房建设和供应加快。受市场下行预期的影响，开发商供给速度逐步放缓，全年商品房房屋新开工面积同比下降20.8%，但在保障性住房供给加快的支撑下，竣工速度同比提高31.1个百分点。其中，保障性住房开工率达109.8%，竣工面积和竣工套数同比分别增长188.2%和251.1%。

房屋销售萎缩，重点城市销量下降。随着“限购”政策示范、带动效应的进一步扩大，2011年全区商品房销售面积和销售额增速分别回落12.2个和16.4个百分点（见图13）。6个重点监测城市销量均呈下降态势，其中，作为区内唯一限购城市的南宁市，在“金九银十”期间成交量创近4年来的新低；柳州市房屋销量累计减幅达42.7%。

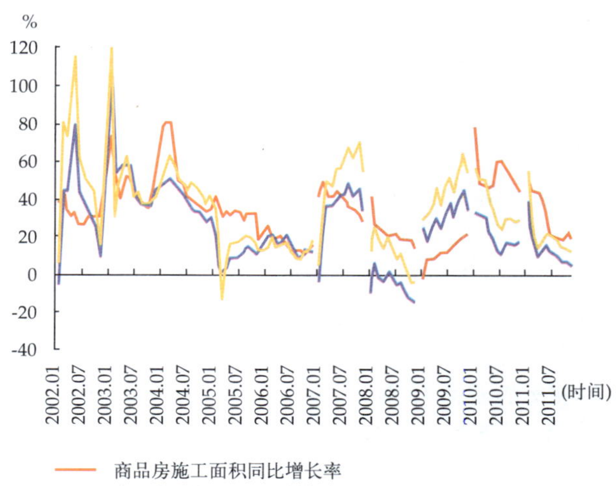

数据来源：广西壮族自治区统计局。

图13　2002～2011年广西壮族自治区商品房施工和销售变动趋势

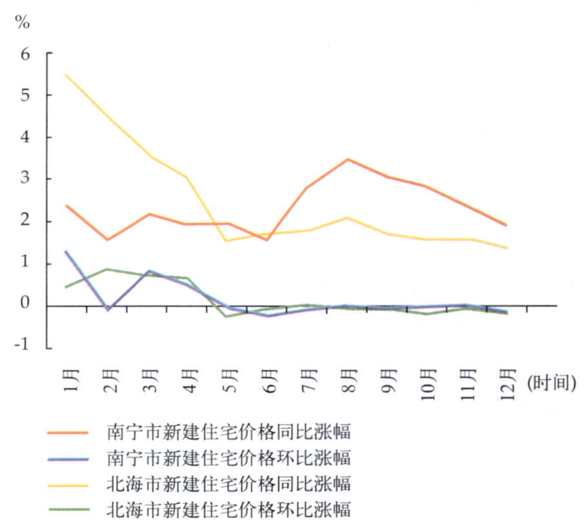

数据来源：国家统计局广西调查总队。

图14　2011年广西壮族自治区南宁市、北海市房屋销售价格指数变动趋势

房价走势总体平稳，热点城市房价过快上涨势头得到有效遏制。2011年全区房屋销售价格同比上涨6.4%，涨幅同比回落3个百分点。其中，南宁、北海等热点城市房价连续多月停涨。全区土地交易价格、二手房价格和房屋租赁价格均呈下降趋势。其中，南宁市12月二手房价格同比下降0.3%，为2009年4月以来的首次下降（见图14）。

房地产贷款平稳回落，房贷政策调控效应

明显。年末，全区房地产贷款余额同比仅增长11.1%，处于历史低位；房地产贷款新增额同比少增五成。其中，开发贷款增幅逐月下降，8月同比增幅为-3.0%，自1999年以来首次出现负增长；个人住房贷款余额同比增长15.8%。

差别化房贷政策效应明显。在2011年新发放的个人住房贷款中，首套房贷占比达91.4%，重点支持了居民首次购房的刚性需求。银行差别化定价水平有所提高，19%的贷款利率处于[1.0，1.1]区间，29.8%的贷款利率为基准利率，占比同比分别提高13.6个和26.9个百分点；住房贷款平均抵借比为51.8%，与上年基本持平。

金融支持保障性住房建设成效初显。12月末，全区保障性住房开发贷款余额同比增长3.2倍，全年保障性住房开发贷款累放额占房地产开发贷款累放额的28%，比年初提高26.3个百分点。另外，广西银行业金融机构还通过发行信托理财产品、启动开发性金融等方式大力支持保障性住房建设。

2. 广西机械行业稳步发展，步入千亿元产业。 机械行业属广西传统优势产业，经过多年发展，培育了一批具有一定优势的企业及产品。玉柴机器股份、柳州建筑机械总厂、柳州工程机械股份公司分别是国内车用内燃机、预应力机具、装载机行业的龙头企业，内燃机、轮式装载机和数显量具等产品领先国内水平。“十一五”期间，行业产品销售收入、工业增加值和利润总额分别以年均40.4%、47.3%和42.7%的速度增长。2011年，在国内政策调整和国外经济整体疲软的综合影响下，全国机械行业增速有所放缓，而广西机械设备制造行业逆势而上，保持平稳增长态势，产值突破千亿元，达1 321.9亿元，同比增长40.3%,成为目前广西五大千亿元产业之一。

对于作为优势产业的机械设备制造行业，银行业金融机构长期给予信贷支持和提供优质的金融服务。2011年广西银行业金融机构对机械行业贷款实现快速增长，年末贷款余额为100.3亿元，同比增长50.2%。同时，利用表外业务融资累计为机械设备制造企业签发银行承兑汇票81.4亿元，同比增长57.2%。随着广西机械行业生产经营管理水平、经济效益的不断提高，企业自身融资能力增强，行业融资渠道不断拓宽。2011年玉柴公司利用3期短期融资券融资23.9亿元，柳工集团分别通过定向增发、公司债的方式募集资金30亿元和20亿元。

目前，制约广西机械行业发展的因素，一是产业基础薄弱，集聚程度不高。行业大企业、大集团少，除少数规模以上企业外，其余企业的产值基本不超过5亿元，主要经济总量指标占全国机械工业的比重不足1%。二是产品综合竞争实力不强，结构调整步伐不快。除工程机械的产品外，其他产品不具备明显竞争优势，且以传统、低档和单台产品居多，新型、高附加值和重大成套产品不多，知名品牌少。三是产业配套不完善，高端产品对外依存度大，企业所需高端配套产品主要依靠进口解决。

（七）主要城市群建设稳步推进，“两区一带”①协调发展

2011年，广西加快推进“两区一带”建设的步伐。北部湾经济区生产总值增速高于全区增速3.6个百分点，创历史新高；经济区内11个重点产业园区工业总产值首次突破千亿元大关，同比增长1.2倍；沿海港口货物吞吐量达到1.5亿吨，吞吐量增速在全国规模以上港口中排名第二；进出口总额突破百亿美元，达113.11亿美元，同比增长47.2%。西江亿吨黄金水道建设取得新进展，桂平航运枢纽二线船闸、右江鱼梁航运枢纽船闸、柳江航道整治工程建成通航；新增内河港口吞吐能力1 270万吨，内河港口吞吐能力突破7 000万吨。桂西地区依托优势资源加快发展，全年完成投资1 243.6亿元，增长23.1%；加快生态型铝产业示范基地建设，旅游、蔗糖、桑蚕等产业成为支柱性产业。

三、预测与展望

2012年是加快实施“十二五”规划的关键之年，广西经济的快速发展面临着电力供应紧张、节能减排约束深化、内外环境复杂等诸多不利因素，但近年来国家和自治区政府相继出台的促进广西经济加快发展的一系列政策措施将持续发挥积极效

① “两区一带”指北部湾经济区、桂西资源富集区和西江经济带。

应，中国—东盟经贸合作不断深化，自治区第十届党代会提出“翻两番、跨两步、三提高”的奋斗目标和“五区”建设的宏伟蓝图等，这些有利因素也给广西经济发展带来了新的机遇。

从经济运行情况来看，在投资层面，2012年广西固定资产投资新开工项目增加，加之上年的结转续建项目，社会投资需求依然强烈，在经济结构调整力度加大、资金紧张、征拆用地难等因素的约束作用下，预计2012年广西固定资产投资增速与上年基本持平。在消费层面，当前通货膨胀压力依然较大，居民消费趋于谨慎，但随着2012年国家继续加快居民收入分配制度改革进程和自治区一系列鼓励、刺激消费政策的出台，预计2012年广西消费增速将保持平稳。在出口层面，当前发达国家普遍采取宽松的货币政策和贸易保护措施以求提振本国经济，广西出口企业的市场拓展不容乐观，但随着广西与东盟合作的进一步深化，以及广西跨境贸易人民币结算试点工作深入推进，预计2012年广西出口将继续保持平稳增长。在物价层面，当前广西物价水平和通货膨胀预期均有所回落，但未来新的涨价因素仍然较多，包括资源型产品价格改革，土地、劳动力等要素价格持续上涨，外部输入性通货膨胀增加等不确定因素，2012年通货膨胀压力依然存在。

从金融运行情况看，广西经济快速发展，对资金的需求旺盛，稳健的货币政策的实施有利于加大对弱势领域和薄弱环节的信贷投入，加之广西“两区一带”经济发展的良好前景，预计2012年广西信贷将延续合理增长态势。

结合广西经济金融发展的实际，综合考虑各种因素，预计2012年广西将保持平稳较快增长势头，全年经济增长11%左右，物价涨幅控制在4%左右，贷款增速仍保持平稳增长态势。

2012年，中国人民银行南宁中心支行将根据总行的统一部署，切实按照“稳中求进”的工作总基调，继续贯彻落实稳健的货币政策，引导金融机构加大对广西实体经济发展的信贷支持力度，加快经济结构调整和发展方式转变，推动金融产品和服务方式创新，提高金融资源配置效率和质量，防范金融风险，以优异的成绩向党的十八大献礼。

中国人民银行南宁中心支行货币政策分析小组
负责人：杨小平　关守科
统　稿：梁薇薇　谢　艳　李雪俏
执　笔：罗树昭　韦　熙　邓蒂妮　罗冬泉　黄　敏　朱燕宇　易庆玲　辛悦玲　陆文希
提供材料的还有：安立波　秦义春　杨永杰　钱　琳　蓝日德　王海全　邱　海

附录

（一）2011年广西经济金融大事记

3月9日，广西发布《广西小额担保贷款实施管理办法》，扩大小额担保贷款政策覆盖面。

4月2日，广西银行业协会16家会员单位签订《广西银行业存款业务自律公约》，共同履行承诺。

5月10日，广西发布国民经济和社会发展“十二五”规划纲要。

6月28日，中国工商银行中国—东盟人民币跨境清算（结算）中心（南宁）挂牌成立，对于推动中国与东盟各国的贸易、打造南宁区域性国际金融中心具有重要的现实意义。

7月25日，广西金融电子结算服务中心成立。该中心的成立是广西健全完善金融组织体系的重大创新，也是广西金融业发展中一个重要的里程碑。

8月3日，广西出台《加快发展金融业的实施意见》，提出将巩固壮大传统金融业，大力发展新兴金融业，规范发展金融配套产业。

10月22日至23日，第三届中国—东盟金融合作与发展领袖论坛在南宁隆重举办。

12月16日，由广西社会信用体系建设联席会议主办的百色市田东县“信用县”授牌仪式在南宁举行，田东县成为全国首个“信用县”。

2011年，广西地区生产总值、全社会固定资产投资、全部工业总产值、规模以上工业生产总值、规模以上工业主营业务收入、各项存款余额、各项贷款余额7个主要经济指标超过万亿元，实现了“十二五”的良好开局，标志着广西综合经济实力跃上新台阶。

自试点开始至2011年年末，广西跨境人民币结算总量突破500亿元，居全国8个边境省（区）、西部地区12省（区）第一位。

（二）2011年广西壮族自治区主要经济金融指标

表1　2011年广西壮族自治区主要存贷款指标

		1月	2月	3月	4月	5月	6月	7月	8月	9月	10月	11月	12月
本外币	金融机构各项存款余额（亿元）	11 673.8	12 038.4	12 406.1	12 326.0	12 510.3	12 898.3	12 787.2	12 895.3	13 021.7	13 050.1	13 154.2	13 528.0
	其中：储蓄存款	5 863.4	6 055.5	6 291.4	6 220.2	6 252.8	6 406.1	6 325.9	6 339.6	6 457.8	6 375.8	6 433.3	6 682.2
	单位存款	5 324.1	5 434.9	5 690.3	5 597.7	5 698.8	5 960.1	5 910.4	5 967.4	6 076.9	6 128.4	6 228.4	6 468.4
	各项存款余额比上月增加（亿元）	-129.7	364.6	367.7	-80.1	184.3	388.0	-111.1	108.1	126.4	28.4	104.1	373.7
	金融机构各项存款同比增长（%）	17.8	18.9	18.2	16.0	16.5	15.7	15.5	15.6	14.8	14.6	14.2	14.5
	金融机构各项贷款余额（亿元）	9 166.1	9 342.1	9 516.8	9 631.5	9 772.7	9 965.3	10 047.1	10 153.8	10 255.0	10 382.0	10 503.9	10 646.4
	其中：短期	1 849.7	1 944.5	2 036.9	2 088.3	2 150.4	2 179.8	2 204.9	2 228.8	2 283.7	2 353.4	2 419.8	2 520.1
	中长期	7 164.9	7 267.1	7 365.4	7 436.4	7 504.0	7 637.8	7 670.5	7 744.3	7 778.3	7 817.7	7 873.3	7 912.6
	票据融资	132.2	106.0	88.7	80.6	88.0	85.9	110.4	119.8	132.4	123.5	123.1	117.9
	各项贷款余额比上月增加（亿元）	182.8	176.0	174.7	114.7	141.3	192.6	81.8	106.6	101.2	127.0	121.9	142.5
	其中：短期	83.7	94.8	92.4	51.4	62.1	29.4	25.1	23.9	54.9	69.7	66.4	100.2
	中长期	116.3	102.1	98.4	71.0	67.6	133.8	32.7	79.8	34.0	39.4	55.7	39.3
	票据融资	-17.3	-26.2	-17.3	-8.1	7.4	-2.1	24.5	9.4	12.6	-8.9	-0.4	-5.2
	金融机构各项贷款同比增长（%）	19.8	19.9	20.2	19.4	19.6	19.9	20.1	20.1	19.3	19.3	19.1	18.6
	其中：短期	19.4	27.8	31.1	34.3	39.4	40.1	43.1	43.2	43.2	44.6	43.4	42.4
	中长期	21.1	19.2	18.1	16.6	15.7	15.3	14.7	14.7	13.4	12.7	12.6	12.3
	票据融资	-28.5	-36.8	-32.2	-37.9	-39.6	-33.8	-19.2	-17.3	-7.7	-8.6	-11.2	-19.2
	建筑业贷款余额（亿元）	165.6	168.1	175.4	168.1	191.5	200.2	201.1	198.9	203.4	209.4	214.2	221.6
	房地产业贷款余额（亿元）	504.5	508.8	504.4	508.8	490.2	486.5	485.9	491.5	488.7	486.4	493.5	503.7
	建筑业贷款同比增长（%）	49.6	52.0	56.3	52.0	59.6	58.4	54.8	39.3	36.3	35.5	32.2	38.6
	房地产业贷款同比增长（%）	13.6	13.3	10.3	13.3	4.6	3.8	2.6	2.1	-1.3	-2.3	-1.3	1.0
人民币	金融机构各项存款余额（亿元）	11 622.7	11 984.5	12 340.4	12 267.0	12 451.3	12 795.3	12 689.9	12 801.2	12 929.8	12 971.9	13 077.0	13 453.2
	其中：储蓄存款	5 837.0	6 030.4	6 267.6	6 195.5	6 227.5	6 379.4	6 301.6	6 314.5	6 430.7	6 348.6	6 405.6	6 654.0
	单位存款	5 300.3	5 407.2	5 650.8	5 565.2	5 666.6	5 885.4	5 839.9	5 900.6	6 013.7	6 079.1	6 180.8	6 423.1
	各项存款余额比上月增加（亿元）	-112.8	361.8	355.9	-73.4	184.3	344.0	-105.4	111.3	128.6	42.1	105.1	376.2
	其中：储蓄存款	154.5	194.0	236.7	-72.1	32.1	151.9	-77.8	13.0	116.2	-82.1	57.0	248.4
	单位存款	-397.5	106.9	243.6	-85.6	101.4	218.8	-45.5	60.7	113.1	65.4	101.7	242.3
	各项存款同比增长（%）	17.9	19.0	18.2	16.0	16.6	15.4	15.2	15.3	14.5	14.5	14.1	14.5
	其中：储蓄存款	24.3	20.5	20.8	19.7	19.9	19.2	18.7	18.4	16.8	17.0	16.7	17.1
	单位存款	12.2	16.7	15.4	12.6	16.6	14.3	14.5	13.7	14.6	14.1	12.3	12.6
	金融机构各项贷款余额（亿元）	9 046.9	9 210.3	9 381.3	9 505.4	9 635.4	9 758.2	9 835.1	9 949.4	10 055.5	10 150.0	10 275.5	10 408.5
	其中：个人消费贷款	1 692.8	1 716.8	1 749.5	1 782.2	1 806.3	1 830.6	1 849.1	1 870.9	1 892.8	1 924.0	1 949.0	1 965.4
	票据融资	132.1	105.9	88.6	80.6	88.0	85.9	-19.2	119.8	132.4	123.5	123.1	117.9
	各项贷款余额比上月增加（亿元）	175.8	163.4	171.0	124.1	130.0	122.8	76.9	114.2	106.1	94.5	125.5	133.1
	其中：个人消费贷款	37.1	24.0	32.7	32.7	24.1	24.3	18.5	21.8	21.9	31.2	25.0	16.3
	票据融资	-17.3	-26.2	-17.3	-8.0	7.4	-2.2	24.6	9.4	12.6	-8.9	-0.4	-5.2
	金融机构各项贷款同比增长（%）	19.7	19.7	19.8	19.1	19.0	18.7	18.7	18.8	18.1	17.8	17.7	17.4
	其中：个人消费贷款	32.4	30.0	28.4	25.9	23.8	22.4	21.2	20.4	20.1	20.3	19.3	18.9
	票据融资	-28.5	-36.9	-32.3	-37.9	-39.7	-33.8	-19.2	-17.3	-7.6	-8.6	-11.2	-19.2
外币	金融机构外币存款余额（亿美元）	7.8	8.2	10.0	9.1	9.1	15.9	15.1	14.7	14.5	12.4	12.2	11.9
	金融机构外币存款同比增长（%）	-6.7	4.9	27.1	18.1	14.0	79.2	88.7	73.5	82.4	42.9	32.5	15.5
	金融机构外币贷款余额（亿美元）	18.1	20.1	20.7	19.4	21.2	32.0	32.9	32.0	31.4	36.7	36.0	37.8
	金融机构外币贷款同比增长（%）	30.2	46.9	59.2	51.0	84.8	144.1	166.1	165.1	144.1	177.1	159.3	122.6

数据来源：中国人民银行南宁中心支行。

表2　2001～2011年广西壮族自治区各类价格指数

单位：%

年/月		居民消费价格指数		农业生产资料价格指数		工业生产者购进价格指数		工业生产者出厂价格指数	
		当月同比	累计同比	当月同比	累计同比	当月同比	累计同比	当月同比	累计同比
2001		—	0.6	—	-2.3	—	3.7	—	6.3
2002		—	-0.9	—	-1.8	—	-4.4	—	-4.4
2003		—	1.1	—	2.4	—	1.2	—	2.8
2004		—	4.4	—	15.3	—	16.3	—	9.7
2005		—	2.4	—	10.5	—	8.2	—	4.9
2006		—	1.3	—	1.0	—	11.4	—	9.6
2007		—	6.1	—	14.4	—	6.1	—	4.5
2008		—	7.8	—	24.0	—	10.6	—	9.0
2009		—	-2.1	—	-5.8	—	-4.9	—	-6.5
2010		—	3.0	—	1.9	—	11.2	—	12.0
2011		—	5.9	—	12.2	—	10.0	—	8.5
2010	1	1.3	1.3	-2.2	-2.2	6.2	6.2	11.7	11.7
	2	3.3	2.3	-2.1	-2.0	8.5	7.4	12.4	12.1
	3	1.8	2.1	-1.8	-2.0	11.1	8.6	12.7	12.3
	4	2.3	2.2	-1.9	-2.0	13.2	9.8	13.9	12.7
	5	2.8	2.3	-0.4	-1.7	13.9	10.6	13.7	12.9
	6	2.6	2.3	0.9	-1.3	12.5	10.9	12.0	12.7
	7	3.0	2.4	2.2	-0.8	11.4	11.0	10.6	12.4
	8	2.8	2.5	3.6	-0.3	10.0	10.9	8.4	11.9
	9	2.8	2.5	4.1	0.2	10.4	10.8	9.5	11.7
	10	4.0	2.6	7.0	0.9	11.5	10.9	12.2	11.7
	11	4.6	2.8	7.6	1.5	12.4	11.0	14.0	11.9
	12	4.6	3.0	6.5	1.9	13.0	11.2	12.7	12.0
2011	1	5.8	5.8	6.4	6.4	11.5	11.5	9.0	9.0
	2	6.0	5.9	7.8	7.1	11.8	11.6	9.3	9.1
	3	6.8	6.2	9.5	7.9	12.0	11.7	9.4	9.2
	4	7.6	6.5	12.1	9.0	11.7	11.7	9.1	9.2
	5	7.7	6.8	14.4	10.0	10.4	11.5	9.9	9.3
	6	7.7	6.9	16.3	11.1	11.8	11.5	10.2	9.5
	7	7.4	7.0	16.1	11.8	12.1	11.6	11.3	9.7
	8	6.6	6.9	15.6	12.3	12.1	11.6	11.7	11.0
	9	5.8	6.8	15.7	12.7	10.1	11.5	10.0	10.0
	10	5.2	6.6	15.7	12.7	7.8	11.1	7.1	9.7
	11	2.7	6.3	10.4	12.4	5.8	10.6	3.6	9.1
	12	1.9	5.9	9.4	12.2	4.1	10.0	1.9	8.5

数据来源：国家统计局广西调查总队。

表3 2011年广西壮族自治区主要经济指标

	1月	2月	3月	4月	5月	6月	7月	8月	9月	10月	11月	12月
绝对值（自年初累计）												
地区生产总值(亿元)	—	—	2 247.9	—	—	4 720.1	—	—	7 438.0	—	—	11 714.4
第一产业	—	—	255.7	—	—	556.2	—	—	1 084.1	—	—	2 047.3
第二产业	—	—	1 181.3	—	—	2 454.1	—	—	3 837.2	—	—	5 736.8
第三产业	—	—	810.8	—	—	1 709.8	—	—	2 516.7	—	—	3 930.3
固定资产投资(亿元)	—	535.5	1 340.4	2 018.6	2 789.5	4 161.4	4 865.2	5 602.9	6 492.6	7 360.4	8 515.9	9 733.7
房地产开发投资	—	115.7	249.1	358.4	480.8	673.6	789.6	910.3	1 053.3	1 196.7	1 354.2	1 500.5
社会消费品零售总额(亿元)	—	—	903.5	—	—	1 825.3	—	—	2 798.1	—	—	3 860.7
外贸进出口总额(万美元)	—	289 800.0	464 900.0	642 900.0	839 600.0	1 026 200.0	1 239 100.0	1 467 500.0	1 695 800.0	1 883 600.0	2 079 700.0	2 333 100.0
进口	—	160 800.0	245 100.0	320 700.0	404 300.0	489 000.0	578 600.0	679 100.0	788 500.0	894 300.0	1 002 400.0	1 087 200.0
出口	—	128 900.0	219 800.0	322 200.0	435 300.0	537 200.0	660 600.0	788 300.0	907 300.0	989 300.0	1 077 300.0	1 245 900.0
进出口差额(出口-进口)	—	-31 900.0	-25 300.0	1 500.0	31 000.0	48 200.0	82 000.0	109 200.0	118 800.0	95 000.0	74 900.0	158 700.0
外商实际直接投资(万美元)	—	14 900.0	25 900.0	31 400.0	36 900.0	51 900.0	61 500.0	70 000.0	81 600.0	87 200.0	93 700.0	101 400.0
地方财政收支差额(亿元)	—	-60.4	-165.8	-206.5	-295.2	-455.5	-552.2	-695.2	-914.5	-1 040.6	-1 328.1	-1 597.8
地方财政收入	—	139.2	227.0	295.2	363.1	494.7	560.4	615.4	689.5	763.4	838.2	947.6
地方财政支出	—	199.6	392.8	501.7	658.3	950.2	1 112.6	1 310.6	1 604.0	1 803.9	2 166.3	2 545.4
城镇登记失业率(%)（季度）	—	—	3.5	—	—	3.6	—	—	3.5	—	—	3.5
同比累计增长率（%）												
地区生产总值	—	—	12.1	—	—	12.3	—	—	12.3	—	—	12.3
第一产业	—	—	4.0	—	—	4.1	—	—	4.4	—	—	4.8
第二产业	—	—	16.3	—	—	17.2	—	—	16.6	—	—	17.1
第三产业	—	—	8.9	—	—	8.5	—	—	9.6	—	—	9.4
工业增加值	—	19.0	19.9	19.7	19.4	21.1	21.1	20.5	20.1	20.1	20.5	20.8
固定资产投资	—	31.1	28.2	28.0	24.6	27.4	27.8	27.6	28.6	29.7	29.6	29.4
房地产开发投资	—	35.4	21.4	22.3	24.0	24.7	26.2	26.7	29.4	29.1	27.0	24.4
社会消费品零售总额	—	—	17.0	—	—	17.7	—	—	17.8	—	—	18.0
外贸进出口总额	—	11.7	21.6	28.1	29.6	32.6	33.9	38.2	38.8	40.0	35.3	31.5
进口	—	47.5	50.2	48.0	38.6	41.0	35.0	37.4	35.7	40.3	40.9	33.7
出口	—	-14.2	0.2	13.0	22.3	25.9	32.9	39.0	42.3	39.7	30.5	29.7
外商实际直接投资	—	-7.8	14.0	14.9	12.1	0.1	4.7	9.2	20.9	22.2	26.6	11.2
地方财政收入	—	40.6	35.0	30.5	29.7	31.6	29.5	29.5	26.7	26.1	23.5	22.7
地方财政支出	—	5.9	19.1	13.7	19.3	27.8	27.6	31.6	34.8	38.0	32.9	26.8

数据来源：广西省统计局。

2011年海南省金融运行报告

中国人民银行海口中心支行货币政策分析小组

[内容摘要] 2011年，海南省以科学发展观为指导，认真落实国际旅游岛建设各项政策，全面实施东部、中部、西部区域协调发展战略，全力推进重点项目建设，大力推进经济结构调整和转型，增强经济发展的稳定性和协调性，同时加大改善民生和社会建设力度，经济运行呈现“增长较快、效益较好、需求强劲、价格趋稳和民生改善”的良好态势。

海南省金融业主动适应宏观调控政策的调整，金融运行进入了建省以来最好的时期，实现了金融与经济的良性互动发展。银行业组织体系更加健全，贷款增量创新高，规模、质量和效益同步提升；证券市场融资规模稳步提高；保险业运行平稳，社会保障功能及时发挥；金融市场交易活跃，金融生态环境持续向好。

2012年，海南省以“抓投资、上项目、调结构、扩总量”为重点，扎实推进“项目建设年”活动，进一步深化各项改革，加快产业调整和振兴，着力打造龙头经济板块，实现经济社会平稳健康发展。海南省金融机构将继续贯彻落实稳健的货币政策，着力优化信贷投放结构，围绕金融“五个一”工程[①]，探索构建具有海南省特色的金融服务与支持体系。

一、金融运行情况

2011年，在国际旅游岛建设需求和现代服务业发展的双重拉动下，海南省金融业进入了建省以来最好的发展时期，银行业规模、质量、效益同步提升，证券和保险业运行平稳，金融市场交易活跃，金融生态环境持续向好。

（一）银行业快速发展，规模、质量和效益同步提升

1. 银行业规模、质量和效益同步提升，组织体系更加健全。2011年，随着国际旅游岛建设的推进，全省银行业金融机构资产规模快速增长，质量和效益持续提升。资产总额同比增长13.2%（见表1），资产质量稳步改善，不良贷款继续保持“双降”，全年实现利润67.3亿元，创建省以来的新高。机构改革、引进和设立取得新突破，农村信用社资金支持专项票据大部分获得兑付；海口农村商业银行、海南农垦集团财务公司顺利开业；两家股份制商业银行获批进驻，全年新开业5家村镇银行，新批设9家小额贷款公司。

表1　2011年海南省银行业金融机构情况

机构类别	营业网点			法人机构（个）
	机构个数（个）	从业人数（人）	资产总额（亿元）	
一、大型商业银行	487	11 556	3 198.9	0
二、国家开发银行和政策性银行	19	567	1 617.1	0
三、股份制商业银行	19	737	316.9	0
四、城市商业银行	0	0	0	0
五、城市信用社	0	0	0	0
六、农村合作机构	404	3 775	642.5	19
七、财务公司	3	58	52.7	2
八、信托公司	0	0	0	0
九、邮政储蓄银行	341	2 595	323.2	0
十、外资银行	1	35	23.6	0
十一、新型农村金融机构	11	134	17.1	11
十二、其他	0	0	0	0
合　计	1 285	19 457	6 191.9	32

注：营业网点不包括国家开发银行和政策性银行、大型商业银行、股份制商业银行等金融机构总部数据；大型商业银行包括中国工商银行、中国农业银行、中国银行、中国建设银行和交通银行；农村合作机构包括农村信用社、农村合作银行和农村商业银行；新型农村金融机构包括村镇银行、贷款公司和农村资金互助社。

数据来源：中国人民银行海口中心支行。

① “五个一”工程：设立一家海南自己的地方法人银行、一家面向全国的股份制商业银行、一家总部位于海南的保险公司、一家海南的信托公司、一家海南的大宗商品期货交易中心。

2. 存款低速增长，增量同比下降。2011年年末，海南省本外币存款余额为4 504.5亿元，比年初增加287.4亿元，同比少增753.9亿元。存款余额同比增长6.8%，增速同比回落26个百分点（见图1、图4）。2011年以来，受监管政策、房地产调控的影响，派生存款增量减少，2010年集中入岛的企业法人资金陆续转出岛外；理财产品和投资品市场分流存款，致使企业存款和储蓄存款的增速和增量双双出现回落。

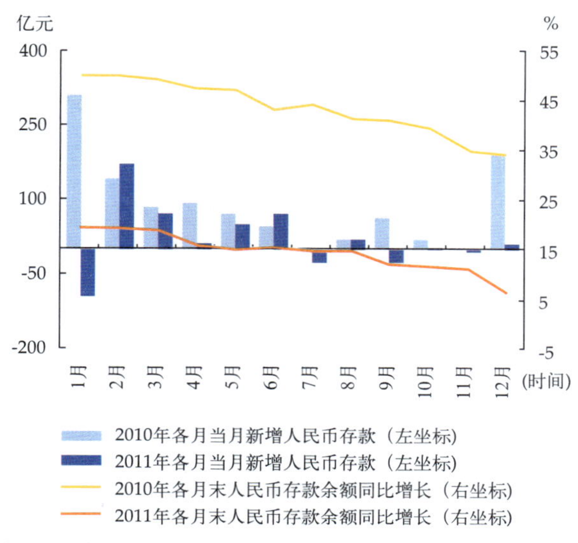

数据来源：中国人民银行海口中心支行。

图1　2010～2011年海南省金融机构人民币存款增长变化

3. 贷款增量创历史新高，期限、投向结构更趋合理。在项目贷款、外汇贷款和企业经营贷款的拉动下，全省贷款增量创历史新高。2011年年末，海南省本外币贷款余额为3 194.6亿元，比年初增加680.5亿元，增量创建省以来的新高，贷款余额同比增长27.1%（见图2、图3）。

信贷投放“有扶有控”，有效助推实体经济和社会协调包容发展。一是信贷投放的季度分布更趋均衡，全年贷款呈现均衡投放态势，单季度贷款增量最高占比不足三成，最低占比高于两成。二是期限结构改善，中长期贷款增量占比同比下降22.8个百分点，短期贷款增量占比稳步上升，同比提高7.5个百分点，贷款中长期化趋势有所缓解。三是信贷投放重点突出。在国际旅游岛建设项目投资和保障性住房开发贷款快速增长的推动下，全年基础设施

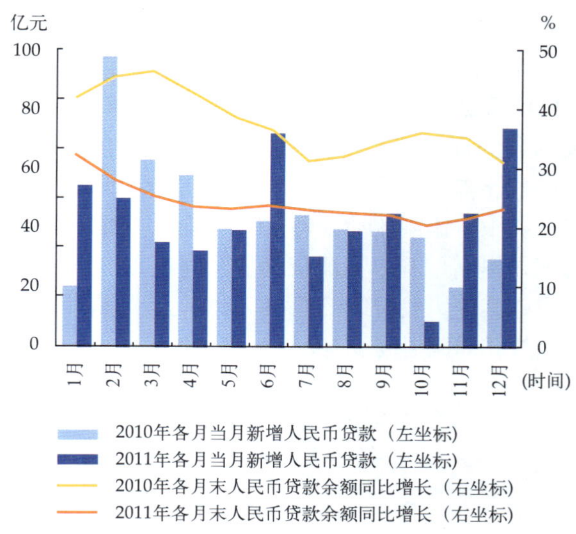

数据来源：中国人民银行海口中心支行。

图2　2010～2011年海南省金融机构人民币贷款增长变化

行业和房地产行业贷款增量占比达到69%，同比提高20.7个百分点；在房地产调控政策的影响下，个人住房贷款增速逐月回落。四是金融支持经济发展薄弱环节的力度稳步加大。中小企业贷款增速高于全部贷款增速20.7个百分点，贷款增量为2010年的1.7倍，涉农贷款同比增长42%，有力地保障了“三农”发展的资金需求。另外，小额担保贷款、高新技术园区以及文化产业等方面的贷款都保持了较快的增长态势。

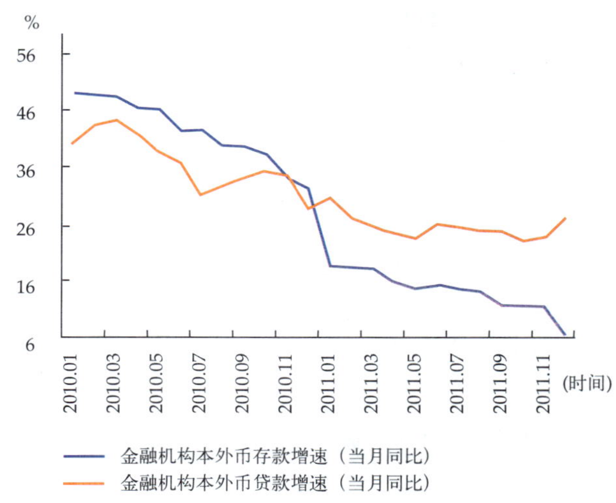

数据来源：中国人民银行海口中心支行。

图3　2010～2011年海南省金融机构本外币存、贷款增速变化

4.贷款利率逐季度上升，银行议价能力明显提高。受三次加息的累积效应和多次上调存款准备金率的综合影响，海南省金融机构人民币贷款利率呈现明显的逐季度提高趋势，第四季度加权平均利率分别比前三个季度高出1.0个、0.5个和0.2个百分点。在银行体系流动性趋紧的背景下，银行议价能力明显提高，利率上浮贷款占比同比高出18.3个百分点，其中，股份制商业银行利率上浮贷款占比上升最快，同比提高37.6个百分点（见表2）。

表2　2011年海南省金融机构人民币贷款各利率区间占比

单位：%

月份		1月	2月	3月	4月	5月	6月
合计		100.0	100.0	100.0	100.0	100.0	100.0
[0.9～1.0)		20.9	17.2	16.7	8.1	10.9	17.8
1.0		48.7	45.1	37.1	45.9	58.8	47.4
上浮水平	小计	30.5	37.7	46.2	46.0	30.2	34.8
	(1.0～1.1]	11.5	22.3	34.9	30.5	11.2	7.8
	(1.1～1.3]	15.3	12.0	6.5	12.7	15.1	19.7
	(1.3～1.5]	0.4	0.4	3.0	1.7	2.7	4.4
	(1.5～2.0]	1.9	2.9	1.6	0.8	1.0	2.8
	2.0以上	1.3	0.0	0.2	0.4	0.2	0.1
月份		7月	8月	9月	10月	11月	12月
合计		100.0	100.0	100.0	100.0	100.0	100.0
[0.9～1.0)		7.0	2.9	6.8	7.2	4.4	6.9
1.0		61.8	55.7	58.3	48.3	55.5	37.9
上浮水平	小计	31.3	41.3	35.0	44.5	40.1	55.2
	(1.0～1.1]	13.1	20.3	12.1	22.2	16.8	22.2
	(1.1～1.3]	13.8	17.2	16.1	18.4	18.2	19.9
	(1.3～1.5]	2.9	2.8	4.4	2.9	3.2	7.8
	(1.5～2.0]	1.1	0.8	1.0	0.8	1.7	3.2
	2.0以上	0.4	0.2	1.4	0.1	0.1	2.1

注：城乡信用社贷款利率浮动区间为[0.9，2.3]。
数据来源：中国人民银行海口中心支行。

5. 金融改革扎实推进，农村金融服务持续改善。2011年，三家国有商业银行海南省分行着力深化内部管理体制改革，中国农业银行海南省分行继续加快推进“三农金融事业部”改革工作，中信银行、招商银行获批在海南筹建分行，海南农垦集团财务公司顺利开业，新开业5家村镇银行和6家小额贷款公司。农村信用社改革取得突破性进展，县市统一法人改制完成，成功兑付中央银行票据20.1亿元，海口农村商业银行正式挂牌营业。全省农村信用社小额信贷惠及农户10.1万户，支农主力军作用日益凸显，合理分工、功效互补、有序竞争的农村金融服务体系逐步形成。

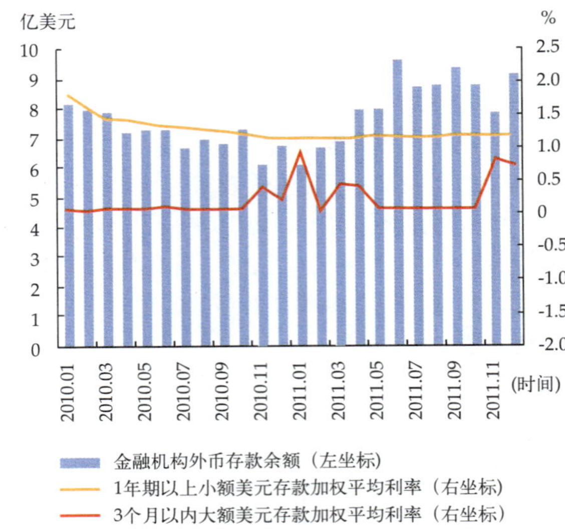

数据来源：中国人民银行海口中心支行。

图4　2010～2011年海南省金融机构外币存款余额及外币存款利率

6. 稳步推进跨境人民币业务，结算规模扩大，业务领域不断丰富。2011年，海南省累计发生跨境人民币业务179亿元，比上年增加62.6亿元。截至2011年年末，货物贸易结算额占同期海南进出口总额的19.9%，比全国平均水平高出13.3个百分点。全省跨境人民币业务领域和产品不断丰富，新增货物出口结算、境外直接投资、外资企业股权转让跨境结算和出口买方信贷等业务品种，新增开办跨境人民币业务的银行1家、企业95家。

专栏1　多方协调推动　金融支持“三农”发展服务年活动初见成效

为充分发挥金融在促进社会主义新农村建设中的重要作用，探索与构建“三农”金融服务可持续发展模式，中国人民银行海口中心支行倡议和推动海南省金融支持“三农”发展服务年活动，得到广泛响应，取得较好效果。

一、主要措施和特点

一是组织权威性强、活动参与主体多。为加强组织领导，成立了以蒋定之省长任组长、“一行三局一办（省金融办，下同）”主要负责人为副组长的金融支持“三农”发展服务年活动工作领导小组，活动参与部门还包括省直各农口部门、各市县政府、银监局、证监局、保监局和各金融机构。二是活动方案细，活动内容丰富。“一行三局一办”联合发布了《海南省金融支持“三农”发展服务年活动方案》和《2011年海南省金融支持“三农”发展指导意见》，文件明确了服务年活动的参与部门、目标任务、主要内容和责任分工等。活动内容突破单一产品试点方式，包括省和市县优惠政策、金融产品和服务方式创新、农村信用环境建设、农村金融基础设施和支付体系建设等内容。三是优惠政策足，推动力度大。海南省政府相关部门、各市县政府出台各项惠农财政补贴、税收减免配套措施。中国人民银行海口中心支行加强信贷政策指导，通过支农再贷款、再贴现、差别准备金率等政策工具引导资金投向涉农领域。同时，中国人民银行海口中心支行切实履行活动领导小组办公室职责，建立了领导小组纵向横向联系人制度，加强信息反馈和现场督导，适时召开金融支持“三农”经验交流会，全力推进全省金融支持“三农”发展服务年活动的稳步开展。

二、服务年活动初见成效

1. 涉农贷款高速增长，小额贷款农户存量覆盖率同比上升。截至2011年年末，全省涉农贷款余额同比增长42%，涉农贷款余额在各项贷款中的占比达到24%，同比提高2.4个百分点；2011年年末全省小额贷款农户存量覆盖率为31.3%，同比上升1.4个百分点。

2. 金融产品推陈出新。一是信贷产品创新步伐加快。除小额信用贷款、农户联保贷款、农村妇女创业贷款、保证贷款等传统信用贷款产品之外，农村诚信青年创业贷款、土地使用权贷款、林权抵押贷款、村民自住房抵押贷款和渔船抵押贷款等新品种的推广取得进展。二是农业保险试点险种和区域范围逐步扩大。2011年新增了南繁制种水稻保险、罗非鱼养殖保险、深水网箱养殖保险3个试点险种，试点险种增至14个。露地西瓜保险试点区域由2010年的六市县扩大至全省，其余试点险种均在全省范围内展开试点。

3. 农村支付环境和服务网络建设稳步推进。金融支持“三农”发展服务年活动鼓励金融机构加快农村地区服务网络延伸，增加自助转账终端的布放。截至2011年年末，全省共安装布放EPOS、POS机8 500台，受益农民有249.8万户，受益中小企业有3 575家，基本覆盖全省行政村和已通电信线路的自然村，使农民“贷款不出镇，还款不出村”，有效地推进了农村金融服务均等化。

4. 典型模式创新亮点频现。一是海南省农村信用社创造性地建立了小额贷款制度“四交模式”，即把贷款审批权交给农户、把贷款利率定价权交给农户、把贷款风险防控权交给信贷员、把工资发放权交给信贷员，该制度由一整套责权明晰、赏罚分明、激励有效、约束到位的规则构成。2011年全年累计发放小额贷款14.5亿元,不良率控制在1%以下，取得了良好的经济和社会效益。二是琼海市推出“一贷就贴”的政策创新。琼海市人民政府出台了《金融支持“三农”发展服务年支农贷款贴息工作实施办法》，采取“一贷就贴”的新方式，在整个贴息资金管理过程中，引入中国人民银行对贷款贴息资金的监督环节，并将1 000万元财政预算贴息资金存放在中国人民银行，增强了中国人民银行在推进惠民金融服务中的话语权、公信力。三是中国农业发展银行海南省分行推出“旅+农”模式创新。依托当地自然资源，企业吸收农民入股，促进了农村景区化、景区产业化，巧妙地把海南国际旅游岛建设和新农村建设结合起来，创造出“旅+农”模式，使当地农民在不失地、不失业的情况下，实现天天有收入、年年有红利。

（二）证券市场运行平稳，后备上市公司数量显著增加

2011年，海南省证券市场运行平稳，证券期货经营机构数量稳步增加，上市公司经营保持稳定，融资规模创新高（见表3）。

1. 证券期货经营机构数量增加，盈利水平出现分化。2011年，海南省证券期货经营机构内部控制水平明显提高，规范经营与风险管理意识明显增强，客户服务能力和水平进一步提高。全年新增6家证券营业部、1家期货营业部。受市场因素影响，证券期货经营机构盈利水平出现分化。证券经营机构虽连续5年保持整体盈利，但净利润同比下降61.0%；而全省期货经营机构代理交易额同比增长36.9%，净利润同比增长7倍。

2. 资本市场融资规模创新高，后备上市公司资源培育成效显著。2011年，海南省上市公司直接融资出现喜人势头，海南橡胶、神农大丰、海南瑞泽3家公司首发上市，合计募集资金60.8亿元；通过定向增发、发行公司债等方式实现再融资额68.2亿元。全年共募集资金129亿元，创上市公司融资规模的新高。同时，海南省后备上市公司资源培育成效显著，截至2011年年末，全省后备上市资源库的企业达到了91家，比上年年末增加26家。

表3 2011年海南省证券业基本情况

项目	数量
总部设在辖内的证券公司数（家）	2
总部设在辖内的基金公司数（家）	0
总部设在辖内的期货公司数（家）	4
年末国内上市公司数（家）	25
当年国内股票（A股）筹资（亿元）	69
当年发行H股筹资（亿元）	0
当年国内债券筹资（亿元）	76
其中：短期融资券筹资额（亿元）	10

数据来源：海南证监局。

（三）保险机构迅速扩容，保障功能及时发挥

2011年，海南省保险业市场组织体系渐趋完善，机构数量明显增多，全年新增太平人寿、泰康人寿、国寿财险和永诚财险4家省级保险分公司。全省保险公司资产规模稳步扩大，保费收入实现较快增长，财产险公司经营效益明显提升（见表4）。2011年，保险业资产总额同比增长28.5%，保费收入同比增长21.4%，增速排名全国第三，财产险公司实现承保利润率4.2%，同比提升4.1个百分点。同时，保险业对经济的保障补偿功能逐步增强，10月海南省持续遭受强台风、强降雨袭击，损失惨重，全省保险业积极开展灾后理赔服务工作，农业保险为受灾农户支付的赔款累计超过1.4亿元，有效地降低了农户的灾害损失，有力地保障了灾后重建工作。

表4 2011年海南省保险业基本情况

项目	数量
总部设在辖内的保险公司数（家）	0
其中：财产险经营主体（家）	0
人身险经营主体（家）	0
保险公司分支机构（家）	21
其中：财产险公司分支机构（家）	11
人身险公司分支机构（家）	10
保费收入（中外资，亿元）	53.8
其中：财产险保费收入（中外资，亿元）	21.8
人身险保费收入（中外资，亿元）	32.0
各类赔款给付（中外资，亿元）	15.9
保险密度（元/人）	61.4
保险深度（%）	2.1

数据来源：海南保监局。

（四）金融市场交易活跃，融资结构小幅调整

1. 融资总量平稳增长，债券融资占比明显上升。2011年，海南省融资总量保持平稳增长势头，全年融资总额为825.6亿元，同比增长15.7%。融资结构总体保持稳定，但由于海南省金融市场发展规模小，上市公司数量少，银行信贷仍是实体经济融资的主要渠道，间接融资占比同比上升2.7个百分点。在公司债发行的拉动下，债券融资占比同比提高6个百分点，为近3年来的新高。受股票市场震荡的影响，股票融资占比明显下降，同比下降8.7个百分点（见表5）。

2. 货币市场交易活跃，质押式回购大幅增长。2011年，随着银行间市场的稳步发展，机构投资者表现出了强烈的投资意愿，银行间市场收益率保持了较好的增长态势。全年质押式回购融入累计完成

表5　2001～2011年海南省非金融机构部门贷款、债券和股票融资情况

单位：亿元、%

年份	融资合计	比重		
		贷款	债券（含可转债）	股票
2001	14.2	100.0	0.0	0.0
2002	75.3	90.3	0.0	9.7
2003	125.6	90.8	0.0	9.2
2004	124.5	100.0	0.0	0.0
2005	98.0	100.0	0.0	0.0
2006	210.8	60.3	6.2	33.5
2007	158.0	63.6	27.7	8.7
2008	320.9	87.0	12.2	0.8
2009	581.5	95.5	2.2	2.3
2010	713.8	79.7	3.2	17.1
2011	825.6	82.4	9.2	8.4

数据来源：中国人民银行海口中心支行、海南证监局。

1 830.9亿元，同比增长2.7倍；买断式回购融入累计完成2.2亿元，同比增长1倍。

3. 票据业务快速增长，利率先抑后扬。2011年，全省银行承兑余额和贴现余额为95.4亿元和61.0亿元，分别同比增长66.8%和73.4%（见表6）。受银行体系流动性趋紧等因素影响，票据贴现利率明显提高，第四季度利率比第一季度高出3.4个百分点（见表7）。

表6　2011年海南省金融机构票据业务量统计

单位：亿元

季度	银行承兑汇票承兑		贴现			
			银行承兑汇票		商业承兑汇票	
	余额	累计发生额	余额	累计发生额	余额	累计发生额
1	50.9	31.5	32.3	46.8	0	0
2	34.7	61.2	53.9	80.5	0	0
3	36.7	104.7	50.1	110.3	0	0
4	95.4	131.6	61.0	170.6	3.1	5.2

数据来源：中国人民银行海口中心支行。

表7　2011年海南省金融机构票据贴现、转贴现利率

单位：%

季度	贴现		转贴现	
	银行承兑汇票	商业承兑汇票	票据买断	票据回购
1	6.9161	—	6.3328	5.8168
2	6.6022	—	5.9945	7.2384
3	8.5689	—	7.7244	6.1848
4	10.2733	—	8.5872	7.1533

数据来源：中国人民银行海口中心支行。

（五）金融生态建设成效突出，信用环境持续向好

2011年，海南省金融生态建设成效显著，社会信用环境持续改善。一是制定完善《关于海南省金融机构金融管理与服务的指引》等监管制度，创新开展“两综合、两管理”操作，有效地增强了风险防范能力。二是严格金融执法，全面开展支付结算、外汇管理、反洗钱等执法检查，协助公安部门成功侦破具有全国性影响的“1·29”特大地下钱庄系列案件，有力地维护了辖区金融秩序。三是深层次推进贸易投资、外币兑换、刷卡消费、资金汇划“四个便利化”，成功实现境外发行国际旅游岛卡，率先推行离境退税和货币兑换电子化，创新以城市为单位的“刷卡无障碍”模式，首创立法规范多用途商业预付卡管理，首批获取“支付业务许可证”。四是稳步推进信用体系建设和农村支付环境改善，为6 731户中小企业和62 924户农户建立信用档案，在农村地区安装EPOS机8 500台，率先实现以省为单位所有行政村的EPOS机全覆盖。

二、经济运行情况

2011年，海南省深入推进国际旅游岛建设，全面实施区域发展战略，经济呈现“增长较快、效益较好、价格趋稳和民生改善”的良好态势。全年完成地区生产总值2 515.3亿元，同比增长12%，高于全国平均水平2.8个百分点（见图5）。

（一）内需保持强劲增长，外贸规模创新高

2011年，海南省内外需求强劲增长，支撑经济发展的基础进一步夯实。全年投资保持快速增长势头，消费需求保持旺盛，外贸规模创新高，对外投资显著增加。

1. 投资快速增长，结构明显改善。2011年，海南省着力保障年初部署的166个省级重点项目的开工建设，加快重点项目的投资进度，全年固定资产投资实现同比增长36.2%，连续4年呈现较快增长

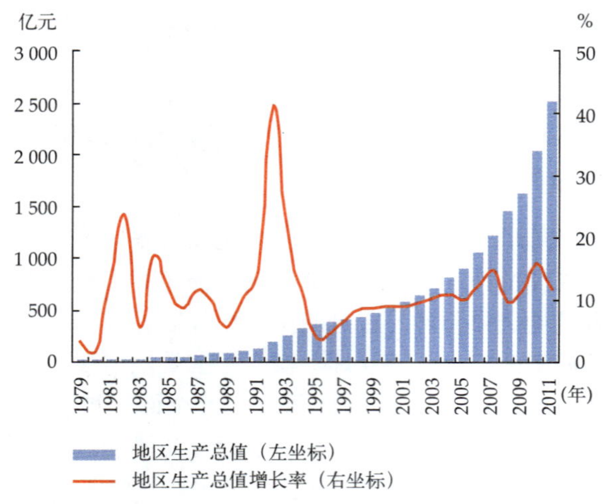

数据来源：海南省统计局。

图5 1979～2011年海南省地区生产总值及其增长率

态势（见图6）。在投资较快增长的同时，投资结构持续改善。一是工业投资增速、占比稳步提高。全年工业投资同比增长60.4%，投资占比同比提升2.5个百分点。二是区域投资结构优化，中部地区投资明显加快，全年投资同比增长72.9%，增速明显高于东西部地区。三是保障性住房投资力度显著加大。在省政府和各市县政府的大力推动下，全省城镇开工建设保障性住房11.2万套，超出年度计划21.2个百分点，竣工面积达384.7万平方米，超出年度计划55.9个百分点，有效地满足了低收入群体的住房需求。

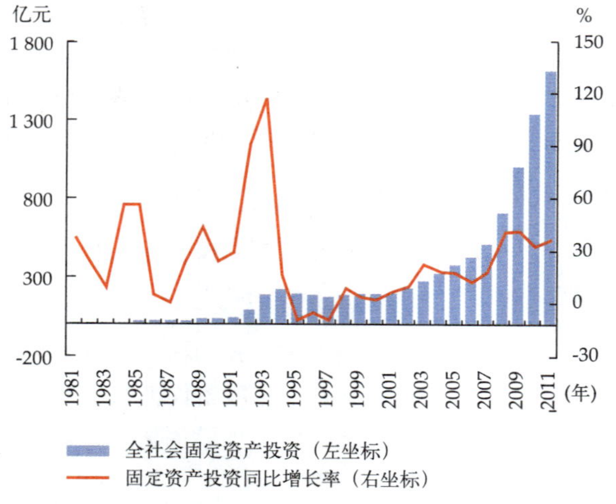

数据来源：海南省统计局。

图6 1981～2011年海南省固定资产投资及其增长率

2. 消费需求旺盛，热点商品销售强劲。2011年，海南省采取了一系列改善民生的措施，同时家电下乡、汽车摩托车下乡、家电以旧换新等优惠政策继续实行以及在商务、旅游、会展、假日经济、婚庆宴等各种有利因素的综合作用下，全省全社会消费品零售总额实现同比增长18.8%（见图7）。随着离境退税、离岛免税政策的实施，部分高端热点商品销售强劲。在限额以上企业商品零售中，化妆品类零售额同比增长1.9倍，金银珠宝类零售额同比增长74.1%。

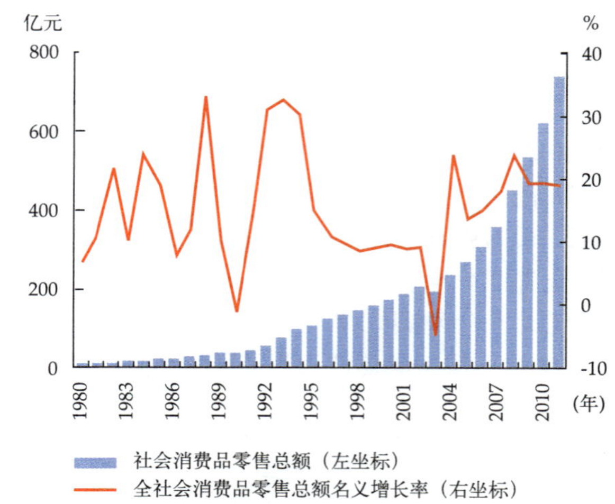

数据来源：海南省统计局。

图7 1980～2011年海南省社会消费品零售总额及其增长率

3. 外贸规模创新高，对外投资显著增加。2011年，海南省进出口总额为130.2亿美元，同比增长20.4%（见图8），规模创历史新高，其中，进口首次突破百亿美元。对外贸易产业结构升级初见成效，全年高新技术产品出口增长94.8%，增幅居全国第五位，在出口总额中所占的比重比上年提升6.2个百分点；贸易对象呈现多元化，对新兴市场国家贸易增长强劲，其中，对俄罗斯、澳大利亚和印度的贸易额分别增长4倍、1.3倍和86.2%。利用外资小幅增长，对外投资显著增加。全年实际利用外资15.8亿美元①，同比增长3.8%；实际对外投资12亿美

①实际利用外资总额包括国外借款额和外商直接投资额。

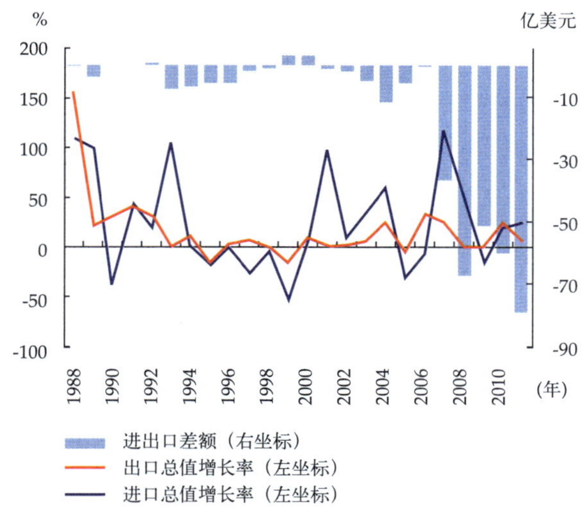

数据来源：海南省统计局。

图8　1988～2011年海南省外贸进出口变动情况

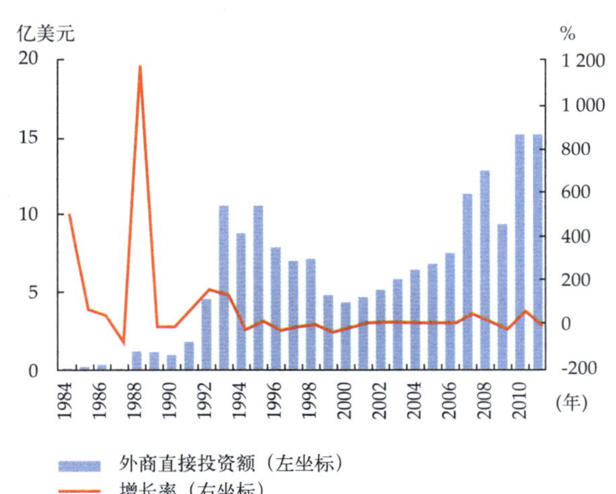

数据来源：海南省统计局。

图9　1984～2011年海南省外商直接投资情况

元，同比增长4.3倍，实现突破性增长（见图9）。

（二）产业结构优化升级，服务业呈多元化增长格局

2011年，全省三次产业发展的协调性进一步增强，三次产业比重分别为26.2%、28.4%、45.4%，其中，第三产业对经济增长的贡献率达到51.3%，以服务业为龙头的第三产业日益成为经济增长的主引擎。

1. 农业生产平稳增长，外向型农业快速发展。2011年，全省继续加大农机购置、良种、农资综合直补等惠农补贴力度，进一步提升农业基础设施支撑能力，克服年初长期阴雨寡照天气和10月连续强台风灾害的负面影响，全年农业增加值同比增长6.2%。随着海南省热带优质“无规定动物疫病示范区”农产品创出品牌，外向型农业实现快速发展，全年农产品出口总值为5.7亿美元，同比增长22.5%。

2. 工业生产结构升级，企业效益稳步提升。2011年以来，全省一批高新科技、市场潜力大的工业项目陆续竣工投产，海南省工业产品生产、销售态势良好，进一步推动了全省工业实现较快增长。全年规模以上工业增加值同比增长14%（见图10），其中，战略性新兴产业对规模以上工业的贡献率超过30.0%。工业企业效益继续提升，2011年，规模以上工业企业综合效益指数同比提升30.9个百分点，实现利润总额123.8亿元，同比增长7.1%。

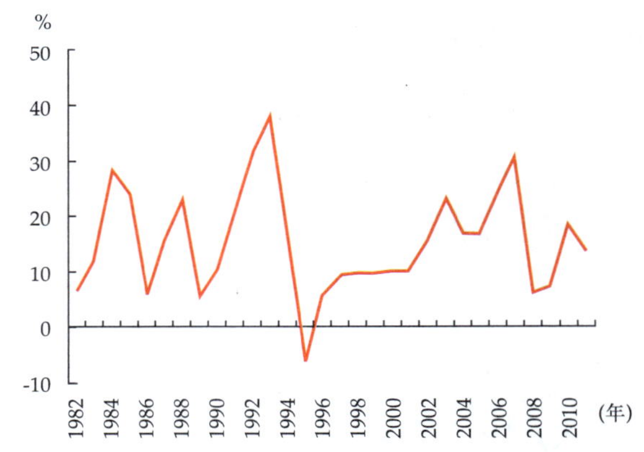

数据来源：海南省统计局。

图10　1982～2011年海南省规模以上工业增加值实际增长率

3. 服务业发展势头良好，多元化增长格局逐步形成。2011年海南省服务业增加值为1 141.6亿元，同比增长13.3%，对经济增长的贡献率为51.3%，服务业呈现多元化增长格局。受益于旅游优惠措施陆续出台、旅游业转型升级、旅游产品、旅游业态的不断创新以及各种国际、国内赛事会议的成功举办，全年旅游接待过夜人数首次超过3 000万人次，旅游收入增长25.8%，同比提高4.1个百分点。

交通运输业得益于空中、海运航线的增加，海口、三亚民航机场年旅客吞吐量均突破千万人次，全省港口货物吞吐量突破1亿吨，全年增加值同比增长22.1%。金融业务、机制、产品创新以及金融服务国际旅游岛建设力度的加大，助推金融业不断发展壮大，全年金融业增加值同比增长20.5%，对服务业增长的贡献率达到12.6%。

（三）各类价格高位回落，劳动力报酬稳步提高

1. 居民消费价格前高后低。在恩格尔系数较高的背景下，受食品类价格上涨推动，2011年上半年全省居民消费价格涨幅一直处于高位。为抑制物价过快上涨，海南省落实“菜篮子”市县长负责制、扶持生猪生产、实施农超对接、建立平价商店、完善物价补贴联动等综合调控政策，8月以来物价涨幅已呈现明显的回落势头，其中，后5个月的平均涨幅已回落到5.2%。

2. 生产类价格冲高回落。国际初级产品价格自2011年4月升至本轮上涨周期最高点后震荡回落，12月同比涨幅降至5.7%，海南省生产类价格也经历了一轮“先升后降”的运行态势，全年工业生产者购进价格和工业生产者出厂价格累计分别上涨15.3%和8.8%，进出价格涨幅差为6.5个百分点，同比提高3.9个百分点，价格“倒挂”现象突出（见图11）。

3. 劳动力报酬稳步提升，就业形势趋好。2011年，海南省着力提高中低收入者收入水平，适时调整企业最低工资标准，健全企业职工工资正常增长机制，同时提高企业退休人员基本养老金水平，着力推进“十二五”城乡居民收入翻番计划，全年海南省城镇在岗职工工资和农民外出务工工资分别增长14.2%和22.1%。全年城镇新增就业人数9.5万人，超出年度计划1.5万人，城镇登记失业率为1.7%，同比下降1.3个百分点。

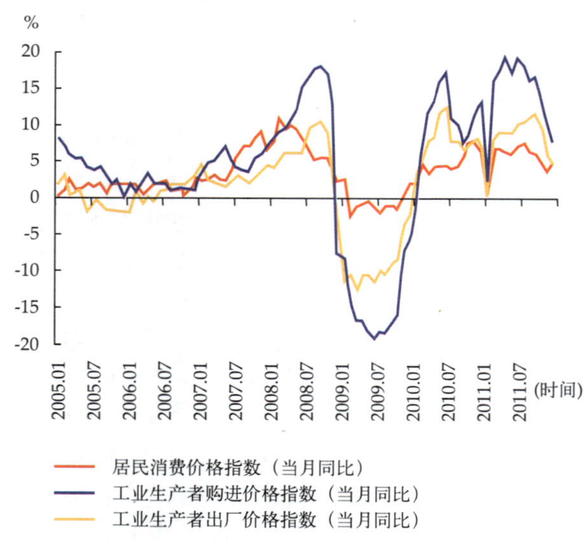

数据来源：海南省统计局。

图11　2005～2011年海南省居民消费价格和生产者价格变动趋势

（四）财政收入增势稳健，民生支出重点保障

2011年，受益于固定资产投资、消费和净出口稳定增长以及汇算清缴力度增强的综合作用，海南省地方一般预算收入保持较快增长态势，同比增长25.5%（见图12）。财政支出结构得到优化，“三农”、教育、医疗卫生、社会保障和就业、保障性安居工程、文化等方面的支出力度大大增强，切实保障和改善了民生状况。全省地方一般预算支出完成779.3亿元，同比增长34.7%，其中，民生支出占比达到70.2%，同比增支140.6亿元。

（五）节能减排强力推进，环境保护成效凸显

2011年，海南省大力推进节能减排工作。一是

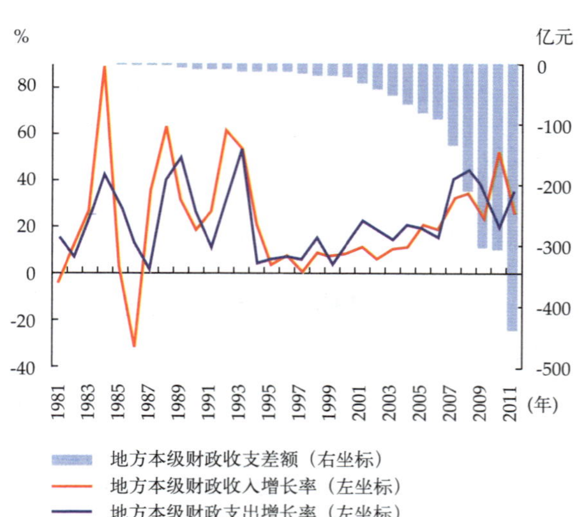

数据来源：海南省统计局。

图12　1981～2011年海南省财政收支状况

认真贯彻落实全省《抑制2011年能耗过快上升调控方案》，积极推动化工、水泥等重点企业的工艺革新，加快节能新技术、新工艺推广，强化节能技术改造。二是加大对重点高耗能企业的能源消耗监测，及时掌握单位能耗动态信息，对能源消耗异常情况提供预警，引导企业加强节能管理，控制能耗过快增长。三是全面启动绿色照明示范省建设，开展污水处理厂运营管理及配套管网建设督查，规范和强化排污许可管理，对已列入关停名录的落后产能企业，依法吊销排污许可证。

多项节能减排措施有力推进，生态环境保护成效逐步彰显。2011年，海南省化学需氧量、二氧化碳排放量等主要污染物排放总量控制在国家规定的减排目标内，全省森林覆盖率、城市建成区绿化覆盖率分别达到60.5%和40.0%，均比上年有所提高，城镇环境空气质量优良天数比例为100%，绝大部分近岸海域水质保持清洁状态。

专栏2 海南省离岛免税购物政策综合效应显现

为切实推进海南国际旅游岛建设战略，大力发展与旅游相关的现代服务业，2011年4月海南省正式实施离岛免税购物政策试点。截至2011年年末，全省共有两家获得特许经营权的离岛免税商店开业。作为海南建设国际旅游岛战略的重要组成部分，离岛免税政策的综合效应开始显现。

一、免税品销售额持续上升

截至2011年年末，海南省离岛免税店实现免税销售额近10亿元，购买人数为49万人。其中，三亚店销售额为9.8亿元，购买人数为47.8万人。2011年12月海口店开业，当月销售额为1 487万元，购买人数为1.2万人。自10月进入旅游旺季以来，三亚免税店月均销售收入都在亿元以上，其中，12月接近2亿元。

二、部分热销商品销量大幅增长

2011年，全省商品零售额增长最快的是化妆品类商品，同比增长190%；其次是日用品类商品，同比增长110%。其中，三亚免税店这两类免税品销售额分别占全省同类商品零售额的54.9%和31.6%，由此带来2011年三亚市社会消费品零售总额同比增长30.8%，远高于全省18.8%的增长水平。

三、有力提升旅游消费水平

离岛免税购物作为春节旅游新业态，带动全省春节游客接待量和旅游收入持续增长。2012年春节期间，海南省累计接待国内外游客135.2万人次，同比增长20.3%；实现旅游收入42.6亿元，同比增长61.3%。三亚市旅游委同期抽样调查显示，免税购物成为来琼游客的重要行程，受调查游客中有63%在春节期间去过三亚免税店，其中，超过半数游客购买了免税品。三亚的过夜游客平均停留天数为3.8天，同比增加了0.7天；三亚市过夜游客和一日游客人均每天分别花费2 150.3元和626.4元，分别同比提高423元和115.4元。

四、带动旅游相关产业业务的发展

离岛免税购物政策的出台带动了航空旅游客流的稳步增加。自2011年5月起，国内海航、南航、首都航空、河北航空等多家航空公司相继新增多个海口、三亚进出港航班，全年海口、三亚民航机场旅客吞吐量双双超过千万人次，助力海南省“离岛免税购物游”成为旅游新趋势。

五、提升旅游购物的金融服务水平

免税购物在改善海南省整体旅游环境、扩大旅客购物规模、促进旅游数量和人均消费增长的同时，也带动了相关金融服务需求。自国际旅游岛建设战略实施以来，辖内金融管理部门和金融机构以“贸易投资便利化、外币兑换便利化、刷卡消费便利化、资金汇划便利化”作为金融服务国际旅游岛建设的切入点，参照国际标准，全面提升全省金融服务的现代化水平。2011年，银行卡在海南省离境退税成功上线，海南省成为全国率先开展离境退税和货币兑换使用银行卡入账业务的省份。同时，国际旅游岛卡在境外（俄罗斯）成功发行。

（六）保障性住房建设加速，文化产业健康发展

1. 房地产市场理性回归，保障性住房建设显著加快。2011年以来，海南省房地产市场处于销售量价波动的调整阶段，整体趋于低迷。随着“新国八条”的贯彻落实，经过一年的深化调整，海南省楼市调控效应已经显现，呈现出典型的买方市场特点，市场观望氛围依旧浓厚。

房地产投资稳步增长，保障性住房建设明显加快。2011年，海南省房地产投资同比增长41.7%，高于全国平均增速13.8个百分点。保障性住房建设力度持续加大。2011年，海南省城镇开工建设保障性住房11.2万套、900万平方米，分别达到计划的121.2%和140.5%；其中，竣工4.9万套、384.7万平方米，分别达到计划的119.1%和155.9%，各类保障性住房建设超额完成全年任务。

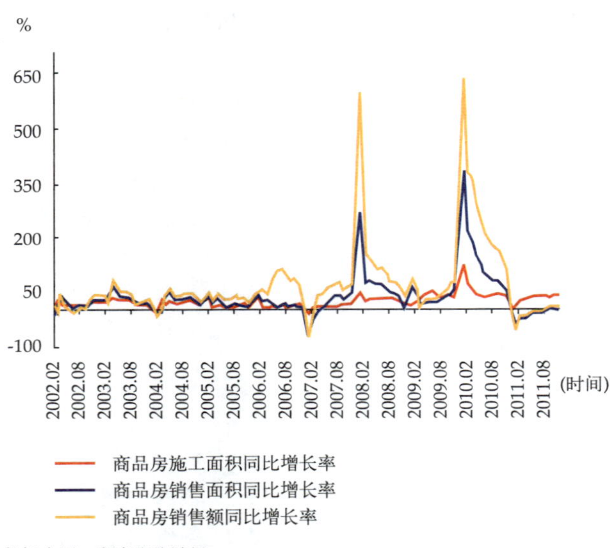

数据来源：海南省统计局。

图13　2002～2011年海南省商品房施工和销售变动趋势

金融支持保障性住房建设的力度加大，商业性房地产贷款规模收缩。截至2011年年末，海南省保障性住房开发贷款余额同比增幅高达100.0%，而随着房地产信贷调控效应的显现，商业性房地产贷款仅同比增长27.1%，增速同比回落60.0个百分点。特别是个人住房贷款业务量明显减少，2011年全省个人住房贷款发放额同比下降73.6%，仅为同期住宅销售额的4.6%，与上年相比下降13.4个百分点。截至2011年年末，房地产贷款不良率仅为0.5%，房地产信贷质量总体良好，风险可控。

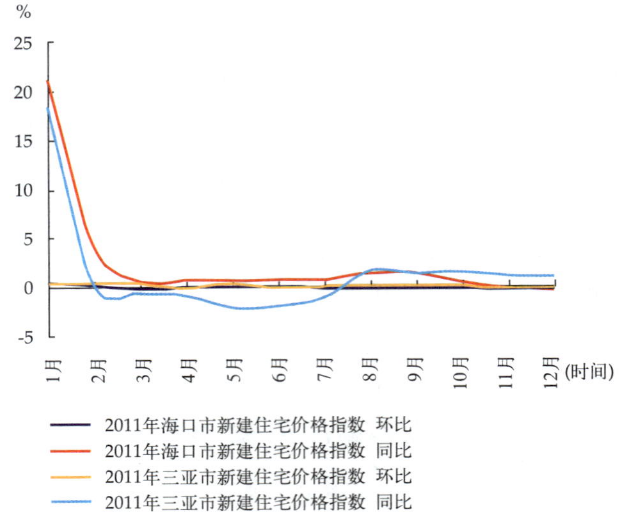

数据来源：海南省统计局。

图14　2011年海口市、三亚市房屋销售价格指数变动趋势

2. 文化产业健康发展，但制约因素仍然存在。海南国际旅游岛建设上升为国家战略，给海南省文化产业带来前所未有的发展机遇，推动文化改革发展进入全面提速新时期。2006～2010年，全省文化产业增加值翻了两番，连续4年年均增长超过22.8%，大大高于地区生产总值的增速。2011年海南省文化产业在产品与服务出口上实现较大突破，全年出口额达257万美元，同比增长2.4倍。

虽然全省文化产业发展势头良好，但文化产业发展依然面临诸多制约因素：一是文化产业管理体制落后。二是历史遗迹的保护和开发力度不够。三是文化产业的原创能力不足。以动漫产业为例，虽已在产品出口上实现零的突破，但大多数动漫公司只是从事动漫产品某些环节的制作，对本土文化挖掘不深。四是文化产业人才缺乏。全省文化产业从业人员中，研究生以上学历、高级技术职称以及高级技师在全部人员中的比重分别仅为1.2%、10.3%和5.4%。

积极探索金融、财政政策扶持文化产业实现跨越式发展。一方面，积极争取国家政策支持，设立省文化产业投资基金，由省财政注资引导，帮助文

化产业重点项目和中小企业获得资金支持。另一方面，省政府应在贷款贴息、融资担保、上市融资和发行债券等方面对文化企业给予扶持，以奖励的形式鼓励有实力的文化企业上市融资，并通过配股、增发新股、发行可转债等形式进行再融资。

三、预测与展望

2012年是海南省推进国际旅游岛建设和实施“十二五”规划承上启下的一年，海南省面临的外部环境仍然严峻复杂。国际方面，欧债危机仍未解决，中东政局动荡，国际市场需求持续低迷，资源类产品价格低位回升；国内方面，经济结构转型调整步伐加快，增速稳中回落，经济发展的不确定性因素明显增多。但总体来看，支撑全省经济平稳快速增长的有利因素依然较多：一是经过建省20余年的发展，海南省经济总量不断壮大，产业配套能力大大增强，加上近两年着力推进国际旅游岛建设，经济发展思路清晰稳定，抗风险能力显著增强，经济上升期的基本面没有改变。二是全省扎实推进“项目建设年”活动，落实项目建设“六个一”责任制①，确保重点项目建设任务顺利完成。2012年将有一大批重大投资项目开工和续建，确保全省投资保持快速增长势头。三是国际旅游岛建设的政策效应将进一步释放，免税店、文化、娱乐、会展、软件等新经济业态有助于服务业加快发展。四是继续推进中部市县农民三年增收和“十二五”城乡居民收入翻番计划，积极创造条件增加居民财产性和经营性收入。旅游业的进一步趋旺，将助推消费需求稳步增长。综合利用上述各种有利因素，2012年全省经济有望保持快速增长势头。

2012年，中国人民银行海口中心支行将着力贯彻落实稳健的货币政策，引导地方法人金融机构的信贷投放，支持地方经济建设。综合运用信贷政策导向效果评估、差别存款准备金率、再贷款、再贴现工具，加大对“三农”和小微企业的金融支持力度，不断优化信贷结构和信贷资金配置。同时，积极推进金融改革创新，做好新设立金融机构的市场准入工作，努力防范和化解区域金融风险，不断提升金融服务和管理水平，进一步加强金融对地方经济发展的服务水平。

中国人民银行海口中心支行货币政策分析小组
负责人：吴盼文　曹协和
统　稿：吴竞择　金为华
执　笔：石海峰　何志强　戴鸿广　潘　琪　邓　昕　王　艳　鄢　斗　黄　辉　林明恒　郭　雁
陈　波　陈太玉
提供材料的还有：黄翠玲　黄静慧　符瑞武

① “六个一”责任制：一个项目、一个分管领导、一个责任单位、一个工作班子、一个倒排工期计划、一竿子抓到底。

附录

（一）2011年海南省经济金融大事记

1月1日，海南省正式实施境外旅客购物离境退税政策，退税率统一为11%。

2月22日，海南省同时跨越港口年吞吐量1亿吨和集装箱年吞吐量100万箱两个大关，标志着海南省港口群发展实现质的飞跃。

3月1日，红岭水利枢纽工程开工建设，中央投资10.8亿元，这是海南省建省以来获得中央投资最多的单个项目。

3月16日，海口综合保税区封关运行，成为继洋浦保税港区之后又一个开放层次高、优惠政策多、功能齐全、海关监管的特殊经济区域。

4月15日，博鳌亚洲论坛2011年年会开幕，胡锦涛主席发表主旨演讲。

4月20日，中国内地首家离岛免税店——三亚免税店正式开业。

9月，中信银行海口分行获准筹备，成为近年来第一家获批进驻海南省的股份制商业银行。

12月9日，海南省旅游产业投资基金正式设立，基金规模达200亿元。

12月17日，中国农业系统第一家财务公司——海南省农垦集团财务有限公司正式开业，标志着海南省农垦正从传统农业企业向现代企业转型。

12月28日，海南省第一家农村商业银行——海口农村商业银行正式挂牌成立，标志着海南省深化农村信用社改革步入新的历史阶段。

（二）2011年海南省主要经济金融指标

表1　2011年海南省主要存贷款指标

		1月	2月	3月	4月	5月	6月	7月	8月	9月	10月	11月	12月
本外币	金融机构各项存款余额（亿元）	4 120.5	4 295.2	4 369.4	4 389.8	4 439.7	4 521.4	4 491.5	4 513.5	4 490.2	4 492.1	4 482.4	4 504.5
	其中：储蓄存款	1 723.1	1 747.2	1 802.5	1 808.6	1 824.7	1 864.5	1 829.2	1 835.7	1 857.9	1 810.9	1 833.9	1 888.5
	单位存款	2 186.0	2 306.6	2 384.7	2 346.8	2 381.2	2 455.4	2 415.1	2 428.2	2 401.1	2 415.9	2 423.0	2 370.6
	各项存款余额比上月增加（亿元）	-96.7	174.7	74.2	20.3	49.9	81.7	-29.9	21.9	-23.3	1.9	-9.7	22.1
	金融机构各项存款同比增长（%）	18.6	18.8	18.2	15.9	14.9	15.6	14.8	14.7	12.3	11.6	11.5	6.8
	金融机构各项贷款余额（亿元）	2 579.6	2 635.6	2 677.5	2 725.7	2 768.2	2 878.4	2 930.6	2 972.3	3 017.7	3 022.6	3 067.4	3 194.6
	其中：短期	380.6	405.6	424.3	445.0	430.4	444.7	459.9	469.7	468.6	463.5	461.5	453.6
	中长期	2 103.0	2 132.4	2 165.3	2 195.9	2 240.8	2 310.8	2 313.1	2 345.7	2 397.3	2 410.2	2 454.3	2 567.3
	票据融资	40.4	41.7	32.3	30.0	41.0	47.4	58.6	55.8	50.1	47.1	47.9	64.1
	各项贷款余额比上月增加（亿元）	65.5	55.9	41.9	48.2	42.5	110.2	52.2	41.6	45.4	5.0	44.8	127.2
	其中：短期	-24.3	24.9	18.7	20.8	-14.6	14.3	15.2	9.8	-1.1	-5.1	-2.0	-7.9
	中长期	83.2	29.5	32.8	30.6	44.9	70.1	2.2	32.6	51.6	12.8	44.2	113.0
	票据融资	1.3	1.3	-9.4	-2.2	10.9	6.4	11.3	-2.8	-5.7	-2.9	0.7	16.2
	金融机构各项贷款同比增长（%）	31.3	27.4	25.9	24.4	23.8	26.5	26.2	25.3	25.3	23.4	24.0	27.1
	其中：短期	-8.0	-2.1	6.9	14.2	19.0	26.6	32.9	34.9	29.0	20.7	19.8	12.2
	中长期	46.3	39.3	35.2	31.8	29.1	28.2	25.0	23.2	23.8	22.9	23.6	26.5
	票据融资	-46.4	-46.7	-61.5	-67.9	-56.5	-35.5	-22.4	-18.6	-21.8	-27.3	-25.4	73.4
	建筑业贷款余额（亿元）	19.6	20.2	25.1	28.8	29.0	34.3	36.3	36.1	37.6	37.6	38.8	39.0
	房地产业贷款余额（亿元）	253.0	261.1	262.5	275.9	310.2	325.8	331.2	333.1	342.4	345.2	353.3	365.5
	建筑业贷款同比增长（%）	130.6	11.0	35.7	54.0	53.4	89.5	97.3	95.1	81.6	100.0	105.3	98.0
	房地产业贷款同比增长（%）	65.0	63.7	55.9	59.0	66.5	69.1	64.5	58.8	61.1	54.5	53.3	53.8
人民币	金融机构各项存款余额（亿元）	4 079.8	4 250.9	4 323.9	4 337.8	4 387.7	4 459.0	4 434.9	4 457.2	4 430.6	4 436.3	4 432.5	4 446.9
	其中：储蓄存款	1 710.0	1 734.9	1 790.4	1 796.1	1 812.2	1 851.7	1 817.2	1 823.5	1 844.9	1 798.0	1 820.8	1 875.1
	单位存款	2 159.6	2 275.9	2 352.2	2 308.2	2 342.6	2 406.8	2 371.7	2 386.2	2 355.6	2 374.9	2 387.3	2 327.1
	各项存款余额比上月增加（亿元）	-92.3	171.2	73.0	13.9	49.9	71.4	-24.1	22.3	-26.6	5.7	-3.8	14.4
	其中：储蓄存款	51.1	24.9	55.5	5.7	16.0	39.5	-34.5	6.2	21.5	-47.0	22.8	54.3
	单位存款	-163.3	116.2	76.3	-44.0	34.4	64.2	-35.1	14.6	-30.7	19.4	12.4	-60.2
	各项存款同比增长（%）	19.3	19.4	18.7	16.0	15.1	15.5	14.7	14.6	12.1	11.6	11.4	6.6
	其中：储蓄存款	27.9	21.1	20.7	18.1	17.7	18.8	16.6	16.7	15.3	13.6	14.4	13.0
	单位存款	4.6	9.7	12.7	8.4	8.0	13.0	11.8	13.5	9.1	9.7	11.3	0.2
	金融机构各项贷款余额（亿元）	2 324.5	2 374.6	2 409.8	2 442.4	2 481.5	2 553.7	2 584.6	2 623.8	2 669.1	2 678.6	2 724.0	2 797.7
	其中：个人消费贷款	295.4	293.6	295.5	295.9	305.4	306.6	306.0	307.6	309.7	309.0	309.1	311.2
	票据融资	40.4	41.7	32.3	30.0	41.0	47.4	58.6	55.8	50.1	47.1	47.9	64.1
	各项贷款余额比上月增加（亿元）	54.7	50.1	35.2	32.6	39.1	72.2	30.9	39.3	45.3	9.4	45.5	73.7
	其中：个人消费贷款	2.2	-1.9	1.9	0.4	9.5	1.2	-0.5	1.6	2.1	-0.7	0.1	2.1
	票据融资	1.3	1.3	-9.4	-2.2	10.9	6.4	11.3	-2.8	-5.7	-2.9	0.7	16.2
	金融机构各项贷款同比增长（%）	32.5	28.1	25.7	23.7	23.2	24.1	23.0	22.5	22.4	20.7	21.7	23.3
	其中：个人消费贷款	58.5	51.2	43.3	32.2	25.4	19.2	12.2	7.6	7.5	6.9	6.3	5.9
	票据融资	-46.4	-46.7	-61.5	-67.9	-56.5	-35.5	-22.4	-18.6	-21.8	-27.3	-25.4	73.4
外币	金融机构外币存款余额（亿美元）	6.2	6.7	6.9	8.0	8.0	9.6	8.8	8.8	9.4	8.8	7.9	9.2
	金融机构外币存款同比增长（%）	-25.4	-16.3	-13.1	9.4	9.1	30.2	30.6	25.0	36.6	21.3	26.1	34.8
	金融机构外币贷款余额（亿美元）	38.7	39.7	40.8	43.6	44.2	50.2	53.7	54.6	54.8	54.4	54.1	63.0
	金融机构外币贷款同比增长（%）	25.6	25.7	32.7	37.2	36.8	55.7	65.7	60.6	62.0	60.7	53.6	70.7

数据来源：中国人民银行海口中心支行。

表2 2001～2011年海南省各类价格指数

单位：%

年/月		居民消费价格指数		农业生产资料价格指数		工业生产者购进价格指数		工业生产者出厂价格指数	
		当月同比	累计同比	当月同比	累计同比	当月同比	累计同比	当月同比	累计同比
2001		—	-1.5	—	-0.5	—	—	—	—
2002		—	-0.5	—	1.7	—	5	—	0.4
2003		—	0.1	—	4.8	—	2.2	—	-0.5
2004		—	4.4	—	11.3	—	5.9	—	0
2005		—	1.5	—	8.9	—	4.2	—	-0.5
2006		—	1.5	—	0.7	—	1.5	—	0.8
2007		—	5.0	—	7.1	—	5.0	—	2.7
2008		—	6.9	—	14.8	—	11.6	—	4.5
2009		—	-0.7	—	-6.0	—	-14.7	—	-9.4
2010		—	4.8	—	7.3	—	10.3	—	7.7
2011		—	6.1	—	15.6	—	15.3	—	8.8
2010	1	1.7	1.7	3.1	3.1	-1.8	-1.8	2.8	2.8
	2	4.6	3.1	2.7	2.9	5.6	1.9	4.6	3.7
	3	3.6	3.3	4.7	3.5	11.7	5.2	7.7	5.1
	4	4.0	3.5	5.7	4.0	13.1	7.1	8.1	5.8
	5	4.4	3.7	5.6	4.4	15.8	8.9	12.0	7.1
	6	4.3	3.8	5.7	4.6	17.0	10.2	12.6	8.0
	7	4.2	3.8	5.8	4.8	11.0	10.3	7.8	8.0
	8	4.3	3.9	9.4	5.3	10.2	10.3	7.7	7.9
	9	5.5	4.1	9.5	5.8	7.6	10.0	6.8	7.8
	10	7.6	4.4	10.6	6.3	8.6	9.9	7.2	7.7
	11	7.5	4.7	12.4	6.8	12.0	10.1	8.2	7.8
	12	6.3	4.8	12.6	7.3	13.1	10.3	6.9	7.7
2011	1	—	—	—	—	—	—	—	—
	2	6.4	6.6	11.5	10.0	15.9	15.7	8.1	7.7
	3	6.8	6.7	12.4	10.8	17.3	16.3	8.9	8.1
	4	6.5	6.6	12.5	11.2	19.3	17.0	9.0	8.3
	5	6.1	6.5	12.9	11.6	17.2	17.1	9.1	8.5
	6	6.9	6.6	16.3	12.4	19.2	17.4	10.2	8.8
	7	7.4	6.7	19.4	13.4	18.3	17.6	10.4	9
	8	6.4	6.7	20.4	14.3	16.1	17.4	11	9.3
	9	6	6.6	19.9	14.9	16.4	17.3	11.6	9.5
	10	4.7	6.4	19.6	15.4	12.9	16.8	9.6	9.5
	11	3.9	6.2	18.1	15.6	10.1	16.2	6	9.2
	12	5	6.1	15.5	15.6	7.7	15.3	4.7	8.8

数据来源：国家统计局和海南省统计局。

表3　2011年海南省主要经济指标

	1月	2月	3月	4月	5月	6月	7月	8月	9月	10月	11月	12月
绝对值（自年初累计）												
地区生产总值(亿元)	—	—	575.5	—	—	1 222.3	—	—	1 818.2	—	—	2 515.3
第一产业	—	—	137.8	—	—	316.0	—	—	463.5	—	—	659.2
第二产业	—	—	138.4	—	—	333.4	—	—	516.1	—	—	714.5
第三产业	—	—	299.3	—	—	572.9	—	—	838.6	—	—	1 141.6
固定资产投资(亿元)	—	179.4	288.6	398.3	517.5	668.2	811.1	933.6	1 086.3	1 238.0	1 409.6	1 611.4
房地产开发投资	—	75.5	128.0	176.0	226.4	287.5	351.5	404.6	464.9	523.6	585.9	663.1
社会消费品零售总额(亿元)	—	131.9	188.3	247.6	310.5	365.4	423.1	481.2	544.0	608.2	672.5	741.1
外贸进出口总额(万美元)	103 054.0	183 229.0	284 428.0	378 868.0	488 860.0	604 743.0	708 418.0	850 732.0	947 139.0	1 069 487.0	1 182 143.0	1 302 339.0
进口	79 807.0	150 804.0	228 428.0	301 148.0	392 824.0	490 113.0	572 814.0	690 328.0	766 367.0	865 077.0	954 519.0	1 048 184.0
出口	23 247.0	32 425.0	56 000.0	77 720.0	96 036.0	114 630.0	135 604.0	160 404.0	180 772.0	204 410.0	227 624.0	254 155.0
进出口差额(出口－进口)	—	-118 379.0	-172 428.0	-223 428.0	-296 788.0	-375 483.0	-437 210.0	-529 924.0	-585 595.0	-660 667.0	-726 895.0	-794 029.0
外商实际直接投资(万美元)	—	13 967.0	29 702.0	38 700.0	45 808.0	59 155.0	62 133.0	63 564.0	65 992.0	81 987.0	120 847.0	152 299.0
地方财政收支差额(亿元)	—	-3.6	-31.8	-34.4	-72.8	-127.3	-149.3	-185.8	-226.5	-249.5	-315.3	-439.3
地方财政收入	—	61.3	90.4	123.3	156.9	185.6	216.3	238.3	259.9	286.9	313.1	340.1
地方财政支出	—	65.0	122.2	157.7	229.7	312.9	365.6	424.0	486.4	536.4	628.5	779.3
城镇登记失业率(%)（季度）	—	—	2.40	—	—	2.24	—	—	1.96	—	—	1.73
同比累计增长率（%）												
地区生产总值	—	—	10.0	—	—	10.4	—	—	10.6	—	—	12.0
第一产业	—	—	6.0	—	—	6.1	—	—	6.0	—	—	6.2
第二产业	—	—	23.3	—	—	17.6	—	—	16.1	—	—	15.2
第三产业	—	—	6.3	—	—	8.8	—	—	10.0	—	—	13.3
工业增加值	—	34.6	25.8	21.6	16.7	16.4	16.3	15.4	15.0	14.4	14.0	13.4
固定资产投资	—	25.7	31.9	32.1	31.5	33.6	35.6	35.7	36.7	36.8	36.6	36.2
房地产开发投资	—	17.1	30.9	39.2	35.1	40.0	44.1	42.2	44.8	43.1	43.7	41.7
社会消费品零售总额	—	19.3	17.8	18.0	18.3	18.6	18.7	18.7	18.7	18.7	18.7	18.8
外贸进出口总额	62.3	60.5	51.4	35.8	36.6	34.9	29.5	32.2	26.2	26.7	25.2	20.4
进口	78.3	76.2	53.4	40.5	44.0	42.3	35.1	37.9	30.9	31.7	30.8	24.4
出口	24.1	13.5	43.6	20.2	13.0	10.5	10.4	12.1	9.4	8.9	6.2	6.3
外商实际直接投资	—	280.0	470.0	470.0	360.0	7.2	-13.0	-25.8	-33.1	-27.8	-8.1	0.7
地方财政收入	—	21.4	21.9	20.3	23.6	23.7	25.0	25.5	26.6	27.0	28.1	25.5
地方财政支出	—	94.3	54.9	46.3	66.5	65.8	54.0	53.0	46.6	46.7	45.1	34.7

注：进出口数据包括了中国国际石油化工联合有限责任公司代理海南省炼化进出口的数据。

数据来源：《中国经济景气月报》、海南省统计局。

2011年重庆市金融运行报告

中国人民银行重庆营业管理部货币政策分析小组

[内容摘要] 2011年，重庆市认真贯彻科学发展观，调结构、转方式、稳物价、惠民生，统筹城乡和内陆开放战略的带动效应逐步释放，经济增长由政策刺激向自主增长有序转变。民间投资力度加大，消费升级加快，结构调整推动进出口高速增长，三大需求更加协调，企业数量大幅增加，物价涨幅低于全国，经济发展活力和效益明显提升，实现了“十二五”良好开局。

金融业在宏观调控中继续保持稳健发展，积极对接实体经济需求，不断提升金融服务质量，金融改革创新取得新进展，金融生态环境持续向好。存贷款增长回归常态，直接融资发展较快。证券业、保险业在调整中总体保持平稳运行。

展望2012年，重庆经济内生增长动力依然较强，工业化、内陆开放和城乡统筹一体化加快发展，将促进消费、投资和外贸稳定增长。重庆金融系统将结合地区实际，改进对实体经济的金融服务，拓宽企业融资渠道，加强风险防范，切实推动产业升级和民生改善，促进全市经济持续快速健康发展。

一、金融运行情况

2011年，重庆金融业在宏观调控中继续保持稳健发展，金融改革创新取得新突破，金融生态环境进一步改善。

（一）银行业平稳较快发展，货币信贷增长回归常态

2011年，重庆银行业认真落实稳健的货币政策，贷款总量适度增长，结构持续优化，薄弱环节金融服务创新取得较大进展。

1. 银行业规模、效益持续提升，机构体系日益完备。经济的较快发展为银行业创造了良好机遇，2011年重庆银行业资产规模继续保持较快增长；不良资产持续“双降”，拨备覆盖率大幅提高，风险防控和抵御能力进一步增强。由于净利息收入和中间业务收入增长较快，经营效益持续向好。新开业市分行级机构及法人机构14家，汽车金融公司、住房储蓄银行、贷款公司实现零的突破，重庆已成为中西部地区银行业金融机构种类最为齐全的地区（见表1）。

2. 存款增长整体放缓，结构性变化突出。2011年，全市本外币存款增长18.4%（见图3），同比下降4.4个百分点。分币种看，人民币存款增速为近5年来最低（见图1）；外币存款受外币贷款快速增长以及第四季度人民币升值预期减弱影响，大幅增长1倍。分部门看，由于贷款增长放缓导致派生存款减少、企业存货和应收账款占用资金增多、成本支出增加等原因，企业存款同比少增近四成。随着股票、房地产市场深度调整及通货膨胀预期回落，加息效应显现，住户存款增速逐步回升。分产品看，定期存款、协定存款等收益较高的存款增长较

表1　2011年重庆市银行业金融机构情况

机构类别	营业网点			法人机构（个）
	机构个数（个）	从业人数（人）	资产总额（亿元）	
一、大型商业银行	1 266	25 899	8 241	0
二、国家开发银行和政策性银行	39	1 102	2 241	0
三、股份制商业银行	209	6 698	4 885	0
四、城市商业银行	101	4 004	2 499	2
五、农村合作机构	1 765	15 220	3 439	1
六、财务公司	1	22	41	1
七、信托公司	2	433	108	2
八、邮政储蓄银行	1 680	3 780	1 155	0
九、外资银行	24	670	127	0
十、新型农村金融机构	23	727	72	22
十一、金融租赁公司	1	10	253	1
合　计	5 111	58 565	23 061	29

数据来源：中国人民银行重庆营业管理部。

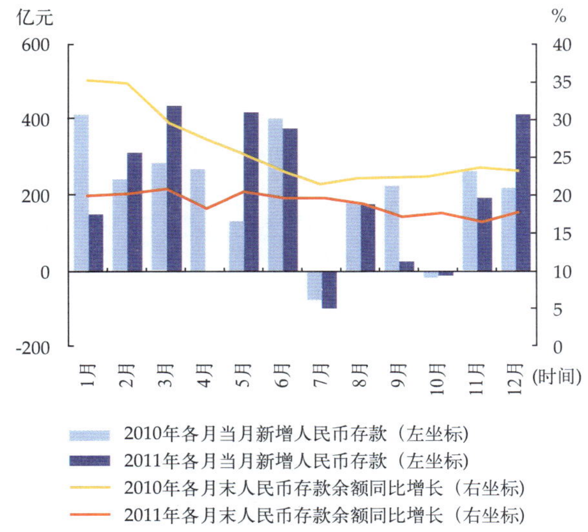

数据来源：中国人民银行重庆营业管理部。

图1　2010～2011年重庆市金融机构人民币存款增长变化

快，理财、承兑、委托贷款等业务的快速增长带动结构性存款、保证金存款和委托存款大幅增加。

3. 贷款总量适度增长，稳健的货币政策成效明显。2011年，重庆市本外币贷款增长20.0%(见图3)，与辖区经济与物价增速相匹配，同比回落4.2个百分点，进一步回归常态。通过实施差别准备金动态调整机制，商业银行普遍加强了内部信贷规划管理，贷款增速保持平稳，均衡性明显增强，第一至第四季度增量占比分别为33%、36%、17%和14%(见图2)。外币贷款大幅增长82.3%，主要与外贸快速发展、本币调控以及人民币升值预期等有关。但第四季度受欧债危机、人民币升值预期变化及监管强化影响，外币贷款增长放缓。

贷款期限结构明显优化。受基础设施投资和住房销售放缓、企业流动资金需求增多的需求结构及银行主动改善资产负债错配状况等影响，短期贷款增速达到上年的4倍，中长期与短期贷款余额之比由年初的5.2：1降至3.8：1。

信贷投向“有扶有控”。制造业贷款快速增长，供应链融资模式得到推广，有力地支持了制造业集群化发展。中小企业贷款和涉农贷款增速分别高于全部贷款增速1个和2.7个百分点，增量继续高于上年水平。民生金融加快发展，小额担保贷款担保基金放大倍数和个人贷款额度进一步提高，贷款发放额和支持人数同比分别增长50%和30%。创新金融服务、支持微型企业发展成效显著。积极开发与公租房建设特点相适应的贷款品种，已授信300亿元，贷款余额为92亿元，规模居全国前列。融资平台贷款清理有序推进，贷款增幅同比下降20个百分点。房地产和基础设施行业贷款得到合理控制，贷款增速分别低于全部贷款11个和13个百分点，六

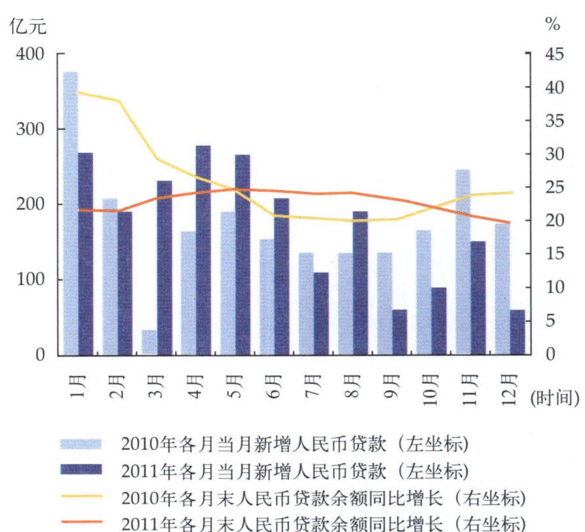

数据来源：中国人民银行重庆营业管理部。

图2　2010～2011年重庆市金融机构人民币贷款增长变化

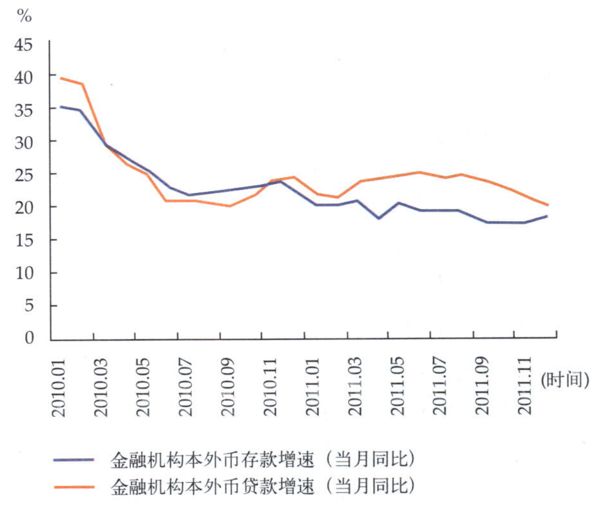

数据来源：中国人民银行重庆营业管理部。

图3　2010～2011年重庆市金融机构本外币存、贷款增速变化

大高耗能行业[①]贷款余额同比下降1%。

4. 利率调控政策效应明显。在三次加息带动下，全市非金融企业人民币贷款加权平均利率逐步走高，9月达到年内高点7.64%，第四季度受货币政策微调和经济放缓下信贷供需关系变化等影响，小幅回落至12月的7.41%，比年初上升1.42个百分点。由于资金成本上升、银行议价能力增强等原因，执行上浮利率的贷款占比上升（见表2）。各类银行利率上浮贷款占比均有所上升，股份制银行和城市商业银行升幅较大。受外币贷款需求增加和金融机构外币头寸趋紧影响，外币存贷款利率同比明显上升（见图4）。

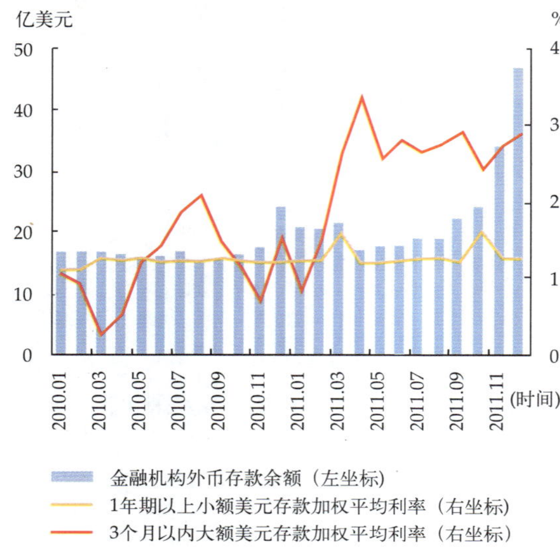

数据来源：中国人民银行重庆营业管理部。

图4　2010～2011年重庆市金融机构外币存款余额及外币存款利率

地方法人金融机构利率定价机制建设取得明显进展，均建立了与本行经营规模和业务复杂程度相适应的利率定价管理组织架构；初步建立了利率定价管理系统，将客户信用等级、抵押担保类型、贡献度等作为定价的重要因素，内部信用评级制度得到广泛采用。部分规模大的地方法人已建立内部资金转移定价系统，对利率定价的引导作用逐步强化。但是，利率定价职责分散、定价考核机制未能体现风险回报要求、管理信息系统建设滞后等问题仍较突出，需要进一步完善机制，提高定价能力。

表2　2011年重庆市金融机构人民币贷款各利率区间占比

单位：%

月份		1月	2月	3月	4月	5月	6月
合计		100.0	100.0	100.0	100.0	100.0	100.0
[0.9～1.0)		27.2	17.2	14.4	8.6	7.4	8.1
1.0		38.1	46.4	41.4	39.5	40.0	35.3
上浮水平	小计	34.7	36.4	44.2	51.9	52.6	56.6
	(1.0～1.1]	18.2	17.9	16.9	22.7	19.1	20.7
	(1.1～1.3]	11.4	12.9	18.4	17.7	20.5	23.1
	(1.3～1.5]	3.4	3.4	5.7	7.8	8.8	7.8
	(1.5～2.0]	1.2	1.8	2.7	3.0	3.5	4.4
	2.0以上	0.5	0.4	0.5	0.7	0.7	0.6
月份		7月	8月	9月	10月	11月	12月
合计		100.0	100.0	100.0	100.0	100.0	100.0
[0.9～1.0)		4.2	3.6	3.2	3.7	2.1	6.9
1.0		30.0	38.6	30.8	38.9	36.7	34.8
上浮水平	小计	65.8	57.8	57.4	57.4	61.2	58.3
	(1.0～1.1]	23.5	20.7	22.9	22.9	25.7	24.7
	(1.1～1.3]	27.4	26.1	23.8	23.8	23.9	23.8
	(1.3～1.5]	9.1	7.5	6.7	6.7	7.6	6.4
	(1.5～2.0]	4.7	3.0	2.9	2.9	3.0	2.8
	2.0以上	1.1	0.5	1.1	1.1	1.0	0.6

数据来源：中国人民银行重庆营业管理部。

5. 银行业改革继续深化。国家开发银行重庆市分行以商业化运作服务国家民生战略，安排新增贷款的1/3用于保障性住房建设，建立同国银租赁、国开金融的协同机制，创新完成全国首笔保障性住房融资租赁业务。已上市国有控股银行强化改革转型，树立资本节约理念，初步建立业务发展与经济资本限额及利润计划的联动约束机制，全面风险管理更加细化。经评估，中国农业银行重庆市分行"三农金融事业部"改革成效获得国务院股改领导小组好评，2011年事业部贷款增速高于全行8.3个百分点，支农服务进一步加强。

农村金融体系不断完善。全市已开业新型农村金融机构有22家，涉农区县覆盖率达到65%，小额贷款公司有110家，实现区县全覆盖，贷款余额分别增长281%和125%。巫溪县、城口县首次设立结

①包括石油加工、炼焦及核燃料加工业，化学原料及化学制品制造业，非金属矿物制品业，黑色金属冶炼加工业，有色金属冶炼及压延加工业，电力、热力生产和供应业。

售汇网点，重庆在西部地区率先实现银行结售汇网点县域全覆盖。支农产品和服务创新加快，创新推出“三权”抵押贷款、以地票质押的农村建设用地复垦贷款和户籍制度改革退出宅基地复垦贷款等产品，有力地支持了重庆推进统筹城乡改革的资金需求。银行卡POS助农取款服务覆盖面扩大到常住农户的52%，同时在全国首创助农存款试点，农村支付结算便利度和满意度进一步提高。积极发挥货币政策工具的正向激励作用，对支农力度大、考核达标的中国农业银行重庆市分行县级“三农金融事业部”和2家村镇银行执行较低的存款准备金率，对辖内11家村镇银行发放支农再贷款4.8亿元，引导金融机构扩大涉农信贷投放。

专栏1 重庆市推动农村“三权”抵押贷款的探索与实践

2011年，重庆市以中国人民银行、中国银行业监督管理委员会等联合出台的《关于全面推动农村金融产品和服务方式创新的通知》为指导，大力推进农村土地承包经营权、农村居民房屋及林权抵押贷款（以下简称“三权”抵押贷款），取得突破。全年银行累计发放“三权”抵押贷款2.2万笔、29亿元，有效地助推了农民创业和涉农企业扩大生产规模，各区县特色农业呈现蓬勃发展势头。

一、完善制度办法和配套体系，为金融机构开展“三权”抵押贷款奠定基础。2010年年末，重庆市出台了《关于加快推进农村金融服务改革创新的意见》、《重庆市农村土地承包经营权、农村居民房屋及林权抵押融资管理办法》，明确了“三权”融资不改变土地所有权性质、不改变土地用途的原则，要求“以农村居民房屋作抵押的，其所占用的农村土地使用权一并抵押，并提供抵押人拥有其他适当居住场所和稳定生活来源的书面证明”，“以依法经流转取得农村土地经营权作抵押的，须提供承包农户同意抵押的书面证明”，并对抵押评估、登记、抵押权实现等进行了具体规定，既提高了可操作性，又保护了农民权益。市农委、国土、林业等部门分别制定了土地承包经营权、农村居民房屋和林权抵押登记实施细则，重庆市高院专门为“三权”抵押贷款出台了司法保障意见，重庆市财政局出台了风险补偿办法，形成了较为完善的制度体系。提前完成“三权”确权和颁证到户，提高了抵押融资的便利性。加快评估流转等配套市场建设，以重庆市农村产权交易中心、区县农村产权交易所等为主的交易网络初步形成。

二、加强落实和创新，加快“三权”抵押贷款业务发展。涉农金融机构纷纷制定“三权”抵押贷款管理办法和操作规程，大力开展宣传活动，帮助农户了解政策和产品。探索建立差异化的激励机制，如实行较低内部资金成本计价、按贷款利息收入的20%调增支行考核利润等，调动基层行的积极性。推行打包抵押贷款，将林权、农房、土地承包经营权二合一或三合一作为抵押物进行综合评估，认定价值，以此增加贷款额度，解决种养大户融资需求量大的问题。对贷款金额在50万元以下的贷款，抵押物价值实行借贷双方协商认定。

三、多措并举，不断优化“三权”抵押贷款业务发展环境。石柱县对农户“三权”抵押贷款给予贴息；江津区探索将农村集体建设用地使用权、农村塘库堰承包经营权作为抵押物，丰富了抵押品种；合川区在土地流转合同中增加抵押物的让渡权，进一步简化了土地承包经营权抵押登记流程与操作手续；梁平县确定了专门的公司负责处置“三权”抵押贷款产生的不良资产；重庆农村土地交易所还制定了土地承包经营权和林权的交易规则，开展交易试点，促进发现和提升产权价值，建立估值参照。

四、建立风险补偿机制和预警线，有效防范和处置贷款风险。一是由市区两级财政共同建立“三权”抵押融资风险补偿基金，对“三权”抵押贷款损失，由市级补偿基金承担20%，区县补偿基金承担15%。二是设立注册资本金为30亿元的重庆市兴农融资担保公司，主要从事“三权”抵押贷款担保业务。三是建立融资风险预警机制。对于触及风险控制指标的区县和银行，暂停业务，待符合条件再申请恢复。

6. 跨境人民币业务快速发展。2011年，辖内银行累计办理跨境人民币结算149.8亿元，同比增长13.2倍。在IT企业出口人民币结算拉动下，货物贸易人民币结算规模不断扩大，占同期进出口额的比重由2010年下半年的1.2%提高到2011年的4.6%。参与银行和企业数量分别增加20%和346%，涉及国家和地区由9个扩展到45个，中国香港、巴哈马和缅甸是交易量居前三位的地域。

（二）证券业稳健发展

1. 市场交易量下降，证券期货机构稳健发展。受A股市场低迷及期货交易规则调整影响，2011年全市股票和期货交易额分别减少18.5%和7.5%。由于经纪业务收入和投资收益下滑，证券公司利润同比大幅减少，但机构运营保持平稳，风险和合规管理加强，融资融券和期货中间介绍（IB）等新业务稳步发展。期货公司综合实力增强，注册资本总额和营业部数量分别增长37.5%和31.5%。新华基金完成增资扩股，管理基金数量和规模稳步增长。西南证券监管分类评级首次晋升A类，吸收合并国都证券方案经双方股东会审议通过，成功控股银华基金，市场竞争力进一步提升。

2. 资本市场融资较快增长，上市公司质量提升。9家非金融企业境内股票融资158亿元，与上年基本持平（见表3）。债券融资额同比增长35%。上市公司主营业务收入和利润总体稳定增长，独立性有所增强，关联交易减少，信息披露更加规范。原ST东源、ST威达等高风险上市公司通过重组化解风险，重啤事件调查处置稳步推进。

表3　2011年重庆市证券业基本情况

项目	数量
总部设在辖内的证券公司数（家）	1
总部设在辖内的基金公司数（家）	1
总部设在辖内的期货公司数（家）	5
年末国内上市公司数（家）	36
当年国内股票（A股）筹资（亿元）	158
当年发行H股筹资（亿元）	1.6
当年国内债券筹资（亿元）	262
其中：短期融资券筹资额（亿元）	36

数据来源：重庆证监局、中国人民银行重庆营业管理部。

（三）保险业结构调整，产险、寿险发展明显分化

1. 保险机构运营基本稳定，从业人员有所减少。2011年，重庆新增4家省级保险分公司，行业总资产较年初增长25.2%。产险公司盈利能力进一步提高，寿险公司盈利水平下降。法人保险机构异地扩张加快，新设5家省级分公司，总数达到18家，保险资金运用稳健，主要以定期存款和货币资金为主，偿付能力充足。保险从业人员有8.6万人，比上年下降2.7%，主要是由于个险营销人员有所减少。

2. 保费增长明显放缓（见表4）。若剔除新会计准则影响，按可比统计口径计算，全市原保费收入增长9.9%，同比下降21.3个百分点。财产险业务仍处于高增长周期，车险、农业保险、责任保险等险种的原保费收入增长较快。人身险原保费收入中人身意外伤害险和健康险保持较快增长，寿险增长大幅放缓。寿险增幅回落主要是由于银行代理保险

表4　2011年重庆市保险业基本情况

项目	数量
总部设在辖内的保险公司数（家）	3
其中：财产险经营主体（家）	2
人身险经营主体（家）	1
保险公司分支机构（家）	38
其中：财产险公司分支机构（家）	20
人身险公司分支机构（家）	18
保费收入（中外资，亿元）	311.8
其中：财产险保费收入（中外资，亿元）	81.6
人身险保费收入（中外资，亿元）	230.2
各类赔款给付（中外资，亿元）	74
保险密度（元/人）	1 090
保险深度（%）	3.1

数据来源：重庆保监局。

业务受到严格规范，寿险销售难度加大，利率和通货膨胀率上升、银行理财产品竞争加剧导致寿险保单的吸引力下降。

3. 保险保障功能进一步发挥。保险赔付金额同比增长21.4%。出口信用保险保额提高38%。政策性农业保险保障金额和农村小额人身保险保障人数同比翻番。针对个人贷款难尤其是农村小额贷款难的实际，与银行合作发展借款人意外伤害保险，探索出“个人贷款+保险”的金融服务模式，为10万人近150亿元贷款提供风险保障。

（四）金融市场交易活跃，直接融资占比提高

2011年，重庆市继续深入推进长江上游金融中心建设，大力推动直接融资，金融市场持续快速发展。

1. 融资结构进一步优化。2011年，重庆市非金融企业通过贷款、债券、股票三种方式共计融资2 616.9亿元，债券融资占比大幅上升3.4个百分点，带动直接融资占比达到16.1%，创直辖以来的新高（见表5）。银行间市场直接债务融资加快发展。重庆市政府、中国银行间市场交易商协会和中国人民银行重庆营业管理部签署三方合作备忘录，搭建起制度化的沟通合作平台。全年发行债务融资工具170.5亿元，同比增长170%，发行企业数量同比翻番。西南地区首只非公开定向票据成功发行。融资渠道不断拓宽，中央代发地方债50亿元，全国社保基金支持公租房项目45亿元，设立债权投资计划募集保险资金30亿元支持轨道交通建设。企业通过信用证、保理、委托贷款、银行承兑汇票等金融机构表外业务融资的规模有所扩大。

表5　2001～2011年重庆市非金融机构部门贷款、债券和股票融资情况

单位：亿元、%

年份	融资合计	比重		
		贷款	债券（含可转债）	股票
2001	245.8	96.4	0.0	3.6
2002	325.6	94.4	4.6	1.0
2003	587.8	99.4	0.0	0.6
2004	564.2	94.2	3.1	2.8
2005	549.9	97.0	3.0	0.0
2006	678.9	92.9	7.1	0.0
2007	904.7	94.9	2.2	2.9
2008	1 352.9	94.6	4.6	0.8
2009	2 843.6	91.6	4.7	3.7
2010	2 477.6	86.5	6.6	6.8
2011	2 616.9	83.9	10.0	6.1

数据来源：重庆市发展改革委、中国人民银行重庆营业管理部、重庆证监局。

2. 货币市场交易出现分化。由于拆借成本上升，全市银行间市场成员2011年同业拆借成交额和净融入额分别减少27.4%和34.5%。债券回购交易量平稳增长4.0%。为提高回购资产的流动性，金融机构大幅增加了买断式回购交易。受通货膨胀预期、宏观调控政策操作等因素影响，上半年辖区机构成交利率波动较大，月度加权平均利率最高值与最低值之间相差3个百分点，呈现“1月大幅跃升，随后急剧回落，6月再次升高”的走势；下半年，随着调控政策力度调整，市场预期趋稳，利率保持基本稳定。

3. 票据市场交易活跃，贴现利率持续走高。2011年，全市票据交易保持活跃，承兑发生额和余额快速增长，贴现累计发生额达1.9万亿元，同比基

表6　2011年重庆市金融机构票据业务量统计

单位：亿元

季度	银行承兑汇票承兑		贴现			
			银行承兑汇票		商业承兑汇票	
	余额	累计发生额	余额	累计发生额	余额	累计发生额
1	1 233.5	656.7	430.9	4 829.4	13.5	124.8
2	1 464.0	1 596.6	609.2	3 906.1	10.8	62.2
3	1 441.1	2 368.3	580.8	4 277.8	18.2	73.3
4	1 413.4	3 230.6	377.9	5 690.7	9.9	172.5

数据来源：中国人民银行重庆营业管理部。

表7　2011年重庆市金融机构票据贴现、转贴现利率

单位：%

季度	贴现		转贴现	
	银行承兑汇票	商业承兑汇票	票据买断	票据回购
1	6.80	7.86	5.45	5.44
2	6.64	7.18	7.50	5.65
3	8.42	9.99	7.31	7.21
4	9.26	9.73	7.81	7.60

数据来源：中国人民银行重庆营业管理部。

本持平（见表6）。贴现余额先升后降，年末下降较多，主要是由于辖内新设的银行票据中心持有票据集中到期。直贴和转贴现利率受信贷结构调整、规模溢价、货币市场利率走势等因素影响持续上升（见表7）。再贴现发放额创近年新高，调节流动性和引导信贷结构优化的作用有效发挥，季度末、春节等资金紧张时点发放额占一半以上，中小企业和涉农票据占九成以上。

4. 外汇和黄金市场继续较快发展。2011年，随着重庆对外经济的快速发展，参与银行间外汇市场交易的成员类型增加，成交量同比增长3.2倍。黄金市场成员增加1家至15家，成交量同比增长2倍，纸黄金交易非常活跃。商业银行创新推出黄金租赁业务，累计交易额为1.6亿元，促进黄金交易由单一投资功能向投资、融资双重功能发展。

5. 民间融资规模增加，利率水平逐步上升。2011年，在企业成本上升、流动资金紧张、贷款投放放缓的背景下，民间融资趋于活跃。中国人民银行重庆营业管理部监测数据显示，监测样本全年民间融资规模同比增长31.3%。下半年企业民间融资发生率较上半年上升，小企业尤为明显，融资期限向半年以内集中。第三季度以来，随着部分地区民间借贷风险暴露，资金融出意愿下降，民间借贷利率上升较多。

6. 长江上游金融中心初具雏形。2011年全市金融业增加值占地区生产总值的比重达到7%，支柱产业地位进一步巩固。重庆联合产权交易所、农村土地交易所等地方要素市场在规范中快速发展，累计交易额超过3 000亿元。结算中心建设积极推进，惠普重庆结算中心运行顺利，宏 、华硕具有结算功能的第二营运总部和贝宝、阿里巴巴等结算平台启动运营。其他融资性机构加快发展，备案股权投资类企业117家，股权融资额大幅增长；融资性担保公司增至133家，担保额增长1倍。

（五）金融生态环境建设取得新进展

2011年，重庆市出台加强民主法治建设的15条措施，进一步夯实了金融业健康发展的法制基础。科学制定金融业“十二五”发展规划，进一步完善对金融业的激励与扶持政策。中国人民银行重庆营业管理部优化区县金融生态环境评价，开展金融机构稳健性现场评估，切实加强对区域性、系统性风险的监测、评估与处置，启动金融消费者权益保护试点，建立市级金融业信息安全协调机制，促进辖区金融运行稳定有序。积极推进中小企业信用试验区建设，上线西部地区首个农村经济主体信用信息系统，农户信用档案覆盖面大幅提升，小贷公司、村镇银行接入征信系统的数量居全国前列。银行贷款质量排在全国第三位，不良率降至0.7%。

二、经济运行情况

2011年，重庆经济持续较快发展，地区生产总值增长16.4%（见图5），人均地区生产总值突破5 000美元，经济发展活力和质量继续提升。

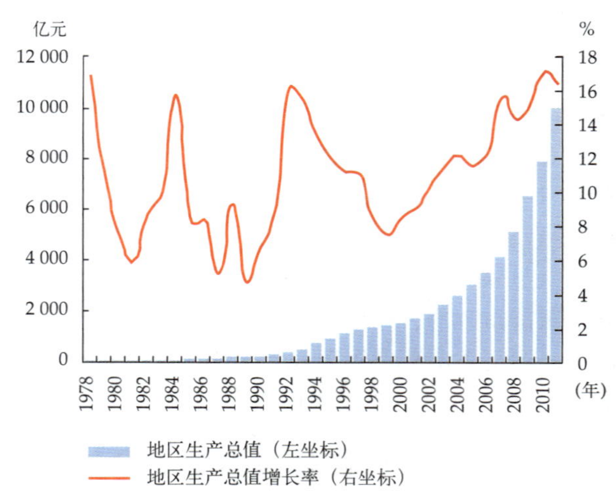

数据来源：重庆市统计局。

图5　1978～2011年重庆市地区生产总值及其增长率

（一）三大需求协调增长

2011年，重庆市消费、投资平稳较快增长，外贸增长加快，经济增长逐步向消费、投资、出口协调拉动转变，经济增长的稳定性和可持续性进一步提高。

1. 投资平稳增长，民间投资力度加大。2011年，重庆市固定资产投资增速与上年基本持平（见图6）。投资增长动力由中央投资、基础设施投资转变为民间投资和工业投资。由于投资创业环境改善，制造业、批发零售业等行业企业的自主投资意愿较强，民间投资对全市投资的贡献率超过五成。

工业升级转型加快，引进龙头企业的产业集聚效应发挥，带动新企业、新项目投资翻番，工业投资增速同比提高8.8个百分点。在大力发展农业特色产业、促进农户万元增收等因素影响下，农林牧渔业投资大幅增长六成。文化娱乐、教育医疗等民生领域投资增长较快。投资资金来源中，预算资金和银行贷款占比下降，自筹资金成为主要来源。承接沿海、联动周边的产业转移和经济融合快速发展，利用内资近5 000亿元，同比翻番。成渝毗邻区县借助成渝经济区规划出台契机加强互动，产业、交通、生产要素等协同发展。

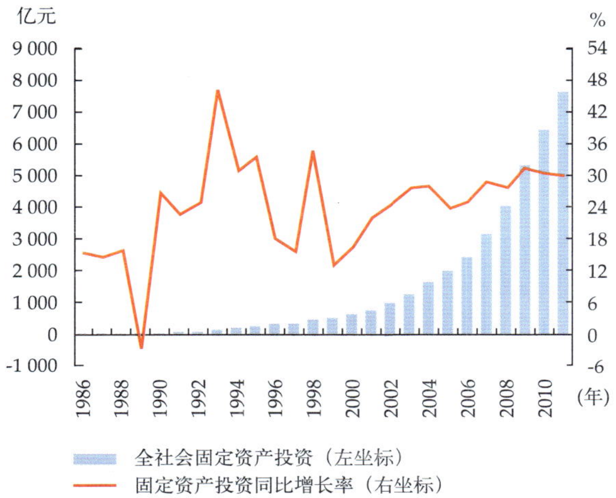

数据来源：重庆市统计局。

图6　1986～2011年重庆市全社会固定资产投资及其同比增长率

2. 消费平稳较快增长，结构升级加快。2011年，重庆市城乡居民收入持续较快增长，增幅高于上年，加之“美食之都”、“万村千乡工程”等建设有效地改善了消费环境，推动全市社会消费品零售总额增长18.7%（见图7），高于全国增速1.6个百分点。城市消费提档升级，文化、健康和时尚、旅游类消费成为新热点。汽车类商品销售增幅放缓，家装消费受公租房入住等带动持续较快增长。随着汽车摩托车、家电下乡政策效应减弱，农村消费增长有所放缓，但农户的医疗保健和文化、教育、娱乐支出仍大幅增长。重庆参照家电下乡政策启动“电脑下乡工程”，有效地促进了农村消费升级。

3. 结构调整推动外贸、外资持续高速增长。

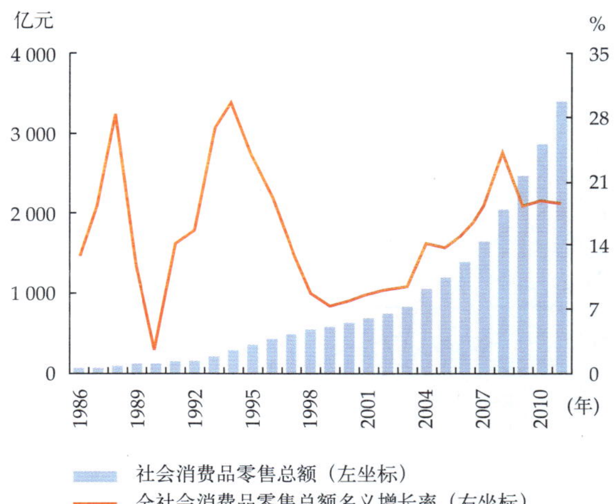

数据来源：重庆市统计局。

图7　1986～2011年重庆市社会消费品零售总额及其增长率

2011年，重庆市出口和进口分别增长165%和90%，均创历史新高，进出口差额有所扩大（见图8）。笔记本电脑取代摩托车成为最主要的出口产品，带动加工贸易占比大幅上升，对东盟、印度等新兴市场出口强劲增长。IT产业快速发展也拉动集成电路等工业制品进口成倍增长。外商直接投资增长66%（见图9），投资结构发生积极变化，制造业占比五年来首次超过房地产业，投资来源地更加多元化。企业“走出去”步伐加快，海外投资大幅增

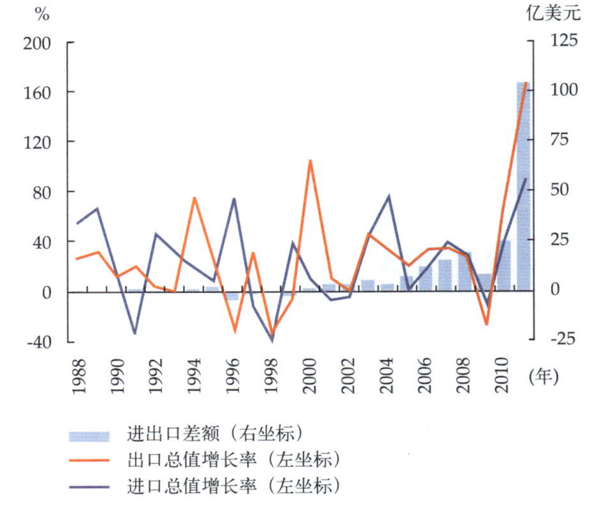

数据来源：重庆市统计局。

图8　1988～2011年重庆市外贸进出口变动情况

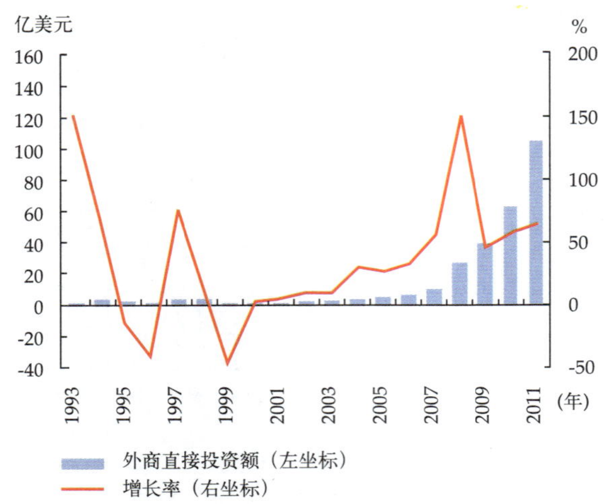

数据来源：重庆市统计局。

图9　1993～2011年重庆市外商直接投资情况

长，投向矿产开发、农产品种植加工、资产管理等多个领域。

（二）三次产业稳定发展

2011年，重庆市三次产业结构比例为8.4∶55.4∶36.2，与上年基本相同，均保持良好的发展势头。

1. 农业农村经济稳定发展。通过出台十条扶持措施、开展万亩高产创建，稳定了农民种粮投入，但受气候影响，粮食总产量比上年减少2.5%。蔬菜、畜禽、林果、渔业等特色产业快速发展，种养殖基地规模扩大，主要产品产量提高，价格基本稳定。由于农民预期更加理性，生猪价格走高对养殖的带动效应不明显，生猪出栏数仅增长0.5%。农业基础设施建设进一步加强，水利投资增长60%。尽管遭受了与2006年相当的特大旱灾，但由于气象服务和水利设施发挥功效，灾害损失仅为当年的1/10。随着“两翼”农户万元增收工程深入推进，加之农产品价格、工价上涨，农民纯收入增长22.8%，同比提高5个百分点，养老金和土地流转收益增加带动农民转移性和财产性收入分别增长32%和54%。

2. 支柱产业带动工业保持较快增长，但下半年企业盈利能力有所下滑。2011年重庆规模以上工业增加值增长22.7%，高于全国平均水平8.8个百分点（见图10）。电子信息产业高速增长，已形成品牌商、代工商、配套商产业集群。笔记本电脑产量达到2 407万台，增长25倍，成为工业发展最大的亮点。装备、化工、材料等支柱产业产值增幅均超过30%。汽车摩托车产业受刺激政策退出、需求萎缩影响增长明显放缓。由于下半年产销率下降较快而生产成本持续上升，1～11月工业企业利润增速比1～5月和上年同期分别回落5个和22个百分点。

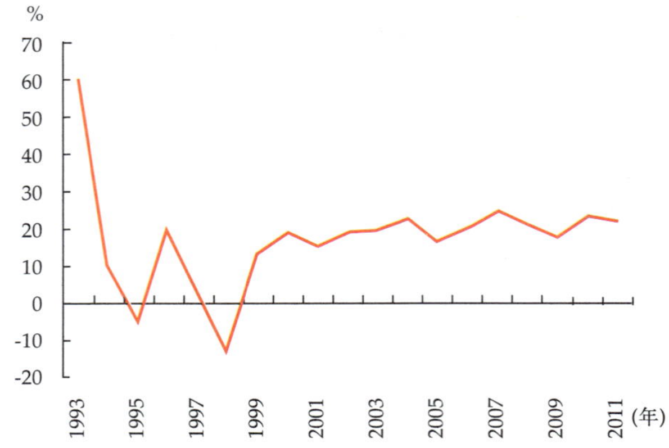

数据来源：重庆市统计局。

图10　1993～2011年重庆市规模以上工业增加值同比增长率

工业发展方式加快转变。企业技术创新力度加大，研发经费支出增长25%，专利授权量增长70%。启动工业研发千亿元投入计划，科技风险投资基金规模超过65亿元。航天用特殊不锈钢等高技术项目实现重大突破，工业新产品产值增长三成。通过实施技术改造，工业装备水平显著提升，产品制造质量的竞争力提高。传统产业改造加快推进，重钢环保搬迁项目投产、老厂区关闭转型、资源型企业兼并重组顺利实施，循环经济示范项目和清洁生产普及推广。

3. 服务业发展势头良好。物流业增加值增幅同比提高，铁路、机场、公路物流基地和寸滩港等四港区加快建设，渝新欧铁路联运正式开通。设立18个服务外包示范区，离岸服务外包合同金额增长377%。出台《关于促进中介服务业健康发展的意见》，会计评估法律咨询等中介市场主体持续增多。云计算、电子商务等新兴服务业发展势头迅猛，亚洲最大的云计算产业基地启动建设。文化产业蓬勃发展，电影、会展、创意业收入增幅均在三成以上。创新设立了宣传文化基金会、文化产业融资担保公司，文化企业发行债券融资实现突破。由于政策扶持有力，服务业微型企业数量快速增长，产业发展活力明显增强。

专栏2 重庆市财银税三方联手 帮扶微型企业发展成效明显

2010年6月，重庆市政府出台《关于大力发展微型企业的若干意见》，在全国率先将微型企业单列为一类市场主体，从财、银、税三个方面出台了专门的扶持政策，有效地解决了微型企业资金短缺难题，提高了微型企业的“存活率”，对激发创业、促进就业、转变经济发展方式发挥了积极作用。

一、合理确定扶持对象

重庆市微型企业特指雇员（含投资者）在20人以下、创业者投资金额在10万元以下的个人独资企业、合伙企业或有限责任公司。帮扶创业对象主要包括高校毕业生、下岗失业人员、返乡农民工、“农转非”人员、三峡库区移民、残疾人、城乡退役士兵、文化创意人员、信息技术人员等九类人群。创业领域重点扶持第三产业投资项目，尤其是服务型、文化创意、软件开发及外包服务等行业，实现促进创业与产业升级并举。

二、建立财政补助机制

一是资本金补助。凡是登记注册的微型企业，均可享受注册资本金额30%～50%的补助。投资者将自筹资金先于或同步补助资金投入企业，以反映真实的创业意愿。资本金补助按照已审定投资计划书中明确的用途进行支付，主要用做房租费、机器设备购置费、加盟费等。二是培训费补贴。按照每人1 000元的标准对创业培训给予补贴。三是贴息和风险补偿。对微型企业创业扶持贷款利率上浮部分给予贴息。对担保公司收取保费在2.5%以下的担保业务，给予不超过1个百分点的风险补助。对逾期无法收回的贷款本息，由市级财政、区县财政和银行各承担1/3。

三、创新金融服务

一是创新微型企业账户管理流程。针对财政给予资本金补助的特殊情况，取消注册验资账户，开立筹备期临时存款账户，并增设资金撤回机制和申报支付机制配合财政监管。二是创新信贷产品和模式。将微型企业纳入小额担保贷款对象范围。专门设立微型企业创业扶持贷款，主要用于借款人生产经营所需的流动资金或固定资产购置，贷款额度不超过投资者投资金额的50%，贷款期限为1～2年，利率按基准利率上浮3个百分点执行。三是实施差异化信贷管理。采取“一表通”的简易贷款流程，全部授权到经营机构自行审批，实行贷后管理监控频率与贷款收息情况挂钩的弹性监控模式。四是通过安排专项工作经费、现金奖励等多种方式加大激励，适当提高风险容忍度。

四、给予税收优惠

微型企业实际缴付的所有税收地方留存部分，以获得的资本金补助金额为限，实行先征后返。随着帮扶政策落实到位，微型企业快速发展。2011年，重庆市新发展微型企业40 491户，占新增中小企业户数的80%以上；电子商务、文化创意类微型企业占比比上年提高8个百分点，带动解决就业31.65万人，占新增城镇就业人员的58%。微型企业注册资本为50.09亿元，发放财政补助资金14.92亿元，户均获得补助近3万元。金融机构开立各类微型企业账户5万个，为4 510户发放贷款3亿元。2010年先期成立的微型企业，开业和运行良好率达到93.3%，其中，近两成的企业扩大了原有经营规模。

（三）价格快速上涨势头得到遏制

1. 居民消费价格冲高回落。年初以来，在劳动力等要素成本上涨、通货膨胀预期较强、翘尾因素等共同作用下，CPI涨幅逐步扩大（见图11），9月达到峰值6.1%。此后，随着稳健的货币政策及其他物价调控政策效应逐步显现，猪肉价格下降，居住价格上涨放缓，CPI涨幅回落至12月的4.9%。全年CPI上涨5.3%，比上年高2.1个百分点，其中，翘尾因素影响2.1个百分点，新涨价因素影响3.2个百分点。食品和居住价格走高是CPI上涨的主要原因，服务价格涨幅同比有所扩大。

2. 生产价格前期涨幅较大，后期回落较快。受国际大宗商品价格上涨和国内需求较旺、能源短缺的影响，工业生产者购进价格指数与出厂价格指数涨幅持续扩大，第四季度随着国际大宗商品价格走低和国内需求放缓明显回落。

3. 劳动报酬上涨较快。2011年，重庆市上调最低工资标准190元，平均增幅为33%。企业退休职工基本养老金和农村居民最低生活保障金进一步提高。由于事业单位绩效工资改革启动、电子信息等企业大量进入导致用工需求增多、工价上涨，全市平均工资水平上涨较快。随着工资收入的提高、就业环境的改善、产业布局的调整，劳动力回流态势明显，全年返乡就业人数首次超过外出打工人数。

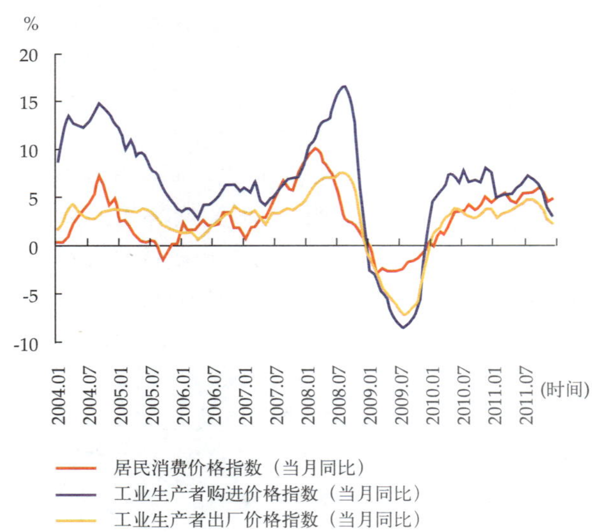

数据来源：《重庆统计年鉴》、重庆市统计局。

图11　2004～2011年重庆市居民消费价格和生产者价格变动趋势

（四）财政收入持续快速增长，支出的民生导向更加突出

2011年，重庆市一般预算收入增幅居直辖以来次高，仅略低于上年水平（见图12）。得益于工业和服务业的快速发展，企业所得税和营业税迅猛增长。一般预算支出增幅较上年提高16个百分点，医疗社保等民生领域支出占一般预算支出的55.1%，同比提高3个百分点。公租房建设等住房保障支出增长96.3%。由于支出增长加快，一般预算收支缺口明显扩大。

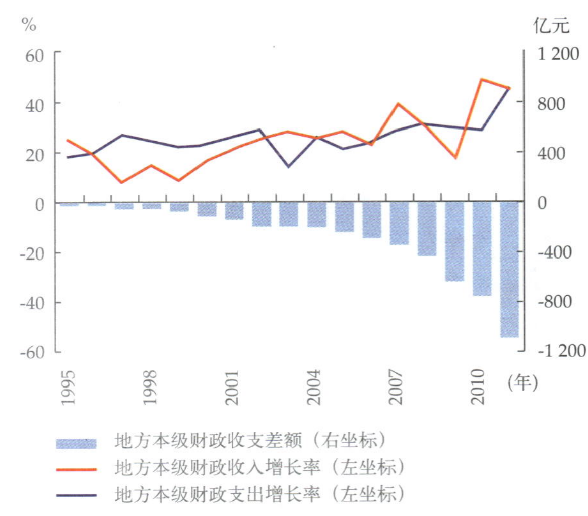

数据来源：《重庆统计年鉴》、重庆市统计局。

图12　1995～2011年重庆市财政收支状况

（五）节能减排和环境保护成效明显，排污权交易快速发展

2011年，重庆市加快淘汰落后产能，实施节能技改项目，构建节能环保型产业体系，单位生产总值能耗下降3.8%。开展“蓝天、碧水、宁静、绿地”等环境整治工程成效显著。全市空气质量优良天数和森林覆盖率继续提高，荣获“生态中国城市奖”。三峡库区水质在全国七大水系河流中处于最好水平。重庆积极创新主要污染物排污权交易机制，依托重庆联合产权交易所，建立了西部地区首家环境资源交易中心，对二氧化硫和化学需氧量的排污权指标进行网络电子竞价交易，并建立了一系

列交易监管和配套服务措施，推动覆盖全市的排污权交易全面实行。2011年共完成交易182次、成交金额为1 616万元，化学需氧量成交价最高达3万元/吨，促进企业治污积极性明显提高。商业银行跟进研究排污权抵押贷款，积极发放绿化长江贷款，“绿色信贷”余额持续快速增长。

（六）行业分析

1. 房地产业朝着政策预期方向发展。随着房地产宏观调控的深入，开发企业资金状况趋紧，销售预期改变，购地、新开工项目趋于谨慎，房地产投资增速在年初冲高后逐步放缓，年末增速为近三年最低。商品住宅用地成交面积和商品住宅新开工面积同比下降。保障性住房建设成效显著，已开工52.2万套，完成目标任务的103.2%，其中，公租房实际开工量居全国前列，完成配租11万套，惠及民众近30万人。

商品房销售逐渐回归理性，价格呈下行趋势。随着房地产调控坚持不动摇，居民房价上涨预期逐步转变，持币观望者增多，加之投机需求得到有效抑制，全市商品房销售面积增速逐月回落，第四季度下降加快，全年销售面积仅增长5.1%（见图13）。商品房销售额增速在前三个月冲高后大幅回落，下半年开发商降价促销增多，新建住宅销售价

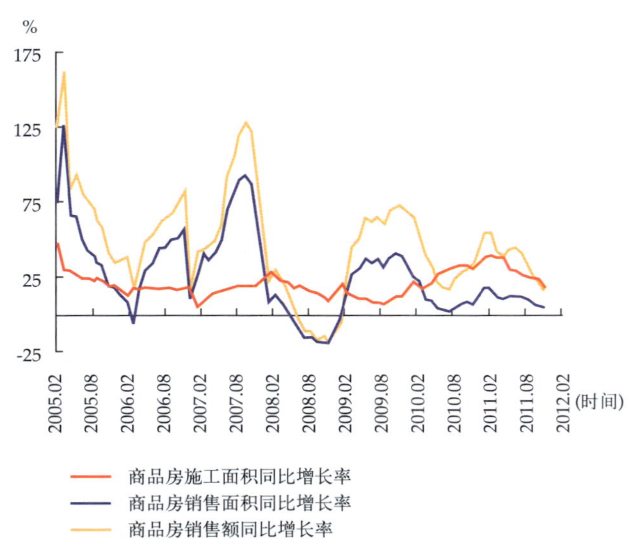

数据来源：重庆市统计局。

图13　2005～2011年重庆市商品房施工和销售变动趋势

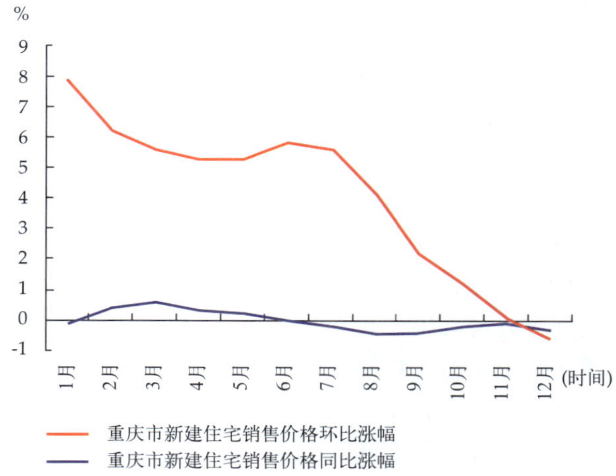

数据来源：重庆市统计局。

图14　2011年重庆市新建住宅销售价格变动趋势

格连续环比下降（见图14），调控成效较为明显。实施房产税效果显现。主城区高档住房成交面积同比明显下降，上市量逐月递减，住房供求结构有所优化。

商业银行从严执行房地产调控政策，对房地产业贷款实行行业限额和企业名单制管理，开发贷款增速回落。个人住房贷款受住房销售放缓、银行收缩低收益房贷业务等供需两方面因素影响，增幅持续回落，年末增速同比下降24.3个百分点。差别化住房信贷政策执行到位，首套房贷款占比达93%，二套房首付和利率上浮规定得到严格执行，个人住房贷款加权平均利率比上年有所上升。

2. 旅游业发展加快。2011年，得益于政策扶持和居民收入增长、消费升级，重庆旅游业快速发展。全年接待旅游者2.2亿人次，旅游总收入为1 268.6亿元，分别增长37%和38.2%，增幅创历史新高。据初步统计测算，全市旅游业增加值为501亿元，占地区生产总值的比重达到5%，成为支柱产业和重要的现代服务业。重大旅游项目加快建设，长江三峡等六大精品景区提档升级，完成投资93亿元，接待游客数量同比增长40%；西部地区最大的旅游总部基地开工建设。温泉旅游、红色旅游、都市近郊休闲旅游持续火爆，假日旅游收入增长43%，“农家乐”有力带动农户增收。入境游人数和外汇收入同比增长近四成。产业结构升级发

展，2艘大型游轮正式运营，游轮公司经营状况明显改善；新授牌五星级酒店4家，总量达到19家。旅行社产品研发和分销体系建设加快，营业收入大幅增长，海外旅业集团成为全国最大的组团机构之一。

金融支持旅游业力度加大。银行创新采取以项目特许经营权、门票收费权质押贷款等方式，积极支持景区基础设施建设和娱乐项目开发。中国银行重庆市分行推出“川渝旅游一卡通”、“我和我的重庆”主题卡，为持卡人旅游消费提供便利实惠的金融服务。旅游意外伤害险、包括医疗救援和航班延误等多种保障的自助游保险以及旅行社责任险等保险服务进一步改善。重庆新世纪游轮公司成为全国首家上市的游轮企业，融资4.5亿元，用于扩大经营规模。

三、预测与展望

2012年，重庆将继续实施一系列民生导向的政策措施，推进城市化、工业化和城乡统筹一体化发展，促进消费、投资平稳增长。建设西部消费中心有助于改善消费环境，增加消费需求。固定资产投资在公租房建设、笔记本电脑基地建设和大型在建续建项目拉动下仍将保持较快增速。出口面临外需疲弱等挑战，但两江新区飞速发展、加工贸易模式转变和国际贸易大通道发挥更大作用，有利于稳定出口增长。总体来看，在需求结构转型和产业结构调整共同推动下，重庆经济有望继续保持平稳较快增长。但是，也应注意国内外需求减弱、劳动力成本上升、工业利润增速回落、资源环境约束加剧等可能对重庆经济造成的影响，预计2012年经济增速将低于2011年。

从价格走势看，促进重庆物价下行的有利因素增多，需求、货币、输入性通货膨胀等因素的拉动作用减弱，粮食、蔬菜生产规模扩大以及农超对接有利于减轻农产品价格上涨压力。但推动物价上涨的不利因素也仍然存在，劳动力结构性短缺带来劳动报酬上涨压力，节能减排等新要求和前期调整不足加大了资源性产品价格上调压力，企业经营成本上升向下游传导的可能性增大。综合考虑，预计2012年物价涨幅将平稳回落。

2012年，重庆金融业将继续认真贯彻稳健的货币政策，保持合理的信贷增长和社会融资规模，优化信贷结构，扩大直接融资，更好地满足实体经济发展的合理资金需要。深入推进金融改革和创新发展，着力改进对“三农”和小微企业的金融服务，进一步加强金融消费者权益保护，有效防范区域性、系统性金融风险，支持重庆经济平稳较快发展。

中国人民银行重庆营业管理部货币政策分析小组
负责人：白鹤祥　丘　斌
统　稿：陈振祥　张晓昱　江泓洁
执　笔：王　红　董晓亮　刘　炼　胡　旭　胡资骏　熊　波　黄觉波　李高亮
提供材料的还有：易　娟　钟　升　岑　露　卢满生　蔡　黎　邓翊平

附录

（一）2011年重庆市经济金融大事记

1月，重庆与上海首批开展征收房产税试点。

7月，重庆两江金融发展有限公司在重庆两江新区挂牌成立，注册资金为30亿元，成为推动两江新区金融中心建设、集聚金融要素的重要平台。

10月，国务院批复《重庆市城乡总体规划(2007～2020年)》，进一步明确了重庆作为国家中心城市的地位。

11月，中国银行间市场交易商协会、中国人民银行重庆营业管理部、重庆市金融办（重庆市政府授权）共同签署《借助银行间市场助推重庆市经济发展合作备忘录》，重庆成为中西部地区首个与中国银行间市场交易商协会开展战略合作的省市。

11月，重庆在全国首发加载金融功能的社会保障卡。

2011年，重庆至上海“五定”快班轮、渝深铁海联运、渝欧空中货运航线、渝新欧铁路货运班列相继运行，转口贸易达到1/3，重庆建设内陆口岸成效显著。

2011年，富滇银行、厦门银行、浙商银行、澳新银行、德意志银行、中德住房储蓄银行等6家银行重庆分行开业，7家村镇银行和1家小额贷款公司开业。

2011年，重庆在全国首批开展外资PE试点，惠普重庆结算中心顺利向长期模式过渡，国际电子商务交易健康发展，跨境人民币结算量增长13倍，重庆建设结算型金融中心步伐加快。

2011年，重庆户籍制度改革取得重大进展，累计平稳转户320万人，户籍人口城镇化率提高8个百分点。

2011年，重庆发展微型企业4万户，各类市场主体增加到113万户，增长23%。全社会创业热情高涨，经济发展活力增强。

（二）2011年重庆市主要经济金融指标

表1　2011年重庆市主要存贷款指标

		1月	2月	3月	4月	5月	6月	7月	8月	9月	10月	11月	12月
本外币	金融机构各项存款余额（亿元）	13 741.8	14 048.2	14 488.8	14 458.4	14 882.9	15 252.8	15 162.0	15 334.6	15 379.7	15 377.8	15 635.6	16 128.9
	其中：储蓄存款	6 184.7	6 271.5	6 405.3	6 322.0	6 386.1	6 580.5	6 503.3	6 578.7	6 706.1	6 620.6	6 707.5	7 011.7
	单位存款	6 970.6	7 037.1	7 466.7	7 473.9	7 673.2	8 019.3	7 797.4	7 982.1	8 009.6	7 934.8	8 125.6	8 522.8
	各项存款余额比上月增加（亿元）	125.3	306.4	440.6	-30.4	424.5	370.0	-90.9	172.7	45.1	-1.9	257.8	493.3
	金融机构各项存款同比增长（%）	20.0	20.1	21.0	18.1	20.4	19.5	19.4	19.1	17.4	17.5	17.1	18.4
	金融机构各项贷款余额（亿元）	11 271.8	11 474.7	11 717.6	11 996.5	12 261.9	12 483.0	12 595.4	12 795.6	12 884.2	12 984.7	13 130.7	13 195.2
	其中：短期	1 803.8	1 843.4	1 935.1	1 988.7	2 045.3	2 166.0	2 172.6	2 273.4	2 374.3	2 476.0	2 564.0	2 669.8
	中长期	8 968.5	9 092.6	9 257.1	9 410.8	9 507.0	9 592.5	9 677.9	9 742.7	9 794.7	9 885.8	9 957.5	10 017.4
	票据融资	395.1	424.9	411.6	458.7	574.5	588.2	589.6	623.9	561.1	467.4	425.1	346.3
	各项贷款余额比上月增加（亿元）	272.0	195.8	242.9	278.9	265.4	221.1	112.4	200.2	88.6	100.5	146.0	64.4
	其中：短期	55.6	34.2	91.7	53.6	56.6	120.7	6.6	100.9	100.9	101.7	88.0	105.9
	中长期	224.9	124.8	164.5	153.7	96.3	85.5	85.3	64.9	52.0	91.2	71.7	59.9
	票据融资	-28.2	29.8	-13.4	47.2	115.8	13.7	1.5	34.3	-62.8	-93.7	-42.3	-78.8
	金融机构各项贷款同比增长（%）	22.0	21.4	23.5	24.2	24.5	24.8	24.2	24.5	23.7	22.8	21.3	20.0
	其中：短期	15.3	17.0	25.0	28.7	33.9	42.5	45.0	46.9	49.0	54.4	56.6	57.7
	中长期	29.1	26.6	24.8	24.1	22.6	20.5	19.5	18.7	17.2	16.6	15.1	14.6
	票据融资	-41.3	-33.2	-11.6	-2.1	13.1	28.5	23.7	37.1	40.5	26.1	3.5	-18.2
	建筑业贷款余额（亿元）	494.3	507.3	522.3	549.2	563.8	651.9	666.5	699.0	708.1	728.9	738.7	751.6
	房地产业贷款余额（亿元）	1 081.0	1 067.5	1 088.4	1 095.1	1 099.8	1 125.3	1 117.9	1 127.1	1 145.5	1 147.3	1 166.0	1 182.0
	建筑业贷款同比增长（%）	42.8	36.3	39.6	44.2	43.3	60.2	62.8	67.9	65.8	68.2	58.4	56.8
	房地产业贷款同比增长（%）	22.6	19.9	18.5	16.5	10.6	8.2	10.3	7.7	6.0	5.3	5.8	8.7
人民币	金融机构各项存款余额（亿元）	13 604.3	13 913.2	14 348.1	14 347.9	14 767.2	15 139.1	15 038.7	15 213.5	15 238.7	15 225.9	15 420.2	15 832.8
	其中：储蓄存款	6 161.7	6 249.8	6 384.2	6 300.6	6 364.8	6 558.9	6 483.0	6 558.8	6 685.4	6 600.1	6 686.6	6 990.3
	单位存款	6 862.4	6 934.9	7 353.3	7 391.9	7 586.1	7 934.4	7 702.7	7 887.8	7 898.0	7 811.4	7 940.4	8 254.6
	各项存款余额比上月增加（亿元）	147.9	308.9	434.9	-0.2	419.4	371.9	-100.4	174.8	25.2	-12.8	194.2	412.7
	其中：储蓄存款	325.9	88.1	134.3	-83.5	64.2	194.0	-75.9	75.8	126.7	-85.3	86.5	303.7
	单位存款	-302.5	71.3	418.3	38.6	194.2	348.3	-231.7	185.1	10.2	-86.6	129.0	314.1
	各项存款同比增长（%）	20.0	20.1	21.0	18.3	20.5	19.6	19.5	19.1	17.3	17.3	16.5	17.7
	其中：储蓄存款	5.6	7.1	9.4	8.0	9.1	12.4	11.1	12.4	14.6	13.1	14.6	19.8
	单位存款	-4.2	-3.2	2.6	3.1	5.9	10.7	7.5	10.1	10.2	9.0	10.8	15.2
	金融机构各项贷款余额（亿元）	11 158.8	11 355.5	11 587.0	11 865.3	12 131.0	12 339.4	12 448.4	12 641.4	12 703.0	12 792.9	12 941.2	13 001.4
	其中：个人消费贷款	2 288.6	2 335.1	2 396.8	2 451.4	2 508.2	2 555.2	2 600.1	2 629.0	2 656.0	2 692.2	2 728.1	2 764.7
	票据融资	395.1	424.9	411.5	458.7	574.5	588.2	589.6	623.9	561.1	467.4	425.1	346.3
	各项贷款余额比上月增加（亿元）	270.6	193.2	231.5	278.3	265.7	208.4	109.0	192.9	61.7	89.8	148.3	60.2
	其中：个人消费贷款	81.9	47.8	61.6	54.6	56.9	46.9	44.9	29.0	27.0	36.2	35.9	36.6
	票据融资	-28.2	29.8	-13.4	47.2	115.8	13.7	1.5	34.3	-62.8	-93.7	-42.3	-78.8
	金融机构各项贷款同比增长（%）	22.1	21.4	23.5	24.2	24.5	24.7	24.1	24.3	23.3	22.2	20.8	19.4
	其中：个人消费贷款	44.0	43.4	43.8	41.8	39.4	36.3	34.8	33.3	31.5	30.3	27.4	24.8
	票据融资	-41.3	-33.2	-11.6	-2.1	13.1	28.5	23.7	37.1	40.5	26.1	3.5	-18.2
外币	金融机构外币存款余额（亿美元）	20.9	20.5	21.5	17.0	17.8	17.6	19.1	19.0	22.2	24.0	33.9	47.0
	金融机构外币存款同比增长（%）	23.5	22.0	25.8	3.5	14.4	8.6	14.0	25.9	43.8	45.7	91.1	94.3
	金融机构外币贷款余额（亿美元）	17.2	18.1	19.9	20.2	20.2	22.2	22.8	24.2	28.5	30.3	29.9	30.8
	金融机构外币贷款同比增长（%）	21.0	24.9	30.4	31.1	28.5	38.6	38.0	48.7	73.5	89.5	82.7	82.3

注：由于存款统计口径调整，储蓄存款和单位存款不可同比，表内为比年初增速。

数据来源：中国人民银行重庆营业管理部。

表2　2001～2011年重庆市各类价格指数

单位：%

年/月		居民消费价格指数		农业生产资料价格指数		工业生产者购进价格指数		工业生产者出厂价格指数	
		当月同比	累计同比	当月同比	累计同比	当月同比	累计同比	当月同比	累计同比
2001		—	1.7	—	—	—	—	—	-1.9
2002		—	-0.4	—	—	—	-0.9	—	-2.4
2003		—	0.6	—	—	—	4.9	—	0.6
2004		—	3.7	—	—	—	12.9	—	3.9
2005		—	0.8	—	—	—	8.2	—	3.0
2006		—	2.4	—	—	—	4.8	—	2.2
2007		—	4.7	—	—	—	6.2	—	3.5
2008		—	5.6	—	—	—	12.2	—	5.8
2009		—	-1.6	—	—	—	-5.0	—	-4.5
2010		—	3.2	—	—	—	6.9	—	3.1
2011		—	5.3	—	—	—	5.7	—	3.8
2010	1	-0.1	-0.1	—	—	4.8	4.8	1.5	1.5
	2	1.6	0.7	—	—	5.7	5.2	1.8	1.7
	3	1.4	1.0	—	—	6.0	5.5	2.8	2.0
	4	2.4	1.3	—	—	7.6	6.0	3.3	2.4
	5	3.8	1.8	—	—	7.5	6.3	4.0	2.7
	6	3.8	2.2	—	—	6.8	6.4	3.7	2.9
	7	3.8	2.4	—	—	8.1	6.6	3.3	2.9
	8	4.3	2.6	—	—	6.7	6.7	3.1	2.9
	9	4.0	2.8	—	—	6.9	6.7	2.8	2.9
	10	4.1	2.9	—	—	6.8	6.7	3.2	3.0
	11	5.3	3.1	—	—	8.2	6.8	4.0	3.1
	12	4.5	3.2	—	—	7.9	6.9	3.9	3.1
2011	1	5.0	5.0	—	—	5.2	5.2	3.0	3.0
	2	5.4	5.2	—	—	5.2	5.2	3.3	3.2
	3	5.5	5.3	—	—	5.5	5.3	3.5	3.3
	4	4.8	5.2	—	—	5.4	5.3	3.7	3.4
	5	4.6	5.1	—	—	6.0	5.4	4.1	3.5
	6	5.5	5.1	—	—	6.6	5.6	4.4	3.7
	7	5.6	5.2	—	—	7.3	5.9	4.8	3.8
	8	5.7	5.3	—	—	7.2	6.0	4.8	3.9
	9	6.1	5.3	—	—	6.7	6.1	4.6	4.0
	10	5.8	5.4	—	—	5.9	6.1	4.0	4.0
	11	4.8	5.3	—	—	4.2	5.9	2.8	3.9
	12	4.9	5.3	—	—	3.3	5.7	2.4	3.8

数据来源：重庆市统计局。

表3 2011年重庆市主要经济指标

	1月	2月	3月	4月	5月	6月	7月	8月	9月	10月	11月	12月
绝对值（自年初累计）												
地区生产总值(亿元)	—	—	2 061.1	—	—	4 450.4	—	—	7 003.7	—	—	10 011.1
第一产业	—	—	84.8	—	—	240.8	—	—	560.2	—	—	844.5
第二产业	—	—	1 265.0	—	—	2 652.1	—	—	4 061.7	—	—	5 542.8
第三产业	—	—	711.3	—	—	1 557.4	—	—	2 381.9	—	—	3 623.8
固定资产投资(亿元)	—	603.5	1 142.3	1 720.2	2 354.2	3 034.9	3 722.8	4 364.2	5 114.4	5 903.8	6 709.1	7 631.8
房地产开发投资	—	193.3	332.1	488.1	651.9	832.1	1 003.2	1 195.8	1 381.1	1 594.5	1 775.5	2 015.1
社会消费品零售总额(亿元)	—	—	883.3	—	—	1 664.8	1 936.3	2 210.6	2 496.3	2 800.4	3 101.4	3 487.8
外贸进出口总额(万美元)	159 316	253 478	406 492	561 600	740 300	915 200	1 195 800	1 515 000	1 837 400	2 135 000	2 547 600	2 921 800
进口	69 101	105 636	176 372	238 600	322 200	389 200	466 100	556 900	650 600	741 500	837 100	938 000
出口	90 215	147 842	230 120	323 000	418 100	526 000	729 700	958 100	1 186 800	1 393 500	1 710 500	1 983 800
进出口差额(出口−进口)	21 114	42 206	53 748	84 400	95 900	136 800	263 600	401 200	536 200	652 000	873 400	1 045 800
外商实际直接投资(万美元)	24 450	69 089	127 614	156 900	186 100	291 900	341 100	355 700	423 800	508 900	705 500	1 052 900
地方财政收支差额(亿元)	44.2	54.6	35.3	-58.0	-117.8	-194.8	-209.2	-287.4	-458.9	-537.8	-687.4	-1 085.3
地方财政收入	135.5	214.9	300.9	432.8	546.9	697.5	841.9	932.8	1 024.2	1 143.1	1 253.4	1 488.3
地方财政支出	91.3	160.3	265.7	490.8	664.7	892.3	1 051.1	1 220.2	1 483.1	1 680.9	1 940.8	2 573.5
城镇登记失业率(%)（季度）	—	—	—	—	—	3.8	—	—	3.8	—	—	3.5
同比累计增长率（%）												
地区生产总值	—	—	16.3	—	—	16.5	—	—	16.5	—	—	16.4
第一产业	—	—	3.6	—	—	4.3	—	—	3.3	—	—	5.1
第二产业	—	—	20.2	—	—	20.9	—	—	21.6	—	—	21.8
第三产业	—	—	11.4	—	—	22.5	—	—	11.5	—	—	10.8
工业增加值	—	20.1	21	20.5	20.4	22.8	22.5	22.4	22.7	22.6	22.6	22.7
固定资产投资	—	20.3	24.5	27.1	29.4	30.1	31.8	30.3	31.1	32.2	31.6	30
房地产开发投资	—	52.8	43.4	41.2	40.2	35	35.9	34.9	33.8	33.6	28.6	24.4
社会消费品零售总额	—	—	17.8	—	—	18.3	18.4	18.4	18.5	18.5	18.6	18.7
外贸进出口总额	97.2	70	72.4	74.9	79.3	78.4	96.3	113	124.2	134.1	143.3	135.1
进口	101.4	64.9	71.1	70.2	80.4	78	85.8	91.1	93.4	97.9	94.7	89.9
出口	94	73.8	73.3	78.6	78.4	78.7	103.7	128.3	145.8	159.4	177.2	164.9
外商实际直接投资	35.7	63.6	118.4	105.2	99.6	136.6	140.8	75	79.6	82.2	84.2	66
地方财政收入	60.9	56.3	44.5	47	38.7	45.3	48.9	47.6	46.5	44.2	43	46.2
地方财政支出	49.6	25.7	23.6	59	53.5	53.6	54.5	50.4	54.1	53.6	54	45.5

数据来源：重庆市统计局。

2011年四川省金融运行报告

中国人民银行成都分行货币政策分析小组

[内容摘要] 2011年是“十二五”规划开局之年，四川省牢牢把握“高位求进、加快发展”的工作基调，着力增强“投资拉动、产业支撑”，灾后恢复重建任务胜利完成，全省经济保持平稳较快增长。农业的基础地位进一步巩固，工业的主导作用增强，投资增长强劲，城乡居民收入增长显著，消费结构不断升级，对外贸易和外商直接投资再上新台阶，综合经济实力大幅提升。

金融业保持良好发展势头，金融机构改革持续深入，金融服务能力不断提升。银行业规模持续扩大，效益明显改善，信贷总量合理适度增长，信贷结构进一步优化。证券期货业运行平稳，保险业服务地方经济发展的作用日益增强。金融市场交易活跃，融资结构进一步改善，金融生态环境建设持续推进。

2012年是“十二五”规划承上启下的关键年，在成渝经济区、天府新区、藏区规划全面落实和“十二五”项目建设集中推进等作用下，预计全省经济仍将呈现平稳较快的发展势头，但控制物价、要素保障等问题仍需高度关注。全省金融机构将继续贯彻落实稳健的货币政策，更好地服务实体经济。

一、金融运行情况

2011年，四川省金融运行平稳，金融机构改革稳步推进，金融服务水平显著提高，金融市场交易活跃，金融对经济发展的支持作用进一步增强。

（一）银行业规模和效益不断提升，信贷投放符合宏观调控方向

2011年，四川省金融机构认真贯彻落实稳健的货币政策，货币信贷总量合理适度增长，信贷投放节奏更趋均衡，结构进一步优化，对实体经济和薄弱环节的支持力度不断加大。

1. 银行业资产规模扩大，财务状况不断改善。2011年，四川省银行业金融机构资产总额为4.3万亿元，同比增长19.3%。资产质量持续改善，不良贷款率较年初下降1.3个百分点。效益继续提升，全年利润增长35%。银行业金融机构执证网点达12 934个，比上年增加368个(见表1)。新型农村金融机构发展步伐加快，全年新设10家村镇银行法人机构。

表1　2010年四川省银行业金融机构情况

机构类别	营业网点			法人机构（个）
	机构个数（个）	从业人数（人）	资产总额（亿元）	
一、大型商业银行	3 212	89 695	19 290	0
二、国家开发银行和政策性银行	113	3 712	3 410	0
三、股份制商业银行	177	6 925	5 233	0
四、城市商业银行	529	12 721	5 097	13
五、农村合作机构	5 782	60 092	661	354
六、财务公司	4	148	197	3
七、信托公司	2	69	48	2
八、邮政储蓄银行	3 010	20 431	2 517	0
九、外资银行	22	922	265	0
十、新型农村金融机构	78	1 343	175	37
十一、其他	5	600	46	1
合　计	12 934	196 658	42 939	410

注：营业网点不包括总部数据。
数据来源：四川银监局。

2. 各项存款增长总体趋缓，季度波动性较大。2011年年末，四川省金融机构人民币各项存款余额增长15.0%，较上年同期下降6.4个百分点。人民币存款新增4 576亿元，同比少增801亿元，相当于上年新增额的85.1%（见图1）。受派生存款减少、企业经营资金需求增加等因素影响，单位存款增长乏力，全年新增单位存款1 795亿元，同比少增1 237亿元。受股市和房地产市场交易低迷影响，居民储蓄意愿增强，全年新增个人存款2 533亿元，同比多增456亿元。存款增长放缓的同时，稳定性明显减

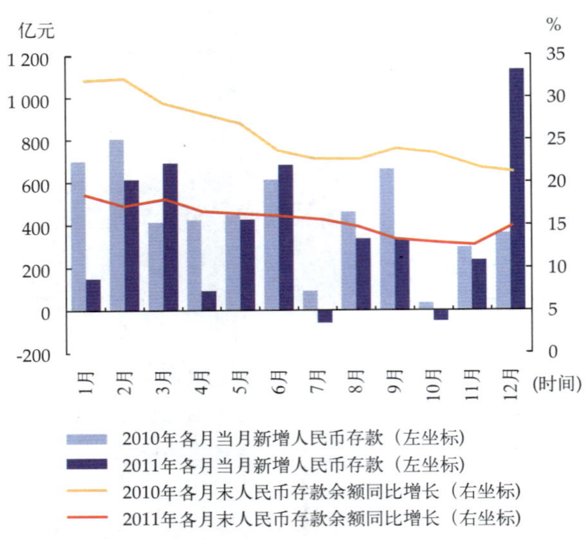

数据来源：中国人民银行成都分行。

图1　2010～2011年四川省金融机构人民币存款增长变化

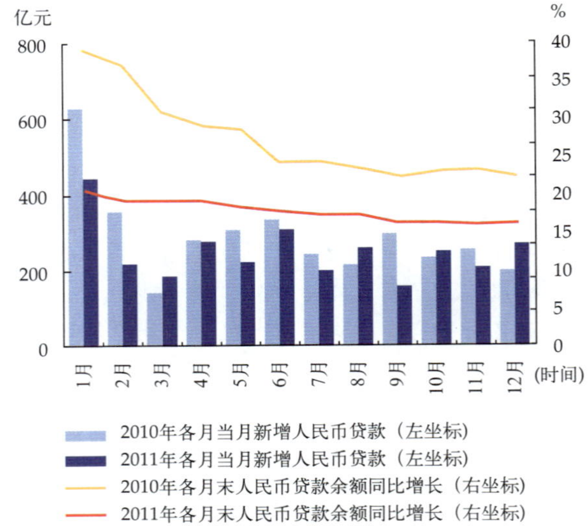

数据来源：中国人民银行成都分行。

图2　2010～2011年四川省金融机构人民币贷款增长变化

弱。银行理财产品、财政存款等资金到期划转引起存款波动，各项存款“季度末冲高、季度初回落”的特征明显（见图1）。

3. 信贷增长回归稳健，结构进一步优化。2011年年末，四川省金融机构人民币贷款余额同比增长16.3%，较上年同期下降6.1个百分点。人民币各项贷款新增3 070亿元，同比少增417亿元，但仍比近5年平均投放规模高588亿元（见图2）。金融机构着力调整信贷期限结构，主动压缩中长期贷款，短期贷款快速增长，短期贷款新增额占各项贷款新增额的比重为35.0%，较上年提高13.5个百分点。在人民币升值预期较强和较低外币贷款利率的带动下，外币贷款增长较快，2011年年末余额同比增长20.3%。

信贷结构进一步优化，对实体经济和薄弱环节的信贷支持力度加大。与实体经济运行相关性较强的制造业、批发和零售业、建筑业新增贷款占同期各行业新增贷款的比重比上年提高8.8个百分点，与政府融资平台相关的基础设施行业和租赁商务服务业新增贷款的比重比上年下降6.6个百分点。涉农贷款和中小企业贷款全年分别新增1 290亿元和1 307亿元，余额同比增速分别为26%和25.6%，分别高于同期本外币各项贷款增速9.4个和9个百分点，其中，小型企业贷款余额同比增长44.7%，高于同期

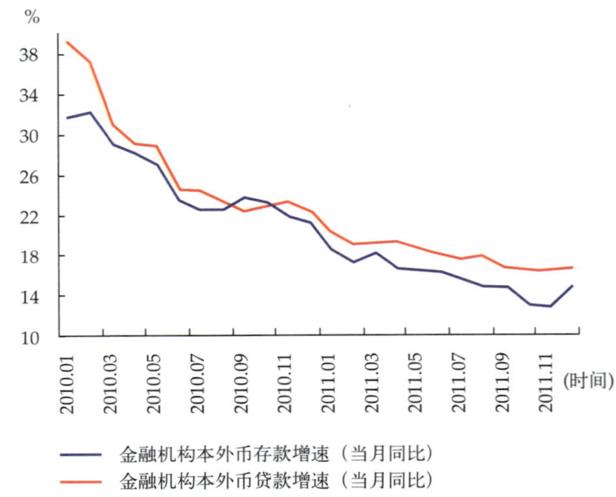

数据来源：中国人民银行成都分行。

图3　2010～2011年四川省金融机构本外币存、贷款增速变化

本外币各项贷款增速28.1个百分点。

4. 本外币存贷款利率整体回升，金融机构议价能力增强。受信贷回归常态和加息等多种因素综合影响，2011年，四川省金融机构贷款利率水平继续呈回升态势。金融机构议价能力较强，执行上浮利率的贷款占全部人民币贷款的比重提高（见表2），执行七折房贷利率政策的力度有所减弱。流动性趋紧推动银行对同业存款的需求，同业存款利

表2　2011年四川省金融机构人民币贷款各利率区间占比

单位：%

月份		1月	2月	3月	4月	5月	6月
合计		100.0	100.0	100.0	100.0	100.0	100.0
[0.9～1.0)		20.1	18.7	14.8	13.6	10.6	7.8
1.0		27.9	32.9	25.1	20.2	24.8	26.8
上浮水平	小计	52.0	48.3	60.1	66.1	64.6	65.4
	(1.0～1.1]	12.1	13.2	16.6	17.4	19.6	20.5
	(1.1～1.3]	15.6	13.8	16.8	18.8	19.3	19.5
	(1.3～1.5]	7.4	6.0	7.6	10.3	9.5	10.5
	(1.5～2.0]	14.2	13.0	15.9	16.5	12.9	11.7
	2.0以上	2.7	2.4	3.3	3.1	3.2	3.3
月份		7月	8月	9月	10月	11月	12月
合计		100.0	100.0	100.0	100.0	100.0	100.0
[0.9～1.0)		10.2	4.3	6.3	3.7	5.0	4.7
1.0		26.9	27.1	26.6	29.9	27.9	28.8
上浮水平	小计	62.9	68.6	67.1	66.4	67.1	66.5
	(1.0～1.1]	16.7	18.1	16.4	14.4	18.4	17.7
	(1.1～1.3]	19.5	23.3	23.3	26.6	24.2	22.6
	(1.3～1.5]	9.7	11.2	10.7	10.1	9.2	9.2
	(1.5～2.0]	13.5	12.9	12.7	11.5	12.2	14.3
	2.0以上	3.5	3.1	4.1	3.7	3.1	2.8

数据来源：中国人民银行成都分行。

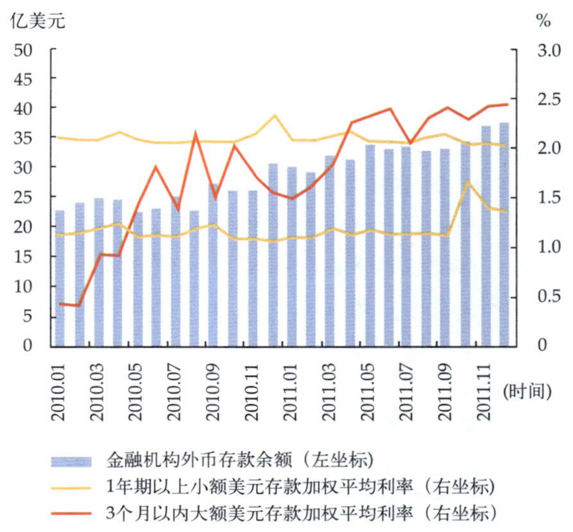

数据来源：中国人民银行成都分行。

图4　2010～2011年四川省金融机构外币存款余额及外币存款利率

率波动上升。受境内外汇资金供求变化和国际金融市场利率波动影响，美元存、贷款利率较上年有所上升（见图4）。民间借贷利率较上年有所上升，幅度略高于贷款利率上升幅度。

5. 银行业金融机构改革稳步推进，金融机构体系不断完善。中国农业银行“三农金融事业部”改革顺利进行。邮政储蓄银行基本建立起了覆盖城乡的邮政储蓄银行体系。城市商业银行公司治理不断改进，全年2家城市商业银行在省内外跨区开设分支机构，2家城市商业银行在省内发起设立2家村镇银行。外资银行继续稳健经营，盈利能力创新高。

6. 跨境人民币业务大幅提升，贸易结算结构更趋均衡。2011年，四川省办理跨境人民币业务达162.4亿元，是上年的10.4倍。跨境贸易结算的结构更趋均衡，出口人民币结算稳步增长，占跨境贸易结算的32.4%，比上年提高29.8个百分点。贸易融资、直接投资等资本项下人民币结算业务顺利启动并迅速发展，全省资本项下人民币结算金额达64.0亿元。

专栏1　创新农村金融服务　推动金融支持农村发展农业增收

农业农村经济在四川省发展大局中具有重要地位。按照《四川省“十二五”农业和农村经济发展规划》中“创新农村金融服务”的要求，中国人民银行成都分行积极协调金融监管部门和政府相关部门，引导金融机构增加涉农信贷投放，全面推进农村金融产品和服务方式创新，大力支持四川省现代农业发展、水利基础设施建设、农民增加收入和新农村建设。

——合理运用货币政策工具，有效增加涉农信贷投放。通过窗口指导和运用宏观审慎政策工具等方式，引导更多信贷资金投向“三农”。加强对地方法人金融机构信贷增长的动态监测，确保其信贷投向符合政策要求。2011年年末对农村信用社再贷款余额为132.3亿元，比年初增加53.48亿元。充分发挥再贴现的结构调整作用，对农业生产资料经营企业签发、持有的票据和农副产品收购、储运、加工、销售环节的票据，优先办理再贴现。截至2011年年末，再贴现余额为4.64亿元，自年初累计发放31.93亿元。建立和完善县域法人金融机构考核制度及激励机制，对7家非灾区农村合作金融机构执行低1个百分点的存款准备金率。

——突出重点，支持水利基础设施加快建设。积极推动多元化融资，拓宽水利相关企业的融资渠道。近年来，累计支持四川水电投资集团公司通过银行间市场成功发行短期融资券24亿元、中期票据5亿元，国电大渡河公司发行短期融资券12亿元、中期票据5亿元，二滩水电开发公司发行短期融资券37亿元。金融机构积极落实“加快水利建设发展”的要求，做好项目储备工作。中国农业银行四川省分行采取“梯次推进”战略，确定了以成都片区“再造一个都江堰”战略工程和自贡“小井沟水利建设工程”为首批重点服务的水利工程，优先在资源配置上予以重点倾斜。中国工商银行四川省分行加大对电力企业直接融资市场的信贷支持力度，向国电大渡河公司办理6亿元总行理财委贷业务，发放8.5亿元区域理财委托贷款。中国农业发展银行四川省分行、四川省农村信用联社将以农田水利为主的水利建设作为贷款投放重点，制定了支持水利建设的金融服务方案。截至2011年年末，四川金融机构水利水电行业贷款余额约2 000亿元，占各项贷款余额的9%，有力地支持了四川省水利建设事业的发展。

——探索和推动农村金融产品和服务创新，支持农民持续稳定增收和提升生活质量。先后建立了农村金融产品和服务方式创新专项监测制度和涉农信贷政策导向效果评估制度，按照“一县一特色、一行一模式、一企一对策”的思路，要求各金融机构根据区域农业和农村经济发展特点，积极探索和推动农村金融产品和服务创新。成都市将集体建设用地使用权、土地承包经营权、农村房屋所有权、林木所有权和使用权、农副产品等农村产权纳入融资担保抵押范围，目前已发放抵押贷款665笔，贷款余额为14.5亿元。国家开发银行四川省分行结合城乡统筹发展，与龙泉驿区签订框架合作协议，建立了规模为100亿元的全国第一只城乡统筹发展基金。邮政储蓄银行四川省分行结合四川省政府“村村农家店”建设的规划，设立小额贷款批发中心，将授信调查前置，极大地提高了农户贷款办理效率。兴业银行成都分行支持北川维斯特商品交易所有限公司建立全国首创的果蔬农产品网上商城，促进特色农产品在全国快速流通。

（二）证券期货业运行平稳，直接融资规模显著增长

1. 证券期货业稳健发展。2011年，4家法人证券公司总资产减少20%，总负债减少34.6%，净资产增长26.4%，净资本增长26.5%，全年净利润减少57.3%。3家期货公司总资产总额增长11.7%，总负债增长6.7%，净利润增长10.2%。证券期货经营机构创新发展取得新突破。华西证券成为中国证监会认可的中西部地区唯一一家AA级及以上的证券公司。华西期货、国金期货顺利实现增资。华西期货打造套期保值产品，提高了多家钢材企业套期保值交易的有效性和资金使用效率。

2. 上市公司筹资总额显著增长。截至2011年年末，全年上市公司在股票市场筹资额创历史新高，比上年增长53.7%，股票市场融资总额居中西部地区第一位（见表3）。其中，8家上市公司（含7家A股上市公司、1家H股上市公司）首发融资66.5亿元；15家公司实现再融资256.5亿元，比上年增长

表3　2011年四川省证券业基本情况

项目	数量
总部设在辖内的证券公司数（家）	4
总部设在辖内的基金公司数（家）	0
总部设在辖内的期货公司数（家）	3
年末国内上市公司数（家）	88
当年国内股票（A股）筹资（亿元）	308
当年发行H股筹资（亿元）	26
当年国内债券筹资（亿元）	315
其中：短期融资券筹资额（亿元）	94

数据来源：四川证监局。

2.8倍。A股上市公司有88家，总市值达5 912亿元。股票投资者开户数为727.6万户，比上年增加27.4万户。受股指低迷影响，客户交易量减少，全年证券市场交易额为2.94万亿元，同比下降27.6%。

（三）保险业积极转变发展方式，服务地方经济社会的作用增强

1. 法人保险公司的设立取得重大进展。2011年，四川新增10家保险公司，另有5家省级分公司获批筹建，为历年新设公司最多的一年。法人保险公司的设立取得重大进展。2011年保险密度为967.3元/人，同比增长3.1%，保险深度为3.7%（见表4）。

表4　2011年四川省保险业基本情况

项目	数量
总部设在辖内的保险公司数（家）	3
其中：财产险经营主体（家）	2
人身险经营主体（家）	1
保险公司分支机构（家）	64
其中：财产险公司分支机构（家）	29
人身险公司分支机构（家）	35
保费收入（中外资，亿元）	779
其中：财产险保费收入（中外资，亿元）	225
人身险保费收入（中外资，亿元）	554
各类赔款给付（中外资，亿元）	191
保险密度（元/人）	968
保险深度（%）	3.7

数据来源：四川保监局。

2. 保险收入增长稳健，转变发展方式成效显现。受银保监管政策变化及市场环境等因素的影响，各保险公司不再片面追求规模和增速。四川省全年保险业共实现保险保费收入779亿元，同比增长9.2%，较上年同期下降23.1个百分点；赔付支出共计140.3亿元，同比增长28.1%，较上年同期上升12.45个百分点。产险公司承保利润同比增长38.3%，承保利润率为6.0%，同比提高0.8个百分点，较全国平均水平高1.3个百分点。

3. 农业保险较快发展。2011年，四川省农业保险共实现保费收入17.2亿元，同比增长40.3%，规模居全国第1位，上升4位。其中，政策性种植业保险实现保费收入10.6亿元，同比增长50.3%，实现政策性种植业保险“无赔款优待”试点工作的全覆盖。全年实现农村小额保险保费收入2.3亿元，同比大增92.7%。国内首创的扶贫惠农小额保险在四川旺苍县启动，创造性地将小额保险引入了扶贫机制。全省保险业支付农险赔款7.4亿元，受益农户达338.9万户次，共为97.3万农民提供基本医疗保障服务，支付赔付与补偿金4 150万元，为农业生产、农民增收和农村稳定提供了有力保障。

（四）金融市场交易活跃，融资结构进一步改善

2011年，四川省金融市场交易活跃，各子市场继续保持良好发展势头。直接融资比重为16.8%，比上年上升4.6个百分点（见表5），社会融资结构进一步改善。

表5　2001～2011年四川省非金融机构部门贷款、债券和股票融资情况

单位：亿元、%

年份	融资量	比重		
		贷款	债券（含可转债）	股票
2001	505.6	88.1	0.0	11.9
2002	652.3	98.6	0.0	1.4
2003	784.1	97.1	2.0	0.9
2004	645.4	98.3	0.0	1.7
2005	580.0	96.5	3.5	0.0
2006	1 216.7	91.4	8.3	0.3
2007	1 604.7	88.1	2.2	9.7
2008	2 559.9	92.5	2.1	5.4
2009	4 946.9	92.2	4.0	3.8
2010	4 068.6	87.8	7.0	5.2
2011	3 843.8	82.3	8.9	7.9

数据来源：中国人民银行成都分行。

1. 银行间市场直接融资规模再上新台阶。2011年，四川省全年发行债券342.5亿元，增长19.6%。非金融企业融资方式日益多样化，32家企业在银行间市场发行债券240.3亿元，同比增长65.4%。其中，中期票据发行93.6亿元，短期融资券发行144.9亿元，首只中小企业集合票据发行1.8亿元。另外，8家企业发行企业债74.2亿元，3家企业发行可转债和公司债28亿元。

2. 货币市场净融出资金增长，市场利率明显上升。2011年，四川金融机构全年同业拆借、债券回购和债券现券累计成交62 693.9亿元，同比增

长61.1%；累计净融出资金10 493.5亿元，同比增长34.8%。银行间同业拆借累计成交量同比增长101.1%，农村信用联社是拆出资金的主体，资金拆入交易主要集中于财务公司和城市商业银行。以债券质押式回购为主的债券回购同比增长39.1%，占四川全部货币市场交易量的61.2%，下降7.8个百分点。货币市场利率呈现波动上升走势，12月的同业拆借和债券回购利率水平分别比年初上升147个和178个基点。

3. 票据市场交易仍然活跃。2011年，金融机构累计签发商业承兑汇票62.1亿元，同比增长2.4倍；累计办理贴现724.8亿元，同比增长2.5倍。累计签发银行承兑汇票5 369.6亿元，同比增长35%；累计办理贴现5 547亿元，同比减少9%（见表6）。全年累计办理再贴现32亿元，同比减少45%。年末，票据贴现余额为241.6亿元，同比减少43%；再贴现余额为4.6亿元，同比减少87%。票据市场利率大幅上升，第三季度加速上扬（见表7）。12月，贴现、转贴现加权平均利率分别为6.1%、4.94%，同比分别上升351个和269个基点。

4. 外汇市场交易活跃。2011年，四川在银行间外汇市场的累计成交量比上年增长4.31%，增幅较上年增加26.5个百分点。交易以美元为主，日元成交量增长迅猛。下半年开始，人民币对美元持续单边升值的趋势有所变化，更多地体现出双向波动、有升有贬的特点。

表6　2011年四川省金融机构票据业务量统计

单位：亿元

季度	银行承兑汇票承兑		贴现			
			银行承兑汇票		商业承兑汇票	
	余额	累计发生额	余额	累计发生额	余额	累计发生额
1	1 939	1 147.71	194.7	1 344.48	21.30	189.90
2	2 249	2 529.68	246.6	2 777.96	21.57	341.79
3	2 411	3 765.55	302.6	4 213.85	24.03	483.54
4	2 497	5 369.55	211.6	5 547.09	30.06	724.83

数据来源：中国人民银行成都分行。

表7　2011年四川省金融机构票据贴现、转贴现利率

单位：%

季度	贴现		转贴现	
	银行承兑汇票	商业承兑汇票	票据买断	票据回购
1	6.72	6.72	5.09	5.52
2	6.84	7.18	5.56	5.16
3	9.77	9.46	6.59	6.39
4	10.08	11.36	7.17	6.66

数据来源：中国人民银行成都分行。

5. 商业银行黄金业务快速发展。2011年，国内黄金价格走势强劲，黄金交易量不断攀升。四川金融机构累计黄金交易金额为245.1亿元，同比增长159.5%。其中，实物金增长68.2%，账户金增长204.1%。黄金交易所会员企业的交易大幅萎缩，四川会员企业在上海黄金交易所的黄金交易量比上年减少96.1%。国有商业银行以79.6%的市场份额仍然占据黄金市场业务的主力地位。

6. 金融产品和服务不断创新。小额信用贷款快速发展，年末全省农村信用社农户小额信用贷款余额达348亿元。抵质押方式多样化，创新权利质押、动产抵押、联保、存货管理等金融产品，有效地解决了个体经营户和农户的贷款需求。理财产品发行快速增长。全年银行理财产品发行额同比增长97.8%。其中，债券及货币市场类理财产品发行量占比大幅提高，结构性、代客理财产品增长较快，同比分别增长4倍和1.5倍。

（五）金融生态环境建设持续推进

2011年，四川省持续推进金融生态环境建设，社会信用体系建设成效显著。中国人民银行成都分行印发了《关于金融支持“金融生态环境示范县（区、市）”的指导意见》，联合相关市州政府对2010年复查验收合格县（市）授予“金融生态环境示范县（区、市）”称号并现场授牌。四川省政府印发农村信用体系试验区建设实施意见，在成都、德阳、绵阳启动试验区4县34乡239村，评定“信用农户”4 694户、“信用村”5个。征信系统在四川实现58万企业和5 483万自然人的征信信息入库和更新，同比分别增长3%和7%。农村支付环境有效改善。截至2011年年末，四川农村支付结算“迅通工程”已发展银行卡助农取款服务点55 936个，消除金融服务空白乡镇437个、金融服务空白行政村18 480个。

二、经济运行情况

2011年，四川省牢牢把握“高位求进、加快发展”的工作基调，着力增强“投资拉动、产业支撑”，灾后恢复重建任务胜利完成，全省保持平稳持续较快增长，实现了“十二五”良好开局。全省地区生产总值（GDP）增长15.0%，达到21 026.7亿元，继2007年突破万亿元大关以后，仅用四年时间再上一个万亿元台阶，实现翻番（见图5）。人均GDP达到26 133元，增长15.9%。

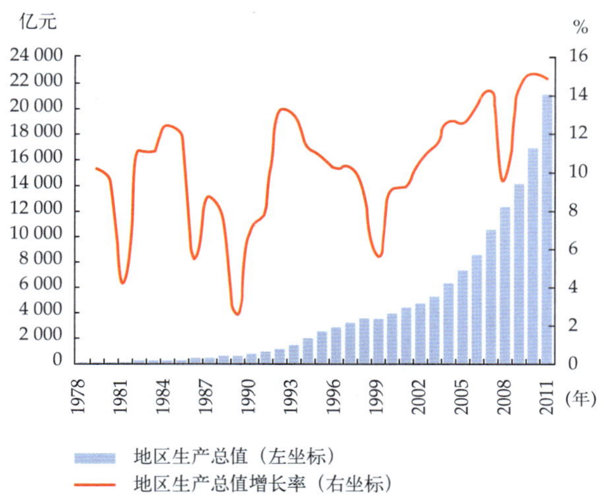

数据来源：四川省统计局。

图5 1978～2011年四川省地区生产总值及其增长率

（一）经济结构不断改善，投资的拉动作用增强

2011年，四川省在成渝经济区区域规划启动实施、天府新区起步建设等区域性重大规划项目带动下，投资的拉动作用增强，消费的贡献提升，经济运行质量和效率不断改善。

1. 投资规模继续扩大。2011年，四川省全社会固定资产投资为15 141.6亿元，同比增长17.7%，比上年提高4.7个百分点，投资总量基本实现了三年翻番（见图6）。重点领域和薄弱环节投入加大。全年“7+3”优势产业[①]投资为4 456.5亿元，同比增长15.5%，其中，增速最快的电子信息产业投资同比增长38.3%。西部综合交通枢纽地位进一步巩固。全年基础设施完成投资3 616.2亿元，同比增长9.2%，其中，交通基础设施投资完成1 928.7亿元，同比增长22.6%。民营投资为7 809亿元，占全社会固定资产投资的比重首次超过50%，同比增长26.4%，比国有控股企业投资增速快19个百分点。全年吸引国内省外投资7 083亿元，同比增长32.7%。

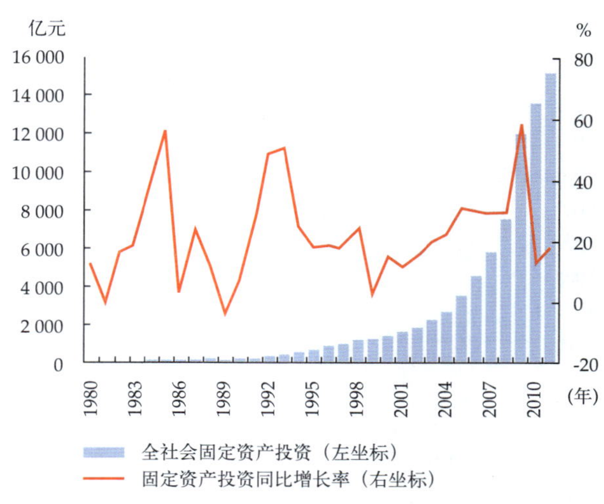

数据来源：四川省统计局。

图6 1980～2011年四川省固定资产投资及其增长率

2. 消费品市场稳定增长。2011年，四川省城镇居民可支配收入为17 899元，增长15.8%，比上年提高4.1个百分点；农村居民人均纯收入为6 128.6元，增长20.5%，比上年提高5.4个百分点。城乡统筹发展成效显现，城乡收入比由上年的3.0：1缩小至2.9：1，带动消费快速增长。四川省大力推进农超对接，在成都等地开展农超对接、农产品批发、农贸市场等产品流通模式创新，商品流通服务体系日趋完善。全省实现社会消费品零售总额7 837.4亿元，同比增长18.1%（见图7）。全年消费对经济增长的贡献率达到46.3%，拉动经济增长6.9个百分点。

3. 对外贸易和利用外资水平迈上新台阶。2011年，四川省外贸进出口仍呈跨越式增长态势，进出口增速均超过35%(见图8)。由于承接大量产业转

①四川省“7+3”产业为：电子信息、装备制造、能源电力、油气化工、钒钛钢铁、饮料食品、现代中药等优势产业，以及航空航天、汽车制造、生物工程与新材料等潜力产业。

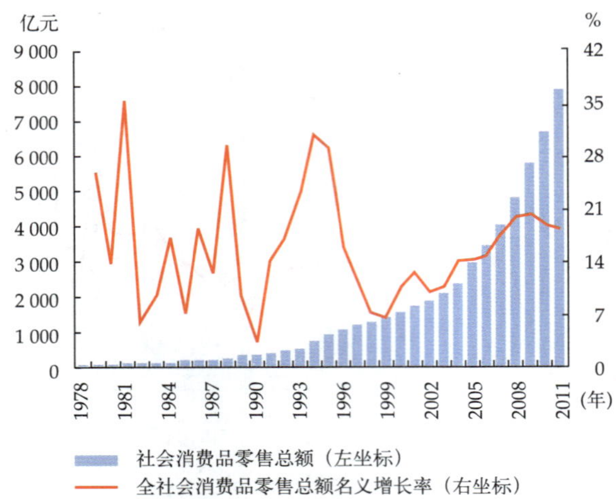

数据来源：四川省统计局。

图7 1978～2011年四川省社会消费品零售总额及其增长率

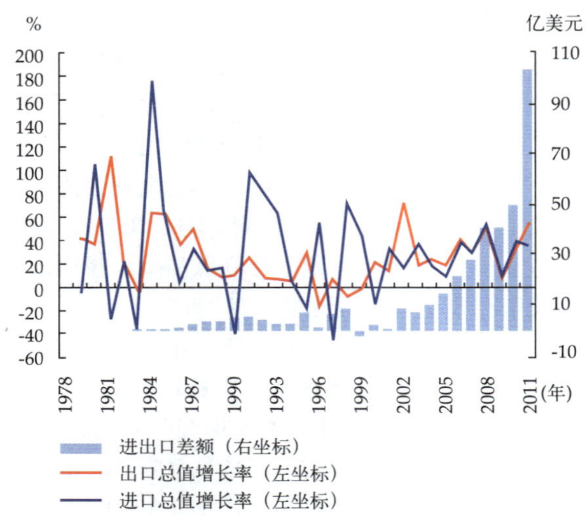

数据来源：四川省统计局、商务厅。

图8 1978～2011年四川省外贸进出口变动情况

移，加工贸易成倍增长，加工贸易出口额逼近一般贸易，加工贸易进口额首次超越一般贸易。2011年全省进出口集中度进一步提高，前20位出口企业出口额占全省出口额的45.6%，前20位进口企业进口额占全省进口额的71.5%。

随着西部大开发不断深入，四川外商投资快速增长，近3年来外商投资实际到位资金超过了改革开放30年的总和。2011年合同利用外资增长1.5%，实际利用外资增长55.6%（见图9）。电子信息产业、金融服务业吸收外资增长明显。全年新引进13家世界500强企业，现已有173家世界500强企业落户四川，其中134家已实际投资。由于国际投资环境欠稳定，国内企业的境外投资步伐有所放缓，新登记境外投资项目数、协议投资额、实际汇出金额均有较大幅度下降。境外投资的主要特征为民营企业积极参与莫桑比克、赞比亚、越南等国的矿产资源开发，资金主要投入能源资源项目。

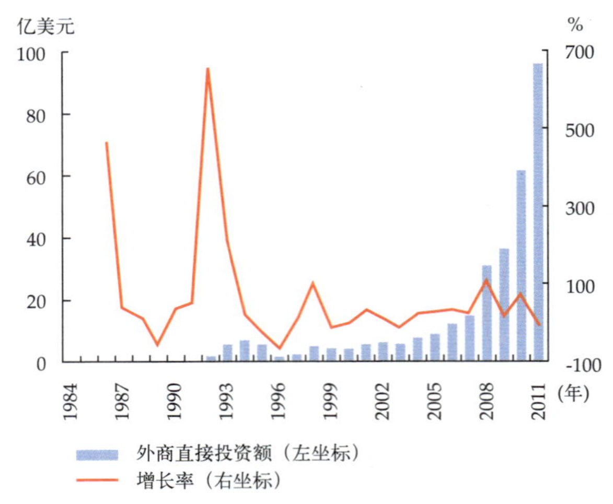

数据来源：四川省统计局。

图9 1984～2011年四川省外商直接投资情况

（二）产业支撑能力加强，三次产业协调发展

2011年，四川省充分发挥工业的主导作用，加快发展“7+3”产业，产业结构进一步优化，三次产业结构由上年的14.4：50.5：35.1变化为14.2：52.4：33.4。

1. 农业的基础地位进一步巩固。2011年，四川省农村呈现“粮食增产、农业增效、农民增收”的良好局面。全年实现第一产业增加值2 983.5亿元，增长4.5%。粮食实现连续5年增产，总产量增长2.1%，产量创出历史新高。农业基础设施建设不断增强，农业产业化水平进一步提高，各类农业产业化龙头企业达到8 200余家，农民专业合作经济组织超过27 000个。新农村建设成片推进工作取得重大进展，辐射效应显现。2009年以来累计发展主导产业443万亩、规模养殖户5.6万户，建设新民居44.5万户。

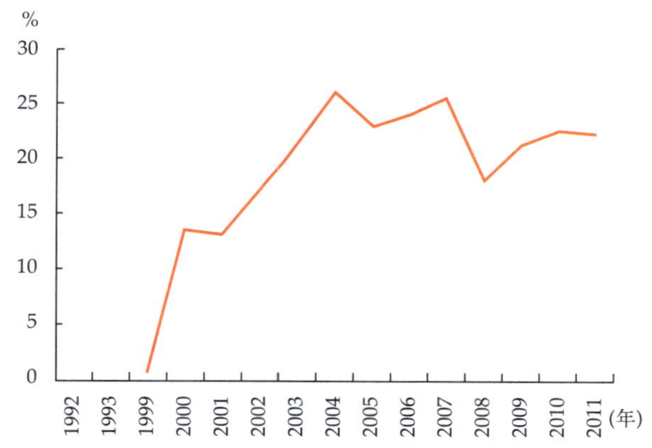

数据来源：四川省统计局。

图10　1992～2011年四川省规模以上工业增加值实际增长率

2. 工业的支撑力不断增强。2011年，四川省加快推进工业化和城镇化的互动发展，全年实现工业增加值9 491.0亿元，同比增长21.6%，工业对经济增长的贡献率为62.4%。其中，规模以上工业增加值增长22.3%（见图10），盈亏相抵后的净利润同比增长42.6%。全省销售收入过百亿元的大企业、大集团增加到40户。企业创新能力不断增强，国家新认定6家企业技术中心、5个国家地方联合工程研究中心（工程实验室），全年完成技改投资超过3 600亿元。

3. 服务业加快发展。2011年，四川省加快推进西部金融中心、物流中心、商贸中心建设，积极实施一批服务业重大项目，现代服务业稳步发展，全年第三产业实现增加值7 015.3亿元，增长10.9%，高于全国平均水平2个百分点。全省规模以上物流企业发展到1 000多家，电子商务交易额超过3 000亿元。文化产业快速发展，新增省级文化产业示范基地10家。成都国家服务业综合改革试点扎实推进。

（三）宏观调控效应显现，物价涨幅逐步回落

居民消费价格高位运行。上半年物价总体呈现高位运行状态，但随着各项宏观调控政策效应的显现，下半年物价涨幅逐步回落，2011年12月，四川省CPI当月同比涨幅降至3.7%，全年CPI累计上涨5.3%（见图11）。物价上涨的结构性特征依旧明

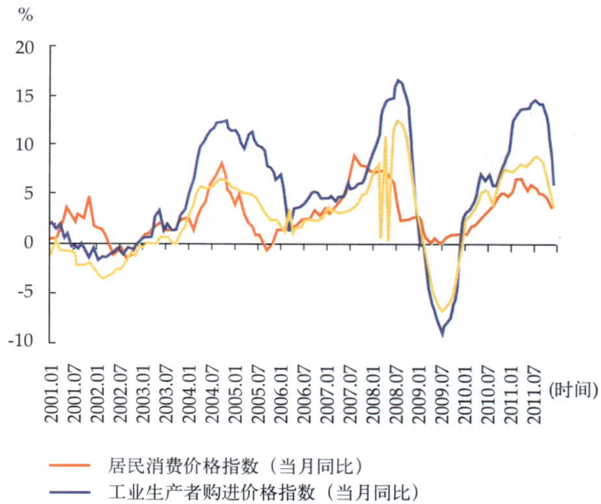

数据来源：四川省统计局。

图11　2001～2011年四川省居民消费价格和生产者价格变动趋势

显，涨幅最大的食品类价格累计上涨12%，对CPI的贡献率在70%左右，其中，猪肉价格累计涨幅达36.6%；居住类价格累计上涨6%，对CPI的贡献率在15%左右。服务类项目价格涨幅创近年来的新高，全省服务类项目价格累计上涨4.2%，涨幅创近6年来的新高，成为全省物价运行的新特点。生产价格整体较大幅度上涨，其中，工业生产者出厂价格累计上涨7.3%，原材料、燃料、动力购进价格累计上涨12.6%，农业生产资料价格累计上涨12.4%。下半年生产价格回落趋势明显，工业生产者出厂价格指数在12月回落至3.6%。劳动力价格上涨明显，2011年四川省外出务工人员月平均工资为2 828元，增长20%以上。

（四）财政收入稳步增长，重点支出保障有力

2011年，随着工业企业利润、居民收入的大幅上涨，四川地方财政一般预算收入累计达到2 044.4亿元，同比增长30.9%，较上年回落2个百分点；全年地方财政一般预算支出累计达4 673.8亿元，同比增长9.8%，较上年回落8.6个百分点（见图12）。其中，民生支出占比达63.6%。藏区牧民定居行动计划、“彝家新寨”建设、保障性住房及医改、新农保资金等民生工程支出得到有效保障。为推动农

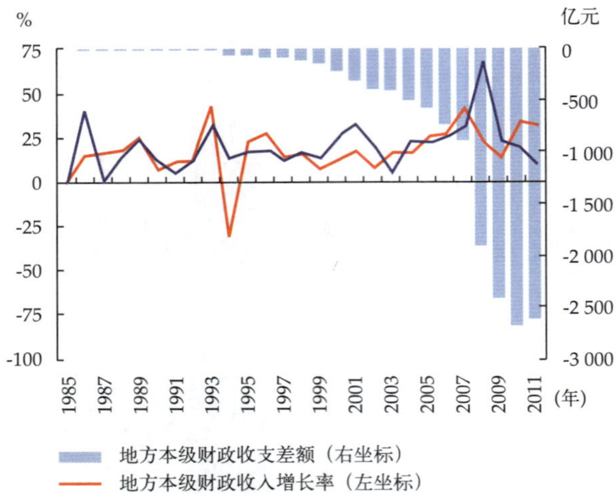

数据来源：四川省统计局。

图12　1985～2011年四川省财政收支状况

村金融服务创新，四川省设立省级财政支持金融服务和创新专项补助资金，着力消除金融空白乡镇，增加农村金融服务的有效供给。

（五）节能减排目标完成，生态环境持续改善

1. 节能减排年度计划目标全面完成。2011年，四川省万元单位GDP能耗下降4.2%，超过3.5%的目标0.7个百分点。二氧化碳排放量下降4.5%，化学需氧量、二氧化硫、氨氮、氮氧化物排放量完成年度目标。淘汰落后产能力度加大。循环经济加快发展，成都市被确定为国家首批餐厨废弃物资源化利用和无害化处理试点城市，国家首批“城市矿产”示范基地——内江西南再生资源产业园区一期项目建成，在重点行业、重点地区和148家重点企业开展清洁生产试点。

2. 加快生态修复，加强环境治理，生态环境持续改善。2011年，四川省完成营造林808万亩、退牧还草围栏建设1 200万亩，治理水土流失面积2 000平方公里，森林覆盖率达到35.1%，提高0.3个百分点。严格保护耕地，节约、集约利用土地，整理耕地120.8万亩，新增耕地13.2万亩。城乡环境综合治理深入推进，新增城市污水日处理能力79.8万吨、垃圾日处理能力1.9万吨，设市城市污水处理率、生活垃圾无害化处理率分别达到80%、89%，农村环保设施持续改善。20个省控城市环境空气质量达到国家二级标准，2个城市达到国家一级标准。

专栏2　天府新区建设带来四川金融业发展新机遇

天府新区属于成渝经济区成都发展核心增长极的腹心地区，规划范围涉及成都市的高新区南区、龙泉驿区、双流县、新津县，眉山市的彭山县、仁寿县，资阳市的简阳市，共3市、7县（市、区）、37个乡（镇），规划面积达1 578平方公里。2011年12月25日，天府新区首批重大项目在成都、资阳、眉山集中开工，标志着天府新区正式从规划阶段步入全面建设阶段。未来天府新区将建成以现代制造业为主、高端服务业集聚、宜业宜商宜居的国际化现代新城区。天府新区的建设需要大量的建设资金，离不开金融的支持；同时，天府新区建设也为四川金融业的发展带来了新机遇。

——西部金融中心将成为天府新区的内核。2011年年末，作为西部金融中心重要载体的成都金融城已引进各类金融机构60余家，其中，高新区金融后台集中建设区项目总投资已超过110亿元，占地面积达千余亩，业务内容几乎涵盖了金融行业所有的后台支持和服务功能，未来中国西部最大的金融后台服务产业园将在天府新区崛起。

——天府新区建设推动金融业服务水平提高，并为金融创新提供广阔空间。在天府新区建设中，有大量的人口转移、产业转移和基础设施建设，带来大规模项目融资和技术更新等需求，需要积极探索新型金融工具，实现多渠道融资支持。特别是通信、信息、仓储、物流等高端服务业集聚和层次的提升不仅产生大量的融资需求，还对资金往来结算、信贷支持模式、金融服务效率提出更高需求，推动金融业

积极创新体制和机制，借鉴、引进和开发适销对路的金融产品，不断改进和完善现有的业务操作流程，通过个性化、差异化的产品创新战略来满足不同层次的金融需求。

——产融结合，为金融服务实体经济和结构调整提供了良好的平台。天府新区发展定位于以现代制造业为主，高端服务业聚集，力争再造一个“产业成都”。天府新区建设是大力发展实体经济的重要举措，在壮大实体经济的同时调整经济结构。天府新区规划建设高新技术产业基地和高端制造业基地两大万亿元基地，前者以电子信息为龙头产业，做大做强新能源装备制造、新材料、生物技术等高新技术产业；后者以汽车研发制造为重点，大力发展航空航天、工程机械以及节能环保设备等高端制造产业。规划建设西部高端服务业中心和国家自主创新中心，瞄准产业升级和科技创新。通过新区建设，天府新区将成为四川承接国内外产业转移的新平台，也是金融服务实体经济和结构调整的新平台。

（六）房地产调控效应显现，文化产业健康快速发展

1. 2011年，在“限购”、“限贷”、“限价”等房地产调控政策影响下，四川省房地产行业发展趋于平稳。

（1）房地产开发投资增幅持续回落，保障房供应超计划完成。2011年，四川省房地产开发累计完成投资2 836.7亿元，同比增长29.3%，增速较上年同期回落8.9个百分点。2011年年末，四川省保障性住房、棚户区改造安置住房新开工38.18万套，占中央下达计划的111.2%；竣工16.2万套，超计划完成1.2万套。

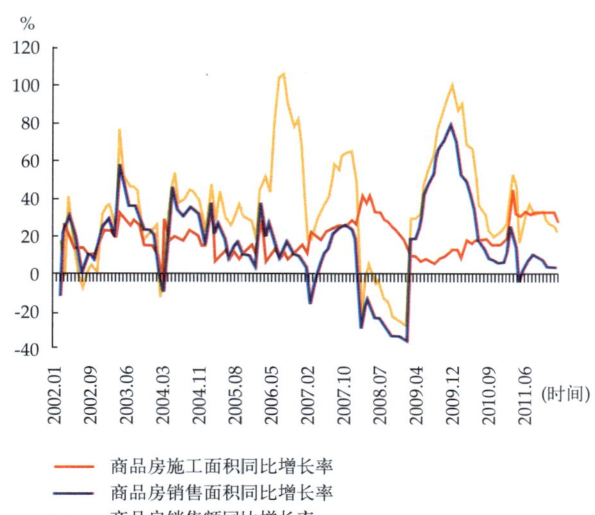

数据来源：四川省统计局。

图13 2002～2011年四川省商品房施工和销售变动趋势

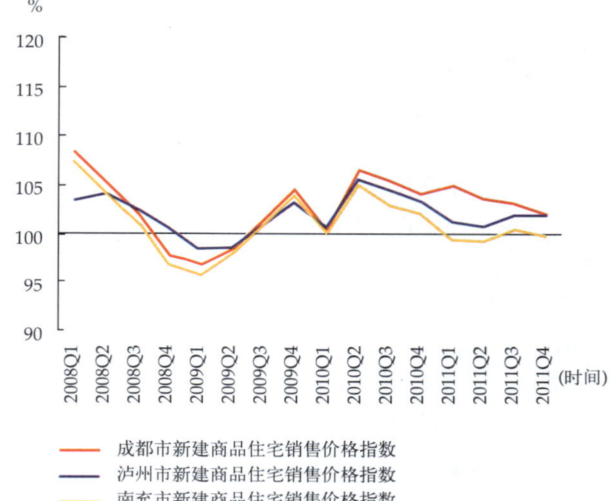

数据来源：国家统计局。

图14 2008～2011年四川省主要城市房屋销售价格指数变动趋势

（2）房地产销售增速明显下滑，房地产市场的观望气氛浓厚。2011年，四川省商品房销售6 593.2万平方米，同比增长3.2%，同比增速自8月起连续5个月放缓（见图13）。

（3）房屋销售价格运行较稳定，重点城市价格涨幅趋缓。2011年年末，四川省列入国家重点监控的70个大中城市的3个城市中，成都市新建商品住宅价格指数同比上涨1.3%，泸州市新建商品住宅价格指数同比上涨1.7%，南充市新建商品住宅价格指数同比下降1.2%。12月，四川省新建商品住宅

成交均价为3 668.2元/平方米，同比上涨11.1%，环比下降1.1%。成都市新建商品住宅成交均价为6 245元/平方米，同比上涨0.1%，环比上涨1.1%，其中，五城区(含高新区)新建商品住宅成交均价为8 162元/平方米，同比上涨3.1%，环比下降3.5%（见图14）。

（4）房地产贷款增速持续回落。2011年年末，四川省商业性房地产贷款余额为4 709.2亿元，较年初增加639亿元，较上年同期少增345亿元。房地产贷款增速在2010年4月达到52.5%的历史高点之后开始逐月回落，2011年年末同比增速为15.7%，比年初回落16.2个百分点，低于全省本外币各项贷款增速0.9个百分点。

2. 文化服务业呈现健康快速发展态势。2011年，四川省以文化旅游、动漫游戏、演艺娱乐、艺术创意设计四大重点行业为突破，大力推动特色文化产业聚集，推进文化市场规模化、连锁化、品牌化发展，全年文化产业实现增加值271.2亿元，同比增长20%。投资过50亿元的10个重大文化产业园区项目形成了特色文化产业集聚体系。一批具备核心技术、自主研发能力的网络文化企业开发原创网络游戏产品12款，年收入上1 000万元的企业从4家增至12家。成都无线音乐基地产值同比增长33.3%，成为全国最大的正版音乐发布和交易平台。覆盖城乡的文化服务网络不断完善，农村民营表演团体占全省总数的60%以上，农村娱乐经营场所占全省总数的30%以上，农村网吧经营场所占全省总数的44.6%。

中国人民银行成都分行积极把握支持文化产业振兴的有利契机，以加强政策引导、创新服务方式、密切政策协调、强化调研分析等多种手段，着力打造文化金融机制。各金融机构全方位、多元化改进金融服务，不断加大对文化产业的信贷投入。2011年年末，全省文化产业贷款同比增长33.4%，高于金融机构各项贷款增速17.2个百分点。

三、预测与展望

2012年，四川省经济发展面临着诸多有利条件。一是国家深入实施新一轮西部大开发战略、支持成渝经济区建设发展、建设天府新区、推动藏区跨越式发展、实施连片扶贫开发等，为四川经济加快发展提供了强有力的政策支持。二是近年来四川经济社会发展势头良好，灾后恢复重建胜利完成，西部综合交通枢纽建设成效显著，产业培育与承接产业转移的潜能正逐步释放，使全省发展条件不断改善，发展基础更加巩固，发展的内生动力明显增强。三是当前四川省总体正处于工业化初中期和城镇化建设加速期，2011年四川省GDP总量突破了两万亿元，经济增长不仅有量的扩张，还有质的提升。未来一段时期，人均收入水平提高、城镇化推进、产业结构调整升级仍将是四川省经济增长的重要动力。四是2012年是实施“十二五”规划承上启下的关键年，是项目落地开工集中年。四川省政府提出“稳定增势、高位求进、加快发展”的工作基调，突出“两化”(新型工业化、新型城镇化) 互动、统筹城乡、投资拉动、产业支撑的着力点，加快推动西部经济发展高地建设，更多的经济增长点凸显。

同时也要看到，当前国际、国内形势不稳定、不确定的因素依然较多，四川经济发展也面临一些新情况、新变化，包括推动物价上涨的因素仍然很多，保持投资稳定增长面临较大困难，部分企业生产经营困难，战略性新兴产业培育还没取得重大突破，经济增长的资源和环境约束增强，节能减排任务十分艰巨。

综合上述因素，预计2012年四川经济仍将保持平稳较快的发展势头。在继续实施稳健的货币政策的背景下，全省金融机构将着力优化信贷结构，加大对社会经济重点领域和薄弱环节，特别是“三农”、中小企业、保障性住房建设的支持力度，更好地服务实体经济，同时切实防范并及时化解各类潜在的金融风险，为四川经济发展创造良好的货币金融环境。

中国人民银行成都分行货币政策分析小组
负责人：周晓强　严思勃
统　稿：方　昕　廖继伟
执　笔：王鲁滨　郑敏闽　王越子　王懋雄　温茹春　廖　卫　辜晓川　王　龙　龙阅新　杨　雪
马　珂　杨华强
提供材料的还有：曾　好　熊万良　彭宇松　陈　丹　王大波　陈　鹏　罗　希

附录

（一）2011年四川省经济金融大事记

1月5日，中国人民银行成都分行联合四川银监局、四川证监局、四川保监局、四川省农业厅联合召开四川省发展现代农业产业银政企座谈会，签署《金（融）农（业）合作框架协议》。

4月8日，中国人民银行成都分行组织召开四川农村支付结算“迅通工程”启动电视会议，全面启动“迅通工程”。

6月19日，绵阳科技城建设部际协调小组会议第十次会议在绵阳召开。

7月23日，四川省政府召开四川省推进新型工业化新型城镇化工作会议，部署“两化”互动发展。

8月12日，四川首只中小企业集合票据由渤海银行成都分行承销发行，募集资金1.8亿元。

9月22日，四川省委印发《关于加快推进成渝经济区建设促进全省区域协调发展的决定》，认真贯彻落实国务院关于《成渝经济区区域规划》的批复。

10月14日，汶川地震灾后恢复重建总结表彰大会在北京人民大会堂隆重召开，国务院副总理回良玉出席大会并作重要讲话。

10月16日至20日，第十二届中国西部国际博览会在四川成都举行，签约项目1 279个，投资额达6 822亿元。

12月20日，凉山州农村信用联社股份有限公司正式成立，率先在三州民族地区启动“以州为单位的统一法人社”产权制度改革试点工作。

12月25日，天府新区首批重大项目在成都、资阳、眉山集中开工，标志着天府新区正式从规划阶段步入全面建设阶段。

（二）2011年四川省主要经济金融指标

表1　2011年四川省主要存贷款指标

		1月	2月	3月	4月	5月	6月	7月	8月	9月	10月	11月	12月
本外币	金融机构各项存款余额（亿元）	30 506.0	31 112.8	31 814.5	31 903.4	32 344.0	33 022.5	32 961.8	33 291.6	33 636.3	33 599.6	33 851.6	34 971.2
	其中：储蓄存款	14 580.5	14 839.3	15 016.9	14 891.0	15 010.0	15 298.1	15 301.2	15 424.1	15 791.3	15 521.9	15 670.2	16 200.7
	单位存款	14 070.3	14 249.6	14 915.1	15 042.6	15 321.1	15 723.8	15 422.0	15 602.2	15 728.5	15 731.6	16 054.9	16 832.6
	各项存款余额比上月增加（亿元）	140.7	606.8	701.7	88.9	440.6	678.5	-60.7	329.8	344.7	-36.7	252.9	1 119.7
	金融机构各项存款同比增长（%）	18.7	17.4	18.1	16.7	16.4	16.2	15.6	14.9	14.9	13.2	12.8	15.0
	金融机构各项贷款余额（亿元）	19 848.4	20 076.1	20 266.9	20 547.7	20 788.8	21 110.2	21 318.3	21 585.9	21 760.4	22 014.3	22 217.1	22 514.2
	其中：短期	5 078.3	5 075.7	5 081.5	5 178.5	5 285.9	5 424.2	5 486.2	5 578.7	5 677.8	5 801.7	5 898.5	6 067.7
	中长期	14 457.2	14 685.6	14 904.5	15 108.0	15 253.7	15 425.5	15 566.2	15 704.9	15 775.4	15 902.7	16 021.4	16 113.0
	票据融资	273.6	273.1	231.7	220.5	209.0	221.4	229.0	264.7	271.2	273.1	260.5	269.8
	各项贷款余额比上月增加（亿元）	458.1	227.7	190.8	280.8	241.1	321.5	208.1	267.6	174.6	253.9	210.4	297.1
	其中：短期	66.1	-2.5	5.8	97.0	107.4	138.3	62.0	92.5	99.1	123.9	96.8	169.2
	中长期	395.9	228.5	218.9	203.4	145.8	171.8	140.6	138.8	70.4	127.4	126.3	91.6
	票据融资	-11.0	-0.6	-41.4	-11.2	-11.5	12.4	7.6	35.7	6.5	1.9	-12.6	9.3
	金融机构各项贷款同比增长（%）	20.4	19.2	19.3	19.3	18.6	18.0	17.6	17.7	16.6	16.5	16.4	16.6
	其中：短期	17.6	16.1	14.8	18.0	20.0	22.2	22.0	22.4	21.4	22.8	21.8	22.4
	中长期	26.0	23.6	22.6	21.5	20.0	18.2	17.9	17.2	15.9	15.2	15.2	14.6
	票据融资	-58.1	-51.6	-37.6	-39.2	-43.9	-39.4	-41.3	-25.4	-17.8	-19.9	-15.1	2.9
	建筑业贷款余额（亿元）	696.5	715.7	741.6	759.2	794.0	819.9	827.8	854.8	873.9	894.7	894.7	931.3
	房地产业贷款余额（亿元）	1 208.9	1 244.8	1 234.1	1 240.4	1 231.0	1 217.7	1 190.8	1 191.7	1 175.9	1 168.2	1 176.6	1 186.6
	建筑业贷款同比增长（%）	0.4	0.4	0.4	0.4	0.4	0.5	0.5	0.4	0.4	0.4	0.3	0.4
	房地产业贷款同比增长（%）	0.2	0.2	0.1	0.1	0.1	0.1	0.1	0.1	0.0	0.0	0.0	0.0
人民币	金融机构各项存款余额（亿元）	30 307.5	30 919.7	31 604.3	31 698.9	32 124.5	32 808.1	32 745.5	33 083.8	33 425.4	33 380.8	33 615.0	34 734.7
	其中：储蓄存款	14 539.2	14 789.8	14 968.0	14 841.5	14 960.1	15 246.4	15 252.8	15 375.5	15 740.1	15 470.9	15 618.4	16 147.4
	单位存款	13 928.4	14 110.8	14 760.1	14 894.6	15 157.3	15 566.0	15 259.3	15 448.6	15 574.2	15 571.7	15 880.1	16 658.4
	各项存款余额比上月增加（亿元）	147.6	612.2	684.6	94.6	425.7	683.5	-62.6	338.4	341.6	-44.6	235.1	1 119.7
	其中：储蓄存款	-935.9	182.4	649.3	134.5	262.7	408.7	-306.6	189.3	125.6	-2.5	309.3	778.3
	单位存款	883.4	262.2	178.1	-126.5	118.7	286.3	6.4	122.7	364.6	-269.2	147.4	529.0
	各项存款同比增长（%）	18.7	17.4	18.1	16.7	16.3	16.1	15.5	14.8	13.4	13.1	12.7	15.0
	其中：储蓄存款	23.3	16.8	17.9	17.2	17.4	17.5	16.9	16.7	16.4	16.7	17.4	18.3
	单位存款	15.4	21.2	20.1	18.1	18.5	19.5	17.2	15.7	12.3	10.2	9.3	11.2
	金融机构各项贷款余额（亿元）	19 479.7	19 698.3	19 883.2	20 158.8	20 380.6	20 687.9	20 893.1	21 147.0	21 309.0	21 562.1	21 760.7	22 033.2
	其中：个人消费贷款	3 391.4	3434.3	3 508.3	3 575.9	3 635.7	3 693.6	3 751.0	3 801.2	3 846.6	3 893.4	3 934.2	3 964.8
	票据融资	272.5	272.0	230.7	219.5	208.0	220.4	234.3	263.7	270.2	272.1	259.5	268.8
	各项贷款余额比上月增加（亿元）	443.8	218.7	184.8	275.6	221.9	307.3	205.2	260.1	162.0	253.1	206.2	272.6
	其中：个人消费贷款	101.26	42.93	73.93	67.62	59.81	57.88	57.42	50.22	45.39	46.8	40.88	30.62
	票据融资	-10.91	-0.54	-41.35	-11.18	-11.44	12.36	13.87	35.7	6.47	1.93	-12.57	9.3
	金融机构各项贷款同比增长（%）	20.4	19.1	19.2	19.3	18.5	17.9	17.4	17.4	16.3	16.2	16.1	16.3
	其中：个人消费贷款	0.3	0.3	0.3	0.3	0.3	0.2	0.2	0.2	0.2	0.2	0.2	0.2
	票据融资	-58.3	-51.8	-37.9	-39.5	-44.1	-39.7	-41.5	-25.5	-17.9	-19.7	-15.1	3.0
外币	金融机构外币存款余额（亿美元）	30.1	29.4	32.1	31.5	33.9	33.1	33.6	32.5	33.2	34.6	37.3	37.5
	金融机构外币存款同比增长（%）	30.9	21.0	28.1	27.2	47.6	41.2	30.3	40.5	19.6	41.7	38.8	20.3
	金融机构外币贷款余额（亿美元）	56.0	57.5	58.5	59.8	62.9	65.3	67.0	68.7	71.0	71.5	71.9	76.3
	金融机构外币贷款同比增长（%）	24.6	26.1	29.8	28.7	34.6	34.1	37.6	42.6	41.9	41.5	39.1	42.4

数据来源：中国人民银行成都分行。

表2　2001～2011年四川省各类价格指数

单位：%

年/月		居民消费价格指数		农业生产资料价格指数		工业生产者购进价格指数		工业生产者出厂价格指数	
		当月同比	累计同比	当月同比	累计同比	当月同比	累计同比	当月同比	累计同比
2001		—	2.1	—	-2.2	—	—	—	-1.5
2002		—	-0.3	—	4.1	—	-0.8	—	-2.3
2003		—	1.7	—	0.8	—	1.8	—	0.4
2004		—	4.9	—	10.9	—	10.3	—	5.4
2005		—	1.7	—	7.2	—	9.3	—	4.0
2006		—	2.3	—	3.3	—	4.5	—	1.9
2007		—	5.9	—	9.0	—	5.7	—	3.9
2008		—	5.1	—	16.6	—	12.4	—	9.3
2009		—	0.8	—	1.2	—	-4.7	—	-3.5
2010		—	3.2	—	3.6	—	6.1	—	5.0
2011		—	5.3	—	12.4	—	12.6	—	7.3
2010	1	0.8	0.8	1.9	1.9	3.3	3.3	2.7	2.7
	2	1.7	1.3	2.1	2.0	3.5	3.4	2.7	2.7
	3	1.8	1.4	2.4	2.1	4.5	3.8	3.5	3.0
	4	2.2	1.6	3.5	2.4	5.9	4.3	4.1	3.3
	5	2.7	1.8	3.6	2.7	7.0	4.8	5.0	3.6
	6	2.8	2.0	3.7	2.8	6.4	5.1	5.5	3.9
	7	3.2	2.2	3.1	2.9	6.9	5.3	5.3	4.1
	8	3.7	2.4	3.8	3.0	5.9	5.4	4.2	4.1
	9	4.3	2.6	4.8	3.2	6.0	5.5	5.4	4.3
	10	4.9	2.8	5.0	3.4	6.9	5.6	6.5	4.5
	11	5.1	3.0	5.2	3.5	8.4	5.9	7.5	4.8
	12	4.7	3.2	4.8	3.6	9.1	6.1	7.5	5.0
2011	1	5.4	5.4	6.0	6.0	12.3	12.3	7.2	7.2
	2	6.5	6.0	7.1	6.6	13.0	12.7	7.7	7.5
	3	6.6	6.2	9.8	7.7	13.7	13.0	8.0	7.6
	4	5.9	6.1	10.9	8.5	13.6	13.2	7.9	7.7
	5	5.5	6.0	11.8	9.1	13.8	13.3	8.1	7.8
	6	5.9	6.0	14.8	10.1	14.2	13.4	8.1	7.8
	7	5.7	5.9	16.0	10.9	14.5	13.6	8.7	8.0
	8	5.3	5.9	16.6	11.6	14.1	13.7	8.8	8.1
	9	4.9	5.7	16.3	12.2	14.2	13.7	8.2	8.1
	10	4.8	5.7	15.4	12.5	12.9	13.6	6.9	7.9
	11	4.0	5.5	13.2	12.6	9.3	13.2	5.2	7.7
	12	3.7	5.3	11.1	12.4	6.0	12.6	3.6	7.3

数据来源：四川省统计局。

表3 2011年四川省主要经济指标

	1月	2月	3月	4月	5月	6月	7月	8月	9月	10月	11月	12月
绝对值（自年初累计）												
地区生产总值(亿元)	—	—	4 257.6	—	—	9 370.6	—	—	15 468.3	—	—	21 026.7
第一产业	—	—	423.3	—	—	1 088.2	—	—	2 314.4	—	—	2 983.5
第二产业	—	—	2 354.5	—	—	5 304.6	—	—	8 153.2	—	—	11 027.9
第三产业	—	—	1 479.8	—	—	2 977.8	—	—	5 000.7	—	—	7 015.3
固定资产投资(亿元)	—	1 406.2	2 869.1	3 997.1	5 371.0	6 938.2	8 124.5	9 352.3	10 749.8	11 960.8	13 207.6	14 470.1
房地产开发投资	—	285.8	534.7	742.0	979.8	1 332.7	1 539.7	1 765.1	2 026.0	2 270.9	2 534.4	2 836.7
社会消费品零售总额(亿元)	—	—	1 793.1	2 415.5	3 077.9	3 707.3	4 346.2	4 975.8	5 653.1	6 378.3	7 056.5	7 837.4
外贸进出口总额(万美元)	31.7	56.1	88.8	117.6	153.3	194.4	241.8	290.5	336.3	374.9	428.8	477.8
进口	14.2	24.7	41.5	55.0	70.6	86.8	102.8	121.8	140.7	153.0	170.5	187.4
出口	17.6	31.4	47.3	62.7	82.8	107.6	138.9	168.6	195.6	221.8	258.3	290.4
进出口差额(出口－进口)	3.4	6.7	5.9	7.7	12.3	20.8	36.1	46.8	54.8	68.8	87.8	103.0
外商实际直接投资(亿美元)	4.2	11.5	19.7	24.8	32.1	41.5	46.7	51.8	65.4	72.0	76.9	95.3
地方财政收支差额(亿元)	31.6	-57.4	-188.3	-265.9	-449.5	-647.1	-734.0	-943.6	-1 343.7	-1 547.4	-1 933.9	-2 629.5
地方财政收入	233.5	356.7	532.5	711.2	885.3	1 098.8	1 259.9	1 391.2	1 522.8	1 671.9	1 806.4	2 044.4
地方财政支出	202.0	414.0	720.8	977.1	1 334.9	1 745.9	1 993.9	2 334.9	2 866.6	3 219.3	3 740.2	4 673.8
城镇登记失业率(%)（季度）	—	—	—	—	—	—	—	—	—	—	—	4.2
同比累计增长率（%）												
地区生产总值	—	—	15.0	—	—	14.8	—	—	14.7	—	—	15.0
第一产业	—	—	3.0	—	—	3.2	—	—	3.8	—	—	4.5
第二产业	—	—	20.0	—	—	19.6	—	—	20.2	—	—	20.7
第三产业	—	—	11.3	—	—	11.1	—	—	11.4	—	—	10.9
工业增加值	—	22.2	22.0	21.1	21.3	21.6	21.8	22.2	22.4	22.2	22.1	22.3
固定资产投资	—	23.0	22.6	21.0	20.3	19.6	19.5	19.7	19.5	18.8	18.0	17.0
房地产开发投资	—	47.8	31.3	35.5	38.9	34.8	32.5	32.4	32.3	31.5	30.4	29.3
社会消费品零售总额	—	--	17.0	17.4	17.8	18.0	18.1	17.8	17.9	17.9	18.0	18.1
外贸进出口总额	11.8	9.0	17.0	15.5	16.4	25.4	31.8	38.4	41.0	41.7	44.9	46.2
进口	29.2	18.4	29.5	27.4	27.9	30.1	29.2	34.0	36.7	35.1	36.4	35.3
出口	0.8	2.6	7.8	6.7	8.2	21.8	33.7	41.8	44.2	46.7	51.2	54.2
外商实际直接投资	27.1	67.4	52.5	50.6	65.3	62.1	41.7	57.9	68.2	64.7	55.8	55.6
地方财政收入	46.8	43.7	40.1	40.5	39.6	39.8	39.9	38.5	37.2	35.7	33.4	30.9
地方财政支出	92.1	54.1	15.9	6.8	18.1	25.7	21.4	22.2	15.0	11.6	6.7	9.8

数据来源：四川省统计局。

2011年贵州省金融运行报告

中国人民银行贵阳中心支行货币政策分析小组

[内容摘要] 2011年，在贵州省委、省政府“两加一推”主基调的推动下，贵州省经济发展明显提速，主要经济指标为近20年来最好，调整转型明显加快，工业对经济增长的贡献率提高，开放水平提高，人民生活改善，呈现良好发展态势，为“十二五”发展奠定了坚实基础。

金融改革发展的力度不断加大，金融业呈现出良好的发展态势，经营质量和效益稳步提高。银行业认真执行稳健的货币政策，信贷投放均衡，结构加速优化。证券机构经营稳定，上市公司业绩良好。保险业发展平稳，效益良好，服务经济能力进一步增强。金融市场发展较快，市场参与度提高。金融生态环境建设不断加强。

2012年，全省经济将按照“稳中求进、提速转型”的总目标和总要求加快发展，金融机构将继续贯彻落实稳健的货币政策，深入贯彻落实《国务院关于进一步促进贵州经济社会又好又快发展的若干意见》，合理扩大信贷投放,优化信贷结构，不断拓宽融资渠道,更加注重服务实体经济，支持贵州经济又好又快发展。

一、金融运行情况

2011年，贵州省金融业呈现良好发展态势。中国人民银行贵阳中心支行认真贯彻落实稳健的货币政策，使用差别准备金动态调整政策工具进行调控，银行业货币信贷合理增长，证券业发展稳定良好，保险业平稳增长，金融市场参与度提高，金融生态环境建设不断加强。

（一）银行业组织体系继续完善，货币信贷合理增长

1. 银行业资产规模进一步扩张，经营质量和效益稳步提高。资产总额增长22.3%，总资产突破万亿元（见表1）；资产质量改善，抵御风险能力增强，不良贷款持续“双降”，利润水平增幅达38.6%。地方法人金融机构资本结构优化，资本充足率较上年提高1.6个百分点。机构类型和网点逐渐增多，涉农金融机构不断扩大农村覆盖范围，12家村镇银行已开业。

表1　2011年贵州省银行业金融机构情况

机构类别	营业网点			法人机构（个）
	机构个数（个）	从业人数（人）	资产总额（亿元）	
一、大型商业银行	1 034	18 311	4 827	0
二、国家开发银行和政策性银行	65	1 318	1 330	0
三、股份制商业银行	6	361	530	0
四、城市商业银行	185	4 133	1 416	4
五、城市信用社	0	0	0	0
六、农村合作机构	2 085	20 830	2 137	85
七、财务公司	3	45	88	1
八、信托公司	1	138	32	1
九、邮政储蓄银行	897	2 144	476	0
十、外资银行	1	39	3	0
十一、新型农村金融机构	15	366	22	12
合　计	4 289	47 685	10 862	103

注：①营业网点不包括机构总部数据。
②大型商业银行包括中国工商银行、中国农业银行、中国银行、中国建设银行和交通银行。
③农村合作机构包括农村信用社、农村合作银行和农村商业银行。
④新型农村金融机构包括村镇银行。
数据来源：贵州银监局、各银行业金融机构。

2. 存款保持增长，企业存款增长减缓。年末全省金融机构本外币存款余额增长19.0%（见图3）。人民币存款新增1 396.6亿元（见图1），企业采购成本增加等因素导致企业存款增长放缓，存款利率高等因素支撑居民储蓄存款实现稳步增长。外币存款增长较快且活期化趋势明显。

3. 贷款投放合理均衡，信贷结构进一步优化。各金融机构认真执行稳健的货币政策，本外币贷款余额增长19.5%（见图2、图3）。各月信贷投放均

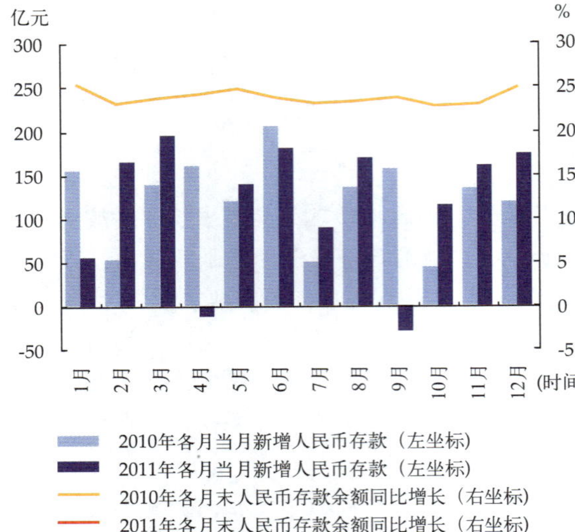

数据来源：中国人民银行贵阳中心支行。

图1　2010～2011年贵州省金融机构人民币存款增长变化

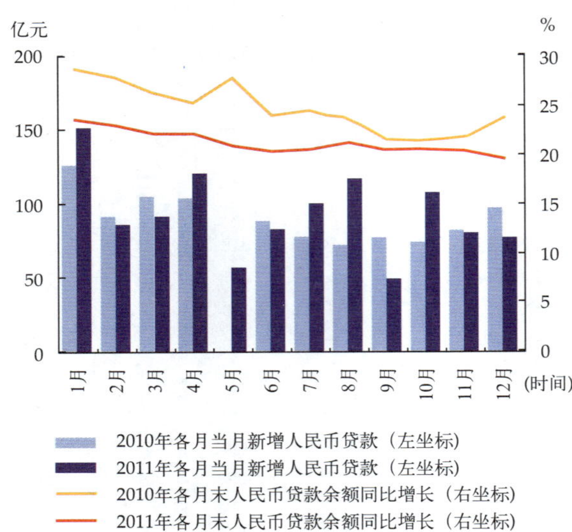

数据来源：中国人民银行贵阳中心支行。

图2　2010～2011年贵州省金融机构人民币贷款增长变化

衡，信贷结构长期化问题有所缓解。信贷资金投向结构不断优化，批发零售、卫生和社会保障等行业信贷增长明显；对“三农”、中小企业、就业创业等薄弱环节和民生领域的支持力度进一步加大，新增涉农贷款占全部新增贷款的比重达36.8%；积极促进贸易融资，新增贸易融资贷款为上年的1.8倍。支农再贷款使用效率提高，获贷机构的涉农贷款和农户贷款占比均提高。再贴现发放实现突破，累计

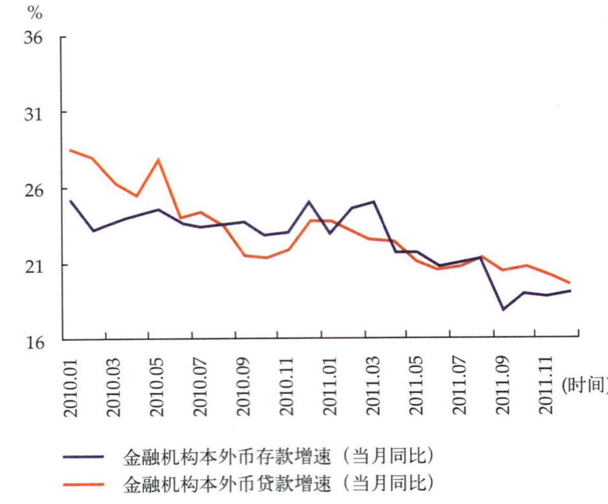

数据来源：中国人民银行贵阳中心支行。

图3　2010～2011年贵州省金融机构本外币存、贷款增速变化

发放8.2亿元，主要支持中小企业和涉农行业。

4. 银行资金定价能力增强。全省贷款平均利率从年初的6.9265%上升至年末的8.7177%。从贷款利率分布区间看，贷款向上浮动的比例有所增加，银

表2　2011年贵州省金融机构人民币贷款各利率区间占比

单位：%

月份		1月	2月	3月	4月	5月	6月
合计		100.0	100.0	100.0	100.0	100.0	100.0
[0.9～1.0)		35.7	25.4	20.3	17.0	14.5	12.4
1.0		23.9	34.6	33.9	29.0	26.2	32.1
上浮水平	小计	40.4	40.0	45.9	54.0	59.3	55.5
	(1.0～1.1]	5.9	7.2	5.5	6.3	9.6	9.7
	(1.1～1.3]	9.0	10.6	9.4	13.3	12.0	13.3
	(1.3～1.5]	6.1	6.3	8.2	10.2	8.8	9.4
	(1.5～2.0]	17.1	14.5	20.9	22.4	26.6	21.2
	2.0以上	2.2	1.4	1.8	1.7	2.3	1.8
月份		7月	8月	9月	10月	11月	12月
合计		100.0	100.0	100.0	100.0	100.0	100.0
[0.9～1.0)		9.2	12.6	8.5	6.8	7.3	7.1
1.0		35.8	30.3	26.4	28.4	25.9	21.1
上浮水平	小计	55.0	57.1	65.1	64.8	66.9	71.7
	(1.0～1.1]	8.6	9.1	11.2	17.8	16.7	13.9
	(1.1～1.3]	10.3	12.2	15.5	14.7	12.6	14.6
	(1.3～1.5]	12.7	13.2	14.6	12.1	15.5	17.1
	(1.5～2.0]	21.3	20.3	21.7	18.5	19.6	23.5
	2.0以上	2.1	2.4	2.2	1.7	2.4	2.6

数据来源：中国人民银行贵阳中心支行。

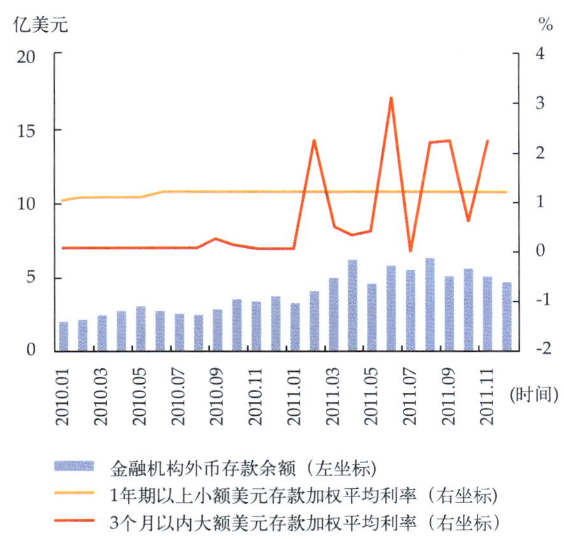

数据来源：中国人民银行贵阳中心支行。

图4　2010～2011年贵州省金融机构外币存款余额及外币存款利率

行资金定价能力有所增强。

5. 银行业改革持续推进。国有商业银行分支机构全面风险管理体系深入实施，主要监管指标正常，政策性银行业务转型有序开展，邮政储蓄银行小额贷款业务快速增长。地方性金融机构改革步伐加快，贵阳银行积极申请上市融资，贵阳农村商业银行正式挂牌成立，贵州银行正加紧筹建。全省农村信用社法人治理结构基本建立，资本约束能力增强，资产规模持续扩大，资产质量明显改善，经营效益不断提高，改革取得明显成效。新型农村金融机构发展迅速，村镇银行资产总额增长214.3%。小额贷款公司服务范围加快延伸，县域覆盖率达81%。

6. 跨境人民币业务快速发展。8月，贵州省启动跨境人民币业务，结算量快速增长，业务品种不断丰富。当年累计办理跨境人民币结算23.0亿元，涵盖货物贸易、服务贸易、直接投资和跨境融资等多个领域。

专栏 1　“四个创新”助推金融服务“三农”工作取得实效

近年来，中国人民银行贵阳中心支行立足贵州“欠开发、欠发达”省情，树立“创新金融产品服务，唤醒农村沉睡资本，助推城镇化和农业产业化”的理念，积极探索“四个创新”，全省金融服务“三农”工作呈现出“信贷投放力度持续加大、涉农金融服务不断优化、金融覆盖区域不断扩大”的良好发展势头。截至2011年年末，全省涉农贷款余额达到2 644.3亿元，占各项贷款余额的比重达到38.5%。

制度创新完善沟通协调机制。一是牵头建立贵州省金融服务“三农”发展联席会议制度，统筹协调全省金融机构和有关政府部门共同开展金融服务“三农”发展的各项工作。二是借助已经搭建的银政企沟通协调机制，通过召开专题会为金融服务“三农”发展提供经验交流平台和困难化解渠道。

督导创新确保政策落到实处。一是开展涉农信贷政策导向效果评估，将涉农信贷各项内容作为重要指标纳入评估体系，设立“社会主义新农村建设信贷”奖项对金融机构进行评估表彰，促进涉农信贷政策的落实。二是借助信贷政策导向效果评估管理系统技术手段，建立覆盖各市州的涉农信贷政策导向评估信息和数据报送制度，提高监测、研究、决策、执行的效率。

产品创新拓宽融资担保渠道。一是在全省11个茶叶产业化县开展“财政资金+信贷资金”试点，成立担保公司为当地茶产业发展提供融资担保，已累计发放担保贷款5.6亿元。二是在2个村开展“农村资金互助社”试点，借助农村地区特有的信用机制探索农户融资新渠道。三是在全省13个县市积极稳妥地开展农村土地承包经营权和宅基地使用权抵押贷款试点，发挥农村产权的融资功能，已发放抵押贷款近5 000万元。四是稳步推进林权抵押贷款业务，金融支持林业改革发展的多元化格局逐步形成。五是重启小额担保贷款业务，将农民工和农民特别是妇女纳为业务受益群体，实现全省业务全覆盖，小额担保贷款成倍增长，余额突破16亿元。

服务创新营造良好金融环境。一是全省金融机构空白乡镇的填补工作提前两年完成，为金融机构空白乡镇农民每年节省大约16亿元费用开支。二是积极引导金融机构为农民、农民工开展多样化的金融服务，开展多种形式的“金惠工程”农村金融教育，推动信合惠农一折通、惠农卡、福农卡等现代化支付手段在农村地区运用，推动金融机构建立农民工金融服务中心。三是以“农户建档+信用评价+小额信用贷款”为核心模式，以为农户建立信用档案为基础，将政府创新社会管理与农村信用体系建设有机结合，加快农村信用体系建设，540万农户通过信用等级评定获得贷款支持，农村金融生态环境持续得到优化。

（二）证券机构经营稳定，上市公司业绩良好

证券机构逐渐增多，年末证券分公司有3家，同比增加2家；证券营业部有44家，同比增加8家；期货营业部有8家，同比增加1家。全年交易下降，证券交易额同比减少22%，客户资产总额同比减少31%，期货成交额同比减少23%。法人证券机构实现营业收入4.6亿元，其中，经纪业务手续费收入占比为79.7%。

年末20家上市公司总市值达2 911亿元，同比减少6%；总股本为100亿股，同比增长11%。上市公司新增直接融资27.7亿元，其中，国内A股市场筹资15.7亿元，发行公司债募集资金12亿元（见表3）。前三个季度贵州上市公司实现利润总额129亿元，同比增长43%。

（三）保险业发展平稳，服务经济能力进一步增强

年末保险公司经营主体达到22家，各级保险分支机构有930个，专业保险中介机构有22家。全年保险业保费收入较上年增长12.8%，保险赔付支出较上年增长24.7%（见表4）。保险公司总资产为217.2亿元，较年初增长20.8%。

表3　2011年贵州省证券业基本情况

项目	数量
总部设在辖内的证券公司数（家）	1
总部设在辖内的基金公司数（家）	0
总部设在辖内的期货公司数（家）	0
年末国内上市公司数（家）	20
当年国内股票（A股）筹资（亿元）	15.7
当年发行H股筹资（亿元）	0
当年国内债券筹资（亿元）	70
其中：短期融资券筹资额（亿元）	24

数据来源：中国人民银行贵阳中心支行、贵州证监局、贵州省发展改革委。

表4　2011年贵州省保险业基本情况

项目	数量
总部设在辖内的保险公司数（家）	0
其中：财产险经营主体（家）	0
人身险经营主体（家）	0
保险公司分支机构（家）	22
其中：财产险公司分支机构（家）	14
人身险公司分支机构（家）	8
保费收入（中外资，亿元）	131.8
其中：财产险保费收入（中外资，亿元）	59.0
人身险保费收入（中外资，亿元）	72.8
各类赔款给付（中外资，亿元）	39.5
保险密度（元/人）	379.4
保险深度（%）	2.3

数据来源：贵州保监局。

保险服务社会主义新农村建设的能力进一步增强。农村小额人身保险保费收入为4 591.3万元，较上年增长59%；承担风险保障101.5亿元，较上年增长39.9%。全年承保政策性能繁母猪18.5万头，较上年增长63.4%；承担风险保障1.8亿元，同比增长75.2%。

（四）金融市场较快发展，市场参与度提高

1. 债券融资成为企业重要的直接融资渠道。全年直接融资85.7亿元（见表5）。其中，银行间市场

表5　2001～2011年贵州省非金融机构部门贷款、债券和股票融资情况

单位：亿元、%

年份	融资合计	比重		
		贷款	债券（含可转债）	股票
2001	184.3	80.0	0.0	20.0
2002	203.6	100.0	0.0	0.0
2003	313.3	99.3	0.0	0.7
2004	319.5	96.1	0.0	3.9
2005	339.7	99.1	0.0	0.9
2006	397.9	98.5	1.5	0.0
2007	479.3	91.0	1.8	7.2
2008	562.9	96.2	2.7	1.1
2009	1 120.4	97.2	0.9	1.9
2010	1 242.7	88.6	7.0	4.4
2011	1 209.3	92.9	5.8	1.3

数据来源：中国人民银行贵阳中心支行、贵州证监局、贵州省发展改革委。

非金融企业发债融资规模占比达67.7%，较上年提高6.1个百分点。中期票据发行企业增多，募集资金增多。省内大型企业法人较少，符合发行条件的企业发行非金融企业债务融资工具的成本与贷款成本相比优势不明显，一定程度上制约了银行间市场非金融企业发债融资的进一步拓展。

2. 参与货币市场交易的成员增多，利率总体走高。全年银行间债券市场成员中共有8家机构参与债券质押式回购交易，累计成交8 637.0亿元；累计现券交易2 992.4亿元，累计信用拆借融入资金3.0亿元。各交易品种利率全年保持总体走高态势，在一些时点上受金融机构流动性状况及市场预期变化等因素影响，利率波动性较强。

3. 票据市场融资功能明显，加权平均利率震荡走高。贵州省内金融机构越来越多地采用签发汇票方式对实体经济提供支持，全年银行承兑和商业承兑汇票余额同比增长66.2%（见表6）。票据市场加权利率总体呈震荡走高态势，银行承兑汇票直贴加权平均利率上升66.7%，商业承兑汇票直贴加权平均利率上升94.7%，买断式转贴现加权平均利率上升55.7%（见表7）。

表6　2011年贵州省金融机构票据业务量统计

单位：亿元

季度	银行承兑汇票承兑		贴现			
			银行承兑汇票		商业承兑汇票	
	余额	累计发生额	余额	累计发生额	余额	累计发生额
1	232.0	140.6	101.6	77.9	1.9	1.4
2	279.3	317.0	103.4	155.6	2.0	2.6
3	277.9	473.7	97.0	231.1	1.7	3.7
4	331.0	695.3	105.8	319.7	2.3	5.2

数据来源：中国人民银行贵阳中心支行。

表7　2011年贵州省金融机构票据贴现、转贴现利率

单位：%

季度	贴现		转贴现	
	银行承兑汇票	商业承兑汇票	票据买断	票据回购
1	6.4535	5.6147	6.0997	5.0462
2	7.1529	7.0226	6.2596	5.6671
3	8.9720	7.5429	9.7542	6.7368
4	10.1613	6.0304	8.3043	—

数据来源：中国人民银行贵阳中心支行。

4. 黄金市场价格稳步上升。贵州省在黄金市场的交易量和交易金额大幅提高，从第一季度到第四季度纸黄金价格上涨9.4%，实物黄金价格上涨15.0%，全年黄金交易量是上年的2.6倍，黄金交易金额是上年的3.2倍。

5. 理财业务活跃。贵州省14家银行业金融机构总计发行封闭式理财产品3 000余期，累计募集资金550多亿元。理财产品预期收益率增长较快，募集资金主要投向债券及货币市场工具。

6. 民间借贷利率上升，第三季度达到最高值，第四季度有所回落，年末借贷利率较年初上涨12.7%，81.8%的借贷发生在下半年。

（五）金融生态环境建设不断加强

自上而下的社会信用体系建设组织协调机制逐步建立，政务诚信、商务诚信、社会诚信、司法诚信和农民诚信成为全省经济工作的重要内容，企业信用评级逐步成为政府部门完善评先选优方式和加强分类管理的重要手段。企业和个人征信系统建设日益成熟，共收录7.4万个企业组织和1 854.5万个自然人的信用信息。以创新政府社会管理和建立竞争性农村金融市场为重点的农村信用体系建设试点工作取得显著成效，中小企业信用信息服务系统成功试点运行。全省支付系统建设继续快速发展，现代化支付清算系统得到积极的推广和运用，“银行卡助农服务村村通”工程建设在全省农村地区全面推进，农村银行卡服务范围不断扩大。

二、经济运行情况

2011年，全省地区生产总值增长15%（见图5），人均地区生产总值达到1.6万元，工业对经济增长的贡献率提高，大部分行业的创新和转型步伐加快。

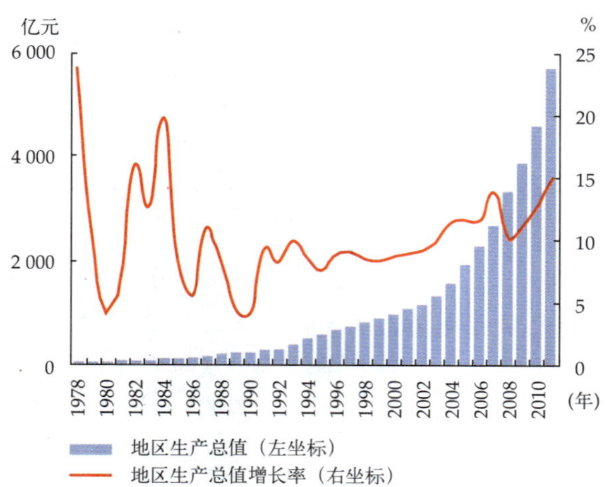

数据来源：贵州省统计局。

图5　1978～2011年贵州省地区生产总值及其增长率

（一）投资、出口高速增长，消费增速回落

1. 固定资产投资高速增长。全省固定资产投资累计完成5 101.6亿元，同比增长60.1%（见图6）。以交通运输、水利环境和电力为重点的基础设施建设是拉动固定资产投资的主要力量。国家预算内资金和自筹部分分别增长88.1%和70.5%，国内贷款占比继续下降。随着“工业强省”、“城镇化带动”战略实施，基础设施建设继续推进，全省固定资产投资将继续保持快速增长。

2. 社会消费增速回落。农民人均纯收入同比增速较城镇居民人均可支配收入同比增速高2.8个百分点，城乡收入差距继续缩小。对经济形势存在不确定预期等原因使社会消费品零售总额增速下降（见

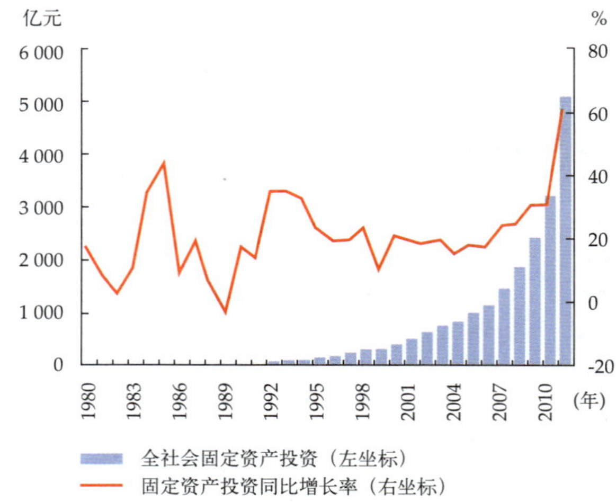

数据来源：贵州省统计局。

图6　1980～2011年贵州省固定资产投资及其增长率

图7）。农村人均消费支出增速高于城镇人均消费支出增速8.3个百分点。食品价格快速上涨，城乡居民恩格尔系数分别上升了0.3个和1.4个百分点，农村居民消费性支出占收入的比例继续上升。

3. 对外贸易大幅增长，外商直接投资额同比翻番（见图9）。贸易进出口总额为48.8亿美元，出口同比增长55.5%，进口同比增长54.2%（见图8），货物贸易资金流动主要集中在磷化工、橡胶、烟酒以及钢铁行业。外商直接投资为6.7亿美元，同比增

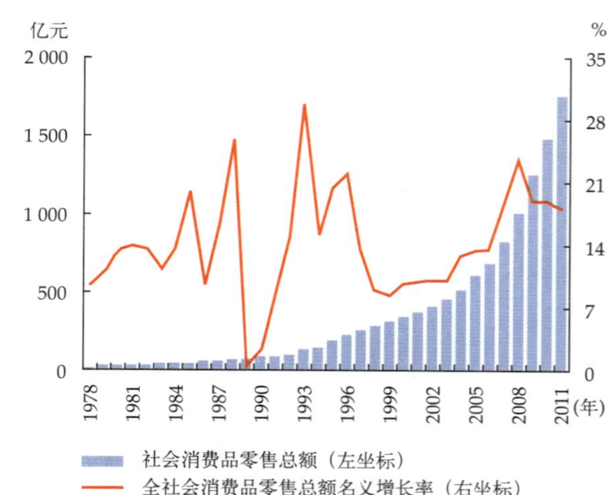

数据来源：贵州省统计局。

图7　1978～2011年贵州省社会消费品零售总额及其增长率

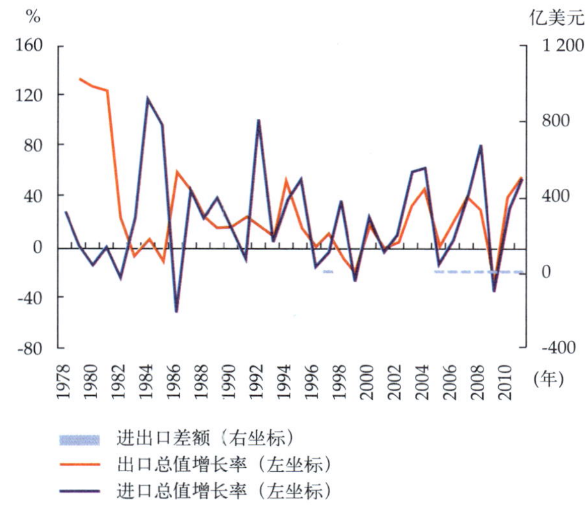

数据来源：贵州省统计局。

图8　1978～2011年贵州省外贸进出口变动情况

数据来源：贵州省统计局。

图9　1989～2011年贵州省外商直接投资情况

长127.9%，资金主要流入房地产业、水的生产和供应业、煤炭开采和洗选业等行业。

（二）经济发展明显提速，第二产业的带动力持续提高

全省三次产业结构比例为12.7∶40.9∶46.4。第二产业对经济的贡献度明显提高。

1. 农业生产总体平稳，生产结构得到优化。特大旱灾导致全省粮食产量较上年减产21.2%，种养结构及时调整在一定程度上降低了灾害影响。畜牧

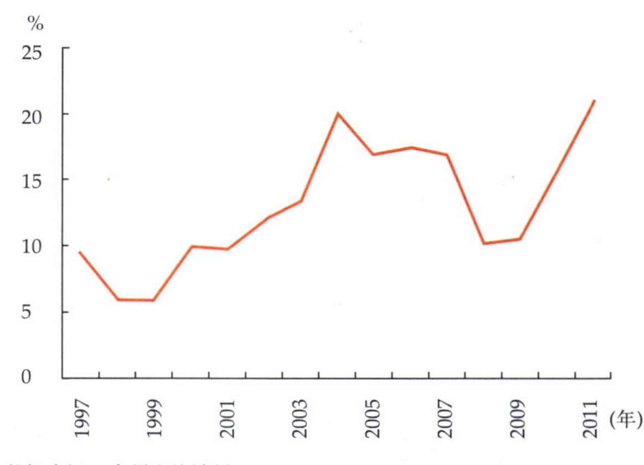

数据来源：贵州省统计局。

图10　1997～2011年贵州省规模以上工业增加值同比增长率

业和特色经济作物增加值占比较上年提高，农村基础设施得到极大改善，金融支农力度持续增强。

2. 工业加快发展，投资力度加大。在“工业强省”战略的推动下，全年规模以上工业增加值增长21.0%，较上年加快5.2个百分点（见图10），主要工业行业和大部分工业产品均实现不同程度的增长。规模以上工业企业利润增长27.5%。工业项目建设快速推进，产业园区建设空前加快。工业投资力度高速增长，更新改造投资同比增长43.8%。

3. 服务业发展步伐加快，层次结构继续改善。第三产业增加值实现2 641.6亿元，增速较上年加快2.1个百分点。在少数民族传统体育运动会、国际酒类博览会等大型活动的带动下，旅游、商贸等服务业快速发展，旅游收入增长34.7%，营利性服务业和非营利性服务业增加值均增长20%以上。

（三）各类价格和劳动力成本涨幅均上升

1.居民消费价格涨幅拉高回落（见图11）。受食品价格上涨影响，居民消费价格自年初开始持续较大幅度上涨，10月达高点6.2%，随后呈逐渐回落态势。全年居民消费价格同比上涨5.1%，比全国平均水平低0.3个百分点。

2.生产价格涨势明显。在资源性产品、牲畜等价格大幅上涨的推动下，生产价格不断攀升，后期涨势有所回落。其中，农业生产资料价格和工业生产者购进价格涨幅较明显，全年分别较上年上涨11.1%和15.0%。

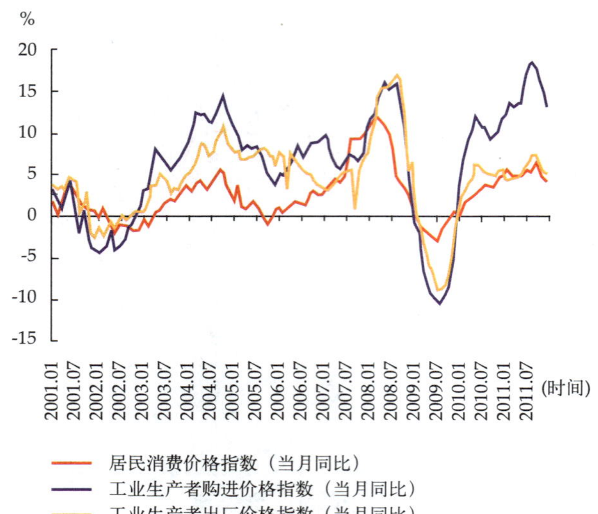

数据来源：贵州省统计局。

图11　2001～2011年贵州省居民消费价格和生产者价格变动趋势

3. 劳动力成本涨幅同比有所上升。单位从业人员平均劳动报酬增长13.1%，低于全国平均水平1.8个百分点。各类型单位从业人员平均劳动报酬差距继续扩大。基本养老金、城镇医保、农村五保供养水平不断提高，农民工返乡就业创业积极性增强，各项支持和扶持措施取得成效。

4. 公共性资源产品价格调整。在各类价格不断上行的情况下，电力、自来水、煤、管道燃气、土地、交通等也纷纷进行价格调整，企业和城镇居民的生产、生活成本上升。

（四）财政收入加速增长，支出结构进一步优化

2011年财政总收入为1 330.1亿元，较上年增长37.2%（见图12）。地方一般预算收入增速比上年提高16.6个百分点，其中，省级预算收入增长最快。经济增长为税收增长奠定了较好的税源基础，

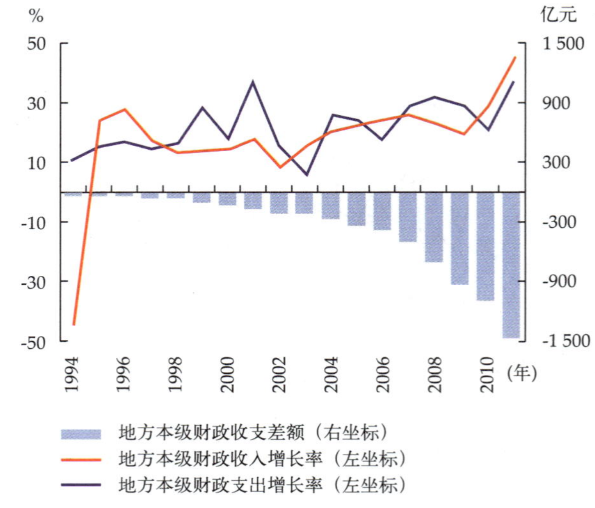

数据来源：贵州省统计局。

图12　1994～2011年贵州省财政收支状况

大部分行业和重点骨干企业效益明显好于上年，营业税和企业所得税均保持30%以上的增速，非税收入增长84.6%，对地方财政总收入的贡献率继续增大。支出结构进一步优化，确保了以十大民生工程、交通、水利为重点的项目建设，保障“三农”、教育、卫生、就业、社会保障和社会稳定等各项预算支出。

（五）节能降耗取得成效，生态建设进一步加强

节能减排检查力度加大，十大重点节能工程实施，工业增长方式加快转变，全省单位生产总值能耗和主要污染物排放总量控制在国家下达的指标范围内。贵阳市入选国家“十二五”节能减排财政政策综合示范城市，带动全省建筑、交通和公共机构领域节能全面推进。骨干水源工程建设规划加快，退耕还林（草）等工程持续推进，全省森林覆盖率达41.5%。全省节能减排项目和循环经济项目贷款余额为400.6亿元，支持项目共计221个。

专栏2　贵州省跨境人民币结算业务开局良好

2011年8月23日，中国人民银行等六部委联合发布《关于扩大跨境贸易人民币结算地区的通知》，跨境贸易人民币结算境内地域范围扩大至全国。9月6日，贵州省金融机构跨境人民币业务电视会议在全省召开，标志着此项业务在贵州正式启动。

中国人民银行贵阳中心支行积极组织协调各项工作，确保业务工作顺利推进。一是迅速明确业务工作的组织框架，成立领导小组和具体承办部门。二是加强与商务、海关、国税、外管等部门的协调，建立联合工作机制，逐步完善相关配套措施。三是争取总行政策支持，开展业务创新。四是积极筛选出口试点企业名单，争取让尽可能多的企业获准开展跨境贸易人民币结算。

省内跨境人民币结算业务短期内取得明显成效。一是业务规模迅速增长。年末全省跨境人民币业务累计结算额达到23.0亿元，为企业节约汇兑成本约460万元，发挥了为企业规避汇率风险的作用。二是境外市场低成本融资支持了重点进出口行业的发展。磷化工、轮胎行业通过出口代付业务借入人民币资金9.8亿元，缓解了资金紧张局面，4.84%的境外借款加权平均利率帮助企业节约了资金使用成本。三是业务范围快速扩大。除经常项目结算外，还开展了贸易融资、外资企业境外投资者增资、股权并购以及非金融机构企业向境外股东支付人民币股利等人民币业务。四是受益主体快速增多。目前已涉及采矿、制造、建筑、交通运输、批发和零售等8个行业20余家企业。

（六）行业创新和转型速度加快

1. 房地产调控效应逐步显现。房地产销售增速回落，新建住房价格同比涨幅逐季度递减，房地产各项贷款尤其是房地产开发贷款增速放缓。保障性住房建设步伐加快，金融支持力度加大。

（1）房地产开发投资增长加快。全年开发投资额为878.7亿元，同比增长57.8%，增速较上年提高7.9个百分点。经济适用房开发投资增速止跌回升，同比增长38.6%。自筹资金占比较上年大幅提高13.9个百分点，自筹资金与其他资金仍然是房地产开发投资的主要资金来源。

（2）房地产市场供给增幅收窄。土地购置费增长8.8%，土地购置面积下降9.3%，分别较上年增速降低79.4个和171.9个百分点。房屋施工面积同比增长31.5%；房屋新开工面积增长1.5%，较上年降低62.1个百分点（见图13）。保障性住房已开工面积1 488万平方米，是计划开工面积的106.0%。

（3）房地产销售继续保持增长。随着房地产差别化信贷政策、限购措施的实施，商品房销售面积和销售额增长明显放缓，整体涨幅较上年收窄（见图13）。

（4）新建住宅销售价格同比涨幅逐季度递减。贵阳市新建住宅销售价格指数由第一季度末的5.3降至年末的2.8（见图14）。银行房地产开发贷款收紧，开发商资金链拉紧，一定程度上影响了房价涨幅。

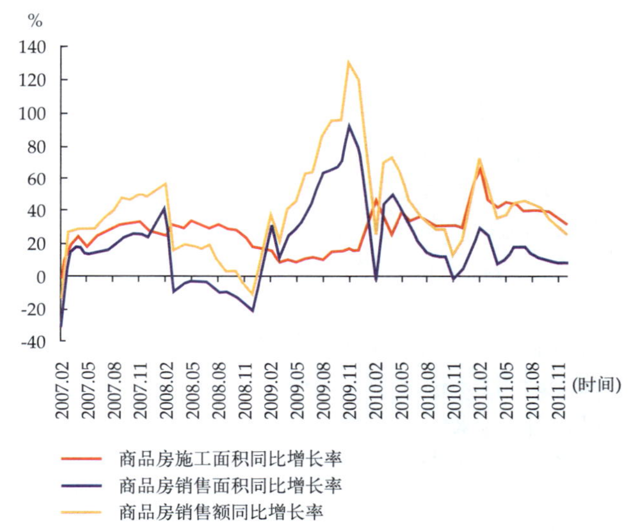

数据来源：贵州省统计局。

图13　2007～2011年贵州省商品房施工和销售变动趋势

（5）房地产各项贷款增速放缓。年末房地产贷款余额同比增长20.4%，较上年降低18.3个百分点。其中，房地产开发贷款较年初小幅增长9.1%。个人住房贷款同比增长25.4%，增量占房地产各项贷款增量的比重达77%。个人住房贷款平均抵借比为60.0%，较上年下降2.6个百分点。保障性住房贷款余额为63.4亿元。

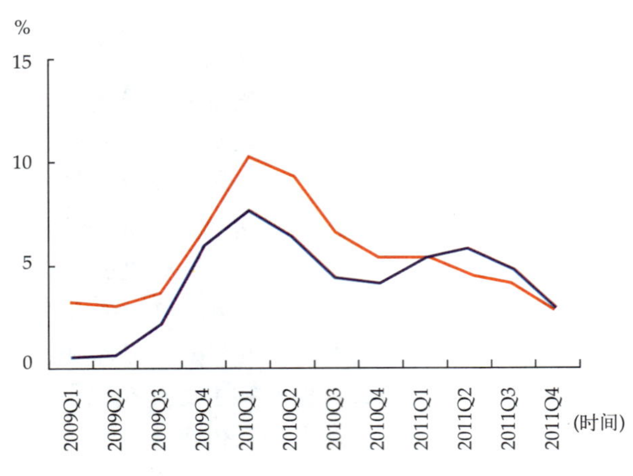

数据来源：贵州省统计局。

图14　2009～2011年贵州省主要城市房屋销售价格指数变动趋势

2. 装备制造业加快技术创新，市场拓展步伐加速。依托重大项目建设，能矿、航空航天、机电机械、汽车及其零部件等一批特色鲜明、重点突出的装备制造产业集群和企业集团得到发展，初步形成以贵阳为核心区，遵义、安顺、凯里、都匀为配套功能区的黔中特色装备制造业基地。全省206家装备制造企业实现销售收入413.6亿元，同比增长24.2%。技术创新步伐加快，涌现出锂离子电池正极材料、空调节能装置等一大批技术创新和专利技术成果，企业独立生产能力逐渐提高。

3．旅游业加快转型，发展态势良好。旅游发展环境进一步优化，基础设施、项目建设、品牌创新、营销服务和产业融合的发展速度加快，“多彩贵州”已成为贵州重要的名片之一。2011年全省旅游收入、接待人数增速分别高于全国平均增速13.9个和19.3个百分点。旅游需求、目的和方式不断变化和发展挑战着传统旅游管理模式，贵州旅游业进入转型升级关键时期，需要充分结合喀斯特文化、民族历史文化、休闲养生文化等资源，培育旅游业的文化价值，同时加强资本运作，走集团化、产业化、品牌化发展之路。

三、预测与展望

2012年是“十二五”发展的关键之年，贵州省确立了“稳中求进、提速转型”的工作总基调和总目标。贵州是国家深入实施西部大开发战略的重点，是新一轮扶贫开发的重点，中央重点支持的许多领域正是贵州具有优势的领域、需要重点发展的领域或较为薄弱的环节，加上产业转移加速推进，近年来，贵州发展基础有了很大改变，发展所处阶段有较强的内生动力，发展的有利因素增多。

全省经济社会发展的主要预期目标是：地区生产总值增长14%，固定资产投资增长50%，社会消费品零售总额增长18%，进出口总额增长30%，居民消费价格指数控制在国家调控目标范围内。各金融机构存贷款将保持合理适度增长，全省经济快速上升，资金需求大，需要在进一步扩大信贷融资的同时，加快发展直接融资的步伐。2012年要继续实施积极的财政政策和稳健的货币政策，根据形势变化适时适度预调微调。全省金融机构将进一步结合贵州经济建设的实际，深入贯彻落实《国务院关于进一步促进贵州经济社会又好又快发展的若干意见》（国发[2012]2号），更加注重服务实体经济，支持贵州经济又好又快发展。

中国人民银行贵阳中心支行货币政策分析小组
负责人：王　平　蔡　湘
统　稿：孙　涌　李家鸽
执　笔：白庆菊　欧阳斌　李晶彦　杨　丽　封明川　孔艳彦　刘　爽
提供材料的还有：向　明　邓媚媚　郭　嘉　侯娴娴　路　音　杨　超　孙学栋

附录

（一）2011年贵州省经济金融大事记

1月，省政府1号文下发《关于做好金融工作促进经济更好更快发展的意见》。

5月，省政府正式设立金融工作办公室。

8月，中国(贵州)国际酒类博览会暨2011中国贵阳投资贸易洽谈会在贵阳成功举办。

9月，贵州参与签署《中国人民银行泛珠三角9省（区）社会信用体系共建协议》。

11月，《贵州省“十二五”金融业发展专项规划》编制完成。

11月，贵阳农村商业银行正式挂牌成立。

12月，全省多个重要经济指标明显增长，其中，生产总值增长15%，为近27年来最高，全省固定资产投资增长61%。

12月，工业对经济增长的贡献率达45.5%，成为拉动经济增长的主要力量。城镇化率达到35%。《黔中经济区发展规划》上升到国家层面，“工业强省”和城镇化战略实施效果明显。

12月，“引金入黔”工程步伐加速，全年共有4家金融机构入驻贵州。

（二）2011年贵州省主要经济金融指标

表1　2011年贵州省主要存贷款指标

		1月	2月	3月	4月	5月	6月	7月	8月	9月	10月	11月	12月
本外币	金融机构各项存款余额（亿元）	7 421.8	7 593.0	7 792.3	7 786.6	7 912.7	8 101.8	8 189.2	8 362.3	8 325.8	8 443.2	8 601.0	8 771.3
	其中：储蓄存款	3 461.7	3 498.4	3 554.5	3 553.3	3 590.5	3 660.3	3 680.2	3 713.5	3 787.2	3 755.3	3 797.7	3 944.1
	单位存款	3 461.9	3 536.2	3 756.9	3 762.7	3 833.4	3 893.6	3 951.2	4 061.2	3 960.4	4 061.8	4 202.2	4 325.4
	各项存款余额比上月增加（亿元）	51.0	171.3	199.3	-5.7	126.1	60.2	87.4	173.1	-36.5	117.4	157.9	170.3
	金融机构各项存款同比增长（%）	22.7	24.4	24.9	21.7	21.4	20.6	20.9	21.1	17.8	18.8	18.7	19.0
	金融机构各项贷款余额（亿元）	5 904.1	5 989.1	6 088.9	6 208.1	6 264.5	6 347.7	6 447.3	6 562.7	6 611.2	6 716.4	6 794.8	6 875.7
	其中：短期	1 073.5	1 104.3	1 116.7	1 158.3	1 160.1	1 180.8	1 213.4	1 232.3	1 248.8	1 283.1	1 293.0	1 319.3
	中长期	4 698.1	4 770.4	4 862.6	4 942.8	5 004.7	5 056.3	5 120.1	5 216.9	5 259.8	5 335.7	5 394.6	5 439.9
	票据融资	126.5	1 080.1	103.5	101.8	94.6	105.4	108.6	109.5	98.6	93.0	102.0	108.0
	各项贷款余额比上月增加（亿元）	152.1	85.0	99.8	119.3	56.4	83.2	99.6	115.4	48.5	105.3	78.3	80.9
	其中：短期	37.4	30.8	12.4	41.6	1.7	20.7	32.6	19.0	16.5	34.3	9.9	26.3
	中长期	115.9	72.3	92.2	80.2	61.9	51.6	63.8	96.7	43.0	75.9	58.8	45.4
	票据融资	-1.4	-18.5	-44.9	-1.7	-7.3	10.9	3.2	0.9	-10.9	-5.7	9.0	6.1
	金融机构各项贷款同比增长（%）	23.6	23.0	22.4	22.2	20.9	20.5	20.7	21.2	20.4	20.6	20.2	19.5
	其中：短期	—	—	—	—	—	—	—	—	—	—	—	—
	中长期	—	—	—	—	—	—	—	—	—	—	—	—
	票据融资	2.9	838.6	-3.2	-2.5	-3.0	7.9	-0.2	2.8	-10.2	-23.4	-11.8	-15.5
	建筑业贷款余额（亿元）	284.6	289.7	293.5	297.8	300.7	303.2	307.5	313.2	315.4	320.7	323.4	328.2
	房地产业贷款余额（亿元）	329.7	336.4	330.3	326.7	325.8	326.4	329.4	328.6	330.5	331.8	331.6	331.5
	建筑业贷款同比增长（%）	14.5	13.0	14.1	13.2	18.9	19.9	19.1	22.0	21.9	20.9	20.5	21.6
	房地产业贷款同比增长（%）	24.9	23.0	19.3	19.2	21.8	18.9	17.5	13.6	11.5	8.9	6.4	5.6
人民币	金融机构各项存款余额（亿元）	7 400.9	7 567.1	7 760.6	7 747.1	7 884.1	8 065.1	8 154.2	8 322.3	8 294.2	8 408.3	8 569.2	8 742.8
	其中：储蓄存款	3 453.5	3 491.2	3 547.3	3 545.6	3 582.5	3 651.6	3 672.3	3 705.5	3 778.2	3 746.3	3 788.3	3 934.5
	单位存款	3 449.6	3 518.0	3 733.2	3 731.5	3 813.6	3 867.3	3 924.6	4 029.9	3 938.5	4 039.4	4 182.4	4 306.8
	各项存款余额比上月增加（亿元）	54.8	166.2	193.6	-13.5	137.0	181.0	89.1	168.1	-28.1	114.1	160.9	173.6
	其中：储蓄存款	211.9	37.6	56.1	-1.7	36.9	69.1	20.7	33.2	72.6	-31.8	42.0	146.2
	单位存款	-222.1	68.4	215.2	91.9	82.1	53.8	57.3	105.3	-91.4	-100.9	143.0	124.4
	各项存款同比增长（%）	22.7	24.3	24.7	21.4	21.3	20.3	20.7	20.8	17.7	18.6	18.6	19.0
	其中：储蓄存款	27.4	20.8	20.8	21.2	21.7	21.4	22.2	22.4	21.2	21.4	21.2	21.2
	单位存款	—	—	—	—	—	—	—	—	—	—	—	—
	金融机构各项贷款余额（亿元）	5 879.1	5 964.5	6 055.4	6 176.3	6 231.6	6 312.6	6 411.7	6 527.6	6 577.0	6 684.7	6 765.6	6 841.9
	其中：个人消费贷款	841.2	852.9	878.4	904.6	927.5	948.3	967.3	982.5	1 002.8	1 023.6	1 042.0	1 059.9
	票据融资	126.5	108.0	103.5	101.8	94.6	105.4	108.6	109.5	98.6	93.0	102.0	108.0
	各项贷款余额比上月增加（亿元）	151.3	85.4	90.9	120.9	55.2	81.0	99.1	115.9	49.4	107.7	80.8	76.4
	其中：个人消费贷款	30.1	11.7	25.5	26.2	23.0	20.8	19.0	15.2	20.3	20.7	18.4	18.0
	票据融资	-1.4	-18.5	-4.5	-1.7	-7.3	10.9	3.2	0.9	-1.1	-5.7	9.0	6.1
	金融机构各项贷款同比增长（%）	23.4	22.8	22.1	22.0	20.7	20.3	20.4	21.0	20.2	20.5	20.1	19.5
	其中：个人消费贷款	47.3	46.5	45.5	43.9	41.8	39.8	38.2	36.9	35.3	35.0	32.2	30.6
	票据融资	2.9	-6.1	-3.2	-2.5	-3.0	7.9	-0.2	2.8	-10.2	-23.4	-11.8	-15.5
外币	金融机构外币存款余额（亿美元）	3.2	4.0	4.8	6.1	4.4	5.7	5.4	6.3	5.0	5.5	5.0	4.5
	金融机构外币存款同比增长（%）	58.5	66.7	127.8	130.3	89.3	137.2	110.9	158.7	53.6	86.8	55.1	25.8
	金融机构外币贷款余额（亿美元）	3.8	3.7	5.1	4.9	5.1	5.4	5.5	5.5	5.4	5.0	4.6	5.4
	金融机构外币贷款同比增长（%）	95.9	73.1	110.7	83.8	77.0	104.5	124.4	132.6	91.5	41.4	34.1	46.2

数据来源：中国人民银行贵阳中心支行。

表2 2001～2011年贵州省各类价格指数

单位：%

年/月		居民消费价格指数		农业生产资料价格指数		工业生产者购进价格指数		工业生产者出厂价格指数	
		当月同比	累计同比	当月同比	累计同比	当月同比	累计同比	当月同比	累计同比
2001		—	1.8	—	-0.6	—	0.2	—	2.2
2002		—	-1.0	—	0.6	—	-2.4	—	-1.1
2003		—	1.2	—	4.1	—	6.0	—	3.4
2004		—	4.0	—	9.0	—	12.0	—	8.0
2005		—	1.0	—	10.2	—	7.4	—	7.2
2006		—	1.7	—	5.4	—	7.3	—	4.3
2007		—	6.4	—	5.1	—	7.5	—	5.0
2008		—	7.6	—	13.4	—	12.5	—	12.4
2009		—	-1.3	—	-3.8	—	-6.5	—	-4.9
2010		—	2.9	—	1.1	—	9.8	—	4.7
2011		—	5.1	—	11.1	—	15.0	—	5.4
2010	1	0.1	0.1	-0.7	-0.7	5.0	5.0	1.9	1.9
	2	1.6	0.8	0.2	-0.3	7.3	6.1	2.8	2.3
	3	2.1	1.3	0.8	0.1	9.5	7.3	4.0	2.9
	4	2.2	1.5	1.1	0.3	10.4	8.0	4.6	3.3
	5	2.4	1.7	0.2	0.3	12.1	8.9	5.9	3.8
	6	3.1	1.9	0.1	0.3	11.4	9.3	5.9	4.2
	7	3.6	2.2	-0.5	0.2	10.7	9.5	5.4	4.3
	8	3.8	2.4	0.6	0.2	10.7	9.6	5.0	4.4
	9	3.6	2.5	2.1	0.4	9.3	9.6	5.0	4.5
	10	3.5	2.6	3.5	0.7	9.8	9.6	4.7	4.5
	11	4.5	2.8	4.5	1.0	10.1	9.7	5.3	4.6
	12	4.4	2.9	2.1	1.1	11.7	9.8	5.5	4.7
2011	1	5.4	5.4	3.1	3.1	12.0	12.0	4.3	4.3
	2	5.4	5.4	4.7	3.9	13.6	12.8	4.2	4.3
	3	4.5	5.1	10.8	6.2	13.1	12.9	4.6	4.4
	4	4.7	5.0	12.3	7.7	13.5	13.1	4.4	4.4
	5	4.7	5.0	13.4	8.9	13.5	13.1	4.9	4.5
	6	5.2	5.0	13.7	9.6	14.9	13.4	5.7	4.7
	7	5.5	5.1	17.0	10.7	17.6	14.0	6.1	4.9
	8	5.3	5.1	14.3	11.2	18.6	14.6	7.1	5.2
	9	6.2	5.2	14.6	11.6	18.0	15.0	7.3	5.4
	10	6.2	5.3	12.5	11.6	16.5	15.1	6.3	5.5
	11	4.4	5.2	8.1	11.3	15.2	15.1	5.2	5.5
	12	4.3	5.1	8.8	11.1	13.2	15.0	5.0	5.4

数据来源：贵州省统计局、《中国经济景气月报》。

表3 2011年贵州省主要经济指标

	1月	2月	3月	4月	5月	6月	7月	8月	9月	10月	11月	12月
绝对值（自年初累计）												
地区生产总值(亿元)	—	—	849.8	—	—	2 278.1	—	—	3 633.0	—	—	5 701.8
第一产业	—	—	96.0	—	—	250.2	—	—	463.5	—	—	726.2
第二产业	—	—	419.2	—	—	960.3	—	—	1 532.3	—	—	2 334.0
第三产业	—	—	334.6	—	—	1 067.5	—	—	1 637.1	—	—	2 641.6
固定资产投资(亿元)	—	392.3	799.3	1 130.0	1 407.5	2 164.9	2 514.9	2 884.9	3 374.9	3 774.9	4 344.5	4 892.1
房地产开发投资	—	55.8	153.8	227.9	303.2	386.7	452.0	552.8	647.3	721.2	798.3	878.7
社会消费品零售总额(亿元)	—	—	396.2	—	—	794.0	—	—	1 226.2	—	—	1 751.6
外贸进出口总额(万美元)	42 500.0	54 500.0	92 500.0	117 700.0	149 400.0	189 600.0	234 300.0	292 600.0	338 600.0	390 500.0	439 400.0	488 400.0
进口	23 200.0	27 000.0	45 200.0	56 900.0	70 300.0	87 800.0	107 400.0	119 900.0	137 900.0	153 900.0	170 500.0	189 900.0
出口	19 300.0	27 500.0	47 300.0	60 800.0	79 100.0	101 800.0	126 800.0	172 700.0	200 800.0	236 600.0	269 000.0	298 500.0
进出口差额(出口－进口)	-3 900.0	500.0	2 100.0	3 900.0	8 800.0	14 000.0	19 400.0	52 800.0	62 900.0	82 700.0	98 500.0	108 600.0
外商实际直接投资(万美元)	3 399.0	3 774.0	7 398.0	8 813.0	14 402.0	22 432.0	22 483.0	35 483.0	38 856.0	41 959.0	49 030.0	67 321.0
地方财政收支差额(亿元)	-80.3	-97.8	-186.1	-242.3	-342.1	-406.6	-560.9	-667.4	-807.2	-917.5	-1 055.6	-1471.1
地方财政收入	77.5	114.6	171.6	229.4	293.8	391.4	445.2	499.7	562.1	624.7	681.4	773.2
地方财政支出	157.8	212.4	357.7	471.7	635.9	798.0	1 006.0	1 167.0	1 369.3	1 542.2	1 737.0	2 244.3
城镇登记失业率(%)（季度）	—	—	3.6	—	—	3.6	—	—	3.6	—	—	3.6
同比累计增长率（%）												
地区生产总值	—	—	14.8	—	—	15.3	—	—	15.0	—	—	15.0
第一产业	—	—	4.0	—	—	8.4	—	—	-2.0	—	—	1.2
第二产业	—	—	20.8	—	—	21.7	—	—	21.1	—	—	20.7
第三产业	—	—	11.0	—	—	11.6	—	—	14.9	—	—	14.2
工业增加值	14.4	—	20.4	19.5	20.0	21.0	21.2	20.7	20.9	20.9	20.9	21.0
固定资产投资	—	95.0	99.7	86.4	79.5	83.3	78.3	71.9	69.9	64.5	61.2	61.1
房地产开发投资	—	97.7	99.3	96.6	98.9	89.2	83.1	77.2	74.3	69.4	63.6	57.8
社会消费品零售总额	—	—	17.0	—	—	18.1	—	—	18.1	—	—	18.1
外贸进出口总额	97.2	43.6	54.1	49.0	46.4	46.3	46.4	50.1	53.6	55.8	54.5	55.2
进口	161.8	50.9	51.0	46.2	36.7	43.5	47.7	45.1	49.9	47.5	51.7	54.2
出口	52.2	37.0	57.2	51.6	56.4	48.8	45.4	53.8	56.3	61.7	56.4	55.5
外商实际直接投资	123.3	110.5	114.2	9.3	35.5	55.4	39.4	104.2	109.3	117.5	115.4	127.9
地方财政收入	41.8	36.9	41.6	33.9	40.2	50.9	49.5	49.1	50.9	48.3	47.1	44.8
地方财政支出	185.5	54.2	30.6	27.3	44.5	46.3	58.5	55.0	49.7	51.3	43.7	36.8

数据来源：贵州省统计局、贵州省人力资源和社会保障厅、《中国经济景气月报》。

2011年云南省金融运行报告

中国人民银行昆明中心支行货币政策分析小组

[内容摘要] 2011年，云南省认真贯彻国家宏观调控政策，积极应对复杂多变的国内外经济形势，攻坚克难，全力以赴保增长、稳物价、调结构、惠民生、促和谐，全省经济社会发展取得新成效。“两强一堡”①战略稳步推进，产业结构不断优化，工业经济效益显著提高，投资合理较快增长，居民消费市场活跃，财政收支良好，就业稳定增长，人民生活改善，国民经济运行呈现持续向好的发展态势。

金融机构贯彻稳健的货币政策收到效果，金融服务功能不断增强，对实体经济和薄弱环节的支持力度加大，信贷投放总体合理均衡，结构明显优化；证券业市场融资能力提升；保险业发展态势良好，服务及保障功能强化；跨境人民币结算业务快速发展，金融生态环境持续改善；金融对经济社会发展的作用进一步增强。

2012年，在国家深入实施新一轮西部大开发战略、支持云南加快建设面向西南开放重要桥头堡及中央继续实施积极的财政政策和稳健的货币政策的作用下，云南经济仍将保持平稳较快发展。金融机构将认真贯彻落实稳健的货币政策，不断改进和提升金融服务水平，加大对实体经济和民生改善的支持力度，正确处理好支持地方经济社会发展与风险防范的关系，保持信贷投放的合理均衡增长。

一、金融运行情况

2011年，云南省金融机构认真贯彻落实稳健的货币政策，不断深化金融改革，稳步发展金融市场，积极推动金融生态环境建设，实现了金融与经济的良性互动，金融对经济发展的支撑作用进一步增强。

（一）银行业健康发展，货币信贷平稳运行

2011年，云南省银行业金融机构认真贯彻稳健的货币政策，积极转变理念和经营方式，加强和改进金融服务创新，着力优化信贷结构，不断增强对实体经济和社会薄弱环节的支持力度，资产质量和效益不断提高，辖区金融平稳健康运行。

1. 经营实力提升，网点布局优化。2011年，云南省银行业金融机构资产规模不断扩大，资产质量稳步提高，抗风险能力进一步增强，经营效益保持较好水平。年末资产总额较上年增长

表1　2011年云南省银行业金融机构情况

机构类别	营业网点			法人机构（个）
	机构个数（个）	从业人数（人）	资产总额（亿元）	
一、大型商业银行	1 566	33 504	8 729.5	0
二、国家开发银行和政策性银行	88	1 903	2 202.4	0
三、股份制商业银行	147	4 895	2 708.8	0
四、城市商业银行	137	2 788	1 052.2	3
五、农村合作机构	2 387	19 604	3 704.6	133
六、财务公司	2	33	69.2	1
七、信托公司	1	78	11.1	1
八、邮政储蓄银行	829	2 686	467.6	0
九、外资银行	3	60	25.7	1
十、新型农村金融机构	23	332	42.9	10
十一、其他	0	0	0	0
合　计	5 174	65 883	19 014.0	149

注：①营业网点不包括总部。
②农村合作机构包含农村信用社、农村合作银行及农村商业银行。
③新型农村金融机构包括村镇银行、贷款公司和农村资金互助社三类机构。
④其他包含金融租赁公司、汽车金融公司、货币金融公司、消费金融公司等。
数据来源：云南银监局。

① “两强一堡”指绿色经济强省、民族文化强省和中国面向西南开放重要桥头堡。

16.5%，不良贷款额和不良贷款率分别较年初减少15.9亿元和下降0.4个百分点，资产拨备覆盖率同比提高51.4个百分点，资产利润率和成本收入比分别达2.1%和35.7%。全年新增各类网点机构45个，新设机构多分布于农村地区，城乡网点布局更趋合理，网点建设对促进城乡统筹发展发挥了积极作用（见表1）。

2. 各项存款平稳增长，单位存款增速较低。2011年，在企业效益提升相对缓慢及居民理财产品增加等因素的共同作用下，云南省各月存款同比增速持续小幅回落，但总体仍保持平稳较快增长（见图1、图3）。年末，云南省银行业金融机构人民币各项存款余额增长14.5%，其中，人民币个人存款增长16.8%，单位存款增长12.7%，信贷供给相对减少和企业资金需求增加之间的矛盾是导致单位存款少增的主要原因之一。外币存款小幅增长，年末外币存款余额同比增长5.1%，全年新增0.5亿美元（见图4）。

3. 贷款增速有所放缓，结构优化明显。2011年，在稳健的货币政策条件下，云南省各项贷款增速实现了向常态的合理回归，年末全省银行业金融机构人民币各项贷款余额同比增长14.6%，比上年年末下降5.8个百分点（见图2、图3）。贷款期限结构明显改善，产业间、区域间分布趋于均衡合理，全年新增中长期贷款和短期贷款占全部新增贷款的比重由上年的94.8：10.6调整为74.5：24.4；年末人民币贷款余额在三次产业分布的比重为1.9%、42.1%和56.0%。全年以昆明为中心的滇中经济圈[①]新增贷款占全省新增贷款总量的65.2%，比上年下降6.6个百分点。与此同时，除昆明外的15个州市新增贷款占全省新增贷款总量的比重较上年提高7个百分点，其中，有11个州市各项贷款增速高于全省各项贷款增速。贷款投向重点突出，支持社会薄弱环节和民生改善的力度增强。年末全省人民币涉农、中小企业、林权抵押、小额担保贷款余额分别增长16.3%、17.3%、52.8%、84.0%，均高于人民币各项贷款增速。其中，全年人民币涉农、中小企业贷款新增额占全部人民币贷款新增额的比重分别达47.1%和28.4%。年末，全省人民币个人消费贷款余额为1 587.9亿元，增长17.3%；外币贷款余额为34.0亿美元，增长69.2%。

4. 利率水平有所上升，定价能力逐步增强。

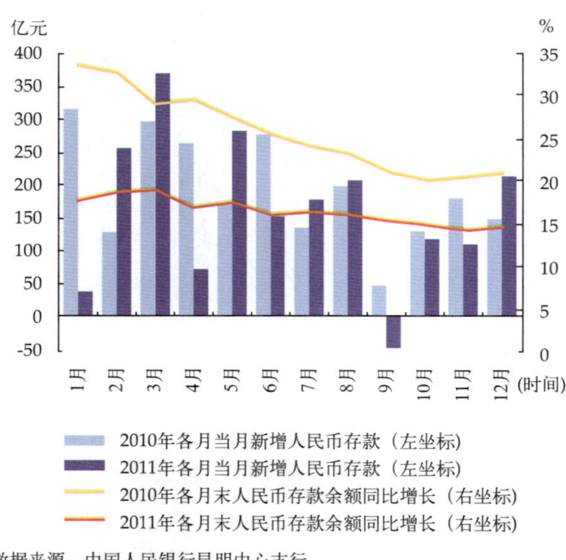

数据来源：中国人民银行昆明中心支行。

图1 2010～2011年云南省金融机构人民币存款增长变化

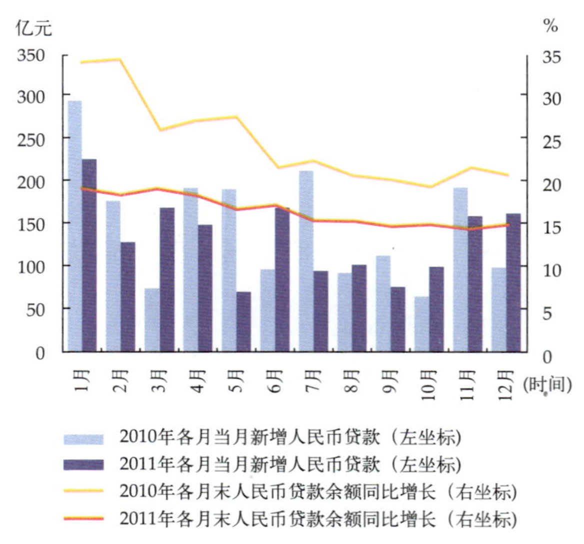

数据来源：中国人民银行昆明中心支行。

图2 2010～2011年云南省金融机构人民币贷款增长变化

①滇中经济圈包括昆明市、曲靖市、玉溪市、楚雄州四个州市。

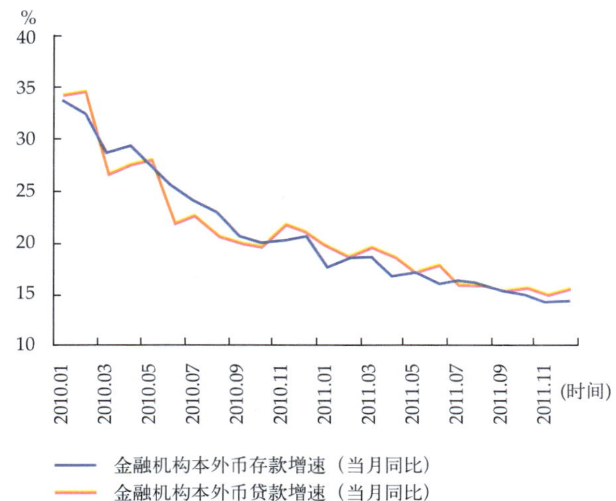

数据来源：中国人民银行昆明中心支行。

图3　2010～2011年云南省金融机构本外币存、贷款增速变化

表2　2011年云南省金融机构人民币贷款各利率区间占比

单位：%

月份		1月	2月	3月	4月	5月	6月
合计		100.0	100.0	100.0	100.0	100.0	100.0
[0.9～1.0)		21.7	19.9	11.7	13.9	9.9	7.7
1.0		22.5	26.2	22.9	24.4	21.4	22.4
上浮水平	小计	55.8	53.9	65.4	61.7	68.7	69.9
	(1.0～1.1]	21.5	17.8	23.7	20.3	28.2	21.7
	(1.1～1.3]	13.2	13.2	19.1	19.6	20.9	26.8
	(1.3～1.5]	8.5	10.5	9.2	11.3	9.9	13.0
	(1.5～2.0]	11.8	11.7	12.8	9.7	8.9	7.5
	2.0以上	0.8	0.7	0.6	0.8	0.8	0.9
月份		7月	8月	9月	10月	11月	12月
合计		100.0	100.0	100.0	100.0	100.0	100.0
[0.9～1.0)		6.9	7.6	4.7	2.6	3.2	3.9
1.0		30.1	11.7	23.6	20.7	24.5	21.0
上浮水平	小计	63.0	74.7	71.7	76.7	72.2	75.1
	(1.0～1.1]	17.5	22.1	19.8	28.7	19.9	26.4
	(1.1～1.3]	18.3	24.9	22.8	23.1	26.1	24.7
	(1.3～1.5]	14.6	16.7	17.0	12.8	13.5	13.9
	(1.5～2.0]	11.6	10.0	11.0	10.9	11.2	8.9
	2.0以上	1.0	1.0	1.1	1.2	1.5	1.2

数据来源：中国人民银行昆明中心支行。

2011年，受存贷款基准利率三次上调、信贷趋紧环境下金融机构议价能力增强等因素影响，全省利率水平不断上行（见表2），12月人民币贷款加权平均利率同比上升163个基点；上浮利率贷款比重逐

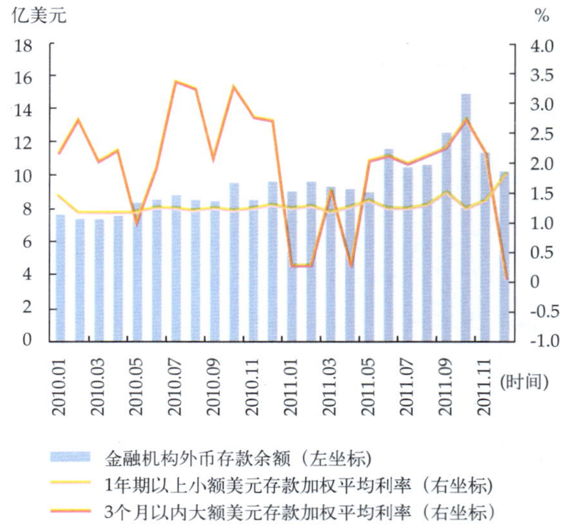

数据来源：中国人民银行昆明中心支行。

图4　2010～2011年云南省金融机构外币存款余额及外币存款利率

步增大，全年上浮利率贷款占比比上年提高32.3个百分点，其中，大型、中型、小型企业上浮利率贷款占比同比分别上升35.5个、34.3个、23.7个百分点，金融机构的风险定价能力进一步增强。全年样本监测民间借贷加权平均利率为21.9%，同比提高9.9个百分点，其中，农户民间借贷加权平均利率为15.3%，同比提高1.4个百分点。

5. 银行业改革稳步推进，金融服务体系更加健全。大型商业银行公司治理结构不断完善，风险管控能力进一步增强，各类稳健性指标持续改善，资产拨备覆盖率高达180.4%，不良贷款率仅为1.4%。中国农业银行云南省分行“三农金融事业部”改革取得阶段性成果，形成了全省最大的城乡一体化金融服务体系，支持“三农”和县域经济的能力增强。农村合作金融机构法人治理与经营体制机制创新收到明显成效，实现了社会效益和自身效益的同步提高。服务于农村及中小企业的多层次、多功能地方金融组织较快发展，体系不断完备。至年末，全省已成立村镇银行10家，批准成立小额贷款公司373家，其中，已挂牌营业323家，在一定程度上填补了银行服务的空白。

6. 跨境人民币结算业务快速发展。2011年，全省银行累计办理跨境人民币结算业务250.3亿元，比上年增长201.1%。其中，资本项下结算实现零的突破，结算额达78.7亿元；贸易项下结算额占同期外贸进出口总额的15.0%，高于全国平均水平8.5个百分点。全年跨境人民币结算地域范围从上年的8个国家和地区扩大到包括欧美在内的26个国家和地区。

专栏1 整合资源 整体推进"一创两建"模式 力促农村金融服务水平加快提升

云南是农业大省，有3 800多万农村人口，占全省总人口的83.4%。长期以来，农村地区金融产品单一、金融服务水平低，制约了农村经济的发展。2011年，中国人民银行昆明中心支行结合"边疆、贫困、山区、民族"的省情，在全国首创"一创两建"(农村金融产品和服务方式创新、农村支付环境建设、农村信用体系建设)的工作模式，将中国人民银行服务"三农"的有关政策措施整合，组织全省金融系统全面推动提升云南省农村金融服务水平。

在工作开展中，首先是精心组织，强力推进。推动省政府召开全省"一创两建"工作推进会议，出台《云南省人民政府办公厅关于推进农村金融产品和服务方式创新的实施意见》等一系列支持配套文件，建立了"一创两建"联席会议制度、金融产品和服务方式创新监测报告制度，动态掌握"一创两建"工作进展情况，奠定推动工作的制度基础。其次是明确任务，务求实效。围绕"支农、惠农、强农"的目标，明确农村信贷产品创新、农村信用体系建设试点和农村支付环境建设的任务，组织引导金融机构重点突出地开展创新工作。再次是开展调研，督促指导。行领导多次带队深入基层一线，开展"一创两建"专题指导和调研。最后是加强宣传，营造氛围。全省中国人民银行各级分支机构开展了形式多样的政策宣传活动，向农户和涉农企业宣传金融产品和服务方式，调动农民参与农村金融创新的积极性。2011年"一创两建"工作取得了阶段性成效。

一是创新了金融发展理念。整合中国人民银行各项金融服务职能，将"一个创新"与"两个建设"结合起来整体推动，有力地促进了金融机构不断提高准确把握中央银行履职思路和政策导向的自觉性，增强服务"三农"的责任意识。2011年各金融机构把"一创两建"工作视为实现自身业务拓展的良好契机，主动调整经营策略，建立健全信贷产品创新及风险管理机制，加强创新工作研究和金融服务设施建设，努力增加对"三农"的信贷投入，金融支农力度不断加大。

二是信贷产品不断创新，优势产品做大做强。全省金融机构围绕服务"三农"的目标，因地制宜地开发创新信贷产品，先后推出了"贷免扶补"、经济林木（果）权证抵押贷款、存货质押贷款、费权质押贷款、农用汽车合格证质押贷款、仓单质押贷款、农户联保贷款、小企业联保贷款以及农户住房、宅基地使用权质押贷款等数十种服务"三农"的信贷创新产品。"贷免扶补"和林权抵押贷款继续保持全国领先地位。

三是农村支付环境和信用环境明显改善。新型支付工具及业务推广取得积极进展，农村地区银行业金融机构网点接入行内系统和现代化支付系统的比例分别达到93.0%和59.8%。农村地区人均持卡0.63张。率先在全国推出惠农支付服务业务，建成惠农支付服务业务点759个，在烟草、蔬菜、花卉等特色农业领域实施农副产品收购资金电子化支付，逐步引导农村经济实体和农户改变现金结算习惯。同时，为698万户农户建立纸质信用档案，为240.5万户农户建立电子信用档案，评定"信用农户"416万户、"信用村"2 586个、"信用乡镇"59个，农村地区征信工作基础进一步夯实。

四是金融支持"三农"发展的效果明显增强。在"一创两建"工作的推动下，云南农村地区金融服务覆盖面不断扩大，服务水平不断提升，有力地支持了农业产业发展壮大和广大农民脱贫致富，同时也为维护社会稳定、增强农民的金融意识发挥了积极作用。2011年年末，全省涉农贷款余额为4 192.7亿元，比年初新增729.6亿元，增量和占比均高于上年同期水平，带动全省农村地区增加就业近50万人，农村居民人均纯收入增长19.5%。

（二）证券业创新取得进展，融资规模扩大

2011年，云南省证券业在复杂的内外部环境中，积极推动改革创新，夯实发展基础，资本市场服务西部地区经济发展的作用增强。

1. 市场主体业绩下降，改革创新稳步推进。2011年，受国际、国内证券市场深度调整影响，云南省两家法人券商盈利能力大幅下降，全年实现营业收入和税前利润分别为11.8亿元和3.8亿元，同比分别减少32.6%和56.6%。为打破传统业务发展瓶颈，两家证券公司积极创新发展，分别申请代办股份转让系统主办券商、资产管理、基金代销等多项业务，并设立直投公司、基金管理公司谋求业务转型，提升盈利能力，年内红塔证券三板主办业务资格获批。

2. 上市公司市值减少，但资本市场新增融资再创新高。年末境内28家上市公司总市值为1 853.7亿元，同比减少33.6%；全年累计总成交金额为6 870.4亿元，下降22.3%。2011年，云南省8家上市公司通过定向增发、发行公司债等方式在交易所市场新增直接融资100.3亿元，比上年增长79.1%，资本市场融资首破百亿元大关（见表3）。

（三）保险业发展较快，保障功能不断增强

表3　2011年云南省证券业基本情况

项目	数量
总部设在辖内的证券公司数（家）	2
总部设在辖内的基金公司数（家）	0
总部设在辖内的期货公司数（家）	2
年末国内上市公司数（家）	28
当年国内股票（A股）筹资（亿元）	78.3
当年发行H股筹资（亿元）	0
当年国内债券筹资（亿元）	238.5
其中：短期融资券筹资额（亿元）	149.5

数据来源：中国人民银行昆明中心支行、云南省发展改革委、云南证监局。

2011年，云南省保险业保持平稳较快发展，各项业务稳步增长，保险覆盖面不断扩大，支持云南桥头堡建设和服务“三农”的作用突出。

1. 保险业规模较快增长，投资业务加快发展。2011年年末，全省保险业资产总额为380.6亿元，增长16.3%；积累各类风险准备金493.2亿元，较年初增加47.7亿元。保险业积极支持服务桥头堡建设，平安集团、出口信用保险公司分别与云南省政府签署了《服务云南桥头堡建设专项合作协议》，全年保险资金运用进入投资审批或决策程序的达150亿元，投入使用50亿元。

表4　2011年云南省保险业基本情况

项目	数量
总部设在辖内的保险公司数（家）	1
其中：财产险经营主体（家）	1
人身险经营主体（家）	0
保险公司分支机构（家）	31
其中：财产险公司分支机构（家）	19
人身险公司分支机构（家）	12
保费收入（中外资，亿元）	241.1
其中：财产险保费收入（中外资，亿元）	109.2
人身险保费收入（中外资，亿元）	131.9
各类赔款给付（中外资，亿元）	79.9
保险密度（元/人）	524.0
保险深度（%）	2.8

数据来源：云南保监局。

2. 保险业务持续发展，涉农保险服务力度加大。2011年，云南省保险业实现保费收入增长11.9%，赔付支出增长26.1%，人身险保费收入仍占主导地位，但增速低于财产险7.2个百分点，保险密度较上年提高12元/人，保险业发展水平逐年提升（见表4）。全年云南省保险业共为全省1 524.5万参保农户提供了1 174.3亿元的风险保障，农业保险赔付支出达2.9亿元，全省受益农户达46.6万户，农业保险品种已基本涵盖全省种植、养殖等主要农业支柱产业。

（四）直接融资结构变化明显，金融市场总体平稳

2011年，云南省直接融资比重小幅下降，但融资结构较上年变化较大，金融市场运行总体平稳，各子市场交易保持活跃。

1. 直接融资比重下降，企业债同比大幅少增。2011年，云南省企业通过发行债券、股票等方式实现直接融资316.8亿元，占全省贷款、债券和股票融资总额的16.2%，较上年小幅下降（见表5）。其中，企业债仅发行10亿元，同比大幅减少120.5亿元；公司债再次发行，省内两家上市公司通过发行公司债融资22亿元。

表5　2001～2011年云南省非金融机构部门贷款、债券和股票融资情况

单位：亿元、%

年份	融资合计	比重		
		贷款	债券（含可转债）	股票
2001	195.4	96.2	0.0	3.8
2002	257.8	97.3	0.0	2.7
2003	564.1	98.8	0.7	0.5
2004	439.2	98.1	0.0	1.9
2005	669.4	98.8	1.2	0.0
2006	886.8	92.4	5.4	2.2
2007	1 001.7	88.1	4.4	7.5
2008	1 254.1	86.6	8.6	4.9
2009	2 382.6	92.5	4.1	3.4
2010	2 261.9	81.7	15.8	2.5
2011	1 960.3	83.8	12.2	4.0

数据来源：中国人民银行昆明中心支行、云南省发展改革委、云南证监局。

2. 货币市场交易量减少，资金以融入为主。2011年，云南省金融机构同业拆借累计成交金额为1 159.1亿元，同比减少15.8%；债券回购累计成交金额为8 826.7亿元，同比减少29.4%。全年市场资金面趋紧，利率水平震荡走高，市场成员通过采取短期化操作方式净融入资金2 037.9亿元，有效地满足了头寸资金需求。

3. 票据融资增长较快，利率水平持续走高。2011年，在中国人民银行六次上调存款准备金回收流动性的背景下，云南省金融机构加强信贷投放总量控制，加大资金运作力度，积极调整票据业务，票据融资规模较快增长（见表6）。全年表外票据承兑额大幅增长40.2%，表内票据贴现额增长5.9%，票据融资总额增长22.5%，年末票据余额增长29.8%。受货币市场利率及票据市场供求变化影响，票据贴现、转贴现利率持续走高，第三季度升幅明显加大，第四季度有所放缓（见表7）。

表6　2011年云南省金融机构票据业务量统计

单位：亿元

季度	银行承兑汇票承兑		贴现			
			银行承兑汇票		商业承兑汇票	
	余额	累计发生额	余额	累计发生额	余额	累计发生额
1	748.6	460.3	144.0	507.6	0.8	48.2
2	855.4	1 006.0	138.8	978.4	0.5	100.7
3	903.9	1 516.8	152.9	1 333.5	1.2	134.0
4	935.6	2 082.9	144.5	1 784.2	1.1	201.7

数据来源：中国人民银行昆明中心支行。

表7　2011年云南省金融机构票据贴现、转贴现利率

单位：%

季度	贴现		转贴现	
	银行承兑汇票	商业承兑汇票	票据买断	票据回购
1	6.3084	8.1399	5.0681	5.8862
2	6.6322	7.8654	5.8204	5.8521
3	9.2607	12.0606	6.6348	7.0408
4	9.2670	12.5976	7.2514	6.7042

数据来源：中国人民银行昆明中心支行。

4. 商业银行黄金业务发展速度减慢，业务结构变化明显。2011年，云南省黄金交易仍保持相对活跃，但交易量有所下降。商业银行账户金、实物黄金和黄金代理三项业务累计成交57.7吨，同比减少12.0%；成交金额为196.6亿元，同比增长13.5%。由于手续费相对较高，商业银行推广力度加大，账户金交易增长较快，全年交易量增长43.0%，交易金额增长81.0%；实物黄金交易因品种和规格不断丰富，对投资者的吸引力增强，全年交易量增长90.5%，交易金额增长1.3倍；而黄金代理业务由于投资门槛较高和受白银业务快速增长的影响，业务出现明显萎缩，全年累计交易量减少71.4%，交易金额减少62.0%。

（五）金融基础设施建设加快推进，金融生态环境持续优化

一年来，云南省人民政府出台了关于推动农村金融产品和服务方式创新、保险业改革发展、农村信用体系建设、股权投资基金发展等10个规范性文件，全省金融发展的制度环境进一步改善。信用体系建设步伐加快，2011年，与九省（区）签署了社会信用体系共建协议，明确了共建目标，建立了合作机制；印发了《云南省中小企业信用体系建设实施意见》，全年为7 393户企业新建信用档案；出台了《云南省人民政府办公厅关于加快推进农村信用体系建设试点工作的实施意见》，在全省220个乡镇开展试点；上线了云南省农户信用信息管理系统，为全省农村信用体系建设工作的推进和实现农户信用信息的共享奠定了基础。中国人民银行昆明中心支行着力推动现代化支付系统建设，提升支付风险管理能力，扩大银行卡应用范围，积极推广非现金支付工具。全年银行卡跨行累计交易2 708.5亿元，增长37.6%，农村地区银行业金融机构网点已接入现代化支付系统的有1 886个，建成开通759个惠农支付服务业务点。反洗钱和反假人民币工作深入开展，全年首次完成对91家金融机构依法履行反洗钱义务的评估工作，新增150个反假义务宣传站，有效地遏制了假币犯罪。

二、经济运行情况

2011年，面对严峻复杂的国内外形势，云南省紧紧围绕“两强一堡”发展战略，在“保增长、稳物价、调结构、惠民生”上狠下工夫，促进全省经济又好又快发展，实现了云南“十二五”的良好开局。全年实现地区生产总值增长13.7%（见图5），人均地区生产总值达到18 957元。

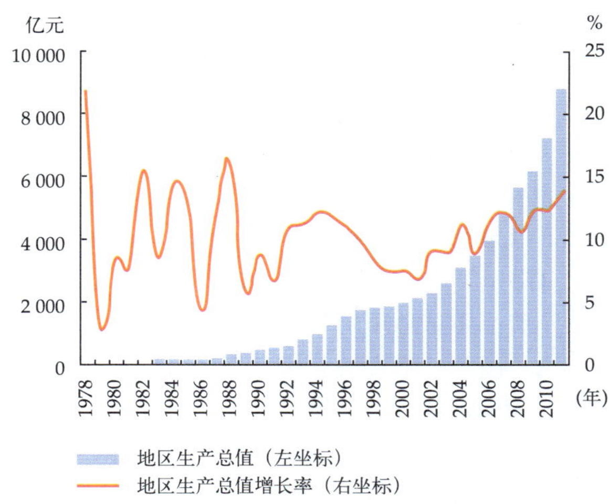

数据来源：云南省统计局。

图5　1978～2011年云南省地区生产总值及其增长率

（一）投资、消费保持活跃，经济增长动力强劲

2011年，云南省投资快速增长，居民消费市场持续活跃，对外贸易平稳增长，全年经济增长动力强劲，协调性逐步增强。

1. 投资保持较快增长，投资结构渐趋优化。2011年，云南省全社会固定资产投资跃上7 000亿元新台阶，达7 109.7亿元，增长27.4%（见图6），投资对经济增长的拉动作用明显。三次产业投资全面增长，投资结构调整为4.0∶31.2∶64.8，第三产业投资比重继续增大。投资向重点行业聚集的趋势明显，电力、水利、教育、公路运输等八大重点行业投资占全省固定资产投资的比重达65.4%。民间投资的贡献度不断上升，完成投资占全省投资的51.1%，对全省投资增长的贡献率高达52.9%。全省规模以上投资资金来源为6 246亿元，增长15.2%，其中，自筹资金占资金来源的比重为58.4%，社会

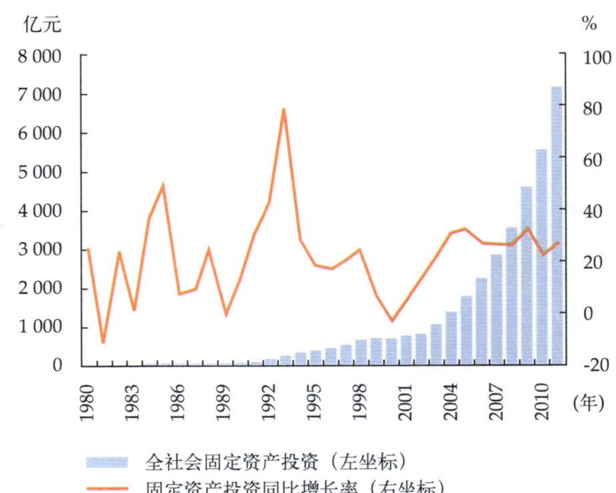

数据来源：云南省统计局。

图6　1980～2011年云南省固定资产投资及其增长率

投资活力进一步增强。

2. 城乡收入差距缩小，消费市场持续活跃。2011年，全省城乡居民收入稳步提高，其中，城镇居民人均可支配收入增长15.6%，农村居民人均纯收入增长19.5%，农村居民收入增幅再次超过城镇居民，城乡收入差距进一步缩小，收入比由上年的4.1：1降至3.9：1。消费市场持续活跃，全年实现社会消费品零售总额增长20.0%（见图7），比全国平均水平高2.9个百分点，消费对经济增长的拉动作用有所增强。城乡市场体系建设全面推进，全省共建设改造“万村千乡市场工程”连锁农家店2.2万个、配送中心439个、乡镇农贸市场338个，10家大型批发市场建设改造和20户大型流通企业培育工作全面展开。消费结构逐渐升级，汽车、金银珠宝等高端消费增速加快。

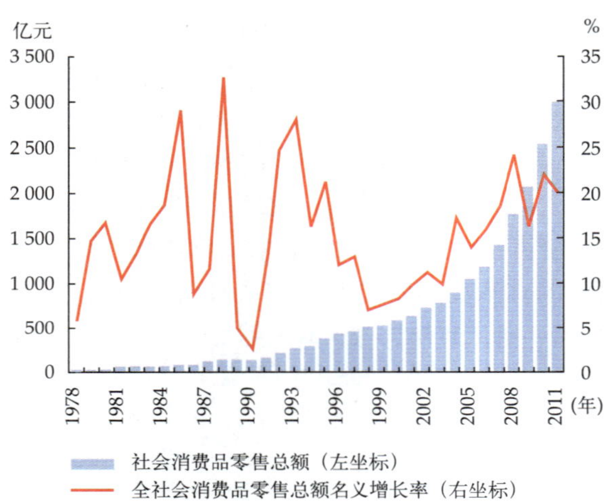

数据来源：云南省统计局。

图7　1978～2011年云南省社会消费品零售总额及其增长率

3. 进出口增速下降，利用外资能力增强。2011年，云南省实现外贸进出口总额160.5亿美元，增长19.6%，其中，出口增长24.6%，进口增长13.2%，顺差达28.9亿美元，较上年扩大56.7%（见图8）。受欧盟、美国、东盟等主要出口市场经济增速放缓及国际大宗商品价格快速上涨影响，全年进出口增速较上年分别大幅下降50.2个和43.9个百分点。机电产品、农产品、磷化工产品位居出口商品前3位，分别增长17.6%、34.9%、30.2%；全年与东盟、欧盟、南盟前三大贸易伙伴贸易总值占全部贸易额的55.0%，比上年提高2.9个百分点。

2011年，云南省抢抓桥头堡建设的发展机遇，积极加大吸引和利用外资的力度，全年共批准外商投资项目163个，合同利用外资21.5亿美元，实际利用外资17.4亿美元，增长30.6%（见图9）。外商投资主体逐步实现多元化，来源地扩大到泰国、荷兰、加拿大、中国香港等多个国家和地区。企业“走出去”步伐加快，全年全省新批境外投资企业28家，境内投资者共对全球15个国家和地区的77家境外企业进行了直接投资，累计对外直接投资5.7亿美元，增长20.4%。

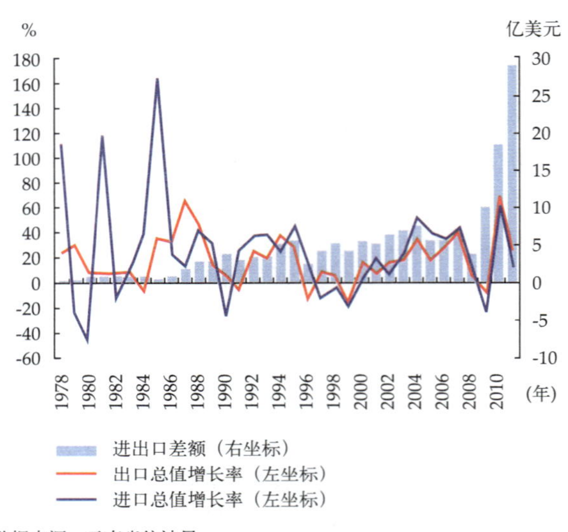

数据来源：云南省统计局。

图8　1978～2011年云南省外贸进出口变动情况

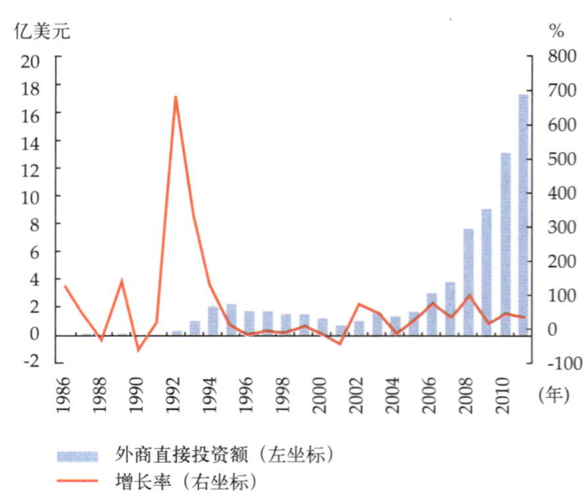

数据来源：云南省统计局。

图9　1986～2011年云南省外商直接投资情况

（二）三次产业协调发展，增长方式加速转型

2011年，云南省落实“调结构、转方式”目标取得明显成效，三次产业发展的协调性进一步增强。三次产业比重调整为16.1：45.6：38.3，对经济增长的贡献率分别为6.6%、59.1%、34.3%。

1. 农业生产再获丰收，金融服务“三农”的力度加大。2011年，云南省积极落实各项强农惠农政策，加快农业产业化发展，促进农业综合生产能力不断提高，全年农业增加值增长6.0%，粮食生产实现自2003年以来的连续第九年增产。种植结构不断优化，特色经济作物增效显著，烟、糖、茶、胶等生产较快发展，产量位居全国前列，主要农产品向优势区域集中步伐加快，农业产业化程度提高。农业基础设施继续改善，农田水利建设快速推进，中低产田有效改造，高产稳产农田面积稳步增加。全省金融机构积极拓宽涉农企业融资渠道，以“一创两建”为平台，努力提升金融服务“三农”水平，全年新增人民币涉农贷款729.6亿元，增长16.3%，占全部新增人民币贷款的比重达47.1%。

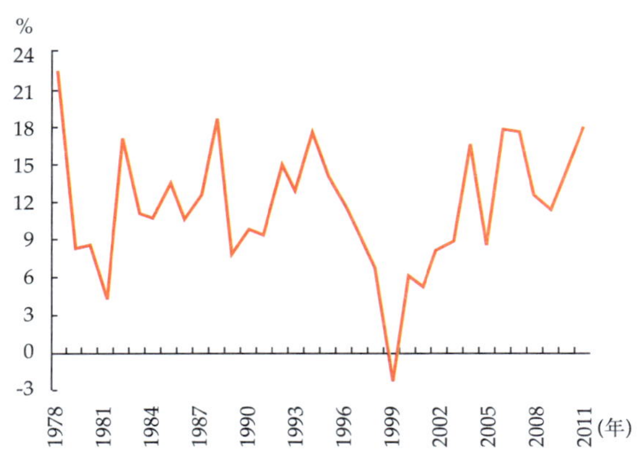

数据来源：云南省统计局。

图10　1978～2011年云南省规模以上工业增加值实际增长率

2. 工业加速增长，效益显著提高。2011年云南省继续实施“工业兴省”、“工业富省”战略，全力打造新型工业化产业，全年规模以上工业增加值增长18.0%（见图10），比上年提高3个百分点，其中，轻工业增速加快，重工业增长放缓，轻重工业发展更趋协调均衡。重点行业高速增长，烟草、电力等六个重点行业增加值占全部规模以上工业增加值的比重高达72.3%。非公经济蓬勃发展，GDP占比进一步提高到42.1%。规模以上工业企业主营业务收入增长21.4%，经济效益综合指数提高30.2个百分点，其中，总资产保值率、流动资产周转率、产品销售率、成本费用利润率等七项指标均实现不同程度增长。

3. 服务业发展水平提高，旅游产业贡献突出。2011年，云南在加快交通运输、邮政通信、商贸流通等传统服务业升级改造的同时，大力培育信息技术服务、租赁商务服务、现代物流等新兴服务业，全年服务业增加值达3 352.2亿元，增长11.8%，拉动GDP增长4.7个百分点。旅游业成为“富民强滇”的重要产业，全年共接待国内外游客近1.7亿人次，总收入达1 300亿元，创历史最好水平。全省旅游工作坚持旅游发展与文化、生态相结合，与城市建设相融合，与富民增收、增加就业、扩大开放相结合，突出云南特色，创新发展理念，逐步向战略性和现代服务业转变。

（三）价格走势前高后低，全年涨幅得到有效控制

2011年，受国际大宗商品价格快速上涨影响，云南省主要物价指标一度冲高，随着各项稳定物

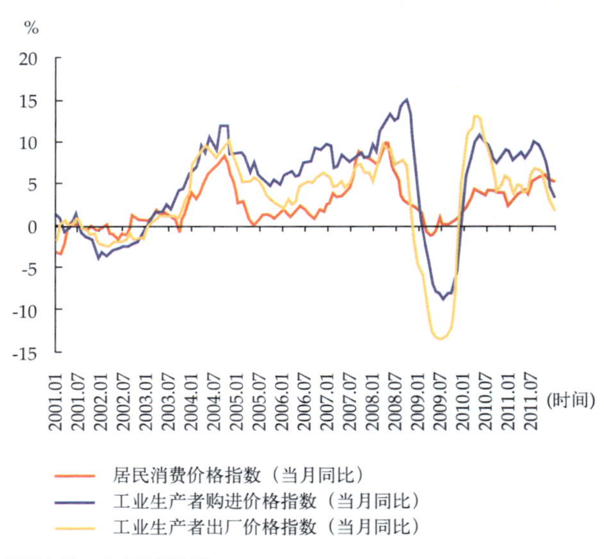

数据来源：云南省统计局。

图11　2001～2011年云南省居民消费价格和工业生产者价格变动趋势

价措施得到落实，翘尾因素逐渐减弱，价格涨幅开始逐月回落，物价上涨势头得到有效控制（见图11）。

1. CPI呈倒U形走势，食品价格的拉动作用明显。2011年，云南省居民消费价格总水平同比累计上涨4.9%，前九个月CPI逐月增大，9月达到6.1%的峰值后逐月回落，12月降至5.3%。食品类价格上涨仍是拉动居民消费价格总水平快速上涨的最重要因素，全年拉动总指数上涨约3.6个百分点。

2. 生产价格前高后低，农产品价格涨幅较大。2011年上半年，受国际原材料价格快速上涨及其向下游传导影响，工业生产者购进价格、出厂价格同比快速上涨，下半年随着国际原材料价格大幅回落，国内需求放缓，工业生产者购进价格和出厂价格双双走低，全年分别上涨8.0%和4.7%。农业生产资料价格同样保持“前高后低”走势，全年上涨8.3%，低于全国平均水平3个百分点。受农业生产资料价格、工资成本、物流成本上涨影响，全省农产品生产价格持续快速上涨，全年涨幅达17.6%。

3. 劳动力成本持续上涨，转移就业形势良好。2011年，受宏观经济企稳回暖企业用工数量增加、政府调高最低工资标准及各类保障制度落实的影响，全省工资性收入持续上涨，其中，城镇职工平均工资性收入增长17.0%，农村居民人均工资性收入增长22.0%。全年新增转移农村劳动力132万人，省内创建26个农村劳动力转移就业示范县，通过实施“农村劳动力转移就业特别行动计划”，不断提高农村劳动力转移就业实践技能，劳动力转移就业保持良好发展态势。

4. 资源性产品价格改革加快推进。2011年，云南省继续推进电价、水价、成品油价格改革，积极研究电价改革试点省实施方案，充分发挥价格导向和调节作用，加快全省落后产能的淘汰步伐，有效地促进了经济结构调整和发展方式转变。

（四）财政收入较快增长，民生保障重点突出

2011年，云南省财政总收入增长24.8%，占GDP的比重为25.8%；地方财政一般预算收入增长27.5%，其中，税收收入完成占比为79.4%；地方财政一般预算支出增长28.2%，占GDP的比重为

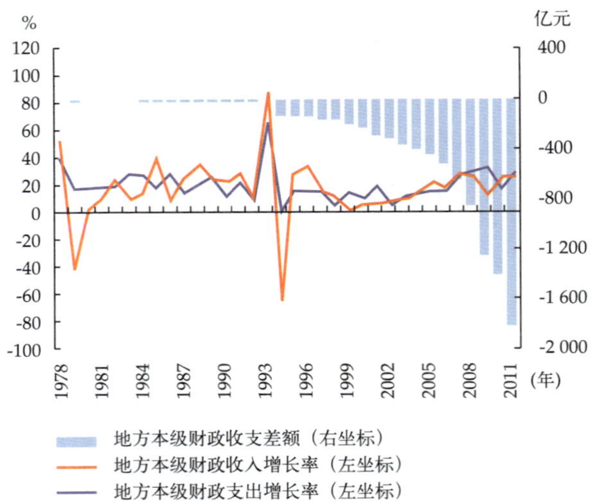

数据来源：云南省统计局。

图12　1978～2011年云南省财政收支状况

33.5%（见图12）。财政支出对民生的保障作用更加突出，其中，教育支出、社会保障和就业支出、农林水事务支出、医疗卫生支出、住房保障支出均保持高速增长，支出额占全部支出的56.9%，社会民生得到进一步改善。

（五）节能减排目标实现，环境治理成效明显

2011年，云南省通过淘汰落后产能、推进节能技改等措施，小幅提升能源加工转换效率，节能降耗取得实效。全年单位生产总值能耗下降3.2%，规模以上工业单位工业增加值能耗下降6.6%，节能减排目标全面完成。全省六大高耗能工业行业仍是制约节能降耗的主要障碍，全年六大行业能源消费量占全部规模以上工业能耗的比重高达87.0%，创造的增加值仅占全部规模以上工业增加值的36.8%。

为实现节能减排目标，云南省结合自身特色和优势，重点发展以生物资源为基础的生物产业、生物制药、生物食品工业以及风能、太阳能发电等循环经济和低碳经济。全省环境治理工作取得明显成效，实施“一湖一策”，九大高原湖泊治理全面提速，其中，滇池治理取得阶段性成效，恶化趋势得到遏制；天然林连续13年停采，森林覆盖率提高5.4%，达到52.9%。

专栏2 人民币对周边国家货币直接交易取得重大突破

为配合云南桥头堡战略的实施，促进云南省与周边国家经贸合作的便利化，中国人民银行昆明中心支行充分发挥云南沿边区位优势，积极开展对外交流合作，深入探索人民币对周边国家货币挂牌交易的可行性和模式。2011年，在中国人民银行总行的授权和指导下，云南省推动人民币对周边国家货币柜台挂牌和交易取得重大突破。

——首推人民币对老挝基普银行柜台交易。为疏通跨境人民币结算渠道，有效降低企业的汇率风险和兑换成本，扩大人民币跨境使用，促进双边企业贸易和投资便利化，根据中老两国中央银行互访会谈取得的成果，中国人民银行昆明中心支行积极引导并支持银行结算渠道建设，推动富滇银行与老挝外贸银行开展深度合作，共同探索两国货币交易的新模式。2011年6月9日，富滇银行在全国首次推出人民币对老挝基普的柜台挂牌，迈出了中老双边本币结算史上的重要一步。

——实现人民币对泰铢银行间市场区域交易。近年来，在中国—东盟自由贸易区、大湄公河次区域合作等多边框架与合作体制推动下，中泰两国在农业、矿业、旅游、科技、文化等方面的交流合作日益广泛密切，双边经贸合作不断向纵深发展，对两国本币兑换交易的方式、渠道和范围提出了新的现实要求。为此，中国人民银行昆明中心支行在总行的授权和指导下，立足云南实际，主动作为，深入调研掌握滇泰经贸往来情况、人民币在泰国接受度、泰国金融市场开放程度、客户需求等情况，并与泰国中央银行北部分行开展双边互访，达成推动两国货币在银行间市场区域交易的共识。在此基础上，周密规划制度安排，制定市场准入、资格管理、交易管理、风险控制等多项制度，确保交易开展的可操作性、合规性和风险可控。2011年12月19日，人民币对泰铢银行间市场区域交易正式启动，在全国首创人民币对非主要国际储备货币在银行间市场区域交易的全新模式。启动首日，即达成交易20笔，成交金额为1.06亿元。目前，参与人民币对泰铢银行间市场区域交易的报价行有6家中资银行、1家泰资银行。截至2011年年末，运行10个交易日，成交57笔，成交金额为2.46亿元。人民币对泰铢银行间市场区域交易的启动，不仅对推动云南经济发展、提高对外开放水平具有重要现实意义，也是人民币“走出去”的又一开拓性、标志性的里程碑。

（六）房地产调控效果显现，有色金属实现千亿元产业发展目标

1. 房地产市场运行平稳，政策调控效应显现。2011年，在“限购”、“限贷”等房地产调控政策作用下，云南省商品房销售面积和房地产贷款增速双双下降，重点城市房价调控成效明显，保障性住房建设加快推进。

（1）房地产开发投资较快增长，自筹资金和其他资金为主要资金来源。2011年，云南省房地产开发投资完成1 272.7亿元，增长41.3%，比上年提高19.2个百分点。全年房地产开发投资资金来源为1 648.1亿元，增长26.7%。其中，国内贷款为129.5亿元，下降19.5%；自筹资金和其他资金仍为主要资金来源，分别占46.9%和45.2%。

（2）商品房供应结构调整，保障性住房全面开工。全年商品房新开工面积增速加快，同比提高3.3个百分点，竣工面积下降5.5%。受房地产调控政策影响，市场需求与投资结构调整，商品房施工面积和新开工面积中非住宅比重上升，住宅比重下降。全年保障性住房累计开工31万套，开工率达100.1%。

（3）商品房销售增速下降，待售面积增加。2011年，云南省商品房销售面积和销售金额同比分别增长5.0%和21.3%（见图13），分别比上年大幅

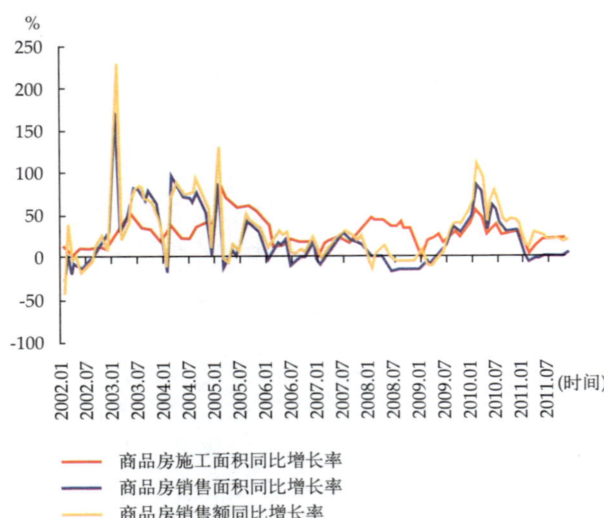

数据来源：云南省统计局。

图13　2002～2011年云南省商品房施工和销售变动趋势

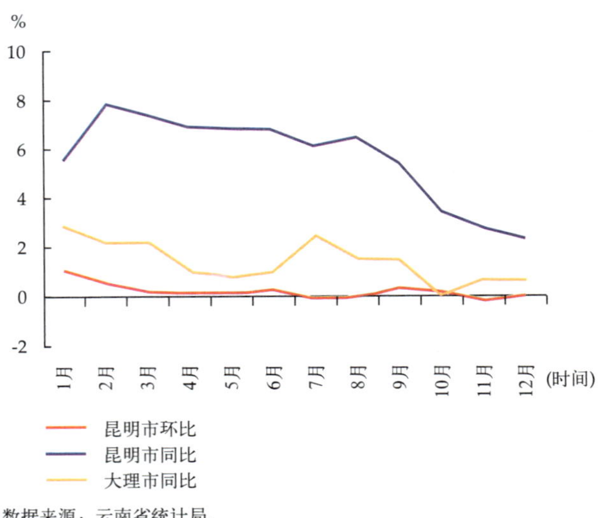

数据来源：云南省统计局。

图14　2011年昆明市、大理市新建住宅销售价格变动情况

下降27.7个和21.7个百分点，其中，昆明市受“限购”政策影响，住房销售持续低迷，销售面积同比下降15.4%。年末，全省商品房待售面积同比增长20.0%。

（4）重点城市房价调控取得成效，价格涨幅逐月收窄。2011年，云南省昆明市、大理市新建住宅价格同比涨幅分别从3月和8开始回落（见图14）。12月，同比涨幅分别为2.3%、0.6%，较年内最高点分别下降5.5个、2.2个百分点，环比涨幅均为零，在住房税费调整、“限购”及“限贷”作用下，云南省重点城市稳定住房价格的调控工作取得明显成效。

（5）房地产贷款增速止跌企稳，金融支持保障性住房建设的力度增大。2011年年末，云南省商业性房地产贷款余额同比增长16.0%，比上年年末下降6.4个百分点，下半年增速止跌企稳。其中，房地产开发贷款增长13.2%，个人住房贷款增长13.5%，90平方米以下中小户型信贷比重提高。全省金融机构积极支持保障性住房建设，全年累计发放100.9亿元贷款用于支持72个工程项目建设，年末保障性住房贷款余额大幅增长121.2%。

2. 有色金属行业实现千亿元产业发展目标，产业链短板制约亟待破解。

有色金属产业是云南省经济发展的支柱产业，产品种类多，应用领域广，产业关联度高，资源和产业优势突出。2011年，云南省有色金属产业克服市场需求滑坡、生产成本上升等各种困难，继续保持快速发展态势，全年实现营业收入1 400亿元，超额完成省政府年初提出的千亿元产业目标。其中，十种有色金属产量达270.8万吨，增长12.7%。受上海、伦敦两地期货交易所金属比价不断走低影响，有色金属价格“外强内弱”，企业进口套利空间受到压缩，进口增幅显著下降，2011年全省有色金属产品出口增速高于进口增速36.7个百分点。

近年来，云南省有色金属行业发展较快，对全省经济增长的贡献率不断提高，但要实现产业升级、增强发展后劲、提升发展层次，仍面临诸多严峻挑战。上下游产能不匹配、产业链不完善的问题尤为突出，集中表现在：勘探投入不足，资源保障能力差；产业分散，没有形成产业集群；多数企业规模小，抗风险能力弱；装备技术水平低，综合回收利用差；技术创新能力弱，深加工水平低；节能降耗压力大等。

2011年，全省金融机构继续加强对高耗能、高污染和产能过剩企业的贷款控制，全年有色金属产业新增中长期贷款18.7亿元，比上年大幅少增23.1亿元，占全部中长期贷款新增额的比重降至2.3%。有色金属行业的融资渠道进一步拓宽，全年发行短期融资券和中期票据57.5亿元，占全省发行总量的27.8%。

三、预测与展望

2012年，国内外经济环境仍将十分复杂，云南经济社会发展面临的机遇与挑战并存，困难与希望同在。一方面，云南省产业层次偏低，高耗能、高污染行业比重较高，农村贫困面大，区域发展不平衡等结构性矛盾短期内难以消除，加之三年连续干旱，给云南经济保持平稳较快发展增加了较大难度。另一方面，在国家深入实施新一轮西部大开发战略、大力支持云南建设面向西南开放重要桥头堡的背景下，云南省基础设施建设、环境治理、产业升级和经济增长转型将进一步加快，并且中央决定继续实施积极的财政政策和稳的健货币政策也为云南扩大投资和消费、保障民生提供了重要支撑。

2012年是实施“十二五”规划、全面贯彻落实省第九次党代会精神承上启下的重要年，是推进桥头堡建设的关键年。总体来看，全年经济发展面临的机遇大于挑战，经济保持平稳较快增长的可能性仍然较大。综合上述各种因素，预计云南省全年GDP增速将在12%以上，年内将实现突破万亿元目标，CPI将控制在4%左右。

2012年，云南省金融机构将认真贯彻落实稳健的货币政策，不断改进和提升金融服务水平，加大对实体经济和民生改善的支持力度，正确处理好支持地方经济社会发展与风险防范的关系，保持信贷投放的合理均衡增长。同时，金融改革和创新步伐将进一步加快，直接融资和表外业务规模将不断扩大。

中国人民银行昆明中心支行货币政策分析小组
负责人：周振海　于　华
统　稿：雷一忠　杨　杰　夏祥谦
执　笔：宇　军　付　强　经　纬　沈姗姗
提供材料的还有：段云波　段一群　王　勤　自　松　张　屿　董　娴　李耀玉　成　瑾　林非娇　陆凌骏　杨百昕

附录

（一）2011年云南省经济金融大事记

1月25日，云南省第十一届人民代表大会第四次会议审查批准了《云南省国民经济和社会发展第十二个五年规划纲要》。

3月31日，富滇银行首家省外分支机构——富滇银行重庆分行正式挂牌营业，取得云南省地方法人金融机构跨区域经营的重大突破。

4月21日，云南省政府金融服务“三农”、“一个创新、两个建设”工作电视电话会议在昆明召开。

5月6日，国务院批准并出台了《国务院关于支持云南省加快建设面向西南开放重要桥头堡的意见》（国发[2011]11号），该意见提出把昆明建设成为面向东南亚、南亚的区域性金融中心。

5月17日，云南省股权投资发展中心和云南省股权投资基金协会正式揭牌，随后出台了《关于大力发展股权投资基金的意见》（云政办发[2011]159号）。

5月30日，云南瑞丽国家重点开发开放试验区建设正式启动。

6月9日，富滇银行正式启动中老本币跨境结算，并对老挝基普兑人民币汇率进行挂牌。

8月16日，汇丰银行（中国）有限公司昆明分行正式开业，云南省内外资法人银行分支机构达到两家。

11月8日，云南省首家法人保险公司——诚泰财产保险股份有限公司（筹）创立大会召开。

12月19日，人民币对泰铢银行间市场区域交易在云南正式启动。

（二）2011年云南省主要经济金融指标

表1　2011年云南省主要存贷款指标

		1月	2月	3月	4月	5月	6月	7月	8月	9月	10月	11月	12月
本外币	金融机构各项存款余额（亿元）	13 510	13 770	14 138	14207	14 486	14 657	14 827	15 036	15 000	15 135	15 226	15 429
	其中：储蓄存款	5 941.1	6 009.2	6 176.6	6192.6	6 250.3	6 349.6	6 331.7	6 363.8	6 512.7	6 446.9	6 466.2	6 684.9
	单位存款	6 845.1	6 907.7	7 184.4	7191.2	7 331.0	7 419.3	7 489.2	7 616.1	7 507.9	7 567.7	7 712.4	8 038.8
	各项存款余额比上月增加（亿元）	33.3	260.5	367.7	69.0	279.3	170.7	170.4	208.8	-35.8	134.6	90.9	203.7
	金融机构各项存款同比增长（%）	17.6	18.6	18.7	16.7	17.3	16.1	16.2	16.0	15.3	15.1	14.3	14.5
	金融机构各项贷款余额（亿元）	10 944	11 078	11 249	11 402	11 472	11 646	11 700	11 813	11 897	12 012	12 172	12 348
	其中：短期	2 805.3	2 849.7	2 922.8	2919.9	2 925.3	2 984.9	2 961.2	2 982.1	3 026.5	3 068.9	3 105.9	3 172.4
	中长期	7 921.6	8 023.4	8 128.3	8287.5	8 355.3	8 407.1	8 501.8	8 588.8	8 628.4	8 704.9	8 817.2	8 917.2
	票据融资	166.0	151.9	141.3	134.5	129.4	148.6	166.4	167.3	162.2	148.2	155.6	157.1
	各项贷款余额比上月增加（亿元）	240.0	134.3	170.8	153.3	69.1	174.0	92.5	113.0	84.4	114.6	160.3	175.7
	其中：短期	48.2	44.4	73.2	-2.9	5.4	59.7	-23.8	21.0	44.3	42.4	37.0	66.5
	中长期	168.3	101.7	105.0	159.2	67.8	51.8	94.7	87.0	39.6	76.5	112.3	100.0
	票据融资	4.7	-14.1	-10.6	-6.8	-5.1	19.2	17.9	0.8	-5.0	-14.0	7.4	1.5
	金融机构各项贷款同比增长（%）	19.5	18.7	19.5	18.7	17.2	17.6	15.7	15.7	15.3	15.6	14.9	15.4
	其中：短期	8.4	10.0	12.2	11.6	11.4	15.8	14.6	13.7	13.9	15.1	16.6	17.4
	中长期	25.6	23.3	23.4	22.5	20.5	18.4	16.1	16.2	15.3	15.4	14.3	14.8
	票据融资	-22.2	-21.4	-17.0	-23.3	-32.8	-11.4	9.5	22.4	30.2	20.6	11.3	-1.7
	建筑业贷款余额（亿元）	362.8	378.1	381.4	399.6	393.8	411.4	417.2	428.9	568.4	449.7	460.2	475.3
	房地产业贷款余额（亿元）	433.8	439.9	443.4	439.7	452.5	454.4	444.6	448.3	439.7	433.2	444.8	458.0
	建筑业贷款同比增长（%）	32.1	32.9	29.0	33.8	25.4	28.4	29.7	32.7	54.5	32.7	31.2	36.4
	房地产业贷款同比增长（%）	24.1	18.4	17.9	12.0	15.8	13.9	9.1	7.8	7.3	4.5	5.1	9.3
人民币	金融机构各项存款余额（亿元）	13 447	13 703	14 071	14141	14 422	14 576	14 754	14 962	14 914	15 035	15 145	15 357
	其中：储蓄存款	5 915.2	5 985.6	6 153.2	6 167.7	6 224.5	6 322.3	6 306.9	6 338.1	6 483.9	6 418.5	6 436.6	6 654.9
	单位存款	6 810.8	6 866.8	7 144.2	7 153.6	7 296.0	7 369.1	7 443.2	7 570.4	7 453.5	7 498.6	7 664.8	7 998.7
	各项存款余额比上月增加（亿元）	38.2	255.6	368.7	70.0	281.0	153.6	177.7	208.1	-47.3	120.2	110.8	211.5
	其中：储蓄存款	211.7	70.4	167.5	14.5	56.8	97.8	-15.4	31.2	145.8	-65.5	18.1	218.3
	单位存款	-287	56.0	277.4	9.5	142.4	73.1	74.1	127.2	-117	45.1	166.2	333.9
	各项存款同比增长（%）	17.6	18.5	18.7	16.7	17.3	16.0	16.1	16.0	15.2	14.9	14.2	14.5
	其中：储蓄存款	24.6	19.8	21.0	20.4	20.2	19.4	18.2	18.0	17.1	16.1	15.2	16.4
	单位存款	-4.1	-3.3	0.7	0.8	2.8	3.8	6.7	4.9	5.0	5.6	8.0	12.7
	金融机构各项贷款余额（亿元）	10 794	10 920	11 088	11 234	11 302	11 469	11 524	11 625	11 699	11 798	11 955	12 115
	其中：个人消费贷款	1 373.4	1 382.3	1 412.3	1 437.7	1 453.0	1 474.2	1 488.5	1 506.5	1 526.9	1 547.6	1 573.7	1 587.9
	票据融资	166.0	151.9	141.3	134.5	129.0	148.2	166.1	167.1	161.5	147.2	154.7	156.2
	各项贷款余额比上月增加（亿元）	227.3	125.7	168.2	146.1	67.5	166.9	94.0	100.5	74.1	99.1	156.9	160.0
	其中：个人消费贷款	41.4	8.9	30.0	25.3	15.4	21.2	14.3	18.0	20.4	20.7	26.1	14.3
	票据融资	4.7	-14.1	-10.6	-6.8	-5.5	19.2	17.8	1.0	-5.6	-14.3	7.5	1.5
	金融机构各项贷款同比增长（%）	19.0	18.1	19.0	18.1	16.5	17.0	15.1	15.1	14.5	14.8	14.2	14.6
	其中：个人消费贷款	23.0	23.0	20.4	19.1	18.3	17.7	17.2	17.5	17.5	17.9	17.8	17.3
	票据融资	-22.2	-21.4	-17.0	-23.3	-33.0	-11.4	9.3	22.3	29.7	19.8	10.7	-2.3
外币	金融机构外币存款余额（亿美元）	9.0	9.7	9.4	9.3	9.0	11.7	10.6	10.7	12.6	14.9	11.5	10.3
	金融机构外币存款同比增长（%）	16.9	29.3	27.0	19.2	7.1	34.5	19.1	23.0	48.2	55.2	33.7	5.1
	金融机构外币贷款余额（亿美元）	22.0	23.4	23.8	25.2	25.4	26.5	26.3	28.4	29.5	32.0	31.7	34.0
	金融机构外币贷款同比增长（%）	83.3	84.3	84.5	95.3	93.9	76.7	80.1	84.4	94.1	87.1	73.2	69.2

数据来源：中国人民银行昆明中心支行。

表2　2001～2011年云南省各类价格指数

单位：%

年/月		居民消费价格指数		农业生产资料价格指数		工业生产者购进价格指数		工业生产者出厂价格指数	
		当月同比	累计同比	当月同比	累计同比	当月同比	累计同比	当月同比	累计同比
2001		—	-0.9	—	-3.4	—	-0.6	—	-0.1
2002		—	-0.2	—	0.4	—	-2.4	—	-1.8
2003		—	1.2	—	1.9	—	2.7	—	1.4
2004		—	6.0	—	6.3	—	9.6	—	8.8
2005		—	1.4	—	5.9	—	6.5	—	4.5
2006		—	1.9	—	2.8	—	7.6	—	4.6
2007		—	5.9	—	7.0	—	8.2	—	5.7
2008		—	5.7	—	16.6	—	11.6	—	5.8
2009		—	0.4	—	-0.7	—	-5.0	—	-8.5
2010		—	3.7	—	1.4	—	9.0	—	8.8
2011		—	4.9	—	8.3	—	8.0	—	4.7
2010	1	2.2	2.2	-0.1	-0.1	6.4	6.4	10.9	10.9
	2	3.2	2.7	-0.4	-0.3	8.0	7.2	11.5	11.2
	3	4.2	3.2	-0.9	-0.5	9.8	8.1	13.2	11.9
	4	4.1	3.4	-2.2	-0.9	10.8	8.8	12.9	12.1
	5	4.0	3.5	-0.1	-0.8	11.1	9.3	11.6	12.0
	6	3.7	3.6	0.9	-0.5	9.9	9.4	9.9	11.7
	7	4.4	3.7	2.5	-0.1	9.5	9.4	9.0	11.3
	8	4.4	3.8	2.1	0.2	8.2	9.2	6.5	10.7
	9	4.1	3.8	2.4	0.4	7.6	9.0	4.4	10.0
	10	4.0	3.8	3.3	0.7	8.3	9.0	4.8	9.5
	11	4.0	3.8	4.5	1.1	9.0	9.0	5.7	9.1
	12	2.6	3.7	4.8	1.4	9.0	9.0	5.6	8.8
2011	1	3.2	3.2	4.2	4.2	7.9	7.9	4.0	4.0
	2	3.7	3.4	4.6	4.4	8.4	8.1	4.8	4.4
	3	3.8	3.6	6.1	5.0	8.8	8.4	4.8	4.5
	4	4.2	3.7	7.6	5.6	8.2	8.3	4.0	4.4
	5	4.1	3.8	7.6	6.0	8.8	8.4	4.4	4.4
	6	5.1	4.0	9.5	6.6	9.1	8.5	5.7	4.6
	7	5.5	4.2	10.5	7.2	10.1	8.7	6.7	4.9
	8	5.9	4.4	11.0	7.6	9.9	8.9	6.5	5.1
	9	6.1	4.6	11.1	8.0	8.9	8.9	6.2	5.2
	10	6.0	4.8	10.0	8.2	7.3	8.7	4.5	5.1
	11	5.3	4.8	8.8	8.3	4.9	8.4	3.1	5.0
	12	5.3	4.9	8.5	8.3	3.6	8.0	2.1	4.7

数据来源：云南省统计局。

表3 2011年云南省主要经济指标

	1月	2月	3月	4月	5月	6月	7月	8月	9月	10月	11月	12月
绝对值（自年初累计）												
地区生产总值(亿元)	—	—	1 739.1	—	—	3 603.1	—	—	5 772.7	—	—	8 751.0
第一产业	—	—	150.5	—	—	360.7	—	—	769.6	—	—	1 407.8
第二产业	—	—	867.1	—	—	1 863.1	—	—	2 728.0	—	—	3 991.0
第三产业	—	—	721.5	—	—	1 379.3	—	—	2 275.1	—	—	3 352.2
固定资产投资(亿元)	—	424.2	917.4	1 480.0	2 017.6	2 558.0	3 082.7	3 616.9	4 189.6	4 753.0	5 317.8	5 927.0
房地产开发投资	—	106.2	193.2	297.1	402.5	519.3	620.0	715.2	844.2	959.6	1 087.4	1 272.7
社会消费品零售总额(亿元)	—	402.0	661.8	885.7	1 111.7	1 348.4	1 574.5	1 804.6	2 046.2	2 298.2	2 550.3	3 000.1
外贸进出口总额(万美元)	131 580	204 100	345 800	473 000	595 000	709 000	844 000	984 900	1 201 100	1 322 000	1 448 000	1 605 000
进口	46 410	80 300	131 000	189 000	254 000	303 000	358 300	410 600	469 000	515 000	575 000	658 000
出口	85 170	123 700	214 900	284 000	341 000	406 000	485 700	574 400	732 100	807 000	873 000	947 000
进出口差额(出口－进口)	38 760	43 400	83 900	95 000	87 000	103 000	127 400	163 800	263 100	292 000	298 000	289 000
外商实际直接投资(万美元)	5 467	16 151	34 564	34 564	44 714	65 103	66 122	70 375	80 619	89 491	150 562	173 754
地方财政收支差额(亿元)	—	-69.4	-207.9	-243.1	-348.8	-474.1	-562.1	-746.6	-935.8	-1 043.8	-1 275.6	-1 818.8
地方财政收入	—	170.9	241.6	339.5	431.7	553.9	649.6	722.8	805.4	914.1	995.0	1 110.8
地方财政支出	—	240.3	449.5	582.6	780.5	1 028.0	1 211.7	1 469.4	1 741.2	1 957.9	2 270.6	2 929.6
城镇登记失业率(%)（季度）	—	—	—	—	—	—	—	—	4.1	—	—	4.1
同比累计增长率（%）												
地区生产总值	—	—	12.5	—	—	13.1	—	—	13.4	—	—	13.7
第一产业	—	—	3.1	—	—	6.7	—	—	5.8	—	—	6.0
第二产业	—	—	16.4	—	—	16.7	—	—	17.9	—	—	18.0
第三产业	—	—	10.2	—	—	10.1	—	—	11.0	—	—	11.8
工业增加值	—	14.6	15.9	16.6	16.1	16.7	17.0	17.5	18.0	18.0	18.0	18.0
固定资产投资	—	19.6	20.5	24.0	25.3	25.3	26.0	26.6	27.0	27.5	27.6	27.6
房地产开发投资	—	35.6	39.9	32.9	32.6	37.5	42.2	43.2	41.8	41.8	41.4	41.3
社会消费品零售总额	—	20.1	17.0	17.5	17.9	18.1	18.1	18.0	18.2	18.2	18.3	20.0
外贸进出口总额	66.5	36.0	43.7	34.9	31.3	16.1	9.5	9.4	19.2	20.8	19.1	19.6
进口	21.4	2.4	-2.5	7.9	17.4	11.4	12.3	11.7	12.3	13.7	11.4	13.2
出口	108.7	72.8	102.1	61.8	44.0	19.9	7.5	7.8	24.0	25.9	24.7	24.6
外商实际直接投资	275.7	104.6	92.7	92.7	82.4	30.2	27.4	27.9	40.9	15.4	56.0	30.7
地方财政收入	—	31.9	27.4	28.3	30.4	34.8	35.4	34.2	35.2	32.1	28.0	27.5
地方财政支出	—	34.3	43.6	35.3	41.8	41.1	40.8	46.3	43.9	39.3	30.2	28.2

数据来源：云南省统计局、云南省商务厅。

2011年西藏自治区金融运行报告

中国人民银行拉萨中心支行货币政策分析小组

[内容摘要] 2011年，是西藏和平解放六十周年，是实施“十二五”规划的开局之年。在中央的关怀、全国人民的援助下，在自治区党委的坚强领导下，全区上下坚持以科学发展观为统领，坚定不移地走有中国特色、西藏特点的发展道路，贯彻落实中央关于西藏工作的指导思想，抓发展、转方式，保稳定、促和谐，增活力、惠民生，团结奋进，确保了全区经济平稳较快增长，实现了“十二五”良好开局。

西藏金融机构深入贯彻落实中央第五次西藏工作座谈会精神,认真执行稳健的货币政策和特殊优惠金融政策①，全面贯彻落实中央、自治区经济工作会议精神，不断提高金融服务水平，优化信贷结构，增加有效信贷投放，积极推动西藏经济社会实现跨越式发展。全区金融运行平稳，存贷款均保持了快速增长态势。

六十年的发展，为西藏2012年乃至“十二五”继续保持跨越式发展奠定了坚实的基础。站在新的起点上，全区将全力推进经济社会更好更快更大发展。预计2012年经济将继续保持跨越式发展的良好势头，金融运行平稳。

一、金融运行情况

2011年，西藏金融业认真执行稳健的货币政策和特殊优惠金融政策，金融业继续保持了平稳健康发展。银行业信贷总量明显增长，证券业、保险业稳步发展，金融体系日臻完善，金融生态环境继续改善。

（一）银行业稳步发展，货币信贷增长较快

2011年，西藏金融运行呈现“三高一优”的特点，存款增量增幅持续保持高位态势，贷款增量创历史新高，贷款增幅创历史新高，信贷结构继续优化，金融机构体系建设稳步推进，金融服务地方经济发展的能力进一步增强。

1. 银行业机构体系不断完善，经营效益稳步提高。2011年，西藏继续扎实推进银行业机构体系建设，国家开发银行西藏分行挂牌，中国农业发展银行西藏分行获准设立，西藏银行成功组建，多层次的金融服务体系初具雏形（见表1）。银行业资产总额快速增长，增幅达29.2%；信贷资产质量不断改善，不良贷款余额和不良贷款率实现“双降”，分别较年初下降4.3亿元和2.1个百分点；经营效益稳步提高，实现账面利润12.2亿元，同比增盈1.7亿元。

表1　2011年西藏自治区银行业金融机构情况

机构类别	营业网点			法人机构（个）
	机构个数（个）	从业人数（人）	资产总额（亿元）	
一、大型商业银行	554	6 151	1 492	0
二、国家开发银行和政策性银行	1	39	11	0
三、城市商业银行	1	0	0	1
四、信托公司	1	22	4	1
五、邮政储蓄银行	74	242	46	0
合　计	631	6 454	1 553	2

数据来源：西藏银监局。

2. 存款快速增加，财政存款和单位定期存款增长较快。截至2011年年末，西藏金融机构本外币各项存款余额为1 662.5亿元，同比增长28.2%，增幅

①特殊优惠金融政策是指为缩小西藏与内地省（直辖市）差距，加快西藏发展，党中央、国务院赋予西藏的以低利率为核心的特殊优惠金融政策。

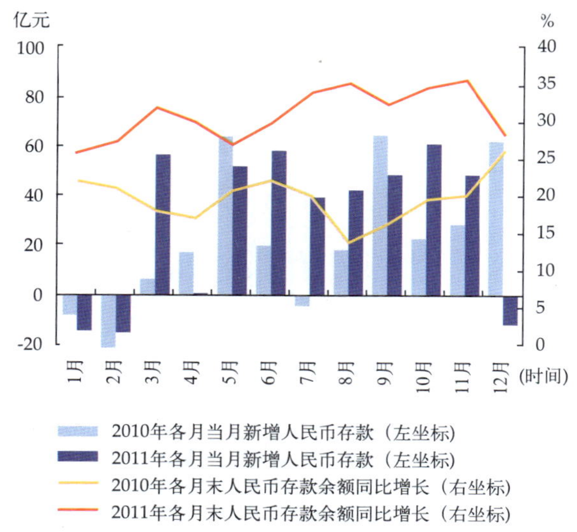

数据来源：《西藏自治区金融统计月报》。

图1　2010～2011年西藏自治区金融机构人民币存款增长变化

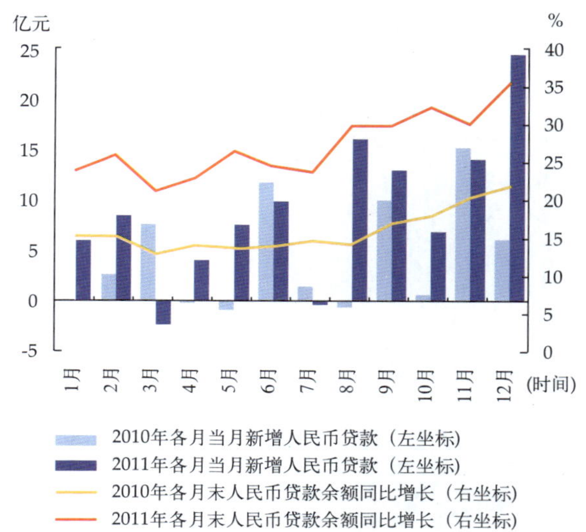

数据来源：《西藏自治区金融统计月报》。

图2　2010～2011年西藏自治区金融机构人民币贷款增长变化

比上年提高2.1个百分点，高出全国平均增速14.7个百分点（见图1、图3）。

存款增加的主要原因包括：一是中央进一步加大财政转移支付力度，资金到位率高；二是国家立项项目部分资金以各种形式沉淀在银行，致使财政存款和单位定期存款大幅增长，余额分别是169.9亿元和1 151.2亿元，分别增长24.8%和117.09%。

3. 贷款明显增长，增量和增幅创历史新高。截至2011年年末，西藏金融机构本外币各项贷款余额首次突破400 亿元，达到409.1亿元，同比增加107.2亿元，增长35.5%，增量和增幅分别高出上年53.7亿元和14个百分点（见图2）。

贷款增长的主要原因包括：一是农牧区信贷投放力度进一步加大，截至2011年年末，涉农贷款余额为78.4亿元，同比增长39.6%；二是中小企业信贷支持力度明显增强，截至2011年年末，中小企业贷款余额为117.9亿元，同比增长15.9%；三是票据融资持续增加，截至2011年年末，票据融资余额为58.6亿元，同比增长100.7%。

4. 继续执行特殊优惠利率政策，利率水平保持稳定。2011年，西藏银行业金融机构认真落实特殊优惠利率政策，除居民购买第二套及以上住房贷款外，各银行机构存贷款利率均没有浮动（见表2）。

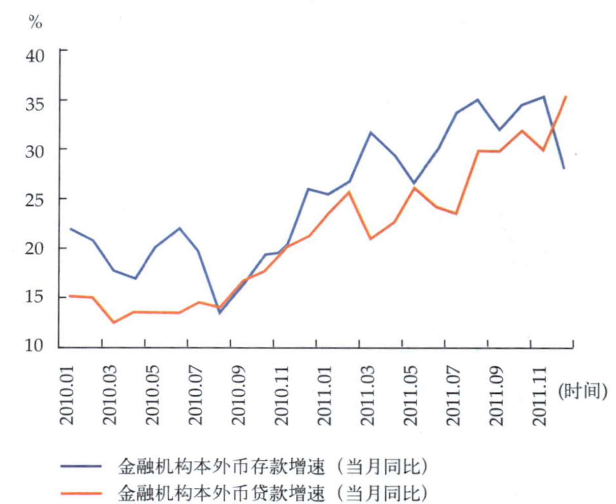

数据来源：《西藏自治区金融统计月报》。

图3　2010～2011年西藏自治区金融机构本外币存、贷款增速变化

2011年，西藏民间借贷利率均高于中国人民银行确定的同期限贷款法定基准利率，各期限民间借贷利率在2010年的基础上向上平移，趋势比较平稳，民间借贷加权平均利率为10.7%，一方面反映了市场供求，另一方面体现了风险溢价。

西藏辖区各商业银行机构对美元、欧元、港元、日元4种币种的活期，7天通知和1年（含1年）以内定期存款利率，均按照各自总行规定执

表2　2011年西藏自治区人民币贷款各利率浮动区间占比

单位：%

月份		1月	2月	3月	4月	5月	6月
	合计	100.0	100.0	100.0	100.0	100.0	100.0
	[0.9～1.0)	—	—	—	—	—	—
	1.0	99.7	97.3	98.3	99.9	99.9	99.6
上浮水平	小计	0.3	2.7	1.7	0.1	0.1	0.4
	(1.0～1.1]	0.3	2.7	1.7	0.1	0.1	0.4
	(1.1～1.3]	—	—	—	—	—	—
	(1.3～1.5]	—	—	—	—	—	—
	(1.5～2.0]	—	—	—	—	—	—
	2.0以上	—	—	—	—	—	—
月份		7月	8月	9月	10月	11月	12月
	合计	100.0	100.0	100.0	100.0	100.0	100.0
	[0.9～1.0)	—	—	—	—	—	—
	1.0	99.5	99.1	99.4	99.8	99.7	99.7
上浮水平	小计	0.5	0.9	0.6	0.2	0.3	0.3
	(1.0～1.1]	0.5	0.9	0.6	0.2	0.3	0.3
	(1.1～1.3]	—	—	—	—	—	—
	(1.3～1.5]	—	—	—	—	—	—
	(1.5～2.0]	—	—	—	—	—	—
	2.0以上	—	—	—	—	—	—

数据来源：各商业银行西藏自治区分行。

行中国人民银行公布的基准利率上限，未实行下浮制度，对其余档次和其他各币种按其总行公布的利率执行。2011年，部分外币币种小额存款利率年内保持不变，未发生大额外币存、贷款业务（见图4）。

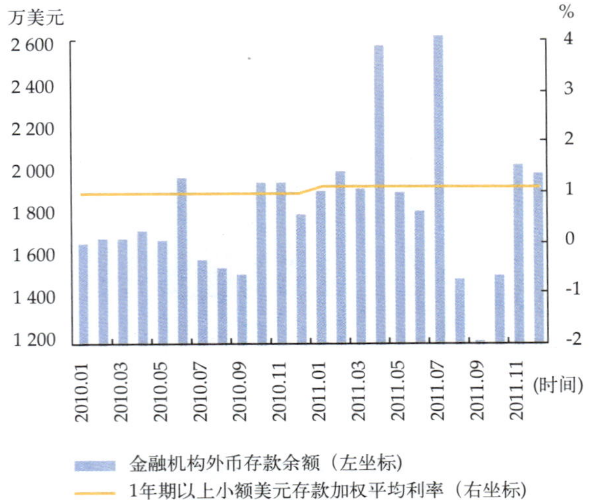

金融机构外币存款余额（左坐标）
1年期以上小额美元存款加权平均利率（右坐标）

数据来源：各商业银行西藏自治区分行。

图4　2010～2011年西藏自治区金融机构外币存款余额及外币存款利率

5. 跨境贸易人民币结算业务稳步推进，促进贸易投资便利化。2011年西藏跨境贸易人民币结算量显著上升，全年累计办理结算业务36.5亿元，较上年增长6.8倍。其中，货物贸易出口结算金额为36.2亿元，占结算总额的99.3%，货物进口结算金额为0.2亿元；服务贸易及其他经常项目出口业务结算金额为0.01亿元。境外主体对人民币的认可程度不断提高，与西藏境内发生人民币结算业务的境外地域日益趋广，除了尼泊尔外，扩大到蒙古、德国、中国香港等国家和地区。

专栏1　西藏扶贫贴息贷款政策执行情况

2011年，西藏银行业金融机构认真贯彻落实中央第五次西藏工作座谈会精神，继续执行中央赋予西藏的特殊优惠金融政策，切实结合西藏农牧区信贷需求实际，积极调整信贷结构，不断加大扶贫贴息贷款投放力度，有力地促进了农牧民生产生活改善和脱贫致富。

一、扶贫贴息贷款政策有效落实

2011年，西藏累计发放扶贫贴息贷款11.1亿元，扶贫贴息贷款余额达到21.9亿元，比年初增加2.3亿元，增长11.7%，其中，34个重点县扶贫贴息贷款余额为7.5亿元，占扶贫贴息贷款总额的34.2%。不良贷款余额为0.04亿元，不良贷款率为0.2%。

二、扶贫贴息贷款政策成效显著

1. 扶贫贴息贷款政策受益面不断扩大。先后将西藏安居工程建设中的游牧民定居贷款、地方病病区群众搬迁贷款、农房改造贷款纳入扶贫贴息贷款范围，对农牧区能带动贫困户脱贫致富的富裕户、能人大户、扶贫龙头企业、农牧民专业合作经济组织和农牧区小型基础设施及社会事业项目等贷款纳入扶贫贴息贷款范围。

2. 扶贫贴息贷款信用额度不断扩大。对农牧户持金卡、银卡和铜卡贷款证的信用额度分别提高到了现行的30 000元、20 000元和10 000元，对评定为“信用村”范围内的农牧户持金卡、银卡和铜卡贷款证的信用额度分别提高到了现行的40 000元、30 000元和10 000 元。截至2011年年末，全区持金卡、银卡和铜卡贷款证的农牧民户数达到395 523户，农牧民贷款余额达到58.4亿元，其中，扶贫贴息贷款余额为21.9亿元。

3. 扶贫开发工作取得显著成绩。2011年，西藏农牧民人均纯收入达到4 904元，比2001年增长2.5倍，年均增长13.3%。享受扶贫贴息贷款政策的农牧民人均纯收入由1 300元提高到了1 700元。按照2006年确定的1 700元扶贫标准，全区56万人实现脱贫，贫困人口减少了52.8%。扶贫开发工作从以解决温饱为主要任务的阶段，转入加快脱贫致富、缩小发展差距的新阶段。

三、进一步落实好扶贫贴息贷款政策的措施

1. 加快西藏农牧区金融网点建设步伐。积极运用经济激励政策，如综合费用补贴政策向农牧区倾斜、减免农牧区金融机构的税收、对长期坚守在偏远乡（镇）提供金融服务的中国农业银行营业网点给予一定的费用补贴作为奖励等，鼓励各类金融机构根据自身业务发展和优势以及西藏经济发展的需要，有计划、有步骤地将营业网点延伸到扶贫开发重点县、边境县和部分高海拔县。同时，积极探索村镇银行、贷款公司、农村资金互助社等新型金融机构的设立和发展，丰富农牧区金融市场主体，形成较为完善的农牧区金融服务体系，从而更好地为农牧区提供金融服务，让更多的农牧民享受到特殊优惠金融政策的支持，享受到党的关怀。

2. 建立差异化的信贷管理办法和单独考核办法。辖区银行业金融机构要继续落实扶贫贴息贷款政策，加大对西藏扶贫开发工作的资金投入力度，放宽农牧民的贷款准入条件，进一步提高农牧民的授信额度，逐步扩大对农牧区、农牧民的扶贫贴息贷款覆盖面。鼓励辖区银行业金融机构结合各自优势和西藏农牧区发展特征，分区域、分层次研究制定包括信用评级、业务流程、风险控制、授权授信、尽职免责、呆坏账核销等内容的信贷管理办法和单独考核办法，并及时向各自的总行报批，使差异化的信贷管理办法和单独考核办法尽快落到实处。

3. 进一步完善综合补贴政策。为加大对农牧区、农牧民的信贷支持力度，按照“总量不变、结构调整、重点倾斜、有效激励”的原则，对服务农牧区的金融机构，对支持重点扶持县、边境县和高海拔县农牧民发展的金融机构，继续实行4个百分点的综合补贴政策，以综合补贴政策撬动信贷资源投向农牧区，帮助和支持农牧民增产增收，加快脱贫步伐，促进农牧区又好又快发展。

（二）证券业运行平稳，证券市场发展良好

2011年，西藏证券业运行情况良好，但受全国股市整体行情欠佳的影响，证券业经营有所下降。

1. 证券交易量稳中有升。2011年中国建银投资证券有限公司拉萨证券营业部正式开业，西藏证券机构升至两家。截至2011年年末，证券业总资产为26.4亿元，同比下降29%；实现营业收入2.4亿元，同比下降25%；共有投资者账户13万余户，同比增长17.4%；境内证券市场交易额为2 842.3亿元，同

表3　2011年西藏自治区证券业基本情况

项目	数量
总部设在辖内的证券公司数（家）	1
总部设在辖内的基金公司数（家）	0
总部设在辖内的期货公司数（家）	0
年末国内上市公司数（家）	9
当年国内股票（A股）筹资（亿元）	15.0
当年发行H股筹资（亿元）	10.8
当年国内债券筹资（亿元）	10.0
其中：短期融资券筹资额（亿元）	0

数据来源：西藏证监局。

比增长9.2%。

2. 上市公司经营状况保持良好。截至2011年年末，西藏共有10家上市公司，其中，境内上市公司9家、香港上市公司1家。2011年，区内上市公司通过股票市场募集资金25.8亿元，其中，境内股票筹资占当年银行贷款增加额的14%（见表3），境内上市公司总市值是西藏地区生产总值的5.5倍。2011年西藏上市公司首次发行债券，融资额达10亿元（见表3）。

（三）保险业保持稳步发展，民生险种创新步伐加快

2011年，西藏保险业总体运行良好，保险机构数量增加，民生险种快速发展，经济补偿功能增强。

1. 保险机构不断完善。2011年西藏区级保险机构、地（市）中支保险机构和保险中介机构各新增1家，机构总数分别达到5家、32家和4家。保险业资产总额约为3.5亿元，从业人员达到1 404人。

2. 保费收入和赔付支出增长较快。随着社会保险意识逐步增强及居民收入水平的提高，保费收入迅速增长。2011年保险业实现保费收入7.6亿元，同比增长50.2%，增速位居全国第一，较全国平均水平高约42.2个百分点。受“9·18”地震灾害等因素影响，赔付支出增长较快。2011年累计赔付支出3.3亿元，同比增长50.1%。保险深度、保险密度分别较上年提高0.3个百分点和80元/人（见表4）。

表4　2011年西藏自治区保险业基本情况

项目	数量
总部设在辖内的保险公司数（家）	0
其中：财产险经营主体（家）	0
人身险经营主体（家）	0
保险公司分支机构（家）	5
其中：财产险公司分支机构（家）	4
人身险公司分支机构（家）	1
保费收入（中外资，亿元）	7.6
其中：财产险保费收入（中外资，亿元）	5.7
人身险保费收入（中外资，亿元）	1.9
各类赔款给付（中外资，亿元）	3.3
保险密度（元/人）	253.0
保险深度（%）	1.3

数据来源：西藏保监局。

3. 民生险种创新步伐加快。2011年西藏在做好农牧区种植业保险、养殖业保险、农牧民住房保险等政策性保险业务的基础上，积极研发推出了农牧民大病医疗保险、孕产妇和婴儿保险、村干部保险、高原反应保险等保障和改善民生的保险新产品，家庭财产险、农业保险、寿险、健康险等民生险种发展快速，成为西藏保险业务快速发展的主要推动力。

（四）融资结构多元化，金融市场健康发展

2011年，西藏金融市场运行稳健，融资继续增长，债券融资实现新突破，票据融资持续增加，黄金投资性交易活跃。

1. 融资继续增长。2011年西藏非金融机构部门融资继续较快增长，总融资达143.1亿元，同比增长28.5%。在融资结构中，贷款融资仍占据主导地位，占总融资的74.9%，高于上年26.9个百分点。股票融资规模有所下降，占总融资的18.1%。债券融资取得新突破，2011年西藏上市公司债券融资达10亿元，西藏融资结构向多元化发展（见表5）。

2. 票据业务稳步发展。2011年西藏票据业务品种从单一的银行承兑汇票发展为银行承兑汇票、企业贴现、转贴现等业务，经办银行扩展至中国工商银行、中国农业银行、中国银行、中国建设银行、

表5　2001～2011年西藏自治区非金融机构部门贷款、债券和股票融资情况

单位：亿元、%

年份	融资合计	比重		
		贷款	债券（含可转债）	股票
2001	15.9	85.9	0	14.1
2002	24.5	100.0	0	0.0
2003	23.3	100.0	0	0.0
2004	30.6	100.0	0	0.0
2005	10.9	100.0	0	0.0
2006	25.0	100.0	0	0.0
2007	19.7	100.0	0	0.0
2008	25.8	100.0	0	0.0
2009	36.2	86.7	0	13.3
2010	111.4	48.0	0	52.0
2011	143.1	74.9	0	18.1

数据来源：《西藏自治区金融统计月报》、西藏证监局。

中国邮政储蓄银行等5家商业银行机构。票据融资大幅增长，仍以转贴现为主。截至2011年年末，银行承兑汇票余额为1.2亿元，同比减少0.1亿元；全年累计发生3.4亿元，同比增加0.4亿元。票据融资余额为58.6亿元，同比增加29.4亿元。其中，企业贴现余额为15.0亿元，同比增加9.6亿元；买断式转贴现余额为43.6亿元，全年累计办理买断式转贴现116.2亿元（见表6）。

表6　2011年西藏自治区金融机构票据业务量统计

单位：亿元

季度	银行承兑汇票承兑		贴现			
			银行承兑汇票		商业承兑汇票	
	余额	累计发生额	余额	累计发生额	余额	累计发生额
1	1.4	0.9	10.3	249.4	0	0
2	1.3	1.8	38.9	67.0	0	0
3	1.1	2.6	50.8	100.8	0	0
4	1.2	3.4	58.6	145.9	0	0

数据来源：各商业银行西藏自治区分行。

表7　2011年西藏自治区金融机构票据贴现、转贴现利率

单位：%

季度	贴现		转贴现	
	银行承兑汇票	商业承兑汇票	票据买断	票据回购
1	6.12	0	4.58	3.90
2	6.94	0	5.18	4.50
3	8.73	0	7.34	0
4	8.88	0	8.50	0

数据来源：各商业银行西藏自治区分行。

3. 黄金投资性交易继续保持上升态势。受国内外黄金价格上涨以及通货膨胀等因素影响，以实物黄金、纸黄金为主的投资性交易呈逐渐上升趋势。全区仅中国建设银行西藏分行开办了账户金业务，截至2011年年末，中国建设银行账户金余额为1 138.5万元，同比增长100%。个人实物黄金交易呈上升趋势，截至2011年年末，共销售实物黄金98.1公斤，实现销售金额为3 351.7万元，同比增加33.48%。2011年前三个季度黄金价格呈不断攀升态势，第四季度受欧债危机、美元走强等因素影响，黄金价格有所回落。

（五）金融生态环境建设稳步推进，经济金融协调互动加强

2011年，西藏金融生态环境建设工作取得长足发展，金融业发展环境不断优化。一是经济的快速发展为西藏金融生态环境建设提供了良好的外部环境。西藏地区生产总值已连续19年保持了10%以上的增长速度。二是社会信用体系建设深入开展，公众的信用意识逐步建立。截至2011年年末，企业征信系统共收录企事业单位及其他经济组织6 229户，个人征信系统收录自然人约95万人。信息采集范围拓展到住房公积金缴存、企业环境违法、拖欠工资等非银行领域，征信系统信用信息运用范围不断扩大。三是法律体系不断完善，推动西藏金融法制环境进一步改善。金融机构与区工商、税务、司法机关等经济综合部门签订合作协议，严厉打击破坏金融秩序、骗取银行贷款、逃废金融债务的行为。四是金融业整体实力不断提升，实现了稳健运行。金融电子化建设步伐加快，支付结算条件改善，提高了金融体系运行的质量和效率。

二、经济运行情况

2011年，西藏经济保持了平稳较快增长，实现了“十二五”良好开局。全年完成地区生产总值605.8亿元，增长12.7%，增速连续3年保持在12%以上（见图5）。

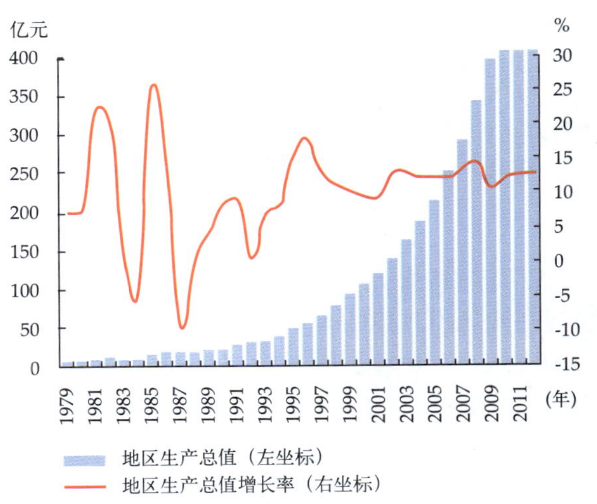

数据来源：西藏自治区统计局。

图5　1979～2011年西藏自治区地区生产总值及其增长率

（一）总需求持续扩大，投资和消费并驾齐驱的格局进一步巩固

2011年，西藏坚持基础先行，狠抓投资、消费"双拉动"，固定资产投资、城乡消费、外贸进出口均实现较快增长。

1. 投资规模稳步扩大，基础设施继续改善。2011年西藏不断优化投资环境，努力拓宽投资渠道，累计完成固定资产投资549.3亿元，同比增长18.6%，增速比上年下降3.5个百分点（见图6）。从投资主体看，政府投资比例有所提高，全年完成420.8亿元，同比增长22.2%，占投资总额的76.6%，同比提高2.3个百分点。中央投资规模继续扩大，全年落实中央投资281亿元，同比增长11%。在投资的有力保障下，一批重大项目开工建设，交通、能源、通信、水利四大基础体系进一步改善。

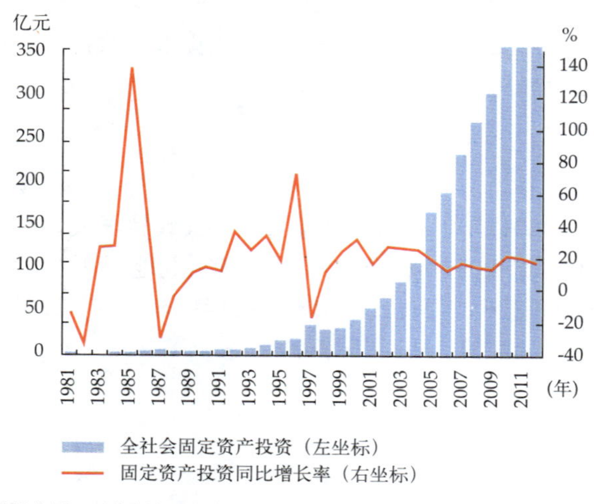

数据来源：西藏自治区统计局。

图6　1981～2011年西藏自治区固定资产投资及其增长率

2. 市场持续活跃，城乡消费齐头并进的良好态势进一步巩固。2011年全区社会消费品零售总额为219.0亿元，同比增长18.2%（见图7）。其中，城镇和乡村社会消费品零售总额分别达179.0亿元、34.7亿元，分别增长 18.9%、14.3%。城乡市场体系和商品流通渠道不断完善，新建和改造"万村千乡"农家店2 070家、配送中心40家。汽车、住房等消费保持增长态势，旅游、餐饮、休闲等消费进一步增强。

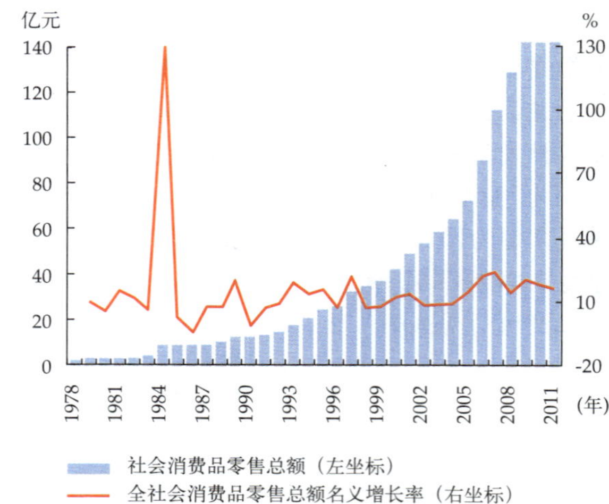

数据来源：西藏自治区统计局。

图7　1978～2011年西藏自治区社会消费品零售总额及其增长率

3. 外贸总量实现新突破，经济交流与合作不断加强。2011年西藏外贸进出口总额突破10亿美元，达13.6亿美元，增长62.5%，增速同比回落47.5个百分点（见图8）。矿泉水、啤酒、青稞酒、藏毯等主要贸易产品出口形势较好，亚东仁青岗边贸市场成交量实现稳定增长。樟木、吉隆等口岸基础设施建设进展顺利。对外经济合作水平不断提升，南亚贸易陆路大通道建设继续深化，吉隆跨境经济合作区前期论证工作启动。

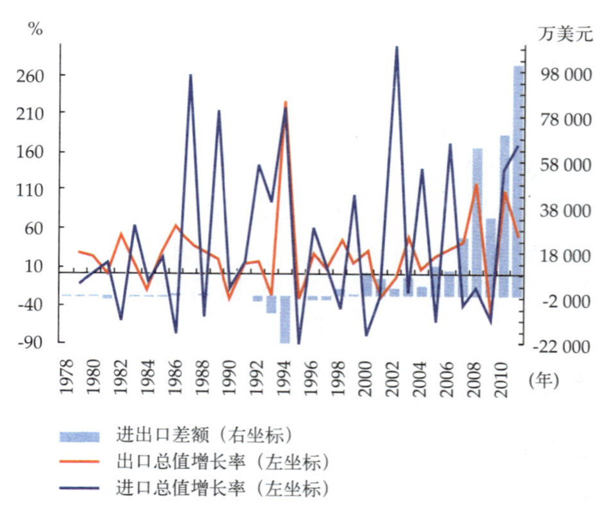

数据来源：西藏自治区统计局。

图8　1978～2011年西藏自治区外贸进出口变动情况

招商引资不断加强，全年落实招商引资项目351个，协议资金为369.8亿元，到位资金为78.1亿元，主要涉及旅游服务业、特色产品加工、新能源、矿产业、水电开发、商贸物流等领域。其中，引进外资项目3个，到位资金为6 460万美元（见图9）。

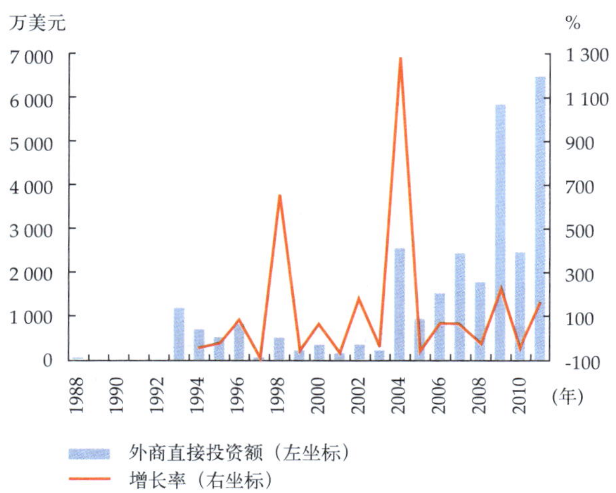

数据来源：西藏自治区统计局。

图9　1988～2011年西藏自治区外商直接投资情况

（二）三次产业继续稳步发展，产业结构不断改善

2011年，西藏三次产业稳步发展，增加值分别为74.4亿元、209.5亿元、321.9亿元，同比分别增长3.4%、18.3%、11.6%。三次产业结构进一步调整，第二产业比重提高2.3个百分点，第一、第三产业比重分别下降1.3个和1个百分点。

1. 农业生产稳步提高，农业基础设施建设持续改善。主要农产品生产取得显著成效，全年实现粮食总产量93.7万吨、油菜籽6.3万吨、蔬菜60.1万吨，同比分别增长2.7%、9.1%、3.4%。农业产业化发展步伐加快，农牧民专业合作社达618户，资本总额为5.3亿元，同比分别增长60.9%和66.1%。农业基础设施建设进一步改善，确定农牧业重点建设项目16个，国家总投资34.4亿元，当年到位6.9亿元。“八到农家”工程[①]、安居工程建设继续深入，建设集中供水工程1 018处，新增6.4万户共34万农牧民住上了安全适用的房屋，新增农村公路里程4 766公里。

2. 工业生产快速增长，重点工业项目建设稳步推进。2011年西藏工业增加值完成48.9亿元，同比增长18.1%，增速创5年来的新高（见图10）。主要工业品产销两旺，全年工业累计销售产值为77.2亿元，同比增长29.9%；销售率为97.4%，同比提高0.9个百分点。重点工业项目建设顺利，37个重点工业项目建成了8个，累计完成投资13.6亿元。拉萨国家级经济技术开发区成为西藏首个国家新型工业化产业示范基地，全年实现税收13.6亿元。矿业、旅游、藏药、建工、建材五大集团健康发展。有色金属矿采选业、非金属矿物制品业、饮料制造业、医药制造业等四个行业的利润实现过亿元。

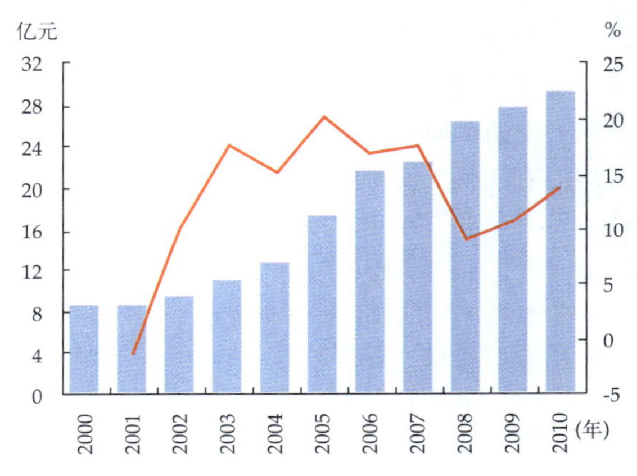

数据来源：西藏自治区统计局。

图10　2000～2011年西藏自治区规模以上工业增加值及其增长率

3. 旅游业持续升温，带动服务业强劲增长。2011年西藏以旅游业为龙头的第三产业完成增加值321.9亿元，同比增长11.6%。旅游业发展持续升温，全年接待国内外游客869.8万人次，同比增长26.9%；实现旅游总收入97.1亿元，同比增长35.9%，占全区生产总值的16.0%，比上年提高2个百分点。旅游景区开发步伐加快，雅鲁藏布大峡谷国家公园等多个自然景观正式挂牌。乡村旅游发展

① “八到农家”工程是指在农牧区实施水、电、路、气、讯、邮政、广播电视、优美环境“八到农家”工程。

迅速，1.3万户、5.3万农牧民参与旅游服务，户均增收2.4万多元。

（三）物价总水平保持基本稳定，居民消费价格涨幅低于全国平均水平

2011年，西藏重点强化对生活必需品价格的监测预警，严厉打击各种扰乱市场秩序的不良行为，物价过快上涨的势头得到有效遏制，价格总水平保持基本稳定。

1. 居民消费价格涨幅低于全国平均水平。2011年西藏居民消费价格上涨5.0%，同比提高2.8个百分点，比全国平均上涨5.4%的水平低0.4个百分点（见图11）。八大类商品价格同比全部上涨，涨幅最高的仍为食品类价格，全年上涨9.1%，同比上升4.6个百分点；其次是居住类价格，全年上涨6.3%，同比上升3.5个百分点；烟酒及用品类、衣着类、家庭设备用品及服务类、医疗保健及个人用品类、交通和通信类、娱乐教育文化用品及服务类价格温和上涨，分别上涨2.7%、2.8%、1.9%、2.8%、2.2%和0.7%，同比分别上升1.6个、0.7个、1.3个、1.6个、2.4个和1.0个百分点。

2. 农业生产资料价格稳步提高。2011年西藏农业生产资料价格上涨2.6%，同比上升2.0个百分点；工业生产者出厂价格上涨4.3%，同比下降1.5个百分点（见图11）。

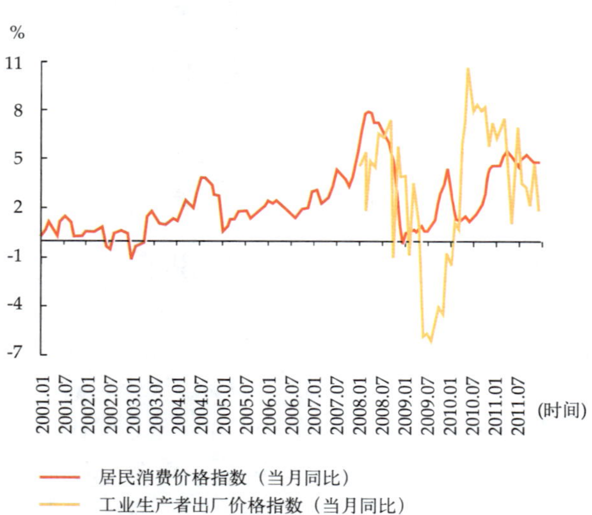

数据来源：西藏自治区统计局。

图11　2001～2011年西藏自治区居民消费价格和生产者价格变动趋势

3. 低保标准稳步提高。2011年西藏高度重视困难群体生活，城市、农村低保标准从人均330元/月、1 300元/年分别提高到360元/月、1 450元/年，有效地促进了民生的改善。积极推动劳动力输出，大力培育和创建劳务输出品牌县、乡，全年组织劳务输出86万人次，实现劳务收入18.5亿元，有力地支持了农牧民脱贫致富。

（四）财政收支规模持续扩大，自给率稳步提高

2011年，西藏地方财政一般预算收入完成54.8亿元，增长49.4%，增速同比提高27.6个百分点。其中，各项税收达到45.8亿元，同比增长81.3%，税收规模再创历史新高。地方财政一般预算支出达到758.0亿元，增长37.6%，增速同比提高20.4个百分点。财政自给率为7.2%，同比提高0.7个百分点，连续3年提高（见图12）。财政支出继续向民生领域倾斜，结构进一步优化，各项重点支出得到有效保障。

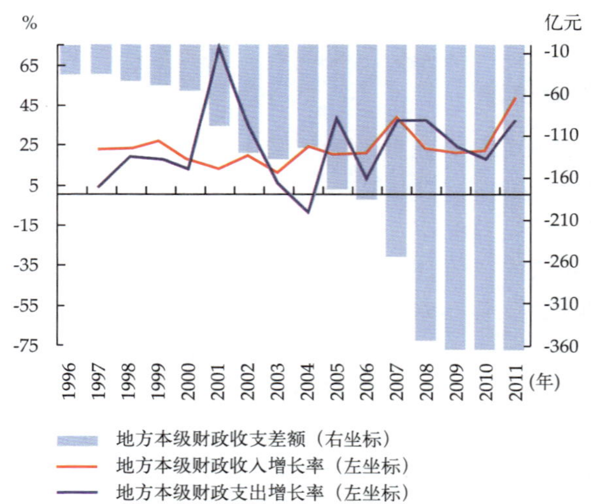

数据来源：西藏自治区统计局。

图12　1996～2011年西藏自治区财政收支状况

（五）生态建设和环境保护扎实有效，节能减排措施有力

2011年，西藏高度重视生态环境保护与建设，

认真实施生态安全屏障保护与建设规划，全面实施草原生态保护补助奖励机制，加快健全森林生态效益补偿机制，在全国率先启动生态功能保护区建设。全年落实生态安全屏障保护与建设专项资金3亿元，治理鼠虫毒草害1 196万亩，治理沙地33.3万亩，完成植树造林和封山育林70.1万亩，人工种草24.3万亩。积极开展节能减排，制定了《西藏自治区固定资产节能评估和审查暂行办法》，严控“两高”和产能过剩行业新上项目。在主要城市推广出租汽车“油改气”技术改造，减少能耗和环境污染。万元生产总值能耗和污染物排放均控制在预期范围内，有力地促进了经济建设与环境保护良性互动、协调发展。

专栏2 加强对非公有制经济的金融支持 助推西藏经济社会跨越式发展

“十二五”以来，西藏非公有制经济发展势头迅猛，已经成为拉动西藏经济增长的重要力量。为推动非公有制经济更好更快发展，西藏银行业金融机构加大对非公有制经济的金融支持力度，助推西藏经济社会实现跨越式发展。

一、非公有制经济的基本情况

近年来，西藏非公有制经济发展势头迅猛，在优化产业结构、繁荣城乡经济、缩小区域发展差距、扩大社会就业、改善民生、维护社会和谐稳定等方面作出了重要贡献。2011年，西藏非公有制经济市场主体总量首次突破11万户，达到11.2万户，占全区市场主体总量的95.4%；注册资本为324.1亿元，占全区注册资本的47.5%；从业人员为49.8万人，占全区从业人员的42.4%；上缴税收73.2亿元，占全区税收总额的84%。

二、金融支持非公有制经济发展的主要做法和取得的成效

一是加大对非公有制经济的信贷支持力度。改进信贷管理制度，合理下放贷款权限，确保非公有制企业贷款增速适度合理增长。在风险可控的前提下，对基本面比较好、信用记录较好，有竞争力、有市场但暂时出现经营或者财务困难的非公有制企业和个体工商户给予信贷倾斜。对经贷款审查、评估，确认资信良好、确能偿还贷款的非公有制经济企业，尤其是对被银行业协会评定为“诚信企业”和被评定为本行优质客户的非公有制经济企业发放信用贷款予以支持。

二是创新支持非公有制经济的金融产品和服务方式。通过“速贷通”、“成长之路”和“小企业简式贷款”等信贷产品加大对非公有制企业的支持力度，合理满足其融资需求。借鉴内地经验，积极探索开展“担保基金+银行信贷+政府风险补偿”、“信贷+保险”等模式的非公有制企业贷款，探索开展应收账款质押贷款、仓单质押贷款、法人代表个人财产担保贷款、联保贷款、出口退税账户托管贷款等。针对城乡批发市场中的个体和私营业主，发放“短、频、小”贷款。对有固定店面、摊位的个体工商户正常的小额资金需求，借鉴西藏已成熟的农牧区小额信贷经验，采取“一次核定、随用随贷、余额控制、周转使用”的管理办法，积极稳妥地推广小额信用贷款。

三是推进促进非公有制经济发展的服务体系建设。认真贯彻落实中小企业信用担保风险补偿资金、中小企业贷款风险补偿资金管理办法等财税优惠政策，大力支持西藏非公有制经济企业的转型升级。通过全区融资性担保机构座谈会、银企合作座谈会等方式推动银行业金融机构加强与信用担保机构和非公有制经济企业的互利合作，并积极配合自治区政府构建非公有制经济服务机构和公共服务平台，推进非公有制经济服务体系建设。

三、进一步改进对非公有制企业金融服务的措施

为进一步充分发挥非公有制经济的优势和作用，促进西藏经济社会实现跨越式发展，银行业金融机构要继续加大对非公有制经济的金

融支持力度，推动非公有制经济更好更快发展。

一是深入贯彻落实支持非公有制经济发展的各项政策措施，全面准确把握中央、西藏自治区的战略部署和要求，用好、用足、用活中央赋予西藏的特殊优惠金融政策，进一步调整信贷结构，优化信贷投向，创新信贷产品，加大对非公有制经济的信贷投入。

二是研究制定符合西藏实际的包括信用评级、业务流程、风险控制、授权授信、尽职免责、呆坏账核销等内容的信贷管理办法和单独考核办法，充分调动广大信贷工作人员开展贷款营销的积极性，切实发挥金融的支持作用。

（六）房地产市场持续下行，房地产贷款稳步下降

2011年，随着中央房地产调控政策继续深化和升级，西藏房地产投资持续下降，市场降温趋势进一步凸显。

1. 房地产投资规模持续回落。2011年西藏房地产开发投资累计完成5.1亿元，同比下降42.7%。投资额占全区固定资产投资总量的0.9%，同比下降1个百分点。

2. 房地产市场后续供应趋于下降。2011年西藏房屋竣工面积为21.7万平方米，同比增长82.3%。全年商品房施工面积为48.7万平方米，同比下降32.6%；新开工面积为4.5万平方米，同比下降67.6%（见图13）。全年施工面积和新开工面积减少，市场后续住房供应量将进一步下降。

3. 房地产销售略有增长。全年商品房累计销售面积完成19.4万平方米，同比增长1.4%；全年销售额累计完成6.7亿元，同比增长20.5%（见图13）。

4. 房地产价格持续上涨。2011年西藏商品房价格继续呈现稳步上升走势。按商品房销售额与销售面积计算，2011年西藏商品房销售均价为3 454元/平方米，同比上涨19.2%，连续两年涨幅在19%以上。

5. 政策性房地产金融支持力度有所增强。截至2011年年末，西藏房地产贷款余额为40.9亿元，同比下降10.4%，占金融机构人民币各项贷款余额的10.0%，比2010年年末下降5.1个百分点。在房地产贷款总量减少的情况下，保障性住房等政策性住房贷款出现逆势上涨。截至2011年年末，西藏政策性住房贷款余额为20.9亿元，同比增长35.3%。

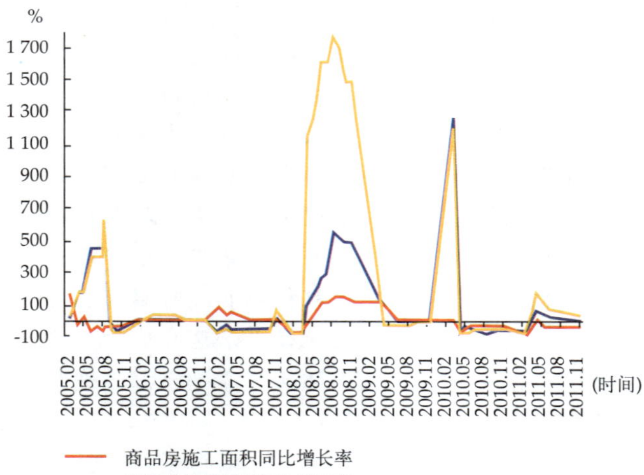

数据来源：西藏自治区统计局。

图13 2005～2011年西藏自治区商品房施工和销售变动趋势

三、预测与展望

当前西藏经济社会发展仍面临着一些突出矛盾和困难，如银行流动性过剩而有效信贷需求不足，银行难贷款和中小企业贷款难的贷款两难问题依然突出。但六十年的发展特别是“十一五”时期的跨越式发展、“十二五”的良好开局，为西藏经济社会继续保持跨越式发展奠定了坚实基础。2012年，西藏经济发展机遇大于挑战，有利因素大于不利因素，经济将继续保持快速增长的良好势头。预计2012年西藏地区生产总值增长12%以上，社会消费品零售总额增长18%以上，居民消费价格总水平涨幅控制在全国平均水平以内，农牧民人均纯收入增长13%以上。

2012年，西藏金融业将继续贯彻落实中央第五次西藏工作座谈会议和中央、自治区经济工作会议精神，按照“提升一产、壮大二产、做强三产”的经济发展战略，全面贯彻落实好稳健的货币政策和中央赋予西藏的特殊优惠金融政策，抓住和珍惜十分难得的中央支持力度大、面临历史机遇好、加快发展基础实、优惠政策支撑强的四大机遇，努力提升管理水平，不断改善信贷资金的配置效率，有效增强金融对经济发展的支持能力，充分发挥金融支持西藏经济社会实现跨越式发展的作用。预计2012年西藏金融将继续健康平稳运行，存款仍将保持快速增长，贷款仍将保持较高增速。

中国人民银行拉萨中心支行货币政策分析小组
负责人：旺　堆　张　伟　单　曲
统　稿：李玉福　何俊斌　德　吉　曾茂娟
执　笔：德　吉　唐光明
提供材料的还有：索　珍　泽仁央宗　邓丽姬　卓　玛　杨　伟　蒋建军　冯　兰　杨云虹　次旦卓嘎

附录

（一）2011年西藏自治区经济金融大事记

6月30日，西藏5100水资源控股有限公司在香港联交所上市。

7月18日，中国人民银行党委书记、行长周小川随中央代表团赴藏参加西藏和平解放六十周年庆祝活动，并看望、慰问中国人民银行拉萨中心支行广大干部职工。

7月20日，国家开发银行股份有限公司西藏自治区分行正式挂牌。

7月28日，阳光财产保险股份有限公司西藏分公司成立。

9月18日，印度锡金邦发生里氏6.8级强烈地震，造成西藏日喀则地区、山南地区23个县23 450户不同程度受灾。其中，房屋重度损坏、需要推倒重建的有5 387户，房屋中度损坏、需要加固的有6 861户，房屋轻度损坏、容易修复的有11 202户，需要转移安置的受灾群众有31 287人。

10月10日，中国人民银行拉萨中心支行联合西藏自治区财政厅、自治区扶贫办下发《关于金融支持灾区抗震救灾和恢复重建的通知》，确保了地震灾区恢复重建的各项金融政策落到实处。

10月12日，中共西藏自治区委员会、西藏自治区人民政府出台了《关于推进非公有制经济跨越式发展的意见》，该意见的出台将对西藏非公有制经济发展起到积极作用。

11月16日，中国建银投资证券有限公司拉萨证券营业部正式开业，拓宽了西藏投资者的投资渠道。

12月26日，西藏自治区经济工作会议在拉萨召开。会议全面总结了2011年经济工作，深入分析了当前经济形势，提出了2012年经济工作的总体要求和目标任务。

12月30日，西藏银行获得中国银监会的批准成立，结束了西藏无地方商业银行的历史。

（二）2011年西藏自治区主要经济金融指标

表1 2011年西藏自治区主要存贷款指标

		1月	2月	3月	4月	5月	6月	7月	8月	9月	10月	11月	12月
本外币	金融机构各项存款余额（亿元）	1 282.6	1 267.1	1 323.4	1 324.9	1 376.07	1 434	1 474.5	1 515.6	1 564.2	1 625	1 673.6	1 662.5
	其中：储蓄存款	270.2	261.3	260.8	261.4	263.3	271.7	279.2	286	295.6	295.6	305.4	319.3
	单位存款	853.4	860.4	885	898.5	904.6	982.4	1 008.2	1 024.7	1 020.3	1 048.5	1 075.2	1 152
	各项存款余额比上月增加（亿元）	-14.2	-15.5	56.3	1.4	51.2	57.9	40.5	41.1	48.6	60.8	48.6	-11.1
	金融机构各项存款同比增长（%）	25.6	27	31.8	29.7	26.8	29.8	33.9	35.3	32.1	34.7	35.5	28.2
	金融机构各项贷款余额（亿元）	307.4	315.9	313.5	317.7	325.2	334.9	334.7	350.7	363.7	370.5	384.6	409.1
	其中：短期	63	63.4	59.8	62.6	66.9	69.3	66.4	66.5	64.9	67.5	65.7	74.3
	中长期	214.3	215.1	219.3	219.8	221.1	227.3	226.5	236.3	247.9	252	266.2	276.1
	票据融资	30.1	37.4	34.4	35.3	37.2	38.4	41.8	47.9	50.8	51	52.6	58.6
	各项贷款余额比上月增加（亿元）	5.6	8.5	-2.4	4.1	7.6	9.8	-0.3	16	12.9	6.8	14.1	24.5
	其中：短期	4.3	0.4	-3.6	2.8	4.4	2.4	-2.9	0.1	-1.6	2.7	-1.8	8.6
	中长期	0.4	0.8	4.2	0.4	1.3	6.2	-0.8	9.8	11.6	4	14.2	9.9
	票据融资	0.9	7.3	-3	1	1.9	1.2	3.4	6.1	3	0.1	1.6	6
	金融机构各项贷款同比增长（%）	23.8	25.9	21.2	22.9	26.3	24.5	23.7	29.9	30	32.1	30.1	35.6
	其中：短期	9.9	8.9	-3.1	0	12.6	23.1	14.5	18.8	8.5	28.3	18.2	26.6
	中长期	12.4	12.6	12.3	13.2	12.1	12.5	12.2	16.3	18.5	20.2	26.4	29.3
	票据融资	—	—	—	—	—	269.2	305.8	365	383.8	184.9	80.1	100.7
	建筑业贷款余额（亿元）	27.8	27.8	27.4	26.3	26.2	27.2	25.8	33.4	41.9	44.6	53.5	53.4
	房地产业贷款余额（亿元）	3.7	3.7	3.6	3.6	3.6	3.6	3.1	3	3	2.7	2.1	2.3
	建筑业贷款同比增长（%）	11.6	2.2	0	-3.7	-3.7	-2.2	-8.8	18.4	49.1	58.2	93.8	89.4
	房地产业贷款同比增长（%）	-32.7	-32.7	-34.5	-34.5	-33.3	-32.1	-40	-42.3	-38.8	-46	-54.3	-47.7
人民币	金融机构各项存款余额（亿元）	1 281.3	1 265.8	1 322.2	1 323.3	1 374.9	1 432.8	1 472.4	1 514.6	1 563.5	1 624.1	1 672.3	1 661.2
	其中：储蓄存款	269.7	260.9	260.4	260.9	262.8	271.3	278.7	285.5	295.2	295.2	305	318.8
	单位存款	852.7	859.6	884.3	897.8	903.9	981.8	1 006.6	1 024.3	1 020	1 048.1	1 074.4	1 151.2
	各项存款余额比上月增加（亿元）	-14.2	-15.5	56.3	1	51.7	57.9	39.6	42.2	48.8	60.6	48.3	-11.1
	其中：储蓄存款	2.6	-8.9	0.5	0.5	1.9	8.4	7.4	6.8	9.6	0	9.8	13.9
	单位存款	-32.4	6.9	24.6	13.5	6.1	77.9	24.9	17.7	-4.3	28.1	26.3	76.8
	各项存款同比增长（%）	25.7	27.1	31.8	29.7	26.8	29.8	33.8	35.4	32.1	34.7	35.6	28.2
	其中：储蓄存款	19.8	16.9	15.6	16.8	18.1	19.1	18.7	19.2	17.2	25.7	19.1	19.4
	单位存款	-3.7	-2.9	-0.1	1.4	2.1	10.9	13.7	15.7	15.2	18.4	21.4	30.7
	金融机构各项贷款余额（亿元）	307.1	315.6	313.2	317.3	324.9	334.7	334.4	350.4	363.4	370.2	384.2	408.8
	其中：个人消费贷款	78.8	70.1	75.5	76.2	77.1	76.9	75.2	74.5	74.4	73.5	73.3	68.5
	票据融资	30.1	37.4	34.4	35.3	37.2	38.4	41.8	47.9	50.8	51	52.6	58.6
	各项贷款余额比上月增加（亿元）	5.6	8.5	-2.4	4.1	7.6	9.8	-0.3	16	13	6.8	14.1	24.5
	其中：个人消费贷款	—	-8.7	5.4	0.7	0.9	-0.2	-1.7	-0.7	-0.1	-0.9	-0.2	-4.8
	票据融资	1	7.3	-3	0.9	1.9	1.2	3.4	6.1	3	0.1	1.6	6
	金融机构各项贷款同比增长（%）	23.8	25.9	21.3	22.9	26.4	24.5	23.8	30	30	32.2	30.1	35.6
	其中：个人消费贷款	51.8	35.1	44.1	46	48.3	47	44.3	44.4	45	44.1	44.3	35.1
	票据融资	—	—	—	—	—	269.2	305.8	365	383.8	184.9	80.1	100.7
外币	金融机构外币存款余额（亿美元）	0.2	0.2	0.2	0.3	0.2	0.2	0.3	0.2	0.1	0.2	0.2	0.2
	金融机构外币存款同比增长（%）	14.3	18.7	14.7	49.2	13.5	-7.9	103.7	-3.3	-19.9	-22.3	4.5	10.9
	金融机构外币贷款余额（亿美元）	0.0	0.0	0.0	0.0	0.0	0.0	0.0	0.0	0.0	0.0	0.0	0.0
	金融机构外币贷款同比增长（%）	0.0	0.0	0.0	0.0	-2.9	-2.0	-2.0	-2.0	-3.8	-3.8	-3.6	-3.8

数据来源：《西藏自治区金融统计月报》。

表2　2001～2011年西藏自治区各类价格指数

单位：%

年/月		居民消费价格指数		农业生产资料价格指数		工业生产者购进价格指数		工业生产者出厂价格指数	
		当月同比	累计同比	当月同比	累计同比	当月同比	累计同比	当月同比	累计同比
2001		—	0.2	—	–	—	—	—	—
2002		—	0.4	—	–	—	—	—	—
2003		—	0.9	—	2.8	—	—	—	—
2004		—	2.7	—	1.3	—	—	—	—
2005		—	1.5	—	1	—	—	—	—
2006		—	2.0	—	0.4	—	—	—	—
2007		—	3.4	—	1.1	—	—	—	—
2008		—	5.7	—	3.2	—	—	—	5.6
2009		—	1.4	—	-0.9	—	—	—	-1.8
2010		—	2.2	—	0.6	—	—	—	5.8
2011		—	5.0	—	2.6	—	—	—	4.3
2010	1	2.9	2.9	1.3	1.3	—	—	-1.4	-1.4
	2	1.6	2.3	0.2	0.2	—	—	1.0	-0.2
	3	1.2	1.9	0.7	0.3	—	—	0.7	0.1
	4	1.3	1.8	0.6	0.4	—	—	6.5	1.7
	5	1.5	1.7	0.4	0.4	—	—	6.6	2.7
	6	1.2	1.6	0.3	0.4	—	—	10.6	4.0
	7	1.3	1.6	0.4	0.4	—	—	7.9	4.6
	8	1.7	1.6	0.6	0.4	—	—	8.3	5.0
	9	2.1	1.7	0.7	0.4	—	—	7.9	5.4
	10	2.8	1.8	0.9	0.5	—	—	8.2	5.6
	11	4.3	2.0	0.9	0.5	—	—	5.8	5.7
	12	4.5	2.2	1.0	0.6	—	—	7.2	5.8
2011	1	4.5	4.5	0.8	0.8	—	—	6.2	6.2
	2	4.6	4.5	0.8	0.8	—	—	6.5	6.5
	3	5.3	4.8	1.0	0.9	—	—	7.4	6.8
	4	5.4	4.9	1.5	1.0	—	—	4.3	6.2
	5	5.1	5.0	1.9	1.2	—	—	1.2	5.8
	6	5.0	5.0	1.9	1.3	—	—	3.1	5.3
	7	4.5	4.8	1.4	1.1	—	—	6.9	6.0
	8	5.1	5.0	6.8	6.7	—	—	3.4	4.9
	9	5.2	5.0	3.2	2.0	—	—	3.2	4.7
	10	5.0	5.0	2.8	2.6	—	—	2.2	4.4
	11	4.8	5.0	2.8	2.6	—	—	4.5	4.4
	12	4.8	5.0	2.6	2.6	—	—	2.0	4.3

数据来源：《西藏自治区统计年鉴》。

表3 2011年西藏自治区主要经济指标

	1月	2月	3月	4月	5月	6月	7月	8月	9月	10月	11月	12月
绝对值（自年初累计）												
地区生产总值(亿元)	—	—	115.4	—	—	250.8	—	—	435.4	—	—	605.8
第一产业	—	—	10.2	—	—	28.6	—	—	52.3	—	—	74.4
第二产业	—	—	13.0	—	—	65.7	—	—	140.8	—	—	209.5
第三产业	—	—	92.2	—	—	156.6	—	—	242.3	—	—	321.9
固定资产投资(亿元)	—	2.5	20.9	59.9	99.9	182.4	246.3	310.8	395.9	461.5	518.7	549.3
房地产开发投资	—	—	1.0	1.3	2.4	2.6	2.7	3.7	4.3	3.8	4.3	5.1
社会消费品零售总额(亿元)	16.1	35.4	49.6	64.7	82.1	99.4	116.7	135.0	156.2	176.1	192.3	219.0
外贸进出口总额(万美元)	8 766.0	12 308.0	16 748.0	21 165.0	28 542.0	37 581.0	50 315.0	50 315.0	68 979.0	83 826.0	93 443.0	135 861.0
进口	594.0	632.0	746.0	906.0	1 156.0	2 520.0	7 108.0	7 108.0	11 582.0	11 759.0	12 821.0	17 551.0
出口	8 172.0	11 676.0	16 002.0	20 259.0	27 386.0	35 061.0	43 207.0	43 207.0	57 397.0	72 067.0	80 622.0	118 310.0
进出口差额(出口−进口)	7 578.0	11 044.0	15 256.0	19 353.0	26 230.0	32 541.0	36 099.0	36 099.0	45 815.0	60 308.0	67 801.0	100 759.0
外商实际直接投资(万美元)	—	—	—	—	—	—	—	—	—	—	—	6 460
地方财政收支差额(亿元)	-38.4	-56.5	-91.3	-119.7	-154.5	-244.3	-301.8	-350.9	-419.1	-502.8	-584.7	-703.3
地方财政收入	4.0	6.4	10.2	13.9	18.0	23.3	28.6	33.2	38.1	43.5	48.8	54.8
地方财政支出	42.4	62.9	101.4	133.6	172.5	267.7	330.5	384.1	457.1	546.3	633.5	758.0
城镇登记失业率(%)（季度）	—	—	—	—	—	—	—	—	—	—	—	—
同比累计增长率（%）												
地区生产总值	—	—	19.8	—	—	16.5	—	—	12.8	—	—	12.7
第一产业	—	—	2.8	—	—	3.2	—	—	3.8	—	—	3.4
第二产业	—	—	27.6	—	—	23.2	—	—	18.4	—	—	18.3
第三产业	—	—	21.2	—	—	16.7	—	—	11.9	—	—	11.6
工业增加值	—	—	30.2	—	—	25.8	—	—	17.8	—	—	20.1
固定资产投资	—	250.0	55.0	51.5	38.0	33.1	31.9	22.2	21.3	20.8	19.8	18.6
房地产开发投资	—	—	48.7	13.8	10.6	-23.3	-30.1	-27.3	-38.3	-45.7	-45.6	-42.7
社会消费品零售总额	16.6	18.2	16.5	17.2	17.6	17.9	17.7	18.0	18.9	18.7	18.4	18.2
外贸进出口总额	39.6	-1.7	-4.3	-5.5	-2.3	13.5	33.2	33.2	58.7	67.6	61.7	62.5
进口	-46.1	-47.7	-77.5	-75.9	-73.1	-45.8	42.6	42.6	120.0	120.0	140.0	170.3
出口	57.8	3.2	12.7	8.7	9.9	23.2	31.8	31.8	50.0	61.2	54.0	53.4
外商实际直接投资	—	—	—	—	—	—	—	—	—	—	—	165.8
地方财政收入	41.7	35.4	47.8	52.1	55.8	52.9	51.7	54.0	54.9	53.1	45.1	49.4
地方财政支出	29.7	33.2	30.5	22.8	16.1	28.9	29.6	25.9	24.8	34.2	35.1	37.6

数据来源：《西藏自治区统计年鉴》。

2011年陕西省金融运行报告

中国人民银行西安分行货币政策分析小组

[内容摘要] 2011年，陕西省认真贯彻落实中央决策部署，全面实施“十二五”规划，加快推进发展方式转变和结构调整，着力稳物价、调结构和惠民生，经济发展的自主性、协调性和持续性显著增强，全年经济呈现“运行稳健、结构优化、效益提升”的发展态势，主要经济指标高于全国平均水平。

全省金融业紧扣国家宏观金融调控政策，金融规模、效益和质量同步提升。银行业存贷款平稳增长，证券业可持续发展能力稳步提高，保险业政策保障功能充分发挥，债券融资取得突破性进展，金融支持经济发展的力度持续增强。

2012年，国内外经济环境复杂多变，陕西省将以“科学发展、富民强省”为主题，紧抓新一轮西部大开发战略实施的有利机遇，全面推进陕北能源化工基地、关中—天水经济区规划和陕南生态循环经济圈建设，继续保持经济平稳较快发展势头。金融机构将继续贯彻落实稳健的货币政策，保持融资总量的合理增长，支持地方经济健康持续发展。

一、金融运行情况

2011年，陕西省金融业认真贯彻稳健的货币政策，合理把握信贷投放的总量与节奏，积极调整信贷结构，稳步推进机构改革和金融创新，资产质量和盈利水平不断提升，金融体系建设日臻完善，金融生态环境建设成效突出，继续保持了平稳健康的运行态势。

（一）银行业健康发展，信贷投放平稳均衡

2011年，陕西银行业整体运行良好，稳健的货币政策执行效果突出，经济发展的合理资金需求得以满足，金融宏观调控预期目标基本实现。

1. 银行业发展势头良好，经营效益持续提升。2011年，陕西银行业金融机构资产总额同比增长20.4%，连续4年保持20%以上的增速，其中，地方法人金融机构、新型农村金融机构和邮政储蓄银行增长较快（见表1）。经营效益提升，审慎管理意识增强。全行业资产利润率达1.2 %，同比提高0.1个百分点，不良贷款率同比下降1.0个百分点。

表1　2011年陕西省银行业金融机构情况

机构类别	营业网点[①]			法人机构（个）
	机构个数（个）	从业人数（人）	资产总额（亿元）	
一、大型商业银行	1 851	41 199	10 506	0
二、国家开发银行和政策性银行	81	2 139	2 346	0
三、股份制商业银行	123	4 906	4 375	0
四、城市商业银行	198	4 864	2 267	2
五、农村合作机构[②]	2 937	23 984	3 734	107
六、财务公司	4	191	249	1
七、信托公司	3	467	44	3
八、邮政储蓄银行	1 230	7 396	1 335	0
九、外资银行	10	330	109	0
十、新型农村金融机构[③]	9	154	12	7
合　计	6 446	85 630	24 977	120

注：①营业网点不包括总部。
②农村合作机构包含农村信用社、农村合作银行及农村商业银行。
③新型农村金融机构包括村镇银行、小额贷款公司和农村资金互助社三类机构。
数据来源：陕西银监局。

2. 存款增长波动加大，结构变化较为明显。年末，全省人民币各项存款余额同比增长16.8%，低于上年1.4个百分点（见图1），呈现出“季度末冲高、季度初回落”的态势。存款稳定性有所减弱，储蓄分流明显，活期化趋势不断加剧。全年个人储蓄存款同比增长15.3%，较上年下降2.7个百分点。

3. 贷款增长合理适度，结构调整不断优化。年

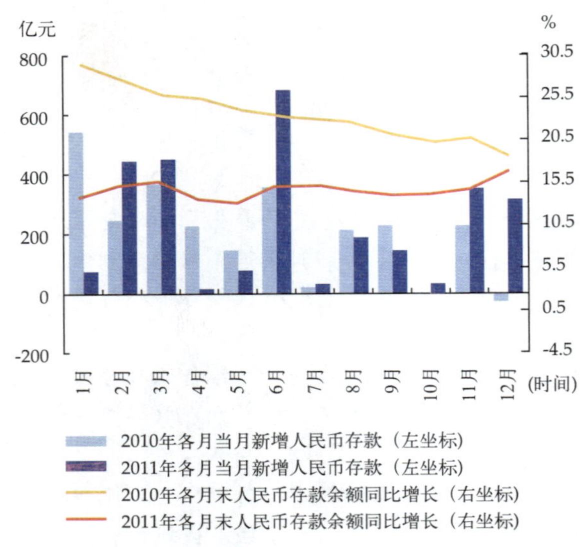

数据来源：中国人民银行西安分行。

图1 2010～2011年陕西省金融机构人民币存款增长变化

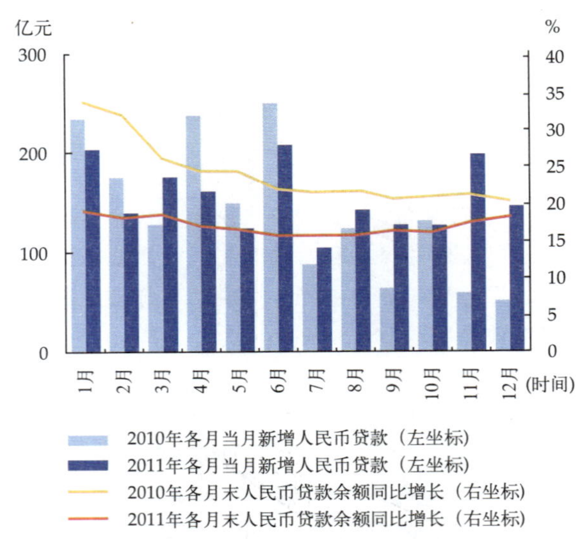

数据来源：中国人民银行西安分行。

图2 2010～2011年陕西省金融机构人民币贷款增长变化

末，全省人民币贷款余额同比增长18.3%，较年初增加1 855.2亿元，月度呈U形走势（见图2）。差别存款准备金动态调整工具发挥实效，信贷投放节奏均衡平滑，四个季度各项贷款增量占比分别为27.9%、26.6%、20.2%和25.3%。外贸融资稳中有升，外币贷款余额同比增长29.0%，进出口贸易融资仍稳居主体地位（见图3）。

信贷结构持续优化，资金更多地流向实体经济。“支农支小”力度加大，小企业贷款和涉农贷款占各项贷款的比重较上年分别提高1.1个和1 .9个百分点。房地产、产能落后行业贷款得到合理控制，民生、消费性投资领域贷款增幅较大，全省短期个人消费贷款新增7.3亿元，同比多增12.2亿元。期限结构更趋合理，资产负债期限匹配风险有所缓和，中长期贷款增量占比较上年下降47.5个百分点。

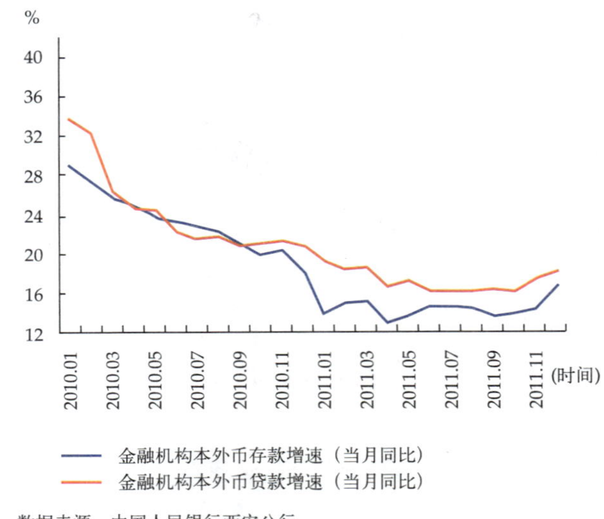

数据来源：中国人民银行西安分行。

图3 2010～2011年陕西省金融机构本外币存、贷款增速变化

专栏1 陕西省民生金融政策收效显著

2011年，陕西省主推小额信贷，发展民生金融，让弱势群体、行业平等享受金融服务，共同分享经济增长的成果。为此，中国人民银行西安分行组织协调相关职能部门，将民生金融服务对象重点确定为以农村贫困阶层为主的“三农”经济，以失业、待业、无业人员为主的城镇弱势群体（含困难学生入学），以民营小微企业为主的中小企业。

一、守住"两个不低于"，增强农村金融活力

2011年，陕西省加快新型金融机构培育，鼓励开发多样化小额信贷产品；开展惠农补贴分户直拨入卡结算业务，扩大金融机构授信放贷功能；支持农民专业合作社开展信用合作，引导农村资金回流；对补贴偏远地区新设农村金融机构，消除基础金融服务空白乡镇，确保了全年涉农金融机构涉农贷款年均增速不低于全省贷款平均增速，其他金融机构年末涉农贷款占全部贷款的比重不低于上年年末的水平。至年末，全省涉农贷款余额达到2 536.9亿元，同比增长30.0%；占全部贷款的比重达到21.0%，同比提高1.8个百分点。

二、重新修订管理法规，小额担保贷款迅猛发展

近10年来，就业政策不断扩展和调整，小额担保贷款政策更是杂乱繁多，导致基层经办人员操作不便。中国人民银行西安分行联合相关政府部门制定新规章，突出简化贷款手续，扩大贷款对象，提高贷款最高额度（将个人贷款额度提至8万元，合伙经营贷款额度提至50万元），贷款期限延长至4年。新办法实施以来，小额担保贷款投放提速，2011年全年累放15.4亿元，同比增长38.7%，较上年提高20.6个百分点，其中，特为高校毕业生发放创业贷款 3 .0亿元，缓解了大学生就业压力。

三、强化政银校三方协作，助学信贷稳步推进

2011年，陕西省全面推进县级学生资助管理中心标准化建设，增强学生资助工作健康发展基础；省教育厅、省财政厅则加大政策宣传力度，规范资助对象的认定程序，防止违规增设门槛；金融部门（国家开发银行）启动学生在线服务系统，实现助学贷款在线申请，确保了助学贷款增量高于上年水平目标的实现，保证了家庭经济困难学生按时入学。2011年，全省助学贷款累放12.9亿元，同比增长14.2%。

四、积极拓宽融资渠道，中小企业融资难缓解

2011年，陕西省加大落实金融财税政策扶持力度，创新融资渠道，缓解中小企业融资难题。出台《知识产权质押贷款管理办法》，加快科技资本向现金资本的转变，130多家科技型中小企业与银行达成的知识产权意向融资约20亿元。鼓励中小企业抱团贷款，全年发行两期中小企业集合票据，累计为8户企业融资4.31亿元。制定《陕西省金融机构中小企业贷款增量奖励资金管理试行办法》，在中小企业贷款增量奖励试点区（县），对中小企业贷款平均贷款利率上浮不超过25%的金融机构，其当年中小企业贷款平均余额同比增长超过10%的部分给予1%的奖励，激励金融机构向中小企业放贷。至年末，全省中小企业贷款余额达到3 003.8亿元，同比增长26.9%，高于全部贷款增速8.6个百分点。

4. 表外业务发展迅速，创新业务突破前行。全省金融机构表外业务总收入同比增长40.7%，占金融机构总收入的比重提高1.6个百分点。其中，代付、国内保理等新型业务发生额增长3.8倍，成为信贷资金新的补充来源。

5. 银行体系流动性收紧，贷款利率稳步上行。年末，全省法人金融机构超额存款准备金率为2.7%，同比下降1.3个百分点。上调存贷款基准利率，使金融机构议价能力增强，全省金融机构加权平均利率逐季度走高，全年累计上升1.3个百分点，利率上浮贷款占比提高22.7个百分点（见表2）。民间借贷活跃，利率水平上升，加权平均利率较上年上升3.4个百分点。

6. 银行业改革深入推进，农村金融改革持续深化。全省大型银行内控合规体系逐步完善，信贷管理体制改革全面推进，精细化管理水平不断提升，多元化业务发展格局逐步形成。中小型银行业主体进一步增加，重庆、成都和渣打银行进驻西安。农

表2　2011年陕西省金融机构人民币贷款各利率区间占比

单位：%

月份		1月	2月	3月	4月	5月	6月
合计		100.0	100.0	100.0	100.0	100.0	100.0
[0.9～1.0)		42.4	36.1	40.9	35.3	35.5	39.7
1.0		25.5	29.8	19.4	22.7	23.4	29.0
上浮水平	小计	32.1	34.1	39.7	42.0	41.1	31.3
	(1.0～1.1]	7.6	6.3	12.1	11.0	9.9	7.4
	(1.1～1.3]	6.9	7.3	7.1	6.8	9.0	6.1
	(1.3～1.5]	2.2	1.5	1.7	2.8	3.9	2.8
	(1.5～2.0]	6.6	6.1	6.0	9.7	10.6	8.6
	2.0以上	8.8	11.9	12.8	11.7	7.7	6.4
月份		7月	8月	9月	10月	11月	12月
合计		100.0	100.0	100.0	100.0	100.0	100.0
[0.9～1.0)		29.9	32.9	29.7	35.6	24.1	28.7
1.0		32.3	22.6	29.2	21.6	28.3	22.6
上浮水平	小计	37.8	44.5	41.1	42.8	47.6	48.7
	(1.0～1.1]	8.7	6.4	7.7	7.1	9.6	10.4
	(1.1～1.3]	6.4	10.0	9.0	9.8	11.1	11.9
	(1.3～1.5]	4.0	5.8	4.1	4.7	2.8	2.6
	(1.5～2.0]	10.6	21.4	11.0	12.3	14.0	15.9
	2.0以上	8.1	10.9	9.3	8.9	10.1	7.9

数据来源：中国人民银行西安分行。

村合作金融机构产权改革积极推进，分别有2家和1家农村信用社升格为农村合作银行和农村商业银行；小额贷款公司试点工作全面铺开，年末，全省新增运营小额贷款公司103家，注册资本总额增加78亿元，贷款增长1.8倍。分工合理、功效互补、有序竞争的农村金融服务体系已具雏形。

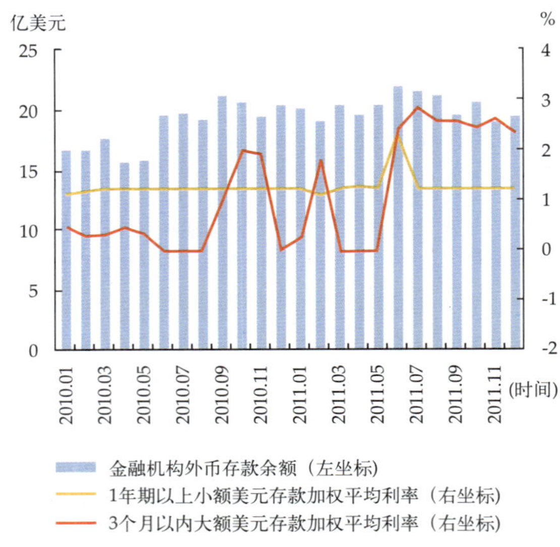

数据来源：中国人民银行西安分行。

图4　2010～2011年陕西省金融机构外币存款余额及外币存款利率

7. 跨境贸易人民币结算业务起步平稳，规模不断扩大。2011年8月陕西省成为跨境贸易人民币结算地区后，业务起步平稳，全年跨境贸易人民币结算业务金额达26.7亿元，涉及全球7个国家和地区，约80%的业务集中于中国香港。进口结算成为货物贸易主体，转口贸易结算成为服务贸易主体，信用证为主要结算方式。目前，全省已有西安、宝鸡和延安三市开展跨境贸易人民币结算业务，有力地促进了全省涉外经济发展。

专栏2　深入实施“双推双增”融资工程　保持全省社会融资规模合理增长

2011年，中国人民银行西安分行认真贯彻执行稳健的货币政策，在广泛调查和深度思考的基础上，策划设计了以“推介金融市场产品，增强直接融资能力，推进融资方式创新，增大社会融资规模”为主要内容的“双推双增”融资工程，研究起草了《关于在陕西省开展“双推双增”融资工程的实施意见》，得到了省政府的高度重视和省金融办等五部门的积极响应，为中央银行基层行科学处理执行稳健的货币政策与支持地方经济发展的关系找到了新的切入点，并取得了阶段性成效。

一、陕西省实施“双推双增”融资工程的主要措施

一是推动建立了实施“双推双增”融资工程的组织领导架构。建议省政府成立了以省委常委、常务副省长娄勤俭为组长，省金融办、中国人民银行西安分行主要领导为副组长的陕西省“双推双增”融资工程领导小组，领导小组办公室设立在中国人民银行西安分行。指导全省十市一区分别制定了“双推双增”融资工程实施方案，组建了相应的领导小组和办公室，为全省融资工程的顺利实施提供了组织保障。

二是组织开展了直接融资工具运用宣传培训活动。把普及直接融资知识和推介直接融资工具运用作为实施“双推双增”融资工程的基础工作和长期任务，组织协调省金融办等五部门联合举办了陕西省“双推双增”融资工程操作实务高级培训班，组织编写了《新编企业直接融资200问》培训教材，不定期编发《陕西省“双推双增”融资工程工作动态》，为社会各界学习运用直接融资工具提供了方便。

三是积极推进“区域集优”债务融资模式的创新试点工作。把引进和推广“区域集优”债务融资模式作为缓解全省中小企业融资难的重要举措，力争使“双推双增”融资工程有项目、有抓手、有成效。参照债务资本市场发债的基本条件，结合地方产业发展规划和相关政策，初步确定了全省各市特色产业集群和具体项目；根据各市区人民政府意愿和中国人民银行部分市区中心支行的申请，批复同意西安等四个城市就“区域集优”债务融资模式进行创新试点。目前，试点市区已就设立中小企业直接债务融资发展基金基本达成共识，具体项目正在进一步遴选之中。

四是积极指导商业银行开展融资产品和融资方式创新。坚持把推动信贷政策产品化作为指导商业银行参与“双推双增”融资工程的重要内容，建立了《陕西省农村金融产品和服务方式创新监测评估制度》，指导县域金融机构加大对农村金融产品和服务方式的创新力度，及时将中央银行的信贷政策转化为可操作、能推广的信贷产品。

二、实施“双推双增”融资工程取得的初步成效

虽然陕西省实施“双推双增”融资工程不到一年，但阶段性成效已初步显现。一是融资规模保持合理增长。2011年全省新增贷款增幅高于全国平均水平，社会融资规模达到3 000亿元。二是融资结构不断优化。累计通过非金融企业债务融资工具融资928.2亿元，其中，当年成功注册301亿元，特别是西安市保障性住房集合债券发行工作进展顺利，拟融资21.5亿元，将有效缓解保障性住房建设融资困难。三是融资理念发生了重大变化。地方政府基本上消除了“间接融资就是银行贷款，直接融资就是发行股票”的融资误区；中小企业基本上消除了直接融资门槛高、难度大的心理障碍，逐步树立了多元化的融资理念；商业银行在债券融资的强力倒逼下，不得不面向中小企业等弱势群体营销贷款。

（二）证券市场功能显现，上市公司培育提速

2011年，陕西证券市场的资源配置与价值发现功能进一步拓展，证券期货机构业务不断壮大，上市公司的培育、储备与整合力度加大。

1. 证券业盈利水平下降，创新发展能力增强。全年陕西省证券累计交易额同比下降42.6%，证券公司净利润同比下降63.9%。西部证券上市发行通过审核，开源证券、中邮证券获得自营、财务顾问和证券资产管理业务资格，开源证券参股长安期货，增资扩股工作取得实质性进展。

2. 上市资源培育见效，企业上市步伐加快。2011年，全国新股发行额减少，陕西资本市场融资额也仅有8.7亿元（见表3），创“十一五”以来的最低，但上市后备资源充足，隆基硅、陕煤股份、西部证券通过新股发行审核，西安民生、西安饮食

表3　2011年陕西省证券业基本情况

项目	数量
总部设在辖内的证券公司数（家）	3
总部设在辖内的基金公司数（家）	0
总部设在辖内的期货公司数（家）	3
年末国内上市公司数（家）	38
当年国内股票（A股）筹资（亿元）	8.7
当年发行H股筹资（亿元）	0
当年国内债券筹资（亿元）	352.3
其中：短期融资券筹资额（亿元）	154.2

数据来源：陕西证监局、中国人民银行西安分行。

定向增发获准。资产重组步伐加快，西飞国际资产重组方案获批；曲江文旅借壳ST长信，文化产业与资本市场实现有效对接；兴化股份成为全省第一家启动整体上市的省属国有控股上市公司。

（三）保险市场平稳运行，保障能力稳步提高

2011年，陕西保险业发展水平全面提升，业务结构调整深度推进，保障能力得以充分发挥。

1. 市场主体平稳增加，抗风险实力日益增强。2011年，全省新增6家省级分公司，新增分支机构64家；保险专业中介机构较快增长，保险代理和经纪机构成主体。至年末，全省保险业资产总额为748.4亿元，同比增长21.1%，服务经济社会和抵御风险的实力进一步提高。

2. 保险业运营稳健，政策保障功能凸显。2011年，全省保险业保费收入增长15.7%，较上年下降12.9个百分点，累计赔付支出额同比增长28.8%，较上年提高14.8个百分点，保障功能发挥有力（见表4）。交强险迅猛发展，承保车辆稳定增长，拉动全省财险实现承保盈利。政策性农业保险的经济补偿效能提升，保险覆盖面持续扩大，新增小麦、玉米和马铃薯等新险种；农作物火灾保险和森林火灾保险取得突破，分别承保12.36万亩和40万亩，创历史新高。商业健康保险和小额保险稳步发展，在促进和谐社会建设方面作出了积极贡献。

表4　2011年陕西省保险业基本情况

项目	数量
总部设在辖内的保险公司数（家）	2
其中：财产险经营主体（家）	1
人身险经营主体（家）	1
保险公司分支机构（家）	44
其中：财产险公司分支机构（家）	21
人身险公司分支机构（家）	23
保费收入（中外资，亿元）	343.7
其中：财产险保费收入（中外资，亿元）	101.5
人身险保费收入（中外资，亿元）	242.2
各类赔款给付（中外资，亿元）	86.5
保险密度（元/人）	920.8
保险深度（%）	2.8

数据来源：陕西保监局。

（四）金融市场日趋活跃，融资结构持续优化

2011年，陕西省金融市场总体平稳。债券融资不断增加，货币市场交易活跃，票据市场有所萎缩，产权交易逐步升温。

1. 融资渠道日益多元，债券融资占比上升。2011年，陕西省非金融企业融资总量较上年有所增加。债券融资高速增长，融资占比为历年最高（见表5）。陕煤集团非公开定向债务融资30亿元，实现我国地方国企非公开定向债务融资工具成功首发；陕西省农业和科技2011年度第一期中小企业集合票据发行成为西部涉农中小企业集合票据第一单。

表5　2001～2011年陕西省非金融机构部门贷款、债券和股票融资情况

单位：亿元、%

年份	融资量	比重		
		贷款	债券（含可转债）	股票
2001	355.0	98.9	0	1.1
2002	394.9	98.5	0	1.5
2003	620.2	99.6	0	0.4
2004	415.3	98.9	0	1.1
2005	396.3	99.7	0	0.3
2006	552.8	94.0	3.0	3.0
2007	767.5	86.7	9.3	4.0
2008	2 098.8	84.6	7.5	7.9
2009	2 499.9	90.4	7.7	1.9
2010	2 209.3	79.0	12.4	8.6
2011	2 259.2	84.0	15.6	0.4

注：2011年在陕西的中央企业没有发行企业债券。

数据来源：中国人民银行西安分行、陕西省发展改革委、陕西证监局。

2. 货币市场交易活跃，净融入格局明显。2011年，市场流动性趋紧，银行间市场参与者加强短期流动性管理，同业拆借与债券回购操作日趋灵活。全年同业拆借和债券回购交易额分别增长1.1倍和25.3%，净融入资金分别较上年增长1.1倍和1.5倍。

3. 票据业务发展平稳，贴现利率震荡上行。受承兑费率低、吸揽保证金存款等因素影响，2011年，陕西省金融机构票据承兑累计发生额同比增长21.4%，增速较上年提高7.9个百分点。金融机构“压票保贷”，贴现交易额不断减少，全年票据贴

表6　2011年陕西省金融机构票据业务量统计

单位：亿元

季度	银行承兑汇票承兑		贴现			
			银行承兑汇票		商业承兑汇票	
	余额	累计发生额	余额	累计发生额	余额	累计发生额
1	476.0	272.1	276.3	1 185.9	8.4	5.1
2	537.0	618.0	382.3	2 539.3	9.0	11.2
3	525.9	920.8	359.8	3 670.4	9.3	16.9
4	537.8	1 259.8	411.4	4 829.9	8.2	23.1

数据来源：中国人民银行西安分行。

表7　2011年陕西省金融机构票据贴现、转贴现利率

单位：%

季度	贴现		转贴现	
	银行承兑汇票	商业承兑汇票	票据买断	票据回购
1	6.6369	6.6770	4.7797	5.2449
2	6.8126	6.8355	5.4234	5.5316
3	9.2141	8.8821	6.7965	6.5633
4	9.7762	11.1345	7.1437	6.6476

数据来源：中国人民银行西安分行。

现发生额同比下降32.2%（见表6）。直贴加权平均利率和转贴现加权平均利率分别较上年提高4.2个和2.5个百分点（见表7）。

4. 产权交易不断升温，交易金额成倍增长。2011年，西部产权交易所顺利接入全国企业国有产权交易信息监测系统，交易透明度大幅提高。西北地区首家农村产权交易中心落户高陵，农村产权流转平台成形。金融资产、司法拍卖、文化产权和公共资源不断进场，产权交易不断升温。全年完成产权交易项目117宗，涉及资产总额同比增长57.0%，交易额同比增长2.2倍。

（五）金融生态环境改善，征信系统建设深化

2011年，陕西省金融生态环境评价指标体系论证会成功召开，金融生态环境评价体系逐步完善。征信系统建设取得长足进展，新录入0.87万户企业和61万个人信用信息，金融机构月查询企业和个人信用报告次数同比分别增长35.2%和11.6%。农村信用体系建设工作不断推进，“政府主导、人行推动、机构参与、重点突破、稳步推进”的格局初步形成，“信用户”和“信用村镇”分别较上年增加23.56万个和13个。千户企业融资推介和信用培植工程相关制度进一步细化，全年推介中小企业1 041户，其中615户获得贷款55.6亿元。

专栏3　金融消费者保护在陕西的实践

金融危机表明，金融机构与金融消费者在市场力量、信息和资源上不相匹配，金融产品往往复杂、专业，金融消费者在金融市场上极易处于弱势地位，有效且适当的金融消费者保护对提高我国金融服务业的国际竞争力、促进金融产品创新的可持续性发展有着建设性的意义。基于上述认识，2011年，中国人民银行西安分行率先在陕西省全面推开金融消费者保护试点工作，对完善金融消费者保护体系、优化辖区金融环境、维护金融稳定和社会和谐进行了有益探索，得到总行相关职能部门和社会各界的高度关注。

一、主要做法

一是健全金融消费者保护组织架构。初步形成在中国人民银行西安分行成立金融消费者保护工作委员会，内设金融消费者保护中心，各地市下设金融消费者保护（分）中心的基本组织框架；协助消协建立金融消费者投诉站，受理、调解金融业的消费者投诉，配合消协做好金融维权工作。

二是规范金融消费者保护工作体系。依照OECD公司治理原则，出台《陕西存款类金融机构金融消费者保护指导原则》，明确了金融机构承担金融消费者保护职责的部门、投诉处理时限、金融消费者教育与宣传、投诉数据库建立、与媒体关系的处理、内外部审计监督等方面的基本原则；下发《金融消费者投诉管理办法》，界定了投诉人、被投诉人、投诉事项的范围，金融消费者投诉的受理、调查、调解与处理等程序性问题。

三是探索金融消费者教育的长效机制。确定每年9月为“金融知识普及月”，2011年已选择宝鸡和铜川两市先行试点，2012年拟在全省推行；重点要求金融机构多措并举，在2011年3月15日“金融消费者权益保护宣传周”活动的基础上，将金融消费者保护宣传活动长期化、持续化和多样化。

四是寻求快捷便民的金融消费者保护管理机制。要求全省吸收存款类金融机构的所有网点必须公布中国人民银行当地分支机构的投诉电话；积极开发金融消费者投诉管理系统，初步实现投诉业务登记、投诉处理、文件制度汇编、投诉案例库的电子化，保证了金融消费者投诉处理的动态分配和流程监控。

二、工作成效

2011年，陕西人民银行系统金融消费者保护中心共受理金融消费者投诉324起、办结316起，办结率达97.5%，切实保护了金融供需双方的合法权益。通过金融消费者保护的实践，金融机构服务理念逐步强化，金融消费者保护的制度基础不断夯实，商业银行投诉率明显下降。同时，促进了中央银行与金融监管部门、金融机构之间的沟通协作，让金融从业人员熟悉了金融法律法规，增强了金融业务知识，了解了金融产品，掌握了投诉处理技巧。辖区金融环境不断优化，服务质量明显改善。

二、经济运行情况

2011年，国内外经济形势复杂多变，陕西省紧扣“科学发展、富民强省”主题，依托工业化、城镇化加速推进的阶段性优势，积极推动民生建设和产业调整，不断加大自主创新和节能减排力度，经济正由政策刺激向自主增长有序转变。全年实现生产总值12 391.3亿元，增长13.9%（见图5），增速高于全国平均水平4.7个百分点，人均GDP突破5 000美元大关。

（一）内需增长动力更强，对外贸易更趋平衡

2011年，陕西省投资增势平稳，消费市场持续活跃，对外贸易增速下滑，内需作为经济增长的动力显著增强，三大需求结构更趋合理。

1. 投资稳步增长，结构逐步优化。2011年，全省全社会固定资产投资突破万亿元，重大项目投资超计划完成，“十二五”规划实现良好开局（见图6）。投资领域亮点纷呈，投资结构不断优化。除

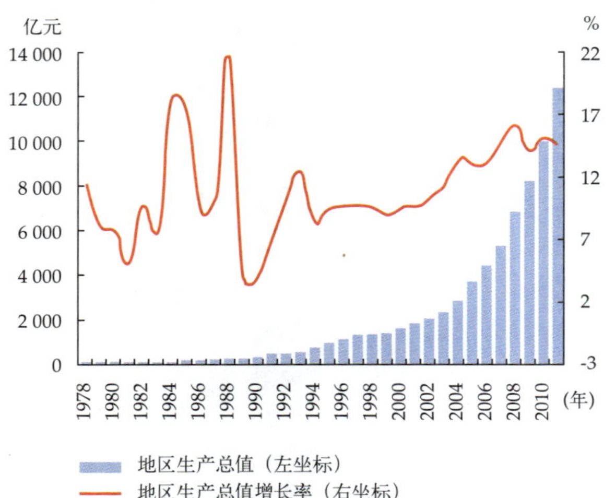

数据来源：《陕西统计年鉴》、陕西省统计局。

图5 1978～2011年陕西省地区生产总值及其增长率

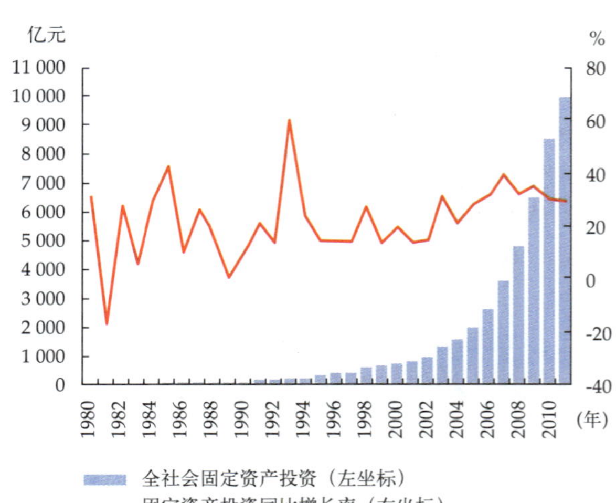

数据来源：《陕西统计年鉴》、陕西省统计局。

图6 1980～2011年陕西省全社会固定资产投资及其增长率

交通运输业受融资、成本影响外，其他基础设施投资仍加速推进。在能源供需紧张及工业转型的背景下，能源化工、制造业等支柱产业投资稳步增长。文化体育、卫生社会保障等民生领域渐成投资亮点，全年增长78.9%。民间投资增长加快，占全省全社会固定资产投资的比重首超50%，经济增长的内生性和持续性增强。融资结构明显改善，预算资金、国内贷款和自筹资金增速回落，引进省外资金增加，全年全省实际引进外省（自治区、直辖市）投资首超2 800亿元。

2. 城乡居民增收明显，消费市场持续活跃。2011年，陕西社保水平不断提高，经济稳步增长，用工需求大幅增加，城乡居民名义收入实现快速增长，分列全国第2、第4位。低端劳动力成本上升，增值税、所得税起征点上调，农民劳务收入、城镇居民经营净收入渐成增收主渠道。城乡收入比由2010年的3.8：1缩小至2011年的3.6：1，城乡差距逐步缩小。扩内需、促消费政策效应显现，消费市场持续活跃，全年社会消费品零售总额增长18.6%（见图7）。统筹城乡协调步伐加快，城乡市场消费品零售额增幅差距逐步缩小。消费结构加快升级，衣着、家具、文化娱乐等享受型消费需求增加。受“世园会”带动，限额以上企业住宿和餐饮业营业额增长24.0%，继续保持强劲态势。汽车、家电等下乡产品销售额增长30%，惠农政策效应体现。“万村千乡市场工程”、“镇超工程”及农产品现代流通综合试点等惠农工作快速推进，消费环境逐步优化。

3. 对外贸易增速放缓，利用外资有所加快。2011年，受欧债危机影响，欧美地区消费需求锐减，全省进出口总额增速较上年放缓22.9个百分点，进出口逆差为6.0亿美元，对外贸易更趋均衡（见图8）。出口基地建设积极推进，渭南果业出口基地跃升为国家首批外贸出口转型升级示范

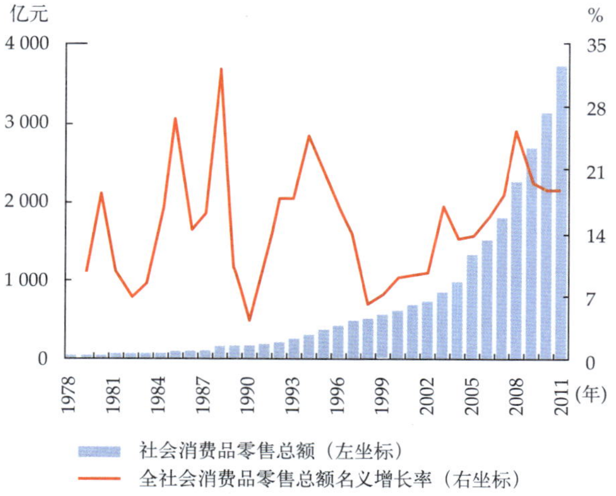

亿元
%
社会消费品零售总额（左坐标）
全社会消费品零售总额名义增长率（右坐标）

数据来源：《陕西统计年鉴》、陕西省统计局。

图7　1978～2011年陕西省社会消费品零售总额及其增长率

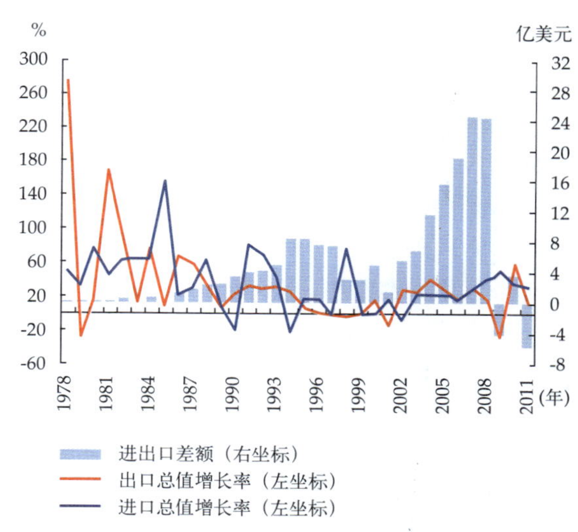

数据来源：《陕西统计年鉴》、陕西省统计局。

图8　1978～2011年陕西省外贸进出口变动情况

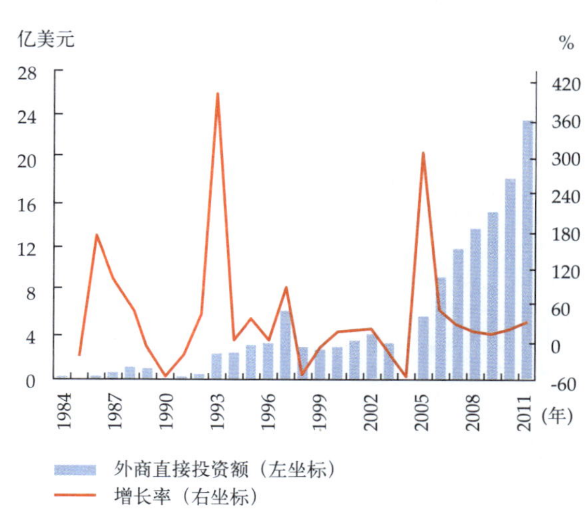

数据来源：《陕西统计年鉴》、陕西省统计局。

图9　1984～2011年陕西省外商直接投资情况

基地。国际市场深度开拓，新兴市场出口额增长40%，远高于发达经济体。

利用外资增速加快，结构不断优化。2011年，新批外商投资企业138家，实际利用外资增长29.1%，较上年提高8.9个百分点（见图9）。制造业等薄弱环节利用外资占比稳步提高。开发区的示范和载体作用增强，省级以上开发区利用外资增长39%，占全省利用外资总额的73%。企业“走出去”步伐加快，对外承包工程营业额增长68%。

（二）三次产业平稳增长，工业转型步伐加快

随着新型工业化发展战略的实施以及承接产业转移步伐的加快，第二产业对陕西经济增长的贡献率不断提高。2011年，三次产业比重调整为9.9：55.2：34.9，第二产业比重上升1.4个百分点，第一、第三产业比重均下降0.7个百分点。

1. 农业生产保持稳定，强农惠农力度加大。2011年，陕西省继续强化对农业生产的扶持力度，粮食连续八年丰产，单产创下新中国成立以来最高。水果生产稳居全国第一，畜牧产业保持稳定增长，设施蔬菜发展势头强劲。

农业生产结构优化升级。农机化水平快速提升，享受中央农机购置补贴农户达27.52万户，拉动农民投资12.25亿元。农民组织化程度明显提高，合作社数增长22.8%。科技对改造传统农业的支撑作用不断增强，农业科技贡献率达到52%。现代农业产业基地和示范园区建设全面启动，传统农业向现代农业转型迈出坚实步伐。

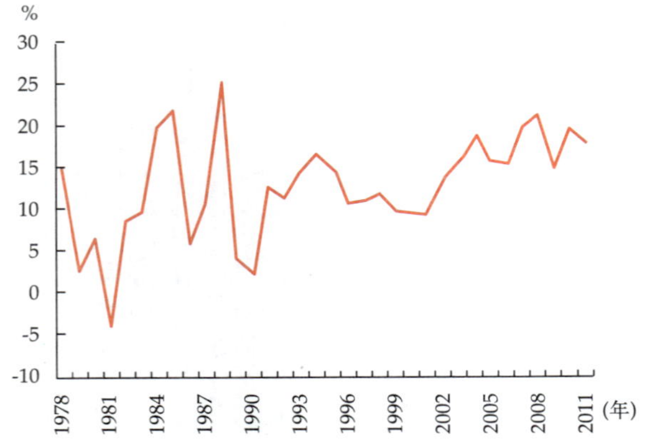

数据来源：《陕西统计年鉴》、陕西省统计局。

图10　1978～2011年陕西省工业增长变动情况

2. 工业经济稳中向好，转型升级步伐加快。2011年，陕西省规模以上工业增加值同比增长17.9%，与危机前五年的平均增速持平（见图10）。工业利润快速增长，企业效益明显改善。能源产业深度转化，支撑工业稳中有升，全省能源化工业增加值增长17.3%，高出全国能源化工业增加值平均增速约3.0个百分点。战略性新兴产业崛起，工业转型加快，高端装备制造业、新一代信息产业及生物医药制造业等新兴产业增加值增长22%，高出全省工业增加值增速4.1个百分点。统筹科技资源改革，改造升级传统产业，全省重点新产品开发项目数增长28%，销售收入和利润分别增长2.2倍和1.7倍，创历史最好水平。

3. 服务业增长平稳，行业结构日益优化。2011年，全省第三产业增加值同比增长11.7%，继续保持两位数增长。现代服务业加速发展，行业结构日益升级，以物流、旅游和文化产业为支柱的陕西现代服务业发展格局初步形成。其中，物流战略联盟相继建立，物流业增加值占第三产业的比重接近两成。消费升级，“世园会”助力，旅游业实现快速发展，总收入同比增长28.6%，较上年提高1.0个百分点。七大历史文化园区和八大现代文化基地建设提速，文化产业增加值占第三产业增加值的比重较上年提升1.2个百分点。

（三）物价涨幅触顶回落，通货膨胀压力仍未解除

2011年，受国际大宗商品价格上涨、生产成本价格拉动、翘尾因素等交织影响，陕西省物价高位运行，主要物价指数同比增幅虽触顶回落，但环比增幅未能持续减弱，通货膨胀压力仍未解除。

1. 消费价格高位运行，环比未现显著减弱。2011年，全省居民消费价格指数同比上涨5.7%，从走势看，下半年月度平均环比增幅为0.4%，仅较上半年降低0.1个百分点（见图11）。八大类消费价格普涨，食品、居住和医疗保健品价格上涨成为主要推力。

2. 工业生产者价格高位回落，进出涨幅差加大。2011年，陕西省工业生产者出厂价格和工业生

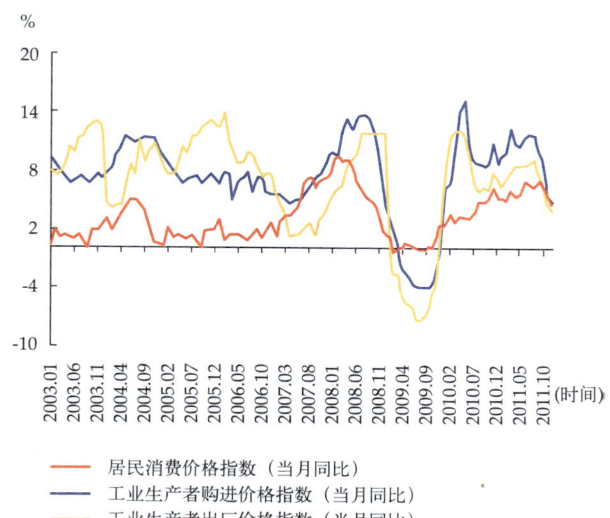

数据来源：《陕西统计年鉴》、陕西省统计局。

图11　2003～2011年陕西省居民消费价格和生产者价格变动趋势

产者购进价格分别累计上涨7.2%和9.6%，进出涨幅差达2.4个百分点，较上年扩大1.4个百分点（见图11）。

3.劳动力成本持续上升，农民劳务成本上升明显。2011年，陕西省农民人均劳务收入增长37.4%，增幅创近五年最高；最低工资标准上调，城镇人均工资性收入稳定增长，同比增长16.3%，高出增长指导线1.3个百分点。

4.价格改革审慎推进，价格矛盾部分缓解。2011年，陕西省全年电价两次上调，成品油价格调整“两升一降”，供热计量价格改革积极推进，水价调整成本公开试点全面展开，烟叶价区调整、提高桑蚕鲜茧收购基准价等措施的针对性增强，部分积累的价格矛盾被有效疏通。

（四）财政收入快速增长，民生支出保障有力

2011年，陕西省地方财政收入为1 499.1亿元，同比增长56.5%（见图12），增速较上年提高25.2个百分点。其中，国内增值税受进销项税抵扣政策影响增速放缓，营业税、企业所得税及个人所得税平稳增长，资源税因从价计征迅猛攀升，探矿权、采矿权价款入库成为当年非税收收入的主要渠道。

全省财政支出为2 928.9亿元，同比增长32%，

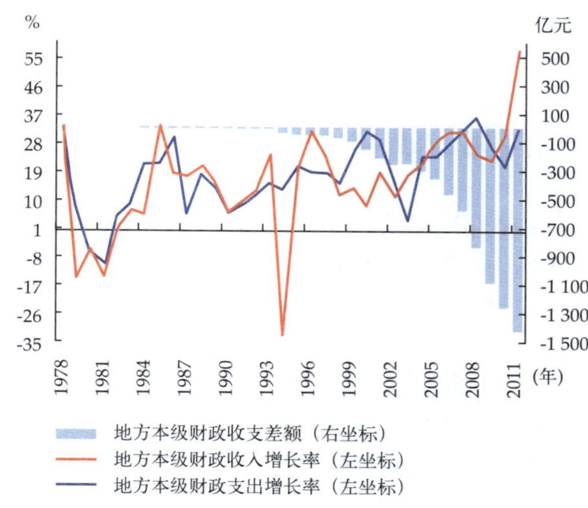

数据来源：《陕西统计年鉴》、陕西省统计局。

图12　1978～2011年陕西省财政收支状况

增速较上年提高11.5个百分点，全省财政向民生领域投入2 250亿元，占比76.8%。其中，医疗卫生事务、社会保障和就业、住房保障、农林水事务以及科学技术支出等均实现较快增长。

（五）节能减排扎实推进，环境治理成效明显

2011年，陕西以“生产空间集约高效”为主题，狠抓节能降耗，全年淘汰落后产能295万吨，万元地区生产总值能耗下降3.5%。积极组织国家低碳试点，全年签订清洁发展机制项目合作协议41项。首次出台循环经济促进条例，龙门、神木等地循环经济试点进一步深化。

全面加强生态建设和环境保护。启动渭河流域水污染防治行动，巩固退耕还林成果，推进植树造林、荒山绿化和防沙治沙三大工程，加强秦岭生态和南水北调中线工程水源涵养地保护，生态环境质量不断提升，局部环境显著改善。排污权交易试点范围进一步扩大，城镇垃圾、污水无害化处理取得突破。

（六）房地产调控效应显现，能源化工产业转型发展

1. 房地产调控效应明显，市场发展趋于理性。2011年，全省房地产开发投资增速回落，保障性安居工程建设成效显著，住房消费贷款稳步增长。

房地产开发投资持续增长，增速有所回落。2011年，陕西省房地产开发投资同比增长22.5%，增速较上年回落0.8个百分点。资金来源中，国内贷款和自筹资金占比分别为12%和36.4%，均较上年有所下降。

住房供给不断增加，供给结构进一步改善。2011年，陕西省房屋施工面积同比增长22.4%（见图13），较上年提高1.4个百分点；其中，新开工面积同比增长17.5%，较上年下降1.5个百分点，房地产开发商的投资意愿有所减弱。保障性安居工程进展顺利，住房供给结构有所改善，全年保障性住房新开工48.13万套，投资845亿元，均超计划完成，推进速度在全国名列前茅。

房地产成交量萎缩，销售价格回归理性。2011年，受西安市“限购”政策影响，全省商品房销售面积同比增长18.5%，增速回落5.6个百分点（见图13）。各市年度新建住房价格控制目标全部实现，全省新建商品住宅价格同比指数呈现逐月下滑态势，重点监测城市西安市新建商品住宅价格自10月起连续三个月环比停涨（见图14）。

房地产贷款增速回落，信贷结构调整加快。2011年，全省房地产贷款增速高位回落，房地产贷款同比增长30.3%，较上年回落18.6个百分点。金融支持保障性安居工程建设力度加大，省财政厅与

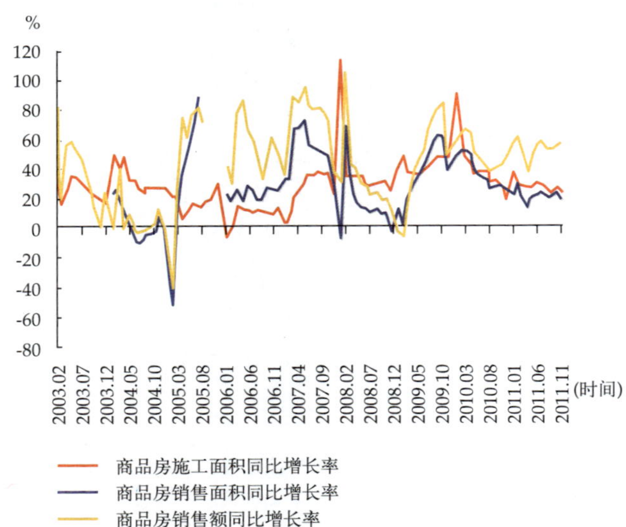

数据来源：《中国经济景气月报》、陕西省统计局。

图13　2003～2011年陕西省商品房施工和销售变动趋势

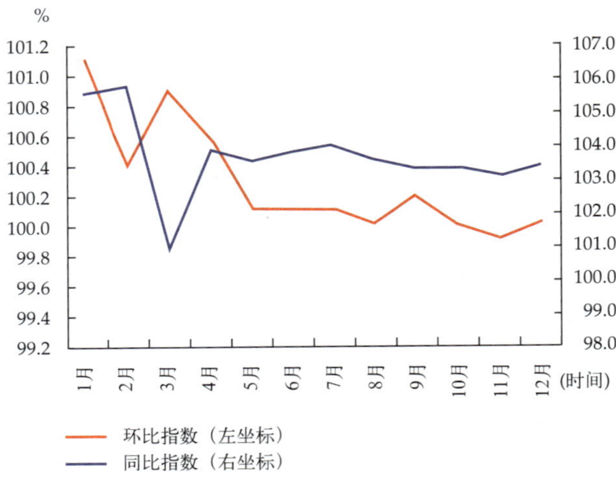

数据来源：《中国经济景气月报》、陕西省统计局。

图14　2011年西安市新建住宅销售价格指数变动趋势

延长石油集团、陕西有色集团组建保障房建设公司和陕南移民搬迁工程公司分别融资115.5亿元和60亿元；全年保障性安居工程贷款余额为144.1亿元，同比增长1.8倍。

2. 能源化工产业优势明显，转型发展效果突出。能源化工产业是陕西省第一支柱产业，具有雄厚的资源禀赋支撑和良好的产业基础。2011年，陕西省跃居全国第一油气大省，全年能源化工产业实现增加值3 459.0亿元，占到工业增加值的60%，标志着以科技创新为驱动、以资源深度转化为目标的陕西能源工业产业转型迈上新台阶。

能源化工研发体系逐步完善。目前，全省近20家能源化工科研机构被认定为国家级研发中心。行业重大科技创新项目建设取得突破。2011年，全省113个能源化工科技创新项目共完成投资1 020亿元，同比增长32%。园区化承载、集约化发展成效初显，榆神、靖边等煤化工业园区建设加快，资源综合利用迈出较大步伐，全省煤炭回采率和石油采收率分别提高至65%和25%。新能源化工基地建设初具规模，以秦岭山地风电场和靖边太阳能光伏产业园为代表的多个新能源项目相继启动投产。行业发展活力不断增强。

能源化工产业起点高、项目优，符合产业政策，备受金融机构青睐。2011年，陕西省能源化工产业中长期贷款余额同比增长17.5%，较上年提高

4.3个百分点，银团贷款、项目贷款成为主要投放模式。依托企业集团运作，全年能源化工企业在银行间市场债务融资145亿元，占全省银行间市场债务融资总额的40%。

三、预测与展望

2012年是实施“十二五”规划的承上启下之年，是推动陕西省“富民强省”战略的关键一年，虽然国内外经济环境复杂多变，但陕西省积聚的有利条件和积极因素也不断增多，陕西经济保持平稳较快增长的态势不会改变，预计全省地区生产总值增长13%左右。

固定资产投资延续稳步增长态势。省级重点项目计划投资额增长30%，东西部地区产业转移步伐加快，民间投资被进一步激活，将对基础设施、现代农业及生态环保等领域投资形成有力支撑。但受宏观调控、项目储备不足等因素影响，投资增速将有所放缓，预计增长20%左右。

消费需求继续保持旺盛势头。收入分配政策调整，民生领域投入加大，低收入群体购买力将持续改善。消费结构升级，新型消费将稳步增加。保障房居住消费也开辟了新的消费亮点。预计陕西全社会消费品零售总额将增长17%以上。

进出口规模将继续扩大。世界经济复苏步伐放缓，但对陕西装备制造及原材料出口影响甚微，随着出口加工区产业聚集效应显现，预计陕西进出口规模将增长15%左右。

物价上涨压力仍然较大。国内外上游产品价格仍存攀升可能，资源性产品价格改革也将稳步推进，价格上涨压力仍未解除。但随着对农产品供给、物流保障的加强，价格补贴联动机制的完善，预计全年陕西省居民消费价格涨幅将有效控制在4%左右。

2012年，中国人民银行西安分行将按照总行的统一安排和部署，科学把握“稳中求进”的总基调，认真贯彻落实稳健的货币政策，依据 “总量适度、灵活审慎、定向支持”的原则，积极拓宽融资渠道，着力优化融资结构与信贷结构，加大对战略性新兴产业、节能减排、民生工程和扩大内需等领域的信贷支持力度，提高小微企业、农村金融服务的覆盖率和满意度，保持社会融资总量的适度增长，支持全省经济健康持续发展。

中国人民银行西安分行货币政策分析小组
负责人：郭新明　袁庆春
统　稿：李学武　师树松
执　笔：李卫林　赵　斐　刘　崴　高广智　连太平　张晓东
提供材料的还有：陈　涛　赵　阳　王　玮　山迎伟　程　璐　骆昭东　宋　星　李　娟　李玉辉
张宏亮　秦鸿文　王　蓉　包　琼　周彦君　李亚凤　李建伟　关　伟　苏振兴

附录

（一）2011年陕西省经济金融大事记

2月25日至26日，中共中央政治局委员、国务院副总理王岐山来西安就农村金融工作进行考察调研，并组织召开了农村金融工作座谈会。

4月28日至10月22日，2011年西安世界园艺博览会在西安产灞生态区成功举办。本届世界园艺博览会吸引了52个国家和地区、58个国内城市与企事业单位，接待中外游客超过1 572万人，对外展示了西安和陕西的良好形象。

6月13日，国务院新闻办发布《西咸新区总体规划》，西咸新区正式成立，标志着我国按国家战略打造的第四个城市新区正式诞生。

7月15日，由陕西省金融办、中国人民银行西安分行策划设计的以“推介金融市场产品，增强直接融资能力，推进融资方式创新，增大社会融资规模”为主要内容的“双推双增”融资工程正式启动。

8月22日，陕西省成为跨境贸易人民币结算地区。至年末，办理跨境贸易人民币结算金额达26.7亿元。

9月16日，西安地铁二号线建成，标志着古都西安进入地铁时代。

9月23日，2011欧亚经济论坛在西安开幕。中共中央政治局常委李长春出席开幕式并发表了题为“共同开创欧亚合作新时代”的主旨演讲。

6月24日、8月30日、9月22日，重庆银行西安分行、渣打银行西安分行、成都银行西安分行先后在西安开业。

9月28日，陕西煤业化工集团在银行间债券市场通过发行非公开定向债务融资工具募集资金30亿元，标志着我国地方国有企业运用非公开定向债务融资工具实现了零的突破。

11月3日，陕西金融控股集团有限公司成立。金融控股集团有限公司由有关省属投资和国有资产管理公司的国有权益作为出资共同组建，主要开展银行、证券、保险、信托、基金、财务公司、金融租赁、信用担保和再担保、资产管理等业务。

（二）2011年陕西省主要经济金融指标

表1　2011年陕西省主要存贷款指标

		1月	2月	3月	4月	5月	6月	7月	8月	9月	10月	11月	12月
本外币	金融机构各项存款余额（亿元）	16 636.3	17 071.5	17 531.1	17 530.1	17 609.7	18 304.8	18 328.4	18 512.9	18 656.8	18 695.0	19 034.8	19 348.7
	其中：储蓄存款	8 414.7	8 508.6	8 671.7	8 561.9	8 603.9	8 821.5	8 688.3	8 770.4	8 962.3	8 784.8	8 894.7	9 220.9
	单位存款	7 641.1	7 891.2	8 253.8	8 307.9	8 297.4	8 573.9	8 575.2	8 711.3	9 032.5	9 098.2	9 342.9	9 611.0
	各项存款余额比上月增加（亿元）	66.8	435.2	459.6	-1.0	79.6	695.0	23.6	184.5	134.5	38.2	339.8	313.8
	金融机构各项存款同比增长（%）	14.0	15.0	15.3	13.1	13.7	14.8	14.8	14.5	13.7	13.9	14.5	16.6
	金融机构各项贷款余额（亿元）	10 402.4	10 536.7	10 716.9	10 876.8	11 002.4	11 221.0	11 328.9	11 471.4	11 593.9	11 720.1	11 925.2	12 097.3
	其中：短期	2 512.0	2 587.7	2 642.1	2 721.0	2 738.4	2 817.0	2 867.5	2 931.9	3 020.7	3 060.6	3 103.5	3 118.1
	中长期	7 536.6	7 608.4	7 763.2	7 862.2	7 938.1	7 997.0	8 073.0	8 112.1	8 150.8	8 272.5	8 382.5	8 477.3
	票据融资	343.1	329.7	301.1	283.1	315.4	389.9	371.4	410.7	405.8	369.1	421.3	478.3
	各项贷款余额比上月增加（亿元）	203.3	134.2	180.2	159.9	125.6	218.6	107.9	142.5	122.5	126.2	205.1	172.2
	其中：短期	42.1	75.7	54.4	73.9	17.5	78.6	50.5	64.4	88.9	39.9	42.9	14.6
	中长期	179.8	71.9	154.8	99.0	75.9	58.9	76.1	39.0	38.7	121.7	110.0	94.8
	票据融资	-18.6	-13.3	-28.6	-18.0	32.3	74.4	-18.5	39.3	-5.0	-36.7	52.2	57.0
	金融机构各项贷款同比增长（%）	19.4	18.4	18.6	16.8	17.3	16.1	16.2	16.2	16.4	16.2	17.4	18.3
	其中：短期	-0.3	1.3	6.7	9.9	10.6	17.1	17.5	18.6	21.1	22.3	23.8	24.0
	中长期	33.3	31.2	28.3	25.9	23.8	19.6	18.9	17.5	16.0	15.8	16.1	16.6
	票据融资	-19.6	-23.6	-22.6	-35.8	-27.9	-19.9	-14.8	-0.3	14.6	1.5	21.7	32.7
	建筑业贷款余额（亿元）	169.1	177.7	189.4	207.1	215.0	223.6	228.5	233.6	241.9	247.4	254.9	258.9
	房地产业贷款余额（亿元）	410.3	409.5	414.7	419.4	417.8	415.6	417.0	413.6	409.5	409.0	407.4	411.0
	建筑业贷款同比增长（%）	21.9	27.5	27.4	38.5	48.2	49.0	46.1	48.7	36.1	49.9	56.6	61.6
	房地产业贷款同比增长（%）	17.6	15.3	7.6	6.5	9.8	6.5	5.7	4.5	3.7	2.7	2.9	13.9
人民币	金融机构各项存款余额（亿元）	16 503.7	16 947.0	17 398.4	17 402.7	17 478.9	18 163.0	18 190.4	18 377.9	18 532.7	18 564.7	18 914.5	19 227.1
	其中：储蓄存款	8 363.3	8 467.3	8 622.9	8 509.4	8 550.4	8 769.5	8 636.7	8 717.0	8 910.4	8 730.3	8 842.4	9 172.1
	单位存款	7 564.2	7 813.6	8 176.0	8 238.0	8 225.1	8 488.6	8 494.1	8 636.2	8 964.0	9 030.1	9 279.7	9 542.0
	各项存款余额比上月增加（亿元）	70.6	443.3	451.4	4.3	76.3	684.1	27.4	187.5	145.2	32.0	349.8	312.6
	其中：储蓄存款	422.3	104.0	155.6	-113.5	41.0	219.1	-132.8	80.3	193.3	-180.0	112.0	329.7
	单位存款	-410.3	248.4	362.4	62.0	-12.9	263.5	5.5	142.1	327.7	66.2	249.6	262.4
	各项存款同比增长（%）	14.0	15.1	15.3	13.6	13.1	14.8	14.9	14.5	13.9	14.1	14.7	16.8
	其中：储蓄存款	20.8	16.3	17.0	16.2	16.0	16.0	14.9	15.0	14.6	13.8	14.0	15.3
	单位存款	62.5	70.2	68.7	63.7	62.8	66.1	64.7	67.1	72.5	73.5	73.5	78.7
	金融机构各项贷款余额（亿元）	10 214.0	10 353.9	10 528.3	10 689.8	10 814.6	11 021.0	11 126.6	11 268.9	11 396.0	11 523.0	11 719.8	11 865.3
	其中：个人消费贷款	1 391.1	1 423.5	1 471.5	1 505.1	1 534.1	1 564.1	1 594.7	1 617.6	1 643.0	1 676.9	1 720.2	1 749.1
	票据融资	343.1	329.7	301.1	283.1	315.4	389.9	371.4	410.7	405.8	369.1	421.2	478.2
	各项贷款余额比上月增加（亿元）	204.0	139.9	174.4	161.5	124.8	206.5	105.5	142.3	127.1	127.0	196.8	145.5
	其中：个人消费贷款	50.7	32.1	48.0	33.6	29.0	30.0	30.6	22.9	25.4	33.9	43.2	28.9
	票据融资	-18.6	-13.3	-28.6	-18.0	32.3	74.4	-18.5	39.3	-5.0	-36.7	52.1	57.0
	金融机构各项贷款同比增长（%）	19.1	18.3	18.6	17.3	16.7	15.8	15.9	15.9	16.4	16.1	17.4	18.3
	其中：个人消费贷款	47.1	46.3	43.5	39.2	35.4	33.2	32.3	30.6	28.5	28.3	27.7	26.9
外币	金融机构外币存款余额（亿美元）	20.1	18.9	20.2	19.6	20.2	21.9	21.4	21.1	19.5	20.6	18.9	19.3
	金融机构外币存款同比增长（%）	19.8	13.4	15.7	25.7	27.7	11.8	8.1	10.6	-7.8	0.1	-2.3	-5.0
	金融机构外币贷款余额（亿美元）	28.6	27.8	28.8	28.8	29.0	30.9	31.4	31.7	31.2	31.2	32.3	36.8
	金融机构外币贷款同比增长（%）	38.8	25.7	25.1	26.7	29.9	36.7	42.1	43.5	26.6	23.7	23.5	29.2

数据来源：中国人民银行西安分行。

表2　2001～2011年陕西省各类价格指数

单位：%

年/月	居民消费价格指数		农业生产资料价格指数		工业生产者购进价格指数		工业生产者出厂价格指数	
	当月同比	累计同比	当月同比	累计同比	当月同比	累计同比	当月同比	累计同比
2001	—	1.0	—	1.9	—	0.5	—	0.4
2002	—	-1.1	—	0.8	—	-1.2	—	0.7
2003	—	1.7	—	2.3	—	4.8	—	5.7
2004	—	3.1	—	11.6	—	10.4	—	7.3
2005	—	1.2	—	7.2	—	7.5	—	10.4
2006	—	1.5	—	0.7	—	6.7	—	9.6
2007	—	5.1	—	8.3	—	6.3	—	2.9
2008	—	6.4	—	22.0	—	11.2	—	8.4
2009	—	0.5	—	-4.2	—	-1.6	—	-3.9
2010	—	4.0	—	5.3	—	9.7	—	8.7
2011	—	5.7	—	10.3	—	9.6	—	7.2
2010　1	2.1	2.1	1.0	1.0	6.4	6.4	7.0	7.0
2	3.5	2.8	2.5	1.7	6.5	6.5	11.2	9.1
3	2.7	2.8	3.0	2.1	9.3	7.4	12.0	10.1
4	3.2	2.9	2.4	2.2	13.6	9.0	12.0	10.5
5	3.0	2.9	4.2	2.6	15.2	10.2	12.0	10.8
6	3.1	2.9	5.0	3.0	10.8	10.3	9.8	10.7
7	3.8	3.1	4.8	3.3	9.0	10.1	6.7	10.0
8	4.7	3.3	5.8	3.6	9.0	10.0	5.9	9.6
9	4.8	3.4	6.4	3.9	8.4	9.8	6.4	9.2
10	5.3	3.6	8.0	4.3	8.6	9.7	6.1	8.9
11	6.2	3.8	10.2	4.8	10.7	9.8	7.8	8.8
12	5.3	4.0	9.9	5.3	8.7	9.7	7.1	8.7
2011　1	5.3	5.3	5.5	5.5	9.3	9.3	6.3	6.3
2	4.9	5.1	6.5	6.0	9.7	9.5	7.1	6.7
3	5.8	5.3	9.0	7.0	12.1	10.4	7.8	7.1
4	5.3	5.3	9.7	7.7	10.8	10.5	8.4	7.4
5	5.4	5.4	10.5	8.2	10.4	10.5	8.4	7.6
6	6.7	5.6	11.5	8.8	11.2	10.6	8.5	7.8
7	6.5	5.7	13.6	9.5	11.7	10.8	8.8	7.9
8	6.3	5.8	13.5	10.0	11.6	10.9	9.0	8.0
9	6.7	5.9	13.4	10.4	10.2	10.8	7.7	8.0
10	6.3	5.9	12.8	10.6	8.7	10.6	6.6	7.9
11	4.5	5.8	9.8	10.5	5.4	10.1	4.4	7.5
12	4.6	5.7	7.9	10.3	4.6	9.6	3.7	7.2

数据来源：《中国经济景气月报》、陕西省物价局、国家统计局陕西调查总队。

表3　2011年陕西省主要经济指标

	1月	2月	3月	4月	5月	6月	7月	8月	9月	10月	11月	12月
绝对值（自年初累计）												
地区生产总值(亿元)	—	—	2 343.4	—	—	5 217.3	—	—	8 234.1	—	—	12 391.3
第一产业	—	—	97.3	—	—	327.6	—	—	590.7	—	—	1 220.9
第二产业	—	—	1 290.1	—	—	2 910.8	—	—	4 539.9	—	—	6 836.3
第三产业	—	—	956.0	—	—	1 978.9	—	—	3 103.6	—	—	4 334.1
固定资产投资(亿元)	—	359.5	1 012.3	1 756.9	2 751.7	3 906.9	4 884.1	5 713.0	6 691.1	7 696.2	8 786.5	9 711.1
房地产开发投资	—	75.6	172.3	272.8	408.0	616.7	756.4	881.1	1 019.1	1 142.0	1 262.8	1 420.5
社会消费品零售总额(亿元)	—	—	894.2	—	—	1 758.5	—	—	2 678.7	—	—	3 733.1
外贸进出口总额(万美元)	—	207 800	336 600	456 100	582 100	703 100	818 800	953 700	1 077 600	1 175 200	1 307 600	1 462 300
进口	—	111 800	168 300	229 800	302 000	363 600	420 800	493 100	561 900	611 200	675 100	761 300
出口	—	96 100	168 300	226 300	280 100	339 500	398 000	460 600	515 700	563 900	632 500	701 100
进出口差额(出口−进口)	—	-15 700	0	-3 500	-21 900	-24 100	-22 800	-32 500	-46 200	-47 300	-42 600	-60 200
外商实际直接投资(万美元)	—	20 000	61 400	73 500	86 700	120 300	129 200	139 700	165 000	183 200	204 300	235 500
地方财政收支差额(亿元)	—	-31.7	-139.6	-145.9	-258.2	-325.5	-415.2	-499.1	-810.0	-855.8	-1 077.2	-1 429.8
地方财政收入	—	169.8	267.2	415.1	563.8	959.7	1 053.3	1 122.4	1 181.4	1 290.9	1 371.6	1 499.1
地方财政支出	—	201.5	406.8	561.0	822.0	1 285.2	1 468.5	1 621.5	1 991.4	2 146.7	2 448.8	2 928.9
城镇登记失业率(%)（季度）	—	—	3.8	—	—	3.7	—	—	3.6	—	—	3.6
同比累计增长率（%）												
地区生产总值	—	—	13.6	—	—	13.7	—	—	13.7	—	—	13.9
第一产业	—	—	3.4	—	—	3.4	—	—	3.8	—	—	5.9
第二产业	—	—	16.4	—	—	16.0	—	—	16.1	—	—	16.9
第三产业	—	—	11.1	—	—	12.3	—	—	12.2	—	—	11.7
工业增加值	—	15.3	17.5	15.3	15.5	17.0	16.7	16.7	17.0	17.5	17.7	17.9
固定资产投资	—	28.6	28.3	28.5	28.4	29.3	29.1	29.1	29.3	29.9	30.3	29.7
房地产开发投资	—	29.6	26.9	20.3	17.7	20.3	23.2	24.5	23.4	21.2	21.4	22.5
社会消费品零售总额	—	—	17.0	—	—	17.7	—	—	18.3	—	—	18.6
外贸进出口总额	—	25.8	32.9	31.4	31.5	30.1	26.2	25.4	25.6	22.3	20.9	20.8
进口	—	38.0	37.1	35.8	38.9	35.9	32.1	33.8	35.3	31.3	28.3	29.2
出口	—	14.0	28.9	27.2	24.4	24.5	20.5	17.6	16.5	13.9	13.9	12.9
外商实际直接投资	—	-4.7	1.4	31.5	26.1	31.0	31.4	25.5	22.2	21.1	25.0	29.4
地方财政收入	—	39.0	89.2	53.2	61.4	107.2	95.9	57.0	78.3	71.7	65.0	56.5
地方财政支出	—	32.3	23.8	22.2	40.9	57.8	55.9	50.6	57.0	53.2	36.4	32.0

数据来源：陕西省统计局《经济要情》、陕西省商务厅。

2011年甘肃省金融运行报告

中国人民银行兰州中心支行货币政策分析小组

[内容摘要]2011年，面对复杂多变的经济金融形势，甘肃省坚持以科学发展观为指导，深入实施区域发展战略，积极推进经济发展方式转变，全省经济呈现出“增长较快、价格趋稳、效益较好、民生改善”的态势，实现了“十二五”良好开局。

2011年，甘肃省金融机构按照宏观调控要求，认真贯彻落实稳健的货币政策，不断提升金融服务实体经济的水平，积极支持全省经济平稳较快发展。全省金融运行平稳，银行资产规模继续扩大，资产质量和经济效益不断提高，存贷款合理增长，信贷结构进一步优化，证券市场融资功能有所增强，保险保障范围进一步扩大，金融生态持续向好。

2012年是实施“十二五”规划承上启下的重要一年，也是甘肃省实现转型跨越发展的关键之年，全省金融机构将按照宏观调控要求，认真贯彻落实稳健的货币政策，围绕“加快转变经济发展方式”这条主线，保持合理的信贷投放总量和节奏，调整优化信贷结构，促进提高企业直接融资比例，为全省经济平稳较快发展提供更完善的金融服务。

一、金融运行情况

2011年，甘肃省金融业平稳较快发展，机构体系不断完善，市场功能有所强化，金融生态环境持续优化，金融服务实体经济的水平进一步提高。

（一）银行业稳健发展，综合服务水平不断提高

2011年，全省银行业金融机构认真落实稳健的货币政策，合理把握信贷投放的总量和节奏，不断优化信贷结构，经营管理水平进一步提高。

1. 资产规模继续扩大，质量和效益稳步提高，机构体系不断丰富。2011年年末，全省银行业金融机构资产规模同比增长23.7%，不良贷款率较年初下降0.9个百分点，利润总额同比多增加3.4亿元。酒钢集团财务有限公司和甘肃银行正式开业，银行业总体实力不断增强（见表1）。

表1　2011年甘肃省银行业金融机构情况

机构类别	营业网点			法人机构（个）
	机构个数（个）	从业人数（人）	资产总额（亿元）	
一、大型商业银行	1 384	28 913	5 396.2	0
二、国家开发银行和政策性银行	59	1 496	1 514.2	0
三、股份制商业银行	28	1 015	673.5	0
四、城市商业银行	135	3 051	891.0	2
五、城市信用社	0	0	0	0
六、农村合作机构	2 269	14 776	2 097.4	89
七、财务公司	2	58	61.1	2
八、信托公司	1	66	12.4	1
九、邮政储蓄银行	578	4 615	359.7	0
十、外资银行	0	0	0	0
十一、新型农村金融机构	31	342	24.2	16
十二、其他	0	62	98.2	1
合　计	4 488	54 394	11 127.9	111

注：①营业网点不包括总部。
②农村合作机构包含农村信用社、农村合作银行及农村商业银行。
③新型农村金融机构包括村镇银行、贷款公司和农村资金互助社三类机构。
④其他包含金融租赁公司、汽车金融公司、货币金融公司、消费金融公司等。
数据来源：甘肃银监局。

2. 存款增势趋缓，稳定性有所增强。2011年年末，全省金融机构本外币存款增长18.4%，增幅同比下降2.7个百分点（见图3）。全省存款呈现出明显的季度末翘尾现象，季度末四个月（3月、6月、9月、12月）存款增加额占全年存款增加额的54.7%（见图1）。存款的稳定性增强，定期存款较年初增加510.5亿元，占全省存款增量的39.3%，同比提高15.6个百分点。

3. 贷款增长均衡适度，结构进一步优化（见图2）。2011年年末，全省金融机构本外币贷款增

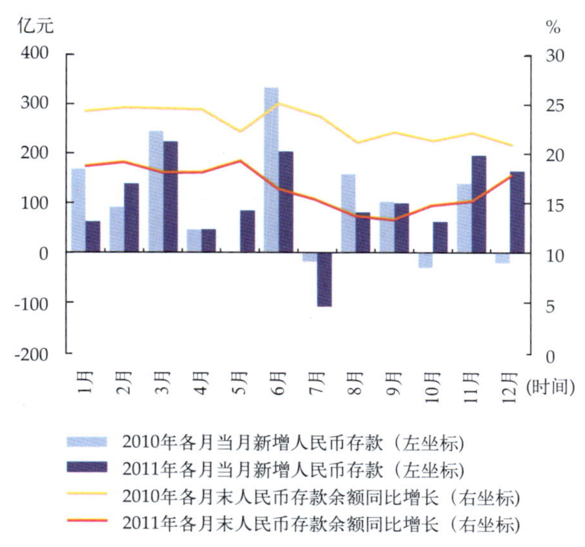

数据来源：中国人民银行兰州中心支行。

图1　2010～2011年甘肃省金融机构人民币存款增长变化

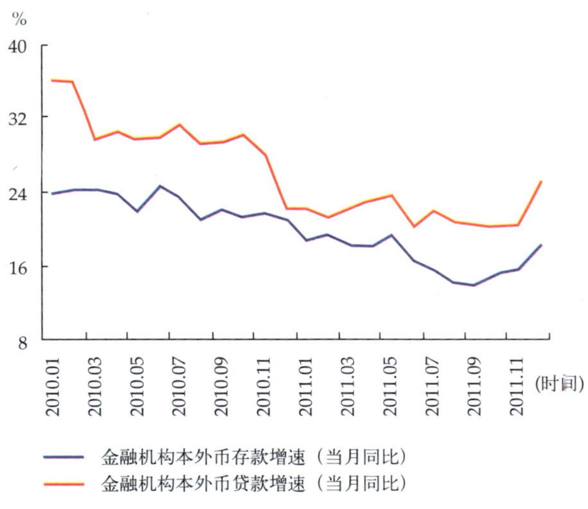

数据来源：中国人民银行兰州中心支行。

图3　2010～2011年甘肃省金融机构本外币存、贷款增速变化

长25.3%（见图3），比全国平均增幅高9.6个百分点。四个季度贷款增加额分别占全年贷款增加额的28.6%、24.4%、19.9%、27.1%，信贷投放节奏趋于均衡。信贷结构持续优化，重点领域和薄弱环节贷款快速增长。年末涉农贷款余额为2 067.3亿元，占全省贷款余额的36.0%，同比增长25.5%；中小企业贷款余额为1 779.8亿元，占全省企业贷款余额的50.4%，同比增长28.2%。

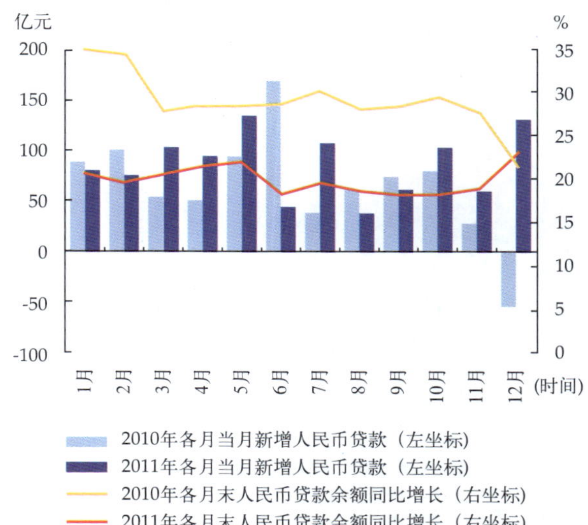

数据来源：中国人民银行兰州中心支行。

图2　2010～2011年甘肃省金融机构人民币贷款增长变化

4. 利率走势前升后降，金融机构定价能力有所提高。上半年，市场加息预期增强，加之公开市场操作力度加大，金融机构贷款利率波动上行，

表2　2011年甘肃省人民币贷款各利率区间占比

单位：%

	月份	1月	2月	3月	4月	5月	6月
	合计	100.0	100.0	100.0	100.0	100.0	100.0
	[0.9～1.0)	36.3	36.2	15.6	13.5	5.3	11.2
	1.0	10.9	12.9	29.6	24.8	21.3	33.3
上浮水平	小计	52.8	50.8	54.7	61.8	73.4	55.4
	(1.0～1.1]	6.8	10.4	13.4	10.4	12.3	11.7
	(1.1～1.3]	8.4	9.8	12.7	10.3	11.7	8.6
	(1.3～1.5]	11.6	11.1	11.0	13.3	17.0	12.1
	(1.5～2.0]	21.2	17.6	16.4	24.4	27.1	20.8
	2.0以上	4.8	1.2	1.2	3.4	5.2	2.3
	月份	7月	8月	9月	10月	11月	12月
	合计	100.0	100.0	100.0	100.0	100.0	100.0
	[0.9～1.0)	3.5	2.1	2.2	3.9	4.4	3.4
	1.0	34.6	28.7	38.0	36.3	40.6	39.6
上浮水平	小计	61.9	69.1	59.8	59.7	55.0	57.0
	(1.0～1.1]	8.3	15.9	13.0	13.3	10.5	14.8
	(1.1～1.3]	9.5	15.4	13.6	11.0	15.9	13.2
	(1.3～1.5]	12.8	13.8	14.9	14.3	12.1	11.4
	(1.5～2.0]	27.6	21.1	15.9	18.5	14.8	15.0
	2.0以上	3.6	2.9	2.4	2.7	1.7	2.5

数据来源：中国人民银行兰州中心支行。

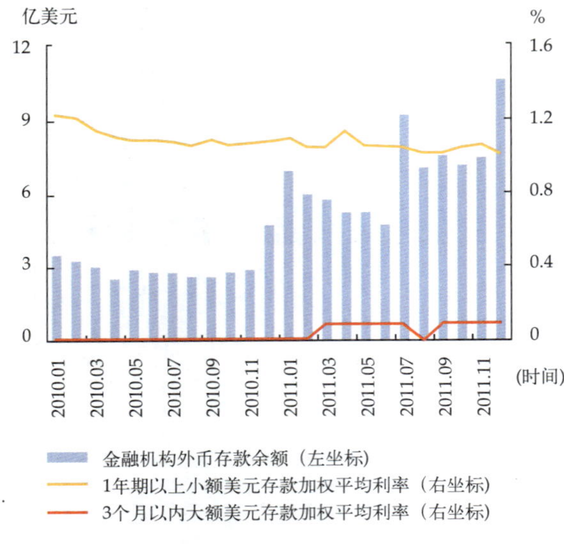

数据来源：中国人民银行兰州中心支行。

图4　2010～2011年甘肃省金融机构外币存款余额及外币存款利率

5月全省金融机构人民币贷款加权平均利率达到8.5232%的年内高点，随后金融机构贷款利率开始回落，全年全省金融机构人民币贷款加权平均利率为7.9573%（见表2）。全省银行业金融机构适时调整利率定价策略，利率议价优势进一步显现，利率上浮贷款占比为59.2%，较2010年上升10.7个百分点。

5．银行业改革持续深化，有效地夯实了金融机构健康发展的根基。大型国有商业银行继续深化改革，在转换经营管理体制、推进金融服务创新、加强风险管理、提升财务可持续性等多方面发生积极变化。中国农业银行甘肃省分行继续深化“三农金融事业部”改革，事业部管理体制机制进一步理顺，“三农”金融服务质量明显改善。通过将平凉市商业银行和白银市商业银行整合并入，甘肃银行于11月正式挂牌成立，进一步增强了金融业服务地方经济社会发展的实力。农村合作金融机构产权制度改革取得新进展，全年全省新增3家农村合作银行。

6．跨境人民币结算业务进展顺利。甘肃省于2011年8月正式开展跨境人民币结算业务。截至年末，全省跨境人民币业务结算量达到15.24亿元，其中，跨境货物贸易项下人民币结算为12.5亿元，跨境服务贸易项下人民币结算为0.04亿元，跨境资本项下人民币结算为2.7亿元。跨境人民币结算业务境外地域主要分布在香港地区，占比达84.9%。全省已办理跨境人民币结算业务的银行主要是国有商业银行，其业务量占比达78.3%。

专栏1　农村金融服务创新工作成效显著

2011年以来，全省金融机构以支持甘肃农业特色产业发展作为农村金融服务创新的切入点，围绕农业特色产业开展信贷产品和服务方式创新，积极开展农村金融服务创新综合实验县创建工作，重点推动“农耕文明”涉农个人贷款产品和“清吉”贷款等新型贷款模式，取得了显著成效。

一、主要做法

一是积极开展农村金融服务创新综合实验县创建工作。针对发展多样化的“三农”信贷需求现状，中国人民银行兰州中心支行探索开展以信贷服务创新为主要内容的农村金融服务创新综合实验县创建工作，制定印发了《中国人民银行兰州中心支行农村金融服务创新综合实验县创建方案》，确定定西市陇西县、张掖市甘州区和酒泉市金塔县为全省农村金融服务创新综合实验县，以点带面，为全省开展农村金融产品和服务方式创新积累经验。创建工作开展以来，三个综合实验县以支持地方特色产业发展为突破口，推出了陇西县支持马铃薯产业的“清吉”贷款模式、甘州区支持现代设施农业的“合作社+基地+农户”贷款模式、金塔县支持棉花产业的“动产浮动抵押贷款”等贴近需求、方便快捷的信贷创新产品。与此同时，在综合实验县创建工作的示范和带动效应下，全省各地金融机构开发、推出了一批农村信贷创新产品和服务方式。截至2011年年末，甘肃省银行业金融机构共推出农村信贷创新产品和服务方式20个，受益企业达130家，直接和间接受益农户达47.8万户。

二是重点推进“农耕文明”涉农个人贷款和“清吉”贷款等新型贷款模式。受甘肃陇东地区周祖文化及农耕文明最早发源地历史文化启发，中国建设银行甘肃省分行创设了“农耕文明”涉农个人贷款品牌，并正式在国家工商行政管理总局注册。同时，该行根据省内各地不同的农业特色，不断丰富“农耕文明”涉农个人贷款产品内涵，陆续推出了天水“伏羲文化”贷款，定西“金土豆”、“药材盈”贷款，临夏“穆斯林商贸”贷款，平凉“红牛”、“金苹果”贷款等子产品，形成了因地制宜、特色鲜明、重点突出的涉农贷款产品系列，有针对性地满足了全省各地农业特色产业发展的信贷需求。中国农业银行充分发挥涉农金融机构优势，针对定西马铃薯产业发展的金融需求特点，开创了由省长亲自命名的“清吉”贷款模式。以此为突破口，中国农业银行创新贷款抵押担保模式，率先尝试“存货抵押”、“农行+公司+农户”和“公司+协会+农户+农行”服务模式，有效地解决了公司流动资金不足和广大马铃薯种植农户贷款难问题，实现了“政、银、企、农”多方合作共赢。截至2011年年末，全省“农耕文明”贷款余额为13.2亿元，受益农户达10 699户，受益企业达103户；中国农业银行“清吉”贷款模式贷款余额为3 740万元，支持了2户企业和1 400户农户的发展。

二、取得的成效

在中国人民银行兰州中心支行的积极引导和各方的密切配合下，甘肃省金融机构积极创新，开发出了一系列适合甘肃实际的农村金融产品和服务方式，拓展了农村信贷渠道，增加了涉农信贷投放，提升了农村金融服务水平。截至2011年年末，全省涉农贷款余额为2 067.3亿元，占全省贷款余额的36.0%，较年初增加404.3亿元，同比增长25.5%，增幅高于各项贷款增幅2.1个百分点，有力地促进了全省农业发展、农民增收。

（二）证券市场稳步发展，市场融资力度进一步加大

2011年，受股票市场震荡下行影响，全省证券交易量有所下滑，证券经营机构盈利水平下降。上市公司运作进一步规范，股票市场融资取得新进展，期货市场快速发展。

1. 证券交易规模持续萎缩，机构经营业绩整体下滑。2011年，证券交易呈收缩态势，全省证券经营机构累计实现证券交易额同比下降21.3%，营业收入同比下降25.1%，净利润同比下降51.7%。

2. 上市公司资本市场融资取得积极进展。2011年，蓝科高新和佛慈制药成功登陆主板市场，甘肃上市公司达到24家，全年全省上市公司通过股票市场筹集资金75亿元，有力地支持了地方经济发展（见表3）。同时，上市后备资源培育也取得新进展，白银有色、金川科技等6家公司正处于上市辅导期。

3. 期货交易活跃，经营效益快速增长。2011年年末，全省有1家法人期货公司、6家期货营业部，全年期货市场成交额达3 158.3亿元，同比增长26.5%；期货经营机构实现净利润846万元，同比增长40.1%。法人期货公司陇达期货顺利完成增资扩股，综合实力不断增强。

表3　2011年甘肃省证券业基本情况

项目	数量
总部设在辖内的证券公司数（家）	1
总部设在辖内的基金公司数（家）	0
总部设在辖内的期货公司数（家）	1
年末国内上市公司数（家）	24
当年国内股票（A股）筹资（亿元）	75.0
当年发行H股筹资（亿元）	0
当年国内债券筹资（亿元）	262.0
其中：短期融资券筹资额（亿元）	70.0

数据来源：中国人民银行兰州中心支行、甘肃证监局。

（三）保险市场运行平稳，保障作用不断增强

2011年，甘肃省保险业规模不断扩大，服务网

络持续拓展，保障范围进一步扩大，经济补偿和风险保障功能得到有效发挥。

1. 行业规模不断扩大，市场主体日趋完善。2011年，全省保险业总资产共计339.3亿元，同比增长19.9%。保险市场主体新增2家，保险兼业代理机构新增652个，保险营销员新增0.3万人。全省保险业服务网络不断延伸，市场体系日趋健全，为有效发挥保险保障作用奠定了基础。

2. 保险业务增速有所放缓，结构进一步优化。受加息及银保新政实施影响，人身险业务增速放缓，导致全省保险业增速减缓。全年累计实现原保险保费收入140.9亿元，同比增长8.7%，较2010年下降19.2个百分点（见表4）。全省保险业保障范围持续扩大，薄弱环节得到加强，服务民生和风险保障作用日益增强。具有保障性质的普通寿险和分红险占比高达97.9%。受新开办政策性玉米保险及在藏区开展养殖业保险和青稞保险业务的推动，全省农业保险发展迅猛，实现原保险保费收入1.7亿元，增速高达198.2%。

表4　2011年甘肃省保险业基本情况

项目	数量
总部设在辖内的保险公司数（家）	0
其中：财产险经营主体（家）	0
人身险经营主体（家）	0
保险公司分支机构（家）	23
其中：财产险公司分支机构（家）	12
人身险公司分支机构（家）	11
保费收入（中外资，亿元）	140.9
其中：财产险保费收入（中外资，亿元）	47.9
人身险保费收入（中外资，亿元）	93.0
各类赔款给付（中外资，亿元）	38.2
保险密度（元/人）	549.6
保险深度（%）	2.8

数据来源：甘肃保监局。

（四）金融市场平稳发展，融资结构有效改善

2011年，甘肃省直接融资快速发展，货币交易量持续走高，票据市场规模不断扩大，黄金、外汇市场交易萎缩。

1. 直接融资渠道进一步拓宽，定向工具实现首发。2011年，企业运用非金融企业债务融资工具的意识不断提高，积极通过发行短期融资券、中期票据等募集企业发展资金，全省非金融企业在债券市场发行债券262亿元，同比增加148亿元（见表5）。其中，通过银行间债券市场发行213亿元，同比增加99亿元。国投华靖电力控股股份有限公司非公开发行定向融资工具首次通过注册登记，额度为30亿元，年内已发行15亿元。

表5　2001～2011年甘肃省非金融机构部门贷款、债券和股票融资情况

单位：亿元、%

年份	融资合计	比重		
		贷款	债券（含可转债）	股票
2001	105.9	90.6	0	9.4
2002	197.0	97.5	0	2.5
2003	254.8	100.0	0	0
2004	226.4	91.7	0	8.3
2005	120.0	100.0	0	0
2006	240.3	79.0	15.0	6.1
2007	332.4	87.7	5.4	6.9
2008	516.4	89.5	4.9	5.6
2009	1 230.0	74.5	12.0	13.5
2010	902.7	86.8	12.6	0.6
2011	1 495.8	77.5	17.5	5.0

数据来源：中国人民银行兰州中心支行、甘肃证监局。

2. 债券市场业务快速发展。全省3家银行间债券市场成员面对流动性趋紧的形势，适时调整资金营运思路，不断提高债券市场参与程度，通过债券市场交易来提高自身盈利水平，银行间债券市场业务增长迅猛。3家银行间债券市场成员债券累计成交金额达2 7971.2亿元，同比增长55.4%。

3. 票据市场规模不断扩大，利率水平保持高位

表6　2011年甘肃省金融机构票据业务量统计

单位：亿元

季度	银行承兑汇票承兑		贴现			
			银行承兑汇票		商业承兑汇票	
	余额	累计发生额	余额	累计发生额	余额	累计发生额
1	216.0	98.0	53.0	133.0	2.0	7.0
2	228.0	246.0	60.0	307.0	1.0	12.0
3	266.0	384.0	86.0	579.0	1.0	24.0
4	291.0	698.0	151.9	833.0	0.1	27.0

数据来源：中国人民银行兰州中心支行。

运行。2011年，全省银行承兑汇票签发量平稳增长，票据融资大幅增加，再贴现办理量创历史新高，银行承兑汇票余额较年初增加32.5亿元，票据融资余额较年初增加51.6亿元，全年累计办理再贴现52.81亿元（见表6）。由于流动性趋紧，票据市场利率持续上升，银行承兑汇票贴现利率和商业承兑汇票贴现加权平均利率分别为8.9984%和9.7469%（见表7）。

表7　2011年甘肃省金融机构票据贴现、转贴现利率

单位：%

季度	贴现		转贴现	
	银行承兑汇票	商业承兑汇票	票据买断	票据回购
1	7.1755	8.7140	4.8348	5.7747
2	7.2664	9.0251	5.7140	6.0985
3	9.5595	10.9392	7.4475	6.2465
4	9.5500	10.1211	7.2044	6.9215

数据来源：中国人民银行兰州中心支行。

4. 黄金、外汇市场交易量下降。受国际金价上涨、上海黄金交易所加强对自然人账户的清理等因素的影响，场内黄金交易量下降趋势明显，辖内唯一一家黄金交易所成员——甘肃西脉新材料科技股份有限公司黄金累计成交2 496公斤，同比减少301.2公斤。受国际局部局势动荡等因素影响，全省银行间外汇市场交易量呈现下降态势，外汇市场成员兰州银行在外汇市场上的美元交易量同比下降30%。

（五）信用体系建设持续推进，金融生态环境不断优化

2011年，甘肃省政府出台《甘肃省社会信用体系建设五年规划（2011～2015年）》，进一步加强信用法制建设，推动甘肃省金融生态环境不断优化。依托中国人民银行征信系统平台，进一步深化中小企业和农村信用体系建设，累计建立中小企业信用档案2.3万户，帮助7 329户中小企业累计融资320.8亿元；累计建立农户信用档案324.4万个，评定“信用农户”272.1万户。中国人民银行兰州中心支行联合甘肃团省委制定《甘肃省农村青年信用示范户标准指引》，推动建立“人民银行和地方团委主导、政府助力、涉农金融机构参与、乡镇村组配合”的工作机制，协调涉农金融机构出台优惠信贷政策，支持信用良好的青年创业。

2011年，甘肃省金融基础设施建设进一步完善，基本实现了支付基础设施到乡、电子支付工具到村、特色优势产业和规模以上专业化市场非现金支付工具基本覆盖的目标。金融IC卡在公共服务领域的应用进一步拓展，全省金融业信息化整体水平进一步提升。

二、经济运行情况

2011年，面对复杂多变的国内外形势，甘肃省认真贯彻落实科学发展观，紧紧围绕转型跨越发展的总体目标，加快推进经济结构调整和发展方式转变，深入实施区域发展战略，经济呈现出平稳较快发展的势头，实现地区生产总值5 020亿元，同比增长12.5%（见图5）。

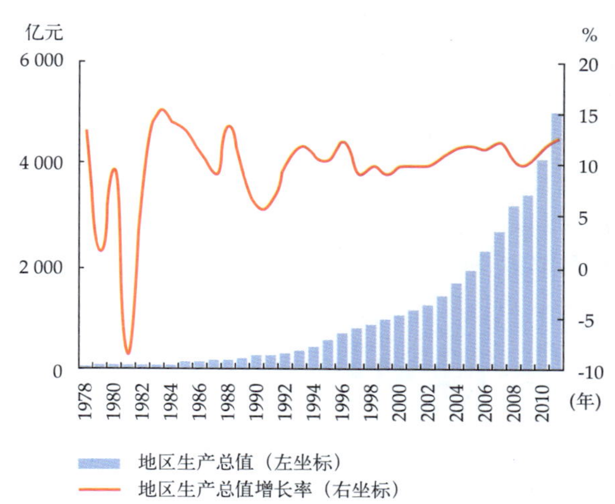

数据来源：甘肃省统计局。

图5　1978～2011年甘肃省地区生产总值及其增长率

（一）三大需求协调增长，经济发展动力增强

1. 投资增势强劲。2011年，全省固定资产投资继续保持强劲增长势头，兰州新区建设全面启动，酒泉千万千瓦级风电基地建设继续深入推进，石羊河流域重点治理等生态水利项目建设强力推动，交通基础设施项目进展顺利，灾后重建工作有序开展，全年完成固定资产投资4 180.2亿元，增长

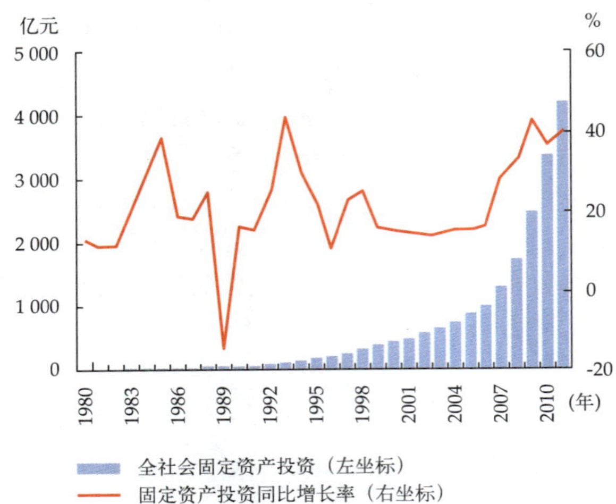

数据来源：甘肃省统计局。

图6　1980～2011年甘肃省固定资产投资及其增长率

40.2%（见图6）。

2. 居民收入稳步提高，消费品市场快速增长。2011年，全省着力强化民生保障措施，认真落实强农惠农富农政策，确保城乡居民收入稳步提高，城镇居民人均可支配收入增长13.6%，农民人均纯收入增长14.2%。受居民收入快速提高的影响，全省消费品市场保持较快增长，全年全省实现社会消费品零售总额1 618.3亿元，同比增长18.2%（见图7）。

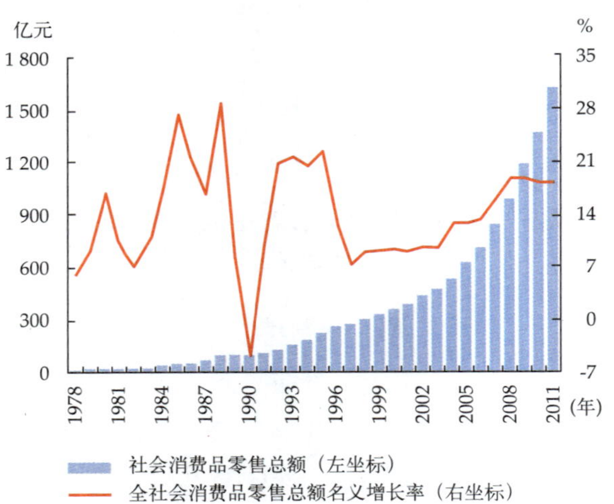

数据来源：甘肃省统计局。

图7　1978～2011年甘肃省社会消费品零售总额及其增长率

3．外贸进出口平稳增长，企业“走出去”成效显著。2011年，全省外贸企业继续大力开拓国际市场，进出口保持了较快增长，全省进出口总值同比增长18.6%，其中，出口增长33.4%、进口增长14.4%（见图8）。受风电新能源企业资本金陆续到位、风电生产外送矛盾依然突出等因素的影响，全省实际使用外商直接投资金额下降48.1%（见图9）。2011年，省内企业抢抓机遇，积极“走出去”发展壮大，努力增强国际竞争力，全年全省境外投资企业外汇资金实际汇出6.6亿美元，是2010年

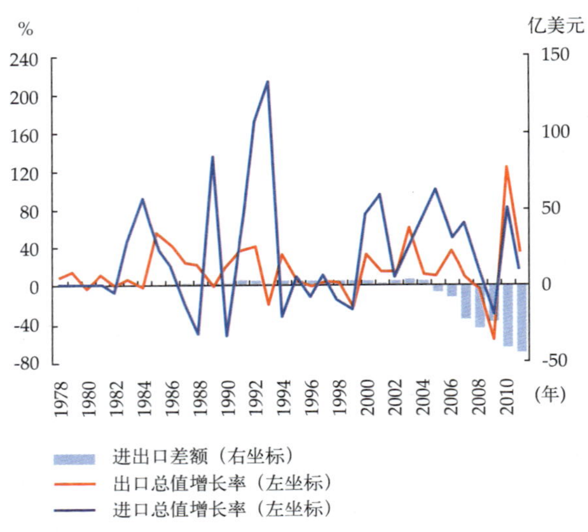

数据来源：甘肃省统计局。

图8　1978～2011年甘肃省外贸进出口变动情况

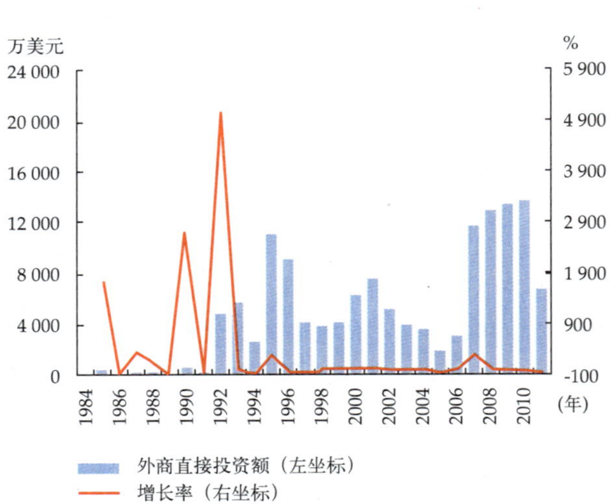

数据来源：甘肃省统计局。

图9　1984～2011年甘肃省外商直接投资情况

的5.2倍。

（二）三次产业稳步增长，支撑基础更加牢固

1. 农业生产稳定增长，粮食生产连续八年实现丰收。2011年，全省加快推广以旱作农业和高效节水农业为主的先进生产技术，积极支持特色优势产业和草食畜牧业发展，农业经济呈现出快速发展的良好态势，全年粮食产量突破1 000万吨，达到1 014.6万吨，同比增长5.9%，连续八年实现丰收。

2. 工业生产较快增长，整体竞争实力进一步增强。2011年，全省工业经济整体增长较快，前三个季度保持了高增长态势，第四季度工业增速出现回落，全年全省规模以上工业企业完成工业增加值1 782.9亿元，同比增长16.2%（见图10）。同时，随着金川集团、白银公司、酒钢集团等大型企业的一批节能技术改造项目建成投产，全省工业经济的整体竞争实力进一步增强。

3. 服务业平稳增长。2011年，受物流、金融、旅游、文化等服务业快速发展的影响，甘肃省服务业整体保持较快增长，第三产业增长11.5%，同比提高1.7个百分点。

（三）物价水平高位回落，通货膨胀预期有所弱化

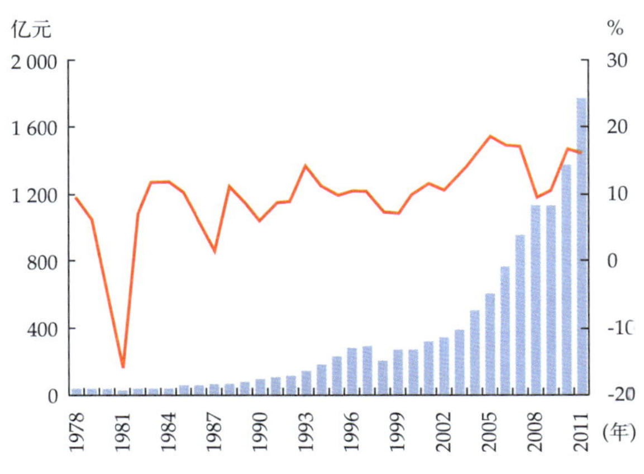

数据来源：甘肃省统计局。

图10　1978～2011年甘肃省规模以上工业增加值及其增长率

1. 居民消费价格涨幅高位回落。2011年，全省居民消费价格涨幅呈现高位回落态势，年初居民消费价格总水平上涨7.0%，之后涨幅有所回落，但年中随着各种涨价因素的集中显现，居民消费价格涨幅回升，7月达到了年内最高水平。之后，随着价格调控力度加大和翘尾因素影响减弱，居民消费价格涨幅逐月回落，全年全省居民消费价格总水平同比上涨5.9%（见图11）。

2. 农业生产资料价格平稳增长，工业生产者出厂价格涨幅高位快速回落。2011年，受原材料价格上涨影响，全省农业生产资料价格上涨较快，全年涨幅达7.6%。前三个季度，全省工业生产者出厂价格涨幅保持高位，第四季度快速回落，12月涨幅仅为2.7%，比最高时的7月回落12.2个百分点（见图11）。

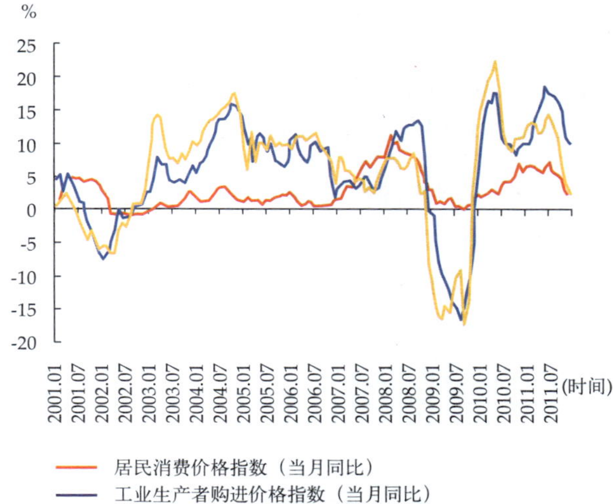

数据来源：甘肃省统计局。

图11　2001～2011年甘肃省居民消费价格和生产者价格变动趋势

3. 劳动力成本稳步上涨。2011年，受职工最低工资标准上调、城市和农村低保标准提高等因素影响，全省劳动力价格进一步上涨，其中，城市低保保障标准提高10.3%，农村低保平均保障标准提高28.9%。

4. 资源性产品价格改革加快。2011年，甘肃省充分发挥价格导向和调节作用，补偿火力发电企业因电煤价格上涨增加的部分成本，缓解电力企业经营困难，保障正常合理的电力供应。同时，结合国际市场油价变化情况，进一步深化电价、成品油价格改革。

（四）财政收入较快增长，财政支出结构进一步优化

2011年，在全省经济快速增长的带动下，地方财政收入继续保持较快增长，全省一般预算收入为450.4亿元，增长27.4%，同比提高4个百分点（见图12）。其中，企业所得税为28.5亿元，增长42.8%；营业税为110.1亿元，增长26.7%；个人所得税为14.1亿元，增长26.3%。

全省一般预算支出同比增长21.9%，较2010年提高0.5个百分点，重点支持了农业、水利、民生等项目建设，有效地保证了保障性安居工程建设、医疗卫生、社会保障和就业、公共服务支出等民生领域的资金需求。其中，全省住房保障支出为92.3亿元，增长58.9%，保障了19万套保障性住房建设、20万套农村危旧房改造等任务的完成。

（五）节能减排工作力度加大，生态环境逐步改善

2011年，甘肃省积极推进实施《甘肃省循环经济总体规划》，制定了《甘肃省循环经济总体规划

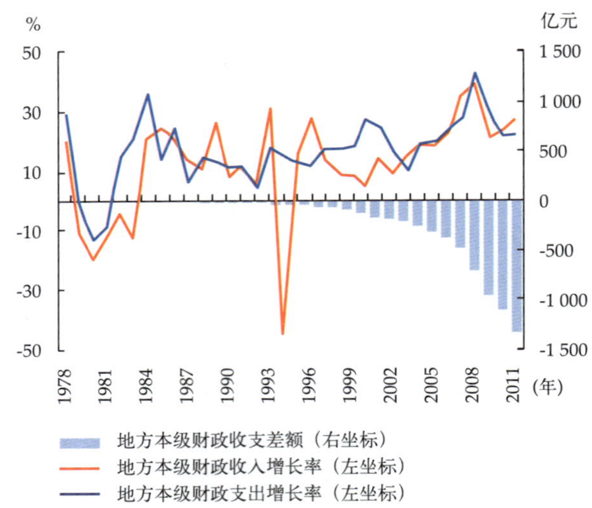

数据来源：甘肃省统计局。

图12　1978～2011年甘肃省财政收支状况

方案》，初步建立了1 000余个节能减排、循环经济项目库。截至年末，共有176个节能减排项目通过国家审核，年减排量达2 504万吨左右。同时，积极争取政策支持，加快推进生态项目建设，批准实施了《敦煌水资源合理利用与生态保护综合规划》、《石羊河流域防沙治沙及生态恢复规划》、《石羊河流域重点治理规划调整实施方案》，石羊河、黑河流域治理已初见成效。

专栏2　创新金融服务　支持保障性安居工程顺利推进

加快推进保障性安居工程建设，是党中央、国务院作出的重大决策，是社会关注、政府重视的热点、难点问题，也是“十二五”期间金融支持的重要领域之一。2011年，国家下达甘肃省21.7万套保障性住房建设任务，预计总投资264亿元。对于甘肃这样一个经济基础薄弱、财政实力不强的西部省份而言，建设资金不足成为制约全省保障性住房建设顺利开展的最大障碍。针对这一突出问题，甘肃省金融机构依托国家支持政策，创新金融产品和服务方式，不断加大对全省保障性住房建设的金融支持力度，取得了积极成效。截至2011年年末，全省保障性住房开发贷款余额达到16.8亿元，同比增长117.1%，在房地产开发贷款中的占比从2010年年末的7.5%提高到14.9%。全年新增保障性住房开发贷款9亿元，占全部房地产开发贷款新增额的82.3%。甘肃省金融支持保障性安居工程的主要做法如下：

一是合理确定保障性住房项目贷款利率和期限。各金融机构在加强风险管理的基础上，按照商业可持续原则，合理确定优惠的贷款利率和期限，经济适用房、廉租房、公租房开发贷款利率按中国人民银行公布的同期同档次贷款基准利率下浮10%执行，贷款期限长于普通商品房项目。同时，金融机构根据保障性安居工程建设项目的实际情况适

当提高了贷款抵押率。

二是积极探索保障性安居工程和商品房捆绑开发建设贷款模式。兰州市政府规定在新建商品房中配建10%以上的廉租房和公租房。全省金融机构针对商业性房地产项目配建保障性住房的政策要求和融资特点，创新抵押担保评审方式，以商业地块房地产开发收入作为还款来源，以商业地块的土地作为抵押的信用结构，加大对保障性住房建设的信贷支持力度。

三是努力推动住房公积金委托贷款支持保障性住房建设。金融机构加强与公积金管理中心的联系和沟通，充分发挥资金核算系统、机构网点和专业经验等方面的优势，为委托代理公积金支持保障性住房建设专门制定金融服务方案，成立专业的服务机构和服务团队，在企业资料受理审查、资金核算、资金监管、贷款回收各环节为住房公积金管理中心提供全流程的委托管理服务，全方位满足公积金支持保障性住房建设的金融服务需求。

四是多方构建金融支持保障性住房建设部门协调沟通机制。中国人民银行分支机构加强与各级政府及相关部门的沟通协调，建立了多形式、多层次的信息共享机制和交流平台。通过建立保障性住房工作联席会议制度等形式，协调政府相关部门定期或不定期地向辖区内金融机构发布辖区内保障性安居工程基本情况，使金融机构能够及时掌握保障性安居工程建设各阶段的信贷资金需求并跟进支持。

（六）房地产市场调控效果显现，新能源行业蓬勃发展

1. 保障房建设进展顺利，房地产价格涨幅回落。2011年以来，随着“新国八条”和甘肃省本地化调控措施的落实，全省部分城市房价过快上涨的势头得到了有效遏制，商品房市场运行平稳，同时保障房建设大力推进。

（1）保障房建设带动房地产开发投资快速增长。2011年，全省保障性安居工程项目新开工19万套，开工率为105%。在保障性住房建设快速增长的带动下，全省房地产开发投资仍保持快速增长，全年全省完成房地产开发投资362.9亿元，同比增长36.2%，高于全国平均水平8.3个百分点。

（2）房地产价格涨幅回落。2011年，在一系列调控措施的综合作用下，甘肃省房地产价格过快上涨势头得到遏制。国家统计局公布的70个大中城市住宅销售价格显示，兰州市新建商品住宅销售价格同比涨幅从3月的11%回落至12月的1.7%（见图14）。同时，全省商品房销售增速大幅回落，全年商品房销售额增速同比回落11个百分点（见图13）。

（3）房地产贷款增长放缓，结构明显优化。受“限购”政策、商业银行取消首套房贷利率下浮

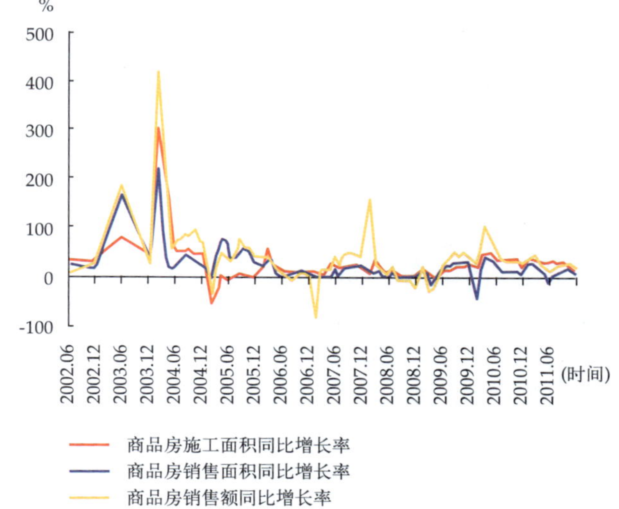

数据来源：甘肃省统计局。

图13　2002～2011年甘肃省商品房施工和销售变动趋势

优惠以及加强房地产开发贷款风险管理等因素影响，全省房地产贷款增幅回落。2011年末，全省房地产贷款余额为376.6亿元，同比增长21.3%，较2010年回落9.3个百分点。尽管全省房地产贷款增速出现回落，但全省金融机构对保障性住房建设的支持力度明显增大，全省保障性住房开发贷款同比增长117.1%，全年新增保障性住房开发贷款占全部房

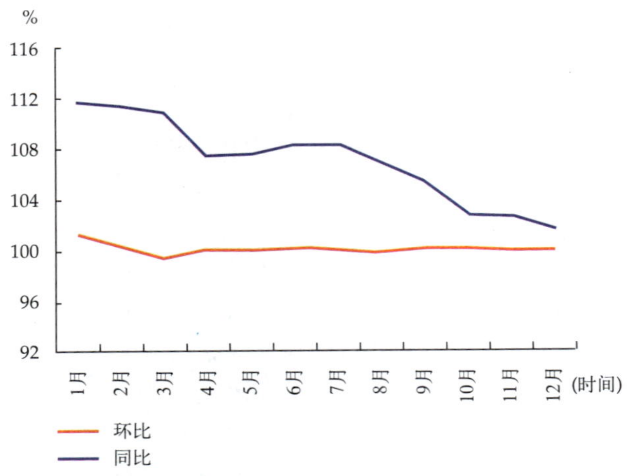

数据来源：甘肃省统计局。

图14　2011年兰州市新建住宅价格指数

地产开发贷款新增额的82.3%。

2. 借力金融，新能源产业快速发展。酒泉是全国风能、光能资源最丰富的地区之一，风能总储量为1.5亿千瓦，可开发量为4 000万千瓦以上，可利用面积近1万平方公里；年太阳总辐射量为6 300兆焦/平方米，属于国家光热分布一类地区，是太阳能发电的理想地域。在国家新能源产业政策的推动下，甘肃省委、省政府提出“建设河西风电走廊、打造西部陆上三峡”的战略构想。依托丰富的风能、光能资源优势，酒泉市积极打造新能源基地，新能源产业呈现蓬勃发展态势。

近年来，各银行业金融机构加强信贷政策与产业政策的有效衔接，积极创新信贷模式，通过拼盘贷款、银团贷款、内部联合贷款等新的信贷模式，加大对酒泉市新能源产业的资金支持力度。截至2011年年末，累计投放风电贷款133.6亿元，风电及风电装备制造业贷款余额达到107.8亿元，同比增长25.7%。

金融的强力支持推动了酒泉市新能源产业的快速发展，2011年年末，以新能源产业为主体的新型工业体系已初步建立。风电一期提前完成，累计完成装机570万千瓦；风电二期首批300万千瓦项目启动建设，43兆瓦光电项目并网发电，新增光电装机200兆瓦，累计达到243兆瓦。风机设备年生产能力达到300万千瓦，光伏产品制造实现零的突破，酒泉已成为全球规模化生产陆上最大风力发电设备制造基地。酒泉市新能源产业完成工业增加值54.6亿元，占全市工业增加值的比重提高到34.5%。

三、预测与展望

2012年是甘肃加快发展、实现赶超的关键之年。从有利方面看，近年来全省基础条件逐步改善，经济结构进一步优化，经济发展进入快速增长区间，既有国家新一轮西部大开发、促进中东部产业向西部转移、支持革命老区和少数民族地区经济社会发展等优惠政策，又有支持加快发展47条意见、循环经济试点省等针对甘肃量身订做的政策措施，全省面临难得的发展机遇。但同时，甘肃省产业结构单一、经济发展过度依赖投资的局面仍未根本改变，基础设施差、开放程度低、产业链条短、资源优势转化能力不强等问题仍然突出，对全省跨越发展产生了一定的影响。预计2012年甘肃省经济将继续保持较快增长。

随着稳健的货币政策的继续实施和国际大宗商品价格的回落，预计2012年全省居民消费价格涨幅将有所回落，但劳动力成本等生产要素价格的缓慢上升将使居民消费价格在中长期内存在上升压力。考虑到甘肃省物流成本较大、市场发育程度较低等因素，预计2012年甘肃省居民消费价格涨幅仍将高于全国同期平均水平。

2012年，按照中央经济工作会议精神和国务院统一部署，我国将继续实施稳健的货币政策，并根据经济运行情况，适时适度进行预调微调。中国人民银行兰州中心支行将引导全省金融机构认真执行稳健的货币政策，合理安排信贷投放，从优化结构、盘活存量、用好增量、拓展渠道等方面入手，保持合理的社会融资总量，促进2012年全省经济社会发展目标的实现。

中国人民银行兰州中心支行货币政策分析小组
负责人：杨明基　李文瑞
统　稿：冯宗敬　王晓红　刘　刚
执　笔：杨召举　常　晔　王　昊　冯　丽
提供材料的还有：聂　蕾　李　静　张　颖　弓　晶　吴书华　景文宏　王　煜　任墨香　谢晓娜
田震坤　陈　涛　巩月明　张　锋　温万德　刘红艺　王丽娟　李育峰　王　曼

附录

（一）2011年甘肃省经济金融大事记

1月25日，甘肃省公路航空旅游投资公司在兰州成立。

2月15日，酒钢集团财务有限公司在兰州成立。

2月19日，金川集团国际资源有限公司、中非金川投资有限公司同时在香港成立，成功登陆香港主板市场，成为甘肃省首只H股上市公司。

3月23日，省政府出台《甘肃省社会信用体系建设五年规划（2011～2015）》，全省社会信用体系建设加快推进。

5月19日，全国妇女小额担保财政贴息贷款工作现场推进会在兰州举行，全国人大常委会副委员长、全国妇联主席陈至立出席会议并讲话。

7月6日至10日，第十七届中国兰州投资贸易洽谈会在甘肃国际会展中心举行，签约项目522个，合同项目金额为1 822.4亿元。

8月15日，甘肃省与国家开发银行在北京举行联席会议，签订《开发性金融全面支持甘肃公路航空旅游跨越式发展合作协议》。

9月14日，湖南—甘肃经济合作对接会在兰州举行，湘陇两省达成总金额为47亿元的合作项目。

11月19日，甘肃银行股份有限公司在兰州成立。

（二）2011年甘肃省主要经济金融指标

表1　2011年甘肃省主要存贷款指标

		1月	2月	3月	4月	5月	6月	7月	8月	9月	10月	11月	12月
本外币	金融机构各项存款余额（亿元）	7 235.1	7 367.7	7 591.6	7 637.2	7 723.6	7 921.1	7 847.5	7 913.3	8 019.3	8 077.5	8 276.6	8 460.9
	其中：储蓄存款	3 764.2	3 789.2	3 855.3	3 828.6	3 858.7	3 936.4	3 907.2	3 928.4	3 988.2	3 965.3	4 043.7	4 250.0
	单位存款	3 145.3	3 221.3	3 411.5	3 513.0	3 517.7	3 604.6	3 538.6	3 574.7	3 638.5	3 645.6	3 763.1	3 941.9
	各项存款余额比上月增加（亿元）	74.1	132.6	223.8	45.6	86.4	197.5	-73.6	65.8	106.0	58.2	199.2	184.3
	金融机构各项存款同比增长（%）	19.0	19.4	18.4	18.2	19.5	16.6	15.8	14.1	14.0	15.2	15.7	18.4
	金融机构各项贷款余额（亿元）	4 691.3	4 784.7	4 909.1	5 013.4	5 142.4	5 192.0	5 323.0	5 349.1	5 422.2	5 515.0	5 573.3	5 736.2
	其中：短期	1 766.5	1 799.4	1 847.2	1 857.4	1 885.6	1 887.1	1 935.9	1 902.6	1 940.0	1 934.5	1 955.4	1 970.5
	中长期	2 821.7	2 886.5	2 973.7	3 060.2	3 159.4	3 198.2	3 267.8	3 320.9	3 330.7	3 434.8	3 473.8	3 511.4
	票据融资	69.8	65.6	54.8	55.0	52.9	61.9	58.2	65.0	86.8	83.6	83.4	151.9
	各项贷款余额比上月增加（亿元）	113.8	93.5	124.4	104.3	129.0	49.6	131.7	26.1	73.1	92.8	58.3	162.9
	其中：短期	41.8	32.9	47.8	10.2	28.2	1.6	48.8	-33.3	37.4	-5.5	20.9	15.2
	中长期	98.4	64.8	87.2	86.5	99.2	38.9	69.5	53.1	9.8	104.0	39.1	37.6
	票据融资	-30.6	-4.2	-10.7	0.1	-2.1	9.0	-3.0	6.7	21.9	-3.3	-0.1	68.5
	金融机构各项贷款同比增长（%）	22.3	21.3	22.4	23.5	24.0	20.3	22.2	21.0	20.7	20.5	20.7	25.3
	其中：短期	9.9	10.2	10.9	10.4	11.5	8.4	9.4	5.5	9.2	10.9	10.3	14.2
	中长期	38.4	35.6	35.6	37.1	36.9	32.1	32.9	32.5	27.4	25.5	27.5	29.0
	票据融资	-60.9	-61.7	-61.0	-59.5	-62.3	-57.2	-50.0	-34.9	-2.5	-3.3	-13.4	52.5
	建筑业贷款余额（亿元）	96.5	101.4	109.8	117.1	109.4	113.8	116.2	116.7	122.1	126.2	126.8	121.6
	房地产业贷款余额（亿元）	113.4	114.8	109.6	111.4	110.5	106.8	115.3	111.4	112.6	111.7	109.6	108.3
	建筑业贷款同比增长（%）	39.8	38.8	41.3	49.4	41.2	47.2	60.7	58.0	52.9	29.9	31.2	24.7
	房地产业贷款同比增长（%）	13.7	13.9	5.5	7.2	8.0	1.2	11.0	2.9	3.9	2.4	3.0	2.3
人民币	金融机构各项存款余额（亿元）	7 189.4	7 328.6	7 553.9	7 603.4	7 689.7	7 890.5	7 788.7	7 868.8	7 971.7	8 032.5	8 229.4	8 394.0
	其中：储蓄存款	3 749.0	3 775.8	3 842.5	3 814.6	3 843.6	3 919.8	3 893.2	3 913.7	3 971.1	3 948.3	4 025.9	4 231.4
	单位存款	3 112.5	3 193.5	3 384.4	3 490.9	3 496.9	3 588.5	3 492.1	3 543.1	3 606.3	3 616.2	3 732.1	3 892.7
	各项存款余额比上月增加（亿元）	59.8	139.2	225.2	49.5	86.3	200.7	-101.7	80.1	102.9	60.9	196.9	164.6
	其中：储蓄存款	153.4	26.8	66.7	-27.9	29.1	76.2	-26.7	20.6	57.4	-22.8	77.6	205.5
	单位存款	-193.1	81.0	190.2	106.6	6.0	91.7	-96.4	51.0	63.2	9.9	116.0	160.6
	各项存款同比增长（%）	18.8	19.2	18.2	18.0	19.4	16.5	15.3	13.8	13.6	14.9	15.3	18.0
	其中：储蓄存款	22.3	18.5	18.2	17.3	18.3	18.1	16.7	16.6	15.7	15.0	15.4	17.7
	单位存款	15.6	20.1	18.9	22.0	21.3	19.6	16.8	14.4	13.2	14.6	15.1	17.4
	金融机构各项贷款余额（亿元）	4 514.7	4 590.1	4 693.8	4 788.3	4 921.4	4 965.3	5 072.9	5 111.7	5 173.3	5 276.5	5 336.1	5 468.8
	其中：个人消费贷款	302.1	305.4	313.4	323.2	337.2	339.0	345.5	355.4	361.4	368.8	381.8	384.3
	票据融资	69.8	65.6	54.8	55.0	52.9	61.9	58.2	65.0	86.8	83.6	83.4	151.9
	各项贷款余额比上月增加（亿元）	80.9	75.4	103.7	94.4	133.2	43.8	108.3	38.8	61.6	103.2	59.6	132.7
	其中：个人消费贷款	11.5	3.3	8.0	9.8	14.0	1.8	6.5	9.9	6.0	7.4	12.9	2.5
	票据融资	-30.6	-4.2	-10.7	0.1	-2.1	9.0	-3.0	6.7	21.9	-3.3	-0.1	68.5
	金融机构各项贷款同比增长（%）	20.8	19.6	20.6	21.5	21.9	18.1	19.6	18.7	18.1	18.3	18.9	23.4
	其中：个人消费贷款	48.5	45.2	43.9	41.5	42.1	36.5	32.8	34.4	31.4	33.6	33.0	34.0
	票据融资	-60.9	-61.7	-61.0	-59.5	-62.3	-57.2	-50.0	-34.9	-2.5	-3.3	-13.4	52.5
外币	金融机构外币存款余额（亿美元）	6.9	5.9	5.8	5.2	5.2	4.7	9.1	7.0	7.5	7.1	7.4	10.6
	金融机构外币存款同比增长（%）	98.0	79.3	91.0	102.9	79.2	69.6	224.3	164.3	187.0	154.3	150.8	124.8
	金融机构外币贷款余额（亿美元）	26.8	29.6	32.8	34.6	34.1	35.0	38.8	37.2	39.2	37.7	37.4	42.4
	金融机构外币贷款同比增长（%）	86.6	89.8	91.5	98.9	108.0	114.2	132.3	121.5	135.3	113.9	93.3	95.7

数据来源：中国人民银行兰州中心支行。

表2 2001～2011年甘肃省各类价格指数

单位：%

年/月		居民消费价格指数		农业生产资料价格指数		工业生产者购进价格指数		工业生产者出厂价格指数	
		当月同比	累计同比	当月同比	累计同比	当月同比	累计同比	当月同比	累计同比
2001		—	4.0	—	-1.4	—	1.4	—	-1.5
2002		—	0.0	—	0.4	—	-1.6	—	-2.1
2003		—	1.1	—	1.8	—	5.6	—	10.0
2004		—	2.3	—	7.4	—	12.5	—	14.3
2005		—	1.7	—	9.0	—	9.9	—	9.6
2006		—	1.3	—	4.4	—	8.8	—	9.5
2007		—	5.5	—	7.1	—	4.3	—	5.5
2008		—	8.2	—	14.7	—	10.2	—	4.9
2009		—	1.3	—	-1.0	—	-8.9	—	-9.0
2010		—	4.1	—	1.7	—	14.4	—	15.0
2011		—	5.9	—	7.6	—	15.1	—	11.0
2010	1	2.1	2.1	-2.2	-2.2	10.6	10.6	15.7	15.7
	2	2.4	2.2	-1.1	-1.6	14.1	12.3	17.2	16.4
	3	2.7	2.4	0.2	-1.0	17.2	14.0	19.7	17.5
	4	3.6	2.7	0.3	-0.7	16.8	14.7	21.1	18.4
	5	3.3	2.8	0.2	-0.5	18.1	15.4	23.1	19.4
	6	2.9	2.8	0.5	-0.4	16.5	15.6	18.9	19.3
	7	4.1	3.0	1.4	-0.1	11.3	15.0	12.3	18.3
	8	4.3	3.2	4.0	0.4	10.3	14.4	9.9	17.2
	9	4.7	3.3	3.5	0.7	10.2	13.9	9.0	16.3
	10	5.5	3.6	4.4	1.1	9.1	13.4	10.9	15.8
	11	7.3	3.9	4.4	1.4	9.8	13.1	11.4	15.4
	12	6.0	4.1	4.9	1.7	10.3	14.4	11.3	15.0
2011	1	7.0	7.0	5.2	5.2	10.4	10.4	12.9	12.9
	2	7.0	7.0	6.4	5.8	11.4	10.9	13.7	13.3
	3	6.8	6.9	6.8	6.1	14.2	12.0	13.5	13.3
	4	6.5	6.8	8.0	6.6	15.9	13.0	12.0	13.0
	5	6.0	6.7	8.4	6.9	17.1	13.9	12.4	12.9
	6	6.9	6.7	8.5	7.2	19.0	14.7	14.1	13.1
	7	7.3	6.8	9.3	7.5	18.3	15.3	14.9	13.3
	8	6.2	6.7	8.4	7.6	17.9	15.8	13.1	13.3
	9	5.7	6.6	8.9	7.8	17.2	16.0	11.3	13.1
	10	5.1	6.5	7.9	7.8	16.0	16.0	7.7	12.5
	11	3.2	6.1	6.8	7.7	11.3	15.6	4.0	11.7
	12	2.9	5.9	6.1	7.6	10.5	15.1	2.7	11.0

数据来源：甘肃省统计局。

表3　2011年甘肃省主要经济指标

	1月	2月	3月	4月	5月	6月	7月	8月	9月	10月	11月	12月
绝对值（自年初累计）												
地区生产总值(亿元)	—	—	880.8	—	—	1 934.7	—	—	3 468.8	—	—	5 020.0
第一产业	—	—	61.5	—	—	152.5	—	—	530.4	—	—	678.2
第二产业	—	—	497.5	—	—	1 125.6	—	—	1 908.8	—	—	2 524.3
第三产业	—	—	321.8	—	—	656.5	—	—	1 029.7	—	—	1 817.5
固定资产投资(亿元)	—	63.6	289.3	638.8	1142.7	1 927.5	2 359.8	2 782.6	3 291.7	3 701.0	4 001.5	4 180.2
房地产开发投资	—	5.0	29.0	55.5	95.7	152.2	198.2	239.5	282.1	313.0	338.1	362.9
社会消费品零售总额(亿元)	—	—	375.3	—	—	771.7	—	—	1 183.5	—	—	1 618.3
外贸进出口总额(万美元)	95 290	149 734	238 953	322 660	411 459	487 997	561 487	632 886	632 989	695 353	808 331	876 418
进口	71 217	115 489	179 942	231 038	291 278	350 376	409 569	469 090	469 028	520 972	609 244	657 897
出口	24 073	34 245	59 011	91 622	120 181	137 621	151 918	163 796	163 961	174 381	199 087	218 521
进出口差额(出口−进口)	-47 143	-81 244	-120 931	-139 416	-171 096	-212 754	-257 651	-305 293	-305 067	-346 592	-410 157	-439 376
外商实际直接投资(万美元)	0.9	3.9	95.4	237.4	243.2	571.5	1 086.9	1 630.2	1 874.1	2 360.1	6 204.7	7 000.0
地方财政收支差额(亿元)	—	-87.4	-163.3	-224.9	-304.2	-400.7	-457.5	-585.5	-720.0	-803.0	-1 023.3	-1 339.9
地方财政收入	—	56.7	96.7	129.8	165.1	260.1	290.8	315.1	341.8	375.6	408.2	450.4
地方财政支出	—	144.0	259.9	354.6	469.3	660.8	748.3	900.6	1 061.7	1 178.5	1 431.5	1 790.3
城镇登记失业率(%)（季度）	—	—	3.3	—	—	3.2	—	—	3.2	—	—	3.2
同比累计增长率（%）												
地区生产总值	—	—	10.5	—	—	13.0	—	—	12.7	—	—	12.5
第一产业	—	—	4.0	—	—	5.0	—	—	6.0	—	—	5.9
第二产业	—	—	13.3	—	—	16.7	—	—	16.1	—	—	15.2
第三产业	—	—	8.0	—	—	9.2	—	—	10.4	—	—	11.5
工业增加值	—	10.8	13.7	15.7	16.2	17.6	16.5	16.7	17.0	16.7	16.5	16.2
固定资产投资	—	37.8	45.7	44.2	46.7	52.4	50.4	49.3	47.2	45.3	43.5	40.2
房地产开发投资	—	38.4	43.3	41.2	45.4	49.4	47.9	47.2	44.2	44.2	37.8	36.2
社会消费品零售总额	—	—	17.0	—	—	18.0	—	—	18.3	—	—	18.2
外贸进出口总额	71.6	23.6	40.5	30.6	36.8	35.9	35.3	29.7	29.8	24.0	20.2	18.6
进口	58.1	9.9	23.3	6.7	12.9	15.0	17.5	19.6	19.6	20.4	16.7	14.4
出口	129.5	112.8	144.3	199.7	181.6	154.0	128.0	71.1	71.2	36.3	32.6	33.4
外商实际直接投资	-99.8	-99.7	-96.9	-93.5	-96.2	-94.1	-88.9	-83.6	-83.0	-79.0	-51.3	-48.1
地方财政收入	—	34.3	34.4	32.1	32.6	53.0	50.2	47.7	41.5	38.8	35.5	27.4
地方财政支出	—	47.8	27.5	29.5	31.8	25.1	21.0	22.7	18.9	18.9	23.1	21.9

数据来源：甘肃省统计局、甘肃省人力资源和社会保障厅。

2011年青海省金融运行报告

中国人民银行西宁中心支行货币政策分析小组

[内容摘要] 2011年，在内外不利因素交织的复杂局面下，青海省各部门积极处理保持经济发展、调整经济结构、管理通货膨胀预期的关系，全省经济呈现出“增长较快、物价趋稳、效益提升、民生改善”的良好态势，实现了“十二五”良好开局。全省经济总量继续保持较快增长，产业结构调整和发展方式转变取得显著成效，优势资源开发与新增长点培育同步推进，经济发展的内在活力进一步增强。金融业认真贯彻稳健的货币政策，按照宏观调控的各项要求，推进融资渠道多元化，着力加大对小微企业、民生领域的扶持力度，有机结合产业结构调整与金融资产调整，为区域经济发展创造了良好的资金环境。展望2012年，内外变数仍然较多，机遇与挑战并存，全省经济金融发展将在结构调整中不断寻求突破，积极探索区位优势与转变方式的有效结合点，继续保持地区经济社会平稳较快发展。

一、金融运行情况

2011年，青海省金融部门认真贯彻宏观调控政策，立足科学发展，着力推进市场多元化、业务纵深化、服务精细化，继续保持了平稳发展的良好态势。信贷投放稳步有序回落，贷款结构进一步优化，证券、保险业快速发展，金融市场趋于活跃，金融服务水平显著提高。

（一）银行业认真贯彻稳健的货币政策

1. 金融服务主体增加，资产规模稳步上升。青海省金融机构多元化战略深入推进，继交通银行正式落户青海之后，2011年浦发银行西宁分行各项筹备工作完成，开业在即；招商银行西宁分行获准筹建；信达资产管理公司青海省分公司开业；青海省首家财务公司——西部矿业财务公司开业。辖区全年新增27个银行营业网点，填补了16个乡镇的金融服务空白。年内，全省银行业金融机构资产总规模增长23.5%（见表1）。

表1　2011年青海省银行业金融机构情况

机构类别	营业网点			法人机构（个）
	机构个数（个）	从业人数（人）	资产总额（亿元）	
一、大型商业银行	405	9 187	2 034	0
二、国家开发银行和政策性银行	27	594	875	0
三、股份制商业银行	0	0	0	0
四、城市商业银行	51	918	260	1
五、城市信用社	0	0	0	0
六、农村合作机构	357	2 399	416	31
七、财务公司	1	21	5	1
八、信托公司	1	50	14	1
九、邮政储蓄银行	167	789	120	0
十、外资银行	0	0	0	0
十一、新型农村金融机构	3	82	4	3
十二、其他	—	—	—	—
合　计	1 012	14 040	3 729	37

数据来源：青海银监局。

2. 存款增速有所放缓，但仍保持高位运行。与上年同期相比，2011年青海省金融机构存款增速呈现放缓趋势，全年存款增速仍在20%以上，金融机构资金来源稳定充裕（见图1、图3、图4）。

3. 新增贷款有序回落，投放节奏趋于均衡。2011年全省信贷增速逐月回落，但变化幅度趋于平滑，实现了回落有序、增速基本稳定的目标；新增人民币贷款少于上年同期，但与近几年的投放情况相比，仍处于较好水平。贷款投放符合调控要求，并兼顾地区实际，实现了在合理水平上的均衡。

从各月度信贷投放来看，剔除季节性因素，贷款投放“年初冲高、年末回落”的现象得以扭转，各月度之间的投放呈现平均化趋势，贷款投放最大月与最小月之间的差距仅为30多亿元，是上年同期的一半，波动显著下降，为实体经济创造了更加稳定的资金供给（见图2）。

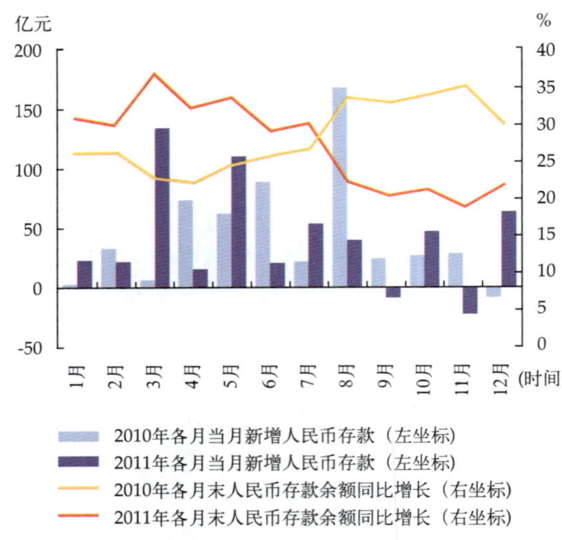

数据来源：中国人民银行西宁中心支行。

图1　2010～2011年青海省金融机构人民币存款增长变化

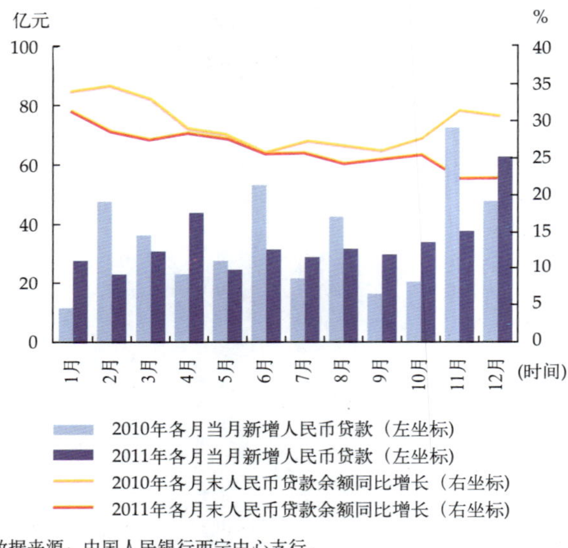

数据来源：中国人民银行西宁中心支行。

图2　2010～2011年青海省金融机构人民币贷款增长变化

从贷款投放的侧重点来看，民生领域、小微企业、创业人员等成为信贷投放的新重点，金融机构支持薄弱环节的力度进一步加大。小企业贷款增速达70%，助学贷款增速超过50%，大学生“村官”创业贷款增长31%，薄弱环节贷款的增长明显高于全省平均水平。引导金融机构融入责任意识和服务意识、关注统筹和谐发展的政策导向充分发挥了实效。

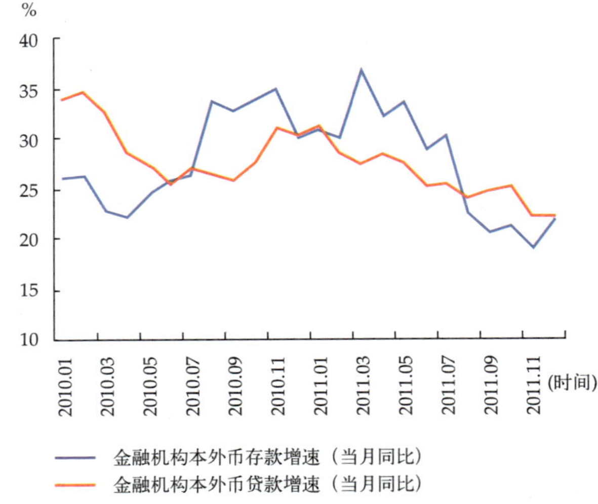

数据来源：中国人民银行西宁中心支行。

图3　2010～2011年青海省金融机构本外币存、贷款增速变化

从贷款投放的行业布局来看，重点领域和新增长点得到了充分关注。与地区经济发展实际契合，制造业、采矿业等传统优势行业贷款投放力度不减，而运输仓储、商务服务业、贸易流通等新兴产业贷款也呈现加速增长，信贷行业摆布与产业结构调整呈现良性互动格局。

4. 金融机构效益提升，营业收入快速增长。2011年，全省金融机构营业收入同比增长38.8%，

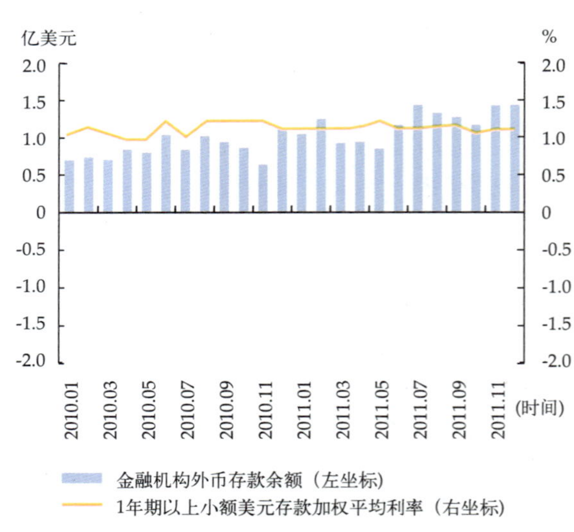

数据来源：中国人民银行西宁中心支行。

图4　2010～2011年青海省金融机构外币存款余额及外币存款利率

贷款不良率下降了0.72个百分点，实现了“贷款盘子下降、资产质量上升、营业收入不减”的良好发展势头。但与此同时，金融机构中间业务收入偏低，占全部收入的比重仅为6.3%。金融机构盈利渠道单一的状况有待进一步改善。

5. 利率走势总体平稳，贷款定价能力显著提高。2011年以来，受调控影响，人民币贷款利率总体呈现小幅上涨走势。从浮动区间来看，基准利率贷款占50%，下浮贷款占20%，上浮贷款占30%。金融机构贷款利率变动体现了宏观调控意图，同时也反映了辖区资金供需变化的实际，简单上浮或下浮的定价局面得到改观，贷款利率定价机制不断完善（见表2）。

表2　2011年青海省人民币贷款各利率区间占比

单位：%

	月份	1月	2月	3月	4月	5月	6月
	合计	66.9	71.3	68.6	65.1	69.3	71.8
	[0.9～1.0)	25.8	44.1	28.4	32.6	33.6	10.3
	1.0	41.1	27.2	40.2	32.5	35.6	61.5
上浮水平	小计	33.1	28.7	31.4	35.0	30.7	28.7
	(1.0～1.1]	17.5	13.7	14.1	11.7	11.9	8.8
	(1.1～1.3]	9.9	8.9	10.1	13.2	10.9	12.8
	(1.3～1.5]	2.3	4.0	2.5	2.4	2.7	4.4
	(1.5～2.0]	3.1	2.0	4.6	7.1	5.2	2.7
	2.0以上	0.3	0.2	0.1	0.5	0.1	0.1
	月份	7月	8月	9月	10月	11月	12月
	合计	65.8	52.4	62.8	54.8	53.4	58.5
	[0.9～1.0)	14.5	12.0	8.5	3.1	3.3	3.1
	1.0	51.3	40.4	54.4	51.7	50.2	55.4
上浮水平	小计	34.2	47.6	37.2	45.2	46.6	38.6
	(1.0～1.1]	14.7	24.2	16.5	23.2	25.3	14.3
	(1.1～1.3]	12.2	16.1	11.9	14.8	15.0	20.8
	(1.3～1.5]	3.1	3.7	3.4	3.0	1.2	3.0
	(1.5～2.0]	3.9	3.4	5.0	3.9	4.8	0.3
	2.0以上	0.2	0.2	0.4	0.3	0.2	0.1

数据来源：中国人民银行西宁中心支行。

6. 银行业金融机构改革稳步推进，中小金融机构实力显著增强。2011年，青海省金融机构改革继续向纵深推进，各金融机构管理水平再上新台阶，资产质量显著提高，服务水平不断提升。国有商业银行内控制度日趋完善，风险防范能力明显加强；国家开发银行业务范围稳步扩大，多元化经营初见成效；青海首家农村商业银行正式开业，6家农村信用社改制为农村商业银行的工作正在稳步推进；青海银行第三次增资扩股完成，资本实力增强。机构种类不断丰富，地方中小金融机构服务辖区的能力进一步加强。

农村金融体系逐渐完善，农村信用社内控制度不断健全，村镇银行业务稳步扩大，农村合作银行、资金互助社、小额贷款公司经营管理趋于成熟。多层次、多机构、多方式的农村金融体系逐渐完善，农村金融服务呈现多元化发展态势，有效地弥补了传统农村金融服务缺乏灵活性的不足。

7. 跨境贸易人民币结算业务顺利开办，试点效果良好。2011年8月，经国务院批准，青海省跨境贸易人民币结算业务正式开办，跨境贸易人民币结算业务量突破7亿元，约占全省全年进出口业务总额的12%。跨境贸易人民币结算业务得到进出口企业的积极响应，呈现快速有序发展的良好势头。

专栏1　金融支持小型企业四项举措成效显现

年初以来，全省金融机构在宏观调控趋紧、货币供应总量收窄的背景下，从提升资金使用效率、优先保障重点领域资金需求、改善金融服务等方面入手，着力加大对中小企业的信贷支持力度，取得了良好成效。截至2011年年末，全省金融机构人民币贷款余额为2 231.5亿元，较年初增加408.9亿元，同比少增加14.7亿元，同比增长22.4%。其中，小型企业新增贷款88.5亿元，余额为324亿元，同比增长88.52%。小型企业贷款增速创历史新高，较全省平均水平高出近50个百分点，小型企业贷款占全部新增贷款的比重达22%。总结青海省金融机构支持小型企业的主要做法，以下四项举措发挥了重要作用。

一是导向作用初步显现，推动各金融机构优化中小企业贷款服务，为推动中小企业金融服务、有效增加中小企业信贷投入，年初中国人民银行西宁中心支行下发了《中小企业信贷政策导向效果评估指引（试行）》，以导向评估为依托，初步建立了中小企业贷款投放考评体系。各金融机构根据导向评估内容，相应制定了各自的中小企业贷款管理办法，为推动中小企业贷款工作夯实了政策基础。

二是机制和产品创新有效地缓解了矛盾制约。目前，全省各家金融机构基本都成立了专门的中小企业信贷服务部门，为中小企业量身打造适合其特点的信贷产品，"速贷通"、"成长之路"、仓单质押、委托贷款、采矿权质押、法人账户透支业务、社团贷款、联合贷款等一系列创新信贷产品有效地缓解了抵押和担保不足两大制约中小企业贷款投放的突出矛盾。

三是搭建合作平台，融洽银行与中小企业的关系。2006年至今，利用青海省银企洽谈会契机，中国人民银行西宁中心支行与省经委等部门合作，搭建银企合作平台，举办了四届青海省银企洽谈会，共签订各类贷款协议800亿元。另外，按照省政府《关于加快企业和个人信用信息基础数据库建设的意见》，中国人民银行西宁中心支行全面开展了信用信息数据库建设工作，将全省企业拖欠职工工资信息、企业环保处罚信息等纳入了征信数据库，有效地缓解了中小企业办理贷款过程中信息不对称的问题。

四是强化信用中介服务对中小企业贷款的推动作用。一方面，发放软贷款支持非公有制企业担保机构建设，增强担保机构的服务能力；另一方面，加强与中介机构的深度合作，商业银行与公证处、会计师事务所、资产评估公司、非公有制企业担保公司等多家中介机构建立了良好的合作关系，使中介机构在对非公有制企业的服务上采取放大担保倍数，降低公证、评审、评估等费用的措施，逐步化解非公有制企业抵押担保的难题。构建了信用中介服务平台，形成了非公有制企业担保服务的长效机制。

总结上述举措，政策导向、机制创新、信息沟通与中介服务在破解小型企业贷款难方面起到了积极的推动作用，由此给我们的启示是：做好小型企业金融服务，一方面，金融机构要积极调整经营模式，不断适应时刻灵活变化的实体经济活动；另一方面，多方联动的政策导向等外部推动力量在解决所谓"大军舰开进小池塘"的问题上具有至关重要的作用，小型企业融资难的破解需要金融机构与多方力量的协同共进。

（二）证券业发展实现突破，资本市场融资功能不断增强

2011年，青海省证券业保持积极发展势头，在股票市场整体低迷的大环境下，青海省证券市场迎来了近五年以来的首次IPO，实现了中小板上市零的突破（见表3）。

1. 期货交易大幅上升，证券交易有所下滑。辖内5家证券公司、1家期货公司受A股市场低位波动和大宗商品持续涨价的双重影响，证券交易量和期货交易量呈现"一降一升"趋势。其中，证券累计交易量同比下降27.8%，投资开户数同比增长8.7%；期货累计交易量增长174.8%，客户总数同比增长23.0%。

2. 新股成功上市，企业融资渠道进一步拓宽。2011年，互助青稞酒在中小板成功上市，融资9.8亿元，打破了2007年以来青海省无企业上市的沉寂，实现了青海企业在中小板上市零的突破。年内，全省10家上市企业股市融资45亿元，占全年融资量的9.2%，上市企业少、股市融资规模小的现状正在逐

表3　2011年青海省证券业基本情况

项目	数量
总部设在辖内的证券公司数（家）	1
总部设在辖内的基金公司数（家）	0
总部设在辖内的期货公司数（家）	1
年末国内上市公司数（家）	10
当年国内股票（A股）筹资（亿元）	45
当年发行H股筹资（亿元）	0
当年国内债券筹资（亿元）	68
其中：短期融资券筹资额（亿元）	18

数据来源：青海证监局。

步改善。

（三）保险业持续快速发展，经济社会保障力度不断加大

1. 保险组织机构不断完善，资产总量稳步上升。年内，全省新增3家保险公司主体和2家专业保险中介主体，目前保险公司分支机构达216家，专业中介机构有9家；保险业总资产同比上升29.83%。机构扩充与资产壮大同步推进，保险业覆盖风险的能力显著增强。

2. 保险业务持续保持较快发展势头，农业保险开办良好。2011年，青海省政府下发了农业保险实施方案，重点推进对农业生产的保险覆盖，农业保险保费收入同比上升457.8%，为5.2万户次农牧民提供了24亿元种养及林业风险保障。全年保费收入同比增长19.7%，赔付支出同比增长22.6%，保险业呈现稳步发展势头（见表4）。

表4　2011年青海省保险业基本情况

项目	数量
总部设在辖内的保险公司数（家）	0
其中：财产险经营主体（家）	0
人身险经营主体（家）	0
保险公司分支机构（家）	9
其中：财产险公司分支机构（家）	5
人身险公司分支机构（家）	4
保费收入（中外资，亿元）	28
其中：财产险保费收入（中外资，亿元）	14
人身险保费收入（中外资，亿元）	14
各类赔款给付（中外资，亿元）	8
保险密度（元/人）	491
保险深度（%）	2

数据来源：青海保监局。

（四）融资渠道呈现多元化，金融市场趋于活跃

2011年，青海省债券业务、短期融资券业务发展较为迅速，带动直接融资呈现较快增长，但由于金融市场发展起步晚、规模小，上市公司数量少，银行信贷仍是实体经济融资的主要渠道。

1. 直接融资规模稳步扩大，间接融资仍是主导。2011年青海省企业实现债券市场融资68亿元，与上年同期相比，直接融资占融资量的比重上升8.8个百分点，但在社会融资规模中，贷款占比仍达到78.4%，较全国平均水平高出19.7个百分点（见表5）。制约直接融资发展的因素主要有三个方面：一是受后发地区经济发展整体水平影响，满足直接融资条件的企业较少；二是企业财务管理水平有待提高，对债务融资工具的应用能力有限；三是中介服务较为薄弱。

表5　2001～2011年青海省非金融机构部门贷款、债券和股票融资情况

单位：亿元、%

年份	融资合计	比重		
		贷款	债券（含可转债）	股票
2001	57.5	96.7	0.0	3.3
2002	60.1	93.0	0.0	7.0
2003	88.7	94.5	5.5	0.0
2004	64.0	100.0	0.0	0.0
2005	68.0	100.0	0.0	0.0
2006	95.5	93.0	7.0	0.0
2007	233.3	65.3	8.1	26.6
2008	220.3	95.5	4.5	0.0
2009	392.0	95.4	4.6	0.0
2010	552.7	76.6	19.4	4.0
2011	521.7	78.4	13.0	8.6

数据来源：中国人民银行西宁中心支行。

2. 货币市场平稳发展，法人机构参与能力显著增强。2011年，全省货币市场累计交易量为597.8亿元。其中，质押式正逆回购交易为194.1亿元，现券买卖为43.4亿元，信用拆借为1亿元，买断式正逆回购为17亿元。在宏观调控的大背景下，货币市场交易量较上年整体有所下滑，但从金融机构反映的情况来看，交易主体在对市场的把握方面更加成熟，交易方式灵活多样，利用货币市场调剂资金、增加盈利的能力显著增强。

3. 票据市场发展迅速。2011年，累计承兑银行承兑汇票43.4亿元，累计办理贴现789.5亿元。企业短期资金需求上升，拉动票据融资呈现较快增长（见表6、表7）。

（五）金融生态环境建设稳步推进

1.征信系统覆盖和应用范围不断扩大。截至

表6　2011年青海省金融机构票据业务量统计

单位：亿元

季度	银行承兑汇票承兑		贴现			
			银行承兑汇票		商业承兑汇票	
	余额	累计发生额	余额	累计发生额	余额	累计发生额
1	12.3	26.6	63.7	52.8	0	0
2	13.6	42.7	73.4	72.2	0	0
3	15.4	50.8	78.7	180.6	0	0
4	17.2	64.9	83.6	789.5	0	0

数据来源：中国人民银行西宁中心支行。

表7　2011年青海省金融机构票据贴现、转贴现利率

单位：%

季度	贴现		转贴现	
	银行承兑汇票	商业承兑汇票	票据买断	票据回购
1	5.97	0	5.69	0
2	6.02	0	5.60	4.00
3	8.62	0	7.43	6.57
4	8.55	0	7.73	0

数据来源：中国人民银行西宁中心支行。

2011年年末，企业和个人信用信息数据库共为青海省1.7万户企业和349.6万个自然人建立了信用档案，同比分别增长6.9%和11.6%。已与公安、法院、税务等25家部门机构就非银行信用信息采集工作达成共识。全辖共查询个人信用报告23.8万笔，同比增长46.9%。

2.农村信用体系建设深入开展。截至2011年年末，全省已有22.1%的农户被评定为“信用户”，已评定“信用户、村、乡（镇）”分别占全省贷款农户、行政村、乡（镇）总数的52.1%、20.4%、12.1%。全省农村“信用户”贷款余额达7.3亿元。通过实行利率优惠，“信用户”获得让利4 099万元，农牧民切实享受到了诚实守信带来的好处。

3.中小企业信用体系建设扎实推进。2011年年末，全省共收集4 640户中小企业的信用信息，同比增长8.1%。累计对中小企业开展培训及宣传652次。在已建立信用档案的中小企业中，取得银行授信意向的达到521户，同比增长31.2%。

二、经济运行情况

2011年，面对复杂多变的宏观经济环境，青海省积极处理保持经济发展、调整经济结构、管理通货膨胀预期的关系，全省经济呈现出“增长较快、物价趋稳、效益提升、民生改善”的良好态势，实现了“十二五”良好开局（见图5）。

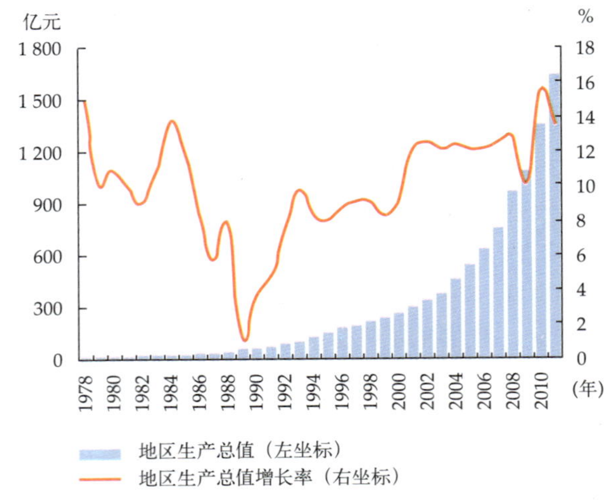

数据来源：青海省统计局。

图5　1978~2011年青海省地区生产总值及其增长率

（一）需求持续扩大，投资拉动作用较为显著

固定资产投资成为拉动经济增长的主要因素，城乡居民收入的增加和国家扩大内需政策的落实推动国内消费市场活跃。受国际经济环境影响，进出口贸易有所回落。

1. 投资拉动作用较为明显。2011年，全年全社会固定资产投资1 434.3亿元，增长34.2%（见图6）。分城乡看，城镇投资1 187.75亿元，增长33.5%；农村投资246.56亿元，增长38.0%。从投资类型看，国有及国有控股投资821.5亿元，增长27.4%；民间投资559.2亿元，增长39.0%；港澳台及外商投资53.6亿元，增长1.5倍。从产业看，三次产业投资分别为90.8亿元、668.5亿元和675亿元，分别增长17.0%、43.8%和28.3%。

2. 城乡居民收入和消费稳步增长。2011年，城镇居民人均可支配收入为15 603.3元，增长12.6%；人均消费性支出为10 955.5元，增长14.0%；恩格尔系数为38.9%；人均住房建筑面积为26平方米。农牧民人均纯收入为4 608.5元，增长19.3%；人均生

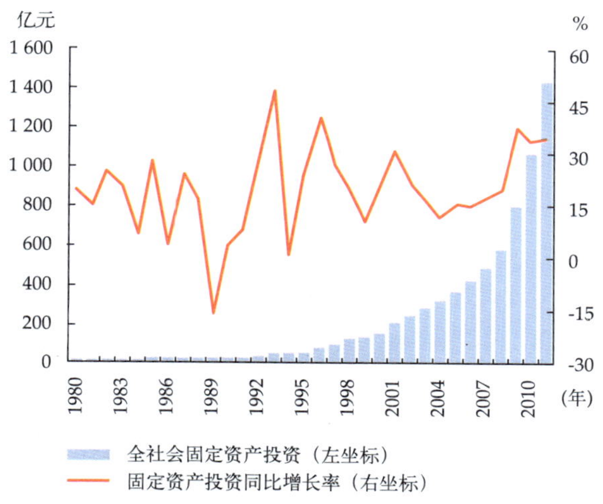

数据来源：青海省统计局。

图6　1980～2011年青海省固定资产投资及其增长率

活消费支出为4 536.8元，增长17.6%；恩格尔系数为37.8%；人均居住面积为27.3平方米。社会消费品零售总额为404.9亿元，增长17.0%（见图7）。其中，城镇增长17.4%，乡村增长14.2%。从消费结构看，粮油、食品、饮料、烟酒类比上年增长21.1%，服装、鞋帽、针纺织品类增长29.8%，化妆品类增长19.2%，金银珠宝类增长78.2%，日用品类增长19.6%，家用电器和音像器材类增长12.8%，中西药品类增长6.9%，文化办公用品类下降4.7%，煤炭及制品类增长24.7%，石油及制品类增长48.4%、

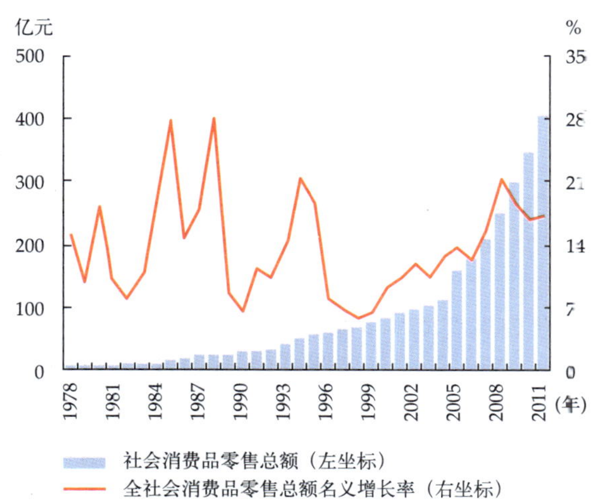

数据来源：青海省统计局。

图7　1978～2011年青海省社会消费品零售总额及其增长率

汽车类增长3.7%。

3. 外贸进出口及利用外资稳步增长。2011年，新增有进出口经营权企业115家，外贸进出口总额为9.2亿美元，增长17.1%。青海藏毯产业基地成为第一批国家外贸转型升级专业型示范基地，硅系列产品、地毯、民族服饰等出口持续增长，藏绣饰品、藏式家具等文化产品首次实现出口，开放步伐不断加快（见图8）。

对外贸易稳步增长（见图9），通过举办绿色

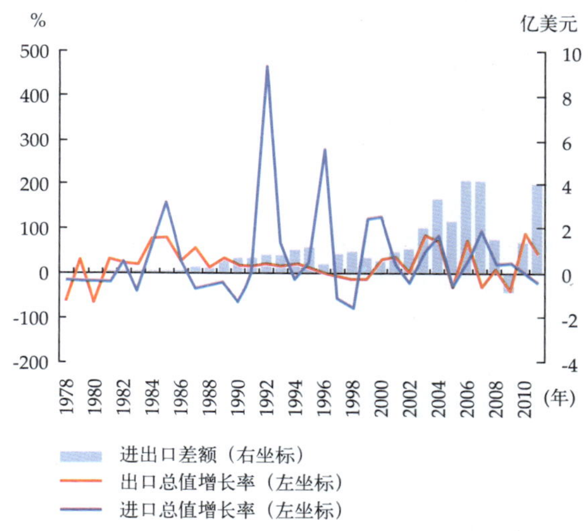

数据来源：青海省统计局。

图8　1978～2011年青海省外贸进出口变动情况

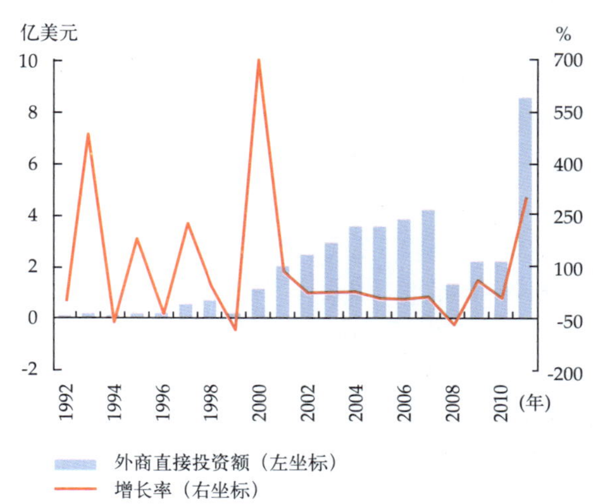

数据来源：青海省统计局。

图9　1992～2011年青海省外商直接投资情况

经济投资贸易洽谈会、环湖赛、藏毯博览会、清真食品展览会等重大经贸赛会活动，积极创新招商引资机制，提升了开放型经济发展水平。全年批准外商直接投资项目12个，合同使用外商直接投资金额3.4亿美元，增长6.1%。

（二）产业结构调整稳步推进

2011年全省生产总值为1 634.7亿元，按可比价格计算，增长13.5%。分产业看，第一产业增加值为155.4亿元，增长5.0%；第二产业增加值为939.1亿元，增长17.3%；第三产业增加值为540.2亿元，增长9.7%。第一、第二和第三产业对生产总值的贡献率分别为3.7%、71.1%和25.2%，分别拉动生产总值增长0.5个、9.6个和3.4个百分点。

1. 农牧业投入加大，效益提升。2011年，农牧业领域投入117.6亿元，增长59.9%。湟水北干渠一期全线开工，李家峡、公伯峡、拉西瓦水库灌溉工程全面开展。三江源生态保护和建设、青海湖流域生态综合治理等重点生态工程稳步推进，完成退牧还草禁牧围栏1 290万亩、封山育林111万亩、沙化草地治理73.9万亩。草原生态保护奖补机制工作全面启动，实现减畜228万个羊单位。已有农牧业龙头企业245家，省级以上龙头企业实现销售收入40亿元，增长16%，农产品加工转化率达到30%。在自然灾害频发的情况下，实现了粮油产量稳中有增，畜牧业健康发展。粮食总产量为103.4万吨，油料总产量为36.1万吨，蔬菜总产量为143.6万吨，肉类总产量为28.8万吨，粮食产量连续四年突破百万吨，肉类、蔬菜产量均达到历史最高水平，农牧业效益进一步提高。

2. 工业效益持续增长。2011年，全省规模以上工业增加值为780.7亿元，增长19.0%（见图10）。实现利润203亿元，增长12.3%。有色金属冶炼、电力热力和水的生产供应、化学原料及制品制造、石油加工炼焦、煤炭开采洗选、石油天然气开采、黑色金属冶炼七大行业合计完成增加值662.2亿元，占规模以上工业增加值的84.8%。三大工业园区完成一般性工业投资420亿元，增长28.8%。园区经济成效凸显，占全省工业增加值的比重达75%，对经济发展的引领和拉动作用进一步增强。非公有工业企业快速发展，完成增加值258.7亿元，增长29.8%，占规模以上工业增加值的33.1%，比重同比提高2.7个百分点；科技的支撑引领作用进一步发挥，高新技术企业和科技型企业的总产值已占工业总产值的7%以上，全年高新技术产业同比增长12%。全年安排专项资金12亿元，对47个循环经济项目给予引导扶持。

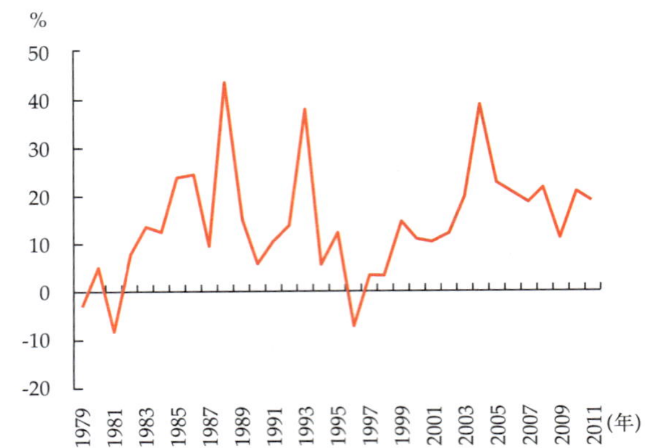

数据来源：青海省统计局。

图10　1979～2011年青海省规模以上工业增加值实际增长率

3. 服务业增势良好。2011年，第三产业增加值为540.8亿元，增长9.7%。启动“旅游倍增计划”，高原特色旅游业领跑第三产业发展，全年接待国内外游客1 412万人次，增长15.2%，增速提高4.7个百分点；实现旅游总收入92.3亿元，增长30%，增速提高11.9个百分点。

（三）价格上涨态势得到有效遏制

1. 居民消费价格调控成效显著。通过实施支持农业生产、促进产销衔接、投放储备肉和平价粮油、增加困难群众生活补贴、启动临时价格干预、实行联席会议制度、落实价格调控责任等综合措施，价格调控取得了明显成效。居民消费价格涨幅由3月的最高点9.2%回落至12月的1.5%，全年物价涨幅为6.1%（见图11）。

2. 生产价格涨幅见顶回落。2011年，青海省农业生产资料价格较上年上涨12.4%，工业生产者出厂价格上涨7.4%，能源类价格上涨8.9%；工业生产者购进价格上涨7.0%，固定资产投资价格上涨6.5%。从当月同比涨幅来看，工业生产者出厂价格在8月见顶，较上年同月上涨10.1%，此后涨幅持续回落，2011年年末，涨幅为2.4%。农业生产资料价格、能源类价格、工业生产者购进价格涨幅在年末均有不同程度回落，全年生产价格呈现“见顶回落”态势。

3. 劳动力成本持续上升。2011年，青海省在岗职工平均工资为42 493元，同比增长14.3%；最低工资标准从750元/月上调至900元/月，同比上涨20%；失业保险金从450元/月上调至520元/月，同比上涨15.6%。

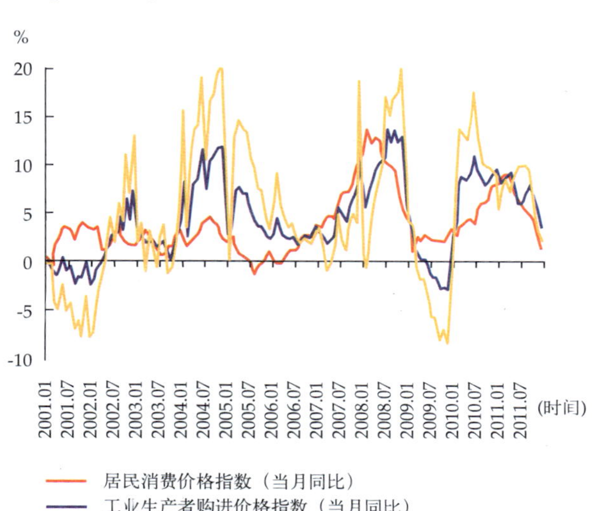

数据来源：青海省统计局。

图11　2001～2011年青海省居民消费价格和生产者价格变动趋势

（四）财政收支“双增”，民生支出增加较快

2011年青海省财政一般预算收入为270.4亿元，增长31.9%（见图12）。其中，营业税增长32.6%，企业所得税增长14.6%，增值税增长22.9%。企业利润大幅提高、经营持续活跃是带动增长收入增加的主要原因。财政一般预算支出为734.4亿元，增长52.7%。其中，社会保障和就业支出增长1.5倍，教育支出增长33.3%，保障性住房支出增长2.1倍，城乡社区医疗支出增长31.5%，环境保护支出增长25.7%，医疗卫生支出增长23.4%。上述六项支出共计438.8亿元，占一般预算支出的59.7%，占比较上年提高9.6个百分点。在财政支出中，民生支出呈现

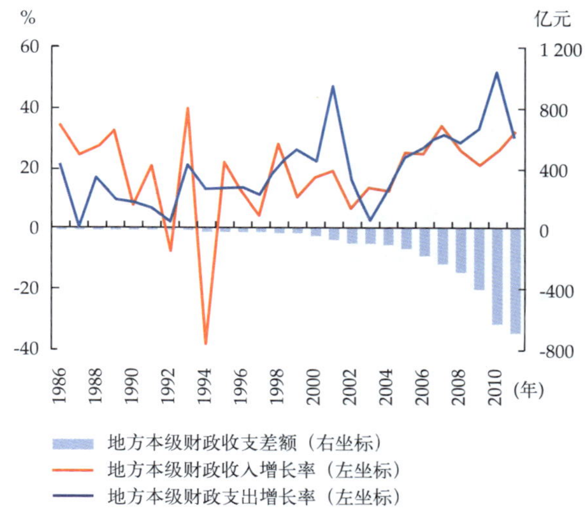

数据来源：青海省统计局。

图12　1986～2011年青海省财政收支状况

增速加快、占比提高的趋势，财政保稳定、惠民生的发展思路得到较好的贯彻。

（五）生态环境逐步改善

2011年青海省开展万家企业节能低碳和全社会节能行动，分解下达了“十二五”节能减排目标任务，协调实施节能减排工程121项。加快推进湟水流域水环境综合治理、西宁历史遗留铬渣治理等重点工程，17个污水处理厂建成并投入运营，西宁市被确定为国家第一批餐厨废弃物资源化利用和无害化处理试点城市。积极做好应对气候变化的各项工作，青海省正式纳入绿色合作伙伴计划。三江源生态保护和建设、青海湖流域生态综合治理等重点生态工程稳步推进，完成退牧还草禁牧围栏1 290万亩、封山育林111万亩、沙化草地治理73.9万亩。草原生态保护奖补机制工作全面启动，实现减畜228万个羊单位。全年全民义务植树1 424万株。

2011年青海省森林面积为370万公顷，森林覆盖率为5.2%。全省湿地面积为412.6万公顷，占全省总面积的5.7%，其中，自然湿地408.8万公顷。国家重点公益林管护面积为3 067千公顷，天然林保护面积为3 678千公顷。自然保护区有11个，面积为2 182.2万公顷，其中，国家级自然保护区5个。当年全省治理水土流失面积15.3千公顷。

专栏 2 “绿色信贷”助推青海柴达木循环经济发展

近年来，中国人民银行西宁中心支行陆续出台多项节能减排、绿色环保的信贷政策，促进信贷结构与国家产业结构有机结合，推动柴达木循环经济可持续发展。各金融机构不断完善信贷管理体制，创新“绿色信贷”产品和模式，采取有效措施调整信贷结构，紧紧围绕《柴达木循环经济试验区总体规划》和试验区产业布局，确定信贷支持重点和方向。

一是突出支持“促增长、调结构、实现经济快速健康发展”的政策目标。2011年年末，柴达木地区金融机构人民币各项贷款达到282.9亿元，同比增长15.8%，新增贷款的90%以上集中支持了循环经济建设的重大项目和优势资源开发企业。信贷结构调整的力度增大，信贷资金明显向循环经济建设的大项目、资源综合开发项目、产业链延伸项目、企业技术改造项目集中，向优势资源开发企业集中，向绿色能源开发和环保型行业产业集中。

二是集中力量重点支持一批配套性强、关联度高、扩张性强的资源综合开发项目和产业链延伸核心项目。国有商业银行、政策性银行发挥了金融服务的龙头带动作用，运用银团贷款模式集中支持循环经济骨干项目、核心项目，提升了优势产业的整体竞争力。中国工商银行、中国银行、招商银行14.21亿元银团贷款支持建设的青海盐湖工业集团股份有限公司100万吨钾肥综合利用项目一期工程2011年正式投产；2011年7月，中国工商银行牵头组织139亿元银团贷款支持的百万吨钾肥综合利用项目三期工程正式开工；由中国银行、国家开发银行、青海银行签约7亿元银团贷款支持的青海盐湖海虹股份有限公司年产10万吨ADC发泡剂一体化工程项目，2011年3月也进入试生产阶段。

三是加大了对新能源和企业技术改造的支持力度。由中国工商银行牵头，国投财务公司、交通银行、国家开发银行参与的2.89亿元银团贷款支持的国投格尔木光伏发电有限公司20MWP光伏电场项目，总投资3.6491亿元，2011年7月投产运行。由德令哈市农村信用联社组织省内6家农村信用社投资7 500万元支持的海西化工建材股份有限公司年产200万吨水泥生产线技改项目投产运行，建设新型干法熟料生产线两条，年消化青海碱业石灰石尾矿75万吨，炉渣、粉煤灰等废弃物25万吨。中国农业银行海西分行5 000万元支持的青海中天硼锂矿业有限公司硼酸生产设施和硼酸母液处理技术改造项目，对矿区低品位矿及生产企业废弃母液集中综合回收利用，有效地解决了废弃母液外排对环境造成的污染问题，建成了以资源综合利用为核心的循环利用体系。

四是突出对环境保护和治理工程的支持。中国农业发展银行海西分行投入2 572万元贷款支持天峻县城集中供暖工程，拆除小锅炉77座，彻底改变了县城各单位及居民区一户一炉分散供暖的状况。经运行检测，年节约原煤1.961万吨，减少消耗56%。辖内五家农村信用联社为支持退耕(牧)还林(草)政策的落实，保护三江源和青海湖流域生态环境，贷款支持各县市游牧民定居工程。截至目前，德令哈和格尔木二市已投入2 500万元，解决了480户牧民的定居问题。德令哈农村信用联社还积极支持防沙治沙工程，近年来共投放搭桥贷款3亿元，实现荒地造林55万余亩、封山育林70余万亩、城市防护林带4 310亩。中国农业发展银行投资2 088万元支持德令哈市建设315国道绿色长廊1 600亩绿化带工程也正在建设之中。

五是加大对农业基础设施和产业结构调整的支持力度。中国农业发展银行发挥政策性信贷优势，在格尔木市累计投放农业“绿色信贷”3.3亿元，支持农业综合开发和农田水利基本建设项目13个，解决了近1万农民的饮水困难的问题，增加和改善耕地灌溉面积26万亩、林地灌溉面积5万亩、草地灌溉面积6万亩，扩大油料和蔬菜灌溉面积1.8万亩，改造干渠110公里。全州农村信用社充分发挥支持“三农”主力军的作用，按照政府农牧业产业结构调整规划，采取“公司+基地+农户”、“政府部门+农信社+农牧民”等多种信贷模式支持柴达木枸杞种植基地建设，到2011年年末，全州农村信用社投入资金支持建设枸杞基地22.3万亩，有力地配合了政府调整农牧产业结构的意图，实现了农牧民增收的目的。

（六）房地产市场平稳运行，社会事业全面发展

1. 房地产市场发展平稳。在政策调控和市场驱动双重作用下，房地产市场总体保持健康、平稳运行的发展态势。

（1）商品房开发节奏放缓。2011年房地产开发完成投资144.7亿元，同比增长33.8%，增速回落14.7个百分点。其中，商品住宅投资90.2亿元，同比增长19.9%，增速回落至20%以下。

（2）保障性住房建设稳步推进。房屋施工面积为1 659.0万平方米，同比增长16.5%；竣工房屋面积为505.9万平方米，同比增长89.0%；商品房销售面积为348.2万平方米，同比增长23.9%（见图13）。2011年青海省全力推动保障性安居工程建设，落实中央、省级补助资金及州(地、市)县配套投资112.9亿元。安排实施了11.2万套廉租房和国有工矿棚户区改造。开工建设游牧民定居1.8万户。实施农村危房改造5.7万户，超目标任务1.7万户。推进了10万户农村奖励性住房建设，已竣工8.1万户。

（3）商品房销售市场量价齐升。商品房销售面积为348.2万平方米，同比增长23.9%；商品房销售额为114.2亿元，同比增长35.3%，其中，现房和期房销售额分别占商品房销售额的13.8%和86.2%。随着经济发展态势的好转和城乡居民收入水平的提高，受住房刚性需求影响，省会西宁市商品房销售呈现稳步增长（见图14）。

（4）商品房销售价格继续上涨。2011年年末，省会西宁市商品房每平方米销售价格由上年的3 328元上升到3 649元，价格上涨9.6%。其中，住宅每平方米销售价格由上年的3 196元上升到3 437元，上涨7.5%。

（5）房贷政策效果显现。全省金融机构合理应用差别化房贷政策，个人购房住房贷款增速稳步回落，金融支持保障性住房建设的力度不断加大。年末保障性住房开发贷款余额为18亿元，同比增长

%
700
500
300
100
-100
2002.12 2003.06 2003.12 2004.06 2004.12 2005.06 2005.12 2006.06 2006.12 2007.06 2007.12 2008.06 2008.12 2009.06 2009.12 2010.06 2010.12 2011.06 2011.12 (时间)

商品房施工面积同比增长率
商品房销售面积同比增长率
商品房销售额同比增长率

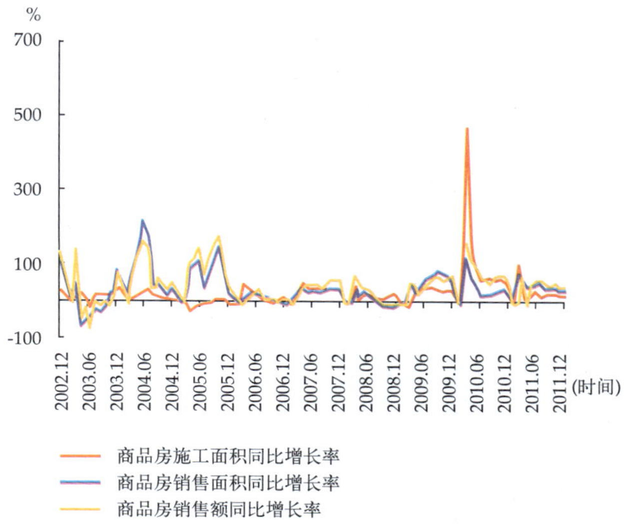

数据来源：青海省统计局。

图13 2002～2011年青海省商品房施工和销售变动趋势

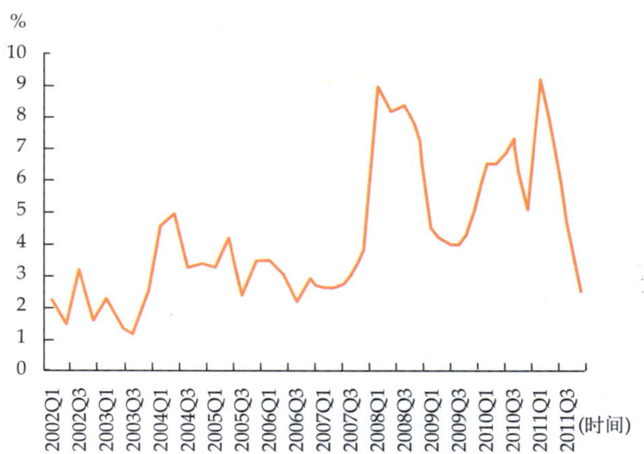

数据来源：西宁市统计局。

图14 2002～2011年西宁市新建住宅销售价格指数变动趋势

207.9%；个人购房贷款余额为67.3亿元，同比增长30.9%，增速回落24.2个百分点。

2. 社会事业全面发展，公共服务能力进一步提高。教育方面，全面启动教育改革试点，建立了三江源地区教育经费保障补偿机制和异地办学奖补机

制，中职和高校学科专业布局结构调整取得新进展，农村学前教育、中小学布局调整暨校舍安全等重点工程加快推进。医药卫生方面，积极推进基层医疗卫生、精神卫生防治、农村急救、基层计划生育服务体系建设，实施了一批县乡医院、村级标准化卫生室建设项目，提高了基本公共卫生服务人均补助标准，居民基本医疗保障水平大幅提高。进一步完善计划生育家庭奖励扶助制度。全省人口自然增长率控制在8.31‰。文化体育方面，青海大剧院、青海科技馆等文化科普设施建成并投入运营，州级抢救性文物保护、广播电视“村村通”等一批项目加快推进。全省广播和电视人口覆盖率分别达到91.6%和95.7%。民政方面，安排实施了一批就业和社会保障服务设施、社会福利院老年养护楼、救灾物资储备库等项目。

三、预测与展望

2012年青海省经济社会发展的总体要求是全面贯彻中央经济工作会议精神，牢牢把握“主题”、“主线”和“主要路径”，坚持“稳中求进、好中求快”的方针，抓住时机调结构，实现经济社会平稳健康协调发展。经济社会发展的主要预期目标是地区生产总值增长12%，居民消费价格涨幅控制在5.5%左右，节能减排控制在国家规定目标以内，产业结构调整、科技创新等方面继续取得新进展。

金融业将认真执行稳健的货币政策，按照“总量适度、审慎灵活、优化结构”的要求，适时适度预调微调，保持合理的社会融资规模；着力优化信贷结构，更好地服务实体经济发展；积极发展民生金融，促进民生改善和社会和谐。

中国人民银行西宁中心支行货币政策分析小组
负责人：郑　锋
统　稿：石海城　荆海龙
执　笔：邵　辉　马启军　马良录
提供材料的还有：贾丽均　张昆霖　张亚玲　吴金昌　李月梅　李　卿　许　琳　李生海

附录

（一）2011年青海省经济金融大事记

4月7日，青海省委、省政府在省会议中心隆重举行全省金融工作总结表彰大会。会议表彰了2010年度金融机构支持地方经济社会发展的先进单位，省委书记强卫、省长骆惠宁为获奖单位颁奖。

5月5日，青海省与中国人民保险集团股份有限公司战略合作框架协议签字仪式在北京举行。青海省委书记强卫和中国人民保险公司董事长吴焰共同出席。

6月16日，中国太平洋人寿保险股份有限公司青海分公司在青海宾馆举行开业庆典仪式。

7月11日，青海省召开金融IC卡工作推进会议，落实中国人民银行关于推进金融IC卡应用工作精神，安排部署金融IC卡在全省的应用推进工作。

7月21日，青海省银行业金融机构支持玉树灾后重建对接暨现场签约仪式在玉树隆重举行。

7月22日，泰康人寿保险股份有限公司青海分公司开业。

7月27日，中国人民银行党委书记、行长周小川一行就青海金融支持西部大开发及青海经济金融发展等情况赴青海调研。

11月29日，青海省首家农村商业银行——青海西宁农村商业银行挂牌开业。

12月22日，青海互助青稞酒股份有限公司在深交所成功上市，募集资金9.6亿元。

12月26日，中国信达资产管理股份有限公司青海分公司开业仪式在西宁举行。

（二）2011年青海省主要经济金融指标

表1　2011年青海省主要存贷款指标

		1月	2月	3月	4月	5月	6月	7月	8月	9月	10月	11月	12月
本外币	金融机构各项存款余额（亿元）	2 351.0	2 375.2	2 507.6	2 523.6	2 634.4	2 657.8	2 713.0	2 752.8	2 744.8	2 790.7	2 771.6	2 834.8
	其中：储蓄存款	900.0	890.4	904.3	899.8	904.2	927.9	938.1	953.6	978.8	985.6	1 004.7	1 049.2
	单位存款	1 263.0	1 282.6	1 314.1	1 344.0	1 458.6	1 439.9	1 482.6	1 493.0	1 479.9	1 524.1	1 504.3	1 583.6
	各项存款余额比上月增加（亿元）	24.1	24.2	132.4	16.0	110.8	23.3	55.3	39.7	-8.0	46.0	-19.2	63.2
	金融机构各项存款同比增长（%）	31.0	29.9	36.7	32.1	33.6	28.9	30.2	22.2	20.5	21.1	18.9	21.8
	金融机构各项贷款余额（亿元）	1 861.6	1 885.6	1 916.5	1 960.0	1 983.7	2 015.5	2 044.6	2 076.1	2 106.0	2 139.9	2 176.8	2 239.0
	其中：短期	390.0	395.6	404.0	411.1	406.5	410.6	419.5	424.5	444.2	456.9	469.0	496.7
	中长期	1 397.4	1 423.0	1 446.9	1 467.5	1 495.5	1 529.2	1 542.4	1 566.8	1 580.5	1 611.5	1 628.7	1 656.0
	票据融资	72.7	65.4	63.7	79.5	79.5	73.4	80.4	82.3	78.7	68.6	76.5	83.6
	各项贷款余额比上月增加（亿元）	28.8	24.0	30.9	43.5	23.7	31.8	29.1	31.5	30.0	33.8	36.9	62.2
	其中：短期	-9.5	5.6	8.5	7.1	-4.5	4.0	8.9	5.0	19.8	12.7	12.0	27.7
	中长期	45.3	25.7	23.8	20.6	28.1	33.7	13.2	24.4	13.7	31.0	17.2	27.4
	票据融资	-6.8	-7.3	-1.7	15.8	-0.1	-6.0	7.0	2.0	-3.6	-10.1	7.8	7.1
	金融机构各项贷款同比增长（%）	31.2	28.4	27.4	28.4	27.5	25.1	25.3	24.0	24.5	25.0	22.1	22.2
	其中：短期	8.5	2.2	4.7	6.5	11.0	16.7	19.4	18.3	22.8	27.6	25.9	23.7
	中长期	37.5	38.1	36.5	36.2	33.2	29.3	27.0	24.9	25.3	25.9	23.2	22.9
	票据融资	73.3	37.3	15.3	30.6	25.5	-0.7	25.9	38.4	23.3	-1.4	-10.1	5.2
	建筑业贷款余额（亿元）	23.1	23.1	23.4	24.1	24.3	27.4	29.4	28.5	29.0	33.4	31.6	34.3
	房地产业贷款余额（亿元）	60.4	60.2	58.7	60.0	57.9	59.4	58.4	61.5	60.2	60.0	60.7	60.3
	建筑业贷款同比增长（%）	7.8	-12.6	-12.2	-12.5	-10.5	-9.1	-1.5	-7.4	-13.4	2.6	-1.6	12.6
	房地产业贷款同比增长（%）	6.0	7.8	1.8	1.8	-0.1	2.2	1.1	5.3	4.6	1.7	4.1	4.9
人民币	金融机构各项存款余额（亿元）	2 344.1	2 367.1	2 501.6	2 517.4	2 628.9	2 650.2	2 703.7	2 744.3	2 736.7	2 783.4	2 762.4	2 825.8
	其中：储蓄存款	896.4	887.4	901.4	896.4	900.7	923.8	934.8	949.9	974.2	981.1	999.8	1 043.9
	单位存款	1 259.2	1 276.9	1 310.6	1 340.8	1 456.1	1 436.2	1 476.1	1 487.8	1 476.0	1 520.9	1 500.2	1 579.5
	各项存款余额比上月增加（亿元）	24.6	23.0	134.6	15.8	111.5	21.3	53.5	40.6	-7.6	46.7	-21.0	63.4
	其中：储蓄存款	28.2	-9.0	13.9	-5.0	4.3	23.1	11.0	15.1	24.3	6.9	18.7	44.1
	单位存款	-51.7	17.8	-0.4	30.2	115.3	-20.0	40.0	11.6	-11.7	44.9	-20.7	79.3
	各项存款同比增长（%）	31.0	29.8	36.7	32.2	33.7	29.0	30.1	22.2	20.5	21.1	18.7	21.8
	其中：储蓄存款	23.8	20.1	21.4	20.5	20.0	21.0	20.9	21.3	20.2	21.0	20.1	20.2
	单位存款	—	—	—	—	—	—	—	—	—	—	—	—
	金融机构各项贷款余额（亿元）	1 850.7	1 874.1	1 905.5	1 949.6	1 974.0	2 006.0	2 035.1	2 067.2	2 097.5	2 131.3	2 169.0	2 231.5
	其中：个人消费贷款	57.3	58.2	60.0	61.1	62.6	63.9	67.3	67.3	68.2	70.2	73.3	74.0
	票据融资	72.7	65.4	63.7	79.5	79.5	73.4	80.4	82.3	78.7	68.6	76.5	83.6
	各项贷款余额比上月增加（亿元）	28.1	23.4	31.4	44.1	24.4	32.0	29.1	32.1	30.3	33.8	37.7	62.5
	其中：个人消费贷款	1.1	0.9	1.8	1.1	1.6	1.3	3.4	-0.1	0.9	2.0	3.1	0.8
	票据融资	-6.8	-7.3	-1.7	15.8	-0.1	-6.0	7.0	2.0	-3.6	-10.1	7.8	7.1
	金融机构各项贷款同比增长（%）	31.2	28.5	27.4	28.3	27.6	25.3	25.5	24.2	24.8	25.2	22.2	22.4
	其中：个人消费贷款	16.8	16.3	16.5	16.9	16.9	16.5	18.6	17.3	16.9	18.0	18.2	17.2
	票据融资	73.3	37.3	15.3	30.6	25.5	-0.7	25.9	38.4	23.3	-1.4	-10.1	5.2
外币	金融机构外币存款余额（亿美元）	0.2	0.2	0.1	0.1	0.1	0.2	0.2	0.2	0.2	0.2	0.2	0.2
	金融机构外币存款同比增长（%）	47.9	67.6	29.6	13.1	6.3	12.5	73.5	29.1	35.1	33.3	128.6	28.8
	金融机构外币贷款余额（亿美元）	0.3	0.3	0.3	0.2	0.2	0.2	0.2	0.2	0.2	0.2	0.2	0.2
	金融机构外币贷款同比增长（%）	29.9	29.6	40.3	40.4	22.1	-4.5	-4.5	-4.8	-6.9	-0.7	7.0	-22.2

数据来源：中国人民银行西宁中心支行。

表2　2001～2011年青海省各类价格指数

单位：%

年/月		居民消费价格指数		农业生产资料价格指数		工业生产者购进价格指数		工业生产者出厂价格指数	
		当月同比	累计同比	当月同比	累计同比	当月同比	累计同比	当月同比	累计同比
2001		—	2.6	—	-0.4	—	-0.9	—	-6.3
2002		—	2.3	—	-0.2	—	2.7	—	-2.4
2003		—	2	—	1.1	—	1.8	—	5.5
2004		—	3.2	—	9.2	—	8.5	—	11.2
2005		—	0.8	—	6.5	—	5.3	—	10.2
2006		—	1.6	—	2.1	—	2.8	—	9.5
2007		—	6.6	—	8.1	—	4.4	—	4.2
2008		—	9.9	—	24.2	—	10.4	—	7.6
2009		—	2.6	—	0.4	—	-0.2	—	-8.7
2010		7.8	5.4	6.7	3.5	9.5	8.6	6.7	9.4
2011		—	6.1	—	12.4	—	7.0	—	7.4
2010	1	2.9	0.0	0.0	0.0	4.1	0.0	5.3	15.1
	2	3.6	3.3	2.8	1.4	8.7	6.4	13.8	18.6
	3	3.9	3.5	2.8	1.9	8.7	7.2	13.5	13.6
	4	4.4	3.7	1.8	1.9	8.5	7.5	12.6	12.2
	5	4.5	3.9	2.5	2.0	9.3	7.9	14.1	10.3
	6	4.1	3.9	2.5	2.1	10.8	8.3	17.5	6.5
	7	5.7	4.2	2.0	2.1	9.4	8.5	13.1	6.8
	8	6.4	4.4	3.2	2.2	8.6	8.5	10.8	5.6
	9	6.1	4.6	4.7	2.5	8.1	8.5	10.1	4.2
	10	6.6	4.8	5.7	2.8	8.3	8.4	10	6.0
	11	8.1	5.1	6.5	3.2	9.0	8.5	9.6	6.7
	12	7.8	5.4	6.7	3.5	9.5	8.6	9.4	6.7
2011	1	8.2	0.0	8.4	0.0	8.4	0.0	5.6	0.0
	2	9.1	8.6	9.9	9.1	8.3	8.4	7.9	6.8
	3	9.2	8.8	12.0	10.1	8.4	8.4	8.4	7.3
	4	8.8	8.8	12.5	10.7	9.4	8.7	7.4	7.3
	5	7.4	8.5	13.0	11.2	8.0	8.5	8.9	7.7
	6	6.5	8.2	13.9	11.6	6.2	8.1	9.8	8.0
	7	6.0	7.9	14.1	12.0	6.0	7.8	9.7	8.3
	8	5.4	7.6	13.7	12.2	7.1	7.7	10.1	8.5
	9	5.0	7.3	13.9	12.4	7.7	7.7	9.2	8.6
	10	4.3	7.0	13.6	12.5	6.2	7.6	6.4	8.3
	11	2.8	6.6	12.1	12.5	5.2	7.4	3.7	7.9
	12	1.5	6.1	11.3	12.4	3.7	7.0	2.4	7.4

数据来源：青海省统计局。

表3 2011年青海省主要经济指标

	1月	2月	3月	4月	5月	6月	7月	8月	9月	10月	11月	12月
绝对值（自年初累计）												
地区生产总值(亿元)	—	—	288.1	—	—	689.1	—	—	1 130.6	—	—	1 634.7
第一产业	—	—	9.8	—	—	23.9	—	—	81.4	—	—	155.4
第二产业	—	—	157.8	—	—	425.4	—	—	668.6	—	—	939.1
第三产业	—	—	120.5	—	—	239.9	—	—	380.5	—	—	540.2
固定资产投资(亿元)	5.2	18.8	74.1	205.0	357.1	546.1	740.7	936.1	1 133.3	1 290.8	1 373.2	1 434.3
房地产开发投资	—	0.2	5.0	17.2	33.3	55.6	84.3	107.7	121.3	133.8	143.5	144.8
社会消费品零售总额(亿元)	—	—	88.9	—	—	184.6	—	—	292.2	—	—	404.9
外贸进出口总额(万美元)	7 151	13 171	18 586	27 033	38 555	49 585	56 584	62 922	68 248	72 622	80 814	92 381
进口	3 197	6 515	7 737	9 358	12 160	14 366	15 827	17 329	17 716	19 035	22 237	26 199
出口	3 954	6 656	10 849	17 675	26 395	35 219	40 757	45 593	50 532	53 587	58 577	66 182
进出口差额(出口–进口)	757	141	3 112	8 317	14 235	20 853	24 930	28 264	32 816	34 552	36 340	39 983
外商实际直接投资(万美元)	—	—	5 444	12 111	18 492	22 730	32 048	39 349	45 111	52 127	54 365	54 365
地方财政收支差额(亿元)	-4.2	-19.2	-53.7	-82.5	-180.9	-258.1	-328.9	-402.4	-472.3	-529.4	-594.3	-697.0
地方财政收入	25.6	44.8	66.0	90.0	111.5	143.0	166.6	189.8	210.7	235.1	256.3	270.4
地方财政支出	29.8	64.0	119.7	172.5	292.4	401.1	495.5	592.1	683.0	764.5	850.6	967.4
城镇登记失业率(%)（季度）	—	—		—	—		—	—		—	—	
同比累计增长率（%）												
地区生产总值	—	—	12.3	—	—	13.3	—	—	13.6	—	—	13.5
第一产业	—	—	4.1	—	—	4.0	—	—	5.1	—	—	5.0
第二产业	—	—	17.3	—	—	17.0	—	—	17.8	—	—	17.3
第三产业	—	—	7.1	—	—	8.5	—	—	8.9	—	—	9.7
工业增加值	18.4	18.6	18.4	17.7	18.1	18.2	19.6	19.6	19.6	19.1	18.9	19.0
固定资产投资	55.0	37.9	36.8	33.4	34.2	35.9	39.5	39.1	38.8	37.1	35.9	34.2
房地产开发投资	—	—	28.0	35.1	38.5	35.8	35.1	36.9	36.1	36.8	37.2	33.8
社会消费品零售总额	—	—	17.5	—	—	16.6	—	—	16.3	—	—	17.0
外贸进出口总额	34.5	23.5	14.2	22.4	22.3	29.5	27.2	25.5	24	13.9	13.2	17.1
进口	16.5	14.4	-8.4	-16.5	-23.3	-19.9	-21.2	-25.1	-24.6	-30.4	-25.6	-18.8
出口	53.8	34.1	38.8	62.5	68.7	73.1	66.9	68.1	60.1	47.3	41.1	41.9
外商实际直接投资	—	—	481.1	217.7	52.3	43.2	91.0	59.5	58.2	60.0	56.4	53.6
地方财政收入	30.8	29.6	25.9	30.0	29.9	35.0	36.5	39.0	37.8	36.7	35.5	31.9
地方财政支出	28.8	30.1	34.9	33.5	80.5	79.4	78.7	67.2	52.7	44.8	36.5	30.1

数据来源：青海省统计局。

2011年宁夏回族自治区金融运行报告

中国人民银行银川中心支行货币政策分析小组

[内容摘要] 2011年，宁夏全面落实“十二五”规划和新一轮西部大开发战略，充分发挥自身资源优势和向西开放的人文优势，加快推进新型工业化进程和沿黄经济区建设，投资持续快速增长，工业的主导作用进一步增强。地区生产总值连续12年实现两位数增长，整体实力显著提升。物价涨幅高位回稳，居民收入较快增长，经济结构调整步伐加快，经济运行质量进一步提高。

金融业认真执行稳健的货币政策，努力提升金融服务水平。银行业进一步优化信贷结构，加大对重点领域和薄弱环节的支持力度，有力地推动了地区经济优化升级；证券业平稳运行，保险业增势良好；金融市场交易活跃，金融生态环境建设取得新进展。

2012年，宁夏将积极推进经济结构优化和承接产业转移，保持投资较快增长，强化特色产业竞争优势，经济有望继续平稳较快发展。金融业将继续执行好稳健的货币政策，坚持服务实体经济的本质要求，保持合理的社会融资规模，促进地方经济又好又快发展。

一、金融运行情况

2011年，宁夏金融业认真贯彻落实国家各项宏观金融调控政策，及时调整经营战略，进一步提升金融服务水平，对地区经济发展、产业升级的保障和推动作用增强。

（一）银行业稳健发展，信贷结构更趋优化

2011年，宁夏银行业继续保持良好发展态势，信贷增速小幅回落，贷款结构进一步优化，投放节奏更趋均衡。

1. 资产规模持续扩大，质量、效益大幅提高。2011年年末，宁夏银行业资产规模同比增长22.9%，增速低于上年同期4.7个百分点；利润总额同比增长23.2%，风险抵御能力持续增强；农村金融基础设施建设步伐加快，支持“三农”发展的实力进一步增强（见表1）。

表1　2011年宁夏回族自治区银行业金融机构情况

机构类别	营业网点[①]			法人机构（个）
	机构个数（个）	从业人数（人）	资产总额（亿元）	
一、大型商业银行[②]	468	10 186	1 628	0
二、国家开发银行和政策性银行[③]	15	479	693	0
三、股份制商业银行[④]	8	319	144	0
四、城市商业银行	62	2 630	801	2
五、农村合作机构[⑤]	380	5 156	721	20
六、邮政储蓄银行	193	878	114	0
七、新型农村金融机构[⑥]	10	353	32	7
合　计	1 136	20 001	4 133	29

注：①不包括国家开发银行和政策性银行、大型商业银行、股份制商业银行等金融机构总部数据。
②包括中国工商银行、中国农业银行、中国银行、中国建设银行和交通银行。
③包括国家开发银行、中国农业发展银行。
④包括招商银行。
⑤包括农村信用社、农村合作银行及农村商业银行。
⑥包括村镇银行。
数据来源：中国人民银行银川中心支行、宁夏银监局。

2. 存款增速放缓，波动性有所加大。2011年，宁夏金融机构人民币存款同比增长15.3%，增速较上年同期回落9.7个百分点（见图1）。储蓄存款受股票市场持续低位震荡、居民购房意愿下降和投资渠道有限等因素影响，增势较为平稳。财政存款波动增大，增速由最高时的同比增长9.8%回落至最低时的同比下降32.7%。存款稳定性下降，月度间增量波动较大。

3. 贷款适度增长，结构持续优化。2011年年末，宁夏金融机构人民币各项贷款余额为2 861亿元，同比增长19.3%，增速低于上年同期5.8个百分点；全年新增贷款462亿元，较上年少增19亿元。

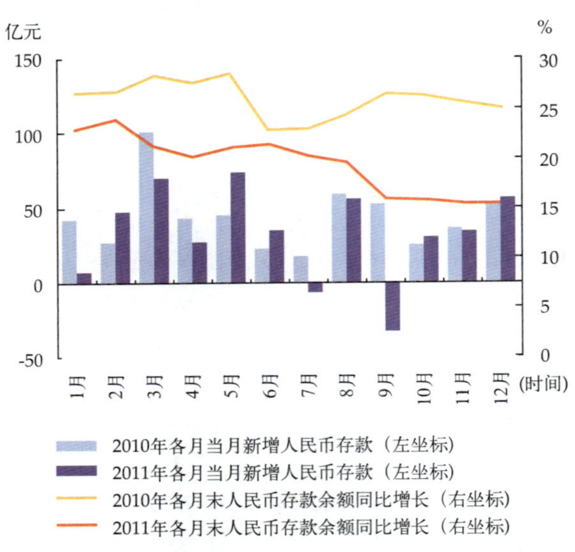

数据来源：中国人民银行银川中心支行。

图1 2010～2011年宁夏回族自治区金融机构人民币存款增长变化

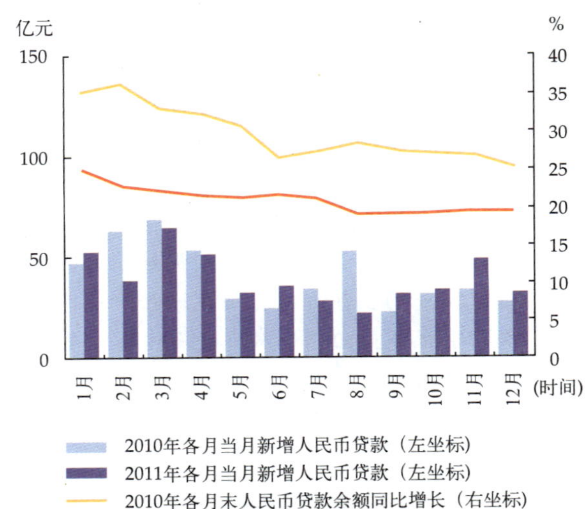

数据来源：中国人民银行银川中心支行。

图2 2010～2011年宁夏回族自治区金融机构人民币贷款增长变化

其中，第四季度新增贷款114亿元，同比多增23亿元，为历年最高水平（见图2）。

贷款结构持续优化，重点领域和薄弱环节支持力度明显加大。45.7%的新增贷款投向新型工业，中小企业贷款增速分别高于各项贷款和企业贷款增速13.4个、11.4个百分点。涉农贷款增速和增量均高于上年同期水平。扶贫贴息贷款、小额担保贷款和助学贷款大幅增加。中长期贷款增势持续放缓，中长期贷款同比增长12%，占各项贷款余额的62.9%，分别较上年同期下降23个、4.1个百分点。

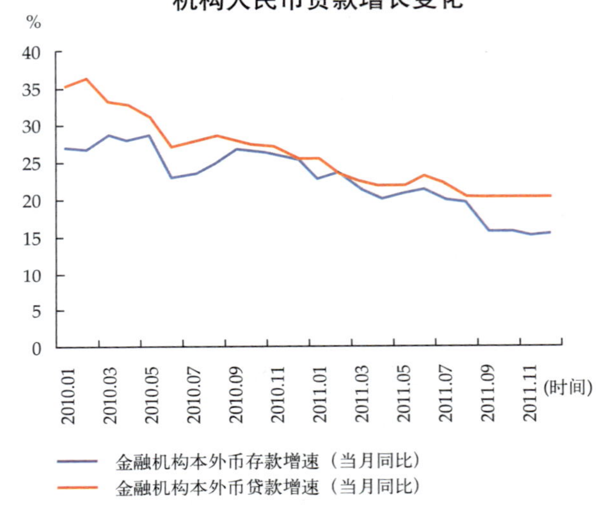

数据来源：中国人民银行银川中心支行。

图3 2010～2011年宁夏回族自治区金融机构本外币存、贷款增速变化

专栏 深化能源金融合作 助推宁东能源化工基地加快发展

宁夏宁东能源化工基地（以下简称宁东基地）地处能源富集的鄂尔多斯盆地，是全国13个亿吨级特大型煤炭基地之一。自2003年起，为推动资源优势向经济优势的转化，宁夏将建设宁东基地确立为“一号工程”，能源投资力度逐年增强，煤炭、电力、煤化工三大产业规模不断扩大，近10万产业人口加速聚集，宁东基地成为了宁夏发展的新增长极。

近年来，宁夏各银行业金融机构大力支持宁东基地加快发展，并结合实际开展信贷创新。一是针对重大项目，开展“综合评估、组合放款”模式。在具有合规的承贷主体和担保措施的基础上，评估若干关联项目的综合效益，测算出中长期贷款额度，结合各个项目进程逐步放款，有效地解决了基础设施评估难的问题。金融机构以这种模式为宁东供水、公路、煤基烯烃等重大项目提供了主要资金支持。二是针对上下游企业，开展“供应链融资”模式。利用核心企业的产业链，将与配套企业间的商业信用转化为信贷担保。金融机构以这种模式对煤炭、物流等中小企业开展了应收款融资、应付款融资和存货融资，有效地缓解了中小企业抵押物不足的问题。三是针对关联产业项目，开展“招商+信贷”模式。金融机构主动参与宁东基地招商引资，对引入的固废处理企业尽快进行信贷介入，促进宁东基地对产业关联度高、环境友好型企业的吸引力进一步提高。2003年以来，宁夏主要全国性银行累计向宁东基地提供的信贷支持约占同期其固定资产投资额的60%。同时，金融机构加大对宁东重点企业的辅导和培育力度，帮助企业通过市场获取资金，有效地拓宽了宁东基地建设的融资来源。2005年以来，宁东基地企业已发行1只短期融资券、3只中期票据和3只企业债券，累计实现债券融资62亿元，占同期宁夏非金融企业债券融资总额的50%。

“十二五”时期，蒙陕甘宁能源化工“金三角”规划被明确提升为国家战略。宁东基地凭借优质煤炭资源、黄河水资源保障、沿黄经济区良好的生产和生活配套环境，有望建成能源“金三角”的重要支点，国家重要的大型煤炭基地、煤化工产业基地和“西电东送”火电基地，能源金融的合作领域也在不断拓宽。同时，宁东基地也面临从工业开发向区域开发、从以规模扩张为主向以提高质量为主的转变，传统的以银行信贷为主的融资方式已不能完全适应宁东基地全面发展的需要。为更好地满足宁东基地发展新阶段的金融需求，宁夏各银行业金融机构将进一步拓宽思路，从以信贷资金供应为主向提供综合金融服务转变。一是突出支持重点，在保障在建、续建重大项目中长期资金供给的同时，着力于信贷产品和服务方式创新，大力支持宁东基地中小企业和城镇化发展，多方位满足宁东基地发展的合理资金需求；二是拓宽服务领域，进一步推动宁东基地发展直接融资、金融租赁、“信贷+保险”等融资方式，多渠道为宁东基地提供融资便利；三是加强战略合作，积极做好宁东基地科技创新和节能减排的金融服务，开展战略咨询和各类投资银行服务，积极参与组建能源产业投资基金，多层次推进宁东基地产业转型升级。

4. 贷款利率稳步上行，定价机制建设取得新进展。2011年，在贷款基准利率上调等多种因素影响下，宁夏金融机构各期限一般贷款加权平均利率为8.8%，比上年提高了1.4个百分点（见表2）。其中，执行上浮利率的贷款占比较上年提高13个百分点。对宁夏金融机构利率定价和微观机制建设等进行的调查评估显示，金融机构尤其是地方法人金融机构在利率定价能力和风险管理等方面取得一定进展，Shibor在内部资金转移、票据贴现、同业存款和短期理财产品定价方面已经成为重要参照标准。

5. 地方性银行业改革步伐加快，农村金融服务体系建设稳步推进。城市商业银行服务定位更加突出，重点加大对中小微企业的信贷支持。农村信用社改革步伐加快，有3家农村信用社改制为农村商业银行。新型农村金融机构及组织发展迅速，村镇银行新增4家，总数达到7家；新增200个“贫困村村级发展互助资金”组织和50家小额贷款公司。县域金融产品和服务创新扎实推进，“三农”金融服务水平进一步提高。

6. 跨境人民币业务顺利开展，各项业务有序推进。自8月开办跨境人民币业务以来，宁夏共有3家银行累计办理0.8亿元跨境人民币业务，业务涉及贸易、非贸易、境外人民币贷款等领域。

（二）证券业运行平稳，上市公司再融资取得新突破

2011年，证券市场继续震荡下跌，宁夏证券交易大幅萎缩，交易量同比下降24.0%。证券机构完

表2　2011年宁夏回族自治区各利率浮动区间贷款占比

单位：%

月份		1月	2月	3月	4月	5月	6月
	合计	100.0	100.0	100.0	100.0	100.0	100.0
	[0.9～1.0)	22.2	15.7	10.1	7.3	8.5	6.0
	1.0	11.3	18.3	24.5	22.5	26.3	27.4
上浮水平	小计	66.5	66.0	65.4	70.2	65.2	66.6
	(1.0～1.1]	6.8	13.6	9.6	13.7	10.0	13.7
	(1.1～1.3]	11.8	14.3	11.3	20.0	16.6	17.1
	(1.3～1.5]	8.0	7.3	8.1	10.1	13.4	12.4
	(1.5～2.0]	16.1	14.0	15.9	11.8	13.7	11.8
	2.0以上	23.8	16.9	20.5	14.6	11.5	11.6
月份		7月	8月	9月	10月	11月	12月
	合计	100.0	100.0	100.0	100.0	100.0	100.0
	[0.9～1.0)	5.1	1.9	1.2	1.1	0.3	2.8
	1.0	29.8	23.1	26.5	34.0	24.3	29.3
上浮水平	小计	65.1	75.0	72.3	64.9	75.4	67.9
	(1.0～1.1]	10.0	16.0	12.7	14.8	15.5	11.3
	(1.1～1.3]	15.6	20.4	21.7	16.2	20.3	15.0
	(1.3～1.5]	15.6	14.8	11.9	10.8	13.7	15.5
	(1.5～2.0]	13.8	11.8	12.6	13.0	12.4	12.9
	2.0以上	10.1	12.0	13.4	10.1	13.5	13.2

注：城乡信用社贷款利率浮动区间为[0.9，2.3]。

数据来源：中国人民银行银川中心支行。

善网点布局，开展业务创新。全年新增2家证券期货营业机构，投资者开设的证券账户数同比增长13.3%。

宁夏上市公司继续深化公司治理，完善信息披露制度，提高规范运作水平，经营效益有所下降，2011年上市公司净利润同比下降16.0%。股票融资取得新进展，5家上市公司再融资27.3亿元，为历史最高水平（见表3）。

表3　2011年宁夏回族自治区证券业基本情况

项目	数量
总部设在辖内的证券公司数（家）	0
总部设在辖内的基金公司数（家）	0
总部设在辖内的期货公司数（家）	0
年末国内上市公司数（家）	12
当年国内股票（A股）筹资（亿元）	27
当年发行H股筹资（亿元）	0
当年国内债券筹资（亿元）	43
其中：短期融资券筹资额（亿元）	0

数据来源：宁夏证监局、宁夏回族自治区发展改革委。

（三）保险业增势良好，“三农”保险出现新亮点

2011年，宁夏保险业保持良好发展态势，服务领域不断拓展，保险保障功能日益发挥。

1. 市场主体稳步发展，服务体系日趋完善。2011年，全区保险业总资产和保费收入同比分别增长21.1%和14.5%；经营主体发展至15家，新设分支机构数、从业人员数稳步增长，初步形成覆盖城乡的保险服务网络（见表4）。

表4　2011年宁夏回族自治区保险业基本情况

项目	数量
总部设在辖内的保险公司数（家）	0
其中：财产险经营主体（家）	0
人身险经营主体（家）	0
保险公司分支机构（家）	13
其中：财产险公司分支机构（家）	6
人身险公司分支机构（家）	9
保费收入（中外资，亿元）	55.3
其中：财产险保费收入（中外资，亿元）	22.9
人身险保费收入（中外资，亿元）	32.4
各类赔款给付（中外资，亿元）	14.8
保险密度（元/人）	860.7
保险深度（%）	2.7

数据来源：宁夏保监局。

2. “三农”保险快速发展，保险产品创新步伐加快。2011年，宁夏农村小额人身保险试点工作深入推进，年末成功覆盖全区所有乡镇。建立宁夏农业灾害鉴定委员会，协调开展农业风险评估、保险金额核定和损失鉴定等工作。承保品种更趋多元化，农业保险保费收入同比增长31.5%。

（四）金融市场交易活跃，融资渠道有所拓宽

1. 直接融资取得进展，融资结构得到改善。2011年，宁夏非金融机构融资规模稳步扩大，按可比口径统计，贷款、债券及股票融资量同比多增47.9亿元。其中，直接融资占比较上年提高8.6个百分点（见表5）。

2. 同业拆借和债券交易活跃，资金融入规模缩小。2011年，宁夏银行间同业拆借市场和债券市场

表5　2001～2011年宁夏回族自治区非金融机构融资结构

单位：亿元、%

年份	融资合计	比重		
		贷款	债券（含可转债）	股票
2001	59.6	94.0	0.0	6.0
2002	81.8	100.0	0.0	0.0
2003	162.0	98.0	0.0	2.0
2004	93.1	100.0	0.0	0.0
2005	138.9	86.3	13.7	0.0
2006	153.3	100.0	0.0	0.0
2007	218.7	92.7	7.3	0.0
2008	276.2	95.1	2.2	2.7
2009	535.1	96.3	2.8	0.9
2010	510.1	96.0	2.0	2.0
2011	558.0	87.4	7.7	4.9

数据来源：中国人民银行银川中心支行、宁夏回族自治区发展改革委、宁夏证监局。

累计成交量同比增长29.8%，增速较上年回落69.1个百分点。其中，拆借交易量增长最快，同比增长1.9倍。资金继续呈现净融入，但融入规模有所缩小，全年净融入量较上年下降22.4%。货币市场利率继续上行，同业拆借和质押式回购加权平均利率同比分别上涨225个和146个基点。

3. 票据融资规模扩大，市场利率波动上行。2011年，宁夏商业汇票承兑及贴现量均大幅增长，增幅分别为68.4%和59.4%（见表6）。全年票据市场利率震荡上行，贴现和转贴现利率同比分别上涨4.4个和3.5个百分点（见表7）。下半年票据市场利率大幅上扬，明显高于上半年水平。

4. 外汇交易快速增长，黄金交易有所放缓。2011年，宁夏银行间市场外汇交易量同比增长

表6　2011年宁夏回族自治区金融机构票据业务量统计

单位：亿元

季度	银行承兑汇票承兑		贴现			
			银行承兑汇票		商业承兑汇票	
	余额	累计发生额	余额	累计发生额	余额	累计发生额
1	217.8	107.5	82.8	149.6	0	0
2	255.9	155.8	87.8	140.8	0	0
3	278.9	132.1	97.2	123.4	0	0
4	267.8	152.2	114.4	168.7	0	0

数据来源：中国人民银行银川中心支行。

表7　2011年宁夏回族自治区金融机构票据贴现、转贴现利率

单位：%

季度	贴现		转贴现	
	银行承兑汇票	商业承兑汇票	票据买断	票据回购
1	7.88	—	5.79	5.97
2	8.02	—	6.00	6.12
3	11.06	—	7.69	6.72
4	10.67	—	7.49	7.23

数据来源：中国人民银行银川中心支行。

38.2%，继续保持快速增长态势。在国际金价持续高位运行且波动较大的背景下，宁夏商业银行黄金交易增速有所放缓，全年纸黄金和实物黄金交易量同比分别增长14%和56.7%，增速分别较上年回落7.4个和81.6个百分点。

（五）金融生态环境持续优化，农村金融基础设施不断完善

征信体系建设稳步推进，已为全区2.7万户企业和309.1万人建立了信用档案，系统查询用户数和查询量大幅增加。农村信用体系建设工作有序推进，累计为54.5万户农户建立了信用档案，为“信用农户”发放贷款32.3亿元。以生态移民地区为重点，采取多项举措，加大对金融生态环境薄弱地区的征信宣传和信用建设力度。

农村支付环境建设取得新进展。“社保一卡通”工程深入推进，农业银行惠农卡和黄河银行富农卡覆盖面进一步扩大，卡基支付工具迅速发展。银行业金融机构灵活采取多项措施，有效满足偏远乡镇的非现金结算需求。试点实施“农民工一卡通”，会同有关部门合力保护农民工合法权益。

二、经济运行情况

2011年，面对极其复杂的经济环境，宁夏认真执行各项宏观调控政策，全面落实“十二五”规划，经济总体呈现“增速较快、效益提升、民生改善、价格波动”的运行特征，地区生产总值跨上新台阶，结构调整取得新突破。全年实现地区生产总值2 060亿元，同比增长12.0%，实现了“十二五”良好开局（见图4）。

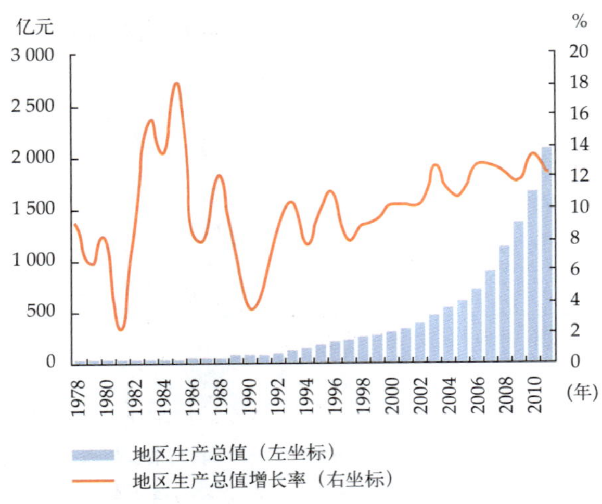

数据来源：宁夏统计局。

图4　1978～2011年宁夏回族自治区地区生产总值及其增长率

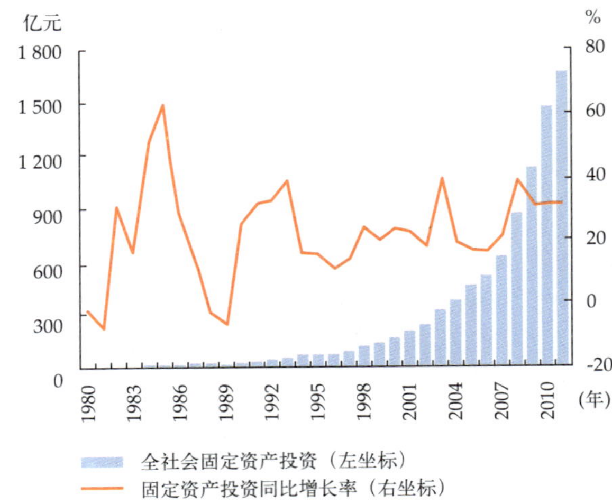

数据来源：宁夏统计局。

图5　1980～2011年宁夏回族自治区固定资产投资及其增长率

（一）需求稳步扩大，经济发展后劲增强

2011年，宁夏投资快速增长，消费持续活跃，出口结构优化，需求协同性继续增强。

1. 投资快速增长。宁东基地成为全国重要的能源基地，生态移民工程深入推进。全年实现固定资产投资1 648亿元，同比增长30.8%，增速连续四年保持在30%以上（见图5）。三次产业投资协调增长，第一、第二、第三产业投资分别增长37.1%、34.9%、26.3%，民间投资增速高于国有投资增速1.8个百分点。宁夏至山东660千伏直流输电工程正式开通，发电量对外输送比例由上年的6.7%提高到了22.7%，能源工业产能利用率大幅提升。一批大型炼油、有色金属、发电等项目建成投产，经济发展后劲进一步增强。

2. 消费市场持续活跃。2011年，城镇居民人均可支配收入和农村人均纯收入分别增长14.6%和15.7%，城镇居民收入增幅达到近三年最高水平，农民人均纯收入增幅连续六年保持两位数。中央和自治区扩大内需、改善民生的一系列政策有效提振了居民的消费信心，消费持续较快增长，全年社会消费品零售总额同比增长18.3%（见图6）。衣食住行类商品消费增长显著加快，限额以上企业食品类、衣着类、日用品类消费增速均在28%以上。汽车类消费在经历了三年的高速增长后有所放缓，全年增长18.7%，但随着汽车保有量稳步增加，石油及制品类消费增速继续保持在40%以上，汽车和石油及制品类消费占社会消费品零售总额的54.9%，占比较上年提高4个百分点。

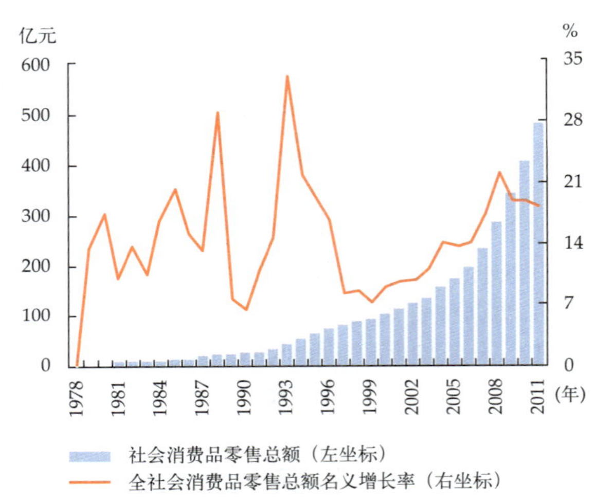

数据来源：宁夏统计局。

图6　1978～2011年宁夏回族自治区社会消费品零售总额及其增长率

3. 外贸结构不断优化。成功举办第二届中国·阿拉伯国家经贸论坛，对外开放水平进一步提升。全年外贸进出口总额为22.86亿美元，增长16.6%（见图7）。优势特色产品出口快速增长，羊绒纱线、钽铌铍及制品、味精、红霉素等产品出口增速保持在40%以上。全年实际利用外资突破2亿

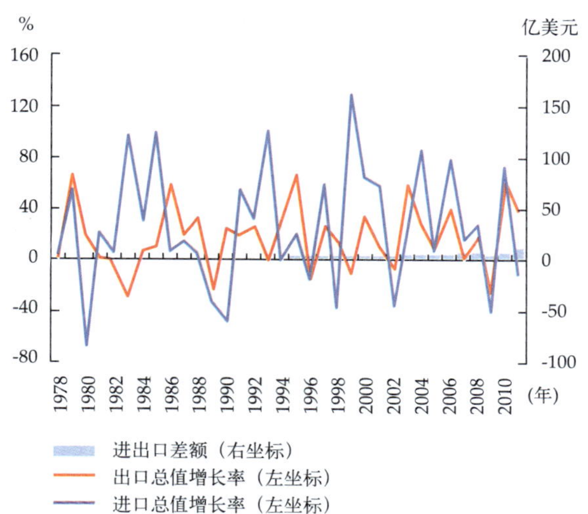

数据来源：宁夏统计局。

图7　1978～2011年宁夏回族自治区外贸进出口变动情况

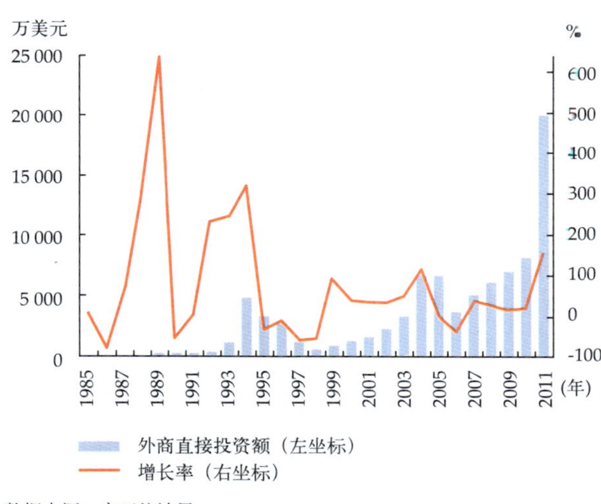

数据来源：宁夏统计局。

图8　1985～2011年宁夏回族自治区外商直接投资情况

美元，增长1.5倍（见图8）；设立特色产品境外销售中心7个，对外合作服务取得新突破。

（二）工业化水平加速提升，产业发展的可持续性增强

2011年，第一产业平稳发展，第二产业较快增长，第三产业稳步增长，三次产业比重由上年的9.4：49.0：41.6调整为8.9：52.2：38.9。在工业快速增长的推动下，第二产业比重显著上升。

1. 农业产业化进程加快。2011年，宁夏农业增加值同比增长5.0%，粮食总产量实现连续八年增产。120个农业示范基地的引领作用进一步增强，农业机械化水平进一步提升，设施农业面积继续扩大，枸杞、葡萄、红枣等特色农副产品产量持续增加，销往92个国家和地区。引进中粮等大型企业参与产业化经营，主要农产品加工转化率超过54.7%。

2. 工业的主导作用进一步增强。2011年，宁夏工业呈现“生产较快增长、效益继续提高”的良好局面。规模以上工业增加值全年增长18.1%，比上年加快1.3个百分点，工业对经济增长的贡献率上升为55.2%（见图9）。重工业、轻工业分别增长19.8%和6.5%，重工业对工业经济的贡献率为95.4%。能源产量取得新进展，全年原煤产量接近8 000万吨，发电量接近1 000亿千瓦时，煤炭、电力和冶金行业均增长20%以上。规模以上工业经济效益综合指数继续保持在250点以上，实现利润增长13.2%。

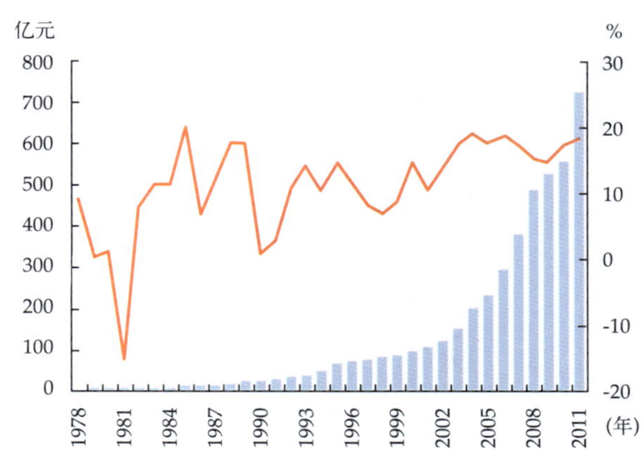

数据来源：宁夏统计局。

图9　1978～2011年宁夏回族自治区规模以上工业增加值及其增长率

3. 服务业稳步发展。铁路、公路、航空运输能力进一步增强；稳步推进沿黄经济区基础设施建设，沿黄经济区的辐射带动作用进一步增强，城市化率达49.8%；继续举办园博会、文博会、房

车节等六大节会，“会展经济”发展迅速；建成六大物流园区，物流业的支持服务能力提升；旅游业蓬勃发展，旅游收入快速增长。2011年，服务业增加值增长7.0%。

（三）物价涨幅高位回稳，工资水平稳步提高

1. 居民消费价格高位回稳。在食品价格、翘尾因素、成本推动和输入性通货膨胀等多种因素作用下，2011年前三个季度宁夏居民消费价格高位运行，6月和7月CPI同比上涨7.6%，达到本轮物价涨幅最高点。第四季度以来，中央和自治区采取的一系列控制物价过快上涨政策的效应进一步显现，12月宁夏CPI涨幅回落至2.3%。全年居民消费价格上涨6.3%，涨幅比上年扩大2.1个百分点（见图10）。居民通货膨胀预期也有所回落。中国人民银行银川中心支行第四季度储户问卷调查显示，预测下季度物价继续上涨的居民占比较上季度下降9.8个百分点，持续的强烈通货膨胀预期有所缓解。

2. 生产价格涨幅继续保持高位。受投资增长较快、工业生产需求旺盛及国际大宗商品价格冲击等因素影响，生产者价格高位运行。12月，农业生产资料价格同比上涨13.0%，比1月高5.5个百分点，工业生产者出厂价格和购进价格分别上涨4.0%和7.2%，涨幅有所收窄，分别比1月低5.8个和8.1个百分点（见图10）。

3.劳动力价格水平稳步上升。2011年，宁夏城镇居民人均工资性收入增长14.6%，农民人均务工收入增长21.0%，连续两年保持两位数增长。2011年4月，宁夏将最低月工资标准从710元、660元和605元三档，提高到900元、820元和750元，较上年分别增长26.7%、24.2%和23.9%，这是2005年以来宁夏第四次提高最低工资标准。

（四）财政收入快速增长，民生投入力度加大

2011年，宁夏地方一般预算收入为220亿元，一般预算支出为711亿元，分别增长43.2%和27.9%（见图11）。地方一般预算收入增长持续加快，税收收入占地方一般预算收入的比重保持在80%以上。一般预算支出增幅连续五年保持在25%以上。用于农业、教育、社保、医疗、保障性住房、公共安全等领域的财政支出占总支出的近七成，民生投入力度明显加大。10项民生计划30件实事全部完成。实施中南部生态移民规划，建成移民新村75个、住房2万套，3万移民入住新家。

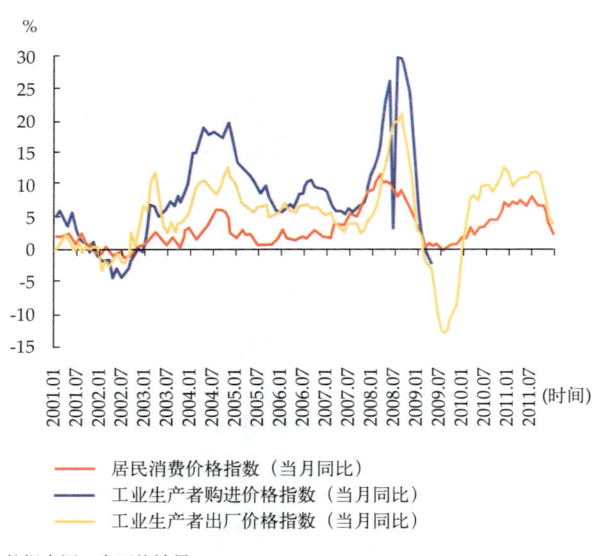

数据来源：宁夏统计局。

图10 2001～2011年宁夏回族自治区居民消费价格和生产者价格变动趋势

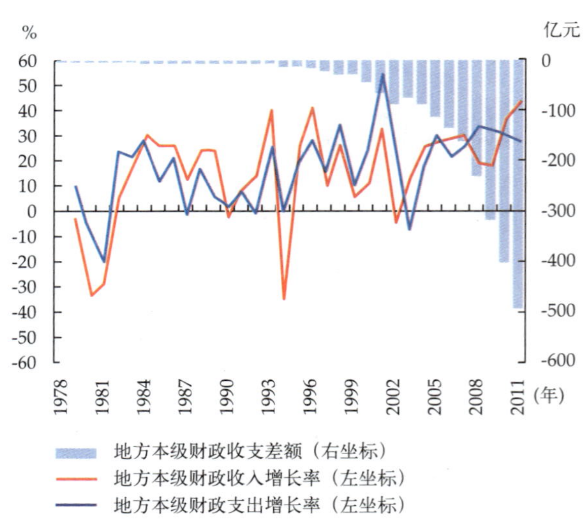

数据来源：宁夏统计局。

图11 1978～2011年宁夏回族自治区财政收支状况

（五）综合能耗有所反弹，生态环境继续改善

2011年，宁夏继续加强节能减排的预警和调控，严格执行节能减排综合措施，加快淘汰落后产能，大力推进循环经济试点，但随着一批高耗能项目投产，能源消费出现反弹，全年单位地区生产总值综合能耗增长4.6%。沿黄绿色景观、贺兰山东麓生态防护、中部干旱带防风固沙和六盘山水源涵养四大绿色屏障建设稳步推进，新造林地150万亩，森林覆盖率提高至11.9%。推进引黄灌区节水改造，成为全国首个通过节水型社会建设试点验收的省区。

（六）房地产市场持续调整，葡萄产业加快发展

1. 房地产市场持续调整，房地产信贷结构优化。2011年，宁夏认真贯彻落实中央各项房地产调控政策，房地产市场和房地产金融向调控预期方向发展。

（1）房地产投资平稳增长，投资结构不断优化。受调控政策和行业周期调整的影响，房地产开发投资同比增长29.9%，增速较上年同期回落26.4个百分点。住宅投资结构继续优化，其中，90平方米以下和140平方米以上住房投资增速较上年分别提高29.3个百分点和回落88.5个百分点。

（2）廉租住房供给增加，商品住房供给下降。2011年，宁夏加大廉租住房建设力度，廉租住房开发投资、施工面积同比分别增长83.2%和2.3倍。商品住房供给有所减少，新开工面积和竣工面积分别增长0.9%和2.1%，增速较上年同期分别下降56个和21.6个百分点。

（3）商品房销售持续萎缩，待售面积持续增加。居民购房消费意愿减弱，商品房销售面积和销售额增速分别下降30.6个和27.4个百分点，商品房待售面积同比增长71%，增速较上年同期提高48.2个百分点（见图12）。

（4）新建住宅价格较为平稳，二手住宅价格有所松动。2011年，受房地产调控力度逐步加大、非银川市户籍人口购房需求下降等因素影响，银川市新建住宅销售价格涨幅较年初仅高0.2个百分点，

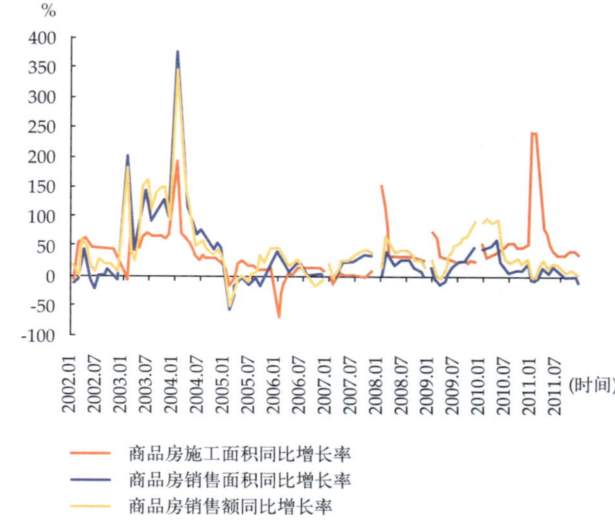

数据来源：宁夏统计局。

图12　2002～2011年宁夏回族自治区商品房施工和销售变动趋势

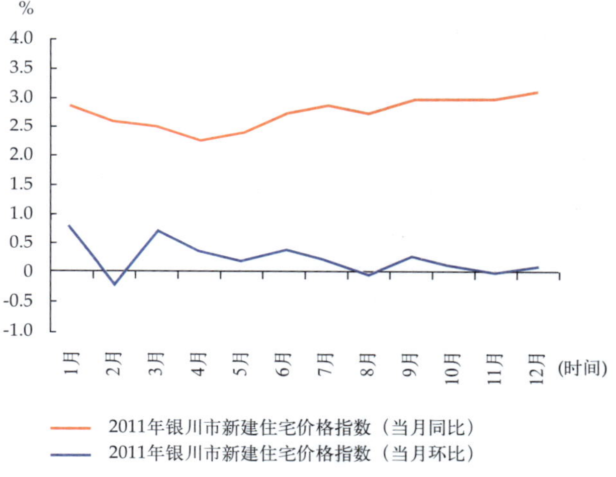

数据来源：银川市统计局。

图13　2011年银川市新建住宅价格指数变动趋势

二手住宅销售价格涨幅较年初下降0.9个百分点（见图13）。

（5）房地产贷款增速回落，个人住房贷款平稳增长。2011年年末，宁夏房地产贷款余额为405亿元，同比增长22.2%，增速较上年同期下降21.8个百分点。房地产开发贷款增量与上年持平，余额增速较上年同期下降36.8个百分点；个人住房贷款同比增长31.1%，用于购买120平方米以下住房的套

数和贷款额分别占总量的85.5%和78.1%。

2. 葡萄产业加快发展，金融支持力度不断加大。宁夏贺兰山东麓被评为全国乃至全世界优质酿酒葡萄种植的“黄金地带”，享有“中国波尔多”的美誉。近年来，宁夏将葡萄产业确定为重点培育的农业特色优势产业，坚持“生态引领、文化打造、产业支撑、城乡统筹”的原则，加快资源优势向产业优势、经济优势的转变，葡萄产业已成为农业支柱产业和农民增收致富的重要渠道。

宁夏始终以“高标准、高品质、大品牌”为策略发展葡萄产业。一是明确发展规划，发挥政策合力。先后制定《关于加快葡萄产业发展的实施意见》和《贺兰山东麓葡萄文化长廊发展总体规划》，采取多项措施，力争将贺兰山东麓葡萄产业文化长廊建成世界知名葡萄酒产区。二是挖掘成长潜力，提高品牌知名度。宁夏抓住葡萄酒需求快速增长的机遇，稳步增加种植面积，加快提高原料品质，强化产区品牌保护和竞争力，贺兰山东麓产区已成为我国第三个“葡萄酒地理标志产品”保护区域，宁夏贺兰晴雪酒庄成为我国首次荣获世界葡萄酒大赛最高荣誉的企业。三是加快产业整合，延伸产业链条。大力引进国内外龙头企业入驻，目前，轩尼诗、保罗力加等国际知名葡萄酒企业和张裕、长城等国内葡萄酒龙头企业纷纷建立基地或庄园，全行业技术水平、原料利用率显著提高。积极培育葡萄综合产业、旅游综合产业、葡萄主题地产、服务综合产业四大主题产业体系。

宁夏银行业金融机构通过企业互保、“龙头企业+基地+农户”、土地承包经营权抵押等方式，不断加大对葡萄种植、加工和销售等各环节的信贷投入力度。2008年以来，全区葡萄产业贷款年均增长90%以上。其中，企业类贷款年均增长80%以上，农户类贷款年均增长130%以上。下一步，宁夏金融业将继续加大创新力度，与相关企业在葡萄延伸产业发展中开展更加深入的银企合作。

三、预测与展望

2012年是“十二五”承上启下的关键一年，宁夏将以“稳中求进”为总基调，以保持经济平稳较快发展和物价总水平基本稳定为目标，着力优化经济结构、扩大消费、节能减排和改善民生，经济发展的质量和效益有望进一步提升。继续实施重大项目带动战略，投资将持续较快增长；随着沿黄经济区建设和中南部扶贫开发两大战略的深入推进，区域发展的协调性将继续增强。同时，宁夏经济平稳较快发展的基础还不稳固，稳增长、调结构、转方式面临较大压力。

2012年，宁夏金融业将继续贯彻执行好稳健的货币政策，大力支持重点领域和特色优势产业发展，积极增加对居民消费、保障性住房、就业、生态移民等民生领域的信贷投入，进一步提升对“三农”、小微企业的金融服务水平，促进自治区经济平稳较快发展。

中国人民银行银川中心支行货币政策分析小组
负责人：胡文莲　刘　艳
统　稿：束　华　王　青　刘　玲　马建斌
执　笔：常军卫　马晓栋　王银昆　李旭胜　马俊鹏　周金东　韩银莹
提供材料的还有：徐　涛　王立军　曹洪强　王　浩　冯爱华　王永舵　梁非哲　刘　力　杨淑玲　行　颖　马维明　缪　纾

附录

（一）2011年宁夏回族自治区经济金融大事记

1月11日，太中银铁路正式通车运营，大大地提高了宁夏与华北地区的运输效率。

2月28日，宁东至山东±660千伏直流输电工程正式投运，开辟了宁夏电力大规模外送的首条通道。

6月8日，宁夏沿黄经济区被列为全国主体功能区，成为推动宁夏经济发展的重要增长极。

8月11日，自治区人民政府办公厅转发中国人民银行银川中心支行等单位关于金融支持宁夏“十二五”经济社会发展指导意见的通知，提出促进“十二五”时期宁夏经济金融和谐健康发展的具体措施。

8月23日，宁夏首次开展跨境贸易人民币结算业务，促进了宁夏对外贸易便利化。

9月21日，第二届中阿经贸论坛顺利召开，推动了中国与阿拉伯国家深化全面合作、共同发展的战略合作关系。

2011年，宁夏直接融资取得突破，非金融机构通过债券和股票融资69.5亿元，创历史最高水平。

2011年，宁夏金融体系不断完善，新增小额贷款公司50家，组建村镇银行4家，3家农村信用社改制成为农村商业银行，有8家保险和证券期货类金融机构在宁夏设立分公司或营业部。

（二）2011年宁夏回族自治区主要经济金融指标

表1　2011年宁夏回族自治区主要存贷款指标

		1月	2月	3月	4月	5月	6月	7月	8月	9月	10月	11月	12月
本外币	金融机构各项存款余额（亿元）	2 590.2	2 637.3	2 709.9	2 737.9	2 809.5	2 843.8	2 835.8	2 891.0	2 859.1	2 888.3	2 919.1	2 978.4
	其中：储蓄存款	1 196.4	1 195.6	1 218.9	1 212.2	1 217.4	1 245.3	1 238.3	1 248.2	1 286.8	1 270.3	1 301.5	1 356.3
	单位存款	1 137.3	1 176.0	1 218.8	1 255.9	1 316.8	1 338.9	1 324.0	1 363.8	1 358.0	1 337.2	1 381.7	1 420.9
	各项存款余额比上月增加（亿元）	1.1	47.2	72.6	28.0	71.6	34.3	-8.0	55.2	-31.9	29.2	30.9	59.3
	金融机构各项存款同比增长（%）	22.6	23.3	21.0	19.9	20.7	21.0	19.8	19.2	15.4	15.4	15.0	15.1
	金融机构各项贷款余额（亿元）	2 470.7	2 508.9	2 574.0	2 626.2	2 658.4	2 719.7	2 743.6	2 762.9	2 795.9	2 830.1	2 877.2	2 907.2
	其中：短期	719.9	738.0	780.9	796.5	816.1	833.3	847.6	859.6	879.6	900.4	921.6	951.0
	中长期	1 650.8	1 677.0	1 709.8	1 739.3	1 754.4	1 767.5	1 780.7	1 781.2	1 788.5	1 801.7	1 805.0	1 811.9
	票据融资	99.8	93.4	83.0	90.1	87.5	90.6	87.4	94.2	97.2	96.4	120.4	114.5
	各项贷款余额比上月增加（亿元）	51.1	38.2	65.0	52.2	32.2	61.3	26.7	19.3	32.9	34.2	47.1	30.1
	其中：短期	8.2	18.1	43.0	15.6	19.6	17.2	14.3	12.0	20.0	20.8	21.2	30.2
	中长期	30.6	26.2	32.8	29.5	15.2	13.1	13.3	0.4	7.3	13.3	3.2	6.9
	票据融资	12.3	-6.4	-10.4	7.2	-2.6	3.1	-0.5	6.8	2.9	-0.8	24.0	-5.9
	金融机构各项贷款同比增长（%）	25.1	23.1	22.2	21.5	21.3	22.8	22.0	20.0	20.2	20.0	20.3	20.1
	其中：短期	12.3	11.1	17.2	17.7	24.1	25.1	28.4	25.7	27.0	29.0	31.7	33.6
	中长期	32.4	30.9	26.6	25.5	22.1	21.6	18.7	16.7	15.1	14.2	12.4	11.8
	票据融资	23.6	1.2	-8.3	-9.3	-9.0	-4.3	-2.7	1.3	22.2	18.4	40.5	30.9
	建筑业贷款余额（亿元）	31.9	31.7	31.3	32.8	34.1	35.5	35.1	36.2	36.7	37.3	37.3	38.9
	房地产业贷款余额（亿元）	90.0	93.8	92.1	93.7	92.7	94.7	89.0	87.0	89.5	91.7	92.2	92.9
	建筑业贷款同比增长（%）	34.6	29.8	19.1	18.7	22.6	30.8	29.6	28.4	13.9	24.3	21.0	26.6
	房地产业贷款同比增长（%）	37.6	45.4	34.6	19.5	12.4	18.3	4.0	-1.7	-0.5	3.3	1.0	1.8
人民币	金融机构各项存款余额（亿元）	2 582.1	2 628.8	2 698.4	2 725.5	2 798.5	2 832.8	2 825.4	2 880.5	2 848.3	2 877.2	2 910.2	2 966.9
	其中：储蓄存款	1 192.1	1 191.9	1 215.2	1 208.2	1 213.2	1 240.6	1 234.3	1 244.1	1 282.2	1 265.7	1 296.7	1 351.3
	单位存款	1 133.7	1 171.4	1 211.3	1 247.7	1 310.6	1 332.8	1 317.9	1 358.0	1 352.1	1 331.0	1 377.9	1 414.6
	各项存款余额比上月增加（亿元）	6.2	46.7	69.6	27.1	73.0	34.3	-7.4	55.1	-32.3	29.0	32.9	56.7
	其中：储蓄存款	21.9	-0.2	23.3	-7.0	4.9	27.5	-5.9	9.9	38.1	-16.5	31.0	54.6
	单位存款	-63.3	37.6	39.9	36.4	62.8	22.3	-15.0	40.1	-5.9	-21.2	46.9	36.8
	各项存款同比增长（%）	24.8	23.7	21.2	20.2	21.0	21.3	20.1	19.5	15.7	15.7	15.3	15.3
	其中：储蓄存款	22.3	17.5	17.5	17.3	18.2	19.1	17.9	18.2	17.7	17.7	18.0	15.5
	单位存款	27.1	36.0	27.6	26.4	31.5	31.9	20.1	28.4	26.2	21.2	22.5	18.3
	金融机构各项贷款余额（亿元）	2 450.1	2 487.8	2 552.2	2 603.3	2 635.3	2 670.5	2 695.3	2 715.9	2 747.1	2 780.4	2 828.4	2 860.6
	其中：个人消费贷款	220.3	222.7	230.5	236.0	239.4	247.5	252.9	257.9	262.5	263.5	267.0	268.2
	票据融资	99.7	93.4	82.8	90.0	87.4	90.5	87.4	94.2	97.2	96.2	120.2	114.4
	各项贷款余额比上月增加（亿元）	51.7	37.7	64.4	51.1	32.0	35.1	27.6	20.6	31.2	33.3	47.9	32.2
	其中：个人消费贷款	7.8	2.4	7.8	5.5	6.5	8.1	5.3	5.0	3.8	1.0	3.5	1.2
	票据融资	12.3	-6.3	-10.5	7.2	-2.6	3.1	-0.4	6.8	2.9	-1.0	24.0	-5.8
	金融机构各项贷款同比增长（%）	24.8	22.7	21.9	21.2	21.1	21.4	20.7	18.9	19.1	18.9	19.3	19.3
	其中：个人消费贷款	49.9	46.9	44.4	45.7	43.1	43.5	41.5	39.8	39.0	35.8	33.0	26.4
	票据融资	23.6	1.2	-8.5	-9.3	-9.0	-4.3	-2.6	1.3	22.4	18.5	40.6	30.9
外币	金融机构外币存款余额（亿美元）	1.2	1.3	1.8	1.9	1.7	1.7	1.6	1.6	1.7	1.8	1.4	1.8
	金融机构外币存款同比增长（%）	-38.8	-32.8	-11.5	-9.2	-23.6	-20.2	-24.7	-23.9	-26.5	-30.4	-41.8	-8.7
	金融机构外币贷款余额（亿美元）	3.1	3.2	3.3	3.5	3.6	7.6	7.5	7.4	7.7	7.9	7.7	7.4
	金融机构外币贷款同比增长（%）	81.4	90.2	78.9	66.9	61.9	247.9	212.7	184.7	180.5	180.0	164.7	131.5

数据来源：中国人民银行银川中心支行。

表2 2001～2011年宁夏回族自治区各类价格指数

单位：%

年/月		居民消费价格指数		农业生产资料价格指数		工业生产者购进价格指数		工业生产者出厂价格指数	
		当月同比	累计同比	当月同比	累计同比	当月同比	累计同比	当月同比	累计同比
2001		—	1.6	—	2	—	2.5	—	0.3
2002		—	-0.6	—	3.5	—	-2.2	—	-0.3
2003		—	1.7	—	-0.5	—	6.8	—	5.6
2004		—	3.7	—	13.5	—	17.3	—	10
2005		—	1.5	—	9.3	—	9.7	—	6.2
2006		—	1.9	—	0.8	—	8.5	—	6.2
2007		—	5.4	—	12.2	—	7.1	—	3.7
2008		—	8.5	—	26.2	—	21.8	—	12.9
2009		—	0.7	—	-3.7	—	-5.3	—	-6.1
2010		—	4.1	—	4.4	—	14.1	—	9.1
2011		—	6.3	—	14.0	—	12.8	—	9.5
2010	1	1.7	1.7	-0.8	-0.8	9.0	9.0	3.8	3.8
	2	3.4	2.5	1.8	0.5	11.3	10.2	7.6	5.7
	3	2.4	2.5	1.9	1.0	13.9	11.4	8.2	6.5
	4	3.4	2.7	2.4	1.3	15.3	12.4	7.4	6.7
	5	3.2	2.8	4.5	2.0	16.8	13.3	9.6	7.3
	6	3.2	2.9	5.4	2.5	14.6	13.5	9.7	7.7
	7	4.2	3.1	6.8	3.1	13.1	13.4	9.9	8.0
	8	4.5	3.2	6.3	3.5	13.3	13.4	8.7	8.1
	9	4.1	3.3	4.8	3.7	13.6	13.4	9.5	8.3
	10	5.2	3.5	5.6	3.8	13.2	13.4	10.9	8.5
	11	7.1	3.8	7.3	4.2	17.2	13.8	12.3	8.9
	12	6.6	4.1	7.2	4.4	17.5	14.1	11.9	9.1
2011	1	7.2	7.2	7.4	7.4	15.3	15.3	9.8	9.8
	2	6.8	7.0	9.3	8.4	14.1	14.7	10.2	10.0
	3	7.6	7.2	11.3	9.3	14.0	14.5	10.8	10.3
	4	7.0	7.1	14.0	10.5	13.9	14.3	10.9	10.4
	5	6.8	7.1	14.4	11.3	13.1	14.1	10.7	10.5
	6	7.7	7.2	16.2	12.1	13.6	14.0	11.4	10.6
	7	7.7	7.3	15.9	12.7	14.5	14.1	11.6	10.8
	8	6.8	7.2	15.9	13.1	13.9	14.0	11.8	13.8
	9	6.8	7.2	17.4	13.6	13.7	14.0	10.7	13.6
	10	6.0	7.0	18.0	14.0	11.7	13.8	7.7	10.6
	11	-0.2	6.7	-0.4	14.1	9.0	13.3	4.7	10.0
	12	2.3	6.3	13.3	14.0	7.2	12.8	4.0	9.5

数据来源：《中国经济景气月报》、《宁夏国民经济统计月报》。

表3　2011年宁夏回族自治区主要经济指标

	1月	2月	3月	4月	5月	6月	7月	8月	9月	10月	11月	12月
	绝对值（自年初累计）											
地区生产总值(亿元)	—	—	335.0	—	—	811.5	—	—	1 442.1	—	—	2 060.0
第一产业	—	—	20.7	—	—	33.2	—	—	118.2	—	—	184.0
第二产业	—	—	176.5	—	—	453.7	—	—	785.0	—	—	1 076.0
第三产业	—	—	137.8	—	—	324.6	—	—	538.9	—	—	800.0
工业增加值(亿元)	—	89.0	145.5	200.1	266.2	326.4	382.5	444.1	515.4	583.8	654.7	724.4
固定资产投资(亿元)	—	21.9	100.6	225.5	377.3	580.2	745.2	932.1	1 149.2	1 323.4	434.8	1 648.5
房地产开发投资	—	0.5	12.1	35.6	67.3	102.0	137.4	179.5	220.4	262.3	305.2	330.6
社会消费品零售总额(亿元)	—	76.9	113.6	149.8	183.1	221.7	261.6	303.4	347.6	392.4	434.8	477.6
外贸进出口总额(万美元)	—	303 702	51 216	70 143	92 320	111 864	131 425	155 277	172 398	188 003	208 745	228 573
进口	—	10 156	17 179	22 827	31 961	37 575	44 149	50 070	54 376	57 545	63 999	68 630
出口	—	20 546	34 037	47 316	60 359	74 289	87 276	105 207	118 022	130 458	144 747	159 943
进出口差额(出口－进口)	—	10 390	16 858	24 489	28 398	36 714	43 127	55 137	63 646	72 913	80 748	91 313
外商实际直接投资(万美元)	—	1 423	10 297	11 176	15 062	15 062	15 572	18 851	19 639	19 639	19 639	20 199
地方财政收支差额(亿元)	—	20.2	15.8	25.5	9.9	-16.8	-22.3	-69.9	-144.5	-166.9	-229.1	-339.7
地方财政收入	—	70.8	96.5	136.4	167.4	196.8	237.6	263.5	289.6	322.1	345.7	371.4
地方财政支出	—	50.7	80.7	110.9	157.6	213.6	259.9	333.4	434.1	489.0	574.9	711.1
城镇登记失业率(%)（季度）	—	—	4.3	—	—	4.3	—	—	4.3	—	—	4.4
	同比累计增长率（%）											
地区生产总值	—	—	9.7	—	—	11.5	—	—	11.4	—	—	12.0
第一产业	—	—	2.4	—	—	4.1	—	—	5.3	—	—	5.0
第二产业	—	—	14.7	—	—	16.0	—	—	17.0	—	—	17.5
第三产业	—	—	5.1	—	—	6.6	—	—	5.5	—	—	7.0
工业增加值	—	10.6	14.2	14.0	15.7	16.0	16.0	16.7	17.1	17.2	17.2	18.1
固定资产投资	—	42.8	39.6	22.1	18.0	18.4	26.0	29.8	31.3	33.2	18.3	30.8
房地产开发投资	—	49.8	29.1	23.5	23.8	26.2	28.9	30.2	26.2	28.3	30.3	29.9
社会消费品零售总额	—	17.1	17.8	18.2	18.4	18.4	18.3	18.3	18.3	18.3	18.3	18.3
外贸进出口总额	—	23.0	28.7	31.0	31.3	30.4	26.2	26.0	20.2	18.0	17.5	16.6
进口	—	-12.3	-3.8	-3.7	10.0	8.6	5.9	-0.5	-8.0	-11.3	-10.4	-13.1
出口	—	53.0	55.2	58.5	46.3	45.1	39.8	44.2	39.9	38.1	36.1	36.7
外商实际直接投资	—	47 433.3	34 323.3	6 208.9	320.6	313.8	327.8	364.3	155.9	155.9	142.8	149.7
地方财政收入	—	26.7	29.9	36.0	33.6	34.1	37.1	36.1	34.9	32.5	31.5	29.5
地方财政支出	—	38.1	20.7	19.7	34.2	32.3	32.5	42.1	45.6	43.4	44.1	27.9

数据来源：宁夏统计局、宁夏人力资源和社会保障厅。

2011年新疆维吾尔自治区金融运行报告

中国人民银行乌鲁木齐中心支行货币政策分析小组

[内容摘要] 2011年，新疆继续围绕跨越式发展和长治久安两大发展目标，加快推进新型工业化、农牧业现代化和新型城镇化，全面推动民生建设，实现了“十二五”良好开局。投资增速创历史新高，消费市场持续活跃，进出口实现突破，物价涨幅回落，实现生产总值6 574.5亿元，同比增长12%。

金融业积极落实宏观调控政策，继续保持健康平稳运行。银行业贷款投放继续增加，重点项目和民生领域支持力度加大。各项改革不断深化，农村金融服务进一步改善；证券业稳健发展，保险业增势强劲；金融市场交易活跃，债券融资快速发展；金融生态环境建设取得新成效。

2012年，新疆经济发展的动力更足，加快发展的因素更多，将继续保持较快增长态势。金融业继续贯彻稳健的货币政策，加大对实体经济的信贷支持力度，优化信贷结构，拓宽融资渠道，提高直接融资比重，切实增强支持自治区跨越式发展的金融服务能力。

一、金融运行情况

2011年，新疆金融机构认真落实宏观调控政策，金融运行健康平稳。各项改革稳步推进，多元化融资取得新进展，运行质量不断改善，金融生态环境继续优化。

（一）银行业健康发展，信贷结构调整成效显著

1. 银行业综合实力增强。银行业金融机构资产规模稳步增长，经营效益和资产质量明显提升。2011年年末，新疆银行业金融机构资产规模达到1.4万亿元（见表1），当年实现利润159.7亿元，同比分别增长26%和31.5%；不良贷款实现“双降”，余额和比率同比分别下降2.7亿元和0.52个百分点。随着新疆经济的快速发展，银行业加快在疆布局，中国进出口银行、中国光大银行、广东发展银行等全国性银行入驻新疆，新设4家城市商业银行分行、69家新型农村金融机构。

2. 存款突破万亿元大关，增速放缓。年末，新疆金融机构本外币各项存款余额为10 442.8亿元，同比增长17.4%（见图3），较上年下降12个百分点。由于理财产品热销、民间融资活跃分流大量资金，近两年存款快速增长势头有所放缓。

个人存款波动较大，单位存款明显少增。人民币个人存款较年初增加715.8亿元，同比多增53亿元，受存款考核、存贷比监管等因素影响，其时点波动性加大，呈现“季度末冲高”特点。季度末四个月个人存款增量占全年增量的61.6%。单位存款

表1　2011年新疆维吾尔自治区银行业金融机构情况

机构类别	营业网点			法人机构（个）
	机构个数（个）	从业人数（人）	资产总额（亿元）	
一、大型商业银行	1 294	28 257	6 431	0
二、国家开发银行和政策性银行	93	2 210	2 052	0
三、股份制商业银行	37	1 469	1 226	0
四、城市商业银行	156	3 543	1 944	5
五、城市信用社	0	0	0	0
六、农村合作机构	1 081	9 845	1 794	84
七、财务公司	1	13	7	0
八、信托公司	2	141	29	2
九、邮政储蓄银行	632	4 898	543	0
十、外资银行	2	78	25	0
十一、新型农村金融机构	117	1 076	99	111
十二、其他	1	78	130	1
合　计	3 416	51 605	14 280	203

注：①不包括总部数据。

②农村合作机构包含农村信用社、农村合作银行及农村商业银行。

③新型农村金融机构包括村镇银行、贷款公司、农村资金互助社和小额贷款公司等四类机构。

数据来源：新疆银监局、中国人民银行乌鲁木齐中心支行。

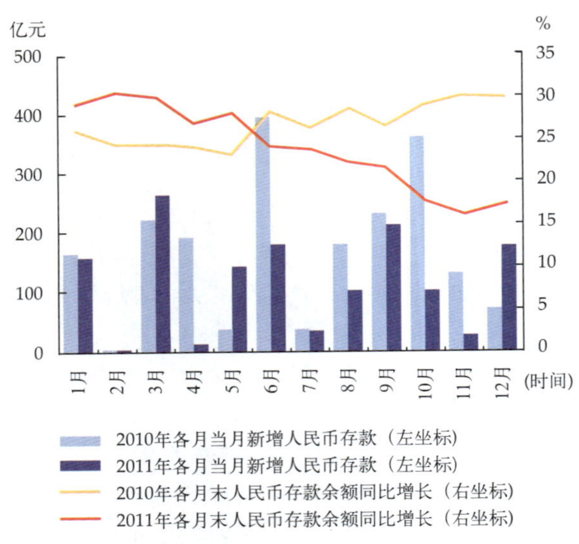

数据来源：中国人民银行乌鲁木齐中心支行。

图1　2010～2011年新疆维吾尔自治区金融机构人民币存款增长变化

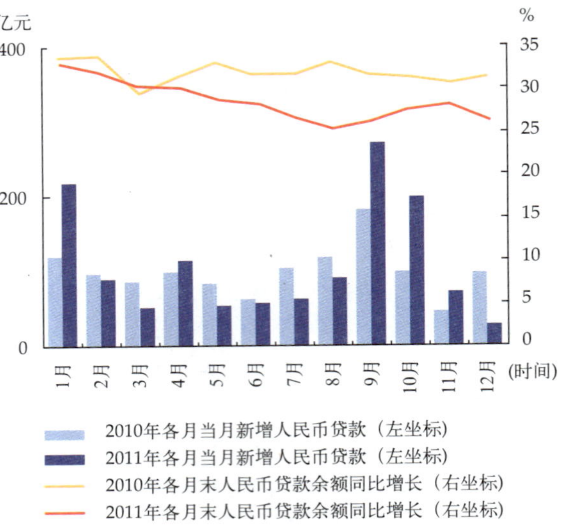

数据来源：中国人民银行乌鲁木齐中心支行。

图2　2010～2011年新疆维吾尔自治区金融机构人民币贷款增长变化

增长乏力，全年新增单位存款850.7亿元，同比少增352.2亿元。

3.贷款保持较快增长，结构优化。年末，新疆金融机构本外币各项贷款余额为6 603.4亿元，同比增长26.7%。其中，外汇贷款较年初增加16.9亿美元，同比增长47.0%，较好地支持了企业“走出去”。

全国性大型银行信贷增势平稳，地方法人金融机构信贷能力增强。全国性大型银行贷款比年初增加611.7亿元，同比增长20.6%；地方法人金融机构新增贷款439.2亿元，同比增长40.3%。

信贷投向结构优化，重点领域和薄弱环节支持力度加大。2011年，新疆新增中长期贷款832亿元，占全部新增贷款的59.8%，为自治区固定资产投资的持续快速增长和重点在建、续建项目的正常运行提供了有力支撑；制造业贷款较年初增加217.2亿元，占新疆新增贷款的16.7%，有力地支持了新型工业化建设。同时，立足新疆“民生建设年”工作，加大对薄弱环节和民生领域的信贷支持力度，涉农、小企业贷款同比分别增长34.4%和39.4%；就业、国家助学、民贸民品贷款累放额增幅分别为2.8倍、93.1%、59.9%；发放“两居”工程贷款26.6亿元，惠及农牧民10.8万户。

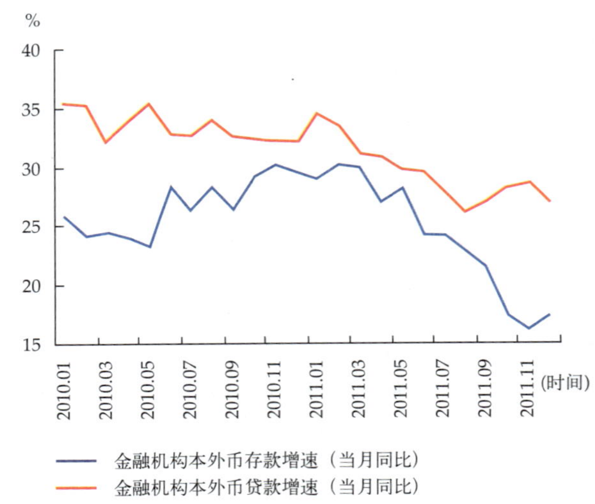

数据来源：中国人民银行乌鲁木齐中心支行。

图3　2010～2011年新疆维吾尔自治区金融机构本外币存、贷款增长变化

信贷区域配置有所改善。在喀什特区效应以及对口援疆政策的作用下，南疆三地州发展加快，信贷投入力度加大，喀什、和田地区信贷增速均在40%以上。

专栏1 金融助力民生建设 新疆"两居"工程显成效

受经济发展和自然环境制约，新疆农牧民收入低、生活条件差，民生问题突出。为改善农牧区居住环境，提高农牧民生活水平，政府将抗震安居、危房改造、扶贫安居、游牧民定居等各类农村住房建设项目统筹规划，于2010年启动"安居富民、定居兴牧"（以下简称"两居"）工程，并在2011年将其作为自治区首要民生工程重点推进。

一、明确目标，做好工程规划

"十二五"期间，计划完成"安居富民"工程150万户、"定居兴牧"工程8.56万户。计划总投资1 110亿元，除中央财政、自治区财政补贴、对口援疆省市支持和农民自筹外，每年需信贷资金80亿～100亿元，约占投资额的40%。

二、规范制度，建立金融支持长效机制

一是在喀什地区进行金融支持"两居"工程试点的基础上，中国人民银行乌鲁木齐中心支行制定下发了《关于做好金融支持"安居富民、定居兴牧"工程相关工作的通知》，指导和督促金融机构落实好相关政策；二是协调政府相关部门出台了《新疆维吾尔自治区"安居富民、定居兴牧"工程信贷资金管理暂行办法》和《新疆维吾尔自治区安居富民工程农村家庭建房贷款财政贴息专项资金管理暂行办法》，进一步规范资金管理和发放流程，确保贷款贴息及时、足额落实到位，并建立风险补偿机制，对"两居"贷款形成的不良贷款由自治区财政、县级财政和金融机构按25%、50%和25%的比例进行核销；三是建立"两居"工程各项资金统计与监测制度，督促金融机构对贷款进行专人负责、专户管理和专项统计；四是将"两居"工程信用情况与农村信用体系建设结合起来，改善贷款信用环境。

三、加强创新，完善金融支持模式

一是"联保贷款或小额信用贷款"模式。农村信用社作为"两居"贷款主力，充分发挥传统小额贷款优势，通过联保贷款或小额信用贷款方式加大支持力度。二是"政府出资担保"模式。乡（镇）政府用办公周转经费在金融机构开设担保专用账户，为贷款提供担保，农户以土地承包经营权作抵押。三是"政府保证金＋担保公司"模式。政府出资设立"两居"住房保证金，存入担保公司，为农牧民提供贷款担保，金融机构按照1：5的比例发放贷款。四是"政府融资平台+银行+财政+农户"模式。融资平台公司以自有资产作抵押，向银行申请贷款，之后与地区安居富民办公室签订协议，将资金通过各县市财政部门拨至各乡镇政府，乡镇政府与农户签订合同，并根据工程进度，将借贷资金支付给第三方建筑单位。

四、稳步推进，金融支持显实效

2011年，金融机构合理安排资金使用，加大对"两居"工程的信贷投放力度，为10.8万户农牧民发放"两居"工程贷款26.6亿元，保障了2011年"两居"工程计划的顺利完成，新疆30万户、120多万农牧民喜迁新居。

4. 表外融资业务增速放缓。银行表外融资业务经历快速增长之后，增速有所回落。年末，企业表外授信总额同比增长18.3%，低于上年同期28个百分点。主要业务品种中，委托贷款余额同比增长1.1倍；银行承兑汇票增长5.8%，较上年下降39.7个百分点；信托贷款净减少162亿元。

5. 金融机构利率水平总体稳步上行。2011年，受存贷款基准利率上调等因素影响，新疆人民币贷款利率呈现上行走势（见表2）。1年期固定利率贷款加权平均利率为7.085%，较上年上升155个基点。个人住房贷款利率持续走高，12月达到年内最高点7.839%。外币存贷款利率走势较为平稳。

从利率浮动情况看，执行上浮、基准和下浮利率的贷款占比较上年分别上升11.5个、6.3个和下降17.8个百分点。

民间借贷规模扩大，利率明显上升。525个监测点数据显示，当年民间借贷发生额较上年增长65.3%，农户借贷加权利率达17.963%，较上年上升

表2　2011年新疆维吾尔自治区人民币贷款各利率区间占比

单位：%

月份		1月	2月	3月	4月	5月	6月
	合计	63.1	58.5	53.7	52.9	49.9	51.3
	[0.9～1.0)	21.4	16.8	12.6	13.2	14.3	13.3
	1.0	41.7	41.7	41.1	39.6	35.6	38.0
上浮水平	小计	36.9	41.5	46.3	47.1	50.1	48.7
	(1.0～1.1]	5.1	4.1	9.0	8.7	7.3	17.1
	(1.1～1.3]	5.9	5.0	6.7	11.7	9.3	13.6
	(1.3～1.5]	9.1	8.3	8.8	8.0	10.2	6.0
	(1.5～2.0]	14.9	20.6	17.3	16.1	21.4	11.2
	2.0以上	1.9	3.4	4.5	2.6	1.8	0.7
月份		7月	8月	9月	10月	11月	12月
	合计	57.0	47.0	64.4	64.4	55.8	46.8
	[0.9～1.0)	9.3	5.7	3.4	2.4	4.2	3.9
	1.0	47.6	41.3	61.0	61.9	51.6	42.9
上浮水平	小计	43.0	53.0	35.6	35.6	44.2	53.2
	(1.0～1.1]	10.3	18.8	11.7	10.7	13.6	16.9
	(1.1～1.3]	10.7	11.0	7.5	7.8	10.7	9.5
	(1.3～1.5]	7.3	7.8	5.4	5.7	5.8	8.9
	(1.5～2.0]	14.1	14.7	10.4	10.6	12.5	15.9
	2.0以上	0.7	0.7	0.6	0.8	1.6	2.0

数据来源：中国人民银行乌鲁木齐中心支行。

189个基点。

6. 金融机构改革有序推进。全国性银行进一步完善经营机制，强化内控管理。地方法人金融机构加强公司治理，强化资本、成本和风险约束，扩张步伐有所加快，昆仑银行、农村信用社成功实施增资扩股，分别募集资本51亿元和25.4亿元，股权结构进一步优化；哈密市商业银行、乌鲁木齐市商业银行加快全疆网点布局，新设4家异地支行。

农村金融服务体系不断完善。中国农业银行全面推进县域蓝海战略工程，在五个地州率先开展“三农金融事业部”改革试点，搭建内部组织架构，初步建立“一级经营”管理运行体制。农村信用社在兵团新增20个服务网点，乡镇团场54个流动服务站转为固定网点，金融服务范围进一步扩大；贷款增量创历史新高，涉农贷款余额占比达78%，支农主力军作用进一步发挥。新型农村金融机构快速发展，新疆新设小额贷款公司64家、村镇银行4家，首家农村资金互助社成立，农村金融服务能力和水平快速提升。

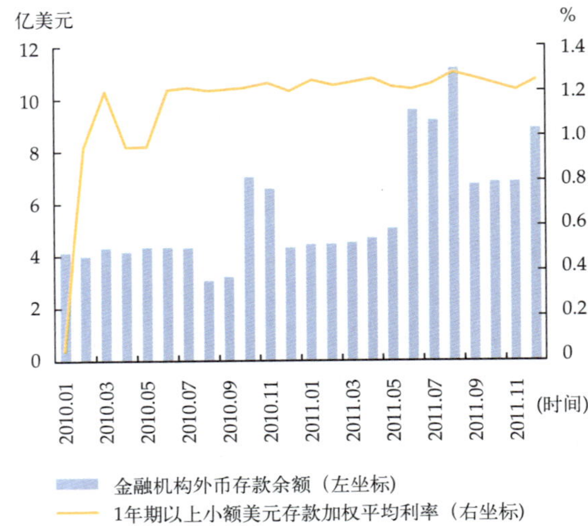

数据来源：中国人民银行乌鲁木齐中心支行。

图4　2010～2011年新疆维吾尔自治区金融机构外币存款余额及外币存款利率

7. 跨境人民币业务加快发展。2011年，在国家出台多项政策的有利形势下，新疆积极引导市场需求，加快金融对外开放，跨境贸易人民币结算试点规模及服务区域迅速扩大。发生业务往来的国家和地区从上年的8个增加到25个，全年结算量达199.3亿元，较上年增长3.4倍。其中，跨境货物贸易结算量占到进出口总额的10%，高于全国3.4个百分点。

（二）证券业稳步发展，市场功能进一步发挥

1. 证券业加强业务创新，整体保持盈利。2011年，股票市场低迷，证券交易量大幅萎缩，新疆证券机构在落实以净资本为核心的风险监管制度基础

表3　2011年新疆维吾尔自治区证券业基本情况

项目	数量
总部设在辖内的证券公司数（家）	1
总部设在辖内的基金公司数（家）	0
总部设在辖内的期货公司数（家）	2
年末国内上市公司数（家）	39
当年国内股票（A股）筹资（亿元）	98.07
当年发行H股筹资（亿元）	0
当年国内债券筹资（亿元）	242.2
其中：短期融资券筹资额（亿元）	87

数据来源：新疆证监局、中国人民银行乌鲁木齐中心支行。

上，大力推动业务创新，80%以上的营业部已开展证券投资顾问、融资融券等业务。证券机构全年实现净利润5亿元。

2. 上市公司平稳发展。2011年，新疆共有上市公司39家，其中，A股上市公司37家、H股上市公司2家，家数位居西北五省首位（见表3）。广汇股份、汇通集团、新疆众和、北新路桥实现增发融资98.1亿元。百花村、汇通集团实施重大资产重组，上市公司整体资产质量进一步提高。

（三）保险业快速发展，“三农”保障力度加大

1. 保险机构增多，资产规模扩大。2011年，新疆积极引进专业化保险公司，机构进一步增多，服务网络更加健全，网点布局渐趋合理，整体实力明显增强。全年新设省级分公司5家，增加地市县级分支机构44家。保险业资产总额达432亿元，同比增长18.8%。

2. 保险业务快速发展，保障功能增强。新疆保费收入突破200亿元大关，财产险和人身险保费收入同比分别增长24.6%和8.1%。全年累计赔款给付同比增长16.5%，保险服务民生、保障民生的作用得到有效发挥（见表4）。

特色农业保险试点逐步深化。新疆进一步提高粮棉、油料等主要作物保险覆盖率，积极在南疆地区开展核桃、红枣等八个主栽品种的林果业保险试点，在乌鲁木齐、哈密、和田等地开办设施农业保险。自治区政府进一步加大对农业保险的补贴力度，按照“政府组织＋财政补贴＋产品组合”模式，在疏附、巴楚等六个县启动包含五项涉农险种在内的政策性农户综合保险①试点，积极探索完善农村保险服务体系。

（四）债券融资发展提速，多元化融资成效初显

2011年，新疆金融市场业务快速发展，各子市场交投活跃，非金融企业债券融资力度加大，融资渠道呈现多元化。

1. 债券融资取得新突破。新疆加快发展债券融资，企业直接融资意识显著增强，全年19家企业注册发行短期融资券、中期票据等债务融资工具198亿元，债券融资在全部融资中的占比较上年提高5.7个百分点（见表5）。

2. 银行间市场交易活跃，市场利率高于上年。2011年，新疆金融机构银行间债券市场累计成交21 783.1亿元，同比增长85.6%。区域资金总

表4　2011年新疆维吾尔自治区保险业基本情况

项目	数量
总部设在辖内的保险公司数（家）	0
其中：财产险经营主体（家）	0
人身险经营主体（家）	0
保险公司分支机构（家）	27
其中：财产险公司分支机构（家）	15
人身险公司分支机构（家）	12
保费收入（中外资，亿元）	203.62
其中：财产险保费收入（中外资，亿元）	78.51
人身险保费收入（中外资，亿元）	125.11
各类赔款给付（中外资，亿元）	57.48
保险密度（元/人）	925.5
保险深度（%）	3.1

数据来源：新疆保监局。

表5　2001～2011年新疆维吾尔自治区非金融机构融资结构

单位：亿元、%

年份	融资合计	比重		
		贷款	债券（含可转债）	股票
2001	242.9	75.2	16.2	8.6
2002	285.1	71.9	25.3	2.8
2003	387.7	95.9	19.6	4.5
2004	170.0	79.2	11.8	9.0
2005	184.9	73.2	25.1	1.7
2006	205.5	75.3	24.7	0
2007	414.7	68.9	3.9	27.2
2008	415.3	84.1	2.9	13.0
2009	1 105.7	93.4	3.5	3.0
2010	1 597.6	78.7	7.9	13.4
2011	1 723.3	80.4	14.0	5.6

数据来源：中国人民银行乌鲁木齐中心支行。

① 政策性农户综合保险范围包括政策性种养两业保险、林果业保险、设施农业保险、农户家庭财产保险、农户人身险。

表6　2011年新疆维吾尔自治区金融机构票据业务量统计

单位：亿元

季度	银行承兑汇票承兑		贴现			
			银行承兑汇票		商业承兑汇票	
	余额	累计发生额	余额	累计发生额	余额	累计发生额
1	250	154	305	410	1.4	1.1
2	276	179	255	400	1.1	0.1
3	270	158	185	241	2.2	2.2
4	281	170	221	252	12.2	2.5

数据来源：中国人民银行乌鲁木齐中心支行。

表7　2011年新疆维吾尔自治区金融机构票据贴现、转贴现利率

单位：%

季度	贴现		转贴现	
	银行承兑汇票	商业承兑汇票	票据买断	票据回购
1	6.4467	9.2846	4.3879	5.3112
2	6.5057	8.9549	4.7540	5.0202
3	8.5009	9.7726	7.3373	6.3015
4	9.0912	10.5105	7.7340	6.7669

数据来源：中国人民银行乌鲁木齐中心支行。

体呈流出态势，部分资金较为宽裕的金融机构加大质押式逆回购操作力度，累计净融出资金3 826.8亿元，为上年同期的4倍。全年正回购、逆回购加权平均利率同比分别提高64个和156个基点。

3. 票据业务增速放缓，利率总体处于高位（见表6、表7）。全年累计签发银行承兑汇票661亿元，同比增长17.8%，较上年下降20个百分点。由于信贷总量趋紧，金融机构压缩票据融资，贴现余额较年初减少78亿元。随着银行资金价格走高，票据利率总体处于高位。3个月银行承兑汇票贴现利率从1月的5.587%震荡上升至10月10.261%的年内最高点，之后有所回落，12月达8.723%。

（五）金融生态环境不断优化

2011年，新疆突出信用环境和法制环境建设，加强重点领域风险管控，切实做好打击非法集资和地下钱庄、反洗钱、反假币等工作。自治区政府制定下发《关于加快推进自治区社会信用体系建设的实施意见》，健全联动机制，全面推进“诚信新疆”建设。完善企业和个人征信系统，14.3万个借款企事业单位和626万有信贷记录的个人信息被录入系统；加快中小企业信用体系建设，为28 345户中小企业建立信用档案；大力推动信用信息在金融系统及相关领域内的共享和应用，信用机制作用逐步发挥。

新疆以农村支付体系和农村信用体系建设为突破口，加快整合农村金融服务资源，强化农村金融基础设施建设，积极开发适合农牧民的非现金支付结算产品，稳步推进“农村青年信用示范户”试点工作，评定“农村青年信用示范户”13.1万户，有效地改善了农村金融服务环境。

二、经济运行情况

2011年，新疆经济平稳快速增长，主要指标达到历史最好水平，总体处于加快发展上升期。新疆实现地区生产总值6 574.5亿元，同比增长12%，高于全国平均增幅2.8个百分点（见图5）。

（一）投资增长创新高，消费市场持续活跃，对外贸易实现突破

1. 投资增长创新高，结构不断优化。2011年，新疆完成全社会固定资产投资4 712.8亿元，同比增长33.1%，创1994年以来的新高（见图6）。固定资产投资结构优化。一是农村投资力度加大，增速高于城镇9.9个百分点。二是制造业投资领先增长，以有色金属冶炼及压延加工业、非金属矿物制品业、纺织工业、钢铁工业为代表的制造业投资同比增长

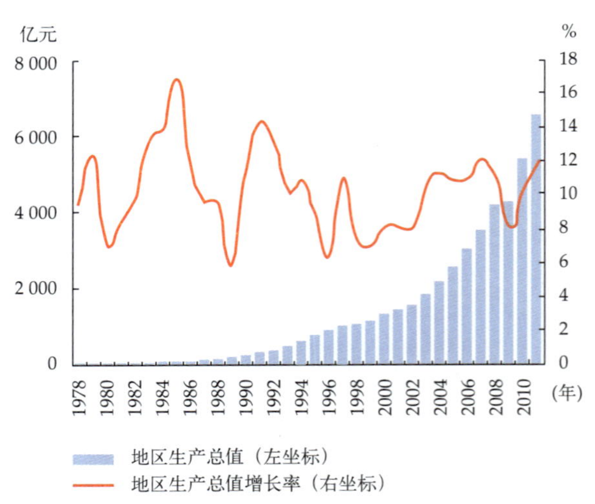

数据来源：《政府工作报告》、《新疆统计年鉴》。

图5　1978～2011年新疆维吾尔自治区地区生产总值及其增长率

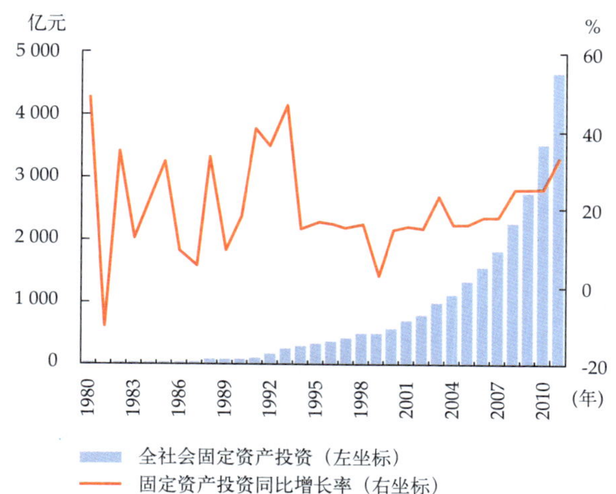

数据来源：《政府工作报告》、《新疆统计年鉴》。

图6　1980～2011年新疆维吾尔自治区固定资产投资及其增长率

85.7%，对投资增长的贡献率为45.3%。三是民生领域投资增速和比重创改革开放以来的新高，民生类工程投资增长53.9%，占全社会固定资产投资总额的40.3%。四是民间投资信心增强，活力得到释放，同比增长56.9%。

2. 消费市场持续活跃。2011年，新疆居民收入提高，社会保障力度加大，有效带动消费增长。社会消费品零售总额为1 557.1亿元，同比增长17.5%（见图7）。新疆消费结构进一步升级，相关消费

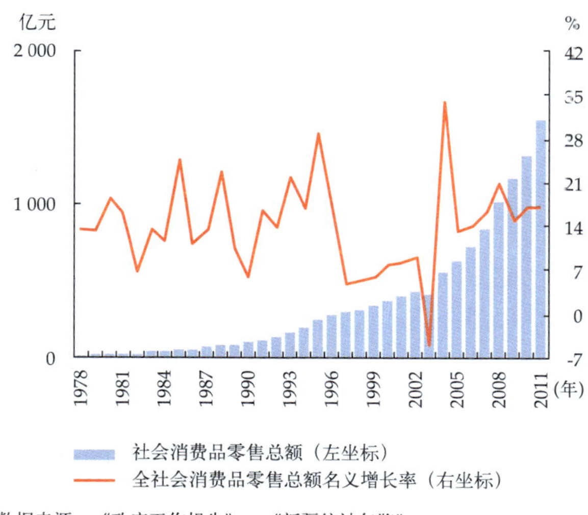

数据来源：《政府工作报告》、《新疆统计年鉴》。

图7　1978～2011年新疆维吾尔自治区社会消费品零售总额及其增长率

快速增长。国际金价上涨带动黄金消费火爆，全年金银珠宝类消费同比大幅增长68.3%；汽车消费热度不减，同比增长23.8%；家电下乡政策带动家用电器和音像器材类消费同比增长36.9%。

3. 对外贸易实现突破，发展层次有所提升。经历2008年国际金融危机后的两年低谷后，2011年新疆外贸进出口额达到228.2亿美元，同比增长33.2%，创历史新高。其中，出口168.3亿美元，同比增长29.8%；进口 59.9亿美元，同比增长44%（见图8）。

外贸运行特点为：一是原油带动进口增长。在国家加大重点战略资源储备的背景下，原油进口增长70.8%，占进口总额的47.3%，对进口增量的贡献率为64.1%。二是一般贸易大幅增长，贸易结构有所优化。一般贸易同比增长78.3%，占比提高7个百分点，边境小额贸易占比持续下降。三是推进市场多元化成效显著，与非传统贸易伙伴进出口额显著增长。美国一跃成为新疆第五大贸易伙伴，新疆与巴基斯坦、英国、澳大利亚、荷兰等多个国家的贸易额增幅超过200%。

利用外资规模扩大，境外投资步伐加快。全年实际利用外商直接投资3.4亿美元（见图9），同比增长41.0%，资金主要来自中亚国家和中国香港，投向能源、矿产等行业。对外投资4.4亿美元，同比增长17.3%，主要投向资源勘探和贸易领域，以中

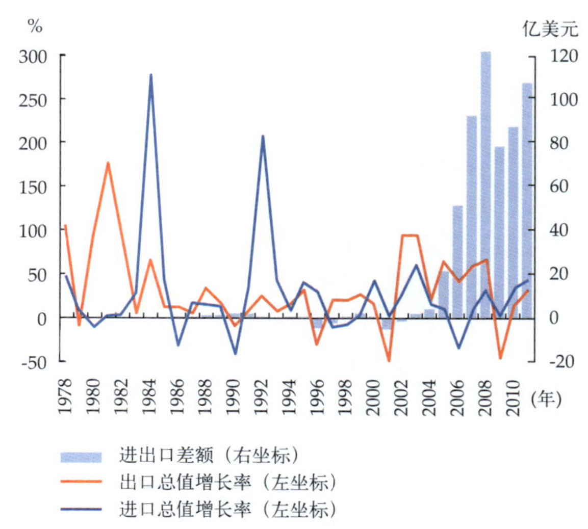

数据来源：《政府工作报告》、《新疆统计年鉴》。

图8　1978～2011年新疆维吾尔自治区外贸进出口变动情况

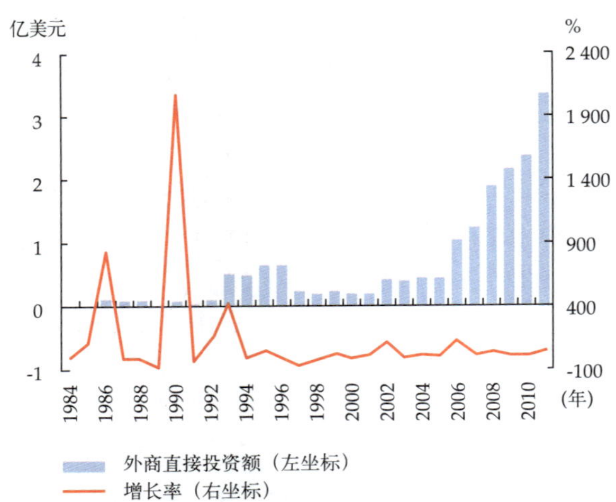

数据来源：《政府工作报告》、《新疆统计年鉴》。

图9 1984~2011年新疆维吾尔自治区外商直接投资情况

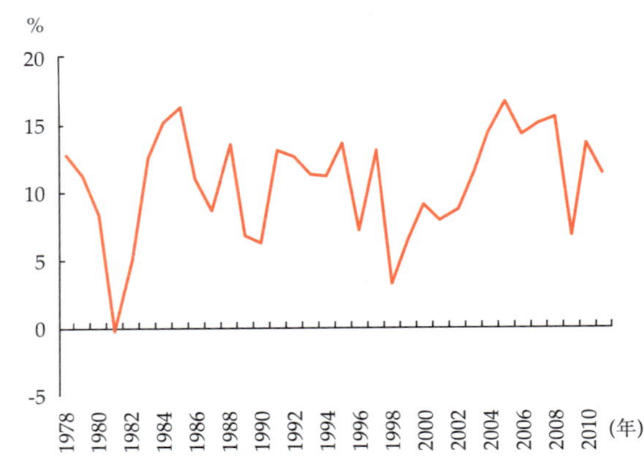

数据来源：《政府工作报告》、《新疆统计年鉴》。

图10 1978~2011年新疆维吾尔自治区规模以上工业增加值实际增长率

亚国家和中国香港为主，欧盟所占比重增加，并逐渐向非洲和澳大利亚辐射。

（二）农业生产平稳增加，工业生产稳中加快，服务业迅速发展

1. 农业生产平稳增加，产业化步伐加快。新疆农林牧渔业总产值为1 955.4亿元，同比增长6.9%。粮食生产连续五年丰收，产量达到1 224.7万吨，同比增长4.6%；棉花产量为289.8万吨，同比增长16.6%。农产品品牌建设和推广工作取得成效，新增农产品中国驰名商标3个、新疆名牌产品40个；特色农产品销售网基本覆盖国内六大区域和港澳地区，以及东南亚、东北亚市场。农产品优势产业区加快形成，新疆成为全国重要的粮食、棉花、瓜果、畜产品生产基地。以农业龙头企业为引领的农产品深加工产业集群初步形成。

2. 工业生产稳中加快，增长动力加强。工业生产低开高走，规模以上工业增加值为2 764.1亿元，增长11.4%（见图10）。体现新疆资源优势和发展活力的自主性工业成为新疆工业的重要增长极，表现为非石油、地方工业、中小型企业和园区工业同步快速增长态势。其中，非石油和中小型企业工业增加值同比分别增长17.9%和20.7%。

新型工业化加速推进。一批现代煤化工、有色金属、电力、建材等重大项目建成投产，新能源、新材料、节能环保、生物制药等战略性新兴产业快速发展，62家国家级和自治区级园区成为新型工业化的重要载体。

3. 服务业迅速发展，旅游市场活跃。第三产业增加值达2 145.7亿元，同比增长15.2%，创1995年以来的新高。商贸、金融、旅游、餐饮、物流、信息等服务业全面发展。旅游市场活跃，接待人数和收入创历史新高。

（三）主要价格指数高位运行，涨幅逐渐回落

1. 居民消费价格冲高回落，物价调控显效。2011年，新疆CPI累计同比上涨5.9%，较上年上升1.6个百分点（见图11）。新疆物价涨幅上半年逐月走高，9月至年中高点后逐月回落，调控效应显现。食品类价格领涨居民消费价格，上涨12.6%，拉动新疆CPI上升4.2个百分点。

2. 大宗商品价格上涨推高生产价格指数。新疆是中国重要的原油和原料产区，大宗商品价格波动对新疆工业产品价格的影响较大。2011年工业生产者出厂价格指数（PPI）和购进价格指数（IPI）均保持两位数增长，分别为14.8%和17.8%，PPI涨幅居全国第一。第四季度生产价格有所回落，PPI、IPI分别较前三个季度回落1.9个和2.6个百分点。生产价格高位运行对产品成本、最终消费品价格上涨

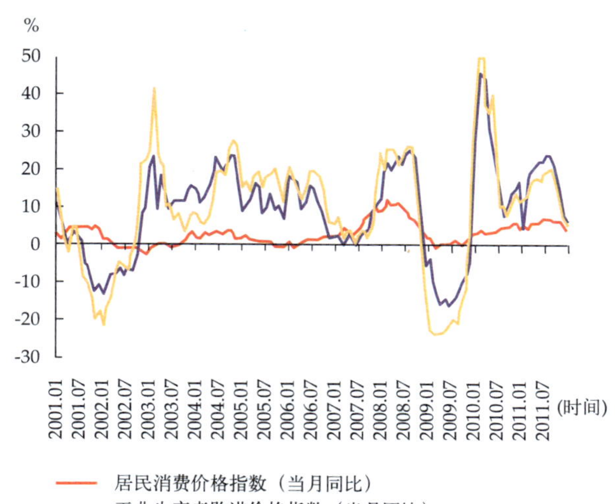

数据来源：《政府工作报告》、《新疆统计年鉴》。

图11　2001～2011年新疆维吾尔自治区居民消费价格和生产者价格变动趋势

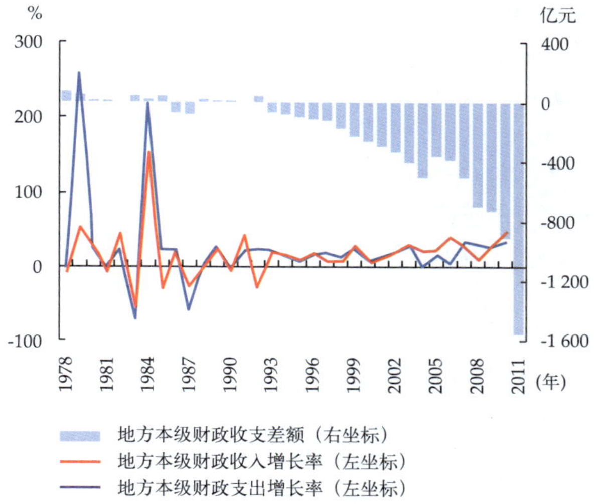

地方本级财政收支差额（右坐标）
地方本级财政收入增长率（左坐标）
地方本级财政支出增长率（左坐标）

数据来源：《政府工作报告》、《新疆统计年鉴》。

图12　1978～2011年新疆维吾尔自治区财政收支状况

造成较大压力。

3. 劳动力成本上升。2011年城镇居民人均工资报酬为12 653元，增长11.7%；农村居民人均工资报酬为805元，增长44.7%。

（四）财政收支高速增长，增幅创新高

1. 财政收入快速增长，增幅创近十年新高。2011年新疆一般预算收入为720.9亿元，同比增长44%（见图12）。其中，税收收入为593.4亿元，同比增长42.6%。财政收入快速增长的原因有两个：一是经济快速增长带动增值税、营业税等税收较快增长；二是资源税改革实现增收32.5亿元。

2. 财政支出增加，结构进一步优化。2011年新疆一般预算支出为2 282.7亿元，同比增长34.4%，自5月起增幅持续排名全国第一。财政支出结构进一步优化，重点民生领域得到有效保障。教育、医疗卫生、社会保障和就业支出同比分别增长26.6%、28%、19.8%。

（五）大力推进节能减排，生态环境建设成效明显

2011年，按照“环保优先、生态立区”和“两个可持续”[①]的发展要求，新疆大力推进节能减排工作。自治区政府制定《2011年节能减排工作重点》，与各地州市政府、行政公署签订主要污染物总量控制目标责任书；组织3 300余人对疆内11 000余家企业污染减排工作的进展情况进行检查；安排节能减排专项资金10.3亿元，支持节能、节水、循环经济等192个重点项目建设；发放脱硫电价补助资金和污染减排专项补助资金共计4.9亿元，下拨淘汰落后产能中央财政奖励资金4 063万元。

重点区域节能减排、环境治理见成效。塔里木河流域下游生态逐步恢复，首次实现自20世纪60年代以来连续20个月不断流，博斯腾湖生态环境保护工程全面启动。乌鲁木齐市大气污染综合防治初见成效，空气质量连续八年好转，达到或优于二级标准的天数较上年增加10天。

（六）主要行业分析

1. 房地产市场调控政策效应显现，市场交易“量缩价滞”

（1）房地产开发投资增速高位放缓。上半年，中央支持新疆发展各项优惠政策的实施提振了投资者信心，带动房地产开发投资快速增长。下半年，随着国家房地产调控力度不断加大，房

① 两个可持续：资源开发可持续、生态环境可持续。

地产开发投资增速高位放缓。全年完成房地产开发投资518.3亿元，同比增长50.3%，高于全国平均增速22.4个百分点，但增速较上半年回落17个百分点。

（2）房地产市场供应充足。新疆房屋施工面积和竣工面积分别增长36.2%和23.7%（见图13）。保障性安居工程建设力度加大，新开工保障性住房35.6万套，基本建成10.8万套，完成投资189.8亿元。

（3）房地产市场销售明显回落。在“限购”、“限贷”等房地产调控政策作用下，新疆商品房销售面积、销售额增速在第一季度达到高峰后呈现逐月回落的态势，1～12月，商品房销售面积和销售额增速较第一季度分别回落57.3个和74.5个百分点。房价上涨势头得到抑制，乌鲁木齐市新建商品住宅价格涨幅3月开始持续回落，环比涨幅除6月略有上升外，其余均为下降（见图14）。

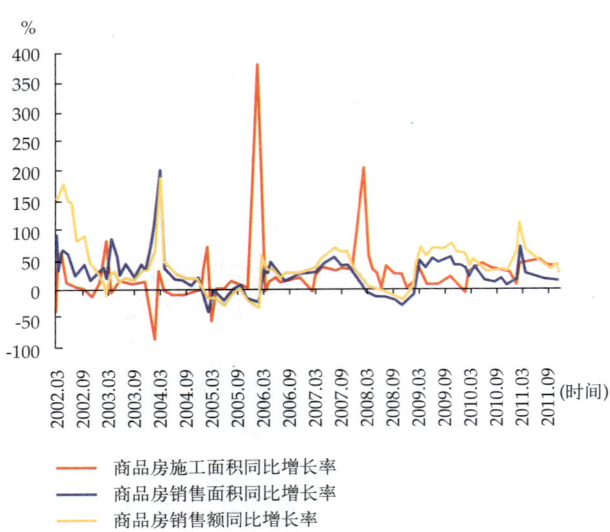

数据来源：《政府工作报告》、《新疆统计年鉴》。

图13　2002～2011年新疆维吾尔自治区商品房施工和销售变动趋势

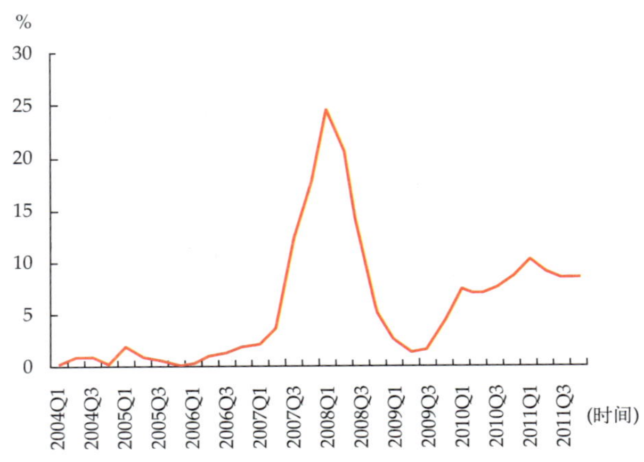

数据来源：《政府工作报告》、《新疆统计年鉴》。

图14　2004～2011年乌鲁木齐市新建商品住宅销售价格指数

（4）房地产贷款增速放缓。在稳健的货币政策、房地产调控政策等多重因素的综合作用下，房地产各项贷款增速有所放缓，同比回落7.5个百分点。其中，个人住房贷款同比增长31.8%，增速同比回落15.8个百分点，余额占比较上年下降2.8个百分点。

专栏2　新一轮对口援疆工作亮点突出　成效显著

2009年中央确定开展新一轮对口援疆工作，2010年召开全国对口支持新疆工作会议，援疆工作正式启动，2011年援疆工作全面组织实施。新一轮援疆工作从以往以财政支援为主的“输血”方式，转变为以提高新疆经济内生增长力为目的的“造血”方式，大大提高了援疆工作的成效。

一是健全援疆机制，为援疆提供组织保障。为有效推进援疆工作，自治区建立了对口援疆工作协调领导小组工作制度，自治区与各受援地州均成立了对口援疆办公室；援疆省市编制了援疆规划，与受援地结对开展工作；建立了自治区与对口援疆省市前方指挥部、后方协调机构、国家相关部委全方位、多层面的联系沟通机制。

二是强化产业援疆，增强新疆自我发展能力。新疆与对口省市积极对接，坚持“输血”与“造血”相结合，引进优质企业，做大做强新疆特色优势产业，提高新疆自我发展能力。通过企业对接、特色农业产业建设、工业园区建设等方式，助推新疆构建富有竞争力的现代产业体系。全年实施地方产业发展项目214个，经济合作到位资金达1 087亿元，开工建设经济合作项目1 663个。

三是资金支持力度前所未有，以民生为先。2011年投入援疆资金153亿元，是前13年的近4倍。80%的政府性援疆资金用于民生建设，优先安排实施四大类1 024项民生工程，对改变新疆城乡面貌和群众生产生活起到了积极作用。

四是援疆内容拓宽，实施全方位援疆。除经济外，新一轮援疆工作涉及人才、教育、科技、文化、金融等各个方面，尤其加大人才和科技、教育援疆力度。2011年各援疆省市派遣规划设计、项目管理、支医支教支农人员等共计5 642名，通过招商、项目、合作等方式吸引各类高级专业人才3 417人到新疆创业。利用援疆渠道，加大新疆人才培养力度，组织干部赴内地挂职1 789人次、培训15万人次，安排1.38万名未就业高校毕业生到对口支援省市接受培训。

2. 旅游业强劲发展，金融支持力度加大。近年来，“新疆游”热度持续上升，旅游业发展迅猛。2011年新疆旅游收入实现历史性突破，达到442亿元，同比提高44%，占第三产业增加值的21%。旅游业已成为新疆重要的支柱产业和新的经济增长点。

旅游投入大幅增加，旅游产业初具规模。2011年新疆旅游综合投入超过200亿元，为历年最高。已形成以丝绸之路为主线、“五区三线”①为重点的旅游业发展格局。现有国家A级景区243处、旅行社441家、旅游星级旅店501家。直接和间接从业人员已达到百万人。

打造旅游品牌，提升产业发展层次。依托新疆独特的自然景观、浓郁的民族风情和深厚的西域宗教文化历史，以吐鲁番葡萄节、那达慕大会、塔克拉玛干沙漠穿越国际特种旅游节、胡杨摄影节等不同的主题“旅游节”为载体，塑造新疆旅游品牌。同时，深入挖掘西域宗教、音乐、歌舞、文物等特色文化，推出以龟兹文化、阿勒泰古岩画群等为代表的文化精品，丰富新疆旅游内涵。

旅游商品市场活跃，富民效应显著。建成喀什维吾尔工艺品、吐哈干鲜瓜果、和田玉石和地毯等一批特色旅游商品生产加工基地。以“农家乐”为代表的特色餐饮服务发展迅速，农民增收明显。其中，乌鲁木齐市水溪沟镇人均收入达到10万元，成为新疆最富乡镇之一。

金融业大力支持旅游业发展，加大信贷支持力度。年末，住宿餐饮、交通运输等旅游相关行业贷款余额为1 065.4亿元，占新疆贷款余额的17%。同时，加强产品和服务创新，开展以景区门票收费权为质押的贷款业务，大力推动非现金支付，开展景区“刷卡无障碍”建设活动。2011年，喀纳斯景区非现金支付结算量同比增长25%。

三、预测与展望

展望2012年，在各项推进新疆跨越式发展和长治久安优惠政策的继续支持下，促进发展的动力更足，加快发展的因素更多，新疆经济有望继续保持平稳较快增长，预计地区生产总值增速在11%左右。

政策支持效应持续。随着国家新一轮西部大开发的启动、差别化产业政策的落实、对口援疆工作的全面推进，一大批产业援疆项目、重点项目加快建成投产，将形成新的经济增长点。

经济增长动力强劲。投资拉动作用增强，新型工业化、新型城镇化、农牧业现代化、基础设施和民生工程加快建设，全社会固定资产投资将在2011年高增速的基础上保持快速增长；消费需求保持旺盛、“民生建设年”工作继续推进、社会保障体系

① “五区”是指喀纳斯湖生态旅游区、天池博斯腾湖风景旅游区、喀什民族风俗风情旅游区、伊犁塞外江南旅游区，“三线”是指南线、北线和中线。

不断完善城乡居民收入进一步提高，将继续拉动消费快速增长；外贸增长动力增强，国家级经贸展会——中国—亚欧博览会的影响力不断扩大，中哈霍尔果斯国际边境合作中心封关运行提升了新疆对外经贸合作层次，国家支持喀什、霍尔果斯经济开发区的政策效应逐渐显现，将进一步推动外贸增长。

2012年物价上涨压力依然较大，但外部经济环境与国际金融危机爆发时期相比总体偏好，国内抑制物价上涨的积极因素继续增加，预计物价水平总体可控，增幅在5%左右。

2012年，在新疆跨越式发展的背景下，新疆资金需求依然旺盛。金融业将认真贯彻稳健的货币政策，进一步加大贷款投放，优化信贷结构，着力加大对重大在建和续建项目、涉农、中小企业、民生领域的金融支持力度，大力发展资本市场，多渠道提高直接融资比重，更好地服务实体经济发展，持续增强支持自治区跨越式发展的金融保障能力。

中国人民银行乌鲁木齐中心支行货币政策分析小组
负责人：朱苏荣　陶君道
统　稿：赵　冰　杨新建　王　勇　张丽亚　王力敏
执　笔：张志超　毕燕茹　李新生　祁丽媛　徐晓静　冯怀珠　袁　强
提供材料的还有：朱金惠　杨长伟　李宏林　温　波　李扬俊　曹　莉　赵琪琦　马雅琼　高英瑜　陈　旭

附录

（一）2011年新疆维吾尔自治区经济金融大事记

1月，自治区十一届人大四次会议通过《自治区国民经济和社会发展第十二个五年规划纲要》，这是全面贯彻中央新疆工作座谈会精神的重要规划。

1月，自治区人民政府出台《关于加快推进自治区社会信用体系建设的实施意见》（新政办发[2011]8号），兵团印发《关于建立兵团社会信用体系建设联席会议制度的通知》（新兵办发[2011]6号）。

2月，自治区党委常委（扩大）会议确定2011年为新疆的“民生建设年”，实施22类80项重点民生工程。

2月，郑州商品交易所增设中储棉盐城直属库为指定棉花交割库，重新启用连云港新苏豫棉花储运公司开展棉花交割业务，促进新疆棉花资源与内地纺织企业在期货市场对接，形成“疆棉出疆新通道”。

4月，新疆首家农村资金互助社——昌吉市榆树沟镇民心农村资金互助社开业；7月，中国光大银行乌鲁木齐分行挂牌成立；11月，中国进出口银行新疆分行挂牌成立。

5月，中国人民银行、中国银监会、中国证监会、中国保监会联合出台《关于金融支持新疆跨越式发展的意见》（银发[2011]118号）。9月，“一行三会”与自治区人民政府、兵团联合召开金融支持新疆跨越式发展座谈会。

5月，新疆在疏附县、巴楚县、乌什县、拜城县、库车县、奇台县等六个县启动政策性农户综合保险试点工作。

6月，新疆正式推出人民币与坚戈现汇挂牌交易。

9月，新疆成功举办首届中国—亚欧博览会，顺利召开中国—亚欧博览会金融论坛。

10月，《国务院支持喀什霍尔果斯经济开发区建设的若干意见》发布，推出十大扶持政策支持两个开发区跨越发展。

（二）2011年新疆维吾尔自治区主要经济金融指标

表1　2011年新疆维吾尔自治区主要存贷款指标

		1月	2月	3月	4月	5月	6月	7月	8月	9月	10月	11月	12月
本外币	金融机构各项存款余额（亿元）	9 069.6	9 174.4	9 435.3	9 451.3	9 592.9	9 799.0	9 830.1	9 941.3	10 123.2	10 225.7	10 254.3	10 442.8
	其中：储蓄存款	3 904.9	3 896.2	3 930.9	3 861.7	3 858.2	3 907.5	3 889.4	3 893.3	4 029.1	4 143.8	4 219.8	4 440.9
	单位存款	4 573.5	4 657.8	4 918.8	5 059.4	5 295.5	5 460.5	5 467.1	5 585.1	5 659.0	5 589.7	5 604.4	5 616.6
	各项存款余额比上月增加（亿元）	159.3	104.8	260.9	16.0	141.5	206.1	31.1	111.3	181.9	102.5	28.7	188.5
	金融机构各项存款同比增长（%）	28.8	30.2	29.8	26.7	27.9	24.2	24.0	22.7	21.5	17.3	15.9	17.4
	金融机构各项贷款余额（亿元）	5 474.8	5 568.8	5 624.8	5 739.1	5 799.1	5 875.4	5 931.3	6 002.0	6 274.6	6 475.8	6 561.2	6 603.4
	其中：短期	1 920.6	1 951.2	2 009.4	2 030.2	2 020.9	1 989.6	1 974.7	1 983.9	2 194.3	2 315.5	2 326.1	2 278.6
	中长期	3 105.1	3 189.0	3 245.3	3 331.2	3 394.4	3 494.7	3 548.8	3 613.7	3 655.6	3 717.3	3 766.8	3 809.7
	票据融资	167.2	147.2	91.8	89.7	88.8	90.5	103.3	117.5	121.7	125.3	137.0	168.1
	各项贷款余额比上月增加（亿元）	263.4	94.0	56.0	114.3	60.1	76.3	55.9	70.6	272.6	201.3	85.3	42.2
	其中：短期	58.7	30.6	58.2	20.8	-9.3	-31.2	-15.0	9.2	210.4	121.2	10.6	-47.5
	中长期	127.1	83.9	56.3	85.9	63.2	100.3	54.1	64.9	41.9	61.7	49.5	42.9
	票据融资	23.7	-20.0	-55.5	-2.1	-0.9	1.7	12.7	14.3	4.1	3.6	11.8	31.0
	金融机构各项贷款同比增长（%）	34.3	33.5	31.1	30.7	29.6	29.4	27.8	26.0	26.7	28.0	28.4	26.7
	其中：短期	29.8	28.3	29.0	28.3	27.7	25.4	21.6	19.8	23.9	27.2	29.6	23.2
	中长期	32.9	32.1	28.2	28.4	28.8	28.3	27.6	25.9	24.2	23.5	22.9	21.6
	票据融资	-16.3	-17.0	-34.2	-39.9	-53.1	-44.1	-37.9	-27.2	-23.1	-12.3	-16.6	17.1
	建筑业贷款余额（亿元）	121.1	123.2	124.1	127.0	126.2	130.8	136.6	141.6	148.8	151.4	156.6	156.7
	房地产业贷款余额（亿元）	106.3	104.6	105.6	106.5	107.0	113.1	112.4	114.8	115.1	118.2	118.3	121.8
	建筑业贷款同比增长（%）	65.6	62.9	49.9	36.8	28.7	23.1	28.6	29.2	34.1	32.5	34.3	41.8
	房地产业贷款同比增长（%）	39.0	35.1	30.3	25.5	29.8	29.9	23.4	21.2	20.5	22.3	18.8	19.4
人民币	金融机构各项存款余额（亿元）	9 040.3	9 145.4	9 405.9	9 420.9	9 560.2	9 737.3	9 770.8	9 870.1	10 080.5	10 182.8	10 211.1	10 387.0
	其中：储蓄存款	3 890.3	3 884.2	3 919.1	3848.5	3 844.0	3 891.9	3 875.8	3 879.2	4 011.9	4 126.6	4 201.7	4 421.9
	单位存款	4 551.7	4 633.8	4 894.2	5034.4	5 269.7	5 408.1	5 415.3	5 523.2	5 626.8	5 558.1	5 573.0	5 573.4
	各项存款余额比上月增加（亿元）	159.4	105.2	260.5	15.0	139.3	177.1	33.5	9 870.1	210.3	102.3	28.3	175.9
	其中：储蓄存款	177.7	-6.0	34.9	-70.6	-4.5	47.8	-16.1	3 879.2	132.8	114.7	75.2	220.2
	单位存款	-170.9	82.1	260.3	140.2	235.2	138.4	7.3	5 523.2	103.6	-68.7	14.9	0.4
	各项存款同比增长（%）	28.9	30.3	29.9	26.8	28.0	23.8	23.7	22.2	21.3	17.4	16.0	17.1
	其中：储蓄存款	25.4	22.1	22.7	22.3	23.2	23.1	23.0	22.3	21.6	21.3	18.6	19.1
	单位存款（比年初增长）	-3.6	-1.9	3.6	6.6	11.6	14.5	14.7	17.0	19.1	17.7	18.0	18.0
	金融机构各项贷款余额（亿元）	5 191.8	5 281.2	5 331.0	5 444.3	5 496.4	5 552.6	5 612.9	5 701.4	5 971.0	6 169.1	6 242.2	6 270.2
	其中：个人消费贷款	478.5	488.5	501.5	513.5	523.8	533.9	545.6	554.7	565.8	581.1	592.9	603.8
	票据融资	167.2	147.2	91.8	89.7	88.8	90.5	103.3	117.5	121.6	125.2	137.0	168.0
	各项贷款余额比上月增加（亿元）	218.7	89.4	49.8	113.3	52.1	56.2	60.3	88.5	269.6	198.1	73.1	28.0
	其中：个人消费贷款	19.7	10.1	12.9	12.0	10.3	10.0	11.7	9.0	11.1	15.3	11.9	10.9
	票据融资	23.7	-20.0	-55.4	-2.1	-0.9	1.7	12.7	14.3	4.1	3.6	11.8	31.0
	金融机构各项贷款同比增长（%）	32.8	31.9	30.4	30.0	28.7	28.2	26.5	25.2	26.1	27.6	28.0	26.1
	其中：个人消费贷款	46.6	47.1	48.4	48.0	47.0	46.0	44.6	40.8	37.5	37.4	34.3	31.9
	票据融资	-16.3	-16.9	-34.1	-39.8	-53.1	-44.0	-37.8	-27.1	-23.1	-12.3	-16.6	17.1
外币	金融机构外币存款余额（亿美元）	4.4	4.4	4.5	4.7	5.0	9.5	9.2	11.1	6.7	6.8	6.8	8.9
	金融机构外币存款同比增长（%）	7.9	11.0	2.4	14.4	18.6	121.3	114.5	267.8	111.1	-4.2	3.0	105.5
	金融机构外币贷款余额（亿美元）	42.9	43.7	44.8	45.4	46.7	49.9	49.4	47.1	47.8	48.5	50.2	52.9
	金融机构外币贷款同比增长（%）	76.2	78.9	52.1	53.2	57.7	60.7	64.0	51.3	47.3	44.6	43.6	47.0

数据来源：中国人民银行乌鲁木齐中心支行。

表2　2001～2011年新疆维吾尔自治区各类价格指数

单位：%

年/月		居民消费价格指数		农业生产资料价格指数		工业生产者购进价格指数		工业生产者出厂价格指数	
		当月同比	累计同比	当月同比	累计同比	当月同比	累计同比	当月同比	累计同比
2001		—	4.0	—	3.0	—	-1.0	—	-3.7
2002		—	-0.6	—	-0.4	—	-5.1	—	-2.7
2003		—	0.4	—	1.1	—	14.8	—	15.1
2004		—	2.7	—	7.3	—	18.2	—	16.36
2005		—	0.7	—	5.3	—	10.74	—	16.56
2006		—	1.3	—	2.5	—	11.1	—	14.4
2007		—	5.5	—	6.2	—	3.8	—	6.3
2008		—	8.1	—	12.3	—	17.8	—	16.4
2009		—	0.7	—	-0.5	—	-9.4	—	-14.5
2010		—	4.3	—	3.1	—	23.9	—	25.3
2011		—	5.9	—	6.6	—	17.8	—	14.8
2010	1	3.0	3.0	-0.1	-0.1	38.0	38.0	45.7	45.7
	2	4.1	3.6	1.5	0.7	45.1	41.6	56.0	50.9
	3	3.2	3.4	2.3	1.2	43.8	42.3	37.3	46.3
	4	3.7	3.5	2.3	1.5	30.4	39.3	35.0	45.5
	5	3.8	3.6	4.0	2.0	31.0	37.7	39.6	42.7
	6	3.7	3.6	3.6	2.3	23.1	35.2	25.0	39.8
	7	4.3	3.7	3.5	2.4	15.3	32.4	9.8	35.5
	8	4.9	3.8	3.5	2.6	8.4	29.4	10.6	32.4
	9	5.0	4.0	3.3	2.7	8.0	27.0	7.6	29.6
	10	5.5	4.1	4.7	2.9	14.0	25.7	10.9	27.8
	11	5.8	4.3	4.2	3.0	13.7	24.6	13.6	26.5
	12	4.9	4.3	3.9	3.1	16.3	23.9	11.9	25.3
2011	1	5.4	5.4	3.2	3.2	15.0	15.0	12.6	12.6
	2	4.9	5.1	3.4	3.3	16.1	15.5	13.1	12.8
	3	5.9	5.4	5.4	4.0	19.7	16.9	16.9	14.2
	4	5.8	5.5	6.9	4.7	21.2	18.0	17.4	15.0
	5	5.7	5.5	7.3	5.2	22.2	18.9	16.9	15.4
	6	6.3	5.7	7.6	5.6	21.6	15.7	16.9	15.7
	7	6.9	5.8	8.6	6.1	23.2	19.9	19.0	16.1
	8	6.9	6.0	8.3	6.3	24.0	20.4	19.9	16.6
	9	6.8	6.1	7.8	6.5	20.8	20.4	17.5	16.7
	10	6.6	6.1	7.3	6.6	15.9	20.0	14.7	16.5
	11	5.9	6.1	7.2	6.6	10.5	19.0	8.1	15.7
	12	4.1	5.9	6.6	6.6	5.7	17.8	5.7	14.8

数据来源：新疆统计局。

表3　2011年新疆维吾尔自治区主要经济指标

	1月	2月	3月	4月	5月	6月	7月	8月	9月	10月	11月	12月
绝对值（自年初累计）												
地区生产总值(亿元)	—	—	920.5	—	—	2 343.1	—	—	4 672.2	—	—	6 574.5
第一产业	—	—	89.5	—	—	232.6	—	—	908.9	—	—	1 139.0
第二产业	—	—	515.6	—	—	1 322.6	—	—	2 360.3	—	—	3 289.8
第三产业	—	—	315.5	—	—	797.9	—	—	1 403.0	—	—	2 145.7
固定资产投资(亿元)	—	53.7	183.3	406.3	779.2	1 282.8	1 731.7	2 216.7	2 745.2	3 201.2	3 642.5	4 721.8
房地产开发投资	—	2.0	17.7	50.6	105.8	175.3	239.6	308.3	381.4	438.2	494.3	518.3
社会消费品零售总额(亿元)	—		360.3			725.9			1 109.7			1 557.1
外贸进出口总额(万美元)	140 589.0	251 183.0	448 218.0	625 525.0	757 395.0	899 519.0	1 135 662.0	1 331 706.0	1 541 907.0	1 733 258.0	2 016 652.0	2 282 200.0
进口	43 378.0	101 110.0	188 110.0	219 021.0	251 133.0	278 755.0	373 254.0	398 458.0	421 834.0	440 071.0	516 571.0	599 300.0
出口	97 211.0	150 073.0	260 108.0	406 504.0	506 262.0	620 764.0	762 408.0	933 248.0	1 120 073.0	1 293 187.0	1 500 081.0	1 682 900.0
进出口差额(出口－进口)	53 833.0	48 963.0	71 998.0	187 483.0	255 129.0	342 009.0	389 154.0	534 790.0	698 239.0	853 116.0	983 510.0	1 083 600.0
外商实际直接投资(万美元)	3 041.0	5 247.0	5 247.0	16 986.0	16 986.0	23 510.0	23 510.0	23 510.0	24 252.0	24 252.0	28 920.0	33 500.0
地方财政收支差额(亿元)	427.5	-31.4	-117.1	-252.2	-498.9	-670.5	-808.9	-931.9	-1 041.9	-1 144.2	-1 296.4	-1 561.8
地方财政收入	500.6	107.3	154.5	217.0	273.0	331.2	395.8	448.4	506.6	578.7	636.5	720.9
地方财政支出	73.1	138.7	271.5	469.2	771.8	1 001.6	1 204.7	1 380.3	1 548.5	1 722.9	1 932.9	2 282.7
城镇登记失业率(%)（季度）	—	—	3.3	—	—	3.2	—	—	3.0	—	—	3.2
同比累计增长率（%）												
地区生产总值	—	—	11.5	—	—	11.7	—	—	11.1	—	—	12.0
第一产业	—	—	4.3	—	—	3.0	—	—	5.7	—	—	6.5
第二产业	—	—	11.0	—	—	11.5	—	—	10.8	—	—	12.0
第三产业	—	—	14.1	—	—	14.5	—	—	15.3	—	—	15.2
工业增加值	10.2	9.3	11.5	11.6	12.3	12.0	11.7	11.6	11.0	11.2	11.2	11.4
固定资产投资	—	11.0	17.1	22.5	27.4	30.1	30.3	31.9	33.3	33.8	36.1	33.1
房地产开发投资	—	52.2	79.4	65.4	73.8	67.2	64.1	62.5	61.1	54.1	54.7	49.0
社会消费品零售总额			15.7			17.0			17.3			17.5
外贸进出口总额	46.4	36.0	65.0	56.8	45.3	40.5	50.0	41.3	36.6	31.4	29.8	33.2
进口	150.0	201.4	260.0	200.0	166.3	140.0	170.0	104.9	73.7	40.8	32.7	44.0
出口	24.1	-0.7	18.4	25.0	18.6	18.8	23.2	24.8	26.5	28.4	28.8	29.8
外商实际直接投资	2.5	18.6	-10.6	17.5	17.5	41.5	41.5	39.8	15.2	15.2	26.7	41.0
地方财政收入	28.8	44.2	47.1	45.0	46.6	46.7	45.9	46.2	45.8	44.5	43.3	44.0
地方财政支出	48.4	25.8	26.9	57.3	100.0	100.0	95.3	85.6	68.1	61.3	54.6	34.4

注：地方财政收入指地方财政一般预算收入，地方财政支出指地方财政一般预算支出。

数据来源：新疆统计局。